教育部人文社會科學研究項目“《玉篇直音》音系比較研究”（批准號：15YJC740131）資助
國家社會科學基金重大項目“漢語方言音系匯纂及方言對照處理系統研究”（項目號：14DZB096）資助
棗莊學院“青檀學者”人才項目資助

《玉篇直音》語音研究

張　凱　著

科学出版社
北　京

内 容 簡 介

本書以明末《鹽邑志林》叢書中的字書《玉篇直音》爲研究對象，在全面梳理《玉篇直音》文本的基礎之上，認爲該書具有“海篇”類字書的屬性。同時，綜合使用了系聯、比較及文獻考證等方法，歸納出《玉篇直音》的語音系統，即聲母 30 個、韻母 50 個、聲調 8 個。《玉篇直音》在聲、韻、調方面的若干語音特點折射出其乃一部吳音性質的字書，對於探尋 400 年來海鹽吳音的歷史演變具有重要的參照意義。

本書適合作爲漢語史學習與研究者的專業參考書，也可供對《玉篇直音》感興趣的人員使用。

圖書在版編目（CIP）數據

《玉篇直音》語音研究 / 張凱著. —北京：科學出版社，2021.4

ISBN 978-7-03-067482-1

Ⅰ. ①玉… Ⅱ. ①張… Ⅲ. ①漢字–字典–中國–明代 ②《玉篇直音》–語音–研究 Ⅳ. ①H162 ②H114.9

中國版本圖書館 CIP 數據核字（2020）第 266245 號

責任編輯：張 寧 陳晶晶 / 責任校對：賈偉娟

責任印製：李 彤 / 封面設計：藍正設計

科 學 出 版 社 出版

北京東黄城根北街 16 號

郵政編碼: 100717

http://www. sciencep. com

北京中石油彩色印刷有限責任公司 印刷

科學出版社發行 各地新華書店經銷

*

2021 年 4 月第 一 版 開本：787×1092 1/16

2021 年 4 月第一次印刷 印張：22 3/4

字數：537 000

定價：198.00 元

（如有印裝質量問題，我社負責調換）

吴方言語音史的一塊堅實基石

漢語方言歷史悠久，北齊大學者顏之推的名言“九州之人，言語不同，生民已來，固常然矣[①]”，把方言與九州人民的歷史相提並論。如果這裏所說的歷史是指有文字記載以來的歷史的話，顏氏所說不差。在遙遠的先秦時代，華夏史載文明之初，官方就設置了通方言[②]之官，如周禮地官有誦訓，秋官有象胥，都與通解各地方言異語有關。《禮記・王制》曰：“五方之民，言語不通，嗜欲不同。達其志，通其欲，東方曰寄，南方曰象，西方曰狄鞮，北方曰譯。[③]”可見華夏之有史即有方言之官，行溝通、記錄諸方異言之職。西漢揚雄《方言》這部兩千多年前的方言著作，其中有一部分材料卻是來自先秦輶軒使者所記，並非他自己的調查，可見古人關注方言現象之歷史悠久。

不過，浩瀚的方言記錄文獻大概都是對方言詞彙的摘錄、歸類與溝通、解釋，罕見有關於古代方言語音的記錄與研究。依鄙見，系統的歷史方音研究跟漢語語音史密切相關。歷經清儒古音研究二百餘年的醞釀，至錢玄同《文字學音篇》1918年首次提出語音史6個分期的框架，宣告漢語語音史作爲一個學科的誕生，至今已越期頤之年。縱觀一個多世紀的漢語語音研究過程，可謂一波三折，大概經歷了初時主要關注上古音、《切韻》音，繼而擴展至歷代通語語音，以至於研究的熱點逐漸向歷史方音延伸的三大階段。

改革開放以來的幾十年裏，方言語音史逐漸成爲研究的熱門。當今漢語言文字學的兩大方面軍：現代方言學人和歷史音韻學人，分別在各自的領域開闢了攻堅的戰場：一是“回顧的”研究，現代方言學人從田野調查入手進行歷史比較，研究的觸角由現代逐漸向歷史延伸；一是“前瞻的”考察，歷史音韻學人發掘歷史文獻中之歷史方音語料，逐點考證，順流而下溝通古今。回顧與前瞻分進合擊，十大方言的研究遍地開花，尤以沿長江流域自東而西分佈的吳閩贛蜀諸方音最爲顯耀亮眼。

雄踞祖國東南方位的吳方言，堪稱見諸記載的方言之中歷史最爲悠久或最爲悠久的方言之一。早在西漢揚雄《方言》中就已有諸多的記述，晉人郭璞采之以注雅書，北齊顏之推取其以說古語，隋陸法言編《切韻》特以江東取韻之獨異爲說，唐人嘗戲說吳音病喑，宋人則喜談吳儂軟語，林林總總，吳語之影響偉哉，吳音之魅力大哉！以至於今日，在方言語音史的研究大潮之中，前輩時賢紛紛探賾索隱，衣帶漸寬終無所悔。從千年之前毛氏父子筆下之江山吳語，到百年陸基注音字母所記之姑蘇吳音，不同時期、不同地點之吳音陸續有所揭示，雖然其間空白之點尚多，然由此以往持續不懈，則諸多已有、將有之成果必定有如宏偉建築之諸色預製構件和基石，終將組合起科學的吳方言語音史大廈。于此之時，青年音韻學者張凱的新著《<玉篇直音>語音研究》（以下簡稱張著）面世，吳音史之廣廈工程無疑將增添一塊新的基石，而且是一塊堅實的基石。

張著以明末浙江海鹽地方文獻《玉篇直音》爲研究物件，窮考其語音資料，歸納其語音系統，縱向、橫向比較其異同，最終論定其爲明代海鹽地區的吳語音系。又以所考定之

①王利器. 顏氏家訓集解（增補本）[M]. 北京：中華書局，2013：638.

②當時“方言”一詞包含現代的方言和民語在內。

③中華書局編輯部. 漢魏古注十三經・禮記[M]. 北京：中華書局，1998：46.

明代海鹽吳音爲立足點，下探現代海鹽語音，首次描寫了一個具體吳音點 400 多年來的歷史演變進程及其演變規律。這種由點到線、由共時到歷時的研究，對於瞭解一個具體區域方言語音的歷史與現狀，以至於最終揭示並把握漢語方言的歷史演變規律，洵有益也。

將一部名號與《玉篇》關聯的書中一大堆厖雜的注音語料，與 400 多年前的海鹽吳音有機地結合在一起，張著做了三件關鍵工作，縱貫其中的亮點卻是研究方法的創新。

一是內部細節比對，確認研究物件屬於明代吳語區的語音文獻。《玉篇直音》原收於明代的地方文獻叢書《鹽邑志林》中，雖其署名有顧野王及其他人，其實一般史料鮮有著錄。它從哪兒來？除了書中密密麻麻的“直音”，並無其他線索。要有效利用書中語音資料，必須查實其時代與傳承，明其來龍去脈。張著採用了逐字逐條比對的“笨”辦法，分別將《玉篇直音》與今本《玉篇》及明代其他字書從體例、收字排序及注音特點等諸多方面細爲比對。明確了該書與《玉篇》毫無關聯，卻與明代的“海篇”類字書，如《篇海類編》《重刊詳校篇海》《海篇心鏡》《海篇星鏡》《海篇集韻大全》等有著很高的相似度，因而斷定《玉篇直音》乃明代後期（十六世紀中後期）的一部由當地人即海鹽人編纂而成的託名顧野王《玉篇》的、實爲“海篇”類字書的注音彙編。這一步很關鍵，因爲它確立了文獻的時空定位，猶如拂去了它滿身的歷史塵埃，顯露出真實面貌，爲接下來的音系研究打下了良好基礎。

二是多層面綜合考察，歸納語音系統。《玉篇直音》書名中的《玉篇》是假，可“直音”兩字是真。全書音注除少數紐四聲外都是直音，竟無一條反切，而且直音之外更無任何字義字用資訊。既非一般音釋，亦非韻書音注，如何準確有效考定其音系？張著以非常之手法，處置此非常之語料，大膽創新，摸索出一整套可行的研究方法和程式，可稱爲“多層面綜合研究法”，具體操作大概有下述幾個過程。

首先，使用系聯法，將全書 13 695 條直音材料系聯爲 1 695 組同音字組，名之曰“准小韻”。將“准小韻”確立爲後續研究的基礎。在准小韻的基礎上，再根據聲母、韻部研究的不同需要，分別採用或設立了不同的研究方法。

聲母研究主要取比較法。將“准小韻”與《廣韻》音系全面對比，合併“准小韻”中混並的聲類，確認《玉篇直音》中的實際聲母，進而歸納其聲母系統。

韻母研究則分兩個步驟，一是歸納韻部，二是在韻部的基礎上考定其韻母及擬音。歸納韻部的研究創設了“兩級混注統計法”，即在“准小韻”的基礎上進行“初級”與“高級”混注的比較與統計，確保韻部歸納的精准。韻部系統歸納之後，再使用“等呼推導法”爲每個韻部確定其內含韻母。

通過諸法的綜合運用，結果考明《玉篇直音》的語音系統爲：聲母 30 個、韻部 19 個含韻母 50 個、聲調 8 個，並對聲、韻進行了擬音。

三是共時、歷時維度的異同比較，探討音系性質以及演變規律。張著從所考定的音系中抽象出來 30 條重要的聲、韻、調特徵，將它們進行共時與歷時的比較，探討語音性質等問題。

共時比較時，將《玉篇直音》音系的語音特徵與經過現代學者充分研究已經基本取得共識的明代韻書字書如《洪武正韻》《韻略易通》《韻略匯通》《同文備考》等音系進行比較，結果與反映明末昆山吳音的《同文備考》最爲近似，初步可以確認其與吳音有關。再將其語音特徵與現代吳方言進行縱向比較，亦有“全濁聲母保留”“微母入奉入明”①等19條特徵同于現代吳音，進一步確認了該音系的吳音屬性。綜合時、空兩個維度比較的結果，最終給《玉篇直音》音系作出明代海鹽吳音的定性，當然，這是一個受官話影響的吳音系統。

確定《玉篇直音》的語音性質爲明代海鹽吳音之後，再與現代海鹽吳音進行點對點的比較，發現二者之間從系統到特徵均有同有異。如系統上看，《玉篇直音》的明代海鹽吳音有聲母30個、韻母50個，現代海鹽吳語聲母25個、韻母42個，可見海鹽吳音幾百年來聲母、韻母呈遞減之勢。特徵變化如：明代海鹽音系中的微母雖受“入奉、入明”的削弱，但微母猶存，到現代海鹽音中則微母已然消失，等等。比較兩個時代異同，聲母有6條變化、韻母有14條變化，它們共同反映出近代後期海鹽吳音的歷史演變。將諸變化加以抽象規納，則其演變規律有合流、分化、平行發展以及整化、類推等等。

至此，張著終於完成了近代海鹽吳音的一次稱得上全方位的歷史研究。

然正如古語有云：莫道君行早，更有早行人，張著並非《玉篇直音》語音研究的第一本論著，數年之前，早有秦淑華先生的研究成果《玉篇直音的音系》（花木蘭文化出版社，2014年，以下簡稱秦著。）面世，秦著才是研究並歸納《玉篇直音》音系的首發。二著相較，秦著主要論定音系的性質是吳語區文人講的一種“海鹽官話”，此外，研究方法、具體內容等亦頗爲不同。概而言之，秦著重音系的歸納，張著重吳音的確認，有如雙峰聳峙，自可並世而立。學者常說：科學研究不必期待畢其功於一役，有觀點之異不但正常，而且還是推動研究往縱深發展的動力。因此可以預期，秦、張二家論著之接踵面世，必將進一步推動《玉篇直音》語音、乃至近代方音史和語音史的研究。

運筆至此，我倒是對《玉篇直音》之“人生冷暖”頗有感慨：古之《玉篇直音》，數百年來寞寞沉寂無人問津，一何淒冷！今之《玉篇直音》，數年之內重磅研究連袂而至，前後論著雙璧同輝，如此之熱度，恐怕也是原書編者始料未及的吧！一何幸矣，時哉！

劉曉南

2021年3月

① “微母入明”乃保留中古舊讀。

目　錄

本書使用的符號及說明

1. 標明語料的文本出處符號：P&L。

爲方便讀者查找出處，文中所舉例子皆標記其在《玉篇直音》中的頁（英文 page）與行（英文 line）。爲行文簡潔起見，我們採取頁、行英文單詞首字母大寫的形式（P&L）以代之且列於注音例的右下角。例如“天音添$_{P1L7}$”和“貝音背$_{P114L10}$”的意思分別是：“天音添”出自《玉篇直音》第 1 頁第 7 行，“貝音背”出自《玉篇直音》第 114 頁第 10 行。餘類推。當然，若無標記的必要的話，文中從省。

2. 標明例字的音韻地位符號：雙行合一。

對例字的聲韻地位採取雙行合一的形式標注，如“頒幫刪”，表示的是該字在《廣韻》中屬於幫母刪韻；再如“毀曉紙”，表示的是該字在《廣韻》中屬於曉母紙韻。餘類推。

3. 標明例字的讀音來源：簡稱。

文中對於所舉例字的讀音，均以《廣韻》爲主要參照。《廣韻》中無法落實的讀音，則主要參照《集韻》《大廣益會玉篇》《類篇》《龍龕手鑒》等中古時期的韻書、字書。對於後起字或者多音字的後起音，必要時則依據近代的韻書、字書等。

源自《廣韻》的則不再標注其讀音來源，而源自非《廣韻》的韻（字）書則標明其出處。爲行文簡潔起見，我們採取了省略書名號加簡稱的方式，本書中使用到的簡稱有：集（《集韻》）、類（《類篇》）、玉（《大廣益會玉篇》）、龍（《龍龕手鑒》）、增（《增修互注禮部韻略》）、五（《五音集韻》）、古（《古今韻會舉要》）、經（《經典釋文》）、史（《〈史記〉索引》）、洪（《洪武正韻》）、字（《字彙》）、正（《正字通》）、篇（《篇海類編》）、海（《五音篇海》）、改（《改併四聲篇海》）、韻（《韻學集成》）、滇（《滇南新語》）、宋（《宋元以來俗字譜》）、直（《重訂直音篇》）、彙（《字彙補》）、鏡（《海篇心鏡》）、星（《海篇星鏡》）、全（《海篇集韻大全》）等。如“發集：幫末”表示“發”的讀音取自《集韻》，乃幫母末韻；“岥玉：並實”表示“岥”的讀音取自《大廣益會玉篇》，乃並母實韻。餘類推。

4. 標明系聯字組序號的符號：[ ]。

我們使用系聯法將 13 695 對注音例根據同用關係初步系聯成 3 789 個自然小類，分別標記爲 0001—3789 號，以示區別。正文中在討論聲、韻的時候會引用到這些自然小類，使用“[ ]”號將自然小類的序號列於内。如 0001 號自然小類“天透先兲透先阽透椺酟透添黇透添 ｜ 添透添”，在正文中標記爲[0001]天透先兲透先阽透椺酟透添黇透添 ｜ 添透添；2786 號自然小類“捋來末 ｜ 鑾入來末”，在正文中標記爲[2786]捋來末 ｜ 鑾入來末。餘類推。

5. 標明被注字與注音字間的間隔符號：｜。

爲行文簡潔，系聯時同用一個注音字的自然小類中注音字僅列 1 次，且被注字與注音

字間使用“|”間隔開。比如，“[0001]天$^{透}_{先}$兲$^{透}_{先}$阽$^{透}_{㮇}$酟$^{透}_{添}$黇$^{透}_{添}$ | 添$^{透}_{添}$”自然小類，“|”號前的爲被注字，“|”號後的爲注音字；被注字“天$^{透}_{先}$兲$^{透}_{先}$阽$^{透}_{㮇}$酟$^{透}_{添}$黇$^{透}_{添}$”共有 5 個，全部使用“添$^{透}_{添}$”作爲注音字。因此，“添$^{透}_{添}$”僅列舉 1 次，略去 4 次。再如，“[2792]擢$^{澄}_{覺}$軸$^{澄}_{屋}$舳$^{澄}_{屋}$蓫$^{澄}_{屋}$豖$^{徹}_{屋}$ | 逐$^{澄}_{屋}$”自然小類，“|”號前的爲被注字，“|”號後的爲注音字；被注字“擢$^{澄}_{覺}$軸$^{澄}_{屋}$舳$^{澄}_{屋}$蓫$^{澄}_{屋}$豖$^{徹}_{屋}$”共有 5 個，全部使用“逐$^{澄}_{屋}$”作爲注音字。因此，“逐$^{澄}_{屋}$”僅列舉 1 次，略去 4 次。

6. 國際音標不使用“[ ]”號標注，引用的情況除外。

7. 標明音變或者演變的符號：→。

文中的“→”號主要用於表示語音演變的方向，如“tɕ→ts”，表示聲母由 tɕ 變成了 ts；再如“ai→ɛ”，表示韻母由 ai 變成了 ɛ。餘類推。

全文僅有 1 處是用於表示《玉篇》的傳承過程的，如“原本《玉篇》→孫强《玉篇》”，表示由原本《玉篇》發展到孫强《玉篇》。

8. 表中“—”號表示此處無對應的內容。

9. 上述的情況皆是貫穿全文的，具有普遍的意義。也有一些僅是個別地方使用的符號或者是上述符號的臨時使用情況，不具有普遍意義，在此不再逐一介紹，可參見相關隨文注釋。

第 1 章 《玉篇直音》及其文獻性質

1.1 《玉篇直音》的文本介紹

《玉篇直音》是“浙江的第一部，也是我國最早的一部郡邑類叢書”①——《鹽邑志林》中的一種，在《鹽邑志林》總目中又被稱爲《玉篇廣韻》，題爲“陳顧野王撰，明黃岡樊維城彙編，後學鄭端胤、姚士麟、劉祖鐘訂閱”。《鹽邑志林》是明萬曆年間湖北黃岡人樊維城任浙江海鹽知縣時，聚集鄉紳並領銜彙編而成的一部地方性叢書，也是我國最早的地方性叢書，“其取材範圍很廣，以古海鹽轄境爲准，收入三國至明代在該地撰著的經、子、雜說計四十種，別附錄一種”②。《玉篇直音》因題爲顧野王撰，又因顧氏曾居亭林（舊屬海鹽縣）和做過海鹽縣監，故而該書被列入鹽邑志林中。

1.1.1 版本問題

目前我們能見的《玉篇直音》只有《鹽邑志林》本[明朝天啟三年（1623）刻本]傳世，共兩卷，上海涵芬樓據此影印（簡稱涵芬樓本），《叢書集成初編》《叢書集成新編》亦據此影印（簡稱集成本）。故涵芬樓本與集成本的底本均爲《鹽邑志林》本，除了集成本比涵芬樓本少了一篇《顧希馮玉篇廣韻敘》外，兩本並無差別。我們在研究時使用的是涵芬樓本。此外我們還發現一種與《玉篇直音》書名相似的文獻——《新鐫摘要正訛玉篇直音》③，但是其作者乃明代孫一宏，共四卷，今有日本內閣文庫藏本傳世，現藏於日本國立公文書館。筆者曾多次嘗試借閱此書，但均因受各種條件限制而無果。不過，從書名、作者及卷數來看，雖然兩者都有“玉篇直音”字樣，但我們推斷應該不是一種書。因此，未見該書不會影響我們的研究。下面三幅圖是涵芬樓本《玉篇直音》的片斷書影（图 1-1-1）。

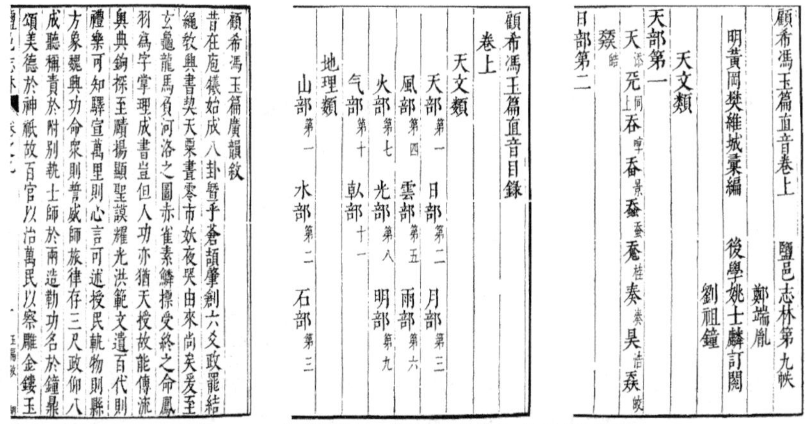
顧希馮玉篇廣韻敘
昔在庖犧始成八卦暨乎蒼頡肇創六爻政罷結
繩教興書契天粟晝零市妖夜哭由來尚矣爰至
玄龜龍馬負河洛之圖赤雀素鱗摽受終之命鳳
羽爲字掌理成書豈但人功亦猶天授故能傳流
與典鈎探至賾揚顯聖謨耀光洪範文遺百代則
禮樂可知驛宣萬里則心言可述授民軌物則懸
方象魏典功命衆則誓威師旅律存三尺政仰八
成聽稱責於附別執士師於兩造勒功名於鐘鼎
頌美德於神祇故百官以治萬民以察雕金鏤玉

顧希馮玉篇直音目錄
卷上
天文類
天部第一　日部第二　月部第三
風部第四　雲部第五　雨部第六
火部第七　光部第八　明部第九
气部第十　軌部第十一
地理類
山部第一　水部第二　石部第三

顧希馮玉篇直音卷上　鹽邑志林第九帙
明黃岡樊維城彙編　後學鄭端胤 姚士麟 劉祖鐘 訂閱
天文類
天部第一
天添 兲上同 吞 春 蠢 奏 昊
日部第二

图 1-1-1　涵芬樓本《玉篇直音》的片斷書影

①梁春芳，朱曉軍，胡學彥，等. 浙江近代圖書出版史研究[M]. 北京：學習出版社，2014：86.

②黄卓越，桑思奮. 中國大書典[Z]. 北京：中國書店，1994：1246.

③嚴紹璗. 日藏漢籍善本書錄（經部・小學類）（上册）[M]. 北京：中華書局，2007：287.

1.1.2 編排體例

《玉篇直音》結構上共分上、下兩卷，採用以類統部、以部轄字的兩級編排方式。全書首先以門類分部法爲綱，即根據所分部首的語義分别列之於天文、地理、時令、人物、身體、衣服、人事、宮室、珍寶、器用、花木、飲食、鳥獸、文史、聲色、干支、數目、通用等 18 個門類之中。接著便以部首爲目，將所收的 13 964 個被注字（其中重文 463 組，注音次數爲 13 989 次①）分别列入 308 個部首（其中重出部首癶部、乚部 2 個，沒有轄字的部首气部 1 個）中。對於每一個門類的總體分佈情況詳見表 1-1-1。

表 1-1-1 《玉篇直音》所轄門類、部首及字數統計表 （單位：個）

序號	類名	所轄部首數	所轄字數	序號	類名	所轄部首數	所轄字數
1	天文類	10	794	10	器用類	12	590
2	地理類	16	2 130	11	花木類	5	1 296
3	時令類	4	60	12	飲食類	10	359
4	人物類	17	803	13	鳥獸類	22	1 210
5	身體類	19	2 220	14	文史類	6	40
6	衣服類	5	539	15	聲色類	7	101
7	人事類	15	1 052	16	干支類	22	206
8	宮室類	14	624	17	數目類	9	70
9	珍寶類	4	690	18	通用類	110	1 180
總計	該書所轄實際部首數			不計重文，該書所轄實際字數			
	305			13 501			

《玉篇直音》出現重文的原因主要是被注字的部首歸屬不一致，這些字占重文總數的 85%左右。此外還有一些導致重文的原因。

第一，編者粗疏大意致使某字在本部中前後分别出現从而構成重文，而重文的字音並無實質區别，如旰音幹 P2L4 與旰音干 P3L9，盼音分 P3L3、P3L6，颮音忽 P5L4、P6L2 等。

第二，一字多音所致，如嶓音煩 P13L8 與嶓音波 P15L2、沈音沉 P15L10 與沈音審 P16L1 等。

第三，字形訛誤所致，如“惖”字，日部與心部皆有，《玉篇·心部》音惕，《集韻·錫韻》他歷切，均表明該字僅有一音，但是兩個注音字“忽”“踢”卻不同音。這主要是編者將日部中的“惖”字理解爲從日忽聲，而心部中的“惖”字卻被理解爲從心易聲所致。再如“諢”本當作“諀”，因書寫訛誤與後一個“諢”形成重文。

每部中字與字之間的排列並無明顯的規則可循。但是偶爾的幾個部首的轄字之間也能隱約流露出一定的規則，如花木類木部所轄的 480 字，前 157 個字之間及後 69 個字之間

① 《玉篇直音》中的重文多數情況是成對出現的，但有的是出現 3 次，爲統言之，稱爲“組”。另該書中有 25 個被注字存在兩個注音，故而其注音總次數爲 13 989 次。

皆是無規則排列，然而自第158字“櫺”始，至第268字“楺”止，區間共有111個字，除了第167字“棰”（上聲）、第238字“植”（入聲）、第240字“椴”（入聲）、第253字“榻”（入聲）、第256字“槲”（入聲）、第265字“栱”（上聲）、第266字“桶”（上聲）等7個字不是平聲外，其餘104個字皆爲平聲；自第269字“柹”始，至第314字“橝”止，區間共有46個字，除了第274字“机”（平聲）、第280字“樹”（去聲）、第289字“棍”（去聲）等3字不是上聲外，其餘43個字皆爲上聲；自第315字“槲”始，至361字“榼”止，區間共有47個字，除了第332字“椣”（去聲）、第335字“梘”（上聲）等2個字外，其餘45個字皆爲入聲；自第374字“棉”始，至第412字“束”止，區間共有39個字，除第380字“柎”（上聲）、第390字“棖”（平聲）、第400字“柳”（平聲）、第403字“棅”（上聲）、第404字“朷”（平聲）等5個字外，其餘34個字均爲去聲。

如若忽略上述少數例外字情況的話，我們可以用簡單的模式將木部所轄字的排列情況表示如下：

第001—157字：本區間字之間排列無序；

第158—268字：本區間字皆爲平聲；

第269—314字：本區間字皆爲上聲；

第315—361字：本區間字皆爲入聲；

第362—373字：本區間字之間排列無序；

第374—412字：本區間字皆爲去聲；

第413—480字：本區間字之間排列無序。

由此可以看出，木部轄字的排列整體上是淩亂無序的，但是在某個區間內其排列順序還是有跡可循的，可以看作是以四聲相承爲序，只不過與傳統的平上去入次第稍有差異，此處是平上入去而已。與木部相似的還有花木類艸部、竹部、禾部等，這些部首轄字從整體上來看仍然是以聲調爲序，聲調間的順序依然是平上入去。

再者，所收字的結構問題或許也是編者在排列轄字時的一項參考因素。比如鳥部所轄的324字，除了起字鳥外，第2—55字的結構中鳥部皆在字的下邊，如鴛、鴦；第56—297字的結構中鳥部均在字的右邊，如鷗、鴗；而第298—324字的結構中鳥部則又全部處於字的左邊，如鵧、鵿。如西部所轄的80字，除了起字酉外，第2—77字皆爲左右結構的字，且酉部在左，如酮、醲；而餘下的3字則皆爲上下結構，且酉部在下，如醬、醫。再如見部所轄的80字，從起字至第10字乃上下結構的字，見部於下，如覺、覓；而自第11字始至終，均爲左右結構的字，且見部位於右邊，如親、規。類似的部首情況不在少數，這應該不是一種偶然現象，滲透著編者强烈的人爲色彩。

此外，雨部中的“霹$_{\text{P7L6}}$”“靂$_{\text{P7L6}}$”，邑部中的“邯$_{\text{P30L1}}$”“鄲$_{\text{P30L1}}$”，穴部中的“窈$_{\text{P37L6}}$”“窕$_{\text{P37L6}}$”，心部中的“惆$_{\text{P54L1}}$”“悵$_{\text{P54L1}}$”，髟部中的“髣$_{\text{P71L8}}$”“髴$_{\text{P71L9}}$”，足部中的“躊$_{\text{P74L4}}$”“躇$_{\text{P74L4}}$”、“蹣$_{\text{P74L6}}$”“跚$_{\text{P74L6}}$”，見部中的“覬$_{\text{P85L2}}$”“覦$_{\text{P85L2}}$”，行部

中的“衚$_{P89L5}$”“衕$_{P89L5}$”，辵部中的“邂$_{P92L2}$”“逅$_{P92L2}$”，扌部中的“抖$_{P97L8}$”“擻$_{P97L8}$”，金部中的“鋃$_{P109L7}$”“鐺$_{P109L7}$”，玉部中的“琥$_{P113L4}$”“珀$_{P113L4}$”、“琅$_{P114L2}$”“琊$_{P114L3}$”、“瑪$_{P114L4}$”“瑙$_{P114L4}$”，玨部中的“琴$_{P114L7}$”“瑟$_{P114L7}$”、“琵$_{P114L7}$”“琶$_{P114L8}$”，木部中的“枸$_{P125L8}$”“杞$_{P125L8}$”，艸部中的“蒺$_{P132L5}$”“藜$_{P132L5}$”、“苜$_{P135L1}$”“蓿$_{P135L1}$”，食部中“饕$_{P140L10}$”“餮$_{P141L1}$”，鳥部中的“鷺$_{P146L6}$”“鷥$_{P146L6}$”、“鴛$_{P146L8}$”“鴦$_{P146L8}$”、“鷓$_{P148L3}$”“鴣$_{P148L3}$”，蟲部中的“蜻$_{P151L2}$”“蜓$_{P151L2}$”，犬部中的“獫$_{P155L8}$”“狁$_{P155L8}$”，囗部的“囹$_{P176L3}$”“圄$_{P176L4}$”，彳部中的“彷$_{P197L9}$”“徨$_{P197L9}$”等一些字（語素）排列在一起應該不是偶然的組合，其或多或少地流露出編者以詞語爲序進行排列的意識，遺憾的是這種想法沒能得到徹底地貫徹實施。

1.1.3　注音方法

《玉篇直音》的書名直接彰顯了該書在注音方法上使用直音法的特點。實際上該書並非清一色地使用直音法注音，間或也採用了紐四聲法注音（如曠音廣去$_{P2L2}$；饢音囊上$_{P2L6}$）。據我們統計，《玉篇直音》共有 13 530 個字使用直音法注音，約占所收字數的 96.72%。同時還有 459 個字使用紐四聲法注音（其中紐平聲者 78 次，紐上聲者 191 次，紐去聲者 164 次，紐入聲者 26 次），約占總數的 3.28%。由這種僅列注音而不釋義的編排體例可以推知該字書主要是供識字之需。

1.1.4　成書時間

《玉篇直音》成書的具體時間無從考證，但是我們可以確定其成書的時間區域。如上文所言，《玉篇直音》乃《鹽邑志林》叢書的一種，而《鹽邑志林》序中所載的該叢書的刊刻時間明代“天啟三年”（1623）則應是《玉篇直音》成書時間的下限。至於其成書的上限時間則需要從該叢書的主編樊維城說起。《四庫全書總目提要》云：

維城，黄岡人。萬曆丙辰進士，崇禎中以福建按察司副使家居。張獻忠陷黄州，抗節死。事跡附見《明史·樊玉衡傳》。是編乃維城官海鹽縣知縣時輯海鹽歷朝著作，共爲一集，凡三國三種，晉二種，陳一種，唐一種，五代一種，宋三種，元一種，明二十九種。①

據此可知，《玉篇直音》是樊氏官居海鹽時輯成的。據秦淑華考證：樊維城，黄岡人，萬曆四十七年（1619）進士，除海鹽知縣，清人王彬修、徐用儀纂的《海鹽縣志》記載樊維城是“天啟初年任知縣……修輯縣圖經，並刻藝文、前編志林”，天啟元年是 1621 年，海鹽縣志編纂委員會編的《海鹽縣志》載樊維城“萬曆四十七年任海鹽知縣”，《鹽邑志林》是中國第一部郡邑叢書，彙集了該縣歷代人士的著述 41 種，刊於明天啟三年，即 1623 年。那麼《玉篇直音》的是在樊維城到海鹽任知縣一職時開始組織編纂的，他聘請姚士麟等三

---

①[清]紀昀總纂. 四庫全書總目提要（卷一百三十二）[M]. 石家莊：河北人民出版社，2000：3421.

人參與具體工作，它的成書應該是在1619—1623之間。[①]秦文採取從寬原則，將樊維城到任時間，亦即《玉篇直音》的成書上限定於1619年，這種做法是比較穩妥的。不過需要指出的是，《鹽邑志林》畢竟是彙集而成的叢書，也就是說在該叢書成書以前，其所含的文獻既已存在，這可以從叢書的序言中管窺一斑：

神廟直臣樊端公仲子元宗以不受熱之冰心，懸不惹塵之神鏡，畢力在公，獨行其志。更自出其公情藻思，緝修邑乘。遂有鄉紳胡德州孝轅，以雪操霞譔捉筆應之已。復搜訪英舊遺書，別有太學姚生士麟既與德州分捥，復與鄭茂才端胤、劉太學祖鐘各出秘本，訂緝《志林》。而鄭、劉亦各捐槖佐之。豈非前後諸公劇别心腑，雕繪音詞，散落千載，若存若亡者十有六朝。一旦而遇我樊侯，編以衛民之手，鍥以養廉之俸，俾先民後喆猶處同堂，攬昔證今，比聲角艷。從此人皆知鹽代有才譔如此。[②]

據此可知，《鹽邑志林》叢書乃海鹽籍文人的舊作，樊維城等人僅是網羅、匯總、訂閱。換言之，這些鹽邑文獻資料並非樊維城等人編制或者撰著的，而是有所傳承。《玉篇直音》當然也不例外，其舊本應業已存在，乃海鹽籍的文人託名顧野王編寫而成。至樊維城時代，他們才將這些“英舊遺書”“緝修”起來。因此《玉篇直音》的成書時間應早於其作爲叢書之一被輯入《鹽邑志林》的時間節點。

不過可以肯定的是，該書絕不是南朝陳代顧野王的著作，因爲無論從編排體例而言還是就音系特徵而論，此書均與顧野王風馬牛不相及。就其某些顯性的語音特徵（如全濁聲母的存在，日禪、疑泥、匣云、非（敷）曉、奉匣、從邪等聲母的無別，支魚混注，–n、–ŋ尾韻的不分，入聲調的存在等）及編者的里籍而論，其乃是一部近代吳方音的字書。但若“以閉口韻消失的特徵來論，《玉篇直音》成書時間上限當爲16世紀後半葉”[③]。中古漢語中的閉口韻韻母在《玉篇直音》中已產生了合流重組，這是其閉口的區別特徵-m尾的消失所致。近代吳音中閉口韻的消失是一個漸變的過程，但是從歷代反映吳音的文獻中大體可以梳理出一個界限。魯國堯[④]根據元末陶宗儀《南村輟耕錄》的記錄推知元時松江吳語中仍是[–m]、[–n]、[–ŋ]三個陽聲韻鼎立的局面。張竹梅[⑤]通過歸納成書於明弘治、正德年間（約15世紀末16世紀初）記錄北部吳語的《中州音韻》得出在當時吳音中存在尋侵、監咸、廉纖三個閉口韻。丁鋒通過研究《寄語略》《六書精蘊》《同文備考》，認爲16世紀初明代定海吳音中存在雙唇鼻音韻尾，16世紀上半葉明代昆山吳音中也存在6個閉口韻。然而到了徐渭《南詞敘錄》，其中便有“吳人不辨清、親、侵三韻”的記錄。《吳音奇字》中存在大量的[–m]、[–n]尾韻字混注的情況，咸、深攝已分別併入山、臻攝，這表明明末清初時的常熟、常州等地吳語中閉口韻已經消失。游汝傑[⑥]綜合考查《白兔記》《聲韻會通》

①秦淑華.《玉篇直音》的語音系統[J]. 漢字文化，2011，(4)：36.

②[明]朱國祚.《鹽邑志林》序[A]. 見：[明]樊維城. 鹽邑志林（景明刻本）[G]. 上海涵芬樓影印明刻本，1937：21-25.

③張凱.《玉篇直音》初考[J]. 辭書研究，2015，(4)：64.

④魯國堯.《南村輟耕錄》與元代吳方言[A]. 見：魯國堯. 魯國堯語言學論文集[C]. 南京：江蘇教育出版社，2003：228.

⑤張竹梅.《中州音韻》研究[M]. 北京：中華書局，2007：265.

⑥游汝傑. 游汝傑自選集[M]. 合肥：安徽教育出版社，2003：103.

《山歌》等吳音文獻資料，認爲至遲在明末之際吳語的三個陽聲韻尾已經合流。關於《玉篇直音》中閉口韻消失的現象，我們在陽聲韻部的討論中將有專論，茲不贅述。若結合吳音史的音變過程來看的話，《玉篇直音》成書的上限時間乃16世紀後半葉。綜上所論，我們認爲《玉篇直音》是16世紀中後期的文獻資料，距今有400多年的歷史。此外，正如上文所言，該書以類統部的編排體例以及直音的注音方法亦彰顯了其成書的時代背景——明代後期。

1.2 《玉篇直音》的研究現狀

《玉篇直音》自問世以來的四百年間並未引起人們的足够重視。我們對這期間有關該書的研究進行梳理、歸類，大致可分爲以下兩個方面。

其一是關於對該書作者的質疑。

關於該書的作者，學界早有質疑的聲音。清人郭嵩燾對《玉篇直音》的存世曾表示過疑惑，如《郭嵩燾日記》云：

《鹽邑志林》，明黄岡樊維城輯，四十一種，內顧野王《玉篇直音》、朱元弼《禮記通注》，均不經見。①

郭氏所言儘管表達出了對該書的疑惑，但語焉未詳。相對於郭嵩燾，四庫館閣大臣則將這種對《玉篇直音》的質疑較爲詳細地闡述出來，如《四庫全書總目提要》言：

其最舛誤者，莫如顧野王之《玉篇廣韻直音》。《玉篇》自唐上元中經孫强增加，宋人又有大廣益會之本，久非原帙。舉今本歸諸野王，已爲失考。又《玉篇》自《玉篇》，《廣韻》自《廣韻》，乃併爲一書，尤爲舛謬。且《玉篇》音用翻切，並無直音之說，忽以直音加以野王，更不知其何說。②

四庫館閣大臣們從書名混用和直音法兩個角度對此書直接提出質疑，認爲此舉甚爲“舛謬”，進而推論該書並非顧氏之作。近人孫海波在此基礎上進一步指出，《玉篇直音》乃後人僞作：

此蓋明人僞書，而託諸顧氏者也。何以言之？考顧氏本傳，及兩唐志，並言顧氏有《玉篇》，而無《玉篇直音》之目。設顧氏果有《直音》之書，何以唐宋人俱未之見，而明季始著錄耶？且《玉篇》顧氏所撰，南國處士富春孫强增加字，三十卷，凡五百四十部，舊一十五萬八千六百四十一言，新五萬一千一百二十九言，與直篇之書，分別居部，絕不相同。倘使爲一人所撰，何以矛盾若是？況顧氏《玉篇》，每字之下，首注音切，次訓字義，既注反切矣，無煩直音可也。隋唐人之字書，皆用反切，無有用直音者，則是書之爲後人所僞，而非顧氏之書也明矣。考其分部，與日本耶穌會版小玉篇略相似，此本蓋即由小玉篇出耶。而樊維城之刻《鹽邑志林》也，不能擇別，而漫以是書冒顧氏之名，抑亦見其陋

①郭嵩燾. 郭嵩燾日記（卷二）[M]. 長沙：湖南人民出版社，1981：224.
②[清]紀昀總纂. 四庫全書總目提要[M]. 石家莊：河北人民出版社，2000：3421.

矣今爲辨正之如此。①

孫海波所論鞭辟入裏，直中要害。今人秦淑華將《玉篇直音》與原本《玉篇》進行比較後指出：

二書設置部首的原則不同；二者的收字及體例都不一致；二者的音韻特點也不一樣。②

不過總體而言，質疑《玉篇直音》作者的聲音並不强烈。相反，正如上文所言，學界卻有不少的學者，如顧炳權、朱聲琦、朱岩等學者皆認爲該書成於顧野王之手，與顧氏《玉篇》等同視之。

其二是關於對該書語音特徵的探究。

就我們掌握的材料來看，目前學界唯見秦淑華討論過該書的語音特徵與語音系統。除了兩篇期刊論文外，還撰有著作《<玉篇直音>的音系》（花木蘭文化出版社，2014年）。該書能夠全面反映秦淑華的研究成果。秦著綜合運用了反切比較法和統計法，並結合音位分析法、文獻參證法和方音參證法等對該書語音進行研究，將《玉篇直音》的語音系統歸納爲聲母27個、韻母47個（韻部24個）及聲調8個。通過方言的參證比較，秦淑華認爲：

《玉篇直音》反映的是一種頗受官話尤其是南系官話影響的吴語區知識分子或者說文人講的讀書音，它不可避免地有口語的成分，通俗地講，這是一種海鹽普通話，我們可以稱之爲海鹽官話。③

除此之外，我們再未見到他人討論該書語音系統的文章或者著作，更未見到對其語音系統進行比較研究的成果。

以上關於《玉篇直音》目前的研究現狀，我們可從以下幾個方面加以認識。

第一，關於作者的真僞，雖然前人有過發凡，但或因僅是心存疑惑，或因舉證不夠充分，致使結論乏力。

清人郭嵩燾只是隱約地透漏出個人的疑惑，並未明確表明自己的立場，更不見其對此詳加論證。四庫館閣大臣們雖說觀點明確，言語切中要害，但因是隻言片語，給人一種意犹未盡之感。近人孫氏之說，較之《四庫全書總目提要》，論證顯得逐層推進、嚴謹有序，論據更是確鑿有力、翔實細微，故而較之四庫館閣大臣們，其觀點更令人信服。然考孫氏之言，仍有未盡之處，如論據雖細微確鑿，但卻有失全面充分，尤其是未結合《玉篇直音》的語音特點，從語音史的角度爲之提供內證；加之未對“略相似”的小玉篇之書詳加介紹，亦未對作者是誰作出令人信服的考證，致使我們對《玉篇直音》的認識仍很模糊。今人秦淑華的結論令人信服，但過程未免簡略，損傷了結論的說服力。

①中國科學院圖書館整理. 續修四庫全書總目提要·經部（全二冊）[M]. 北京：中華書局，1993：1196.

②秦淑華.《玉篇直音》的語音系統[J]. 漢字文化，2011，(4)：36.

③秦淑華.《玉篇直音》的語音系統[J]. 漢字文化，2011，(4)：38；秦淑華.《玉篇直音》的語音系統[A]. 見：張渭毅主編. 漢聲——漢語音韻學的繼承與創新（下）[C]. 北京：中國文史出版社，2011：377.

第二，關於該書的語音價值尚有發掘空間；而關於該書的辭書性質，鮮有學者提及。

上文我們已經提到，關於《玉篇直音》的語音系統，目前唯有秦淑華做過研究。秦著應是學界首次討論《玉篇直音》聲韻調系統的成果，其結構完整、結論新穎且具開山之功。然而主要依據自注、互注的統計結果來歸納音系並不能完全揭示直音注音材料間聲母與聲母、韻母與韻母、聲調與聲調間的深層次關係，難免會降低研究結論的科學性。此外，如果加強對語音特征的歷時、共時方面的比較分析會讓我們更加準確地認識《玉篇直音》的音系性質。

此外，關於該書的前世今生、其究竟成書於何人之手、其與“海篇”類字書（如《篇海類編》《重刊詳校篇海》《海篇心鏡》《海篇星鏡》《海篇集韻大全》等）的關係等問題，我們至今尚未見到學界有成果論及。而所有這些未果的問題均爲該字書的性質塗上了一層撲朔謎離的色彩。

第三，關於該書的校勘工作，尚未見成果問世。

《玉篇直音》中“舛謬”之處甚多，此陋已經被四庫館閣大臣及近人孫海波批評過。根據我們的校勘，書中的訛誤之處多達 371 處。這些“舛謬”之處將成爲語言學、文獻學、史志學、辭書學等諸多學科的學者進行研究的巨大障礙。然而目前尚未看到關於該書校勘方面的成果問世。

基於以上三點研究現狀，我們認爲很有必要開展對《玉篇直音》的全面研究工作。而在這些研究中，準確地校勘《玉篇直音》是對該書進行研究的必要前提；系統地構建《玉篇直音》的音系框架，真實地還原其語音面貌，是科學認識該書的內在依據；通過與《玉篇》（含原本與宋本）、《字彙》及“海篇”類等字書的比較，是準確把握該書來龍去脈以及對該書性質認識的重要途徑。關於校勘的內容，我們共出校勘例 363 條，校正內容達 371 處。校勘的內容共分爲五類情形，即訛誤、奪文、衍文、倒文及異文。因校正內容較多且非本書研究的重心，故茲不贅舉，音系構建及比較研究才是本書討論的主要內容。

1.3 《玉篇直音》的文獻性質

1.3.1 《玉篇直音》與《玉篇》

《玉篇直音》題名中含有“玉篇”字樣，也標明作者是顧野王，這很容易讓人聯想到《玉篇直音》是採用直音法爲《玉篇》注音的。果真如此嗎？這需要將兩者進行比較後方可得出答案。

眾所周知，《玉篇》爲梁顧野王於大同九年（543）編寫的中國辭書史上的第一部楷書字典。後“經蕭愷刪改行世。至唐高宗上元間孫强增字本出（見《新唐書・藝文志》），則漸失本來面目。宋真宗時復命陳彭年等廣益之，增字一萬二千有餘，大亂部中次第。至於元代所刻《玉篇》，次第注文改變益甚，又非宋本之舊矣”[①]。至清末，外交家黎庶昌利用出使日本之便，在東京發現了原本《玉篇》殘卷，才使得後人有機會識得“廬山真面目”。此外，《玉篇》在唐時傳到了日本，日本和尚空海依據原本《玉篇》撰成《篆隸萬象名義》。“今《名義》之部目次第全與現存《玉篇》殘卷相合（詳張煦《<玉篇>原帙卷數部第敘說》），即字數亦與唐封演所記之數相若（《封氏聞見記》云：‘凡字一萬六千九百一十七字。’）。除注文但采訓詁，不引經傳，與宋本《玉篇》相近外，其餘一依原本《玉篇》，絕少增損淩亂。”[②]據此可知，“《名義》就成了原本《玉篇》的一個刪例減注本”[③]，因此《篆隸萬象名義》可以作爲窺探原本《玉篇》模樣的重要依據。至此，我們可以將《玉篇》的傳承過程描寫爲：

原本《玉篇》→孫强《玉篇》→宋本《玉篇》→元本《玉篇》

↘空海《篆隸萬象名義》

周祖謨認爲：“顧野王《玉篇》一亂於孫强，再亂於陳彭年。”[④]孫强本《玉篇》早已亡佚，而元刻本《玉篇》已經“次第注文改變益甚”“非宋本之舊矣”，又因目前最有影響的當屬原本與宋本兩種，故而我們在接下來的比較中以這兩種《玉篇》爲主要對象。鑒於原本《玉篇》僅爲殘卷，但《篆隸萬象名義》在部目次第音切等諸多方面皆與之相同，爲比較全面起見，所以我們以《篆隸萬象名義》代替原本《玉篇》進行比較。[⑤]

（1）收字數不同：《名義》16 000 餘字；“宋本”22 000 餘字；《玉篇直音》13 964 字。

（2）卷數不同：《名義》30 卷；“宋本”30 卷；《玉篇直音》共 2 卷。

（3）部數不同：《名義》542 部；“宋本”542 部；《玉篇直音》308 部。[⑥]

（4）部目名稱、寫法不盡一致：《玉篇直音》的部首數量雖不及《名義》及“宋本”，但是其中的光、天等部首均爲此二書所不備；《名義》、“宋本”中的磬部在《玉篇直音》中則寫作殸部。

（5）部目次第不同：《名義》與“宋本”均採用“始一終亥”的次第，而《玉篇直音》則採取以類統部，始天終單。

（6）部內轄字的數量及內容不同：我們隨機抽取一、月、斤、面、弓等部並以之爲例，具體比較內容詳見表 1-3-1。表中每列字組後的數字爲該部所轄的總字數。

①周祖謨. 論篆隸萬象名義[A]. 見：周祖謨. 問學集[C]. 北京：中華書局，1966：894.

②周祖謨. 論篆隸萬象名義[A]. 見：周祖謨. 問學集[C]. 北京：中華書局，1966：895.

③呂浩.《篆隸萬象名義》校釋[M]. 上海：學林出版社，2006：477.

④周祖謨. 論篆隸萬象名義[A]. 見：周祖謨. 問學集[C]. 北京：中華書局，1966：895.

⑤爲行文簡潔起見，在比較中，《篆隸萬象名義》簡稱爲《名義》，宋本《玉篇》簡稱爲“宋本”。

⑥原目錄表天文類中含气部，但該部並未轄字。另有重出部首癶部、乚部 2 個。《玉篇直音》雖名爲 308 部，實則 305 部。

表 1-3-1　部分部首轄字比較表　　（單位：個）

部名	《篆隸萬象名義》	宋本《玉篇》	《玉篇直音》
一	一弌天兂兓元丕吏（8）	一弌天兂兓元丕吏兲（9）	一弌壹旡兲丕仄丏丐㞢（10）
月	月朔脵朗朏朓霸胃□□肭朒朘期朝朞明（16）	月朔朗朖朏朓霸朤胃朒朘期朞朦朧朎腄朥朡朦朠朡朊朓（25）	月朓霸朤朏朒期朠朔朗朖胹朧朡朘朊朦朧朎朦腄朠朞肍脵朋朧朏朖朠朊朧朤肓胃朧朦朋朏朧朠朖朏朎朠朋朐胊朐朎朠朊朧朧朏朎朠朒朤朧朊朕（62）
斤	斤斧斨斫斪斸斳斱斮所斯斷斵斻新斬斵斷斱斳斲所欣（23）	斤斧斨斫斪斸斳斱斮斯所斯斦斷斶斷斵斻新斬斳斷斴斱斮所斯斯斸斳斵（31）	斤斳斧斨斯斫斷斸斮斪斬斵所新折析斳（17）
面	面靲靪靼靾靽靦靧靨靫靤靬靰（13）	面靽靨靦靼靬靳靧靤靨靫靦靫靧靾靧靨靯靥靦靧靨靦靦靽靥靦靨靤（29）	面靨靧靧靦靳靦靧靦靧靦靽靥靦靨靦靪靧靦靫靦靨靦靦靪靥靦靤靾靽（30）
矛	矛矝矠矟矡矜矞矡矤矦矟矠矡矦矤矠矡矡（18）	矛矞矝矠矟矡矡矼矢矜矝矠矞矡矟矟矦矤矠矤矦矢矠矞矠矡矝矟（28）	矛矝矠矡矟矜矤矡矞矡（10）

綜觀表 1-3-1 可知，在此五部的比較中，無論是在轄字的數量、次第方面還是在所轄具體的字方面，《玉篇直音》均表現出與《名義》、"宋本"的格格不入。不僅這五部如此，其餘諸部皆是，因篇幅問題，茲不贅舉。

（7）對於某些字的歸屬處理不同：如天字，於《名義》、"宋本"中皆被列入一部，而在《玉篇直音》中歸入天部。再如昊字，於《名義》、"宋本"中皆被列入日部，而在《玉篇直音》中亦歸入天部。此外，463 組重文的字更是體現出《玉篇直音》的編者在對這些字的歸類、注音方面的標準不一，與《名義》、"宋本"的處理完全不同。

通過上述比較可以看出，《玉篇直音》雖名中含有"玉篇"字樣，但其與《玉篇》（無論是原本還是宋本）已無關係，正如孫海波所言："此蓋明人僞書，而讬諸顧氏者也。"①當然，《玉篇直音》除了在體例這種表層方面與《玉篇》毫無瓜葛之外，在語音特徵這種內裏層面亦與之有千里之別，如《玉篇直音》中輕唇音聲母產生並分化與合流、齒音聲母的合流與重組、見系開口二等韻字腭化、-m 尾韻的消失、四呼的形成、入聲韻尾變爲喉塞音、四聲各分陰陽等特徵是近代漢語語音才有的特徵，爲《玉篇》的語音系統所不具備。而且有些語音特點（如全濁聲母的存在，微奉不分，微明混注，非曉、奉匣混注，疑日泥合流，日禪不分，疑喻入匣，"鳥"有端母讀音，支魚混注，歌模合流，麻韻齒音二、三等字不分，–n、–ŋ 尾韻混注，"鼻"字有入聲，四聲八調的聲調系統等）進一步折射了該書應該是明末吳人所著的信息。至於這些語音特徵將在後文討論音系性質的章節中進行詳述，可參見。因此，無論是表層的體例結構，還是內裏的語音特徵，《玉篇直音》與《玉篇》風馬牛不相及。

至於《玉篇直音》書名中含有"玉篇"字樣的現象，我們認爲這不僅僅是受《玉篇》

①中國科學院圖書館整理. 續修四庫全書總目提要・經部（全二册）[M]. 北京：中華書局，1993：1196.

爲中國第一部楷書字典的影響，尤其是宋代以後，《玉篇》《廣韻》作爲最有影響力的字書、韻書，且二書的功用互補，故後世在刊刻時往往以"篇韻"合稱①，直接將該名滲透到辭書的命名之中。《玉篇直音》在《鹽邑志林總目》中又被稱爲《玉篇廣韻》或許亦與此有關。此外更爲重要的原因應是該書作爲海鹽地方著書的一種被收入《鹽邑志林》中，其主要依據是編者爲該書所託名的歷史名人顧野王。因顧野王曾居亭林（舊屬海鹽縣）和做過海鹽縣監，故該書被列入叢書中。顧野王因《玉篇》一書而廣爲人知，《玉篇直音》在取名時必然也順理成章地含有"玉篇"字樣，旨在借此以提高該書的知名度。

1.3.2 《玉篇直音》與"海篇"類字書

既然《玉篇直音》與《玉篇》並無瓜葛，那其究竟是何種性質的書呢？我們通過比較發現，該書與"海篇"類的字書存有相似之處。

"海篇"，依據石崎博志研究，是明末流行的俗字典系列的一類總稱，音譯爲 haibien。haibien，源自葡萄牙籍耶穌教傳教士曾德昭（1613 年來到南京，1658 年在湖北去世）的《中國基督教布教史》一書，別名是"大海"。haibien 具體指的是哪一部字典，現在已無法準確判斷，但是石崎博志認爲，"海篇"類字典有一些共同的特徵，如：

所謂"海篇"系列的字典，是以明朝萬曆年間爲中心，陸續出版的俗字典的總稱。"海篇"系列的諸書之間，在內容和體裁上極其類似。比如說，作爲共同的特徵，它們都採用了筆畫檢字法和直接音譯的注音形式。"海篇"系列的字典繼承了最先採用筆畫檢字法的韓道昭著的《五音篇海》（1208 年）一書。而且，檢字的分類方法採用了把部首按照不同的語意進行分類的門類分部法（或者稱訓詁類別法）。分有天文門、時令門、地理門、人物門、聲色門、器用門、身體門、花木門、宮室門、飲食門、鳥獸門、干支門、卦名門、文史門、爾寶門、人事門、衣服門、數目門、通用門等。在各門中，相關連的部首以"某某部"的形式作爲進一步的分類單位。部的下位分類則是根據其偏旁以外的部分的筆畫數來進行的。其另外一個特徵，便是它採用了直接音譯的注音方式。雖然其中也有一部分使用了反切法，但使用反切的文本也都是與直接音譯注音方式並用，單純只使用反切法的文本，在我目前的研究中，還沒有發現。②

通過上述引文，我們可以把握"海篇"類字書的兩個重要特徵：其一是筆畫檢字法加門類分部法（訓詁類別法）；其二就是直接音譯的注音方式，也就是直音法。此處言及的"海篇"類字書究竟指的是哪些字書呢？根據計翔翔的研究，"明代以來出版的名稱中含

① "篇韻"亦有《類篇》與《集韻》的合稱或《四聲篇海》與《改併五音集韻》的合稱之說。參見：梁慧婧.《合併字學篇韻便覽》在辭書編纂方面的繼承與創新[J]. 辭書研究，2015，(2)：64.

②石崎博志. 傳教士所參考的漢語字典[A]. 見：復旦大學歷史地理研究中心. 跨越空間的文化：16—19 世紀中西文化的相遇與調適[C]. 上海：東方出版中心，2010：69-70.

有‘海篇’字樣的字典，至今海內外尚能見到的，不下 30 餘種”[①]。據大巖本幸次[②]，有明一代的“海篇”類字書多達 34 種。石崎博志[③]進一步指出，在傳教士的資料中，被引用的“海篇”類字典主要有以下 7 種，即《新校經史海篇直音》《翰林重考字義韻律大板海篇心鏡》《翰林筆削字義韻律京本大板海篇心鏡》《精刻海若湯先生校訂音釋[海篇？]匯》《陳明卿太史考古詳訂遵韻海篇朝宗》《篇海類編》《音韻字海》等，並且他據此認爲《新校經史海篇直音》在“海篇”系列字典中是最早把《五音篇海》的反切形式改爲直接音譯形式的字書。至於“海篇”類字書的書名中有“海篇”和“篇海”之稱的現象，郭敬燕指出：“據《新刻洪武正韻勘正切字海篇群玉》提要：‘其題“海篇”者，海指《五音篇海》，篇指《玉篇》。’”“海篇”類字書“多承襲韓道昭《篇海》而來，所以多有名爲‘篇海’、‘海篇’者”。[④]據此看來，“海篇”“篇海”的稱謂並無區別，皆爲“海篇”類字書。不過，需要明確的是郭敬燕所言的“海篇”（“篇海”）是從源頭而論的，石崎博志所言的“海篇”是從特徵的角度而論的。二者在概念的所指內容方面是相同的。本書此處論的是《玉篇直音》的特徵，故而暫從石文之說，提及郭文旨在明晰“篇海”與“海篇”無別。

有明一代，字書使用直音法注音是一種風氣，自明初至明末愈演愈烈。上海嘉定人章黼（1378—1469）的《直音篇》乃明初之際使用直音法注音的典型字書，惜其並未將該法貫徹全書。成書於“明代弘治十二年（1499 年）至嘉靖十七年（1538 年）之間”的《海篇直音》的“注音則統一採用直音，是中國第一部全直音字典”[⑤]。至明朝後期，使用直音法注音的字典規模蔚爲壯觀，像以“直音”命名的字書以彰顯自身純粹使用或基本使用直音法注音之特點的字書不勝枚舉，如《經史海篇直音》《新校經史海篇直音》《重校經史海篇直音》《重校全補海篇直音》《重刻經史海篇直音》《重校古本五音類聚四聲切韻直音海篇大全》《五韻類聚四聲切韻直音海篇大全》等。此外還有一些未用“直音”一詞命名的字書，這既有純粹的直音法注音的《海篇心鏡》《海篇星鏡》等字書，也有採用先反切、再直音的方式的《詳校篇海》《篇海類編》《五音集韻海篇大全》等。即使在《吳音奇字》這樣小卷帙的字書中也是普遍使用直音法，輔之以反切注音。《玉篇直音》以“直音”命名，應該是這個時代背景下的產物，而此時期恰巧與該書反映的陽聲韻-m 尾消失的時間相吻合，均在 16 世紀後半葉，乃至 17 世紀之初。

在使用門類分部法方面，“海篇”類字書中的《篇海類編》《五音集韻海篇大全》《海篇心鏡》《海篇星鏡》等是比較典型的代表，具有重要的參考價值。

---

①許翔翔. 十七世紀中期漢學著作研究——以曾德昭《大中國志》和安文思《中國新志》爲中心[M]. 上海：上海古籍出版社，2002：132-133.

②大巖本幸次. 關於明代海篇類字書群的幾個問題[J]. 東北大學中國語學文學論集，1999，（4）：20-22.

③石崎博志. 傳教士所參考的漢語字典[A]. 見：復旦大學歷史地理研究中心. 跨越空間的文化：16—19 世紀中西文化的相遇與調適[C]. 上海：東方出版中心，2010：70.

④郭敬燕. 明代“海篇類”直音系字書研究[J]. 民俗典籍文字研究，2014，（2）：215.

⑤韋樂，韋一心.《海篇直音》新考[J]. 辭書研究，2015，（1）：75.

《篇海類編》，題明宋濂撰，屠隆訂正。《續文獻通考》及《四庫全書總目提要》均斷之爲明代坊間書賈僞託宋、屠而作。楊載武[①]則進一步補證2條，並斷定該書刊刻於明末之際。楊說證據確鑿，結論可靠。該書共20卷，將444個部首統攝於天文、地理、時令、人物、身體、花木、鳥獸、鱗介、宮室、食貨、文史、珍寶、器用、數目、聲色、衣服、人事、干支、蓍卜、通用等20個門類中。幾乎每個部首中的字皆以筆畫爲序進行排列。

《五音集韻海篇大全》，又名《海篇集韻大全》，由萬曆年間翰林院編修鄒德溥（1549—1619）彙集，武夷逸士夏從仁補遺，今南京師範大學圖書館藏有該書。全書共31卷，注音上是反切與直音二法並用，體例上分爲天文、地理、時令、人物、宮室、器用、鳥獸、花木、人事、身體、衣服、珍寶、飲食、文史、數目、聲色、干支、卦名、通用等19個門類454個部首。與《篇海類編》相同，幾乎每個部首所轄的字皆以筆畫爲序進行排列。

《海篇心鏡》，全名《翰林重攷字義韻律大板海篇心鏡》，編者是明代萬曆年間翰林院庶吉士劉孔當[萬曆二十年（1592）進士]，今日本早稻田大學圖書館藏有該書。據書尾處"萬曆丙申歲太呂月葉會廷梓"字樣判斷，該書成書時間最晚也應在萬曆丙申年（1596）之前。全書20卷，完全採用直音法注音，將455個部首列於天文、時令、地理、人物、聲色、器用、身體、花木、宮室、飲食、鳥獸、干支、卦名、文史、珍寶、人事、衣服、數目、通用等19個門類之中。與《篇海類編》相同，幾乎每個部首中的字皆以筆畫爲序進行排列。

《海篇星鏡》，全名《新鍥閣老台山葉先生釘釋龍頭海篇星鏡》，編者是明末福建福清人葉向高（1559—1627），今日本內閣文庫藏有該書。全書19卷，完全採用直音法注音。在體例上分爲天文、時令、地理、人物、聲色、人事、飲食、身體、衣服、數目、宮室、器用、花木、鳥獸、干支、卦名、文史、珍寶、通用等19個門類，共轄有456個部首。與《篇海類編》相同，幾乎每個部首中的字皆以筆畫爲序進行排列。

綜合《篇海類編》《五音集韻海篇大全》《海篇心鏡》《海篇星鏡》四書來看，它們在所含部首的總數上分别是444、454、455、456個，相差無幾；在門類分部法方面大同小異，皆始於天文，終於通用；在每個部首所轄的字的字序方面，皆以筆畫爲序。爲方便起見，接下來我們選取收字較全、門類分法較細、刊刻清晰且容易看得到的《篇海類編》作爲樣本進行比較。

從門類方面來說，《玉篇直音》分爲18門，較《篇海類編》少了鱗介、蓍卜2門，另將食貨改稱飲食，其餘17門名稱均與《篇海類編》相同。

爲更有效地論證二書的相似性，我們通過表1-3-2加以比較（爲行文簡潔起見，部名不完全盡數列舉）。

①楊載武.《重刊詳校篇海》管見[J]. 辭書研究，1993,（4）：112-119.

表 1-3-2 《玉篇直音》與《篇海類編》之類、部比較表 （單位：個）

序號	《玉篇直音》			《篇海類編》		
	類名	部名	部數	類名	部名	部數
1	天文	天日月風雲雨火光明氣䨏	11	天文	天日月風雲雨火䨏元氣光	11
2	地理	山水石土田邑阜谷凵丆穴	16	地理	山水石土田邑井阜谷凵穴丆	23
3	時令	夕冫更歲	4	時令	晨夕冫更歲	5
4	人物	人父母男民夫予兄弟兒我幾友工子孑女	17	人物	舜王人臣士夫父母兒子兄弟予民業酋巫鬼辟男女工	24
5	身體	身心口目耳鼻頁面肉齒發舌手足血毛骨色力	19	身體	身心口目頁鼻首骨血囟面耳肉須齒牙舌皮力毛爪屍手足	31
6	衣服	衣糸系巾	5	衣服	衣糸巾曰履帛絲	8
7	人事	見言行走㲋反癶步止立並此是才鬥	15	人事	言見去疒勹享丮老癶興喜交㚒㲋彳臥走雲鬥索來立止行	73
8	宮室	門司戶屍履疒老宮寧宀正歹死示	14	宮室	廣宀門戶囪片寧	8
9	珍寶	金玉玨貝	4	珍寶	金玉寶玨	4
10	器用	車舟弓矢矛戈弋刀刃殳瓦缶	12	器用	戈弓矛矢殳盾戉琴龠刃磬鼓幾床壺鬥鼎瓦缶網舟車刀弋	39
11	花木	木林草竹禾	5	花木	木竹華艸束桼棗果禾𪊖𢆶禾	29
12	飲食	食西米麥豆黍麻甘羔丸	10	食貨	米食甘西鹵鹽旨	7
13	鳥獸	鳥蟲馬牛羊犬豕龍虎魚鹿豸鼠黽隹兔羽皮爪飛	22	鳥獸	鳥隹烏卵羽飛喿巢馬牛羊豕犬象豸虎鹿熊兔能鼠角革尾	34
14	文史	文書冂章囟句	6	文史	文書册章句	5
15	聲色	青黃赤白黑玄丹	7	聲色	音色青素黃赤白黑玄丹	10
16	干支	甲乙乚丙丁戊己庚辛壬癸醜寅卯辰巳丣午未申戌亥	22	干支	干支甲乙丁戊己辛壬癸醜卯辰申亥	15
17	數目	一二三四八九十寸半	9	數目	一二三四八九十丈尺寸半員	13
18	通用	攵支攴大囗彡又來畐曲勹乂必凶自頻亢首須㚒丮可雲音告龠夲久舛鼎鬲鬥且匚壺卮勿方斤匋多小幺尤壹叀欠齊幸真冉亡氏而夬疋北聿旡了丂中癶皿耒鹵韋臼角片入至去來彳之乎者也矣焉哉冋能井匕甾單	110	通用	高比大小先古久曲上明正聿冥臭多夭麼耑氏永長重東西北危來有旡丌其堅丂豈可畐丿斤方首冖非弗豐凡不勿左僉此且齊自亼卂丨卓疋畱單是亢兮丸秝欠共夲隸丶壴乃亦叒卩市亞又贏而市爨丄必也	97

綜觀表 1-3-2 可以發現，儘管《玉篇直音》對於某些部首的門類歸屬與《篇海類編》不相同，但是不可否認的是它們在結構上均是採用以部轄字、以類統部的體例。同時在門類和部名的設置方面二書也幾乎如出一轍。比如天、光、章 3 部，原本、宋本《玉篇》轄 542 部，儘管部數遠遠超出二書，但是卻未轄此 3 部，這是《玉篇直音》《篇海類編》等“海篇”類字書設立門類分部法的需要所致。具體言之，天，字形從一從大；光，字形從火，宋本《玉篇》便將之分別歸入一部和火部。然而《玉篇直音》《篇海類編》的編者認爲天、光二字本身皆乃天文現象，因設立天文類需要，故而將天、光二字升格爲部，以統攝若干從天、從光的字。再如章，字從音從十，原本、宋本《玉篇》皆入音部。然而，門類分部法因設立文史類需要，《玉篇直音》《篇海類編》則將章字升格爲部名，便形成了與音部並立的局面。

"海篇"類字書雖然取材於《玉篇》、《類篇》及《龍龕手鑒》等字書[①]，但是據此處看來，門類分部法宛若一張名片，將它們自成一類，使其與傳統的《玉篇》類字書已不屬於同一種別了。這種編排體例在明末很有影響力，與此同時代的另外一部方言字書《吳音奇字》（明孫樓著，陸鎰補遺）也是遵此做法。全書共 1 卷，分天文、地理、時令、人物、身體、人事、飲食、衣服、宮室、器用、珍寶、鳥獸、花木、通用等 14 個門類。總而言之，這些"海篇"類字書都有一個共同的特徵——以類統部。正是《玉篇直音》一書也具有這種以類統部的編排體例，才使其附有强烈的時代色彩。

比照"海篇"類字書的兩個突出特徵，《玉篇直音》與之稍有不同的是筆畫檢字法並未得到貫徹。此亦不足爲怪，這種筆畫檢字法在其他"海篇"類字書中亦未徹底貫徹。比如《篇海類編》中天文類之天部、鳥獸類之豸部等部字排列也沒有依照筆畫順序。如《五音集韻海篇大全》中的文史類共轄 16 個部首，其中僅示部字是遵照筆畫檢字法進行排序的，而其餘的 15 部均未執行此法；數目類共轄 18 個部首，其中除了廾部字是遵照部首檢字法来排序的外，其餘 17 個部首均未採用此法；人事類中的出、入、來、去、行、多、韋等部首的所轄字亦是如此。《海篇星鏡》身體門中的面、血、鼻、舌等部首中的字也沒有遵守筆畫檢字法進行排列。再如《海篇心鏡》聲色門中的音、色、彡、素、青、黃等部以及器用門中的㫃、斤、鼓、磬、幾、爿、斗等部首的所轄字亦呈現無規則排列。"海篇"類字書中不循此法的情況並不罕見，如此看來，筆畫檢字法並不爲該類字書所完全貫徹。相比較《篇海類編》《五音集韻海篇大全》二書而言，《玉篇直音》只不過更爲徹底一點，完全不再依據筆畫檢字法排列。相反，正如上文所論，該書某些部首裏的字遵守平、上、入、去的聲調順序，如木部、艸部、竹部、禾部等。此外，所收字的結構問題或許也是編者在排列轄字時的一項參考因素。這也是在上文所提及的，可參見，此不贅述。

至此，我們認爲《玉篇直音》完全具備"海篇"類字書外部具有的兩個身份區別特徵——門類分部法與直音法，據此而言，《玉篇直音》已具有了"海篇"類字書之形。不過要想確認《玉篇直音》的"海篇"性質，僅就形似而論仍有牽强之嫌，我們還需從該書注音的來源問題切入來論證其與"海篇"類字書的關係。

我們選取《玉篇直音》中的 30 個字作爲樣本，通過比較來觀察其注音的來源問題，具體比較詳見表 1-3-3。

表 1-3-3　部分例字在相關字書中的注音比較表

例字	《玉篇直音》	《玉篇》	《字彙》	《篇海類編》	《重刊詳校篇海》	《海篇心鏡》	《海篇星鏡》	《海篇集韻大全》
鐓	兌	徒對切	徒對切，音隊	徒對切，音隊	徒對切，音隊	對	兌	徒对切，音寸[②]
梫	侵	士荏切 子禁切	七林切，音侵	七林切，音侵	七林切，音侵	寑/盡	浸/盡	寑/盡

①計翔翔. 十七世紀中期漢學著作研究——以曾德昭《大中國志》和安文思《中國新志》爲中心[M]. 上海：上海古籍出版社，2002：133.

②據该書中此處反切"徒对切"，疑直音注音字"寸"當爲"对"字之訛字。

續表

<table>
<tr><th>例字</th><th>《玉篇直音》</th><th>《玉篇》</th><th>《字彙》</th><th>《篇海類編》</th><th>《重刊詳校篇海》</th><th>《海篇心鏡》</th><th>《海篇星鏡》</th><th>《海篇集韻大全》</th></tr>
<tr><td>瞙</td><td>漢</td><td>無昭切</td><td>彌遙切，音描</td><td>彌遙切，音描</td><td>彌遙切，音描</td><td>漢</td><td>緢</td><td>緢</td></tr>
<tr><td rowspan="3">汒</td><td rowspan="3">妄</td><td rowspan="3">亡谷切</td><td rowspan="3">謨郎切，音茫</td><td>巫放切，音妄</td><td>巫放切，音妄</td><td rowspan="3">妄</td><td rowspan="3">妄</td><td rowspan="3">妄</td></tr>
<tr><td>謨郎切，音茫</td><td>謨郎切，音茫</td></tr>
<tr><td>莫朗切，音莽</td><td>莫朗切，音莽</td></tr>
<tr><td rowspan="4">烱</td><td rowspan="4">閔</td><td rowspan="2">呼回切</td><td rowspan="4">呼對切，音誨</td><td>呼恢切，音灰</td><td>呼恢切，音灰</td><td rowspan="4">敏</td><td rowspan="4">閔</td><td rowspan="2">呼回切</td></tr>
<tr><td>呼罪切，音毀</td><td>呼罪切，音毀</td></tr>
<tr><td rowspan="2">莫賄切</td><td>誨</td><td>誨</td><td rowspan="2">梅</td></tr>
<tr><td>莫賄切，音美</td><td>莫賄切，音美</td></tr>
<tr><td rowspan="3">唶</td><td rowspan="3">昔</td><td rowspan="3">子夜切</td><td rowspan="2">子夜切，音借</td><td>子夜切，音借</td><td>子夜切，音借</td><td rowspan="3">惜</td><td rowspan="3">昔</td><td rowspan="3">惜</td></tr>
<tr><td>積</td><td>積</td></tr>
<tr><td>側格切，音謫</td><td>陟格切，音責</td><td>陟格切，音責</td></tr>
<tr><td rowspan="3">土</td><td rowspan="3">堵</td><td rowspan="2">他戶切</td><td>他魯切，兔上聲</td><td>他魯切，音吐</td><td>他魯切，音吐</td><td rowspan="2">吐</td><td rowspan="2">吐</td><td rowspan="2">他戶切</td></tr>
<tr><td>徒古切，音度</td><td>徒古切，音度</td><td>徒古切，音度</td></tr>
<tr><td>達戶切</td><td>董五切，音覩</td><td>董五切，音覩</td><td>董五切，音覩</td><td>杜</td><td>杜</td><td>達戶切</td></tr>
<tr><td>鬩</td><td>係</td><td>—</td><td>同“鬩”</td><td>呼計切，音係</td><td>呼計切，音係</td><td>係</td><td>係</td><td>係</td></tr>
<tr><td>𦚧</td><td>平</td><td>—</td><td>蒲丁切，音平</td><td>蒲丁切，音平</td><td>蒲丁切，音平</td><td>平</td><td>—</td><td>平</td></tr>
<tr><td>𪗋</td><td>斉</td><td>在奚切</td><td>—</td><td>前西切，音齊</td><td>前西切，音齊</td><td>齊</td><td>斉</td><td>斉</td></tr>
<tr><td>庢</td><td>止</td><td>—</td><td>—</td><td>底</td><td>底</td><td>止</td><td>止</td><td>止</td></tr>
<tr><td rowspan="2">坾</td><td rowspan="2">乙</td><td rowspan="2">—</td><td rowspan="2">—</td><td>乙棘切，音乙</td><td>乙棘切，音乙</td><td rowspan="2">乙</td><td rowspan="2">乙</td><td rowspan="2">乙</td></tr>
<tr><td>於柳切，音有</td><td>於柳切，音有</td></tr>
<tr><td>賵</td><td>氳</td><td>—</td><td>—</td><td>於軍切，音氳</td><td>於軍切，音氳</td><td>氳</td><td>氳</td><td>氳</td></tr>
<tr><td>㸧</td><td>晃</td><td>—</td><td>—</td><td>戶廣切，音晃</td><td>戶廣切，音晃</td><td>晃</td><td>晃</td><td>晃</td></tr>
<tr><td>烒</td><td>晃</td><td>—</td><td>—</td><td>戶廣切，音晃</td><td>戶廣切，音晃</td><td>晃</td><td>晃</td><td>晃</td></tr>
<tr><td>镸</td><td>廉</td><td>—</td><td>—</td><td>—</td><td>—</td><td>廉</td><td>兼[①]</td><td>廉</td></tr>
<tr><td>䚮</td><td>詢</td><td>—</td><td>—</td><td>—</td><td>—</td><td>詢</td><td>月[②]</td><td>旬</td></tr>
<tr><td>䶓</td><td>貴</td><td>—</td><td>—</td><td>—</td><td>—</td><td>貴</td><td>貴</td><td>—</td></tr>
<tr><td>糴</td><td>耀</td><td>—</td><td>—</td><td>—</td><td>—</td><td>耀</td><td>耀</td><td>耀</td></tr>
<tr><td>䨥</td><td>魯</td><td>—</td><td>—</td><td>—</td><td>—</td><td>虜</td><td>虜</td><td>魯</td></tr>
<tr><td>氽</td><td>冷</td><td>—</td><td>—</td><td>—</td><td>—</td><td>冷</td><td>冷</td><td>冷</td></tr>
<tr><td>灸</td><td>亦</td><td>—</td><td>—</td><td>—</td><td>—</td><td>亦</td><td>亦</td><td>亦</td></tr>
<tr><td>仌</td><td>傾</td><td>—</td><td>—</td><td>—</td><td>—</td><td>傾</td><td>傾</td><td>傾</td></tr>
<tr><td>糠</td><td>康</td><td>—</td><td>—</td><td>—</td><td>—</td><td>康</td><td>康</td><td>康</td></tr>
<tr><td>捸</td><td>歸</td><td>—</td><td>—</td><td>—</td><td>—</td><td>歸</td><td>歸</td><td>歸</td></tr>
<tr><td>睞</td><td>歸</td><td>—</td><td>—</td><td>—</td><td>—</td><td>歸</td><td>歸</td><td>歸</td></tr>
<tr><td>户</td><td>成</td><td>—</td><td>—</td><td>—</td><td>—</td><td>成</td><td>成</td><td>成</td></tr>
<tr><td>淛</td><td>成</td><td>—</td><td>—</td><td>—</td><td>—</td><td>成</td><td>成</td><td>式</td></tr>
<tr><td>㒸</td><td>春</td><td>—</td><td>—</td><td>—</td><td>—</td><td>春</td><td>春</td><td>春</td></tr>
<tr><td>蓇</td><td>秦</td><td>—</td><td>—</td><td>—</td><td>—</td><td>秦</td><td>秦</td><td>秦</td></tr>
</table>

①疑爲“廉”之訛字。

②疑此處乃“旬”之訛字，旬月形近易訛。當然也不排除因被注字含有月字而產生的訛讀。

由表 1-3-3 中所列的 30 例注音關係的比較可以看出，這些被注字與注音字之間的注音關係與《玉篇直音》完全相同（包括對注音字的選擇）的數量統計如表 1-3-4 所示。

表 1-3-4 《玉篇直音》中部分例字注音關係相似度比較表

書名	《玉篇》	《字彙》	《篇海類編》	《重刊詳校篇海》	《海篇心鏡》	《海篇星鏡》	《海篇集韻大全》
數量/個	0	2	9	9	24	23	20
相似度/%	0	6.67	30	30	80	76.67	66.67

由表 1-3-4 的數據可知，參與比較的《玉篇》等 7 部字書可分爲三類：第一類是《玉篇》《字彙》，其與《玉篇直音》的相似度很低甚至爲零，這說明《玉篇直音》與之根本不是一類字書；第二類是《篇海類編》《重刊詳校篇海》，此類字書與《玉篇直音》的相似度較第一類要高出許多，但是尚不足 50%，體現出《玉篇直音》與之同中有異、以異爲主的關係；第三類便是《海篇心鏡》《海篇星鏡》《海篇集韻大全》，其與《玉篇直音》的相似度均已超過了 60%，尤其是《海篇心鏡》《海篇星鏡》二書，其相似度均已超過 70%，甚至《海篇心鏡》高達 80%的比值，這充分說明《玉篇直音》與此二字書的關係至爲密切。然而，由於《玉篇直音》《海篇心鏡》《海篇星鏡》的成書年代（皆爲萬曆末年，即 16 世紀 17 世紀之交）極爲接近，很難說清誰借鑒或者抄襲誰的；或者還有一種可能，它們還有一種共同的底本作爲參考，惜目前尚不得知。此外，還需明確的是從被注字來看，《玉篇直音》與《海篇心鏡》《海篇星鏡》相同的字多數是生僻字。

上述 7 種字書，除了《玉篇》《字彙》外，其餘 5 類字書（《重刊詳校篇海》《篇海類編》《海篇心鏡》《海篇星鏡》《海篇集韻大全》）皆屬於“海篇”類字書。通過相似度的比較可知，《玉篇直音》除了前文所言的在外形方面（門類分部法及直音法注音）與“海篇”類字書相同外，在內裏的注音方面也與“海篇”類字書，尤其是與《海篇心鏡》《海篇星鏡》《海篇集韻大全》3 種字書存在驚人的相似。儘管存有個別字的讀音與某些“海篇”類字書的注音不同，但畢竟是少數，並不會影響到《玉篇直音》與這些字書的相似度。據此可知，《玉篇直音》的注音材料與“海篇”類字書存在著千絲萬縷的聯繫，或許《玉篇直音》與“海篇”類字書有著同一注音的源頭，亦或許這些“海篇”類字書本來就是《玉篇直音》的注音來源。不過無論出於哪一種關係，我們皆可以肯定地說《玉篇直音》的注音材料與“海篇”類字書是同一派系的，《玉篇直音》應是“海篇”類字書的一種。

從《玉篇直音》僅注音而不釋義的體例來看，該書主要以識字爲編書動機，因此該字書的價值主要體現在音韻學、方言學甚至是文字學等方面。據此我們還可以推測，孫海波所言的“日本耶穌會版小玉篇”，也應是“海篇”類字書的一種，孫氏所持《玉篇直音》與之“略相似”之說，估計也是從形式上僅直音法注音而不解釋字義或者少解釋字義以及門類分部法的角度而言的，這種“小玉篇”應該也是“海篇”類字書的一種。畢竟“海篇”類字書是傳教士學習漢語的重要參考書，其門類分部法及直音法的身份標識會對之有或多或少的影響。其實在明朝中後期，“海篇”類字書的門類分部法的意義及影響很大，它不僅已成爲“海篇”類字書的身份性標志，也是外文翻譯工具書編訂的重要準則。據丁鋒[1]《琉漢對音與明代官話音研究》一書附錄中的書影，《琉球館譯語》《使琉球録》等譯介工具書皆是以門類分部法來編排的。《玉篇直音》的門類分部以及直音法注音與這個時代的辭書編纂風氣吻合，與“海篇”類字書的特徵一致，折射出其具有“海篇”類字書的屬性。

此處需要說明的是，儘管《玉篇直音》在注音方面與以《篇海類編》爲代表的“海篇”類字書存在相似之處，但是這些字主要是生僻字或者是近代時期產生的字。相反，該書的編者受諸多因素（以方音干擾及粗心大意爲主）的影響，致使很多被注字的注音與《篇海類編》等字書並不相同。[2]茲舉若干例，詳見表 1-3-5。

表 1-3-5　《玉篇直音》與部分“海篇”類字書的注音比較表

<table>
<tr><th>序號</th><th>例字</th><th>《玉篇直音》</th><th>《篇海類編》</th><th>《海篇心鏡》</th><th>《海篇星鏡》</th><th>《海篇
集韻大全》</th></tr>
<tr><td>1</td><td>琲</td><td>非</td><td>蒲昧切，音佩</td><td>被、倍二音</td><td>被、倍二音</td><td>被、倍二音</td></tr>
<tr><td>2</td><td>頋</td><td>面</td><td>呼對切，音晦</td><td>會</td><td>會</td><td>會</td></tr>
<tr><td rowspan="2">3</td><td rowspan="2">揌</td><td rowspan="2">師</td><td>桑才切，音腮</td><td rowspan="2">揌</td><td rowspan="2">揌</td><td rowspan="2">偲</td></tr>
<tr><td>倉才切，音猜</td></tr>
<tr><td>4</td><td>鉥</td><td>木</td><td>—</td><td>—</td><td>—</td><td>—</td></tr>
<tr><td>5</td><td>褔</td><td>屈</td><td>—</td><td>—</td><td>—</td><td>—</td></tr>
<tr><td>6</td><td>嵮</td><td>復</td><td>毗亦切，舊音必</td><td>必</td><td>必</td><td>必</td></tr>
<tr><td>7</td><td>垍</td><td>忌</td><td>奇寄切，音洎</td><td>伯[3]</td><td>洎</td><td>洎</td></tr>
<tr><td>8</td><td>飬</td><td>談[4]</td><td>徒覽切，音噉</td><td>敢</td><td>敢</td><td>敢</td></tr>
<tr><td>9</td><td>腎</td><td>刃</td><td>時軫切，音蜃</td><td>慎</td><td>慎</td><td>慎</td></tr>
<tr><td rowspan="3">10</td><td rowspan="3">誹</td><td rowspan="3">毀</td><td>敷尾切，音匪</td><td rowspan="3">非</td><td rowspan="3">非</td><td>匪</td></tr>
<tr><td>飛</td><td rowspan="2">非</td></tr>
<tr><td>沸</td></tr>
<tr><td rowspan="4">11</td><td rowspan="4">釀</td><td rowspan="4">仰去</td><td>女亮切，音釀</td><td rowspan="2">昆</td><td rowspan="2">昆</td><td rowspan="2">昆</td></tr>
<tr><td>汝兩切，音壤</td></tr>
<tr><td>人樣切，音讓</td><td rowspan="2">讓</td><td rowspan="2">讓</td><td rowspan="2">讓</td></tr>
<tr><td>汝陽切，音穰</td></tr>
<tr><td rowspan="2">12</td><td rowspan="2">會</td><td rowspan="2">位</td><td>胡外切，音繪</td><td>惠</td><td>惠</td><td>惠</td></tr>
<tr><td>古外切，音貴</td><td>貴</td><td>貴</td><td>貴</td></tr>
<tr><td>13</td><td>族</td><td>俗</td><td>昨木切，聲同鏃</td><td>鏃</td><td>鏃</td><td>鏃</td></tr>
<tr><td>14</td><td>署</td><td>序</td><td>殊遇切，音樹</td><td>恕</td><td>恕</td><td>恕</td></tr>
<tr><td>15</td><td>民</td><td>名</td><td>彌鄰切，音旻</td><td>旻</td><td>旻</td><td>旻</td></tr>
<tr><td>16</td><td>覒</td><td>巨</td><td>具位切，音匱</td><td>貴</td><td>貴</td><td>貴</td></tr>
</table>

①丁鋒. 琉漢對音與明代官話音研究[M]. 北京：中國社會科學出版社，1995：237-253.

②鑒於《重刊詳校篇海》與《篇海類編》在注音關係上幾乎完全相同，故此處未將之列爲比較對象。

③應是“洎”之訛字。

④應是“淡”字之訛，已校。

續表

序號	例字	《玉篇直音》	《篇海類編》	《海篇心鏡》	《海篇星鏡》	《海篇集韻大全》
17	拙	折	朱劣切，音輟	輟	輟	輟
18	哴	浪	力仗切，音亮 魯堂切，音郎	亮	亮	亮
19	都	多	東徒切，音蔀	都	都	都
20	牝	品	婢忍切，舊音殯	品	（牛部字亡佚）	殯

綜觀表1-3-5中各字書的注音可知，《玉篇直音》的注音表現出與其他諸種“海篇”類字書的不同，我們將這些不同的注音材料稱爲異源材料。僅就表1-3-5而論，第1—6例應該屬於《玉篇直音》的編者“望字生音”，是主觀地依據被讀字的某個偏旁的讀音而想當然地把該字讀成了此音的行爲。前6例是編者致使的訛誤注音，雖不具有語音史的價值，但是能起到將《玉篇直音》與其他“海篇”類字書相區別的作用。第7—20例雖亦皆爲異源材料，但其意義非凡。第7、8兩例表明《玉篇直音》的注音材料並非對《篇海類編》《海篇心鏡》等“海篇”類字書的絕對依賴，其或許是編者的自注，抑或是參考了他書。比如第7例中的注音字“忌”，與“海篇”類字書皆不同，然而卻與《字彙》（垍，奇寄切，音忌）相同。第9—19例分别反映了《玉篇直音》中存在的聲母方面的日禪、非曉、泥疑、匣云、從邪、禪邪等不分的現象以及韻母方面的-n韻尾與-ŋ韻尾相混、支魚不分、開合口相混、洪細音不别、歌模合流的語音特點，彰顯了《玉篇直音》語音的不尋常處。這些重要的語音特徵爲其他字書所不具有，正是該書編者方音的自然流露，與今天的吳方言仍高度吻合，具有重要的方音史價值（第2、3兩章皆有詳述，可對應參見）。第20例也有代表性，從注音字來看，表面上《玉篇直音》看似與《海篇心鏡》相同，實則更體現出該書編者注音時實事求是的原則。因爲從《篇海類編》的注音來看，“牝音殯”是舊音，這一點《重刊詳校篇海》《海篇集韻大全》與此相同，體現出注音的保守性。不過也正是這個“舊音”一詞，反襯出當時“牝”字的時音應該已經有了變化。在這方面，《字彙》的注音“婢忍切，頻上聲”較之則要前進一步。然而，《玉篇直音》《海篇心鏡》等字書的注音則更與語音史相合，直接凸顯了該字聲母的清化現象。這個注音材料給我們帶來了啓發，這說明《玉篇直音》的注音並非是對“海篇”類字書的直接因襲，其語音是具有時代氣息的，是驗諸編者脣端的。

表1-3-5中所列的異源材料僅僅是舉隅，《玉篇直音》中的類似材料爲數眾多，這將會在接下來對音系特徵的討論中逐一介紹。正是這些異源材料證明了《玉篇直音》的獨特之處，該書並非是對《篇海類編》等“海篇”類字書的照抄照搬，其中是經過編者驗之脣端的，滲透了他們的主觀判斷。這些異源注音材料，除了編者受自身學識水平或者粗心大意而致使的以外，那些受自身方音影響而產生的注音材料恰恰是具有極大的語音史價值的，它們正是我們對該書進行語音研究的寶貴語料。

除了異源注音材料外，在某些細節的安排處理方面，《玉篇直音》與《篇海類編》《海篇心鏡》《海篇星鏡》《海篇集韻大全》等存有差異。比如，同是門類分部法，《玉篇直音》《篇海類編》《海篇集韻大全》統稱作“類”，如天文類、地理類、時令類等；而《海篇心鏡》《海篇星鏡》則稱作“門”，如天文門、地理門、時令門等。再如同爲聲色類，《篇海類編》《海篇心鏡》《海篇星鏡》《海篇集韻大全》除包括色、青、黄、黑、玄等帶有色彩意義的部首外，皆含有音部，是一個名副其實的聲色俱全的門類；而《玉篇直音》的聲色類僅含有青、黄、赤、白、黑、玄、丹七部，且皆爲帶有色彩意義的部首，並無表示聲音意義的部首，而音部則被列於通用類之中。比如广部，《篇海類編》《海篇心鏡》《海篇星鏡》《海篇集韻大全》皆列於宫室類（門），而《玉篇直音》將之列於地理類；相反，對於疒、示二部，《篇海類編》《海篇心鏡》《海篇星鏡》等列於人事類（門）中，而《玉篇直音》卻將之列於宫室類中。比如章字，於《篇海類編》中被列於聲色類的音部之下，於《海篇心鏡》《海篇星鏡》等書中則被重複列於聲色門的音部和衣服門的章部中，於《海篇集韻大全》中被重複列於聲色類的音部和文史類的章部中，而於《玉篇直音》中卻被獨置於文史類的章部之中，音部下並無該字。比如會字，在《篇海類編》《海篇心鏡》《海篇星鏡》《海篇集韻大全》等書中皆被列於人事類（門）的會部中，而在《玉篇直音》中則被列於人物類的人部中，該書的人事類中並無會部。再比如族字，《篇海類編》《海篇心鏡》《海篇星鏡》等書的器用類（門）㫃部中收有該字，《海篇集韻大全》亦是收于㫃部之中，不過㫃部在該書中被列於時令類中，而《玉篇直音》則將之列於通用類的方部之中，該書的器用門中並無㫃部。類似的細節之處爲數不少，皆在於表現出《玉篇直音》與這些“海篇”類字書的與衆不同之處。關於《玉篇直音》與“海篇”類字書的異同比較，筆者計劃在今後的時間裏專門討論，此處因其與我們討論《玉篇直音》的語音特徵重心有些偏離，茲不贅論。

以上這些細節上的不同以及上述的異源注音材料之所以被我們列舉出來進行討論，旨在證明《玉篇直音》並不是對《篇海類編》《海篇心鏡》《海篇星鏡》《海篇集韻大全》等“海篇”類字書的删繁就簡甚至直接抄襲，而是經過編者驗之於唇端的實際創造，是具有語音史料的價值的。反過來，我們之所以又未對這些細節上的不同進行全面的對比，那是因爲我們的目的在於求同存異，證明《玉篇直音》是“海篇”類字書才是我們的目標。

綜上所論，從體例方面來論，《玉篇直音》具備了“海篇”類字書的兩大基本特徵——直音法和門類分部法；從注音的來源方面來看，《玉篇直音》與“海篇”類字書存有驚人的相似，具有同源關係。鑒於這一表一裏的吻合，我們有理由相信《玉篇直音》是一部“海篇”類的字書，對舊有“海篇”類字書進行了再加工，具有創新意義。

第 2 章　《玉篇直音》的聲母系統

2.1　方法及步驟

2.1.1　研究方法

《玉篇直音》有 13 695 對直音注音材料，數量可以稱爲海量。通過對這些直音材料的系聯，輔之以音韻比較和方言參證，進而梳理出該書的聲母系統。歸納聲母的具體操作過程共分三步：系聯、關聯、確認。

第一步，系聯，即在確定的同屬於中古一個聲母的被注字集合中，根據被注字與注音字的同用、互用及遞用等規則進行自然歸類。

被注字與注音字之間呈現出同用、互用及遞用的關係，與陳澧所歸納的《廣韻》的反切上下字之間的關係本質相同，在此借用這些名稱。

同用的模式可以形容爲：A 音 G、B 音 G、C 音 G……，由此可推知 ABC……G 所有字的聲母相同。比如在同屬於中古的幫母集合內，有耙音巴 P117L6、芭音巴 P133L8、笆音巴 P137L7、豝音巴 P156L5、羓音巴 P154L10 等 5 條注音例，而巴於《廣韻》中僅有伯加切一音，非多音字，我們可根據注音字巴將耙芭笆豝羓等字系聯起來。

互用的模式可形容爲：A 音 B、B 音 A，由此確認 AB 的聲母絕對相同。如彼音比 P197L10、比音彼 P200L6，卜音不 P185L6、不音卜 P192L9，撥音鉢 P97L10、鉢音撥 P110L6 等。

遞用是指同用下的注音字又可作爲被注字爲其他注音字注音，其模式可形容爲：B/C/D 音 A，A 音 E，E 音 F……，由此推知 ABCDE 聲母相同。如于上述同用中既知垹音邦 P26L2、峀音邦 P27L4、挷音邦 P72L9、綁音邦 P81L3、謗音邦去 P87L3 等 5 條，又據邦音榜平 P31L2、榜音謗 P126L，可遞相系聯挷綁峀垹謗邦榜 7 個字聲母相同。此外，再對其他的髈音榜 P195L10、嫎音謗 P48L7 等注音例使用同用規則系聯，共可得知挷綁峀垹邦髈榜嫎謗 9 個同聲母的被注字。

當然，在同用、互用、遞用之外，我們也設立了兩條補充原則。

原則一：被注字也可以作爲同用的對象，其模式爲 A 音 B、A 音 C，如果 A 非多音字，則 ABC 聲母相同。《玉篇直音》中被注字的重文現象（一字多音者除外）將前後兩處使用的不同注音字聯繫起來。如柄音冰去 P130L1、柄音并去 P167L7，柄在《廣韻》中的去聲爲陂病切，冰《廣韻》筆陵切，并《廣韻》府盈切，柄冰并三字皆爲幫母字。因此，我們可以通過柄將冰、并二字系聯在一起，再通過此二字，把以之作爲注音字的幫母字全部系聯在一起。不過重文的情況共計 463 組，去掉一字多音者和注音字相同者，可供使用的爲數不多，僅作爲系聯時的補充。

原則二：紐四聲法注音例在嚴格分析後可以被同用規則系聯起來。如埗音邦$_{P26L2}$、峀音邦$_{P27L4}$、挐音邦$_{P72L9}$、綍音邦$_{P81L3}$、謗音邦去$_{P87L3}$等5條注音例。最後1例僅僅表明被注字謗與前4例被注字的聲調不同，至於聲韻則完全相同。通過這個分析過程，我們可以將此5例視爲同用注音字邦，然後將挐綍峀埗謗5個字系聯起來。當然，此處所言的紐四聲注音條例在使用時還需具體材料具體對待。平上去三聲的注音條例表明被注字與注音字之間的聲韻相同，而紐入聲法注音條例在系聯聲母時可以作爲同用的補充材料使用，而在系聯韻母時是不可以直接使用的，不過也可以作四聲相承的印證材料使用。

根據同用的關係，我們將《玉篇直音》中的轄字歸併爲3789個自然小類；再根據互用、遞用的關係及補充原則，可以將這3789個自然小類歸併爲1695個"準小韻"。①

第二步，關聯，即參照《廣韻》（必要時需要參照《集韻》《玉篇》《龍龕手鑒》等中古韻書、字書）對"準小韻"進行音韻特徵比較，繼而對這些"準小韻"合併歸類。如果依據《廣韻》《集韻》等中古韻書無法將"準小韻"進行關聯歸併的，則進一步依據《洪武正韻》等近代韻書進行關聯歸併。

通過比較"準小韻"被注字及注音字的音韻特徵，我們可以看出它們的自然分佈。每類字組被注字與注音字的聲母幾乎完全相同，這也是它們能系聯成類的根本原因。再者，在某些中類群體中，類與類之間並非因聲母的對立而自成一類，而是因聲調的差異而無法系聯成一類的，但是這並不意味著它們之間聲母不同。我們以中古的幫母字爲例，在系聯後的"準小韻"中有如以下六類：

①頒$^{幫}_{刪}$媥$^{幫}_{刪}$斑$^{幫}_{刪2}$般$^{幫}_{桓}$辬$^{幫}_{刪}$班$^{幫}_{刪}$詀$^{幫}_{桓}$ | 班$^{幫}_{刪5}$頒$^{幫}_{刪2}$般$^{幫}_{桓}$②

②鈑$^{幫}_{潸}$蝂$^{幫}_{潸}$版$^{幫}_{潸}$ | 板$^{幫}_{潸3}$

③絆$^{幫}_{換}$半$^{幫}_{換}$ | 半$^{幫}_{換}$絆$^{幫}_{換}$

④㪍$^{並}_{末}$趵$^{幫}_{覺}$癶$^{幫}_{末}$鉢$^{幫}_{末}$𦪙$^{幫}_{末}$癶$^{幫}_{末}$襏$^{幫}_{末}$撥$^{幫}_{末}$鱍$^{幫}_{末}$鮁$^{幫}_{末}$ | 撥$^{幫}_{末6}$鉢$^{幫}_{末4}$；⑤蹳$^{幫}_{末}$ | 發$^{集:}_{幫末}$；⑥扒$^{幫}_{黠}$八$^{幫}_{黠}$ | 八$^{幫}_{黠}$捌$^{幫}_{鎋}$

上列例字主要分佈於中古山攝一、二等平、上、去、入四韻。六類字中的第④⑤⑥三類皆爲入聲字，可視爲一類。如此說來，六類字也就變成了四類字。四類字之間的差別僅是聲調的不同。至於缺少某一韻字，比如上聲緩韻字、去聲諫韻字等，這並非此處沒有而被系聯至他處的情況，而是《玉篇直音》中根本就沒有收錄這些字。這是囿於材料所致，畢竟《玉篇直音》是字書而非韻書，沒有人爲地去主動反映韻系的意圖，缺少某個調類的字實屬正常。若將上述四類字併在一起，也足以表明中古山攝一、二等韻系幫母字的注音情況，它們自成一類，並未與其他聲母的字混注，在聲母方面《玉篇直音》與《廣韻》完

①自然小類是指根據注音字的同用關係而系聯成的最小同音字組；"準小韻"則是指綜合使用同用、互用、遞用及補充原則等規則而進一步對自然小類系聯所得的大於自然小類的同音字組，因其類似於《廣韻》中的"小韻"但尚不及"小韻"完整，故稱爲"準小韻"。"準小韻"的概念亦適用於韻母的討論。因少數字存在兩讀的情況，其聲母相同但韻母並不相同（如擠$^{精}_{齊}$音咨$^{精}_{脂}$ $_{P95L8}$，聲母系聯時將之併入"孖$^{精}_{之}$咨$^{精}_{脂}$鮆$^{精}_{支}$椔$^{莊}_{之}$飺$^{從}_{支}$齍$^{精}_{脂}$觜$^{精}_{支}$茲$^{精}_{之}$兹$^{精}_{之}$鼒$^{精}_{之}$"組，但是韻母系聯時則將之併入齊微部，以區別此類支思部字），在討論韻母時則加以區分，故韻母與聲母的"準小韻"數存在微差，特此說明。

②右下角的數字爲該字出現的次數。

全吻合。

再如“準小韻”中有下面三類：

①瀪$^{幫}_{先}$僠$^{幫}_{先}$編$^{幫}_{仙}$鯾$^{幫}_{仙}$匾$^{幫}_{先}$邊$^{幫}_{先}$籩$^{幫}_{先}$箯$^{幫}_{仙}$蝙$^{幫}_{先}$鯿$^{幫}_{仙}$砭$^{幫}_{鹽}$砭$^{幫}_{鹽}$褊$^{幫}_{獮}$貶$^{幫}_{琰}$窆$^{集:}_{幫琰}$乏$^{幫}_{琰}$匾$^{幫}_{銑}$ | 邊$^{幫}_{先5}$ 編$^{幫}_{仙4}$ 匾$^{幫}_{銑4}$ 鞭$^{幫}_{仙}$貶$^{幫}_{琰2}$
編上$^{幫}_{獮}$

②徧$^{幫}_{線}$ | 变$^{幫}_{線}$

③彆$^{幫}_{薛}$朙$^{幫}_{屑}$鱉$^{滂}_{屑}$別$^{幫}_{薛}$鼈$^{幫}_{薛}$鼈$^{幫}_{薛}$ | 別$^{幫}_{薛2}$ 鼈$^{幫}_{薛2}$ 彆$^{幫}_{屑2}$

上述三類主要來自中古山攝三、四等開口字，少數來自咸攝三等鹽韻字。第①類中平、上二聲被系聯在一起，第②類代表的是去聲，第③代表的是入聲。這三類字綜合起來代表了中古山攝三、四等開口字的注音情況，均來自中古的幫母字，自成一類。就聲母而言，與《廣韻》的情況完全吻合。

綜合上述九類字組，它們代表了《玉篇直音》中整個山攝（含少數咸攝三、四等幫母字）幫母字的注音情況。這些幫母字幾乎未與其他聲母產生混併的現象，表現出較强的獨立性，與《廣韻》高度吻合。據此我們認爲這九類的字自成一類。

如此類推，我們通過音韻比較，將118個自然小類併成48個“準小韻”，最後再將這些“準小韻”與《廣韻》比較，合併成更大範圍的字組。因該字組中屬於中古幫母的字佔據主體，故而我們稱之爲幫類。如此類推，我們共得出唇音聲母7類，舌音聲母5類，齒音聲母10類，牙喉音聲母8類，共計30類，亦即30個聲母。具體內容分見各類聲母的討論，茲不贅舉。

以上是與《廣韻》等中古韻書的比較，未涉及與《洪武正韻》《字彙》等近代韻書、字書比較的情況。如果依據中古韻書尚無法進行音韻比較的話，則需要參照《洪武正韻》《字彙》等進一步比較。

第三步，確認，即對一些尚且無法關聯的類或者需要特殊說明的字使用統計法、方言參證法等諸多方法進行補充確認。

使用統計法的情況比如，被注字與注音字的聲母不同，而且注音字表現出較爲一致性的讀音。在此情況下，則依據注音字的同用關係將之歸入注音字所在的類中。以“羆$^{幫}_{支}$音皮$^{並}_{支}$P200L4”爲例，羆，彼爲切，幫母，而注音字皮（符羈切）乃並母字。皮在《玉篇直音》中共出現25次，其中被注字1次，注音字24次，除此1次爲幫母字注音及2次爲滂母字注音外，其餘22次皆爲與並母字的注音關係，尤其是皮音毘（房脂切）例則更爲直接地表明了皮的並母身份。鑒於皮的常態讀音爲並母，再結合羆的通語讀音與皮音同，故而我們將羆系聯至並母的字類當中。

下面再舉一些使用方言參證法來判斷其字類歸屬的情況。

比如，《玉篇直音》裏有16例中古幫、滂母合口三等韻字與曉、匣母混注的現象：晃音紡 P2L1、晄音紡 P2L1、婚音噴 P10L7、旰音訪 P27L10、鄜音甫 P28L10、鄺音方 P31L2、婔音非 P47L5、忽音弗 P52L1、悱音毀 P53L4、惚音弗 P55L6、嚛音福 P57L1、吀音峯 P59L5、譬音飛 P85L10、誹音毀 P86L10、瘖音分 P102L7、浮音夫 P198L10。這種語音現象與《廣韻》相悖，但與《玉篇直音》的編者方音——海鹽吳音卻是吻合的。根據今海鹽吳音中曉、匣母合口呼字讀成非、敷、奉母的語音特點，我們將上述 16 例中的曉、匣母字及其系聯字皆歸入非類中。另有 6 例是匣母合口字與奉母混注的情況（唇音聲母的討論中已有詳述，不再贅舉，可參見），通過參證海鹽吳音，將之併入奉類中。

上述三步中的前兩步是必須完成的，對每一類聲母的考證均需要建立在這兩步工作的基礎之上。至於第三步並非是必需的，只有對那些無法關聯的類或者需要特殊說明的字進行考證時才使用。

2.1.2 基本步驟

鑒於漢語史上自中古至近代時期聲母已經發生了較大的合流與重組之事實，接下來我們在歸納《玉篇直音》的聲母系統時將打破原有的中古時的聲母框架，依據系聯中聲母的實際關係分組進行討論。本章共分爲四組，即唇音（幫、非組）、舌音（端組）、齒音（知、莊、章、精組）、牙喉音（見、曉組），並以此爲序進行討論。

在對每一組的討論中，將其主體分成兩個部分：首先是系統展示系聯的結果，歸納出聲母；其次是就每組中存在的特殊語音現象進行針對性的論述。

2.2 唇音聲母

2.2.1 唇音聲母字的分佈情況

爲了更爲清晰地展示中古輕重唇音字在《玉篇直音》中的關係，保障系聯結果的科學性，我們在系聯唇音聲母時依據《廣韻》的唇音特點，並未區分輕、重唇音聲母。在可供研究的 13 695 個被注字中，中古唇音幫、滂、並、明四個聲母的字均有分佈，具體數量見表 2-2-1。

表 2-2-1 《玉篇直音》所轄中古唇音聲母被注字數量表 （單位：個）

聲母	幫		滂		並		明	
	合口三等	其他	合口三等	其他	合口三等	其他	合口三等	其他
數量	146	373	116	230	191	361	95	532
總計	519		346		552		627	
	2 044							

在同用系聯基礎上得出的 3 789 個自然小類（詳見附錄 1）中唇音聲母字分佈在 592 個自然小類中，使用同用、遞用及補充原則對之進行進一步系聯共得出 259 個“準小韻”，詳見表 2-2-2。

表 2-2-2 《玉篇直音》唇音字組表

字組序號	轄字
A 類（含 118 個自然小類，48 個“準小韻”）	
0001	[2090]啍䋽琫菶 | 捧
0002	[2217]卟纀鵏不 | 卜[3698]卜 | 不
0003	[2421]蹼䗱襮 | 僕
0004	[1226]垹峀搒縍 | 邦[1391]邦 | 榜平[2464]髈膀 | 榜[1856]嫎榜 | 謗[2671]謗 | 邦去
0005	[0225]膊嚗䑈䮀鎛剝駁駮牔 | 博[1099]礴愽曝㩧搏欂簙餺癶 | 剝
0006	[1058]碑裨椑箄箄卑 | 悲[1285]睥 | 碑[1918]悲錍婢 | 卑
0007	[2988]鑿 | 陂
0008	[1307]鄙妣枈彼匕 | 比[1700]儷彼秕俾比 | 彼[2882]屘 | 鄙
0009	[1664]俾 | 卑
0010	[0778]泌毖柒閟祕鉍苾 | 秘[1393]邲鄪 | 賁[1484]庇 | 嬖[1644]備 | 庇[1886]嬖臂詖皮閉痹痺祕賁賕蔽箅閈毖閟秘 | 閉[2359]瞥 | 臂
0011	[2916]疕 | 比
0012	[1301]瞥鷩 | 敝
0013	[0094]晡庯逋餔醐鵏 | 甫[1633]俌睭 | 逋
0014	[2509]補 | 圃[2654]譜闇 | 補[3640]圃 | 譜
0015	[0831]沛庯悑怖誧播簸 | 布[1373]鄱爸譒 | 播
0016	[1185]坏䣔盃 | 杯[2685]諀杯栝 | 盃
0017	[2298]背鋇鋇狽 | 貝[3056]貝輩 | 背
0018	[0160]昁旆 | 沛
0019	[0780]派稗 | 拜
0020	[0809]泋犇 | 奔[3626]奔 | 犇
0021	[0652]嵭浜垪蹦絣帲閍祊鬃 | 崩[0675]崩 | 絣[1568]窮 | 崩去
0022	[1264]畚畚体奮輪笨渀畚 | 本
0023	[2734]迫鉑瓸栢百北 | 伯[3240] 柏䂍帕 | 百
0024	[0369]霦冰冰賔攽 | 兵[0611]豳賓嬪檳矉顮臏繽閵鑌瑸斌鵊賓彬 | 賓[0746]汃份彪 | 彬[1320]邠 | 豳[1464]豳豳 | 邠[1600]仌掤兵 | 冰[1650]併迸柄 | 并[2840]摒鈵 | 柄[3249]柄 | 冰去
0025	[0130]㫅炳㼰庰怲眪抦稟箳稟秉餅掰蛃炳 | 丙[3250]棅丙 | 秉
0026	[1032]濒 | 頻
0027	[2862]閞栟 | 并
0028	[2829]㨀芮 | 柄
0029	[0366]霡霁迸㻂 | 併[2436]跰 | 迸
0030	[1627]儐髕殯 | 擯[2373]鬢擯 | 殯
0031	[0282]飃熚煏僃熚嶧壁犀滭俾婢䏶縪覕譯逼拯禪瑾珌璭彈樺榀篳筆笔饆鵯鴔駜貏畢觱韠罼韠觱 | 必[0286]飋湢偪 | 逼[1474]辟襞檗壁鏴鼊鼊 | 壁[1980]愊 | 湢[2408]躄 | 偪[2434]蹕必 | 畢
0032	[1122]碧 | 璧[3033]璧 | 碧
0033	[2249]頒编斑般辬 | 班[3054]斑班 | 頒[3775]黇 | 般
0034	[3017]鈑蝂版 | 板
0035	[2580]絆 | 半[3761]半 | 絆
0036	[0298]䥯趵癶鉢䬳癶 | 撥[2516]襏撥鱍鮁 | 鉢

續表

字組序號	轄字
0037	[2448]蹳幫末 丨 發集:幫末
0038	[2816]扒幫黠 丨 八幫黠[3606]八幫黠 丨 捌幫鎋
0039	[0994]澷幫先傷幫先編幫仙鯿幫仙鯾幫先 丨 邊幫先[2759]邊幫先 丨 鞭幫仙[3338]籩幫先箯幫仙蝙幫先鯿幫仙 丨 編幫仙[1077]砭幫鹽砭幫鹽褊幫獮貶幫琰 丨 匾幫銑[1562]窆集:幫琰㝃幫琰 丨 貶幫琰[3688]匾幫銑 丨 編上幫獮
0040	[3781]徧幫線 丨 变幫線
0041	[1196]鼈幫薛䏟幫屑 丨 别幫薛[2984]鱉滂屑別幫薛 丨 鼈幫薛[3529]鼈幫薛鼈幫薛 丨 彆幫屑
0042	[1148]堢幫晧保幫晧呆幫晧褒幫豪褒幫豪褓幫晧宲幫晧寶幫晧鴇幫晧鴇幫晧鴇幫晧鸔幫晧㧵幫晧 丨 保幫晧[2494]褒幫豪 丨 褒幫豪[2937]寶幫晧珤幫晧 丨 宝幫晧[2020]怉幫巧飽幫巧 丨 飽幫巧[3381]飽幫巧 丨 包上幫巧[2325]胞幫肴枹幫肴苞幫肴勹幫肴 丨 包幫肴[3734]包幫肴 丨 保平幫豪[2850]抱並晧 丨 包去幫效
0043	[3504]虣並號報幫號報幫號 丨 豹幫效[3526]豹幫效 丨 報幫號
0044	[0144]瞟玉:滂小风幫宵熛幫宵儦幫宵瞟幫宵髟幫宵幖幫宵摽幫宵鑣幫宵贆幫宵剽幫宵杓幫宵藨幫宵猋幫宵彪幫幽彪幫幽旚幫宵票幫宵 丨 標幫宵[0233] 飆幫宵飈幫宵瀌幫宵驫改:幫幽 丨 彪幫幽[3189]標幫宵 丨 剽幫宵[0704]幖幫小褾幫小裱幫小 丨 表幫小[2498]表幫小 丨 標上幫小[1717]俵幫笑 丨 表去幫笑[3475]驃並笑 丨 俵幫笑
0045	[0728]嶓幫戈碆幫戈玻滂戈 丨 波幫戈
0046	[3471]駊幫果 丨 跛幫果
0047	[3104]靶幫麻芭幫麻葩滂麻笆幫麻羓幫麻豝幫麻 丨 巴幫麻
0048	[1019]灞幫禡垻幫禡肥幫禡 丨 霸幫禡[0188]霸幫禡覇幫禡跁並禡䎱玉:滂禡 丨 罷並蟹[3555]㓦幫禡罷並蟹 丨 把正:幫禡
B 類（含 76 個自然小類，28 個“準小韻”）	
0049	[1040]灃滂東僼滂東峯滂鍾妦滂鍾葑幫鍾豐滂東蜂滂鍾蠭滂鍾蠭滂鍾犎滂鍾 丨 丰滂鍾[0229]風幫東凬幫東凮幫東吘曉東鋒滂鍾 丨 峰滂鍾[0354]豐滂東漨滂鍾烽滂鍾𧮪滂東楓幫東豊滂東䩬幫東𩐈滂東丰滂鍾丰滂鍾夆滂鍾 丨 風幫東[0480]颿幫送諷幫送賵滂送 丨 俸並用[1705]俸並用 丨 風去幫送
0050	[0715]葑幫鍾𡈽幫鍾偑幫東寷滂東 丨 封幫鍾
0051	[3194]桻滂鍾 丨 夆滂鍾
0052	[3741]覂幫腫 丨 泛集:幫腫
0053	[2071]嚛曉屋幅幫屋琗並屋葍幫屋鶝幫屋蝠幫屋蝮滂屋覆滂屋復幫屋 丨 福幫屋[2972]福幫屋 丨 覆滂屋[2307]腹幫屋鍑幫屋 丨 復幫屋[3087]輻幫屋輹幫屋 丨 幅幫屋
0054	[0103]啡幫微霏滂微渄幫微婔曉脂妃滂微裶滂微緋幫微閈滂微扉幫微菲滂微騑幫微蜚幫微騑幫微飛幫微妃滂微 丨 非幫微[2644]譬曉支 丨 飛幫微
0055	[0189]朏幫尾篚幫尾匪幫尾 丨 斐滂尾[0371]霏幫尾斐滂微榧幫尾棐幫尾蜚幫尾翡並未斐滂尾 丨 匪幫尾
0056	[0368]虺曉尾燬曉尾娓曉尾燬曉紙碨曉紙悱滂尾誹集:幫尾寪云紙芔曉未卉曉未 丨 毀曉紙[3174] 毀曉紙虫曉尾 丨 虺曉尾
0057	[0294]䨽滂未䨽滂未𪏆滂未沸幫未怫滂廢肺滂廢 丨 費滂未[1184]韭並未厞集:並未疿幫未鬻幫未 丨 沸幫未[1477]廢幫廢跳幫未剕集:並未芾幫未萉並未穳並未狒幫未狒並未 丨 肺滂廢[3066]費滂未 丨 廢幫廢
0058	[0389]雬鏡:幫虞垺滂虞郛滂虞鄜玉:滂虞鄜滂虞俘滂虞妋幫虞忲滂虞膚幫虞肤幫虞跗幫虞趺幫虞紨滂虞袪幫虞鈇幫模玞幫虞鋢滂虞柎幫虞蘝滂虞莩滂虞秩幫虞稃滂虞麩滂虞鳺幫虞孚滂虞敷滂虞敷玉:滂虞尃滂虞罦滂虞浮集:曉模 丨 夫幫虞[1530]痡滂虞呼幫尤殍滂虞 丨 孚滂虞[1757]夫幫虞 丨 敷滂虞
0059	[1063]砆幫虞鈇幫虞 丨 扶幫虞
0060	[1317]烳滂姥鄜玉:曉姥郙幫麌斧幫麌㚕幫有䊄幫有㕮幫麌脯幫麌䟔幫遇鱄幫麌鯆幫麌䰴幫麌 丨 甫幫麌[1667]俯幫麌釜並麌腑幫麌黼幫麌撫滂麌釜並麌簠幫麌斧幫麌甫幫麌 丨 府幫麌[1473]府幫麌嘸並麌 丨 撫滂麌[2262]頫幫麌 丨 俯幫麌[3440]騬幫麌 丨 斧幫麌
0061	[1417]賦幫遇 丨 賦幫遇[1647]仆滂遇赴滂遇䬲滂遇 丨 赴滂遇[1651]傅幫遇駙並遇弅玉:幫有拊滂麌賦幫遇副滂有䳕幫麌 丨 付幫遇[1654]付幫遇 丨 富幫宥[2372]髻滂宥赴滂遇 丨 副滂宥[3073]賻並遇 丨 傅幫遇
0062	[0379]稟滂遇 丨 掊集:滂遇
0063	[0109]昐幫文盼幫文雰滂文衯滂文帉滂文闅滂文閉滂文瘖篇:曉魂玢幫文芬滂文饙幫文餴幫文 丨 分幫文[2547]紛滂文翂滂文翁幫文 丨 芬滂文[3607]分幫文 丨 紛滂文[1935]捴幫吻 丨 粉幫吻[2830]捴幫吻 丨 忿滂吻[3409]粉幫吻 丨 分上幫吻[0513]焄集:曉慁 丨 噴集:滂問[2101]噴集:滂問 丨 分去幫問
0064	[1205]坌幫問僨幫問 丨 糞幫問[2622]齡幫吻糞幫問鵜並文 丨 奮幫問
0065	[2018]憤並吻膹並吻濆並吻齡並吻 丨 粉集:幫問
0066	[0250]颰幫物爽滂物炥並物弗並物沷幫物忽曉沒佛並物惚曉沒咈並物髴滂物袚幫物紱幫物帗幫物韍幫物拂滂物祓滂物祓滂物柫幫物茀滂物芨幫物笰幫物𦐊幫物勿明物韍幫物韍幫物彿滂物 丨 弗幫物[2454]㲢滂物艴滂物刜滂物 丨 拂滂物[0238] 颮曉沒颰曉沒颮曉沒炪曉術烼曉物㵿匣屋𢗉曉沒唿曉沒㥵匣沒闐曉物㧾曉沒笏曉沒搰匣沒欻曉物 丨 忽曉沒
0067	[2193]昲滂物 丨 佛集:滂物
0068	[2550]繙滂元犿幫元 丨 幡滂元[2595]幡滂元翻滂元飜滂元旛滂元 丨 番滂元

續表

字組序號	轄字
0069	[0897]潘集:滂元丨拚滂元[3112]皤滂元丨潘集:滂元
0070	[3018]鐇幫元丨藩幫元
0071	[1249]坂幫阮返幫阮軓幫阮丨反幫阮[3647]反幫阮丨返幫阮
0072	[0710]屹滂梵丨泛滂梵[0749]氾滂梵泛滂梵釩滂梵販幫願丨汎滂梵[1271]畈幫願阪幫阮忛滂願疲滂願丨販滂願
0073	[0982]灋幫乏金幫乏發幫月丨法幫乏[2381]髮幫月丨發幫月[3658] 鼥幫月丨髮幫月
0074	[0839]汸滂陽埅幫陽邡幫陽鄺曉唐妨滂陽仿滂陽枋幫陽芳滂陽鴋幫陽丨方幫陽[1415]防並陽方幫陽丨芳幫陽[3695]放幫漾丨方去幫漾
0075	[0021]晃匣蕩晄匣蕩仿滂養鶭滂養鴋滂養丨紡滂養[0092]昉幫養旿玉:曉蕩倣幫養舫幫養彷滂養丨訪滂養[2202]眆滂養髣滂養丨彷滂養[2564]紡滂養訪滂養瓬幫養丨倣幫養[0537]炛篇:匣蕩炚篇:匣蕩悓匣蕩幌匣蕩榥匣蕩櫎匣蕩丨晃匣蕩
0076	[0492]缹幫有否幫有鴀幫有丨缶幫有[1848]妚幫有棓滂有裒並尤殕幫有紑幫有丨否幫有
C 類（含 90 個自然小類，44 個“準小韻”）	
0077	[3012]鏷並沃支滂屋丨撲滂屋
0078	[0997]濮幫屋墣滂屋䑑幫屋丨泊集:滂陌
0079	[0306]霩滂鐸爆滂覺瞨滂覺暴滂覺扑滂屋鏷滂鐸璞滂覺樸滂覺醭滂屋粕滂鐸丨朴滂覺[3239]朴滂覺丨璞滂覺[3548]貊滂鐸丨粕滂鐸
0080	[0334]雱滂唐滂滂唐膀滂蕩丨旁集:滂唐[0348]霶滂唐雱滂唐磅滂唐丨滂滂唐[2331]胖滂絳丨旁去集:滂宕
0081	[0638]岯集:滂灰邳洪:滂灰伾滂脂㚰滂咍怌滂脂碩滂脂髬滂脂銔滂脂秠滂脂丨丕滂脂[1057]磇滂齊䏘滂支紕滂脂批滂齊披滂支丕滂脂旇滂支魾並紙被滂支丨披滂支[2247]額集:滂脂丨邳洪:滂灰[2774]錍滂支鈹滂支鈚滂齊丨批滂齊[2801]披滂支丨否平並脂[3489]狉滂脂豾滂脂丕滂脂丨醅滂灰
0082	[2046]怌滂脂刯滂齊丨被集:滂支
0083	[1228]圮滂旨吡滂紙坒滂薺丨痞滂旨[2909]痞滂紙丨嚭滂旨
0084	[2117]嚊滂至丨被集:滂寘
0085	[0934]淠滂至濞集:滂霽庀滂紙睥滂霽屁滂至辟滂寘丨譬滂寘[2637]譬滂寘丨辟滂寘[2694]訛滂至丨屁滂至
0086	[1141]坡滂戈丨跛滂戈[1414]陠滂模稃滂模秿滂模丨鋪滂模[1437]陂滂戈跛滂戈鋪滂模丨坡滂戈[1746]爸並果叵滂果丨頗滂果[2253]頗滂果丨坡上滂果[1896]婆並戈丨頗平滂戈[2899]痡滂暮丨鋪去滂暮
0087	[0174]普滂姥丨溥滂姥[0844]浦滂姥溥滂姥譜滂姥丨普滂姥[2659]誧滂姥丨浦滂姥
0088	[1863]坯滂灰丨胚滂灰[2302]胚滂灰衃滂灰丨脢並灰
0089	[2297]奅滂灰秠滂脂駓滂脂丨坯滂灰
0090	[0358]霈滂泰邶滂泰昁滂泰配滂隊配滂隊丨沛滂泰[0722]嶏滂隊丨配滂隊
0091	[2607]帔滂寘丨轡幫至
0092	[0854]湃滂怪鎃滂卦庍滂卦丨派滂卦
0093	[0953]湓滂慁丨噴滂慁
0094	[1224]堋滂登丨烹去滂映[1723]倗滂等丨烹上滂梗[2027]恲滂庚拼滂青骿滂庚匉滂耕歕滂魂丨烹滂庚
0095	[3480]牝並軫牝並軫丨品滂寑
0096	[1334]邲並質佖並質吡滂質肶滂質鴄滂質鳴滂質疋滂質丨匹滂質
0097	[1720]伮滂刪扳滂刪丨攀滂刪[2182]眅滂刪攀滂刪丨扳滂刪[2177]盼滂襉版集:並換襻滂諫丨扳去滂諫
0098	[1590]泮滂換頖滂換泮滂換丨判滂換[3165]判滂換丨胖滂換[3613]判滂換叛滂換畔並換伴滂換駢滂換拌滂換丨泮滂換
0099	[2273]頖滂換丨半集:滂換
0100	[0851]潑集:滂末覕滂覺鏺滂末丨撥集:滂末[2767]癹滂末箔滂鐸丨潑集:滂末
0101	[1495]扁滂仙媥滂仙覑滂仙瘺滂仙篇滂仙丨偏滂仙[1660]偏滂仙猵滂仙翩滂仙丨篇滂仙
0102	[3474]騙滂線辨滂霰丨片滂霰[3764]片滂霰丨騙滂線
0103	[0253]颮滂屑瞥滂屑丨撇滂屑
0104	[2627]覕滂屑丨瞥滂屑
0105	[2309]脬滂肴丨泡滂肴[0420]炮滂效泡滂肴丨砲滂效[1107]砲滂效皰滂效丨炮滂效[2820]拋滂肴丨炮平滂肴[3107]軳滂肴丨拋滂肴

續表

字組序號	轄字
0106	[0232]飄$^{滂}_{宵}$丨票$^{滂}_{宵}$[0247]飈$^{滂}_{尤}$熛$^{滂}_{宵}$覄$^{集:}_{滂宵}$覄$^{集:}_{滂宵}$嫖$^{滂}_{宵}$嘌$^{滂}_{宵}$膘$^{滂}_{宵}$蹘$^{滂}_{宵}$縹$^{滂}_{宵}$𧽝$^{滂}_{宵}$彯$^{滂}_{宵}$丨飄$^{滂}_{宵}$
0107	[0248]飃$^{滂}_{宵}$漂$^{滂}_{宵}$丨摽$^{滂}_{宵}$[0985]瀌$^{滂}_{宵}$藨$^{滂}_{宵}$翲$^{滂}_{宵}$魒$^{滂}_{宵}$丨漂$^{滂}_{宵}$[3360]穮$^{滂}_{肴}$丨摽$^{集:}_{滂肴}$
0108	[2186]瞟$^{滂}_{小}$皫$^{滂}_{小}$醥$^{滂}_{小}$丨縹$^{滂}_{小}$
0109	[2248]顠$^{滂}_{小}$膘$^{滂}_{小}$𪀦$^{滂}_{小}$丨漂$^{滂}_{小}$
0110	[0159]瞟$^{滂}_{笑}$慓$^{滂}_{笑}$𦖿$^{滂}_{笑}$勡$^{滂}_{笑}$丨漂$^{滂}_{笑}$
0111	[1663]僄$^{滂}_{笑}$丨剽$^{滂}_{笑}$
0112	[2913]瘭$^{集:}_{滂笑}$丨摽$^{滂}_{笑}$
0113	[3612]𡭴$^{滂}_{笑}$丨票$^{篇:}_{滂笑}$
0114	[2290]䣇$^{滂}_{麻}$鈀$^{滂}_{麻}$舥$^{滂}_{麻}$丨葩$^{滂}_{麻}$
0115	[1993]怕$^{滂}_{禡}$丨帕$^{滂}_{禡}$[2602]帕$^{滂}_{禡}$帊$^{滂}_{禡}$丨怕$^{滂}_{禡}$
0116	[1611]俜$^{滂}_{勁}$𪀪$^{滂}_{勁}$丨聘$^{滂}_{勁}$[2212]𥇉$^{集:}_{滂勁}$聘$^{滂}_{勁}$丨平去$^{並}_{映}$[1075]砰$^{滂}_{蒸}$栟$^{幫}_{清}$丨娉$^{字:}_{滂青}$[1809]娉$^{字:}_{滂青}$丨聘平$^{滂}_{清}$[3779]𢓉$^{玉:}_{滂青}$伻$^{滂}_{耕}$姘$^{滂}_{耕}$甹$^{滂}_{青}$丨平$^{並}_{庚}$
0117	[1050] 才$^{幫}_{陌}$珀$^{滂}_{陌}$魄$^{滂}_{陌}$丨迫$^{幫}_{陌}$[3039] 珀$^{滂}_{陌}$丨拍$^{滂}_{陌}$
0118	[0367]霹$^{滂}_{錫}$澼$^{滂}_{錫}$礔$^{滂}_{錫}$僻$^{滂}_{錫}$丨辟$^{滂}_{昔}$[2401]擘$^{集:}_{並錫}$劈$^{滂}_{錫}$丨僻$^{滂}_{錫}$
0119	[2423]踾$^{滂}_{職}$丨愊$^{滂}_{職}$
0120	[1819]婄$^{滂}_{厚}$吥$^{滂}_{侯}$瓿$^{滂}_{厚}$丨剖$^{滂}_{厚}$[3160]剖$^{滂}_{厚}$丨掊$^{滂}_{厚}$
D 類（含 100 個自然小類，53 個“準小韻”）	
0121	[0267]颿$^{並}_{東}$髼$^{並}_{東}$韸$^{並}_{東}$篷$^{並}_{東}$丨蓬$^{並}_{東}$[3269]蓬$^{並}_{東}$芃$^{並}_{東}$丨莑$^{並}_{東}$
0122	[1539]亳$^{並}_{鐸}$僕$^{並}_{屋}$撲$^{並}_{覺}$薄$^{並}_{鐸}$丨泊$^{並}_{鐸}$[1827]𡣍$^{並}_{沃}$嶫$^{並}_{屋}$轐$^{並}_{沃}$䴂$^{並}_{沃}$丨僕$^{並}_{屋}$[3351]箔$^{並}_{鐸}$丨薄$^{並}_{鐸}$[3481]爆$^{並}_{覺}$丨撲$^{並}_{覺}$
0123	[1529]庠$^{並}_{講}$丨棒$^{並}_{講}$[3231]棒$^{並}_{講}$丨蚌$^{並}_{講}$[3451]蜯$^{並}_{講}$蚌$^{並}_{講}$丨奉$^{並}_{講}$
0124	[0339]雹$^{並}_{覺}$爆$^{並}_{覺}$鉋$^{並}_{覺}$丨砲$^{並}_{覺}$
0125	[0268]𩙍$^{並}_{齊}$焷$^{並}_{支}$埤$^{並}_{支}$郫$^{並}_{支}$庋$^{並}_{支}$怶$^{玉:}_{滂支}$脾$^{並}_{支}$毞$^{並}_{脂}$疲$^{並}_{支}$鈹$^{滂}_{支}$琵$^{並}_{脂}$枇$^{並}_{脂}$榌$^{並}_{脂}$䡟$^{並}_{脂}$粃$^{並}_{脂}$𪌿$^{並}_{支}$諀$^{並}_{齊}$蚍$^{並}_{脂}$魮$^{並}_{脂}$貔$^{並}_{脂}$豼$^{並}_{脂}$䏘$^{並}_{脂}$鼙$^{並}_{支}$羆$^{幫}_{支}$丨皮$^{並}_{支}$[3549]皮$^{並}_{支}$丨毘$^{並}_{脂}$
0126	[0637]崥$^{並}_{齊}$陴$^{並}_{支}$丨卑$^{集:}_{並支}$
0127	[1906]𨉖$^{並}_{脂}$螕$^{並}_{脂}$丨比$^{並}_{脂}$
0128	[0933]𣳌$^{並}_{薺}$坒$^{並}_{至}$被$^{並}_{紙}$梐$^{並}_{薺}$狴$^{並}_{薺}$骳$^{並}_{紙}$丨陛$^{並}_{薺}$[1206]圮$^{並}_{旨}$阰$^{集:}_{並紙}$鼻$^{並}_{至}$䏘$^{並}_{旨}$髲$^{並}_{寘}$髀$^{並}_{薺}$玻$^{並}_{寘}$丨被$^{並}_{寘}$[1402]陛$^{並}_{薺}$媲$^{集:}_{並脂}$𦢊$^{並}_{至}$丨鼻$^{並}_{至}$
0129	[1479]庳$^{並}_{紙}$丨婢$^{並}_{紙}$[1853]婢$^{並}_{紙}$丨比$^{並}_{至}$
0130	[2948]㱟$^{並}_{紙}$丨卑$^{並}_{紙}$
0131	[2618]幣$^{並}_{祭}$𪖐$^{並}_{至}$䶌$^{集:}_{並紙}$獘$^{並}_{祭}$敝$^{並}_{祭}$奰$^{並}_{至}$獘$^{並}_{祭}$躃$^{並}_{薺}$丨避$^{並}_{寘}$[2956]𣰆$^{並}_{祭}$丨敝$^{並}_{祭}$[2742]避$^{並}_{寘}$篦$^{字:}_{並志}$丨備$^{並}_{至}$
0132	[3271]蒲$^{並}_{模}$莆$^{並}_{模}$葡$^{並}_{模}$丨匍$^{並}_{模}$[3654]匍$^{並}_{模}$丨蒲$^{並}_{模}$
0133	[0275]颮$^{玉:}_{並有}$蔀$^{並}_{厚}$䳈$^{並}_{厚}$哺$^{並}_{暮}$步$^{並}_{暮}$簿$^{並}_{姥}$丨部$^{並}_{厚}$[1340]郙$^{並}_{暮}$踄$^{並}_{暮}$捕$^{並}_{暮}$荹$^{並}_{暮}$鯆$^{並}_{暮}$丨步$^{並}_{暮}$[1387]部$^{並}_{厚}$丨簿$^{並}_{姥}$
0134	[1244]培$^{並}_{灰}$丨倍$^{集:}_{並灰}$[1405]陪$^{並}_{灰}$輫$^{並}_{灰}$丨培$^{並}_{灰}$[1303]蓓$^{並}_{灰}$裵$^{並}_{灰}$徘$^{並}_{灰}$丨裴$^{並}_{灰}$[1658]倍$^{集:}_{並灰}$䫠$^{並}_{灰}$裴$^{並}_{灰}$醅$^{滂}_{灰}$丨陪$^{並}_{灰}$[1438]阫$^{並}_{灰}$丨徘$^{並}_{灰}$
0135	[1342]邶$^{並}_{隊}$鄁$^{並}_{隊}$偝$^{並}_{隊}$茷$^{並}_{泰}$丨佩$^{並}_{隊}$[1737]佩$^{並}_{隊}$丨珮$^{並}_{隊}$[3044]珮$^{並}_{隊}$丨倍$^{並}_{海}$
0136	[2805]排$^{並}_{皆}$丨牌$^{並}_{皆}$[3459]簰$^{並}_{皆}$牌$^{並}_{皆}$丨排$^{並}_{皆}$
0137	[1193]墩$^{並}_{夬}$憊$^{並}_{怪}$犕$^{並}_{怪}$唄$^{並}_{夬}$退$^{並}_{夬}$痛$^{並}_{怪}$稗$^{並}_{卦}$粺$^{並}_{卦}$韛$^{並}_{怪}$丨敗$^{並}_{夬}$[3074]敗$^{並}_{夬}$丨稗$^{並}_{卦}$
0138	[1153]坌$^{並}_{慁}$呠$^{集:}_{滂混}$丨盆上$^{並}_{混}$[2836]揨$^{並}_{混}$丨坌$^{並}_{慁}$[2142]喰$^{並}_{魂}$鵨$^{並}_{魂}$丨盆$^{並}_{魂}$[3749]盆$^{並}_{魂}$丨湓$^{並}_{魂}$
0139	[0151]哱$^{並}_{沒}$颰$^{並}_{沒}$焞$^{並}_{沒}$渤$^{並}_{沒}$潡$^{並}_{沒}$埻$^{並}_{沒}$郣$^{並}_{沒}$侼$^{並}_{沒}$愂$^{並}_{沒}$悖$^{並}_{沒}$脖$^{並}_{沒}$艴$^{並}_{沒}$勃$^{並}_{沒}$誖$^{並}_{沒}$䟛$^{滂}_{沒}$拵$^{並}_{沒}$桲$^{並}_{沒}$鵓$^{並}_{沒}$敦$^{並}_{沒}$丨孛$^{並}_{沒}$[1776]孛$^{並}_{沒}$丨悖$^{並}_{沒}$
0140	[0740]𤅥$^{並}_{蒸}$淜$^{並}_{蒸}$坪$^{並}_{庚}$䶄$^{鏡:}_{並庚}$邦$^{並}_{青}$凴$^{並}_{蒸}$伻$^{滂}_{耕}$姘$^{滂}_{耕}$憑$^{並}_{蒸}$頻$^{並}_{真}$胓$^{並}_{庚}$評$^{並}_{庚}$玶$^{並}_{青}$坪$^{並}_{庚}$瓶$^{並}_{青}$缾$^{並}_{青}$枰$^{並}_{庚}$薲$^{並}_{真}$蘋$^{並}_{真}$苹$^{並}_{庚}$萍$^{並}_{青}$鵧$^{並}_{庚}$蛢$^{並}_{青}$頻$^{並}_{真}$顰$^{並}_{真}$甹$^{滂}_{青}$𢓉$^{玉:}_{滂青}$𩩷$^{並}_{青}$丨平$^{並}_{庚}$ [2641]矉$^{並}_{真}$貧$^{並}_{真}$蠙$^{並}_{真}$丨頻$^{並}_{真}$[2939]穷$^{並}_{真}$翸$^{滂}_{真}$丨貧$^{並}_{真}$[3083]軿$^{並}_{青}$丨平上$^{並}_{梗}$
0141	[1933]悲$^{並}_{質}$怭$^{並}_{質}$吡$^{並}_{質}$馝$^{並}_{質}$柲$^{並}_{質}$苾$^{並}_{質}$丨弼$^{並}_{質}$[3130]弼$^{並}_{質}$飶$^{並}_{質}$丨鼻$^{並}_{至}$
0142	[2771]䩉$^{並}_{職}$丨愎$^{並}_{職}$
0143	[2815]擗$^{並}_{昔}$闢$^{並}_{昔}$甓$^{並}_{錫}$檗$^{並}_{錫}$鷿$^{並}_{錫}$丨辟$^{並}_{昔}$
0144	[1116]磐$^{並}_{桓}$胖$^{集:}_{並桓}$縏$^{並}_{桓}$幋$^{並}_{桓}$般$^{並}_{桓}$柈$^{並}_{桓}$槃$^{並}_{桓}$鵳$^{並}_{桓}$丨盤$^{並}_{桓}$[1889]媻$^{並}_{桓}$瘢$^{並}_{桓}$丨般$^{並}_{桓}$[2377]鬆$^{並}_{桓}$搫$^{並}_{桓}$蹣$^{並}_{桓}$鎜$^{並}_{桓}$盤$^{並}_{桓}$丨槃$^{並}_{桓}$

續表

字組序號	轄字
0145	[1272]畔$^{並}_{換}$扶$^{並}_{緩}$姅$^{幫}_{換}$ ǀ 伴$^{並}_{緩}$[1626]伴$^{並}_{緩}$ ǀ 畔$^{並}_{換}$
0146	[0058]昄$^{並}_{潸}$辦$^{並}_{襉}$ ǀ 辦$^{並}_{襉}$
0147	[3582]瓣$^{並}_{襉}$ ǀ 泒$^{並}_{襉}$
0148	[0216]胈$^{並}_{末}$炦$^{並}_{末}$坺$^{並}_{末}$墢$^{集:}_{並月}$犮$^{並}_{末}$妭$^{並}_{末}$𨈜$^{並}_{末}$[illegible]$^{並}_{末}$鈸$^{並}_{末}$ ǀ 跋$^{並}_{末}$
0149	[2446]跋$^{並}_{末}$茇$^{並}_{黠}$駊$^{並}_{末}$ ǀ 拔$^{並}_{黠}$
0150	[2313]胼$^{並}_{先}$骿$^{並}_{先}$諞$^{並}_{仙}$玭$^{並}_{先}$ ǀ 駢$^{並}_{先}$[3468]駢$^{並}_{先}$ ǀ 胼$^{並}_{先}$
0151	[3206]楩$^{並}_{仙}$ ǀ 緶$^{並}_{仙}$
0152	[0040]昪$^{並}_{線}$汴$^{並}_{線}$便$^{並}_{線}$忭$^{並}_{線}$[illegible]$^{並}_{銑}$拚$^{並}_{線}$抃$^{並}_{線}$閞$^{並}_{線}$玣$^{並}_{線}$艑$^{並}_{銑}$[illegible]$^{並}_{線}$笲$^{並}_{線}$餅$^{集:}_{並阮}$鴘$^{並}_{獮}$駢$^{並}_{先}$ ǀ 卞[2623][illegible]$^{並}_{銑}$[illegible]$^{並}_{獮}$辨$^{並}_{獮}$辯$^{並}_{獮}$ ǀ 便$^{並}_{線}$[3404]釆$^{並}_{襉}$ ǀ 辨$^{並}_{獮}$[2417]蹁$^{並}_{先}$ ǀ 便平$^{並}_{仙}$
0153	[3583]辮$^{並}_{銑}$ ǀ 編$^{集:}_{並銑}$
0154	[1378]郱$^{並}_{線}$頩$^{並}_{線}$琕$^{並}_{線}$ ǀ 弁$^{並}_{線}$
0155	[2132]咇$^{並}_{屑}$憋$^{並}_{屑}$ ǀ 別$^{並}_{薛}$
0156	[0421]炰$^{並}_{肴}$咆$^{並}_{肴}$齙$^{並}_{肴}$跑$^{並}_{肴}$骲$^{並}_{肴}$匏$^{並}_{肴}$ ǀ 庖$^{並}_{肴}$[1483]庖$^{並}_{肴}$袍$^{並}_{豪}$ ǀ 匏$^{並}_{肴}$[2143][illegible]$^{並}_{豪}$ ǀ 袍$^{並}_{豪}$
0157	[0071]曝$^{並}_{號}$暴$^{並}_{號}$暴$^{並}_{號}$ ǀ 抱$^{並}_{晧}$[1013]瀑$^{並}_{號}$菢$^{並}_{號}$[illegible]$^{並}_{號}$虣$^{並}_{號}$㬥$^{並}_{號}$ ǀ 暴$^{並}_{號}$
0158	[2246][illegible]$^{並}_{效}$ ǀ 鉋$^{並}_{巧}$
0159	[2292][illegible]$^{並}_{效}$ ǀ 袍$^{並}_{號}$
0160	[1349][illegible]$^{並}_{宵}$ ǀ 瓢$^{並}_{宵}$
0161	[3303]蔈$^{並}_{小}$ ǀ 摽$^{並}_{小}$
0162	[3552][illegible]$^{並}_{小}$ ǀ 莩$^{並}_{小}$
0163	[3566][illegible]$^{並}_{戈}$ ǀ 皤$^{並}_{戈}$[3568]皤$^{並}_{戈}$ ǀ 婆$^{並}_{戈}$
0164	[3055]琶$^{並}_{麻}$ ǀ 爬$^{並}_{麻}$[3212]杷$^{並}_{麻}$爬$^{並}_{麻}$ ǀ 琶$^{並}_{麻}$
0165	[1370][illegible]$^{並}_{唐}$傍$^{並}_{唐}$膀$^{並}_{唐}$ ǀ 旁$^{並}_{唐}$[3121]磅$^{並}_{唐}$[illegible]$^{並}_{唐}$旁$^{並}_{唐}$ ǀ 傍$^{並}_{唐}$
0166	[1451]㥬$^{並}_{宕}$[illegible]$^{並}_{蕩}$傍$^{並}_{宕}$ ǀ 傍$^{並}_{宕}$
0167	[2935][illegible]$^{並}_{唐}$ ǀ 房$^{並}_{唐}$
0168	[0202]朋$^{並}_{登}$憉$^{並}_{庚}$膨$^{並}_{庚}$棚$^{並}_{登}$篣$^{並}_{庚}$ ǀ 彭$^{並}_{庚}$[2039]倗$^{並}_{耕}$[illegible]$^{並}_{庚}$[illegible]$^{並}_{庚}$鵬$^{並}_{登}$鵬$^{並}_{登}$彭$^{並}_{庚}$彭$^{並}_{庚}$ ǀ 朋$^{並}_{登}$
0169	[3097][illegible]$^{並}_{庚}$ ǀ 傍$^{集:}_{並庚}$
0170	[1669]併$^{並}_{勁}$竝$^{並}_{迥}$病$^{並}_{映}$[illegible]$^{並}_{耕}$病$^{並}_{映}$ ǀ 並$^{並}_{迥}$[3735]並$^{並}_{迥}$ ǀ 竝$^{並}_{迥}$
0171	[3415][illegible]$^{並}_{德}$鳴$^{並}_{陌}$鮊$^{並}_{陌}$[illegible]$^{並}_{德}$ ǀ 白$^{並}_{陌}$[3564]白$^{並}_{陌}$ ǀ 帛$^{並}_{陌}$
0172	[3652][illegible]$^{並}_{德}$ ǀ 蔔$^{並}_{德}$
0173	[2789]抔$^{並}_{侯}$掊$^{並}_{侯}$ ǀ 裒$^{並}_{侯}$
E 類（含 51 個自然小類，23 個“準小韻”）	
0174	[0946]渢$^{並}_{東}$馮$^{並}_{東}$唪$^{匣}_{東}$韸$^{並}_{東}$ ǀ 逢$^{並}_{鍾}$[2536]縫$^{並}_{鍾}$逢$^{並}_{鍾}$ ǀ 馮$^{並}_{東}$
0175	[0264]颩$^{匣}_{東}$灴$^{匣}_{東}$洪$^{匣}_{東}$仜$^{匣}_{東}$紅$^{匣}_{東}$訌$^{匣}_{東}$葒$^{匣}_{東}$ ǀ 紅$^{匣}_{東}$[0265] [illegible]$^{匣}_{冬}$焢$^{曉}_{東}$洚$^{匣}_{東}$硿$^{匣}_{冬}$堸$^{並}_{東}$[illegible]$^{並}_{東}$[illegible]$^{匣}_{東}$[illegible]$^{匣}_{東}$[illegible]$^{集:}_{並鍾}$[illegible]$^{匣}_{冬}$[illegible]$^{並}_{鍾}$鉷$^{匣}_{東}$葒$^{匣}_{東}$虹$^{匣}_{東}$[illegible]$^{匣}_{庚}$[illegible]$^{曉}_{東}$ ǀ 洪$^{匣}_{東}$
0176	[0855][illegible]$^{集:}_{滂用}$[illegible]$^{並}_{用}$捧$^{並}_{腫}$ ǀ 奉$^{並}_{腫}$[3762]奉$^{並}_{腫}$ ǀ 鳳$^{並}_{送}$
0177	[0571]複$^{並}_{屋}$垘$^{並}_{屋}$[illegible]$^{並}_{屋}$菔$^{並}_{屋}$蔔$^{並}_{德}$箙$^{並}_{屋}$鵩$^{並}_{屋}$虙$^{並}_{屋}$宓$^{並}_{屋}$ ǀ 伏$^{並}_{屋}$[1216]堛$^{並}_{屋}$復$^{並}_{屋}$伏$^{並}_{屋}$愎$^{並}_{屋}$遉$^{並}_{屋}$鰒$^{並}_{屋}$复$^{並}_{屋}$ ǀ 復$^{並}_{屋}$
0178	[2241]䑧$^{並}_{屋}$複$^{幫}_{屋}$鵩$^{並}_{屋}$畐$^{並}_{屋}$ ǀ 服$^{並}_{屋}$
0179	[0920]淝$^{並}_{微}$痱$^{並}_{微}$疪$^{並}_{微}$ ǀ 肥$^{並}_{微}$[2311]肥$^{並}_{微}$腓$^{並}_{微}$ ǀ 淝$^{並}_{微}$
0180	[1517]厞$^{並}_{未}$吠$^{並}_{廢}$䫍$^{並}_{未}$ ǀ 費$^{並}_{未}$[2431]踑$^{並}_{未}$屝$^{並}_{未}$狒$^{並}_{廢}$犮$^{並}_{廢}$ ǀ 吠$^{並}_{廢}$
0181	[0082]㔗$^{並}_{未}$ ǀ 惠$^{匣}_{霽}$
0182	[0810]泭$^{並}_{虞}$坿$^{並}_{虞}$昳$^{並}_{虞}$桴$^{並}_{尤}$艀$^{並}_{尤}$ ǀ 夫$^{並}_{虞}$
0183	[0112]昳$^{並}_{虞}$昌$^{並}_{虞}$颫$^{並}_{虞}$詴$^{並}_{虞}$疳$^{並}_{虞}$苻$^{並}_{虞}$符$^{並}_{虞}$蚨$^{並}_{虞}$ ǀ 扶$^{並}_{虞}$

續表

字組序號	轄字
0184	[0485]焯並有卩並有缶幫有丨阜並有[0606]峧並虞滏並虞旨並有附並遇阜並有偩並有媤匣姥腐並虞負並有輔並虞戊明候柎並遇鴭並有鴔並虞駙並遇馭並虞鮒並遇戊明候丨父並虞[1744]父並虞丨婦並有[2285]䤱並虞丨輔並虞[2957]㝁並虞丨腐並虞[2966]袝並遇萯並有丨附並遇
0185	[3676]鬴並虞丨釜並虞
0186	[0417]焚並文熕並文炃並文坋並文鐼並文轒並文丨墳並文[0771]汾並文幩並文枌並文蕡並文棻並文黂並文豶並文獖並文豮並文文明文丨焚並文[1222]墳並文鴔並文丨汾並文[2225]耸明文紋明文聞明文鴔明文蚊明文蟁明文駇明文蚉明文紋明文敃明文丨文明文
0187	[1936]忿集:並吻丨憤並吻[1984]憤並吻蚡並吻丨忿集:並吻
0188	[1161]坲並物鉘玉:並物艴集:並物物明物丨佛並物[0013]昒明物沕明物物明物魆明物丨勿明物[3311]芴明物勿明物丨物明物
0189	[0399]燔並元磻並桓蟠並元墦並元顢並元膰並元袢並元繁並元蘇並元䫶並元轓滂元樊並元蘩並元鷭並元蟠並元樊並元丨煩並元[1304]蟠並元煩並元丨樊並元[0528]鐇並元璠並元丨燔並元
0190	[2597]帆並凡舧並凡蕃並元蕵並元温滂梵丨凡並凡[0923]泛並鑑梵並梵犯並范犯並范丨范並范[3093]範並范範並范笵並范丨犯並范[3309]范並范丨凡上並范[3469]颿並梵丨梵並梵
0191	[3463]䒦並范丨帆並梵
0192	[1372]鄤明願蔓明願飯並阮飰並阮万明願丨萬明願
0193	[1254]垡並月䟪並末瞂並月玳並月閥並月筏並月罰並月罰並月乏並乏丨伐並月[1690]伐並月伐並月丨罰並月[1794]妀並乏玨並乏丨乏並乏
0194	[1476]龐並江房並陽鰟並陽丨防並陽[3514]魴並陽丨房並陽[2573]縛並藥丨房入並藥
0195	[2305]肪並陽丨方並陽
0196	[0361]雺並尤烰並尤涪並尤紑並尤覔並尤琈並尤棓並尤芣並尤鴀並尤蜉並尤䴸並尤罘並尤丨浮並尤[0817]浮並尤丨蜉並尤
F類（含 140 個自然小類，53 個“準小韻”）	
0197	[0155]曚明東朦明東㠓明東鄸明東懞明東瞢明東矇明東瞢明東艨明東鬉明東幪明東艨明東萌明耕鑧明東蠓明東鸏明東蠓明東罞明東丨蒙明東[0356]霿明東蒙明東丨濛明東[2173] 盲明庚曚明耕甿明耕鍂明耕莔明庚甍明耕蝱明庚瞢明東氓明耕丨萌明耕[1537]𥓯玉:明梗䁅明梗艋明梗丨猛明梗[1970]懵明董懜明董猛明梗丨蒙上明董
0198	[0322]霧明送蕄明送夢明送丨夢明送
0199	[0313]霂明屋沒明沒沐明屋目明屋艒明屋楘明屋苜明屋穆明屋蚞明屋牧明屋罞明屋万明德丨木明屋[1167]坶明屋梅明屋丨牧明屋[2260]頞明沒歿明沒丨沒明沒[3184]木明屋丨目明屋[3645]鏐明屋丨穆明屋[3663]苜明屋丨抹明末
0200	[0655]蟒明唐蛖明江邙明唐郱明唐尨明江伬明江㝑明唐哤明江駹明江痝明江茫明唐芒明唐鴎明江牻明江龙明江丨忙明唐[0709]峔明蕩茫明唐恾明唐忙明唐𥅨明蕩牻明蕩鋩明陽丨芒明唐[3294]蘉明唐丨茫明唐
0201	[0100]𥅨明蕩丨網明養[2239]䋞明養網明養㓁明養輞明養魍明養罒明養罔明養丨罔明養
0202	[3278]莽明蕩丨蟒明蕩[3452]䴌明講蟒明蕩蟒明蕩丨莽明蕩
0203	[0501]熯明鐸漠明鐸鄚明鐸㵹明鐸寞明鐸嗼明鐸瞙明鐸膜明鐸邈明覺摸明鐸瘼明鐸晶明覺丨莫明鐸[2487]旳明覺丨邈明覺[3281]莫明鐸丨膜明鐸
0204	[0442]麋明支劘明支丨靡明支[0479]媚明至嵋明脂蠊明紙湄明脂湄明脂瀰明脂郿明脂矀明脂迷明齊瑂明脂弥明支彌明支楣明脂鸍明支鶥明脂魅明至丨眉明脂[1890]䴢明支瞇明支璽明支丨弥明支[1994]䋛明紙䜆明齊䃾明支覕明齊蘪明脂鑣明支縻明支縻明支靡明支縻明支罙明支丨迷明齊[2586]縻明支蘼明支麛明齊麋明脂丨縻明支[3397]醾明支醿明支丨縻明支[3416]縻明支丨麋明脂[0811]洣明齊眯明齊𪊦明齊弭明紙芈明紙敉明紙丨米明齊[2987]璽明支丨弭明紙[3403]米明齊丨迷上明齊[2696]謎明霽丨迷去明霽[2853]䍘明紙丨謎明霽
0205	[0937]瀰明紙侎明紙丨弥明紙
0206	[0381]霉明脂煤明灰媒明灰禖明灰鋂明灰玫明灰瑂明灰丨梅明灰[3203]枚明灰梅明灰丨煤明灰[3282]莓明灰酶明灰䍙明灰丨枚明灰
0207	[0659]嵄明旨媺明旨㞛明旨丨美明旨[3418]美明旨美明旨丨每明賄
0208	[0016]昧明隊每明隊媢明至眛明隊痗明隊瑁明隊篃明至昧明隊魅明至韎明怪丨妹明隊[1567]寐明至侎明紙袜明至袜明至魅明至丨媢明至[1874]妹明隊韎明隊妹明隊丨昧明隊[2524]袂明祭丨寐明至
0209	[0981]浼明蟹𠹀明蟹勱明夬丨買明蟹[3061]買明蟹丨埋上明駭[1248]埋明皆丨買平明佳[1931]䨪明皆覭明佳丨埋明皆
0210	[2666]譪明夬賣明卦丨邁明夬[2720]邁明夬丨賣明卦
0211	[1899]蓦明模摹明模㲫明模暮明模謨明模丨模明模[2061]暮明模模明模橅明模丨謨明模
0212	[1279]晦明厚拇明厚牡明厚丨某明厚[1280]畝明厚畞明厚母明厚丨畆明厚[1843]姥明姥𢘓明姥某明厚丨母明厚
0213	[1971]慔明暮募明暮募明暮丨慕明暮[3321]暮明暮慕明暮丨墓明暮
0214	[0317]嵍集:明屋丨務微遇
0215	[1028]瀒明魂䫉明魂捫明魂璊明魂樠明魂虋明魂糜明魂丨門明魂[2859]門明魂丨們明魂[1270]甿明耕鏰明蒸萉明映蜢明映鱑明蒸丨孟明映[1922]懣明恩孟明映丨悶明恩[2872]悶明恩丨門去明恩
0216	[2225]揩明真丨文明文
0217	[0502]爅明德娼明沃纆明德覓明德丨墨明德[2126]嘿明德驀明陌墨明德丨默明德

續表

字組序號	轄字
0218	[0312]霢脉脈蛨衇覛ǀ脉[2327]脈脉ǀ蛨
0219	[0383]霡陌ǀ麥[1805]嫼驀麥貊ǀ陌
0220	[0014]旻暝旼盟嵋岷碈㞶忞怋暋跟緡鍲鈱韜張鴟罠ǀ民 [0149]眳朙慏鳴蓂鳴螟名ǀ明[0539]明洺溟民顯嶺覭銘盟ǀ名[3727]民ǀ閔平[0142]愍潣愍憫黽鼆敏敃ǀ閔[0812]泯閩閔瘽ǀ泯[0970]湣澠泯簢閔乜皿ǀ敏[2697]詺ǀ名去
0221	[0706]嫇媈眳ǀ酩
0222	[1566]盆佲偋ǀ茗[3308]茗ǀ冥上
0223	[2471]䴌ǀ命
0224	[0070]沓汨瞇糸覓覔謐宓謐蜜鼏ǀ密[0578]峚密ǀ蜜[0914]溟覭幎幦簚冪ǀ覓
0225	[2621]冪ǀ冥
0226	[0745]鏋澫墁ǀ漫[0890]漫澷幔ǀ慢[1989]慢ǀ蛮去[2169]巒蠻鬗ǀ蛮
0227	[1372]幔ǀ萬
0228	[1923]蔄樠縵槾ǀ瞞[2183]瞞ǀ滿平
0229	[3003]鏝ǀ謾
0230	[3394]饅ǀ鰻[3519]鰻ǀ饅
0231	[2603]帓秣眜䴲ǀ末
0232	[1756]眠矏瞑眠瞑謫寡宀矏矏ǀ綿[2539]綿緜櫋棉ǀ眠
0233	[0765]沔汅俛俛娩愐怲脕緬絻丏丐ǀ免[0858]湎喕勔莬葂免ǀ勉[2284]靦ǀ湎[2289]勔ǀ冕
0234	[1624]偭眄宮䁾 鑬: 麪麫ǀ面[2281]面ǀ麪
0235	[0468]烕蠛鐖櫗蠛莧ǀ滅[0519]覕懱烕鴓ǀ蔑[0865]滅蠛幭蔑蔑ǀ烕
0236	[0577]嵍堥髦覒軞枆芼茅茆旄ǀ毛[1868]媌鶜蝥茆ǀ茅
0237	[0050]昴茆昴丣丣ǀ卯[1399]卯卯ǀ昴
0238	[0209]冐貌ǀ貌[1541]毷媢眊耄帽耄鴨ǀ冒[3330]薹ǀ耄[3525]貌ǀ帽
0239	[2207]瞙ǀ緢[2554]緢錨鷚鶓猫貓ǀ苗[3290]苗ǀ貓
0240	[0734]淼眇ǀ渺[2123]吵杪藐篎䳌秒ǀ眇
0241	[1485]廟庿玅ǀ妙[1824]妙ǀ庙
0242	[0714]嚤礳摩髍鏕玉: 麿ǀ磨[1117]磨麽麿ǀ摩
0243	[2286]䯢ǀ麽
0244	[1183]塺ǀ磨
0245	[1969]麽䁁貓蟆蟆ǀ麻[3417]蔴麻ǀ蟆
0246	[1085]碼媽瑪鰢ǀ馬[3466]馬ǀ瑪[1358]鄢ǀ禡[1422]隲傌禡ǀ罵[3603]罵罵ǀ馬去
0247	[0163]瞀鄮姆姆楙丞瞀衮貿ǀ茂[3062]貿茂茂ǀ貿
0248	[0801]洠恈眸謀蝥鉾矛蝵鴾蛑ǀ牟[1630]侔愗呣䱕ǀ謀[3145]瞀蟊蝥ǀ矛[3479]牟ǀ侔
0249	[2681]謬ǀ繆
G類（含16個自然小類，10個"準小韻"）	
0250	[0988]溦帷ǀ微[1675]倠唯維薇微ǀ惟[1027]濰ǀ維
0251	[0613]娓娓亹ǀ尾
0252	[0673]崃味ǀ未[3595]未ǀ味
0253	[1749]毋瞴璑蕪鴟羆ǀ無
0254	[2665]誣誣譕ǀ巫

續表

字組序號	轄字
0255	[3428]鶶$^{明}_{龐}$䳟$^{明}_{龐}$ | 鶶$^{明}_{龐}$
0256	[0768]汶$^{明}_{問}$璺$^{明}_{問}$舋$^{明}_{問}$汶$^{明}_{問}$ | 問$^{明}_{問}$
0257	[3096]輓$^{明}_{阮}$ | 挽$^{明}_{阮}$
0258	[3757]韈$^{明}_{月}$ | 襪$^{明}_{月}$
0259	[1919]忘$^{明}_{陽}$宋$^{明}_{陽}$ | 亡$^{明}_{陽}$ [3726] 亡$^{明}_{陽}$ | 忘$^{明}_{陽}$[2772] 𨑢$^{明}_{漾}$ | 望$^{明}_{漾}$[3584]望$^{明}_{漾}$𦣠$^{明}_{漾}$朢$^{明}_{漾}$ | 亡去$^{明}_{漾}$

表 2-2-2 中 259 個“準小韻”雖是獨立，彼此不再存在交集，但是比較後會發現，它們之間存在著互補關係。以 0001—0048 號區間的“準小韻”爲例，首先，它們基本上爲幫母字，自成一組。其次，小範圍中組與組之間的對立是聲調的差别，如 0001 號與 0002 號皆屬於《廣韻》中的通攝，區别在於上、入聲調不同；至於 0003 號與 0001 號亦是聲調的對立，因與 0002 號無法系聯而自成一組，但是實質上與 0002 組並不矛盾。再如 0004 號與 0005 號皆屬於《廣韻》中的江、宕攝，區别在於陽聲韻（平上去）與入聲韻的不同，其實質也是聲調的差别。如此類推，其他諸號“準小韻”之間的關係同此。最后，這 48 個“準小韻”涉及《廣韻》中的通、江（宕）、止、遇（果）、蟹、臻（梗、曾、深）、山、效、假等攝，攝與攝之間不相衝突。鑒於上述三點，我們把 0001—0048 區間的 48 個“準小韻”歸併爲一類，命名爲 A 類。同理：

0049—0076 區間的 28 個“準小韻”歸併爲一類，命名爲 B 類；

0077—0120 區間的 44 個“準小韻”歸併爲一類，命名爲 C 類；

0121—0173 區間的 53 個“準小韻”歸併爲一類，命名爲 D 類；

0174—0196 區間的 23 個“準小韻”歸併爲一類，命名爲 E 類；

0197—0249 區間的 53 個“準小韻”歸併爲一類，命名爲 F 類；

0250—0259 區間的 10 個“準小韻”歸併爲一類，命名爲 G 類。

下面進一步量化 A、B、C、D、E、F、G 七類所轄的被注字聲母的具體分佈情況，詳見表 2-2-3。

表 2-2-3　中古唇音被注字聲母的分佈情况表　　（單位：個）

		A 類	B 類	C 類	D 類	E 類	F 類	G 類
幫	合口三等	1	142			1		
	其他	367		4	2	1		
滂	合口三等		114			3		
	其他	15	1	204	10			
並	合口三等		24		2	163		
	其他	29		10	319	5		
明	合口三等		1			22	8	35
	其他					2	532	

續表

	A 類	B 類	C 類	D 類	E 類	F 類	G 類
其他聲母		曉：32 匣：9 云：1			匣：19 曉：3		云：1 以：2 曉：1
總計	412	324	218	333	219	540	39
	2 085						

注：2 044 個唇音被注字中，明母三等合口字共計 95 個，除了本表中的 66 個外，另有 29 個（潕碔廡㑄侮儛嫵娬㥼憮膴珷務甒巫舞武；霚霧婺堥鶩騖；伆抆刎吻昒；汒）與影母等喉音字混注，爲體現出章節的獨立性與完整性，此部分字在喉音字部分討論，此處僅作簡要說明

根據表 2-2-2 的統計數據分析，A、B、C、D、E、F、G 七類字所呈現出的特點如下。

A 類的字基本上爲中古的幫母一、二、四等及三等開口呼字，占 A 類字總數的 89.08%（367/412）；另有少數滂、並母的非合口三等字併入。鑒於此，我們可稱 A 類爲幫類，該類字的聲母皆屬於《玉篇直音》的幫母。

B 類的字基本上爲中古的幫、滂二母的合口三等韻字及流攝尤韻字，占 B 類字總數的 79.01%（256/324）。實際上這些字便是三十六字母中的非、敷母字。另有少數並母合口三等韻字及 41 個曉、匣母的合口呼字併入。鑒於此，我們稱 B 類爲非類，該類字的聲母皆屬於《玉篇直音》的非母。

C 類的字基本上爲中古的滂母一、二、四等及三等開口呼字，占 C 類字總數的 93.58%（204/218）；另有少數幫、並母非合口三等韻字併入。鑒於滂母字佔據主體，我們稱 C 類爲滂類，該類字的聲母皆屬於《玉篇直音》的滂母。

D 類的字基本上爲中古的並母一、二、四等及三等開口呼字，占 D 類字總數的 95.80%（319/333）；另有少數幫、滂母非合口三等韻字併入。此外，還有 2 例並母合口三等韻字雜入。因並母字數量最多，我們可稱 D 類爲並類，該類字的聲母皆屬於《玉篇直音》的並母。

E 類的字基本上爲中古的並母合口三等韻字及流攝尤韻字，也就是後來的奉母字，占 E 類字總數的 76.71%（168/219）；此外還有一些明母三等合口韻字、曉匣母合口呼字併入，其中明母合口三等韻字占總數的 10.05%（22/219），曉、匣母合口呼字占總數的 10.05%（22/219），其數量皆不可忽視。因奉母字是該類的主體，故可稱 E 類爲奉類，該類字的聲母皆屬於《玉篇直音》的奉母。

F 類的字基本上爲中古的明母非三等合口韻字，占 F 類字總數的 98.52%（532/540）；另有部分明母合口三等陽韻字併入，占總數的 1.48%（8/540），較爲突出。鑒於明母字比重最大，我們稱 F 類爲明類，該類字的聲母皆屬於《玉篇直音》的明母。

G 類的字主要來自中古的明母三等合口韻字，也就是後來的微母字，占 G 類字總數的 89.74%（35/39）；另有 4 個云、以、曉母合口字併入，占總數的 10.26%（4/39）。鑒於微母字乃該類的主體，故可稱 G 類爲微類，該類字的聲母皆屬於《玉篇直音》的微母。

整體而言，上述 A、B、C、D、E、F、G 七類字在三等合口的區別特徵方面可謂是涇渭分明，且與宋人三十六字母中的幫、非（含敷母）、滂、並、奉（含微部分母）、明（含微部分母）、微等聲母一一對應。因此，此七組字代表了《玉篇直音》的七個唇音聲母，即幫、非、滂、並、奉、明、微等母。爲了方便體現聲母與聲母之間的關係，接下來在討論時不再使用組名，直接使用幫、滂、並、明、非、敷、奉、微的聲母名稱，全文皆同。

王力①通過考證徐孝的《重訂司馬溫公等韻圖經》，同時參考了蘭茂的《韻略易通》、無名氏的《字母切韻要法》及樊騰鳳的《五方元音》，認爲明代通語語音系統中共有 21 個聲母，茲錄於下，詳見表 2-2-4。

表 2-2-4　王力考訂明代通語 21 聲母系統

發音方法 \ 發音部位		雙唇	唇齒	舌尖前	舌尖中	舌尖後	舌面前	舌根
塞音	不送氣	p 幫			t 端			k 見
	送氣	p‘滂			t‘透			k‘溪
鼻音	濁	m 明			n 泥			
邊音	濁				l 來			
閃音						ɽ 日		
塞擦音	不送氣			ʦ精		tʂ 照		
	送氣			ʦ‘清		tʂ‘穿		
擦音	清		f 非	s 心		ʂ 審		x 曉
	濁		v 微					
半元音	濁	w 吳					j 影	

與明代通語聲母系統的唇音聲母相較，《玉篇直音》的唇音聲母與之有共同之處，具體包括以下幾個方面。

1. 輕、重唇音有別

中古唇音三等合口呼字在《玉篇直音》中與其他唇音字不相混注，自成一類，此與輕唇音聲母分化的條件完全一致，足以表明輕唇音聲母非組的獨立性。輕唇音聲母的分化是漢語史上重要的音變特徵之一，雖然關於《廣韻》中輕唇音聲母是否獨立的問題學界看法不一，但是至宋代輕唇音完全獨立已是不爭的事實，之後一直到現代漢語中尚存有輕唇音聲母。在吳方音史上，16 世紀的吳音文獻《同文備考》中輕、重唇已有別②，17 世紀初的《諧聲品字箋》亦是如此③。因此，處於這期間的明代的《玉篇直音》，其聲母系統中唇音有輕重之別，與漢語語音史的演變進程是極其吻合的。

2. 非、敷二母合併

宋人三十六字母中非、敷二母存在發音方法上的區別，即有送氣和不送氣之分。然而

①王力. 漢語語音史[M]. 北京：中國社會科學出版社，1985：390-391.
②丁鋒.《同文備考》音系[M]. 福岡：中國書店，2001.
③張詠梅.《諧聲品字箋》的音系研究[M]. 成都：巴蜀書社，2011.

這種區別在《玉篇直音》中已經消失，表現爲非、敷二母之間的大量混注。該書中有 90 例的非、敷母字之間的混注，具體包括 26 例非敷混注、64 例敷非混注的情況。[①]不過需要指出的是，非敷混注占非母總數的 17.81%（26/146），而敷非混注則占敷母總數的 55.17%（64/116），據此可知，敷母併入非母的程度大於非母併入敷母的程度。故我們可以判定，《玉篇直音》中敷母已經併入非母，不再存在，其音值等同於非母。從語音史的發展軌跡來看，王力[②]考證南唐朱翱反切，認爲在晚唐——五代時期非、敷二母也已合併爲一了。周祖謨考證北宋邵雍《皇極經世·聲音唱和圖》的聲母特徵，認爲“若與宋人三十六母相較，則非敷合而爲一”。[③]由此看來，非敷合流的情況至遲在北宋時期就已經完成了，至王力考證的明代通語 21 聲母系統中更是完全合併了。至於吳音史上也是如此，成書於 1366 年的元代松江吳音文獻《南村輟耕錄》中非敷已經合流[④]，與《玉篇直音》幾乎處於同期的昆山吳音文獻《同文備考》[⑤]及杭州吳音文獻《諧聲品字箋》[⑥]中亦皆是非敷合流。據此可知，《玉篇直音》的非敷合併與語音史（無論是通語史還是方音史）亦是相吻合的。

《玉篇直音》脣音聲母系統中除了輕重脣有别、非敷合併兩個音變現象外，還有部分微母字併入奉母、奉母字讀作並母字、微母字讀成明母以及喉音合口字併入非母等諸多語音特徵。下面逐一討論這些主要的語音特徵。

2.2.2 主要語音特徵

2.2.2.1 全濁聲母並、奉的存在

從系聯的結果來看，中古脣音全濁聲母並、奉二母各自獨立，自成一類，這足以說明《玉篇直音》中全濁聲母並、奉二母整體上並未清化，是獨立存在的，與近代漢語中濁音清化直至消失的音變現象不同。並非僅限於脣音，《玉篇直音》中還有定、從、邪、澄、禪、匣等其他的全濁聲母（可分見本章第 2.3 節、2.4 節、2.5 節）。全濁聲母的存在是《玉篇直音》聲母系統的一個重要特徵，關於這一特徵的意義在第 5 章音系性質的討論中有專論，可參見，茲不贅論。

2.2.2.2 微母與奉、明二母的混注

由系聯的結果來看，屬於中古微母的 95 個被注字在《玉篇直音》中大致呈現四分之勢：

一部分與奉母合流，共計 22 個，約占總數的 23.40%；

---

①非敷混注指的是被注字爲非母字、注音字爲敷母字。同理，敷非混注指的是被注字爲敷母字，注音字爲非母字。本書在描寫不同聲母混注的時候均依此例，特此說明。

②王力. 漢語語音史[M]. 北京：中國社會科學出版社，1985：228-229.

③周祖謨. 宋代汴洛語音考[A]. 見：周祖謨. 問學集[C]. 北京：中華書局，1966：591.

④魯國堯. 《南村輟耕錄》與元代吳方言[A]. 見：魯國堯. 魯國堯語言學論文集[C]. 南京：江蘇教育出版社，2003.

⑤丁鋒. 《同文備考》音系[M]. 福岡：中國書店，2001.

⑥張詠梅. 《諧聲品字箋》的音系研究[M]. 成都：巴蜀書社，2011.

一部分與影母合流，共計 29 個，約占總數的 30.85%；

少部分的字併入明母，共 8 個，約占總數的 8.51%；

餘下的則仍是讀作微母，共計 35 個，占總數的 37.23%。[①]

總體來看，中古的微母在《玉篇直音》中雖作爲一類存在，但已在數量及範圍上逐漸縮小。此處討論的是微母併入奉母、微母併入明母的現象，至於微母字演變爲零聲母的現象在影母字的討論中有所涉及，可參見。

1. 微母入奉

在《玉篇直音》中，將部分微母字併入奉母，這是綜合運用系聯及反切比較法得出的結論。如果僅是算術統計，奉、微二母直接混注的情況並不嚴重，奉微直接混注 2 次，微奉混注 4 次，共計 6 次，如下：

飯$^{\text{奉}}_{\text{阮}}$音萬$^{\text{微}}_{\text{願}}$P141L3；飰$^{\text{奉}}_{\text{阮}}$音萬$^{\text{微}}_{\text{願}}$P141L3；戊$^{\text{中:}}_{\text{微遇}}$音父$^{\text{奉}}_{\text{麌}}$P120L5；戊$^{\text{中:}}_{\text{微遇}}$音父$^{\text{奉}}_{\text{麌}}$P168L2；文$^{\text{微}}_{\text{文}}$音焚$^{\text{奉}}_{\text{文}}$P163L9；物$^{\text{微}}_{\text{物}}$音佛$^{\text{集:}}_{\text{奉物}}$P184L5

此類的直接混注次數不多，但是參與混注的微母字卻是常用的注音字，據“萬文物戊”四字直接進行同音系聯，可將“聞蟁蚉駇紋鳼蚊紋敽耷吻物沕芴勿鴪万鄤”等 18 個的微母被注字系聯成類，如此歸併至奉母中，微母被注字將達 22 次（實爲 21 個字，因爲被注字“戊”重出；若再算上注音字“萬”，共計 22 個字、24 次），這個規模已佔據整個微母被注字的 23.16%（22/95）。若從混注微母字的分佈來看，主要涉及中古臻、山攝及候韻字“戊”。“戊”，《廣韻》《集韻》《洪武正韻》皆莫候切，明母候韻，然而《中原音韻》中與“務霧騖”三個微母字同音，足以表明該字已是讀作微母遇韻。另“戊”，《中州音韻》亡布切，亦表明該字讀微母。不過，《中原音韻》中與“戊”同音的“務”，在《玉篇直音》中與影母字“埡”（埡$^{\text{集:}}_{\text{影暮}}$音務$^{\text{微}}_{\text{遇}}$P26L1）音同。此外“塢$^{\text{影}}_{\text{姥}}$音武 P26L1”也證明微母遇攝字已經讀成零聲母，此類現象所涉微母被注字有“潕碔廡侮侮儛嫵娬楳憮膴珷務甒啚舞武”等 17 個。《玉篇直音》中併入奉母的微母遇韻字僅有“戊”。

上述的數據統計已充分顯示有五分之一强的微母被注字併入了奉母。不過僅僅就這個數據說話，仍有失嚴謹。爲保證觀點的科學性，我們還需使用文獻考證法和方言參證法加以論證。

宋元時期的漢語語音系統中微母是獨立存在的，這是不爭的事實。至明代微母尚且獨立，劉文錦[②]考證，《洪武正韻》中微母與影、喻、疑等母的合口字呈對立之勢，表明微母自成一類。《韻略易通》中早梅詩中的“無”母即是微母。王力[③]認爲至清代前期微母消失。據明人的筆記、論著反映，微母的消失於明末既已發生，且北方早於南方。張志淳的《南園漫錄》卷三“鄉音”條中曰：“北方士夫不能辱音，如以武爲五，以尾爲韋，以望爲旺，

①另有 1 例微母字與非母字混注，即勿音弗 P184L5，未在統計範圍之內，因此參與討論的共計 94 個字。

②劉文錦.《洪武正韻》聲類考[J]. 中央研究院《歷史語言研究集刊》，1931，3（2）：237-249.

③王力. 漢語語音史[M]. 北京：中國社會科學出版社，1985：390.

以襪爲乞，以茂爲冒之類，難以數舉。”[①]沈德符的《顧曲雜言》“弦索入曲”條曰：“只如時所爭尚者‘望蒲東’一套，其引子‘望’字北音作‘旺’。”[②]沈寵綏的《度曲須知》“俗訛因革”條中有言：“乃‘弦索’曲中，又有萬字唱患，望字唱旺，問字唱溷，文字唱魂，武字唱五，微字唱圍之類，北方認爲正音，江南疑爲土音。”[③]此三則材料充分地證明了在北方通語中微母已經消失，與喻母合流讀零聲母。但是在南方語音系統中又是怎樣的呢？《玉篇直音》畢竟是吳音地區的海鹽籍文獻，僅僅提及北人的情況還不够。仔細揣摩上述文獻資料不難發現，《南園漫錄》《顧曲雜言》《度曲須知》《類音》在論及微母字時，其潛台詞是南北有别。既然北方微母消失，併入喻母的話，那麼南方與此應是不同。此處的南方（江南）究竟是泛指還是確指呢？作者未云，我們不得而知。但是我們可以縮小一下南方的範圍，由作者的里籍入手。張志淳，明成化正德年間雲南保山人，一作江寧（今南京）人；沈德符，明萬曆秀水（今浙江嘉興）人；沈寵綏，明萬曆吳江（今蘇州）人；潘耒，清康熙吳江（今蘇州）人。此四人除張志淳外，皆爲吳人，皆處於明末清初之際。尤其是沈德符、沈寵綏二人，他們皆是明末的戲曲聲律專家，討論的皆是戲曲發聲唱腔之法，深諳吳音。其中《度曲須知》就是沈寵綏爲糾正當時吳人唱北曲時所犯字音錯誤而作。因此他們在分析南北語音差别時，吳方言是必不可少的參照系。此時的吳方言中微母字也已經消失，但是其演變的方式與北音不同，而是併入奉母字中，仍讀濁音。若僅就吳方言而論，微母的併入方式也應該算作他們所謂的南北差異之一。此外，同時期的吳方音文獻《同文備考》《聲韻會通》《韻要粗釋》等皆將微母併入奉母中，此可爲證。丁鋒[④]指出，《同文備考》（昆山人王應電著，成書於明嘉靖十九年，即 1540 年）中奉微合流，這是典型的吳語時代特徵。耿振生[⑤]通過研究，認爲《聲韻會通》（昆山人王應電著，成書於明嘉靖十九年，即 1540 年）中奉微合流，音 v。並非僅僅如此，蔡麗華[⑥]通過比較發現，奉微合流的現象亦見於毛曾、陶承學的《並音連聲字學集要》（1574 年）、葉以震的《重訂中原音韻》（1601 年）及沈寵綏的《度曲須知》（1639 年）等反映吳音的表音材料中。因此，從歷史文獻的材料來看，我們將微母併入奉母亦是有史可稽的。

除此之外，微母併入奉母也可在今吳方言中得到證明。

90 多年前趙元任首次運用現代語言學理論調查吳方言。在 33 個被調查點的吳音中，中古微母不分條件讀作奉母的有 22 個點，約占調查總數的 66.67%。此外，有條件的讀作 v 音的，與奉母音同的有 8 個點。如此看來，約 30 處吳方言中存在中古微母併入奉母的情況。[⑦]就當代吳方言而言，錢乃榮指出：“微母虞韻字今吳語多讀 v 或 β，微元文陽韻的微

①（明）張志淳著.《南園漫錄》校注[M]. 雲南省文史研究館編. 昆明：雲南民族出版社，1999：104.“不能辱音”，當爲“不能脣音”之誤。

②（明）沈德符. 顧曲雜言[A]. 見：中國戲曲研究院. 中國古典戲曲論著集成（四）[G]. 北京：中國戲劇出版社，1959：205.

③（明）沈寵綏. 度曲須知[A]. 見：中國戲曲研究院. 中國古典戲曲論著集成（五）[G]. 北京：中國戲劇出版社，1959：234.

④丁鋒.《同文備考》音系[M]. 福岡：中國書店，2001：246.

⑤耿振生. 明代音韻改革家王應電及其《聲韻會通》[J]. 漢語史研究集刊，2000：291.

⑥蔡麗華. 王應電《聲韻會通》與《韻要粗釋》研究[D]. 福建師範大學博士學位論文，2012：37.

⑦趙元任. 現代吳語的研究[M]. 北京：商務印書館，2011：50-51.

母字在今吳語中都有白、文兩讀，白讀爲[m]，文讀爲[v]或[β]。”[①]表 2-2-5 是部分微母字在吳方言區代表點的讀音。[②]

表 2-2-5　部分微母字在吳方言區代表點的讀音

地區 / 例字	宜興	丹陽	常州	蘇州	上海	嘉興	海鹽	杭州	溫州
文$^{微}_{文}$	vəŋ^{223}	vɛn^{213}/ ɦuɛn^{324}	vəɲ^{213}	vən^{223}	vən^{113}	vən^{231}	vən^{31}	vən^{212}	vʌŋ^{331}
聞$^{微}_{文}$	məŋ^{223}/ vəŋ^{213}	mɛn^{22}	məɲ^{213}/ vəɲ^{213}	mən^{223}/ vən^{223}	məɲ^{113}/ vəɲ^{113}	məɲ^{231}/ vəɲ^{231}	vən^{31}	vən^{212}	vaŋ^{31}
微$^{微}_{微}$	vij^{223}	viz^{213}/ ʋiz^{41}	vij^{213}	vij^{223}	vi^{113}/ ɦuᴇ^{113}	ʔuej^{51}	vi^{31}	vi^{212}/ ɦuei^{212}	vɪi^{231}
未$^{微}_{未}$	vij^{231}	ʋiz^{324}	vij^{24}	vij^{231}	vi^{113}/ ɦuᴇ^{113}	ve^{223}	vi^{213}	vi^{113}/ ɦuei^{113}	vɪi^{22}
無$^{微}_{虞}$	vu^{233}	ʋʏ^{22}	vʏ^{213}	vʉ^{223}	vʏ^{113}/ ɦu^{113}	vʏ^{231}	v̩^{31}	ɦu^{212}/ vʏ^{212}	vʊ^{231}
物$^{微}_{物}$	vəʔ$^{\underline{23}}$	fvɛʔ$^{\underline{24}}$	vəʔ$^{\underline{23}}$	vəʔ$^{\underline{23}}$	vɐʔ$^{\underline{23}}$	vəʔ$^{\underline{12}}$	vəʔ^{2}	vɐʔ$^{\underline{12}}$	væi^{322}
忘$^{微}_{陽}$	mʌŋ^{231}/ vʌŋ^{231}	mɑŋ^{41}	mʌɲ^{24}/ vʌɲ^{24}	mɒ̃^{231}/ vɒ̃^{231}	mãɲ^{113}/ ɦuãɲ^{113}	mã^{223}	vɔ̃^{213}	ɦuʌŋ^{113}/ vʌŋ^{113}	ɦuɔ^{22}

表 2-2-5 中的讀音顯示微母在現代吳方言的讀音爲 m、v、ɦ 三種。其中 m、v 讀音是文白異讀的區别，至於 ɦ 則是吳方言中微、奉母字讀成匣母字的情况。《玉篇直音》編者的方音海鹽吳音中，中古微母字存在文白異讀的情况，胡明揚把這種現象稱作“口語音和讀書音在互相爭奪地盤”[③]。中古微母字在口語音裏讀作 m，併入了明母；而在讀書音裏讀作 v，併入了奉母。在今海鹽吳音的文讀音中，萬飯皆音 vɛ^{213}，文焚皆音 vən^{31}，戊父皆音 v̩^{213}，物佛皆讀 vəʔ^{2}，表 2-2-5 中的混注皆能得到海鹽吳音的印證。不過，《玉篇直音》中讀作奉母的微母字在數量與規模上不及今海鹽吳音，如仍讀微母的“微薇尾未味亡忘望”等字在海鹽吳音中皆讀作 v。

綜上所論，我們將《玉篇直音》中的 22 個微母被注字併入奉母，於內在音理關係是符合邏輯推理的，於外部語言事實又可獲得充足的依據。

2. 微明不分

上文曾經提到，《玉篇直音》中微母入奉是一個重要的趨勢，但是微明不分的現象也很有特色，此乃輕重唇音不分的存古現象。在系聯出的明類字組中，有 8 個微母被注字併入，其中直接混注的有以下 5 例：

瞞$^{明}_{蕩}$音網$^{微}_{養}$P3L2；婺$^{集:}_{明屋}$音務$^{微}_{遇}$P49L7[④]；脕$^{微}_{阮}$音免$^{明}_{獮}$P68L4；揞$^{明}_{真}$音文$^{微}_{文}$P95L4；幔$^{明}_{換}$音萬$^{微}_{願}$P116L4

①錢乃榮. 當代吳語研究[M]. 上海：上海教育出版社，1992：5.

②例字的讀音主要依據的是：錢乃榮. 當代吳語研究[M]. 上海：上海教育出版社，1992：77-433；胡明揚.海鹽方言志[M]. 杭州：浙江人民出版社，1992：165-189。個别例字是筆者調查所得。另表中例字的文白異讀使用“/”號隔開，前爲白讀，後爲文讀。全文皆同。

③胡明揚. 海鹽方言志[M]. 杭州：浙江人民出版社，1992：34.

④我們懷疑該例很有可能將被注字視作了“婺$^{微}_{遇}$”，音同“務$^{微}_{遇}$”。出於謹慎起見，我們未將“務”的同音字（霚$^{微}_{遇}$霧$^{微}_{遇}$婺$^{微}_{遇}$𨓜$^{微}_{遇}$鶩$^{微}_{遇}$騖$^{微}_{遇}$）系聯至此，僅是將該例視作孤例。另外，“務”在《玉篇直音》中與影母字“堥$^{影}_{暮}$”同音，且於今海鹽吳音中“務”的同音字“霧”也讀作零聲母，這更堅定了我們不把“霚$^{微}_{遇}$霧$^{微}_{遇}$婺$^{微}_{遇}$𨓜$^{微}_{遇}$鶩$^{微}_{遇}$騖$^{微}_{遇}$”等字系聯至明類的做法。如此看來我們的懷疑很可能是對的，故此處 5 例實際上僅 4 例有效。

根據同音關係進行系聯及反切比較併入此類的還有“罔輞魍罒䰴冈𡧍”等 7 個字，如此說來與明母不分的微母被注字共計 8 個（若算上 3 個注音字共計 11 個）。微母與明、奉二母的關係密切，首先看一下併入明、奉二母的微母字的分佈情況，詳見表 2-2-6。

表 2-2-6　《玉篇直音》中入明與入奉之微母字分佈比較表

微母入明（11 個）		微母入奉（21 個）	
臻攝	文	臻攝	文聞紋𣀕𧓉𪃹駇蚊𧉞𧈪
			物勿昒沕芴𩲃
山攝	萬晚	山攝	萬万蔓鄤
宕攝	網罔輞魍罒䰴冈𡧍	流攝	戊

比較表 2-2-6 可知，與明母混注的微母字皆爲陽聲韻字，涉及中古的臻、山、宕三攝；與奉母混注的微母字涉及臻、山及“戊”字。較前者，入奉的微母字無宕攝字，多出了陰聲韻攝的字。此外，即便是兩者同時涵蓋的臻攝，入奉的還波及入聲韻的字。綜合來看，入奉的微母字比入明的微母字範圍要廣、數量要多、規模要大。

其次通過比較表 2-2-6 還可以發現，入明與入奉的字並非是截然對立的，比如“文”“萬”兩個字，各自出現了兩種混注的情況，既與明母混同，又與奉母混同，將兩種混注現象聯繫起來。這表明《玉篇直音》中的“文”“萬”二字存在兩種讀音的情況，結合編者的方音可知，這種兩讀的實質是文讀與白讀的差異。

據胡明揚①《海鹽方言志》描寫，在今海鹽吳音中，“網罔輞魍莽蟒”同音，皆讀作 mɔ̃^{232}；“萬慢”同音，皆音 mɛ^{213}，而“萬”又音 vɛ^{213}；從文得聲的“蚊”既讀 vən^{31}，又讀 mən^{31}；從免得聲的“晚”音 mɛ^{232}；“物”既讀 məʔ^{2}，又讀 vəʔ^{2}。此外，《海鹽方言志》還指出，當代海鹽吳音中的口語音裏中古微母字都讀 m。胡先生所謂的口語音又稱白讀音。據徐越②調查，時隔 20 年後的今日海鹽吳音中這種文白異讀依然存在。不過，相比較《玉篇直音》而言，海鹽吳音中的入明與入奉的微母字範圍更廣，具體詳見表 2-2-7。

表 2-2-7　今海鹽吳音中入明與入奉之微母字情況比較表③

併入明母的微母字及讀音			併入奉母的微母字及讀音		
臻攝	璺蚊問	mən	臻攝	文紋蚊汶聞吻刎問	vən
	物	məʔ		物勿	vəʔ
山攝	晚萬	mɛ	山攝	萬	vɛ
	襪	maʔ			
宕攝	網罔惘魍忘望	mɔ̃	宕攝	忘望亡	vɔ̃
止攝	尾未味	mi	止攝	薇尾未味	vi
			遇攝	無毋武舞霧侮	v̩

---

①胡明揚. 海鹽方言志[M]. 杭州：浙江人民出版社，1992.

②徐越. 浙江吳音研究[M]. 杭州：浙江大學出版社，2016.

③表中例字及讀音皆據：胡明揚. 海鹽方言志[M]. 杭州：浙江人民出版社，1992：165-189.

其實並非僅限於海鹽吳音如此，海鹽周邊的海寧、嘉興、平湖等地，乃至整個吳方音區域，這種微母字的文白異讀現象司空見慣。“微元文陽韻的微母字在今吳語中都有白、文兩讀，白讀爲[m]，文讀爲[v]或[β]。”①由是觀之，微母入明可以在今吳方音中得到印證，是一種微母字的白讀音現象。《玉篇直音》亦有此現象，應是編者的吳方音的再現，是對四百年前的海鹽吳音的記錄。不過稍有變化的是，四百年後的今天，海鹽音裏文的白讀音已經消失了，僅僅保留了同等音韻地位的聞問璺蚊的白讀音。不僅如此，海鹽西邊的海寧、北部的嘉興等地，亦是大抵如此。然而令人欣慰的是，我們通過梳理《玉篇直音》，爲文的白讀音找到了歷史文獻的依據。

論及文白異讀，還有一個“萬”字。“萬”字不僅與微母字相混，前文提到了它還與奉母字混注，如飯奉阮音萬 P141L3、飰奉阮音萬 P141L3。“萬”字存有兩種讀音的情況與今海鹽吳音相同，亦是文白兩種讀音，其中入奉讀 $vɛ^{213}$ 的乃文讀音，入明音 $mɛ^{213}$ 的是白讀音。通過“文”“萬”二字的注音例可知，今吳音中的此類文白異讀現象在歷史上是早已存在了的，四百年前的字書《玉篇直音》便是有力的證明。

涉及微母的混注除了前文與此處討論的之外，還有 1 例微非混注的現象：勿微物音弗非物 P184L5。此雖是孤例，然很特殊，值得一表，因爲這種類隔的注音能在今吳方音中得到印證。首先來看一下相關字在部分吳音中的讀音，詳見表 2-2-8。

表 2-2-8　“勿”“弗”二字在部分吳音中的讀音

例字＼地區	海門	蘇州	崇明	嘉定	海寧	海鹽	舟山	溫州
勿	$fəʔ^{4}$	$fəʔ^{\underline{43}}$	$fəʔ^{7}$	$fəʔ^{7}$	$vəʔ^{22}$	$vəʔ^{2}$	$fɐʔ^{5}$	fai^{313}
弗	$fəʔ^{4}$	$fəʔ^{\underline{43}}$	$fəʔ^{7}$	$fəʔ^{7}$	$fəʔ^{55}$	$fəʔ^{5}$	$fɐʔ^{5}$	fai^{313}

結合表 2-2-8 中此二字在上述諸地吳音的讀音來看，“勿音弗”的實質是微母讀成了非母。其實這種微母讀成非母的現象在今金華吳音中更爲常見，如文 $fən^{324}$、微 fij^{324}、無 fvu^{213}、物 $fvəʔ^{\underline{22}}$等。當然微非混注，其實質也不排除是非母讀成微母的可能。我們至今仍可以在南匯周浦方言中找到物 $vəʔ^{\underline{23}}$、拂 $vəʔ^{\underline{23}}$音同的例證。“物勿”音韻地位相同；“拂弗”皆爲物韻，僅聲母存在微別，拂乃敷母，弗乃非母。前面我們曾經談到，《玉篇直音》中非、敷已經合流，因此將之理解爲“勿弗”音同也是講得通的。不過這種可能性較小，畢竟南匯周浦的例證力度不深，非直接證據。我們或許可以理解爲“弗”乃“勿”的訓讀字。在這些方言中，“弗”不常用，而“勿”音不常讀，方言的使用者便以“勿”之字加“弗”之音湊合而成，“勿”乃一個遺存在口語中的文言詞，當然這種解釋還需要進一步證明。

2.2.2.3　全濁聲母與清聲母的混注

上文提到，《玉篇直音》中的唇音全濁聲母並、奉二母是獨立存在的，但是在局部小範圍內也存在與同部位全清、次清聲母混注的現象。結合漢語語音史的演變規律來論，這種

①錢乃榮. 當代吳語研究[M]. 上海：上海教育出版社，1992：5.

清濁聲母之間的混注，一般是全濁聲母的清化所致。就《玉篇直音》而言，全濁並母的清化比例約占 9.42%（34/361），全濁奉母清化的比例爲 13.09%（25/191），如此較低比例，只能表明並、奉二母字的局部範圍內出現了清化現象，且這種清化的現象影響不了此二母的獨立性。

並母與幫、滂的混注以及奉母與非、敷母的混注情況見下：

㪍$^{並}_{末}$音撥$^{幫}_{末}$P6L4； 煏$^{集:}_{並職}$音必$^{幫}_{質}$P8L7； 礡$^{並}_{鐸}$音剝$^{幫}_{覺}$P22L10； 鄱$^{並}_{戈}$音播$^{幫}_{過}$P22L10；
備$^{並}_{至}$音庇$^{幫}_{至}$P40L7； 嬪$^{並}_{真}$音賓$^{幫}_{真}$P47L8； 愊$^{集:}_{並職}$音湢$^{幫}_{職}$P53L1； 臏$^{並}_{軫}$音賓$^{幫}_{真}$P68L9；
髕$^{並}_{軫}$音擯$^{幫}_{震}$P76L3； 岥$^{玉:}_{並寘}$音閉$^{幫}_{霽}$P93L4； 抱$^{並}_{晧}$音包去$^{幫}_{效}$P97L10； 鉑$^{集:}_{並鐸}$音伯$^{幫}_{陌}$P111L4；
輽$^{集:}_{並混}$音本$^{幫}_{混}$P117L7； 弸$^{並}_{耕}$音并$^{幫}_{清}$P119L2； 餔$^{並}_{模}$音甫$^{集:}_{幫姥}$P142L8； 鵖$^{集:}_{並質}$音必$^{幫}_{質}$P149L8；
駜$^{並}_{質}$音必$^{幫}_{質}$P153L2； 驃$^{並}_{笑}$音俵$^{幫}_{笑}$P153L6； 虣$^{並}_{號}$音豹$^{幫}_{效}$P157L2； 皕$^{集:}_{並陌}$音百$^{幫}_{陌}$P165L10；
旆$^{並}_{泰}$音沛$^{幫}_{泰}$P184L10； 旙$^{古:}_{並混}$音本$^{幫}_{混}$P185L1； 癹$^{龍:}_{並末}$音剝$^{幫}_{覺}$P192L3； 罷$^{並}_{蟹}$音把$^{正:}_{幫禡}$P193L1；
岯$^{並}_{脂}$音丕$^{滂}_{脂}$P13L6； 佖$^{並}_{質}$音匹$^{滂}_{質}$P39L10； 爸$^{並}_{果}$音頗$^{滂}_{果}$P44L1； 婆$^{並}_{戈}$音頗平$^{滂}_{戈}$P49L9；
朌$^{集:}_{並換}$音扳$^{正:}_{滂諫}$P69L8； 擗$^{集:}_{並錫}$音僻$^{滂}_{昔}$P72L8； 鏷$^{並}_{沃}$音撲$^{滂}_{屋}$P109L9； 藨$^{並}_{宵}$音漂$^{滂}_{宵}$P133L8；
牝$^{並}_{軫}$音品$^{滂}_{寢}$P154L3； 牝$^{並}_{軫}$音品$^{滂}_{寢}$P200L6； 炥$^{奉}_{物}$音弗$^{非}_{物}$P8L3； 茀$^{奉}_{物}$音弗$^{非}_{物}$P12L4；
佛$^{奉}_{物}$音弗$^{非}_{物}$P53L7； 咈$^{奉}_{物}$音弗$^{非}_{物}$P57L7； 韭$^{奉}_{未}$音沸$^{非}_{未}$P24L10； 厞$^{集:}_{奉未}$音沸$^{非}_{未}$P36L1；
俸$^{奉}_{用}$音風去$^{非}_{送}$P42L6； 釜$^{奉}_{麌}$音府$^{非}_{麌}$P44L1； 釜$^{奉}_{麌}$音府$^{非}_{麌}$P108L1； 憤$^{奉}_{吻}$音粉$^{非}_{吻}$P54L7；
膹$^{奉}_{吻}$音粉$^{非}_{吻}$P68L2； 癀$^{奉}_{问}$音粉$^{非}_{吻}$P102L7； 鼢$^{奉}_{吻}$音粉$^{非}_{吻}$P160L3； 裒$^{集:}_{奉尤}$音否$^{非}_{有}$P78L4；
琕$^{奉}_{屋}$音福$^{非}_{屋}$P114L7； 復$^{奉}_{屋}$音福$^{非}_{屋}$P197L9； 賻$^{奉}_{遇}$音傅$^{非}_{遇}$P115L6； 鼢$^{奉}_{文}$音奮$^{非}_{問}$P147L8；
翡$^{奉}_{未}$音匪$^{非}_{尾}$P162L1； 防$^{奉}_{陽}$音芳$^{敷}_{陽}$P32L2； 嘸$^{奉}_{麌}$音撫$^{敷}_{麌}$P60L6； 剕$^{集:}_{奉未}$音肺$^{敷}_{廢}$P122L4；
萉$^{奉}_{未}$音肺$^{敷}_{廢}$P135L10； 穙$^{奉}_{未}$音肺$^{敷}_{廢}$P140L3； 狒$^{奉}_{未}$音肺$^{敷}_{廢}$P156L2

上述混注中，重唇音之間的有 34 次，輕唇音之間的有 25 次，二者共計 59 次。除此之外，還有 27 次的幫並、滂並、非奉、敷奉混注現象，見下：

霸$^{幫}_{禡}$音罷$^{並}_{蟹}$P4L5； 姅$^{幫}_{換}$音伴$^{並}_{緩}$P47L3； 羆$^{幫}_{支}$音皮$^{並}_{支}$P200L4； 伻$^{滂}_{耕}$音平$^{並}_{庚}$P43L8；
姘$^{滂}_{耕}$音平$^{並}_{庚}$P47L3； 甹$^{滂}_{青}$音平$^{並}_{庚}$P191L9； 甹$^{玉:}_{滂青}$音平$^{並}_{庚}$P197L10； 怶$^{玉:}_{滂支}$音皮$^{並}_{支}$P54L6；
鈹$^{滂}_{支}$音皮$^{並}_{支}$P110L10； 呠$^{集:}_{滂混}$音盆上$^{並}_{混}$P59L9； 聘$^{集:}_{滂勁}$音平去$^{並}_{映}$P62L9； 聘$^{滂}_{勁}$音平去$^{並}_{映}$P63L7；
胚$^{滂}_{灰}$音脴$^{字:}_{並灰}$P67L4； 衃$^{滂}_{灰}$音脴$^{字:}_{並灰}$P75L7； 竲$^{滂}_{沒}$音孛$^{並}_{沒}$P93L9； 竡$^{玉:}_{滂馬}$音罷$^{並}_{蟹}$P93L9；
披$^{滂}_{支}$音否平$^{並}_{脂}$P95L6； 破$^{滂}_{支}$音卑$^{集:}_{並支}$P105L4； 醅$^{滂}_{灰}$音陪$^{並}_{灰}$P142L9； 翸$^{滂}_{真}$音貧$^{並}_{真}$P162L6；
腹$^{非}_{屋}$音復$^{奉}_{屋}$P67L7； 複$^{非}_{屋}$音服$^{奉}_{屋}$P79L6； 鍑$^{非}_{宥}$音復$^{奉}_{宥}$P108L6； 缶$^{非}_{有}$音阜$^{奉}_{有}$P124L2；
澍$^{集:}_{敷用}$音奉$^{奉}_{腫}$P17L8； 賵$^{敷}_{送}$音俸$^{奉}_{用}$P115L7； 轓$^{敷}_{元}$音煩$^{奉}_{元}$P117L2

綜合上述混注例，並與幫、滂，奉與非、敷之間的混注現象共計 86 次。具體內部的混注次可詳見表 2-2-9（注：表頭橫行代表被注字聲母，縱行代表注音字聲母，表 2-2-10 同此）。

表 2-2-9 並與幫、滂，奉與非、敷的混注次數統計表[①] （單位：次）

被注字 / 注音字	幫	滂	並	非	敷	奉
幫			24			

①表中空白處表示“0”，爲了清晰呈現，本書中類似統計表皆採用這種方式處理，以下同。

續表

注音字＼被注字	幫	滂	並	非	敷	奉
滂			10			
並	3	17				
非						19
敷						6
奉				4	3	

並母與幫、滂二母之間的混注以及奉母與非、敷二母之間的混注印證了漢語史上的濁音清化的語音現象。至於濁音並母清化的規律，雖無近代通語濁音清化的規律明顯，但尚有一定的規律可究。如若進一步詳細論之，其清化的情況如表 2-2-10。

表 2-2-10　並母清化情况統計表　（單位：次）

注音字＼被注字	並		注音字＼被注字		幫	滂
	平聲	仄聲				
幫	4	20	並	平聲	1	12
滂	2	8		仄聲	2	5

從表 2-2-10 中的數值來看，並與幫的混注共計 27 次，其中仄聲並母字與幫母混注共計 22 次，占總混注的 81.48%（22/27），這呈現出仄聲並母字總體上以清化爲幫母字爲主的特點，與近代通語仄聲全濁聲母清化的規則近似。並與滂的混注共計 27 次，其中平聲並母字與滂母字混注共計 14 次，占總混注的 51.85%（14/27），與近代通語平聲全濁聲母清化的規則又不盡一致。當然，這種統計並不完全準確，因爲有的混注很有可能是從諧聲偏旁誤讀所致，如擘$^{集:}_{並錫}$音僻$^{滂}_{錫}$P72L8。

不過，此處需要指出的是，有些例字，我們或許不應該簡單地視爲真正的濁音清化。比如“皮”（恔$^{玉:}_{滂支}$音皮$^{並}_{支}$P54L6；鈹$^{滂}_{支}$音皮$^{並}_{支}$P110L10）、“盆”（呠$^{集:}_{滂混}$音盆上$^{並}_{混}$P59L9）、“平”（伻$^{滂}_{耕}$音平$^{並}_{庚}$P43L8；姘$^{滂}_{耕}$音平$^{並}_{庚}$P47L3；甹$^{滂}_{青}$音平$^{並}_{庚}$P191L9；德$^{玉:}_{滂青}$音平$^{並}_{庚}$P197L10；聘$^{集:}_{滂勁}$音平去$^{並}_{映}$P62L9；聘$^{滂}_{勁}$音平去$^{並}_{映}$P63L7）、“陪”（醅$^{滂}_{灰}$音陪$^{並}_{灰}$P142L9）、“貧”（翸$^{滂}_{真}$音貧$^{並}_{真}$P162L6）等。原因如下。

首先，從這些常用濁音字的使用頻率來看，與全濁聲母字的關係密切。例如“皮”，共使用 25 次，與並母字注音達 22 次，且“皮”作爲被注字音毘$^{並}_{脂}$P162L9 也明確表明該字的並母身份。再如“盆”，共使用 5 次，其中 4 次與並母字注音，且盆音湓$^{並}_{魂}$P193L9 也明確表明該字的並母身份。再如“平”，共使用 30 次，有 24 次爲並母字注音。雖然與滂母字混注 6 次，但是被注字“聘聘甹德”等皆有相同的諧聲偏旁“甹”，不可排除乃編者將“甹”讀作“平”而致使的系列訛誤。由此根據上述諸字的使用頻率來看，它們讀濁音的可能性還是很大的。即便是偶爾讀作清音，也不可一葉障目，不見泰山。

其次，我們懷疑這些全濁聲母字與清音的混注很有可能與吳方音中的清音濁流現象有關。吳方音中的全濁聲母，如 b、d、g、dz 等，並非真正的全濁音聲母，趙元任指出，“吳語的濁類聲紐發音最特别。在大多數地方，這些字都用一個帶音的氣流就是[彎頭 h]音。假如是個破裂音，那音的本身並不帶音，換言之當它閉而未破的時候，聲帶並不顫動，等開的時候接著就是一個帶音的 h，就是[彎頭 h]，因此聽起來覺得像很‘濁’似的”[①]。他認爲吴方音中的濁音就是一種帶有濁流的清輔音，在標記的時候可以使用一個清音的音標加上表濁流的符號 ɦ 來完成，如 pɦ、tɦ、kɦ 等。之後石鋒[②]、曹劍芬[③]、王士元和沈鍾偉[④]、陳忠敏[⑤]等諸多學者也分别使用實驗語音學的實證方法驗證了這個結論。這就是在漢語方言學界廣泛認可的關於吴方音全濁聲母方面的清音濁流現象。清音濁流的語音現象並非是近 100 年來吴方音才具有的，據李小凡[⑥]考證，400 年前的沈寵綏《度曲須知》中關於“陰出陽收”的描寫便是對吴方音中清音濁流現象的反映。由是觀之，清音濁流的現象對於吴方音而言由來已久，《玉篇直音》的時代與沈寵綏的《度曲須知》幾近，該書又成於吴人之手，聲母方面有清音濁流的表現自是合乎邏輯。這些被濁聲母字注音的被注字多數爲鮮用字，有的即便常用，但是其同音字很少，或者有的沒有同音字。這成爲直音法注音的障礙。在此情況下，編者只有使用一個與之音值極爲近似的常用字，採用紐四聲法注音，如此才構成了同音。根據吴語中清音濁流的理論，原本應該讀成濁聲母的，在讀單字或者短語的首字母或者讀重音時，濁聲母讀成了清音的特徵，這便是我們看到的清濁混注現象。如此一來，藉助清音濁流的語音理論來闡釋表中的若干濁聲母字讀成清聲母的現象是有理的。上文所列的全濁聲母防、皮、盆、平、陪、貧等字，其中古聲母的音值本來是全濁的特徵，但是在編者注音時受方音中清音濁流的影響，聲母的全濁色彩弱化，進而清化爲同部位的清音聲母。這樣既可以解釋爲何這些字具有很强的濁音特徵，又可以替它們爲何又要與清聲母字混注尋得依據。當然，這也是我們的一些揣測，尚不成熟，還需要更多翔實的語言實例加以驗證方可。

此外，還有一些清濁混注的例子與通語的演變結果是一致的，如羆音皮 P200L4。“羆”，《廣韻》彼爲切，幫母支韻。《集韻》《古今韻會舉要》班糜切；《洪武正韻》補眉切；《篇海類編》《重刊詳校篇海》逋眉切，音卑；《字彙》布眉切，音卑，又葉彼何切，音波；《海篇心鏡》《海篇星鏡》《海篇集韻大全》皆音卑。以上諸字書均載羆乃幫母字，不送氣。而《玉篇直音》音皮，與今普通話的讀音完全一致，具有通語的音變特徵。此外，這個例子的意義還在表明《玉篇直音》的注音具有很强的實際性，不恪守傳統韻書、字書，實事求是地記錄字音，能夠爲漢語語音史的研究提供語音坐標及文獻依據。再如牝音品 P154L3、P200L6，“牝”，《廣韻》毗忍切，《集韻》《古今韻會舉要》《洪武正韻》婢忍切，均爲並母軫韻，然而在今普通話中，牝的聲母爲 p‘，送氣，與此處的注音字“品”的聲母相同。上述例子雖然與平送仄不送的規則不符，然而被注字在今天的普通話中卻皆讀作送氣音聲母，頗有意思。

---

①趙元任. 現代吴語的研究[M]. 北京：商務印書館，2011：61.

②石鋒. 蘇州話濁塞音的聲學特徵[J]. 語言研究，1983,（1）：49-83.

③曹劍芬. 論清濁與帶音不帶音的關係[J]. 中國語文，1987,（2）：101-109.

④王士元，沈鍾偉. 吴語濁塞音的研究[A]. 見：吴語研究[C]. 香港：香港中文大學出版社，1995.

⑤陳忠敏. 吴語清音濁流的聲學特徵及鑒定標志——以上海話爲例[J]. 語言研究，2010,（7）：20-34.

⑥李小凡. 吴語的“清音濁流”和南曲的“陰出陽收”[J]. 語文研究，2009,（3）：37-44.

2.2.2.4 幫、滂二母的混注

中古唇音清聲母全清、次清有別，表現爲幫、滂的對立與非、敷的對立，這種對立的實質就是送氣與否的區别性特徵。非、敷二母在《玉篇直音》中已經合併，可見這種區别性特徵已蕩然無存。關於這個現象上文已有論述，兹不贅言。相對於非、敷母而言，幫、滂二母彼此獨立，表明此區别性特徵仍然顯著。此處所言的清聲母的混注指的是幫、滂之間的混注。在《玉篇直音》中，幫、滂二母混注共計 20 次，其中幫滂混注 7 次，滂幫混注 13 次，具體混注如下：

珀$^{\text{滂}}_{\text{陌}}$音迫$^{\text{幫}}_{\text{陌}}$P113L4；　魄$^{\text{滂}}_{\text{陌}}$音迫$^{\text{幫}}_{\text{陌}}$P186L2；　怖$^{\text{滂}}_{\text{暮}}$音布$^{\text{幫}}_{\text{暮}}$P53L3；　玻$^{\text{滂}}_{\text{戈}}$音波$^{\text{幫}}_{\text{戈}}$P113L10；
繽$^{\text{滂}}_{\text{真}}$音賔$^{\text{幫}}_{\text{真}}$P80L8；　誧$^{\text{集:}}_{\text{滂暮}}$音布$^{\text{幫}}_{\text{暮}}$P88L5；　臕$^{\text{玉:}}_{\text{滂小}}$音標$^{\text{幫}}_{\text{宵}}$P3L7；　䦳$^{\text{滂}}_{\text{真}}$音賓$^{\text{幫}}_{\text{真}}$P98L4；
閞$^{\text{集:}}_{\text{滂耕}}$音并$^{\text{幫}}_{\text{清}}$P99L1；　鐅$^{\text{滂}}_{\text{屑}}$音鼈$^{\text{幫}}_{\text{薛}}$P107L10；　堋$^{\text{幫}}_{\text{嶝}}$音烹去$^{\text{滂}}_{\text{映}}$P26L1；　鼊$^{\text{滂}}_{\text{職}}$音壁$^{\text{幫}}_{\text{錫}}$P177L6；
唪$^{\text{集:}}_{\text{幫董}}$音捧$^{\text{滂}}_{\text{腫}}$P57L9；　綘$^{\text{幫}}_{\text{董}}$音捧$^{\text{滂}}_{\text{腫}}$P82L9；　琫$^{\text{幫}}_{\text{董}}$音捧$^{\text{滂}}_{\text{腫}}$P113L8；　菶$^{\text{幫}}_{\text{董}}$音捧$^{\text{滂}}_{\text{腫}}$P131L6；
坏$^{\text{滂}}_{\text{灰}}$音杯$^{\text{幫}}_{\text{灰}}$P24L10；　悑$^{\text{滂}}_{\text{暮}}$音布$^{\text{幫}}_{\text{暮}}$P53L3；　鏄$^{\text{幫}}_{\text{鐸}}$音朴$^{\text{滂}}_{\text{覺}}$P108L5；　栟$^{\text{幫}}_{\text{清}}$音娉$^{\text{字:}}_{\text{滂青}}$P128L3

幫、滂二母混注在今海鹽吴音乃至整個吴方言地區皆不常見。此處混注，當具體問題具體分析。産生混注的原因或許可以分爲以下幾個方面。

1. 受通語語音的影響

上述例子中第 1 行的 5 例均是如此。前 2 例涉及“迫”字。“迫”，《廣韻》博陌切，幫母陌韻。《集韻》《古今韻會舉要》《洪武正韻》《篇海類編》《字彙》《海篇心鏡》《海篇集韻大全》等均幫母字。《中原音韻》亦讀幫母，與“伯百擘檗”等字同音。不過其派入皆來韻上聲，與派字韻母相同。“迫”讀送氣音或許是其塞音韻尾脱落演變爲陰聲韻過程中的特殊音變，該字在今北京話中存在文白兩讀，文讀音同“魄珀”，白讀音近“拍派”。此外《玉篇直音》中亦有“珀音拍 P112L7”例，根據重文同音系聯的原則，“迫拍”音同，而“迫”在北京話中的白讀音正好音“拍”。這應是前 2 例注音條件成立的原因。不過，與此相悖的是，《玉篇直音·辵部》中載“迫音伯”，此處又表明編者承認該字爲幫母讀音。或許是編者的注音觀念的確是在遵循正統音，讀成幫母便是如此。然而編者又不能擺脱時音（通語及方音）的干擾，前 2 例便是通語干擾的結果。再如被注字“怖、玻”二字，在《中原音韻》中已經與幫母字布、波同爲一組，直至今普通話中仍都讀不送氣音聲母。被注字“繽”，《海篇心鏡》音邠（《廣韻》府巾切，幫母真韻），《分韻撮要》中與賓音同，至今普通話中該字仍讀作不送氣音。

2. 使用了通假字

“誧$^{\text{集:}}_{\text{滂暮}}$音布$^{\text{幫}}_{\text{暮}}$P88L5”的音同關係或許出於此因。誧，《正字通·言部》“敷陳也，與布通”，《玉篇直音》中“誧音布”或許與此相關。

3. 受諧聲偏旁字的誤導

這是造成幫、滂二母混注的重要原因。正如前章所論，《玉篇直音》中的注音存在著大量的訛誤。有些訛誤是顯性的，這在校勘時基本上予以校正了。有些訛誤則是隱性的，比如

“⿰日麃玉:滂小音標幫宵P3L7、⿵門賓滂真音賓幫真P98L4、⿵門并集:滂耕音并幫清P99L1、鐅滂屑音鼈幫薛P107L10、堋幫蒸音烹去滂映P26L1、⿰畐畐滂職音壁幫錫P177L6”6 例，它們或許是因爲編者在注音時主觀地根據被注字的諧聲偏旁或者某個構字部件的讀音而形成的訛注。如被注字“⿰日麃”，從日麃聲，麃標音同；被注字“⿵門賓”，從門賓聲，賓即此處的注音字；被注字“⿵門并”，從門并聲，并即此處的注音字；被注字“鐅”，從金敝聲，敝鼈聲母相同；被注字“堋”，從土朋聲，朋在北方通語中清化爲滂母字，與烹爲同一個聲母。

4. 受韻書或字書影響所致

被注字“⿰畐畐”,《廣韻》芳逼切，滂母職韻，《蒙古字韻》中仍讀作送氣音字，而《洪武正韻》中則壁⿰畐畐同音，皆爲必歷切。這應該是此二字音同的原因所在。

除了上述 4 個方面的原因外，還有一些未知原因致使餘下的 8 例混注。尤其是“唪集:幫董音捧滂腫P57L9、⿱奉糸幫董音捧滂腫P82L9、琫幫董音捧滂腫P113L8、菶幫董音捧滂腫P131L6”4 例，注音字同爲滂母字“捧”，今海鹽吳音中與《廣韻》同，亦讀送氣 p‘。如果刊刻有誤，不應該四處皆錯。如果是方音流露，但是於今海鹽吳音中得不到印證。如果是編者的訛讀，可是在《玉篇直音・才部》中有“捧音奉 P96L10”的注音，捧，《集韻》父勇切，音奉，編者對該字讀音把握得到位，也沒讀錯。此 4 例令人費解，餘下的最後 4 例亦是如此，只得列出以就教於方家。

2.2.2.5 並、奉二母的混注

宋人三十六字母中的並、奉二母作爲唇音中的兩個獨立的全濁音聲母，其音色完全不同。然而，《玉篇直音》中些許並奉、奉並的混注現象將這兩個全濁聲母勾連起來。此類混注現象共計 7 次，其中並奉混注 5 次，奉並混注 2 次，具體情況如下：

墢集:奉月音跋並末P24L8；　⿰飠弁集:奉阮音卞並線P141L3；　湴並鑑音范奉範P19L3；　龐並江音防奉陽P34L4；
跋並末音伐奉月P45L10；　蔔並德音伏奉屋P135L9；　韸並東音逢奉鍾P180L4

上述 7 例混注的實質是《玉篇直音》中部分奉母字音同並母字。此處是直音法注音材料，折射的是輕重唇音聲母之間的關係。歷史文獻中反映此類語音現象的材料很多，錢大昕還廣拓門徑，綜合運用歷史文獻中的聲訓、讀如讀若、通假、異文、諧聲偏旁、對音及方言等材料來證明上古時期的唇音聲母中沒有中古時期的輕唇音非敷奉微四母。古無輕唇說毋庸置疑，奉母在上古時歸入並母令人信服，這是無須討論的。我們需要弄清楚的關鍵問題是《玉篇直音》中的這 7 例混注現象是死的還是活的。換句話說，是編者對歷史文獻注音材料的照抄照搬，還是他們的語音系統中就是這樣讀的？回答這個問題只需要解決兩點：首先，《玉篇直音》是不是革新派的字書？其次，這種現象可否得到歷史文獻的支撐以及方言的參證？其實答案很簡單，其一，我們在第二章討論《玉篇直音》與“海篇”類字書的關係時已多次明確，從注音字的選擇使用上能明顯地看出該書儘管與“海篇”類字書存在同源關係，但並非是對它們的照抄照搬，是具有革新精神的，其對注音字的選擇是驗諸編者唇端的。其二，輕唇讀同重唇並非是上古漢語獨有的現象，這在吳、閩方言中均有保存。就歷史吳方音而論，與之同時期的《同文備考》《聲韻會通》《韻要粗釋》《諧聲品字箋》等吳音文獻中亦均有輕重唇不分的現象。根據現代吳音，婺州方言地區（今浙江

省中部金華地區的金華、湯溪、蘭溪、浦江、義烏、東陽、磐安、永康、武義等地區）“少數非敷奉母字讀作 p 組聲母。其中，奉母讀[b]的例字較多”，如奉母字“縛”：金華 boʔ^{8}、湯溪 bo^{4}、浦江 bo^{8}、東陽 bouʔ^{8}、磐安 bʌo^{2}、義烏 bau^{8}、永康 buə^{4}、武義 bɔʔ^{8}。此外，余姚 boʔ^{8}、定海 boʔ^{8}、雲和 boʔ^{8}、玉山 biɐʔ^{8} 等亦是。①今海鹽吳音亦是如此，“部分非組字今讀作[p^{h} b m]聲母”，如奉母字“防”音 baŋ，“肥”音 bi，“縛”音 boʔ。②上述的“防”字，至今仍與“龐”音同。不過上述的其他奉母字，除“墢餅”二字於今海鹽吳音中不常用外，其餘的“范伐伏逢”等 4 字的聲母均音 v，不讀 b。由此觀之，自《玉篇直音》至今的 400 年間，海鹽吳音中的部分中古奉母字經歷了 b→v 的音變，逐漸地脫離了並母，回歸到了真正的奉母中去。不過慶倖的是，我們在今海鹽臨界的海寧、嘉興吳音中還爲上述個別字的混注提供了直接的證據。如上述的例字“逢”在今海寧吳音中 bõ、võ 兩讀，“伏”在嘉興吳音中讀 bu，皆可用來證明上述例字中此二例的混注。此外，玉山吳音中“伏”音 buə^{6}，亦可資爲證。由此看來，在今吳方言中奉母與並母的混注實質上是奉母字讀成了並母字，這爲《玉篇直音》中的此類現象提供了方言闡釋。

綜上所述，無論是從歷史文獻來看還是結合現代吳方言，皆可證明《玉篇直音》中奉、並二母的混注是一個遍及古今的語言現象，是《玉篇直音》編者方音的流露，乃存古現象，其實質乃奉母讀作並母。

2.2.2.6 非（敷）、奉母與曉、匣母的混注

中古喉音曉、匣二母在《玉篇直音》中也是獨立的，這在後文有述，此處要言的是部分曉、匣母字與非（敷）、奉母字的混注，若僅就直接混注而言，非（敷）曉 2 次，曉非（敷）12 次，奉匣 5 次、匣奉 1 次、匣非（敷）2 次。具體混注情況如下：

悱$^{敷}_{尾}$音毀$^{曉}_{紙}$P53L4；	誹$^{集:}_{非尾}$音毀$^{曉}_{紙}$P86L10；	焄$^{集:}_{曉慁}$音噴$^{集:}_{敷問}$P10L7；	旿$^{玉:}_{曉蕩}$音訪$^{正:}_{敷養}$P27L10；
鄜$^{玉:}_{曉姥}$音甫$^{非}_{麌}$P28L10；	鄺$^{曉}_{唐}$音方$^{非}_{陽}$P31L2；	婎$^{曉}_{脂}$音非$^{非}_{微}$P47L5；	忽$^{曉}_{沒}$音弗$^{非}_{物}$P52L1；
惚$^{曉}_{沒}$音弗$^{非}_{物}$P55L6；	嚛$^{曉}_{屋}$音福$^{非}_{屋}$P57L1；	叿$^{曉}_{東}$音峯$^{敷}_{鍾}$P59L5；	讏$^{曉}_{支}$音飛$^{非}_{微}$P85L10；
瘔$^{篇:}_{曉魂}$音分$^{非}_{文}$P102L7；	浮$^{集:}_{曉模}$音夫$^{非}_{虞}$P198L10；	晃$^{匣}_{蕩}$音紡$^{敷}_{養}$P2L1；	晄$^{匣}_{蕩}$音紡$^{敷}_{養}$P2L1；
婟$^{匣}_{姥}$音父$^{奉}_{麌}$P47L5；	堸$^{奉}_{東}$音洪$^{匣}_{東}$P26L9；	鄷$^{奉}_{東}$音洪$^{匣}_{東}$P29L6；	憴$^{龍:}_{奉鍾}$音洪$^{匣}_{東}$P52L6；
襸$^{奉}_{鍾}$音洪$^{匣}_{東}$P107L1；	勫$^{奉}_{未}$音惠$^{匣}_{霽}$P77L7		

曉、匣母字與非（敷）、奉混注的條件是合口韻，涉及的韻攝主要有通、止、遇、蟹、臻、宕六攝。上述例字中的 22 次現象可以分作兩部分，一是以喉音注唇音，此計 7 次；一部分是唇音注喉音，此計 15 次。這種輕唇音與喉音不分的現象在現代方言中仍是較爲常見的。如官話方言中的以安徽鳳台、壽縣方言爲代表的中原官話，以淮南等地方言爲代表的江淮官話，以湖北方言爲代表的西南官話及晉方言等皆有此類語音現象。再如在湘方言、客家方言、贛方言以及吳方言等諸類南方方言中亦是常見。儘管這種混注現象常見於

①曹志耘，等. 吳語婺州方言研究[M]. 北京：商務印書館，2016：41.

②徐越. 浙江吳音研究[M]. 杭州：浙江大學出版社，2016：82.

諸多方言之中，但是其混注的實質並非一致。比如晉方言并州片、呂梁片中是將非、敷、奉母字讀作 x；而湘方言的長沙話多數情況是將曉、匣母字讀作 f，但也有非組讀 x 的情況，如風 xoŋ^{33}。①至於吳方言中，這種混注現象也是較爲複雜的，表現不一。

在今吳方言中，曉、匣母合口呼字與非（敷）、奉母字混注的實質表現爲兩種音變模式：①f→x（h）；v→ɦ

②x（h）→f；ɦ→v

模式①代表的方言有湯溪、溫州吳音。今浙江湯溪吳音中，“[f][x]相混。非敷奉微四母在今[u][o]二韻前讀[f~x][v~ɦ]聲母，讀[x][ɦ]時韻母[o]同時變爲[uo]”。②例如斧音 xu^{535}、法音 xuo^{55}、飯音ɦuo^{55} 等。再如溫州吳音中非、敷母讀作 x，奉母讀作ɦ，如方 xuɔ^{44}、紡 xuɔ$^{\underline{35}}$、放 xuɔ^{52}、訪 xuɔ^{52}、房ɦuɔ^{231}、奉ɦoŋ$^{\underline{24}}$、鳳ɦoŋ^{22}、縫ɦoŋ^{22} 等。

模式②在吳方言中更爲常見：如上海吳音中“胡”音 vu^{113}；松江吳音中“荒方”同音，聲母皆讀 f；嵊州太平吳音中“還煩”同音，聲母皆是 v。下面集中模式②音變現象在部分吳方言中的情況，詳見表 2-2-11。

表 2-2-11 部分曉、匣母合口字的吳方言讀音③

例字＼地區	上海	嘉興	海寧	諸暨	嵊州崇仁	嵊州太平
毀曉紙上合三止	xuᴇ^{334}	hue^{44}	hue^{53}	fe^{52}	fe^{44}	fe^{42}
忽曉沒入合一臻	fəʔ^{55}	huəʔ^{5}	hoʔ^{55}	fᴇʔ^{45}	fɛʔ^{45}	fɛʔ^{45}
呼曉模平合一遇	fv̩^{52}/xu^{52}	fu^{51}/hu^{51}	fu^{55}	fʊ^{544}	fʊ^{53}	fʊ^{523}
慧匣霽去合四蟹	ɦuᴇ^{113}	ue^{35}	ɦue^{113}	ve^{233}	ve^{14}	ve^{13}
荒曉唐平合一宕	xuÃɲ^{52}	huÃ^{51}	huÃ^{55}	fɒ̃^{544}	fɒ̃^{53}	fuŋ^{523}
昏曉魂平合一臻	xuəɲ^{52}	huəŋ^{51}	huən^{55}	fɛ̃ɪ^{544}	fɪŋ^{53}	feŋ^{523}

據表 2-2-11 可知，從單個字的角度而言，“呼”的聲母讀 f 的情況最爲普遍，其次是“忽”。若就方言區而論，目前吳方言中諸暨、嵊州崇仁、嵊州太平等地的吳音對曉、匣母合口呼字讀作非、奉母的現象保存得較爲徹底，上海、嘉興、海寧等地吳音中則有個別字混同的情況。從區域範圍來看，曉、匣母合口呼字音同唇音的現象比較集中，在今吳方言太湖片南部地區比較常見。其實②模式音變不僅存在上述這些地區，就連模式①的代表地點湯溪、溫州吳音中也有模式②的音變現象。如湯溪吳音中虎音 fu^{535}、花音 fo^{24}、灰音 fɛ^{24}、婚音 fai^{24}；再如溫州吳音中虎音 fʊ$^{\underline{35}}$、火音 fʊ$^{\underline{35}}$、河音 vʊ^{231}、戶音 vʊ$^{\underline{24}}$、腐音 vʊ$^{\underline{24}}$等。如此來看，在今吳方言中模式②比模式①更具有普遍性。模式①見於南部吳方言

①分見：喬全生. 晉方言語音史研究[M]. 北京：中華書局，2008：77-78；袁家驊，等. 漢語方言概要（第二版）[M]. 北京：語文出版社，2001：107.

②曹志耘，等. 吳語婺州方言研究[M]. 北京：商務印書館，2016：141.

③本表中的例字儘量照顧到上述混注例中常用的混注字，如果沒有該字，則使用與之音韻地位完全相同的他字替代之。表中的讀音依據的是：錢乃榮. 當代吳語研究[M]. 上海：上海教育出版社，1992：77-433；俞光中. 嘉興方言同音字彙[J]. 方言，1988，(3)：195-208；海寧市史志辦公室，海寧市史志學會. 海寧方言志[M]. 杭州：浙江人民出版社，2009：27-43.

中，而模式②則廣泛見於包括南部吳方言在內的整個吳方言中。

《玉篇直音》中的曉、匣母與非（敷）、奉母的混注現象，其實質應是上述的音變模式②，即曉、匣母字讀同非（敷）、奉母字。正如上文所論，模式②音變現象的主要區域是今吳方言太湖片南部地區，而《玉篇直音》編者的里籍——海鹽縣則恰好地處這一區域。據《海鹽方言志》①，今海鹽縣北部的海塘、西塘、元通、齊家、橫港、百步亭、富亭和石泉等地方言中，火、河等讀 fv̩、v̩。徐越則進一步指出：今海鹽吳音中“曉組常常讀如非組，並與非組同韻母的字相混。例如：呼=夫 fu，戽=付 fu，慌=方 fã，謊=紡 fã，況=放 fã，婚昏葷=分 fəŋ，魂渾=文 vəŋ”。②

綜上所論，《玉篇直音》中的此類混注現象是吳方音的特徵，在以海鹽吳音爲代表的部分吳方言中得到了印證，爲今天吳方音的“[f][x]相混”現象提供了較早的文獻源頭。從今天方言的讀音來看，《玉篇直音》中的這種混注現象的實質應是曉、匣母讀作非（敷）、奉母。從音理的角度來看，應是舌根音聲母受韻母圓唇特徵的影響致使發音部位前移而形成的讀音。

補充說明一點，《玉篇直音》此類混注現象中，注音字“洪”的使用頻率很高，如上文所示，共計 4 次爲奉母字注音。依據前文所論，此處是吳音的體現，本質上應是該字讀成奉母，可惜我們沒有在海鹽吳音乃至周邊的北部吳音中爲之找到讀音依據。反而，在南部吳音溫州方言中有跡可循。不過，據鄭張尚芳③調查，今溫州吳音中“洪”音ɦoŋ^{31}，與“逢馮縫動詞”同音。此處沒有爲混注例提供直接的注音相同的證據，這是可以理解的，畢竟被注字“堸鄬韸𨎽”等皆爲非常用字，方言中不使用該字是很正常的。不過我們可以推理，因爲被注字“鄬”從馮得聲，“韸𨎽”從逢得聲，其注音字又皆爲“洪”，據此應該可以推知在溫州吳音中“洪馮鄬逢韸𨎽”應該音同。它們讀音是相同了，可是與我們上文所持的音變模式②的觀點卻是相悖的。究其原因，令人費解。難道是在以海鹽吳音爲代表的北部吳音區裏，“洪”本來與其他的曉、匣母字一樣讀成唇音字，但是在後來的音變中卻轉向了喉音？抑是 400 年前的海鹽吳音中也有模式①與模式②兩種音變，只是在後來的語音演變中模式①消失了，在今天的方言中僅存有模式②？

對於兩種推測，我們更傾向於後者。首先，第一種推測是在擴大例外音變的可能。語音演變是成規律的，規律之外的音變的確存在，但是在普遍規律中强調例外的可能性，這是一種形而上的思維，有失嚴謹。其次，從歷史語言學的角度來看，後一種可能性應該存在。

喬全生運用歷史比較法考證天城梵漢對音材料中用喉部擦音的 hv 對譯漢語非奉二母的現象後認爲：不僅是晉方言并州片、呂梁片，“吳方言、湘方言今讀，閩語文讀音非組讀[x]不讀[f]，其時也當在宋”。④喬文未提及音變模式②x（h）→f 的演變歷史。由此看來，音變模式①f→x（h）由來已久，距今也有千年左右的歷史了。就吳方言的分區來看，北部

①胡明揚. 海鹽方言志[M]. 杭州：浙江人民出版社，1992：156.
②徐越. 浙江吳音研究[M]. 杭州：浙江大學出版社，2016：82.
③鄭張尚芳. 溫州方言志[M]. 北京：中華書局，2008：209.
④喬全生. 晉方言語音史研究[M]. 北京：中華書局，2008：78.

吳方言與官話接壤，受之影響較重；而南部吳方言地接閩贛，更趨於存古。若再考慮模式①②皆存於南部吳方言，而北部吳方言中多見模式②的分佈現象的話，我們有理由相信模式①應是吳語曉、母合口呼字與非、敷、奉母字混讀現象的底層實質，而模式②則應是晚起的新層實質。如此說來，早期的包括海鹽吳音在內的北部吳方言中應該也是模式①、模式②共存的，只不過在自身語音演變的作用下，也包括外來方言影響等，底層慢慢退化消失，新層呈現顯性狀態罷了，而《玉篇直音》中“堸鄷憉䙜”音“洪”應是模式①音變現象在北部吳方言中的歷史見證。

2.2.2.7 以母字“惟唯維”及云母字“帷”讀作微母

中古微母字在《玉篇直音》中有一部分與以母字一起併入影母字中，與之一起演變爲零聲母，這是該書中微母字的一個重要的音變現象，這在本章 2.5 節討論零聲母的擴大問題時將有詳論，此處暫且不述。我們要論的是也有一些以母字“逆向”音變，併到了微母中，如帷$^{云}_{脂}$音微$_{\text{P83L5}}$、薇音惟$^{以}_{脂}$$_{\text{P132L4}}$、微音惟$^{以}_{脂}$$_{\text{P197L8}}$，據此系聯的還有“唯$^{以}_{脂}$維$^{以}_{脂}$濰$^{以}_{脂}$倠$^{曉}_{脂}$”等字。

將“帷唯維濰倠帷”等字併入微母表面上是系聯之果，但這並非是無根據的。《中原音韻》中齊微韻陽平聲下有“微薇維惟”小韻，《洪武正韻》支韻微小韻下也收“惟維”等字，《韻略易通》西微韻下有“微薇維惟”，歸於“無”母，與零聲母“一”母相對。此類現象，不勝枚舉。對於這種現象的本質，學界早有定論。王力認爲：“與‘微’同音有‘維惟’，那是讀喻入微。”①由是觀之，云、以母脂韻“帷惟唯維”等字音讀同微母字於韻書是有跡可循的，於音理是云、以母字讀成了微母。不過，《玉篇直音》中的此類情況，是不是編者對韻書的循規蹈矩地恪守？答案是否定的，因爲這應是編者方音的自然流露。先來看一下所涉及的字在部分吳方言中的讀音，詳見表 2-2-12。

表 2-2-12 “微薇惟唯維帷”等字在今部分吳方言中的讀音

地區 例字	海門	蘇州	上海	海寧	嘉興	海鹽	舟山	浦江	金華
微	fvi^{24}	vi^{223}	vi^{13}	vi^{55}	vi^{31}	vi^{31}	vi^{22}	vi^{113}	vi^{313}
薇	fvi^{24}	vi^{223}	vi^{13}	—	—	vi^{31}	—	—	—
惟	—	vi^{223}	vi^{13}	vi^{113}	vi^{31}	vi^{31}	vi^{22}	vi^{113}	vi^{313}
唯	fvi^{24}	vi^{223}	vi^{13}	vi^{113}	vi^{212}	vi^{31}	vi^{22}	vi^{113}	vi^{313}
維	fvi^{24}	vi^{223}	vi^{13}	vi^{113}	vi^{31}	vi^{31}	vi^{22}	vi^{113}	vi^{313}
帷	fvi^{24}	vi^{223}	vi^{13}	—	—	—	—	—	—

通過表 2-2-12 可知，云母字“帷”及以母字“唯維濰”等字併入微母字中與“微薇”音同的現象在今吳方言中是極爲普遍的。云母字“帷”雖不能求證于海寧、嘉興、海鹽等地吳音，但是在海門、蘇州及上海等地方音中與“微薇”仍是同音字。表 2-2-12 中例字的

①王力. 漢語語音史[M]. 北京：中國社會科學出版社，1985：317.

讀音爲《玉篇直音》中的此類混注現象提供了强有力的方言支撑材料，尤其是今海鹽吳音中前 5 個例字的讀音完全相同，直接證明了此類混注現象正是編者方音的再現。就其實質來看，正是這些以、云母字讀同微母字，這與雲、以母的主流讀音（在《玉篇直音》中合流成喻母，本章牙喉音聲母中有詳論，可參見）不同，乃例外音變，且這種例外音變自《玉篇直音》以來的 400 年間幾乎未曾發生變化。

2.2.3　小結

綜上所論，《玉篇直音》中的唇音聲母系統包括幫、滂、並、明、非、奉、微 7 個聲母，這個系統具有以下幾點重要的語音特徵。

（1）雖有個别輕重唇音相混的現象，但是就整體而言，輕、重唇音聲母有别，界線涇渭分明。

（2）非、敷二母已經合流成一個清聲母。

（3）全濁聲母並、奉獨立存在。

（4）微母呈四分之勢，以 94 次的被注字（原 95 次，有 1 次的與非母字混注，未在此處統計之列）爲統計標本，有 22 次的微母字併入奉母，有 8 次的微母字併入明母，29 次的微母字則與影母等聲母合流演變成零聲母，餘下的 35 次的微母字自成一類。其中某些微母字存在文白異讀現象，這是這些字既音明母又音奉母的原因所在，其白讀音讀成明母字，文讀音讀成奉母字。

（5）塞音清聲母幫、滂之間存有混注現象。

（6）部分奉母字讀成並母字，表現出輕唇讀作重唇的特徵。

（7）不計重複的話，有 19 個喉音曉、匣二母的合口呼字讀成非、奉母字。

（8）以母字“惟唯維”及云母“帷”字讀作微母。

上述的語音特徵中既有與通語的音變現象相同的，如（1）（2）（5）以及（4）中的微母字變作零聲母等特徵；同時也有與通語不同的，如（3）（6）（7）（8）以及（4）中的微母併入奉母與明母的特徵。而後者卻彰顯出《玉篇直音》具有濃烈的吳音色彩。

結合上述特點，《玉篇直音》中唇音聲母的情況如表 2-2-13 所示。

表 2-2-13　《玉篇直音》唇音聲母表

序號	名稱	音值	來源
1	幫	p	主要來自中古幫母非合口三等韻字，少數來自中古並母非合口三等韻字
2	滂	p‘	主要來自中古滂母非合口三等韻字，少數來自中古並母非合口三等韻字
3	並	b	主要來自中古並母非合口三等韻字
4	明	m	主要來自中古明母非合口三等韻字，也有部分明母合口三等韻字雜入
5	非	f	主要來自中古幫、滂母合口三等韻字，還有少數的曉母合口字及個别匣母合口字
6	奉	v	主要來自中古並母合口三等韻字，也有部分明母合口三等韻字雜入，還有少數匣母合口字
7	微	ʋ①	主要來自未併入奉、明、影等聲母的中古明母合口三等字

①考慮到微母與奉、影母合流的條件，同時又需要與奉母相區别，我們認爲此時的微母字當讀作輕唇的半元音 ʋ 更爲合適。

2.3　舌音聲母

2.3.1　舌音聲母字的分佈情況

中古舌音聲母含舌頭及舌上兩類。因舌上音知組（知、徹、澄）聲母在《玉篇直音》中已與齒音聲母合流，故而本節的舌音聲母僅指的是中古的舌頭音端組聲母，即端、透、定、泥、來五個聲母。此外，舌上音娘母雖在宋人三十六字母中有載，但是其在漢語語音史上很快又併入泥母中。再者，就《玉篇直音》而論，中古泥母一、二等字混注（此共計 12 例，占一、二等字總數的 11.01%，如昦$^{泥}_{諫}$音難$^{泥}_{翰}$P2L7、喃$^{泥}_{咸}$音南$^{泥}_{覃}$P58L2），三、四等字混注（此共計 32 例，占三、四等字總數的 29.09%，如愵$^{泥}_{質}$音溺$^{泥}_{錫}$P75L3、鮎$^{泥}_{添}$音粘$^{泥}_{鹽}$P141L6），結合漢語史可知，《玉篇直音》中娘母已經併入泥母。因此本書不再區分泥娘二母，統稱作泥母。在可供研究的 13 695 個被注字中，中古端組端、透、定、泥、來五個聲母的字均有分佈，具體數量見表 2-3-1。

表 2-3-1　《玉篇直音》所轄中古端組聲母被注字數量表　（單位：個）

聲母	端	透	定	泥	來
數量	322	282	574	224	965
總計	2 367				

在同用系聯基礎上得出的 3 789 個自然小類中端組聲母字分佈在 638 個自然小類中，使用同用、遞用及補充原則對之進行進一步系聯共得出如下 5 類（分別標爲 A、B、C、D、E）共 276 個“準小韻”，其中以被注字來論。

A 類共轄被注字 344 個，含自然小類 108 個，可併爲 51 個“準小韻”，主要是中古的端母字，共計 307 個，占該類字總數的 89.24%（307/344），因此可稱 A 類爲端類，該類字的聲母皆屬於《玉篇直音》的端母。

B 類共轄被注字 277 個，含自然小類 97 個，可併爲 39 個“準小韻”，主要是中古的透母字，共計 257 個，占該類字總數的 92.78%（257/277），因此可稱 B 類爲透類，該類字的聲母皆屬於《玉篇直音》的透母。

C 類共轄被注字 573 個，含自然小類 137 個，可併爲 64 個“準小韻”，主要是中古的定母字，共計 535 個，占該類字總數的 93.37%（535/573），因此可稱 C 類爲定類，該類字的聲母皆屬於《玉篇直音》的定母。

D 類共轄被注字 346 個，含自然小類 120 個，可併爲 51 個“準小韻”，主要是中古的泥母字，共計 221 個，占該類字總數的 63.87%（221/346）。此外，還主要來自中古疑母字 38 個，占總數的 10.98%（38/346）；中古日母字 80 個，占總數的 23.12%（80/346）。鑒於泥母字數量佔據主體，因此稱 D 類爲泥類，該類字的聲母皆屬於《玉篇直音》的泥母。

E 類共轄被注字 959 個，含自然小類 176 個，可併爲 71 個“準小韻”，主要是由中古的來母字構成，共計 958 個，占該類字總數的 99.90%（958/959）。因此稱 E 類爲來類，該類字的聲母皆屬於《玉篇直音》的來母。

由此觀之，上述 5 類（尤其是 A、B、C、E 四類）所轄字總體上與中古端、透、定、泥、來母是對應的，因此我們也稱之爲《玉篇直音》的端組聲母。此 5 類 276 個“準小韻”所轄字的情況詳見表 2-3-2。

表 2-3-2　《玉篇直音》端組字組表

字組序號	轄字
A 類（含 108 個自然小類，51 個“準小韻”）	
0001	[0047]各$^{端}_{冬}$雺$^{端}_{冬}$東$^{端}_{東}$鴤$^{端}_{冬}$鼕$^{章}_{東}$ ǀ 冬$^{端}_{冬}$[0635]崠$^{端}_{東}$涷$^{端}_{東}$埬$^{端}_{東}$冬$^{端}_{冬}$倲$^{端}_{東}$娻$^{端}_{東}$忶$^{端}_{東}$悚$^{端}_{東}$㖦$^{端}_{董}$諌$^{端}_{東}$鶇$^{端}_{東}$蝀$^{端}_{東}$ ǀ 東$^{端}_{東}$[3300]董$^{端}_{董}$董$^{端}_{董}$ ǀ 東上$^{端}_{董}$[1286]暕$^{端}_{東}$懂$^{端}_{董}$膧$^{端}_{董}$蕫$^{端}_{董}$ ǀ 董$^{端}_{董}$
0002	[1577]涷$^{端}_{送}$ ǀ 棟$^{端}_{送}$[2350]腖$^{端}_{送}$棟$^{端}_{送}$ ǀ 涷$^{端}_{送}$
0003	[2490]裻$^{端}_{沃}$篤$^{端}_{沃}$篤$^{端}_{沃}$ ǀ 督$^{端}_{沃}$[2172]督$^{端}_{沃}$ ǀ 篤$^{端}_{沃}$
0004	[2886]启$^{端}_{屋}$ ǀ 豚$^{端}_{屋}$
0005	[1217]垑$^{端}_{歌}$都$^{端}_{模}$侈$^{端}_{歌}$ ǀ 多$^{端}_{歌}$[3706]夛$^{端}_{歌}$多$^{端}_{歌}$ ǀ 朵平$^{端}_{戈}$[0664]崜$^{端}_{果}$揣$^{端}_{果}$埵$^{端}_{果}$㛊$^{端}_{果}$躲$^{玉:}_{端果}$頦$^{端}_{哿}$鬌$^{集:}_{端果}$跺$^{端}_{果}$綵$^{端}_{果}$操$^{端}_{果}$賭$^{端}_{姥}$剁$^{端}_{過}$稀$^{端}_{果}$堵$^{端}_{姥}$ ǀ 朵$^{玉:}_{端果}$[3261]朵$^{玉:}_{端果}$ ǀ 躲$^{端}_{果}$[1129]土$^{篇:}_{端姥}$鍺$^{端}_{姥}$ ǀ 堵$^{端}_{姥}$[1135]堵$^{端}_{姥}$ ǀ 都上$^{端}_{姥}$
0006	[1807]妬$^{端}_{暮}$妒$^{端}_{暮}$睹$^{端}_{姥}$覩$^{端}_{姥}$ ǀ 睹$^{端}_{姥}$[2944]殬$^{端}_{暮}$死$^{端}_{暮}$殊$^{集:}_{端過}$蠹$^{端}_{暮}$ ǀ 妬$^{端}_{暮}$[3038]睹$^{端}_{姥}$覩$^{端}_{姥}$睹$^{端}_{姥}$ ǀ 賭$^{端}_{姥}$
0007	[0102]眂$^{端}_{齊}$阺$^{端}_{齊}$坻$^{端}_{齊}$胝$^{端}_{脂}$詆$^{端}_{齊}$軧$^{端}_{齊}$奃$^{端}_{齊}$氐$^{端}_{齊}$ ǀ 低$^{端}_{齊}$[1056]磾$^{端}_{齊}$羝$^{端}_{齊}$低$^{端}_{齊}$ ǀ 氐$^{端}_{齊}$[1683]低$^{端}_{齊}$仾$^{端}_{齊}$ ǀ 羝$^{端}_{齊}$
0008	[2334]腣$^{端}_{齊}$ ǀ 堤$^{端}_{齊}$
0009	[1214]堤$^{端}_{齊}$ ǀ 提$^{集:}_{端齊}$
0010	[1364]邸$^{端}_{齊}$題$^{定}_{齊}$抵$^{端}_{齊}$柢$^{端}_{齊}$ ǀ 底$^{端}_{齊}$[1482]底$^{端}_{齊}$ ǀ 抵$^{端}_{齊}$
0011	[2151]呧$^{端}_{齊}$ ǀ 氐$^{端}_{齊}$
0012	[1233]墆$^{定}_{霽}$偙$^{端}_{霽}$僀$^{端}_{霽}$嚏$^{端}_{霽}$殢$^{端}_{霽}$髢$^{端}_{霽}$骶$^{端}_{霽}$諦$^{端}_{霽}$遰$^{端}_{霽}$揥$^{端}_{霽}$𤺞$^{端}_{霽}$蔕$^{端}_{霽}$䬾$^{端}_{齊}$蝭$^{定}_{齊}$螮$^{端}_{霽}$疐$^{端}_{霽}$ ǀ 帝$^{端}_{霽}$
0013	[1729]怟$^{端}_{霽}$ ǀ 至$^{章}_{至}$
0014	[1064]磓$^{端}_{灰}$䤗$^{端}_{灰}$搥$^{端}_{灰}$𠂤$^{端}_{灰}$ ǀ 堆$^{端}_{灰}$[1202]堆$^{端}_{灰}$塠$^{端}_{灰}$ ǀ 對平$^{端}_{灰}$[0293]䨴$^{定}_{賄}$碓$^{端}_{隊}$兊$^{定}_{泰}$膇$^{端}_{賄}$錞$^{端}_{賄}$ ǀ 對$^{端}_{隊}$[0274]颰$^{定}_{泰}$䨺$^{定}_{隊}$峗$^{定}_{泰}$陮$^{定}_{賄}$隊$^{定}_{隊}$對$^{定}_{隊}$譈$^{定}_{隊}$譵$^{定}_{隊}$鐓$^{定}_{隊}$鐓$^{定}_{隊}$ ǀ 兌$^{定}_{泰}$[0621]嵟$^{定}_{隊}$懟$^{定}_{隊}$憝$^{定}_{隊}$䯟$^{定}_{隊}$刓$^{定}_{泰}$對$^{端}_{隊}$奪$^{定}_{泰}$ ǀ 隊$^{定}_{隊}$
0015	[0755]汏$^{定}_{泰}$廗$^{端}_{泰}$䯿$^{端}_{泰}$戴$^{端}_{代}$ ǀ 帶$^{端}_{泰}$[2532]襶$^{端}_{代}$帶$^{端}_{泰}$ ǀ 戴$^{端}_{代}$
0016	[0056]噋$^{透}_{魂}$燉$^{透}_{魂}$惇$^{端}_{魂}$ ǀ 敦$^{端}_{魂}$[3118]弴$^{端}_{魂}$蜳$^{端}_{魂}$敦$^{端}_{魂}$ ǀ 惇$^{端}_{魂}$[2085]咄$^{端}_{沒}$ ǀ 敦入$^{端}_{沒}$[3238] 柮$^{端}_{沒}$ ǀ 咄$^{端}_{沒}$
0017	[2828]扽$^{端}_{慁}$ ǀ 頓$^{端}_{慁}$
0018	[0182]旦$^{端}_{翰}$砃$^{端}_{寒}$鄲$^{端}_{寒}$襌$^{端}_{寒}$甔$^{端}_{覃}$簞$^{端}_{寒}$襌$^{端}_{寒}$單$^{端}_{寒}$ ǀ 丹$^{端}_{寒}$[0397]炟$^{端}_{曷}$ ǀ 丹入$^{端}_{曷}$[0627]嘽$^{端}_{寒}$膻$^{端}_{寒}$癉$^{端}_{寒}$殫$^{端}_{寒}$ ǀ 單$^{端}_{寒}$[3576]丹$^{端}_{寒}$ ǀ 簞$^{端}_{寒}$
0019	[0143]眈$^{端}_{覃}$ ǀ 湛$^{端}_{覃}$
0020	[1817]媅$^{端}_{覃}$妉$^{端}_{覃}$聃$^{透}_{談}$聃$^{透}_{談}$覘$^{端}_{覃}$擔$^{端}_{談}$ ǀ 耽$^{端}_{覃}$[1904]躭$^{端}_{覃}$眈$^{端}_{覃}$耽$^{端}_{覃}$ ǀ 擔$^{端}_{談}$[1910]舑$^{玉:}_{透談}$ ǀ 聃$^{透}_{談}$
0021	[2227]聸$^{端}_{談}$ ǀ 占$^{章}_{鹽}$
0022	[3317]薝$^{端}_{敢}$ ǀ 膽$^{端}_{敢}$
0023	[1512]亶$^{端}_{旱}$ ǀ 亶$^{端}_{旱}$
0024	[1917]怛$^{端}_{翰}$誕$^{定}_{旱}$担$^{端}_{勘}$壇$^{端}_{翰}$鴠$^{端}_{翰}$ ǀ 旦$^{端}_{翰}$[2304]膽$^{端}_{敢}$ ǀ 担上$^{端}_{敢}$
0025	[2335]腶$^{端}_{換}$鍴$^{端}_{桓}$剬$^{端}_{桓}$ ǀ 端$^{端}_{桓}$[3132]短$^{端}_{緩}$ ǀ 端上$^{端}_{緩}$[2775]端$^{端}_{桓}$ ǀ 短平$^{端}_{桓}$
0026	[1534]叚$^{端}_{換}$斷$^{端}_{換}$ ǀ 段$^{端}_{換}$[2842]𢶍$^{端}_{換}$ ǀ 斷$^{端}_{換}$
0027	[1798]娺$^{端}_{黠}$鵽$^{端}_{末}$敪$^{端}_{末}$ ǀ 掇$^{端}_{末}$[2078]嗒$^{端}_{合}$奄$^{端}_{盍}$掇$^{端}_{末}$搭$^{端}_{合}$答$^{端}_{合}$龖$^{定}_{合}$ ǀ 荅$^{端}_{合}$[3318]荅$^{端}_{合}$ ǀ 搭$^{端}_{合}$
0028	[3348]笪$^{端}_{曷}$ ǀ 怛$^{端}_{曷}$
0029	[3494]狚$^{端}_{曷}$ ǀ 妲$^{端}_{曷}$[1713]健$^{透}_{曷}$妲$^{端}_{曷}$ ǀ 韃$^{透}_{曷}$
0030	[0649]巔$^{端}_{先}$滇$^{端}_{先}$厧$^{端}_{先}$傎$^{端}_{先}$顛$^{端}_{先}$蹎$^{端}_{先}$顛$^{端}_{先}$ ǀ 顛$^{端}_{先}$[2264]顛$^{端}_{先}$ ǀ 点平$^{端}_{添}$[3310]蒧$^{端}_{忝}$典$^{端}_{銑}$ ǀ 點$^{端}_{忝}$[1321]𨜒$^{來}_{獮}$健$^{來}_{獮}$㜻$^{來}_{獮}$點$^{端}_{忝}$ ǀ 典$^{端}_{銑}$

續表

字組序號	轄字
0031	[1113]磹墊坫貼店玷丨店[1498]店丨坫
0032	[1985]忉頟舠魛丨刀[3152]刀丨忉
0033	[2793]擣癚禱檮丨倒
0034	[0546]島丨島
0035	[1436]阞琱貂雕奝彫丨凋[1579]凋艒鳭丨彫[3153]刁鳭貂丨貂 [3166]刟鵰丨刁
0036	[1434]隝鴭蔦丨鳥
0037	[1563]窵寫伄瘹釣丨吊[2053]吊丨弔
0038	[1606]儅儅璫襠鐺瑺簹丨當[2839]擋丨當上
0039	[1306]鄼讜丨黨
0040	[2675]譡丨當
0041	[0509]燈登簦豋登登丨灯[0604]嶝蹬丨登去[1554]窪嬁璒甑簦豋豋簦丨登[3347]等丨登上
0042	[1112]磴隥蹬鐙丨凳
0043	[1966]悳馰得丨德[3782]德丨得
0044	[1173]墱庁叮釘玎鐙虰叮仃疔行丨丁[3580]丁丨叮
0045	[0602]嵿丨頂[1786]奵丨酊[2231]耵芋酊顁鼎丨頂[2280]頂頂丨鼎
0046	[1111]矴丨錠[2265]頲矴丨訂
0047	[1282]町訂錠訂飣朾肛丨定[2219]腚丨訂
0048	[0878]滴墒嫡蹢扚壢鏑玓甋樀菂敵鬄啇罡丨的[3571]的丨滴
0049	[2057]呑吺脰丨兜
0050	[0603]蚪陡阧抖枓蚪丨斗[3680]斗㪷丨抖
0051	[1844]短逗鬭門枓丨閗
B 類（含 97 個自然小類，39 個“準小韻”）	
0052	[1631]侗蛹踊蓪丨通[2903]痛丨通去[1572]窬慟丨痛
0053	[1194]垌統丨桶[3219]桶丨統
0054	[0951]涋悇毛迌鵚丨禿[3376]禿丨誸
0055	[3537]兔兎丨吐
0056	[2059]台丨胎[1310]邰胎珆鮐丨台
0057	[1924]態默態丨太[3625]太丨泰
0058	[3031]鈦丨大
0059	[2952]㱣丨腿
0060	[0566]峻退迺蛻駾丨退[2310]脫丨蛻[2743]退丨迺
0061	[1791]娧脮丨兊
0062	[0815]涕替丨剃[2201]睇鷈鵜丨涕[0828]洟鬀剃涕髢禘揥拂屜剃梯丨替[3196] 梯丨替平 [3427]鷉丨梯
0063	[1907]軆躰體丨体
0064	[0002]呑呑丨哼[1449]陌蹪丨吞
0065	[0929]涒丨鈍平
0066	[0782]湠坍裧倓甜撢湍丨貪[2803]探丨貪去[2047]憛丨探[3059]貪丨攤[0257]攤湍坍彈嘽譠 攤丨灘[1136]坦丨灘上[2455]毯丨坦[0403]炭丨坦去[2567]緂緂荻醓丨毯[1030]灘丨嘆平[2082]嘆 歎丨炭[0425]煓畽疃紞貒膻丨湍[2860]閶丨嘆

續表

字組序號	轄字
0067	[0198]肷$^{透}_{感}$丨喘$^{昌}_{獮}$
0068	[2387]蹀$^{透}_{盍}$丨塌$^{透}_{盍}$[1198]墹$^{定}_{盍}$塌$^{透}_{盍}$傝$^{透}_{盍}$媘$^{透}_{合}$誻$^{透}_{合}$蹋$^{透}_{盍}$搨$^{透}_{合}$闒$^{透}_{盍}$鎝$^{透}_{合}$䡙$^{透}_{合}$𦪇$^{透}_{盍}$榻$^{透}_{盍}$奞$^{透}_{曷}$𦐇$^{透}_{盍}$丨塔$^{透}_{盍}$ [1237]塔$^{透}_{盍}$遢$^{透}_{盍}$䵬$^{透}_{合}$丨沓$^{透}_{合}$[2438]躢$^{徹}_{狎}$緆$^{透}_{合}$謵$^{透}_{盍}$錔$^{端}_{盍}$丨榻$^{透}_{盍}$[0733]沓$^{透}_{合}$涾$^{定}_{合}$䂿$^{透}_{盍}$丨踏$^{透}_{合}$[2427]踏$^{透}_{合}$闥$^{透}_{曷}$丨達$^{透}_{曷}$[3497]獺$^{透}_{曷}$少$^{透}_{曷}$幸$^{透}_{曷}$丨闥$^{透}_{曷}$
0069	[2426]踏$^{透}_{合}$丨苔$^{集:}_{透合}$
0070	[1727]侻$^{透}_{末}$丨脫$^{透}_{末}$
0071	[0001]天$^{透}_{先}$兲$^{透}_{先}$阽$^{透}_{㮇}$酟$^{透}_{添}$黇$^{透}_{添}$丨添$^{透}_{添}$[0944]添$^{透}_{添}$眣$^{透}_{先}$誔$^{透}_{先}$兲$^{透}_{先}$丨天$^{透}_{先}$[2316]腆$^{透}_{銑}$錪$^{透}_{銑}$琠$^{透}_{銑}$丨天上$^{透}_{銑}$[1283] 晪$^{透}_{銑}$丨腆$^{透}_{銑}$
0072	[0918]淟$^{透}_{銑}$悿$^{透}_{忝}$䩞$^{透}_{銑}$䩄$^{透}_{銑}$䑙$^{透}_{忝}$捵$^{透}_{銑}$殄$^{透}_{銑}$餮$^{透}_{屑}$飻$^{透}_{屑}$丨忝$^{透}_{忝}$
0073	[3253]㮇$^{透}_{㮇}$丨忝$^{透}_{㮇}$
0074	[1788]㚲$^{昌}_{葉}$怗$^{透}_{帖}$呫$^{透}_{帖}$貼$^{透}_{帖}$丨帖$^{透}_{帖}$[2605]帖$^{透}_{帖}$丨貼$^{透}_{帖}$
0075	[2229]聅$^{徹}_{薛}$鐵$^{透}_{屑}$丨铁$^{透}_{屑}$
0076	[0259]颭$^{徹}_{肴}$滔$^{透}_{豪}$縚$^{透}_{豪}$幍$^{透}_{豪}$鞱$^{透}_{豪}$瑫$^{透}_{豪}$槄$^{透}_{豪}$饕$^{透}_{豪}$䬞$^{透}_{豪}$夲$^{透}_{豪}$夲$^{透}_{豪}$轁$^{透}_{豪}$韜$^{透}_{豪}$丨叨$^{透}_{豪}$[0819]洮$^{透}_{豪}$慆$^{透}_{豪}$叨$^{透}_{豪}$蹈$^{定}_{號}$掏$^{透}_{豪}$弢$^{透}_{豪}$叨$^{透}_{豪}$丨滔$^{透}_{豪}$[2701]討$^{透}_{晧}$丨滔上$^{透}_{晧}$
0077	[3110]䑬$^{透}_{蕭}$丨佻$^{透}_{蕭}$
0078	[0134]叼$^{透}_{蕭}$恌$^{透}_{蕭}$朓$^{透}_{蕭}$祧$^{透}_{蕭}$䄻$^{透}_{蕭}$丨挑$^{透}_{蕭}$[2422]跳$^{透}_{嘯}$丨挑去$^{透}_{嘯}$[2197]眺$^{透}_{嘯}$覜$^{透}_{蕭}$窕$^{透}_{篠}$糶$^{透}_{嘯}$丨跳$^{透}_{嘯}$[2794]挑$^{透}_{蕭}$丨跳平$^{透}_{蕭}$
0079	[2145]咃$^{透}_{歌}$他$^{透}_{歌}$丨它$^{透}_{歌}$
0080	[0962]涶$^{透}_{戈}$丨拖$^{透}_{歌}$[2156]唾$^{透}_{過}$丨拖去$^{透}_{過}$[1883]妥$^{透}_{果}$丨拖上$^{透}_{哿}$[3229]椭$^{透}_{果}$鰖$^{透}_{果}$鬌$^{端}_{哿}$丨妥$^{透}_{果}$
0081	[2192]瞠$^{透}_{唐}$覴$^{徹}_{江}$趟$^{透}_{唐}$闛$^{透}_{唐}$誫$^{透}_{唐}$丨湯$^{透}_{唐}$[3346]簜$^{定}_{蕩}$丨湯上$^{透}_{蕩}$[3748]盪$^{透}_{宕}$丨湯去$^{透}_{宕}$
0082	[0203]矘$^{透}_{蕩}$儻$^{透}_{蕩}$戃$^{透}_{蕩}$曭$^{透}_{蕩}$攩$^{透}_{蕩}$嵣$^{端}_{蕩}$丨倘$^{透}_{蕩}$[3028]鐋$^{透}_{宕}$丨儻$^{透}_{宕}$[0072]曭$^{透}_{蕩}$倘$^{透}_{蕩}$帑$^{透}_{蕩}$丨黨$^{透}_{蕩}$
0083	[0534]燙$^{透}_{宕}$丨湯$^{透}_{宕}$
0084	[2837]摥$^{透}_{宕}$丨蕩$^{透}_{宕}$
0085	[0869]沰$^{透}_{鐸}$侂$^{透}_{鐸}$頊$^{透}_{鐸}$𦢊$^{定}_{鐸}$𨂂$^{透}_{鐸}$袥$^{透}_{鐸}$託$^{透}_{鐸}$鐸$^{定}_{鐸}$魠$^{透}_{盍}$槖$^{透}_{鐸}$㯰$^{透}_{鐸}$柝$^{透}_{鐸}$橐$^{透}_{鐸}$擇$^{透}_{鐸}$籜$^{透}_{鐸}$飥$^{透}_{鐸}$𪌭$^{透}_{鐸}$驝$^{透}_{鐸}$丨托$^{透}_{鐸}$[2847]托$^{透}_{鐸}$丨託$^{透}_{鐸}$[2833]拆$^{徹}_{陌}$丨柝$^{集:}_{透鐸}$
0086	[1003]澂$^{澄}_{蒸}$聽$^{透}_{青}$町$^{徹}_{庚}$綎$^{透}_{青}$縕$^{透}_{青}$綖$^{透}_{青}$朾$^{透}_{青}$丨汀$^{透}_{青}$[1496]廳$^{透}_{青}$汀$^{透}_{青}$耓$^{透}_{青}$丨听$^{透}_{青}$
0087	[1182]墭$^{透}_{迥}$圢$^{透}_{迥}$侹$^{透}_{迥}$侱$^{透}_{迥}$睈$^{徹}_{勁}$頲$^{透}_{迥}$脡$^{透}_{迥}$珽$^{透}_{迥}$丨挺$^{集:}_{透迥}$[2802]挺$^{集:}_{透迥}$丨逞$^{徹}_{靜}$
0088	[2384]鬄$^{透}_{錫}$𠡣$^{透}_{錫}$丨剔$^{透}_{錫}$[1916]悐$^{透}_{錫}$惕$^{透}_{錫}$鬄$^{透}_{錫}$趯$^{透}_{錫}$裼$^{集:}_{透錫}$剔$^{透}_{錫}$丨踢$^{透}_{錫}$[1962]㥫$^{透}_{錫}$詆$^{透}_{錫}$逷$^{透}_{錫}$丨惕$^{透}_{錫}$
0089	[1968]忒$^{透}_{德}$蟘$^{定}_{德}$丨特$^{定}_{德}$[2232]聽$^{透}_{德}$丨忒$^{透}_{德}$[3149]忒$^{透}_{德}$丨慝$^{透}_{德}$
0090	[2758]透$^{透}_{候}$丨偷去$^{透}_{候}$[3562]黈$^{透}_{厚}$䵉$^{透}_{厚}$丨偷上$^{透}_{厚}$[3722]敨$^{透}_{候}$丨透$^{透}_{候}$[1724] 偷$^{透}_{侯}$丨豆平$^{定}_{侯}$
C類（含137個自然小類，64個“準小韻”）	
0091	[0086]曈$^{定}_{東}$炵$^{定}_{冬}$烔$^{定}_{東}$幢$^{定}_{東}$郍$^{定}_{冬}$部$^{定}_{東}$鄞$^{定}_{東}$扃$^{定}_{東}$㞔$^{定}_{冬}$𥦗$^{定}_{東}$僮$^{定}_{東}$佟$^{定}_{冬}$仝$^{定}_{東}$㣚$^{定}_{冬}$恫$^{定}_{送}$哃$^{定}_{東}$哃$^{定}_{東}$眮$^{定}_{東}$瞳$^{定}_{東}$絧$^{定}_{東}$衕$^{定}_{東}$挏$^{定}_{東}$痋$^{定}_{冬}$痌$^{定}_{東}$銅$^{定}_{東}$䑣$^{定}_{東}$戙$^{定}_{送}$桐$^{定}_{東}$橦$^{定}_{東}$筒$^{定}_{東}$䣦$^{定}_{東}$ 酮$^{定}_{東}$餇$^{定}_{東}$鶇$^{定}_{東}$䳋$^{定}_{冬}$憧$^{定}_{東}$獞$^{定}_{東}$鮦$^{定}_{東}$彤$^{定}_{冬}$罿$^{定}_{東}$丨同$^{定}_{東}$[0891]潼$^{定}_{東}$丨仝$^{定}_{東}$
0092	[2342]膧$^{定}_{東}$穜$^{定}_{東}$丨童$^{定}_{東}$
0093	[2353]𦙶$^{定}_{冬}$丨疼$^{定}_{冬}$
0094	[0692]峒$^{定}_{送}$姛$^{定}_{董}$胴$^{定}_{送}$動$^{定}_{董}$迵$^{定}_{董}$丨洞$^{定}_{送}$[0952]湩$^{端}_{送}$丨動$^{定}_{董}$
0095	[1125]碡$^{端}_{沃}$䪅$^{定}_{屋}$纛$^{定}_{沃}$遺$^{定}_{屋}$嶹$^{定}_{沃}$劅$^{定}_{屋}$韣$^{定}_{屋}$韇$^{定}_{屋}$丨獨$^{定}_{屋}$[1750]毒$^{定}_{沃}$嬻$^{定}_{屋}$讟$^{定}_{屋}$蝳$^{定}_{沃}$獨$^{定}_{屋}$黷$^{定}_{屋}$匵$^{定}_{屋}$牘$^{定}_{屋}$丨瀆$^{定}_{屋}$[1016]瀆$^{定}_{屋}$丨讀$^{定}_{屋}$[1425]隫$^{定}_{屋}$韥$^{定}_{屋}$䠳$^{定}_{沃}$ 讀$^{定}_{屋}$誘$^{透}_{屋}$殰$^{定}_{屋}$丨毒$^{定}_{沃}$[3236]櫝$^{定}_{屋}$犢$^{定}_{屋}$丨牘$^{定}_{屋}$
0096	[3036]瓄$^{定}_{屋}$丨儥$^{定}_{屋}$
0097	[0718]𨪐$^{定}_{模}$塗$^{定}_{模}$鄌$^{定}_{模}$庩$^{定}_{模}$廜$^{定}_{模}$悇$^{定}_{模}$唋$^{透}_{模}$躇$^{澄}_{麻}$辻$^{定}_{模}$途$^{定}_{模}$闍$^{定}_{模}$屠$^{定}_{模}$琭$^{定}_{模}$菟$^{定}_{模}$荼$^{定}_{模}$稌$^{定}_{模}$酴$^{定}_{模}$鵌$^{定}_{模}$鷵$^{定}_{模}$䳜$^{定}_{模}$駼$^{定}_{模}$圖$^{定}_{模}$屠$^{定}_{模}$丨徒$^{定}_{模}$[0836] 塗$^{定}_{模}$丨荼$^{定}_{模}$ [0986]潳$^{集:}_{定模}$丨屠$^{定}_{模}$[2897]瘏$^{定}_{模}$徒$^{定}_{模}$瘏$^{定}_{模}$丨塗$^{定}_{模}$
0098	[1348]𨛬$^{定}_{模}$丨除$^{澄}_{魚}$
0099	[0775]沱$^{定}_{歌}$佗$^{定}_{歌}$跎$^{定}_{歌}$紽$^{定}_{歌}$詑$^{定}_{歌}$酡$^{定}_{歌}$䣁$^{定}_{歌}$駝$^{定}_{歌}$鼉$^{定}_{歌}$丨陀$^{定}_{歌}$[1432]陀$^{定}_{歌}$丨馱$^{定}_{歌}$[2812]拖$^{透}_{歌}$拕$^{定}_{歌}$舵$^{定}_{哿}$丨駝$^{定}_{歌}$[3513]鮀$^{定}_{歌}$丨沱$^{定}_{歌}$[3226]柂$^{定}_{哿}$丨陀 上$^{定}_{哿}$[1845]𡛷$^{澄}_{麻}$丨佗$^{定}_{歌}$
0100	[1416]陊$^{定}_{哿}$丨馱$^{定}_{箇}$
0101	[0560]隓$^{定}_{果}$墮$^{定}_{果}$丨惰$^{定}_{果}$[0949]渡$^{定}_{暮}$坡$^{定}_{姥}$憜$^{定}_{果}$踱$^{定}_{暮}$撱$^{定}_{果}$鍍$^{定}_{暮}$丨度$^{定}_{暮}$[1124]喥$^{端}_{暮}$度$^{定}_{暮}$肚$^{定}_{姥}$柁$^{定}_{哿}$杜$^{定}_{姥}$𢼊$^{定}_{姥}$丨杜$^{定}_{姥}$[3223]杜$^{定}_{姥}$丨肚$^{定}_{姥}$[1813]媠$^{定}_{過}$嫷$^{定}_{果}$丨墮$^{定}_{果}$

續表

字組序號	轄字
0102	[1210]堶$^{定}_{戈}$ | 惰$^{集:}_{定戈}$
0103	[1241]垛$^{定}_{果}$杕$^{定}_{哿}$ | 垜$^{定}_{果}$
0104	[0382]霣$^{定}_{齊}$隄$^{定}_{齊}$媞$^{定}_{齊}$睼$^{定}_{齊}$瓺$^{定}_{齊}$蹏$^{定}_{齊}$蹄$^{定}_{齊}$題$^{定}_{齊}$鍉$^{集:}_{定齊}$瑅$^{定}_{齊}$醍$^{定}_{齊}$鵜$^{定}_{齊}$褫$^{定}_{齊}$ | 提$^{定}_{齊}$[0681]崹$^{定}_{齊}$渧$^{定}_{齊}$禔$^{定}_{齊}$綈$^{定}_{齊}$緹$^{定}_{齊}$提$^{定}_{齊}$題$^{定}_{齊}$鍗$^{定}_{齊}$稊$^{定}_{齊}$鮷$^{定}_{齊}$罤$^{定}_{齊}$ | 啼$^{定}_{齊}$ [2104]啼$^{定}_{齊}$ | 蹄$^{定}_{齊}$
0105	[2959]禔$^{定}_{齊}$ | 是$^{定}_{齊}$
0106	[0584]嵮$^{定}_{齊}$ | 池$^{澄}_{支}$
0107	[0730]坔$^{定}_{至}$埊$^{定}_{至}$諦$^{定}_{霽}$遰$^{定}_{霽}$遞$^{定}_{霽}$逓$^{定}_{霽}$ | 地$^{定}_{至}$
0108	[1421]阤$^{澄}_{紙}$睇$^{定}_{霽}$娣$^{定}_{霽}$悷$^{定}_{代}$悌$^{定}_{霽}$踶$^{定}_{霽}$締$^{定}_{霽}$禘$^{定}_{霽}$軑$^{定}_{霽}$鍉$^{定}_{齊}$棣$^{定}_{霽}$苐$^{定}_{霽}$第$^{定}_{霽}$鵜$^{定}_{齊}$髢$^{定}_{霽}$ | 弟$^{定}_{霽}$[1760]弟$^{定}_{霽}$ | 苐$^{定}_{霽}$
0109	[0136]炱$^{定}_{咍}$炱$^{定}_{咍}$苔$^{定}_{咍}$薹$^{定}_{咍}$鮐$^{定}_{咍}$ | 臺$^{定}_{咍}$[1820]嬯$^{定}_{咍}$嚎$^{透}_{海}$擡$^{定}_{咍}$箈$^{定}_{咍}$籉$^{定}_{咍}$臺$^{定}_{咍}$ | 苔$^{定}_{咍}$[1708]儓$^{定}_{咍}$駘$^{定}_{咍}$駘$^{定}_{咍}$ | 台$^{集:}_{定咍}$
0110	[0111]曃$^{定}_{代}$ | 逮$^{定}_{代}$[0301]黛$^{定}_{代}$隸$^{定}_{代}$岱$^{定}_{代}$碌$^{定}_{代}$逮$^{定}_{代}$岱$^{透}_{代}$貸$^{定}_{代}$袋$^{定}_{代}$帒$^{定}_{代}$玳$^{定}_{代}$貸$^{透}_{代}$軩$^{定}_{海}$黛$^{定}_{代}$大$^{定}_{泰}$待$^{定}_{海}$ | 代$^{定}_{代}$[1638]代$^{定}_{代}$怠$^{定}_{海}$逮$^{定}_{代}$ | 大$^{定}_{泰}$[2140]噡$^{定}_{海}$ 殆$^{定}_{海}$ | 怠$^{定}_{海}$[2546]紿$^{定}_{海}$ | 殆$^{定}_{海}$[2738]迨$^{定}_{海}$ | 待$^{定}_{海}$
0111	[1245]墤$^{定}_{灰}$蹪$^{定}_{灰}$瘣$^{定}_{灰}$穨$^{定}_{灰}$魋$^{定}_{灰}$攂$^{定}_{灰}$ | 頹$^{定}_{灰}$[2275]頺$^{定}_{灰}$ | 魋$^{定}_{灰}$
0112	[0057]吨$^{集:}_{透魂}$黗$^{定}_{魂}$黿$^{定}_{魂}$燉$^{定}_{魂}$炖$^{定}_{魂}$忳$^{定}_{魂}$吨$^{定}_{魂}$啍$^{定}_{魂}$暾$^{定}_{魂}$豚$^{定}_{魂}$閩$^{定}_{魂}$屍$^{定}_{魂}$軘$^{定}_{魂}$飩$^{定}_{魂}$ | 屯$^{定}_{魂}$[0400]焞$^{定}_{魂}$ | 炖$^{定}_{魂}$[3284]芚$^{定}_{魂}$豘$^{定}_{魂}$ | 豚$^{定}_{魂}$[1470]庉$^{定}_{魂}$ | 屯平$^{定}_{魂}$ [2735]遯$^{定}_{慁}$ | 屯去$^{定}_{慁}$[1550]突$^{定}_{沒}$ | 屯入$^{定}_{沒}$[1170]堗$^{定}_{沒}$腯$^{定}_{沒}$瑹$^{定}_{沒}$凸$^{定}_{沒}$ | 突$^{定}_{沒}$
0113	[2294]臀$^{定}_{魂}$ | 臋$^{定}_{魂}$
0114	[1250]坉$^{定}_{魂}$ | 沌$^{定}_{魂}$[2733]遁$^{定}_{慁}$ | 沌去$^{定}_{慁}$[1711]僐$^{定}_{混}$衍$^{定}_{慁}$囤$^{定}_{混}$ | 遁$^{定}_{慁}$
0115	[0200]臌$^{透}_{魂}$ | 鈍$^{定}_{慁}$[2250]頓$^{定}_{混}$鈍$^{定}_{慁}$ | 頓$^{集:}_{定慁}$
0116	[1734]伅$^{定}_{混}$ | 沌$^{定}_{混}$
0117	[1152]壇$^{定}_{寒}$澶$^{禪}_{仙}$ | 彈$^{定}_{寒}$[3122]彈$^{定}_{寒}$檀$^{定}_{寒}$ | 壇$^{定}_{寒}$
0118	[0098]曇$^{定}_{覃}$澶$^{禪}_{仙}$郯$^{定}_{談}$倓$^{定}_{談}$惔$^{定}_{談}$嘾$^{定}_{覃}$膻$^{定}_{談}$幝$^{定}_{談}$罈$^{定}_{覃}$錟$^{定}_{談}$ | 談$^{定}_{談}$[1195]壜$^{定}_{覃}$壇$^{定}_{覃}$鄿$^{定}_{覃}$談$^{定}_{談}$鐔$^{定}_{覃}$錟$^{定}_{談}$醰$^{定}_{覃}$蟫$^{定}_{覃}$驔$^{定}_{覃}$ | 潭$^{定}_{覃}$
0119	[1500]庑$^{定}_{覃}$ | 覃$^{定}_{覃}$
0120	[0114]胆$^{定}_{緩}$淡$^{定}_{闞}$澶$^{定}_{旱}$僤$^{定}_{旱}$憚$^{定}_{緩}$袒$^{定}_{旱}$襢$^{定}_{旱}$蛋$^{定}_{緩}$蜑$^{定}_{旱}$ | 但$^{定}_{緩}$[3718]欿$^{定}_{感}$ | 淡上$^{定}_{感}$[1915]黮$^{定}_{緩}$ | 憚$^{定}_{緩}$
0121	[0299]黮$^{集:}_{定感}$ | 湛$^{定}_{豏}$[0378]霮$^{定}_{勘}$湛$^{定}_{豏}$澹$^{定}_{闞}$潭$^{定}_{勘}$憺$^{定}_{闞}$脥$^{定}_{闞}$菼$^{定}_{感}$禫$^{定}_{感}$餤$^{定}_{敢}$ | 淡$^{定}_{闞}$
0122	[2079]啗$^{定}_{敢}$噉$^{定}_{敢}$肬$^{集:}_{端勘}$ | 啖$^{定}_{闞}$
0123	[2138]啿$^{定}_{旱}$ | 誕$^{定}_{旱}$
0124	[2312]膻$^{定}_{旱}$弖$^{定}_{緩}$萏$^{定}_{感}$ | 彈$^{定}_{緩}$
0125	[2125]遝$^{定}_{合}$ | 搭$^{定}_{合}$[2645]譶$^{定}_{合}$諮$^{定}_{合}$遝$^{定}_{合}$達$^{定}_{曷}$鉘$^{定}_{盍}$ | 沓$^{定}_{合}$[3313]薘$^{定}_{曷}$ | 達$^{定}_{曷}$
0126	[3544]翻$^{定}_{盍}$ | 蹋$^{定}_{盍}$
0127	[0837]漙$^{定}_{桓}$慱$^{定}_{桓}$摶$^{定}_{桓}$鷻$^{定}_{桓}$鶉$^{定}_{桓}$ | 團$^{定}_{桓}$[3636]團$^{定}_{桓}$ | 摶$^{定}_{桓}$
0128	[3623]敚$^{定}_{末}$ | 奪$^{定}_{末}$
0129	[1154]填$^{定}_{先}$壥$^{澄}_{仙}$畋$^{定}_{先}$阗$^{定}_{先}$廛$^{澄}_{仙}$寘$^{定}_{先}$甜$^{定}_{添}$蹎$^{定}_{先}$屇$^{定}_{仙}$瑱$^{定}_{先}$輷$^{定}_{先}$軥$^{定}_{先}$顛$^{定}_{先}$甜$^{定}_{添}$鷏$^{定}_{先}$瑱$^{定}_{先}$塡$^{定}_{先}$ | 田$^{定}_{先}$[1263]田$^{定}_{先}$搷$^{定}_{先}$ | 填$^{定}_{先}$[1642]倓$^{定}_{談}$恬$^{定}_{添}$ | 甜$^{定}_{添}$ [0496]烕$^{定}_{添}$ | 恬$^{定}_{添}$
0130	[1521]庿$^{定}_{先}$ | 佃$^{定}_{先}$
0131	[0327]電$^{定}_{霰}$殿$^{定}_{霰}$佃$^{定}_{霰}$鈿$^{定}_{霰}$壂$^{定}_{霰}$晪$^{透}_{霰}$ | 殿$^{定}_{霰}$[3170]殿$^{定}_{霰}$簟$^{定}_{忝}$ | 佃$^{定}_{霰}$[3561]靛$^{定}_{霰}$奠$^{定}_{霰}$ | 電$^{定}_{霰}$[2889]屢$^{定}_{霰}$ | 奠$^{定}_{霰}$[3235]橝$^{定}_{忝}$ | 簟$^{定}_{忝}$
0132	[1267]畓$^{定}_{霰}$ | 甸$^{定}_{霰}$
0133	[0167]昳$^{定}_{屑}$峫$^{定}_{屑}$垤$^{定}_{屑}$嵽$^{定}_{屑}$恎$^{定}_{屑}$慸$^{定}_{屑}$眣$^{定}_{屑}$胅$^{定}_{屑}$覔$^{定}_{屑}$詄$^{定}_{屑}$闋$^{定}_{屑}$耋$^{定}_{屑}$鉄$^{透}_{屑}$耊$^{定}_{屑}$ | 迭$^{定}_{屑}$[0702]垫$^{定}_{屑}$ | 昳$^{定}_{屑}$[2745] 迭$^{定}_{屑}$戜$^{定}_{屑}$ | 垤$^{定}_{屑}$
0134	[0181]疊$^{定}_{帖}$墣$^{定}_{帖}$疉$^{定}_{帖}$偞$^{以}_{葉}$惵$^{定}_{帖}$喋$^{定}_{帖}$牒$^{澄}_{葉}$蹀$^{定}_{帖}$氎$^{定}_{帖}$跌$^{定}_{屑}$蹀$^{定}_{帖}$褶$^{定}_{帖}$絰$^{定}_{屑}$攟$^{定}_{帖}$鍱$^{以}_{葉}$蝶$^{定}_{帖}$鰈$^{定}_{帖}$ | 牒$^{定}_{帖}$[3765]牒$^{定}_{帖}$ | 碟$^{定}_{帖}$[2424]跕$^{端}_{帖}$跮$^{定}_{屑}$ | 跌$^{定}_{屑}$ [2520]褋$^{定}_{帖}$ | 蝶$^{定}_{帖}$[3101]韘$^{定}_{帖}$鶵$^{定}_{帖}$ | 疊$^{定}_{帖}$
0135	[2016]慴$^{定}_{帖}$ | 槢$^{定}_{帖}$
0136	[2067]咥$^{定}_{屑}$ | 至$^{集:}_{定屑}$
0137	[0932]淘$^{定}_{豪}$詾$^{定}_{豪}$桃$^{定}_{豪}$駒$^{定}_{豪}$ | 陶$^{定}_{豪}$[0998]濤$^{定}_{豪}$慆$^{集:}_{定豪}$咷$^{定}_{豪}$裪$^{定}_{豪}$綯$^{定}_{豪}$逃$^{定}_{豪}$裪$^{定}_{豪}$萄$^{定}_{豪}$醄$^{定}_{豪}$蜪$^{定}_{豪}$翿$^{定}_{豪}$ | 桃$^{定}_{豪}$[3391]鞱$^{定}_{豪}$駣$^{定}_{豪}$ | 逃$^{定}_{豪}$
0138	[0467]燾$^{定}_{號}$悼$^{定}_{號}$衜$^{定}_{晧}$瓙$^{定}_{號}$稻$^{定}_{晧}$纛$^{定}_{晧}$盜$^{定}_{號}$ | 道$^{定}_{晧}$[3670]盜$^{定}_{號}$ | 導$^{定}_{號}$

續表

字組序號	轄字
0139	[0645]蜩$^{定}_{蕭}$岹$^{定}_{蕭}$眺$^{定}_{篠}$迢$^{定}_{蕭}$樤$^{定}_{蕭}$卣$^{定}_{蕭}$丨條$^{定}_{蕭}$[3286]苕$^{定}_{蕭}$鵰$^{定}_{蕭}$蜩$^{定}_{蕭}$儵$^{定}_{蕭}$鰷$^{定}_{蕭}$丨迢$^{定}_{蕭}$
0140	[2380]髫$^{定}_{蕭}$挏$^{定}_{蕭}$銚$^{定}_{蕭}$錭$^{定}_{豪}$丨調$^{定}_{蕭}$
0141	[1191]垗$^{定}_{篠}$丨銚$^{定}_{嘯}$
0142	[0187]誂$^{定}_{篠}$丨兆$^{澄}_{小}$
0143	[3328]蓧$^{定}_{嘯}$藋$^{定}_{嘯}$匬$^{定}_{嘯}$丨調$^{定}_{嘯}$
0144	[0273]颺$^{定}_{唐}$螗$^{定}_{唐}$塘$^{定}_{唐}$鄌$^{定}_{唐}$啺$^{定}_{唐}$噇$^{澄}_{江}$踼$^{定}_{唐}$逷$^{定}_{唐}$闛$^{定}_{唐}$禟$^{定}_{唐}$鎲$^{透}_{唐}$輊$^{定}_{唐}$轅$^{定}_{唐}$橖$^{定}_{唐}$棠$^{定}_{唐}$餹$^{定}_{唐}$鶶$^{定}_{唐}$鶄$^{定}_{唐}$丨唐$^{定}_{唐}$[1204] 坣$^{定}_{唐}$鄌$^{定}_{唐}$隚$^{定}_{唐}$唐$^{定}_{唐}$膛$^{定}_{唐}$膅$^{定}_{唐}$蹚$^{透}_{唐}$鎕$^{定}_{唐}$螗$^{定}_{唐}$螳$^{定}_{唐}$丨堂$^{定}_{唐}$[1836]婸$^{定}_{蕩}$盪$^{定}_{蕩}$丨唐上$^{定}_{蕩}$
0145	[0907]蕩$^{定}_{蕩}$蕩$^{定}_{蕩}$丨宕$^{定}_{宕}$[1045]潒$^{定}_{蕩}$碭$^{定}_{宕}$圵$^{定}_{蕩}$愓$^{定}_{蕩}$閶$^{定}_{宕}$宕$^{定}_{宕}$菪$^{定}_{宕}$蕩$^{定}_{宕}$囥$^{定}_{宕}$丨蕩$^{定}_{蕩}$
0146	[1587]澤$^{定}_{鐸}$剫$^{定}_{鐸}$丨鐸$^{定}_{鐸}$
0147	[2689]護$^{定}_{鐸}$丨度$^{定}_{鐸}$
0148	[0309]霆$^{定}_{青}$嵉$^{定}_{青}$庭$^{定}_{青}$䆸$^{定}_{青}$娗$^{定}_{青}$聤$^{定}_{青}$閮$^{定}_{青}$莛$^{定}_{青}$筳$^{定}_{青}$蜓$^{定}_{青}$狿$^{定}_{青}$鼮$^{定}_{青}$亭$^{定}_{青}$丨廷$^{定}_{青}$[0748]汀$^{透}_{青}$邒$^{定}_{青}$婷$^{定}_{青}$聤$^{定}_{青}$脝$^{定}_{青}$廷$^{定}_{青}$廷$^{定}_{青}$丨亭$^{定}_{青}$
0149	[0499]烶$^{定}_{迥}$脡$^{定}_{迥}$丨廷$^{定}_{徑}$
0150	[2994]鋌$^{定}_{迥}$丨梃$^{定}_{迥}$[3233]梃$^{定}_{迥}$丨挺$^{定}_{迥}$
0151	[0333]䨤$^{定}_{錫}$滌$^{定}_{錫}$嬥$^{透}_{錫}$頔$^{定}_{錫}$丨廸$^{定}_{錫}$[2379]鬄$^{定}_{錫}$覿$^{定}_{錫}$迪$^{定}_{錫}$逖$^{透}_{錫}$翟$^{透}_{錫}$荻$^{定}_{錫}$笛$^{定}_{錫}$篴$^{定}_{錫}$糴$^{定}_{錫}$翟$^{定}_{錫}$䨎$^{定}_{錫}$丨狄$^{定}_{錫}$[3498]狄$^{定}_{錫}$丨敵$^{定}_{錫}$
0152	[1718]儯$^{定}_{登}$瞪$^{澄}_{耕}$藤$^{定}_{登}$騰$^{定}_{登}$驣$^{定}_{登}$丨滕$^{定}_{登}$
0153	[2950]殌$^{定}_{嶝}$丨鄧$^{定}_{嶝}$
0154	[1315]郖$^{定}_{候}$哣$^{端}_{候}$㢊$^{定}_{候}$豋$^{定}_{候}$竇$^{定}_{候}$侸$^{端}_{候}$恒$^{定}_{候}$脰$^{定}_{候}$逗$^{定}_{候}$鬦$^{端}_{候}$鬭$^{端}_{候}$鋀$^{定}_{厚}$餖$^{定}_{候}$酘$^{定}_{候}$鵎$^{集:}_{定候}$丨豆$^{定}_{候}$[3414]豆$^{定}_{候}$丨投去$^{定}_{候}$[2808]投$^{定}_{侯}$丨頭$^{定}_{侯}$[2459]骰$^{定}_{侯}$頭$^{定}_{侯}$丨投$^{定}_{侯}$
D 類（含 120 個自然小類，51 個“準小韻”）	
0155	[0303]齈$^{泥}_{鍾}$矃$^{泥}_{冬}$䢉$^{泥}_{鍾}$農$^{泥}_{冬}$農$^{泥}_{冬}$丨濃$^{泥}_{鍾}$[0353]癑$^{泥}_{冬}$儂$^{泥}_{冬}$憹$^{泥}_{冬}$噥$^{泥}_{冬}$䵜$^{泥}_{冬}$膿$^{泥}_{冬}$襛$^{玉:}_{泥鍾}$蕽$^{泥}_{冬}$穠$^{泥}_{鍾}$醲$^{泥}_{鍾}$鸗$^{泥}_{冬}$蕽$^{泥}_{冬}$丨農$^{泥}_{冬}$[2904]癑$^{泥}_{送}$丨農去$^{泥}_{宋}$
0156	[2050]恧$^{泥}_{屋}$朒$^{泥}_{屋}$丨衄$^{泥}_{屋}$
0157	[0190]肭$^{鐃:}_{泥沒}$𣧸$^{泥}_{沒}$丨訥$^{泥}_{沒}$
0158	[0512]㶵$^{日}_{之}$洏$^{日}_{之}$陑$^{日}_{之}$兒$^{日}_{支}$㚷$^{日}_{之}$胹$^{日}_{之}$髵$^{日}_{之}$輀$^{日}_{之}$栭$^{日}_{之}$鴯$^{日}_{之}$鮞$^{日}_{之}$𨾴$^{日}_{之}$耏$^{日}_{之}$丨而$^{日}_{之}$[3730] 而$^{日}_{之}$丨兒$^{日}_{支}$
0159	[1652]佴$^{日}_{志}$㚸$^{日}_{志}$咡$^{日}_{志}$眲$^{日}_{志}$膩$^{泥}_{至}$䎶$^{日}_{志}$衈$^{日}_{志}$𢁃$^{日}_{至}$誀$^{日}_{志}$珥$^{日}_{志}$貳$^{日}_{至}$弍$^{日}_{至}$刵$^{日}_{志}$樲$^{日}_{至}$樲$^{日}_{至}$弍$^{日}_{至}$貳$^{日}_{至}$丨二$^{日}_{至}$[2019]𢁃$^{泥}_{至}$二$^{日}_{至}$丨貳$^{日}_{至}$
0160	[2740]邇$^{日}_{紙}$迩$^{日}_{紙}$駬$^{日}_{止}$爾$^{日}_{紙}$尒$^{日}_{紙}$丨耳$^{日}_{止}$[2223]耳$^{日}_{止}$丨尔$^{日}_{紙}$
0161	[3678]𦋻$^{日}_{志}$丨餌$^{日}_{志}$
0162	[0062]昵$^{泥}_{齊}$䬯$^{改:}_{以支}$泥$^{泥}_{齊}$屔$^{泥}_{齊}$怩$^{泥}_{脂}$呢$^{泥}_{脂}$貳$^{泥}_{脂}$跜$^{泥}_{脂}$詎$^{泥}_{齊}$輗$^{泥}_{脂}$旎$^{泥}_{紙}$丨尼$^{泥}_{脂}$[1246]埿$^{泥}_{齊}$䘌$^{泥}_{齊}$尼$^{泥}_{脂}$秜$^{泥}_{脂}$丨泥$^{泥}_{齊}$[2741]迡$^{泥}_{霽}$丨尼去$^{泥}_{至}$
0163	[1443]隬$^{泥}_{薺}$伱$^{泥}_{止}$抳$^{泥}_{紙}$禰$^{泥}_{薺}$祢$^{泥}_{薺}$鈮$^{泥}_{薺}$柅$^{泥}_{旨}$檷$^{泥}_{薺}$淣$^{泥}_{薺}$薾$^{泥}_{薺}$苨$^{泥}_{薺}$伲$^{以}_{脂}$丨你$^{集:}_{泥止}$
0164	[1854]嬭$^{泥}_{薺}$妳$^{泥}_{薺}$丨泥$^{泥}_{薺}$
0165	[2748]迺$^{泥}_{海}$𢎘$^{泥}_{海}$𠄎$^{泥}_{海}$丨乃$^{泥}_{海}$
0166	[2531]褦$^{泥}_{代}$耐$^{泥}_{代}$鼐$^{泥}_{代}$耐$^{泥}_{代}$丨奈$^{泥}_{泰}$[2977]奈$^{泥}_{泰}$柰$^{泥}_{泰}$丨耐$^{泥}_{代}$
0167	[1873]娞$^{泥}_{賄}$丨餒$^{泥}_{賄}$[3393] 餒$^{泥}_{賄}$丨内上$^{泥}_{賄}$[3770]内$^{泥}_{隊}$丨内$^{泥}_{隊}$
0168	[1533]厙$^{泥}_{模}$孥$^{泥}_{模}$帑$^{泥}_{模}$㚢$^{泥}_{模}$駑$^{泥}_{模}$鴑$^{泥}_{模}$丨奴$^{泥}_{模}$[1870] 奴$^{泥}_{模}$丨孥$^{泥}_{模}$[1940]怒$^{泥}_{暮}$丨奴去$^{泥}_{暮}$
0169	[1115]砮$^{泥}_{姥}$弩$^{泥}_{姥}$丨努$^{泥}_{姥}$
0170	[0472]𤆰$^{泥}_{恩}$嫩$^{泥}_{恩}$丨嫩$^{泥}_{恩}$
0171	[0387]𩃎$^{泥}_{銜}$畘$^{玉:}_{泥談}$男$^{泥}_{覃}$喃$^{泥}_{咸}$腩$^{泥}_{感}$抩$^{泥}_{覃}$枏$^{泥}_{覃}$楠$^{泥}_{覃}$丨南$^{泥}_{覃}$[2831]揇$^{泥}_{感}$丨南上$^{泥}_{感}$
0172	[1842]奻$^{泥}_{刪}$鸈$^{泥}_{寒}$丨難$^{泥}_{寒}$[1928]戁$^{泥}_{潸}$赧$^{泥}_{潸}$丨難上$^{泥}_{旱}$[1960]戁$^{泥}_{潸}$䌾$^{泥}_{潸}$丨赧$^{泥}_{潸}$
0173	[0064]㬮$^{泥}_{諫}$䕼$^{泥}_{翰}$丨難$^{泥}_{翰}$
0174	[1840]妠$^{泥}_{合}$諾$^{泥}_{鐸}$訥$^{泥}_{沒}$抐$^{泥}_{合}$鈉$^{泥}_{合}$軜$^{泥}_{合}$魶$^{泥}_{盍}$蜹$^{泥}_{黠}$豽$^{泥}_{黠}$丨納$^{泥}_{合}$
0175	[0074]暖$^{泥}_{緩}$丨㬉$^{泥}_{緩}$[0078]㬉$^{泥}_{緩}$煖$^{泥}_{緩}$煗$^{泥}_{緩}$㬶$^{泥}_{緩}$愞$^{洪:}_{泥緩}$餪$^{泥}_{緩}$丨暖$^{泥}_{緩}$[1673]偄$^{洪:}_{泥緩}$丨煖$^{泥}_{緩}$[2218]㬉$^{玉:}_{日仙}$丨煗$^{泥}_{緩}$
0176	[3373]稬$^{泥}_{換}$丨穤$^{泥}_{換}$[3374]穤$^{泥}_{換}$丨稬$^{泥}_{換}$
0177	[1331]郍$^{泥}_{先}$秊$^{泥}_{先}$丨年$^{泥}_{先}$[3594]年$^{泥}_{先}$丨秊$^{泥}_{先}$[1858]姩$^{泥}_{霰}$㛏$^{泥}_{霰}$丨年去$^{泥}_{霰}$

續表

字組序號	轄字
0178	[1857]燃$^{日}_{獮}$ | 撚$^{泥}_{銑}$
0179	[3384]鮎$^{泥}_{添}$ | 粘$^{泥}_{鹽}$[3408]粘$^{泥}_{鹽}$黏$^{泥}_{鹽}$ | 鮎$^{泥}_{添}$[3515] 鮎$^{泥}_{添}$ | 黏$^{泥}_{鹽}$
0180	[0031]䀴$^{泥}_{儼}$ | 燃$^{日}_{仙}$[0434]燃$^{日}_{仙}$肰$^{日}_{仙}$冉$^{日}_{鹽}$ | 然$^{日}_{仙}$[2506]袡$^{日}_{鹽}$ | 冉$^{日}_{鹽}$[0325]䨢$^{日}_{琰}$𡠿$^{日}_{琰}$娞$^{日}_{琰}$苒$^{日}_{琰}$冉$^{日}_{琰}$ | 染$^{日}_{琰}$[0803]染$^{日}_{琰}$姌$^{日}_{琰}$鈉$^{日}_{琰}$ | 冉$^{日}_{琰}$[3254]染$^{日}_{琰}$ | 冉上$^{日}_{琰}$
0181	[1898]娑$^{書}_{鹽}$呥$^{日}_{鹽}$䛁$^{日}_{鹽}$蚺$^{日}_{鹽}$䑙$^{日}_{鹽}$䀩$^{日}_{鹽}$䫇$^{日}_{鹽}$ | 髯$^{日}_{鹽}$
0182	[0120]曮$^{疑}_{儼}$庵$^{疑}_{儼}$孍$^{疑}_{儼}$蹨$^{泥}_{銑}$ | 儼$^{疑}_{儼}$[1617]儼$^{疑}_{儼}$ | 言上$^{疑}_{阮}$[1800]妍$^{疑}_{先}$琂$^{疑}_{元}$ | 言$^{疑}_{元}$[2400]䛜$^{疑}_{先}$襽$^{匣}_{屑}$言$^{疑}_{元}$ | 研$^{疑}_{先}$[3079]輦$^{來}_{獮}$ | 研上$^{疑}_{銑}$[0713]巘$^{疑}_{獮}$ | 妍上$^{疑}_{獮}$
0183	[1082]碾$^{泥}_{線}$ | 研$^{疑}_{霰}$
0184	[0204]睍$^{泥}_{霰}$巘$^{疑}_{線}$驗$^{疑}_{豔}$ | 念$^{泥}_{㮇}$[1947]念$^{泥}_{㮇}$釅$^{疑}_{釅}$ | 驗$^{疑}_{豔}$
0185	[0575]嶫$^{疑}_{業}$鄴$^{疑}_{業}$隟$^{疑}_{業}$䂩$^{泥}_{葉}$鑷$^{泥}_{葉}$鈿$^{泥}_{帖}$蘖$^{疑}_{薛}$孼$^{疑}_{薛}$糵$^{疑}_{薛}$鸈$^{疑}_{業}$䴾$^{疑}_{業}$㡼$^{疑}_{業}$ | 業$^{疑}_{業}$[2362]嵲$^{疑}_{屑}$臬$^{疑}_{屑}$槷$^{疑}_{屑}$蘖$^{疑}_{薛}$齧$^{疑}_{屑}$ | 孽$^{疑}_{薛}$[0669]嵲$^{疑}_{屑}$兒$^{疑}_{屑}$巕$^{疑}_{屑}$隉$^{疑}_{屑}$ | 臬$^{疑}_{屑}$
0186	[0088]囁$^{泥}_{葉}$㡪$^{泥}_{葉}$涅$^{泥}_{屑}$𥓡$^{泥}_{屑}$惗$^{泥}_{帖}$囁$^{日}_{葉}$聶$^{日}_{葉}$鑷$^{泥}_{帖}$錜$^{泥}_{帖}$茶$^{日}_{薛}$籋$^{泥}_{葉}$䩟$^{泥}_{葉}$敜$^{泥}_{帖}$ | 聶$^{泥}_{葉}$[1252]埕$^{泥}_{屑}$呈$^{泥}_{屑}$捏$^{泥}_{屑}$闑$^{疑}_{薛}$湼$^{泥}_{屑}$ | 涅$^{泥}_{屑}$[2911]瘧$^{疑}_{藥}$ | 虐$^{疑}_{藥}$[3507]虐$^{疑}_{藥}$ | 捏$^{泥}_{屑}$
0187	[1519]惗$^{泥}_{帖}$ | 捻$^{泥}_{帖}$
0188	[3492]猱$^{泥}_{豪}$夒$^{泥}_{豪}$ | 猱$^{泥}_{豪}$
0189	[0223]腦$^{泥}_{晧}$ | 腦$^{泥}_{晧}$[0549]巙$^{泥}_{豪}$ | 惱平$^{泥}_{豪}$[1701]㛴$^{泥}_{晧}$腦$^{泥}_{晧}$瑙$^{泥}_{晧}$瑙$^{泥}_{晧}$剉$^{泥}_{晧}$ | 惱$^{泥}_{晧}$
0190	[0725]嶩$^{泥}_{肴}$呶$^{泥}_{肴}$撓$^{泥}_{肴}$ | 鐃$^{泥}_{肴}$[0939]淖$^{泥}_{效}$夬$^{泥}_{效}$臑$^{泥}_{號}$橈$^{泥}_{效}$ | 閙$^{泥}_{效}$[2877]閙$^{泥}_{效}$ | 鐃去$^{泥}_{效}$[2674]譊$^{泥}_{肴}$ | 撓平$^{泥}_{肴}$
0191	[0580]嶢$^{疑}_{蕭}$ | 垚$^{疑}_{蕭}$[1258]垚$^{疑}_{蕭}$𣐌$^{疑}_{蕭}$僥$^{疑}_{蕭}$顤$^{疑}_{蕭}$襓$^{日}_{宵}$鰩$^{以}_{宵}$ | 堯$^{疑}_{蕭}$[1755]嬲$^{泥}_{篠}$ | 裊$^{泥}_{篠}$[1785]嫋$^{泥}_{篠}$嬈$^{泥}_{篠}$褭$^{泥}_{篠}$ | 鳥$^{洪:}_{泥篠}$[3420]鳥$^{洪:}_{泥篠}$ | 堯上$^{疑}_{篠}$[2892]尿$^{泥}_{嘯}$ | 鳥去$^{洪:}_{泥嘯}$
0192	[1394]那$^{泥}_{歌}$㑚$^{泥}_{哿}$ | 儺$^{泥}_{歌}$[1640]儺$^{泥}_{歌}$ | 那$^{泥}_{歌}$[3227]橠$^{泥}_{哿}$ | 儺上$^{泥}_{哿}$
0193	[1201]㼡$^{泥}_{過}$㖠$^{泥}_{過}$ | 懦$^{泥}_{過}$
0194	[2351]胗$^{泥}_{禡}$ | 那$^{泥}_{箇}$[2394]拏$^{泥}_{麻}$䋈$^{泥}_{麻}$詑$^{泥}_{佳}$ | 拿$^{泥}_{麻}$[2395]拿$^{泥}_{麻}$ | 那平$^{泥}_{歌}$
0195	[0054]曩$^{泥}_{蕩}$ | 囊上$^{泥}_{蕩}$[1015]灢$^{泥}_{蕩}$ | 曩$^{泥}_{蕩}$[1239]壤$^{泥}_{宕}$ | 囊$^{泥}_{唐}$
0196	[1839]孃$^{泥}_{陽}$娘$^{泥}_{陽}$ | 𡚦$^{泥}_{陽}$
0197	[0352]𩅦$^{日}_{陽}$瀼$^{日}_{陽}$儴$^{日}_{陽}$鬤$^{日}_{陽}$穰$^{日}_{陽}$蘘$^{日}_{陽}$䉴$^{日}_{陽}$㚂$^{日}_{陽}$ | 穰$^{日}_{陽}$[1036]瀼$^{日}_{陽}$ | 攘$^{日}_{陽}$[2485]勷$^{日}_{陽}$ | 禳$^{日}_{陽}$[3363]穰$^{日}_{陽}$鑲$^{書}_{陽}$ | 嚷$^{日}_{陽}$[1033]瀼$^{日}_{養}$䑋$^{日}_{養}$ | 壤$^{日}_{養}$[1132]壤$^{日}_{養}$ | 穰上$^{日}_{養}$
0198	[2015]懹$^{日}_{漾}$釀$^{泥}_{漾}$ | 讓$^{日}_{漾}$[2684]讓$^{日}_{漾}$ | 尚$^{禪}_{漾}$
0199	[3329]釀$^{泥}_{漾}$穰$^{泥}_{漾}$ | 仰去$^{疑}_{漾}$
0200	[3252]欀$^{日}_{漾}$ | 攘$^{日}_{漾}$
0201	[3493]獰$^{泥}_{庚}$ | 能$^{泥}_{登}$[3787]能$^{泥}_{登}$ | 濘$^{泥}_{青}$
0202	[0995]濘$^{泥}_{徑}$佞$^{泥}_{徑}$ | 寧$^{泥}_{徑}$[2933]甯$^{泥}_{徑}$ | 佞$^{泥}_{徑}$[1793]佞$^{泥}_{徑}$ | 寧上$^{泥}_{迥}$[1716]儜$^{泥}_{耕}$嚀$^{泥}_{青}$寧$^{泥}_{青}$鑏$^{泥}_{耕}$寧$^{泥}_{青}$ | 寍$^{泥}_{青}$
0203	[0061]暱$^{泥}_{質}$溺$^{泥}_{錫}$ | 匿$^{泥}_{職}$[0741]氼$^{泥}_{錫}$惄$^{泥}_{錫}$愵$^{泥}_{錫}$惄$^{泥}_{錫}$㥾$^{泥}_{錫}$慝$^{泥}_{質}$暱$^{泥}_{質}$匿$^{泥}_{職}$ | 溺$^{泥}_{錫}$
0204	[3019]鎒$^{泥}_{候}$ | 耨$^{泥}_{候}$
0205	[1319]𨛘$^{泥}_{有}$妞$^{泥}_{有}$扭$^{泥}_{有}$㺲$^{泥}_{有}$杻$^{泥}_{有}$鈕$^{泥}_{宥}$狃$^{泥}_{有}$狃$^{泥}_{有}$忸$^{泥}_{有}$ | 紐$^{泥}_{有}$[2568]紐$^{泥}_{有}$ | 鈕$^{泥}_{有}$[3000]鈕$^{泥}_{有}$ | 扭$^{泥}_{有}$[3588]紐$^{泥}_{有}$ | 狃$^{泥}_{有}$
E 類（含 176 個自然小類，71 個“準小韻”）	
0206	[0087]嚨$^{來}_{東}$朧$^{來}_{東}$霳$^{來}_{東}$爖$^{來}_{東}$襱$^{來}_{東}$瀧$^{來}_{東}$礲$^{來}_{東}$隆$^{來}_{東}$儱$^{來}_{東}$嚨$^{來}_{東}$聾$^{來}_{東}$朧$^{來}_{東}$襱$^{來}_{東}$竜$^{來}_{鍾}$攏$^{來}_{東}$瓏$^{來}_{東}$䡁$^{來}_{東}$櫳$^{來}_{東}$龑$^{來}_{東}$蘢$^{來}_{東}$籠$^{來}_{東}$𥢔$^{來}_{東}$蠪$^{來}_{鍾}$鑨$^{來}_{東}$𨼑$^{來}_{東}$朧$^{來}_{東}$ | 龍$^{來}_{鍾}$[0345]霳$^{來}_{冬}$ | 籠$^{來}_{東}$[0966]漋$^{來}_{東}$礱$^{來}_{冬}$躘$^{來}_{鍾}$癃$^{來}_{東}$龍$^{來}_{鍾}$攏$^{來}_{鍾}$礱$^{來}_{冬}$ | 隆$^{來}_{東}$
0207	[1411]隴$^{來}_{腫}$ | 壟$^{來}_{腫}$
0208	[2152]哢$^{玉:}_{來送}$卉$^{龍:}_{來送}$ | 弄$^{來}_{送}$
0209	[0170]睩$^{來}_{燭}$彔$^{來}_{屋}$碌$^{來}_{屋}$鹿$^{來}_{屋}$䚄$^{來}_{燭}$戮$^{來}_{屋}$麓$^{來}_{屋}$䕒$^{來}_{屋}$録$^{來}_{屋}$騄$^{來}_{燭}$ | 祿$^{來}_{屋}$[0980]漉$^{來}_{屋}$坴$^{來}_{屋}$綠$^{來}_{燭}$逯$^{來}_{燭}$祿$^{來}_{屋}$鏕$^{來}_{屋}$録$^{來}_{燭}$琭$^{來}_{屋}$轆$^{來}_{屋}$菉$^{來}_{屋}$簏$^{來}_{屋}$錄$^{來}_{燭}$稑$^{來}_{屋}$穋$^{來}_{屋}$醁$^{來}_{燭}$騄$^{玉:}_{來屋}$䮉$^{集:}_{來屋}$鹿$^{來}_{屋}$𪉈$^{來}_{屋}$麗$^{來}_{屋}$淥$^{來}_{屋}$角$^{篇:}_{來屋}$ | 六$^{來}_{屋}$[2180]睩$^{來}_{屋}$䟿$^{來}_{屋}$𧿹$^{來}_{燭}$蹗$^{來}_{屋}$ | 彔$^{來}_{屋}$[2476]勠$^{來}_{屋}$ | 戮$^{來}_{屋}$[2484]勎$^{來}_{屋}$䡜$^{來}_{屋}$六$^{來}_{屋}$ | 陸$^{來}_{屋}$[3109]觻$^{來}_{屋}$ | 鹿$^{來}_{屋}$
0210	[1010]漻$^{來}_{屋}$ | 蓼$^{來}_{屋}$
0211	[0426]𤋶$^{來}_{支}$𨛏$^{來}_{脂}$𢠽$^{來}_{支}$嚹$^{來}_{之}$縭$^{來}_{支}$謧$^{來}_{支}$邌$^{來}_{齊}$摛$^{來}_{支}$褵$^{來}_{之}$鑗$^{來}_{脂}$藜$^{來}_{齊}$勵$^{來}_{齊}$鵹$^{來}_{支}$鸝$^{來}_{支}$鵹$^{來}_{支}$驪$^{來}_{支}$ | 梨$^{來}_{脂}$[0876]漓$^{來}_{支}$𨙸$^{來}_{支}$廲$^{來}_{齊}$𪋸$^{集:}_{來支}$嫠$^{來}_{之}$斄$^{來}_{之}$黧$^{來}_{脂}$褵$^{來}_{支}$纚$^{集:}_{來支}$璃$^{來}_{支}$𦟝$^{來}_{之}$梩$^{來}_{之}$梨$^{來}_{脂}$蘺$^{來}_{支}$蘺$^{來}_{支}$籬$^{來}_{支}$穲$^{來}_{支}$𥞕$^{來}_{咍}$穲$^{來}_{支}$黎$^{來}_{齊}$醨$^{來}_{支}$螭$^{徹}_{支}$犁$^{來}_{齊}$犂$^{來}_{齊}$犂$^{篇:}_{來支}$狸$^{來}_{之}$貍$^{來}_{之}$離$^{來}_{支}$黧$^{來}_{齊}$罹$^{來}_{支}$𦼮$^{來}_{之}$ | 离$^{來}_{支}$[1866]孋$^{來}_{支}$瓈$^{來}_{齊}$ | 黎$^{來}_{齊}$

續表

字組序號	轄字
0212	[0321]霾$^{來}_{齊}$ 丨 理$^{來}_{止}$[0647]峛$^{來}_{紙}$浬$^{來}_{止}$囟$^{來}_{止}$陧$^{來}_{止}$俚$^{來}_{止}$娌$^{來}_{止}$哩$^{來}_{止}$裏$^{來}_{止}$邐$^{來}_{紙}$履$^{來}_{旨}$瘇$^{來}_{止}$禮$^{來}_{薺}$理$^{來}_{止}$刍$^{來}_{止}$梩$^{來}_{止}$李$^{來}_{止}$醴$^{來}_{薺}$豊$^{來}_{薺}$鱧$^{來}_{止}$鯉$^{來}_{止}$詈$^{來}_{寘}$ 丨 里$^{來}_{止}$[1007]澧$^{來}_{薺}$艬$^{來}_{薺}$盠$^{來}_{薺}$ 丨 礼$^{來}_{薺}$[3187]杍$^{來}_{止}$ 丨 李$^{來}_{止}$
0213	[0168]𤄷$^{來}_{祭}$颲$^{來}_{薺}$颲$^{來}_{至}$蠣$^{來}_{祭}$沴$^{來}_{薺}$浰$^{來}_{至}$涖$^{來}_{至}$砅$^{來}_{祭}$酈$^{來}_{支}$厲$^{來}_{祭}$儷$^{來}_{薺}$儷$^{來}_{薺}$例$^{來}_{祭}$俐$^{來}_{薺}$莅$^{來}_{至}$慹$^{來}_{寘}$悷$^{來}_{薺}$唳$^{來}_{薺}$戾$^{來}_{薺}$癘$^{來}_{祭}$癘$^{來}_{寘}$痢$^{來}_{至}$禲$^{來}_{祭}$珕$^{來}_{寘}$劙$^{來}_{薺}$棣$^{來}_{薺}$欐$^{來}_{薺}$莅$^{來}_{至}$蒞$^{來}_{至}$荔$^{來}_{薺}$秎$^{來}_{祭}$棃$^{來}_{祭}$蠡$^{來}_{薺}$駉$^{來}_{祭}$麗$^{來}_{薺}$秎$^{來}_{至}$盭$^{來}_{薺}$盭$^{來}_{薺}$ 丨 利$^{來}_{至}$[1102]礪$^{來}_{祭}$悷$^{來}_{薺}$綟$^{來}_{薺}$捩$^{來}_{薺}$蠣$^{來}_{祭}$敹$^{來}_{薺}$ 丨 戾$^{來}_{薺}$[2628]覼$^{來}_{至}$利$^{來}_{至}$ 丨 吏$^{來}_{志}$
0214	[2906]痢$^{來}_{祭}$ 丨 列$^{集:}_{來祭}$
0215	[0307]雷$^{來}_{灰}$靁$^{來}_{灰}$靁$^{來}_{灰}$畾$^{來}_{灰}$鄙$^{來}_{灰}$勵$^{來}_{灰}$縲$^{來}_{脂}$瓃$^{來}_{灰}$罍$^{來}_{灰}$櫑$^{來}_{灰}$樏$^{來}_{脂}$蔂$^{來}_{脂}$蘽$^{來}_{脂}$羸$^{來}_{支}$樏$^{來}_{脂}$羸$^{來}_{支}$ 丨 雷$^{來}_{灰}$
0216	[1326]郲$^{來}_{賄}$頪$^{來}_{賄}$鑸$^{來}_{賄}$ 丨 耒$^{來}_{旨}$
0217	[0583]冡$^{來}_{旨}$寈$^{來}_{賄}$㽌$^{來}_{賄}$蘽$^{來}_{賄}$磊$^{來}_{賄}$郲$^{來}_{賄}$膃$^{來}_{賄}$邅$^{來}_{賄}$瘤$^{來}_{賄}$ 丨 磊$^{來}_{賄}$[1037]灅$^{來}_{賄}$壘$^{來}_{旨}$儽$^{來}_{賄}$儡$^{來}_{賄}$傫$^{來}_{賄}$鑸$^{來}_{賄}$櫐$^{來}_{旨}$藟$^{來}_{旨}$ 丨 累$^{來}_{紙}$[1053]磊$^{來}_{賄}$ 丨 壘$^{來}_{旨}$
0218	[0824]洡$^{來}_{隊}$礧$^{來}_{隊}$逮$^{來}_{至}$禷$^{來}_{至}$ 丨 累$^{來}_{寘}$[2585]累$^{來}_{寘}$纍$^{來}_{至}$絫$^{來}_{至}$讄$^{來}_{旨}$擂$^{來}_{隊}$ 丨 雷$^{來}_{隊}$
0219	[1709]倈$^{來}_{隊}$酹$^{來}_{隊}$ 丨 耒$^{來}_{隊}$[2953]殐$^{來}_{泰}$耒$^{來}_{隊}$ 丨 類$^{來}_{至}$
0220	[0674]嵻$^{來}_{御}$泪$^{來}_{至}$錑$^{來}_{隊}$ 丨 淚$^{來}_{至}$
0221	[0633]崍$^{來}_{咍}$淶$^{來}_{咍}$淶$^{來}_{咍}$睞$^{來}_{咍}$坴$^{來}_{咍}$萊$^{來}_{咍}$鶆$^{來}_{咍}$騋$^{來}_{咍}$粭$^{來}_{咍}$徠$^{來}_{咍}$ 丨 來$^{來}_{咍}$[3776]來$^{來}_{咍}$ 丨 萊$^{來}_{咍}$[1439]陜$^{集:}_{來咍}$ 丨 來去$^{來}_{代}$
0222	[1014]瀨$^{來}_{泰}$睞$^{來}_{代}$覝$^{來}_{代}$逨$^{來}_{代}$癩$^{來}_{泰}$襰$^{來}_{泰}$賚$^{來}_{代}$藾$^{來}_{泰}$籟$^{來}_{泰}$鵣$^{來}_{泰}$ 丨 賴$^{來}_{泰}$
0223	[2442]躝$^{來}_{泰}$ 丨 厲$^{來}_{泰}$
0224	[0133]嚧$^{來}_{魚}$爐$^{來}_{模}$巑$^{來}_{魚}$矑$^{來}_{模}$鬞$^{來}_{模}$髗$^{來}_{模}$纑$^{來}_{模}$攎$^{來}_{模}$廬$^{來}_{魚}$瓐$^{來}_{模}$艫$^{來}_{模}$甗$^{來}_{模}$罏$^{來}_{模}$櫨$^{來}_{模}$芦$^{來}_{模}$籚$^{來}_{模}$鸕$^{來}_{模}$驢$^{來}_{魚}$驴$^{來}_{魚}$獹$^{來}_{模}$鱸$^{來}_{模}$黸$^{來}_{模}$ 丨 盧$^{來}_{模}$[1139]壚$^{來}_{模}$廬$^{來}_{魚}$臚$^{來}_{模}$盧$^{來}_{模}$ 丨 炉$^{來}_{模}$[1825]嫘$^{來}_{脂}$ 丨 驴$^{來}_{魚}$[2012]櫚$^{來}_{魚}$鑢$^{來}_{魚}$藘$^{來}_{魚}$ 丨 閭$^{來}_{魚}$[2861]閭$^{來}_{魚}$ 丨 廬$^{來}_{魚}$
0225	[0388]䨼$^{來}_{姥}$滷$^{來}_{姥}$塷$^{來}_{姥}$嚕$^{來}_{姥}$鑥$^{來}_{姥}$艣$^{來}_{姥}$虜$^{來}_{姥}$鹵$^{來}_{姥}$ 丨 魯$^{來}_{姥}$[1084]砢$^{來}_{哿}$蠃$^{來}_{果}$倮$^{來}_{果}$躶$^{來}_{果}$𣩓$^{來}_{果}$鑹$^{來}_{戈}$蓏$^{來}_{果}$蠃$^{來}_{果}$ 丨 裸$^{來}_{果}$[1472]𢉗$^{來}_{姥}$櫓$^{來}_{姥}$ 丨 鹵$^{來}_{姥}$[2514]裸$^{來}_{果}$ 丨 邏$^{集:}_{來哿}$[2751]邏$^{集:}_{來哿}$ 丨 虜$^{來}_{姥}$
0226	[0318]露$^{來}_{暮}$鏴$^{來}_{暮}$璐$^{來}_{暮}$賂$^{來}_{暮}$輅$^{來}_{暮}$簬$^{來}_{暮}$簵$^{來}_{暮}$鷺$^{來}_{暮}$鸕$^{來}_{模}$ 丨 路$^{來}_{暮}$
0227	[1038]灑$^{來}_{歌}$儸$^{來}_{歌}$𥉌$^{來}_{脂}$覶$^{來}_{戈}$瘰$^{來}_{戈}$欏$^{來}_{歌}$蘿$^{來}_{歌}$籮$^{來}_{歌}$穲$^{來}_{戈}$鑼$^{來}_{歌}$螺$^{來}_{戈}$騾$^{來}_{戈}$𢋽$^{來}_{戈}$羸$^{來}_{戈}$羸$^{來}_{戈}$ 丨 羅$^{來}_{歌}$[2834]攞$^{來}_{哿}$ 丨 羅上$^{來}_{哿}$[3745]羅$^{來}_{歌}$ 丨 螺$^{來}_{戈}$
0228	[3711]㷟$^{來}_{過}$ 丨 邏$^{來}_{箇}$
0229	[1374]郘$^{來}_{語}$寠$^{鹹:}_{來御}$侶$^{來}_{語}$僂$^{來}_{麌}$膂$^{來}_{語}$膂$^{來}_{語}$毴$^{來}_{語}$縷$^{來}_{麌}$衣$^{來}_{語}$屢$^{來}_{遇}$宮$^{來}_{語}$寠$^{集:}_{來遇}$祣$^{來}_{語}$櫚$^{來}_{魚}$梠$^{來}_{語}$蔞$^{來}_{麌}$簬$^{來}_{語}$穭$^{來}_{語}$穭$^{來}_{語}$旅$^{來}_{模}$旅$^{來}_{語}$ 丨 呂$^{來}_{語}$[2052]呂$^{來}_{語}$ 丨 旅$^{來}_{語}$
0230	[0483]爈$^{來}_{御}$勴$^{來}_{御}$鑢$^{來}_{御}$鋁$^{來}_{御}$ 丨 慮$^{來}_{御}$
0231	[0385]霖$^{來}_{侵}$磷$^{來}_{真}$痳$^{來}_{侵}$琳$^{來}_{侵}$ 丨 林$^{來}_{侵}$[1156]瞵$^{來}_{真}$林$^{來}_{侵}$轔$^{來}_{真}$粼$^{來}_{真}$璘$^{來}_{真}$鱗$^{來}_{真}$麟$^{來}_{真}$ 丨 鄰$^{來}_{真}$
0232	[0908]瀶$^{來}_{侵}$ 丨 臨$^{來}_{侵}$
0233	[1506]廩$^{來}_{寑}$ 丨 凜$^{來}_{寑}$[1585]凜$^{來}_{寑}$懍$^{來}_{寑}$ 丨 稟$^{來}_{寑}$
0234	[0617]嶙$^{來}_{軫}$瞵$^{來}_{軫}$ 丨 僯$^{來}_{軫}$
0235	[2635]覵$^{玉:}_{來震}$ 丨 鄰$^{集:}_{來震}$
0236	[1689]僯$^{來}_{震}$ 丨 粦$^{來}_{震}$
0237	[0527]粦$^{來}_{震}$暽$^{來}_{震}$悋$^{來}_{震}$蹸$^{來}_{震}$遴$^{來}_{震}$撛$^{來}_{震}$閵$^{來}_{震}$鏻$^{來}_{震}$轥$^{來}_{震}$甐$^{來}_{震}$藺$^{來}_{震}$𥳧$^{來}_{震}$蟒$^{來}_{震}$蟒$^{來}_{震}$魕$^{來}_{震}$膦$^{來}_{震}$ 丨 吝$^{來}_{震}$[2875]閔$^{來}_{震}$ 丨 藺$^{來}_{震}$[1741]令$^{來}_{勁}$另$^{來}_{徑}$吝$^{來}_{震}$ 丨 令$^{來}_{勁}$
0238	[0199]朎$^{來}_{青}$𩗴$^{來}_{青}$𩘀$^{來}_{青}$霝$^{來}_{青}$靈$^{來}_{青}$零$^{來}_{青}$岭$^{來}_{青}$崚$^{來}_{蒸}$淩$^{來}_{蒸}$陵$^{來}_{蒸}$倰$^{來}_{蒸}$怜$^{來}_{青}$㥄$^{來}_{蒸}$聆$^{來}_{青}$顬$^{來}_{青}$齡$^{來}_{青}$跉$^{來}_{青}$𠢃$^{來}_{蒸}$詅$^{來}_{青}$竛$^{來}_{青}$祾$^{來}_{蒸}$錂$^{來}_{蒸}$輪$^{來}_{諄}$舲$^{來}_{青}$瓴$^{來}_{青}$鑩$^{來}_{青}$楞$^{來}_{登}$苓$^{來}_{青}$笭$^{來}_{青}$棱$^{來}_{登}$鈴$^{來}_{青}$鴒$^{來}_{青}$䴒$^{來}_{青}$蠕$^{來}_{青}$䮚$^{來}_{蒸}$駖$^{來}_{青}$羚$^{來}_{青}$麢$^{來}_{青}$囹$^{來}_{青}$魿$^{來}_{青}$ 丨 凌$^{來}_{蒸}$[0372]霛$^{來}_{青}$澪$^{來}_{青}$酃$^{來}_{青}$夌$^{來}_{青}$𡧍$^{來}_{青}$孁$^{來}_{青}$䡼$^{來}_{青}$𩆝$^{來}_{青}$櫺$^{來}_{青}$䚖$^{來}_{青}$拎$^{來}_{青}$靈$^{來}_{青}$醽$^{來}_{青}$ 丨 灵$^{來}_{青}$[0776]泠$^{來}_{青}$淩$^{來}_{青}$ 丨 零$^{來}_{青}$[1433]阾$^{來}_{青}$ 丨 陵$^{來}_{蒸}$[1581]冷$^{來}_{梗}$ 丨 楞上$^{來}_{等}$[1582]凌$^{來}_{蒸}$伶$^{來}_{青}$綾$^{來}_{蒸}$菱$^{來}_{蒸}$蔆$^{來}_{蒸}$鯪$^{來}_{蒸}$翎$^{來}_{青}$ 丨 苓$^{來}_{青}$[1911]躰$^{來}_{登}$棱$^{來}_{登}$ 丨 楞$^{來}_{登}$[2453]㲆$^{來}_{青}$ 丨 翎$^{來}_{青}$[2702]衑$^{來}_{青}$玲$^{來}_{青}$ 丨 伶$^{來}_{青}$[3772]氽$^{鹹:}_{來梗}$ 丨 冷$^{來}_{梗}$ [0938]淪$^{來}_{諄}$綸$^{來}_{諄}$輪$^{來}_{諄}$𦨠$^{來}_{諄}$蜦$^{來}_{諄}$ 丨 倫$^{來}_{諄}$[2349]腀$^{來}_{諄}$ 丨 淪$^{來}_{諄}$
0239	[0642]崙$^{來}_{魂}$埨$^{來}_{準}$陯$^{來}_{諄}$ 丨 侖$^{來}_{諄}$
0240	[2435]踚$^{來}_{諄}$掄$^{來}_{魂}$錀$^{來}_{諄}$ 丨 論$^{來}_{諄}$
0241	[0888]溣$^{來}_{慁}$ 丨 論$^{來}_{慁}$
0242	[3167]刢$^{來}_{青}$ 丨 令$^{來}_{青}$
0243	[0698]嶺$^{來}_{靜}$袊$^{來}_{靜}$ 丨 領$^{來}_{靜}$
0244	[0758]泐$^{來}_{德}$卜$^{鹹:}_{來德}$阞$^{來}_{德}$仂$^{來}_{德}$肋$^{來}_{德}$扐$^{來}_{德}$𦨴$^{鹹:}_{來德}$艻$^{來}_{德}$ 丨 勒$^{來}_{德}$
0245	[0113]磿$^{來}_{錫}$靂$^{來}_{錫}$礫$^{來}_{錫}$厤$^{來}_{錫}$櫟$^{來}_{錫}$ 丨 歷$^{來}_{錫}$[0279]颲$^{來}_{質}$嵥$^{來}_{質}$溧$^{來}_{質}$塛$^{來}_{質}$傈$^{來}_{質}$瑮$^{來}_{質}$轢$^{來}_{質}$㮚$^{來}_{質}$ 丨 栗$^{來}_{質}$[0694]岦$^{來}_{緝}$瀝$^{來}_{錫}$溧$^{來}_{質}$慄$^{來}_{質}$𪗲$^{來}_{緝}$歷$^{來}_{錫}$㓻$^{來}_{質}$苙$^{來}_{緝}$笠$^{來}_{緝}$粒$^{來}_{緝}$鴗$^{來}_{緝}$ 丨 立$^{來}_{緝}$[2773]立$^{來}_{緝}$靂$^{來}_{錫}$癧$^{來}_{錫}$嚦$^{玉:}_{來錫}$壢$^{來}_{錫}$朸$^{來}_{職}$櫪$^{來}_{錫}$栗$^{來}_{質}$篥$^{來}_{質}$𠡇$^{來}_{職}$嚦$^{來}_{錫}$曆$^{來}_{錫}$棘$^{來}_{職}$ 丨 力$^{來}_{職}$

續表

字組序號	轄字
0246	[1091]硉$^{來}_{沒}$脺$^{來}_{術}$繂$^{來}_{術}$丨律$^{來}_{術}$[1092]硤$^{集:}_{來沒}$丨硉$^{來}_{沒}$[3778]律$^{來}_{術}$丨𧙗$^{來}_{術}$
0247	[2081]𠽥$^{來}_{術}$丨率$^{來}_{術}$
0248	[0048]䜌$^{來}_{桓}$丨栾$^{來}_{桓}$[0146]盬$^{來}_{談}$爁$^{來}_{闞}$嵐$^{來}_{覃}$婪$^{來}_{覃}$惏$^{來}_{覃}$懢$^{來}_{談}$啉$^{來}_{覃}$監$^{來}_{談}$䃹$^{來}_{覃}$襤$^{來}_{談}$幱$^{來}_{談}$闌$^{來}_{寒}$璼$^{來}_{談}$籃$^{來}_{談}$䳩$^{來}_{談}$丨藍$^{來}_{談}$[0883]瀾$^{來}_{寒}$襴$^{來}_{寒}$幱$^{來}_{寒}$欄$^{來}_{寒}$欗$^{來}_{寒}$蘭$^{來}_{寒}$藍$^{來}_{談}$爛$^{來}_{山}$丨闌$^{來}_{寒}$[2110]囒$^{來}_{寒}$欒$^{來}_{桓}$丨蘭$^{來}_{寒}$[2955]㱫$^{來}_{翰}$丨闌$^{來}_{翰}$
0249	[0610]䜌$^{來}_{桓}$丨峦$^{來}_{桓}$
0250	[2295]欒$^{來}_{桓}$鸞$^{來}_{桓}$圞$^{來}_{桓}$丨銮$^{來}_{桓}$[2990]鑾$^{來}_{桓}$羉$^{來}_{桓}$丨鸾$^{來}_{桓}$[2786]捋$^{來}_{末}$丨鑾入$^{來}_{末}$[3553]寽$^{來}_{末}$丨捋$^{來}_{末}$
0251	[0464]燣$^{來}_{感}$擥$^{來}_{敢}$纜$^{來}_{闞}$攬$^{來}_{敢}$㩜$^{來}_{敢}$䡬$^{來}_{感}$欖$^{來}_{敢}$丨覽$^{來}_{敢}$[1166]壏$^{來}_{闞}$丨㩜$^{來}_{敢}$[2625]覽$^{來}_{敢}$丨欖$^{來}_{敢}$
0252	[3326]薍$^{來}_{換}$亂$^{來}_{換}$丨乱$^{來}_{換}$
0253	[1023]濫$^{來}_{闞}$糷$^{來}_{翰}$𢒰$^{來}_{翰}$丨爛$^{來}_{翰}$[1043]灠$^{來}_{闞}$㜮$^{來}_{闞}$嚂$^{來}_{闞}$丨濫$^{來}_{闞}$
0254	[0196]臘$^{來}_{盍}$臈$^{來}_{盍}$臘$^{來}_{盍}$丨蠟$^{來}_{盍}$[0457]瀨$^{來}_{曷}$瑓$^{來}_{曷}$剌$^{來}_{曷}$糲$^{來}_{曷}$丨辣$^{來}_{曷}$[1034]䂰$^{來}_{曷}$㕸$^{來}_{合}$齫$^{來}_{盍}$擸$^{來}_{盍}$拉$^{來}_{合}$鑞$^{來}_{盍}$䴚$^{來}_{盍}$辣$^{來}_{曷}$丨臘$^{來}_{盍}$[2163]喇$^{來}_{曷}$𦞣$^{來}_{曷}$㓹$^{來}_{曷}$䊪$^{來}_{曷}$揧$^{來}_{曷}$韊$^{改:}_{來曷}$瘌$^{來}_{曷}$丨剌$^{來}_{曷}$[3454]蠟$^{來}_{盍}$丨臈$^{來}_{盍}$[3547]㧺$^{來}_{合}$丨拉$^{來}_{合}$
0255	[0336]䨬$^{來}_{鹽}$燫$^{來}_{添}$熑$^{來}_{鹽}$濂$^{來}_{添}$磏$^{來}_{鹽}$㡘$^{來}_{鹽}$㾾$^{來}_{鹽}$鐮$^{來}_{鹽}$鎌$^{來}_{鹽}$奩$^{來}_{鹽}$丨廉$^{來}_{鹽}$[0493]熑$^{來}_{獮}$漣$^{來}_{仙}$𡈞$^{來}_{仙}$廉$^{來}_{鹽}$𨕰$^{來}_{仙}$憐$^{來}_{先}$嗹$^{來}_{先}$聯$^{來}_{仙}$謰$^{來}_{仙}$癧$^{來}_{仙}$鏈$^{來}_{仙}$蓮$^{來}_{先}$㺦$^{來}_{仙}$鰱$^{來}_{仙}$斂$^{來}_{鹽}$丨連$^{來}_{仙}$[1289]睔$^{來}_{準}$丨憐上$^{來}_{銑}$[1938]戀$^{來}_{線}$丨連去$^{來}_{線}$[3276]蘞$^{來}_{鹽}$蘝$^{來}_{鹽}$簾$^{來}_{鹽}$丨奩$^{來}_{鹽}$[2736]連$^{來}_{仙}$丨聯$^{來}_{仙}$[3686]匳$^{來}_{鹽}$丨斂$^{來}_{鹽}$[0905]澰$^{來}_{琰}$瀲$^{來}_{琰}$璉$^{來}_{獮}$羷$^{來}_{琰}$丨斂$^{來}_{琰}$[3721]歛$^{來}_{琰}$丨連上$^{來}_{獮}$[2397]攣$^{來}_{線}$丨恋$^{來}_{線}$
0256	[0516]籢$^{來}_{豔}$殮$^{來}_{豔}$臉$^{來}_{豔}$丨歛$^{來}_{豔}$
0257	[0440]煉$^{來}_{霰}$湅$^{來}_{霰}$鍊$^{來}_{霰}$楝$^{來}_{霰}$丨練$^{來}_{霰}$[2581]練$^{來}_{霰}$丨煉$^{來}_{霰}$
0258	[0091]䁀$^{來}_{葉}$儠$^{來}_{葉}$䁽$^{來}_{葉}$鋝$^{來}_{薛}$丨獵$^{來}_{葉}$[0289]颲$^{來}_{薛}$烈$^{來}_{薛}$洌$^{來}_{薛}$𡊄$^{來}_{薛}$㽟$^{來}_{薛}$岁$^{來}_{薛}$鬣$^{來}_{葉}$冽$^{來}_{薛}$䴕$^{來}_{薛}$㤠$^{來}_{薛}$哷$^{來}_{薛}$脟$^{來}_{薛}$躐$^{來}_{葉}$劣$^{來}_{薛}$裂$^{來}_{薛}$挒$^{來}_{薛}$栵$^{來}_{薛}$栵$^{來}_{薛}$茢$^{來}_{薛}$鴷$^{來}_{薛}$蛚$^{來}_{薛}$獵$^{來}_{葉}$丨列$^{來}_{薛}$[2030]㤡$^{來}_{薛}$𨀤$^{來}_{薛}$列$^{來}_{薛}$蛶$^{來}_{薛}$丨劣$^{來}_{薛}$
0259	[0620]嶗$^{來}_{豪}$窂$^{來}_{豪}$㑩$^{來}_{豪}$哰$^{來}_{豪}$鐒$^{來}_{豪}$簩$^{來}_{豪}$蹘$^{來}_{豪}$丨牢$^{來}_{豪}$
0260	[0646]嶗$^{來}_{豪}$䃕$^{來}_{豪}$僗$^{來}_{豪}$憥$^{來}_{豪}$蹘$^{來}_{豪}$髎$^{來}_{蕭}$簩$^{來}_{豪}$撈$^{來}_{豪}$𨳷$^{來}_{豪}$癆$^{來}_{豪}$鏐$^{來}_{蕭}$𤩪$^{來}_{豪}$醪$^{來}_{豪}$丨勞$^{來}_{豪}$[0916]潦$^{來}_{晧}$嘐$^{來}_{晧}$轑$^{來}_{晧}$橑$^{來}_{晧}$丨老$^{來}_{晧}$[1812]嫪$^{來}_{號}$恅$^{來}_{晧}$丨勞去$^{來}_{號}$[2917]老$^{來}_{晧}$丨勞上$^{來}_{晧}$
0261	[0242]飉$^{來}_{蕭}$嵺$^{來}_{蕭}$𡒬$^{來}_{蕭}$廖$^{來}_{蕭}$寮$^{來}_{蕭}$膋$^{來}_{蕭}$膫$^{來}_{蕭}$繚$^{來}_{蕭}$撩$^{來}_{蕭}$寥$^{來}_{蕭}$簝$^{來}_{蕭}$獠$^{來}_{蕭}$翏$^{來}_{蕭}$敹$^{來}_{蕭}$丨聊$^{來}_{蕭}$[0394]燎$^{來}_{宵}$丨料$^{來}_{蕭}$[0723]廫$^{來}_{蕭}$丨寥$^{來}_{蕭}$[1815]嫽$^{來}_{蕭}$料$^{來}_{蕭}$料$^{來}_{蕭}$丨廖$^{來}_{蕭}$[3034]璙$^{來}_{蕭}$丨燎$^{來}_{宵}$[1318]鄝$^{來}_{篠}$瞭$^{來}_{篠}$𦗿$^{來}_{蕭}$醲$^{來}_{小}$繆$^{來}_{篠}$蓼$^{來}_{篠}$罶$^{來}_{有}$丨了$^{來}_{篠}$ [3739] 了$^{來}_{篠}$丨聊上$^{來}_{篠}$
0262	[1616]僚$^{來}_{蕭}$丨寮$^{來}_{蕭}$[2938]寮$^{來}_{蕭}$鷯$^{來}_{蕭}$丨僚$^{來}_{蕭}$
0263	[0889]漻$^{來}_{蕭}$㡻$^{來}_{蕭}$䑠$^{來}_{蕭}$丨遼$^{來}_{蕭}$[2124]嘹$^{來}_{蕭}$遼$^{來}_{蕭}$鐐$^{來}_{蕭}$丨寮$^{來}_{蕭}$
0264	[0396]竂$^{來}_{笑}$炓$^{來}_{嘯}$𧜵$^{來}_{笑}$療$^{來}_{笑}$𤺥$^{來}_{笑}$寮$^{來}_{笑}$𦊉$^{來}_{嘯}$丨料$^{來}_{笑}$
0265	[0118]䀶$^{來}_{蕩}$朖$^{來}_{蕩}$䁁$^{來}_{蕩}$丨朗$^{來}_{蕩}$[0194]朗$^{來}_{蕩}$朤$^{來}_{蕩}$丨郎上$^{來}_{蕩}$[0598]崀$^{來}_{蕩}$峎$^{來}_{唐}$浪$^{來}_{唐}$硠$^{來}_{唐}$廊$^{來}_{唐}$躴$^{來}_{唐}$𠡲$^{來}_{唐}$鋃$^{來}_{唐}$琅$^{來}_{唐}$瑯$^{來}_{唐}$䡾$^{來}_{唐}$𪌧$^{來}_{唐}$榔$^{來}_{唐}$桹$^{來}_{唐}$蓢$^{來}_{唐}$筤$^{來}_{唐}$稂$^{來}_{唐}$羮$^{來}_{唐}$駺$^{來}_{唐}$狼$^{來}_{唐}$丨郎$^{來}_{唐}$[1384]郎$^{來}_{唐}$丨廊$^{來}_{唐}$
0266	[1164]埌$^{來}_{宕}$悢$^{集:}_{來蕩}$哴$^{來}_{唐}$䀶$^{集:}_{來宕}$閬$^{來}_{宕}$蒗$^{來}_{宕}$莨$^{來}_{宕}$䕞$^{來}_{宕}$丨浪$^{來}_{宕}$
0267	[0311]䨣$^{來}_{鐸}$濼$^{來}_{鐸}$硌$^{來}_{鐸}$洛$^{來}_{鐸}$略$^{來}_{鐸}$絡$^{來}_{鐸}$䋤$^{來}_{藥}$𣧂$^{來}_{鐸}$珞$^{來}_{鐸}$𠜱$^{來}_{鐸}$樂$^{來}_{鐸}$落$^{來}_{鐸}$酪$^{來}_{鐸}$鵅$^{來}_{鐸}$鸆$^{來}_{鐸}$駱$^{來}_{鐸}$雒$^{來}_{鐸}$丨洛$^{來}_{鐸}$[0818]洛$^{來}_{鐸}$丨落$^{來}_{鐸}$
0268	[0230]䬟$^{來}_{陽}$椋$^{來}_{陽}$涼$^{來}_{陽}$踉$^{來}_{陽}$輬$^{來}_{陽}$椋$^{來}_{陽}$良$^{來}_{陽}$丨涼$^{來}_{陽}$[0921]涼$^{來}_{陽}$凉$^{來}_{陽}$輬$^{來}_{陽}$𩛠$^{來}_{唐}$凉$^{來}_{陽}$梁$^{來}_{陽}$粱$^{來}_{陽}$粱$^{來}_{陽}$糧$^{來}_{陽}$粮$^{來}_{陽}$蜋$^{來}_{陽}$椋$^{來}_{陽}$丨良$^{來}_{陽}$[3243]樑$^{來}_{陽}$丨粱$^{來}_{陽}$
0269	[2205]𥈚$^{來}_{蕩}$脼$^{來}_{養}$𠡻$^{來}_{養}$裲$^{來}_{養}$緉$^{來}_{養}$蜽$^{來}_{養}$魎$^{來}_{養}$丨兩$^{來}_{養}$
0270	[1295]剠$^{來}_{漾}$鍄$^{來}_{漾}$諒$^{來}_{漾}$諒$^{來}_{漾}$𣧽$^{來}_{漾}$丨亮$^{來}_{漾}$[1735]倞$^{來}_{漾}$亮$^{來}_{漾}$晾$^{來}_{漾}$就$^{來}_{漾}$丨諒$^{來}_{漾}$
0271	[1120]䂮$^{來}_{藥}$掠$^{來}_{藥}$㑼$^{來}_{藥}$畧$^{來}_{藥}$掠$^{來}_{藥}$鶁$^{來}_{藥}$蛶$^{來}_{藥}$犖$^{來}_{覺}$丨畧$^{來}_{藥}$[1274]略$^{來}_{藥}$剠$^{來}_{藥}$丨掠$^{來}_{藥}$
0272	[0497]熡$^{來}_{侯}$嶁$^{來}_{侯}$漊$^{來}_{侯}$鄋$^{來}_{侯}$𨻼$^{來}_{侯}$廔$^{來}_{侯}$𡟤$^{來}_{侯}$軁$^{來}_{侯}$慺$^{來}_{侯}$嘍$^{來}_{侯}$瞜$^{來}_{侯}$𩔾$^{來}_{侯}$膢$^{來}_{侯}$髏$^{來}_{侯}$𧡾$^{來}_{侯}$謱$^{來}_{侯}$遱$^{來}_{侯}$褸$^{來}_{侯}$艛$^{來}_{侯}$樓$^{來}_{侯}$𩦺$^{來}_{侯}$丨婁$^{來}_{侯}$[1884]婁$^{來}_{侯}$螻$^{來}_{侯}$丨樓$^{來}_{侯}$[3177]甊$^{來}_{厚}$丨婁上$^{來}_{厚}$
0273	[2798]摟$^{來}_{厚}$丨簍$^{來}_{厚}$[3339]簍$^{來}_{厚}$㜢$^{來}_{厚}$丨摟$^{來}_{厚}$
0274	[0235]飂$^{來}_{尤}$丨劉$^{來}_{尤}$[0236]飂$^{來}_{尤}$飅$^{來}_{尤}$溜$^{來}_{尤}$流$^{來}_{尤}$瀏$^{來}_{尤}$嘐$^{來}_{尤}$𢡱$^{來}_{尤}$懰$^{來}_{尤}$憀$^{來}_{尤}$𢛩$^{來}_{尤}$聊$^{來}_{尤}$𦝫$^{來}_{尤}$遛$^{來}_{尤}$㨨$^{來}_{尤}$瘤$^{來}_{尤}$餾$^{來}_{尤}$𡏌$^{來}_{尤}$珋$^{來}_{尤}$劉$^{來}_{尤}$劉$^{來}_{尤}$榴$^{來}_{尤}$鶹$^{來}_{尤}$駵$^{來}_{尤}$鐂$^{來}_{尤}$丨留$^{來}_{尤}$[0783]泳$^{來}_{尤}$澑$^{玉:}_{來蕭}$留$^{來}_{尤}$裗$^{來}_{尤}$鬸$^{來}_{尤}$鎏$^{來}_{尤}$鷚$^{來}_{尤}$驑$^{來}_{尤}$旒$^{來}_{尤}$丨流$^{來}_{尤}$[3105]𨌝$^{集:}_{來有}$柳$^{來}_{有}$丨留上$^{來}_{有}$
0275	[0328]屚$^{來}_{候}$霤$^{來}_{宥}$㶯$^{來}_{宥}$僇$^{來}_{宥}$嬼$^{來}_{宥}$𧝣$^{來}_{宥}$鎦$^{來}_{宥}$餾$^{來}_{宥}$丨溜$^{來}_{宥}$[0879]漏$^{來}_{候}$𨄏$^{來}_{候}$瘻$^{來}_{候}$丨陋$^{來}_{候}$[1420]陋$^{來}_{候}$屚$^{來}_{候}$𨬟$^{來}_{候}$鏤$^{來}_{候}$丨漏$^{來}_{候}$
0276	[1187]塯$^{來}_{宥}$坈$^{來}_{宥}$𥦗$^{來}_{宥}$丨留$^{來}_{宥}$

表 2-3-2 中 A 類（端類）中有 6 個中古來母字（轔$^{來}_{獮}$僆$^{來}_{獮}$嬭$^{來}_{獮}$躒$^{來}_{錫}$壢$^{來}_{錫}$騽$^{來}_{錫}$），這主要是系聯所得，雖然它們的聲母與 A 類字不一致，但是鑒於這些字鮮見，且無法進行反切比較，我們只能暫時將之附於此。不過，需要指出的是，雖然目前我們解釋不了爲何它們會爲端組聲母字注音（轔$^{來}_{獮}$音典$^{端}_{銑}$P29L1、僆$^{來}_{獮}$音典$^{端}_{銑}$P42L2、嬭$^{來}_{獮}$音典$^{端}_{銑}$P47L3；躒$^{來}_{錫}$音的$^{端}_{錫}$P73L9、壢$^{來}_{錫}$音的$^{端}_{錫}$P108L2、騽$^{來}_{錫}$音的$^{端}_{錫}$P183L2），但是可以肯定地說，這種注音關係實非偶然。畢竟這兩組注音關係中，每組被注字的音韻地位相同，而注音字也皆是同一個字。

此外還需解釋的是，D 類（泥類）中有中古日母止攝開口字"㶊$^{日}_{之}$洏$^{日}_{之}$陑$^{日}_{之}$兒$^{日}_{支}$㚧$^{日}_{之}$胹$^{日}_{之}$髵$^{日}_{之}$輀$^{日}_{之}$栭$^{日}_{之}$鴯$^{日}_{之}$鮞$^{日}_{之}$𩀍$^{日}_{之}$耏$^{日}_{之}$而$^{日}_{之}$；邇$^{日}_{紙}$迩$^{日}_{紙}$駬$^{日}_{止}$爾$^{日}_{紙}$尒$^{日}_{紙}$耳；鬻$^{日}_{志}$餌$^{日}_{志}$"一組字併入其中。事實上，從系聯的結果來看，僅有多數的去聲字"佴$^{日}_{志}$㛅$^{日}_{志}$咡$^{日}_{志}$眲$^{日}_{志}$䏙$^{日}_{志}$衈$^{日}_{志}$㡸$^{日}_{至}$誀$^{日}_{志}$珥$^{日}_{志}$弍$^{日}_{至}$刵$^{日}_{志}$樲$^{日}_{至}$貳$^{日}_{至}$二$^{日}_{至}$"等併入泥類，這仍可在今海鹽吳音中得到印證，如"二貳"皆讀作 ȵi，與泥母字"膩"讀音相同。此處之所以將其餘的日母止攝開口字也歸入泥類正是方言參證的結果。從歷史吳音來看，據丁鋒①考察，"兒耳二"等字的聲母在 16 世紀的昆山吳音中讀作 ȵ，與泥母同。在現代吳音中，今海鹽音仍有上聲字"耳"的聲母讀作泥母的情況。至於平聲字，如"兒而"在今海鹽音讀聲化韻 l̩，雖然不是泥母字的讀音，但是與泥母（n）在發音部位上仍具有相似性。況且據《當代吳語研究》②，"兒"在今多數吳方言，如宜興、溧陽、常州、無錫、蘇州、常熟、昆山、羅店、霜草墩、上海、黎里、紹興、諸暨、崇仁、太平、余姚等地皆有讀作 ȵ 母的情況，此可參證。此外，此類日母止攝字與其他的日母字讀作禪母（ʑ）的情況相差更遠。綜合上述幾點考慮，我們此處從合不從分，將日母止攝開口字一併歸入泥類。關於《玉篇直音》中泥日二母的混注情況下文有述，可參見。

《玉篇直音》中的端組聲母與明代通語系統③的端、透、泥聲母相比，具有以下不同之處：①全濁定母的存在；②泥、疑、日三母合流；③少數知章組字讀同端組；④"鳥"字的文白異讀。下面主要討論這些突出的語音特徵。

2.3.2 主要語音特徵

2.3.2.1 全濁定母的存在

與並、奉二母一樣，中古全濁定母在《玉篇直音》中也是獨立的。除了上述系聯的結果自成一類可作證明外，定母字與定母字自注的數量亦可資爲證。《玉篇直音》中所收定母被注字共 574 個，其中被定母字注音的有 551 個，定定互注高達 95.99%（551/574）。同理，該書用於注音的定母字共 594 個，用於注音定母的有 551 個，占注音字總數的 92.76%（551/594）。另有 10 個定母字與禪、澄等全濁聲母混注，此亦可證定母的濁音性質，若計入此數，則上述比例會高達 94.44%（561/594）。由此觀之，無論從哪個角度來論，定母獨

①丁鋒.《同文備考》音系[M]. 福岡：中國書店，2001：229.

②錢乃榮. 當代吳語研究[M]. 上海：上海教育出版社，1992：213.

③王力. 漢語語音史[M]. 北京：中國社會科學出版社，1985：390-391.

立應是不爭的事實。

當然，在定母獨立之外，仍有部分定母字與端、透二母字發生混注，共計 46 例，如下：

A. 端定混注：湩音動 P19L8；嘗音杜 P23L5；𥓋音獨 P23L5；陠音豆 P33L3；侸音豆 P43L3；肬音啖 P68L5；跕音跌 P73L10；鬦音豆 P98L5；鬭音豆 P98L5；對音隊 P173L9

B. 透定混注：吨音屯 P2L6；𦢈音鈍 P4L7；涒音鈍平 P19L4；嬥音廸 P46L8；怠音代 P51L6；忒音特 P52L5；嚃音苔 P59L6；唋音徒 P59L6；蹚音堂 P75L1；読音毒 P86L5；逖音狄 P91L5；逷音狄 P91L7；拕音駝 P95L10；鉄音迭 P110L7；鏜音唐 P109L3；貸音代 P115L1；顛音殿 P188L9

C. 定端混注：䨺音對 P6L4；汏音帶 P15L8；磹音店 P23L3；墆音帝 P26L4；窕音吊 P37L6；兊音對 P45L8；誕音旦 P87L6；題音底 P94L6；扂音店 P100L2；蝃音帝 P150L5；䨺音荅 P156L9；敵音的 P174L7

D. 定透混注：濌音踏 P19L6；壏音塔 P25L3；慟音痛 P52L10；驒音托 P69L9；蹈音滔 P73L9；鐸音托 P108L4；簜音湯上 P138L3

具體混注次數詳見表 2-3-3。

表 2-3-3 定母與端、透二母混注次數統計表 （單位：次）

<table>
<tr><td>被注字
注音字</td><td>端</td><td>透</td><td>被注字
注音字</td><td>定</td></tr>
<tr><td rowspan="2">定</td><td rowspan="2">10</td><td rowspan="2">17</td><td>端</td><td>12</td></tr>
<tr><td>透</td><td>7</td></tr>
</table>

此類混注折射出的是定母的清化現象，這與定母的獨立並不相悖。畢竟聲母的清化現象乃漢語史中的常態音變，沒有一個中古全濁聲母所轄的字至近代乃至現代漢語中仍然全部保存著全濁的區別特徵的。此外，從數量上來論，混注的實乃小眾，並非主流。鑒於此，我們認爲此類清化現象並不能削弱並母的獨立性。

需要補充的是，上述清濁聲母間的混注中，疑有些混注是從構字部件讀而導致兩字同音，如：

嬥音廸 P46L8，疑“嬥”從翟（《廣韻》徒歷切，定母錫韻）讀故而音“廸”；

怠音代 P51L6，疑“怠”從代（《廣韻》徒耐切，定母代韻）讀故而音“代”。

還有一些混注例，雖然被注字與注音字的中古音韻地位不同，但是依據它們其中有些字的普通話讀音卻能實現音同的條件，如：

忒$^{透}_{德}$音特$^{定}_{德}$P52L5；慟$^{定}_{送}$音痛$^{透}_{送}$P52L10；圢$^{透}_{迥}$音挺$^{定}_{迥}$P24L10；侹$^{透}_{迥}$音挺$^{定}_{迥}$P40L2；侱$^{透}_{迥}$音挺$^{定}_{迥}$P41L7；

鏜$^{透}_{唐}$音唐$^{定}_{唐}$P109L3；貸$^{透}_{代}$音代$^{定}_{代}$P115L1

在普通話中，“特忒”“慟痛”“圢侹侱挺” “鏜唐”“貸代”等皆是一組同音字，這些在今普通話中讀音相同的注音關係，在《玉篇直音》時代就已經存在了。

2.3.2.2 泥、疑、日三母合流

從系聯的結果來看，部分中古疑、日母字在《玉篇直音》中併入泥母中，所涉字詳見表 2-3-4。

表 2-3-4 併入泥母的中古疑、日母字

聲	攝	例字
疑母	山攝	言琂（元韻）研妍䍳（先韻）巘（獮韻）彥（線韻）櫱蘖孽闑（薛韻）齧臬槷𨫍𡾰臲𡼩隉（屑韻）
	咸攝	嚴（嚴韻）曮庈孍儼（儼韻）驗（豔韻）釅（釅韻）嶫鄴䊦鸈𣎁𤗼業（業韻）
	效攝	垚𦓺僥顤堯嶢（蕭韻）
	宕攝	仰（養韻）瘧虐（藥韻）
日母	止攝	兒（支韻）㖇洏陑媽胹髵輀栭鴯鮞䧘耏而（之韻）駬耳（止韻）邇迩爾尒尔（紙韻）㒃貳樲弍二佴（至韻）佴珥咡眲䏪蛪誀珥刵餌𩕄（志韻）
	山攝	䎡燃肰然（仙韻）嘫（獮韻）苶（薛韻）
	咸攝	冉袡呥㚩蚺䑙䛁䎃髯（鹽韻）染䆯㜣媣冉苒姌䶲（琰韻）囁䎎（葉韻）
	效攝	橈（宵韻）
	宕攝	蘘瀼儴鬤禳蘘䉴穰穰攘勷（陽韻）壤瀼（養韻）懹讓懹攘（漾韻）

通過表 2-3-4 可知，與泥母混注的疑、日母字皆爲細音字。其中併入泥母的疑母字主要是中古山、咸、效、宕四攝的三、四等韻開口呼字。併入泥母的日母字則主要來自中古止、山、咸、效、宕諸攝的開口呼字。疑母較日母缺少中古止攝開口呼字。

中古疑、日母字混同泥母的現象多見於包括吳方言在內的衆多南方方言之中。在今吳方言中，泥母在今齊齒呼與撮口呼的字中一般都讀 ȵ；日母字的白讀音在很多的吳方言點中讀作 ȵ，與泥母音同；疑母字在今齊齒呼、撮口呼前讀 ȵ，亦與泥母音同。①鑒於《玉篇直音》的編者乃吳人，下面以表 2-3-4 中的若干例字在今吳方言中的讀音爲證，具體讀音詳見表 2-3-5。

表 2-3-5 部分中古疑、日母字在今吳方言中的讀音②

例字／地區	業$^{疑}_{業}$	研$^{疑}_{先}$	凝$^{疑}_{蒸}$	仰$^{疑}_{養}$	嚴$^{疑}_{嚴}$	虐$^{疑}_{藥}$	二$^{日}_{至}$	染$^{日}_{琰}$	讓$^{日}_{漾}$
海門	ȵiəʔ^{2}	ȵie^{53}	ȵin^{24}	ȵiaŋ^{231}	ȵie^{24}	ȵiɑʔ^{2}	ȵi^{213}	ȵie^{231}	ȵiaŋ^{213}
蘇州	ȵiəʔ$^{\underline{23}}$	ȵɪ^{44}	ȵin^{231}	ȵiã^{51}	ȵɪ^{223}	ȵiɑʔ$^{\underline{23}}$	ȵi^{231}	ȵɪ^{231}	ȵiã^{231}
上海	ȵiɪʔ$^{\underline{23}}$	ʔȵi^{52}	ȵiɲ^{113}	ȵiãɲ^{113}/ʔiãɲ^{334}	ȵi^{113}	ȵiɪʔ$^{\underline{23}}$/ȵiɐʔ$^{\underline{23}}$	ȵi^{113}	ȵi^{113}	ȵiãɲ^{113}
嘉興	ʔiəʔ$^{\underline{54}}$/ʔȵiəʔ$^{\underline{54}}$	ʔȵie^{334}	ȵin^{231}	ɦiã^{223}	ȵie^{231}	ʔȵiʌʔ$^{\underline{54}}$	ȵi^{223}	ȵie^{223}/zɤə^{223}	ȵiã^{223}
紹興	ȵiəʔ$^{\underline{12}}$	ȵĩ^{231}	ȵɪŋ^{231}	ȵiaŋ^{113}	ȵĩ^{231}	ȵiɪʔ$^{\underline{23}}$	ȵi^{22}	ȵĩ^{113}	ȵiaŋ^{22}/zɒŋ^{22}

①詳見：錢乃榮. 當代吳語研究[M]. 上海：上海教育出版社，1992：5-10.

②表中例字的讀音分別依據的是：王洪鐘. 海門方言研究[M].北京：中華書局，2011；汪平. 蘇州方言研究[M]. 北京：中華書局，2011；錢乃榮. 當代吳語研究[M]. 上海：上海教育出版社，1992；海寧市史志辦公室，海寧市史志學會. 海寧方言志[M].杭州：浙江人民出版社，2009；胡明揚. 海鹽方言志[M]. 杭州：浙江人民出版社，1992；方松熹. 舟山方言研究[M]. 北京：社會科學文獻出版社，1993。

續表

例字／地區	業$^{疑}_{業}$	研$^{疑}_{先}$	凝$^{疑}_{蒸}$	仰$^{疑}_{養}$	嚴$^{疑}_{嚴}$	虐$^{疑}_{藥}$	二$^{日}_{至}$	染$^{日}_{琰}$	讓$^{日}_{漾}$
海寧	ȵiəʔ^{22}	ȵie^{55}	—	—	ȵie^{113}	ȵiaʔ^{22}	ȵi^{113}	ȵie^{42}	ȵiã^{113}
海鹽①	ȵɪʔ^{213}	ȵiɛ^{52}	ȵin^{31}	ȵiã^{324}	ȵiɛ^{31}	ȵiaʔ^{2}	ȵi^{213}	ȵiɛ^{324}	ȵiã^{213}
舟山	ȵiəʔ^{12}	ȵĩ^{22}	ȵiŋ^{22}	ȵiã^{24}	ȵĩ^{22}	ȵiɐʔ^{12}	ȵi^{13}	ȵĩ^{13}	ȵiã^{13}

結合表 2-3-5 中的讀音可知，這些疑、日母字的聲母在今吳方言中讀作舌面音 ȵ 乃普遍的現象。單就海鹽吳音而言，此類現象亦極爲普遍，其條件是今讀齊、撮呼的疑母字聲母讀成 ȵ，古止、山、咸、效、深等攝的日母字聲母讀成 ȵ。這種音變的條件與表 2-3-5 中所列的情況近乎一致。《玉篇直音》的編者多數爲海鹽縣人，書中存在此類的現象且與今之海鹽吳音保持高度的一致，其理自然不言而喻。不過，與今海鹽吳音不同的是，中古疑母止、蟹二攝開口三、四等字，如下：

①儀$^{疑}_{支}$宜$^{疑}_{支}$宎$^{疑}_{支}$艤$^{疑}_{支}$䢃$^{疑}_{支}$義$^{疑}_{支}$郋$^{疑}_{之}$疑$^{疑}_{之}$𠤕$^{疑}_{之}$嶷$^{疑}_{之}$㠜$^{疑}_{之}$寲$^{疑}_{之}$霓$^{疑}_{齊}$䝟$^{疑}_{齊}$齯$^{疑}_{齊}$䘽$^{疑}_{齊}$輗$^{疑}_{齊}$蜺$^{疑}_{齊}$猊$^{疑}_{齊}$鯢$^{疑}_{齊}$麑$^{疑}_{齊}$郳$^{疑}_{齊}$倪$^{疑}_{齊}$㑆$^{疑}_{齊}$䫊$^{疑}_{齊}$兒$^{疑}_{齊}$；檥$^{疑}_{紙}$顗$^{疑}_{尾}$螘$^{疑}_{尾}$迻$^{玉:}_{疑尾}$睨$^{疑}_{薺}$；睨$^{疑}_{霽}$倪$^{疑}_{霽}$

②蟻$^{疑}_{紙}$齮$^{疑}_{紙}$轙$^{疑}_{紙}$擬$^{疑}_{止}$；㶠$^{疑}_{寘}$議$^{疑}_{寘}$誼$^{疑}_{寘}$䣡$^{疑}_{寘}$羛$^{疑}_{寘}$義$^{疑}_{寘}$劓$^{疑}_{至}$㘈$^{疑}_{志}$毅$^{疑}_{未}$藙$^{疑}_{未}$顡$^{疑}_{未}$𤞞$^{疑}_{未}$埶$^{疑}_{祭}$槸$^{疑}_{祭}$褹$^{疑}_{祭}$䕭$^{疑}_{祭}$蓺$^{疑}_{祭}$藝$^{疑}_{祭}$乂$^{疑}_{廢}$𠀋$^{疑}_{廢}$忞$^{疑}_{廢}$刈$^{疑}_{廢}$羿$^{疑}_{霽}$羿$^{疑}_{霽}$詣$^{疑}_{霽}$掜$^{疑}_{霽}$湦$^{疑}_{霽}$覞$^{疑}_{霽}$栺$^{疑}_{霽}$䏿$^{疑}_{霽}$埧$^{疑}_{霽}$齝$^{疑}_{霽}$

上述的兩類字在《玉篇直音》中未出現與泥母字的混注，而是第①類字（以平聲爲主）仍讀疑母（ŋ），第②類字（以去聲爲主）併入喻母（j），詳見本章 2.5 節牙喉音聲母的討論。不過，這部分字（以常見字爲例，如“疑宜倪霓儀蟻誼詣羿刈擬議義毅藝”等字）的聲母在今海鹽吳音中讀作 ȵ，體現出語音的古今差異。

此外，還有 2 例較爲特殊：讓音尚 P107L10；輦音研上 P116L2。首先來討論“讓音尚”例。通過遞用系聯可知，釀=讓=尚，其實質是泥、日、禪三母的混注現象。禪母尚字，於今海鹽吳音中讀作 zɔ̃^{31}，在舟山、海寧、上海、蘇州、海門等地吳音中其聲母亦是 z。不過，尚字的聲母在今浙江湯溪、金華、東陽、永康、武義等南部吳方言中讀舌面濁音 ʑ，仍保留舌面音特徵，據此可推知《玉篇直音》中泥、日、禪三母混注現象的音變機制當如图 2-3-1 所示：

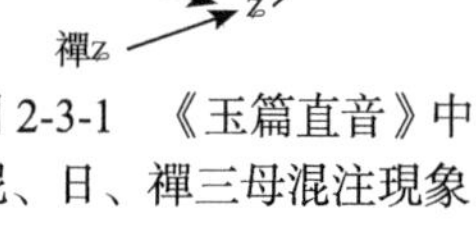

图 2-3-1 《玉篇直音》中泥、日、禪三母混注現象的音變機制

然而《玉篇直音》中混同泥母的禪母字僅此 1 例，且該字於今之海鹽吳音中得不到印證。

至於“輦音研上”例，反映的則是被注字輦（《廣韻》力展切，來母獮韻，《集韻》《古今韻會舉要》《中原音韻》《洪武正韻》《韻略易通》《直音篇》《字彙》《篇海類編》《海篇心鏡》《海篇集韻大全》等均同此音）的聲母已非來母，已讀作泥母的本質。輦，今普通話聲母爲 n，

①胡明揚先生將 ȵ 視作 n 的變體，統一記作 n，不再區分。爲更好地把握音變，本表還原作 ȵ。可參見：胡明揚. 海鹽方言志[M]. 杭州：浙江人民出版社，1992：35.

今海鹽吳音中其聲母亦讀 n，注音字研雖是疑母字，但在《玉篇直音》中讀成泥母 n 已在上文討論過。在此情況下，“輦音研上”便講得通了，這亦是吳方音的體現。

補充一點，《玉篇直音》中“仰$^{\text{疑}}_{\text{養}}$”字有兩讀，除了上文併入泥母中的讀音外，還有一種讀成零聲母：㼜$^{\text{影}}_{\text{養}}$音仰$^{\text{疑}}_{\text{養}}$P76L9。上文已經論及，疑母字“仰”在《玉篇直音》中聲母讀作泥母乃吳音的特質，而讀成零聲母應該是受官話音影響所致，《韻略易通》《韻略匯通》《五方元音》中“養仰”同音，皆讀作零聲母。

2.3.2.3 少數知章組字讀同端組

中古知組聲母字在《玉篇直音》中以不同形式併入章組和精組，讀作齒音，這幾乎佔據了全部的知組聲母字。不過，也有個別中古知組字連同章組字一起讀同端組聲母，如下：

拆$^{\text{徹}}_{\text{陌}}$音柝$^{\text{集:}}_{\text{透鐸}}$P97L3；㡍$^{\text{定}}_{\text{齊}}$音池$^{\text{澄}}_{\text{支}}$P83L5；壥$^{\text{澄}}_{\text{仙}}$音田$^{\text{定}}_{\text{先}}$P25L6；廛$^{\text{澄}}_{\text{仙}}$音田$^{\text{定}}_{\text{先}}$P34L5；�$^{\text{定}}_{\text{模}}$音除$^{\text{澄}}_{\text{魚}}$P29L9；

䳞$^{\text{章}}_{\text{東}}$音冬$^{\text{端}}_{\text{冬}}$P160L2；恎$^{\text{端}}_{\text{霽}}$音至$^{\text{章}}_{\text{至}}$P55L3；聸$^{\text{端}}_{\text{談}}$音占$^{\text{章}}_{\text{鹽}}$P63L7；肬$^{\text{透}}_{\text{感}}$音喘$^{\text{昌}}_{\text{獮}}$P4L6

上述 9 例混注現象並非是偶然，突出反映了知章組聲母字併入舌頭音端組的特點。清人錢大昕的“古無舌上”說及章太炎的“照三歸端”說是關於上古音聲母特點研究方面的重要結論，其中“古無舌上”爲學界普遍接受，這在今之部分南方方言中仍然可以印證，如在廈門、潮州、福州、建甌、梅縣等地方言中，“知$^{\text{知}}_{\text{支}}$”讀 ti 音，“拆$^{\text{徹}}_{\text{陌}}$”讀 t‘iaʔ、t‘ieʔ、t‘ia 等音（梅縣除外），“纏$^{\text{澄}}_{\text{仙}}$”讀 tĩ、tieŋ、tiɪŋ 等音（梅縣除外），不過在今之吳方言中鮮見類似例證。《玉篇直音》中的若干混注例不僅直接證明了錢氏所論的正確，也可用於佐證“照三歸端”之說，表現出音系的存古性特徵。

2.3.2.4 “鳥”字的文白異讀

《玉篇直音》中“鳥”字出現 8 次，其中被注字 1 次，注音字 7 次，具體情況如下：

鳥$^{\text{端}}_{\text{篠}}$音蕘上$^{\text{疑}}_{\text{篠}}$P146L5；　嬲$^{\text{泥}}_{\text{篠}}$音鳥$^{\text{端}}_{\text{篠}}$P46L7；　嬈$^{\text{泥}}_{\text{篠}}$音鳥$^{\text{端}}_{\text{篠}}$P47L7；　褭$^{\text{泥}}_{\text{篠}}$音鳥$^{\text{端}}_{\text{篠}}$P78L6；

尿$^{\text{泥}}_{\text{嘯}}$音鳥去$^{\text{端}}_{\text{嘯}}$P100L10；　鳭$^{\text{集:}}_{\text{端篠}}$音鳥$^{\text{端}}_{\text{篠}}$P32L9；　隯$^{\text{玉:}}_{\text{端篠}}$音鳥$^{\text{端}}_{\text{篠}}$P32L9；　蔦$^{\text{端}}_{\text{篠}}$音鳥$^{\text{端}}_{\text{篠}}$P134L8

由此可知，“鳥”與泥、疑母字混注 5 次①，與端母字混注 3 次。“鳥”，《廣韻 · 篠韻》都了切，《玉篇 · 鳥部》《集韻 · 筱韻》丁了切，皆爲端母篠韻，這與端母字“鳭蔦”的聲韻地位相符，但是與其他的泥（疑）母字的聲母卻異，而且同異的比例爲 3 : 5，這足以表明“鳥”字的主體層音還是讀作泥（疑）母字的。鳥，《中原音韻 · 蕭豪部》與“裊嬲”等字音同，據此可知其乃泥母篠韻。後《洪武正韻 · 篠韻》《篇海類編 · 鳥獸類 · 鳥部》等均作尼了切，未見都（丁）了切，這表明在近代漢語中“鳥”字已由端母演變爲了泥母，至今多數北方方言中仍是如此，如《漢語方音字彙》所描寫的北京、濟南、西安、太原、武漢、成都等方言中聲母皆讀作 n（ȵ）。《玉篇直音》中出現了“鳥”字與端、泥（疑）母字混注的現象，這足以證明此時的“鳥”字具有都了、尼了二音切，且以讀尼了切爲主。

---

①《玉篇直音》的聲母中泥、疑二母存在一定規模的混注（上文有述，可參見），此處與疑母混注，實際上反映的仍是與泥母的關係。

對於這種現象產生的原因，我們認爲此乃中古音都了切在《玉篇直音》中的存留，而這種存留音並不是死的書面記錄，而是具有生命力的活的讀音，這是“鳥”字的兩讀情況，其本質乃文白異讀現象。這種文白異讀在南方方言（如吳、湘、閩、客家等方言）中仍能得到印證，詳見表 2-3-6。①

表 2-3-6 “鳥”字的文白異讀現象

例字 \ 地區		吳		湘		閩		客家
		蘇州	溫州	長沙	雙峰	福州	廈門	梅縣
鳥	文讀	ȵiæ^{52}	ȵia^{34}	ȵiau^{41}	ȵiɤ^{31}	nɛu^{31}	nĩãũ^{51}	ȵiau^{44}
	白讀	tiæ^{52}	tiɛ^{45}	tiau^{41}	tiɤ^{31}	ʦɛu^{31}	ʦiau^{51}	tiau^{44}

表 2-3-6 再現了“鳥”字在以吳、湘、閩、客家等方言爲代表的南方方言中的文白異讀現象，其中的文讀音來自尼了切，而白讀音則來自都了切，福州、廈門方言的白讀音聲母較爲特殊，讀成了舌尖前音ʦ。不過無論怎樣，這應是“鳥”字在現代方言中兩讀情況的真實寫照。若僅就吳方言而言，以錢乃榮②調查的 33 個吳方言點爲例，“鳥”字存有文白異讀情況的方言點有 29 個，約占調查總數的 87.88%。此外，這種文白異讀現象亦見於調查點以外的海寧、海鹽、舟山等地吳方音中，這再次印證了“鳥”字文白異讀現象在現代方言中的普遍性。吳方言中的“鳥”字，文讀音聲母以讀 ȵ 爲主，白讀音聲母以讀 t 爲主，這仍源自尼了、都了二音切。從諸多跡象來看，《玉篇直音》皆具有吳方音的特點，此處結合吳方言的現狀，應該足以證明“鳥”字在《玉篇直音》中存在文白異讀的情況。鑒於此，我們並未將“鳥”字的聲母一律視爲端母，而是採取文白區別對待的策略，即將與泥（疑）母混注的“鳥”字的聲母定爲泥母（尼了切），與端母字混注的“鳥”字的聲母定爲端母（都了切），特此說明。

2.3.3 小結

下面總結一下《玉篇直音》中端組聲母的特點。

（1）端、透、定、泥、來五母各自獨立。

（2）全濁定母雖是存在，但也存在清化的現象，不過其比例甚低。

（3）中古部分疑母三、四等開口呼字及部分日母止、山、咸、效、宕攝字併入泥母之中。

（4）個別知章組字讀同端組舌頭音。

（5）“鳥”字有文白異讀現象。

①表中鳥字的讀音皆據：北京大學中國語言文學系語言學教研室. 漢語方音字彙（第二版）[M]. 北京：語文出版社，2003：195.

②錢乃榮. 當代吳語研究[M]. 上海：上海教育出版社，1992：236.

（6）端、透二母之間存在個別混注的現象。

以上諸多語音特點中，尤其是前 4 點皆與今吳方音特徵相吻合。結合這些特點，參照中古端組聲母在今海鹽吳音中的讀音，我們可以將《玉篇直音》中端組聲母的音值擬定如表 2-3-7 所示。

表 2-3-7　《玉篇直音》端組聲母表

序號	名稱	音值	來源
1	端	t	主要來自中古端母字，少數來自中古定母字
2	透	tʻ	主要來自中古透母字，少數來自中古定母字
3	定	d	主要來自中古定母字
4	泥	n	主要來自中古泥母、疑母三、四等開口呼字及日母止、山、咸、效、宕諸攝的開口呼字；其中泥母一、二等字讀作 n，其餘情況下音 ȵ。ȵ可以視爲 n 的音位變體
5	來	l	主要來自中古的來母字

2.4　齒音聲母

2.4.1　齒音聲母字的分佈情況

儘管中古知組聲母在近代漢語中與齒音聲母重組的方式不盡一致，但是其與齒音聲母發生了合流，讀成齒音應是不爭的事實。這種合流在《玉篇直音》中也是如此。鑒於此，我們將中古知、精、莊、章四組聲母合在一起討論，通稱爲齒音聲母。

在可供研究的 13 695 個被注字中，中古齒音各聲母字皆有分佈，共計 3 924 個，具體數量詳見表 2-4-1。

表 2-4-1　《玉篇直音》中所收中古齒音聲母被注字數量統計表　　（單位：個）

聲母	精	清	從	心	邪	莊	初	崇	生
數量	420	307	265	502	160	143	86	105	184
小計	1 654					518			
聲母	章	昌	船	書	禪	日	知	徹	澄
數量	392	131	39	177	221	237	193	128	234
小計	1 197						555		
總計	3 924								

在同用系聯基礎上得出的 3 789 個自然小類中，齒音聲母包括 1211 個自然小類。使用同用、遞用及補充原則等規則對之進行進一步系聯共得出 2 種（分別標爲甲、乙）10 類（分別標爲 A 甲、B 甲、C 甲、D 甲、E 甲和 A 乙、B 乙、C 乙、D 乙、E 乙）共 547 個“準小韻”，其中以被注字來論，各類所轄字的具體情況詳見表 2-4-2。

表 2-4-2 齒音 10 類轄字數量統計表 （單位：個）

<table>
<tr><th>種名</th><th>類名</th><th>總數</th><th>自然小類</th><th>準小韻數</th><th colspan="5">聲母來源</th></tr>
<tr><td rowspan="10">甲</td><td rowspan="2">A$_{甲}$</td><td rowspan="2">680</td><td rowspan="2">200</td><td rowspan="2">91</td><td>精</td><td>莊</td><td>知$_{二}$</td><td colspan="2">其他</td></tr>
<tr><td>404</td><td>120</td><td>26</td><td colspan="2">從 15；清 10；心 1；初 4；崇 11；
章 61；知$_{三}$23；澄$_{三}$3；澄$_{二}$1；徹$_{二}$1</td></tr>
<tr><td rowspan="2">B$_{甲}$</td><td rowspan="2">417</td><td rowspan="2">159</td><td rowspan="2">74</td><td>清</td><td>初</td><td>徹$_{二}$</td><td colspan="2">其他</td></tr>
<tr><td>288</td><td>72</td><td>6</td><td colspan="2">精 10；從 15；心 5；莊 7；生 7；
知$_{二}$2；崇 2；徹$_{三}$2；昌 1</td></tr>
<tr><td rowspan="2">C$_{甲}$</td><td rowspan="2">390</td><td rowspan="2">131</td><td rowspan="2">62</td><td>從</td><td>崇</td><td>澄$_{二}$</td><td>邪</td><td>其他</td></tr>
<tr><td>216</td><td>81</td><td>29</td><td>37</td><td>精 4；清 3；心 13；莊 3；生 1；知$_{二}$1；
澄$_{三}$2</td></tr>
<tr><td rowspan="2">D$_{甲}$</td><td rowspan="2">686</td><td rowspan="2">211</td><td rowspan="2">97</td><td>心</td><td>生</td><td colspan="3">其他</td></tr>
<tr><td>480</td><td>164</td><td colspan="3">書 24；清 7；邪 5；初 3；曉 2；昌 1</td></tr>
<tr><td rowspan="2">E$_{甲}$</td><td rowspan="2">124</td><td rowspan="2">34</td><td rowspan="2">15</td><td>邪</td><td>從</td><td>崇</td><td colspan="2">其他</td></tr>
<tr><td>94</td><td>12</td><td>9</td><td colspan="2">禪 2；精 1；心 4；知$_{二}$1；莊 1；</td></tr>
<tr><td rowspan="10">乙</td><td rowspan="2">A$_{乙}$</td><td rowspan="2">530</td><td rowspan="2">138</td><td rowspan="2">56</td><td>章</td><td>知$_{三}$</td><td colspan="3">其他</td></tr>
<tr><td>323</td><td>124</td><td colspan="3">澄$_{三}$15；知$_{二}$14；昌 5；莊 6；崇 3；見 20；禪 3；徹$_{三}$3；
端 2；精 1；群 2；以 2；曉 4；初 1；書 1；溪 1</td></tr>
<tr><td rowspan="2">B$_{乙}$</td><td rowspan="2">241</td><td rowspan="2">89</td><td rowspan="2">46</td><td>昌</td><td>徹$_{三}$</td><td colspan="3">其他</td></tr>
<tr><td>124</td><td>97</td><td colspan="3">初 5；澄$_{三}$4；溪 2；泥 2；透 2；徹$_{二}$1；章 1；精 1；船 1；
生 1</td></tr>
<tr><td rowspan="2">C$_{乙}$</td><td rowspan="2">254</td><td rowspan="2">80</td><td rowspan="2">32</td><td>澄$_{三}$</td><td>禪</td><td>船</td><td colspan="2">其他</td></tr>
<tr><td>166</td><td>49</td><td>6</td><td colspan="2">邪 9；從 5；徹$_{三}$5；澄$_{二}$3；章 3；定 3；知$_{三}$2；
昌 1；透 1；日 1</td></tr>
<tr><td rowspan="2">D$_{乙}$</td><td rowspan="2">174</td><td rowspan="2">73</td><td rowspan="2">33</td><td>書</td><td>禪</td><td>生</td><td colspan="2">其他</td></tr>
<tr><td>143</td><td>13</td><td>9</td><td colspan="2">章 3；昌 2；船 3；曉 1</td></tr>
<tr><td rowspan="2">E$_{乙}$</td><td rowspan="2">339</td><td rowspan="2">96</td><td rowspan="2">41</td><td>日</td><td>禪</td><td>船</td><td colspan="2">其他</td></tr>
<tr><td>153</td><td>144</td><td>27</td><td colspan="2">書 6；邪 3；以 2；定 1；崇 2；泥 1</td></tr>
</table>

通過表 2-4-2 可知：

A$_{甲}$類共轄被注字 680 個，主要來自中古的精、莊、知$_{二}$等母字，三母共計 550 個字，占 A$_{甲}$類總數的 80.88%（550/680）。因 A$_{甲}$類中精母字佔據半數（59.41%，404/680），因此我們稱該類爲精類，該類字的聲母皆屬於《玉篇直音》的精母。另有部分知$_{三}$、澄$_{三}$、章母字併入其中，共計 87 個，其中開口止攝及祭韻字共計 85 個，占 A$_{甲}$類總數的 12.50%（85/680）。

B$_{甲}$類共轄被注字 417 個，主要來自中古的清、初、徹$_{二}$等母字，三母共計 366 個字，占 B$_{甲}$類總數的 87.77%（366/417）。因 B$_{甲}$類中清母字佔據主要部分（69.06%，288/417），因此我們稱該類爲清類，該類字的聲母皆屬於《玉篇直音》的清母。

C$_{甲}$類共轄被注字 390 個，主要來自中古的從、崇、澄$_{二}$、邪等母字，四者共計 363 個，占 C$_{甲}$類總數的 93.08%（363/390）。因 C$_{甲}$類中從母字佔據半數（55.38%，216/390），因此我們稱該類爲從類，該類字的聲母皆屬於《玉篇直音》的從母。

$D_{甲}$類共轄被注字 686 個，主要來自中古的心、生母字，共計 644 個，占 $D_{甲}$類總數的 93.88%（644/686）。因 $D_{甲}$類中心母字佔據主體（69.97%，480/686），因此我們稱該類爲心類，該類字的聲母皆屬於《玉篇直音》的心母。另該類中併入了 24 個書母字，其中開口止攝及祭韻字 23 個，占總數的 3.35%（23/686）。

$E_{甲}$類共轄被注字 124 個，主要來自中古的邪、從、崇母字，三者共計 115 個，占 $E_{甲}$類總數的 92.74%（115/124）。因 $E_{甲}$類中邪母字佔據半壁江山多（75.81%，94/124），因此我們稱該類爲邪類，該類字的聲母皆屬於《玉篇直音》的邪母。

由此觀之，上述甲種 5 類字組所轄字總體上包括了中古齒頭音精、清、從、心、邪五母及正齒音莊組和舌上音知$_{二}$組聲母字。另有知$_{三}$、章組開口止攝字及祭韻字也併入其中。鑒於精組聲母字佔據主體，因此我們稱甲種爲精組。

下面再來看乙種 5 類的情況。

$A_{乙}$類共轄被注字 530 個，主要來自中古的章、知$_{三}$母字，二母共計 447 個字，占 $A_{乙}$類總數的 84.34%（447/530）。因 $A_{乙}$類中章母字佔據主要部分，爲 60.94%（323/530），成爲該類的主要構成部分，因此我們可稱該類爲章類，該類字的聲母皆屬於《玉篇直音》的章母。

$B_{乙}$類共轄被注字 241 個，主要來自中古的昌、徹$_{三}$母字，二母共計 221 個字，占 $B_{乙}$類總數的 91.70%（221/241）。因 $B_{乙}$類中昌母字已超半數，占總數的 51.45%（124/241），所以我們可稱該類爲昌類，該類字的聲母皆屬於《玉篇直音》的昌母。

$C_{乙}$類共轄被注字 254 個，主要來自中古的澄$_{三}$、禪、船母字，三者共計 221 個，占 $C_{乙}$類總數的 87.01%（221/254）。因 $C_{乙}$類中澄$_{三}$母字佔據主要部分，爲 65.35%（166/254），所以我們可稱該類爲澄$_{三}$類，該類字的聲母皆屬於《玉篇直音》的澄母。

$D_{乙}$類共轄被注字 174 個，主要來自中古的書母字，共計 143 個，占 $D_{乙}$類總數的 82.18%（143/174）。因 $D_{乙}$類中書母字佔據主體，所以我們稱該類爲書類，該類字的聲母皆屬於《玉篇直音》的書母。

$E_{乙}$類共轄被注字 339 個，主要來自中古的日、禪、船母字，三者共計 324 個，占 $E_{乙}$類總數的 95.58%（324/339）。$E_{乙}$類中日、禪母字數佔據主體，二者占總數的 87.61%（297/339），皆爲該類的主要組成部分，所以我們稱該類爲日禪類，該類字的聲母皆屬於《玉篇直音》的禪母。

由此觀之，上述乙種 5 類所轄字總體上來自中古正齒音章、昌、船、書、禪、日六母及舌上音知$_{三}$組聲母。鑒於此，我們總稱乙種爲章組。綜合來看，上述歸併的 10 類實際上便是 10 個聲母，我們分别稱爲精、清、從、心、邪、章、昌、澄、書、禪。

關於甲、乙兩種（精組、章組）所含 10 類 547 個"準小韻"所轄字的具體情況詳見表 2-4-3。

表 2-4-3　《玉篇直音》齒音聲母字表

字組序號	轄字
甲種 A甲類（含 200 個自然小類，91 個“準小韻”）	
0001	[0140]瑽[清/鍾]篵[精/鍾][illegible][精/鍾]樅[精/鍾] 丨 縱[精/鍾][0554]嵕[精/東][illegible][精/東]堫[精/東]陖[精/東]倧[精/冬]睃[精/東]鬉[精/東]蹤[精/鍾]緵[精/東]縱[精/鍾]誴[從/冬]捘[精/東]錝[精/宋]琮[精/宋]艐[精/東]椶[精/東]葼[精/東]稯[精/東]騣[精/東]猣[精/東]豵[精/東][illegible][精/宋][illegible][精/東][illegible][精/東][illegible][精/東]鬷[精/東][illegible][精/東] 丨 宗[精/冬][2534]總[精/董] 丨 宗上[精/董]①[1508]傯[精/董]聦[精/送]捴[精/董][illegible][精/董][illegible][精/董] 丨 總[精/董][1733]傯[精/送]粽[精/送]糉[精/送] 丨 宗去[精/宋][2576]綜[精/宋] 丨 粽[精/送]
0002	[1799][illegible][精/御]哫[精/燭][illegible][精/屋][illegible][洪:/精術] 丨 足[精/燭]
0003	[1900]妝[莊/陽] 丨 粧[莊/陽][2489]裝[莊/陽] 丨 妝[莊/陽][3215]樁[知/江]莊[莊/陽]糚[莊/陽]粧[莊/陽] 丨 莊[莊/陽][3767]壯[莊/漾] 丨 裝去[莊/漾][1503]庄[玉:/精唐]戇[知/絳] 丨 壯[莊/漾][1949]憃[澄/絳]撞[澄/絳]状[莊/漾] 丨 狀[崇/漾][3558]戇[知/絳]狀[崇/漾] 丨 撞[澄/絳]
0004	[0738]漿[精/陽]螿[精/陽][illegible][精/養] 丨 將[精/陽][3766]將[精/陽] 丨 漿[精/陽][3402]醬[精/漾] 丨 將去[精/漾]
0005	[3258]槳[精/養]奬[精/養] 丨 蔣[精/養][3292]蔣[精/養] 丨 奬[精/養]
0006	[3069]臟[精/唐] 丨 賍[精/唐]
0007	[3147][illegible][精/唐]牂[精/唐] 丨 臧[精/唐]
0008	[2958]塟[精/宕]葬[精/宕] 丨 [illegible][字:/精宕]
0009	[0486]燋[集:/精藥]雀[精/藥] 丨 爵[精/藥][0447]爝[精/藥][illegible][精/藥]釂[精/藥]爵[精/藥] 丨 雀[精/藥]
0010	[0732]昝[集:/精末]準[章/薛]倬[知/覺]晫[知/覺]迮[精/鐸]琢[知/覺]鑿[精/鐸]斲[知/覺]斫[知/覺] 丨 作[精/鐸]
0011	[0802]泚[精/紙] 丨 擠[集:/精薺][3664][illegible][精/支] 丨 泚平[集:/精支]
0012	[0626]嵫[精/之]滋[精/之]嗞[精/之]甾[集:/莊之][illegible][精/支][illegible][精/支][illegible][莊/之][illegible][精/支]仔[精/之]髭[精/支][illegible][精/脂]諮[精/脂]鎡[精/之]輜[莊/之]菑[莊/之]鶅[莊/之]滋[精/之] 丨 茲[精/之][1779]孖[精/之]咨[精/脂]擠[精/齊]訾[精/支]椔[莊/之]餈[從/支][illegible][精/脂]觜[精/支]茲[精/之]玆[精/之]鼒[精/之] 丨 咨[精/脂][1903][illegible][章/支] 丨 肢[章/支][2139]吱[章/支]祇[章/支]衹[章/支]梔[章/支]枝[章/支]榰[章/支][illegible][章/支]芝[章/之]秖[章/支]鳷[章/支]氏[章/支]之[章/之]甾[莊/之] 丨 支[章/支][2321]肢[章/支]胑[章/支]脂[章/脂]疻[章/支]軝[章/支]知[知/支]栺[章/脂]㞢[章/之]卮[章/支]芝[章/之] 丨 之[章/之][2961]衼[章/支] 丨 芝[章/之][3057][illegible][知/支]蜘[知/支]鼅[知/支] 丨 知[知/支][3425][illegible][章/支]支[章/支]卮[章/支] 丨 枝[章/支][3545]翅[書/寘] 丨 之去[章/志][2344][illegible][莊/脂] 丨 菑[莊/之]
0013	[0314][illegible][精/脂][illegible][精/脂][illegible][精/脂][illegible][精/脂]孜[精/之]姿[精/脂]頿[精/支]齜[莊/支][illegible][莊/之]緇[莊/之]芓[精/之]茈[精/紙]粢[精/脂][illegible][精/脂][illegible][精/脂]耔[精/止][illegible][精/支] 丨 資[精/脂][0900]淄[莊/之] 丨 緇[莊/之][1775]孶[精/之]粢[精/脂] 丨 姿[精/脂]
0014	[1895] 姕[精/支]穧[從/脂] 丨 貲[精/支]
0015	[0402]齌[精/齊][illegible][精/虞][illegible][精/虞]躋[精/齊][illegible][精/齊]賫[精/齊][illegible][精/齊]齏[精/齊]齎[精/齊][illegible][精/齊] 丨 齎[精/齊][0717][illegible][精/齊] 丨 躋[精/齊]
0016	[3023]鑇[集:/精齊]璾[集:/精脂] 丨 齊[集:/精齊]
0017	[0660][illegible][精/止][illegible][精/紙]姊[精/旨][illegible][精/薺]紫[精/紙]釨[精/止][illegible][集:/從語]梓[精/止]秭[精/旨]梓[精/止] 丨 子[精/止][1774]子[精/止]呰[精/紙]訿[精/紙][illegible][精/紙] 丨 紫[精/紙][2908][illegible][莊/止] 丨 姊[精/旨]
0018	[0813]洅[精/賄]呰[精/紙]柴[精/紙]玼[清/紙] 丨 胔[精/紙]
0019	[1945]恣[精/至] 丨 資[集:/精至][2103]嗞[精/之][illegible][精/至]資[集:/精至][illegible][莊/志][illegible][精/寘] 丨 恣[精/至]
0020	[0017][illegible][章/祭]晣[章/祭][illegible][章/寘]厎[章/旨]伿[章/寘][illegible][章/至][illegible][章/志][illegible][章/志]懥[知/志][illegible][章/志]晣[章/祭][illegible][章/祭]誌[章/志]迣[章/祭][illegible][集:/莊寘]疻[章/支]寘[章/寘][illegible][章/至]贄[章/至][illegible][知/至]輊[知/至][illegible][知/志]剚[莊/志][illegible][章/志]疐[知/至]至[章/至] 丨 志[章/志][1444][illegible][澄/紙]緻[澄/至]致[知/至] 丨 致[知/至][1729]伿[章/寘]志[章/志][illegible][知/質][illegible][章/祭]摯[章/至]躓[知/至]褫[澄/紙][illegible][章/寘]制[章/祭]鷙[章/至][illegible][章/至][illegible][知/至][illegible][章/至]致[知/至]致[知/至] 丨 至[章/至][2209][illegible][集:/章祭][illegible][章/祭][illegible][章/祭]猘[集:/章祭]製[章/祭] 丨 制[章/祭][3339]笫[集:/莊寘] 丨 寘[章/寘]
0021	[0770]泲[精/薺] 丨 濟[精/薺]
0022	[0326]霽[精/霽]濟[精/霽]漈[精/祭]際[精/祭]嚌[精/霽][illegible][清/霽][illegible][鐃:/莊御]劑[從/霽]穄[精/祭] 丨 祭[精/祭][1448]隮[精/霽]倳[莊/志] 丨 濟[精/霽][2975]祭[精/祭] 丨 際[精/祭]
0023	[0529][illegible][精/祭][illegible][精/隊]蕞[集:/精泰][illegible][精/泰] 丨 醉[精/至][0662]嗺[集:/精旨]摧[精/賄]錊[精/隊]贅[章/祭]醉[精/至][illegible][精/隊] 丨 最[精/泰][3691][illegible][章/寘] 丨 贅[章/祭]
0024	[0458]災[精/咍]栽[精/咍]烖[精/咍]巛[精/咍]渽[精/咍]哉[精/咍][illegible][精/咍]哉[精/咍] 丨 灾[精/咍][1545][illegible][精/咍][illegible][知/皆]溨[精/咍] 丨 哉[精/咍][2368][illegible][莊/皆][illegible][莊/皆][illegible][莊/皆]齋[莊/皆] 丨 齋[莊/皆][2978]齋[莊/皆] 丨 栽[精/咍][3151][illegible][精/咍] 丨 栽[精/咍][2928]宰[精/海] 丨 哉上[精/海][2228][illegible][精/海]縡[精/海] 丨 宰[精/海]
0025	[1323][illegible][莊/怪]載[精/代] 丨 再[精/代][3725]再[精/代] 丨 載[精/代]
0026	[0220][illegible][鐃:/精魚]諏[精/虞]菹[莊/魚]租[集:/精魚] 丨 苴[精/魚]
0027	[2905]疽[集:/精語][illegible][集:/莊魚] 丨 咀[精/語]
0028	[2887][illegible][玉:/清御] 丨 菹[集:/精御]
0029	[3682]租[精/模]咀[精/魚] 丨 祖平[精/模][3683]組[精/姥]祖[精/姥]阻[莊/語]俎[莊/語] 丨 租上[精/姥][1291][illegible][精/姥]阻[莊/語]左[精/哿]組[精/姥][illegible][精/姥] 丨 祖[精/姥][3270]蒩[精/模] 丨 租[精/模][3527][illegible][精/哿] 丨 左[精/哿]
0030	[1671]佐[精/箇] 丨 做[精/箇][2361][illegible][從/哿][illegible][精/箇][illegible][精/箇] 丨 佐[精/箇]
0031	[0594][illegible][精/過]侳[精/過]剉[清/過] 丨 挫[精/過][1811][illegible][精/過] 丨 侳[精/過]

①宗，《廣韻》作冬切，精母冬韻。“宗上”當是冬韻上聲。《廣韻》韻母中無冬韻上聲，鑒於《玉篇直音》中東一冬合併之事實，故視“宗上”爲董韻。

續表

字組序號	轄字
0032	[0177]晶$^{精}_{清}$扇$^{精}_{清}$扇$^{全:}_{精清}$津$^{精}_{真}$晴$^{精}_{清}$睛$^{精}_{清}$菁$^{精}_{清}$鶄$^{精}_{清}$靘$^{精}_{清}$旌$^{精}_{清}$丨精$^{精}_{清}$[0896]旌$^{精}_{清}$精$^{精}_{清}$丨旌$^{精}_{清}$[3047]璡$^{精}_{真}$珒$^{精}_{真}$肆$^{精}_{真}$丨津$^{精}_{真}$[1379]郱$^{精}_{靜}$丨井$^{精}_{靜}$ [3788]井$^{精}_{靜}$丨精上$^{精}_{靜}$
0033	[0861]溱$^{莊}_{臻}$澵$^{莊}_{臻}$殝$^{莊}_{臻}$轃$^{莊}_{臻}$榛$^{莊}_{臻}$樼$^{莊}_{臻}$蓁$^{莊}_{臻}$丨臻$^{莊}_{臻}$[3774]臻$^{莊}_{臻}$丨溱$^{莊}_{臻}$
0034	[0581]𥉻$^{精}_{侵}$丨浸平$^{精}_{侵}$[1212]埐$^{精}_{侵}$譖$^{莊}_{沁}$授$^{精}_{沁}$祲$^{精}_{沁}$丨浸$^{精}_{沁}$[3669]䀊$^{精}_{緝}$丨浸入$^{精}_{緝}$
0035	[3127]𤢖$^{從}_{感}$丨怎$^{精}_{寢}$
0036	[0028]晉$^{精}_{震}$晉$^{精}_{震}$嶜$^{精}_{震}$搢$^{精}_{震}$丨晉$^{精}_{震}$
0037	[0157]晙$^{精}_{稕}$焌$^{精}_{稕}$峻$^{精}_{稕}$陖$^{精}_{稕}$浚$^{精}_{稕}$埈$^{精}_{稕}$畯$^{精}_{稕}$進$^{精}_{震}$逡$^{心}_{稕}$寯$^{精}_{稕}$駿$^{精}_{稕}$狻$^{精}_{稕}$儁$^{精}_{稕}$丨俊$^{精}_{稕}$[1618]俊$^{精}_{稕}$儁$^{精}_{稕}$畯$^{集:}_{精稕}$縉$^{精}_{震}$丨進$^{精}_{震}$
0038	[0565]嶟$^{精}_{魂}$繜$^{精}_{魂}$罇$^{精}_{魂}$鷷$^{精}_{諄}$鱒$^{從}_{混}$丨尊$^{精}_{魂}$[2102]噂$^{精}_{混}$咾$^{集:}_{清混}$剸$^{精}_{混}$蕁$^{精}_{混}$丨尊上$^{精}_{混}$[0500]燇$^{精}_{慁}$僔$^{精}_{混}$丨尊去$^{精}_{慁}$
0039	[1149]增$^{精}_{登}$埩$^{莊}_{耕}$郰$^{莊}_{耕}$憎$^{精}_{登}$蹭$^{精}_{登}$静$^{莊}_{耕}$矰$^{精}_{登}$箏$^{莊}_{耕}$丨爭$^{莊}_{耕}$[3148]罾$^{精}_{登}$丨增$^{精}_{登}$[3551]爭$^{莊}_{耕}$丨箏$^{莊}_{耕}$[1290]䁬$^{精}_{等}$丨爭上$^{莊}_{耿}$
0040	[2612]橙$^{知}_{映}$琤$^{知}_{諍}$諍$^{莊}_{諍}$丨爭$^{集:}_{莊諍}$[2444]蹭$^{清}_{嶝}$䁬$^{精}_{證}$䃘$^{知}_{映}$丨諍$^{莊}_{諍}$
0041	[2667]譄$^{精}_{登}$橧$^{精}_{登}$翻$^{精}_{登}$罾$^{精}_{登}$丨曾$^{精}_{登}$
0042	[0415]熷$^{精}_{登}$丨層$^{精}_{登}$
0043	[3179]甑$^{精}_{證}$丨贈$^{從}_{嶝}$
0044	[0677]雧$^{精}_{緝}$丨集$^{從}_{緝}$
0045	[3027]鏶$^{從}_{緝}$丨緝$^{精}_{緝}$
0046	[1665]倅$^{精}_{沒}$醉$^{從}_{沒}$踤$^{從}_{術}$摘$^{知}_{麥}$捽$^{從}_{沒}$丨卒$^{精}_{沒}$
0047	[0785]泎$^{崇}_{陌}$笮$^{莊}_{陌}$丨窄$^{莊}_{陌}$
0048	[0503]𪸩$^{精}_{職}$磧$^{清}_{昔}$唧$^{精}_{職}$脊$^{精}_{昔}$脚$^{精}_{職}$踖$^{精}_{職}$跡$^{精}_{昔}$蹟$^{精}_{昔}$迹$^{精}_{昔}$鶺$^{精}_{昔}$鶺$^{精}_{昔}$呰$^{精}_{紙}$薺$^{從}_{薺}$鼻$^{精}_{職}$嵏$^{精}_{職}$丨即$^{精}_{職}$[0856]湒$^{精}_{緝}$績$^{精}_{錫}$鶺$^{精}_{錫}$鰿$^{精}_{昔}$鯽$^{精}_{昔}$丨積$^{精}_{昔}$[2412]踖$^{精}_{昔}$丨脊$^{精}_{昔}$ [2482]勣$^{精}_{錫}$丨迹$^{精}_{昔}$[3359]積$^{精}_{昔}$稷$^{精}_{職}$丨跡$^{精}_{昔}$
0049	[0043]昃$^{莊}_{職}$嘖$^{莊}_{麥}$曠$^{莊}_{麥}$齚$^{莊}_{麥}$賫$^{莊}_{麥}$賾$^{崇}_{麥}$丨責$^{莊}_{麥}$[0567]崱$^{崇}_{職}$岝$^{集:}_{莊陌}$岞$^{集:}_{莊陌}$埛$^{初}_{職}$仄$^{莊}_{職}$庂$^{莊}_{職}$嫧$^{莊}_{麥}$恻$^{初}_{職}$憤$^{莊}_{麥}$咋$^{莊}_{麥}$謫$^{知}_{麥}$揤$^{莊}_{職}$䶦$^{知}_{陌}$仄$^{莊}_{職}$丨則$^{精}_{德}$[1527]厇$^{知}_{麥}$側$^{莊}_{職}$幘$^{莊}_{麥}$ 責$^{莊}_{麥}$則$^{精}_{德}$簀$^{莊}_{麥}$稄$^{莊}_{職}$鷀$^{知}_{陌}$丨仄$^{莊}_{職}$[1558]窄$^{莊}_{陌}$齰$^{崇}_{質}$丨側$^{莊}_{職}$
0050	[0913]澤$^{澄}_{陌}$厇$^{澄}_{陌}$擇$^{澄}_{陌}$檡$^{澄}_{陌}$丨宅$^{澄}_{陌}$[2927]宅$^{澄}_{陌}$鸅$^{澄}_{陌}$擇$^{澄}_{陌}$睪$^{澄}_{陌}$丨澤$^{澄}_{陌}$
0051	[3335]篸$^{精}_{覃}$簪$^{精}_{覃}$丨鐕$^{精}_{覃}$[1887]㜗$^{集:}_{從談}$蠶$^{精}_{敢}$丨簪上$^{精}_{感}$
0052	[2288] 黏$^{知}_{咸}$站$^{集:}_{知咸}$丨詀$^{知}_{咸}$
0053	[0743]昝$^{精}_{感}$丨昝$^{精}_{感}$
0054	[1305]酇$^{精}_{翰}$儹$^{精}_{產}$嬻$^{精}_{翰}$瓚$^{集:}_{精翰}$丨賛$^{精}_{翰}$[3067]贊$^{精}_{翰}$丨讚$^{精}_{翰}$
0055	[2719]趲$^{精}_{產}$醆$^{莊}_{產}$戩$^{莊}_{獮}$斬$^{莊}_{豏}$丨盞$^{莊}_{產}$[3754]盞$^{莊}_{產}$丨醆$^{莊}_{產}$[2293]酢$^{莊}_{潸}$丨斬$^{莊}_{豏}$[3331]醮$^{莊}_{陷}$丨盞去$^{莊}_{襇}$
0056	[2626]覱$^{精}_{鑑}$丨斬$^{集:}_{莊陷}$[2986]鏨$^{從}_{敢}$丨斬上$^{集:}_{莊豏}$
0057	[2878]㠛$^{集:}_{崇陷}$丨站$^{知}_{陷}$
0058	[1428]陷$^{崇}_{陷}$丨瞻$^{章}_{豔}$
0059	[1699]纂$^{精}_{緩}$丨撰$^{崇}_{潸}$[2560]纘$^{精}_{緩}$欑$^{精}_{緩}$丨纂$^{精}_{緩}$[2589]纂$^{精}_{緩}$穳$^{精}_{緩}$丨纘$^{精}_{緩}$[3002]鑽$^{精}_{換}$丨纂去$^{精}_{換}$[3377]㞬$^{精}_{換}$丨鑽$^{精}_{換}$
0060	[2616]帀$^{精}_{合}$丨匝$^{精}_{合}$
0061	[2590]紮$^{莊}_{黠}$札$^{莊}_{黠}$丨扎$^{莊}_{黠}$[2835]拶$^{精}_{末}$扎$^{莊}_{黠}$劄$^{知}_{洽}$鳸$^{莊}_{黠}$蚻$^{莊}_{黠}$扎$^{莊}_{黠}$丨札$^{莊}_{黠}$[2863]閘$^{澄}_{狎}$札$^{莊}_{黠}$丨劄$^{知}_{洽}$
0062	[0310]㦰$^{精}_{鹽}$熸$^{精}_{鹽}$濺$^{精}_{先}$瀸$^{精}_{鹽}$殲$^{精}_{鹽}$鐫$^{精}_{仙}$鑯$^{精}_{鹽}$㦰$^{精}_{鹽}$丨尖$^{精}_{鹽}$[1604]偂$^{精}_{先}$晱$^{莊}_{仙}$箋$^{精}_{先}$菚$^{精}_{先}$尖$^{精}_{鹽}$丨箋$^{精}_{先}$[1668]僭$^{精}_{㮇}$丨尖去$^{精}_{㮇}$[2135]嗴$^{精}_{仙}$揃$^{精}_{仙}$㨵$^{精}_{先}$箋$^{精}_{先}$籛$^{精}_{先}$ 㦰$^{精}_{先}$丨煎$^{精}_{仙}$[3154]剪$^{精}_{獮}$丨煎上$^{精}_{獮}$[2601]帴$^{精}_{獮}$戩$^{精}_{獮}$劗$^{精}_{獮}$翦$^{精}_{獮}$丨剪$^{精}_{獮}$
0063	[2661]諓$^{精:}_{精先}$丨淺$^{精}_{先}$
0064	[2376]鬋$^{精}_{獮}$丨前$^{集:}_{精獮}$
0065	[0739]䉔$^{精}_{線}$箭$^{精}_{線}$丨濺$^{精}_{線}$[0886]濺$^{精}_{線}$楷$^{精}_{線}$薦$^{精}_{霰}$丨箭$^{精}_{線}$
0066	[0840]浹$^{精}_{帖}$倢$^{從}_{葉}$吔$^{精}_{屑}$楫$^{精}_{葉}$椄$^{精}_{葉}$丨接$^{精}_{葉}$[2214]睫$^{精}_{葉}$丨浹$^{精}_{帖}$
0067	[0568]岊$^{精}_{屑}$呈$^{精}_{屑}$卩$^{精}_{屑}$孅$^{精}_{薛}$㰒$^{精}_{屑}$鬉$^{精}_{屑}$巀$^{精}_{屑}$癤$^{精}_{屑}$櫛$^{莊}_{櫛}$鸐$^{精}_{薛}$㔾$^{精}_{屑}$丨節$^{精}_{屑}$
0068	[3314]蕝$^{精}_{薛}$丨茁$^{莊}_{薛}$
0069	[0441]熷$^{精}_{豪}$殨$^{精}_{豪}$糟$^{精}_{豪}$丨遭$^{精}_{豪}$[2730]遭$^{精}_{豪}$丨糟$^{精}_{豪}$

續表

字組序號	轄字
0070	[2106]啁$^{知}_{肴}$丨嘲$^{知}_{肴}$
0071	[0012]早$^{精}_{晧}$丨澡$^{精}_{晧}$[0903]澡$^{精}_{晧}$慅$^{精}_{晧}$璪$^{集:}_{精小}$璅$^{精}_{晧}$瑵$^{莊}_{巧}$藻$^{精}_{晧}$薻$^{精}_{晧}$蚤$^{精}_{晧}$蚤$^{精}_{晧}$棗$^{精}_{晧}$丨早$^{精}_{晧}$[2810]摷$^{莊}_{肴}$找$^{莊}_{巧}$抓$^{莊}_{巧}$叉$^{莊}_{巧}$丨爪$^{莊}_{巧}$[3550]爪$^{莊}_{巧}$丨蚤$^{精}_{晧}$
0072	[2230]䁦$^{莊}_{肴}$丨罩$^{知}_{效}$[3747] 罩$^{知}_{效}$丨嘲去$^{知}_{效}$
0073	[3353]笊$^{莊}_{效}$丨抓$^{莊}_{效}$
0074	[1547]竈$^{精}_{號}$竃$^{精}_{號}$躁$^{精}_{號}$趮$^{精}_{號}$璪$^{精}_{晧}$丨灶$^{精}_{號}$
0075	[0432]蟭$^{精}_{宵}$燋$^{精}_{宵}$𪓰$^{精}_{宵}$煍$^{精}_{宵}$噍$^{精}_{宵}$膲$^{精}_{宵}$鐎$^{精}_{宵}$椒$^{精}_{宵}$鷦$^{精}_{宵}$丨焦$^{精}_{宵}$[3289]茮$^{精}_{宵}$丨椒$^{精}_{宵}$[2479]勦$^{精}_{小}$勦$^{精}_{小}$剿$^{精}_{小}$丨焦上$^{精}_{小}$
0076	[2029]㦜$^{精}_{笑}$𥜹$^{精}_{笑}$釂$^{精}_{笑}$丨醮$^{精}_{笑}$
0077	[0832]浾$^{莊}_{麻}$丨渣$^{莊}_{麻}$
0078	[0217]肔$^{知}_{麻}$丨吒$^{知}_{麻}$[2094]吒$^{知}_{麻}$膗$^{莊}_{麻}$摣$^{莊}_{麻}$檛$^{知}_{麻}$樝$^{莊}_{麻}$柤$^{莊}_{麻}$楂$^{莊}_{麻}$丨查$^{莊}_{麻}$[3265]查$^{莊}_{麻}$丨撾$^{知}_{麻}$
0079	[3508]鮺$^{集:}_{莊馬}$丨喳上$^{莊}_{馬}$
0080	[0401]羑$^{莊}_{禡}$叉$^{初}_{禡}$䏟$^{知}_{禡}$髽$^{莊}_{禡}$蚱$^{莊}_{禡}$醡$^{莊}_{禡}$鮓$^{崇}_{馬}$奓$^{崇}_{馬}$丨詐$^{莊}_{禡}$
0081	[3349]笮$^{莊}_{禡}$丨簎$^{莊}_{卦}$
0082	[1875]奼$^{知}_{禡}$詫$^{徹}_{禡}$丨吒$^{知}_{禡}$
0083	[2669]謯$^{精}_{麻}$抯$^{精}_{馬}$殝$^{精}_{麻}$丨嗟$^{精}_{麻}$[3744]罝$^{精}_{麻}$丨嗟$^{精}_{麻}$[3681]且$^{精}_{魚}$丨姐平$^{精}_{麻}$[1751]毑$^{精}_{馬}$毑$^{精}_{馬}$丨姐$^{精}_{馬}$[1797]姐$^{精}_{馬}$丨嗟上$^{精}_{馬}$
0084	[2640]𦎗$^{精}_{麻}$丨差$^{集:}_{精麻}$
0085	[0954]湫$^{精}_{尤}$丨啾$^{精}_{尤}$[2076]啾$^{精}_{尤}$揫$^{精}_{尤}$丨揪$^{精}_{尤}$
0086	[2040]愀$^{清}_{尤}$丨酒平$^{精}_{尤}$
0087	[1380]鄹$^{莊}_{尤}$郰$^{莊}_{尤}$陬$^{莊}_{尤}$娵$^{集:}_{莊尤}$齱$^{莊}_{尤}$𨇆$^{莊}_{尤}$緅$^{精}_{侯}$縐$^{篇:}_{莊尤}$棷$^{精}_{侯}$棸$^{莊}_{尤}$菆$^{莊}_{尤}$黀$^{莊}_{尤}$騶$^{莊}_{尤}$鬻$^{初}_{巧}$丨鄒$^{莊}_{尤}$[1381]鄒$^{莊}_{尤}$丨鄹$^{莊}_{尤}$[3477]驟$^{崇}_{宥}$丨鄒去$^{莊}_{宥}$
0088	[3632]赱$^{精}_{厚}$芝$^{精}_{厚}$丨走$^{精}_{厚}$
0089	[2439]䠫$^{精}_{候}$走$^{精}_{候}$丨奏$^{精}_{候}$
0090	[2352]䐢$^{莊}_{宥}$𣰡$^{莊}_{宥}$丨縐$^{莊}_{宥}$
0091	[1731]㑳$^{集:}_{莊宥}$丨皺$^{莊}_{宥}$

甲種 B$_{甲}$類（含 159 個自然小類，74 個“準小韻”）

字組序號	轄字
0092	[0462]熜$^{清}_{東}$囪$^{清}_{東}$蔥$^{清}_{東}$驄$^{清}_{東}$騘$^{清}_{東}$丨聰$^{清}_{東}$[0699]囱$^{玉:}_{清鍾}$憁$^{清}_{東}$丨怱$^{清}_{東}$[1952]怱$^{清}_{東}$聰$^{清}_{東}$聦$^{清}_{東}$聡$^{清}_{東}$𦝫$^{清}_{東}$鏓$^{清}_{東}$葱$^{清}_{東}$蓯$^{集:}_{清鍾}$䐫$^{清}_{東}$丨茐$^{清}_{東}$
0093	[3041]璁$^{清}_{東}$丨匆$^{清}_{東}$
0094	[2206]瞛$^{集:}_{清鍾}$丨從上$^{集:}_{清腫}$
0095	[2148]噈$^{清}_{屋}$蹴$^{清}_{屋}$蹙$^{集:}_{清屋}$趗$^{清}_{屋}$䋯$^{精}_{屋}$摵$^{精}_{屋}$蔟$^{清}_{屋}$丨促$^{清}_{燭}$[2588]緊$^{精}_{屋}$丨蹙$^{集:}_{清屋}$
0096	[3496]猝$^{清}_{沒}$丨簇$^{清}_{屋}$
0097	[2537]縒$^{初}_{支}$丨嵯$^{初}_{支}$
0098	[2390]𢪅$^{清}_{脂}$丨雌$^{清}_{支}$[3533]雌$^{清}_{支}$丨此平$^{清}_{支}$[1629]佌$^{清}_{紙}$佌$^{清}_{紙}$呲$^{從}_{支}$批$^{清}_{紙}$丨此$^{清}_{紙}$[2781]此$^{清}_{紙}$丨雌上$^{清}_{紙}$
0099	[1478]廁$^{初}_{志}$庛$^{清}_{至}$佽$^{清}_{至}$𩬋$^{清}_{至}$刺$^{清}_{寘}$丨次$^{清}_{至}$[1518]庛$^{清}_{寘}$朿$^{清}_{寘}$丨刺$^{清}_{寘}$
0100	[0384]霋$^{清}_{齊}$淒$^{清}_{齊}$郪$^{清}_{齊}$凄$^{清}_{齊}$㛗$^{龕:}_{清齊}$悽$^{清}_{齊}$緀$^{清}_{齊}$萋$^{清}_{齊}$鶈$^{清}_{齊}$齎$^{從}_{齊}$丨妻$^{清}_{齊}$[1101]砌$^{清}_{霽}$丨妻去$^{清}_{霽}$[1126]切$^{清}_{霽}$𥄈$^{清}_{霽}$丨砌$^{清}_{霽}$
0101	[2497]衰$^{初}_{支}$丨洒平$^{集:}_{清灰}$[3202]榱$^{初}_{支}$丨衰$^{初}_{支}$
0102	[1688]催$^{清}_{灰}$嗺$^{精}_{灰}$踓$^{清}_{旨}$縗$^{清}_{灰}$綷$^{集:}_{清至}$璀$^{清}_{賄}$摧$^{從}_{灰}$丨崔$^{清}_{灰}$[2718]趡$^{清}_{灰}$丨催$^{清}_{灰}$[3569]皠$^{清}_{賄}$丨綷$^{集:}_{清至}$
0103	[0573]崒$^{清}_{至}$丨萃$^{集:}_{清隊}$
0104	[0628]察$^{清}_{霽}$淬$^{清}_{隊}$脃$^{清}_{祭}$膬$^{清}_{祭}$脺$^{清}_{至}$丨翠$^{清}_{至}$[1515]倅$^{心}_{至}$翠$^{清}_{至}$丨淬$^{清}_{隊}$
0105	[3051]琗$^{集:}_{清隊}$丨卒$^{集:}_{清隊}$
0106	[1356]䣓$^{清}_{海}$婇$^{清}_{海}$倸$^{清}_{海}$綵$^{清}_{海}$採$^{清}_{海}$棌$^{清}_{海}$丨采$^{清}_{海}$[3786]膱$^{清}_{咍}$䁒$^{清}_{咍}$丨猜$^{清}_{咍}$[3488]猜$^{清}_{咍}$丨采平$^{清}_{咍}$ [3643]彩$^{清}_{海}$丨採$^{清}_{海}$
0107	[3014]釵$^{初}_{佳}$丨差$^{初}_{皆}$
0108	[2128]嘬$^{初}_{夬}$丨采$^{集:}_{清代}$

續表

字組序號	轄字
0109	[1094]礤清曷瘵莊怪醋清泰菜清代蕿徹夬丨蔡清泰[1240]埰清代脎清代蔡清泰䳡清泰丨菜清代
0110	[1062]砠清魚覰清虞趄清魚苴清魚蛆清魚狙清魚睢清魚雎清魚沮清魚丨疽清魚
0111	[0561]岨清魚沮清魚坥清魚伹清魚胆清魚晛清魚䱙清魚丨蛆清魚[1559]宜清魚丨岨清魚
0112	[2708]趨清虞丨取平清虞[2783]䡊全:清虞丨取清麌[3648]取清麌丨趣上清麌[1878]娶清遇丨取去清遇[2706]趣清遇丨娶清遇
0113	[3168]䏣清御丨覷清御
0114	[2365]䶥莊魚犓清模麤清模麄清模丨粗清模[3407]粗清模丨麄清模
0115	[1078]礎初語隚初語憷初語齼初語齭初語丨楚初語[2500]初初魚初初魚丨芻初虞[3265]楚初語丨初上初語[3656]芻初虞丨初初魚
0116	[0930]浯清暮厝清暮措清暮錯玉:心箇丨醋清暮[3030]錯清暮醋清暮丨措清暮
0117	[2371]齔初震櫬初震丨襯初震[3324]藽初震丨櫬初震
0118	[0597]崢崇耕噌初耕錚初耕瞠徹庚丨撐徹庚[1110]橕徹庚丨崢崇耕[3049]琤初庚丨錚初耕
0119	[3538]皴清諄皴清諄俊集:清諄丨逡清諄
0120	[1346]邨清魂丨村清魂[3205]村清魂丨邨清魂[2042]忖清混丨村上清混
0121	[2851]抮清混刌清混丨忖清混
0122	[0105]锓清侵鬵精侵綅清侵親清真鋟清侵梫清侵駸清侵丨侵清侵[1656]侵清侵丨親清真[2930]寑清寢丨侵上清寢[0926]浸清侵丨寢清寢[1236]埐從侵丨寢平清侵
0123	[2058]㕂清沁丨沁清沁
0124	[0365]䨝清青埥清清蜻清青鯖清青丨青清青[3560]青清青圊清清丨清清清[2648]請清靜丨青上清迥
0125	[1594]瀞清徑丨凊清勁
0126	[2470]靘清徑掅清徑䝼精清丨倩清勁
0127	[0942]測初職惻初職柵初麥册初麥冊初麥丨策初麥[2002]憡初麥筞初麥册初麥丨册初麥[2760]遫初職丨測初職
0128	[1197]坼徹陌䁋徹麥齰初麥丨拆徹陌
0129	[1269]畟初職丨尺昌昔
0130	[0350]霵莊緝丨戢莊緝[0874]漆清質郪清質咠清緝喍莊緝䵷莊緝緝清緝輯從緝戚清錫戢莊緝榛清質桼清質䳳清質戚清錫揖清緝丨七清質[0927]泧清質漆鐃:清質丨漆清質[1958]慼清錫慽清錫䁘清錫覷從錫鏚清錫螫清錫丨戚清錫[2700]諿清緝葺清緝丨緝清緝[3241]檝從緝丨輯從緝
0131	[0640]參清覃嵾清勘嵾清覃驂清覃騃清覃餐清寒丨參清覃[2005]慘清感䐑初感丨參上清感[1686]傪清感嫪清感䵆清感醦清感黲清感丨慘清感[1574]竄清換丨叅去清勘[3352]篹初諫丨竄清換
0132	[0376]潸生潸嵼生產滻生產鏟初產剗初產剷初產簅生產犍生產弗初產丨產生產[3181]錢莊潸丨剗初產
0133	[0558]峸集:精產丨㦵初產
0134	[1894]粲清翰璨清翰鷄清翰㣓清翰奻清翰丨粲清翰[3406]粲清翰粲清翰丨燦清翰
0135	[2649]讖初鑑丨懺初鑑
0136	[3361]穳從桓丨攛清桓
0137	[1255]堿初緝俥初洽翣生狎歃生洽臿初洽丨插初洽
0138	[2638]督初黠刹初鎋蔡初黠䵽初黠丨察初黠
0139	[0315]纖精鹽扞清先阡清先佺清仙仟清先悛清仙悛清仙憸清鹽遷清仙遷清仙痊清仙鐉清仙銓清仙杄清先荃清仙芊清先筌清仙籤清鹽鶼心先丨千清先[0514]烇清獮䍴清仙丨筌清仙[1386]鄄清仙千清先丨遷清仙[2552]絟清仙駩清仙丨悛清仙
0140	[2415]跧集:清仙丨拴清仙
0141	[2598]懺清鹽丨僉清鹽[3260]塹清豔丨僉去清豔
0142	[2022]忏集:清銑丨淺清獮
0143	[1163]壍清豔塹清豔倩清霰綪清霰縓清線丨茜清霰[3102]輤清霰丨倩清霰[3327]茜清霰蒨清霰丨塹清豔
0144	[1569]竊清屑䶪初黠丨切清屑[3155]切清屑丨竊清屑
0145	[2577]緁清葉萎精葉丨妾清葉
0146	[2596]幧清宵丨鍬清宵

續表

字組序號	轄字
0147	[0612]峭$^{清}_{笑}$ ǀ 悄去$^{清}_{笑}$[2991]鍫$^{清}_{宵}$ ǀ 悄$^{清}_{小}$[1983]悄$^{清}_{小}$ ǀ 樵上$^{從}_{小}$
0148	[0263]颵$^{初}_{肴}$訬$^{初}_{肴}$鈔$^{初}_{肴}$ ǀ 抄$^{初}_{肴}$[2852]抄$^{初}_{肴}$ ǀ 操$^{清}_{豪}$
0149	[2691]⿰言巢$^{初}_{肴}$ ǀ 勦$^{初}_{肴}$
0150	[2048]愺$^{清}_{晧}$⿰口草$^{清}_{晧}$艸$^{清}_{晧}$屮$^{清}_{晧}$ ǀ 草$^{清}_{晧}$[3305]草$^{清}_{晧}$ ǀ 艸$^{清}_{晧}$
0151	[1722]仯$^{初}_{效}$ ǀ 鈔$^{初}_{效}$
0152	[2026]懆$^{清}_{號}$ ǀ 操$^{清}_{號}$
0153	[1335]鄵$^{清}_{號}$造$^{清}_{號}$ ǀ 噪$^{心}_{號}$[1998]慥$^{清}_{號}$噪$^{心}_{號}$糙$^{清}_{號}$ ǀ 造$^{清}_{號}$
0154	[1070]磋$^{清}_{歌}$傞$^{清}_{歌}$鹺$^{從}_{歌}$ ǀ 蹉$^{清}_{歌}$[2360]⿱艹⿱虘䖵$^{從}_{歌}$⿱髟差$^{從}_{歌}$蹉$^{清}_{歌}$⿰言坐$^{心}_{戈}$⿰火坐$^{從}_{戈}$ ǀ 磋$^{清}_{歌}$[2433]⿰足虘$^{從}_{歌}$ ǀ ⿰火坐$^{從}_{戈}$
0155	[1347]⿰坐阝$^{清}_{過}$ ǀ 莝$^{清}_{過}$[2809]挫$^{清}_{過}$ ǀ 銼$^{清}_{過}$[2999]銼$^{清}_{過}$莝$^{清}_{過}$ ǀ 剉$^{清}_{過}$
0156	[3080]⿸广垂$^{玉:}_{崇麻}$荖$^{補:}_{徹麻}$叉$^{初}_{麻}$ ǀ 差$^{初}_{麻}$[3115]舣$^{初}_{麻}$杈$^{初}_{麻}$ ǀ 叉$^{初}_{麻}$
0157	[1876]姹$^{徹}_{禡}$ ǀ 咤$^{知}_{禡}$[2095]嗖$^{知}_{禡}$咤$^{知}_{禡}$ ǀ 擦$^{初}_{黠}$
0158	[0632]⿱山仓$^{清}_{唐}$嵢$^{清}_{唐}$滄$^{清}_{唐}$瘡$^{初}_{陽}$蒼$^{清}_{唐}$鶬$^{清}_{唐}$ ǀ 倉$^{清}_{唐}$[1238]⿺辶坐$^{清}_{養}$ ǀ 倉上$^{清}_{蕩}$[3029]錯$^{清}_{鐸}$ ǀ 倉入$^{清}_{鐸}$[2364]齰$^{集:}_{初麥}$⿸尸是$^{初}_{覺}$縒$^{清}_{鐸}$趞$^{清}_{藥}$逪$^{清}_{鐸}$撮$^{清}_{末}$剒$^{清}_{鐸}$ ǀ 錯$^{清}_{鐸}$[2517]⿰衤最$^{清}_{末}$ ǀ 撮$^{清}_{末}$
0159	[0639]⿰身將$^{清}_{陽}$嗆$^{清}_{陽}$⿰齒將$^{清}_{陽}$⿺辶將$^{清}_{陽}$蹡$^{清}_{陽}$搶$^{清}_{陽}$鏘$^{清}_{陽}$瑲$^{清}_{陽}$槍$^{清}_{陽}$斨$^{清}_{陽}$斨$^{清}_{陽}$牄$^{清}_{陽}$ ǀ 鎗$^{清}_{陽}$[3005]鎗$^{清}_{陽}$ ǀ 鏘$^{清}_{陽}$
0160	[1086]磢$^{初}_{養}$窻$^{初}_{江}$牕$^{初}_{陽}$牎$^{初}_{江}$ ǀ 窗$^{初}_{江}$[2008]愴$^{初}_{漾}$ ǀ 窻去$^{初}_{漾}$[1719]傸$^{初}_{養}$ ǀ 愴$^{初}_{養}$
0161	[1580]滄$^{初}_{漾}$刱$^{初}_{漾}$剏$^{初}_{漾}$ ǀ 創$^{初}_{漾}$[3158]創$^{初}_{漾}$ ǀ 刱$^{初}_{漾}$
0162	[0447]鵲$^{清}_{藥}$ ǀ 雀$^{精}_{藥}$[1095]碏$^{清}_{藥}$猎$^{清}_{藥}$ ǀ 鵲$^{清}_{藥}$
0163	[2233]⿰目酋$^{精}_{尤}$瞅$^{從}_{尤}$⿰月酋$^{清}_{尤}$⿰足酋$^{清}_{尤}$緧$^{清}_{尤}$楸$^{清}_{尤}$萩$^{清}_{尤}$篍$^{清}_{尤}$鶖$^{清}_{尤}$鰍$^{清}_{尤}$鰌$^{清}_{尤}$鼀$^{清}_{尤}$⿰秋黽$^{清}_{尤}$ ǀ 秋$^{清}_{尤}$[3365]秋$^{清}_{尤}$穐$^{清}_{尤}$ ǀ 鞦$^{清}_{尤}$
0164	[2021]⿰忄芻$^{集:}_{初巧}$ ǀ 搊上$^{初}_{有}$[0423]煪$^{從}_{尤}$ ǀ 袖$^{徹}_{宥}$[1504]⿸广取$^{清}_{侯}$搊$^{初}_{尤}$ ǀ 篘$^{初}_{尤}$[2188]⿰目酋$^{徹}_{尤}$袖$^{徹}_{宥}$篘$^{初}_{尤}$ ǀ 抽$^{徹}_{尤}$[3486]臭$^{昌}_{宥}$ ǀ 抽去$^{徹}_{宥}$
0165	[0006]奏$^{清}_{候}$湊$^{清}_{候}$腠$^{清}_{候}$輳$^{清}_{候}$楱$^{清}_{候}$ ǀ 凑$^{清}_{候}$[2072]嗾$^{清}_{候}$ ǀ 奏$^{清}_{候}$[2845]揍$^{清}_{候}$ ǀ 奏$^{清}_{候}$
甲種 C$_{甲}$類（含 131 個自然小類，62 個“準小韻”）	
0166	[0165]昜$^{玉:}_{從用}$灇$^{從}_{東}$悰$^{從}_{冬}$鬃$^{從}_{冬}$ ǀ 崇$^{崇}_{東}$[0630]崈$^{崇}_{東}$崇$^{崇}_{東}$潨$^{從}_{冬}$淙$^{從}_{冬}$賨$^{從}_{冬}$藂$^{從}_{東}$藂$^{從}_{東}$篵$^{從}_{東}$ ǀ 叢$^{從}_{東}$
0167	[3423]鏦$^{從}_{鍾}$ ǀ 從$^{從}_{鍾}$
0168	[0373]⿱雨次$^{從}_{脂}$ ǀ 茨$^{從}_{脂}$[1055]磁$^{從}_{之}$庛$^{從}_{支}$疵$^{從}_{支}$垐$^{從}_{脂}$茨$^{從}_{脂}$餈$^{從}_{脂}$鶿$^{從}_{之}$鷀$^{從}_{之}$ ǀ 慈$^{從}_{之}$[1964]慈$^{從}_{之}$ ǀ 糍$^{從}_{之}$
0169	[2296]齜$^{從}_{支}$瓷$^{從}_{脂}$ ǀ 茲$^{從}_{之}$
0170	[2175]眥$^{從}_{寘}$ ǀ 眦$^{從}_{寘}$
0171	[1481]⿸广齊$^{從}_{齊}$臍$^{從}_{齊}$斉$^{從}_{齊}$⿰金妻$^{從}_{齊}$薺$^{集:}_{從脂}$ ǀ 齊$^{從}_{齊}$[3723]齊$^{從}_{齊}$ ǀ 臍$^{從}_{齊}$
0172	[3370]穧$^{從}_{霽}$⿰酉齊$^{從}_{霽}$齌$^{從}_{霽}$ ǀ 劑$^{從}_{霽}$
0173	[2075]嚌$^{從}_{霽}$ ǀ 斉$^{從}_{霽}$
0174	[0582]罪$^{從}_{賄}$辠$^{從}_{賄}$ ǀ 罪$^{從}_{賄}$[3605]罪$^{從}_{賄}$罪$^{從}_{賄}$ ǀ 辠$^{從}_{賄}$
0175	[1995]悴$^{從}_{至}$崒$^{從}_{至}$瘁$^{從}_{至}$ ǀ 萃$^{從}_{至}$[2269]顇$^{從}_{至}$䘹$^{精}_{隊}$ ǀ 悴$^{從}_{至}$
0176	[0680]豺$^{崇}_{皆}$儕$^{崇}_{皆}$纔$^{從}_{咍}$財$^{從}_{咍}$材$^{從}_{咍}$ ǀ 才$^{從}_{咍}$[2784]才$^{從}_{咍}$ ǀ 財$^{從}_{咍}$
0177	[2199]⿰目柴$^{崇}_{卦}$祡$^{崇}_{佳}$豺$^{崇}_{皆}$ ǀ 柴$^{崇}_{佳}$[3255]柴$^{崇}_{佳}$ ǀ 豺$^{崇}_{皆}$[3522]豸$^{澄}_{蟹}$ ǀ 柴去$^{崇}_{卦}$
0178	[1123]砦$^{崇}_{夬}$ ǀ 寨$^{崇}_{夬}$
0179	[1327]䢐$^{精}_{魚}$⿺辶且$^{從}_{模}$⿺辶虘$^{從}_{模}$殂$^{從}_{模}$⿰禾芻$^{崇}_{虞}$耡$^{崇}_{魚}$耝$^{崇}_{魚}$徂$^{從}_{模}$ ǀ 鉏$^{崇}_{魚}$[2070]咀$^{從}_{語}$ ǀ 徂$^{從}_{模}$[3436]鶵$^{崇}_{虞}$ ǀ 雛$^{崇}_{虞}$[3534]雛$^{崇}_{虞}$ ǀ 耡$^{崇}_{魚}$
0180	[3004]鉏$^{崇}_{魚}$鋤$^{崇}_{魚}$ ǀ 助平$^{崇}_{魚}$[0115]嗟$^{心}_{哿}$瘥$^{從}_{歌}$瑳$^{清}_{歌}$艖$^{從}_{歌}$ ǀ 嵯$^{從}_{歌}$[0591]嵯$^{從}_{歌}$助$^{崇}_{御}$ ǀ 坐$^{從}_{果}$[1520]座$^{從}_{過}$脞$^{從}_{果}$⿺尢坐$^{從}_{果}$ ǀ 坐上$^{從}_{果}$[1426]阼$^{從}_{暮}$怚$^{從}_{語}$胙$^{從}_{暮}$齟$^{崇}_{語}$跙$^{從}_{語}$ ǀ 助$^{崇}_{御}$[2474]助$^{崇}_{御}$葄$^{從}_{暮}$飵$^{從}_{暮}$ ǀ 祚$^{從}_{暮}$[2969]祚$^{從}_{暮}$ ǀ 胙$^{從}_{暮}$
0181	[1395]⿰差阝$^{從}_{歌}$⿱竹差$^{從}_{歌}$醝$^{從}_{歌}$嵯$^{從}_{歌}$ ǀ 瘥$^{從}_{歌}$[1273]嵯$^{從}_{歌}$ ǀ 醝$^{從}_{歌}$
0182	[3217]橬$^{從}_{侵}$ ǀ 忱$^{禪}_{侵}$
0183	[0349]⿱雨岑$^{崇}_{侵}$⿱山火$^{崇}_{侵}$涔$^{崇}_{侵}$⿰阝朁$^{崇}_{沁}$ ǀ 岑$^{崇}_{侵}$

續表

字組序號	轄字
0184	[0618]峋$^{心}_{諄}$洵$^{心}_{諄}$眴$^{邪}_{諄}$郇$^{心}_{諄}$姰$^{心}_{諄}$詢$^{心}_{諄}$諄$^{心}_{諄}$廵$^{邪}_{諄}$珣$^{心}_{諄}$荀$^{心}_{諄}$鴝$^{心}_{諄}$徇$^{邪}_{諄}$ I 旬$^{邪}_{諄}$[0948]蟲$^{邪}_{諄}$紃$^{邪}_{諄}$循$^{邪}_{諄}$ I 巡$^{邪}_{諄}$[0983]㵌$^{邪}_{諄}$秦$^{從}_{真}$馴$^{邪}_{諄}$訇$^{邪}_{諄}$旬$^{邪}_{諄}$ I 循$^{邪}_{諄}$[1031]濜$^{從}_{軫}$蓁$^{篇:}_{從真}$螓$^{從}_{真}$ I 秦$^{從}_{真}$[1278]眴$^{玉:}_{心諄}$侚$^{邪}_{諄}$畇$^{心}_{文}$ I 荀$^{心}_{諄}$[1598]覠$^{篇:}_{心諄}$ I 詢$^{心}_{諄}$[2943]殉$^{邪}_{稕}$ I 旬去$^{邪}_{稕}$
0185	[0461]燼$^{邪}_{震}$𦘔$^{邪}_{震}$藎$^{邪}_{震}$ I 贐$^{邪}_{震}$[3064]賮$^{邪}_{震}$贐$^{邪}_{震}$ I 藎$^{邪}_{震}$[3751]盡$^{從}_{軫}$盡$^{從}_{軫}$ I 尽$^{從}_{軫}$[3753]盡$^{從}_{軫}$ I 燼$^{邪}_{震}$
0186	[0251]飁$^{邪}_{緝}$襲$^{邪}_{緝}$集$^{從}_{緝}$鰼$^{邪}_{緝}$ I 習$^{邪}_{緝}$[0757]汐$^{邪}_{昔}$席$^{邪}_{昔}$穸$^{邪}_{昔}$蓆$^{邪}_{昔}$習$^{邪}_{緝}$ I 夕$^{邪}_{昔}$[1531]囡$^{邪}_{昔}$夕$^{邪}_{昔}$ I 席$^{邪}_{昔}$[3144]戩$^{邪}_{緝}$ I 襲$^{邪}_{緝}$
0187	[1357]郁$^{從}_{魂}$蹲$^{從}_{魂}$ I 存$^{從}_{魂}$[3009]鐏$^{從}_{慁}$ I 存去$^{從}_{慁}$
0188	[1645]傸$^{從}_{質}$嫉$^{從}_{質}$帹$^{從}_{質}$㞙$^{精}_{職}$蒺$^{從}_{質}$㾊$^{改:}_{從質}$ I 疾$^{從}_{質}$
0189	[0004]蝅$^{從}_{覃}$攢$^{從}_{桓}$蠶$^{從}_{覃}$ I 蚕$^{從}_{覃}$[0656]巑$^{從}_{桓}$欑$^{從}_{桓}$蚕$^{從}_{覃}$ I 攢$^{從}_{桓}$
0190	[2329]𦚧$^{從}_{寒}$𣧑$^{從}_{寒}$ I 殘$^{從}_{寒}$
0191	[0572]嶃$^{崇}_{銜}$巉$^{崇}_{銜}$嚵$^{崇}_{銜}$鑱$^{崇}_{銜}$劖$^{崇}_{銜}$欃$^{崇}_{咸}$饞$^{崇}_{咸}$鏨$^{從}_{談}$瀺$^{崇}_{豏}$塹$^{崇}_{銜}$壥$^{崇}_{豏}$酁$^{崇}_{咸}$𨽖$^{崇}_{銜}$讒$^{崇}_{咸}$攙$^{崇}_{咸}$蔪$^{崇}_{咸}$毚$^{崇}_{咸}$ I 慚$^{從}_{談}$[1001]潺$^{崇}_{山}$僝$^{崇}_{山}$慙$^{從}_{談}$䤘$^{崇}_{咸}$ I 讒$^{崇}_{咸}$[1678]儳$^{崇}_{咸}$饞$^{崇}_{咸}$ I 巉$^{崇}_{銜}$[2885]孱$^{崇}_{山}$鏟$^{崇}_{山}$ I 潺$^{崇}_{山}$
0192	[1781]孨$^{集:}_{崇線}$ I 巽$^{集:}_{崇獮}$
0193	[0374]霯$^{莊}_{鑑}$齴$^{崇}_{潸}$𢧐$^{崇}_{諫}$戔$^{崇}_{諫}$ I 棧$^{崇}_{諫}$[1680]偡$^{澄}_{豏}$塹$^{集:}_{從敢}$賺$^{澄}_{陷}$棧$^{崇}_{諫}$ I 湛$^{澄}_{豏}$
0194	[0517]弃$^{崇}_{線}$ I 饌$^{崇}_{潸}$[2526]䘺$^{澄}_{襇}$ I 綻$^{澄}_{襇}$[1699]僎$^{崇}_{線}$襈$^{崇}_{線}$組$^{澄}_{襇}$綻$^{澄}_{襇}$譔$^{崇}_{線}$籑$^{崇}_{線}$饌$^{崇}_{線}$ I 撰$^{崇}_{潸}$[3592]撰$^{崇}_{潸}$ I 譔$^{崇}_{線}$
0195	[2407]蹔$^{從}_{闞}$蹔$^{從}_{闞}$ I 暫$^{從}_{闞}$
0196	[2113]囋$^{從}_{曷}$襍$^{從}_{合}$𨗉$^{崇}_{洽}$雦$^{從}_{合}$ I 雜$^{從}_{合}$
0197	[1864]媊$^{從}_{先}$歬$^{從}_{先}$錢$^{從}_{仙}$ I 前$^{從}_{先}$[3424]鬋$^{從}_{仙}$ I 錢$^{從}_{仙}$
0198	[0206]朘$^{從}_{仙}$洤$^{從}_{仙}$瑔$^{從}_{仙}$全$^{從}_{仙}$仝$^{從}_{仙}$ I 泉$^{從}_{仙}$[0438]燖$^{邪}_{鹽}$涔$^{集:}_{從鹽}$鄲$^{從}_{覃}$ I 潛$^{從}_{鹽}$[1006]潜$^{從}_{鹽}$詮$^{清}_{仙}$牷$^{從}_{仙}$ I 全$^{從}_{仙}$
0199	[2069]吮$^{從}_{獮}$輚$^{崇}_{產}$ I 淺$^{集:}_{從獮}$[2389]䑡$^{從}_{獮}$ I 吮$^{從}_{獮}$
0200	[0781]洊$^{從}_{霰}$袸$^{從}_{霰}$栫$^{從}_{霰}$薦$^{從}_{霰}$㾦$^{從}_{霰}$ I 荐$^{從}_{霰}$
0201	[1455]䟃$^{從}_{獮}$踐$^{從}_{獮}$ I 賤$^{從}_{線}$[1672]俴$^{從}_{獮}$衡$^{從}_{獮}$𤷾$^{從}_{獮}$賤$^{從}_{線}$餞$^{從}_{線}$ I 踐$^{從}_{獮}$
0202	[0555]巀$^{從}_{屑}$捷$^{從}_{葉}$𢧜$^{從}_{屑}$ I 截$^{從}_{屑}$[0574]崨$^{從}_{葉}$睫$^{精}_{葉}$𦛗$^{從}_{葉}$ I 捷$^{從}_{葉}$ [3139]截$^{從}_{屑}$ I 絕$^{從}_{薛}$
0203	[0653]嶆$^{從}_{豪}$漕$^{從}_{豪}$傮$^{從}_{豪}$慒$^{從}_{豪}$嘈$^{從}_{豪}$𦖺$^{從}_{豪}$褿$^{從}_{豪}$艚$^{從}_{豪}$槽$^{從}_{豪}$鏪$^{從}_{豪}$螬$^{從}_{豪}$ I 曹$^{從}_{豪}$
0204	[3116]艁$^{從}_{晧}$皁$^{從}_{晧}$皂$^{從}_{晧}$ I 造$^{從}_{晧}$
0205	[3114]䑲$^{澄}_{效}$ I 棹$^{澄}_{效}$
0206	[3248]櫂$^{澄}_{效}$ I 濯$^{澄}_{效}$
0207	[2287]醮$^{從}_{宵}$ I 焦$^{集:}_{從宵}$
0208	[0605]𡿺$^{崇}_{肴}$鄛$^{崇}_{肴}$蹀$^{崇}_{肴}$轈$^{崇}_{肴}$篻$^{莊}_{肴}$ I 巢$^{崇}_{肴}$[0683]嶣$^{從}_{宵}$嶕$^{從}_{宵}$ I 憔$^{從}_{宵}$[1365]𨝛$^{從}_{宵}$憔$^{從}_{宵}$瞧$^{從}_{宵}$顦$^{從}_{宵}$譙$^{從}_{宵}$巢$^{崇}_{肴}$ I 樵$^{從}_{宵}$
0209	[1571]𥥍$^{澄}_{麻}$ I 茶$^{澄}_{麻}$[3195]搽$^{澄}_{麻}$ I 槎$^{崇}_{麻}$[3213]槎$^{崇}_{麻}$茬$^{崇}_{麻}$荼$^{澄}_{麻}$ I 查$^{崇}_{麻}$
0210	[1494]虘$^{崇}_{禡}$厏$^{崇}_{馬}$䄍$^{崇}_{禡}$鈹$^{從}_{禡}$ I 乍$^{崇}_{禡}$
0211	[1595]㴬$^{邪}_{禡}$榭$^{邪}_{禡}$藉$^{從}_{禡}$ I 謝$^{邪}_{禡}$[2663]謝$^{邪}_{禡}$ I 榭$^{邪}_{禡}$
0212	[3022]鑶$^{從}_{唐}$ I 藏$^{從}_{唐}$[3275]藏$^{從}_{唐}$ I 臧$^{從}_{唐}$
0213	[3081]蔵$^{從}_{宕}$ I 藏$^{從}_{宕}$
0214	[3630]奘$^{從}_{蕩}$ I 臧$^{從}_{宕}$
0215	[0055]昨$^{從}_{鐸}$ I 鑿$^{從}_{鐸}$[1997]怍$^{從}_{鐸}$岞$^{從}_{鐸}$鑿$^{從}_{鐸}$鑿$^{從}_{鐸}$鑿$^{從}_{鐸}$鈼$^{從}_{鐸}$柞$^{從}_{鐸}$莋$^{從}_{鐸}$ I 昨$^{從}_{鐸}$
0216	[1803]嬙$^{從}_{陽}$艢$^{從}_{陽}$戕$^{從}_{陽}$檣$^{從}_{陽}$薔$^{從}_{陽}$蘠$^{從}_{陽}$牆$^{從}_{陽}$戕$^{從}_{陽}$ I 墻$^{從}_{陽}$[3687]匠$^{從}_{漾}$ I 墻去$^{從}_{漾}$[2077]嚼$^{從}_{藥}$ I 墻入$^{從}_{藥}$[3569]皭$^{從}_{藥}$ I 嚼$^{從}_{藥}$
0217	[1488]床$^{崇}_{陽}$幢$^{澄}_{江}$疒$^{崇}_{陽}$牀$^{崇}_{陽}$爿$^{崇}_{陽}$ I 床$^{崇}_{陽}$
0218	[0052]晴$^{從}_{清}$錫$^{邪}_{清}$ I 情$^{從}_{清}$[1575]殅$^{從}_{清}$ I 晴$^{從}_{清}$
0219	[0847]淨$^{從}_{勁}$竫$^{從}_{靜}$靖$^{從}_{靜}$穽$^{精}_{梗}$睛$^{從}_{勁}$瀞$^{從}_{勁}$阱$^{從}_{靜}$妌$^{從}_{靜}$婧$^{從}_{靜}$頩$^{從}_{勁}$靚$^{從}_{勁}$靚$^{從}_{勁}$靘$^{從}_{勁}$靜$^{從}_{靜}$靖$^{從}_{靜}$ I 净$^{從}_{勁}$[1557]穽$^{從}_{靜}$ I 阱$^{從}_{靜}$[1592]凊$^{清}_{勁}$ I 靖$^{從}_{靜}$
0220	[1221]塉$^{從}_{昔}$庴$^{從}_{昔}$膌$^{從}_{昔}$誎$^{從}_{錫}$瘠$^{從}_{昔}$宋$^{從}_{錫}$籍$^{從}_{昔}$ I 寂$^{從}_{錫}$
0221	[0596]崝$^{崇}_{耕}$宁$^{澄}_{耕}$町$^{澄}_{庚}$堂$^{集:}_{澄庚}$ I 棖$^{澄}_{庚}$[1110]𥓍$^{澄}_{映}$棖$^{澄}_{庚}$ I 崢$^{崇}_{耕}$
0222	[0676]嶒$^{從}_{蒸}$鏳$^{崇}_{耕}$橙$^{澄}_{耕}$ I 層$^{從}_{登}$[2543]繒$^{從}_{蒸}$層$^{從}_{登}$ I 曾$^{從}_{登}$[3622]敳$^{崇}_{諍}$ I 橙$^{澄}_{耕}$[3076]贈$^{從}_{嶝}$ I 曾去$^{從}_{嶝}$[0707]崱$^{崇}_{職}$ I 層入$^{從}_{德}$

續表

字組序號	轄字
0223	[3464]蠈$^{從}_{德}$ | 賊$^{從}_{德}$
0224	[0968]泅$^{邪}_{尤}$怬$^{集:}_{邪尤}$⿰歹囚$^{玉:}_{邪尤}$蝤$^{從}_{尤}$酋$^{從}_{尤}$ | 囚$^{邪}_{尤}$[3639]囚$^{邪}_{尤}$ | 酋$^{從}_{尤}$
0225	[0712]崷$^{從}_{尤}$ | 酧$^{禪}_{尤}$[2383]⿱髟酋$^{從}_{尤}$ | 酬$^{禪}_{尤}$
0226	[2726]遒$^{從}_{尤}$ | 就平$^{從}_{尤}$[1296]就$^{從}_{宥}$鷲$^{從}_{宥}$ | 就$^{從}_{宥}$
0227	[1739]僽$^{崇}_{宥}$ | 愁去$^{崇}_{宥}$[1926]愁$^{崇}_{尤}$ | 驟平$^{崇}_{尤}$
甲種 $D_{甲}$類（含 211 個自然小類，97 個“準小韻”）	
0228	[0570]崧$^{心}_{東}$嵩$^{心}_{東}$凇$^{心}_{鍾}$倯$^{心}_{鍾}$娀$^{心}_{東}$鬆$^{心}_{東}$鬆$^{心}_{鍾}$菘$^{心}_{東}$⿱松鳥$^{心}_{東}$ | 松$^{邪}_{鍾}$[2224]聳$^{心}_{腫}$竦$^{心}_{腫}$ | 松上$^{邪}_{腫}$[3193]松$^{邪}_{鍾}$ | 嵩$^{心}_{東}$
0229	[1679]傱$^{心}_{腫}$慫$^{心}_{腫}$悚$^{心}_{腫}$ | 聳$^{心}_{腫}$[1999]愯$^{心}_{腫}$㩳$^{心}_{腫}$ | 悚$^{心}_{腫}$
0230	[2727]送$^{心}_{送}$ | 宋$^{心}_{宋}$
0231	[2449]蹜$^{生}_{屋}$茜$^{生}_{屋}$ | 縮$^{生}_{屋}$[2566]縮$^{生}_{屋}$ | 蹜$^{生}_{屋}$
0232	[0231]⿰風肅$^{心}_{屋}$潚$^{心}_{屋}$速$^{心}_{屋}$鷫$^{心}_{屋}$驌$^{心}_{屋}$ | 肅$^{心}_{屋}$[2673]謖$^{生}_{屋}$⿰金粟$^{心}_{燭}$蓿$^{心}_{屋}$粟$^{心}_{燭}$⿱粟木$^{心}_{燭}$ | 粟$^{心}_{燭}$[2724]遬$^{心}_{屋}$摍$^{生}_{屋}$殐$^{心}_{屋}$鋉$^{心}_{屋}$餗$^{心}_{屋}$粟$^{心}_{燭}$蔌$^{心}_{屋}$鱐$^{心}_{屋}$⿰肅羽$^{生}_{屋}$⿱肅鳥$^{心}_{屋}$ | 速$^{心}_{屋}$
0233	[0798]洬$^{心}_{沃}$誎$^{心}_{屋}$ | 束$^{書}_{燭}$
0234	[3716]欶$^{生}_{覺}$ | 簌$^{心}_{屋}$
0235	[3159]⿰桑刂$^{初}_{養}$ | 桑$^{心}_{唐}$[3259]桑$^{心}_{唐}$ | 喪$^{心}_{唐}$[2252]顙$^{心}_{蕩}$ | 桑上$^{心}_{蕩}$
0236	[1087]磉$^{心}_{蕩}$⿰爽頁$^{生}_{養}$⿰爽瓦$^{生}_{養}$⿰爽鳥$^{生}_{養}$ | 爽$^{生}_{養}$
0237	[0945]湘$^{心}_{陽}$廂$^{心}_{陽}$襄$^{心}_{陽}$纕$^{心}_{陽}$緗$^{心}_{陽}$瓖$^{心}_{陽}$⿰相鳥$^{心}_{陽}$ | 相$^{心}_{陽}$[2993]鑲$^{心}_{陽}$相$^{心}_{陽}$箱$^{心}_{陽}$驤$^{心}_{陽}$ | 襄$^{心}_{陽}$
0238	[1951]想$^{心}_{養}$ | 鯗$^{心}_{養}$[3508]鯗$^{心}_{養}$鮝$^{心}_{養}$ | 想$^{心}_{養}$
0239	[0323]霜$^{生}_{陽}$ | 雙$^{生}_{江}$[1847]孀$^{生}_{陽}$雙$^{生}_{江}$ | 霜$^{生}_{陽}$
0240	[0193]朔$^{生}_{覺}$⿰扌索$^{心}_{鐸}$ | 索$^{心}_{鐸}$[0215]搠$^{生}_{覺}$⿱朔制$^{生}_{覺}$槊$^{生}_{覺}$蒴$^{生}_{覺}$ | 朔$^{生}_{覺}$[2592]索$^{心}_{鐸}$ | ⿰扌索$^{心}_{鐸}$
0241	[0245]颸$^{心}_{之}$⿰氵虒$^{心}_{支}$虒$^{心}_{支}$偲$^{心}_{之}$恖$^{心}_{之}$絲$^{心}_{之}$緦$^{心}_{之}$司$^{心}_{之}$禗$^{心}_{之}$禠$^{心}_{支}$私$^{心}_{脂}$鷥$^{心}_{之}$虒$^{心}_{支}$戚$^{心}_{之}$斯$^{心}_{支}$罳$^{心}_{之}$ | 思$^{心}_{之}$[0871]泀$^{心}_{之}$呞$^{書}_{之}$⿰目司$^{心}_{之}$師$^{生}_{脂}$ | 司$^{心}_{之}$[1493] 廝$^{心}_{支}$澌$^{心}_{支}$⿰彳斯$^{心}_{支}$ ⿰言斯$^{心}_{支}$⿱斯鳥$^{心}_{脂}$ | 斯$^{心}_{支}$[1967]思$^{心}_{之}$⿰玄厶$^{心}_{脂}$ | 私$^{心}_{脂}$[3396]釃$^{生}_{支}$螄$^{生}_{脂}$獅$^{生}_{脂}$ | 師$^{生}_{脂}$
0242	[1861]媸$^{昌}_{之}$屍$^{書}_{脂}$鳲$^{書}_{脂}$⿰身寺$^{書}_{之}$ | 尸$^{書}_{脂}$[2210]眱$^{書}_{之}$襹$^{生}_{支}$纚$^{書}_{支}$絁$^{書}_{支}$尸$^{書}_{脂}$⿱玨尸$^{鏡:}_{書之}$蒒$^{生}_{脂}$葹$^{書}_{支}$蓍$^{書}_{脂}$施$^{書}_{支}$ | 詩$^{書}_{之}$[2634] ⿰兒見$^{書}_{支}$攱$^{書}_{支}$ | 施$^{書}_{支}$
0243	[0829]洗$^{心}_{薺}$ | 璽$^{心}_{紙}$[1147]璽$^{心}_{紙}$㥠$^{心}_{語}$躧$^{生}_{紙}$蹝$^{生}_{紙}$髓$^{心}_{紙}$縰$^{生}_{紙}$⿺辶止$^{心}_{止}$⿺辶土$^{心}_{止}$璽$^{心}_{紙}$徙$^{心}_{紙}$ | 洗$^{心}_{薺}$[2343]髓$^{心}_{紙}$ | 髓$^{心}_{紙}$[2895]屣$^{生}_{紙}$枲$^{心}_{止}$蓰$^{心}_{紙}$葸$^{心}_{止}$ | 徙$^{心}_{紙}$
0244	[2857]伺$^{心}_{寘}$ | 俟$^{崇}_{止}$
0245	[0663]⿱山史$^{生}_{止}$⿱山矢$^{生}_{旨}$⿰歹厶$^{心}_{旨}$死$^{心}_{旨}$ | 使$^{生}_{止}$
0246	[0833]⿰氵史$^{生}_{志}$駛$^{生}_{止}$ | 史$^{生}_{止}$[2868]⿵門矢$^{書}_{旨}$ | 豕$^{書}_{紙}$[2891]屎$^{書}_{旨}$矢$^{書}_{旨}$弛$^{書}_{紙}$豕$^{書}_{紙}$㢮$^{書}_{止}$叓$^{生}_{止}$ | 始$^{書}_{止}$[3405]屎$^{書}_{旨}$弛$^{書}_{紙}$ | 矢$^{書}_{旨}$
0247	[2954]⿰歹斯$^{心}_{寘}$ | 斯$^{心}_{寘}$
0248	[0616]⿰山史$^{生}_{止}$泗$^{心}_{至}$賜$^{心}_{寘}$柶$^{心}_{至}$駟$^{心}_{至}$三$^{心}_{至}$⿰隶聿$^{心}_{至}$肆$^{心}_{至}$ | 四$^{心}_{至}$[0882]漆$^{龍:}_{心霽}$ | 泗$^{心}_{至}$[1026]⿰氵賜$^{心}_{寘}$ | 賜$^{心}_{寘}$[3601]四$^{心}_{至}$ | 肆$^{心}_{至}$
0249	[0219]肰$^{鏡:}_{邪止}$ | 巳$^{邪}_{止}$[1769]兕$^{邪}_{旨}$孠$^{邪}_{志}$市$^{禪}_{止}$峙$^{澄}_{止}$杫$^{心}_{寘}$ | 寺$^{邪}_{志}$[3024]鈰$^{禪}_{止}$柿$^{崇}_{止}$巳$^{邪}_{止}$翅$^{書}_{寘}$氏$^{禪}_{紙}$ | 市$^{禪}_{止}$[3539]翨$^{書}_{寘}$扺$^{書}_{寘}$ | 翅$^{書}_{寘}$
0250	[2276]湏$^{心}_{虞}$西$^{心}_{齊}$ | 犀$^{心}_{齊}$[1609]傂$^{心}_{支}$恓$^{心}_{齊}$嘶$^{心}_{齊}$晳$^{心}_{齊}$屖$^{心}_{齊}$栖$^{心}_{齊}$棲$^{心}_{齊}$粞$^{心}_{齊}$ | 西$^{心}_{齊}$
0251	[0990]濉$^{心}_{脂}$綏$^{心}_{脂}$眭$^{心}_{脂}$ | 雖$^{心}_{脂}$[1440]⿰阝妥$^{心}_{脂}$⿰口妥$^{心}_{灰}$荽$^{心}_{脂}$ | 綏$^{心}_{脂}$[3536]雖$^{心}_{脂}$ | 荽$^{心}_{脂}$
0252	[0414]焠$^{清}_{隊}$啐$^{心}_{隊}$睟$^{心}_{至}$誶$^{心}_{至}$歲$^{心}_{祭}$歳$^{心}_{霽}$祟$^{心}_{至}$ | 碎$^{心}_{隊}$[1104]碎$^{心}_{隊}$繐$^{心}_{祭}$⿰糹歲$^{心}_{祭}$粹$^{心}_{至}$ | 歲$^{心}_{祭}$
0253	[2013]愢$^{心}_{咍}$⿱髟思$^{心}_{咍}$ | 腮$^{心}_{咍}$
0254	[0629]崽$^{生}_{佳}$崽$^{生}_{佳}$簁$^{生}_{皆}$籭$^{生}_{佳}$ | 篩$^{生}_{佳}$[3334]篩$^{生}_{佳}$ | 籭$^{生}_{佳}$[0820]洒$^{生}_{蟹}$ | 篩上$^{生}_{蟹}$
0255	[0164]曬$^{生}_{卦}$塞$^{心}_{代}$ | 賽$^{心}_{代}$[1726]僿$^{心}_{代}$賽$^{心}_{代}$ | 塞$^{心}_{代}$
0256	[1044]⿰氵率$^{生}_{祭}$ | 帥$^{生}_{至}$[3728]帥$^{生}_{至}$ | 率$^{生}_{至}$
0257	[1336]郥$^{心}_{果}$鎖$^{心}_{果}$所$^{生}_{語}$ | 瑣$^{心}_{果}$[1704]傎$^{心}_{麌}$ | 所$^{生}_{語}$[3040]瑣$^{心}_{果}$ | 鎖$^{心}_{果}$
0258	[0788]⿰氵囟$^{心}_{霽}$婿$^{心}_{霽}$⿰歹聿$^{心}_{至}$些$^{心}_{霽}$ | 細$^{心}_{霽}$[2578]細$^{心}_{霽}$絮$^{心}_{御}$ | 壻$^{心}_{霽}$
0259	[0967]湑$^{心}_{魚}$須$^{心}_{虞}$繻$^{心}_{虞}$揟$^{心}_{魚}$⿱胥鳥$^{心}_{魚}$須$^{心}_{虞}$ | 胥$^{心}_{魚}$[0347]需$^{心}_{虞}$嬃$^{心}_{虞}$胥$^{心}_{魚}$鬚$^{心}_{虞}$[illegible]$^{心}_{虞}$⿰立需$^{心}_{虞}$鑐$^{心}_{虞}$糈$^{心}_{語}$蝑$^{心}_{魚}$ | 須$^{心}_{虞}$
0260	[0540]⿰月疋$^{生}_{魚}$⿸广穌$^{心}_{模}$⿸疒穌$^{心}_{模}$蓑$^{心}_{戈}$ | 疎$^{生}_{魚}$[1897]娑$^{心}_{歌}$挲$^{心}_{歌}$ | 莎$^{心}_{戈}$[2146]唆$^{心}_{戈}$ | 梭$^{心}_{戈}$[3211]梭$^{心}_{戈}$莎$^{心}_{戈}$ | 蓑$^{心}_{戈}$
0261	[0154]⿸尸疋$^{生}_{御}$梳$^{生}_{魚}$蔬$^{生}_{魚}$疋$^{生}_{魚}$ | 疏$^{生}_{魚}$[2541]綀$^{生}_{魚}$ | 蔬$^{生}_{魚}$

續表

字組序號	轄字
0262	[2962]稰$^{心}_{語}$稰$^{心}_{語}$醑$^{心}_{語}$丨胥$^{心}_{語}$
0263	[0141]頙$^{心}_{麌}$丨數$^{生}_{麌}$
0264	[1596]甦$^{心}_{模}$酥$^{心}_{模}$穌$^{心}_{模}$丨蘇$^{心}_{模}$[3272]蘇$^{心}_{模}$丨酥$^{心}_{模}$
0265	[0792]泝$^{心}_{暮}$素$^{心}_{暮}$丨訴$^{心}_{暮}$[0823]泝$^{心}_{暮}$溯$^{心}_{暮}$溹$^{心}_{暮}$傃$^{心}_{暮}$愬$^{心}_{暮}$嗉$^{心}_{暮}$膆$^{心}_{暮}$訴$^{心}_{暮}$遡$^{心}_{暮}$數$^{生}_{遇}$丨素$^{心}_{暮}$
0266	[0716]屾$^{生}_{臻}$丨莘$^{生}_{臻}$[1133]埣$^{心}_{清}$侁$^{生}_{臻}$葽$^{玉:}_{生臻}$侚$^{心}_{諄}$栒$^{心}_{諄}$莘$^{生}_{臻}$騂$^{心}_{清}$鮮$^{生}_{臻}$兟$^{生}_{臻}$丨辛$^{心}_{真}$[1912]心$^{心}_{侵}$丨新$^{心}_{真}$[3441]馸$^{心}_{侵}$莘$^{生}_{臻}$辛$^{心}_{真}$新$^{心}_{真}$忄$^{心}_{侵}$丨心$^{心}_{侵}$
0267	[0178]鬖$^{生}_{侵}$滲$^{生}_{侵}$詵$^{生}_{臻}$森$^{生}_{侵}$罧$^{生}_{侵}$丨參$^{生}_{侵}$[2504]襂$^{生}_{侵}$蔘$^{生}_{侵}$葠$^{生}_{侵}$丨森$^{生}_{侵}$[3410]糝$^{心}_{寢}$糂$^{心}_{寢}$丨糸上$^{生}_{寢}$
0268	[0773]沁$^{清}_{沁}$郄$^{玉:}_{心稕}$陖$^{心}_{稕}$囟$^{心}_{震}$伩$^{心}_{震}$囟$^{心}_{震}$忄心$^{清}_{沁}$顖$^{心}_{震}$顖$^{心}_{震}$訊$^{心}_{震}$訩$^{集:}_{心震}$訙$^{心}_{震}$迅$^{心}_{震}$𧊓$^{心}_{震}$扟$^{心}_{震}$𨳩$^{心}_{震}$玌$^{心}_{震}$駿$^{集:}_{心稕}$囟$^{心}_{震}$丨信$^{心}_{震}$[3628]奞$^{心}_{稕}$丨迅$^{心}_{震}$
0269	[0121]星$^{心}_{青}$丨惺$^{心}_{青}$[0179]曐$^{心}_{青}$惺$^{心}_{青}$睲$^{心}_{青}$腥$^{心}_{青}$胜$^{心}_{青}$鉎$^{生}_{庚}$篂$^{心}_{青}$醒$^{心}_{青}$猩$^{心}_{青}$鮏$^{心}_{青}$皨$^{心}_{青}$丨星$^{心}_{青}$
0270	[2216]睲$^{心}_{勁}$丨省$^{心}_{勁}$[2174]省$^{心}_{勁}$箵$^{心}_{迥}$丨醒$^{心}_{迥}$
0271	[0051]睲$^{集:}_{心徑}$丨腥$^{心}_{徑}$
0272	[1902]姓$^{心}_{勁}$丨性$^{心}_{勁}$
0273	[0355]䨤$^{心}_{錫}$熄$^{心}_{職}$鄎$^{心}_{職}$惜$^{心}_{昔}$䐿$^{心}_{職}$瘜$^{心}_{職}$淅$^{心}_{錫}$藤$^{心}_{質}$鎴$^{心}_{職}$鵲$^{心}_{昔}$䳼$^{心}_{職}$蜥$^{心}_{錫}$丨息$^{心}_{職}$[0494]焟$^{心}_{昔}$磶$^{心}_{昔}$息$^{心}_{職}$唶$^{心}_{昔}$腊$^{心}_{昔}$踖$^{邪}_{昔}$裼$^{心}_{錫}$緆$^{心}_{錫}$錫$^{心}_{錫}$鍚$^{心}_{錫}$析$^{心}_{錫}$析$^{心}_{錫}$舃$^{心}_{昔}$丨昔$^{心}_{昔}$[0917]淅$^{心}_{錫}$丨析$^{心}_{錫}$[2332]膝$^{心}_{質}$丨錫$^{心}_{錫}$[0281]䬍$^{心}_{屋}$摍$^{生}_{屋}$璛$^{心}_{屋}$墑$^{心}_{屋}$戌$^{心}_{術}$丨宿$^{心}_{屋}$[0041]昔$^{心}_{昔}$卹$^{心}_{術}$戌$^{心}_{術}$䘏$^{心}_{術}$狊$^{曉}_{錫}$丨恤$^{心}_{術}$[1677]佰$^{心}_{屋}$佤$^{心}_{屋}$佩$^{心}_{屋}$宿$^{心}_{屋}$凨$^{心}_{屋}$丨夙$^{心}_{屋}$[1991]恤$^{心}_{術}$珬$^{心}_{術}$丨戌$^{心}_{術}$
0274	[3453]蟋$^{心}_{質}$丨悉$^{心}_{質}$
0275	[1753]甥$^{生}_{庚}$笙$^{生}_{庚}$牲$^{生}_{庚}$狌$^{生}_{庚}$鼪$^{生}_{庚}$丨生$^{生}_{庚}$
0276	[1879]媘$^{生}_{梗}$眚$^{生}_{梗}$䚇$^{生}_{梗}$闇$^{生}_{梗}$胜$^{生}_{映}$丨省$^{生}_{梗}$
0277	[0690]㠊$^{生}_{緝}$濇$^{生}_{職}$濇$^{生}_{職}$懎$^{生}_{職}$䪅$^{生}_{職}$嗇$^{生}_{職}$譅$^{生}_{緝}$澀$^{生}_{緝}$𣬈$^{生}_{鎋}$鏼$^{生}_{麥}$棟$^{生}_{麥}$穡$^{生}_{職}$丨色$^{生}_{職}$[0255]颸$^{生}_{櫛}$色$^{生}_{職}$丨瑟$^{生}_{櫛}$[0880]溹$^{生}_{麥}$丨澁$^{生}_{緝}$[0999]澁$^{生}_{緝}$瑟$^{生}_{櫛}$蝨$^{生}_{櫛}$丨虱$^{生}_{櫛}$
0278	[0427]餐$^{清}_{魂}$丨飧$^{心}_{魂}$
0279	[2347]䐣$^{心}_{混}$丨損$^{心}_{混}$[2799]損$^{心}_{混}$丨孫上$^{心}_{混}$[3285]蓀$^{心}_{魂}$丨孫$^{心}_{魂}$
0280	[2832]揗$^{心}_{準}$筍$^{心}_{準}$隼$^{心}_{準}$丨笋$^{心}_{準}$[3336]簨$^{心}_{準}$笋$^{心}_{準}$丨筍$^{心}_{準}$[3426]鶽$^{心}_{準}$丨隼$^{心}_{準}$
0281	[1042]濬$^{心}_{稕}$䜭$^{心}_{稕}$丨峻$^{心}_{稕}$
0282	[1458]睿$^{心}_{稕}$㖰$^{心}_{慁}$巽$^{心}_{慁}$巺$^{心}_{慁}$丨遜$^{心}_{慁}$
0283	[1560]窣$^{心}_{沒}$衛$^{生}_{質}$達$^{生}_{質}$鵜$^{心}_{沒}$蟀$^{生}_{質}$丨率$^{生}_{質}$
0284	[0870]球$^{心}_{術}$丨述$^{船}_{術}$
0285	[3729]帥$^{生}_{質}$丨塞$^{心}_{德}$
0286	[2116]嵾$^{生}_{咸}$弎$^{心}_{談}$叁$^{心}_{談}$弎$^{心}_{談}$丨三$^{心}_{談}$[3600]三$^{心}_{談}$丨叁$^{心}_{談}$
0287	[0341]雺$^{生}_{咸}$彤$^{生}_{咸}$縿$^{生}_{銜}$幓$^{生}_{銜}$獑$^{生}_{咸}$彡$^{生}_{銜}$帗$^{心}_{談}$丨衫$^{生}_{銜}$[0545]山$^{生}_{山}$丨珊$^{心}_{寒}$[0816]潸$^{生}_{潸}$䣉$^{生}_{刪}$姍$^{心}_{寒}$跚$^{心}_{寒}$疝$^{生}_{山}$狦$^{生}_{刪}$珊$^{心}_{寒}$刪$^{生}_{刪}$杉$^{生}_{咸}$丨山$^{生}_{山}$[2505]衫$^{生}_{銜}$芟$^{生}_{銜}$丨杉$^{生}_{咸}$[3644]衫$^{生}_{銜}$丨帗$^{心}_{談}$
0288	[0316]霰$^{心}_{桓}$柵$^{心}_{寒}$鋑$^{清}_{桓}$丨酸$^{心}_{桓}$[2974] 祘$^{心}_{換}$蒜$^{心}_{換}$筭$^{心}_{換}$丨筭$^{心}_{換}$[3399]酸$^{心}_{桓}$丨筭平$^{心}_{桓}$[3342]算$^{集:}_{心換}$丨蒜$^{心}_{換}$
0289	[0762]汕$^{生}_{諫}$丨訕$^{生}_{諫}$[2664]訕$^{生}_{諫}$丨散$^{心}_{翰}$[3412]糤$^{心}_{旱}$丨傘上$^{心}_{旱}$[3614]散$^{心}_{翰}$丨傘去$^{心}_{翰}$
0290	[3025]饊$^{心}_{旱}$㪚$^{饊:}_{心旱}$饊$^{心}_{旱}$丨散$^{心}_{旱}$
0291	[0234]颯$^{心}_{洽}$丨霎$^{生}_{洽}$[0305]霅$^{心}_{合}$霎$^{生}_{洽}$鈒$^{心}_{合}$薩$^{心}_{曷}$𥻦$^{心}_{曷}$馺$^{心}_{合}$丨撒$^{心}_{曷}$
0292	[3319]萐$^{生}_{洽}$丨歃$^{生}_{洽}$
0293	[2114]㗿$^{心}_{曷}$唦$^{心}_{査}$𥿞$^{生}_{黠}$鎩$^{生}_{黠}$榝$^{生}_{黠}$丨殺$^{生}_{黠}$[3173]殺$^{生}_{黠}$丨煞$^{生}_{黠}$
0294	[1694]僊$^{心}_{仙}$褼$^{心}_{仙}$纖$^{心}_{鹽}$秈$^{心}_{仙}$䙴$^{清}_{仙}$丨仙$^{心}_{仙}$
0295	[0531]燅$^{邪}_{鹽}$孅$^{心}_{鹽}$思$^{心}_{鹽}$丨纖$^{心}_{鹽}$[1068]硟$^{心}_{先}$廯$^{心}_{先}$姺$^{心}_{先}$躚$^{心}_{先}$躚$^{心}_{先}$纖$^{心}_{鹽}$攕$^{心}_{鹽}$銛（鈷）$^{心}_{鹽}$鱻$^{心}_{仙}$秈$^{心}_{仙}$鮮$^{心}_{仙}$丨先$^{心}_{先}$[3136]韱$^{心}_{鹽}$丨銛$^{心}_{鹽}$[3511]鱻$^{心}_{仙}$丨鮮$^{心}_{仙}$[0609]蘚$^{心}_{獮}$㦌$^{心}_{獮}$跣$^{心}_{銑}$選$^{心}_{獮}$尟$^{心}_{獮}$癬$^{心}_{獮}$丨先上$^{心}_{銑}$[0197]腺$^{邪}_{獮}$丨選$^{心}_{獮}$[0398]燹$^{心}_{銑}$銑$^{心}_{銑}$獮$^{心}_{獮}$丨跣$^{心}_{銑}$[2980]鍌$^{心}_{銑}$丨銑$^{心}_{銑}$[0337]霰$^{心}_{霰}$霓$^{心}_{霰}$巺$^{心}_{線}$丨先去$^{心}_{霰}$
0296	[1614]儇$^{曉}_{仙}$揎$^{心}_{仙}$瑄$^{心}_{仙}$䳦$^{心}_{仙}$丨宣$^{心}_{仙}$
0297	[1376]𨚍$^{心}_{銑}$丨鮮$^{心}_{獮}$
0298	[2468]䯬$^{心}_{獮}$丨尠$^{心}_{獮}$

續表

字組序號	轄字
0299	[2028]挻心線慏心線譔心線綫心線ǀ線心線
0300	[1754]掤集:生線ǀ涮生諫
0301	[0073]暬心薛洩心薛瀉心昔絏心薛瑹心帖燮心帖ǀ泄心薛[0800]泄心薛伳心薛媟心薛屑心屑ǀ洩心薛[0958]渫心薛偰心薛偞心屑腤心屑褻心薛屟心帖屧心帖楔心屑薛心薛禼心薛ǀ屑心屑[0556]嶭心薛躃心屑ǀ薛心薛
0302	[1628]僁心屑ǀ契心薛
0303	[2222]瞸心帖ǀ燮心帖[0351]雸玉:心薛燮心帖ǀ雪心薛
0304	[0261]颾心蕭蠨心蕭䶌心蕭ǀ蕭心蕭[0300]翛心宵焇心宵消心宵瀟心蕭㣵心宵ǀ肖心宵[0744]霄心宵硝心宵踃心蕭綃心宵逍心宵銷心宵弰生肴橚心蕭蕭心蕭箾心蕭簫心蕭鵃心宵蛸心宵蠨心蕭翛心蕭奞心宵旓生肴ǀ消心宵
0305	[0085]睄心宵霄心宵ǀ宵心宵
0306	[0454]燥集:心號娋生效ǀ哨集:生效[0482]熽心嘯嘯心嘯哨集:生效咲心笑肖心笑歗心嘯鞘心笑ǀ笑心笑[1419]陗清笑笑心笑篠心篠ǀ肖心笑[1543]譟心號ǀ燥心號[1542]譟心號ǀ埽心號
0307	[0260]颵生肴䅵生肴繅心豪䘯生肴艄生效梢生肴筲生肴ǀ稍生肴[2795]捎生肴ǀ梢生肴[3367]稍生肴ǀ筲生肴
0308	[0241]颾心豪臊心豪搔心豪ǀ騷心豪[2319]臊心豪ǀ䐹集:心豪[3209]橾心豪慅心晧騷心豪鱢心豪ǀ搔心豪
0309	[1138]埽心晧嫂心晧ǀ掃心晧[1851]嫂心晧掃心晧ǀ嫂心晧
0310	[1314]鄁生效ǀ梢生效
0311	[2031]慅心號譟心號瘙心號燥心號ǀ掃心號
0312	[3301]尛心小ǀ小心小[3708]小心小ǀ篠心篠
0313	[2456]氉心號ǀ懆心號
0314	[0841]沙生麻厏集:生禡裟生麻紗生麻鯊生麻ǀ沙生麻
0315	[3554]乑生馬ǀ耍生馬
0316	[2782]歩心麻ǀ些心麻
0317	[2695]譌心馬寫心馬榪心馬ǀ寫心馬
0318	[0460]炧邪馬ǀ寫集:心禡
0319	[1400]卸心禡ǀ瀉心禡[2915]瀉集:心麻ǀ瀉心禡
0320	[0270]䬸心尤䐑心尤滫心尤羞心尤ǀ羞心尤[1846]媹心尤餈心尤羞心尤瑊心尤ǀ修心尤
0321	[2553]繡心宥宿心宥琇心宥ǀ秀心宥[3375]秀心宥ǀ繡心宥
0322	[0240]颼生尤颾生尤溲生有郰生尤廋生尤鎪生尤餿生尤餿生尤酸生尤醙生尤騣生尤騪生尤獀生尤ǀ搜生尤[0892]漱生宥嗽心候遚初宥瘦生宥簉初宥ǀ瘦生宥[2907]瘦生宥ǀ搜去生宥
0323	[3299]蒐生尤ǀ叟生尤
0324	[1535]廋集:生有傁心厚傻心厚瞍心厚聜心厚瞍心厚謏心厚藪心厚薮心厚籔心厚ǀ叟心厚[2848]擻心厚叟心厚安心厚ǀ藪心厚
甲種 E甲類（含 34 個自然小類，15 個“準小韻”）	
0325	[2271]頌邪用ǀ誦邪用[2650]誦邪用訟邪用ǀ頌邪用
0326	[0608]㞊玉:從屋蹴集:精屋鏃集:從屋鷟崇覺ǀ族從屋[1661]俗邪燭ǀ續邪燭[2565]續邪燭藚邪燭族從屋ǀ俗邪燭[3350]籗知覺ǀ鷟崇覺
0327	[2856]詞邪之ǀ辭邪之[2858]嗣邪之祠邪之柌邪之辭邪之辞邪之ǀ詞邪之
0328	[0731]兕邪止汜邪止洍邪止涘崇止俟崇止佀邪止姒邪止祠邪之鈶邪止笥心志飼邪志飤邪志汜邪止祀邪止耜邪止涘崇止竢崇止ǀ似邪止[0864]滓莊止殰從寘ǀ漬從寘[0881]漬從寘庛崇止姊從至骴從寘胔從寘竢崇止ǀ自從至[2396]眥從寘牸從志自從至ǀ字從志
0329	[2778]𥩰崇止ǀ杞邪止
0330	[3185]柹崇止ǀ士崇止
0331	[0424]嬘邪至燧邪至澻邪至墜邪至隧邪至邃心至檖邪至繸邪至憖心至闧邪至䃜邪至鐆邪至鐩邪至璲邪至䡵邪至椽邪至檖邪至采邪至家邪至旞邪至ǀ遂邪至[2194]睡禪寘萃從至ǀ瑞禪寘[2731]遂邪至邃心至瑞禪寘ǀ睡禪寘[2982]鐆邪至ǀ鐩邪至
0332	[1337]𨛬邪魚徐邪魚ǀ徐邪魚
0333	[0192]𦡼邪侵潯邪侵灊邪侵鄩邪侵陻邪侵膞邪侵襑邪侵撏邪侵鱏邪侵鱘邪侵趇邪侵㝷邪侵鬵邪侵鬻邪侵覃邪侵ǀ尋邪侵
0334	[1408]隰邪緝ǀ濕集:邪緝
0335	[0083]暶邪仙颴邪仙漩邪仙涎邪仙嫙邪仙暶邪仙鏇邪仙璇邪仙琁邪仙璿邪仙ǀ旋邪仙[0822]㳄邪仙ǀ涎邪仙[3694]旋邪仙ǀ璿邪仙[2753]鏇邪線旋邪線ǀ羨邪線[3671]羨邪線ǀ旋去邪線

續表

字組序號	轄字
0336	[2496]衺$^{邪}_{麻}$斜$^{邪}_{麻}$ 丨 邪$^{邪}_{麻}$[3293]蒘$^{邪}_{麻}$ 丨 斜$^{邪}_{麻}$
0337	[1475]庠$^{邪}_{陽}$𧿹$^{邪}_{陽}$詳$^{邪}_{陽}$ 丨 祥$^{邪}_{陽}$[3543]翔$^{邪}_{陽}$ 丨 詳$^{邪}_{陽}$
0338	[0589]嶑$^{邪}_{養}$像$^{邪}_{養}$襐$^{邪}_{養}$橡$^{邪}_{養}$蟓$^{邪}_{養}$ 丨 象$^{邪}_{養}$[3501]象$^{邪}_{養}$ 丨 像$^{邪}_{養}$
0339	[0559]岫$^{邪}_{宥}$褎$^{邪}_{宥}$褏$^{邪}_{宥}$ 丨 袖$^{邪}_{宥}$[2528]袖$^{邪}_{宥}$ 丨 岫$^{邪}_{宥}$
乙種 $A_{乙}$類（含 138 個自然小類，56 個“準小韻”）	
0340	[0386]霟$^{章}_{東}$伀$^{章}_{鍾}$妐$^{章}_{鍾}$㖓$^{章}_{鍾}$𣧑$^{章}_{東}$中$^{知}_{東}$ 丨 終$^{章}_{東}$[1957]忠$^{知}_{東}$蹱$^{章}_{鍾}$終$^{章}_{東}$鐘$^{章}_{鍾}$鍾$^{章}_{鍾}$鈆$^{章}_{鍾}$艟$^{昌}_{鍾}$忠$^{知}_{東}$彸$^{章}_{鍾}$ 丨 中$^{知}_{東}$[2147]喠$^{章}_{腫}$ 丨 腫$^{章}_{腫}$[2314]腫$^{章}_{腫}$踵$^{章}_{腫}$堹$^{章}_{腫}$ 丨 中上$^{知}_{董}$[3178]𤭛$^{章}_{用}$ 丨 種$^{章}_{用}$[3356]種$^{章}_{用}$ 丨 衆$^{章}_{送}$[3651]眾$^{章}_{送}$ 丨 中去$^{知}_{送}$
0341	[0525]煄$^{章}_{腫}$㙛$^{知}_{腫}$塚$^{知}_{腫}$ 丨 冢$^{知}_{腫}$
0342	[0463]燭$^{章}_{燭}$婴$^{知}_{術}$窡$^{知}_{術}$囑$^{章}_{燭}$欘$^{知}_{燭}$竺$^{知}_{屋}$竹$^{知}_{屋}$粥$^{章}_{屋}$ 丨 祝$^{章}_{屋}$[0975]瀄$^{澄}_{屋}$斸$^{知}_{覺}$ 丨 築$^{知}_{屋}$[1227]埱$^{莊}_{屋}$鄐$^{章}_{燭}$咮$^{章}_{屋}$钃$^{知}_{燭}$茿$^{知}_{屋}$築$^{知}_{屋}$鸀$^{章}_{燭}$竺$^{知}_{屋}$鷟$^{章}_{屋}$斸$^{知}_{燭}$ 丨 竹$^{知}_{屋}$[2713]趨$^{章}_{燭}$祝$^{章}_{屋}$ 丨 燭$^{章}_{燭}$
0343	[3701]卟$^{見}_{齊}$ 丨 只$^{章}_{支}$
0344	[2557]㫖$^{玉:}_{見旨}$ 丨 旨$^{章}_{旨}$
0345	[3085]軹$^{章}_{紙}$ 丨 只$^{章}_{紙}$
0346	[0761]沚$^{章}_{紙}$汦$^{章}_{紙}$洔$^{章}_{止}$𣳆$^{章}_{止}$砥$^{章}_{紙}$址$^{章}_{止}$阯$^{章}_{止}$匠$^{鐘:}_{章止}$恉$^{章}_{旨}$趾$^{章}_{止}$㴛$^{知}_{旨}$阺$^{章}_{紙}$指$^{章}_{旨}$釞$^{知}_{職}$枳$^{章}_{紙}$芷$^{章}_{止}$ 丨 止$^{章}_{止}$[1287]時$^{章}_{止}$庻$^{章}_{紙}$ 丨 紙$^{章}_{紙}$[2558]紙$^{章}_{紙}$帋$^{章}_{紙}$止$^{章}_{止}$旨$^{章}_{旨}$鴲$^{章}_{旨}$ 丨 旨$^{章}_{旨}$
0347	[2992]𦓶$^{澄}_{祭}$ 丨 智$^{知}_{寘}$
0348	[3068]䝷$^{知}_{志}$ 丨 置$^{知}_{志}$
0349	[0201]腄$^{知}_{支}$ 丨 揣$^{集:}_{章脂}$[0332]䨏$^{知}_{脂}$唯$^{知}_{脂}$腄$^{知}_{支}$䨏$^{知}_{脂}$錐$^{章}_{脂}$萑$^{章}_{脂}$騅$^{章}_{脂}$隹$^{章}_{脂}$ 丨 追$^{知}_{脂}$[2583]縋$^{澄}_{寘}$捶$^{章}_{紙}$ 丨 追去$^{知}_{至}$[0735]秌$^{章}_{紙}$ 丨 捶$^{章}_{紙}$
0350	[1066]䃍$^{澄}_{至}$硾$^{澄}_{寘}$墜$^{澄}_{至}$ 丨 隊$^{澄}_{至}$[1987]惴$^{章}_{寘}$諈$^{知}_{寘}$裰$^{知}_{祭}$錣$^{知}_{祭}$餟$^{知}_{祭}$ 丨 綴$^{知}_{祭}$[2348]膇$^{澄}_{寘}$綴$^{知}_{祭}$ 丨 墜$^{澄}_{至}$
0351	[0807]洙$^{禪}_{虞}$䃴$^{章}_{魚}$邾$^{知}_{虞}$侏$^{章}_{虞}$諸$^{章}_{魚}$誅$^{知}_{虞}$𢪛$^{章}_{虞}$袾$^{章}_{虞}$銖$^{禪}_{虞}$珠$^{章}_{虞}$株$^{知}_{虞}$鴸$^{章}_{虞}$蠩$^{章}_{魚}$蛛$^{知}_{虞}$駯$^{知}_{虞}$猪$^{知}_{魚}$豬$^{知}_{魚}$豬$^{知}_{魚}$鼄$^{知}_{虞}$諸$^{章}_{魚}$猪$^{知}_{魚}$豬$^{知}_{魚}$ 丨 朱$^{章}_{虞}$[0901]瀦$^{知}_{魚}$ 丨 猪$^{知}_{魚}$[1035]藷$^{章}_{魚}$袾$^{知}_{虞}$櫫$^{知}_{魚}$㣣$^{章}_{魚}$ 丨 諸$^{章}_{魚}$
0352	[0506]煮$^{章}_{語}$渚$^{章}_{語}$𠰱$^{知}_{麌}$拄$^{知}_{麌}$宔$^{章}_{麌}$柱$^{知}_{麌}$䵭$^{章}_{御}$黈$^{知}_{麌}$煮$^{章}_{語}$渚$^{章}_{語}$ 丨 主$^{章}_{麌}$[1423]陼$^{章}_{語}$佇$^{集:}_{知語}$𧉊$^{知}_{語}$ 丨 煮$^{章}_{語}$[3679]鬻$^{章}_{語}$ 丨 煮$^{章}_{語}$
0353	[0359]霔$^{章}_{遇}$炷$^{章}_{遇}$紸$^{章}_{遇}$註$^{章}_{遇}$疰$^{章}_{遇}$鉒$^{知}_{遇}$軴$^{知}_{遇}$𢁺$^{章}_{遇}$𩊃$^{章}_{遇}$著$^{知}_{御}$ 丨 注$^{章}_{遇}$[2750]迬$^{章}_{遇}$ 丨 著$^{知}_{御}$[3337]箸$^{澄}_{御}$翥$^{章}_{御}$ 丨 註$^{章}_{遇}$ [0481]𤆬$^{知}_{語}$翥$^{章}_{御}$壴$^{知}_{遇}$ 丨 住$^{知}_{遇}$
0354	[2921]貯$^{知}_{語}$ 丨 宁$^{集:}_{知語}$[3070]貯$^{知}_{語}$ 丨 蛀$^{章}_{遇}$
0355	[2507]衧$^{知}_{語}$齡$^{知}_{語}$ 丨 紵$^{集:}_{知語}$
0356	[3470]駐$^{知}_{遇}$ 丨 柱$^{集:}_{知遇}$
0357	[1067]磌$^{章}_{真}$嗔$^{昌}_{真}$縝$^{章}_{軫}$帪$^{章}_{真}$針$^{章}_{侵}$鍼$^{章}_{侵}$珍$^{知}_{真}$珎$^{知}_{真}$桭$^{章}_{真}$籈$^{莊}_{真}$裖$^{章}_{真}$賑$^{章}_{真}$ 丨 真$^{章}_{真}$[1076]碪$^{知}_{侵}$砧$^{知}_{侵}$圤$^{章}_{侵}$瑊$^{章}_{侵}$葴$^{章}_{侵}$箴$^{章}_{侵}$斟$^{章}_{侵}$真$^{章}_{真}$眞$^{章}_{真}$ 丨 針$^{章}_{侵}$[3401]酙$^{章}_{侵}$ 丨 斟$^{章}_{侵}$[3442]鱵$^{章}_{侵}$ 丨 箴$^{章}_{侵}$
0358	[1080]砛$^{章}_{軫}$畛$^{章}_{軫}$姫$^{章}_{軫}$眕$^{章}_{軫}$㻸$^{章}_{軫}$胗$^{章}_{軫}$鬒$^{章}_{軫}$裖$^{章}_{軫}$袗$^{章}_{軫}$紾$^{章}_{軫}$覙$^{章}_{軫}$診$^{章}_{軫}$疹$^{章}_{軫}$轃$^{章}_{軫}$稹$^{章}_{軫}$駗$^{章}_{軫}$黰$^{章}_{軫}$ 丨 軫$^{章}_{軫}$[1277]眡$^{章}_{軫}$ 丨 胗$^{章}_{軫}$[1583]准$^{章}_{準}$ 丨 準$^{章}_{準}$[3084]軫$^{章}_{軫}$ 丨 准$^{章}_{準}$[3591]裖$^{章}_{軫}$ 丨 袗$^{章}_{軫}$
0359	[0330]震$^{章}_{震}$踬$^{章}_{震}$瘨$^{集:}_{章震}$鎮$^{知}_{震}$賑$^{章}_{震}$軹$^{章}_{震}$震$^{章}_{震}$ 丨 振$^{章}_{震}$[1634]侲$^{章}_{震}$抮$^{章}_{震}$振$^{章}_{震}$ 丨 震$^{章}_{震}$[3590]振$^{章}_{震}$ 丨 鎮$^{知}_{震}$
0360	[3124]弫$^{章}_{軫}$ 丨 振$^{集:}_{章軫}$
0361	[2683]謓$^{集:}_{章震}$ 丨 慎$^{集:}_{章震}$
0362	[3247]桭$^{集:}_{章震}$ 丨 陣$^{澄}_{震}$
0363	[1172]埻$^{章}_{準}$睶$^{章}_{諄}$迍$^{知}_{諄}$ 丨 諄$^{章}_{諄}$[1565]窀$^{知}_{諄}$訰$^{章}_{諄}$衠$^{章}_{諄}$ 丨 迍$^{知}_{諄}$[2658]諄$^{章}_{諄}$ 丨 惇$^{章}_{諄}$
0364	[3371]稕$^{章}_{稕}$ 丨 純$^{集:}_{章稕}$
0365	[0435]烝$^{章}_{蒸}$徵$^{知}_{蒸}$郑$^{知}_{清}$陹$^{知}_{清}$征$^{章}_{清}$怔$^{章}_{清}$眐$^{章}_{清}$脀$^{章}_{蒸}$脀$^{章}_{蒸}$𥿮$^{章}_{清}$𨑃$^{章}_{清}$延$^{章}_{清}$鉦$^{章}_{清}$貞$^{知}_{清}$楨$^{知}_{清}$蒸$^{章}_{蒸}$鯖$^{章}_{清}$鴊$^{章}_{清}$徵$^{知}_{蒸}$貞$^{知}_{清}$徵$^{知}_{蒸}$洆$^{章}_{蒸}$ 丨 征$^{章}_{清}$[0941]湞$^{知}_{清}$禎$^{知}_{清}$征$^{章}_{清}$ 丨 貞$^{知}_{清}$[2814]抍$^{章}_{蒸}$ 丨 蒸$^{章}_{蒸}$[2926]征$^{章}_{清}$ 丨 徵$^{知}_{蒸}$[2923]整$^{章}_{靜}$ 丨 征上$^{章}_{靜}$[2813]拯$^{章}_{拯}$ 丨 整$^{章}_{靜}$[3082]𢃔$^{章}_{拯}$軯$^{章}_{拯}$ 丨 拯$^{章}_{拯}$
0366	[2655]証$^{章}_{勁}$證$^{章}_{證}$症$^{章}_{證}$政$^{章}_{勁}$ 丨 正$^{章}_{勁}$[2922]正$^{章}_{勁}$𤴓$^{章}_{勁}$ 丨 証$^{章}_{勁}$
0367	[0175]晊$^{章}_{質}$郅$^{章}_{質}$庢$^{知}_{質}$窒$^{知}_{質}$慹$^{章}_{緝}$懫$^{章}_{質}$嚔$^{章}_{質}$晊$^{章}_{質}$膣$^{章}_{質}$覞$^{章}_{質}$遷$^{知}_{質}$迟$^{知}_{質}$挃$^{知}_{質}$鑕$^{章}_{質}$質$^{章}_{質}$櫍$^{章}_{質}$桎$^{章}_{質}$秷$^{知}_{質}$蛭$^{章}_{質}$隻$^{章}_{昔}$ 丨 只$^{五:}_{章質}$[1090]礩$^{章}_{質}$劕$^{章}_{質}$秩$^{澄}_{質}$稙$^{精}_{職}$ 丨 質$^{章}_{質}$[2998]銍$^{知}_{質}$ 丨 室$^{知}_{質}$
0368	[0429]炙$^{章}_{昔}$織$^{章}_{職}$樴$^{章}_{職}$ 丨 隻$^{章}_{昔}$[1243]墌$^{章}_{昔}$ 丨 跖$^{章}_{昔}$[2411]跖$^{章}_{昔}$蹠$^{章}_{昔}$拓$^{章}_{昔}$摭$^{章}_{昔}$ 丨 炙$^{章}_{昔}$
0369	[0416]瀐$^{章}_{職}$犆$^{章}_{職}$職$^{章}_{職}$眉$^{章}_{職}$ 丨 戠$^{章}_{職}$

續表

字組序號	轄字
0370	[0747]汁章緝紩澄質縶知緝㚔知緝秇章緝執章緝丨執章緝[3410]執章緝執章緝丨汁章緝
0371	[2235]瞪知質丨陟知職
0372	[1207]塼章仙嫥章仙顓章仙邅知仙邅知仙遄章獮剸章仙甄見仙甄章仙篅章仙篿章仙鷒章仙鱄章仙叀章仙耑章仙丨專章仙[1909]軇章線弆章線拚章線丨戰章線[2153]囀知線顫章線丨專去章線[2185]蹍章獮聕章獮展知獮丨專上章獮[2227]氈章仙譫章獮栴章仙旜章仙丨占章獮[2495]襄知獮輾知獮皽知獮丨展知獮[2883]展知獮丨搌知獮[3089]轉知獮丨占上章琰[3143]戰章線丨展去知線[3379]屪章仙饘章仙丨邅知仙[3693]旃章仙丨毡章仙
0373	[0324]霑知鹽詀知咸沾知鹽
0374	[0153]噡以豔⿰貝占徹鹽瞻章鹽蹈昌鹽丨詹章鹽
0375	[0284]颭集澄物堀群物窋知術䫌章薛裾群物炪章薛剟知薛橛集見月梲章薛茁莊薛醊知薛罬知薛丨拙章薛[0835]浙章薛淛章薛哲知薛喆熊知薛晣章薛讋章葉拙章薛摺章葉蜇知薛丨折章薛[1929]悊知薛䪼章薛啜知薛㔍集澄薛折章薛蛥知薛丨哲知薛[2237]聑章葉㿝澄葉謵昌葉折章薛丨摺章葉
0376	[2023]慴章葉襵章葉丨聶集章葉
0377	[0974]澈澄薛㤕徹葉丨輒知葉[2318]腏知薛逫知術丨輟知薛[3086]輒知葉轍澄薛丨徹澄薛[3094]輟知薛徹澄薛丨轍澄薛
0378	[2044]惙知薛丨啜知薛[2065]啜知薛棳章薛丨掇知薛
0379	[1953]㲋昌薛丨綴知薛
0380	[0022]昭章宵釗章宵釗章宵丨招章宵[0543]鼂知宵招章宵丨朝知宵[3001]鉊章宵鴾知肴丨昭章宵
0381	[2511]袑禪小丨沼章小
0382	[0185]曌章笑曌章笑炤章笑曌章笑陞章笑詔章笑丨照章笑
0383	[1747]奢章麻丨遮章麻[2752]遮章麻丨者平章麻[2826]捨昌馬赭章馬㒺知馬赭章馬丨者章馬[3783]者章馬丨遮上章馬
0384	[0453]炻知禡奓章禡蔗章禡鷓章禡丨柘章禡[2096]嗻章禡諸集知麻柘章禡𪐴章禡䗪章禡丨蔗章禡
0385	[0096]暲章陽墇章陽鄣章陽障章陽㢓章陽嫜章陽慞章陽𧼯章陽璋章陽張知陽粻知陽鷾章陽獐章陽麞章陽彰章陽丨章章陽[0911]漲知陽餦知陽章章陽丨張知陽
0386	[0943]涱玉知養𧾿全章養[illegible]章養丨掌章養[2391]掌章養掌章養丨長知養
0387	[2320]脹知漾瘴章漾丨漲知漾
0388	[2610]帳知漾丨障章漾
0389	[1714]偖知藥鍺知藥丨著知藥
0390	[2593]繁章藥丨繳章藥
0391	[0395]灼章藥汋章藥犳章藥黔章藥斫章藥斮莊藥勺章藥[1096]斫章藥勺章藥礿章藥丨酌章藥[3302]芍知藥酌章藥鸑以藥丨灼章藥
0392	[0066]啅知覺䏐知覺焯章藥涿知覺濁崇覺啅知覺踔知覺捉莊覺琢知覺椓知覺丨卓知覺[0826]浞崇覺娖莊覺啄知覺珿初覺丨捉莊覺[2846]捔崇覺丨浞崇覺
0393	[0104]喌章有霌章尤淍章尤賙章尤㓮章尤賙章尤輈章尤舟章尤丨周章尤[0342]霌章尤炿章尤州章尤侜知尤婤章尤譸知尤週章尤琱章尤騶知尤盩知尤丨舟章尤[0806]洲章尤銂章尤丨州章尤
0394	[0276]䫜章有賙章有晝知有丨咒章有[2105]呪章有丨晝知有[1773]丩見幽糾洪見尤摎見尤疝見尤樛見幽朻見幽獢曉宵疙見尤歛集曉宵丨鳩見尤[2488]㘨見尤詋章有鬮見尤丨糾洪見尤
0395	[2306]肘知有杻知有鍋章有肘知有丨帚章有[2615]帚章有疛知有釦章有杻知有丨肘知有
乙種 $B_{乙}$類（含 89 個自然小類，46 個“準小韻”）	
0396	[0814]浺昌東衝昌鍾冲澄東衝昌鍾琉昌東茺昌東橦昌鍾丨充昌東[1768]充昌東忱昌東忡徹東忪章鍾幢昌鍾穜昌鍾衝昌鍾种澄東𦓳澄東丨沖澄東 [2940]寵徹腫丨充上昌董[3013]銃昌送丨充去昌送
0397	[0877]滀徹屋鄐徹屋遃徹屋珿初屋閦初屋閦初屋丨畜徹屋
0398	[2323]臅昌燭丨觸昌燭
0399	[2518]褚徹屋歜昌燭丨祝集昌屋
0400	[1339]郗徹脂齝徹之鴟昌脂鵄昌脂蚩昌之丨笞徹之[1446]陆昌之絺徹脂𥝷徹脂笞徹之螭徹支彲徹支丨蚩昌之
0401	[1885]妛昌之嗤昌之眵昌支癡徹之㞳昌之丨痴徹之
0402	[2238]恥徹止丨齒昌止[2268]頣昌旨齒昌止丨耻徹止
0403	[0411]烙昌紙庈昌紙姼昌紙恀昌紙哆昌紙袲昌紙䏧澤薺丨侈昌紙
0404	[3411]糦昌志丨饎昌志
0405	[0416]熾昌志跅徹祭丨䎺章職[2608]幟昌志饎昌志丨熾昌志
0406	[1165]戭昌志㦟昌祭跮徹祭㖵徹祭諦徹祭𧩯徹至瘛昌祭痓昌至殀徹至魅徹志丨滯集徹祭

續表

字組序號	轄字
0407	[0410]炊$^{昌}_{支}$摧$^{昌}_{脂}$龡$^{昌}_{支}$ ǀ 吹$^{昌}_{支}$[0511]袳$^{徹}_{紙}$ ǀ 吹上$^{昌}_{紙}$
0408	[2499]袽$^{泥}_{魚}$帤$^{泥}_{魚}$貙$^{徹}_{虞}$ ǀ 樞$^{昌}_{虞}$[3198]樞$^{昌}_{虞}$樗$^{徹}_{魚}$樗$^{徹}_{魚}$ ǀ 茹$^{日}_{魚}$
0409	[0651]姝$^{昌}_{虞}$ ǀ 區$^{溪}_{虞}$
0410	[0207]朧$^{徹}_{語}$ ǀ 褚$^{徹}_{語}$[2508]褚$^{徹}_{語}$ ǀ 楮$^{徹}_{語}$[3192]楮$^{徹}_{語}$ ǀ 杵$^{昌}_{語}$[3222]杵$^{昌}_{語}$杵$^{昌}_{語}$ ǀ 處$^{昌}_{語}$
0411	[0126]春$^{昌}_{諄}$ ǀ 椿$^{徹}_{諄}$[0742]沓$^{鏡:}_{昌諄}$椿$^{徹}_{諄}$櫄$^{徹}_{諄}$杶$^{徹}_{諄}$楯$^{徹}_{諄}$箺$^{昌}_{準}$鶞$^{徹}_{諄}$鶞$^{昌}_{諄}$ ǀ 春$^{昌}_{諄}$[1619]偆$^{昌}_{準}$ ǀ 蠢$^{昌}_{準}$[1948] 惷$^{昌}_{準}$腣$^{昌}_{準}$蠢$^{昌}_{準}$敊$^{昌}_{準}$ ǀ 春上$^{昌}_{準}$
0412	[0407]煁$^{禪}_{侵}$郴$^{徹}_{侵}$顜$^{徹}_{寢}$睬$^{徹}_{侵}$ ǀ 琛$^{徹}_{侵}$
0413	[2191]瞋$^{昌}_{真}$膹$^{昌}_{真}$ ǀ 嗔$^{昌}_{真}$[2765]趁$^{徹}_{軫}$ ǀ 膹上$^{昌}_{軫}$
0414	[1435]阷$^{徹}_{清}$偁$^{昌}_{蒸}$偵$^{徹}_{清}$檉$^{徹}_{清}$蟶$^{徹}_{清}$赬$^{徹}_{清}$ ǀ 称$^{昌}_{蒸}$[1584]洗$^{洪:}_{生拯}$ ǀ 称上$^{昌}_{拯}$[3456]虰$^{徹}_{清}$ ǀ 蟶$^{徹}_{清}$[3563]赪$^{徹}_{清}$ ǀ 赬$^{徹}_{清}$
0415	[2711]趁$^{徹}_{震}$闖$^{徹}_{沁}$ ǀ 趂$^{徹}_{震}$
0416	[2754]逌$^{徹}_{勁}$疢$^{徹}_{震}$秤$^{昌}_{證}$ ǀ 稱$^{昌}_{證}$[3358]稱$^{昌}_{證}$ ǀ 秤$^{昌}_{證}$
0417	[2744]逞$^{徹}_{靜}$ ǀ 呈上$^{澄}_{靜}$[2802]挺$^{透}_{迥}$騁$^{徹}_{靜}$ ǀ 逞$^{徹}_{靜}$
0418	[2017]怵$^{徹}_{術}$絀$^{徹}_{術}$黜$^{徹}_{術}$氙$^{昌}_{術}$ ǀ 出$^{昌}_{術}$
0419	[0535]灻$^{昌}_{昔}$ ǀ 赤$^{昌}_{昔}$[1269]𢁒$^{徹}_{職}$伬$^{徹}_{職}$灱$^{昌}_{質}$慗$^{徹}_{職}$叱$^{昌}_{質}$勅$^{徹}_{職}$遫$^{徹}_{職}$鶒$^{徹}_{職}$赤$^{昌}_{昔}$斥$^{昌}_{昔}$敕$^{徹}_{職}$ ǀ 尺$^{昌}_{昔}$[2355]胒$^{徹}_{質}$ ǀ 叱$^{昌}_{質}$ [3506]硩$^{澄}_{質}$ ǀ 敕$^{徹}_{職}$
0420	[3777]彳$^{徹}_{昔}$ ǀ 斥$^{昌}_{昔}$
0421	[2762]辿$^{徹}_{仙}$ ǀ 梴$^{徹}_{仙}$
0422	[1921]惉$^{昌}_{鹽}$点$^{徹}_{鹽}$ ǀ 襜$^{昌}_{鹽}$[2375]髫$^{徹}_{鹽}$裧$^{昌}_{鹽}$襜$^{昌}_{鹽}$袩$^{昌}_{鹽}$幨$^{昌}_{鹽}$覘$^{徹}_{鹽}$韂$^{昌}_{鹽}$ ǀ 沾$^{徹}_{鹽}$[2876]閰$^{徹}_{鹽}$ ǀ 覘$^{徹}_{鹽}$
0423	[1209]墻$^{昌}_{豔}$襝$^{集:}_{昌鹽}$ ǀ 占$^{集:}_{徹鹽}$[3699]占$^{集:}_{徹鹽}$ ǀ 佔$^{集:}_{徹鹽}$
0424	[1544]川$^{昌}_{仙}$延$^{徹}_{仙}$ ǀ 穿$^{昌}_{仙}$[1549]穿$^{昌}_{仙}$剶$^{徹}_{仙}$ ǀ 川$^{昌}_{仙}$[3673]舛$^{昌}_{獮}$ ǀ 川上$^{昌}_{獮}$[2766]遄$^{篇:}_{徹仙}$ ǀ 闡平$^{昌}_{仙}$[0344]霅$^{徹}_{葉}$謂$^{徹}_{琰}$闡$^{昌}_{獮}$ ǀ 諂$^{徹}_{琰}$[0409]燀$^{昌}_{獮}$囅$^{昌}_{獮}$繟$^{昌}_{獮}$ 蕆$^{徹}_{獮}$ ǀ 闡$^{昌}_{獮}$[0198]肬$^{透}_{感}$舛$^{昌}_{獮}$謟$^{徹}_{琰}$ ǀ 喘$^{昌}_{獮}$[1697]僢$^{昌}_{獮}$喘$^{昌}_{獮}$荈$^{昌}_{獮}$蝡$^{昌}_{獮}$喘$^{昌}_{獮}$了了$^{篇:}_{昌獮}$ ǀ 舛$^{昌}_{獮}$[2902]痄$^{昌}_{鹽}$ ǀ 諂去$^{徹}_{豔}$
0425	[0756]汌$^{昌}_{線}$玔$^{昌}_{線}$串$^{昌}_{線}$ ǀ 釧$^{昌}_{線}$[2682]諯$^{昌}_{線}$釧$^{昌}_{線}$ ǀ 串$^{昌}_{線}$
0426	[2429]踹$^{船}_{獮}$ ǀ 惴$^{經:}_{昌獮}$
0427	[3719]歠$^{昌}_{薛}$ ǀ 啜$^{昌}_{薛}$
0428	[0210]朥$^{徹}_{薛}$晢$^{徹}_{薛}$坴$^{鏡:}_{徹薛}$迠$^{集:}_{昌葉}$ ǀ 徹$^{徹}_{薛}$
0429	[2393]掣$^{昌}_{薛}$ ǀ 撤$^{徹}_{薛}$
0430	[2611]帞$^{徹}_{宵}$閥$^{徹}_{宵}$弨$^{昌}_{宵}$ ǀ 超$^{徹}_{宵}$[2710]超$^{徹}_{宵}$ ǀ 怊$^{徹}_{宵}$
0431	[0708]巐$^{徹}_{小}$ ǀ 超$^{集:}_{徹小}$
0432	[0422]炒$^{集:}_{初巧}$炒$^{初}_{巧}$ ǀ 鈔$^{集:}_{昌小}$
0433	[1072]硨$^{昌}_{麻}$ ǀ 車$^{昌}_{麻}$[1532]厙$^{昌}_{禡}$ ǀ 車去$^{昌}_{禡}$
0434	[3627]奓$^{昌}_{馬}$䵖$^{昌}_{馬}$ ǀ 撦$^{昌}_{馬}$
0435	[0044]昌$^{昌}_{陽}$ ǀ 娼$^{昌}_{陽}$[0922]淐$^{昌}_{陽}$倀$^{徹}_{陽}$娼$^{昌}_{陽}$閶$^{昌}_{陽}$琩$^{昌}_{陽}$菖$^{昌}_{陽}$猖$^{昌}_{陽}$ ǀ 昌$^{昌}_{陽}$
0436	[0148]袓$^{徹}_{養}$敞$^{昌}_{養}$ ǀ 廠$^{昌}_{養}$[1507]廠$^{昌}_{養}$惝$^{昌}_{養}$躺$^{昌}_{養}$氅$^{昌}_{養}$ ǀ 敞$^{昌}_{養}$
0437	[1284]暢$^{徹}_{漾}$張$^{徹}_{漾}$ ǀ 悵$^{徹}_{漾}$[1465]鬯$^{徹}_{漾}$唱$^{昌}_{漾}$瑒$^{徹}_{漾}$ ǀ 暢$^{徹}_{漾}$[2007]悵$^{徹}_{漾}$韔$^{徹}_{漾}$毴$^{徹}_{漾}$暢$^{徹}_{漾}$韔$^{徹}_{漾}$鬯$^{徹}_{漾}$ ǀ 唱$^{昌}_{漾}$
0438	[1810]婼$^{徹}_{藥}$婥$^{昌}_{藥}$辵$^{徹}_{藥}$逴$^{徹}_{藥}$踔$^{玉:}_{徹效}$箬$^{洪:}_{昌藥}$臭$^{徹}_{藥}$ ǀ 綽$^{昌}_{藥}$[2572] 綽$^{昌}_{藥}$ ǀ 逴$^{徹}_{藥}$
0439	[2006]惆$^{徹}_{尤}$ ǀ 紬$^{集:}_{徹尤}$
0440	[3587]丑$^{徹}_{有}$ ǀ 醜$^{昌}_{有}$[3705]醜$^{昌}_{有}$ ǀ 丑$^{徹}_{有}$
0441	[2428]躴$^{溪}_{幼}$殠$^{昌}_{有}$ ǀ 臭$^{昌}_{有}$
乙種 $C_{乙}$類（含 80 個自然小類，32 個“準小韻”）	
0442	[1430]陲$^{澄}_{鍾}$鷕$^{澄}_{鍾}$蝩$^{澄}_{鍾}$ ǀ 重$^{澄}_{鍾}$
0443	[0524]爞$^{澄}_{東}$盅$^{澄}_{東}$ ǀ 虫$^{澄}_{東}$[3443]蟲$^{澄}_{東}$ ǀ 重平$^{澄}_{鍾}$
0444	[0838]神$^{澄}_{送}$ ǀ 仲$^{澄}_{送}$
0445	[1011]濯$^{澄}_{覺}$逐$^{澄}_{屋}$鐲$^{澄}_{覺}$ ǀ 濁$^{澄}_{覺}$[1828]妯$^{澄}_{屋}$ ǀ 軸$^{澄}_{屋}$[2792]擢$^{澄}_{覺}$軸$^{澄}_{屋}$舳$^{澄}_{屋}$蓫$^{澄}_{屋}$豖$^{徹}_{屋}$ ǀ 逐$^{澄}_{屋}$

續表

字組序號	轄字
0446	[0584]岻澄脂墀澄脂墀澄脂坻澄脂坛澄脂阹澄支偫澄止嗁定齊齜澄支筫澄之踟澄支嵻定齊遅澄脂遲澄脂𨑨澄支持澄之菭澄之篪澄支箎澄支蚳澄脂馳澄支秙澄之丨池澄支[0754]池澄支池澄支馳澄支丨遲澄脂[3072]貾澄脂丨馳澄支[3668]鯱澄支丨篪澄支
0447	[0600]峙澄止丨滯澄祭
0448	[1486]庤澄止倒澄至痔澄止稺澄至稚澄至稺澄至彘澄至丨治澄志[2670]謘澄至薙澄至雉澄旨丨稚澄至[2925]𡘋鏡:澄旨丨雉澄旨
0449	[1406]陲禪支隋邪支脽禪脂丨誰禪脂[1523] 厜禪支誰禪脂鎚澄脂甀澄支槌澄脂椎澄脂棰章紙丨垂禪支[3341] 箠章紙丨垂上禪紙
0450	[2258]顀澄脂丨魋澄脂
0451	[1348]厨澄虞儲澄魚躕澄虞篨澄魚丨除澄魚[1424]除澄魚躇澄魚丨廚澄虞
0452	[0996]漵邪語序邪語緒邪語萸邪語芧邪語鱮邪語緖邪語丨敘邪語[1144]堅從遇趣從遇丨聚從麌[1412]陊邪語敘邪語聚從麌署禪御署禪御丨序邪語
0453	[1186]坾澄語佇澄語杼澄語紵澄語紵澄語丨宁澄語[2677]詝知語竚澄語丨佇澄語[2779]跓澄麌杼澄語苧澄語節澄御羜澄語宁澄語丨柱澄麌[2920] 佇澄語宁澄語竚澄語丨紵澄語
0454	[0786]泞澄語澍禪遇駐澄麌眝澄語跓澄麌瘀澄御丨住澄遇
0455	[1218]塵澄真陳澄真陣澄真敶澄真蟁澄真阵澄真丨陳澄真[1262]尘澄真陳澄真丨塵澄真[1442]陣澄震丨陳去澄震[3245]栚澄震丨陣澄震
0456	[0319]霃澄侵沈澄侵丨沉澄侵
0457	[2425]踸徹寑跣徹寑酖澄沁丨鴆澄沁[3432]鴆澄沁丨沉澄沁
0458	[3037]琛徹侵丨朕上（上，疑衍文）澄寑[3113]䑐澄寑丨朕澄寑
0459	[2515]袟澄質柣澄質秩澄質丨姪澄質
0460	[1041]瀍澄仙䡣船仙椽澄仙蟬禪仙蟺禪獮鼂澄元丨傳澄仙[1829]嬋禪仙丨蟬禪仙[2755]邅徹仙船船仙篅禪仙丨椽澄仙[3006]鋋禪仙丨禪禪仙[3220]梴禪獮禪禪仙丨蟺禪獮[3100]輲禪仙丨船船仙
0461	[2551]纏澄仙丨傳平澄仙[3692]腞禪獮丨傳澄線[1150]掾澄獮篆澄獮縳澄線豕澄獮瑑澄獮鶨徹線丨篆澄獮[3345]篆澄獮丨廛去澄線[1361]鄽澄仙躔澄仙丨廛澄仙
0462	[0135]晁澄宵朝澄宵淖澄宵鼂澄宵丨潮澄宵
0463	[0187]朓透篠召澄笑絩澄小誂定篠趙澄小肁澄小旐澄小肇澄小肈澄小丨兆澄小[3738]肁澄小丨召澄笑
0464	[1199]塲澄陽場澄陽腸澄陽踼澄陽萇澄陽塲澄陽丨長澄陽
0465	[1682]仗澄養丨丈澄養[3230]杖澄養丨仗澄養
0466	[0643]峸禪清埩船蒸塍船蒸墭禪勁郕禪清陙禪清呈澄清頳澄清繩船蒸浾鏡:禪清誠禪清宬禪清程澄清酲澄清鵢禪清呈澄清戸鏡:禪清騬禪清丞禪蒸承禪蒸永禪蒸盛禪清丨成禪清[0808]洆禪蒸丨丞禪蒸[0976]澠船蒸塍船蒸丨繩船蒸[1002]澄澄蒸丨程澄清[2402]丞禪蒸成禪清成禪清丨承禪蒸[2503]裎澄清珵澄清丨呈澄清[3520]䱶船證丨盛去禪勁
0467	[3264]棄船蒸丨乘船蒸
0468	[3026]鋥澄映丨鄭澄勁
0469	[0682]嵮澄職值澄職袠澄質擲澄昔擿澄昔植禪職稙禪職蟄澄緝騭章質犆澄職丨直澄職[1143]埴禪職丨殖禪職[2942]殖禪職丨植禪職
0470	[0712]詶禪尤丨酧禪尤[1276]疇澄尤丨籌澄尤[1670]儔澄尤懤澄尤裯澄尤幬澄尤柔日尤丨紬澄尤[2084]嚋澄尤丨疇澄尤 [2545]紬澄尤網澄尤抽集:澄尤檮澄尤籌澄尤醻禪尤酬禪尤犨昌尤敼禪尤丨稠澄尤[3364]稠澄尤丨儔澄尤[2188]躊澄尤丨抽集:澄尤
0471	[3267]埶玉:禪尤雔禪尤讎禪尤讐禪尤魗禪尤丨仇群尤
0472	[1330]鄯禪有售禪有嗖禪有膮禪有授禪有㕍禪有丨受禪有[0254]鱮澄尤受禪有丨壽禪有
0473	[1707]伷澄有紂澄有宙澄有丨胄澄有[1975]㤽澄有冑澄有籀澄有酎澄有䌷澄有丨宙澄有
乙種 $\mathrm{D}_{乙}$類（含 73 個自然小類，33 個“準小韻”）	
0474	[2817]揰書鍾丨舂書鍾[3759]舂書鍾丨樁書鍾
0475	[0380]蓿書屋淑禪屋俶禪屋倏書屋悠書屋琡書屋束書燭菽書屋尗書屋丨叔書屋[0798]倲書燭丨束書燭[3649]叔書屋丨淑禪屋
0476	[0470]疢集:書至丨係集:匣霽
0477	[0984]澨禪祭啻書寘勢書祭誓禪祭試書志筮禪祭貰書祭翨禪祭丨世書祭[2721]逝禪祭筮禪祭丨誓禪祭[2841]揓書寘弑書志絉書志丨試書志
0478	[2606]帨書祭祱書祭涗書祭丨稅書祭[3369]稅書祭丨帨書祭
0479	[1758]舒書魚紓書魚輸書虞鵨書魚丨書書魚[2599]輸生虞書書魚丨舒書魚
0480	[0063]暑書語庶書御戍書遇戍書遇丨恕書御[1407]隃書遇丨庶書御[2041]怷曉術咴書遇丨戍書遇[2821]抒船語癙書語黍書語丨暑書語[3528]鼠書語丨黍書語[3785]暑書語丨鼠書語
0481	[1605]侺書真娠書真身書真呻書真眒書真胂書真紳書真珅生真柛書真伸書真鞞書真紳書真呻書真申書真丨申書真[2533]裑書真娠書真申書真伸書真丨身書真[3662]叟書真丨伸書真
0482	[1047]澀生緝深書侵丨深書侵[1333]郴書寑丨深去書沁

續表

字組序號	轄字
0483	[0687]覃$^{書}_{寢}$沈$^{書}_{寢}$忱$^{禪}_{侵}$哂$^{書}_{軫}$訦$^{書}_{寢}$瘎$^{禪}_{侵}$枕$^{書}_{寢}$罧$^{生}_{侵}$ ǀ 審$^{書}_{寢}$[1826]嬸$^{書}_{寢}$弞$^{書}_{軫}$ ǀ 沈$^{書}_{寢}$[3133]矧$^{書}_{軫}$ ǀ 沈去$^{書}_{沁}$
0484	[0099]昇$^{書}_{蒸}$陞$^{書}_{蒸}$聲$^{書}_{清}$抻$^{書}_{震}$聲$^{書}_{清}$ ǀ 升$^{書}_{蒸}$
0485	[2242]聹$^{全:}_{書勁}$ ǀ 聖$^{書}_{勁}$[3585]聖$^{書}_{勁}$ ǀ 勝$^{書}_{證}$
0486	[3325]蕣$^{書}_{稕}$ ǀ 舜$^{書}_{稕}$[3674]舜$^{書}_{稕}$ ǀ 僢$^{昌}_{準}$
0487	[0338]霎$^{生}_{緝}$聶$^{書}_{緝}$ ǀ 濕$^{書}_{緝}$
0488	[2322]職$^{章}_{職}$膱$^{章}_{職}$恜$^{書}_{職}$軾$^{書}_{職}$ ǀ 失$^{書}_{質}$
0489	[2519]襫$^{書}_{昔}$識$^{書}_{職}$適$^{書}_{昔}$拭$^{書}_{職}$鉽$^{書}_{職}$式$^{書}_{職}$飾$^{書}_{職}$釋$^{書}_{昔}$螫$^{書}_{昔}$奭$^{書}_{昔}$釋$^{書}_{昔}$ ǀ 式$^{書}_{職}$[3150]式$^{書}_{職}$ ǀ 釋$^{書}_{昔}$
0490	[0484]煽$^{書}_{仙}$搧$^{書}_{仙}$ ǀ 扇$^{書}_{仙}$[2881]扇$^{書}_{仙}$ ǀ 搧$^{書}_{仙}$
0491	[3483]羴$^{書}_{仙}$ ǀ 羶$^{書}_{仙}$[3484]羶$^{書}_{仙}$ ǀ 扇平$^{書}_{仙}$
0492	[1410]陝$^{書}_{琰}$ ǀ 閃$^{書}_{琰}$[1893]婡$^{書}_{琰}$閃$^{書}_{琰}$ ǀ 陝$^{書}_{琰}$
0493	[2178]睒$^{書}_{琰}$覢$^{書}_{琰}$ ǀ 剡$^{書}_{琰}$
0494	[0843]涉$^{禪}_{葉}$設$^{書}_{薛}$箑$^{生}_{洽}$翣$^{生}_{洽}$ ǀ 攝$^{書}_{葉}$[0947]𣿬$^{禪}_{葉}$鉥$^{禪}_{葉}$ ǀ 涉$^{禪}_{葉}$[2164]唰$^{生}_{薛}$ ǀ 刷$^{生}_{薛}$[2642]㦎$^{章}_{葉}$攝$^{書}_{葉}$刷$^{生}_{薛}$ ǀ 設$^{書}_{薛}$
0495	[3126]弽$^{書}_{葉}$ ǀ 葉$^{書}_{葉}$
0496	[3756]韘$^{書}_{葉}$ ǀ 聶$^{集:}_{禪葉}$
0497	[0393]燒$^{書}_{宵}$ ǀ 少平$^{書}_{宵}$[1362]邵$^{書}_{小}$ ǀ 少$^{書}_{小}$[3579]㚏$^{書}_{宵}$ ǀ 燒$^{書}_{宵}$[3709]少$^{書}_{小}$ ǀ 燒上$^{書}_{小}$
0498	[0895]潳$^{昌}_{馬}$賒$^{書}_{麻}$車$^{昌}_{麻}$ ǀ 奢$^{書}_{麻}$[2056]舍$^{書}_{馬}$ ǀ 捨上$^{書}_{馬}$[2465]畬$^{書}_{麻}$奢$^{書}_{麻}$奢$^{書}_{麻}$ ǀ 賒$^{書}_{麻}$[2849]捨$^{書}_{馬}$餕$^{書}_{馬}$舍$^{書}_{馬}$ ǀ 賒上$^{書}_{馬}$
0499	[1322]郜$^{書}_{禡}$射$^{船}_{禡}$赦$^{書}_{禡}$ ǀ 舍$^{書}_{禡}$[3156]䞌$^{篇:}_{書禡}$ ǀ 赦$^{書}_{禡}$[3521]麝$^{船}_{禡}$ ǀ 射$^{船}_{禡}$
0500	[2880]扄$^{書}_{養}$鏛$^{書}_{養}$饟$^{書}_{養}$鴫$^{書}_{養}$ ǀ 賞$^{書}_{養}$[2947]殤$^{書}_{陽}$商$^{書}_{陽}$ ǀ 傷$^{書}_{陽}$[3063]賞$^{書}_{養}$ ǀ 商上$^{書}_{養}$[3383]餉$^{書}_{漾}$ ǀ 賞去$^{書}_{漾}$[3400]䬗$^{書}_{陽}$鬺$^{書}_{陽}$蔏$^{書}_{陽}$蕮$^{書}_{陽}$傷$^{書}_{陽}$ ǀ 商$^{書}_{陽}$
0501	[0053]鮈$^{書}_{漾}$ ǀ 响$^{曉}_{養}$
0502	[3455]蠰$^{書}_{漾}$ ǀ 向$^{書}_{漾}$
0503	[0521]爍$^{書}_{藥}$ ǀ 芍$^{禪}_{藥}$[2995]鑠$^{書}_{藥}$ ǀ 爍$^{書}_{藥}$
0504	[3615]收$^{書}_{尤}$ ǀ 守平$^{書}_{尤}$
0505	[2300]者$^{全:}_{書有}$手$^{書}_{有}$巤$^{書}_{有}$百$^{書}_{有}$ ǀ 首$^{書}_{有}$
0506	[3487]獸$^{書}_{宥}$ ǀ 狩$^{書}_{宥}$[3495]狩$^{書}_{宥}$ ǀ 獸$^{書}_{宥}$
乙種 $E_{乙}$類（含 96 個自然小類，41 個“準小韻”）	
0507	[2010]慵$^{禪}_{鍾}$襛$^{日}_{鍾}$絨$^{日}_{東}$𤜒$^{日}_{鍾}$茙$^{日}_{東}$茸$^{日}_{鍾}$狨$^{日}_{東}$鱅$^{以}_{鍾}$ ǀ 戎$^{日}_{東}$[2381]髶$^{日}_{鍾}$ ǀ 茸$^{日}_{鍾}$[3135]戎$^{日}_{東}$ ǀ 絨$^{日}_{東}$
0508	[2457]毧$^{日}_{東}$ ǀ 羢$^{日}_{鍾}$
0509	[0796]溶$^{日}_{腫}$坈$^{日}_{腫}$搑$^{日}_{腫}$軵$^{日}_{腫}$ ǀ 冗$^{日}_{腫}$
0510	[0526]𤎩$^{禪}_{屋}$僩$^{禪}_{燭}$孰$^{禪}_{屋}$ ǀ 蜀$^{禪}_{燭}$[0931]淑$^{禪}_{屋}$塾$^{禪}_{屋}$襡$^{禪}_{燭}$闞$^{禪}_{屋}$贖$^{船}_{燭}$蠋$^{禪}_{燭}$辱$^{日}_{燭}$蜀$^{禪}_{燭}$ ǀ 孰$^{禪}_{屋}$[1311]鄏$^{日}_{燭}$孎$^{禪}_{燭}$屻$^{日}_{屋}$肉$^{日}_{屋}$ ǀ 肉$^{日}_{屋}$[1834]媷$^{日}_{燭}$蓐$^{日}_{燭}$嗕$^{日}_{燭}$月$^{日}_{屋}$𨔁$^{日}_{燭}$ 褥$^{日}_{燭}$縟$^{日}_{燭}$蓐$^{日}_{燭}$ ǀ 辱$^{日}_{燭}$
0511	[0011]旹$^{禪}_{之}$塒$^{禪}_{之}$郼$^{以}_{支}$匙$^{禪}_{支}$鰣$^{禪}_{之}$翅$^{禪}_{支}$ ǀ 時$^{禪}_{之}$
0512	[0654]崼$^{禪}_{紙}$侍$^{禪}_{志}$恃$^{禪}_{止}$惿$^{禪}_{紙}$噬$^{禪}_{祭}$啄$^{禪}_{至}$𥔁$^{船}_{紙}$舐$^{船}_{紙}$䑛$^{船}_{紙}$䞣$^{船}_{紙}$謚$^{船}_{至}$謚$^{船}_{至}$遾$^{禪}_{祭}$昰$^{禪}_{紙}$昰$^{禪}_{紙}$示$^{船}_{至}$鉃$^{禪}_{旨}$示$^{船}_{至}$ ǀ 是$^{禪}_{止}$[0909]澌$^{集:}_{崇止}$邿$^{書}_{之}$豉$^{禪}_{寘}$菽$^{禪}_{寘}$ ǀ 侍$^{禪}_{志}$[2093]嗜$^{禪}_{至}$ 眎$^{禪}_{旨}$視$^{禪}_{旨}$視$^{禪}_{旨}$ ǀ 示$^{船}_{至}$[2196]眡$^{禪}_{旨}$ ǀ 視$^{禪}_{旨}$[3389]餚$^{禪}_{至}$ ǀ 嗜$^{禪}_{至}$
0513	[2544]綏$^{日}_{脂}$ ǀ 蕤$^{日}_{脂}$[3204]桵$^{日}_{脂}$桵$^{日}_{脂}$蕤$^{日}_{脂}$稜$^{日}_{脂}$稜$^{日}_{脂}$ ǀ 緌$^{日}_{脂}$
0514	[2587]縈$^{日}_{旨}$縈$^{日}_{紙}$蕊$^{日}_{紙}$甤$^{日}_{紙}$ ǀ 蕋$^{日}_{紙}$
0515	[0769]汭$^{日}_{祭}$諉$^{日}_{寘}$𢏽$^{日}_{寘}$蜹$^{日}_{祭}$ ǀ 芮$^{日}_{祭}$[3323]芮$^{日}_{祭}$ ǀ 汭$^{日}_{祭}$
0516	[1607]儒$^{日}_{虞}$嬬$^{日}_{虞}$嚅$^{日}_{虞}$顬$^{日}_{虞}$襦$^{日}_{虞}$痴$^{日}_{魚}$殊$^{禪}_{虞}$茹$^{日}_{魚}$醹$^{日}_{虞}$駕$^{日}_{魚}$ ǀ 如$^{日}_{魚}$[3050]瑹$^{書}_{魚}$毀$^{禪}_{虞}$殳$^{禪}_{虞}$瓶$^{禪}_{虞}$杸$^{禪}_{虞}$ ǀ 殊$^{禪}_{虞}$[3703]䰰$^{日}_{虞}$ ǀ 儒$^{日}_{虞}$
0517	[1850]㚥$^{日}_{語}$肗$^{日}_{語}$籹$^{日}_{語}$敹$^{日}_{語}$乳$^{日}_{麌}$乳$^{日}_{麌}$ ǀ 汝$^{日}_{語}$[2616]㼿$^{日}_{麌}$擩$^{日}_{麌}$ ǀ 乳$^{日}_{麌}$
0518	[0015]曙$^{禪}_{御}$僼$^{禪}_{麌}$裋$^{禪}_{遇}$襡$^{禪}_{遇}$逗$^{禪}_{遇}$尌$^{禪}_{遇}$尌$^{禪}_{遇}$豎$^{禪}_{麌}$尌$^{禪}_{遇}$壴$^{禪}_{麌}$ ǀ 樹$^{禪}_{遇}$[0449]豎$^{禪}_{語}$豎$^{禪}_{語}$樹$^{禪}_{遇}$ ǀ 豎$^{禪}_{麌}$
0519	[1501]庄$^{日}_{侵}$袵$^{日}_{沁}$紝$^{日}_{侵}$絍$^{日}_{侵}$荏$^{日}_{寢}$餁$^{日}_{侵}$飪$^{日}_{侵}$ ǀ 壬$^{日}_{侵}$[1599]人$^{日}_{真}$忈$^{日}_{真}$壬$^{日}_{侵}$ ǀ 仁$^{日}_{真}$[1766]儿$^{日}_{真}$ ǀ 人$^{日}_{真}$[2698]認$^{日}_{震}$ ǀ 人去$^{日}_{震}$[2657]訒$^{日}_{震}$刃$^{日}_{震}$訒$^{日}_{震}$ ǀ 認$^{日}_{震}$[0456]焦$^{玉:}_{日寢}$賃$^{日}_{沁}$ ǀ 任$^{日}_{沁}$[3586]任$^{日}_{沁}$ ǀ 壬去$^{日}_{沁}$

續表

字組序號	轄字
0520	[0180]曟$^{禪}_{真}$郕$^{禪}_{真}$諶$^{禪}_{侵}$宸$^{禪}_{真}$鏳$^{集:}_{禪諄}$鷐$^{禪}_{真}$鷐$^{禪}_{真}$麎$^{禪}_{真}$晨$^{禪}_{真}$晨$^{禪}_{真}$神$^{船}_{真}$晨$^{禪}_{真}$ ǀ 辰$^{禪}_{真}$[2261]顧$^{船}_{諄}$ ǀ 唇$^{集:}_{船諄}$[3589]辰$^{禪}_{真}$宸$^{禪}_{真}$脣$^{船}_{諄}$唇$^{集:}_{船諄}$ ǀ 晨$^{禪}_{真}$[2315]脤$^{禪}_{軫}$蜃$^{禪}_{軫}$ ǀ 辰上$^{禪}_{軫}$[3197]椹$^{船}_{寑}$蜃$^{禪}_{軫}$ ǀ 甚$^{禪}_{寑}$[3298]葚$^{船}_{寑}$甚$^{禪}_{寑}$ ǀ 椹$^{船}_{寑}$[3460]蜃$^{禪}_{軫}$ ǀ 蜃$^{禪}_{軫}$
0521	[0960]淳$^{禪}_{諄}$瞬$^{書}_{稕}$眣$^{書}_{稕}$蒓$^{禪}_{諄}$蓴$^{禪}_{諄}$醇$^{禪}_{諄}$陙$^{禪}_{諄}$ ǀ 純$^{禪}_{諄}$[2535]純$^{禪}_{諄}$ ǀ 醇$^{禪}_{諄}$[3433]鶉$^{禪}_{諄}$ ǀ 淳$^{禪}_{諄}$[3535]雗$^{禪}_{諄}$ ǀ 鶉$^{禪}_{諄}$
0522	[1942]恁$^{日}_{侵}$鵀$^{日}_{侵}$鵟$^{日}_{侵}$ ǀ 任$^{日}_{侵}$
0523	[3368]稔$^{日}_{寑}$ ǀ 忍$^{日}_{軫}$
0524	[0131]眘$^{禪}_{震}$阠$^{心}_{震}$眘$^{禪}_{震}$蜄$^{禪}_{震}$ ǀ 慎$^{禪}_{震}$[0899]潤$^{日}_{稕}$瞚$^{日}_{準}$瞤$^{日}_{諄}$ ǀ 閏$^{日}_{稕}$[1972]慎$^{禪}_{震}$閏$^{日}_{稕}$ ǀ 順$^{船}_{稕}$
0525	[1637]仭$^{日}_{震}$妊$^{日}_{沁}$忍$^{集:}_{日震}$腎$^{禪}_{軫}$紉$^{泥}_{真}$諗$^{書}_{寑}$扨$^{日}_{震}$韌$^{日}_{震}$ ǀ 刃$^{日}_{震}$[2963]裖$^{禪}_{軫}$鋠$^{禪}_{軫}$欣$^{禪}_{軫}$ ǀ 腎$^{禪}_{軫}$[3482]牣$^{日}_{震}$ ǀ 忍$^{集:}_{日震}$
0526	[3092]軔$^{日}_{震}$ ǀ 仞$^{日}_{震}$
0527	[0977]溦$^{船}_{昔}$碩$^{禪}_{昔}$祏$^{禪}_{昔}$鉐$^{禪}_{昔}$食$^{船}_{職}$碣$^{禪}_{昔}$鼫$^{禪}_{昔}$ ǀ 石$^{禪}_{昔}$[0991]濕$^{集:}_{邪緝}$十$^{禪}_{緝}$ ǀ 拾$^{禪}_{緝}$[1052]石$^{禪}_{昔}$遈$^{禪}_{職}$ ǀ 食$^{船}_{職}$[1648]什$^{禪}_{緝}$什$^{禪}_{緝}$ ǀ 十$^{禪}_{緝}$
0528	[0010]日$^{日}_{質}$勺$^{禪}_{藥}$鈤$^{日}_{質}$ ǀ 入$^{日}_{緝}$[3769]入$^{日}_{緝}$ ǀ 日$^{日}_{質}$
0529	[2929]寔$^{禪}_{職}$ ǀ 實$^{船}_{質}$
0530	[0870]沭$^{船}_{術}$術$^{船}_{術}$朮$^{船}_{術}$秫$^{船}_{術}$ ǀ 述$^{船}_{術}$[2722]述$^{船}_{術}$ ǀ 術$^{船}_{術}$
0531	[3447]蟺$^{禪}_{仙}$ ǀ 善平$^{禪}_{仙}$[0430]熯$^{日}_{獮}$墠$^{禪}_{獮}$墡$^{禪}_{獮}$鄯$^{禪}_{獮}$僐$^{禪}_{獮}$嬗$^{禪}_{線}$瞫$^{書}_{獮}$膳$^{禪}_{線}$繕$^{禪}_{線}$譱$^{禪}_{獮}$蘚$^{禪}_{獮}$擅$^{禪}_{線}$禪$^{禪}_{線}$贍$^{禪}_{豔}$甎$^{禪}_{線}$鱓$^{禪}_{線}$鐥$^{禪}_{線}$鱓$^{禪}_{獮}$鱔$^{禪}_{獮}$鱣$^{禪}_{獮}$ ǀ 善$^{禪}_{獮}$[3392]儋$^{禪}_{豔}$ ǀ 贍$^{禪}_{豔}$[3789]單$^{禪}_{線}$ ǀ 禪$^{禪}_{線}$
0532	[0532]陾$^{日}_{獮}$礝$^{日}_{獮}$碝$^{日}_{獮}$瑌$^{日}_{獮}$輭$^{日}_{獮}$剽$^{日}_{獮}$楩$^{日}_{獮}$蒅$^{日}_{獮}$蝡$^{日}_{獮}$蠕$^{日}_{獮}$耎$^{日}_{獮}$ ǀ 軟$^{日}_{獮}$
0533	[2386]舌$^{船}_{薛}$讘$^{日}_{葉}$ ǀ 折$^{禪}_{薛}$
0534	[0412]焫$^{日}_{薛}$爇$^{日}_{薛}$遷$^{日}_{葉}$ ǀ 熱$^{日}_{薛}$
0535	[3288]蕘$^{日}_{宵}$韶$^{禪}_{宵}$ ǀ 饒$^{日}_{宵}$[3287]萔$^{定}_{蕭}$磬$^{禪}_{宵}$ ǀ 韶$^{禪}_{宵}$[3387]饒$^{日}_{宵}$ ǀ 遶平$^{日}_{宵}$[1445]隢$^{日}_{小}$ ǀ 遶$^{日}_{小}$[2563]繞$^{日}_{小}$ ǀ 擾$^{日}_{小}$[2800]擾$^{日}_{小}$ ǀ 饒上$^{日}_{小}$
0536	[2562]紹$^{禪}_{小}$卲$^{禪}_{笑}$ ǀ 邵$^{禪}_{笑}$[2631]覞$^{禪}_{小}$ ǀ 紹$^{禪}_{小}$
0537	[2477]劭$^{禪}_{笑}$ ǀ 召$^{禪}_{笑}$
0538	[2864]闍$^{禪}_{麻}$闍$^{禪}_{麻}$ ǀ 蛇$^{船}_{麻}$[3444]蛇$^{船}_{麻}$ ǀ 闍$^{禪}_{麻}$
0539	[1176]坧$^{禪}_{馬}$惹$^{日}_{馬}$袏$^{禪}_{馬}$ ǀ 社$^{禪}_{馬}$[2158]喏$^{日}_{馬}$ ǀ 惹$^{日}_{馬}$
0540	[2432]踳$^{集:}_{日馬}$ ǀ 若$^{日}_{馬}$
0541	[2614]常$^{禪}_{陽}$ ǀ 裳$^{禪}_{陽}$[1860]姮$^{禪}_{陽}$嘗$^{禪}_{陽}$裳$^{禪}_{陽}$鋿$^{禪}_{陽}$瑺$^{禪}_{陽}$甞$^{禪}_{陽}$鷬$^{禪}_{陽}$ ǀ 常$^{禪}_{陽}$[1655]償$^{禪}_{陽}$鱨$^{禪}_{陽}$ ǀ 甞$^{禪}_{陽}$
0542	[1332]鄀$^{日}_{藥}$楉$^{日}_{藥}$嫋$^{日}_{藥}$蒻$^{日}_{藥}$箬$^{日}_{藥}$弱$^{日}_{藥}$ ǀ 若$^{日}_{藥}$[2049]楉$^{日}_{藥}$ ǀ 惹$^{日}_{藥}$[3280]若$^{日}_{藥}$ ǀ 弱$^{日}_{藥}$
0543	[0959]渃$^{日}_{藥}$ ǀ 楉$^{日}_{藥}$
0544	[0089]晟$^{禪}_{勁}$剩$^{船}_{證}$ ǀ 盛$^{禪}_{勁}$
0545	[1404]陾$^{日}_{蒸}$仍$^{日}_{蒸}$訪$^{日}_{蒸}$扔$^{日}_{蒸}$礽$^{日}_{蒸}$埾$^{日}_{蒸}$杤$^{日}_{蒸}$朷$^{日}_{蒸}$艿$^{日}_{蒸}$芿$^{日}_{蒸}$ ǀ 仍$^{日}_{蒸}$[1635]仍$^{日}_{蒸}$ ǀ 認$^{日}_{證}$
0546	[0443]煣$^{日}_{有}$沑$^{日}_{有}$睬$^{日}_{尤}$鄈$^{日}_{尤}$郛$^{日}_{尤}$媃$^{日}_{尤}$腬$^{日}_{尤}$蹂$^{日}_{尤}$鍒$^{日}_{尤}$韖$^{日}_{尤}$餘$^{日}_{有}$粈$^{日}_{尤}$騥$^{日}_{尤}$脜$^{日}_{尤}$ ǀ 柔$^{日}_{尤}$
0547	[3088]輮$^{日}_{有}$ ǀ 揉$^{日}_{有}$

需要說明的是，在系聯的過程中發現，在開口止攝字及祭韻字方面，章、書、禪（船）等母與精、心、邪等母的混注較爲常見，這些混注的字在《中原音韻》中被稱作支思韻字，這說明《玉篇直音》中這些字已然趨於獨立（這在韻母的討論中亦有提及，可參見 3.2 節）。在這些字的範圍中，精、章組聲母字趨於合流，故而將章、書、禪（船）等母併入精、心、邪等母中。然而未見昌、澄母與清、從母的混注，不過昌、澄二母開口止攝字及祭韻字的獨立性較强，幾乎亦未見與四等齊韻字混注。我們揣測，要麼是此時昌、澄二母的音值尚爲舌尖後音，與讀成舌尖前音的清、從二母仍有差別；抑或是受到注音材料的限制，編者

未使用清、從母字爲本來已經讀成舌尖前音的昌、澄二母字注音。無論出於上述哪種可能，可以肯定的是這些昌、澄母字的聲母已經不再與其他的昌、澄母字的聲母相同。鑒於此，我們將昌、澄二母的開口止攝及祭韻字同章母字一樣，分別歸入清、從二母中。如此，不僅保證了整個章組（含澄母）聲母音變的齊整性，與今海鹽吳音中的精、章組完全合流也是吻合。

通過對比、分析表 2-4-3 中的轄字可知，《玉篇直音》中的甲種（精組）聲母字組主要是由中古精組、莊組及知$_{二}$組等三組聲母字合流而成。儘管少數從、崇、澄$_{二}$、邪等母的字與相應的精清、莊初、知$_{二}$徹$_{二}$、心等母的字混注，流露出一定的清化趨勢外，該字組總體上呈現出以下若干特點：全濁聲母仍然存在；部分從邪二母字音同；少數精、莊、知$_{二}$組聲母字與知$_{三}$、章組聲母字混注等。

而《玉篇直音》中的乙種（章組）聲母字組則主要來自中古章、知$_{三}$組聲母字。章組再次印證了中古知$_{三}$組聲母與章組聲母在《玉篇直音》中呈現的合流之勢，其合流的模式是知$_{三}$入章、徹$_{三}$入昌、澄$_{三}$與船、禪合流。在知$_{三}$、章合流的大勢之下，章組聲母中的船、禪二母已併爲一母，同時又分別與澄$_{三}$母、日母合流。另有少數精組字尤其是覺韻和肴韻的知、莊母字及部分莊$_{三}$母字混入章組字中。此外本組還呈現出日禪合流、牙喉音字與章組字混注等語音特點。

下面試論上述提及的語音特點。

2.4.2　精組聲母的主要語音特徵

2.4.2.1　全濁聲母的存在

從表 2-4-3 中系聯的結果來看，C 類和 E 類分別代表的是從、崇、澄$_{二}$三個聲母的字以及從、邪兩個聲母的字。這兩類字組所含的聲母均是中古時期的全濁聲母，這些全濁聲母在《玉篇直音》中雖然已經完成了合流、重組，但是卻與對應的清聲母有別，自成一類，仍然保持著濁音的區別特徵。

除了上述系聯的結果自成一類可作證明外，使用統計法來計算全濁聲母自注的數量亦可資爲證。此類數據可詳見表 2-4-4。

表 2-4-4　中古從、崇、澄$_{二}$、邪四母自注、混注情況統計表　（單位：次）

	從	崇	澄$_{二}$	邪
自注類型	從從 208 從崇 14 從邪 8 從禪 2	崇崇 51 崇從 30 崇澄$_{二}$3 崇邪 4 崇禪 1	澄$_{二}$澄$_{二}$18 澄$_{二}$從 1 澄$_{二}$崇 10 澄$_{二}$定 3	邪邪 137 邪從 3 邪禪 2
自注數	232	89	32	142
總數	265	104	37	160
自注率	87.55%	85.58%	86.49%	88.75%

理論上講，自注應該指的是從從、崇崇、澄$_{二}$澄$_{二}$、邪邪之間的注音，但是鑒於精、莊及知$_{二}$組之間的合流事實以及旨在證明濁音特徵存在之目的，從與崇、澄$_{二}$，從與邪之間的混注以及它們與定、禪等相關全濁聲母的混注情況均視爲全濁音聲母的自注例。此外，這些全濁聲母之間存在混注，並未與清聲母存在一定規模的混注，體現出中古全濁聲母在《玉篇直音》中的獨立性，這些混注例本身也證明了全濁聲母的存在。

從表 2-4-4 中的數據可以看出，該組全濁聲母的自注比例均在 85%以上，在通語系統裏中古全濁聲母已經消失的明末時代，這種全濁聲母的自注比例也算是很高的了，使得《玉篇直音》的語音系統獨具特質。總之，無論從系聯的結果來看，還是就統計的數據而論，《玉篇直音》中精、莊、知$_{二}$組中全濁聲母仍是存在的，不過因爲聲母之間合流的緣故，該字組中的全濁聲母僅有兩個，即從（包括崇、澄$_{二}$母字及少數邪母字）、邪（包括部分從、崇母字）。

2.4.2.2 從邪不分

總體來看，中古從、邪二母在《玉篇直音》中呈對立之勢，但據系聯的結果，從類中有部分邪母真、諄、清、麻、尤、鹽韻及少數昔、緝入聲字併入。邪類中有少數從母合口屋、至韻字併入。不計系聯混注，《玉篇直音》中從、邪二母直接混注的共計 11 例，如下：

①盡$^{從}_{軫}$音燼$^{邪}_{震}$P194L2；蝤$^{從}_{尤}$音囚$^{邪}_{尤}$P151L2；酋$^{從}_{尤}$音囚$^{邪}_{尤}$P173L3；囚$^{邪}_{尤}$音酋$^{從}_{尤}$P176L4

②集$^{從}_{緝}$音習$^{邪}_{緝}$P130L8；藉$^{從}_{禡}$音謝$^{邪}_{禡}$P135L9；秦$^{從}_{真}$音循$^{邪}_{諄}$P140L5；燖$^{邪}_{鹽}$音潛$^{從}_{鹽}$P9L1；
錫$^{邪}_{清}$音情$^{從}_{清}$P141L5；聚$^{從}_{麌}$音序$^{邪}_{語}$P177L4；族$^{從}_{屋}$音俗$^{邪}_{燭}$P184L10

上述 11 例混注可以分爲兩類，即①②兩類，依據是：第①類情況不僅與通語音變相吻合，亦與大多方言相符；第②類則與通語音變不吻合，但卻可以在吳音中得到印證。

第①類中的注音字“燼”，《廣韻》《集韻》《古今韻會舉要》《洪武正韻》等韻書皆作徐刃切，邪母震韻，與被注字“盡”（從母軫韻）音異。然而《洪武正韻》又作慈忍切，與“盡”音同，此可爲證。其餘例中的“囚”字，《唐韻》似由切，《集韻》《古今韻會舉要》均徐由切，皆爲邪母，與蝤、酋聲母不相同。然而，囚，《字彙・丑集・囗部》：“慈秋切，音酋。”此處證明“囚”字聲母由擦音變爲塞擦音，已經與“蝤、酋”相同了。

不過需要指出，第①類情況雖與普通話相吻合，但並不代表其通語的性質，畢竟它們於很多的方言中也可滿足同音關係。比如，“囚”，據《漢語方音字彙》[①]，在北京、濟南、西安、太原等 20 地市的方言中，其聲母讀作擦音（西安、成都讀 ɕ，蘇州讀 z，梅縣、廈門讀 s）的有 5 個，而其餘 15 個方言點均讀作塞擦音。僅以吳方言爲例，在《當代吳語研究》[②]統計的 33 個方言點中，“囚”字聲母皆讀作塞擦音，其中僅有金壇吳音讀清塞擦音 tɕʻ，其餘 32 個方言點皆讀作全濁塞擦音 ʥ。由此說來，“囚”字聲母變爲塞擦音的現象並非通語語音所獨有，在今吳方言中也是如此。因此，我們只能說上述所列混注的前 4 例的

①北京大學中國語言文學系語言學教研室. 漢語方音字彙（第二版）[M]. 北京：語文出版社，2003：218.

②錢乃榮. 當代吳語研究[M]. 上海：上海教育出版社，1992：248.

從、邪混注關係與通語語音相吻合，其實質是擦音 z 演變爲塞擦音 ʥ，即 z→ʥ。

第②類中的從、邪混注現象於通語中不同音，此應是編者吳方音的流露。從、邪不分的情況，據目前研究，最早可以推至齊梁之際。顏之推的《顏氏家訓 · 音辭篇》中所錄“南人以錢爲涎”“以賤爲羨”乃最早揭示從、邪相混的文獻資料。①顧野王的《玉篇》及受其影響很深的空海和尚的《篆隸萬象名義》中從、邪二母也都混併。②唐陸德明的《經典釋文》中也有 74 例從、邪混切的情況，邵榮芬指出這“並不是偶然的”③。江山毛晃、毛居正父子的《增修互注禮部韻略》中從、邪混注共有 4 例，劉曉南認爲這“是一個古老的南音現象”④。《資治通鑒音注》中存在 7 例從、邪混切的現象，馬君花認爲這“體現了作者胡三省的方音特點”⑤，即宋代寧海吳音。元代陶宗儀的《南村輟耕錄》中從、邪二母合一，此現象被魯國堯視爲元代吳方音特徵。⑥明代昆山人王應電的《同文備考》中“字”母的主要來源是中古從、邪、崇母等⑦，這表明從、邪、崇三母在《同文備考》中已經合併，此乃明代昆山吳音的特徵。顧野王、陸德明、毛氏父子、胡三省、陶宗儀、王應電等人皆爲吳人，由此可見從、邪不分“是從唐宋沿貫而下的語音特徵”⑧。今吳音中從、邪二母的讀音是“一筆糊塗賬”⑨。在嘉定、寶山、崇明和舊松江府各地以及蘇州、吳縣等地從、邪二母均音 z。“從邪兩母團化之後在各地的讀音最爲混亂，有的地方都讀[ʑ]，如常州、溧陽；有的地方都讀[ʥ]，如嘉興、紹興”。⑩下面我們以第②類中的常見字爲例，列舉一下它們在今吳方言中的讀音，如表 2-4-5 所示。

表 2-4-5　部分中古從、邪母字在今吳方言中的讀音⑪

例字 地區	1		2		3		4	
	集從緝	習邪緝	秦從真	循邪諄	聚從麌	序邪語	族從屋	俗邪燭
宜興	ʑiɪʔ$^{\underline{23}}$	ʑiɪʔ$^{\underline{23}}$	ʑyiŋ^{223}/ ʑiŋ^{223}	ʑiŋ^{223}	ʥyʯ^{231}	ʑyʯ^{231}	zɔʔ$^{\underline{23}}$	zɔʔ$^{\underline{23}}$
江陰	ʣɪʔ$^{\underline{12}}$	zɪʔ$^{\underline{12}}$	ʣiɲ^{223}	ziɲ^{223}	ʥy^{223}	ʑy^{223}	ʣoʔ$^{\underline{12}}$	zoʔ$^{\underline{12}}$
無錫	zɪʔ$^{\underline{23}}$	zɪʔ$^{\underline{23}}$	zɪn^{213}	zɪn^{213}	zi$^{33/213}$	zi$^{33/213}$	zɔʔ$^{\underline{23}}$	zɔʔ$^{\underline{23}}$
蘇州	zɪʔ$^{\underline{23}}$	zɪʔ$^{\underline{23}}$	ziɪn^{223}	ziɪn^{223}	zij^{231}/ zyʯ^{231}	zij^{231}	zɔʔ$^{\underline{23}}$	zɔʔ$^{\underline{23}}$

①劉曉南．毛氏父子吳音補證[J]．山西大學學報（哲學社会科學版），2009，(5)：54.

②周祖謨．篆隸萬象名義中之原本玉篇音系[A]．見：周祖謨.問學集[C]．北京：中華書局，2004：270-404.

③邵榮芬．《經典釋文》音系[M]．臺北：學海出版社，1995：88.

④劉曉南．毛氏父子吳音補證[J]．山西大學學報（哲學社会科學版），2009，(5)：54.

⑤馬君花．《資治通鑒音注》音系研究[D]．首都師範大學博士學位論文，2008：95.

⑥魯國堯．《南村輟耕錄》與元代吳方言[A]．見：魯國堯．魯國堯語言學論文集[C]．南京：江蘇教育出版社，2003：224-226.

⑦丁鋒．《同文備考》音系[M]．福岡：中國書店，2001：156.

⑧劉曉南．毛氏父子吳音補證[J]．山西大學學报（哲學社会科學版），2009，(5)：55.

⑨趙元任．現代吳語的研究[M]．北京：商務印書館，2011：39.

⑩錢乃榮．當代吳語研究[M]．上海：上海教育出版社，1992：7.

⑪表中海鹽音據《海鹽方言志》（胡明揚，浙江人民出版社，1992），海寧音據《海寧方言志》（海寧市史志辦公室，海寧市史志學會，浙江人民出版社，2009），金華音據《吳語婺州方言研究》（曹志耘等，商務印書館，2016），其餘諸方音均據《當代吳語研究》（錢乃榮，上海教育出版社，1992）。

續表

例字 地區	1		2		3		4	
	集$^{從}_{緝}$	習$^{邪}_{緝}$	秦$^{從}_{真}$	循$^{邪}_{諄}$	聚$^{從}_{麌}$	序$^{邪}_{語}$	族$^{從}_{屋}$	俗$^{邪}_{燭}$
上海	dʑiɪʔ$^{\underline{23}}$/ ʑiɪʔ$^{\underline{23}}$	ʑiɪʔ$^{\underline{23}}$/ dʑiɪʔ$^{\underline{23}}$	ʑiɲ^{113}/ dʑiɲ^{113}	ʑyɲ^{113}/ ʑiuŋ^{113}	dʑy^{113}/ʑy^{113}	ʑy^{113}/ɕy^{52}	zoʔ$^{\underline{23}}$	zoʔ$^{\underline{23}}$
嘉興	dʑiəʔ$^{\underline{12}}$	dʑiəʔ$^{\underline{12}}$	dʑin^{231}	dʑin^{231}	dʑy^{223}	dʑy^{223}	zoʔ$^{\underline{12}}$	zoʔ$^{\underline{12}}$
海寧	dʑiəʔ$^{\underline{22}}$	dʑiəʔ$^{\underline{22}}$	ʑin^{113}	ʑin^{113}	ʑi^{42}	ʑi^{42}	zoʔ$^{\underline{22}}$	zoʔ$^{\underline{22}}$
海鹽	dʑiʔ^{2}	dʑiʔ^{2}	dʑin^{31}	dʑyn^{31}	dʑy^{232}	dʑy^{232}	zoʔ^{2}	zoʔ^{2}
紹興	dʑiɪʔ$^{\underline{23}}$	dʑiɪʔ$^{\underline{23}}$	dʑɪŋ^{231}	—	dʑyɥ^{113}	ʑyɥ^{113}	dzoʔ$^{\underline{23}}$	dzoʔ$^{\underline{23}}$
寧波	dʑiɪʔ$^{\underline{23}}$	ʑiɪʔ$^{\underline{23}}$	dʑɪŋ^{113}	zoŋ^{113}	dzɥ^{113}/zɥ^{113}	zɥ^{113}	dzɔʔ$^{\underline{23}}$	zɔʔ$^{\underline{23}}$
溫州	zæi^{323}	zæi^{323}	zʌŋ^{231}	ɦyoŋ^{231}	zʅ$^{\underline{24}}$	zʅ$^{\underline{24}}$	ɦiu$^{\underline{323}}$	ɦyo$^{\underline{323}}$
金華	ziəʔ^{212}	ziəʔ^{212}	dʑiŋ^{313}	ziŋ^{313}	ʑy^{14}	ʑy^{14}	zoʔ^{212}	zoʔ^{212}

綜觀表 2-4-5 中的讀音，自北至南，整個吳方言區中，4 組例字的讀音相同是普遍的現象，尤其是嘉興、海寧、海鹽等地吳方言中，4 組例字的讀音完全相同，這爲解釋《玉篇直音》中從、邪混注的現象提供了充分的方言參證。

不過依今之海鹽吳音從、邪二母的讀音來看，在今齊齒、撮口呼前聲母腭化變爲舌面前音聲母 dʑ。這種現象在《玉篇直音》中既已產生，如“序”還與禪母字“署”混注（下文有述，可參見），這表明其已經讀成了舌面音了，鑒於此我們將此“聚序”等從、邪母字併入章組澄類中。

2.4.2.3 精、章組聲母相混

《玉篇直音》中存在精（莊、知$_{二}$）組字與章（知$_{三}$）組字混注的現象，不過這需要分類別來討論。

第一種是覺韻知、莊母字及部分莊$_{三}$母字併入章（知$_{三}$）組中，如：

①直接混注例有：焯$^{章}_{藥}$音卓$^{知}_{覺}$P9L5；　擢$^{澄}_{覺}$音逐$^{澄}_{屋}$P95L4

可系聯的字有：晫$^{知}_{覺}$腖$^{知}_{覺}$涿$^{知}_{覺}$啅$^{知}_{覺}$踔$^{知}_{覺}$琢$^{知}_{覺}$椓$^{知}_{覺}$啄$^{知}_{覺}$捉$^{莊}_{覺}$娖$^{莊}_{覺}$珿$^{初}_{覺}$灂$^{崇}_{覺}$浞$^{崇}_{覺}$捔$^{崇}_{覺}$；濁$^{澄}_{覺}$濯$^{澄}_{覺}$鐲$^{澄}_{覺}$

②直接混注例有：䇍$^{莊}_{屋}$音竹$^{知}_{屋}$P26L3；　茁$^{莊}_{薛}$音拙$^{章}_{薛}$P135L3；　斮$^{莊}_{藥}$音勺$^{章}_{藥}$P185L3；
煼$^{集:}_{初巧}$音鈔$^{集:}_{昌小}$P8L8；　炒$^{初}_{巧}$音鈔$^{集:}_{昌小}$P8L8；　娖$^{初}_{屋}$音畜$^{徹}_{屋}$P93L8；
閦$^{初}_{屋}$音畜$^{徹}_{屋}$P99L1；　閦$^{初}_{屋}$音畜$^{徹}_{屋}$P99L8；　刷$^{生}_{薛}$音設$^{書}_{薛}$P122L2

可系聯的字有：廁$^{玉:}_{清侯}$

上述知$_{二}$、莊組字分爲兩類，一類較爲集中，主要是知、莊母覺韻字；另一類較分散，不過聲母屬於莊組。通過系聯，它們可以併入章組。除此之外，將之併入章組還出於方音的考慮。今海鹽吳音中，中古莊組聲母字均演變爲 ts 組，與精組洪音字及知、章組非魚虞韻字合流。《玉篇直音》與此不符，因爲其精、莊、知$_{二}$合流，知$_{三}$、章組合流（下文對此問題有詳述）。不過，該書中莊組字在多數字併入精組的情況下，也有少數併入章組聲母

中的現象。這雖然與今之海鹽音不吻合，然而在丹陽、童家橋、常熟、金華、永康、溫州等吳方言中，“江開二江覺韻的知、莊組字和宕開三陽韻字的知莊組字在不少方言中聲母讀音併入章組，一些地方效開二肴韻、山合二删鎋韻的莊組字也併入章組聲母”[①]。《玉篇直音》中的知、莊母表現雖與此處《當代吳語研究》的描寫不盡一致，但是也存在一定程度的吻合。或許海鹽吳音在知、莊、章、精組聲母的分化與重組過程中，也存在類似的情況，只不過最終的知、莊、章、精組聲母全部合流而使我們無法看到中間具體的分合軌跡了。

對於茁$^{莊}_{薛}$音拙$^{章}_{薛}$例需要補充解釋一點，另有 1 例蕝$^{精}_{薛}$音茁$^{莊}_{薛}$P135L6。“茁”除與章母字混注外，還與精母字混注，這似乎表明該書編者的口音中個別章母字已有向精組演變的趨勢。如果這種推測成立，則可以爲今海鹽吳音中精、章合流現象的溯源提供早期的文獻材料。鑒於莊組與精組合流乃主要趨勢，而章組與精組則整體對立，因此我們在系聯時將此二例區别處理，一例併入章類，一例併入精類。

第二種是部分章組字混入了精（莊、知$_{三}$）組字，直接混注共計 26 例，如：

叜$^{初}_{職}$音尺$^{昌}_{昔}$P27L4；　簩$^{初}_{尤}$音抽$^{徹}_{尤}$P137L9；　隂$^{崇}_{陷}$音瞻$^{章}_{豔}$P32L6；　準$^{章}_{薛}$音作$^{精}_{鐸}$P17L10；
崷$^{從}_{尤}$音酧$^{禪}_{尤}$P14L10；　髾$^{從}_{尤}$音酬$^{禪}_{尤}$P71L7；　㯳$^{從}_{侵}$音忱$^{禪}_{侵}$P128L5；　涑$^{心}_{沃}$音束$^{書}_{燭}$P16L6；
阠$^{心}_{震}$音慎$^{禪}_{震}$P32L9；　誎$^{心}_{屋}$音束$^{書}_{燭}$P86L3；　球$^{心}_{術}$音述$^{船}_{術}$P134L2；　岕$^{龍:}_{莊寘}$音志$^{章}_{志}$P94L3；
剚$^{莊}_{志}$音志$^{章}_{志}$P122L3；　笫$^{集:}_{莊寘}$音寘$^{章}_{寘}$P137L10；　甾$^{集:}_{莊支}$音支$^{章}_{支}$P200L6；　呞$^{書}_{之}$音司$^{心}_{之}$P59L2；
襹$^{生}_{支}$音詩$^{書}_{之}$P78L7；　葹$^{生}_{脂}$音詩$^{書}_{之}$P132L2；　吏$^{生}_{止}$音始$^{書}_{止}$P177L1；　峙$^{澄}_{止}$音寺$^{邪}_{志}$P93L3；
市$^{禅}_{止}$音寺$^{邪}_{志}$P84L3；　巳$^{邪}_{止}$音市$^{禅}_{止}$P170L7；　萃$^{從}_{至}$音瑞$^{禪}_{寘}$P136L3；　邃$^{心}_{至}$音睡$^{禪}_{寘}$P90L9；
遂$^{邪}_{至}$音睡$^{禪}_{寘}$P90L9；　隋$^{邪}_{支}$音誰$^{禪}_{脂}$P32L5

上述所涉及的章組字來源很廣，章、昌、船、書、禪等聲母皆有；就韻而言，僅止攝字就 15 個，占混注總數的 57.69%（15/26）。這說明在章、精二組聲母合流的進程中，章組止攝字走在了前列。上述 26 例注音關係與通語語音並不吻合，但是卻可以得到吳方音的印證，僅就常見的字而言，如表 2-4-6 所示。

表 2-4-6　部分精、章組字吳方言讀音表[②]

例字／地區	萃$^{從}_{至}$	瑞$^{禪}_{寘}$	隋$^{邪}_{支}$	誰$^{禪}_{脂}$	市$^{禪}_{止}$	巳$^{邪}_{止}$	寺$^{邪}_{志}$	遂$^{邪}_{至}$	睡$^{禪}_{寘}$
海鹽	ze	ze	ze	ze	zɿ	zɿ	zɿ	ze	ze
海寧	—	ze	ze	—	zɿ	zɿ	zɿ	ze	ze
寧波	—	zɐɪ	—	zɐɪ	zɿ	zɿ	zɿ	zɐɪ	zɐɪ
紹興	—	ʣᴇ	—	ʣᴇ	zɿ	zɿ	zɿ	ʣᴇ	ʣᴇ
舟山	—	zai	—	zai	zɿ	zɿ	zɿ	zai	zai

①錢乃榮. 當代吳語研究[M]. 上海：上海教育出版社，1992：8.

②表中讀音分别依據：胡明揚. 海鹽方言志[M]. 杭州，浙江人民出版社，1992；海寧市史志辦公室，海寧市史志學會. 海寧方言志[M]. 杭州：浙江人民出版社，2009；肖萍，鄭曉芳. 鄞州方言研究[M]. 杭州：浙江大學出版社，2014；王福堂.紹興方言研究[M]. 北京：語文出版社，2015；方松熹. 舟山方言研究[M]. 北京：社會科學文獻出版社，1993。表 2-4-8 同此。

由表 2-4-6 中五地吳音的讀音來看，“市巳寺”同音、“遂睡”同音皆得到印證。由於“萃隋”二字不太常用，因此海寧、寧波、紹興、舟山等地的注音資料不全，無法完全印證這些注音關係。幸運的是今海鹽吳音中這些注音關係均能得到印證，這也足以證明上述混注關係是方音的體現。

第三種是邪母魚虞韻字及部分從母魚虞韻字與禪母字合流。直接混注例有：署$^{\text{禪}}_{\text{御}}$音序$^{\text{邪}}_{\text{語}}$P193L5、署$^{\text{禪}}_{\text{御}}$音序$^{\text{邪}}_{\text{語}}$P199L2，據此比較和系聯的還有：漵$^{\text{邪}}_{\text{語}}$緒$^{\text{邪}}_{\text{語}}$藇$^{\text{邪}}_{\text{語}}$芧$^{\text{邪}}_{\text{語}}$鱮$^{\text{邪}}_{\text{語}}$緒$^{\text{邪}}_{\text{語}}$陓$^{\text{邪}}_{\text{語}}$敘$^{\text{邪}}_{\text{語}}$；聚$^{\text{從}}_{\text{麌}}$埾$^{\text{從}}_{\text{遇}}$趣$^{\text{從}}_{\text{遇}}$。

序，邪母語韻，今吳方言多數地區讀作舌面音 ʑ 或 ɕ 或 dʑ，今海鹽吳音中讀作 dʑ，與從母語韻“聚”字一樣，皆與禪母字“署”聲母相同，“敘序署聚”等字同音，皆讀作 dʑy^{232}，這種同音關係在《玉篇直音》中業已存在。據此可知，部分從母麌遇韻字及邪母語韻字的聲母在明末之際的吳音中已經腭化爲舌面音了。不過，據現有語料來看此種腭化現象發生得或許更早一些，有宋人范成大纂修的《吳郡志 · 風俗》“吳音呼緒爲紵”爲證。①

以上是《玉篇直音》中精（莊）、章組字混注的三種情況。儘管兩組存在混注現象，但是這並不影響精、章組各自的獨立。

2.4.2.4 局部心母細音字有腭化音變

之所以持此說，是因爲《玉篇直音》中存在若干心母與曉母混注的現象，且這種混注爲數不多，但是特點突出。此類直接混注共計 2 例，詳見表 2-4-7。

表 2-4-7 曉心混注情況統計表

序號	被注字	音韻地位							注音字	音韻地位							頁/行
		反切	聲	韻	調	呼	等	攝		反切	聲	韻	調	呼	等	攝	
1	儇	許緣	曉	仙	平	合	三	山	宣	須緣	心	仙	平	合	三	山	39/9
2	狊	呼狊	曉	錫	入	合	四	梗	恤	辛聿	心	術	入	合	三	臻	155/2

表 2-4-7 中的心、曉母字均爲合口細音字，據此系聯的字還有：

揎$^{\text{心}}_{\text{仙}}$瑄$^{\text{心}}_{\text{仙}}$鶣$^{\text{心}}_{\text{仙}}$；昔$^{\text{心}}_{\text{昔}}$唶$^{\text{心}}_{\text{昔}}$腊$^{\text{心}}_{\text{昔}}$焟$^{\text{心}}_{\text{昔}}$惜$^{\text{心}}_{\text{昔}}$鵲$^{\text{心}}_{\text{昔}}$舄$^{\text{心}}_{\text{昔}}$磶$^{\text{心}}_{\text{昔}}$踖$^{\text{邪}}_{\text{昔}}$；息$^{\text{心}}_{\text{職}}$熄$^{\text{心}}_{\text{職}}$鄎$^{\text{心}}_{\text{職}}$膍$^{\text{心}}_{\text{職}}$瘜$^{\text{心}}_{\text{職}}$鎴$^{\text{心}}_{\text{職}}$鵗$^{\text{心}}_{\text{職}}$；析$^{\text{心}}_{\text{錫}}$淅$^{\text{心}}_{\text{錫}}$蜥$^{\text{心}}_{\text{錫}}$淅$^{\text{心}}_{\text{錫}}$霹$^{\text{心}}_{\text{錫}}$裼$^{\text{心}}_{\text{錫}}$緆$^{\text{心}}_{\text{錫}}$錫$^{\text{心}}_{\text{錫}}$；膝$^{\text{心}}_{\text{質}}$藤$^{\text{心}}_{\text{質}}$；戌$^{\text{心}}_{\text{術}}$珬$^{\text{心}}_{\text{術}}$卹$^{\text{心}}_{\text{術}}$衃$^{\text{心}}_{\text{術}}$

以上共計 33 個字，涉及心母仙韻及臻、梗、曾攝入聲三、四等韻開合口字以及個別的邪母字。因表 2-4-7 中的 2 個曉母字（“儇狊”）皆爲非常用字，在《玉篇直音》中無法完成直接系聯，故而此處僅列舉出系聯得出的心母字。同時在歸併字組的時候也只能將這兩個曉母字併入與之混注的常用的心母字中。

①[宋]範成大. 吳郡志[M]. 見：中华书局编辑部. 宋元方志叢刊（第一册）[C]. 北京：中華書局，1990：703。全文作：“吳音呼緒爲紵，疑白緒即白紵也。”

心、曉二母的混注，代表的是中古齒頭音精組與牙喉音聲母的分合，結合現代方言已有的音變結果來論其混注的本質不外乎兩種模式：一種模式是曉、匣母聲母超前演變爲舌尖音，之後與心、邪母字聲母相同。比如晉方言，“晉方言見組細音字聲母的超前演變主要表現爲讀舌尖中塞音 t、tʻ，舌尖後塞擦音 tʂ、tʂʻ，舌尖前塞擦音和擦音 ʦ、ʦʻ、s”[①]。另一種模式是心、邪母與曉、匣母均發生腭化音變，音值演變爲舌面音（偶爾會演變爲舌葉音的情況），此則多見於眾多漢語方言，包括普通話和吳方言。以吳方言來論，精組聲母“在齊、撮口音前一部分地區（主要分布在蘇南）讀舌尖前音（即分尖團，讀尖音），一部分地區（主要分布在浙江）讀舌面前塞擦音和擦音（不分尖團）”，“見溪群曉四母字在太湖片的吳語中讀音是：凡一二等字和三四等合口字都讀[k kʻ g h]，其中二等韻中許多字白讀爲舌根音而文讀爲舌面前音；三四等開合口字讀[ʨ ʨʻ ʥ ɕ]”。[②]

綜合比較上述兩種可能，第二種音變模式更適合《玉篇直音》，能恰到好處地解釋《玉篇直音》心曉混注的現象。下面就以今浙北吳音爲例加以印證，詳見表 2-4-8。表 2-4-7 中所涉及的 4 個例字，2 個曉母字（儇昊）爲非常用字，在吳方言中不常使用，爲方便比較起見，我們擴大比較的對象，不拘束于表中的例字，酌情考慮被系聯的字。

表 2-4-8 部分心、曉母字在今吳方言中的聲母讀音

例字＼地區	宣$^{\text{心}}_{\text{仙}}$	軒$^{\text{曉}}_{\text{元}}$	西$^{\text{心}}_{\text{齊}}$	希$^{\text{曉}}_{\text{微}}$	小$^{\text{心}}_{\text{小}}$	曉$^{\text{曉}}_{\text{篠}}$	恤$^{\text{心}}_{\text{術}}$	吸$^{\text{曉}}_{\text{緝}}$	雪$^{\text{心}}_{\text{薛}}$	血$^{\text{曉}}_{\text{屑}}$
海鹽	ɕ	ɕ	ɕ	ɕ	ɕ	ɕ	ɕ	ɕ	ɕ	ɕ
海寧	ɕ	ɕ	ɕ	ɕ	ɕ	ɕ	ɕ	ɕ	ɕ	ɕ
寧波	ɕ	ɕ	ɕ	ɕ	ɕ	ɕ	ɕ	ɕ	ɕ	ɕ
紹興	ɕ	ɕ	ɕ	ɕ	ɕ	ɕ	ɕ	ɕ	ɕ	ɕ
舟山	ɕ	ɕ	ɕ	ɕ	ɕ	ɕ	ɕ	ɕ	ɕ	ɕ

例字＼地區	昔$^{\text{心}}_{\text{昔}}$	惜$^{\text{心}}_{\text{昔}}$	息$^{\text{心}}_{\text{職}}$	熄$^{\text{心}}_{\text{職}}$	析$^{\text{心}}_{\text{錫}}$	淅$^{\text{心}}_{\text{錫}}$	錫$^{\text{心}}_{\text{錫}}$	戌$^{\text{心}}_{\text{術}}$	膝$^{\text{心}}_{\text{質}}$	悉$^{\text{心}}_{\text{質}}$
海鹽	ɕ	ɕ	ɕ	ɕ	ɕ	ɕ	ɕ	ɕ	ɕ	ɕ
海寧	ɕ	ɕ	ɕ	ɕ	ɕ	ɕ	ɕ	ɕ	ɕ	ɕ
寧波	ɕ	ɕ	ɕ	ɕ	ɕ	ɕ	ɕ	ɕ	ɕ	ɕ
紹興	ɕ	ɕ	ɕ	ɕ	ɕ	ɕ	ɕ	ɕ	ɕ	ɕ
舟山	ɕ	ɕ	ɕ	ɕ	ɕ	ɕ	ɕ	ɕ	ɕ	ɕ

通過比較表 2-4-8 中的讀音可知，心、曉母細音字的聲母在今浙北吳音中讀音相同，均讀作舌面前清擦音 ɕ，這些讀音爲解釋《玉篇直音》中的心曉混注現象提供了方言參證。同時，《玉篇直音》也爲包括今海鹽吳音在內的浙北吳音中心、曉母字聲母腭化的溯源提供了早期的文獻依據。

另有 2 例邪匣混注的情況，即璊$^{\text{邪}}_{\text{寘}}$音兮$^{\text{匣}}_{\text{齊}}$P112L3、穗$^{\text{邪}}_{\text{至}}$音惠$^{\text{匣}}_{\text{霽}}$P140L3。此 2 例尚無法得到方音印證，今海鹽吳音中兮音 ɕi，惠音 ɦue，而邪母字多讀作 ʥ 或 z，比如穗音 ze。此 2 例音同，令人不解，或許穗音惠是受諧聲偏旁影響所致，畢竟惠字作被注字及注音字使用共計 17 次，與邪母字混注僅此 1 例。不過這仍然動搖不了我們認爲邪母字（主要是魚虞韻字）聲母腭化的立場，畢竟有 2 例“署音序”的語料可資爲證。上文已有詳

①喬全生，崔容. 晋方言与官话非同步发展（三）——见組细音字的超前演变[J]. 漢語學報，2013，（2）：2.
②錢乃榮. 當代吳語研究[M]. 上海：上海教育出版社，1992：6-9.

述，茲不贅論。

此外，牙、喉音字聲母腭化的現象並非僅限於此處的曉母，其他聲母亦有表現，有牙、喉音字與知$_{三}$、章組字混注爲證。該問題將於下文知$_{三}$、章組聲母的討論中詳述，可參見。

2.4.3 章組聲母的主要語音特徵

2.4.3.1 船禪合流

中古船、禪二母字在《玉篇直音》中業已合流，這不僅如表 2-4-3 中的系聯結果所示，也可以用數據統計加以證明。關於船、禪二母之間的注音關係，詳見表 2-4-9。

表 2-4-9 中古船、禪母字注音關係統計表 （單位：次）

注音字＼被注字	船	禪
船	11	12
禪	21	168
其他	8	41
總計	40	221

船母被注字共計 40 個，自注 11 次，船禪混注 21 次（所涉船母字有：贖舌食潄神脣唇椹蛇剩塖繩繩䗐示$_2$虵舐碭謚謚），各占船母總數的 27.50%和 52.50%。禪母被注字共計 221 個，自注 168 次，禪船混注 12 次（所涉船母字有：示$_4$順$_2$食$_2$蛇$_2$椹實），各占禪母總數的 76.02%和 5.43%。比較上述幾組數字可以看出，船母以與禪母混注爲主要態勢，幾近禪船混注比例的十倍，表明船母主體上已經併入禪母。因此我們認定中古船、禪二母字在《玉篇直音》中已經合流，併作一母。

船禪不分並非至《玉篇直音》中才有的現象。早在“中古時代《切韻》系的韻書雖有牀禪之分，但是從他分配的情形看來，除去少數例外，大都有牀母字的韻就沒有禪母字，有禪母字的韻就沒有牀母字。從近代方言的演變看起來，牀禪也不易分辨。《守溫韻學殘卷》也只有禪母而無牀母，也可以說是禪牀不分”①。《經典釋文》中“以常切船 18 字，43 字次；以船切常 12 字，18 字次；兩母混切合計 30 字，51 字次。其中既有混切，又用本類字作切的共有 8 字，說明常、船兩母系聯決（绝）非偶然”②。基於此，邵榮芬認定陸德明《經典釋文》中常船二母合併，其音值當作塞擦音 ʥ。周祖謨考證原本《玉篇》的反切，發現船母字一律用常母字作切，進而認爲“今本《玉篇》及《廣韻》分別神禪，顧氏原本《玉篇》則有禪無神”。③“大概八九世紀以後，方言裏能分別常、船的已不多見。”④至《玉篇直音》時代，船、禪二母不分自是合乎情理，此與通語的語音特徵相符。

①李方桂. 上古音研究[M]. 北京：商務印書館，2003：16.

②邵榮芬.《經典釋文》音系[M]. 臺北：學海出版社，1995：107.

③周祖謨. 篆隸萬象名義中之原本玉篇音系[A]. 見：周祖謨. 問學集[C]. 北京：中華書局，2004：316.

④邵榮芬. 切韻研究[M]. 北京：中華書局，2008：122.

2.4.3.2　澄$_{三}$與船、禪母合流

從系聯的結果來看，部分船、禪母字與澄$_{三}$母合流，這些字主要源自中古止攝（禪：垂陲厜誰脽）、遇攝（禪：澍）、山攝（船：䞼船；禪：篅嬋蟬鋋禪鱓䏣）、咸攝（禪：棎蟾）、梗攝（船：塖䑈䑈繩繩澠鱦；禪：成誠盛峸墭郕㴫頳宬鷀𩖻𢈌𡧍丞承永涿𢀀）、曾攝（禪：植稙殖埴）及流攝（禪：酧酬詶醻㪷受授㖟𠬛鄐售）字。

據統計，混注的船母字共 5 個、禪母字共 47 個，分別占船、禪母字總數的 12.50%（5/40）、21.27%（47/221）。從字的數量來看，這並不是全部的船、禪母字，換句話說，與澄$_{三}$合流的船、禪母字僅是局部範圍，另有更多的船、禪母字則自成一類。如此看來，在船、禪二母業已合流的情勢下，呈現的卻是二分的態勢：一部分船、禪母字與澄$_{三}$母合流，而另一部分船、禪母字正如表 2-4-2 所示則與日母合流。此處我們討論的是前一種情況，後一種情況在接下來的內容將有詳述。

2.4.3.3　日禪合流

據系聯可知，中古日母字在《玉篇直音》中呈現二分趨勢：一則與疑母細音開口呼字一起併入泥母中；一則與禪（船）母合流。關於與疑、泥母合流的問題，我們已於 2.2 節端組聲母中討論過，可參見，茲不贅論。此處主要討論日母與禪（船）母合流讀作擦音 ʑ 的問題。

正如表 2-4-3 中的 E$_{乙}$類所示，與泥母混注的條件不同，與禪母混注的日母字則開、合口呼字皆有，其中開口的主要來自臻、山、效、假、宕、曾、流等攝，而合口呼字則主要來自通、止、遇、臻、山等攝。

禪、日二母的混注現象並非《玉篇直音》所獨具，於古於今皆可印證。劉曉南在前人研究的基礎上總結毛氏父子的《增修互注禮部韻略》中存在此類現象共計 14 例[①]，馬君花歸納《資治通鑒音注》中日禪混注的情況共計 12 例[②]，南宋陸遊《老學庵筆記》云："廟諱同音。'署'字常恕反，'樹'字如遇反，然皆諱避，則以爲一字也。"又於卷末校云："如遇反，《津逮》本作'殊遇反'。"[③]宋末元初戴侗的《六書故》中有"壽，人久切"的記載，《〈齊乘釋音〉的聲母特點與元代蘇州吳音》指出元代文獻《齊乘釋音》中有 1 例日禪不分的現象[④]，魯國堯指出元人陶宗儀《射字法》中存在日禪相混的情況。[⑤]丁鋒[⑥]研究《同文備考》後發現 16 世紀的昆山吳音中日禪二母業已合流。在《玉篇直音》之後的歷史文獻資料中，如《中州全韻》《音韻須知》《中州音韻輯要》等均有禪日相混的語音現象。若就今之方言來看，"現代吳語更是突出現象"[⑦]，現代吳語方言中日、禪二母讀音

①劉曉南. 毛氏父子吳音補證[J]. 山西大學學报（哲學社會科學版），2009，(5)：55.
②馬君花. 《資治通鑒音注》音系研究[D]. 首都師範大學博士學位論文，2008：78.
③[宋]陸遊. 老學庵筆記[M]. 北京：中華書局，1979：124，135.
④張凱. 《齊乘釋音》的聲母特點與元代蘇州吳音[J]. 語言研究，2014，(4)：29.
⑤魯國堯. 《南村輟耕錄》與元代吳方音[A]. 见：魯國堯. 魯國堯語言學論文集[C]. 南京：江蘇教育出版社，2003：226.
⑥丁鋒. 《同文備考》音系[M]. 福岡：中國書店，2001.
⑦劉曉南. 毛氏父子吳音補證[J]. 山西大學學報（哲學社會科學版），2009，(5)：55.

的混同現象，例證頗多，今溫州方言中“日母文讀 z、j（與禪母相混）”①，其他地的吳方言中亦多是如此，表 2-4-10 是《玉篇直音》中若干相混的日、禪母字在今部分吳方言點的讀音情況。

表 2-4-10　部分吳方言中禪、日母字的讀音②

例字 / 地區	禪母				日母			
	睡 寘韻合口	純 諄韻合口	勺 藥韻開口	拾 緝韻開口	蕊 紙韻合口	閏 稕韻合口	弱 藥韻開口	入 緝韻開口
江陰	zᴇɪ^{223}	zᴇɲ^{223}	zɑʔ$^{\underline{12}}$	zɛʔ$^{\underline{12}}$	zᴇɪ^{223}	zᴇɲ^{223}	zɑʔ$^{\underline{12}}$	ʑioʔ$^{\underline{12}}$
海門	dʑei^{213}	szən^{24}	szoʔ^{2}	szəʔ^{2}	dʑei^{213}	szən^{213}	szɑʔ^{2}	szəʔ^{2}
無錫	zᴇ^{213}	zən^{213}	zᴀʔ$^{\underline{23}}$	zəʔ$^{\underline{23}}$	zᴇ^{213}	zən^{213}	zᴀʔ$^{\underline{23}}$	zəʔ$^{\underline{23}}$
蘇州	zᴇ^{231}	zən^{223}	zᴀʔ$^{\underline{23}}$	zɪʔ$^{\underline{23}}$	zᴇ^{231}	zən^{231}	zᴀʔ$^{\underline{23}}$	zəʔ$^{\underline{23}}$
上海	zø^{113}	zəɲ^{113}	zoʔ$^{\underline{23}}$	zɐʔ$^{\underline{23}}$	zø^{113}	zəɲ^{113}	zɐʔ$^{\underline{23}}$	zɐʔ$^{\underline{23}}$
嘉興	zɥe^{223}	zən^{231}	zoʔ$^{\underline{12}}$	zəʔ$^{\underline{12}}$	zɥe^{223}	zən^{223}	zᴀʔ$^{\underline{12}}$	zəʔ$^{\underline{12}}$
寧波	zᴇ^{113}	dʑoŋ^{113}	zɔʔ$^{\underline{23}}$	zɔʔ$^{\underline{23}}$	zᴇ^{113}	zoŋ^{113}	lɔʔ$^{\underline{23}}$	zɔʔ$^{\underline{23}}$
海寧	ze^{113}	zən^{113}	zoʔ$^{\underline{22}}$	zəʔ$^{\underline{22}}$	ze^{42}	zən^{113}	zaʔ$^{\underline{22}}$	zəʔ$^{\underline{22}}$
海鹽	ze^{213}	zən^{31}	zaʔ^{2}	zəʔ^{2}	ze^{213}	zən^{213}	zaʔ^{2}	zəʔ^{2}
舟山	zai^{13}	zoŋ^{22}	zoʔ^{12}	zoʔ^{12}	zai^{24}	ɦyoŋ^{13}	ɦiɐʔ^{12}	zoʔ^{12}

比較表 2-4-10 可知，除了舟山方言的閏弱二字讀音特殊外，在其餘的諸吳方言中，中古禪母與日母字在韻相同的條件下，其聲母的讀音幾乎完全相同。如此看來，《玉篇直音》中的日、禪二母混注例也可以在今吳方言中得到印證，此應該是明末時期吳方言的語音特徵了。

綜合來看，與澄$_{三}$母合流的船、禪母字，其音值應該是濁塞擦音 dʑ；與日母合流的船、禪母字，其音值應該是濁擦音 ʑ。原因如下。

一是幾乎未見澄$_{三}$、日母字之間的混注③，這足以證明二母的音值是不同的。因此與之分別混注的船、禪母字的讀音自然也就不同。

二是知$_{三}$、徹$_{三}$分別與章、昌二母合併，讀成塞擦音，那麼合併後的澄$_{三}$也理應讀作塞擦音。日母的中古讀音是 nʑ。“nʑ 是一個破裂摩擦音。當破裂成分佔優勢的時候，擦音成分消失，就成爲今天客家方言和吳方言（白話）的 ɲ（‘人’ ɲin）；當摩擦成分佔優勢的時候，破裂成分消失，就剩一個 ʑ。”④因此，澄$_{三}$、日母有各自的音變模式，二者並不混淆。《玉篇直音》中章、精對立，在精組聲母讀成 ts 組、章組聲母讀成 tɕ 組的情況下，澄$_{三}$應該

①鄭張尚芳. 溫州方言志[M]. 北京：中華書局，2008：102.

②本表中的讀音分別來自：王洪鐘. 海門方言研究[M]. 北京：中華書局，2011；汪平. 蘇州方言研究[M]. 北京：中華書局，2011；錢乃榮. 當代吳語研究[M]. 上海：上海教育出版社，1992；海寧市史志辦公室，海寧市史志學會. 海寧方言志[M]. 杭州：浙江人民出版社，2009；胡明揚. 海鹽方言志[M]. 杭州：浙江人民出版社，1992；方松熹. 舟山方言研究[M]. 北京：社會科學文獻出版社，1993.

③僅有 1 例，即柔$^{日}_{尤}$音紬$^{澄}_{尤}$P130L6，疑注音字“紬”有誤。

④王力. 漢語史稿[M]. 北京：中華書局，2004：152.

讀成 dʑ，而日母應該讀成 ʑ。

三是個別澄、禪母字與從、章（知）、昌（徹）等音值爲塞擦音的聲母混注（嵴$^{從}_{尤}$音酧$^{禪}_{尤}$P14L10；䰯$^{從}_{尤}$音酬$^{禪}_{尤}$P71L7；䛡$^{知}_{語}$音佇$^{澄}_{語}$P87L7；騭$^{章}_{質}$音直$^{澄}_{職}$P152L9；遂$^{徹}_{仙}$音椽$^{澄}_{仙}$P92L1；鶨$^{徹}_{線}$音篆$^{澄}_{獮}$P148L5；犨$^{徹}_{尤}$音稠$^{澄}_{尤}$P154L2），也直接印證了這部分合流後的禪母字之聲母音值當爲塞擦音。

2.4.3.4　章組聲母與牙喉音的混注

中古牙喉音聲母與章組聲母本是涇渭分明，但是在《玉篇直音》中彼此偶有混注。據統計，兩組聲母之間的直接混注共計 19 例，如下：

訅$^{章}_{宥}$音糾$^{見}_{黝}$P88L9；　甄$^{見}_{仙}$音専$^{章}_{仙}$P123L8；　橛$^{集:}_{見月}$音拙$^{章}_{薛}$P129L4；　㕈$^{玉:}_{見旨}$音旨$^{章}_{旨}$P159L5；

吘$^{見}_{齊}$音只$^{章}_{支}$P185L6；　姝$^{昌}_{虞}$音區$^{溪}_{虞}$P48L10；　踶$^{溪}_{幼}$音臭$^{昌}_{宥}$P74L1；　輆$^{溪}_{薺}$音侈$^{昌}_{紙}$P116L9；

颮$^{集:}_{溪物}$音拙$^{章}_{薛}$P6L1；　堀$^{群}_{物}$音拙$^{章}_{薛}$P24L3；　裾$^{群}_{物}$音拙$^{章}_{薛}$P79L5；　讐$^{禪}_{尤}$音仇$^{群}_{尤}$P161L4；

巹$^{玉:}_{禪尤}$音仇$^{群}_{尤}$P131L3；　雔$^{禪}_{尤}$音仇$^{群}_{尤}$P161L4；　讎$^{禪}_{尤}$音仇$^{群}_{尤}$P161L5；　䚃$^{禪}_{尤}$音仇$^{群}_{尤}$P186L2；

庎$^{集:}_{書至}$音係$^{集:}_{匣霽}$P35L5；　鉤$^{龍:}_{書漾}$音响$^{曉}_{養}$P110L7；　怴$^{曉}_{術}$音戌$^{書}_{遇}$P55L8

比較上述混注的例字可見，所涉的牙喉音字皆爲三四等細音字，在現代漢語中其聲母已經腭化爲舌面前音 tɕ、tɕʻ、ɕ 了，至於此類牙喉音字的聲母在今吴方言中的音值，可詳見表 2-4-11。

表 2-4-11　部分中古牙、喉細音字在今吴方言中的聲母讀音①

地區 / 例字	海門	蘇州	嘉興	海寧	海鹽	舟山	紹興	金華	湯溪
糾$^{見}_{黝}$	tɕ	tɕ	tɕ	tɕ	tɕ	tɕ	tɕ	tɕ	tɕ
掘$^{群}_{月}$	dʑ	dʑ	dʑ	dʑ	dʑ	dʑ	dʑ	dʑ	dʑ
仇$^{群}_{尤}$	dʑ/dz	dʑ/z	dʑ/z	dʑ/z	dʑ/z	dʑ	dʑ/dz	dʑ	dʑ
係$^{集:}_{匣霽}$	ɦ	ø	ɕ	ɕ	ɕ/ɦ	ɕ	ɕ/ɦ	ʑ	ɕ
熏$^{曉}_{文}$	ɕ	ɕ	ɕ	ɕ	ɕ	ɕ	ɕ	ɕ	ɕ
响$^{曉}_{養}$	ɕ	ɕ	ɕ	ɕ	ɕ	ɕ	ɕ	ɕ	ɕ

通過表 2-4-11 中的讀音可知，中古牙喉細音字在今吴方言的多數地區皆讀作舌面前音，與普通話的聲母性質相同，亦與中古章組聲母的音值相同。結合漢語史的音變進程可推知，《玉篇直音》中牙喉細音字混同章組字，其實質應是牙喉音字讀成章組字，反映的是牙、喉細音字聲母腭化爲舌面前音的音變現象，同時也折射出《玉篇直音》中章組字的聲母音值亦是舌面前音的語音特徵。遺憾的是在今北部吴方言的多數地區，中古章組字聲母的音值並非舌面前音了。就整個吴方言地區而言，中古知$_{三}$章組字在不同地區的讀音可

①因此混注例中的被注字或注音字多爲非常見字，在今多數的吴方言中不使用，爲方便比較，必要時我們選取了與這些字音韻地位相同的常見字予以代之。表中的讀音分别來自：王洪鐘. 海門方言研究[M]. 北京：中華書局，2011；汪平. 蘇州方言研究[M]. 北京：中華書局，2011；俞光中. 嘉興方言同音字彙[J]. 方言，1988，(3)；海寧市史志辦公室，海寧市史志學會. 海寧方言志[M]. 杭州：浙江人民出版社，2009；胡明揚. 海鹽方言志[M]. 杭州：浙江人民出版社，1992；方松熹. 舟山方言研究[M]. 北京：社會科學文獻出版社，1993；王福堂. 紹興方言研究[M]. 北京：語文出版社，2013；曹志耘，等. 吴語婺州方言研究[M]. 北京：商務印書館，2016.

以分爲以下三種情況："（1）常州、昆山、寶山、上海、吳江、嘉興、杭州、余姚等地讀舌尖前音 ʦ 組聲母。有的地區一般讀 ʦ 組，但在個别韻前如遇攝的 y 韻前讀 ʨ 組聲母，如周浦、松江、紹興、諸暨等地。（2）部分字讀 ʦ 組，部分字讀 ʨ 組，如溧陽、丹陽等地。有的在古開口韻前讀 ʦ 組，古合口韻前读 ʦ 或 ʨ 組，如宜興、童家橋、江陰等地。……（3）幾乎全部讀 ʨ 組的有靖江，有一部分字讀 ʦ 組的有黃岩、永康、寧波等地，大都讀 ʧ 組只有很少數字讀 ʦ 組的有衢州。"①今天的海鹽吳音隸屬於第（1）種情況，中古知三章組字的聲母讀作 ʦ 組，且與周浦、松江、紹興、諸暨等地相似，在魚虞韻前讀成 ʨ 組。與之不同之處就是今海鹽吳音中鹽韻的章組字聲母也讀作 ʨ 組。然而上述與牙喉音混注的章組字並非僅是鹽韻字，它們在今海鹽吳音中的聲母幾乎皆讀作 ʦ 組，如此看來，《玉篇直音》中的牙喉音字與知三章組字的混注無法在今海鹽吳音中得到印證，這應該是海鹽吳音進一步演變所致。幸運的是，我們可以在演變速度相對較慢的南部吳方言中爲之找到印證，具體讀音詳見表 2-4-12。

表 2-4-12　部分中古章組字在今吳方言中的聲母讀音②

地區 例字	金華	湯溪	浦江	東陽	磐安	永康	武義
咒 章宥	ʨ	ʨ	ʧ	ʨ	ʧ	ʨ	ʨ
專 章仙	ʨ	ʨ	ʨ	ʦ	ʧ	ʨ	ʨ
拙 章薛	ʨ	ʨ	ʨʻ	—	—	—	—
旨 章旨	ʦ	ʦ	ʧ	ʦ	ʧ	ʨ	ʨ
臭 昌宥	ʨʻ	ʨʻ	ʧʻ	ʨʻ	ʧʻ	ʨʻ	ʨʻ
侈 昌紙	ʦʻ	—	ʧʻ	ʦʻ	ʧʻ	ʨʻ	ʨʻ
戍 書遇	ɕ	ɕ	ʃ	—	—	—	ɕ

比較表 2-4-12 後可知，在今南部吳方言的多數地區，中古章組字的聲母以讀作 ʨ 組爲常見音值。在此情況下，腭化了的牙、喉細音字與之讀音相同也便順理成章了。比如上述混注中的被注字"詋"，《集韻》"咒，詛也，古作祝，或從言"，在今金華、湯溪、東陽、永康、武義、溫州等地吳音中，"咒、糾"二字讀音幾乎相同，其聲母皆爲 ʨ。上述這些皆爲《玉篇直音》中的此類混注現象提供了方音參證。至於今海鹽吳音中的知三、章組字聲母的讀音應該是在《玉篇直音》之後的時間裏發音部位進一步前移爲舌尖前音，進而與精組聲母發生了合流，其音變過程可以描寫爲 ʨ→ʦ，若結合今浦江、磐安的讀音，或許這個階段中還有變爲 ʧ 的過程，即 ʨ→ʧ→ʦ。

2.4.4　小結

下面總結一下《玉篇直音》中齒音聲母的特點。

①錢乃榮. 當代吳語研究[M]. 上海：上海教育出版社，1992：8.

②本表的讀音基本來自：曹志耘，等. 吳語婺州方言研究[M]. 北京：商務印書館，2016.

（1）中古精、莊及知$_{二}$組聲母合流。

（2）三組中的全濁聲母在重組後仍有從（澄$_{二}$、崇）、邪（從）兩個全濁聲母。

（3）從、邪母存在部分不分的現象。

（4）部分心、邪母細音字有腭化的音變。

（5）中古知$_{三}$組、章組聲母併爲一組。

（6）全濁聲母澄$_{三}$（含船、禪部分字）、禪（含船、日部分字）獨立存在。

（7）中古船、禪二母業已合流，並重組爲兩類，一部分與澄$_{三}$母合併，一部分與日母合併。

（8）部分牙、喉音三、四等字與章組聲母字混注，證明了這些字的聲母已經發生腭化的音變，同時也印證了章組聲母讀舌面前音 ʨ 的音值。

（9）部分精（莊、知$_{二}$）、章（知$_{三}$）組的混注則表明這些章（知$_{三}$）組聲母字已發生聲母爲舌尖前音的音變。

比較來看，上述語音特點中，第（2）、（3）、（7）、（8）等特點更具有吳音特質。結合上述特點，參照今海鹽吳音此類聲母的讀音，我們可以將《玉篇直音》中精、莊、知$_{二}$組聲母的音值擬定如表 2-4-13 所示。

表 2-4-13　《玉篇直音》齒音聲母表

<table>
<tr><th>序號</th><th>名稱</th><th>音值</th><th colspan="2">來源</th></tr>
<tr><td>1</td><td>精</td><td>ʦ</td><td colspan="2">主要來自中古精、莊母及知$_{二}$母字，還有章、知$_{三}$母開口止攝字及祭韻字</td></tr>
<tr><td>2</td><td>清</td><td>ʦ‘</td><td colspan="2">主要來自中古清、初母及徹$_{二}$母字</td></tr>
<tr><td>3</td><td>從</td><td>ʣ</td><td colspan="2">主要來自中古從、崇母及澄$_{二}$母字，還有少數邪母清、尤、鹽韻及真韻去聲字併入</td></tr>
<tr><td rowspan="2">4</td><td rowspan="2">心</td><td>s</td><td colspan="2">主要來自中古心、生母字，還有書母開口止攝字及祭韻字</td></tr>
<tr><td>ɕ</td><td colspan="2">部分心母三、四等開合口字，個別曉母字（昦儇）</td></tr>
<tr><td>5</td><td>邪</td><td>z</td><td colspan="2">主要來自中古邪母字，有少數從母真韻、麻韻去聲及入聲屋、緝韻字併入，還有禪（船）母開口止攝字及祭韻字</td></tr>
<tr><td>6</td><td>章</td><td>ʨ</td><td>主要是中古知$_{三}$、章母字</td><td rowspan="4">包括部分發生腭化音變後與章組混注的牙、喉細音字及少數心母細音字</td></tr>
<tr><td>7</td><td>昌</td><td>ʨ‘</td><td>主要是中古徹$_{三}$、昌母字</td></tr>
<tr><td>8</td><td>澄</td><td>ʥ</td><td>主要是中古澄$_{三}$及部分船、禪母字</td></tr>
<tr><td>9</td><td>書</td><td>ɕ</td><td>主要是中古書母字</td></tr>
<tr><td>10</td><td>禪</td><td>ʑ</td><td colspan="2">主要是中古船、禪母字（不含開口止攝字及祭韻字）及日母合口呼字、部分開口呼字，另有邪母魚虞韻字及部分從母魚虞韻字（序郤徐徐澳緒蕆芧鱮緒阧敘堅趣聚）</td></tr>
</table>

2.5　牙、喉音聲母

2.5.1　牙、喉音聲母字的分佈情况

本書所言的牙、喉音聲母指的是中古見、溪、群、疑四個牙音聲母以及影、云、以、曉、匣五個喉音聲母。在可供研究的 13 695 個被注字中，中古牙、喉音聲母的字均有分佈，具體數量見表 2-5-1。

表 2-5-1 《玉篇直音》所轄中古牙、喉音聲母被注字數量表 （單位：個）

聲母	見	溪	群	疑	影	雲	以	曉	匣
數量	1 185	555	392	472	697	208	597	535	719
總計	2 604				2 756				

在同用系聯基礎上得出的 3 789 個自然小類中牙、喉音聲母字共分佈在 1 378 個自然小類中，使用同用、遞用及補充原則對之進行進一步系聯共得出如下 8 大類（分別標爲 A、B、C、D、E、F、G、H）共計 613 個“準小韻”，其中以被注字來論。

A 類共轄被注字 1 218 個，含 140 個“準小韻”、305 個自然小類，主要來自中古見母字，共計 1 136 個，占 A 類總數的 93.27%（1 136/1 218）。鑒於此，我們稱 A 類爲見類，該類字的聲母皆屬於《玉篇直音》的見母。

B 類共轄被注字共 539 個，含 80 個“準小韻”、180 個自然小類，主要來自中古溪母字，共計 496 個，占 B 類總數的 92.02%（496/539）。鑒於此，我們稱 B 類爲溪類，該類字的聲母皆屬於《玉篇直音》的溪母。

C 類共轄被注字 379 個，含 36 個“準小韻”、80 個自然小類，主要來自中古的群母字，共計 352 個，占 C 類總數的 92.88%（352/379），鑒於此，我們稱 C 類爲群類，該類字的聲母皆屬於《玉篇直音》的群母。

D 類共轄被注字 156 個，含 26 個“準小韻”、51 個自然小類，該類全部來自中古的疑母字，共計 156 個，占 D 類總數的 100%（156/156）。鑒於此，我們稱 D 類爲疑類，該類字的聲母皆屬於《玉篇直音》的疑母。

E 類共轄被注字 1 213 個，含 133 個“準小韻”、301 個自然小類，主要來自中古的影（686 個）、以（262 個）、云（112 個）、疑（101 個）、微（29 個）等聲母字，共計 1 190 個，占 E 類總數的 98.10%（1 190/1 213）。鑒於中古影母字數量佔據主體（56.55%，686/1 213），我們稱 E 類爲影類，該類字的聲母皆屬於《玉篇直音》的影母。

F 類共轄被注字 518 個，含 75 個“準小韻”、166 個自然小類，主要來自中古的曉母字，共計 456 個，占 F 類總數的 88.03%（456/518）。此外，還包括 50 個匣母字，7 個溪母字，其中匣母字約占總數的 9.65%（50/518）。鑒於中古曉母字佔據主體，我們稱 F 類爲曉類，該類字的聲母皆屬於《玉篇直音》的曉母。

G 類共轄被注字 904 個，含 80 個“準小韻”、201 個自然小類，主要來自中古的匣（619 個）、以（140 個）、疑（74 個）、云（20 個）等聲母字，共計 853 個，占 G 類總數的 94.36%（853/904）。鑒於中古匣母字是該類的主體（68.47%，619/904），我們稱 G 類爲匣類，該類字的聲母皆屬於《玉篇直音》的匣母。

H 類共轄被注字 387 個，含 43 個“準小韻”、94 個自然小類，主要來自中古以（216 個）、云（70 個）、疑（91 個）等母字，共計 377 個，占 H 類總數的 97.42%（377/387）。鑒於中古云、以聲母已經合流，且占整類的 73.90%（286/387），我們稱 H 類爲喻類，該類字的聲母皆屬於《玉篇直音》的喻母。中古疑喻（云、以）混注常見，將參與混注的疑母字併入喻（云、以）母中參照的是 17 世紀的吳音文獻《諧聲品字箋》。中古疑母字在該書中的分合情況與《玉篇直音》高度相似，除一部分入泥母及一部分獨立外，還有一部分疑母字併入喻母中①。鑒於此，我們也將與喻（云、以）母混注的疑母字併入喻母之中。

由此觀之，上述 8 類所轄字總體上與中古見、曉組聲母是對應的，所以我們也稱爲《玉篇直音》的牙、喉音聲母。此 8 類 613 個“準小韻”所轄字的情況詳見表 2-5-2。

表 2-5-2　《玉篇直音》牙、喉音聲母字表

字組序號	轄字
A 類（含 305 個自然小類，140 個“準小韻”）	
0001	[0150]昇$^{見}_{鍾}$哄$^{見}_{鍾}$邛$^{見}_{鍾}$供$^{見}_{鍾}$烘$^{見}_{鍾}$ I 恭$^{見}_{鍾}$[2788]拱$^{見}_{腫}$ I 供上$^{見}_{腫}$[1119]䂬$^{見}_{腫}$拲$^{見}_{腫}$擧$^{見}_{腫}$珙$^{見}_{腫}$𤭛$^{見}_{腫}$栱$^{見}_{腫}$蛬$^{見}_{腫}$𡋯$^{見}_{腫}$玐$^{見}_{腫}$巩$^{篇:}_{見腫}$ I 拱$^{見}_{腫}$
0002	[1905]躬$^{見}_{東}$𦨂$^{見}_{東}$芎$^{見}_{東}$龔$^{見}_{鍾}$共$^{見}_{腫}$ I 弓$^{見}_{東}$[3117]弓$^{見}_{東}$ I 躬$^{見}_{東}$
0003	[0860]涫$^{見}_{東}$ I 宮$^{見}_{東}$[2014]忊$^{見}_{東}$耵$^{見}_{東}$功$^{見}_{東}$公$^{見}_{東}$ I 工$^{見}_{東}$[1771]工$^{見}_{東}$ I 攻$^{見}_{東}$[2896]疘$^{見}_{東}$宮$^{見}_{東}$刌$^{見}_{東}$蚣$^{見}_{東}$攻$^{見}_{東}$ I 公$^{見}_{東}$[3065]貢$^{見}_{送}$ I 工去$^{見}_{送}$[3542]狃$^{見}_{送}$玒$^{見}_{送}$ I 貢$^{見}_{送}$
0004	[0436]熇$^{匣}_{沃}$告$^{溪}_{沃}$瀔$^{見}_{屋}$晧$^{見}_{屋}$瑴$^{見}_{屋}$轂$^{見}_{屋}$穀$^{見}_{屋}$轂$^{見}_{屋}$鵠$^{集:}_{見沃}$鵅$^{以}_{燭}$梏$^{見}_{沃}$ I 谷$^{見}_{屋}$[1457]谷$^{見}_{屋}$谷$^{見}_{屋}$ I 穀$^{見}_{屋}$
0005	[0804]淍$^{見}_{屋}$㞘$^{見}_{屋}$挶$^{見}_{燭}$輂$^{見}_{燭}$梮$^{見}_{燭}$匊$^{見}_{屋}$鵴$^{見}_{屋}$匊$^{見}_{屋}$厈$^{見}_{燭}$ I 菊$^{見}_{屋}$[1231]埱$^{見}_{屋}$啕$^{見}_{屋}$腒$^{見}_{屋}$踘$^{見}_{屋}$踙$^{見}_{屋}$毱$^{群}_{屋}$諊$^{見}_{屋}$趜$^{見}_{屋}$掬$^{見}_{屋}$鋦$^{見}_{燭}$菊$^{見}_{屋}$蘜$^{見}_{屋}$餰$^{見}_{屋}$鵙$^{見}_{屋}$鞠$^{見}_{屋}$ I 匊$^{見}_{屋}$
0006	[0564]岡$^{見}_{唐}$堈$^{見}_{唐}$仼$^{見}_{唐}$缸$^{見}_{唐}$豇$^{見}_{江}$尢$^{影}_{唐}$ I 江$^{見}_{江}$
0007	[3010]釭$^{見}_{江}$ I 矼$^{見}_{江}$
0008	[2555]綱$^{見}_{唐}$扛$^{見}_{江}$掆$^{見}_{唐}$鋼$^{見}_{唐}$玒$^{見}_{江}$剛$^{見}_{唐}$瓬$^{見}_{唐}$鋼$^{見}_{唐}$杠$^{見}_{江}$蚢$^{匣}_{唐}$犅$^{見}_{唐}$ I 岡$^{見}_{唐}$[3602]罡$^{見}_{唐}$ I 剛$^{見}_{唐}$
0009	[1288]吭$^{見}_{唐}$ I 亢$^{見}_{唐}$
0010	[0478]焵$^{見}_{宕}$夅$^{見}_{絳}$ I 絳$^{見}_{絳}$[2584]絳$^{見}_{絳}$屛$^{見}_{絳}$ I 降$^{見}_{絳}$
0011	[0214]脛$^{鏡:}_{見陽}$ I 壃$^{見}_{陽}$[1073]礓$^{見}_{陽}$壃$^{見}_{陽}$疆$^{見}_{陽}$僵$^{見}_{陽}$橿$^{見}_{陽}$薑$^{見}_{陽}$薑$^{見}_{陽}$畕$^{見}_{陽}$畺$^{見}_{陽}$嘼$^{見}_{陽}$殭$^{見}_{陽}$蠷$^{見}_{陽}$ I 姜$^{見}_{陽}$[1888]姜$^{見}_{陽}$ I 薑$^{見}_{陽}$[2333]膙$^{見}_{養}$ I 姜上$^{見}_{養}$
0012	[0956]港$^{見}_{講}$䟫$^{見}_{蕩}$耩$^{見}_{講}$ I 講$^{見}_{講}$
0013	[2513]襁$^{見}_{養}$ I 强$^{集:}_{見養}$
0014	[0026]曠$^{溪}_{宕}$ I 廣去$^{見}_{宕}$[1188]垙$^{見}_{唐}$侊$^{見}_{唐}$咣$^{見}_{庚}$胱$^{見}_{唐}$珖$^{見}_{唐}$輄$^{見}_{唐}$ I 光$^{見}_{唐}$[1471]廣$^{見}_{蕩}$ I 光上$^{見}_{蕩}$[2204]曠$^{見}_{宕}$誑$^{見}_{漾}$ I 光去$^{見}_{宕}$[2646]誩$^{群}_{養}$ I 誑$^{見}_{漾}$
0015	[0551]狢$^{見}_{鐸}$胳$^{見}_{鐸}$袼$^{見}_{鐸}$覺$^{見}_{覺}$閣$^{見}_{鐸}$或$^{見}_{合}$ I 各$^{見}_{鐸}$[1098]确$^{見}_{覺}$桷$^{見}_{覺}$榷$^{見}_{覺}$角$^{見}_{覺}$ I 覺$^{見}_{覺}$[2215]晱$^{集:}_{見覺}$ I 角$^{見}_{覺}$[3053]玨$^{見}_{覺}$ I 角$^{見}_{覺}$
0016	[1385]郭$^{見}_{鐸}$椁$^{見}_{鐸}$ I 廓$^{溪}_{鐸}$[0695]崞$^{見}_{鐸}$墎$^{見}_{鐸}$鄟$^{見}_{鐸}$廓$^{溪}_{鐸}$擴$^{集:}_{見鐸}$彍$^{見}_{鐸}$彉$^{見}_{鐸}$槨$^{見}_{鐸}$臺$^{見}_{鐸}$𩫏$^{見}_{鐸}$ I 郭$^{見}_{鐸}$
0017	[2083]噱$^{群}_{藥}$嘘$^{集:}_{群藥}$躩$^{見}_{藥}$攫$^{見}_{藥}$钁$^{見}_{藥}$彏$^{見}_{藥}$鸜$^{見}_{藥}$ I 腳$^{見}_{藥}$
0018	[1355]戄$^{集:}_{見藥}$ I 矍$^{見}_{藥}$
0019	[0108]碁$^{見}_{之}$畸$^{見}_{支}$畿$^{群}_{微}$僟$^{見}_{微}$姬$^{見}_{之}$躸$^{見}_{支}$嘰$^{見}_{微}$諆$^{見}_{之}$掎$^{見}_{支}$禨$^{見}_{微}$鐖$^{見}_{微}$機$^{見}_{微}$机$^{見}_{脂}$鞿$^{見}_{微}$鷄$^{見}_{齊}$蟣$^{見}_{尾}$丌$^{見}_{之}$亓$^{見}_{之}$ I 基$^{見}_{之}$[1146]基$^{見}_{之}$禾$^{見}_{齊}$ I 雞$^{見}_{齊}$
0020	[0122]㱦$^{見}_{之}$肌$^{見}_{脂}$朞$^{見}_{之}$ I 期$^{見}_{之}$[0553]屼$^{見}_{旨}$幾$^{見}_{微}$ I 肌$^{見}_{脂}$[2301]肌$^{見}_{脂}$㡬$^{見}_{微}$饑$^{見}_{微}$ I 飢$^{見}_{脂}$[3045]璣$^{見}_{微}$钊$^{見}_{微}$ I 幾$^{見}_{微}$
0021	[1060]磯$^{見}_{微}$鍺$^{見}_{齊}$笄$^{見}_{齊}$箕$^{見}_{之}$機$^{見}_{微}$ I 稽$^{見}_{齊}$[3357]稽$^{見}_{齊}$羈$^{見}_{支}$羇$^{見}_{支}$ I 笄$^{見}_{齊}$[3609]㓦$^{見}_{之}$乩$^{見}_{齊}$ I 箕$^{見}_{之}$
0022	[3157]剞$^{見}_{支}$ I 其$^{見}_{之}$
0023	[1354]邔$^{見}_{旨}$穖$^{見}_{尾}$己$^{見}_{止}$紀$^{見}_{止}$ I 几$^{見}_{旨}$[1316]郏$^{見}_{薺}$邑$^{見}_{止}$踦$^{見}_{廣}$觭$^{見}_{紙}$掎$^{見}_{紙}$眉$^{見}_{旨}$玘$^{溪}_{止}$庪$^{見}_{紙}$ I 紀$^{見}_{止}$[2559]紀$^{見}_{止}$麂$^{見}_{旨}$ I 己$^{見}_{止}$
0024	[0799]洎$^{群}_{至}$瀱$^{見}_{祭}$罽$^{見}_{祭}$季$^{見}_{至}$憩$^{見}_{霽}$悸$^{群}_{至}$髻$^{見}_{霽}$繼$^{見}_{霽}$瀱$^{見}_{祭}$覬$^{見}_{至}$眉$^{溪}_{至}$寄$^{見}_{寘}$垐$^{見}_{志}$薊$^{見}_{霽}$㹾$^{鏡:}_{見霽}$薊$^{見}_{霽}$記$^{見}_{志}$罽$^{見}_{祭}$ I 計$^{見}_{霽}$[1778]孯$^{見}_{至}$琗$^{見}_{至}$ I 季$^{見}_{至}$[2326]旑$^{見}_{寘}$計$^{見}_{霽}$穊$^{見}_{至}$既$^{見}_{未}$ I 記$^{見}_{志}$[3476]驥$^{見}_{至}$旡$^{見}_{未}$ I 既$^{見}_{未}$
0025	[2037]懻$^{見}_{至}$ I 兾$^{見}_{至}$
0026	[1685]係$^{見}_{霽}$ I 繫$^{見}_{霽}$
0027	[1158]圭$^{見}_{齊}$規$^{見}_{支}$規$^{見}_{支}$餜$^{見}_{微}$㳗$^{鏡:}_{見微}$睞$^{鏡:}_{見微}$ I 歸$^{見}_{微}$[1324]邽$^{見}_{齊}$窐$^{見}_{齊}$嫣$^{見}_{支}$胜$^{見}_{齊}$帰$^{見}_{微}$歸$^{見}_{微}$閨$^{見}_{齊}$鮭$^{見}_{齊}$珪$^{見}_{齊}$鮭$^{見}_{齊}$麈$^{見}_{齊}$ I 圭$^{見}_{齊}$[2501]袿$^{見}_{齊}$鴜$^{見}_{支}$龜$^{見}_{脂}$摫$^{見}_{支}$鷲$^{見}_{支}$歸$^{見}_{微}$ I 規$^{見}_{支}$[3736]㔳$^{見}_{脂}$ I 龜$^{見}_{脂}$

①張詠梅. 《諧聲品字箋》的音系研究[M]. 成都：巴蜀書社，2011：81.

續表

字組序號	轄字
0028	[3035]瓌見灰丨傀見灰
0029	[3052]瓌見灰丨瑰見灰
0030	[0752]氿見旨湀見旨跪群紙丨詭見紙[1447]陒見紙峞見紙佹見紙蹊集:群至詭見紙宄見旨祪見紙軌見旨鴭見紙癸見旨匭見旨癸見旨丨鬼見尾[2703]衏見旨边見旨鬼見尾丨軌見旨
0031	[1169]塊溪隊廥見泰膾見泰䯤見泰襘見泰劊見泰禬溪泰鱠見泰旝見泰丨檜見泰
0032	[0700]鄶見泰丨會集:見泰
0033	[0005]毴見霽鴂見霽丨桂見霽[0037]吞見霽隗見支聭見至䯪見隊璝見灰餽見至匱群至嬇溪紙丨愧見至[0992]澮見泰翽見至翽見末愧見至瞶曉隊膭見隊瞶見未劌見祭桂見霽桂見霽筀見霽鱖見祭翽曉泰劸見寘丨貴見未[2003]憒見隊慖見隊丨澮見泰
0034	[0249]颽見皆階見皆偕見皆喈見皆腊見皆街見佳鍇見皆鞜見皆鞜玉:匪皆鮭見皆楷見皆薢見皆荄見皆稭見皆鶛見皆丨皆見皆[2910]痎見皆丨階見皆[3567]皆見皆揩溪皆丨偕見皆
0035	[3224]枴見蟹丨乖上見駭
0036	[0678]岕見怪阶見怪界見怪疥見怪廨見卦悈見怪价見怪忦見怪髺見怪紒見怪扴見怪疥見怪玠見怪戒見怪芥見怪魪見怪犗見夬魪見怪尬見怪丨介見怪[1986]悈見怪届見怪丨戒見怪[3478]骱見怪丨界見怪
0037	[1103]砎見怪獪見泰犾見夬丨怪見怪
0038	[1988]恠見怪丨恠見怪
0039	[3731]夬見夬丨拐群蟹
0040	[0077]晐見咍峐見咍垓見咍郂見咍陔見咍絯見咍祴見咍賅見咍餩見咍𧉕見咍荄見咍陔見咍垓見咍丨該見咍[2686]該見咍丨改平見咍[3598]該見咍丨𧉕見咍[2270]頦見海丨改見海[3617]改見海丨該上見海
0041	[0912]溉見代盖見泰蓋見泰丨槩見代[1328] 䣊見泰概見代槩見代丐見泰匃見泰匄見泰丐見泰丨蓋見泰
0042	[0805]沽見模𨸝見模孤見模䐻見模䥹見模箍見模酤見模鴣見模䰧見模丨姑見模[1789]姑見模丨沽見模[2337]胍見模弧匣模𣝗見模柧見模苽見模箛見模蛄見模辜見模𥿑見模觚見模罛見模丨孤見模
0043	[0672]嫴見姥峼溪姥估見姥瞽見姥股見姥詁見姥賈見姥貼見姥鼓見姥牯見姥羖見姥皷見姥鼓見姥鼓見姥皷見姥罟見姥盬見姥丨古見姥
0044	[1589]涸見暮痼見暮祻見暮錮見暮鯝見暮丨固見暮[2267]顧見暮固見暮丨故見暮[3619]故見暮丨雇見暮
0045	[0576]崌見魚郹見魚俱見虞畬見魚裾見魚㝻見魚琚見魚腒見魚椐見魚鶋見魚貢見虞斞見虞丨居見魚[2420]跔見虞踞見虞綮見魚居見魚屋見虞駒見虞拘見虞趯群虞丨俱見虞[3559]跔見虞丨駒見虞[2220]昫見虞駒見虞丨拘見虞
0046	[2213]眗見虞齲溪虞齟群語擧見語矩見虞柜見語楀見虞椇見虞榘見虞莒見語萬見虞筥見語簋見旨弆見語丨擧見語 [2413]踽見虞踽溪虞枸見虞擧見語丨矩見虞
0047	[2791]據見御句見遇界見遇丨鋸見御[2416]踞見御鋸見御丨據見御[2893]屨見遇貗見遇丨句見遇[3661]眗見遇丨屨見遇
0048	[2410]跟見痕丨根見痕[2255]頣見很丨根上見很[2769]峎見痕根見痕丨跟見痕
0049	[1382]郠見庚丨更見庚
0050	[1281]畊見耕耕見耕庚見庚賡見庚鶊見庚丨耕見耕[2463]骾見梗秔見庚稉見庚羹見庚鶊見庚耕見耕丨庚見庚[3677]鬻見庚丨羹見庚
0051	[0195]䏎見暅埂見梗梗見梗丨耿見耿[0392]耿見耿埂見梗綆見梗丨梗見梗[3232]梗見梗丨骾見梗
0052	[0080]暅見暅哽見梗暅見暅腰見梗挭見梗鯁見映丨更見映[2157]哽見梗丨更上見梗
0053	[0184]亙見暅硍溪恨詪見恨丨艮見恨[3516]鮔見暅艮見恨丨亙見暅
0054	[1247]埆見覺骼見陌鉻見陌裓見陌茖見陌觡見陌鬲見麥輅見陌佫見陌丨格見陌[1429]隔見麥愅見麥慲見麥嗝見麥膈見麥諽見麥搹見麥槅見麥鬲見麥丨革見麥[3201]格見陌丨隔見麥
0055	[0081]晜見魂崑見魂晜見魂肱見登𦜓見魂裩見魂褌見魂宭見文琨見魂輥見混鵾見魂鶤見魂蜫見魂蚰見魂騉見魂鯤見魂丨昆見魂[2345]䐵見庚丨肱見登[1088]礦見梗袞見混獷見梗丨昆上見混[3413]䵃見梗𪎭見梗丨礦見梗[3221]棍正:見慁丨袞去見慁[0875] 滾見混𥔲見混裷見混蓘見混鮌見混鯀見混丨袞見混[3015]錕見混丨滾見混
0056	[0288]颶見麥𡱂見德聝見麥骨見沒幗見麥蟈見麥虢見陌敋見陌囶見德丨國見德[2118]崛見沒丨骨見沒[3641]國見德丨虢見陌
0057	[1602]金見侵惍見侵襟見侵衿見侵金見侵丨今見侵[1586]澿群沁歁集:群寑丨禁見沁[2976]禁見沁丨今去見沁
0058	[2594]巾見真筋見欣丨斤見欣[3696]斤見欣丨巾見真
0059	[0898]漌見隱巹鐃:見隱巹見隱巹見隱嫤見隱緊見軫墐見隱槿見隱巹見隱丨謹見隱[2653]謹見隱丨緊見軫
0060	[1973]慬見隱丨菫見隱
0061	[1293]京見庚亰見庚京見庚丨驚見庚[1297]惊見庚麠見庚經見青荊見庚驚見庚麖見庚麠見庚剠見庚丨京見庚[1759]兢見蒸兢見蒸巠鐃:見青鵛見青丨經見青
0062	[0003]吞見迥暻見梗憼見梗憬見梗警見梗擏見梗璥見梗璟見梗剄見迥丨景見梗[0036]景見梗丨警見梗[1294]景見梗丨頸見靜
0063	[0471]烴見迥况群漾儆群映競群映鏡見映桱見徑獍見映徑見徑丨敬見映[1225]境見梗丨鏡見映[0842]涇見徑脛匣徑勁見勁逕見徑敬見映䨖見徑丨徑見徑
0064	[0212]𦜍篇:見映倞群映丨竟見映
0065	[0979]激見錫郆見質佶群質姞群質咭群質頡見黠詰溪質鴶見質丨吉見質[1142]墼見錫伋見緝忣見緝吉見質吸曉緝級見緝給見緝鵖見緝丨急見緝[1954]慹見錫㥛見職諁見職殛見職丮見陌丨激見錫

續表

字組序號	轄字
0066	[2403]擊$^{見}_{錫}$疫$^{見}_{緝}$笈$^{群}_{緝}$丨汲$^{見}_{緝}$[3078]鼜$^{見}_{錫}$丨擊$^{見}_{錫}$
0067	[2520]襋$^{見}_{職}$玌$^{見}_{陌}$丨戟$^{見}_{陌}$[3043]𤩽$^{見}_{職}$戟$^{見}_{陌}$丨棘$^{見}_{職}$
0068	[2989]窘$^{見}_{諄}$丨君$^{見}_{文}$
0069	[2278]頵$^{見}_{真}$袀$^{見}_{諄}$鈞$^{見}_{諄}$麇$^{見}_{真}$皸$^{見}_{文}$夠$^{以}_{諄}$丨均$^{見}_{諄}$
0070	[1877]姁$^{見}_{諄}$丨匀$^{見}_{諄}$
0071	[0391]熲$^{見}_{青}$烔$^{見}_{迥}$炯$^{見}_{迥}$坰$^{見}_{青}$泂$^{見}_{迥}$絅$^{見}_{青}$迥$^{匣}_{迥}$冋$^{見}_{青}$駉$^{見}_{青}$同$^{見}_{青}$冂$^{見}_{青}$窘$^{群}_{軫}$丨扃$^{見}_{青}$[0774]泂$^{見}_{梗}$扃$^{見}_{迥}$泂$^{匣}_{迥}$丨迥$^{匣}_{迥}$
0072	[3162]屈$^{見}_{物}$丨屈$^{見}_{物}$
0073	[3237]橘$^{見}_{術}$獝$^{見}_{質}$丨桔$^{見}_{術}$
0074	[2357]脘$^{見}_{緩}$朊$^{見}_{緩}$錧$^{見}_{緩}$筦$^{見}_{緩}$丨管$^{見}_{緩}$[3343]管$^{見}_{緩}$丨筦$^{見}_{緩}$
0075	[3385]館$^{見}_{緩}$丨舘$^{見}_{緩}$
0076	[0466]爟$^{見}_{換}$貫$^{見}_{換}$盥$^{見}_{換}$丨灌$^{見}_{換}$[0671]罐$^{見}_{換}$盇$^{見}_{換}$滥$^{見}_{換}$灌$^{見}_{換}$鄅$^{見}_{換}$悹$^{見}_{換}$慣$^{見}_{諫}$矔$^{見}_{換}$遦$^{見}_{換}$摜$^{見}_{諫}$痯$^{見}_{換}$鏆$^{見}_{換}$瓘$^{見}_{換}$輨$^{見}_{緩}$罐$^{見}_{換}$雚$^{見}_{換}$鸛$^{見}_{換}$丱$^{見}_{諫}$卝$^{見}_{諫}$盥$^{見}_{換}$丨貫$^{見}_{換}$[1639]倌$^{見}_{諫}$丨慣$^{見}_{諫}$
0077	[2170]蕃$^{見}_{換}$丨觀$^{見}_{換}$
0078	[1509]痯$^{見}_{桓}$觀$^{見}_{桓}$縈$^{見}_{桓}$棺$^{見}_{桓}$丨官$^{見}_{桓}$[3163]刮$^{見}_{鎋}$劀$^{見}_{黠}$丨官入$^{見}_{末}$[2226]鏳$^{見}_{末}$鐕$^{見}_{末}$聒$^{見}_{末}$括$^{見}_{末}$丨刮$^{見}_{鎋}$[1657]佸$^{見}_{末}$鬠$^{見}_{末}$㔾$^{見}_{黠}$髺$^{見}_{末}$適$^{見}_{末}$栝$^{見}_{末}$荅$^{見}_{末}$筈$^{見}_{末}$丨括$^{見}_{末}$
0079	[2257]頢$^{見}_{末}$丨活$^{見}_{末}$
0080	[0363]弇$^{見}_{談}$岵$^{見}_{談}$㽏$^{溪}_{覃}$疳$^{見}_{談}$玵$^{疑}_{談}$柑$^{見}_{談}$酣$^{匣}_{談}$甠$^{見}_{談}$丨甘$^{見}_{談}$[0542]乾$^{見}_{寒}$鄿$^{見}_{寒}$忓$^{見}_{寒}$玕$^{見}_{寒}$杆$^{見}_{寒}$竿$^{見}_{寒}$甘$^{見}_{談}$鳱$^{見}_{寒}$虷$^{見}_{寒}$盂$^{見}_{寒}$丨干$^{見}_{寒}$[3344]簳$^{見}_{旱}$丨干上$^{見}_{旱}$
0081	[0158]旰$^{見}_{翰}$丨干$^{見}_{翰}$
0082	[0893]漧$^{見}_{寒}$丨乾$^{見}_{寒}$
0083	[1089]礷$^{見}_{感}$鱤$^{見}_{感}$敢$^{見}_{敢}$䃭$^{見}_{感}$丨感$^{見}_{感}$[2716]赶$^{見}_{旱}$趕$^{見}_{旱}$感$^{見}_{感}$丨敢$^{見}_{敢}$
0084	[0039]旰$^{見}_{翰}$榦$^{見}_{翰}$榦$^{見}_{翰}$皯$^{見}_{翰}$𣪘$^{見}_{翰}$骭$^{見}_{翰}$紺$^{見}_{勘}$稈$^{見}_{旱}$丨幹$^{見}_{翰}$[0850]淦$^{見}_{勘}$丨贛$^{見}_{勘}$[1022]灨$^{見}_{勘}$丨淦$^{見}_{勘}$[2385]髾$^{見}_{勘}$贑$^{見}_{勘}$贛$^{見}_{勘}$丨紺$^{見}_{勘}$
0085	[3099]轕$^{見}_{曷}$割$^{見}_{曷}$獦$^{見}_{曷}$丨葛$^{見}_{曷}$[3312]葛$^{見}_{曷}$丨割$^{見}_{曷}$
0086	[2221]眐$^{見}_{洽}$顩$^{見}_{盍}$閤$^{見}_{合}$鴿$^{見}_{合}$蛤$^{見}_{合}$韐$^{見}_{合}$丨合$^{見}_{合}$[3618]敆$^{匣}_{合}$丨蛤$^{見}_{合}$
0087	[1841]奸$^{見}_{刪}$艱$^{見}_{山}$丨間$^{見}_{山}$[1901]姦$^{見}_{刪}$姧$^{見}_{刪}$丨奸$^{見}_{刪}$
0088	[0278]飈$^{見}_{覃}$瞷$^{見}_{銜}$緘$^{見}_{咸}$譼$^{見}_{銜}$璼$^{見}_{銜}$丨監$^{見}_{銜}$[0697]減$^{見}_{咸}$丨緘$^{見}_{咸}$
0089	[2985]鑒$^{見}_{鑑}$鑑$^{見}_{鑑}$丨監$^{見}_{鑑}$[3218]椷$^{見}_{咸}$丨監平$^{見}_{銜}$
0090	[3008]鐧$^{見}_{諫}$丨間$^{見}_{襇}$
0091	[2656]諫$^{見}_{諫}$丨澗$^{見}_{諫}$[0097]暕$^{見}_{產}$覸$^{見}_{襇}$丨諫$^{見}_{諫}$
0092	[1181]圿$^{見}_{黠}$戛$^{見}_{黠}$秸$^{見}_{黠}$丨㓤$^{見}_{黠}$[3431]鶛$^{見}_{鎋}$丨戛$^{見}_{鎋}$
0093	[0590]岬$^{見}_{狎}$佮$^{見}_{合}$鵊$^{曉}_{洽}$頜$^{見}_{合}$胛$^{見}_{狎}$袷$^{見}_{洽}$裌$^{見}_{洽}$鉀$^{見}_{狎}$柙$^{見}_{狎}$筴$^{見}_{洽}$夾$^{見}_{洽}$丨甲$^{見}_{狎}$[1950]悏$^{溪}_{帖}$頰$^{見}_{帖}$丨莢$^{見}_{帖}$[1367]郟$^{見}_{洽}$庩$^{見}_{洽}$詼$^{見}_{帖}$莢$^{見}_{帖}$鵊$^{見}_{洽}$甲$^{見}_{狎}$丨夾$^{見}_{洽}$[2522]袷$^{見}_{業}$蹭$^{見}_{帖}$丨頰$^{見}_{帖}$
0094	[0364]靝$^{溪}_{山}$掔$^{溪}_{山}$慳$^{溪}_{山}$睷$^{見}_{元}$肩$^{見}_{先}$繭$^{見}_{銑}$覐$^{玉:}_{見仙}$豎$^{見}_{先}$梋$^{見}_{先}$菅$^{見}_{刪}$瓏$^{見}_{先}$鰹$^{見}_{先}$丨堅$^{見}_{先}$[3435]鵳$^{見}_{先}$豜$^{見}_{先}$丨肩$^{見}_{先}$[3234]檢$^{見}_{琰}$丨肩上$^{見}_{銑}$[2965]襺$^{見}_{銑}$藺$^{見}_{銑}$丨檢$^{見}_{琰}$[3461]蠒$^{見}_{銑}$丨堅上$^{見}_{銑}$
0095	[2557]縑$^{見}_{添}$搛$^{見}_{添}$鶼$^{見}_{添}$鰜$^{見}_{添}$丨兼$^{見}_{添}$[2790]撿$^{見}_{琰}$丨兼上$^{見}_{忝}$
0096	[0686]巏$^{見}_{獮}$垷$^{見}_{銑}$僆$^{見}_{獮}$嵼$^{見}_{獮}$謇$^{見}_{獮}$挸$^{見}_{銑}$攓$^{見}_{銑}$梘$^{見}_{銑}$蹇$^{群}_{阮}$丨蹇$^{見}_{阮}$[2405]蹇$^{見}_{阮}$搴$^{見}_{獮}$蕳$^{見}_{山}$鰜$^{見}_{豏}$丨減$^{見}_{豏}$
0097	[2328]臉$^{見}_{琰}$柬$^{見}_{產}$丨蕳$^{見}_{產}$[2510]襉$^{見}_{襇}$揀$^{見}_{產}$簡$^{見}_{產}$丨柬$^{見}_{產}$
0098	[3354]筧$^{見}_{銑}$丨搴$^{見}_{獮}$
0099	[2764]建$^{見}_{願}$劒$^{見}_{梵}$丨見$^{見}_{霰}$
0100	[0065]暍$^{影}_{月}$丨揭$^{見}_{月}$[1005]潔$^{見}_{屑}$劫$^{見}_{業}$袺$^{見}_{屑}$訐$^{見}_{月}$迼$^{見}_{薛}$揭$^{見}_{月}$鐅$^{見}_{屑}$鍥$^{見}_{屑}$刼$^{見}_{業}$鶪$^{見}_{屑}$刧$^{見}_{業}$刦$^{見}_{業}$丨結$^{見}_{屑}$[1782]孑$^{見}_{薛}$呦$^{見}_{業}$結$^{見}_{薛}$鋏$^{見}_{帖}$鉫$^{見}_{業}$刦$^{見}_{業}$刦$^{見}_{業}$丨劫$^{見}_{業}$[2591]絜$^{見}_{屑}$羯$^{見}_{月}$丨孑$^{見}_{薛}$
0101	[2155]喧$^{見}_{刪}$關$^{見}_{刪}$鰥$^{見}_{山}$丨関$^{見}_{刪}$
0102	[1830]娟$^{見}_{仙}$勬$^{見}_{仙}$勌$^{見}_{仙}$韏$^{見}_{元}$剈$^{影}_{先}$藒$^{見}_{先}$稍$^{見}_{先}$鵑$^{見}_{先}$蜎$^{影}_{先}$丨涓$^{見}_{先}$[0797]涓$^{見}_{先}$丨鵑$^{見}_{先}$
0103	[2692]蓶$^{見}_{銑}$菤$^{見}_{獮}$鞏$^{見}_{獮}$丨捲$^{見}_{獮}$[1251]埢$^{見}_{獮}$捲$^{見}_{獮}$丨卷$^{見}_{獮}$

續表

字組序號	轄字
0104	[3743]罥見銑丨畎見銑
0105	[1396]鄄見線睊見霰絭見線衕見霰狷見線罥見霰丨絹見線[1510]肩曉銑丨狷見線[2171]眷見線劵集:群線桊見線餋見線飬見線丨卷見線[2187]睠見線絹見線巻見線卷見線丨眷見線
0106	[3129]棬見線丨捲見線
0107	[0753]泱見屑沉見屑潏見屑身見月肙見月愍群月趉見月丨厥見月[1522]厥見月嬮見月憰見屑眏見屑肤見屑趹見屑譎見屑訣見屑撅見月瘚見月潏見屑鐍見屑玦見屑弡見屑劂見月蕨見月鴂見屑鴃見錫蚗見屑蹷見月駃見屑奐見屑夬見屑丨泱見屑[2446]蹻見術丨譎見屑
0108	[2404]蹷群月丨蹶見月
0109	[0619]皞見豪鄗見豪高見豪膏見豪膏見豪丨羔見豪[2632]覞見豪槔見豪櫜見豪蒿曉豪篙見豪糕見豪美見豪羔見豪皋見豪丨高見豪[3430]鶾見豪翺疑豪睪洪:見豪丨臯見豪
0110	[0067]暠見晧槁洪:見晧稾見晧槀見晧皜洪:古晧丨杲見晧[0124]杲見晧稾見晧稾見晧丨槁洪:見晧
0111	[3306]藁見晧丨稿見晧
0112	[1377]郜見號窖見效縞見號誥見號誥見號夰見晧丨告見號[3667]告見號丨誥見號
0113	[2709]趫溪宵丨簥見宵
0114	[1256]墽見蕭儌見蕭憍見宵丨嬌見宵[1823]嬌見宵穚見宵丨驕見宵[0228]膠鐃:見肴丨膠見肴[0973]澆見蕭嘐見肴嘺群宵咬見肴膠見肴这見肴轇見肴艽見肴茭見肴鵁見肴蛟見肴驕見宵驍見蕭鮫見肴丨交見肴[2367]鱙集:疑巧丨交去見效
0115	[1696]佼見肴丨教見肴
0116	[0008]叒見篠皎見篠皦見篠曒見篠皦見篠鄗見小儌見篠妾見巧繳見篠絞見巧璬見篠矯見小皦見篠皦群笑皦見小丨皎見篠[0413]烄見巧敫見巧姣見巧攪見巧鉸見巧狡見巧皛見篠皎見篠丨絞見巧[2854]鬫見篠皎見肴丨繳見篠
0117	[2687]譑見小丨嬌見小
0118	[2200]叫見小丨丩見小
0119	[2073]嗷見嘯教見效丨叫見嘯[2074]叫見嘯丨校見效[3091]較見效效見效丨教見效
0120	[0862]滒見歌婀見歌譌見歌鴚見歌駉見歌歌見歌洞見歌丨哥見歌[1000]濄見戈嗝見戈緺見戈過見戈瘑見戈鍋見戈鈳影歌輠見戈楇見戈薖溪戈騧見麻哥見歌歌見歌丨戈見戈[3134]戈見戈丨鍋見戈[3142]戨見歌哿見歌丨歌見歌
0121	[1259]堝見戈丨咼見戈
0122	[1748]哿見哿吙集:見歌菏見歌柯見歌軻溪歌丨哿見哿[3048]珂溪歌軻溪歌舸見歌笴見哿丨柯見歌[3210]柯見歌哿見哿丨軻溪歌
0123	[0955]淉見果惈見果裹見果剽見果餜見果蜾見果丨果見果
0124	[3355]箇見箇丨個見箇
0125	[3395]鍋見過丨過見過
0126	[1127]砉見麻怱見歌觰莊麻跏見麻迦見麻瘕見麻痂見麻家見麻家見麻珈見麻枷見麻茄見麻葭見麻笳見麻駕見麻猳見麻豭見麻豭見麻麚見麻嘉見麻枷集:見麻丨加見麻
0127	[1838]婽見馬賈見馬檟見馬斝見馬斚見馬丨假見馬[3437]鶡見馬丨賈見馬
0128	[3246]椵見馬丨叚見馬
0129	[1871]嫁見禡賀見禡丨價見禡[1666]價見禡幏見禡諫見禡丨嫁見禡
0130	[2609]幏見禡架見禡稼見禡駕見禡丨架見禡
0131	[2107]喎溪佳丨媧見佳[1865]媧見佳丨喎溪佳
0132	[1862]呱見麻眍見麻瞯見麻腡見佳歄見麻丨瓜見麻[2051]另見馬剮見馬丨寡見馬[2932]寡見馬丨瓜上見馬
0133	[1223]坬見禡絓見卦罣見卦丨卦見卦[3700]卦見卦丨罣見卦
0134	[0601]岣見厚溝見侯泃見侯畇見侯怐見侯嗨見侯褠見侯遘見侯鉤見侯軥見侯舸見侯袧見侯丨勾見侯[2629]覯見侯泃見侯勾見侯丨溝見侯[2556]緱見侯篝見侯籀見候餉見候鉤見候韝見候丨鉤見候
0135	[1177]垢見厚玽見厚苟見厚丨狗見厚[3171]瞉見候笱見厚狗見厚狗見厚笱見厚耇見厚丨苟見厚
0136	[1570]簧見候丨姤見侯[1822]姤見候者見厚耇見厚詬見厚丨垢見厚
0137	[3075]購見候構見候丨冓見候[3724]冓見候丨媾見候
0138	[2569]糺見黝久見有丨九見有[2707]赳見黝宄見宥玖見有丨久見有[3610]九見有丨玖見有
0139	[0428]灸見宥廐見宥廏見宥疚見宥究見宥疚見宥究見宥鮈見宥丨救見宥[3620]救見宥丨疚見宥
0140	[2693]詸見宥丨捄見宥

續表

字組序號	轄字
B 類（含 180 個自然小類，80 個“準小韻”）	
0141	[0595]崆$^{溪}_{東}$倥$^{溪}_{東}$⿱⿰足凡空$^{溪}_{鍾}$悾$^{溪}_{東}$椌$^{溪}_{東}$⿱艹空$^{溪}_{東}$箜$^{溪}_{東}$鵼$^{溪}_{東}$ ǀ 空$^{溪}_{東}$[2785]控$^{溪}_{送}$ ǀ 空去$^{溪}_{送}$
0142	[1927]恐$^{溪}_{腫}$忎$^{溪}_{腫}$ ǀ 孔$^{溪}_{董}$[1956]悲$^{溪}_{腫}$孔$^{溪}_{董}$ ǀ 恐$^{溪}_{腫}$
0143	[1189]嗀$^{溪}_{屋}$劬$^{溪}_{沒}$酷$^{溪}_{沃}$嚳$^{溪}_{沃}$酷$^{溪}_{沃}$ ǀ 哭$^{溪}_{屋}$[2064]嚳$^{溪}_{沃}$ ǀ 酷$^{溪}_{沃}$
0144	[2924]妛$^{鏡:}_{溪燭}$苖$^{溪}_{燭}$麴$^{溪}_{屋}$麯$^{溪}_{屋}$蛐$^{溪}_{燭}$ ǀ 曲$^{溪}_{燭}$[3653]曲$^{溪}_{燭}$ ǀ 麯$^{溪}_{屋}$
0145	[0650]崎$^{溪}_{支}$溪$^{溪}_{齊}$僛$^{溪}_{之}$倚$^{溪}_{支}$𦣞$^{溪}_{齊}$諆$^{曉}_{之}$殑$^{溪}_{支}$頍$^{溪}_{之}$ ǀ 欺$^{溪}_{之}$[0703]螇$^{溪}_{齊}$磎$^{溪}_{齊}$騱$^{溪}_{齊}$谿$^{溪}_{齊}$娸$^{溪}_{之}$媐$^{匣}_{齊}$盻$^{溪}_{齊}$畸$^{溪}_{支}$頍$^{溪}_{之}$䫏$^{溪}_{之}$蹊$^{溪}_{齊}$崎$^{溪}_{支}$攲$^{溪}_{支}$敧$^{溪}_{支}$攲$^{溪}_{支}$敧$^{溪}_{支}$欺$^{溪}_{之}$欹$^{溪}_{支}$徛$^{溪}_{之}$ ǀ 溪$^{溪}_{齊}$
0146	[3768]紒$^{改:}_{群支}$ ǀ 亟$^{集:}_{溪之}$
0147	[0020]啓$^{溪}_{薺}$䏿$^{溪}_{薺}$企$^{溪}_{紙}$启$^{溪}_{薺}$晵$^{溪}_{薺}$䏌$^{溪}_{薺}$綮$^{溪}_{薺}$起$^{溪}_{止}$闙$^{溪}_{薺}$棨$^{溪}_{薺}$杞$^{溪}_{止}$ ǀ 啟$^{溪}_{薺}$[0634]屺$^{溪}_{止}$婍$^{溪}_{紙}$啟$^{溪}_{薺}$綺$^{溪}_{紙}$迟$^{溪}_{止}$萱$^{溪}_{尾}$芑$^{溪}_{止}$豈$^{溪}_{尾}$芑$^{溪}_{止}$杞$^{溪}_{止}$屺$^{溪}_{止}$ ǀ 起$^{溪}_{止}$[2970]裿$^{溪}_{止}$ 杞$^{溪}_{止}$ ǀ 企$^{溪}_{紙}$[3186]杞$^{溪}_{止}$ ǀ 己$^{集:}_{溪止}$[3581]起$^{溪}_{止}$ ǀ 豈$^{溪}_{尾}$
0148	[3657]䭫$^{溪}_{薺}$ ǀ 稽$^{溪}_{薺}$
0149	[0084]吃$^{溪}_{未}$嘳$^{溪}_{未}$炁$^{溪}_{未}$屺$^{溪}_{至}$跂$^{溪}_{寘}$䒗$^{溪}_{紙}$愒$^{溪}_{祭}$憩$^{溪}_{祭}$敁$^{溪}_{寘}$甈$^{溪}_{祭}$乞$^{溪}_{未}$器$^{溪}_{至}$噐$^{溪}_{至}$ ǀ 氣$^{溪}_{未}$[1131]墍$^{曉}_{未}$憩$^{溪}_{祭}$憇$^{溪}_{祭}$跂$^{溪}_{寘}$栔$^{溪}_{霽}$棄$^{溪}_{至}$ ǀ 器$^{溪}_{至}$[1732]倛$^{溪}_{志}$弃$^{溪}_{至}$ ǀ 弃$^{溪}_{至}$ [1965]愾$^{曉}_{未}$ ǀ 炁$^{溪}_{未}$[3111]䏿$^{溪}_{霽}$ ǀ 契$^{溪}_{霽}$[3183]罊$^{溪}_{霽}$ ǀ 棄$^{溪}_{至}$[3629]契$^{溪}_{霽}$ ǀ 憩$^{溪}_{祭}$
0150	[2542]緒$^{溪}_{皆}$ ǀ 揩$^{溪}_{皆}$
0151	[2867]開$^{溪}_{咍}$ ǀ 開$^{溪}_{咍}$
0152	[0090]暟$^{溪}_{海}$溘$^{溪}_{泰}$慨$^{見}_{代}$愾$^{溪}_{代}$嘅$^{溪}_{代}$咳$^{溪}_{代}$䐩$^{溪}_{泰}$ ǀ 慨$^{溪}_{代}$[0280]颽$^{溪}_{海}$颽$^{溪}_{海}$嵦$^{溪}_{海}$塏$^{溪}_{海}$隑$^{溪}_{咍}$鎧$^{匣}_{咍}$暟$^{溪}_{海}$闓$^{溪}_{海}$殪$^{見}_{咍}$鎧$^{溪}_{海}$剴$^{見}_{咍}$ ǀ 愷$^{溪}_{海}$[1974]慨$^{溪}_{代}$愷$^{溪}_{海}$皚$^{疑}_{咍}$ ǀ 凱$^{溪}_{海}$ [2370]獃$^{疑}_{咍}$敳$^{疑}_{咍}$ ǀ 皚$^{疑}_{咍}$[0488]烗$^{溪}_{怪}$喊$^{曉}_{怪}$ ǀ 咳$^{溪}_{代}$[0452]炌$^{溪}_{怪}$ ǀ 楷去$^{溪}_{怪}$[2473]䯆$^{集:}_{溪蟹}$烗$^{溪}_{怪}$荄$^{集:}_{溪咍}$ ǀ 楷$^{溪}_{駭}$
0153	[1368]鄶$^{溪}_{卦}$嘳$^{溪}_{怪}$蒯$^{溪}_{怪}$蕢$^{溪}_{怪}$蔽$^{溪}_{怪}$ ǀ 快$^{溪}_{夬}$
0154	[2481]䓿$^{溪}_{皆}$ ǀ 噲$^{溪}_{夬}$
0155	[1552]窺$^{溪}_{支}$ ǀ 虧$^{溪}_{支}$[2189]睽$^{溪}_{齊}$闚$^{溪}_{支}$ ǀ 窺$^{溪}_{支}$
0156	[2624]覽$^{溪}_{微}$ ǀ 暌$^{玉:}_{溪齊}$
0157	[0406]烓$^{影}_{齊}$巋$^{溪}_{脂}$䠩$^{群}_{脂}$眭$^{溪}_{齊}$魁$^{溪}_{灰}$魁$^{溪}_{灰}$尯$^{溪}_{至}$ ǀ 奎$^{溪}_{齊}$[1703]傀$^{溪}_{賄}$ ǀ 奎上$^{溪}_{薺}$[1981]恢$^{溪}_{灰}$ ǀ 魁$^{溪}_{灰}$[2000]悝$^{溪}_{灰}$刲$^{溪}_{齊}$ ǀ 恢$^{溪}_{灰}$
0158	[0510]烓$^{集:}_{溪紙}$ ǀ 奎$^{集:}_{溪紙}$
0159	[2256]頍$^{溪}_{紙}$ ǀ 魁$^{溪}_{賄}$
0160	[2714]趌$^{溪}_{紙}$ ǀ 哇$^{溪}_{紙}$
0161	[3016]鍨$^{群}_{脂}$ ǀ 缺$^{集:}_{溪紙}$
0162	[3710]尯$^{溪}_{紙}$ ǀ 跪$^{溪}_{紙}$
0163	[1079]磈$^{溪}_{隊}$凷$^{溪}_{隊}$喟$^{溪}_{至}$ ǀ 塊$^{溪}_{隊}$[2525]樻$^{溪}_{至}$ ǀ 喟$^{溪}_{至}$
0164	[1392]郀$^{溪}_{模}$殆$^{溪}_{模}$刳$^{溪}_{模}$ ǀ 枯$^{溪}_{模}$ [2236]嘔$^{溪}_{虞}$楛$^{溪}_{姥}$ ǀ 苦$^{溪}_{姥}$ [3199]枯$^{溪}_{模}$ ǀ 刳$^{溪}_{模}$[3279]苦$^{溪}_{姥}$ ǀ 枯上$^{溪}_{姥}$
0165	[1514]庫$^{溪}_{暮}$ ǀ 褲$^{溪}_{暮}$[2512]袴$^{溪}_{暮}$絝$^{溪}_{暮}$ ǀ 庫$^{溪}_{暮}$
0166	[0651]岖$^{溪}_{虞}$嶇$^{溪}_{虞}$嶇$^{溪}_{虞}$姝$^{昌}_{虞}$軀$^{溪}_{虞}$軀$^{溪}_{虞}$慪$^{溪}_{魚}$䁜$^{溪}_{虞}$軀$^{溪}_{虞}$袪$^{溪}_{魚}$抾$^{溪}_{魚}$祛$^{溪}_{魚}$麮$^{溪}_{語}$驅$^{溪}_{虞}$駈$^{溪}_{虞}$虛$^{溪}_{魚}$敺$^{溪}_{虞}$袪$^{溪}_{魚}$ ǀ 區$^{溪}_{虞}$[3689] 區$^{溪}_{虞}$ ǀ 驅$^{溪}_{虞}$
0167	[1955]㤩$^{集:}_{溪霽}$鶋$^{溪}_{御}$抾$^{溪}_{御}$ ǀ 去$^{溪}_{御}$
0168	[2299]肎$^{溪}_{等}$ ǀ 肯$^{溪}_{等}$[2768]肯$^{溪}_{等}$ ǀ 肎$^{溪}_{等}$
0169	[1180]墾$^{溪}_{很}$齦$^{溪}_{很}$豤$^{溪}_{很}$ ǀ 懇$^{溪}_{很}$[1939]懇$^{溪}_{很}$ ǀ 墾$^{溪}_{很}$
0170	[0665]嶔$^{溪}_{侵}$磡$^{溪}_{侵}$衾$^{溪}_{侵}$衾$^{溪}_{侵}$ ǀ 欽$^{溪}_{侵}$[1398]卿$^{溪}_{庚}$傾$^{溪}_{清}$罄$^{溪}_{清}$欽$^{溪}_{侵}$罄$^{溪}_{庚}$ ǀ 輕$^{溪}_{清}$[1538]高$^{溪}_{靜}$輕$^{溪}_{清}$ ǀ 卿$^{溪}_{庚}$[3773]仌$^{溪}_{清}$ ǀ 傾$^{溪}_{清}$
0171	[2277]頃$^{溪}_{清}$ ǀ 頃$^{溪}_{清}$
0172	[2409]罄$^{溪}_{徑}$罄$^{溪}_{徑}$殸$^{溪}_{徑}$罄$^{溪}_{徑}$磬$^{溪}_{徑}$ ǀ 慶$^{溪}_{映}$
0173	[2165]喫$^{溪}_{錫}$迟$^{溪}_{昔}$虓$^{疑}_{迄}$ ǀ 吃$^{溪}_{迄}$
0174	[0691]屹$^{疑}_{迄}$矻$^{溪}_{迄}$訖$^{見}_{迄}$迄$^{曉}_{迄}$䏿$^{溪}_{迄}$ ǀ 乞$^{溪}_{迄}$[1450]阣$^{疑}_{迄}$ ǀ 屹$^{疑}_{迄}$[2689]乞$^{溪}_{迄}$ ǀ 迄$^{曉}_{迄}$
0175	[1048]湆$^{溪}_{緝}$䐡$^{溪}_{緝}$ ǀ 泣$^{溪}_{緝}$
0176	[1130]坤$^{溪}_{魂}$坤$^{溪}_{魂}$ ǀ 昆$^{見}_{魂}$[1546]巛$^{溪}_{魂}$髡$^{溪}_{魂}$ ǀ 坤$^{溪}_{魂}$
0177	[1978]悃$^{溪}_{混}$踊$^{溪}_{混}$綑$^{溪}_{混}$稛$^{溪}_{混}$壼$^{溪}_{混}$ ǀ 捆$^{溪}_{混}$[2712]趣$^{溪}_{吻}$梱$^{溪}_{混}$ ǀ 悃$^{溪}_{混}$[2823]捆$^{溪}_{混}$ ǀ 綑$^{溪}_{混}$[3634]困$^{溪}_{慁}$ ǀ 捆去$^{溪}_{慁}$[1492]㡓$^{溪}_{慁}$朱$^{溪}_{慁}$ ǀ 困$^{溪}_{慁}$[1573] 窟$^{溪}_{沒}$ ǀ 困入$^{溪}_{沒}$[0689] 岀$^{溪}_{沒}$嵢$^{溪}_{沒}$矻$^{溪}_{沒}$圣$^{溪}_{沒}$堀$^{溪}_{沒}$怞$^{徹}_{術}$膂$^{群}_{月}$腒$^{溪}_{沒}$勖$^{溪}_{沒}$ ǀ 窟$^{溪}_{沒}$ [1622] 仡$^{疑}_{沒}$ ǀ 矻$^{溪}_{沒}$

續表

字組序號	轄字
0178	[2819]搰$^{溪}_{沒}$ | 掘$^{集:}_{溪沒}$
0179	[0283]屈$^{溪}_{物}$𨨏$^{溪}_{物}$ | 屈$^{溪}_{物}$
0180	[0221]臗$^{溪}_{桓}$髖$^{溪}_{桓}$ | 寬$^{溪}_{桓}$[1556]窾$^{溪}_{緩}$欵$^{溪}_{緩}$鐰$^{溪}_{緩}$養$^{見}_{線}$ | 款$^{溪}_{緩}$[2445]跍$^{溪}_{末}$ | 闊$^{溪}_{末}$[2870]闊$^{溪}_{末}$ | 款入$^{溪}_{末}$[2934]寬$^{溪}_{桓}$ | 款平$^{溪}_{桓}$[3717]款$^{溪}_{緩}$ | 寬上$^{溪}_{緩}$
0181	[0622]嵁$^{溪}_{覃}$坎$^{溪}_{感}$戡$^{溪}_{覃}$戓$^{溪}_{覃}$刋$^{溪}_{寒}$龕$^{溪}_{覃}$龕$^{溪}_{覃}$ | 堪$^{溪}_{覃}$[1208]堪$^{溪}_{覃}$ | 看平$^{溪}_{寒}$[2480]勘$^{溪}_{勘}$衎$^{溪}_{翰}$ | 看$^{溪}_{翰}$
0182	[3256]栞$^{溪}_{寒}$ | 看$^{溪}_{寒}$
0183	[1203]埳$^{溪}_{感}$壏$^{溪}_{感}$侃$^{溪}_{旱}$顑$^{溪}_{感}$扻$^{溪}_{感}$輡$^{溪}_{感}$𩞄$^{溪}_{感}$臽$^{溪}_{感}$ | 坎$^{溪}_{感}$
0184	[0679]嵌$^{溪}_{銜}$ | 砍平$^{溪}_{覃}$[2198]瞰$^{溪}_{闞}$ | 砍$^{溪}_{感}$[2869]闞$^{溪}_{闞}$ | 瞰$^{溪}_{闞}$
0185	[2179]矙$^{溪}_{闞}$ | 嵌$^{集:}_{溪闞}$
0186	[3108]鞈$^{溪}_{合}$ | 盍$^{溪}_{曷}$
0187	[0688]嶱$^{溪}_{曷}$嵑$^{溪}_{曷}$磕$^{溪}_{盍}$趨$^{溪}_{曷}$般$^{疑}_{合}$榼$^{溪}_{盍}$ | 渴$^{溪}_{曷}$[0866]渴$^{溪}_{曷}$ | 磕$^{溪}_{盍}$[1526]匼$^{溪}_{合}$瞌$^{溪}_{盍}$ | 榼$^{溪}_{盍}$
0188	[0696]峇$^{溪}_{合}$坴$^{溪}_{狎}$帢$^{溪}_{洽}$刮$^{溪}_{黠}$劼$^{溪}_{黠}$歉$^{溪}_{陷}$ | 恰$^{溪}_{洽}$[2080]嗛$^{溪}_{忝}$ | 歉$^{溪}_{忝}$
0189	[2251] 顅$^{溪}_{山}$鬜$^{溪}_{山}$劼$^{溪}_{黠}$覸$^{集:}_{溪山}$ | 慳$^{溪}_{山}$
0190	[1941]愆$^{溪}_{仙}$掔$^{溪}_{先}$搴$^{溪}_{仙}$褰$^{溪}_{仙}$𧞣$^{溪}_{仙}$謙$^{溪}_{添}$騫$^{溪}_{元}$攐$^{溪}_{仙}$𧝑$^{溪}_{元}$騫$^{溪}_{仙}$廯$^{溪}_{先}$雃$^{溪}_{先}$ | 牽$^{溪}_{先}$[1736]諐$^{溪}_{仙}$騫$^{溪}_{仙}$牽$^{溪}_{先}$ | 愆$^{溪}_{仙}$[0767]汧$^{溪}_{先}$ | 謙$^{溪}_{添}$[1462]凵$^{溪}_{范}$傔$^{溪}_{標}$慊$^{溪}_{忝}$芡$^{群}_{琰}$欿$^{溪}_{嚴}$ | 欠$^{溪}_{梵}$[2582]繾$^{溪}_{線}$欠$^{溪}_{梵}$ | 牽$^{溪}_{霰}$[2045]怯$^{溪}_{業}$ | 欠入$^{溪}_{乏}$[1914]悘$^{溪}_{帖}$愜$^{溪}_{帖}$悏$^{溪}_{帖}$挈$^{溪}_{屑}$挈$^{溪}_{屑}$篋$^{溪}_{帖}$匧$^{溪}_{帖}$朅$^{溪}_{薛}$ | 怯$^{溪}_{業}$[1313]郤$^{溪}_{藥}$𨚗$^{溪}_{藥}$𨛗$^{溪}_{藥}$䘿$^{群}_{藥}$却$^{溪}_{藥}$卻$^{溪}_{藥}$怯$^{溪}_{業}$ | 却$^{溪}_{藥}$[1235]㮏$^{溪}_{薛}$㓞$^{見}_{屑}$類$^{溪}_{屑}$契$^{溪}_{屑}$ | 挈$^{溪}_{屑}$[1814]婡$^{溪}_{帖}$㖡$^{見}_{帖}$ | 篋$^{溪}_{帖}$
0191	[1232]𡒄$^{溪}_{獮}$檻$^{匣}_{檻}$䈴$^{溪}_{獮}$䭤$^{溪}_{獮}$ | 遣$^{溪}_{獮}$[2728]遣$^{溪}_{獮}$ | 愆$^{溪}_{獮}$
0192	[1659]俔$^{溪}_{霰}$𠐝$^{溪}_{線}$𢻃$^{溪}_{線}$葝$^{溪}_{線}$ | 遣$^{溪}_{線}$
0193	[3207]棬$^{溪}_{仙}$ | 圈$^{溪}_{仙}$[3637]圈$^{溪}_{元}$ | 犬平$^{溪}_{元}$[0857]㽷$^{見}_{銑}$甽$^{見}_{銑}$畎$^{溪}_{銑}$畖$^{見}_{銑}$綣$^{溪}_{阮}$虇$^{溪}_{阮}$ | 犬$^{溪}_{銑}$[3485]犬$^{溪}_{銑}$ | 圈上$^{溪}_{阮}$[2478]勸$^{溪}_{願}$ | 圈去$^{溪}_{願}$[2973]𢳐$^{溪}_{線}$券$^{溪}_{願}$ | 勸$^{溪}_{願}$
0194	[2570]䋭$^{溪}_{月}$闕$^{溪}_{月}$闋$^{溪}_{屑}$鉣$^{見}_{業}$鞅$^{溪}_{薛}$ | 缺$^{溪}_{屑}$[3182]缺$^{溪}_{屑}$缺$^{溪}_{屑}$觖$^{溪}_{屑}$ | 闕$^{溪}_{月}$
0195	[2873]闋$^{溪}_{屑}$ | 决$^{集:}_{溪屑}$
0196	[2462]髛$^{溪}_{豪}$ | 尻$^{溪}_{豪}$[2884]尻$^{溪}_{豪}$ | 丘$^{康:}_{溪豪}$
0197	[0455]燺$^{溪}_{晧}$䫣$^{溪}_{晧}$祰$^{溪}_{晧}$栲$^{溪}_{晧}$攷$^{溪}_{晧}$丂$^{溪}_{晧}$ | 考$^{溪}_{晧}$[2918]考$^{溪}_{晧}$柷$^{溪}_{晧}$ | 拷$^{溪}_{晧}$[3390]鎬$^{見}_{豪}$ | 考平$^{溪}_{豪}$
0198	[2843]搞$^{集:}_{溪號}$犒$^{溪}_{號}$ | 靠$^{溪}_{號}$
0199	[1061]磽$^{溪}_{肴}$礉$^{溪}_{肴}$墝$^{溪}_{肴}$墽$^{溪}_{肴}$𡑺$^{溪}_{肴}$𢚩$^{溪}_{肴}$䐞$^{溪}_{肴}$頝$^{溪}_{肴}$跤$^{溪}_{肴}$骹$^{溪}_{肴}$𣪲$^{溪}_{肴}$ | 敲$^{溪}_{肴}$[1540]敲$^{溪}_{肴}$ | 搞$^{集:}_{溪肴}$[3624]敲$^{溪}_{肴}$𩨷$^{初}_{肴}$ | 磽$^{溪}_{肴}$[1140]𢾗$^{溪}_{效}$竅$^{溪}_{嘯}$ | 敲去$^{溪}_{效}$[1772]巧$^{溪}_{效}$𢺌$^{溪}_{嘯}$趬$^{溪}_{笑}$㲾$^{溪}_{笑}$ | 竅$^{溪}_{嘯}$[0507]燆$^{溪}_{蕭}$ | 竅平$^{溪}_{蕭}$
0200	[2827]扝$^{溪}_{巧}$ | 巧$^{溪}_{巧}$
0201	[2369]𪘲$^{溪}_{箇}$ | 珂$^{溪}_{歌}$
0202	[1561]窠$^{溪}_{戈}$髁$^{溪}_{戈}$薖$^{溪}_{戈}$ | 科$^{溪}_{戈}$[2679]課$^{溪}_{過}$ | 科去$^{溪}_{過}$[3362]科$^{溪}_{戈}$科$^{溪}_{戈}$ | 窠$^{溪}_{戈}$[3473]騍$^{溪}_{過}$ | 課$^{溪}_{過}$
0203	[1215]堁$^{溪}_{果}$ | 顆$^{溪}_{果}$[2254]顆$^{溪}_{果}$ | 和上$^{匣}_{果}$
0204	[0508]烢$^{溪}_{哿}$坷$^{溪}_{哿}$訶$^{曉}_{歌}$ | 可$^{溪}_{哿}$
0205	[1725]侉$^{溪}_{麻}$娃$^{溪}_{佳}$姱$^{溪}_{麻}$𨉖$^{溪}_{麻}$跨$^{溪}_{麻}$荂$^{溪}_{麻}$夸$^{溪}_{麻}$ | 誇$^{溪}_{麻}$
0206	[2600]㡁$^{溪}_{馬}$ | 跨$^{溪}_{馬}$
0207	[2308]胯$^{溪}_{禡}$骻$^{溪}_{禡}$ | 跨$^{溪}_{禡}$
0208	[0475]炕$^{溪}_{宕}$砊$^{溪}_{宕}$閌$^{溪}_{宕}$犺$^{溪}_{宕}$ | 抗$^{溪}_{宕}$[1352]𨛱$^{溪}_{唐}$㝩$^{溪}_{唐}$躿$^{溪}_{唐}$忼$^{溪}_{唐}$慷$^{集:}_{溪唐}$䏜$^{溪}_{唐}$䡉$^{溪}_{蕩}$煬$^{書}_{陽}$𤬪$^{溪}_{唐}$穅$^{溪}_{唐}$糠$^{溪}_{唐}$𥹜$^{鏡:}_{溪唐}$ | 康$^{溪}_{唐}$[2035]怳$^{曉}_{養}$ | 康上$^{溪}_{蕩}$[2822]抗$^{溪}_{宕}$ | 康去$^{溪}_{宕}$
0209	[2466]骯$^{溪}_{蕩}$ | 慷$^{溪}_{蕩}$
0210	[1366]邟$^{溪}_{宕}$伉$^{溪}_{宕}$ | 亢$^{溪}_{宕}$
0211	[0859]潅$^{溪}_{覺}$傕$^{溪}_{覺}$恪$^{溪}_{鐸}$ | 確$^{溪}_{覺}$[0550]罟$^{溪}_{覺}$塙$^{溪}_{鐸}$㱿$^{溪}_{覺}$殼$^{溪}_{覺}$ | 恪$^{溪}_{鐸}$ [1097]確$^{溪}_{覺}$礐$^{溪}_{覺}$硞$^{溪}_{覺}$ | 殼$^{溪}_{覺}$
0212	[0936]涳$^{溪}_{陽}$矼$^{集:}_{溪江}$腔$^{溪}_{江}$鋛$^{玉:}_{溪庚}$羫$^{溪}_{江}$ | 羌$^{溪}_{陽}$[3449]蜣$^{溪}_{陽}$ | 腔$^{溪}_{江}$
0213	[0793]洭$^{溪}_{陽}$邼$^{溪}_{陽}$恇$^{溪}_{陽}$哐$^{溪}_{漾}$眶$^{溪}_{陽}$䏉$^{溪}_{陽}$劻$^{溪}_{陽}$誆$^{群}_{陽}$軭$^{溪}_{陽}$筐$^{溪}_{陽}$䤬$^{溪}_{陽}$匚$^{溪}_{陽}$ | 匡$^{溪}_{陽}$[3684]匡$^{溪}_{陽}$ | 匚$^{溪}_{陽}$
0214	[0498]爌$^{溪}_{宕}$ | 壙$^{溪}_{宕}$[0668]懭$^{溪}_{宕}$壙$^{溪}_{宕}$廣$^{溪}_{宕}$纊$^{溪}_{宕}$絖$^{溪}_{宕}$ | 曠$^{溪}_{宕}$

續表

字組序號	轄字
0215	[3119]彊溪侯丨摳溪侯[2777]竘溪厚摳溪侯丨口溪厚
0216	[1338]吅溪厚訽溪候寇溪候釦溪候蔻溪候鷇溪候丨扣溪候[0894] 滱溪候呴曉候詬溪候扣溪候丨寇溪候
0217	[2154]㕤集:溪尤觓溪宥龜集:溪尤丨丘溪尤
0218	[0562]峌溪耕硜溪耕阬溪庚妔溪庚劥溪庚誙溪耕坈全:溪庚摼溪耕鏗溪耕丨坑溪庚[1074]硜溪耕丨阬溪庚[1229]坑溪庚丨鏗溪耕
0219	[1770]克溪德諽溪麥丨客溪陌[2483]勀溪德丨刻溪德[3164]剋溪德刻溪德刻溪德丨克溪德
0220	[2491]褧溪迥丨絅溪迥
C類（含 80 個自然小類，36 個“準小韻”）	
0221	[0491]焪溪東涳溪送窮群東窮群東控溪送瓊群清輷溪真邛群鍾舼群鍾笻群鍾蛩群鍾丨穹溪東[1302]竆群東竆群東邛群鍾穹溪東銎溪鍾蛩群鍾丨窮群東[1710]㑋群鍾丨卭群鍾[3273]藭群東茾群鍾桏群鍾丨蛩群鍾
0222	[1721]儝群清嬛群清㛗群清惸群清丨煢群清
0223	[2441]跼群燭駶群燭丨局群燭
0224	[0191]期群之棋群支岐群支淇群之碁群之祁群脂郂玉:群虞愭群脂鬿群微鬐群脂踦溪支覩群脂跂群支疷群支耆群脂祺群之祇群支錤群之鰭群脂琪群之璂群之棋群之萁群之鵸群之蚑群支蜞群之萁群支騏群之鰭群脂麒群之亓群之奇群支奇群支丨其群之[1059]碕群支綦群之琦群支萁群之芪群支鵸群支騎群支旂群微旗群之其群之丨奇群支[1312]郊群支丨歧群支[2770]歧群支丨岐群支[1934]忌群志丨其去群志[0183]暨群至垍群至惎群志忮集:群寘惎群志呢群志跽群旨誋群志記群志企溪寘技群紙輢群寘魃群寘丨忌群志[1796]妓群紙骪群紙忌群志丨技群紙
0225	[0641]岓群微頎群微蚚群微丨祈群微
0226	[1350]鄈群脂䳫群脂悸群脂頯群脂睽群脂蹞群脂暌溪齊葵群脂揆正:群支鄈群脂騤群脂睽溪齊馗群脂逵群脂蘷群脂丨逵群脂 [2761]逵群脂丨楑群脂[3141]戣群脂楑群脂鶟群脂櫆群脂㚍集:群虞夔群脂丨葵群脂[1891]嫢群旨丨逵去群至[0132]暌溪齊偠群脂丨揆正:群支
0227	[2796]揆群旨櫃群至簣群至饋群至圚匣隊丨匱群至
0228	[0957]淭群魚丨瞿群虞[0972]澽群魚磲群魚鄺群魚籧群魚懅群魚腒群魚劬群虞絇群虞衢群虞㫗群虞鑺群虞璩群魚轥群魚渠群魚戵群虞蕖群魚蘧群魚𧆻群魚鶏群魚鴝群虞𩿤群魚翟群虞劬群虞鴝群虞痀群虞瞿群虞丨渠群魚[1490]㜹群虞渠群魚斪群虞丨劬群虞[2901]痀群魚丨劬群虞
0229	[3333]籧群魚丨巨集:群魚
0230	[0156]昛群語炬群語岠群語洰群語懼群遇距群語勮群御覷集:群至詎群語趄見語岠群語拒群語鉅群語鐻群語苣群語簴群語醵群御駏群語虡群語鼫群語爬群語丨巨群語[3366]秬群語丨苣群語
0231	[3445]蚷群語丨渠集:群語
0232	[1913]愳群遇臞群遇具群遇丨懼群遇[3277]蒟見遇䂁群遇丨具群遇
0233	[1792]妗集:群沁琴群侵丨芩群侵[1151]坽溪寢邻群侵庈群侵㾣群侵噤群沁噤群沁聆群侵齡群侵訡群沁紟群侵捦群侵疨群侵舲群侵檎群侵芩群侵丨琴群侵
0234	[2787]擒群侵丨禽群侵
0235	[1192]圿群真懃群欣靳群侵矜群真殣群真芹群欣蘄群欣丨勤群欣
0236	[1145]墐群震廑群震僅群震嗛溪隱菦群隱瘽群隱殣群震饉群震丨近群隱[2739]近群焮丨覲群震
0237	[0171]吸群業岌群緝汲集:群緝圾群緝馺群業亟見職丨及群緝
0238	[2166]喇群陌屐群陌丨極群職
0239	[2613]帬群文群群文丨裙群文[2502]裠群文㪊群文丨群群文
0240	[2068]唈玉:疑吻暉疑吻箘群準蜠群軫麕見真麏見諄困群軫丨窘群軫
0241	[0370]䆽群軫呁見震腪群軫揰群軫瑻群軫菌群軫丨郡群問
0242	[0541]乾群仙鄿群仙嘜溪仙丨虔群仙[1692]仱群鹽拑群鹽箝群鹽鳹群鹽黔群鹽丨鉗群鹽[2011]忴群鹽鉗群鹽丨鈐群鹽[2324]腱群願鈐群鹽揵群仙虔群仙虔群仙丨乾群仙
0243	[1621]儉群琰件群獮闑群獮鍵群阮鐽群獮楗群阮丨健群願[1623]健群願鍊群豏丨儉群琰
0244	[1054]碣群月桀群薛丨竭群月[1608]傑群薛丨杰群薛[1653]偈群薛揭群薛丨桀群薛[2780]竭群月楬群薛榤群薛桀群薛丨傑群薛
0245	[1636]伽群戈丨茄群戈[1695]佉溪戈丨伽群戈
0246	[2374]鬈群仙丨卷群仙
0247	[3760]觠群仙丨捲群仙
0248	[1832]婘群仙惓群仙顴群仙臛群仙蠸群仙拳群仙䟒群仙瘃群仙彏群仙鸛群仙蜷群仙驩曉桓丨權群仙[2440]踡群仙權群仙權群仙丨拳群仙[1427]隃群線丨倦群線[1684]倦群線丨拳去群線
0249	[2458]䰏群月劂見月扣篇:群月鱖群月橛群月鷢群月丨掘群月
0250	[0599]嶠群宵僑群宵蹺群肴鐈群宵橋群宵蕎群宵孜群宵鷮群宵蟜群宵翹群宵僑群宵丨喬群宵[3103]轎群笑丨喬去群笑[3208]橇清宵丨轎群笑

續表

字組序號	轄字
0251	[0670]強$^{群}_{漾}$｜强去$^{群}_{漾}$[0915]漒$^{群}_{陽}$彊$^{群}_{陽}$｜强$^{群}_{陽}$[3125]强$^{群}_{陽}$｜彊$^{群}_{陽}$
0252	[1687]僵$^{群}_{養}$弜$^{群}_{養}$｜强$^{群}_{養}$
0253	[2472]勥$^{群}_{陽}$｜狂$^{群}_{陽}$
0254	[1298]鯨$^{群}_{庚}$勍$^{群}_{庚}$檠$^{群}_{庚}$鯨$^{群}_{庚}$鱷$^{群}_{庚}$黥$^{群}_{庚}$｜擎$^{群}_{庚}$[2399]擎$^{群}_{庚}$｜鯨$^{群}_{庚}$[2475]勍$^{群}_{庚}$檠$^{群}_{庚}$｜檠$^{群}_{庚}$
0255	[1643]倞$^{群}_{映}$諒$^{群}_{映}$競$^{群}_{映}$痙$^{群}_{勁}$｜競$^{群}_{映}$
0256	[0258]颬$^{群}_{尤}$觓$^{群}_{尤}$康$^{群}_{尤}$俅$^{群}_{尤}$仇$^{群}_{尤}$㕤$^{群}_{尤}$叴$^{群}_{尤}$頄$^{群}_{尤}$肍$^{群}_{尤}$脙$^{群}_{尤}$毬$^{群}_{尤}$裘$^{群}_{尤}$絿$^{群}_{尤}$紌$^{群}_{尤}$逑$^{群}_{尤}$扏$^{群}_{尤}$殏$^{群}_{尤}$球$^{群}_{尤}$賕$^{群}_{尤}$梂$^{群}_{尤}$虬$^{群}_{幽}$蟉$^{群}_{幽}$虯$^{群}_{幽}$艽$^{群}_{幽}$厹$^{群}_{尤}$仇$^{群}_{尤}$｜求$^{群}_{尤}$[2244]觩$^{群}_{尤}$敂$^{群}_{尤}$訄$^{群}_{尤}$釚$^{群}_{尤}$梵$^{群}_{尤}$虯$^{群}_{幽}$｜仇$^{群}_{尤}$[3758]臼$^{群}_{有}$｜求去$^{群}_{宥}$[1752]舅$^{群}_{有}$㤹$^{群}_{有}$咎$^{群}_{有}$鮊$^{群}_{有}$玌$^{群}_{幼}$舊$^{群}_{宥}$麔$^{群}_{有}$匛$^{群}_{宥}$舅$^{群}_{有}$｜臼$^{群}_{有}$[1691]倃$^{群}_{有}$｜咎$^{群}_{有}$[3685]匶$^{群}_{宥}$｜柩$^{群}_{宥}$[3251]柩$^{群}_{宥}$鵂$^{群}_{有}$｜舊$^{群}_{宥}$
D 類（含 51 個自然小類，26 個“準小韻”）	
0257	[0340]霓$^{疑}_{齊}$睨$^{疑}_{齊}$齯$^{疑}_{齊}$裞$^{疑}_{齊}$輗$^{疑}_{齊}$蜺$^{疑}_{齊}$猊$^{疑}_{齊}$鯢$^{疑}_{齊}$麑$^{疑}_{齊}$｜倪$^{疑}_{齊}$[0658]巍$^{疑}_{紙}$郳$^{疑}_{齊}$䣡$^{疑}_{之}$儀$^{疑}_{支}$倪$^{疑}_{齊}$宐$^{疑}_{支}$鸃$^{疑}_{支}$疑$^{疑}_{之}$㠖$^{疑}_{之}$｜宜$^{疑}_{支}$[0076]晲$^{疑}_{齊}$嶷$^{疑}_{之}$㞾$^{疑}_{之}$伃$^{疑}_{齊}$迻$^{玉:}_{疑尾}$｜疑$^{疑}_{之}$[2776]䜒$^{疑}_{支}$｜儀$^{疑}_{支}$
0258	[2936]寱$^{疑}_{之}$｜義$^{疑}_{支}$
0259	[1762]䙋$^{疑}_{齊}$｜兒$^{疑}_{齊}$
0260	[2266]顗$^{疑}_{尾}$｜螘$^{疑}_{尾}$
0261	[2184]睨$^{疑}_{霽}$｜倪$^{疑}_{霽}$
0262	[0961]淏$^{疑}_{模}$吾$^{疑}_{模}$䄣$^{疑}_{模}$禑$^{疑}_{模}$｜吳$^{疑}_{模}$[0644]峿$^{疑}_{模}$浯$^{疑}_{模}$郚$^{疑}_{模}$娪$^{疑}_{模}$吳$^{疑}_{模}$䫓$^{疑}_{模}$珸$^{疑}_{模}$梧$^{疑}_{模}$鼯$^{疑}_{模}$蜈$^{疑}_{模}$｜吾$^{疑}_{模}$[3434] 䳶$^{疑}_{模}$｜梧$^{疑}_{模}$
0263	[0025]晤$^{疑}_{暮}$寤$^{疑}_{暮}$俉$^{疑}_{暮}$𢛈$^{疑}_{暮}$悞$^{疑}_{暮}$忢$^{疑}_{暮}$誤$^{疑}_{暮}$｜悟$^{疑}_{暮}$[2746]逜$^{疑}_{暮}$｜誤$^{疑}_{暮}$[2931]寤$^{疑}_{暮}$珸$^{疑}_{模}$｜悞$^{疑}_{暮}$
0264	[3577]禺$^{疑}_{虞}$｜喁$^{集:}_{疑虞}$
0265	[3638]圄$^{疑}_{語}$｜吾$^{集:}_{疑魚}$
0266	[1613]俁$^{疑}_{麌}$噳$^{玉:}_{疑語}$齬$^{疑}_{語}$籞$^{疑}_{語}$䘘$^{疑}_{語}$悟$^{疑}_{暮}$敔$^{疑}_{語}$圉$^{疑}_{語}$｜語$^{疑}_{語}$
0267	[3011]鋤$^{疑}_{語}$鋙$^{疑}_{語}$｜御$^{集:}_{疑語}$
0268	[0726]㟁$^{疑}_{翰}$矸$^{疑}_{翰}$婩$^{疑}_{翰}$䎨$^{疑}_{寒}$｜岸$^{疑}_{翰}$[0721]屵$^{疑}_{曷}$鬝$^{疑}_{曷}$㩵$^{疑}_{曷}$｜岸入$^{疑}_{曷}$
0269	[2112]嘕$^{疑}_{山}$𨇽$^{疑}_{刪}$｜顏$^{疑}_{刪}$
0270	[2176]𢀖$^{疑}_{產}$｜眼$^{疑}_{產}$
0271	[0431]㕭$^{疑}_{諫}$贗$^{疑}_{諫}$｜鴈$^{疑}_{諫}$
0272	[0586]嵒$^{疑}_{銜}$巖$^{疑}_{銜}$嵓$^{疑}_{咸}$嚴$^{疑}_{銜}$顩$^{疑}_{咸}$鹼$^{疑}_{咸}$䑺$^{疑}_{桓}$岩$^{疑}_{銜}$｜岩$^{疑}_{銜}$[1468]广$^{疑}_{琰}$｜岩上$^{疑}_{檻}$
0273	[1418]隒$^{疑}_{琰}$｜嚴$^{疑}_{琰}$[2120]噞$^{疑}_{琰}$顩$^{疑}_{琰}$｜嚴上$^{疑}_{儼}$
0274	[1106]硯$^{疑}_{霰}$䂆$^{疑}_{銑}$齴$^{集:}_{疑獮}$諺$^{疑}_{線}$讞$^{疑}_{線}$遃$^{疑}_{獮}$｜彥$^{疑}_{線}$[2419]趼$^{疑}_{霰}$彥$^{疑}_{線}$｜硯$^{疑}_{霰}$
0275	[1959]愿$^{疑}_{願}$｜願$^{疑}_{願}$[2279]願$^{疑}_{願}$｜愿$^{疑}_{願}$
0276	[1525]𡰶$^{疑}_{錫}$𠸽$^{疑}_{陌}$虉$^{疑}_{錫}$鶂$^{疑}_{錫}$𧐖$^{疑}_{志}$｜逆$^{疑}_{陌}$[2729]逆$^{疑}_{陌}$｜迎入$^{疑}_{陌}$[1578]凝$^{疑}_{蒸}$眰$^{疑}_{迥}$｜迎$^{疑}_{庚}$[2001]儗$^{疑}_{職}$｜凝$^{疑}_{蒸}$
0277	[1083]硪$^{疑}_{哿}$䫏$^{疑}_{哿}$誐$^{疑}_{哿}$｜我$^{疑}_{哿}$
0278	[1681]俄$^{疑}_{歌}$䳗$^{疑}_{戈}$鈋$^{疑}_{戈}$囮$^{疑}_{戈}$｜訛$^{疑}_{戈}$[1764]娥$^{疑}_{歌}$俄$^{疑}_{歌}$峨$^{疑}_{歌}$莪$^{疑}_{歌}$｜鵞$^{疑}_{歌}$[0592]峨$^{疑}_{歌}$｜娥$^{疑}_{歌}$[1859]娥$^{疑}_{歌}$吪$^{疑}_{戈}$哦$^{疑}_{歌}$睋$^{疑}_{歌}$譌$^{疑}_{戈}$訛$^{疑}_{戈}$𢪏$^{疑}_{歌}$䄉$^{疑}_{歌}$珴$^{疑}_{歌}$莪$^{疑}_{歌}$鵞$^{疑}_{歌}$蛾$^{疑}_{歌}$｜俄$^{疑}_{歌}$[3458]䖸$^{疑}_{歌}$蛾$^{疑}_{歌}$｜蛾$^{疑}_{歌}$[3386]餓$^{疑}_{箇}$｜臥$^{疑}_{過}$[1763]餓$^{疑}_{箇}$｜蛾去$^{疑}_{箇}$
0279	[0924]涯$^{疑}_{佳}$㸴$^{疑}_{麻}$齖$^{疑}_{麻}$骬$^{疑}_{麻}$衙$^{疑}_{麻}$疨$^{疑}_{麻}$枒$^{疑}_{麻}$芽$^{疑}_{麻}$｜牙$^{疑}_{麻}$[2115]啀$^{疑}_{佳}$｜涯$^{疑}_{佳}$
0280	[1108]砑$^{疑}_{禡}$｜訝$^{疑}_{禡}$[2668]訝$^{疑}_{禡}$迓$^{疑}_{禡}$｜迓$^{疑}_{禡}$
0281	[0095]昂$^{疑}_{唐}$｜卬$^{疑}_{唐}$[1397]卬$^{疑}_{唐}$枊$^{疑}_{唐}$｜昂$^{疑}_{唐}$
0282	[1693]偶$^{疑}_{厚}$｜耦$^{疑}_{厚}$[2460]髃$^{疑}_{厚}$藕$^{疑}_{厚}$耦$^{疑}_{厚}$｜偶$^{疑}_{厚}$
E 類（含 301 個自然小類，133 個“準小韻”）	
0283	[0779]泓$^{影}_{耕}$㮬$^{影}_{東}$蓊$^{影}_{東}$鶲$^{影}_{東}$螉$^{影}_{東}$｜翁$^{影}_{東}$[3540]翁$^{影}_{東}$｜蓊$^{影}_{東}$[0106]暡$^{影}_{董}$甕$^{影}_{送}$｜翁上$^{影}_{董}$[0867]滃$^{影}_{董}$㙁$^{影}_{送}$塕$^{影}_{送}$罋$^{影}_{送}$甕$^{影}_{送}$｜甕$^{影}_{送}$[3176]瓮$^{影}_{送}$｜翁去$^{影}_{送}$
0284	[2159]嗡$^{影}_{董}$膃$^{影}_{董}$｜翁$^{集:}_{影董}$
0285	[0563]崛$^{疑}_{物}$屼$^{疑}_{沒}$矹$^{疑}_{沒}$疙$^{疑}_{沒}$杌$^{疑}_{沒}$｜兀$^{疑}_{沒}$[0751]沃$^{影}_{沃}$沃$^{影}_{沃}$兀$^{疑}_{沒}$胃$^{影}_{屋}$胃$^{影}_{屋}$剭$^{影}_{屋}$｜屋$^{影}_{屋}$[2983]鋈$^{影}_{沃}$｜沃$^{影}_{沃}$

續表

字組序號	轄字
0286	[0789]泳云映｜用以用[1025]滽影鍾濚以清灉影鍾罋影鍾邕影鍾廱影鍾廱影鍾邕影鍾𧝎影鍾褞影鍾搈以鍾灉影鍾癰影鍾饔影鍾｜雍影鍾[1299]𩀝影鍾壅影鍾雝影鍾雍影鍾｜邕影鍾[3763]用以用｜雍去影用
0287	[1178]壅影鍾｜壅影鍾[1179]壅影鍾｜壅影鍾
0288	[2398]擁影腫｜雍集:影腫
0289	[0736]永云梗涌以腫漤玉:影迥恿以腫悀以腫閪以腫𤷕龍:以腫筩以腫蛹以腫｜勇以腫[0935]湧以腫塎以腫俗以腫咏云映踴以腫勇以腫詠云映𠊧云梗勇以腫𤸪影迥｜永云梗
0290	[0059]昱以屋煜以屋燠影屋澳影屋𡊁銑:影屋域云職薁影屋蔚影物稶影屋彧影屋魊云職𩴼云屋欲以燭｜郁影屋[0684]峪以燭浴以燭慾以燭噢影屋玉疑燭鐭影屋賣以屋｜欲以燭[0777]汽集:影質｜浴以燭[1128]砡疑屋鈺疑燭瑀疑燭獄疑燭｜玉疑燭[1171]投以昔域云職役以昔疫以昔鈠以昔琙云職杸以昔鬱影物鬱影物鷸以昔｜役以昔[1459]欲以燭｜昱以屋[2089]嗢影沒｜鬱影物[2575]緎云職閾云職棫云職䴬云職蜮云職罭云職役以昔｜域云職[3465]蜮云職｜蜮云職[3541]狘曉術｜蔚影物[3642]𨖿疑燭｜獄疑燭
0291	[0439]焴玉:以屋灪影物堉以屋儥以屋毓以屋忸泥屋慉以屋惐影屋喅以屋唷以屋趉云術道以屋錥以屋鬻以屋尢以屋｜育以屋[2291]衄泥屋｜忸泥屋
0292	[2339]腥影覺齷影覺幄影覺｜渥影覺
0293	[0794]洢影脂咿影脂翳影齊黟影脂漪影支｜伊影脂[1009]漪影支𨸝影微廄影之依影微娭曉之䧇影微扆影微宧以之饐以之｜衣影微[1114]翳影齊堅影齊郼影微陭影支伊影脂嫛影齊㕦影微衣影微醫影之鷖影齊猗影支黳影齊｜依影微[3467]鷖影齊｜醫影之
0294	[0852]涗疑齊譩影之｜意集:影之
0295	[2346]胣以紙猗影紙｜依集:影尾
0296	[1502]庴影紙緊影薺｜竒影紙
0297	[2824]拸以紙｜掎影紙
0298	[0648]㢮以紙礒疑紙𡰯以止扆影尾倚影紙衪以紙㽯影紙薿疑止苢以止苡以止已以止攺以止目以止矣云止｜以以止[1780]孖疑止｜椅影紙[1925]悠影尾𡰥集:以之｜矣云止[3191]椅影紙醷影止｜倚影紙
0299	[0045]噫影薺壹影至瘞影祭陸影薺瘱影薺憶影至呭以祭瞖影薺腨影祭跇以祭縊影真詍以祭詄以祭譩影薺撎影至瘀影御瘞影祭壼影薺殪影薺栧以祭蘙影薺饐影至𧹞影至餲影至鷾影至鷾影志譩影志懿影至裔以祭｜意影志[2523]袣以祭袦以祭曳以祭｜裔以祭[1489]庝以至珄以祭軜以祭枻以祭｜曳以祭
0300	[0504]焥影咍埃影咍｜挨影皆[1261]㛖影咍哈曉咍挨影皆埃影咍｜哀影咍[2493]哀影咍騃疑佳｜埃影咍[0724]崖疑佳厓疑佳睚疑佳痍集:疑咍｜捱集:疑佳[0902]涯疑佳呆疑咍｜崖疑佳[2335] 腤疑咍｜呆疑咍[2366]䶩疑佳齷疑佳｜厓疑佳[3123]矮影蟹｜捱上集:疑蟹[2811]挨影皆｜矮平影皆[2633]覞疑駭｜矮影蟹[0295]霙影代毐影海｜藹影海[3296]藹影海｜愛上影海[3672]愛影代｜哀去影代[1963]㤅影代嗳影泰曖影泰薆影代㱯影代｜愛影代[0110]磕影泰曖影代耐疑怪｜隘影卦[1242]壒影泰阸影卦隘影卦｜挨去影怪[2941]歹疑曷｜崖入(此例表明歹崖二字的韻腹相同)
0301	[2086]唉影駭｜挨影駭
0302	[0169]导疑代藹影泰閡疑代艾疑泰｜碍疑代[1065]硋疑代碍疑代礙疑代㝵疑代鴱疑泰𤜤疑泰｜艾疑泰
0303	[0243]飆影灰煨影灰偎影灰喂影微覣影支𢖾影賄｜隈影灰[0623]崴影皆隇影微媁影微逶影支痿影支㾨影支蝛影微｜威影微[0965]渨影灰緭影灰威影微椳影灰葳影微萎影支餧影支｜煨影灰[2330]腲影賄｜偎影灰
0304	[0129]暐云尾闈云微｜偉云尾[0266]颹云紙嵔影賄隝云紙𤸎云紙偉云尾𩘏云紙唯以旨蓶云紙韙云尾㨊云尾闟云紙𨶙玉:影旨痏云尾蔿云紙葦云尾薳云紙蓶以紙鮪云旨韡云尾｜委影紙[0377]𩂵影未｜委去影寘
0305	[0208]肙影賄鄓影賄猥影賄鍡影賄｜猥影賄
0306	[1880]嵔影賄｜畏集:影賄
0307	[2195]瞺影泰鱠影泰｜隈影隊
0308	[3746]罻影未｜蔚影未
0309	[0285]颮影未｜餧影寘[0445]尉影未熨影未噦曉泰婑影寘恚影寘餧影寘尉影未｜畏影未[1961]慰影未犩影未｜尉影未[2406]𩙻集:云祭｜恚影寘
0310	[1597]穢影廢薈影泰穢影廢｜委影寘[3322]薉影廢獩影廢｜穢影廢
0311	[0346]雩影虞汚影模洿影模嗚影模鎢影模瑦影模鴮影模於影模｜烏影模[0750]汙影模圬影模惡影模趍影模杇影模｜汚影模
0312	[1004]潕微麌碔微麌塢影姥廡微麌侮微麌侮微麌儛微麌嫵微麌娬微麌𢢅微麌憮微麌膴微麌珷微麌務集:微麌甒微麌䍢微麌舞微麌｜武微麌[3146]武微麌｜舞微麌
0313	[0145]旿疑姥瓳疑姥鄔影姥仵疑姥忤疑姥迕疑姥｜午疑姥[3098]䳇影姥忤疑姥肸疑姥仵疑姥午疑姥旿疑姥｜五疑姥
0314	[0317]霚微遇霧微遇埡影暮婺微遇鍪微遇騖微遇鶩微遇｜務微遇
0315	[0331]雩云虞雩云虞澳以魚盂影虞邘云虞予以魚嬩以魚忬以御愉以虞褕以虞玗云虞轝以魚輿以魚軒云虞雩影模玗影模瓠以虞榆以虞楰以虞杅云虞萸以虞竽云虞餘以魚蜍以魚蝓以虞羭以虞舁以魚旟以魚於影魚歈以虞歟以魚盂云虞舁以魚臾以虞叟以虞腧以虞俞以虞｜于云虞[0585]崳以虞盱以魚畬以魚庯以虞伃以魚喻以虞逾以虞闍以虞璵以魚瑜以虞輸集:邪魚𤰞以魚徐邪魚｜余以魚[0971]渝以虞堬以虞鄃以虞窬以虞婾以虞趟以虞｜俞以虞[1742]余以魚踰以虞雓以魚｜予以魚[2122]唹影魚謣云虞迂影虞㺞影魚｜於影魚[2303]腴以虞諛以虞玗以虞鵌以虞輿以魚｜臾以虞[2540]紆影虞盂影虞｜迂影虞[2630]覦以虞尪影虞｜紆影虞[0552]嵎疑虞澞疑虞漁疑魚堣疑虞隅疑虞愚疑虞噳疑虞鰅疑魚閼疑魚鷵疑虞鸆疑虞虞疑虞麌疑魚鮫疑魚敘疑魚｜魚疑魚[1371]鄅疑虞鸆疑虞｜愚疑虞[2414]踰以虞魚疑魚｜餘以魚[2643]礜以魚鍝疑虞｜隅疑虞

續表

字組序號	轄字
0316	[2715]趣$^{以}_{魚}$丨與$^{以}_{魚}$
0317	[3604]罛$^{以}_{魚}$丨窳$^{集:}_{以廣}$
0318	[0304]雨$^{云}_{虞}$窳$^{以}_{虞}$偊$^{以}_{語}$愳$^{以}_{語}$腴$^{以}_{語}$羽$^{云}_{虞}$嶼$^{邪}_{語}$丨與$^{以}_{語}$[1383]鄅$^{云}_{虞}$脅$^{影}_{語}$瑀$^{云}_{虞}$丨禹$^{云}_{虞}$[1674]傴$^{影}_{虞}$貐$^{以}_{虞}$與$^{以}_{語}$禹$^{云}_{虞}$丨羽$^{云}_{虞}$[3665]與$^{以}_{語}$丨雨$^{云}_{虞}$[3771]雨$^{云}_{虞}$丨雨$^{云}_{虞}$
0319	[0919]淤$^{影}_{御}$寓$^{疑}_{遇}$馭$^{疑}_{御}$御$^{疑}_{御}$丨遇$^{疑}_{遇}$[2723]遇$^{疑}_{遇}$御$^{疑}_{御}$馭$^{疑}_{御}$丨御$^{疑}_{御}$[3438]鷠$^{疑}_{遇}$丨寓$^{疑}_{遇}$
0320	[1743]飫$^{影}_{御}$丨位$^{云}_{至}$[2678]諸$^{以}_{寘}$棜$^{影}_{御}$丨飫$^{影}_{御}$
0321	[0320]霱$^{云}_{遇}$悆$^{以}_{御}$預$^{以}_{御}$丨豫$^{以}_{御}$[0906]澦$^{以}_{御}$礜$^{以}_{御}$庾$^{以}_{麌}$豫$^{以}_{御}$嫗$^{影}_{遇}$愈$^{以}_{麌}$譽$^{以}_{御}$裕$^{以}_{遇}$芋$^{云}_{遇}$蕷$^{以}_{御}$芌$^{云}_{遇}$稶$^{以}_{御}$丨預$^{以}_{御}$[1200]舉$^{以}_{御}$淤$^{影}_{語}$斞$^{以}_{麌}$丨庾$^{以}_{麌}$
0322	[0446]煴$^{影}_{魂}$鄙$^{影}_{魂}$殟$^{影}_{魂}$轀$^{影}_{魂}$薀$^{影}_{魂}$驅$^{影}_{魂}$丨溫$^{影}_{魂}$
0323	[1712]伆$^{微}_{吻}$抆$^{微}_{吻}$刎$^{微}_{吻}$丨吻$^{微}_{吻}$[1976]惲$^{影}_{吻}$吻$^{微}_{吻}$唔$^{微}_{吻}$丨穩$^{影}_{混}$
0324	[1463]斖$^{熊:}_{影文}$丨贇$^{影}_{真}$
0325	[3077]賱$^{篇:}_{影文}$轒$^{影}_{文}$桴$^{以}_{諄}$奫$^{影}_{諄}$丨氳$^{影}_{文}$
0326	[3755]韞$^{影}_{吻}$丨慍$^{集:}_{影軫}$
0327	[1081]磒$^{云}_{軫}$阭$^{以}_{準}$殞$^{云}_{軫}$玧$^{以}_{準}$暉$^{影}_{吻}$狁$^{以}_{準}$粇$^{玉:}_{以軫}$丨允$^{以}_{準}$[1767]允$^{以}_{準}$韻$^{云}_{吻}$丨殞$^{云}_{軫}$
0328	[2538]縕$^{影}_{問}$丨慍$^{影}_{問}$[2036]慍$^{影}_{問}$丨縕$^{影}_{問}$
0329	[3283]籶$^{影}_{問}$蘊$^{影}_{問}$丨醞$^{影}_{問}$[3398]醞$^{影}_{問}$丨蘊$^{影}_{問}$
0330	[1452]阨$^{影}_{麥}$呃$^{影}_{麥}$額$^{疑}_{陌}$戹$^{影}_{麥}$軶$^{影}_{麥}$軛$^{影}_{麥}$戹$^{影}_{麥}$丨厄$^{影}_{麥}$[1536]厄$^{影}_{麥}$搹$^{疑}_{麥}$厄$^{影}_{麥}$丨額$^{疑}_{陌}$
0331	[1174]堙$^{影}_{真}$丨烟$^{影}_{真}$
0332	[0297]黔$^{影}_{侵}$霒$^{影}_{侵}$洇$^{影}_{真}$磤$^{影}_{欣}$垔$^{影}_{真}$陻$^{影}_{真}$慇$^{影}_{欣}$絪$^{影}_{真}$闉$^{影}_{真}$禋$^{影}_{真}$裀$^{影}_{真}$殷$^{影}_{欣}$茵$^{影}_{真}$蒑$^{影}_{欣}$瘖$^{影}_{侵}$歅$^{影}_{真}$丨因$^{影}_{真}$[1872]婣$^{影}_{真}$囙$^{影}_{真}$因$^{影}_{真}$丨姻$^{影}_{真}$[2838]揾$^{影}_{焮}$丨因去$^{影}_{震}$
0333	[1453]音$^{影}_{侵}$阥$^{影}_{侵}$丨陰$^{影}_{侵}$[1499]愔$^{影}_{侵}$喑$^{影}_{侵}$瘖$^{影}_{侵}$丨音$^{影}_{侵}$[1505]廕$^{影}_{沁}$丨陰去$^{影}_{沁}$[1553]窨$^{影}_{沁}$丨蔭$^{影}_{沁}$[3332]蔭$^{影}_{沁}$丨廕$^{影}_{沁}$
0334	[0711]蟫$^{影}_{隱}$隱$^{影}_{隱}$朄$^{以}_{軫}$迎$^{影}_{軫}$廴$^{以}_{軫}$衍$^{以}_{軫}$拐$^{以}_{軫}$轀$^{影}_{隱}$戭$^{以}_{軫}$檃$^{影}_{隱}$蚓$^{以}_{軫}$螾$^{以}_{軫}$飲$^{影}_{寢}$丨引$^{以}_{軫}$[3120]弘$^{以}_{軫}$引$^{以}_{軫}$檼$^{影}_{隱}$乚$^{影}_{隱}$乚$^{影}_{隱}$丨隱$^{影}_{隱}$[3380]螒$^{影}_{寢}$饅$^{影}_{梗}$丨飲$^{影}_{寢}$
0335	[0029]映$^{影}_{映}$印$^{影}_{震}$膺$^{影}_{證}$丨應$^{影}_{證}$[0987]濥$^{以}_{震}$憖$^{疑}_{震}$慁$^{影}_{焮}$币$^{影}_{震}$釼$^{以}_{震}$丨印$^{影}_{震}$[1944]應$^{影}_{證}$訣$^{影}_{映}$丨映$^{影}_{映}$
0336	[0139]㬰$^{影}_{庚}$朠$^{影}_{庚}$颷$^{影}_{庚}$霙$^{影}_{庚}$渶$^{影}_{庚}$鄒$^{影}_{清}$郟$^{影}_{庚}$媖$^{影}_{庚}$嬰$^{影}_{清}$晴$^{影}_{青}$瑛$^{影}_{庚}$膺$^{影}_{蒸}$礯$^{影}_{耕}$纓$^{影}_{清}$攖$^{影}_{清}$鍈$^{影}_{庚}$瓔$^{影}_{清}$瑛$^{影}_{庚}$賏$^{影}_{清}$甖$^{篇:}_{影庚}$罌$^{影}_{耕}$櫻$^{影}_{耕}$柍$^{影}_{庚}$莖$^{影}_{耕}$鶯$^{影}_{耕}$鷹$^{影}_{蒸}$鸎$^{影}_{耕}$鸚$^{影}_{耕}$鶧$^{影}_{庚}$軈$^{影}_{蒸}$譍$^{影}_{庚}$丨英$^{影}_{庚}$[1761]甖$^{影}_{清}$英$^{影}_{庚}$丨嬰$^{影}_{清}$[1881]罃$^{影}_{耕}$嚶$^{影}_{耕}$罌$^{影}_{耕}$䁝$^{影}_{耕}$丨鶯$^{影}_{耕}$[2639]罌$^{影}_{耕}$丨膺$^{影}_{蒸}$
0337	[0737]潁$^{以}_{靜}$泗$^{影}_{梗}$郢$^{以}_{靜}$邛$^{以}_{靜}$廮$^{影}_{梗}$廮$^{影}_{靜}$潁$^{類:}_{以靜}$腎$^{影}_{勁}$覞$^{影}_{梗}$擫$^{匣}_{梗}$瘦$^{影}_{靜}$梬$^{以}_{靜}$丨影$^{影}_{梗}$[1230]塋$^{澄}_{靜}$郢$^{以}_{靜}$影$^{影}_{梗}$丨郢$^{以}_{靜}$
0338	[2025]瀅$^{影}_{徑}$丨瑩$^{影}_{徑}$
0339	[1730]䆘$^{疑}_{耕}$丨硬平$^{疑}_{耕}$[1109]硬$^{疑}_{諍}$丨鞕$^{疑}_{諍}$[3742]矗$^{改:}_{影蝦}$丨硬$^{疑}_{諍}$
0340	[1234]塋$^{以}_{清}$縈$^{影}_{清}$營$^{以}_{清}$營$^{以}_{清}$禜$^{云}_{庚}$瑩$^{云}_{庚}$醟$^{洪:}_{云庚}$蠑$^{云}_{庚}$丨榮$^{云}_{庚}$[2620]帶$^{影}_{清}$榮$^{云}_{庚}$丨螢$^{洪:}_{云青}$[2981]鎣$^{以}_{清}$丨瑩$^{云}_{庚}$
0341	[0834]浥$^{影}_{緝}$婣$^{影}_{緝}$悒$^{影}_{緝}$裛$^{影}_{緝}$挹$^{影}_{緝}$鮑$^{影}_{緝}$丨邑$^{影}_{緝}$[0873]溢$^{以}_{質}$弌$^{影}_{質}$乙$^{影}_{質}$鳦$^{影}_{質}$壹$^{影}_{質}$弌$^{影}_{質}$凱$^{影}_{質}$壹$^{影}_{質}$益$^{影}_{昔}$丨一$^{影}_{質}$[1260]抑$^{影}_{職}$叒$^{云}_{質}$肊$^{影}_{職}$育$^{以}_{職}$髓$^{影}_{職}$臆$^{影}_{職}$揖$^{影}_{緝}$鳦$^{影}_{質}$一$^{影}_{質}$丨乙$^{影}_{質}$[1300]邑$^{影}_{緝}$丨揖$^{影}_{緝}$[1363]鄎$^{影}_{昔}$嗌$^{影}_{昔}$膉$^{影}_{昔}$鷁$^{影}_{昔}$搤$^{影}_{麥}$丨益$^{影}_{昔}$
0342	[0548]滀$^{影}_{職}$澺$^{影}_{職}$抑$^{影}_{職}$丨亦$^{以}_{昔}$[2574]繶$^{影}_{職}$丨抑$^{影}_{職}$
0343	[1469]啻$^{影}_{職}$丨弋$^{以}_{職}$
0344	[1625]億$^{影}_{職}$薏$^{影}_{職}$憶$^{影}_{職}$臆$^{影}_{職}$適$^{以}_{術}$丨意$^{集:}_{影職}$
0345	[3316]蘙$^{影}_{職}$丨薏$^{影}_{職}$
0346	[1390]郩$^{影}_{寒}$鼆$^{影}_{山}$丨安$^{影}_{寒}$[2756]遏$^{影}_{曷}$丨安入$^{影}_{曷}$[1220]堨$^{影}_{曷}$頞$^{影}_{曷}$咹$^{影}_{曷}$鶡$^{影}_{曷}$頞$^{影}_{曷}$齾$^{疑}_{曷}$閼$^{影}_{鎋}$瘍$^{溪}_{曷}$餲$^{影}_{曷}$韞$^{影}_{合}$丨遏$^{影}_{曷}$
0347	[0046]晻$^{影}_{感}$丨庵$^{影}_{覃}$[1513]庵$^{影}_{覃}$鵪$^{影}_{覃}$黬$^{疑}_{咸}$丨菴$^{影}_{覃}$[3573]黯$^{集:}_{影感}$丨菴上$^{影}_{感}$
0348	[3263]案$^{影}_{翰}$案$^{影}_{翰}$丨按$^{影}_{翰}$
0349	[1795]媕$^{影}_{覃}$媎$^{影}_{覃}$醅$^{影}_{感}$丨諳$^{影}_{覃}$[2121]唵$^{影}_{感}$丨諳上$^{影}_{感}$
0350	[3572]黤$^{影}_{感}$丨闇$^{影}_{感}$
0351	[0042]暗$^{影}_{勘}$丨闇$^{影}_{勘}$[2341]腤$^{影}_{覃}$丨暗平$^{影}_{覃}$[2672]諳$^{影}_{勘}$揞$^{影}_{勘}$闇$^{影}_{勘}$眉$^{影}_{勘}$丨暗$^{影}_{勘}$
0352	[1039]灣$^{影}_{刪}$彎$^{影}_{刪}$剜$^{影}_{桓}$丨弯$^{影}_{刪}$[1849]婠$^{影}_{桓}$豌$^{影}_{桓}$蜿$^{影}_{桓}$丨剜$^{影}_{桓}$
0353	[0125]晼$^{影}_{阮}$峗$^{影}_{阮}$涴$^{影}_{阮}$埦$^{集:}_{影緩}$夗$^{影}_{獮}$婉$^{影}_{阮}$惌$^{影}_{阮}$惋$^{影}_{換}$畹$^{影}_{阮}$踠$^{影}_{阮}$腕$^{影}_{換}$琬$^{影}_{阮}$丨宛$^{影}_{阮}$[3032]豎$^{影}_{換}$丨腕$^{影}_{換}$
0354	[2392]掔$^{影}_{換}$丨椀$^{影}_{緩}$[2561]綰$^{影}_{潸}$盌$^{影}_{緩}$丨椀$^{影}_{緩}$[3225]椀$^{影}_{緩}$丨盌$^{影}_{緩}$

續表

字組序號	轄字
0355	[0459]煙淹湮鄢鄢嫣嫣咽哩窒橪蔫菸焉嫣｜烟[0624]崦懕腌餕醃｜淹[1008]漹｜焉[2874]閼焉｜燕[2914]奄｜淹入
0356	[0302]黫渰晻衍揜奧黶靨奄｜掩[0362]罨郁閹黶罨｜奄[0625]崦晻｜揜[0760]沇渷陖抏｜兗[0885]演偃兗愝嗅縯鰋嗅演｜衍
0357	[1155]埯黤｜菴
0358	[2968]襳｜淹
0359	[1325]郾蝘鰋鶠｜偃
0360	[1821]媕愔惓｜奄
0361	[0027]晻晏俺讇壓猒｜厭[1855]姲暥鴳鰋歇鄢｜晏[3090]軋｜晏入
0362	[1257]堰隁晏躽咽鷃｜宴[1524]厭偃宴醼｜燕
0363	[1908]躽眼｜宴
0364	[2160]嚥｜咽
0365	[0784]洱壓肊鴨猰｜押[3578]魟｜鴨
0366	[3524]猰｜揠
0367	[3388]餣｜晻
0368	[2282]黶｜業
0369	[1268]擪｜鹽
0370	[0473]煍噎齾｜謁[2647]謁｜咽
0371	[0038]曅曄皣膗熠爗熚僷曄曄壓殜楪枼曄叶｜葉[3262]葉｜枼[3320]葉｜叶
0372	[1979]悁䘼｜宛
0373	[0849]淵鵷｜冤[1018]灁帣週彌冕囦｜淵
0374	[1867]婉｜鴛[2167]眢鴛｜夗
0375	[1413]隕袁表緣瑗楥鳶鳶鵙蝝蝹猨猿爰園圓罥｜員[1806]媛援｜瑗[2062]台捐轅鶢｜袁[3058]員｜緣[3446]瓣蚖｜园[0227]朊亢輐｜阮[1275]晼阮宛惌苑菀｜遠[2732]遠｜員上
0376	[1265]畬畬餇｜怨
0377	[0186]月鳿閱｜悅[0444]焆峸妜德咱暗杌｜越[0685]岄紱越扤鉞玥軏戉刖樾蚏狘粵｜月
0378	[2979]鏖｜奧平[2996]鏕｜鏖[1159]墺隩懊膄譔｜奧[3631]奧｜鏖去
0379	[0476]爊｜澳平
0380	[1808]媪韞｜懊
0381	[2134]呋拗｜坳
0382	[2530]袎｜拗
0383	[1818]妖媄訞遨珧鷂｜夭[1740]偠枖葽夭么｜妖
0384	[1555]窔喓姿宎｜腰
0385	[1649]仸駃殀腰｜夭
0386	[1049]溫窅窈窅眑鷕皛｜杳
0387	[1551]窔嘄｜要
0388	[2144]喛｜倭
0389	[3491]猧｜渦
0390	[1790]婐｜喎上
0391	[1852]妸娿齣屙屙疴痾｜阿[3228]榱｜阿平（平，疑衍文）[2430]踒｜阿去
0392	[2088]哑錏鵶｜鴉[2467]齙鴉｜呀

續表

字組序號	轄字
0393	[3214]椏｜丫
0394	[2150]啞｜雅[2437]踙雅｜啞
0395	[0162]瞖倻婭脛迓瘂宦稏襾｜亞
0396	[0791]洼漥窊｜蛙[1292]呱呱蛙蝸｜哇[1801]娃｜窊[2245]瓶｜瓦[3175]瓦｜蛙上[3530]鼃搋｜娃
0397	[0360]霙坱佒姎映胦殃秧鴦盎｜央[2971]袂央｜殃
0398	[2469]㼜｜仰
0399	[0587]峡漾瀁勸勨癢羕｜養
0400	[1698]傟骯｜盎
0401	[3180]瓮醠｜盎
0402	[1137]堊偓喔握堊鸑堊｜惡[1831]媉｜喔
0403	[0547]蠖｜岳
0404	[3611]尪｜汪
0405	[0848]泩枉｜往[3780]往｜枉
0406	[0060]暀迋｜旺[0166]旺｜王去[2208]暀｜往
0407	[0766]汒洸｜妄
0408	[1021]瀇｜晃
0409	[2418]躍趯彴礿葯蒦箹篗鷂獲貜矆矆龠｜約
0410	[1345]鄾幽優悥懮檯櫌｜憂[2091]嚘呦畜遙遙黝憂｜幽
0411	[1497]瀀悠鮍麀｜攸
0412	[0256]颵呦友怮逌禉莠酉酭鴮｜有[2967]猶邜｜酉[3650]叐｜友
0413	[0495]熰歐｜嘔[0969]漚｜謳[2203]瞘膒謳鏂鷗｜歐
0414	[3697]斷｜樞
0415	[0495]𠃑｜嘔[2119]嘔毆甌敺｜歐
F 類（含 166 個自然小類，75 個“準小韻”）	
0416	[0093]曛胸朐洶洶兄恟胷胸訩詾殑匈匈｜凶[0152]昆妐｜兄 [1466]囟凶｜兇[2919]䡓｜洶[3656]兇凶｜胷[2945]殈｜兄入
0417	[0205]烘嗊唝｜哄[0272]颫｜烘[0408]烘｜哄平
0418	[2211]瞋｜鬨
0419	[0018]旭旭｜蓄[0176]勖洫蓄頊勖蓄淢烒｜旭[1632]侐䀸｜洫
0420	[1266]蓄嫡慉｜畜
0421	[1029]澩觳蒗皬｜學
0422	[0033]晞曦熺熙熹烯爔瀐巇僖俙忔意怬悕唏嘻睎曦晞脪屍徛誒攨㹷睎稀醯醯豨歔唉｜希[1168]巇禧｜嬉[1706]餼嘻羲犧｜僖[1835]嬉嫼嫛饎欷｜熙[2619]希巇｜羲
0423	[2098]屖｜屎
0424	[0117]嘻禧蟢歖｜喜
0425	[0296]鬹｜喜
0426	[0490]煿鄙熂摡屓鑴餼豷｜戲[3138]戲｜嬉
0427	[3574]甈｜旣
0428	[1612]侅醢｜海
0429	[1920]忿｜解

續表

字組序號	轄字
0430	[0404]灰(曉灰)丨賄平(曉灰)[1456]隓(曉支)褘(曉微)瘣(曉灰)錭(曉灰)楎(曉微)揆(溪脂)巋(溪脂)㕟(曉灰)翬(曉微)徽(曉微)丨灰(曉灰)[0451]煤(曉賄)丨灰上(曉賄)[2951]殨(匣賄)蘬(云旨)丨賄(曉賄)[3071]賄(曉賄)丨灰去(曉隊)
0431	[0035]暉(曉微)熤(篇:曉微)丨輝(曉微)
0432	[3712]虺(曉灰)丨恢(溪灰)
0433	[2137]噅(曉支)麾(曉支)麾(曉支)丨揮(曉微)
0434	[2338]䐊(曉賄)丨悔(曉賄)
0435	[2004]悔(曉隊)頮(曉隊)誨(曉隊)丨誨(曉隊)[2274]頮(曉隊)誨(曉隊)譢(曉泰)諱(曉未)檜(匣泰)每卜(曉隊)丨悔(曉隊)[2964]襘(匣泰)丨檜(匣泰)
0436	[0884]滹(曉模)侉(曉模)幠(曉模)評(曉模)謼(曉模)虍(曉模)虖(曉模)虓(曉模)歑(曉模)丨呼(曉模)[3783]呼(曉模)丨虎平(曉模)[0764]汻(曉姥)滸(曉姥)滤(曉姥)琥(曉姥)滸(曉姥)㡿(曉姥)丨虎(曉姥)[3502]虎(曉姥)丨琥(曉姥) [3593]汻(曉姥)丨滸(曉姥)[1051]滸(匣姥)丨虎去(曉暮)[3172]縠(曉屋)丨呼(曉模)入
0437	[1211]垀(曉模)嘑(曉模)罅(曉暮)軤(曉模)丨乎(曉模)
0438	[0023]昫(曉魚)巇(曉支)墟(溪魚)䧁(曉魚)噓(曉魚)吁(曉虞)盱(曉虞)禑(曉魚)酗(曉遇)魖(曉魚)歔(曉魚)丨虛(曉魚)[2043]忓(曉虞)訏(曉虞)疞(曉虞)咰(曉虞)丨吁(曉虞)[2651]許(曉語)許(曉語)丨虛上(曉語)[0593]岵(曉語)鄦(曉語) 陶(曉虞)詡(曉虞)珝(曉虞)栩(曉虞)丨許(曉語)[3546]珝(曉虞)丨詡(曉虞)[0405]煦(曉遇)丨虛去(曉御)[2136]咰(曉遇)丨煦(曉遇)[3720]欨(集:曉遇)丨咰(曉遇)
0439	[2033]悙(曉庚)殍(曉庚)丨亨(曉庚)[3740]亨(曉庚)丨脝(曉庚)
0440	[0032]昏(曉魂)昏(曉魂)丨婚(曉魂)[0928]涽(曉魂)婚(曉魂)惛(曉魂)緍(曉魂)閽(曉魂)棔(曉魂)薨(集:曉耕)訇(曉耕)丨昏(曉魂)[2946]殙(曉魂)丨昏(曉魂)[0262]䬝(曉登)㵆(曉登)渹(曉耕)輷(曉耕)轟(曉耕)薨(曉耕)丨薨(曉登) [0271]颵(曉耕)嚝(曉庚)薨(曉登)丨轟(曉耕)
0441	[0287]䬗(曉麥)湱(曉陌)㦽(匣德)喊(曉麥)畫(匣麥)丨或(匣德)[1121]砉(集:匣麥)劃(匣麥)獲(匣麥)鱯(匣麥)丨畫(匣麥)[3137]或(匣德)丨惑(匣德)
0442	[0450]焃(曉麥)爀(曉陌)嚇(匣麥)嚇(曉陌)覤(曉陌)捇(曉麥)籺(集:匣沒)麧(匣沒)赫(曉陌)丨黑(曉德)[2356]赫(匣麥)黑(曉德)默(曉德)丨赫(曉陌)
0443	[0172]昕(曉欣)炘(曉欣)妡(曉欣)邤(曉欣)忻(曉欣)忔(曉迄)昕(曉欣)興(曉蒸)歆(曉侵)興(曉蒸)馨(曉青)丨欣(曉欣)[1329]鄭(曉蒸)丨興(曉蒸)[1882]嬜(曉侵)憾(玉:曉侵)丨歆(曉侵)[3715]欣(曉欣)丨忻(曉欣)[2358]舋(曉證)丨興去(曉證) [2898]痃(曉焮)丨欣去(曉焮)
0444	[2452]衅(曉震)丨釁(曉震)
0445	[2283]䣆(曉勁)丨詗(曉勁)
0446	[0211]肸(曉迄)肹(鏡:曉緝)熻(曉緝)汔(曉迄)郄(曉緝)㩉(曉緝)扱(曉緝)闟(曉錫)虩(曉陌)翕(曉緝)䙷(曉職)丨吸(曉緝)[1837]嬆(曉緝)㣣(曉緝)闟(曉緝)鵗(曉緝)歙(曉緝)丨翕(曉緝)[3505]覤(溪陌)丨虩(曉陌)[3752]䨝(曉職)丨闃(曉錫)
0447	[2604]幱(曉陌)丨闃(曉陌)
0448	[1369]郤(溪陌)綌(溪陌)䞪(曉錫)肹(曉質)丨隙(溪陌)
0449	[2690]䛥(曉迄)釳(曉迄)丨迄(曉迄)
0450	[0239]颰(曉術)焄(曉文)欻(曉物)臐(曉文)勛(曉文)勳(曉文)纁(曉文)楯(邪諄)薰(曉文)葷(曉文)醺(曉文)獯(曉文)丨熏(曉文)[0489]勲(曉文)丨熏(曉文)[0830]涫(曉問)訔(曉問)庍(曉問)丨訓(曉問)[2660]訓(曉問)丨熏去(曉問)
0451	[1932]憨(曉談)丨减平(匣咸)
0452	[0701]㟏(匣旱)䩓(匣旱)狠(匣很)罕(曉旱)丨罕(曉旱)[1738]佷(匣很)丨狠(匣很)[1982]恨(匣恨)丨狠去(匣恨)
0453	[2111]喊(曉敢)丨咸上(匣豏)
0454	[0075]暵(曉翰)嘆(曉翰)厈(曉翰)厂(曉翰)僕(曉翰)𢎘(鏡:曉翰)丨漢(曉翰)
0455	[2131]喝(曉曷)丨嗽(曉曷)[3500]猲(曉曷)丨喝(曉曷)
0456	[2087]呷(曉狎)紇(匣沒)丨瞎(曉鎋)[2092]唈(影合)瞎(曉鎋)丨呷(曉狎)
0457	[0079]睆(匣緩)鴅(曉桓)酄(曉桓)懽(曉桓)捖(匣桓)貛(曉桓)䝔(曉桓)丨歡(曉桓)[1833]孉(曉桓)讙(曉桓)獾(曉桓)鴅(曉桓)驩(曉桓)歡(曉桓)丨懽(曉桓)
0458	[0522]煥(曉換)喛(曉換)睕(曉換)换(匣換)奐(曉換)嚻(曉換)丨喚(曉換)[2109]喚(曉換)䯘(匣換)疣(匣換)丨換(匣換)
0459	[0161]喚(曉換)丨渙(曉換)
0460	[0978]濊(曉末)聒(曉黠)丨豁(曉末)[1460]豁(曉末)姡(匣末)䣷(匣末)祮(匣末)丨活(匣末)
0461	[0523]燹(曉儼)丨險平(曉鹽)[0666]嶮(曉琰)丨險(曉琰)[1409]險(曉琰)隁(曉銑)悓(曉銑)顯(曉銑)憓(曉阮)抮(曉銑)獫(曉琰)玁(曉琰)丨顯(曉銑)
0462	[3450]𧓓(曉阮)丨憲(集:曉銑)
0463	[1937]憲(曉願)獫(匣忝)丨獻(曉願)[3457]蜆(匣銑)獻(曉願)丨憲(曉願)
0464	[2099]哯(匣銑)研(集:匣銑)睍(匣銑)䏹(玉:匣銑)丨顯(集:曉霰)
0465	[0137]晅(曉元)暄(曉元)坃(曉元)塤(曉元)壎(曉元)咺(曉元)愋(曉元)絢(曉霰)諠(曉元)諼(曉元)軒(曉元)弲(曉仙)萱(曉元)䬣(曉仙)丨喧(曉元)[0419]烜(曉元)仚(曉仙)嘕(曉仙)掀(曉元)屓(玉:曉先)祆(曉先)杴(曉嚴)𣣇(曉添)丨軒(曉元)[2066]喧(曉元) 蘐(曉元)丨萱(曉元)[3490]獧(曉元)翾(曉仙)丨喧(曉元)[3448]蠉(曉獮)丨喧上(曉阮)[0787]泫(匣銑)丨楦(曉願)[2818]拘(曉霰)楦(曉願)丨絢(曉霰)[1892]娎(曉薛)頁(匣屑)蠍(曉月)丨歇(曉月) [3714] 歇(曉月)丨掀(曉元)

續表

字組序號	轄字
0466	[1253]坹曉屑穴匣屑衁曉屑䀫曉屑闃曉屑 ǀ 血曉屑[2450]血曉屑 ǀ 穴匣屑
0467	[2451]𡷫曉屑翃曉薛 ǀ 決曉屑
0468	[0246]颵曉肴熇集:曉肴髇曉肴蕘曉豪嫪曉豪 ǀ 蒿曉豪
0469	[1930]恏全:曉號耗曉號鎬匣晧秏曉號 ǀ 好曉號[3304]滈匣晧鰝匣晧 ǀ 鎬匣晧[3372]秏曉號 ǀ 耗曉號
0470	[1516]虖曉肴鴞云宵唬曉肴 ǀ 哮曉肴[2317]膮曉蕭膘曉蕭 ǀ 嚻曉宵[2263]顤曉蕭枵曉宵藃曉宵囂曉宵歊曉宵 ǀ 梟見蕭[3257]梟見蕭嚻曉宵 ǀ 鴞云宵[3675]嚻曉宵 ǀ 枵曉宵
0471	[0019]曉曉篠 ǀ 孝平曉肴[1992]憢曉蕭 ǀ 曉平曉蕭[3565]皛匣篠 ǀ 孝曉效
0472	[2149]呵曉歌 ǀ 賀平匣歌
0473	[0390]火曉果 ǀ 夥曉果[3707]鍱曉果 ǀ 火曉果
0474	[2894]㞌玉:曉戈 ǀ 鞾曉戈
0475	[0252]颬曉麻鍜匣麻 ǀ 煆曉麻[0357]煆曉麻 ǀ 遐匣麻
0476	[1441]䧍曉禡 ǀ 暇匣禡
0477	[2866]闟曉麻華曉麻荂曉麻蘤曉麻 ǀ 花曉麻[3291]花曉麻 ǀ 化平曉麻[2240]䫚匣馬譌曉禡七曉禡 ǀ 化曉禡
0478	[1360]鄉曉陽薌曉陽萫曉漾香曉陽皀曉陽 ǀ 香曉陽
0479	[0053]曏曉養珦曉漾 ǀ 响曉養[1777]享曉養 ǀ 鄕曉養[2161]响曉養晛玉:曉養饗曉養蠁曉養響曉養 ǀ 享曉養
0480	[2060]嚮曉漾響曉漾 ǀ 向曉漾
0481	[0101]曂曉蕩㠩曉唐慌曉唐巟曉唐肓曉唐㡆曉唐幌曉唐覘曉唐㠩曉唐 ǀ 荒曉唐[3295]荒曉唐 ǀ 肓曉唐
0482	[0772]況曉漾貺曉漾貺曉漾兄曉養 ǀ 况曉漾[1591]况曉漾 ǀ 貺曉漾
0483	[0667]峴集:曉漾 ǀ 兄集:曉漾
0484	[0069]曤曉鐸霩曉鐸霻匣鐸䨣曉鐸壑曉鐸郝曉鐸㬻曉藥膗曉鐸藿曉鐸藿曉鐸 ǀ 霍曉鐸[1461]叡曉鐸蘳曉鐸狢匣鐸 ǀ 郝曉鐸[2133]嗃曉鐸蔛曉鐸 ǀ 壑曉鐸
0485	[1308]鄗曉鐸 ǀ 涸匣鐸
0486	[0290]䰳曉幽烋曉幽鄡溪蕭傓玉:曉宵嘵曉蕭咻曉尤髹曉尤㺦曉幽痳曉尤庥曉尤鵂曉尤貅曉尤 ǀ 休曉尤[1576]殏曉有 ǀ 朽曉有[3200]朽曉有糗溪有 ǀ 休上曉有
0487	[2243]齅曉宥臭曉宥 ǀ 嗅曉宥
0488	[2127]吼曉厚 ǀ 侯上匣厚
0489	[2688]詬曉候 ǀ 後匣厚
0490	[3510]鬗洪:曉候 ǀ 呴曉候
G 類（含 201 個自然小類，80 個“準小韻”）	
0491	[1017]㴢集:匣青熊云東 ǀ 雄云東[3532]雄云東 ǀ 熊云東
0492	[0518]焀匣屋斛匣屋縠匣屋縠匣屋槲匣屋 ǀ 斛匣屋[0751]鶻匣沒斛匣屋 ǀ 屋影屋[2890]屋影屋屋影屋 ǀ 鶻匣沒
0493	[1403]降匣江㤚匣唐吭匣唐頏匣唐肮匣唐衏匣唐行匣唐迒匣唐航匣唐舡曉江桁匣唐枊疑唐亢匣唐沆匣唐 ǀ 杭匣唐[3216]杭匣唐 ǀ 航匣唐
0494	[1359]絳匣絳衖匣絳閧匣絳閧匣絳 ǀ 巷匣絳[3733]巷匣絳 ǀ 項匣講
0495	[0034]㡾以之㥠以支飴以之飴以之 ǀ 怡以之[0477]㸏以支㕥以之烍以脂簃以支坨以之圯以之㴰以支儶匣霽侇以脂怡以之恞以脂䝘以之迻以支遺以脂扡以支閪以支𢈘以支㕥以之㔝以之貽以之貤以支移以支㮛以支 䔟以支𦣞以之匜以支匜以支㐌以支詑以支 ǀ 移以支[0964]荑以脂陜以脂㙠以脂姨以脂咦以脂眱以脂頤以之跠以脂扡以脂巳以脂戻以脂痍以脂珆以之瓵以之桋以脂㦾以脂椸以支萬以脂移云支簃以支移以支䤭以支 鵜以脂夸以脂鬌疑之侇以脂 ǀ 夷以脂[3659]𦣞以之 ǀ 頤以之
0496	[0218]睽鑴:匣齊哇見齊 ǀ 畦匣齊[0569]嵳匣齊畦匣齊酅匣齊㩗匣齊攜匣齊 ǀ 携匣齊[0588]嵇匣齊郋匣齊傒匣齊謑匣齊㐌以支兮匣齊 ǀ 奚匣齊[1784]嫨匣齊鑴篇:匣齊瓗邪真轊匣齊蠵匣齊貕匣齊 鼷匣齊奚匣齊徯匣齊巂匣齊 ǀ 兮匣齊[3608]兮匣齊 ǀ 擕匣齊
0497	[2749]迤以支迱以支 ǀ 它以支
0498	[0470]㷄曉未妎匣霽瞖匣霽繫匣霽系匣霽䙆曉至閉匣霽閉匣霽禊匣霽 ǀ 係集:匣霽[2492]裔以祭蹊匣霽 ǀ 系匣霽
0499	[1783]孩匣咍㜇匣皆骸匣佳瑎匣皆鮚匣皆 ǀ 諧匣皆[2141]噎匣咍揩匣咍 ǀ 孩匣咍[2680]諧匣皆 ǀ 偕匣皆[3599]骸匣皆孩匣咍 ǀ 鞋匣皆[3596]亥匣海 ǀ 孩上匣海[1990]侅匣代 恄匣泰豥集:匣駭咳匣咍 ǀ 亥匣海
0500	[1804]嫿匣泰髂匣泰丯見怪 ǀ 害匣泰
0501	[1046]瀣匣怪懈見卦齘匣怪薤匣怪 ǀ 械匣怪[1213]蟹集:匣蟹䲒匣蟹懈見卦繲見卦邂匣卦 ǀ 懈見卦[3244]械匣怪 ǀ 薤匣怪

續表

字組序號	轄字
0502	[0693]蠏$^{匣}_{蟹}$僫$^{匣}_{怪}$ | 駭$^{匣}_{駭}$[3462]蟹$^{匣}_{蟹}$ | 蠏$^{匣}_{蟹}$[3472]駭$^{匣}_{駭}$ | 蟹去$^{匣}_{卦}$
0503	[0846]淮$^{匣}_{皆}$瀤$^{匣}_{皆}$褢$^{匣}_{皆}$褱$^{匣}_{皆}$槐$^{匣}_{皆}$櫰$^{匣}_{皆}$ | 懷$^{匣}_{皆}$[1175]壞$^{匣}_{怪}$外$^{疑}_{泰}$ | 槐去$^{匣}_{怪}$[1401]夘$^{疑}_{泰}$聟$^{疑}_{怪}$聵$^{疑}_{怪}$ | 外$^{疑}_{泰}$ [3616]敳$^{匣}_{怪}$ | 壊$^{匣}_{怪}$
0504	[0700]岃$^{匣}_{泰}$頪$^{洪:}_{匣隊}$嬇$^{匣}_{隊}$膭$^{匣}_{隊}$詯$^{匣}_{隊}$讃$^{匣}_{隊}$詗$^{匣}_{隊}$澮$^{匣}_{泰}$巿$^{匣}_{泰}$闠$^{匣}_{隊}$殨$^{匣}_{隊}$ | 會$^{匣}_{泰}$[1743]會$^{匣}_{泰}$胃$^{云}_{未}$緯$^{云}_{未}$緭$^{云}_{未}$轊$^{云}_{祭}$衛$^{云}_{祭}$蝟$^{云}_{未}$ | 位$^{云}_{至}$[0237]颶$^{云}_{未}$熭$^{云}_{未}$渭$^{云}_{未}$瓼$^{以}_{祭}$娟$^{云}_{未}$ | 胃$^{云}_{未}$ [2461]饋$^{溪}_{至}$ | 渭$^{云}_{未}$
0505	[0727]蜖$^{匣}_{隊}$洄$^{匣}_{灰}$佪$^{匣}_{灰}$迴$^{匣}_{灰}$鴄$^{匣}_{灰}$駟$^{匣}_{灰}$徊$^{匣}_{灰}$ | 回$^{匣}_{灰}$[1511]廆$^{匣}_{賄}$瘣$^{匣}_{賄}$ | 回上$^{匣}_{賄}$
0506	[2579]繪$^{匣}_{泰}$ | 繢$^{匣}_{隊}$
0507	[0082]暳$^{曉}_{霽}$蔧$^{匣}_{霽}$隧$^{匣}_{霽}$憓$^{匣}_{霽}$嘒$^{匣}_{霽}$譓$^{匣}_{霽}$譿$^{匣}_{霽}$揰$^{匣}_{霽}$鏏$^{匣}_{霽}$鏸$^{匣}_{霽}$轊$^{云}_{祭}$橞$^{匣}_{霽}$槥$^{云}_{祭}$蕙$^{匣}_{霽}$ | 惠$^{匣}_{霽}$[3713]惠$^{匣}_{霽}$ | 慧$^{匣}_{霽}$
0508	[1816]嫭$^{匣}_{暮}$箶$^{匣}_{模}$餬$^{匣}_{模}$醐$^{匣}_{模}$糊$^{匣}_{模}$鶘$^{匣}_{模}$虖$^{匣}_{模}$ | 乎$^{匣}_{模}$[2130]嗰$^{匣}_{模}$頶$^{匣}_{模}$鍸$^{匣}_{模}$瑚$^{匣}_{模}$珐$^{匣}_{模}$葫$^{匣}_{模}$狐$^{匣}_{模}$翓$^{匣}_{模}$鸌$^{匣}_{模}$壷$^{匣}_{模}$乎$^{匣}_{模}$ | 胡$^{匣}_{模}$[3690]盄$^{匣}_{模}$壷$^{匣}_{模}$ | 壺$^{匣}_{模}$
0509	[0068]昈$^{匣}_{姥}$熩$^{匣}_{姥}$嵢$^{匣}_{姥}$岵$^{匣}_{姥}$沍$^{匣}_{暮}$涸$^{匣}_{暮}$扈$^{匣}_{姥}$虝$^{匣}_{姥}$鄠$^{匣}_{姥}$岵$^{匣}_{姥}$怘$^{匣}_{暮}$怙$^{匣}_{姥}$豩$^{匣}_{暮}$吔$^{匣}_{姥}$擭$^{匣}_{暮}$㑌$^{匣}_{姥}$户$^{匣}_{姥}$祜$^{匣}_{姥}$琥$^{匣}_{姥}$楼$^{匣}_{鐸}$鳸$^{匣}_{姥}$頀$^{匣}_{暮}$ | 戶$^{匣}_{姥}$[1869]嫭$^{匣}_{暮}$戸$^{匣}_{姥}$穫$^{匣}_{暮}$ | 護$^{匣}_{暮}$ [3382]鈷$^{匣}_{模}$ | 怙$^{匣}_{姥}$[3666]頀$^{匣}_{暮}$ | 穫$^{匣}_{暮}$
0510	[1588]沍$^{匣}_{暮}$絚$^{匣}_{暮}$誀$^{匣}_{暮}$鑊$^{匣}_{鐸}$枑$^{匣}_{暮}$膢$^{匣}_{暮}$穫$^{洪:}_{匣暮}$ | 互$^{匣}_{暮}$
0511	[0244]颹$^{匣}_{庚}$嶸$^{匣}_{耕}$峵$^{匣}_{耕}$竑$^{匣}_{耕}$吰$^{集:}_{影耕}$紘$^{匣}_{耕}$竑$^{匣}_{耕}$宖$^{匣}_{耕}$宏$^{匣}_{耕}$鍠$^{匣}_{庚}$鐄$^{匣}_{庚}$横$^{匣}_{庚}$苰$^{匣}_{登}$翃$^{匣}_{耕}$ | 弘$^{匣}_{登}$[0269]颫$^{集:}_{匣耕}$崆$^{集:}_{匣耕}$浤$^{匣}_{耕}$宖$^{集:}_{匣耕}$吰$^{匣}_{耕}$耾$^{匣}_{耕}$諻$^{匣}_{庚}$閎$^{匣}_{耕}$鐄$^{匣}_{庚}$鋐$^{匣}_{耕}$弘$^{匣}_{登}$鐄$^{匣}_{庚}$ | 宏$^{匣}_{耕}$[1020]潢$^{匣}_{庚}$惸$^{曉}_{耕}$彋$^{匣}_{庚}$ | 横$^{匣}_{庚}$
0512	[0520]焲$^{曉}_{陌}$垎$^{匣}_{陌}$嚄$^{匣}_{陌}$齕$^{匣}_{沒}$鈫$^{匣}_{德}$核$^{匣}_{麥}$翮$^{匣}_{麥}$核$^{匣}_{麥}$覈$^{匣}_{麥}$ | 劾$^{匣}_{德}$[3169]刻$^{匣}_{德}$刻$^{匣}_{德}$刻$^{匣}_{德}$ | 覈$^{匣}_{麥}$[3597]劾$^{匣}_{德}$ | 核$^{匣}_{麥}$
0513	[0375]霪$^{以}_{侵}$突$^{以}_{侵}$婬$^{以}_{侵}$𡈼$^{以}_{侵}$ | 淫$^{以}_{侵}$[0821]泿$^{疑}_{真}$礥$^{匣}_{真}$垠$^{疑}_{真}$圻$^{疑}_{欣}$垽$^{疑}_{震}$齦$^{疑}_{欣}$訢$^{疑}_{真}$誾$^{疑}_{真}$螾$^{以}_{真}$狺$^{疑}_{真}$猏$^{疑}_{真}$夤$^{以}_{真}$寅$^{以}_{真}$嚚$^{疑}_{真}$ | 銀$^{疑}_{真}$[0853]滛$^{以}_{侵}$滛$^{以}_{侵}$夤$^{以}_{真}$寅$^{以}_{真}$腋$^{以}_{真}$ 銀$^{疑}_{真}$腋$^{以}_{真}$ | 寅$^{以}_{真}$[2363]鑫$^{疑}_{軫}$ | 銀上$^{疑}_{軫}$[1375]鄞$^{疑}_{真}$ | 銀去（去，疑衍文）$^{疑}_{真}$
0514	[0579]峘$^{匣}_{登}$蘅$^{匣}_{庚}$ | 恒$^{匣}_{登}$[2034]恒$^{匣}_{登}$ | 衡$^{匣}_{庚}$[2704]衡$^{匣}_{庚}$衡$^{匣}_{庚}$衡$^{匣}_{庚}$衖$^{匣}_{庚}$珩$^{匣}_{庚}$鴴$^{匣}_{庚}$铿$^{匣}_{耕}$ | 行$^{匣}_{庚}$[0636]蛵$^{匣}_{青}$滎$^{匣}_{青}$硎$^{匣}_{青}$型$^{匣}_{青}$邢$^{匣}_{青}$侀$^{匣}_{青}$娙$^{疑}_{耕}$行$^{匣}_{庚}$洐$^{匣}_{青}$鉶$^{匣}_{青}$ 鉶$^{匣}_{青}$形$^{匣}_{青}$ | 刑$^{匣}_{青}$[1389]郉$^{匣}_{青}$陘$^{匣}_{青}$刑$^{匣}_{青}$研$^{匣}_{青}$ | 形$^{匣}_{青}$[1996]悻$^{匣}_{迥}$踁$^{匣}_{徑}$ | 刑去$^{匣}_{徑}$[3575]鼆$^{以}_{證}$ | 形去$^{匣}_{徑}$
0515	[0940]涬$^{匣}_{迥}$倖$^{匣}_{耿}$婞$^{匣}_{迥}$杏$^{匣}_{梗}$卒$^{匣}_{梗}$鮏$^{匣}_{梗}$ | 幸$^{匣}_{耿}$[3307]荇$^{匣}_{梗}$幸$^{匣}_{耿}$幸$^{匣}_{耿}$ | 杏$^{匣}_{梗}$
0516	[0548]嶧$^{以}_{昔}$洂$^{以}_{昔}$液$^{以}_{昔}$泄$^{集:}_{以質}$墿$^{以}_{昔}$埸$^{以}_{昔}$佚$^{以}_{質}$妷$^{以}_{職}$懌$^{以}_{昔}$睪$^{以}_{昔}$腋$^{以}_{昔}$骮$^{以}_{職}$劮$^{以}_{質}$繹$^{以}_{昔}$帟$^{以}_{昔}$譯$^{以}_{昔}$掖$^{以}_{昔}$襗$^{以}_{昔}$躰$^{以}_{昔}$弋$^{以}_{職}$檄$^{匣}_{錫}$杙$^{以}_{職}$薂$^{匣}_{錫}$鐸$^{以}_{昔}$蜴$^{以}_{昔}$馹$^{日}_{質}$驛$^{以}_{昔}$翌$^{以}_{職}$翊$^{以}_{職}$翼$^{以}_{職}$ 狱$^{以}_{職}$奕$^{以}_{昔}$圛$^{以}_{昔}$睪$^{以}_{昔}$場$^{以}_{昔}$鰧$^{以}_{昔}$众$^{以}_{昔}$ | 亦$^{以}_{昔}$[1469]廙$^{以}_{職}$芅$^{以}_{職}$忔$^{以}_{職}$鼿$^{以}_{職}$瘍$^{以}_{昔}$釴$^{以}_{職}$甙$^{以}_{職}$默$^{以}_{職}$代$^{以}_{職}$ | 弋$^{以}_{職}$[2888]𡨹$^{以}_{昔}$亦$^{以}_{昔}$ | 易$^{以}_{昔}$[3429]鵺$^{以}_{職}$ | 掖$^{以}_{昔}$ [3556]糞$^{以}_{職}$ | 翼$^{以}_{職}$
0517	[2340]脤$^{匣}_{痕}$ | 痕$^{匣}_{痕}$
0518	[1160]墠$^{匣}_{魂}$韋$^{匣}_{魂}$琿$^{匣}_{魂}$魂$^{匣}_{魂}$ | 渾$^{匣}_{魂}$[1715]侊$^{匣}_{魂}$緷$^{匣}_{魂}$緄$^{匣}_{魂}$ | 魂$^{匣}_{魂}$
0519	[2807]掴$^{匣}_{魂}$餛$^{匣}_{魂}$ | 混$^{集:}_{匣魂}$
0520	[0474]焜$^{匣}_{混}$溷$^{匣}_{慁}$圂$^{曉}_{慁}$倱$^{匣}_{混}$慁$^{匣}_{慁}$慁$^{匣}_{慁}$暉$^{匣}_{混}$諢$^{匣}_{混}$掍$^{匣}_{混}$图$^{匣}_{慁}$溷$^{匣}_{慁}$ | 混$^{匣}_{混}$[0950]混$^{匣}_{混}$ | 图$^{匣}_{慁}$
0521	[2181]睔$^{匣}_{混}$ | 棍$^{匣}_{混}$
0522	[2354]腪$^{云}_{問}$齫$^{疑}_{吻}$齳$^{疑}_{吻}$ | 渾$^{匣}_{混}$
0523	[1728]佄$^{匣}_{談}$蚶$^{洪:}_{匣談}$ | 酣$^{匣}_{談}$
0524	[1601]含$^{匣}_{覃}$犴$^{匣}_{寒}$甝$^{匣}_{談}$豻$^{疑}_{寒}$韓$^{匣}_{寒}$ | 寒$^{匣}_{寒}$[1341]邗$^{匣}_{寒}$寒$^{匣}_{寒}$ | 韓$^{匣}_{寒}$[1977]憾$^{匣}_{勘}$ | 含去$^{匣}_{勘}$[0530]紺$^{匣}_{談}$峆$^{曉}_{覃}$邯$^{匣}_{談}$頷$^{匣}_{覃}$梒$^{匣}_{覃}$欿$^{匣}_{談}$ | 含$^{匣}_{覃}$[0343]䨡$^{匣}_{覃}$ 涵$^{匣}_{覃}$凾$^{匣}_{咸}$凾$^{匣}_{覃}$函$^{匣}_{覃}$涵$^{匣}_{覃}$諴$^{匣}_{咸}$銜$^{匣}_{銜}$鶼$^{匣}_{咸}$麙$^{匣}_{咸}$函$^{匣}_{覃}$鹹$^{匣}_{咸}$ | 咸$^{匣}_{咸}$[2055]含$^{匣}_{覃}$頷$^{匣}_{覃}$咸$^{匣}_{咸}$ | 涵$^{匣}_{覃}$
0525	[0049]旱$^{匣}_{旱}$垾$^{匣}_{翰}$仠$^{匣}_{翰}$悍$^{匣}_{翰}$睅$^{匣}_{潸}$鼾$^{匣}_{翰}$骭$^{匣}_{諫}$閈$^{匣}_{翰}$閈$^{匣}_{翰}$釬$^{匣}_{翰}$銲$^{匣}_{翰}$玕$^{匣}_{翰}$馯$^{匣}_{翰}$ | 汗$^{匣}_{翰}$[0544]翰$^{匣}_{翰}$汗$^{匣}_{翰}$娨$^{匣}_{諫}$哻$^{匣}_{翰}$皯$^{匣}_{翰}$ | 旱$^{匣}_{旱}$
0526	[2804]撼$^{匣}_{感}$捍$^{匣}_{翰}$ | 感$^{集:}_{匣勘}$[3297]菡$^{匣}_{感}$ | 撼$^{匣}_{感}$
0527	[3095]轞$^{匣}_{檻}$艦$^{匣}_{檻}$覽$^{匣}_{鑑}$ | 檻$^{匣}_{檻}$
0528	[0277]颰$^{玉:}_{匣勘}$ | 含$^{匣}_{勘}$
0529	[1343]郃$^{匣}_{合}$嗑$^{匣}_{盍}$迨$^{匣}_{合}$欱$^{曉}_{合}$盒$^{匣}_{合}$ | 合$^{匣}_{合}$
0530	[0487]熆$^{匣}_{盍}$郃$^{匣}_{盍}$謚$^{匣}_{盍}$闔$^{匣}_{盍}$饁$^{云}_{葉}$歙$^{曉}_{合}$ | 盇$^{匣}_{盍}$[2272]顕$^{匣}_{曷}$鶡$^{匣}_{曷}$勖$^{匣}_{曷}$鶡$^{匣}_{曷}$盇$^{匣}_{盍}$ | 曷$^{匣}_{曷}$
0531	[0329]霅$^{匣}_{洽}$玲$^{匣}_{洽}$ | 洽$^{匣}_{洽}$[0505]烚$^{匣}_{狎}$狎$^{匣}_{狎}$ | 押$^{集:}_{匣狎}$[0790]洽$^{匣}_{洽}$搴$^{匣}_{黠}$押$^{集:}_{匣狎}$匣$^{匣}_{狎}$ | 匣$^{匣}_{狎}$[1491]庘$^{影}_{狎}$袷$^{匣}_{洽}$ | 狎$^{匣}_{狎}$[1528]灰$^{匣}_{洽}$鼛$^{匣}_{洽}$柙$^{匣}_{狎}$匣$^{匣}_{狎}$ | 狹$^{匣}_{洽}$ [3499]狹$^{匣}_{洽}$ | 峽$^{匣}_{洽}$
0532	[1093]磍$^{匣}_{鎋}$鮚$^{匣}_{鎋}$黠$^{匣}_{黠}$ | 轄$^{匣}_{鎋}$
0533	[0825]活$^{匣}_{末}$磆$^{匣}_{黠}$趏$^{匣}_{黠}$昏$^{匣}_{鎋}$鰨$^{匣}_{黠}$猾$^{匣}_{黠}$擖$^{匣}_{黠}$ | 滑$^{匣}_{黠}$[0863]滑$^{匣}_{黠}$ | 猾$^{匣}_{黠}$
0534	[0147]嗇$^{曉}_{嚴}$ | 嫌$^{匣}_{添}$[0925]次$^{集:}_{邪仙}$研$^{疑}_{先}$研$^{疑}_{先}$埏$^{以}_{仙}$郔$^{以}_{仙}$嫌$^{匣}_{添}$脡$^{以}_{仙}$綖$^{以}_{仙}$咸$^{匣}_{咸}$梴$^{以}_{仙}$莚$^{以}_{仙}$管$^{疑}_{元}$筵$^{以}_{仙}$蜒$^{以}_{仙}$次$^{集:}_{邪仙}$ | 延$^{以}_{仙}$[2763]延$^{以}_{仙}$ | 筵$^{以}_{仙}$

續表

字組序號	轄字
0535	[1480]戊匣刪媚匣山閒匣山鷳匣山弫匣先 | 閑匣山[1610]僩匣潸 | 閑上匣產[1431]限匣產 | 閑去匣襇[2168]晵匣產閬匣產瞯匣諫 | 限匣產[3042]瓂匣鎋 | 閑入匣黠
0536	[1946]慈匣先嚽匣先胘匣先舷匣先弦匣先蚿匣先 | 賢匣先[2549] 絃匣先賢匣先 | 弦匣先
0537	[0515]焰以豔錟以豔炎集:以豔燄以豔 | 艷玉:以槧[0538]焰以豔灧以豔陷匣陷艷玉:以槧灧以豔 | 焰以豔[2443]䛒以琰 | 錟以豔[3021]錎匣陷臽匣陷 | 陷匣陷
0538	[0030]睍匣銑㦧匣銑臔匣銑覢匣霰誢匣銑莧匣襇 | 現匣霰
0539	[1100]硤匣洽俠匣帖 | 挾匣帖[1190]熁曉業叶匣帖嗋曉業脅曉業劦匣帖歙曉業 | 協匣帖[2486]劧匣帖挾匣帖協匣帖 | 叶匣帖
0540	[2571]纈匣屑 | 頡匣屑
0541	[2825]擷匣屑 | 絜匣屑[3531]雋匣屑 | 擷匣屑
0542	[2855]閺集:匣先 | 泫集:匣先
0543	[1219]埍匣銑玄匣先 | 懸匣先[1615]伭匣先娹匣先懸匣先䁘匣先縣匣先趃匣先玹匣先 | 玄匣先
0544	[2024]怰匣霰絢匣霰衒匣霰衏匣霰鉉匣銑琄匣銑帞匣銑贙匣霰 | 玄集:匣霰[2190]眴匣霰衏匣霰 | 縣匣霰
0545	[2527]袨匣霰玹匣霰 | 炫匣霰
0546	[2997]鋗匣銑 | 涓補:匣獮
0547	[0657]岏疑桓闤匣桓逸疑桓 | 完匣桓[0795]洹匣桓垣云元宣匣桓丸匣桓 | 桓匣桓[2548]紈匣桓完匣桓刓疑桓桓匣桓萑匣桓荁匣桓狟匣桓貆匣桓 | 丸匣桓[2717]䞣云元䡝云元 | 垣云元[3635]园疑桓 | 岏疑桓
0548	[0123]㬊匣緩垸匣換唍匣潸暖匣緩睆匣潸鍰匣換莞匣緩魭疑緩 | 緩匣緩[0904]澣匣緩緩匣緩䚍匣緩 | 浣匣緩
0549	[2038]忨疑換䏓疑換 | 玩疑換[3068]玩疑換 | 翫疑換
0550	[2378]鬟匣刪闤匣刪寰匣刪鍰匣刪環匣刪轘匣刪䴉匣刪圜匣刪 | 還匣刪[2725]還匣刪䭴集:疑桓 | 頑疑刪
0551	[1943]患匣諫𢙄匣諫患匣諫 | 幻匣襇[2871]闂玉:匣諫宦匣諫槵匣諫圂匣諫幻匣襇 | 患匣諫
0552	[2108]嘷匣豪 | 號匣豪
0553	[0433]熬疑豪嶅疑豪嫯疑豪慠疑豪聱疑豪䫨疑豪摮疑豪䝵疑豪勢匣豪謷疑豪遨疑豪鏊疑豪鰲疑豪螯疑豪鷔疑豪鼇疑豪 | 敖疑豪[1069]礮疑肴獒疑豪敖疑豪 | 遨疑豪
0554	[1620]傲疑號 | 敖集:疑號
0555	[0533]臩匣豪濠匣豪豪匣豪 | 毫匣豪[0705]嚎匣豪壕匣豪鄗匣豪隊匣豪毫匣豪顥晃皓毫匣豪 | 豪匣豪[0007]昊匣皓暭匣皓晧匣皓皓匣皓焅溪號峼匣皓灝匣皓鄗匣皓悎匣皓嗃匣號聕匣皓顥匣皓謞匣號皓匣皓昦匣皓 | 浩匣皓[0009]燺匣皓皞匣皓 | 皓匣皓[0845]浩匣皓[illegible]匣號号匣號 | 號匣號[3503]號匣號 | 豪去匣號
0556	[0615]崤匣肴洨匣肴肴匣肴胶匣肴殽匣肴笅匣肴餚匣肴爻匣肴肴匣肴肴匣肴 | 爻匣肴[1344]郩匣肴倄匣肴 | 肴匣肴
0557	[0910]澩匣巧傚匣效効匣效校匣效斆匣效效匣效 | 效匣效
0558	[2529]䙖匣箇 | 賀匣箇[3060]賀匣箇 | 荷去匣箇[3274]荷匣歌苛匣歌 | 何匣歌
0559	[2097]咊匣戈禾匣戈龢匣戈 | 和匣戈[3020]鉌匣戈和匣戈[illegible]匣戈 | 禾匣戈
0560	[2949][illegible]匣果袉匣果貨曉過[illegible]匣果 | 禍匣果[2960]禍匣果 | 袉匣果
0561	[0173]暇匣禡厦匣馬嗄生禡暇匣禡夏匣馬夓匣馬 | 下匣禡[1603][illegible]匣馬 | 夏匣馬
0562	[0357]霞匣麻[illegible]匣麻瑕匣麻假匣麻 | 遐匣麻[1071]碬匣麻蝦匣麻 | 霞匣麻[1105]碬匣麻 | 叚匣麻[2737]遐匣麻蕸匣麻[illegible]匣麻 | 瑕匣麻[3512]鰕匣麻 | 蝦匣麻[3439][illegible]匣馬 | 遐去匣禡
0563	[0631]崋匣麻[illegible]篇:匣麻 | 驊匣麻[3007]鏵匣麻划匣麻鷨匣麻驊匣麻[illegible]匣麻 | 華匣麻[3557]畫匣卦畵匣卦 | 華去匣禡[2662]話匣夬 | 画匣卦[2388][illegible]匣夬[illegible]匣夬 | 話匣夬
0564	[0536]煌匣蕩[illegible]匣蕩湟匣唐堭匣唐[illegible]匣唐隍匣唐凰匣唐偟匣唐僙匣唐媓匣唐惶匣唐喤匣庚趪匣唐遑匣唐[illegible]玉:匣唐瑝匣唐艎匣唐餭匣唐鰉匣唐[illegible]匣唐黃匣唐皇匣唐諻匣唐徨匣唐 | 皇匣唐[0993]潢匣唐簧匣唐篁匣唐 | 黃匣唐
0565	[3517]魧匣唐 | 沆匣唐
0566	[3660][illegible]匣蕩 | 沆匣蕩
0567	[1593]瀥匣鐸 | 隺匣鐸
0568	[0547]嶽疑覺崿疑鐸堮疑鐸堮疑鐸鄂疑鐸愕疑鐸頟疑覺顎疑鐸顎疑鐸齶疑鐸覨疑鐸諤疑鐸鍔疑鐸㓵疑鐸蕚疑鐸蘁疑鐸鶴匣鐸鶚疑鐸噩疑鐸 | 岳疑覺[3421]鸑疑覺 | 嶽疑覺[3518]鱷疑鐸 | 諤疑鐸[3523]貉匣鐸翯匣覺 | 鶴匣鐸
0569	[0291][illegible]改:曉侯 | 喉匣侯[0335][illegible]匣侯帿匣侯帿匣侯喉匣侯睺匣侯瘊匣侯鍭匣侯篌匣侯餱匣侯糇匣侯鯸匣侯猴匣侯猴匣侯 | 侯匣侯[3131]侯匣侯矦匣侯 | 猴匣侯
0570	[1162]垕匣厚郈匣厚厚匣厚候匣候逅匣候後匣厚 | 后匣厚[1353]鄇匣候厚匣厚 | 厚匣厚

H 類（含 94 個自然小類，43 個“準小韻”）

續表

字組序號	轄字
0571	[0224]彤以東峪以鍾滽以鍾溶以鍾墉以鍾嫞禪鍾顒疑鍾彤以東鬆以鍾公以鍾鎔以鍾鏞以鍾銿以鍾瑢以鍾蚣以鍾螉以鍾榕以鍾窼以鍾蓉以鍾鏞禪鍾鷛以鍾鱅以鍾融以東鼬集:以東 丨 容以鍾[0729]峅玉:疑送喁疑鍾 丨 顒疑鍾[3140]戭以鍾 丨 融以鍾
0572	[1351]鄘以鍾傭以鍾 丨 庸以鍾
0573	[0887]潩以志庖疑祭怈以祭拽以祭殜以至袣以祭鴺以祭弛以祭异以志敡以寘匽以職易以寘 丨 異以志[1646]傷以寘勩以至異以志 丨 易以寘
0574	[0661]嵋集:疑語詣疑霽掜疑霽 丨 擬疑止[0989]湁疑霽覞疑霽栺疑霽叟疑廢 丨 詣疑霽[1134]垸疑霽嶷疑志酡疑寘齮疑紙齝疑霽議疑寘誼疑寘刈疑廢劓疑至毅疑未滅疑寘埶疑祭羿疑霽羿疑霽乂疑廢 丨 義疑寘[1765]羛疑寘義疑寘忩疑廢槸疑祭藝疑祭蓺疑祭藝疑祭蓺疑未蟻疑紙螘疑紙 丨 乂疑廢[2259]顡疑未敎篇:疑未 丨 毅疑未[2797]擬疑止艤疑紙 丨 蟻疑紙[3128]㕥疑霽 丨 羿疑霽[3242]槸疑祭肄以至 丨 藝疑祭
0575	[0607]峞疑支岔疑支巍疑微澮疑支硊疑紙阢疑灰頠疑賄觀疑齊錦玉:疑尾桅疑灰犩疑微 丨 危疑支[1787]姽疑紙䧦疑紙捬疑尾 丨 危上疑紙[0614]峗疑賄 丨 桅去疑隊[1641]僞疑寘 丨 魏疑未[3704]魏疑未 丨 危去疑寘[3732]危疑支 丨 嵬疑灰[0128]暍云尾鄬云紙 丨 僞疑寘
0576	[0465]煒云尾湋云微嘩云微幃云微違云微鍏云微瑋云微爲云支 丨 韋云微[0720]傀見灰潙云支壝以脂弖云支圍云微鮠云支韋云微 丨 爲云支[3633]口云微 丨 圍云微
0577	[1388]郈疑支 丨 跪疑支
0578	[0719]嵬疑賄 丨 巋集:疑尾
0579	[2009]愇云尾 丨 緯集:云尾
0580	[2912]痏云旨 丨 洧云旨
0581	[1024]瀢以旨維以至 丨 遺以至
0582	[2063]睿以祭睿以祭叡以祭 丨 銳以祭
0583	[1487]庽云麌庌云麌寓云麌 丨 宇云麌
0584	[2054]旴云遇 丨 吁云遇
0585	[3422]鸒以御 丨 譽以御
0586	[2699]諭以遇 丨 俞集:以遇
0587	[0557]崟以侵崟疑侵硷疑侵厰疑侵㐷疑侵唫疑侵訡疑侵汆疑侵 丨 吟疑侵[2100]吟疑侵 丨 唫疑侵
0588	[0119]昑溪寢傑疑寢妖疑迴 丨 吟集:疑寢[1118]碞疑咸 丨 吟平集:疑侵
0589	[0308]賱云軫戭以軫 丨 尹以準
0590	[1662]併以證倰以證倗以震媵以證媵以證紖以震酳以震蝀以震 丨 孕以證[3106]軸以震 丨 胤以震[0107]暈云問鄆云問孕以證瘨云問餫云問韵云問韻云問韗云問 丨 運云問[1702]傊云問運云問 丨 韻云問
0591	[0127]昀以諄 丨 勻以諄[0292]雲云文沄云文澐云文邧云文鄖云文妘云文愪云文耺云文紜云文緷云真芸云文葀云真筠云真彭以鍾匀以諄耘云文 丨 云云文
0592	[1564]窦以質 丨 泆以質
0593	[1676]佾以質鎰以質 丨 逸以質
0594	[0213]肷鐿:以術颾以術燏以術煨以職繘以術趫以術建以術鷸以術䫻群術矞以術 丨 聿以術[3737]聿以術 丨 矞以術
0595	[0827]沿以仙 丨 鉛以仙[0872]沿以仙阽以仙鉛以仙 丨 沿以仙
0596	[0418]熠以鹽壛以鹽阽以鹽琰以琰檐以鹽簷疑鹽簷以鹽鵮以鹽鹽以鹽 丨 炎云鹽[2879]扊以琰 丨 剡以琰[3161]剡以琰 丨 琰以琰
0597	[3188]棪以琰睒以琰 丨 淡集:以琰
0598	[0763]沅疑元源疑元湲云仙邧疑元原疑元原疑元妧疑元嫄疑元獂疑元黿疑元黿疑元 丨 元疑元[1802]嬐疑琰 丨 原上疑阮[2652]謜疑元鶂疑元 丨 原疑元
0599	[2705]徿云線 丨 院云線
0600	[2162]噦云月跋云月 丨 曰云月
0601	[0138]暚以宵飖以宵姚以宵愮以宵嗂以宵瑤以宵瑤以宵軺以宵灥以宵歈以宵 丨 遙以宵[1548]窯以宵窰以宵 丨 瑤以宵[0448]烑以宵洮以宵 丨 姚以宵[2636]覞云笑鷂以笑 丨 遙去以笑[2747]遙以宵珧鐿:以宵 丨 搖以宵
0602	[0868]溔以小皢疑巧 丨 咬集:疑巧
0603	[0116]曜以笑燿篇:以笑雉鐿:以笑曜以笑習以笑 丨 耀以笑[0226]䎆改:以笑 丨 曜以笑
0604	[1745]爺以麻琊以麻 丨 耶以麻[2234]耶以麻 丨 爺以麻
0605	[1157]壄以馬埜以馬墅集:以馬冶以馬 丨 也以馬[3268]埜以馬也以馬 丨 野以馬
0606	[0024]暘以陽暷集:以陽颺以陽霷以陽烊以陽崵以陽洋以陽垟以陽佯以陽眻以陽劷集:以陽徉玉:以陽揚以陽禓以陽鍚以陽鐊集:以陽暢以陽蛘集:以陽楊以陽鸉以陽鷎集:以陽楊以陽昜以陽揚以陽徉以陽 丨 羊以陽[1454]阦以陽禓鐿:以陽羊以陽 丨 陽以陽[3621]敭以陽 丨 揚以陽

續表

字組序號	轄字
0607	[0437]煬$^{以}_{漾}$恙$^{以}_{漾}$様$^{以}_{漾}$ ǀ 樣$^{以}_{漾}$[3190]樣$^{以}_{漾}$ ǀ 漾$^{以}_{漾}$[3378]養$^{以}_{漾}$饍$^{以}_{漾}$ ǀ 恙$^{以}_{漾}$
0608	[0222]臞$^{以}_{藥}$爚$^{以}_{藥}$瀹$^{以}_{藥}$𨇽$^{以}_{藥}$𢡉$^{以}_{藥}$禴$^{以}_{藥}$鑰$^{以}_{藥}$籥$^{以}_{藥}$龥$^{以}_{藥}$ ǀ 藥$^{以}_{藥}$[3315]藥$^{以}_{藥}$ ǀ 爚$^{以}_{藥}$
0609	[1012]瀛$^{集:}_{以清}$鄍$^{明}_{庚}$憴$^{船}_{蒸}$嵘$^{玉:}_{云庚}$𦚺$^{以}_{清}$覮$^{以}_{清}$譝$^{船}_{蒸}$楹$^{以}_{清}$桯$^{以}_{清}$籯$^{以}_{清}$贏$^{以}_{清}$嬴$^{以}_{清}$ ǀ 盈$^{以}_{清}$[3750]盈$^{以}_{清}$ ǀ 嬴$^{以}_{清}$
0610	[0759]汓$^{以}_{尤}$游$^{以}_{尤}$ ǀ 遊$^{以}_{尤}$[1309]邮$^{以}_{尤}$郵$^{云}_{尤}$邮$^{以}_{尤}$庮$^{以}_{尤}$㕀$^{以}_{尤}$偤$^{以}_{尤}$吷$^{匣}_{尤}$肬$^{云}_{尤}$訧$^{云}_{尤}$逌$^{以}_{尤}$疣$^{云}_{尤}$輶$^{以}_{尤}$牛$^{疑}_{尤}$ ǀ 尤$^{云}_{尤}$[3702]魋$^{疑}_{尤}$ ǀ 牛$^{疑}_{尤}$[1467]卣$^{鐵:}_{以尤}$怞$^{集:}_{以尤}$慉$^{從}_{尤}$蹈$^{以}_{宥}$繇$^{以}_{尤}$䌛$^{以}_{尤}$遊$^{以}_{尤}$逕$^{以}_{尤}$痜$^{以}_{尤}$楢$^{篇:}_{以尤}$櫾$^{篇:}_{以尤}$蘨$^{古:}_{以尤}$蘨$^{古:}_{以尤}$猶$^{以}_{尤}$蝣$^{以}_{尤}$猷$^{以}_{尤}$猶$^{以}_{尤}$圝$^{以}_{尤}$斿$^{以}_{尤}$尤$^{云}_{尤}$卣$^{以}_{尤}$尢$^{篇:}_{以尤}$ ǀ 由$^{以}_{尤}$
0611	[0469]燿$^{以}_{笑}$祐$^{云}_{宥}$祐$^{云}_{宥}$宥$^{云}_{宥}$侑$^{云}_{宥}$姷$^{云}_{宥}$怴$^{云}_{宥}$宥$^{云}_{宥}$ ǀ 右$^{云}_{宥}$[2129]唷$^{云}_{屋}$ ǀ 侑$^{云}_{宥}$[2676]誘$^{以}_{有}$牖$^{以}_{有}$ ǀ 右$^{云}_{有}$[2757]迶$^{云}_{宥}$ ǀ 祐$^{云}_{宥}$[2844]抭$^{玉:}_{云宥}$壂$^{以}_{有}$ ǀ 宥$^{云}_{宥}$
0612	[2865]閣$^{云}_{宥}$ ǀ 佑$^{云}_{宥}$
0613	[3646]又$^{云}_{宥}$ ǀ 祐$^{云}_{宥}$[2900]疚$^{云}_{宥}$柚$^{以}_{宥}$櫾$^{以}_{宥}$貁$^{以}_{宥}$鼬$^{以}_{宥}$歍$^{以}_{宥}$ ǀ 又$^{云}_{宥}$

需要說明的是，有中古邪以混注者 2 例（重出）：次$^{集:}_{邪仙}$音延$^{以}_{仙}$P19L4、P181L3。“次”，據《集韻》，徐連切，乃“涎”之異體。然而，《玉篇直音》中有“涎音旋$^{邪}_{仙}$P19L4”及“㳂$^{邪}_{仙}$音涎$^{邪}_{仙}$P17L1”，此外系聯得出的字組“㳬$^{邪}_{仙}$颴$^{邪}_{仙}$漩$^{邪}_{仙}$嫙$^{邪}_{仙}$暶$^{邪}_{仙}$鏇$^{邪}_{仙}$璇$^{邪}_{仙}$琁$^{邪}_{仙}$璿$^{邪}_{仙}$旋$^{邪}_{仙}$㳂$^{邪}_{仙}$璿$^{邪}_{仙}$”和“遳$^{邪}_{線}$㳬$^{邪}_{線}$羨$^{邪}_{線}$旋去$^{邪}_{線}$”皆爲邪母字。鑒於此，我們僅將“次”（2 次）併入與以母的混注中，而由“涎”字系聯的其他邪母字仍置於齒音的字組中。如此看來，“次（涎）”在《玉篇直音》中應存有兩讀。與以母字“延”混注的雖與官話音不吻合，但是仍能得到今海鹽吳音的印證。今海鹽音中，“涎延”同音，皆讀作 ɦiɛ^{31}，這足以說明此乃吳音現象，也同時爲今海鹽吳音中“涎延”同音提供了早期的文獻語料。此外，今海鹽音中“旋羨”皆讀作 ʥiɛ^{213}，與“延”並不同音，這也爲我們對“次（涎）”的字組歸類（一類併入牙喉音，一類併入齒音）提供了方音參證。不過至今海鹽吳音中，“涎”僅有喉音（ɦ）一讀，其齒音的讀音已經消失，體現出海鹽吳音古今的差異。

此外還有 3 例文白異讀現象：①䃈$^{影}_{葉}$音業$^{疑}_{業}$P66L5；②虺$^{曉}_{灰}$音恢$^{溪}_{灰}$P187L2；③蠖$^{影}_{鐸}$音岳$^{疑}_{覺}$P151L8。

對於例①，我們根據與影母的混注關係將之併入影母之中。不過，“業”還有 3 次爲泥母字（躡$^{泥}_{葉}$鑷$^{泥}_{葉}$鉆$^{泥}_{帖}$）注音的例子（在本章舌音端組聲母的討論中已經列出，可參見），此乃吳音特質。但是比較起來，以一比三，“業”讀泥母字的趨勢要比讀影母的大，因此我們僅將讀作影母的注音例列於牙喉音中，而其餘的注音例皆系聯至舌音端組中。根據分析可知，“業”在《玉篇直音》中存在兩讀，其性質應是文白異讀。“業”字在今吳方言中仍有文白異讀現象，如表 2-5-3。

表 2-5-3 “業”字在今吳方言中的讀音表①

類型＼地區	童家橋	松江	嘉興	杭州	金華
文讀	ȵiɪʔ^{24}	ȵiɪʔ^{23}	ʔiəʔ^{54}	ȵiɪʔ^{12}	ʔiə^{45}
白讀	ʔȵiɪʔ^{55}	ɦiɪʔ^{23}	ʔȵiəʔ^{54}	ɦiɪʔ^{12}	ɦiəʔ^{22}

通過表 2-5-3 中的讀音可知，“業”的文白異讀現象雖不見於今海鹽吳音中，但是仍可

①本表讀音據：錢乃榮. 當代吳語研究[M]. 上海：上海教育出版社，1992：417.

於今其他吳方言中覓得痕跡，尤其是在今海鹽吳音所處的太湖片吳方言中並不鮮見。文讀音是受官話音的影響的結果，比白讀音的演變速度要快一些。嘉興、金華等吳音中，“業”字的文讀音是與影母字合流，聲母讀ʔ。而白讀音則相對保守，與泥母字混同，讀作 ȵ，如在嘉興吳音中，“業”的白讀音與“聶泥葉躡泥葉鑷泥葉”等字讀音相同。而這種以白讀音身份與泥母字讀音相同的現象在今吳方言中更爲常見，今海鹽吳音也不例外。

參證今之吳方音，可知《玉篇直音》中與“靨影葉”讀音相同的音是“業”的文讀音，此應是受官話音的影響，與《韻略易通》《韻略匯通》等官話系韻書完全吻合。混同泥母字的則是白讀音，屬於吳方音性質。文白兩種讀音交織在一起，折射出《玉篇直音》中“既有地道的口語成分，也有讀書音成分”[①]。

對於②③兩例，注音字“恢溪灰”爲曉母字注音僅此 1 次，爲溪母字注音 2 次，同時作爲被注字與溪母字“魁溪灰”音同；注音字“岳疑覺”爲影母字注音僅此 1 次，爲匣母字（鶴匣鐸）注音 1 次，爲疑母字注音 18 次，無用作被注字情況。在系聯時我們將 18 次疑母自注與 1 次匣疑混注併爲一組，將 1 次影疑混注單獨列出。這是參證方音的結果，在包括今海鹽吳音在內的廣大吳方言中，“岳疑覺嶽疑覺崿疑鐸鄂疑鐸愕疑鐸諤疑鐸萼疑鐸蘁疑鐸鶚疑鐸噩疑鐸”等諸多疑母字與匣母字“鶴匣鐸”音同。

“恢”在《玉篇直音》中有溪、曉母兩讀，溪母字音是較古的讀音，與《廣韻》《集韻》《古今韻會舉要》《蒙古字韻》《洪武正韻》《韻略易通》《韻略匯通》《五方元音》《玉篇》《同文備考》《字彙》《篇海類編》《海篇心鏡》《海篇星鏡》《海篇集韻大全》《康熙字典》等韻書、字書皆吻合；而曉母字音不見於上述韻書、字書，應是新生的字音。據《漢語方音字彙》[②]，“恢”在北方方言區中讀 x（曉母），在南方吳方言中的蘇州、溫州話中聲母讀 k‘（溪母）的稱作舊讀音，讀 h 或 f 的稱爲新讀音；在閩方言的廈門、潮州話中聲母讀 k‘（溪母）的稱作白讀音，讀 h 的稱爲文讀音。據此可知，“恢”讀 x（h 或 f）是新音，佔據主導位置，是文讀音。而讀韻書或字書中載錄的 k‘（溪母）音則是帶有地方特色的古音，可稱爲白讀音。《玉篇直音》爲現代漢語中“恢”讀曉母 x（h 或 f）提供了早期的文獻源頭。

“岳”在《中原音韻》中已與影母字合流讀作零聲母了，《韻略易通》《韻略匯通》同此。《玉篇直音》中“岳”讀同影母字，與官話音韻書吻合，當是讀書音。其又與匣母字（鶴匣鐸）音同，則是地道的吳方音特點，這在今海鹽吳音中仍然同音，應是白讀音。不過，今海鹽吳音中“岳”僅有讀同匣母的白讀音讀法。

以上是針對 3 處文白異讀的語音現象作的具體闡釋。總體來看，《玉篇直音》中的牙、喉音聲母與明代通語系統[③]相比，具有以下不同之處：①全濁聲母的存在；②部分疑、云、以等聲母字入影母，零聲母字擴大；③另有部分疑、云、以等聲母字入匣母。下面逐一論之。

①秦淑華.《玉篇直音》的語音系統[A]. 見：張渭毅.《漢聲——漢語音韻學的繼承與創新》（下）[C]. 北京：中國文史出版社，2011：377.

②北京大學中國語言文學系語言學教研室. 漢語方音字彙[M]. 北京：語文出版社，2003：169.

③王力. 漢語語音史[M]. 北京：中國社會科學出版社，1985：390-392.

2.5.2 主要語音特徵

2.5.2.1 全濁聲母的存在

中古牙、喉音全濁聲母群、匣二母在《玉篇直音》中仍然獨立存在。除了上述系聯的結果自成一類可作證明外，群、匣二母字自注的數量亦可用於佐證。

首先來看群母字。《玉篇直音》中所轄中古群母被注字 392 個，其中被群母字注音的有 346 個，群群互注的比例是 88.27%（346/392）。同理，該書所轄的群母注音字 374 個，用於注音群母字的有 346 個，占注音字總數的 92.51%（346/374）。二者併計，群母自注的比例達到 90.34%（692/766）。在明末通語語音全濁聲母已經消失的情況下，如此高的自注比例，足以說明群母的獨立。

在群母字自注之外的混注例中，溪母字"穹"需作說明。穹，《廣韻》去宮切，溪母東韻，在《玉篇直音》中共出現 12 次，其中作爲被注字 1 次，即穹$^{溪}_{東}$音窮$^{群}_{東}$P37L3；作爲注音字使用 11 次。

焪$^{溪}_{東}$音穹$^{溪}_{東}$P10L1； 湾$^{溪}_{送}$音穹$^{溪}_{東}$P19L5； 捁$^{溪}_{送}$音穹$^{溪}_{東}$P97L6； 軞$^{溪}_{真}$音穹$^{溪}_{東}$P116L4；
窮$^{群}_{東}$音穹$^{溪}_{東}$P37L3； 竆$^{群}_{東}$音穹$^{溪}_{東}$P37L6； 瓊$^{群}_{清}$音穹$^{溪}_{東}$P112L5； 舼$^{群}_{鍾}$音穹$^{溪}_{東}$P118L1；
郱$^{群}_{鍾}$音穹$^{溪}_{東}$P118L4； 蛩$^{群}_{鍾}$音穹$^{溪}_{東}$P136L10； 笻$^{群}_{鍾}$音穹$^{溪}_{東}$P136L10

以上共計 12 次的注音中，與群母字的混注共 8 次，占自身總數的 66.67%。這足以說明該字在《玉篇直音》中已經讀作了陽平聲調，與今普通話相同。如果計入此 8 次，群母自注的比例則更會高。

此外，群母與見、溪混注共計 43 次，其中群見混注 29 次，如下：

洎$^{群}_{至}$音計$^{見}_{霽}$P16L6； 畿$^{群}_{微}$音基$^{見}_{之}$P27L5； 倞$^{群}_{映}$音竟$^{見}_{映}$P28L4； 窘$^{群}_{軫}$音扃$^{見}_{青}$P37L6； 漈$^{群}_{沁}$音禁$^{見}_{沁}$P38L8；
欳$^{集:}_{群寢}$音禁$^{見}_{沁}$P187L10； 况$^{集:}_{群漾}$音敬$^{見}_{映}$P38L8； 儆$^{群}_{映}$音敬$^{見}_{映}$P40L7； 佶$^{群}_{質}$音吉$^{見}_{質}$P40L7； 姞$^{群}_{質}$音吉$^{見}_{質}$P46L6；
咭$^{群}_{質}$音吉$^{見}_{質}$P58L7； 競$^{群}_{映}$音敬$^{見}_{映}$P45L2； 憠$^{群}_{月}$音厥$^{見}_{月}$P51L4； 悸$^{群}_{至}$音計$^{見}_{霽}$P53L8； 噱$^{群}_{藥}$音腳$^{見}_{藥}$P57L6；
嘘$^{集:}_{群藥}$音腳$^{見}_{藥}$P57L6； 嶠$^{群}_{宵}$音交$^{見}_{肴}$P58L5； 齟$^{群}_{語}$音舉$^{見}_{語}$P70L10； 蹷$^{群}_{月}$音蹶$^{見}_{月}$P73L1； 跪$^{群}_{紙}$音詭$^{見}_{紙}$P73L3；
踩$^{集:}_{群至}$音鬼$^{見}_{尾}$P74L8； 毱$^{群}_{屋}$音匊$^{見}_{屋}$P75L8； 券$^{集:}_{群線}$音卷$^{見}_{線}$P77L3； 詰$^{群}_{養}$音誑$^{見}_{漾}$P86L1； 趯$^{群}_{虞}$音俱$^{見}_{虞}$P89L9；
笈$^{群}_{緝}$音汲$^{見}_{緝}$P138L7； 敿$^{改:}_{群笑}$音皎$^{見}_{篠}$P175L5； 匱$^{群}_{至}$音愧$^{見}_{至}$P183L10； 寋$^{群}_{阮}$音蹇$^{見}_{阮}$P190L6

群溪混注 14 次，除上文列舉的 7 次"穹"例外，另 7 次如下：

卻$^{群}_{藥}$音却$^{溪}_{藥}$P41L9； 屈$^{群}_{月}$音窟$^{溪}_{沒}$P67L3； 躨$^{群}_{脂}$音奎$^{溪}_{齊}$P73L6； 誆$^{群}_{陽}$音匡$^{溪}_{陽}$P88L8；
鍨$^{群}_{脂}$音缺$^{集:}_{溪紙}$P110L1； 芡$^{群}_{琰}$音欠$^{溪}_{梵}$P135L1； 尒$^{改:}_{群支}$音亟$^{集:}_{溪之}$P196L5

比較以上混注例可知，與見母字混注的群母仄聲字共計 26 次，與溪母字混注的群母平聲字共計 10 次，分別占混注總數的 89.66%（26/29）和 71.43%（10/14）。這與近代通語中濁聲母清化的"平送仄不送"的音變規律有一定程度的吻合，尤其是在仄聲方面更是高度吻合。再者，"芡$^{群}_{琰}$音欠$^{溪}_{梵}$"例中的"芡"，在《廣韻》《集韻》《洪武正韻》等韻書中均是群母字，連明代的字書《字彙》《直音篇》《篇海類編》《重刊詳校篇海》《海篇心鏡》《海篇星鏡》《海篇集韻大全》等中也無該字讀成溪母的記錄。不過，芡欠音同的確早在《中原音韻》中就已有記載了，《玉篇直音》仍注"芡音欠"，體現出該書注音方面並非因循守舊，其語音系統帶有北方通語的色彩。

再來討論匣母。《玉篇直音》中作爲被注字的匣母字共計 719 個，其中被匣母字注音的有 648 個，匣匣互注的比例是 90.13%（648/719）。不過，其中有 19 個匣母被注字（喧$^{匣}_{送}$畫$^{匣}_{麥}$或$^{匣}_{德}$惑$^{匣}_{德}$砉$^{集:}_{匣麥}$劃$^{匣}_{麥}$獲$^{匣}_{麥}$鑊$^{匣}_{麥}$皠$^{匣}_{覺}$姡$^{匣}_{末}$秳$^{匣}_{末}$萿$^{匣}_{末}$佷$^{匣}_{很}$恨$^{匣}_{恨}$疣$^{匣}_{換}$皖$^{匣}_{換}$穭$^{匣}_{泰}$滈$^{匣}_{晧}$鎬$^{匣}_{晧}$）被系聯至曉母中，因此匣匣互注的實際比例應該是 87.48%（629/719）。該比例近乎群母的自注比例。

此外，匣母與其他聲母的混注可分爲兩類，一類是與奉、群、疑、云、以等濁聲母的混注，共計 17 次。匣奉、匣群的混注在前文皆有提及，可參見。與次濁聲母疑、云、以等的混注有 14 次，涉及的字有：研$^{疑}_{先}$頑$^{疑}_{刪}$敖$^{疑}_{豪}$岳$^{疑}_{覺}$銀$^{疑}_{真}$；雄$^{云}_{東}$尤$^{云}_{尤}$位$^{云}_{至}$；移$^{以}_{支}$焰$^{以}_{豔}$亦$^{以}_{昔}$（2 次）延$^{以}_{仙}$（2 次）。這些字雖非全濁聲母，但是與匣母音同，結合今吳方言的語音特點可知，讀作濁擦音 ɦ，也可視爲匣母字的濁音互注。若計入上述與濁聲母之間的混注數，匣母濁音互注的比例達到 90.54%。在明末通語語音中全濁聲母普遍清化的時代，這個比例足以反襯出《玉篇直音》中匣母的獨立。

另一類混注是匣母字與清聲母字之間的混注，有敷（2 次）、見（11 次）、溪（3 次）、影（3 次）、曉（34 次）。匣敷混注與匣奉混注一樣，在唇音聲母中已討論過，可參見。至於匣母與見、溪、、影、曉母的混注，列舉如下：

匣影：撔$^{匣}_{梗}$音影$^{影}_{梗}$P97L3；　鵒$^{匣}_{沒}$音屋$^{影}_{屋}$P147L4；　斛$^{匣}_{屋}$音屋$^{影}_{屋}$P183L4

匣見：鍇$^{玉:}_{匣皆}$音皆$^{見}_{皆}$P117L6；　酣$^{匣}_{談}$音甘$^{見}_{談}$P143L2；　迥$^{匣}_{迥}$音扃$^{見}_{青}$P91L2；　熩$^{匣}_{沃}$音谷$^{見}_{屋}$P8L10；
脛$^{匣}_{徑}$音徑$^{見}_{徑}$P67L7；　蟹$^{集:}_{匣蟹}$音懈$^{見}_{卦}$P25L8；　嶰$^{匣}_{蟹}$音懈$^{見}_{卦}$P32L5；　邂$^{匣}_{卦}$音懈$^{見}_{卦}$P92L2；
弧$^{匣}_{模}$音孤$^{見}_{模}$P118L9；　蚢$^{匣}_{唐}$音岡$^{見}_{唐}$P151L1；　敆$^{匣}_{合}$音蛤$^{見}_{合}$P174L8

匣溪：嵠$^{匣}_{齊}$音溪$^{溪}_{齊}$P49L1；　鎧$^{匣}_{咍}$音愷$^{溪}_{海}$P50L6；　檻$^{匣}_{檻}$音遣$^{溪}_{獮}$P129L1

匣曉：晥$^{匣}_{緩}$音歡$^{曉}_{桓}$P2L9；　霍$^{匣}_{鐸}$音霍$^{曉}_{鐸}$P7L4；　旱$^{匣}_{旱}$音罕$^{曉}_{旱}$P14L9；　泫$^{匣}_{銑}$音楦$^{曉}_{願}$P16L4；
瀫$^{匣}_{屋}$音忽$^{曉}_{沒}$P17L9　滸$^{匣}_{姥}$音虎去$^{曉}_{暮}$P21L7；　穴$^{匣}_{屑}$音血$^{曉}_{屑}$P37L2；　侅$^{匣}_{海}$音海$^{曉}_{海}$P39L9；
嫼$^{匣}_{麥}$音黑$^{曉}_{德}$P48L7；　哯$^{匣}_{銑}$音顯$^{集:}_{曉霰}$P57L10；　岍$^{集:}_{匣銑}$音顯$^{集:}_{曉霰}$P58L1；　晛$^{匣}_{銑}$音顯$^{集:}_{曉霰}$P61L8；
䟕$^{玉:}_{匣銑}$音顯$^{集:}_{曉霰}$P69L7；　䫺$^{匣}_{沒}$音忽$^{曉}_{沒}$P63L9；　䶂$^{匣}_{沒}$音忽$^{曉}_{沒}$P187L1；　騍$^{匣}_{馬}$音化$^{曉}_{禡}$P64L4；
頁$^{匣}_{屑}$音歇$^{曉}_{月}$P64L10；　赫$^{匣}_{麥}$音赫$^{曉}_{陌}$P69L10；　䓼$^{匣}_{旱}$音罕$^{曉}_{旱}$P77L9；　紇$^{匣}_{沒}$音瞎$^{曉}_{鎋}$P81L10；
換$^{匣}_{換}$音喚$^{曉}_{換}$P96L7；　捖$^{匣}_{桓}$音歡$^{曉}_{桓}$P96L7；　殨$^{匣}_{賄}$音賄$^{曉}_{賄}$P105L7；　鍜$^{匣}_{麻}$音煆$^{曉}_{麻}$P108L5；
鎬$^{匣}_{晧}$音好$^{曉}_{號}$P109L10；　檜$^{匣}_{泰}$音悔$^{曉}_{隊}$P126L3；　粇$^{集:}_{匣沒}$音黑$^{曉}_{德}$P144L1；　麧$^{匣}_{沒}$音黑$^{曉}_{德}$P144L7；
蜆$^{匣}_{銑}$音憲$^{曉}_{願}$P151L9；　狠$^{匣}_{很}$音罕$^{曉}_{旱}$P155L8；　獫$^{匣}_{忝}$音獻$^{曉}_{願}$P155L9；　狢$^{匣}_{鐸}$音郝$^{曉}_{鐸}$P156L2；
鶪$^{匣}_{錫}$音洫$^{曉}_{職}$P160L3；　鼎$^{匣}_{篠}$音孝$^{曉}_{效}$P165L8

匣母與清聲母的混注中以匣曉混注爲主，體現出匣母在自身獨立的情況下有清化的趨勢。

2.5.2.2　云、以合流及其重組

正如表 2-5-2 系聯的結果所示，《廣韻》中的云、以二母在《玉篇直音》中業已合流爲一類。使用數據統計，《玉篇直音》的被注字中屬於中古云、以二母的分別是 208 個和 597 個，二者共計 805 個，其中直接的混注達 104 次（以云混注 78 次，云以混注 26 次），占

總數的 12.92%（104/805）。若將系聯的字計算入內，其混注的比例則高於總數的 50%。再結合漢語史的音變實際來論，我們可以斷定中古云、以二母在《玉篇直音》中已完全合併爲一個聲母——喻母。

中古疑母字在《玉篇直音》中呈四分之勢，一部分三、四等細音字併入泥母中（這在 2.3 節端組聲母的討論中已有詳述，可參見，茲不贅論），一部分是獨立成類，另有兩部分字分別與影母字和匣母字合流。

云、以合併成一類後，該類並未獨立存在，而是與疑母字一樣，一部分混入影母，演變爲零聲母；一部分混入匣母，變爲全濁聲母。關於這些字的分佈情況，詳見表 2-5-4。（說明：表中的例字包括被注字及注音字；爲更加精准地展示混注的程度及混注字的分佈，重文字不再區分；括號內的數字爲本組字數，如云母下的 142 代表併入的韻母字有 142 個，餘類推。）

表 2-5-4 併入中古影、匣母的中古云、以、疑母字分佈表

併入影母的云、以、疑母字（534 個）	
云（142）	【平】闟雩雩邘玗軒杅竽盂于謣袁表楥猨猿爰園媛援轅鶢袁园鵙圓員隕員溳瑩禜瑩醟嶸榮榮螢（38）【上】颹隔瘍儰蓮闖閿蔿蔿蒍鮪矣矣暐偉偉韙揮瘴葦韡雨羽鄅瑀禹禹羽雨雨两磒殞殞頵遠遠員上蹍往往永利永友酭鴧有有叉友（50）【去】位躗霱芋芌翟翟瑗瑗泳咏詠暀暀迋旺旺王去往晃（20）【入】魄娍杌越越鉞戉樾蠘粵紱䍧籰域魊域琙緎閾棫䳼蜮罭域蜮蜮曅曄瞱腓爗燁曄皣（34）
以（265）	【平】搈㞔宧饌餘譽澞予嬩轝輿蜍餘舁旟歟舁玗畬伃璵玙余余雓予輿趣與㒵踰愉褕䚰榆楰萸蝓羭歈臾臾腧俞崳庾喻逾闍瑜渝堬鄃窬婾踰俞瑜腴諛瑌鷸臾覦窬窬貐愈庾斞庾榑緣鳶鳶蝝捐緣餤鹽珧筌營鎣濴謍㽔遙遙悠鮍攸（92）【上】涌恿悀閫甬筩蛹勇湧㟣俗踴勇勇肔移㢋袘唯以㔂苢苡巳改目倛惥腴與與與廴掚㧉戭蚓螾引引弘剻靷阮玩狁允允衍沇涗院抁兗兗演演嗼台縯嗼衍潁郢郢邒潁梬邘鷕漾瀁勸勜癢羕養禓丣酉酉蕕莠（83）【去】用用誦㢋呭跇詍袣詍枻袣曳曳玴軼裔裔枻忬悆預預豫豫澦礜譽蕷穥轝裕滃釣（33）【入】昱焴堉儥毓慉喅唷遺錥鬻尢育昱煜賣欲欲欲峪慾浴浴溢超通鴳閲悦鷂龠躍籥礿投役疫役役鈠柀鷊亦肓弋熠偞蝶殜楪枼枼叶叶葉葉葉（57）
疑（127）	【平】漁瞗闟麌澞敔魚魚嵎澞堣隅愚嘘鷵鸆虞鄅齵愚鍝隅嚚獂蚖䫻涀騃崖厓睚搱漄崖䶩䶩厓呆呆腤痍䶮呀侄硬平（45）【上】孖捱上䫲朊亢䡆阮阮㖠㖠肱仵仵忤忤迕午午肵五雅雅瓦瓦瓦（25）【去】叙御御御馭寓寓遇遇鶚憖艾艾鳰豛齘导閡碍碍硋礙懝硬硬鞕（26）【入】砡鈺瑀獄獄玉玉圄崛屼矶屴杌兀兀歹崖入（此例表明歹崖二字的韻腹相同）月月峨明抈玥軏刖狨齾額額弼業（31）
併入匣母的云、以、疑母字（277 個）	
云（25）	【平】熊熊雄雄𧼮䡈垣垣（8）【去】胃胃緯緭蝟位颶煟渭渭娟讆衛轊槥䩵（16）【入】饁（1）
以（163）	【平】傂烿炬㝖漇迻扡閤庈眲移䄬眵匜匜㐌訑移移椸蒘簃酏迤迱它㐌倛恞遺蕵陝溰姨咦䧅跠拸巳㢊痍桋檨荑鶇夸侇夷嗞飤飴怡怡㢊坨圯胣㢊扆貽頤頤瑈瓵巸臣螾夤夤寅寅㟧臏臏埏郔㝚綖梴莚筵筵蜒延延霪究婬至霪究婬至淫淫淫（96）【上】琰（1）【去】裔䄪鷁䦲焰焰錟錟炎焱焰灔灔艷艷（15）【入】泑佚劮嶧洂液繹帟譯襗躰懌睪腋鐸蜴驛奕圛睪埸䮊佾亦亦瘍㻛易掖掖墿埸㢞弋弋杙翌翊狘廙庂忙亂鉽弑默代龔翼翼（51）
疑（89）	【平】䗨浪垠訢誾犷狺嚚銀銀鄞銀圻齗豻飦刓园岏岏魭頑管研研聱磝熬嗸獒傲顤摮聱䜄鳌鷔螯鷔鼇敖敖獒遨遨和婭（48）【上】嶔銀上齾齳（4）【去】外外刖聵瞶逛忨翫玩玩翫傲敖（13）【入】嶽嶽頢岳鷟崿堮堮鄂愕顎顎齶覨諤諤鍔咢萼䴉鶚蠖噩鱷（24）

中古疑、喻（云、以）母在今海鹽吴音中的演變情況是以呼、調作爲條件的，具體的條件詳見表 2-5-5。

表 2-5-5 中古疑、喻（云、以）母在今海鹽吴音中的演變條件①

聲母	演變條件	今音	例字
疑	①模、魚韻	ŋ̍	魚、五
	②今齊、撮	n	疑、原
	③今開合口	ɦ	牙、熬、餓、鵝
	④今開合口上聲	ø	咬、我、瓦、下
喻	①非上聲	ɦ	移、鹽； 王、旺、圍、云
	②上聲	ø	雨、有

將中古云、以、疑三母在《玉篇直音》中的重組情況與今海鹽吴音對比如下。

（1）疑母細音字與泥母字合流讀作 ȵ，這在端組聲母的討論中已經被證明了。不過《玉篇直音》中併入泥母的疑母字皆爲開口字，而今海鹽吴音中有中古合口疑母字讀成泥母的情況，這是古今不一致的地方。胡明揚②認爲 ȵ 乃 n 的變體，故而他記音時不做區分，皆寫作 n。因此，《玉篇直音》與表 2-5-5 中疑母演變條件②基本上是吻合的。

（2）疑母魚（虞）韻字（“禺疑虞喁集:疑虞圄疑語吾集:疑魚俁疑虞𠯆玉:疑語齬疑語籞疑語御疑語悟疑暮敔疑語圉疑語語疑語鋙疑語鋙疑語御集:疑語”等字因無法系聯而自成一類）通過系聯多數歸入影母；而模韻字則是二分，所有上聲字（旿疑姥䏲疑姥忤疑姥迕疑姥肸疑姥仵疑姥午疑姥五疑姥）併入影母字，餘下的平、去聲自成一類。前者雖與表 2-5-5 中的疑母音變條件①不相吻合，但是因皆爲上聲字而與條件④相符。

（3）併入匣母的疑母上聲字有 4 個（䖳疑軫銀上疑軫齫疑吻齳疑吻），僅占併入總數的 4.49%（4/89）。相比之下，有 85 個平、去、入疑母字併入匣母，佔總數的 95.51%。這一數據可用於反證多數上聲疑母字併入影母的規律，即疑母音變條件④。

（4）關於云、以母字的情況，表 2-5-4 展示得更爲直觀。

第一，併入匣母的云母字僅限於平、去、入三聲，並無上聲，與喻母音變條件①完全吻合；而併入影母的云母字四聲皆有，與喻母音變條件②不同。但是其中以上聲字最多，占總數的三分之一强（50/142），體現出向影母字演變以上聲字爲主體的趨勢，與喻母音變條件②又有相似之處。

第二，併入匣母的以母字雖四聲皆具，但是上聲字僅有 1 字，占總數的 0.61%（1/163），幾乎可忽略不計。因此可以說以母併入匣母的條件與表 2-5-5 中喻母音變條件①完全吻合；與云母相似，併入影母的以母字亦四聲皆有，與喻母音變條件②不同。但上聲字有 83 個，僅次於平聲字數，占併入總數的 31.32%（83/265），亦體現出向影母字演變以上聲字爲主

---

①內容依據：胡明揚. 海鹽方言志[M]. 杭州：浙江人民出版社，1992：37-38。表框是筆者自己加上的，疑②的今音實際讀作舌面音 ȵ，乃 n 的音位變體。

②胡明揚. 海鹽方言志[M]. 杭州：浙江人民出版社，1992：35.

體的趨勢，與喻母音變條件②有相似之處。

通過上述分析，我們可以看出，中古云、以、疑三母在《玉篇直音》中的分合模式與今海鹽吳音有著高度的相似性，進一步印證了此乃《玉篇直音》中的方音特徵，同時也體現出海鹽吳音的古今傳承與演變關係。

附帶提及一下，部分微母字混入了影母字也擴大了零聲母字的隊伍。在討論唇音聲母的時候，我們曾經提到，中古微母字在《玉篇直音》中兵分四路：除了仍讀作微母的那部分字外，一部分讀成了奉母字，一部分讀成了明母字，這主要是文白讀的差異所致。而另一部分字則與影母字合流，演變爲零聲母，所涉字（含注音字）有潕$^{微}_{麌}$碔$^{微}_{麌}$廡$^{微}_{麌}$㑄$^{微}_{麌}$侮$^{微}_{麌}$儛$^{微}_{麌}$嫵$^{微}_{麌}$娬$^{微}_{麌}$[illegible]$^{微}_{麌}$憮$^{微}_{麌}$膴$^{微}_{麌}$珷$^{微}_{麌}$務$^{集:}_{微麌}$甒$^{微}_{麌}$[illegible]$^{微}_{麌}$舞$^{微}_{麌}$武$^{微}_{麌}$霚$^{微}_{遇}$霧$^{微}_{遇}$婺$^{微}_{遇}$[illegible]$^{微}_{遇}$鶩$^{微}_{遇}$騖$^{微}_{遇}$務$^{微}_{遇}$；吻$^{微}_{吻}$刎$^{微}_{吻}$伆$^{微}_{吻}$抆$^{微}_{吻}$㖧$^{微}_{吻}$；汒$^{微}_{漾}$妄$^{微}_{漾}$。不計重文的話，這些字中虞（麌、遇）韻字 24 個、吻韻字 5 個、漾韻字 2 個，共計 31 個。其中虞（麌、遇）韻字佔據 77.42%（24/31），乃併入的主體。關於微母入影的情況，我們亦可與今海鹽吳音進行比較以求古今異同，詳見表 2-5-6。

表 2-5-6 分微母字在今海鹽吳音中的聲母讀音①

例字 / 地區	武$^{微}_{麌}$	舞$^{微}_{麌}$	霧$^{微}_{遇}$	吻$^{微}_{吻}$	刎$^{微}_{吻}$	妄$^{微}_{漾}$
海鹽	Ø/v	Ø/v	Ø/v	v	v	Ø

通過表 2-5-6 中的讀音可知，除了"吻刎"等吻韻字外，其他的尤其是這些在《玉篇直音》中與影母字混同的虞韻字在今海鹽吳音中很多情況下都讀成了零聲母。此外，"妄"字也是零聲母字。這些都表現出了古今的一致性。至于"吻刎"等吻韻字讀成零聲母與今海鹽吳音不一致，但是却與通語的音變相合。今海鹽吳音中少數微母字讀作零聲母的現象亦當是與通語接觸的影響，非吳音的特質。我們可以常見字"武$^{微}_{麌}$""霧$^{微}_{遇}$"爲例，據《當代吳語研究》②，在 33 個吳音點中，僅金壇吳音讀作零聲母，其他吳音中，有 24 處將"武"讀作 v 母，有 22 處將"霧"讀作 v 母，另有多處讀 ɦ、β 或 ʋ，還有個別處讀 f。據此可知，微母讀 v 是吳方音的典型特徵，而併入影母的則非吳音特徵。金壇地處吳方言區的北端，與官話區接壤，微母字讀作零聲母，是方言接觸的音變結果。海鹽音中也有將此類字讀作零聲母的現象，性質同金壇吳音。《玉篇直音》中的此類現象，亦非吳音性質，乃官話音特徵。

2.5.3 小結

綜上所論，《玉篇直音》中牙、喉音組聲母有以下幾個特點。

（1）中古見、溪、群、影、曉、匣等聲母各自獨立。

（2）全濁聲母群、匣母獨立存在。

①表中例字的讀音主要依據的是：胡明揚. 海鹽方言志[M]. 杭州：浙江人民出版社，1992。另外也參考了論文《海鹽方言研究》（施云，上海大學碩士學位論文，2005）。

②錢乃榮. 當代吳語研究[M]. 上海：上海教育出版社，1992：296-297.

（3）中古疑母呈五分之勢，大部分已併入泥、影、匣及喻（云、以）母中，少部分疑母字獨立。疑母的分化與重組具有典型的吳方音特質。

（4）中古云、以二母合流成一個喻母。部分云、以母字併入影母及匣母中，併入匣母的現象具有吳方音的特點。

喻母與匣母對立，說明二者的音值有別，匣母在今絕大多數的吳方言中讀作 ɦ，那麼喻母應該讀作 j 更爲妥當。代表清初杭州吳音的《諧聲品字箋》與《玉篇直音》相同，雖有部分云、以母字併入了匣母，但是更多的云、以母字重組爲喻母，其音值爲 j。至於喻母所轄的"準小韻"中含有合口的類型，如表 2.5-2 中的 0575—0582 號 8 個"準小韻"，從音理的角度似乎以讀半元音 w 爲妥。不過對比匣母後可知，喻母的這 8 個"準小韻"與匣母所屬的 4 個"準小韻"（表 2-5-2 中的 0495—0498 號）同屬於韻母上的齊微部（可參見 3.2 節），二者的差別在於開合口的不同，在音位上屬於互補的關係。在《玉篇直音》之後的 400 年裏喻母完成了向匣母的合流，今海鹽吳音中原喻母已消失，併入匣母中，可資爲證。因此，我們認爲此處喻母與匣母的開合對立僅僅是喻母向匣母合併的一個階段，沒有必要再專門擬定出一個 w 聲母來，姑且以 j 代之。

（5）另有部分微母字（主要是虞韻字）併入影母之中。

（6）有部分見、曉組字與章組字混注，其聲母已經讀成 tɕ 組。但是混注的數量並不多，這表明牙、喉細音開口字的聲母尚未大面積音變爲 tɕ 組，仍以舌根音、喉音爲主，這與同時期的《聲韻會通》等吳音文獻大體一致。

（7）全清、次清聲母見、溪之間存在一定的混注現象。

結合上述特點，參考中古牙、喉音諸聲母在今海鹽吳音中的讀音，我們可以將《玉篇直音》中牙、喉音組聲母的音值擬定如表 2-5-7 所示。

表 2-5-7 《玉篇直音》牙、喉音聲母表

序號	名稱	音值	來源
1	見	k	主要來自中古見母字，少數群、溪母字
2	溪	k'	主要來自中古溪母字，少數群、見母字
3	群	g	主要來自中古群母字，少數見、溪母字
4	疑	ŋ	主要來自未併入泥、影、匣三母的中古疑母字
5	影	Ø	主要來自中古影母字，部分疑、云、以等聲母字（尤其是多數的上聲調字）及微母虞麌遇吻養等韻字
6	曉	h	主要來自中古曉母字，部分匣母字
7	匣	ɦ	主要來自中古匣母字，部分來自疑、云、以等聲母字（其中上聲調字少見）
8	喻	j	主要來自未併入影、匣母的中古云、以母字及部分疑母字

2.6 本章結語

以上我們根據系聯與統計的結果分 4 組對《玉篇直音》的聲母進行了討論。通過比較分析，我們可以清晰地看到《玉篇直音》的聲母系統與《廣韻》的聲母系統差異較大。總體來看，該聲母系統呈現出如下若干突出特徵。

（1）全濁聲母的存在，具體包括並、奉、定、從、邪、澄、禪、群、匣等 9 個全濁聲母。當然，儘管存在全濁聲母，但是這些聲母也有一定程度的清化。

（2）知$_{二}$、莊與精組、知$_{三}$與章組合併，但是也有個別的章組字讀作精組字及部分知母覺韻字併入章組的情況。

（3）泥日、泥疑、日疑、日禪、日船、從邪、非（敷）曉、奉匣、奉微、明微、匣喻（云、以）疑等聲母之間的混注較有特色，與“文”“萬”“鳥”等字的文白異讀現象一起集中彰顯了該聲母系統具有吳方言特徵。

（4）零聲母的範圍擴大，主要來自微、疑、影、云、以等聲母。

（5）心、邪母細音字及見、曉組細音字已有腭化的音變現象。

（6）全清、次清聲母之間有小範圍的混注現象，如幫滂、知徹、精清、章昌、見溪等混注。

下面總結一下《玉篇直音》中的聲母系統。《玉篇直音》的聲母共計 30 個，除掉零聲母 Ø，其餘 29 聲母的情況詳見表 2-6-1。

表 2-6-1 《玉篇直音》聲母系統音標表

方法 \ 部位			雙唇音	唇齒音	舌尖前音	舌尖中音	舌面前音	舌面後音	喉音
塞音	清	不送氣	p 幫			t 端		k 見	
		送氣	p‘滂			t‘透		k‘溪	
	濁	不送氣	b 並			d 定		g 群	
塞擦音	清	不送氣			ʦ 精		ʨ 章		
		送氣			ʦ‘清		ʨ‘昌		
	濁	不送氣			ʣ 從		ʥ 澄		
擦音	清			f 非	s 心		ɕ 書		h 曉
	濁			v 奉	z 邪		ʑ 禪		ɦ 匣
鼻音	濁		m 明			n 泥		ŋ 疑	
邊音	濁					l 來			
半元音	濁			ʋ 微			j 喻		

以上 30 聲母系統在主體上與秦淑華①歸納的 27 聲母系統基本一致。二者共同含有的聲母有：幫滂並明、非奉、精清從心、端透定泥來、章昌澄書日、見溪群疑、影曉匣。此外，30 聲母系統較之多了微、邪、喻 3 母。正如前文所論，根據系聯的結果來看，部分中古微、邪、喻母字的獨立性仍然很強，意味著此三母尚未消失。

①秦淑華.《玉篇直音》的音系[M]. 新北：花木蘭文化出版社，2014：81。原文並未標明每個聲母的名稱，此處是筆者根據文意概括出的。另原文有兩處不妥：一是落下了定母；二是疑母細音當作疑母洪音。引用時均已修正。

第3章 《玉篇直音》的韻母系統

3.1 方法及步驟

3.1.1 研究方法

《玉篇直音》只是通過直音法爲漢字注音的字書，並非以審音見長的韻書，其既未設立韻母也未歸納韻母系統，因此，若想挖掘隱藏於海量直音材料中的韻母系統，只能去考察現有的直音材料。然而直音語料龐雜煩冗，使得我們無法直接根據直音材料歸納出韻母系統。因此考慮分兩步完成歸納工作：第一步，通過使用“兩級混注統計法”歸納其韻部系統；第二步，在既得韻部的基礎上推求韻母的數量及音值。下面分別介紹一下確立韻部及推求韻母的方法。

3.1.1.1 確立韻部的方法：兩級混注統計法

爲了摸清直音的韻類分合，需要實地考察混注的分佈、範圍、數量與比例，綜合判斷韻類的分與合，爲此我們採取“兩級混注統計法”，即初級混注統計法和高級混注統計法。

統計時以中古韻類爲參照，通過對全體直音語料之間混注模式及數量的統計，旨在獲得自中古以來各種韻類之間的混併、分化的資料，了解其分合的概況與規則，由此獲得《玉篇直音》的韻部系統。統計又有初級與高級之分。這是因爲單條的混注可通過系聯而形成混注的組合，即所謂“准小韻”，故而統計對象便有兩種：一是單條的混注語料，這是底層基礎語料；一是對單條混注進行系聯而形成的“准小韻”，這是在底層基礎語料基礎上系聯後的上層混注語料。既然統計對象出現了兩個層次，相應地對混注的統計便也分成兩個層級，即針對底層基礎語料的初級混注統計和針對上層混注語料的高級混注統計。兩級統計互爲佐證，保障了《玉篇直音》韻部確立的準確性。

初級混注統計法是對直音本條（13 695對直音材料）混注的統計考察，檢查兩兩混注時各不同韻類之間接觸的數量與頻度，初步確定韻類分合的範圍與規模。如支脂（以脂注支，下同）混注76次、支之混注106次、支微混注38次、支齊混注47次、支祭混注6次、支廢混注4次、支灰混注10次，以上支韻混注共計287次，遠遠高於支韻自注223次，這表明中古支韻在《玉篇直音》中以與相關諸韻混注爲常態，常與之混注的韻有脂、之、微、齊、祭、廢、灰等韻。據此可形成一個以支韻爲核心輻射脂、之、微、齊、祭、廢、灰等韻域的基本組合，以此作爲判斷支韻與其他韻分合的重要證據。

高級混注統計法是對直音系聯混注（3 789個自然小類）的統計考察，檢查系聯混注之間韻類接觸（如支脂之、支脂之微、支脂之微齊、支脂之微齊祭）的數量、範圍與頻度，進一步確定擴展的韻類分合範圍與規模。通過對較大數量形成混注韻類組合（或叫核心混注組合）的統計分析以確定在互相混注的攝（如止蟹攝、果遇攝等）的範圍內哪些韻類是合併的（如止攝各韻及蟹攝細音與合口洪音），哪些韻類是分解的（如泰韻的開合就是分的），哪些韻類之間只有牽連（個別混注），哪些韻類之間沒有關涉（無混注者），確定上述四種情況，以之作爲韻部設立的依據。

通過上述兩級（初級、高級）混注統計的互相參證可確立某一"韻部"。

3.1.1.2 確立韻母的方法：等呼推導法

在聲母已經考定的前提下，通過兩級混注統計確立了韻部。韻部既已確立意味著包含韻腹和韻尾的韻基既已確立。一個近代漢語音節不計聲調，其結構爲：聲母+介音+韻基（韻腹+韻尾）。在聲母、韻部既已考定的情況下，我們對一個近代漢語音節未知的便是介音。因此，推求韻母的關鍵便是解決處於聲母、韻基之間的介音問題，亦即"等呼"問題。"等呼"問題解決了，其韻母所屬的四呼類型便可得知。因此，尋求同一韻部之中所含等呼及其類型是推導韻母的一把鑰匙，"等呼推導"的意義亦即在此。

等呼推導法，顧名思義，即根據同一韻部所屬各種小韻的表現及來源等信息綜合推導各小韻所屬之等呼以確定其韻母的四呼類型，進而結合比較法及方言參證法來爲韻母擬音的方法。

首先對屬於同一韻部的諸聲母下轄小韻之對立作統一考察，以作爲推導其"等呼"的依據。比如在齊微部中，各選取該部所轄的屬於《玉篇直音》幫、非、端、精、章、見、曉七組聲母中的一個作爲代表，比較後發現，每個聲母都有兩組對立小韻（非組除外，僅合口一組），共計 13 個小韻，這便涵蓋了齊微部所有可能存在的等呼。

然後再考察每個小韻的歷史來源，可以得出開口細音、開口洪音、合口細音、合口洪音的區分。接著再就每組等呼作出音理推導。這需要兩步來完成：第一步是歷史音變規律的推導，大致上根據中古到近、現代漢語介音由二呼四等演變爲四呼的規律，可大致將上述區分與四呼的對應關係描述如下：

開口洪音對應近代的開口呼；開口細音對應近代的齊齒呼；

合口洪音對應近代的合口呼；合口細音對應近代的撮口呼。

第二步，古今比證。根據上述對應關係在進行等呼推導時，爲確保科學準確，適時考慮聲韻的拼合規律及與歷史、現代方音進行參證。

比如說，齊微部章組合口細音當讀撮口，此乃受其讀舌面音聲母的制約所致，這種讀音仍見於今江蘇丹陽、靖江以及浙江磐安等地吳音中。而精組的合口細音當洪化爲洪音，其在通語中讀作合口，然而在今海鹽吳音中卻讀作開口。鑒於《玉篇直音》的音系性質表現出强烈的吳音色彩以及陽聲韻字中有較多的中古合口呼字今讀作開口呼的事實，我們主張此處精組合口細音洪化爲開口。再如端組開口細音當讀作齊齒，幫組合口洪音及合口細音當洪化爲開口，非組合口細音當洪化爲開口，這在包括吳方言在內的多數現代漢語方言中可得到印證。經過如此推導，全韻所含之"等呼"（開齊合撮）既已具備，進而整個韻部的韻母便全部獲取了。接下來進行韻母的命名及音值的構擬（具體內容可參見 3.2 節，兹不贅言）。至此，整個齊微部韻母的確立工作結束。

3.1.2 基本步驟

在《玉篇直音》可供研究的 13 695 條直音音注中，其被注字屬於中古陰聲韻的爲 6078 個、陽聲韻的爲 5 135 個、入聲韻的爲 2 482 個。關於此三類韻的自注、混注情況統計，詳見表 3-1-1。

表 3-1-1 中古陰、陽、入韻母在《玉篇直音》中自注、混注次數統計表 （單位：次）

注音字 / 被注字	陰聲韻	陽聲韻	入聲韻
陰聲韻	6 066	12	
陽聲韻		5 134	1
入聲韻	8	12	2 462

通過表 3-1-1 中的數據可知，《玉篇直音》陰、陽、入三類韻自注的比例分别爲 99.80%（6 066/6 078）、99.98%（5 134/5 135）、99.19%（2 462/2 482），自注比例均已超出 99%，表現出很强的獨立性。這充分表明，中古漢語陰、陽、入三分的韻母系統格局在《玉篇直音》中仍得以保存，這三類韻母仍呈鼎足之勢。

鑒於從中古時期到《玉篇直音》時代韻母系統發生了巨大變化之事實，我們在梳理《玉篇直音》的韻母系統時並不完全以單個韻攝爲界限，而是以語音的實際情況爲依據，根據系聯的結果將若干存在關聯的韻攝併在一起討論。討論時，以陰聲韻部、陽聲韻部及入聲韻部爲線索，以相關聯的攝爲組（或單攝，如效、流攝；或併攝，如止蟹攝、遇果攝。採取單獨還是合併，皆依據韻與韻之間實際的分和情況）進行討論。另外，爲行文簡潔起見，本章在列舉韻母時若無特殊説明的話，均是舉平以賅上、去，蟹攝祭、泰、夬、廢四個去聲韻仍使用本韻，入聲韻部單獨討論。

3.2 止、蟹二攝：支思部、齊微部及皆咍部

在《玉篇直音》的 13 695 個被注字中，中古止、蟹二字分别爲 1 536 個和 1 209 個。關於止、蟹二攝所轄諸韻系字在《玉篇直音》中的數量情況，詳見表 3-2-1。

表 3-2-1 止、蟹二攝所轄諸韻系被注字數量統計表 （單位：次）

攝名	止				蟹								
韻名	支	脂	之	微	齊	祭	廢	佳	皆	夬	灰	咍	泰
字數	514	488	337	197	401	122	14	65	102	16	217	184	88
	1 536				1 209								

3.2.1 關於韻部的確立

3.2.1.1 初級統計

關於中古止、蟹二攝諸韻之間的直接自注與混注次數詳見表 3-2-2。閱讀本表時先看橫行，再看縱行，橫縱行交叉處的數值便是被注字與注音字在韻方面的注音次數，如橫行支與縱行支交叉處 224，意義代表支支自注 224 次；再如橫行脂與縱行支交叉處 78，代表以支注脂 78 次，餘類推，全章皆同。

表 3-2-2 中古止、蟹二攝被注字單條自注、混注情況統計表 （單位：次）

被注字＼注音字		止				蟹								
		支	脂	之	微	齊	祭	廢	灰	泰	佳	皆	夬	咍
止	支	224	76	106	38	47	6	4	10					
	脂	78	245	74	18	26	6		32	2				
	之	51	42	211	13	14	4							
	微	31	12	18	110	7		11	8					
蟹	齊	34	42	34	13	269	6		2					
	祭	9	22	20	6	10	48	4	1	1				
	廢	4			3	1		6						
	灰	13	16		4	3	1		154	25				1
	泰	1	4		3				12	49	1	3		15
	佳										33	16	4	2
	皆			1	1				1	5	9	67	9	9
	夬									1	5	2	7	1
	咍	1	1			1				23	4	4		150
其他		祭職 1；佳麻 9；佳職 1；齊魚 1；齊職 1；之陌 1；之職 1；支職 1；支魚 2；脂歌 1；脂魚 5												

直觀表 3-2-2，以泰韻爲界線，可以將止、蟹攝字分爲兩大字組：支脂之微齊祭廢灰爲一組，佳皆夬咍爲一組，夾處中間的泰韻與兩組均有混注。據表 3-2-2 格局，我們可以初步得出如下認識。

第一，止、蟹二攝之間的混注縱橫交錯，將這兩攝併在一起討論理所應當。

第二，止攝內部各韻之間混注程度較深，同呼條件下的韻之間差別不復存在。止攝與蟹攝三、四等齊、祭、廢韻之間混注較爲嚴重，對於齊、祭、廢韻來講，其混注比例如下（以齊韻爲例："/" 前括號內的數據分別是齊支混注 34 次、齊脂混注 42 次、齊之混注 34 次、齊微混注 13 次；"/" 後的 401 是齊韻字的總數；30.67%是齊韻與支脂之微四韻混注的比例。餘類推）。

齊（齊支、齊脂、齊之、齊微）：（34+42+34+13）/401=30.67%

祭（祭支、祭脂、祭之、祭微）：（9+22+20+6）/122=46.72%

廢（廢支、廢微）：（4+3）/14=50.00%

止攝字與蟹攝一等灰、泰$_{合口}$韻的混注也較爲頻繁，以止攝韻來論，支灰 10 次、脂灰 32 次、脂泰$_{合口}$ 2 次、微灰 8 次，未見之韻與灰、泰$_{合口}$混注，因爲中古之韻僅有開口呼，這從側面反襯出參與混注的止攝字以合口呼爲主的特徵。除合口字外，也有一些止攝開口字與灰韻混注的情況，如：

諢$^{幫}_{支}$音盃$^{幫}_{灰}$P88L1；　秠$^{滂}_{脂}$音坯$^{滂}_{灰}$P75L8；　駓$^{滂}_{脂}$音坯$^{滂}_{灰}$P153L1；　霉$^{明}_{脂}$音梅$^{明}_{灰}$P7L9；

媢$^{明}_{至}$音妹$^{明}_{隊}$P48L10；篃$^{明}_{至}$音妹$^{明}_{隊}$P138L9；　美$^{明}_{旨}$音每$^{明}_{賄}$P146L2，P175L8；魅$^{明}_{至}$音妹$^{明}_{隊}$P185L8

綜觀例字可知，所涉字皆爲唇音字，這足以證明該部分字已演變爲近代的開口呼。

第三，蟹攝二等韻佳、皆、夬的獨立性很强，與灰韻幾乎無混注現象，與一等咍、泰韻之間存有混注，如皆咍（皆泰）混注 14 次，占皆韻的 13.73%。泰韻開口呼字與咍韻混注較重，共 15 次，占泰$_{開口}$韻（唇音除外）的 37.50%（15/40）；即便是以咍韻來論，咍泰混注 23 次，占咍韻的 12.50%（23/184）。泰韻開口呼字與佳、皆的混注共 4 次，占泰$_{開口}$韻（唇音除外）的 10.00%（4/40）。

第四，蟹攝一等韻灰、咍之間僅有 1 例混注：珮$^{並}_{隊}$音倍$^{並}_{海}$P113L4。倍，《廣韻》薄亥切，並母海韻，然而《中原音韻》將之歸入齊微韻，與灰泰韻字“背輩貝狽”同音。《洪武正韻》灰（賄、隊）韻中亦收，這表明倍字亦讀成灰韻，《玉篇直音》同此。除此之外，未見灰、咍的混注，這不僅是因爲此二韻有開合之别，更重要的是二者的主元音已不相同。這種區别與上述第二、三兩點結論吻合，灰韻與泰韻的合口呼字一起併入了止攝合口呼字及蟹攝三、四等合口呼中，而咍韻則與泰韻的開口呼字一起與蟹攝二等佳、皆韻重組爲一個韻部。

第五，有 9 個佳韻被注字（罷$^{並}_{佳}$買$^{明}_{佳}$詍$^{泥}_{佳}$膶$^{見}_{佳}$娃$^{溪}_{佳}$涯$^{疑}_{佳}$蛙$^{影}_{佳}$娃$^{影}_{佳}$哾$^{影}_{佳}$）只跟麻韻字混注（即表 3.2-2 中：佳麻 9），不與其他蟹攝字相注，所以將之併入麻韻中，占佳韻總數的 13.64%，但這並不代表佳韻整體與麻韻合流，因爲併入的字僅限於牙、喉音字，個别的唇音字及泥母字。且仍有牙、喉音佳韻字與咍韻混注的情況，如：呆$^{疑}_{咍}$音崖$^{疑}_{佳}$P56L5；痎$^{集:}_{疑咍}$音捱$^{集:}_{疑佳}$P103L1；騃$^{字:}_{疑佳}$音埃$^{影}_{咍}$P153L4 等。這表明佳韻字處於兩分的狀態，一部分字已向假攝麻韻演變。這個問題在本章 3.5 節中有詳論，可參見。

第六，在止、蟹攝的其他混注中，支、脂、齊三韻與遇攝魚韻發生混注，除了止攝字作爲被注字外，還有遇攝字作爲被注字的情況。學界稱此類現象爲“支魚混注”。《玉篇直音》的支魚混注正是吳方音的體現，不過需要區别對待，因爲有的是支韻讀成魚韻，而有的是魚韻讀成支韻。對於這個問題，我们將在遇攝中进行專論，可參見本章 3.3 節。

據此我們初步認爲：支、脂、之、微、齊、祭、廢等韻業已合併，另灰、泰$_{合口}$也併入止攝合口字中。佳、皆、夬、咍、泰$_{開口}$等韻合流爲一個韻部。部分佳韻字併入假攝麻韻。下面使用系聯、反切比較等方法合併同音字組，通過系聯結果來進一步驗證上述結論。

3.2.1.2 高級統計

我們使用系聯法將中古止、蟹二攝字的音注歸併爲 295 個“準小韻”，內容詳見表 3-2-3。

（說明：本表“聲類”採取的是第二章《玉篇直音》中的聲類；同一聲類的“準小韻”間依據平上去的順序排列，紐四聲法注音的統一放在該聲類所轄“準小韻”的最後；每組“準小韻”後面用括號標注其自注或者混注的類型，韻目右下腳的數字爲該韻在“準小韻”中出現的次數，如支$_{2}$表示該“準小韻”中支韻出現2次，其注音類型爲支韻自注；支$_{3}$脂$_{11}$之$_{7}$紙$_{1}$止$_{1}$表示該“準小韻”中支韻出現3次，脂韻出現11次，之韻出現7次，紙韻出現1次，止韻出現1次，注音類型爲支脂之紙止混注。依據轄字的中古來源及在現代方言中的讀音將表格分爲若干類，如資類、利類等，分類依據會在各部的分析中詳述。類名取自該類中使用頻率較高且能代表本類字性質的注音字，即“丨”號後的字。）

表3-2-3 《玉篇直音》所含中古止、蟹攝字組表

聲母	準小韻序號	轄字
資類（含68個自然小類，25個“準小韻”）		
精	1	[0314]賫$^{精}_{脂}$齎$^{精}_{脂}$㳄$^{精}_{脂}$濟$^{精}_{脂}$孜$^{精}_{之}$姿$^{精}_{脂}$頿$^{精}_{支}$齜$^{莊}_{支}$紂$^{莊}_{之}$緇$^{莊}_{之}$芓$^{精}_{之}$此$^{精}_{紙}$粢$^{精}_{脂}$齋$^{精}_{脂}$齍$^{精}_{脂}$秄$^{精}_{止}$觜$^{精}_{支}$丨資$^{精}_{脂}$[0900]淄$^{莊}_{之}$丨緇$^{莊}_{之}$[1775]孳$^{精}_{之}$粢$^{精}_{脂}$丨姿$^{精}_{脂}$（支$_{3}$脂$_{11}$之$_{7}$紙$_{1}$止$_{1}$）
	2	[1895]柴$^{精}_{支}$積$^{從}_{脂}$丨貲$^{精}_{支}$（支$_{2}$脂$_{1}$）
	3	[0660]㞊$^{精}_{止}$𦙅$^{精}_{紙}$姊$^{精}_{旨}$紫$^{精}_{紙}$釨$^{精}_{止}$梓$^{精}_{止}$秭$^{精}_{旨}$榟$^{精}_{止}$丨子$^{精}_{止}$[1774]子$^{精}_{止}$呰$^{精}_{紙}$訿$^{精}_{紙}$𡳿$^{精}_{紙}$丨紫$^{精}_{紙}$[2908]痓$^{莊}_{止}$丨姊$^{精}_{旨}$（紙$_{6}$旨$_{3}$止$_{7}$）
	4	[0813]洅$^{精}_{賄}$呰$^{精}_{紙}$棸$^{精}_{紙}$玼$^{清}_{紙}$丨觜$^{精}_{紙}$（紙$_{4}$賄$_{1}$）
	5	[1945]恣$^{精}_{至}$丨資$^{精}_{至}$[2103]嗞$^{精}_{之}$㰣$^{精}_{至}$資$^{精}_{至}$葴$^{莊}_{志}$㰣$^{精}_{寘}$丨恣$^{精}_{至}$（寘$_{1}$至$_{5}$之$_{1}$志$_{1}$）
	6	[0017]喇$^{章}_{祭}$晣$^{章}_{祭}$嵮$^{章}_{寘}$厎$^{章}_{旨}$伿$^{章}_{寘}$㔟$^{章}_{至}$娡$^{章}_{志}$怾$^{章}_{志}$懥$^{知}_{志}$樴$^{章}_{志}$晣$^{章}_{祭}$𦕺$^{章}_{祭}$誌$^{章}_{志}$迣$^{章}_{祭}$𢈪$^{集:}_{莊寘}$疻$^{章}_{支}$寘$^{章}_{寘}$鷙$^{章}_{至}$贄$^{章}_{至}$摯$^{知}_{至}$輊$^{知}_{至}$䟡$^{知}_{志}$剚$^{莊}_{志}$鴲$^{章}_{志}$疐$^{知}_{至}$至$^{章}_{至}$丨志$^{章}_{志}$[1444]隡$^{澄}_{紙}$緻$^{澄}_{至}$致$^{知}_{至}$丨致$^{知}_{至}$[1729]伿$^{章}_{寘}$志$^{章}_{志}$㗌$^{知}_{質}$𥉫$^{章}_{祭}$摯$^{章}_{至}$躓$^{知}_{至}$褫$^{澄}_{紙}$䛗$^{章}_{寘}$制$^{章}_{祭}$鷙$^{章}_{至}$鴜$^{章}_{至}$鷙$^{知}_{至}$縶$^{章}_{至}$致$^{知}_{至}$致$^{知}_{至}$丨至$^{章}_{至}$[2209]腡$^{集:}_{章祭}$晢$^{章}_{祭}$狾$^{章}_{祭}$猘$^{集:}_{章祭}$㓷$^{章}_{祭}$丨制$^{章}_{祭}$[3339]第$^{集:}_{莊寘}$丨寘$^{章}_{寘}$（紙$_{2}$寘$_{8}$旨$_{1}$至$_{19}$志$_{11}$祭$_{13}$質$_{1}$）
	7	[0626]嵫$^{精}_{之}$滋$^{精}_{之}$嗞$^{精}_{之}$甾$^{集:}_{莊之}$郪$^{精}_{支}$鄑$^{精}_{支}$鄑$^{莊}_{之}$郪$^{精}_{支}$仔$^{精}_{之}$髭$^{精}_{支}$䚡$^{精}_{脂}$諮$^{精}_{脂}$鎡$^{精}_{之}$輜$^{莊}_{之}$菑$^{莊}_{之}$鶅$^{莊}_{之}$滋$^{精}_{之}$丨茲$^{精}_{之}$[1779]孖$^{精}_{之}$咨$^{精}_{脂}$訾$^{精}_{支}$椔$^{莊}_{之}$餈$^{從}_{支}$䶡$^{精}_{脂}$齜$^{精}_{支}$茲$^{精}_{之}$玆$^{精}_{之}$鼒$^{精}_{之}$丨咨$^{精}_{脂}$ [1903]䏡$^{章}_{支}$丨肢$^{章}_{支}$[2139]吱$^{章}_{支}$祇$^{章}_{支}$衹$^{章}_{支}$梔$^{章}_{支}$枝$^{章}_{支}$榰$^{章}_{支}$巵$^{章}_{支}$芝$^{章}_{之}$秖$^{章}_{支}$鳷$^{章}_{支}$氏$^{章}_{支}$之$^{章}_{之}$甾$^{莊}_{之}$丨支$^{章}_{支}$[2321]肢$^{章}_{支}$胑$^{章}_{支}$脂$^{章}_{脂}$疻$^{章}_{支}$軹$^{章}_{支}$知$^{知}_{支}$栺$^{章}_{脂}$㞢$^{章}_{之}$巵$^{章}_{支}$芝$^{章}_{之}$丨之$^{章}_{之}$[2344]䐈$^{莊}_{脂}$丨菑$^{集:}_{莊之}$[2961]衼$^{章}_{支}$丨芝$^{章}_{之}$[3057]䝷$^{知}_{支}$蜘$^{知}_{支}$鼅$^{知}_{支}$丨知$^{知}_{支}$[3425]鳷$^{章}_{支}$支$^{章}_{支}$巵$^{章}_{支}$丨枝$^{章}_{支}$[3539]翨$^{書}_{寘}$翄$^{書}_{寘}$丨翅$^{書}_{寘}$ [3545]翅$^{書}_{寘}$丨之去$^{章}_{志}$（支$_{35}$脂$_{8}$之$_{25}$寘$_{4}$志$_{1}$）
清	8	[2537]縒$^{初}_{支}$丨嵯$^{初}_{支}$（支$_{2}$）
	9	[1478]廁$^{初}_{志}$庛$^{清}_{至}$佽$^{清}_{至}$𩬅$^{清}_{至}$刺$^{清}_{寘}$丨次$^{清}_{至}$[1518]庢$^{清}_{寘}$朿$^{清}_{寘}$丨刺$^{清}_{寘}$（寘$_{4}$至$_{4}$志$_{1}$）
	10	[2390]𢯷$^{清}_{脂}$丨雌$^{清}_{支}$[3533]雌$^{清}_{支}$丨此平$^{清}_{支}$[1629]傂$^{清}_{紙}$佌$^{清}_{紙}$呲$^{從}_{支}$𢪛$^{清}_{紙}$丨此$^{清}_{紙}$[2781]此$^{清}_{紙}$丨雌上$^{清}_{紙}$（支$_{4}$脂$_{1}$紙$_{6}$）
從	11	[0373]𩃔$^{從}_{脂}$丨茨$^{從}_{脂}$[1055]磁$^{從}_{之}$庛$^{從}_{支}$疵$^{從}_{支}$瓷$^{從}_{脂}$茨$^{從}_{脂}$餈$^{從}_{脂}$鶿$^{從}_{之}$鷀$^{從}_{之}$丨慈$^{從}_{之}$[1964]慈$^{從}_{之}$丨糍$^{從}_{之}$（支$_{2}$脂$_{5}$之$_{6}$）
	12	[2296]齜$^{從}_{支}$瓷$^{從}_{脂}$丨茲$^{從}_{之}$（支$_{1}$脂$_{1}$之$_{1}$）
	13	[2175]眥$^{從}_{寘}$丨眦$^{從}_{寘}$（寘$_{2}$）
心	14	[0245]颸$^{心}_{之}$澌$^{心}_{支}$虒$^{心}_{支}$偲$^{心}_{之}$恖$^{心}_{之}$絲$^{心}_{之}$緦$^{心}_{之}$司$^{心}_{之}$禗$^{心}_{之}$䙅$^{心}_{支}$私$^{心}_{脂}$鷥$^{心}_{之}$虒$^{心}_{支}$䰄$^{心}_{之}$斯$^{心}_{支}$罳$^{心}_{之}$丨思$^{心}_{之}$[0871]泀$^{心}_{之}$呞$^{書}_{之}$䚓$^{心}_{之}$師$^{生}_{脂}$丨司$^{心}_{之}$[1493]廝$^{心}_{支}$凘$^{心}_{支}$㒋$^{心}_{支}$謕$^{心}_{支}$鷥$^{心}_{脂}$丨斯$^{心}_{支}$[1967]思$^{心}_{之}$私$^{心}_{脂}$丨私$^{心}_{脂}$[3396]釃$^{生}_{支}$螄$^{生}_{脂}$獅$^{生}_{脂}$丨師$^{生}_{脂}$（支$_{11}$脂$_{8}$之$_{16}$）
	15	[1861]媸$^{昌}_{之}$屍$^{書}_{脂}$鳲$^{書}_{脂}$詩$^{書}_{之}$丨尸$^{書}_{脂}$[2210]眱$^{書}_{之}$襹$^{生}_{支}$纚$^{書}_{支}$絁$^{書}_{支}$尸$^{書}_{脂}$翌$^{韻:}_{書之}$菥$^{生}_{脂}$施$^{書}_{支}$蓍$^{書}_{脂}$施$^{書}_{支}$丨詩$^{書}_{之}$[2634]覗$^{書}_{支}$攱$^{書}_{支}$丨施$^{書}_{支}$（支$_{8}$脂$_{6}$之$_{5}$）
	16	[0663]𡷫$^{生}_{止}$岑$^{生}_{旨}$㱦$^{心}_{旨}$死$^{心}_{旨}$丨使$^{生}_{止}$（旨$_{3}$止$_{2}$）
	17	[0833]浊$^{生}_{志}$駛$^{生}_{止}$丨史$^{生}_{止}$[2868]闍$^{書}_{旨}$丨豕$^{書}_{紙}$[2891]屎$^{書}_{旨}$矢$^{書}_{旨}$㢮$^{書}_{紙}$豕$^{書}_{紙}$旇$^{書}_{止}$叓$^{生}_{止}$丨始$^{書}_{止}$[3405]屎$^{書}_{旨}$弛$^{書}_{紙}$丨矢$^{書}_{旨}$（紙$_{4}$旨$_{5}$止$_{5}$志$_{1}$）
	18	[2857]伺$^{心}_{寘}$丨俟$^{崇}_{止}$（寘$_{1}$止$_{1}$）
	19	[2954]𣩠$^{心}_{寘}$丨斯$^{心}_{寘}$（寘$_{2}$）
	20	[0616]峡$^{生}_{止}$泗$^{心}_{至}$賜$^{心}_{寘}$柶$^{心}_{至}$駟$^{心}_{至}$三$^{心}_{至}$䦉$^{心}_{至}$肆$^{心}_{至}$丨四$^{心}_{至}$[0882]滐$^{龍:}_{心暮}$丨泗$^{心}_{至}$[1026]凘$^{心}_{寘}$丨賜$^{心}_{寘}$[3601]四$^{心}_{至}$丨肆$^{心}_{至}$（寘$_{3}$至$_{10}$止$_{1}$暮$_{1}$）
	21	[0219]肤$^{韻:}_{邪止}$丨巳$^{邪}_{止}$[1769]兕$^{邪}_{旨}$孠$^{邪}_{志}$市$^{禪}_{止}$峙$^{澄}_{止}$杫$^{心}_{寘}$丨寺$^{邪}_{志}$[3024]鈰$^{禪}_{止}$柿$^{崇}_{止}$巳$^{邪}_{止}$翅$^{書}_{寘}$氏$^{禪}_{紙}$丨市$^{禪}_{止}$（紙$_{1}$旨$_{1}$止$_{8}$寘$_{2}$志$_{2}$）

續表

聲母	準小韻序號	轄字
邪	22	[2856]詞$^{邪}_{之}$丨辭$^{邪}_{之}$[2858]嗣$^{邪}_{之}$祠$^{邪}_{之}$柌$^{邪}_{之}$辭$^{邪}_{之}$辞$^{邪}_{之}$丨詞$^{邪}_{之}$（之$_{8}$）
	23	[2778]汜$^{崇}_{止}$丨杞$^{邪}_{止}$（止$_{2}$）
	24	[3185]柹$^{崇}_{止}$丨士$^{崇}_{止}$（止$_{2}$）
	25	[0731]兕$^{邪}_{止}$汜$^{邪}_{止}$洍$^{邪}_{止}$涘$^{崇}_{止}$俟$^{崇}_{止}$佀$^{邪}_{止}$姒$^{邪}_{止}$祠$^{邪}_{之}$鈶$^{邪}_{止}$笥$^{心}_{志}$飼$^{邪}_{志}$飤$^{邪}_{志}$汜$^{邪}_{止}$祀$^{邪}_{止}$耜$^{邪}_{止}$涘$^{崇}_{止}$竢$^{崇}_{止}$丨似$^{邪}_{止}$[0864]涬$^{莊}_{止}$殰$^{從}_{寘}$丨漬$^{從}_{寘}$[0881]漬$^{從}_{寘}$竢$^{崇}_{止}$姰$^{從}_{至}$髊$^{從}_{寘}$胔$^{從}_{寘}$竢$^{崇}_{止}$丨自$^{從}_{至}$[2396]胔$^{從}_{寘}$牸$^{從}_{志}$自$^{從}_{至}$丨字$^{從}_{志}$（之$_{1}$寘$_{6}$至$_{3}$止$_{17}$志$_{5}$）
池類（含33個自然小類，17個"準小韻"）		
章	26	[0761]沚$^{章}_{紙}$汦$^{章}_{紙}$洔$^{章}_{止}$淽$^{章}_{止}$砥$^{章}_{紙}$址$^{章}_{止}$阯$^{章}_{止}$庢$^{章}_{止}$恉$^{章}_{旨}$趾$^{章}_{止}$黹$^{知}_{旨}$阯$^{章}_{紙}$指$^{章}_{旨}$鉙$^{知}_{駭}$枳$^{章}_{紙}$芷$^{章}_{止}$丨止$^{章}_{止}$[1287]畤$^{章}_{止}$底$^{章}_{紙}$丨紙$^{章}_{紙}$[2558]紙$^{章}_{紙}$帋$^{章}_{紙}$止$^{章}_{止}$㫖$^{章}_{旨}$鴲$^{章}_{旨}$丨旨$^{章}_{旨}$（紙$_{9}$旨$_{6}$止$_{10}$駭$_{1}$）
	27	[3085]軹$^{章}_{紙}$丨只$^{章}_{紙}$（紙$_{2}$）
	28	[2992]銐$^{澄}_{祭}$丨智$^{知}_{寘}$（寘$_{1}$祭$_{1}$）
	29	[3068]罝$^{知}_{志}$丨置$^{知}_{志}$（志$_{2}$）
昌	30	[1339]郗$^{徹}_{脂}$齝$^{徹}_{之}$鴟$^{昌}_{脂}$鵄$^{昌}_{脂}$蚩$^{昌}_{之}$丨笞$^{徹}_{之}$[1446]媸$^{昌}_{之}$絺$^{徹}_{脂}$瓻$^{徹}_{脂}$笞$^{徹}_{之}$螭$^{徹}_{支}$彲$^{徹}_{支}$丨蚩$^{昌}_{之}$（支$_{2}$脂$_{5}$之$_{6}$）
	31	[1885]妛$^{昌}_{之}$嗤$^{昌}_{之}$眵$^{昌}_{支}$癡$^{徹}_{之}$蚩$^{昌}_{之}$丨痴$^{徹}_{之}$（支$_{1}$之$_{5}$）
	32	[0411]㶴$^{昌}_{紙}$㢋$^{昌}_{紙}$姼$^{昌}_{紙}$恀$^{昌}_{紙}$哆$^{昌}_{紙}$袲$^{昌}_{紙}$丨侈$^{昌}_{紙}$（紙$_{7}$）
	33	[2238]恥$^{徹}_{止}$丨齒$^{昌}_{止}$[2268]頶$^{昌}_{旨}$齒$^{昌}_{止}$丨耻$^{徹}_{止}$（旨$_{1}$止$_{4}$）
	34	[3411]糦$^{昌}_{志}$丨饎$^{昌}_{志}$（志$_{2}$）
	35	[0416]熾$^{昌}_{志}$跇$^{徹}_{祭}$丨戠$^{章}_{職}$[2608]幟$^{昌}_{志}$饎$^{昌}_{志}$丨熾$^{昌}_{志}$（志$_{4}$祭$_{1}$職$_{1}$）
	36	[1165]戠$^{昌}_{志}$熾$^{昌}_{祭}$跇$^{徹}_{祭}$踥$^{徹}_{祭}$諦$^{徹}_{祭}$𢧐$^{徹}_{至}$瘛$^{昌}_{祭}$痓$^{昌}_{至}$𣧑$^{徹}_{至}$魅$^{徹}_{志}$丨滯$^{集:}_{徹祭}$（至$_{3}$志$_{2}$祭$_{6}$）
澄	37	[0584]岻$^{澄}_{脂}$𡍫$^{澄}_{脂}$墀$^{澄}_{脂}$坻$^{澄}_{脂}$坛$^{澄}_{脂}$阤$^{澄}_{支}$偫$^{澄}_{止}$齛$^{澄}_{支}$謘$^{澄}_{之}$踟$^{澄}_{支}$遲$^{澄}_{脂}$遟$^{澄}_{脂}$迡$^{全:}_{澄支}$持$^{澄}_{之}$菭$^{澄}_{之}$篪$^{澄}_{支}$竾$^{澄}_{支}$蚳$^{澄}_{脂}$馳$^{澄}_{支}$秲$^{澄}_{之}$丨池$^{澄}_{支}$[0754]池$^{澄}_{支}$池$^{澄}_{支}$馳$^{澄}_{支}$丨遲$^{澄}_{脂}$[3072]貾$^{澄}_{脂}$丨馳$^{澄}_{支}$[3668]虒$^{澄}_{支}$丨篪$^{澄}_{支}$（支$_{14}$脂$_{10}$之$_{4}$止$_{1}$）
	38	[0600]峙$^{澄}_{止}$丨滯$^{澄}_{祭}$（止$_{1}$祭$_{1}$）
	39	[1486]庤$^{澄}_{止}$倁$^{澄}_{至}$痔$^{澄}_{止}$穉$^{澄}_{至}$稚$^{澄}_{至}$稺$^{澄}_{至}$彘$^{澄}_{至}$丨治$^{澄}_{志}$[2670]謘$^{澄}_{至}$薙$^{澄}_{至}$雉$^{澄}_{旨}$丨稚$^{澄}_{至}$[2925]𦔊$^{鏡:}_{澄旨}$丨雉$^{澄}_{旨}$（旨$_{3}$止$_{2}$至$_{8}$志$_{1}$）
書	40	[0984]澨$^{禪}_{祭}$啻$^{書}_{寘}$勢$^{書}_{祭}$誓$^{禪}_{祭}$試$^{書}_{志}$銴$^{禪}_{祭}$貰$^{書}_{祭}$[illegible]$^{禪}_{祭}$丨世$^{書}_{祭}$[2721]逝$^{禪}_{祭}$筮$^{禪}_{祭}$丨誓$^{禪}_{祭}$[2841]揓$^{書}_{寘}$弑$^{書}_{志}$弒$^{書}_{志}$丨試$^{書}_{志}$（寘$_{2}$志$_{4}$祭$_{10}$）
禪	41	[0011]旹$^{禪}_{之}$塒$^{禪}_{之}$鄌$^{以}_{支}$匙$^{禪}_{支}$鰣$^{禪}_{之}$題$^{禪}_{支}$丨時$^{禪}_{之}$（支$_{3}$之$_{4}$）
	42	[0654]崼$^{禪}_{紙}$侍$^{禪}_{志}$恃$^{禪}_{止}$偍$^{禪}_{紙}$噬$^{禪}_{祭}$㖷$^{禪}_{至}$舓$^{船}_{紙}$舐$^{船}_{紙}$䑛$^{船}_{紙}$𧿹$^{船}_{紙}$諡$^{船}_{至}$謚$^{船}_{至}$遾$^{禪}_{祭}$昰$^{禪}_{紙}$是$^{禪}_{紙}$示$^{船}_{至}$鉃$^{禪}_{旨}$示$^{船}_{至}$丨是$^{禪}_{止}$[0909]溡$^{集:}_{崇止}$邿$^{書}_{之}$豉$^{禪}_{寘}$敊$^{禪}_{寘}$丨侍$^{禪}_{志}$[2093]嗜$^{禪}_{至}$眎$^{禪}_{旨}$視$^{禪}_{旨}$視$^{禪}_{旨}$丨示$^{船}_{至}$[2196]眂$^{禪}_{旨}$丨視$^{禪}_{旨}$[3389]䭶$^{禪}_{至}$丨嗜$^{禪}_{至}$（之$_{1}$紙$_{8}$旨$_{6}$止$_{3}$寘$_{2}$至$_{9}$志$_{2}$祭$_{2}$）
利類（含233個自然小類，106個"準小韻"）		
幫	43	[1058]碑$^{幫}_{支}$裨$^{幫}_{支}$椑$^{幫}_{支}$箆$^{幫}_{脂}$箄$^{幫}_{支}$卑$^{幫}_{支}$丨悲$^{幫}_{脂}$[1285]啤$^{幫}_{支}$丨碑$^{幫}_{支}$[1918]悲$^{幫}_{脂}$錍$^{幫}_{支}$焷$^{幫}_{齊}$丨卑$^{幫}_{支}$（支$_{9}$脂$_{3}$齐$_{1}$）
	44	[2988]鑋$^{幫}_{支}$丨陂$^{幫}_{支}$（支$_{2}$）
	45	[1307]鄙$^{幫}_{旨}$妣$^{幫}_{旨}$柀$^{幫}_{紙}$彼$^{幫}_{紙}$匕$^{幫}_{旨}$丨比$^{幫}_{旨}$[1700]㔥$^{幫}_{紙}$佊$^{幫}_{紙}$秕$^{幫}_{旨}$𢓡$^{幫}_{紙}$比$^{幫}_{旨}$丨彼$^{幫}_{紙}$[28823]啚$^{幫}_{旨}$丨鄙$^{幫}_{旨}$（紙$_{6}$旨$_{8}$）
	46	[1664]俾$^{玉:}_{幫紙}$丨卑$^{集:}_{幫紙}$（紙$_{2}$）
	47	[0778]泌$^{幫}_{至}$毖$^{幫}_{至}$柲$^{幫}_{至}$閟$^{幫}_{至}$祕$^{幫}_{至}$鉍$^{幫}_{至}$苾$^{幫}_{至}$丨秘$^{幫}_{至}$[1393]邲$^{幫}_{至}$鄪$^{幫}_{至}$丨賁$^{幫}_{寘}$[1484]庇$^{幫}_{至}$丨嬖$^{幫}_{霽}$[1644]備$^{並}_{至}$丨庇$^{幫}_{至}$[1886]嬖$^{幫}_{霽}$臂$^{幫}_{寘}$詖$^{幫}_{寘}$陂$^{玉:}_{並寘}$閉$^{幫}_{霽}$痹$^{幫}_{至}$痺$^{幫}_{至}$祕$^{幫}_{至}$賁$^{幫}_{寘}$貱$^{幫}_{寘}$蔽$^{幫}_{祭}$箅$^{幫}_{霽}$閉$^{幫}_{霽}$毖$^{幫}_{至}$閟$^{幫}_{至}$秘$^{幫}_{至}$丨閉$^{幫}_{霽}$[2359]臂$^{集:}_{幫寘}$丨臂$^{幫}_{寘}$（寘$_{8}$至$_{19}$霽$_{6}$祭$_{1}$）
	48	[2916]疪$^{幫}_{至}$丨比$^{幫}_{至}$（至$_{2}$）
	49	[1301]鷩$^{幫}_{祭}$鷩$^{幫}_{祭}$丨潎$^{洪:}_{幫祭}$（祭$_{3}$）
滂	50	[0638]岯$^{集:}_{滂灰}$邳$^{洪:}_{滂灰}$伾$^{滂}_{脂}$娝$^{滂}_{咍}$怌$^{滂}_{脂}$䫠$^{滂}_{脂}$髬$^{滂}_{脂}$鉟$^{滂}_{脂}$秠$^{滂}_{脂}$丨丕$^{滂}_{脂}$[1057]磇$^{滂}_{齊}$䏘$^{滂}_{支}$紕$^{滂}_{脂}$批$^{滂}_{齊}$翍$^{滂}_{支}$丕$^{滂}_{脂}$旇$^{滂}_{支}$䰦$^{並}_{紙}$秛$^{滂}_{支}$丨披$^{滂}_{支}$[2247]䫠$^{集:}_{滂脂}$丨邳$^{洪:}_{滂灰}$[2774]諀$^{滂}_{支}$鈹$^{滂}_{支}$鈚$^{滂}_{齊}$丨批$^{滂}_{齊}$[2801]披$^{滂}_{支}$丨否平$^{並}_{脂}$[3489]狉$^{滂}_{脂}$豾$^{滂}_{脂}$丕$^{滂}_{脂}$丨醅$^{滂}_{灰}$（支$_{9}$脂$_{14}$齐$_{4}$灰$_{4}$咍$_{1}$）
	51	[2046]㤳$^{滂}_{脂}$剕$^{滂}_{齊}$丨被$^{集:}_{滂支}$（支$_{1}$脂$_{1}$齊$_{1}$）
	52	[1228]圮$^{滂}_{旨}$陂$^{滂}_{紙}$圯$^{滂}_{薺}$丨痞$^{滂}_{旨}$[2909]痞$^{滂}_{紙}$丨䣞$^{滂}_{旨}$（紙$_{2}$旨$_{3}$薺$_{1}$）
	53	[0934]淠$^{滂}_{至}$澼$^{集:}_{滂霽}$庀$^{滂}_{紙}$睥$^{滂}_{霽}$屁$^{滂}_{至}$辟$^{滂}_{寘}$丨譬$^{滂}_{寘}$[2637]譬$^{滂}_{寘}$丨辟$^{滂}_{寘}$[2694]詑$^{滂}_{至}$丨屁$^{滂}_{至}$（紙$_{1}$寘$_{4}$至$_{4}$霽$_{2}$）
	54	[2117]嚊$^{滂}_{至}$丨被$^{集:}_{滂寘}$（寘$_{1}$至$_{1}$）

續表

聲母	準小韻序號	轄字
滂	55	[2607]帔$^{滂}_{寘}$ | 轡$^{幫}_{至}$（寘$_1$至$_1$）
並	56	[0268]䫌$^{並}_{齊}$焷$^{並}_{支}$埤$^{並}_{支}$郫$^{並}_{支}$庋$^{並}_{支}$帔$^{玉:}_{滂支}$脾$^{並}_{支}$毞$^{並}_{脂}$疲$^{並}_{支}$鈹$^{滂}_{支}$琵$^{並}_{脂}$枇$^{並}_{脂}$榌$^{並}_{脂}$芘$^{並}_{脂}$粃$^{並}_{脂}$䴽$^{並}_{支}$諀$^{並}_{齊}$蚍$^{並}_{脂}$魮$^{並}_{脂}$貔$^{並}_{脂}$豼$^{並}_{脂}$舭$^{並}_{脂}$鞞$^{並}_{支}$羆$^{幫}_{支}$ | 皮$^{並}_{支}$ [3549]皮$^{並}_{支}$ | 毘$^{並}_{脂}$（支$_{13}$脂$_{12}$齊$_2$）
	57	[0637]崥$^{並}_{齊}$陴$^{並}_{支}$ | 卑$^{集:}_{並支}$（支$_2$齊$_1$）
	58	[1906]舭$^{並}_{脂}$螕$^{並}_{脂}$ | 比$^{並}_{脂}$（脂$_3$）
	59	[2948]㿙$^{集:}_{並紙}$ | 卑$^{集:}_{並紙}$（紙$_2$）
	60	[0933]浧$^{並}_{齊}$坒$^{並}_{至}$被$^{並}_{紙}$梐$^{並}_{齊}$狴$^{並}_{齊}$骳$^{並}_{紙}$ | 陛$^{並}_{齊}$[1206]圮$^{並}_{旨}$阰$^{集:}_{並紙}$鼻$^{並}_{至}$肶$^{並}_{旨}$髲$^{並}_{寘}$髀$^{並}_{齊}$㾦$^{並}_{寘}$ | 被$^{並}_{寘}$[1402]陛$^{並}_{齊}$媲$^{集:}_{並脂}$膞$^{並}_{至}$ | 鼻$^{並}_{至}$（脂$_1$ 紙$_3$旨$_2$薺$_6$寘$_3$至$_4$）
	61	[1479]庳$^{並}_{紙}$ | 婢$^{並}_{紙}$[1853]婢$^{並}_{紙}$ | 比$^{並}_{至}$（紙$_3$至$_1$）
	62	[2618]幣$^{並}_{祭}$贔$^{並}_{至}$蘢$^{集:}_{並紙}$獘$^{並}_{祭}$敝$^{並}_{祭}$奰$^{並}_{至}$獘$^{並}_{祭}$闢$^{並}_{霽}$ | 避$^{並}_{寘}$[2956]斃$^{並}_{祭}$ | 敝$^{並}_{祭}$[2742]避$^{並}_{寘}$篦$^{字:}_{並志}$ | 備$^{並}_{至}$（紙$_1$寘$_2$至$_3$志$_1$霽$_1$ 祭$_6$）
明	63	[0937]瀰$^{明}_{紙}$侎$^{明}_{紙}$ | 弥$^{明}_{紙}$（紙$_3$）
	64	[0442]縻$^{明}_{支}$劘$^{明}_{支}$ | 靡$^{明}_{支}$[0479]媚$^{明}_{至}$嵋$^{明}_{脂}$𡾰$^{明}_{紙}$湄$^{明}_{脂}$湄$^{明}_{脂}$濂$^{明}_{脂}$郿$^{明}_{脂}$瞴$^{明}_{脂}$迷$^{明}_{齊}$瑂$^{明}_{脂}$弥$^{明}_{支}$彌$^{明}_{支}$楣$^{明}_{脂}$鸍$^{明}_{支}$鶥$^{明}_{脂}$䰨$^{明}_{至}$ | 眉$^{明}_{脂}$[1890]瓕$^{明}_{支}$瞇$^{明}_{支}$ 𡑄$^{明}_{支}$ | 弥$^{明}_{支}$[1994]㥍$^{明}_{紙}$瞇$^{明}_{齊}$䃾$^{明}_{支}$覭$^{明}_{齊}$蘪$^{明}_{脂}$䥸$^{明}_{支}$糜$^{明}_{支}$縻$^{明}_{支}$靡$^{明}_{支}$䕳$^{明}_{支}$罙$^{明}_{支}$ | 迷$^{明}_{齊}$[2586]麋$^{明}_{支}$蘼$^{明}_{支}$醾$^{明}_{齊}$麋$^{明}_{脂}$ | 糜$^{明}_{支}$[3397]醾$^{明}_{支}$釄$^{明}_{支}$ | 縻$^{明}_{支}$[3416]縻$^{明}_{支}$ | 麋$^{明}_{脂}$[0811]洣$^{明}_{薺}$眯$^{明}_{薺}$𥹶$^{明}_{薺}$弭$^{明}_{紙}$芈$^{明}_{紙}$敉$^{明}_{紙}$ | 米$^{明}_{薺}$[2987]麊$^{明}_{支}$ | 弭$^{明}_{紙}$[3403]米$^{明}_{薺}$ | 迷上$^{明}_{薺}$[2696]謎$^{明}_{霽}$ | 迷 去$^{明}_{霽}$[2853]闢$^{明}_{紙}$ | 謎$^{明}_{霽}$（支$_{25}$脂$_{13}$齊$_5$紙$_7$至$_2$薺$_6$霽$_3$）
端	65	[0102]眂$^{端}_{齊}$阺$^{端}_{齊}$阤$^{端}_{齊}$胝$^{端}_{脂}$詆$^{端}_{齊}$軧$^{端}_{齊}$奃$^{端}_{齊}$氐$^{端}_{齊}$ | 低$^{端}_{齊}$[1056]磾$^{端}_{齊}$羝$^{端}_{齊}$低$^{端}_{齊}$ | 氐$^{端}_{齊}$[1683]低$^{端}_{齊}$仾$^{端}_{齊}$ | 羝$^{端}_{齊}$（脂$_1$齊$_{15}$）
	66	[2334]䏄$^{端}_{齊}$ | 堤$^{端}_{齊}$（齊$_2$）
	67	[1214]堤$^{端}_{薺}$ | 提$^{集:}_{端薺}$（薺$_2$）
	68	[1364]邸$^{端}_{薺}$題$^{定}_{薺}$抵$^{端}_{薺}$柢$^{端}_{薺}$ | 底$^{端}_{薺}$[1482]底$^{端}_{薺}$ | 抵$^{端}_{薺}$（薺$_7$）
	69	[2151]呧$^{端}_{薺}$ | 氐$^{端}_{薺}$（薺$_2$）
	70	[1233]墆$^{定}_{霽}$偙$^{端}_{霽}$僀$^{端}_{霽}$嚏$^{端}_{霽}$鶙$^{端}_{霽}$骸$^{端}_{霽}$骶$^{端}_{霽}$諦$^{端}_{霽}$逓$^{端}_{霽}$摕$^{端}_{霽}$𤸈$^{端}_{霽}$蔕$^{端}_{霽}$𩚏$^{端}_{齊}$蝭$^{定}_{齊}$螮$^{端}_{霽}$疐$^{端}_{霽}$ | 帝$^{端}_{霽}$（霽$_{17}$）
	71	[1729]怟$^{端}_{霽}$ | 至$^{章}_{至}$（至$_1$霽$_1$）
透	72	[1907]體$^{透}_{薺}$躰$^{透}_{薺}$軆$^{透}_{薺}$ | 体$^{透}_{薺}$（薺$_4$）
	73	[3196]梯$^{透}_{齊}$ | 替平$^{透}_{齊}$[3427]鷉$^{透}_{齊}$ | 梯$^{透}_{齊}$[0815]涕$^{透}_{霽}$替$^{透}_{霽}$ | 剃$^{透}_{霽}$[2201]睇$^{透}_{齊}$䶏$^{端}_{霽}$鵜$^{透}_{霽}$ | 涕$^{透}_{霽}$[0828]洟$^{透}_{霽}$鬀$^{透}_{霽}$剃$^{透}_{霽}$涕$^{透}_{霽}$鬄$^{透}_{霽}$ 褅$^{透}_{霽}$揥$^{透}_{霽}$挮$^{透}_{霽}$屜$^{透}_{霽}$剃$^{透}_{霽}$楴$^{透}_{霽}$ | 替$^{透}_{霽}$（齊$_4$霽$_{19}$）
定	74	[0382]霋$^{定}_{齊}$隄$^{定}_{齊}$媞$^{定}_{齊}$睼$^{定}_{齊}$䝲$^{定}_{齊}$蹏$^{定}_{齊}$蹄$^{定}_{齊}$題$^{定}_{齊}$鍉$^{集:}_{定齊}$瑅$^{定}_{齊}$醍$^{定}_{齊}$鵜$^{定}_{齊}$㔶$^{定}_{齊}$ | 提$^{定}_{齊}$[0681]崹$^{定}_{齊}$渧$^{定}_{齊}$禔$^{定}_{齊}$綈$^{定}_{齊}$緹$^{定}_{齊}$提$^{定}_{齊}$題$^{定}_{齊}$鍗$^{定}_{齊}$稊$^{定}_{齊}$鮷$^{定}_{齊}$ 罤$^{定}_{齊}$ | 啼$^{定}_{齊}$[2104]啼$^{定}_{齊}$ | 蹄$^{定}_{齊}$（齊$_{28}$）
	75	[2959]禔$^{定}_{齊}$ | 是$^{定}_{齊}$（齊$_2$）
	76	[0584]𢄫$^{定}_{齊}$ | 池$^{澄}_{支}$（支$_1$齊$_1$）
	77	[0730]埊$^{定}_{至}$埊$^{定}_{至}$𧩼$^{定}_{霽}$遰$^{定}_{霽}$遞$^{定}_{霽}$递$^{定}_{薺}$ | 地$^{定}_{至}$（至$_3$薺$_1$霽$_3$）
	78	[1421]阤$^{澄}_{紙}$睇$^{定}_{霽}$娣$^{定}_{薺}$悷$^{定}_{代}$悌$^{定}_{薺}$踶$^{定}_{霽}$締$^{定}_{霽}$禘$^{定}_{霽}$軑$^{定}_{霽}$鍉$^{定}_{薺}$棣$^{定}_{霽}$苐$^{定}_{霽}$第$^{定}_{霽}$鵜$^{定}_{齊}$髢$^{定}_{霽}$ | 弟$^{定}_{霽}$[1760]弟$^{定}_{霽}$ | 苐$^{定}_{霽}$（紙$_1$薺$_4$霽$_{12}$代$_1$）
泥	79	[0512]㶵$^{日}_{之}$洏$^{日}_{之}$陑$^{日}_{之}$兒$^{日}_{支}$㚧$^{日}_{之}$胹$^{日}_{之}$髵$^{日}_{之}$輀$^{日}_{之}$栭$^{日}_{之}$鴯$^{日}_{之}$鮞$^{日}_{之}$𩀋$^{日}_{之}$耏$^{日}_{之}$ | 而$^{日}_{之}$[3730]而$^{日}_{之}$ | 兒$^{日}_{支}$（支$_2$之$_{14}$）
	80	[1443]隬$^{泥}_{薺}$伱$^{泥}_{止}$抳$^{泥}_{紙}$禰$^{泥}_{薺}$祢$^{泥}_{薺}$鈮$^{泥}_{薺}$柅$^{泥}_{旨}$檷$^{泥}_{薺}$𣶩$^{泥}_{薺}$薾$^{泥}_{薺}$苨$^{泥}_{薺}$伲$^{以}_{脂}$ | 你$^{集:}_{泥止}$（脂$_1$紙$_1$旨$_1$止$_2$薺$_8$）
	81	[1854]嬭$^{泥}_{薺}$妳$^{泥}_{薺}$ | 泥$^{泥}_{薺}$（薺$_3$）
	82	[2740]邇$^{日}_{紙}$迩$^{日}_{紙}$駬$^{日}_{止}$爾$^{日}_{紙}$尒$^{日}_{紙}$ | 耳$^{日}_{止}$[2223]耳$^{日}_{止}$ | 尔$^{日}_{紙}$（紙$_5$止$_3$）
	83	[1652]佴$^{日}_{志}$㚷$^{日}_{志}$咡$^{日}_{志}$眲$^{日}_{志}$膩$^{泥}_{至}$䏌$^{日}_{志}$峏$^{日}_{志}$㥽$^{日}_{至}$誀$^{日}_{志}$珥$^{日}_{志}$貳$^{日}_{至}$弍$^{日}_{至}$刵$^{日}_{志}$樲$^{日}_{至}$樲$^{日}_{至}$弍$^{日}_{至}$貳$^{日}_{至}$ | 二$^{日}_{至}$[2019]㥽$^{泥}_{至}$二$^{日}_{至}$ | 貳$^{日}_{至}$（至$_{12}$志$_9$）
	84	[3678]𦋽$^{日}_{志}$ | 餌$^{日}_{志}$（志$_2$）
	85	[0062]昵$^{泥}_{齊}$䬲$^{改:}_{以支}$泥$^{泥}_{齊}$屔$^{泥}_{齊}$怩$^{泥}_{脂}$呢$^{泥}_{脂}$㖇$^{泥}_{脂}$跜$^{泥}_{脂}$䛏$^{泥}_{齊}$䡾$^{泥}_{脂}$旎$^{泥}_{紙}$ | 尼$^{泥}_{脂}$[1246]埿$^{泥}_{齊}$臡$^{泥}_{齊}$尼$^{泥}_{脂}$秜$^{泥}_{脂}$ | 泥$^{泥}_{齊}$ [2741]迡$^{泥}_{霽}$ | 尼去$^{泥}_{至}$ （支$_1$脂$_8$齊$_6$紙$_1$薺$_1$至$_1$霽$_1$）
來	86	[0426]熪$^{來}_{支}$鄹$^{來}_{脂}$𢘻$^{來}_{支}$𠹲$^{來}_{之}$縭$^{來}_{支}$謧$^{來}_{支}$邌$^{來}_{齊}$摛$^{來}_{支}$褵$^{來}_{之}$鑗$^{來}_{脂}$藜$^{來}_{齊}$𪐨$^{來}_{齊}$鵹$^{來}_{支}$鸝$^{來}_{支}$鵹$^{來}_{支}$驪$^{來}_{支}$ | 梨$^{來}_{脂}$[0876]漓$^{來}_{支}$䣽$^{來}_{支}$魑$^{來}_{齊}$黐$^{集:}_{來支}$斄$^{來}_{之}$嫠$^{來}_{之}$黎$^{來}_{脂}$ 褵$^{來}_{支}$纚$^{集:}_{來支}$璃$^{來}_{支}$艃$^{來}_{之}$梩$^{來}_{之}$梨$^{來}_{脂}$蘺$^{來}_{支}$蘺$^{來}_{支}$籬$^{來}_{支}$穲$^{來}_{支}$䅘$^{來}_{哈}$䃯$^{來}_{支}$黎$^{來}_{齊}$醨$^{來}_{支}$螭$^{徹}_{支}$犁$^{來}_{齊}$犂$^{來}_{齊}$䔧$^{篇:}_{來支}$狸$^{來}_{之}$貍$^{來}_{之}$離$^{來}_{支}$鯬$^{來}_{齊}$罹$^{來}_{支}$釐$^{來}_{之}$ | 离$^{來}_{支}$[1866] 孋$^{來}_{支}$瓈$^{來}_{齊}$ | 黎$^{來}_{齊}$（支$_{27}$脂$_5$之$_9$齊$_{10}$哈$_1$）

續表

聲母	準小韻序號	轄字
來	87	[0321]靈來齊丨理來止[0647]峛來紙浬來止囟來止陧來止俚來止娌來止哩來止裏來止邐來紙履來旨瘇來止禮來薺理來止㫜來止梩來止李來止醴來薺豊來薺鱧來止鯉來止詈來寘丨里來止[1007]澧來薺䗍來薺盠來薺丨礼來薺（薺4）[3187]杍來止丨李來止（紙2旨1止18薺8寘1）
	88	[0168]曞來祭颲來霽颲來至蠣來祭沴來霽浰來至涖來至砅來祭鄜來支厲來祭儮來霽儷來霽例來祭㑦來霽莅來至慈來寘悷來霽唳來霽戾來霽癘來祭癧來寘痢來至禲來祭珕來寘劙來霽棣來霽欐來霽莅來至蒞來至荔來霽䘑來祭槷來祭蠡來霽駠來祭麗來霽䘑來至盭來霽盭來霽丨利來至[1102]礪來祭悷來霽綟來霽捩來霽蠣來祭斆來霽丨戾來霽[2628]覼來至利來至丨吏來志（寘4至11志1霽21祭12）
	89	[0674]𧇡來御泪來至錑來隊丨淚來至（至2隊1御1）
	90	[2906]痢來祭丨列集:來祭（祭2）
精	91	[0402]齋精齊噈精虞崒精虞躋精齊鉢精齊賫精齊𪗇精齊齏精齊齎精齊𪗋精齊丨齎精齊[0717]鬌精齊丨躋精齊（齊11虞2）
	92	[1779]擠精齊丨咨精脂（脂1齊1）
	93	[3023]鑇集:精齊璾集:精脂丨齊集:精齊（脂1齊2）
	94	[0660]蹝集:精薺玼集:從語丨子精止（止1薺1語1）
	95	[0770]泲集:精薺丨濟精薺（薺2）
	96	[0326]霽精霽濟精霽漈精祭際精祭嚌精霽㶡精霽禮清霽鏡:莊御劑從霽穄精祭丨祭精祭[1448]隮精霽傳莊志丨済精霽[2975]祭精祭丨際精祭（志1霽7祭6御1）
	97	[3664]𦋺精支丨泚平集:精支[0802]泚集:精紙丨擠集:精薺（支2紙1薺1）
清	98	[0384]霋清齊淒清齊郪清齊凄清齊婕清齊悽清齊緀清齊萋清齊鶈清齊齏從齊丨妻清齊[1101]砌清霽丨妻去清霽[1126]刵清霽眪清霽丨砌清霽（齊11霽5）
從	99	[1481]蠐從齊臍從齊斉從齊鏲從齊薺從脂丨齊從齊[3723]齊從齊丨臍從齊（脂1齊7）
	100	[2075]嚌從霽丨斉從霽（霽2）
	101	[3370]穧從霽䶒從霽齌從霽丨劑從霽（霽4）
心	102	[2276]湏心虞西心齊丨犀心齊[1609]偲心支恓心齊嘶心齊誓心齊屖心齊栖心齊棲心齊粞心齊丨西心齊（支1齊10虞1）
	103	[0829]洗心薺丨璽心紙[1147]璽心紙惰心語躧生紙跐生紙髓心紙縰生紙逬心止辻心止璽心紙徙心紙丨洗心薺[2343]髓心紙丨髓心紙[2895]屣生紙枲心止蓰心紙葸心止丨徙心紙（紙13止4薺2語1）
	104	[0788]泅心霽婿心霽殔心至些心霽丨細心霽[2032]㣧集:心至燧集:心至丨絮心御[2578]細心霽絮心御丨壻心霽（至3霽6御2）
章	105	[3701]卟見齊丨只章支（支1齊1）
	106	[2558]𪉡玉:見旨丨旨章旨（旨2）
昌	107	[0411]軫溪齊丨侈昌紙（紙1霽1）
見	108	[0108]朞見之畸見支畿群微僟見微姬見之騎見支嘰見微諆見之掎見支禨見微鐖見微機見微机見脂驥見微鷄見齊蟣見尾丌見之六見之丨基見之[1146]基見之禾見齊丨雞見齊（支3脂1之7微8齊3）
	109	[0122]舂見之肌見脂朞見之丨期見之[0553]屼見旨幾見微丨肌見脂[2301]肌見脂膭見微饑見微丨飢見脂[3045]璣見微钊見微丨幾見微（脂4之3微6旨1）
	110	[1060]磯見微鍇見齊笄見齊箕見之機見微丨稽見齊[3357]稽見齊羈見支羇見支丨笄見齊[3609]㕚見之乩見齊丨箕見之（支2之3微2齊6）
	111	[3157]剞見支丨其見之（支1之1）
	112	[1354]邔見旨穖見尾己見止紀見止丨几見旨[1316]郹見霽㠯見止䡖見虞踦見紙掎見紙眉見旨玘溪止尯見紙丨紀見止[2559]紀見止麂見旨丨己見止（紙3旨4止7尾1霽1麌1）
	113	[0799]洎群至瀱見祭罽見祭季見至嫛見霽悸群至髻見霽繼見霽繝見祭覬見至眉溪至寄見寘兾見志薊見霽𢼄鏡:見霽薊見霽記見志罽見祭丨計見霽[1778]孚見至琗見至丨季見至[2326]腌見寘計見霽概見至既見未丨記見志[3476]驥見至旡見未丨既見未（寘2至10志3未3霽8祭4）
	114	[2037]懻見至丨曩見至（至2）
	115	[1685]係見霽丨繫見霽（霽2）
溪	116	[0650]崎溪支溪溪齊僛溪之倚溪支䏿溪齊譆曉之琦溪支頎溪之丨欺溪之[0703]嵠溪齊磎溪齊睽溪齊谿溪齊娸溪之媄溪齊㸷匣齊琦溪支頎溪之䱗溪之蹊溪齊崎溪支攲溪支敧溪支攲溪支攲溪支欺溪之攲溪支倚溪之丨溪溪齊（支10之9齊10）
	117	[3768]𡗝改:群支丨亟集:溪之（支1之1）
	118	[0020]晵溪薺棨溪薺企溪紙启溪薺晵溪薺䏿溪薺綮溪薺起溪止闙溪薺棨溪薺杞溪止丨啟溪薺[0634]屺溪止婍溪紙啟溪薺綺溪紙迡溪止荳溪尾芑溪止豈溪尾芑溪止杞溪止屺溪止丨起溪止[2970]裿溪止杞溪止丨企溪紙[3581]起溪止丨豈溪尾[3186]杞溪止丨已集:溪止（紙4止14尾3薺10）
	119	[3657]䶊溪薺丨稽溪薺（薺2）

續表

聲母	準小韻序號	轄字
溪	120	[0084]吃$^{溪}_{未}$嘳$^{溪}_{未}$炁$^{溪}_{未}$屺$^{溪}_{至}$跂$^{溪}_{寘}$企$^{溪}_{紙}$愒$^{溪}_{祭}$憩$^{溪}_{祭}$攱$^{溪}_{寘}$甈$^{溪}_{祭}$餼$^{溪}_{未}$器$^{溪}_{至}$噐$^{溪}_{至}$ I 氣$^{溪}_{未}$[1131]塈$^{曉}_{未}$憩$^{溪}_{祭}$憇$^{溪}_{祭}$跂$^{溪}_{寘}$栔$^{溪}_{霽}$棄$^{溪}_{至}$ I 器$^{溪}_{至}$[1732]倛$^{溪}_{志}$弃$^{溪}_{至}$ I 弃$^{溪}_{至}$[1965]嘅$^{曉}_{未}$ I 炁$^{溪}_{未}$[3111][illegible]$^{溪}_{霽}$ I 契$^{溪}_{霽}$[3183]罄$^{溪}_{霽}$ I 棄$^{溪}_{至}$[3629]契$^{溪}_{霽}$ I 憩$^{溪}_{祭}$ （紙$_{1}$寘$_{3}$至$_{8}$志$_{1}$未$_{8}$霽$_{5}$祭$_{6}$）
	121	[1955]挈$^{集:}_{溪霽}$鳶$^{溪}_{御}$抾$^{溪}_{御}$ I 去$^{溪}_{御}$（霽$_{1}$御$_{3}$）
群	122	[0191]期$^{群}_{之}$棊$^{群}_{支}$岐$^{群}_{支}$淇$^{群}_{之}$碁$^{群}_{之}$祁$^{群}_{脂}$邔$^{玉:}_{群虞}$愭$^{群}_{脂}$鰭$^{群}_{微}$鬐$^{群}_{脂}$踦$^{溪}_{支}$𧡄$^{群}_{脂}$趆$^{群}_{支}$疧$^{群}_{支}$耆$^{群}_{脂}$祺$^{群}_{之}$祇$^{群}_{支}$錤$^{群}_{之}$鍺$^{群}_{脂}$琪$^{群}_{之}$璂$^{群}_{之}$棋$^{群}_{之}$綦$^{群}_{之}$鵋$^{群}_{之}$蚑$^{群}_{支}$蜞$^{群}_{之}$萁$^{群}_{支}$騏$^{群}_{之}$鰭$^{群}_{脂}$麒$^{群}_{之}$亓$^{群}_{之}$奇$^{群}_{支}$奇$^{群}_{支}$ I 其$^{群}_{之}$[1059]碕$^{群}_{支}$䓅$^{群}_{之}$琦$^{群}_{支}$萁$^{群}_{之}$芪$^{群}_{支}$鵸$^{群}_{支}$騎$^{群}_{支}$旂$^{群}_{微}$旗$^{群}_{之}$其$^{群}_{之}$ I 奇$^{群}_{支}$[1312]郂$^{群}_{支}$ I 歧$^{群}_{支}$[2770]歧$^{群}_{支}$ I 岐$^{群}_{支}$（支$_{20}$脂$_{7}$之$_{19}$微$_{2}$虞$_{1}$）
	123	[0641]岓$^{群}_{微}$頎$^{群}_{微}$鬿$^{群}_{微}$ I 祈$^{群}_{微}$（微$_{4}$）
	124	[0183]曁$^{群}_{至}$垍$^{群}_{至}$惎$^{群}_{志}$忮$^{集:}_{群寘}$惎$^{群}_{志}$唭$^{群}_{志}$跽$^{群}_{旨}$朞$^{群}_{志}$誋$^{群}_{志}$企$^{溪}_{寘}$技$^{群}_{紙}$輢$^{群}_{寘}$鬾$^{群}_{寘}$ I 忌$^{群}_{志}$[1934]忌$^{群}_{志}$ I 其去$^{群}_{志}$[1796]妓$^{群}_{紙}$骪$^{群}_{紙}$忌$^{群}_{志}$ I 技$^{群}_{紙}$（紙$_{4}$旨$_{1}$寘$_{4}$至$_{2}$志$_{9}$）
疑	125	[0340]霓$^{疑}_{齊}$睨$^{疑}_{齊}$齯$^{疑}_{齊}$䘽$^{疑}_{齊}$輗$^{疑}_{齊}$蜺$^{疑}_{齊}$猊$^{疑}_{齊}$鯢$^{疑}_{齊}$麑$^{疑}_{齊}$ I 倪$^{疑}_{齊}$[0658]巍$^{疑}_{紙}$郳$^{疑}_{齊}$郎$^{疑}_{之}$儀$^{疑}_{支}$倪$^{疑}_{齊}$宐$^{疑}_{支}$鸃$^{疑}_{支}$疑$^{疑}_{之}$觺$^{疑}_{之}$ I 宜$^{疑}_{支}$[0076]晲$^{疑}_{齊}$嶷$^{疑}_{之}$[illegible]$^{疑}_{之}$伢$^{疑}_{齊}$逘$^{玉:}_{疑尾}$ I 疑$^{疑}_{之}$[2776]議$^{疑}_{支}$ I 儀$^{疑}_{支}$（支$_{6}$之$_{6}$齊$_{14}$紙$_{1}$尾$_{1}$）
	126	[1762]䰯$^{疑}_{齊}$ I 兒$^{疑}_{齊}$（齊$_{2}$）
	127	[2936]寲$^{疑}_{之}$ I 義$^{疑}_{支}$（支$_{1}$之$_{1}$）
	128	[2266]顗$^{疑}_{尾}$ I 螘$^{疑}_{尾}$（尾$_{2}$）
	129	[2184]睨$^{疑}_{霽}$ I 倪$^{疑}_{霽}$（霽$_{2}$）
影	130	[0794]洢$^{影}_{脂}$咿$^{影}_{脂}$翳$^{影}_{齊}$黟$^{影}_{脂}$旖$^{影}_{支}$ I 伊$^{影}_{脂}$[1009]漪$^{影}_{支}$[illegible]$^{影}_{微}$[illegible]$^{影}_{之}$依$^{影}_{微}$娭$^{曉}_{之}$妶$^{影}_{微}$扆$^{影}_{微}$宧$^{以}_{之}$饌$^{以}_{之}$ I 衣$^{影}_{微}$[1114]䃜$^{影}_{齊}$堅$^{影}_{齊}$郼$^{影}_{微}$陭$^{影}_{支}$伊$^{影}_{脂}$嫛$^{影}_{齊}$肙$^{影}_{微}$衣$^{影}_{微}$醫$^{影}_{之}$鷖$^{影}_{齊}$猗$^{影}_{支}$黳$^{影}_{齊}$ I 依$^{影}_{微}$[3467]鷖$^{影}_{齊}$ I 醫$^{影}_{之}$（支$_{4}$脂$_{5}$之$_{6}$微$_{9}$齊$_{7}$）
	131	[0852]淣$^{疑}_{齊}$譩$^{影}_{之}$ I 意$^{集:}_{影之}$（之$_{2}$齊$_{1}$）
	132	[2346]肔$^{以}_{紙}$犄$^{影}_{紙}$ I 依$^{集:}_{影尾}$（紙$_{2}$尾$_{1}$）
	133	[1502]庴$^{影}_{紙}$繄$^{影}_{霽}$ I 竒$^{影}_{紙}$（紙$_{2}$霽$_{1}$）
	134	[2824]拸$^{以}_{紙}$ I 掎$^{影}_{紙}$（紙$_{2}$）
	135	[0648]施$^{以}_{紙}$礒$^{疑}_{紙}$廙$^{以}_{止}$扆$^{影}_{尾}$倚$^{影}_{紙}$衪$^{以}_{紙}$𤸷$^{影}_{紙}$薿$^{疑}_{止}$苢$^{以}_{止}$苡$^{以}_{止}$已$^{以}_{止}$攺$^{以}_{止}$㠯$^{以}_{止}$矣$^{云}_{止}$ I 以$^{以}_{止}$[1780]孖$^{疑}_{止}$ I 椅$^{影}_{紙}$[1925]㤝$^{影}_{尾}$圯$^{集:}_{以之}$ I 矣$^{云}_{止}$[3191]椅$^{影}_{紙}$醷$^{影}_{止}$ I 倚$^{影}_{紙}$（之$_{1}$紙$_{8}$止$_{12}$尾$_{2}$）
	136	[0045]噎$^{影}_{霽}$壹$^{影}_{至}$瘞$^{影}_{祭}$[illegible]$^{影}_{霽}$瘱$^{影}_{霽}$懿$^{影}_{至}$呭$^{以}_{祭}$瞖$^{影}_{霽}$腸$^{影}_{祭}$跇$^{以}_{祭}$縊$^{影}_{寘}$詍$^{以}_{祭}$詍$^{以}_{祭}$譩$^{影}_{霽}$撎$^{影}_{至}$瘀$^{影}_{御}$瘞$^{影}_{祭}$壼$^{影}_{霽}$殪$^{影}_{霽}$栧$^{以}_{祭}$蘙$^{影}_{霽}$饐$^{影}_{至}$賫$^{影}_{至}$餲$^{影}_{至}$鶍$^{影}_{至}$鷾$^{影}_{志}$䧝$^{影}_{志}$懿$^{影}_{至}$裔$^{以}_{祭}$ I 意$^{影}_{志}$[2523]袣$^{以}_{祭}$袣$^{以}_{祭}$曳$^{以}_{祭}$ I 裔$^{以}_{祭}$[1489]廋$^{以}_{至}$玴$^{以}_{祭}$䡙$^{以}_{祭}$枻$^{以}_{祭}$ I 曳$^{以}_{祭}$（寘$_{1}$至$_{9}$志$_{3}$霽$_{8}$祭$_{17}$御$_{1}$）
曉	137	[0033]睎$^{曉}_{微}$曦$^{曉}_{支}$熺$^{曉}_{之}$熙$^{曉}_{之}$熹$^{曉}_{之}$烯$^{曉}_{微}$爔$^{曉}_{支}$瀸$^{曉}_{支}$巇$^{曉}_{支}$僖$^{曉}_{之}$俙$^{曉}_{微}$忔$^{曉}_{脂}$憙$^{曉}_{之}$忚$^{曉}_{齊}$悕$^{曉}_{微}$唏$^{曉}_{微}$嘻$^{曉}_{之}$晞$^{曉}_{微}$犧$^{曉}_{支}$脪$^{曉}_{微}$屖$^{曉}_{脂}$[illegible]$^{曉}_{齊}$誒$^{曉}_{之}$㩗$^{曉}_{支}$㾙$^{曉}_{支}$睎$^{曉}_{微}$稀$^{曉}_{微}$醯$^{曉}_{齊}$醓$^{曉}_{齊}$豨$^{曉}_{微}$歖$^{曉}_{支}$唉$^{曉}_{微}$ I 希$^{曉}_{微}$[1168]巇$^{曉}_{支}$禧$^{曉}_{之}$ I 嬉$^{曉}_{之}$[1706]㑶$^{曉}_{未}$嘻$^{曉}_{之}$羲$^{曉}_{支}$犧$^{曉}_{支}$ I 僖$^{曉}_{之}$[1835]嬉$^{曉}_{之}$媐$^{曉}_{之}$嫛$^{曉}_{之}$饎$^{曉}_{之}$欷$^{曉}_{微}$ I 熙$^{曉}_{之}$[2619]希$^{曉}_{微}$巇$^{曉}_{支}$ I 羲$^{曉}_{支}$（支$_{13}$脂$_{2}$之$_{16}$微$_{15}$齊$_{4}$）
	138	[2098]吚$^{曉}_{脂}$ I 屎$^{曉}_{脂}$（脂$_{2}$）
	139	[0117]嘻$^{曉}_{止}$禧$^{曉}_{紙}$蟢$^{曉}_{止}$歖$^{曉}_{止}$ I 喜$^{曉}_{止}$（紙$_{1}$止$_{4}$）
	140	[0296]歖$^{曉}_{未}$ I 喜$^{集:}_{曉志}$（志$_{1}$未$_{1}$）
	141	[0490]熂$^{曉}_{霽}$鄎$^{曉}_{止}$愾$^{曉}_{未}$摡$^{曉}_{未}$屓$^{曉}_{至}$鎎$^{曉}_{未}$餼$^{曉}_{未}$豷$^{曉}_{寘}$ I 戲$^{曉}_{寘}$[3138]戲$^{曉}_{寘}$ I 嬉$^{曉}_{志}$（止$_{1}$寘$_{3}$至$_{1}$志$_{1}$未$_{4}$霽$_{1}$）
	142	[3574]黖$^{曉}_{未}$ I 既$^{集:}_{曉未}$（未$_{2}$）
匣	143	[0034]㖊$^{以}_{之}$傂$^{以}_{支}$飤$^{以}_{之}$飴$^{以}_{之}$ I 怡$^{以}_{之}$[0477]㶴$^{以}_{支}$巸$^{以}_{之}$炬$^{以}_{脂}$㝖$^{以}_{支}$坨$^{以}_{之}$圯$^{以}_{之}$㴔$^{以}_{支}$偊$^{匣}_{霽}$侇$^{以}_{脂}$怡$^{以}_{之}$恞$^{以}_{脂}$胰$^{以}_{之}$迻$^{以}_{支}$遺$^{以}_{脂}$扡$^{以}_{支}$閪$^{以}_{支}$㢊$^{以}_{支}$庡$^{以}_{之}$巵$^{以}_{之}$貽$^{以}_{之}$貤$^{以}_{支}$栘$^{以}_{支}$䄬$^{以}_{支}$夥$^{以}_{支}$巸$^{以}_{之}$匜$^{以}_{支}$匜$^{以}_{支}$釶$^{以}_{支}$訑$^{以}_{支}$ I 移$^{以}_{支}$[0964]蕛$^{以}_{脂}$陕$^{以}_{脂}$溰$^{以}_{脂}$姨$^{以}_{脂}$咦$^{以}_{脂}$眱$^{以}_{脂}$頤$^{以}_{之}$跠$^{以}_{脂}$抬$^{以}_{脂}$㠯$^{以}_{脂}$㞊$^{以}_{脂}$痍$^{以}_{脂}$珆$^{以}_{之}$瓵$^{以}_{之}$桋$^{以}_{脂}$檥$^{以}_{脂}$椸$^{以}_{支}$荑$^{以}_{脂}$䓱$^{云}_{支}$簃$^{以}_{支}$移$^{以}_{支}$酏$^{以}_{支}$鴺$^{以}_{脂}$夸$^{以}_{脂}$䝿$^{疑}_{之}$徲$^{以}_{脂}$ I 夷$^{以}_{脂}$[3659]𦣞$^{以}_{之}$ I 頤$^{以}_{之}$（支$_{22}$脂$_{22}$之$_{19}$霽$_{1}$）
	144	[0218]睳$^{鐃:}_{匣齊}$哇$^{見}_{齊}$ I 畦$^{匣}_{齊}$[0569]崔$^{匣}_{齊}$畦$^{匣}_{齊}$酅$^{匣}_{齊}$懏$^{匣}_{齊}$攜$^{匣}_{齊}$ I 携$^{匣}_{齊}$[0588]嵆$^{匣}_{齊}$郋$^{匣}_{齊}$傒$^{匣}_{齊}$謑$^{匣}_{齊}$迆$^{以}_{支}$兮$^{匣}_{齊}$ I 奚$^{匣}_{齊}$[1784]嫨$^{匣}_{齊}$鑴$^{篇:}_{匣齊}$瓗$^{邪}_{寘}$轊$^{匣}_{齊}$蠵$^{匣}_{齊}$豯$^{匣}_{齊}$鼷$^{匣}_{齊}$奚$^{匣}_{齊}$徯$^{匣}_{齊}$巂$^{匣}_{齊}$ I 兮$^{匣}_{齊}$[3608]兮$^{匣}_{齊}$ I 攜$^{匣}_{齊}$（支$_{1}$寘$_{1}$齊$_{27}$）
	145	[2749]迤$^{以}_{支}$迱$^{以}_{支}$ I 它$^{以}_{支}$（支$_{3}$）
	146	[0470]熂$^{曉}_{未}$妎$^{匣}_{霽}$䐡$^{匣}_{霽}$繫$^{匣}_{霽}$系$^{匣}_{霽}$覤$^{曉}_{至}$閉$^{匣}_{霽}$閇$^{匣}_{霽}$禊$^{匣}_{霽}$ I 係$^{集:}_{匣霽}$[2492]裔$^{以}_{祭}$溪$^{匣}_{齊}$ I 系$^{匣}_{霽}$（至$_{1}$未$_{1}$薺$_{1}$霽$_{9}$祭$_{1}$）
喻	147	[0887]潩$^{以}_{志}$庣$^{疑}_{祭}$怈$^{以}_{祭}$拽$^{以}_{祭}$殔$^{以}_{至}$袣$^{以}_{祭}$鴺$^{以}_{祭}$䟺$^{以}_{祭}$异$^{以}_{志}$駇$^{以}_{寘}$匽$^{以}_{職}$易$^{以}_{寘}$ I 異$^{以}_{志}$[1646]偒$^{以}_{寘}$勩$^{以}_{至}$異$^{以}_{志}$ I 易$^{以}_{寘}$（寘$_{4}$至$_{2}$志$_{4}$祭$_{6}$職$_{1}$）

續表

聲母	準小韻序號	轄字
喻	148	[0661]嵋詣捥 | 擬[0989]湁覡棤孷 | 詣[1134]垷嶷䤈齮齝議誼刈劓毅瘞埶羿羿乂 | 義[1765]羛義忩檥襼蓺藝蓺蟻螘 | 乂[2797]擬轙 | 蟻[2259]纇敎 | 毅[3128]弖 | 羿[3242]槸肄 | 藝（紙$_{5}$止$_{2}$寘$_{7}$至$_{2}$志$_{1}$未$_{5}$霽$_{12}$祭$_{7}$廢$_{5}$語$_{1}$）
非類（含100個自然小類，45個“準小韻”）		
幫	149	[1185]坏䯱盃 | 杯[2685]諀杯桮 | 盃（支$_{1}$灰$_{7}$）
	150	[2298]背鋇鋇狽 | 貝[3056]貝輩 | 背（隊$_{3}$泰$_{5}$）
	151	[0160]旆旆 | 沛（泰$_{3}$）
滂	152	[1863]伾 | 胚[2302]胚衃 | 脴（灰$_{5}$）
	153	[2297]㕻秠駓 | 坯（脂$_{2}$灰$_{2}$）
	154	[0358]霈邨旆配配 | 沛[0722]䨿 | 配（隊$_{4}$泰$_{4}$）
並	155	[1244]培 | 倍[1405]陪輫 | 培[1303]蓓裵徘 | 裴[1658]倍碩裴醅 | 陪[1438]陫 | 徘（灰$_{16}$）
	156	[1342]邶䣙俏茷 | 佩[1737]佩 | 珮[3044]珮 | 倍（海$_{1}$隊$_{7}$泰$_{1}$）
明	157	[0381]霉煤媒禖鋂玫瑂 | 梅[3203]枚梅 | 煤[3282]莓酶䍙 | 枚（脂$_{1}$灰$_{14}$）
	158	[0659]嵄媺䊳 | 美[3418]美美 | 每（旨$_{6}$賄$_{1}$）
	159	[0016]昧每媚眛痗瑁篃眛魅韎 | 妹[1567]寐侎袜袜魅 | 媚[1874]妹頤妹 | 昧[2524]袂 | 寐（紙$_{1}$至$_{9}$祭$_{1}$怪$_{1}$隊$_{11}$）
非	160	[0103]啡霏渄婔妃裶緋闝扉菲騑蜚騑飛妃 | 非[2644]霻 | 飛（支$_{1}$脂$_{1}$微$_{16}$）
	161	[0189]朏篚匪 | 斐[0371]霏斐榧棐蜰翡斐 | 匪（微$_{1}$尾$_{10}$未$_{1}$）
	162	[0368]霼煍娓燬碨悱誹寫芔卉 | 毀[3174]毀虫 | 虺（紙$_{5}$尾$_{7}$未$_{2}$）
	163	[0294]䯣黺黂沸怫肺 | 費[1184]蜚厞痱灒 | 沸[1477]廢跸剕芾菲穳犻狒 | 肺[3066]費 | 廢（未$_{18}$廢$_{5}$）
奉	164	[0920]淝痱疪 | 肥[2311]肥腓 | 淝（微$_{7}$）
	165	[1517]厞吠顝 | 費[2431]跸屝犻豽 | 吠（未$_{5}$廢$_{4}$）
	166	[0082]勫 | 惠（未$_{1}$霽$_{1}$）
微	167	[0988]溦帷 | 微[1675]倠唯維薇微 | 惟[1027]濰 | 維（脂$_{7}$微$_{4}$）
	168	[0613]娓娓亹 | 尾（尾$_{4}$）
	169	[0673]崃味 | 未[3595]未 | 味（未$_{5}$）
端	170	[1064]磓䭔搥自 | 堆[1202]堆塠 | 對平[0274]颸霨娧陮隊薱譈譵鐓鐓 | 兑[0621]嶵懟憝䯟剠對奪 | 隊[0293]䨺碓兊胉謉 | 對（灰$_{8}$賄$_{4}$隊$_{15}$泰$_{6}$）
透	171	[2952]殍 | 腿（賄$_{2}$）
	172	[0566]崾逻迺蛻駾 | 退[2310]脫 | 蛻[2743]退 | 迺（賄$_{1}$隊$_{5}$泰$_{4}$）
	173	[1791]娧脮 | 兊（賄$_{1}$泰$_{2}$）
定	174	[1245]墤隤瘄穨魋爐 | 頹[2275]頹 | 魋（灰$_{9}$）
泥	175	[1873]娞 | 餧[3393]餧 | 内上[3770]内 | 内（賄$_{4}$隊$_{2}$）
來	176	[0307]靁靁靁晶鄙勵縲瓃礨櫑樏纍虆羸縲羸 | 雷（支$_{2}$脂$_{5}$灰$_{10}$）
	177	[1326]郲頛鑘 | 耒（旨$_{1}$賄$_{3}$）
	178	[0583]䍣絫畾䍣礨䣐膃遖瘤 | 磊[1037]灅壘儽儡傫鑘櫐蘲 | 累[1053]磊 | 壘（紙$_{1}$旨$_{5}$賄$_{15}$）
	179	[0824]洡礌逮頪 | 累[2585]累纍絫讄擂 | 雷（旨$_{1}$寘$_{2}$至$_{4}$隊$_{4}$）
	180	[1709]倈酹 | 耒[2953]㱍耒 | 類（至$_{1}$隊$_{4}$泰$_{1}$）
精	181	[0529]爨䜊蕞稡 | 醉[0662]嗺摧錊贅醉嵏 | 最[3691]䃇 | 贅（旨$_{1}$寘$_{1}$至$_{2}$祭$_{3}$賄$_{1}$隊$_{3}$泰$_{3}$）

續表

聲母	準小韻序號	轄字
清	182	[2497]衰$^{初}_{支}$｜洒平$^{集:}_{清灰}$[3202]榱$^{初}_{支}$｜衰$^{初}_{支}$（支$_{3}$灰$_{1}$）
	183	[1688]催$^{清}_{灰}$嗺$^{精}_{灰}$趡$^{清}_{旨}$縗$^{清}_{灰}$綷$^{集:}_{清至}$璀$^{清}_{賄}$摧$^{從}_{灰}$｜崔$^{清}_{灰}$[2718]趡$^{清}_{灰}$｜催$^{清}_{灰}$[3569]皠$^{清}_{賄}$｜綷$^{集:}_{清至}$（旨$_{1}$灰$_{7}$賄$_{2}$至$_{2}$）
	184	[0573]崒$^{清}_{至}$｜萃$^{集:}_{清隊}$（至$_{1}$隊$_{1}$）
	185	[0628]⿱山祭$^{清}_{霽}$淬$^{清}_{隊}$脆$^{清}_{祭}$膬$^{清}_{祭}$臎$^{清}_{至}$｜翠$^{清}_{至}$[1515]⿸广卒$^{心}_{至}$翠$^{清}_{至}$｜淬$^{清}_{隊}$（至$_{4}$霽$_{1}$祭$_{2}$隊$_{2}$）
	186	[3051]琗$^{集:}_{清隊}$｜卒$^{集:}_{清隊}$（隊$_{2}$）
從	187	[0582]嶵$^{從}_{賄}$辠$^{從}_{賄}$｜罪$^{從}_{賄}$[3605]罪$^{從}_{賄}$罪$^{從}_{賄}$｜辠$^{從}_{賄}$（賄$_{6}$）
	188	[1995]悴$^{從}_{至}$崪$^{從}_{至}$瘁$^{從}_{至}$｜萃$^{從}_{至}$[2269]顇$^{從}_{至}$祽$^{精}_{隊}$｜悴$^{從}_{至}$（至$_{6}$隊$_{1}$）
心	189	[0990]濉$^{心}_{脂}$綏$^{心}_{脂}$睢$^{心}_{脂}$｜雖$^{心}_{脂}$[1440]⿰阝妥$^{心}_{脂}$⿰口妥$^{心}_{灰}$荽$^{心}_{脂}$｜綏$^{心}_{脂}$[3536]雖$^{心}_{脂}$｜荽$^{心}_{脂}$（脂$_{9}$灰$_{1}$）
	190	[0414]焠$^{清}_{隊}$啐$^{心}_{隊}$睟$^{心}_{至}$誶$^{心}_{至}$歲$^{心}_{祭}$歳$^{心}_{霽}$祟$^{心}_{至}$｜碎$^{心}_{隊}$[1104]碎$^{心}_{隊}$繐$^{心}_{祭}$繀$^{心}_{祭}$粹$^{心}_{至}$｜歲$^{心}_{祭}$（至$_{4}$霽$_{1}$祭$_{4}$隊$_{4}$）
	191	[1044]⿰氵算$^{生}_{祭}$｜帥$^{生}_{至}$[3728]帥$^{生}_{至}$｜率$^{生}_{至}$（至$_{3}$祭$_{1}$）
邪	192	[0424]羨$^{邪}_{至}$燧$^{邪}_{至}$⿰氵㒸$^{邪}_{至}$⿰土遂$^{邪}_{至}$隧$^{邪}_{至}$邃$^{心}_{至}$襚$^{邪}_{至}$⿰糸㒸$^{邪}_{至}$⿰忄遂$^{心}_{至}$闧$^{邪}_{至}$禭$^{邪}_{至}$鐩$^{邪}_{至}$鐩$^{邪}_{至}$璲$^{邪}_{至}$䡵$^{邪}_{至}$⿰木㒸$^{邪}_{至}$檖$^{邪}_{至}$采$^{邪}_{至}$㒸$^{邪}_{至}$旞$^{邪}_{至}$｜遂$^{邪}_{至}$[2194]睡$^{禪}_{寘}$萃$^{從}_{至}$｜瑞$^{禪}_{寘}$[2731]遂$^{邪}_{至}$邃$^{心}_{至}$瑞$^{禪}_{寘}$｜睡$^{禪}_{寘}$[2982]鐆$^{邪}_{至}$｜鐩$^{邪}_{至}$（寘$_{4}$至$_{26}$）
委類（含 89 個自然小類，42 個“準小韻”）		
見	193	[1158]圭$^{見}_{齊}$規$^{見}_{支}$規$^{見}_{支}$睞$^{見}_{微}$⿰扌來$^{鏡:}_{見微}$⿰白來$^{鏡:}_{見微}$｜歸$^{見}_{微}$[1324]邽$^{見}_{齊}$窐$^{見}_{齊}$媯$^{見}_{支}$胿$^{見}_{齊}$帰$^{見}_{微}$歸$^{見}_{微}$閨$^{見}_{齊}$銈$^{見}_{齊}$珪$^{見}_{齊}$鮭$^{見}_{齊}$⿸鹿圭$^{見}_{齊}$｜圭$^{見}_{齊}$[2501]袿$^{見}_{齊}$鬹$^{見}_{支}$龜$^{見}_{脂}$⿰大隹$^{見}_{支}$鬹$^{見}_{支}$歸$^{見}_{微}$｜規$^{見}_{支}$[3736]⿴囗龜$^{見}_{脂}$｜龜$^{見}_{脂}$（支$_{7}$脂$_{3}$微$_{7}$齊$_{10}$薺$_{1}$）
	194	[3035]瓌$^{見}_{灰}$｜傀$^{見}_{灰}$（灰$_{2}$）
	195	[3052]瓌$^{見}_{灰}$｜瑰$^{見}_{灰}$（灰$_{2}$）
	196	[0752]氿$^{見}_{旨}$⿰氵晷$^{見}_{旨}$跪$^{群}_{紙}$｜詭$^{見}_{紙}$[1447]陒$^{見}_{紙}$⿱穴危$^{見}_{紙}$佹$^{見}_{紙}$䠩$^{集:}_{群至}$詭$^{見}_{紙}$宄$^{見}_{旨}$祪$^{見}_{紙}$軌$^{見}_{旨}$⿰危鳥$^{見}_{紙}$癸$^{見}_{旨}$匭$^{見}_{旨}$癸$^{見}_{旨}$｜鬼$^{見}_{尾}$[2703]⿴行九$^{見}_{旨}$边$^{見}_{旨}$鬼$^{見}_{尾}$｜軌$^{見}_{旨}$（紙$_{8}$旨$_{10}$至$_{1}$尾$_{2}$）
	197	[1169]塊$^{溪}_{隊}$廥$^{見}_{泰}$膾$^{見}_{泰}$⿰骨會$^{見}_{泰}$禬$^{見}_{泰}$劊$^{見}_{泰}$⿰禾會$^{溪}_{泰}$鱠$^{見}_{泰}$旝$^{見}_{泰}$｜檜$^{見}_{泰}$（泰$_{9}$隊$_{1}$）
	198	[0700]鄶$^{見}_{泰}$｜會$^{集:}_{見泰}$（泰$_{2}$）
	199	[0005]巂$^{見}_{霽}$摀$^{見}_{霽}$｜桂$^{見}_{霽}$[0037]吞$^{見}_{霽}$隗$^{見}_{支}$瑰$^{見}_{至}$⿰骨鬼$^{見}_{隊}$璝$^{見}_{灰}$餽$^{見}_{至}$匱$^{群}_{至}$⿺尢鬼$^{溪}_{紙}$｜愧$^{見}_{至}$[0992]澮$^{見}_{泰}$翽$^{見}_{至}$翽$^{見}_{未}$愧$^{見}_{至}$瞶$^{曉}_{隊}$⿱貴目$^{見}_{隊}$賫$^{見}_{未}$劌$^{見}_{祭}$桂$^{見}_{霽}$桂$^{見}_{霽}$筀$^{見}_{霽}$鱖$^{見}_{祭}$翽$^{曉}_{泰}$边$^{見}_{寘}$｜貴$^{見}_{未}$[2003]憒$^{見}_{隊}$慖$^{見}_{隊}$｜澮$^{見}_{泰}$（支$_{1}$紙$_{1}$寘$_{1}$至$_{6}$未$_{3}$霽$_{7}$祭$_{2}$灰$_{1}$隊$_{5}$泰$_{3}$）
溪	200	[1552]窺$^{溪}_{支}$｜虧$^{溪}_{支}$[2189]睽$^{溪}_{齊}$闚$^{溪}_{支}$｜窺$^{溪}_{支}$（支$_{4}$齊$_{1}$）
	201	[2624]覺$^{溪}_{微}$｜睽$^{玉:}_{溪齊}$（微$_{1}$齊$_{1}$）
	202	[2256]頍$^{溪}_{紙}$｜魁$^{溪}_{賄}$（紙$_{1}$賄$_{1}$）
	203	[2714]⿺走圭$^{溪}_{紙}$｜哇$^{溪}_{紙}$（紙$_{2}$）
	204	[3016]鍨$^{群}_{脂}$｜缺$^{集:}_{溪紙}$（紙$_{1}$脂$_{1}$）
	205	[3710]⿺尢委$^{溪}_{紙}$｜跪$^{溪}_{紙}$（紙$_{2}$）
	206	[1079]磈$^{溪}_{隊}$凷$^{溪}_{隊}$喟$^{溪}_{至}$｜塊$^{溪}_{隊}$[2525]⿰礻貴$^{溪}_{至}$｜喟$^{溪}_{至}$（至$_{3}$隊$_{3}$）
	207	[0406]烓$^{影}_{齊}$巋$^{溪}_{脂}$躨$^{群}_{脂}$⿰骨圭$^{溪}_{齊}$魁$^{溪}_{灰}$魁$^{溪}_{灰}$⿺尢危$^{溪}_{至}$｜奎$^{溪}_{齊}$ [1981]恢$^{溪}_{灰}$｜魁$^{溪}_{灰}$[2000]悝$^{溪}_{灰}$刲$^{溪}_{齊}$｜恢$^{溪}_{灰}$ [0510]煃$^{集:}_{溪紙}$｜奎$^{集:}_{溪紙}$[1703]傀$^{溪}_{賄}$｜奎上$^{溪}_{薺}$（脂$_{2}$齊$_{4}$灰$_{6}$紙$_{2}$薺$_{1}$賄$_{1}$至$_{1}$）
群	208	[2796]揆$^{群}_{旨}$櫃$^{群}_{至}$簣$^{群}_{至}$饋$^{群}_{至}$圚$^{匣}_{隊}$｜匱$^{群}_{至}$（旨$_{1}$至$_{4}$隊$_{1}$）
	209	[0132]睽$^{溪}_{齊}$⿰亻癸$^{群}_{脂}$｜揆$^{正:}_{群支}$[1350]鄈$^{群}_{脂}$⿰鳥癸$^{群}_{脂}$⿰忄癸$^{群}_{脂}$頯$^{群}_{脂}$⿰月癸$^{群}_{脂}$䠩$^{群}_{脂}$睽$^{溪}_{齊}$葵$^{群}_{脂}$揆$^{正:}_{群支}$鄈$^{群}_{脂}$騤$^{群}_{脂}$睽$^{溪}_{齊}$旭$^{群}_{脂}$馗$^{群}_{脂}$夔$^{群}_{脂}$｜逵$^{群}_{脂}$[2761]逵$^{群}_{脂}$｜楑$^{群}_{脂}$[3141]戣$^{群}_{脂}$楑$^{群}_{脂}$⿰癸鳥$^{群}_{脂}$⿰扌夔$^{群}_{脂}$夔$^{群}_{脂}$｜葵$^{群}_{脂}$[1891]⿱癸女$^{群}_{旨}$｜逵去$^{群}_{至}$（支$_{2}$脂$_{22}$齊$_{3}$旨$_{1}$至$_{1}$）
影	210	[0243]⿰風威$^{影}_{灰}$煨$^{影}_{灰}$偎$^{影}_{灰}$喂$^{影}_{微}$覣$^{影}_{支}$⿺尢畏$^{影}_{賄}$｜隈$^{影}_{灰}$[0623]崴$^{影}_{皆}$隇$^{影}_{微}$媁$^{影}_{微}$逶$^{影}_{支}$痿$^{影}_{支}$⿰歹委$^{影}_{支}$蝛$^{影}_{微}$｜威$^{影}_{微}$[0965]渨$^{影}_{灰}$⿰糸畏$^{影}_{灰}$威$^{影}_{微}$椳$^{影}_{灰}$葳$^{影}_{微}$萎$^{影}_{支}$⿰骨委$^{影}_{支}$｜煨$^{影}_{灰}$[2330]腲$^{影}_{賄}$｜偎$^{影}_{灰}$（支$_{6}$微$_{7}$灰$_{9}$賄$_{2}$皆$_{1}$）
	211	[0208]⿱冖畏$^{影}_{賄}$⿰畏阝$^{影}_{賄}$⿰歹畏$^{影}_{賄}$鍡$^{影}_{賄}$｜猥$^{影}_{賄}$（賄$_{5}$）
	212	[1880]⿰女畏$^{影}_{賄}$｜畏$^{集:}_{影賄}$（賄$_{2}$）
	213	[2195]瞺$^{影}_{泰}$⿰骨會$^{影}_{泰}$｜隈$^{影}_{隊}$（隊$_{1}$泰$_{2}$）
	214	[3746]罻$^{影}_{未}$｜蔚$^{影}_{未}$（未$_{2}$）

續表

聲母	準小韻序號	轄字
影	215	[0285]颭$^{影}_{未}$｜餧$^{影}_{寘}$[0445]尉$^{影}_{未}$熨$^{影}_{未}$噦$^{曉}_{泰}$婕$^{影}_{寘}$恚$^{影}_{寘}$餧$^{影}_{寘}$尉$^{影}_{未}$｜畏$^{影}_{未}$[1961]慰$^{影}_{未}$擥$^{影}_{未}$｜尉$^{影}_{未}$[2406]饛$^{集:}_{云祭}$｜恚$^{影}_{寘}$（寘$_5$未$_8$祭$_1$泰$_1$）
	216	[1597]穢$^{影}_{廢}$薈$^{影}_{泰}$穢$^{影}_{廢}$｜委$^{影}_{寘}$[3322]薉$^{影}_{廢}$獩$^{影}_{廢}$｜穢$^{影}_{廢}$（寘$_1$廢$_5$泰$_1$）
	217	[0129]暐$^{云}_{尾}$闈$^{云}_{微}$｜偉$^{云}_{尾}$[0266]颹$^{云}_{紙}$嵔$^{影}_{賄}$隝$^{云}_{紙}$瘍$^{云}_{紙}$偉$^{云}_{尾}$僞$^{云}_{紙}$唯$^{以}_{旨}$蓶$^{云}_{紙}$韙$^{云}_{尾}$揘$^{云}_{尾}$闖$^{云}_{紙}$闃$^{玉:}_{影旨}$瘴$^{云}_{尾}$蔿$^{云}_{紙}$葦$^{云}_{尾}$薳$^{云}_{紙}$蓶$^{云}_{紙}$鮪$^{以}_{旨}$韡$^{云}_{尾}$｜委$^{影}_{紙}$[0377]霨$^{影}_{未}$｜委去$^{影}_{寘}$（微$_1$紙$_{10}$旨$_3$尾$_8$賄$_1$寘$_1$未$_1$）
曉	218	[0035]暉$^{曉}_{微}$煇$^{篇:}_{曉微}$｜輝$^{曉}_{微}$（微$_3$）
	219	[3712]虺$^{曉}_{灰}$｜恢$^{溪}_{灰}$（灰$_2$）
	220	[2137]噅$^{曉}_{支}$麾$^{曉}_{支}$麾$^{曉}_{支}$｜揮$^{曉}_{微}$（支$_3$微$_1$）
	221	[2004]悔$^{曉}_{隊}$頮$^{曉}_{隊}$詯$^{曉}_{隊}$｜誨$^{曉}_{隊}$[2274]頮$^{曉}_{隊}$誨$^{曉}_{隊}$譮$^{曉}_{泰}$諱$^{曉}_{未}$檜$^{匣}_{泰}$每卜$^{曉}_{隊}$｜悔$^{曉}_{隊}$[2964]禬$^{匣}_{泰}$｜檜$^{匣}_{泰}$（未$_1$隊$_8$泰$_4$）
	222	[0404]灰$^{曉}_{灰}$｜賄平$^{曉}_{灰}$[1456]隓$^{曉}_{支}$褘$^{曉}_{微}$瘊$^{曉}_{灰}$鉶$^{曉}_{灰}$楎$^{曉}_{微}$揆$^{溪}_{脂}$蘬$^{溪}_{脂}$㕟$^{曉}_{灰}$翬$^{曉}_{微}$徽$^{曉}_{微}$｜灰$^{曉}_{灰}$ [0451]烸$^{曉}_{賄}$｜灰上$^{曉}_{賄}$[2338]脢$^{曉}_{賄}$｜悔$^{曉}_{賄}$[3071]賄$^{曉}_{賄}$｜灰去$^{曉}_{隊}$[2951]殨$^{匣}_{賄}$鞼$^{云}_{旨}$｜賄$^{曉}_{賄}$（支$_1$脂$_2$微$_4$灰$_6$旨$_1$賄$_7$隊$_1$）
匣	223	[0700]岪$^{匣}_{泰}$頮$^{洪:}_{匣隊}$嬇$^{匣}_{隊}$膭$^{匣}_{隊}$詯$^{匣}_{隊}$讉$^{匣}_{隊}$詗$^{匣}_{隊}$遺$^{匣}_{泰}$芾$^{匣}_{泰}$闠$^{匣}_{隊}$殨$^{匣}_{隊}$｜會$^{匣}_{泰}$[1743]會$^{匣}_{泰}$胃$^{云}_{未}$緯$^{云}_{未}$緭$^{云}_{未}$躗$^{云}_{祭}$衛$^{云}_{祭}$蝟$^{云}_{未}$｜位$^{云}_{至}$[0237]颹$^{云}_{未}$煟$^{云}_{未}$渭$^{云}_{未}$䍂$^{以}_{祭}$媦$^{云}_{未}$｜胃$^{云}_{未}$[2461]𩪘$^{溪}_{至}$｜渭$^{云}_{未}$（至$_2$未$_{10}$祭$_3$隊$_8$泰$_5$）
	224	[2579]繪$^{匣}_{泰}$｜繢$^{匣}_{隊}$（隊$_1$泰$_1$）
	225	[0082]嘒$^{曉}_{霽}$蔧$^{匣}_{霽}$隵$^{匣}_{霽}$憓$^{匣}_{霽}$嘒$^{匣}_{霽}$譓$^{匣}_{霽}$譿$^{匣}_{霽}$㨹$^{匣}_{霽}$鏏$^{匣}_{霽}$鏸$^{匣}_{霽}$轊$^{云}_{祭}$櫘$^{匣}_{霽}$槥$^{云}_{祭}$蕙$^{匣}_{霽}$｜惠$^{匣}_{霽}$[3713]惠$^{匣}_{霽}$｜慧$^{匣}_{霽}$（霽$_{15}$祭$_2$）
	226	[0727]𡼻$^{匣}_{隊}$洄$^{匣}_{灰}$佪$^{匣}_{灰}$迴$^{匣}_{灰}$䳽$^{匣}_{灰}$駉$^{匣}_{灰}$徊$^{匣}_{灰}$｜回$^{匣}_{灰}$[1511]廆$^{匣}_{賄}$瘣$^{匣}_{賄}$｜回上$^{匣}_{賄}$（灰$_7$賄$_3$隊$_1$）
喻	227	[0465]煒$^{云}_{尾}$湋$^{云}_{微}$喡$^{云}_{微}$幃$^{云}_{微}$違$^{云}_{微}$鍏$^{云}_{微}$瑋$^{云}_{微}$爲$^{云}_{支}$｜韋$^{云}_{微}$[0720]傀$^{見}_{灰}$溈$^{云}_{支}$壝$^{以}_{脂}$𤭛$^{云}_{支}$圍$^{云}_{微}$𩴾$^{云}_{支}$韋$^{云}_{微}$｜爲$^{云}_{支}$[3633]口$^{云}_{微}$｜圍$^{云}_{微}$（支$_5$脂$_1$微$_{11}$尾$_1$灰$_1$）
	228	[1388]郂$^{疑}_{支}$｜跪$^{疑}_{支}$（支$_2$）
	229	[0719]嵬$^{疑}_{賄}$｜巋$^{集:}_{疑尾}$（尾$_1$賄$_1$）
	230	[2009]愇$^{云}_{尾}$｜緯$^{集:}_{云尾}$（尾$_2$）
	231	[2912]痏$^{云}_{旨}$｜洧$^{云}_{旨}$（旨$_2$）
	232	[1024]瀢$^{以}_{旨}$𢞌$^{以}_{至}$｜遺$^{以}_{至}$（旨$_1$至$_2$）
	233	[2063]睿$^{以}_{祭}$睿$^{以}_{祭}$叡$^{以}_{祭}$｜銳$^{以}_{祭}$（祭$_4$）
	234	[0607]峗$^{疑}_{支}$𡴭$^{疑}_{支}$巍$^{疑}_{微}$洈$^{疑}_{支}$硊$^{疑}_{紙}$阢$^{疑}_{灰}$頠$^{疑}_{賄}$覞$^{疑}_{齊}$鉇$^{玉:}_{疑尾}$桅$^{疑}_{灰}$犩$^{疑}_{微}$｜危$^{疑}_{支}$[3732]危$^{疑}_{支}$｜嵬$^{疑}_{灰}$[1787]姽$^{疑}_{紙}$䀛$^{疑}_{紙}$㧪$^{疑}_{尾}$｜危上$^{疑}_{紙}$[0614]峞$^{疑}_{賄}$｜桅去$^{疑}_{隊}$[1641]僞$^{疑}_{寘}$｜魏$^{疑}_{未}$[3704]魏$^{疑}_{未}$｜危去$^{疑}_{寘}$ [0128]𥉌$^{云}_{尾}$鄬$^{云}_{紙}$｜僞$^{疑}_{寘}$（支$_5$微$_3$齊$_1$灰$_3$紙$_5$尾$_2$賄$_2$寘$_3$未$_2$隊$_1$）
追類（含 20 個自然小類，9 個"準小韻"）		
章	235	[1066]䃣$^{澄}_{至}$硾$^{澄}_{寘}$墜$^{澄}_{至}$｜隊$^{澄}_{至}$[1987]惴$^{章}_{寘}$諈$^{知}_{寘}$裰$^{知}_{祭}$錣$^{知}_{祭}$餟$^{知}_{祭}$｜綴$^{知}_{祭}$[2348]膇$^{澄}_{寘}$綴$^{知}_{祭}$｜墜$^{澄}_{至}$（寘$_4$至$_4$祭$_5$）
	236	[0201]腄$^{知}_{支}$｜揣$^{集:}_{章脂}$[0332]䨨$^{知}_{脂}$𠴲$^{知}_{脂}$腄$^{知}_{支}$䨨$^{知}_{脂}$錐$^{章}_{脂}$萑$^{章}_{脂}$騅$^{章}_{脂}$隹$^{章}_{脂}$｜追$^{知}_{脂}$[0735]沝$^{章}_{紙}$｜捶$^{章}_{紙}$[2583]縋$^{澄}_{寘}$捶$^{章}_{紙}$｜追去$^{知}_{至}$（支$_2$脂$_9$紙$_3$寘$_1$至$_1$）
昌	237	[0410]炊$^{昌}_{支}$推$^{昌}_{脂}$龡$^{昌}_{支}$｜吹$^{昌}_{支}$ [0511]餈$^{徹}_{紙}$｜吹上$^{昌}_{紙}$（支$_3$脂$_1$紙$_2$）
澄	238	[2258]顀$^{澄}_{脂}$｜魋$^{澄}_{脂}$（脂$_2$）
	239	[1406]陲$^{禪}_{支}$隋$^{邪}_{支}$脽$^{禪}_{脂}$｜誰$^{禪}_{脂}$[1523]厜$^{禪}_{支}$誰$^{禪}_{脂}$鎚$^{澄}_{脂}$甀$^{澄}_{支}$槌$^{澄}_{脂}$椎$^{澄}_{脂}$棰$^{章}_{紙}$｜垂$^{禪}_{支}$[3341]箠$^{章}_{紙}$｜垂上$^{禪}_{紙}$（支$_5$脂$_6$紙$_3$）
書	240	[2606]帨$^{書}_{祭}$裞$^{書}_{祭}$祱$^{書}_{祭}$｜稅$^{書}_{祭}$[3369]税$^{書}_{祭}$｜帨$^{書}_{祭}$（祭$_6$）
禪	241	[2544]緌$^{日}_{脂}$｜蕤$^{日}_{脂}$[3204]𣕃$^{日}_{脂}$桵$^{日}_{脂}$蕤$^{日}_{脂}$䅗$^{日}_{脂}$𥡋$^{日}_{脂}$｜緌$^{日}_{脂}$（脂$_8$）
	242	[2587]繠$^{日}_{旨}$繠$^{日}_{紙}$蕊$^{日}_{紙}$甤$^{日}_{紙}$｜蕋$^{日}_{紙}$（旨$_1$紙$_4$）
	243	[0769]汭$^{日}_{祭}$諉$^{日}_{寘}$𢐂$^{日}_{寘}$蜹$^{日}_{祭}$｜芮$^{日}_{祭}$[3323]芮$^{日}_{祭}$｜汭$^{日}_{祭}$（寘$_2$祭$_5$）
來類（含 121 個自然小類，45 個"準小韻"）		
幫	244	[0780]派$^{集:}_{幫卦}$稗$^{並}_{卦}$｜拜$^{幫}_{怪}$（卦$_2$怪$_1$）
滂	245	[0854]湃$^{滂}_{怪}$鎃$^{滂}_{卦}$𠂢$^{滂}_{卦}$｜派$^{滂}_{卦}$（卦$_3$怪$_1$）
並	246	[2805]排$^{並}_{皆}$｜牌$^{並}_{皆}$[3459]簰$^{並}_{皆}$牌$^{並}_{皆}$｜排$^{並}_{皆}$（皆$_5$）

續表

聲母	準小韻序號	轄字
並	247	[1193]墩$^{並}_{夬}$憊$^{並}_{怪}$備$^{並}_{怪}$唄$^{並}_{夬}$退$^{並}_{夬}$痛$^{並}_{怪}$稗$^{並}_{卦}$粺$^{並}_{卦}$鞴$^{並}_{怪}$丨敗$^{並}_{夬}$[3074]敗$^{並}_{夬}$丨稗$^{並}_{卦}$（卦$_{3}$怪$_{4}$夬$_{5}$）
明	248	[2666]譪$^{明}_{夬}$賣$^{明}_{卦}$丨邁$^{明}_{夬}$[2720]邁$^{明}_{夬}$丨賣$^{明}_{卦}$（卦$_{2}$夬$_{3}$）
	249	[1248]埋$^{明}_{皆}$丨買平$^{明}_{佳}$[1931]貍$^{明}_{皆}$䚑$^{明}_{佳}$丨埋$^{明}_{皆}$[0981]澴$^{明}_{蟹}$嘪$^{明}_{蟹}$勱$^{明}_{夬}$丨買$^{明}_{蟹}$[3061]買$^{明}_{蟹}$丨埋上$^{明}_{駭}$（佳$_{2}$皆$_{3}$蟹$_{4}$駭$_{1}$夬$_{1}$）
端	250	[0755]汏$^{定}_{泰}$㿃$^{端}_{泰}$艜$^{端}_{泰}$戴$^{端}_{代}$丨帶$^{端}_{泰}$[2532]襶$^{端}_{代}$帶$^{端}_{泰}$丨戴$^{端}_{代}$（代$_{3}$泰$_{5}$）
透	251	[2059]台$^{透}_{咍}$丨胎$^{透}_{咍}$[1310]邰$^{透}_{咍}$胎$^{透}_{咍}$珆$^{透}_{咍}$彤$^{透}_{咍}$丨台$^{透}_{咍}$（咍$_{7}$）
	252	[1924]態$^{透}_{代}$默$^{透}_{泰}$態$^{透}_{代}$丨太$^{透}_{泰}$[3625]太$^{透}_{泰}$丨泰$^{透}_{泰}$（代$_{2}$泰$_{4}$）
	253	[3031]鈦$^{透}_{泰}$丨大$^{透}_{泰}$（泰$_{2}$）
定	254	[0136]旲$^{定}_{咍}$炱$^{定}_{咍}$苔$^{定}_{咍}$臺$^{定}_{咍}$鮐$^{定}_{咍}$丨臺$^{定}_{咍}$[1820]嬯$^{定}_{咍}$嚺$^{透}_{海}$擡$^{定}_{咍}$箈$^{定}_{咍}$籉$^{定}_{咍}$臺$^{定}_{咍}$丨苔$^{定}_{咍}$[1708]儓$^{定}_{咍}$駘$^{定}_{咍}$駘$^{定}_{咍}$丨台$^{集:}_{定咍}$（咍$_{16}$海$_{1}$）
	255	[0111]曃$^{定}_{代}$丨逮$^{定}_{代}$[0301]黱$^{定}_{代}$隸$^{定}_{代}$岱$^{定}_{代}$碌$^{定}_{代}$逮$^{定}_{代}$岱$^{透}_{代}$貣$^{定}_{代}$袋$^{定}_{代}$帒$^{定}_{代}$玳$^{定}_{代}$貸$^{透}_{代}$軩$^{定}_{海}$黛$^{定}_{代}$大$^{定}_{泰}$待$^{定}_{海}$丨代$^{定}_{代}$[1638]代$^{定}_{代}$怠$^{定}_{海}$逮$^{定}_{代}$丨大$^{定}_{泰}$[2140]嗿$^{定}_{海}$殆$^{定}_{海}$丨怠$^{定}_{海}$[2546]紿$^{定}_{海}$丨殆$^{定}_{海}$[2738]迨$^{定}_{海}$丨待$^{定}_{海}$（海$_{10}$代$_{17}$泰$_{2}$）
泥	256	[2748]迺$^{泥}_{海}$弓$^{泥}_{海}$孖$^{泥}_{海}$丨乃$^{泥}_{海}$（海$_{4}$）
	257	[2531]褦$^{泥}_{代}$耐$^{泥}_{代}$鼐$^{泥}_{代}$耐$^{泥}_{代}$丨奈$^{泥}_{泰}$[2977]奈$^{泥}_{泰}$柰$^{泥}_{泰}$丨耐$^{泥}_{代}$（代$_{5}$泰$_{3}$）
來	258	[1014]瀨$^{來}_{泰}$睞$^{來}_{代}$粿$^{來}_{代}$逨$^{來}_{代}$癩$^{來}_{泰}$襰$^{來}_{泰}$賚$^{來}_{代}$藾$^{來}_{泰}$籟$^{來}_{泰}$鵣$^{來}_{泰}$丨賴$^{來}_{泰}$（代$_{4}$泰$_{7}$）
	259	[2442]躠$^{來}_{泰}$丨厲$^{來}_{泰}$（泰$_{2}$）
	260	[0633]崍$^{來}_{咍}$淶$^{來}_{咍}$淶$^{來}_{咍}$睞$^{來}_{咍}$埊$^{來}_{咍}$萊$^{來}_{咍}$鶆$^{來}_{咍}$騋$^{來}_{咍}$粭$^{來}_{咍}$徠$^{來}_{咍}$丨來$^{來}_{咍}$[3776]來$^{來}_{咍}$丨萊$^{來}_{咍}$[1439]陝$^{集:}_{來咍}$丨來去$^{來}_{代}$（咍$_{14}$代$_{1}$）
精	261	[1323]郲$^{莊}_{怪}$載$^{精}_{代}$丨再$^{精}_{代}$[3725]再$^{精}_{代}$丨載$^{精}_{代}$（怪$_{1}$代$_{4}$）
	262	[0458]災$^{精}_{咍}$栽$^{精}_{咍}$災$^{精}_{咍}$巛$^{精}_{咍}$洃$^{精}_{咍}$哉$^{精}_{咍}$栽$^{精}_{咍}$哉$^{精}_{咍}$丨灾$^{精}_{咍}$[1545]𡿧$^{精}_{咍}$䱏$^{知}_{皆}$渽$^{精}_{咍}$丨哉$^{精}_{咍}$[2368]䱏$^{莊}_{皆}$栥$^{莊}_{皆}$厽$^{莊}_{皆}$齋$^{莊}_{皆}$丨齋$^{莊}_{皆}$[2978]齋$^{莊}_{皆}$丨栽$^{精}_{咍}$[3151]𢦏$^{精}_{咍}$丨栽$^{精}_{咍}$[2928]宰$^{精}_{海}$丨哉上$^{精}_{海}$[2228]睟$^{精}_{海}$縡$^{精}_{海}$丨宰$^{精}_{海}$（皆$_{7}$咍$_{15}$海$_{5}$）
清	263	[3014]釵$^{初}_{佳}$丨差$^{初}_{皆}$（佳$_{1}$皆$_{1}$）
	264	[2128]嘬$^{初}_{夬}$丨采$^{集:}_{清代}$（夬$_{1}$代$_{1}$）
	265	[1094]礤$^{清}_{曷}$瘵$^{莊}_{怪}$菑$^{清}_{泰}$菜$^{清}_{代}$蠆$^{徹}_{夬}$丨蔡$^{清}_{泰}$[1240]埰$^{清}_{代}$睬$^{清}_{代}$蔡$^{清}_{泰}$鶁$^{清}_{泰}$丨菜$^{清}_{代}$（怪$_{1}$夬$_{1}$泰$_{4}$代$_{4}$曷$_{1}$）
	266	[3488]猜$^{清}_{咍}$丨采平$^{清}_{咍}$[3786]膱$^{清}_{咍}$職$^{清}_{咍}$丨猜$^{清}_{咍}$[1356]䣋$^{清}_{海}$婇$^{清}_{海}$倸$^{清}_{海}$綵$^{清}_{海}$採$^{清}_{海}$棌$^{清}_{海}$丨采$^{清}_{海}$[3643]彩$^{清}_{海}$丨採$^{清}_{海}$（咍$_{5}$海$_{9}$）
從	267	[0680]豺$^{崇}_{皆}$儕$^{崇}_{皆}$纔$^{從}_{咍}$財$^{從}_{咍}$材$^{從}_{咍}$丨才$^{從}_{咍}$[2784]才$^{從}_{咍}$丨財$^{從}_{咍}$（皆$_{2}$咍$_{6}$）
	268	[1123]砦$^{崇}_{夬}$丨寨$^{崇}_{夬}$（夬$_{2}$）
	269	[2199]𥈠$^{崇}_{卦}$柴$^{崇}_{佳}$豺$^{崇}_{皆}$丨柴$^{崇}_{佳}$[3255]柴$^{崇}_{佳}$丨豺$^{崇}_{皆}$[3522]豸$^{澄}_{蟹}$丨柴去$^{崇}_{卦}$（佳$_{3}$皆$_{2}$卦$_{2}$蟹$_{1}$）
心	270	[2013]愢$^{心}_{咍}$𩭐$^{心}_{咍}$丨腮$^{心}_{咍}$（咍$_{3}$）
	271	[0164]曬$^{生}_{卦}$塞$^{心}_{代}$丨賽$^{心}_{代}$[1726]僿$^{心}_{代}$賽$^{心}_{代}$丨塞$^{心}_{代}$（卦$_{1}$代$_{5}$）
	272	[0629]崽$^{生}_{佳}$崽$^{生}_{佳}$簁$^{生}_{皆}$籭$^{生}_{佳}$丨篩$^{生}_{佳}$[3334]篩$^{生}_{佳}$丨籭$^{生}_{佳}$[0820]洒$^{生}_{蟹}$丨篩上$^{生}_{蟹}$（佳$_{6}$皆$_{1}$蟹$_{2}$）
見	273	[0249]䶠$^{見}_{皆}$階$^{見}_{皆}$偕$^{見}_{皆}$喈$^{見}_{皆}$䏗$^{見}_{皆}$街$^{見}_{佳}$鍇$^{見}_{皆}$鞂$^{玉:}_{匣皆}$鮭$^{見}_{皆}$楷$^{見}_{皆}$秸$^{見}_{皆}$荄$^{見}_{皆}$稭$^{見}_{皆}$鶛$^{見}_{皆}$丨皆$^{見}_{皆}$[2910]痎$^{見}_{皆}$丨階$^{見}_{皆}$[3567]皆$^{見}_{皆}$偕$^{溪}_{皆}$丨偕$^{見}_{皆}$（佳$_{1}$皆$_{19}$）
	274	[0912]溉$^{見}_{代}$盖$^{見}_{泰}$蓋$^{見}_{泰}$丨槩$^{見}_{代}$[1328]䣎$^{見}_{泰}$概$^{見}_{代}$槩$^{見}_{代}$丐$^{見}_{泰}$匃$^{見}_{泰}$匄$^{見}_{泰}$丐$^{見}_{泰}$丨蓋$^{見}_{泰}$（代$_{4}$泰$_{8}$）
	275	[0678]岕$^{見}_{怪}$盻$^{見}_{怪}$界$^{見}_{怪}$庎$^{見}_{怪}$解$^{見}_{卦}$悈$^{見}_{怪}$价$^{見}_{怪}$忦$^{見}_{怪}$𩬼$^{見}_{怪}$紒$^{見}_{怪}$𢁀$^{見}_{怪}$疥$^{見}_{怪}$玠$^{見}_{怪}$戒$^{見}_{怪}$芥$^{見}_{怪}$骱$^{見}_{怪}$犗$^{見}_{夬}$魪$^{見}_{怪}$尬$^{見}_{怪}$丨介$^{見}_{怪}$[1986]悈$^{見}_{怪}$屆$^{見}_{怪}$丨戒$^{見}_{怪}$[3478]骱$^{見}_{怪}$丨界$^{見}_{怪}$（卦$_{1}$怪$_{23}$夬$_{1}$）
	276	[0077]晐$^{見}_{咍}$峐$^{見}_{咍}$垓$^{見}_{咍}$郂$^{見}_{咍}$陔$^{見}_{咍}$絯$^{見}_{咍}$祴$^{見}_{咍}$賅$^{見}_{咍}$餩$^{見}_{咍}$𧊶$^{見}_{咍}$荄$^{見}_{咍}$陔$^{見}_{咍}$垓$^{見}_{咍}$丨該$^{見}_{咍}$[3598]該$^{見}_{咍}$丨𧊶$^{見}_{咍}$[2686]該$^{見}_{咍}$丨改平$^{見}_{咍}$[2270]頦$^{見}_{海}$丨改$^{見}_{海}$[3617]改$^{見}_{海}$丨該上$^{見}_{海}$（咍$_{18}$海$_{4}$）
溪	277	[2542]緒$^{溪}_{皆}$丨揩$^{溪}_{皆}$（皆$_{2}$）
	278	[2867]開$^{溪}_{咍}$丨開$^{溪}_{咍}$（咍$_{2}$）
	279	[0280]颽$^{溪}_{海}$颽$^{溪}_{海}$嵦$^{溪}_{海}$塏$^{溪}_{海}$隑$^{溪}_{咍}$䯿$^{匣}_{咍}$暟$^{溪}_{海}$闓$^{溪}_{海}$殪$^{見}_{咍}$鎧$^{溪}_{海}$剴$^{見}_{咍}$丨愷$^{溪}_{海}$[1974]慨$^{溪}_{代}$愷$^{溪}_{海}$皚$^{疑}_{咍}$丨凱$^{溪}_{海}$[2370]𪗄$^{疑}_{咍}$敳$^{疑}_{咍}$丨皚$^{疑}_{咍}$（咍$_{8}$海$_{10}$代$_{1}$）
	280	[2473]䲒$^{集:}_{溪蟹}$烗$^{溪}_{怪}$豥$^{集:}_{溪咍}$丨楷$^{溪}_{駭}$[0090]暟$^{溪}_{海}$濭$^{溪}_{泰}$慨$^{見}_{代}$愾$^{溪}_{代}$嘅$^{溪}_{代}$咳$^{溪}_{代}$䅣$^{溪}_{泰}$丨慨$^{溪}_{代}$[0488]烗$^{溪}_{怪}$喊$^{曉}_{怪}$丨咳$^{溪}_{代}$[0452]炌$^{集:}_{溪怪}$丨楷去$^{溪}_{怪}$（咍$_{1}$蟹$_{1}$駭$_{1}$海$_{1}$怪$_{5}$代$_{6}$泰$_{2}$）
影	281	[0169]㝵$^{疑}_{代}$譪$^{影}_{泰}$閡$^{疑}_{代}$艾$^{疑}_{泰}$丨碍$^{疑}_{代}$[1065]硋$^{疑}_{代}$碍$^{疑}_{代}$礙$^{疑}_{代}$懝$^{疑}_{代}$鴱$^{疑}_{泰}$豛$^{疑}_{泰}$丨艾$^{疑}_{泰}$（代$_{7}$泰$_{5}$）

續表

聲母	準小韻序號	轄字
影	282	[0504]烌$^{影}_{咍}$埃$^{影}_{咍}$｜挨$^{影}_{皆}$[1261]妛$^{影}_{咍}$咍$^{曉}_{咍}$挨$^{影}_{皆}$埃$^{影}_{咍}$｜哀$^{影}_{咍}$[2493]哀$^{影}_{咍}$騃$^{疑}_{佳}$｜埃$^{影}_{咍}$[0724]崖$^{疑}_{佳}$厓$^{疑}_{佳}$睚$^{疑}_{佳}$瘊$^{疑}_{咍}$｜捱$^{集:}_{疑佳}$[0902]漄$^{疑}_{佳}$呆$^{疑}_{咍}$｜崖$^{疑}_{佳}$[2336]隑$^{疑}_{咍}$｜呆$^{疑}_{咍}$[2366]齸$^{疑}_{佳}$齷$^{疑}_{佳}$｜厓$^{疑}_{佳}$[2811]挨$^{影}_{皆}$｜矮平$^{影}_{佳}$[2633]覭$^{疑}_{駭}$｜矮$^{影}_{蟹}$[3123]矮$^{影}_{蟹}$｜捱上$^{集:}_{疑蟹}$[2086]唉$^{影}_{駭}$｜挨$^{影}_{駭}$[0295]靉$^{影}_{代}$毐$^{影}_{海}$｜藹$^{影}_{海}$[3296]藹$^{影}_{海}$｜愛上$^{影}_{海}$[3672]愛$^{影}_{代}$｜哀去$^{影}_{代}$[1963]㤅$^{影}_{代}$噯$^{影}_{泰}$暧$^{影}_{泰}$薆$^{影}_{代}$叆$^{影}_{代}$｜愛$^{影}_{代}$[0110]噧$^{影}_{泰}$暧$^{影}_{代}$䬵$^{疑}_{怪}$｜隘$^{影}_{卦}$[1242]壒$^{影}_{泰}$阸$^{影}_{卦}$隘$^{影}_{卦}$｜挨去$^{影}_{怪}$（佳$_{11}$皆$_{3}$咍$_{12}$蟹$_{3}$駭$_{3}$海$_{4}$代$_{8}$卦$_{3}$怪$_{2}$泰$_{4}$）
曉	283	[1612]侅$^{匣}_{海}$醢$^{曉}_{海}$｜海$^{曉}_{海}$（海$_{3}$）
	284	[1920]忩$^{曉}_{怪}$｜解$^{匣}_{卦}$（卦$_{1}$怪$_{1}$）
匣	285	[1046]濨$^{匣}_{怪}$懈$^{見}_{卦}$齘$^{匣}_{怪}$薤$^{匣}_{怪}$｜械$^{匣}_{怪}$[1213]蟹$^{集:}_{匣蟹}$廨$^{匣}_{蟹}$懈$^{見}_{卦}$繲$^{見}_{卦}$邂$^{匣}_{卦}$｜懈$^{見}_{卦}$[3244]械$^{匣}_{怪}$｜薤$^{匣}_{怪}$（蟹$_{2}$卦$_{5}$怪$_{6}$）
	286	[0693]嶰$^{匣}_{蟹}$偕$^{匣}_{怪}$｜駭$^{匣}_{駭}$[3462]蟹$^{匣}_{蟹}$｜嶰$^{匣}_{蟹}$[3472]駭$^{匣}_{駭}$｜蟹去$^{匣}_{卦}$（蟹$_{3}$卦$_{1}$駭$_{2}$怪$_{1}$）
	287	[1783]孩$^{匣}_{咍}$孃$^{匣}_{皆}$膎$^{匣}_{佳}$瑎$^{匣}_{皆}$鍇$^{匣}_{皆}$｜諧$^{匣}_{皆}$[2141]嵦$^{匣}_{咍}$揩$^{匣}_{咍}$｜孩$^{匣}_{咍}$[2680]諧$^{匣}_{皆}$｜偕$^{匣}_{皆}$[3599]骸$^{匣}_{皆}$孩$^{匣}_{咍}$｜鞋$^{匣}_{皆}$ [1990]㤥$^{匣}_{代}$㦤$^{匣}_{泰}$豥$^{集:}_{匣駭}$咳$^{匣}_{咍}$｜亥$^{匣}_{海}$[3596]亥$^{匣}_{海}$｜孩上$^{匣①}_{海}$（佳$_{1}$皆$_{8}$咍$_{6}$駭$_{1}$海$_{3}$代$_{1}$泰$_{1}$）
	288	[1804]娡$^{匣}_{泰}$髂$^{匣}_{泰}$丯$^{見}_{怪}$｜害$^{匣}_{泰}$（怪$_{1}$泰$_{3}$）
懷類（含 10 個自然小類，7 個“準小韻”）		
見	289	[3224]柺$^{見}_{蟹}$｜乖上$^{見}_{駭}$（蟹$_{1}$駭$_{1}$）
	290	[1103]硁$^{見}_{怪}$獪$^{見}_{泰}$狭$^{見}_{夬}$｜怪$^{見}_{怪}$（怪$_{2}$夬$_{1}$泰$_{1}$）
	291	[1988]恠$^{見}_{怪}$｜恠$^{見}_{怪}$（怪$_{2}$）
	292	[3731]夬$^{見}_{夬}$｜拐$^{羣}_{蟹}$（蟹$_{1}$夬$_{1}$）
溪	293	[1368]郲$^{溪}_{卦}$嘳$^{溪}_{怪}$蒯$^{溪}_{怪}$蕢$^{溪}_{怪}$蔽$^{溪}_{怪}$｜快$^{溪}_{夬}$（卦$_{1}$怪$_{4}$夬$_{1}$）
	294	[2481]勑$^{溪}_{皆}$｜噲$^{溪}_{夬}$（皆$_{1}$夬$_{1}$）
匣	295	[0846]淮$^{匣}_{皆}$瀤$^{匣}_{皆}$褢$^{匣}_{皆}$褱$^{匣}_{皆}$槐$^{匣}_{皆}$櫰$^{匣}_{皆}$｜懷$^{匣}_{皆}$[1175]壞$^{匣}_{怪}$外$^{疑}_{泰}$｜槐去$^{匣}_{怪}$[1401]夘$^{疑}_{泰}$聵$^{疑}_{怪}$聵$^{疑}_{怪}$｜外$^{疑}_{泰}$[3616]敳$^{匣}_{怪}$｜壞$^{匣}_{怪}$（皆$_{7}$怪$_{6}$泰$_{3}$）

在表 3-2-3 的 295 個“準小韻”中，中古止、蟹兩攝各韻之間自注的有 93 個，混注的有 202 個，混注占總數的 68.47%（202/295）。關於具體的混注內容，我們窮盡列舉如下，詳見表 3-2-4。表中的“支脂”是指僅有支、脂二韻參與混注的“準小韻”，共出現 12 次，餘類推。

表 3-2-4　系聯後的止、蟹攝諸韻混注情況統計表

組別	序號	混注種類	次數	組別	序號	混注種類	次數	組別	序號	混注種類	次數
甲組（共計167次）	1	支脂	*12*	甲組（共計167次）	6	支脂之齊祭	*2*	甲組（共計167次）	11	支脂之祭職	*1*
	2	支脂之	*15*		7	支脂之齊咍	*1*		12	支脂之微齊祭廢魚	*1*
	3	支脂之齊	*4*		8	支脂之皆	*1*		13	支脂之微齊虞	*1*
	4	支脂之微齊	*4*		9	支脂之祭	*1*		14	支脂之微虞	*1*
	5	支脂之微齊祭	*2*		10	支脂之祭質	*1*		15	支脂之齊祭魚	*1*

① “亥”乃全濁上聲字，與去聲“㤥$^{匣}_{代}$㦤$^{匣}_{泰}$”二字混注，表明其已變讀陽去聲。但是有“孩上$^{匣}_{海}$”爲之注音，這又表明該字仍有陽上聲調。爲了將兩個自然小類系聯成一個整體，此處不再單列陽上調，特此說明。

續表

組別	序號	混注種類	次數	組別	序號	混注種類	次數	組別	序號	混注種類	次數
甲組（共計167次）	16	支脂之模	1	甲組（共計167次）	35	支微	3	甲組（共計167次）	54	脂灰	10
	17	支脂微	2		36	支微齊灰	1		55	脂灰泰	1
	18	支脂微齊	1		37	支微祭泰	1		56	脂灰魚	1
	19	支脂微齊祭灰泰	1		38	支微灰皆	1		57	之微	1
	20	支脂微灰	3		39	支齊	8		58	之齊	2
	21	支脂齊	9		40	支齊咍	1		59	之齊祭魚	1
	22	支脂齊祭	1		41	支齊虞	1		60	之齊魚	1
	23	支脂齊灰	1		42	支祭	2		61	之祭	1
	24	支脂齊灰咍	1		43	支廢泰	1		62	之祭職	1
	25	支脂祭	1		44	支灰	4		63	微齊	2
	26	支脂祭皆灰	1		45	脂之	4		64	微廢	2
	27	支脂祭灰泰	1		46	脂之微	1		65	微灰	1
	28	支脂灰	2		47	脂微	1		66	微灰泰	1
	29	支之	9		48	脂微祭灰泰	1		67	齊祭	1
	30	支之微	1		49	脂微齊祭	1		68	齊虞	1
	31	支之微齊	3		50	脂齊	5		69	齊魚	1
	32	支之齊	1		51	脂齊祭灰	2		70	灰泰	8
	33	支之齊魚	1		52	脂齊魚	1		71	灰泰咍	1
	34	支之祭	1		53	脂祭	1				
乙組（共計36次）	1	佳皆	10	乙組（共計36次）	5	佳咍	1	乙組（共計36次）	9	皆咍	3
	2	佳皆夬	4		6	皆夬	1		10	皆泰	2
	3	佳皆咍泰	3		7	皆夬泰	1		11	夬咍	1
	4	佳夬	2		8	皆夬咍泰曷	1		12	咍泰	7

比較表 3-2-4 中混注的種類，同樣可將混注分爲甲、乙兩組。其中，甲類所涉及的核心混注韻是支$_{112}$脂$_{102}$之$_{77}$微$_{37}$齊$_{60}$祭$_{27}$廢$_{4}$灰$_{42}$泰$_{\text{合}16}$，乙類所涉及的核心混注韻是佳$_{20}$皆$_{25}$夬$_{10}$咍$_{16}$泰$_{14}$，跟前文初級混注統計的結果是吻合的。

下面再將各類中的核心韻的自注與混注數進行比較，通過數字的對比來證明該韻的分合狀態，詳見表 3-2-5。

表 3-2-5　中古止、蟹攝諸韻自注、混注數量對比表　（單位：次）

注音類型 \ 韻	支	脂	之	微	齊	祭	廢	灰	泰合	佳	皆	夬	咍	泰
自注數	14	9	6	10	18	4	0	13	2	0	3	1	10	2
混注數	112	102	77	37	60	27	4	42	16	19	25	10	16	14

通過自注與混注的對比，可以清晰地看到以上諸韻皆是混注數遠大於自注數，皆以混注作爲常態，而自注則是從屬於常態下的特殊表現，並不能改變其混注的格局，這足以表明以上止、蟹諸韻在《玉篇直音》中已經進行了重組。鑒於此，我們可以將甲、乙兩組分別視作一個整體，稱爲齊微部、皆咍部，這與上文表 3-2-2 中的初級統計結果完全吻合。

不過有一點不容忽視，上文混注情況統計表對齊微部的統計中並未專門顯示中古精、莊、章、知組止攝開口呼字及祭韻開口呼字的混注情況。而這部分字恰與《中原音韻》的支思韻字相對應，研究明末時期的《玉篇直音》語音對之特別關注是很有必要的。

從初級統計角度而言，中古精、莊、章、知組止攝開口呼字及祭韻開口呼字在《玉篇直音》中作爲被注字的共計 514 個，其中與四等齊韻字混注（含系聯混注）的有 18 個（有 12 個心、生母上聲字"璽$^{心}_{紙}$壐$^{心}_{紙}$迣$^{心}_{止}$辻$^{心}_{止}$徙$^{心}_{紙}$枲$^{心}_{止}$蓰$^{心}_{紙}$葸$^{心}_{止}$躧$^{生}_{紙}$蹝$^{生}_{紙}$縰$^{生}_{紙}$屣$^{生}_{紙}$"除外，它們音"洗$^{心}_{薺}$"，與今海鹽吴音吻合。另還有 6 個，下文有詳述，兹不贅舉），與入聲職韻混注 3 個，與來母字混注 1 個（螭$^{徹}_{支}$音离$^{來}_{支}$P150L5；疑從諧聲偏旁讀），餘下 492 個皆爲用止、蟹攝三等開口精、莊、知、章組字自注的情況，自注的比例爲 95.72%（492/514）。如果去掉上述 12 個與今海鹽吴音完全吻合的心、生母上聲字以及 1 個被來母字注音的令人生疑的字外，自注比例會達到 98.20%（492/501）。不論是哪個自注比例皆能顯示該類字在《玉篇直音》中已與其他齊微部字有别。

從高級統計角度而言，該類字共含"準小韻"42 個，除個别暮、駭、職韻字（洅$^{精}_{賄}$釞$^{知}_{駭}$溸$^{龍:}_{心暮}$喹$^{知}_{質}$戠$^{章}_{職}$）雜入外，其餘均是中古精、莊、章、知組止攝開口呼字及祭韻開口呼字，表現出獨立於其他齊微部開口字的格局。比如齊微部中支齊、脂齊、之齊、微齊等混注是常態現象，但是中古精、莊、章、知組止攝開口字及祭韻開口字鮮見與同聲母齊韻字產生混注。比如清母有兩組字，如下：

①【平】縒$^{初}_{支}$嵯$^{初}_{支}$䨏$^{清}_{脂}$雌$^{清}_{支}$此平$^{清}_{支}$【上】佌$^{清}_{紙}$仳$^{清}_{紙}$啙$^{從}_{支}$玼$^{清}_{紙}$此$^{清}_{紙}$雌上$^{清}_{紙}$【去】廁$^{初}_{志}$庛$^{清}_{至}$佽$^{清}_{至}$髮$^{清}_{至}$刺$^{清}_{寘}$次$^{清}_{至}$朿$^{清}_{寘}$

②【平】霋$^{清}_{齊}$淒$^{清}_{齊}$郪$^{清}_{齊}$凄$^{清}_{齊}$婕$^{鏡:}_{清齊}$悽$^{清}_{齊}$緀$^{清}_{齊}$萋$^{清}_{齊}$鶈$^{清}_{齊}$齎$^{從}_{齊}$妻$^{清}_{齊}$【去】砌$^{清}_{霽}$妻去$^{清}_{霽}$砌$^{清}_{霽}$眲$^{清}_{霽}$

上述清母的兩組字有不同來源：第①組來自中古止攝開口呼，其韻母於通語或者海鹽吴音中皆讀成舌尖元音；第②組來自中古蟹攝開口齊韻，其韻母於通語或者海鹽吴音中多讀成舌面元音 i。兩組字呈現對立格局。

再如章母亦有對立的兩組字，如下：

①【上】沚章紙沢章紙洔章止浾章止砥章紙址章止阯章止叵鏡:章止恉章旨趾章止黹知旨𡰥章紙指章旨鉙知駭枳章紙芷章止止章止畤章止疷章紙紙章紙帋章紙㫖章旨鴲章旨
旨章旨軹章紙只章紙【去】製澄祭智知寘員知志置知志

②【平】卟見齊只章支【上】麿玉:見旨旨章旨

與清母一樣，上述章母字也分爲兩類，有不同來源：第①組來自中古止攝開口呼，其韻母於通語或者海鹽吳音中皆讀成舌尖元音；第②組來自中古蟹攝開口齊韻，其韻母於通語或者海鹽吳音中多讀成舌面元音 i。兩組字亦呈現對立格局。

類似清、章母的對立現象亦分佈在整個中古精、莊、章、知組等齒音聲母字中。鑒於此，中古精、莊、章、知等組聲母的止攝開口及祭韻開口字需要從齊微部中獨立出來，自成一部，可稱爲支思部。

就漢語史而言，支思部的獨立與語音史也是吻合的。從通語史的角度來看，支思韻在早於《中原音韻》二百多年的《皇極經世·聲音唱和圖》中就已趨於獨立，在之後的代表官話語音系統的《洪武正韻》《韻略易通》《西儒耳目資》《韻略匯通》等文獻中皆是獨立存在的。就吳音史而言，這種音變現象在《同文備考》所代表的 16 世紀的昆山吳音[①]以及《諧聲品字箋》所代表的 17 世紀的杭州吳音中[②]皆已產生。即便在今海鹽吳音中，支思部字仍皆讀作舌尖前元音 ɿ，與讀 i 韻的其他齊微部開口字有別。鑒於此，我們將支思部從齊微部中獨立出來。

綜上所述，中古止、蟹二攝字在《玉篇直音》中重組爲支思、齊微、皆咍三個韻部。

3.2.2 關於韻母的確立

3.2.2.1 支思部

支思部字的聲母涉及《玉篇直音》的精組五母及章組五母，分別來自中古的精、莊、章、知等組聲母。下面選取《玉篇直音》的精、章二母字進行比較。

精母【平】醨精脂賫精脂洓精脂濱精脂孜精之姿精脂頿精支齜莊支紂莊之緇莊之芓精之玼精紙粢精脂齎精脂齍精脂耔精止觜精支資精脂淄莊之孳精之粢精脂
嵫精之滋精之嗞精之甾集:莊之邶精支郪精支鄑莊之鄑精支仔精之髭精支覫精脂諮精脂鎡精之輜莊之菑莊之鶅莊之滋精之孖精之咨精脂鍫精支椔莊之豬從支鼒精脂
齜精支茲精之玆精之鼒精之咨精脂躲章支吱章支衹章支衹章支梔章支枝章支榰章支禔章支芝章之秖章支鳷章支氏章支之章之甾莊之肢章支胑章支脂章脂疷章支軝章支
知知支榰章脂㞢章之巵章支芝章之腦莊脂袨章支賀知支蜘知支鼅知支鵞章支支章支卮章支啙精支積從脂貲精支踶精支泚平集:精支【上】峷精止胒精紙姊精旨
紫精紙釪精止珇集:從語梓精止秭精旨梓精止子精止精止呰精紙訿精紙茈精紙疷莊止洅精賄呰精紙柴精紙玼清紙觜精紙【去】恣精至資精至嗞精之欨精至胾莊志
欪精寘啸章祭晣章祭嵮章寘厎章旨伎章寘埶章至姞章志忮章志懥知志懫章志晣章祭啸章祭誌章志迣章祭岦龍:莊寘疻章支寘章寘鏊章至贄章至鞶章至輊知至踶知志
剚莊志鴲章志疐知至至章至志章志陙澄紙緻澄至致知至伿章寘喹知質觢章祭摯章至躓知至褫澄紙誌章寘制章祭鷙章至蔵章至鷙知至鷙章至致知至腡集:章祭誓章祭
猘章祭猘集:章祭瘈章祭第莊寘寘章寘翨書寘翐書寘翅書寘之去章志

章母【上】軹章紙只章紙沚章紙沢章紙洔章止浾章止砥章紙址章止阯章止叵章止恉章旨趾章止黹知旨𡰥章紙指章旨鉙知駭枳章紙芷章止畤章止疷章紙紙章紙帋章紙止章止
㫖章旨鴲章旨旨章旨【去】置知志員知志製澄祭智知寘

①丁鋒.《同文備考》音系[M]. 福岡：中國書店，2001.
②張詠梅.《諧聲品字箋》的音系研究[M]. 成都：巴蜀書社，2011.

比較發現，精、章二母皆具有 1 個獨立小韻，内部並無對立小韻的存在。放眼精、章兩組，餘下的 8 個聲母亦是如此。據此可判斷，支思部内僅有 2 個獨立的小韻存在，即精組支思韻字（稱資類[①]）和章組支思韻字（稱池類）。

資類多數來自中古精、莊組止攝開口呼字及祭韻開口呼字，也包括部分中古章、書、禪、船、知母字（如：支$^{章}_{支}$脂$^{章}_{脂}$之$^{章}_{之}$至$^{章}_{至}$志$^{章}_{志}$知$^{知}_{支}$賀$^{知}_{支}$蜘$^{知}_{支}$輊$^{知}_{至}$致$^{知}_{至}$；施$^{書}_{支}$絁$^{書}_{支}$襹$^{生}_{支}$尸$^{書}_{脂}$蓍$^{書}_{脂}$詩$^{書}_{之}$弛$^{書}_{紙}$豕$^{書}_{紙}$屎$^{書}_{旨}$矢$^{書}_{旨}$史$^{生}_{止}$始$^{書}_{止}$；氏$^{禪}_{紙}$眎$^{禪}_{旨}$視$^{禪}_{旨}$市$^{禪}_{止}$嗜$^{禪}_{至}$示$^{船}_{至}$謚$^{船}_{至}$侍$^{禪}_{志}$）。

池類主要來自中古章、知組止攝開口呼字及祭韻開口呼字。這部分字來自中古章、昌、書、禪、知、徹、澄等聲母，但比併入資類中的中古章、知組字多出了昌、徹、澄等聲母字（如：蚩$^{昌}_{之}$鴟$^{昌}_{脂}$齒$^{昌}_{止}$熾$^{昌}_{志}$笞$^{徹}_{之}$痴$^{徹}_{之}$癡$^{徹}_{之}$恥$^{徹}_{止}$滯$^{集:}_{徹祭}$；池$^{澄}_{支}$踟$^{澄}_{支}$遲$^{澄}_{脂}$持$^{澄}_{之}$峙$^{澄}_{止}$雉$^{澄}_{旨}$稚$^{澄}_{至}$治$^{澄}_{志}$）。

察其等呼來源，資、池二類字幾乎皆是中古開口細音字。不過自該部别於齊微部後，無論是在歷史文獻中還是在現代方言裏，該部韻母的讀音已洪化爲四呼中的開口呼。

需要補充的是，支思部中有個别合口字的併入：洅$^{精}_{賄}$觜$^{精}_{紙}$觜$^{精}_{紙}$（與“呰$^{精}_{紙}$玼$^{清}_{紙}$”音同）。例字雖然不多，但是極爲典型。例字“觜”，《集韻 · 紙韻》“或作嘴”，《五音集韻 · 旨韻》同嘴。嘴，精母紙韻，據《當代吳語研究》[②]，在多數吳方言中讀作 tsɿ。如今海鹽吳音，精組合口支韻字的韻母讀作 ɿ，如“嘴”與“紫子紙”音同，皆讀作 tsɿ。因此“嘴紫子紙”音同也就是“觜紫子紙”音同。據此可知，此乃明末吳方音的特點。

關於該部韻母的讀音，在元代時，陸志韋認爲“最妥當的辦法是把《中原音韻》的支思韻全擬作 ï。這 ï 音是 ɿ，ʅ 跟 ɨ，ɘ 中間的一個音，還不是實在的舌尖音，不過借用 ï 符號而已”[③]。不過在明代的《韻略易通》中便已讀成了舌尖元音 ɿ、ʅ 韻[④]。另代表明末清初吳音的《聲韻會通》[⑤]《諧聲品字箋》[⑥]中亦讀 ɿ、ʅ 韻等。即便是現代方言中，如北京、濟南、合肥、雙峰等方言中皆讀 ɿ、ʅ 韻[⑦]。此外，無論是歷史語音還是現代方音，ɿ、ʅ 韻的對立多數屬於精、章組聲母的對立，《玉篇直音》與此相同。

綜上，《玉篇直音》支思部字可分爲兩類：資類、池類。該部韻母屬於開口呼，有兩個變體，其音值分别爲 ɿ（資類）、ʅ（池類）。

3.2.2.2　齊微部

齊微部字分佈在屬於《玉篇直音》的幫、非、端、精、章、見、曉七組聲母字中。選取幫、非、端、精、章、見、曉 7 個聲母作爲代表，列舉屬於每個聲母的小韻，如下：

幫母①【平】碑$^{幫}_{支}$裨$^{幫}_{支}$椑$^{幫}_{支}$箆$^{幫}_{脂}$箄$^{幫}_{支}$卑$^{幫}_{支}$悲$^{幫}_{脂}$睥$^{幫}_{支}$鵯$^{幫}_{支}$錍$^{幫}_{支}$𥫃$^{幫}_{齊}$鎞$^{幫}_{支}$陂$^{幫}_{支}$【上】鄙$^{幫}_{旨}$妣$^{幫}_{旨}$柀$^{幫}_{紙}$彼$^{幫}_{紙}$匕$^{幫}_{旨}$比$^{幫}_{旨}$啚$^{幫}_{旨}$俾$^{幫}_{紙}$佊$^{幫}_{紙}$

---

①類名取自該類中使用頻率較高且能代表本類字性質的注音字，全章皆同。

②錢乃榮. 當代吳語研究[M]. 上海：上海教育出版社，1992：90.

③陸志韋. 釋《中原音韻》[A]. 見：中國社會科學語言研究所近代漢語研究室. 陸志韋近代漢語音韻論集[C]. 北京：商務印書館，1988：17.

④張玉來. 韻略易通研究[M]. 天津：天津古籍出版社，1999：33.

⑤寧忌浮. 漢語韻書史（明代卷）[M]. 上海：上海人民出版社，2009：311.

⑥張詠梅.《諧聲品字箋》的音系研究[M]. 成都：巴蜀書社，2011：122-123.

⑦北京大學中國語言文學系語言學教研室. 漢語方音字彙[M]. 北京：語文出版社，2003：56-71.

秕幫旨俾幫紙俾玉:幫紙卑集:幫紙【去】泌幫至毖幫至柴幫至閟幫至祉幫至鉍幫至芘幫至鄪幫至鄪幫至躄幫霽備並至庇幫至躄幫霽臂幫寘詖幫寘岥玉:並寘閉幫霽
痹幫至痺幫至祕幫至賁幫寘贁幫寘蔽幫祭箅幫霽閇幫霽毖幫至秘幫至閉幫霽瞥龍:幫寘疪幫至比幫至鷩幫祭鷩幫祭敝洪:幫祭

②【平】坏集:並灰銆幫灰盃幫灰杯幫灰諀集:幫支桮幫灰【去】背幫隊鋇幫泰鋇幫泰狽幫泰貝幫泰輩幫隊昁幫泰旆並泰沛幫泰

端母①【平】眂端齊阺端齊之鏡:端齊胝端脂詆端齊軧端齊仾端齊氐端齊低端齊磾端齊羝端齊伭端齊隄端齊堤端齊【上】邸端薺題定薺抵端薺柢端薺底端薺堤端薺
提集:端薺呧端薺氐集:端薺【去】墆定霽偙端霽僀端霽嚔端霽鶗端霽骶龍:端霽骶端霽諦端霽遞端霽揥端霽癤端霽蔕端霽觝端齊娣定齊螮端霽疐端霽帝端霽憏端霽

②【平】堆端灰塠端灰對平端灰磓端灰醅端灰搥端灰自端灰【去】霼定賄碓端隊兊定泰脂端賄錞端賄對端隊

精母①【平】齎精齊嘰精虞嵬精虞躋精齊鉥精齊賫精齊知精齊擠精齊咨精脂齏精齊齎精齊䤚精齊齎精齊峇精齊鑇集:精齊璾集:精脂齊集:精齊【上】濟精薺泲集:精薺
泚精:精紙擠集:精薺蹝集:精薺子精止【去】霽精霽濟精霽漈精祭際精祭嚌精霽瞭精霽穧清鏡:莊御劑從霽穄精祭祭精祭隮精霽倳莊志濟精霽

②【去】爨精祭粹精隊蕞集:精泰稡精泰嶉集:精旨摧精賄錊精隊贅章祭醉精至㚇精隊最精泰䠞章寘

章母①【平】叶見齊只章支【上】詹玉:見旨旨章旨

②【平】腄知支揣集:章脂逭知脂嗺知脂逭知脂錐章脂萑章脂騅章脂隹章脂追知脂【去】枛章紙捶章紙縋澄寘追去知至礈澄至硾澄寘墜澄至隊澄至惴章寘
諈知寘裰知祭錣知祭餟知祭綴知祭腿澄寘

見母①【平】朞見之畸見支鐖群微僟見微姬見之躸見支嘰見微諆見之掎見支禨見微鐖見微機見微机見脂鞿見微鷄見齊蟣見尾丌見之六見之基見之禾見齊雞見齊㕻見之
肌見脂朞見之期見之叽見旨幾見微幾見微饑見微飢見脂璣見微刏見微幾見微磯見微鍇見齊笄見齊箕見之機見微稽見齊羈見支羇見支囟見之乩見齊其見之剞見支
【上】邔見旨穖見尾己見止紀見止几見旨郹見霽邑見止踦見虞觭見紙掎見紙肩見旨玘溪止庋見紙紀見止麂見旨【去】洎群至瀱見祭罽見祭季見至㲹見霽
悸群至髻見霽繼見霽繝見祭覬見至眉溪至寄見寘垐見志薊見霽故鏡:見霽薊見霽記見志罽見祭計見霽孚見至琗見至踦見寘概見至既見未驥見至无見未懻見至
巢見至係見霽繫見霽

②【平】圭見齊規見支䐎見微㙺鏡:見微眛鏡:見微歸見微邽見齊窐見齊嫣見支胿見齊帰見微閨見齊銈見齊珪見齊鮭見齊廛見齊袿見薺鴂見支龜見脂雉見支鷲見支圂見脂
瓌見灰傀見灰瓌見灰瑰見灰【上】氿見旨澑見旨跪群紙詭見紙陒見紙庪見紙佹見紙跽集:群至宄見旨祪見紙軌見旨鴿見紙癸見旨匭見旨癸見旨鬼見尾
衏見旨边見旨【去】塊溪怪澮見泰膾見泰髕見泰襘見泰劊見泰檜溪泰鱠見泰旝見泰檜見泰鄶見泰會集:見泰䆘見霽搗見霽吞見霽隗見支瑰見至餽見隊
璝見灰餽見至匱群至硊溪紙澮見泰翽見至靧見未愧見至饋曉隊膭見隊簣見未劌見祭桂見霽筀見霽鱖見祭翽曉泰劸見寘貴見未憒見隊幗見隊

曉母①【平】睎曉微曦曉支熺曉之熙曉之熹曉之烯曉微爔曉支瀸曉支巇曉支僖曉之俙曉微忔曉脂意曉之怬曉齊悕曉微唏曉微嘻曉之睎曉微曦曉支睎曉微脪曉脂
䖷曉齊誒曉之犧曉支痛曉支睎曉微稀曉微醯曉齊醯曉齊豨曉微戲曉支唉曉微希曉微𡽗曉支禧曉之嬉曉之氣曉未嘻曉之羲曉支犧曉支嫼曉之嫛曉之譆曉之欷曉微巇曉支
羲曉支呎曉脂屎曉脂【上】嘻曉止䙙曉紙蟢曉止歖曉止喜曉止【去】煡曉霽鄐曉止愾曉未摡曉未屓曉至餼曉未餼曉未猹曉寘戲曉寘嬉曉志䊠曉未喜集:曉志
𥈞曉未既集:曉未

②【平】灰曉灰賄平曉灰隓曉支禕曉微痕曉灰铟曉灰楎曉微揆溪脂藈溪脂䧢曉灰翬曉微徽曉微暉曉微煇篇:曉微輝曉微虺曉灰恢溪灰嗚曉支麾曉支揮曉微
【上】燥曉賄灰上曉賄脄曉賄悔曉賄【去】悔曉隊頮曉隊誨曉隊頮曉隊誨曉隊䛼曉泰諱曉未檜匣泰㑑曉隊襘匣泰賄曉賄灰去曉隊殨匣賄䵋云旨

非母①【平】啡非微霏敷微渄非微婔曉脂妃敷微裶敷微緋非微閝敷微扉非微菲敷微騑非微蜚非微騑非微飛非微妃敷微非非微𧚘曉支【上】朏非尾篚非尾匪非尾
霏非尾斐敷微榧非尾棐非尾蜚非尾翡奉未斐敷尾𩃳曉尾煶曉尾焜曉尾熤曉紙碼曉紙悱敷尾誹集:非尾寫云紙芔曉未卉曉未毀曉紙虫曉尾虺曉尾
【去】䭹敷未䠊敷未䩭敷未沸非未怫敷廢肺敷廢費敷未㻗奉未厞集:奉未痱非未灒非未廢非廢跸非未剕集:奉未芾非未茷奉未穳奉未䔰非未狒奉未肺敷廢

比較所取的每個聲母，除非母外，每母皆有兩組對立小韻，放眼每個聲母所在組的其他聲母亦然。據此可知齊微部共含因聲母不同及內部對立而形成的 13 個對立小韻。如不計聲母的區別，這些對立小韻至多也就四類（開齊合撮），這涵蓋了該部所有可能存在的等呼情況。結合表 3-2-3 內容，考察諸小韻在中古的開合洪細特徵，如表 3-2-6 所示。

表 3-2-6　齊微部所含諸小韻的中古等呼

聲母	小韻號	中古等呼	聲母	小韻號	中古等呼
幫組	①	開口細音	精組	①	開口細音
	②	A.合口洪音 B.開口細音		②	A.合口洪音 B.合口細音
端組	①	開口細音	章組	①	開口細音
	②	A.合口洪音 B.合口細音		②	合口細音
見組	①	開口細音	曉組	①	開口細音
	②	A.合口洪音 B.合口細音		②	A.合口洪音 B.合口細音
非組	①	合口細音			

根據中古到近代漢語介音演變的規律，結合歷史、現代方音進行參證，我們認爲上述諸小韻的四呼類型分別如下。

第一，幫①、精①、端①、章①、見①、曉①6 個小韻皆來自開口細音，當演變爲齊齒呼。

第二，幫組②類來自中古灰、泰韻的合口洪音字以及少數開口細音字，如止攝開口字及個別祭韻開口字（諀$^{幫}_{支}$秠$^{滂}_{脂}$駓$^{滂}_{脂}$霉$^{明}_{脂}$嵄$^{明}_{旨}$媺$^{明}_{旨}$𪎊$^{明}_{旨}$美$^{明}_{旨}$𢗰$^{明}_{紙}$媚$^{明}_{至}$篃$^{明}_{至}$魅$^{明}_{至}$寐$^{明}_{至}$祙$^{明}_{至}$袜$^{明}_{至}$鬽$^{明}_{至}$袂$^{明}_{祭}$）。這些字中有部分字在《中原音韻》中已併爲一組，讀開口呼。之後的《韻略易通》《韻略匯通》亦然，在今多數吳方言中也皆讀作開口呼。因此認定幫組②類讀開口呼。

第三，精、端組的第②類小韻中合口細音與合口洪音混注，說明合口細音已洪化爲合口洪音。它們在近代漢語中讀成合口呼，如《韻略易通》[①]讀 ui，《韻略匯通》[②]讀 uei 等。不過，在今包括海鹽吳音在內的廣大吳方言地區中將此類字讀作開口呼，如表 3-2-7 所示。

表 3-2-7　部分中古精、端組合口字在今吳方言中的讀音[③]

例字／地區	醉$^{精}_{至}$	最$^{精}_{泰}$	翠$^{清}_{至}$	罪$^{從}_{賄}$	雖$^{心}_{脂}$	歲$^{心}_{祭}$	對$^{端}_{隊}$	腿$^{透}_{賄}$	隊$^{定}_{隊}$	內$^{泥}_{隊}$	雷$^{來}_{灰}$	類$^{來}_{至}$
靖江	ʦe^{51}	ʦe^{51}	ʦ‘e^{51}	sze^{51}	se^{433}	se^{51}	te^{51}	t‘e^{334}	de^{31}	ne^{31}	le^{223}	le^{31}
蘇州	ʦᴇ^{412}	ʦᴇ^{412}	ʦ‘ᴇ^{412}	zᴇ^{231}	sᴇ^{44}	sᴇ^{412}	tᴇ^{412}	t‘ᴇ^{51}	dᴇ^{231}	nᴇ^{231}	lᴇ^{223}	lᴇ^{231}
上海	ʦø^{334}	ʦø^{334}	ʦ‘ø^{334}	zø^{113}	sø^{52}	sø^{334}	tᴇ^{334}	t‘ᴇ^{334}	dᴇ^{113}	nᴇ^{113}	lᴇ^{113}	lᴇ^{113}
嘉興	ʦɥe^{334}	ʦɥe^{334}	ʦ‘ɥe^{334}	zɥe^{223}	sɥe^{433}	sɥe^{334}	tᴇ^{334}	t‘e^{324}	de^{223}	ne^{223}	le^{231}	le^{223}
海鹽	ʦe^{35}	ʦe^{35}	ʦ‘e^{35}	ze^{232}	se^{51}	se^{35}	te^{35}	t‘e^{343}	de^{213}	ne^{213}	le^{31}	le^{213}
海寧	ʦe^{445}	ʦe^{445}	ʦ‘e^{445}	ze^{42}	se^{55}	se^{445}	te^{445}	t‘e^{53}	de^{113}	ne^{113}	le^{113}	le^{113}
舟山	ʦai^{44}	ʦai^{53}	ʦ‘ai^{44}	zai^{34}	sai^{53}	sai^{44}	tai^{44}	t‘ai^{35}	dai^{13}	nai^{13}	lai^{22}	lai^{13}
紹興	ʦe^{33}	ʦe^{33}	ʦ‘e^{33}	ʣe^{113}	se^{52}	se^{33}	te^{33}	t‘e^{334}	de^{22}	ne^{22}	le^{231}	le^{22}
寧波	ʦᴇɪ^{52}	ʦᴇɪ^{52}	ʦ‘ᴇɪ^{52}	zᴇɪ^{113}	sᴇɪ^{52}	sᴇɪ^{52}	tᴇɪ^{52}	t‘ᴇɪ^{325}	dᴇɪ^{113}	neɪ^{113}	lᴇɪ^{113}	leɪ^{113}
溫州	ʦæi^{52}	ʦæi^{52}	ʦ‘æi^{52}	zæi$^{\underline{24}}$	sɿ^{44}	sɿ^{52}	tæi^{52}	t‘æi^{35}	dæi^{22}	næi^{22}	læi^{231}	le^{22}

①張玉來. 韻略易通研究[M]. 天津：天津古籍出版社，1999：34.

②張玉來. 韻略匯通音系研究[M]. 濟南：山東教育出版社，1995：89.

③關於表中例字的讀音，海鹽音據胡明揚《海鹽方言志》（浙江人民出版社，1992），海寧音據海寧市史志辦公室、海寧市史志學會《海寧方言志》（浙江人民出版社，2009），舟山音據方松熹《舟山方言研究》（社會科學文獻出版社，1993），其餘諸方言的讀音皆依據錢乃榮《當代吳語研究》（上海教育出版社，1992）。

表中例字的讀音顯示《玉篇直音》中精、端組的第②類小韻字在今多數吳方言點中讀成開口呼。鑒於《玉篇直音》在語音特點方面表現出强烈的吳音色彩，此處我們將精、端組的第②類小韻字的韻母視作開口呼。

第四，章組合口細音當讀撮口，此乃受其舌面音聲母的制約所致，這種讀音仍見於今江蘇丹陽、靖江以及浙江磐安等地吳音中。

第五，見、曉組合口洪音當讀作合口呼；合口細音亦洪化爲洪音，讀成合口呼。如《韻略易通》①讀 ui，《韻略匯通》②讀 uei 等，在包括今海鹽吳音在內的絕大多數吳方言中亦讀合口呼。

第六，非組合口細音在近代漢語中演變爲開口呼，如《韻略易通》①《韻略匯通》②皆讀作 ei，在北方方言的廣大地區也讀成開口呼，然而在今海鹽吳音中皆讀作齊齒呼 i 韻，這應是 ei 受韻尾 i 弱化的影響變爲 e，然後再高化至 i 的結果。我們認爲《玉篇直音》中此類字仍讀作開口呼，因爲該書中存在曉、匣母合口呼字與非、奉母字混注的現象，且其混注的本質是曉、匣母讀作非、奉母（詳見第 2 章唇音聲母）。此時多是非組合口字的韻母讀成開口（ei 或 e）的情況，如浙江諸暨、崇仁、太平等地吳音中“毀”讀作 fe、“慧”讀作 ve 等。鑒於此，非組合口細音當讀作開口呼。

綜上，齊微部所含韻母共計 4 個，有開、齊、合、撮四呼之別，分別如下。

開口呼（非類）：對應幫、精、端組的第②類小韻及非組齊微部字，主要來自中古幫、非、端、精組聲母的止攝合口呼及三、四等齊、祭、廢韻的合口呼字，一等灰韻字及泰韻合口呼字。也有少數幫組開口止攝字及祭韻字併入。

齊齒呼（利類）：對應幫、精、端、章、見組的第①類小韻，主要來自中古幫、端、見、曉等組聲母的止攝開口字及蟹攝三、四等齊、祭、廢韻的開口字。還包括精組（不含邪母）齊韻開口字及心、生母的上聲止攝開口呼字。另該類中也併入了個別魚韻字（[illegible]$^{精}_{虞}$[illegible]$^{精}_{虞}$珇$^{集:}_{從語}$絮$^{心}_{御}$湏$^{心}_{虞}$溹$^{龍:}_{心暮}$禃$^{莊}_{御}$聥$^{見}_{虞}$鳶$^{溪}_{御}$[illegible]$^{溪}_{御}$去$^{溪}_{御}$邭$^{玉:}_{群虞}$崓$^{集:}_{疑語}$瘀$^{影}_{御}$虛$^{曉}_{魚}$虚$^{曉}_{魚}$嘘$^{來}_{御}$）及支脂韻合口呼字（[illegible]$^{集:}_{心至}$㒸$^{集:}_{心至}$髓$^{心}_{紙}$膸$^{心}_{紙}$）。前者是受編者方音中“支魚混注”的影響（這在 3.3 節中將有專論，可參見）；後者是編者方音中合口呼讀成齊齒呼的再現，有今海鹽吳音中“髓洗”同音，皆讀作 ɕi343 爲證。

合口呼（委類）：對應見、曉組的第②類小韻，主要來自中古見、曉組聲母的止攝合口呼及三、四等齊、祭、廢韻的合口呼字，一等灰韻字及泰韻合口呼字。

撮口呼（追類）：對應章組的第②類小韻，主要來自中古章、知組聲母止攝合口呼字及祭韻合口呼字。

關於韻母的讀音，根據上文的討論可知，齊微部韻母的主元音在近代漢語中讀 e，如《中原音韻》《韻略易通》《韻略匯通》《諧聲品字箋》《等韻圖經》等，在今天大多數的吳

①張玉來. 韻略易通研究[M]. 天津：天津古籍出版社，1999：34.

②張玉來. 韻略匯通音系研究[M]. 濟南：山東教育出版社，1995：89.

方言中讀 e（或 ᴇ），因此我們將《玉篇直音》齊微部韻母的主元音擬定爲 e，其所含四呼韻母的音值分別是：

開口呼（非類）：ei；　　齊齒呼（利類）：i；
合口呼（委類）：uei；　　撮口呼（追類）：yei

3.2.2.3 皆咍部

皆咍部字的聲母屬於《玉篇直音》的幫、端、精、見、曉等五組聲母。我們選取滂、透、清、溪、匣五母爲例，列舉其轄字如下：

滂母【去】湃$^{滂}_{怪}$鎃$^{滂}_{卦}$𠂢$^{滂}_{卦}$派$^{滂}_{卦}$

透母【平】邰$^{透}_{咍}$胎$^{透}_{咍}$珆$^{透}_{咍}$彭$^{透}_{咍}$台$^{透}_{咍}$【去】態$^{透}_{代}$默$^{透}_{泰}$態$^{透}_{代}$太$^{透}_{泰}$泰$^{透}_{泰}$鈦$^{透}_{泰}$大$^{透}_{泰}$

清母【平】朘$^{清}_{咍}$睵$^{清}_{咍}$猜$^{清}_{咍}$采平$^{清}_{咍}$釵$^{初}_{佳}$差$^{初}_{皆}$【上】郲$^{清}_{海}$婇$^{清}_{海}$倸$^{清}_{海}$綵$^{清}_{海}$採$^{清}_{海}$棌$^{清}_{海}$采$^{清}_{海}$彩$^{清}_{海}$【去】嘬$^{初}_{夬}$采$^{集:}_{清代}$
磜$^{清}_{曷}$瘵$^{莊}_{怪}$蔡$^{清}_{泰}$菜$^{清}_{代}$蠆$^{徹}_{夬}$埰$^{清}_{代}$脎$^{清}_{代}$蔡$^{清}_{泰}$䳮$^{清}_{泰}$

溪母①【平】開$^{溪}_{咍}$緒$^{溪}_{皆}$揩$^{溪}_{皆}$【上】颽$^{溪}_{海}$颽$^{溪}_{海}$嵦$^{溪}_{海}$塏$^{溪}_{海}$隑$^{溪}_{咍}$鎧$^{匣}_{咍}$暟$^{溪}_{海}$闓$^{溪}_{海}$殨$^{見}_{咍}$鎧$^{溪}_{海}$剴$^{見}_{咍}$慨$^{溪}_{代}$愷$^{溪}_{海}$暟$^{疑}_{咍}$凱$^{溪}_{海}$鍇$^{集:}_{溪蟹}$炫$^{溪}_{怪}$
欬$^{集:}_{溪咍}$楷$^{溪}_{駭}$【去】暟$^{溪}_{海}$溘$^{溪}_{泰}$嘅$^{見}_{代}$愾$^{溪}_{代}$嘅$^{溪}_{代}$咳$^{溪}_{代}$磕$^{溪}_{泰}$慨$^{溪}_{代}$炫$^{溪}_{怪}$喊$^{曉}_{怪}$炌$^{集:}_{溪怪}$楷去$^{溪}_{怪}$

②【去】郝$^{溪}_{卦}$喟$^{溪}_{怪}$蒯$^{溪}_{怪}$蕢$^{溪}_{怪}$蔽$^{溪}_{怪}$快$^{溪}_{夬}$㓣$^{溪}_{皆}$噲$^{溪}_{夬}$

匣母①【平】孩$^{匣}_{咍}$孃$^{匣}_{皆}$腂$^{匣}_{佳}$瑎$^{匣}_{皆}$鮱$^{匣}_{皆}$諧$^{匣}_{皆}$噫$^{匣}_{咍}$揩$^{匣}_{咍}$偕$^{匣}_{皆}$骸$^{匣}_{皆}$鞋$^{匣}_{皆}$【去】恔$^{匣}_{代}$憢$^{匣}_{泰}$豥$^{匣}_{駭}$咳$^{匣}_{咍}$亥$^{匣}_{海}$孩上$^{匣}_{海}$媎$^{匣}_{泰}$髂$^{匣}_{泰}$丰$^{見}_{怪}$
害$^{匣}_{泰}$瀣$^{匣}_{怪}$懈$^{見}_{卦}$齘$^{匣}_{怪}$薤$^{匣}_{怪}$械$^{匣}_{怪}$蟹$^{集:}_{匣蟹}$㿺$^{匣}_{蟹}$懈$^{見}_{卦}$繲$^{見}_{卦}$邂$^{匣}_{卦}$嶰$^{匣}_{蟹}$偨$^{匣}_{怪}$蠏$^{匣}_{蟹}$蟹$^{匣}_{蟹}$駭$^{匣}_{駭}$蟹去$^{匣}_{卦}$

②【平】淮$^{匣}_{皆}$瀤$^{匣}_{皆}$褱$^{匣}_{皆}$褢$^{匣}_{皆}$槐$^{匣}_{皆}$櫰$^{匣}_{皆}$懷$^{匣}_{皆}$【去】壞$^{匣}_{怪}$外$^{疑}_{泰}$槐去$^{匣}_{怪}$夘$^{疑}_{泰}$聵$^{疑}_{怪}$聵$^{疑}_{怪}$敳$^{匣}_{怪}$

比較可知，滂、透、清三母各只有一組小韻，而溪、匣二母則含有兩個對立小韻。放眼整組韻母，幫、端、精三組聲母皆僅含有一個小韻，而見（僅含見、溪母）、曉（僅指匣母）組中個別聲母則含有兩個對立小韻。各組聲母的小韻總數共計 7 個，如不計聲母區別，這些對立小韻至多也就四類（開齊合撮），這已涵蓋該部所有可能存在的等呼情況。考察諸小韻在中古時的開合洪細特徵，具體包括以下幾個方面。

幫組：開口洪音

端組：開口洪音

精組：開口洪音

見組：①開口洪音，②合口洪音（見、溪母）

曉組：①開口洪音，②合口洪音（匣母）

根據中古到近代漢語介音演變的規律，結合歷史、現代方音進行參證，我們認爲上述諸小韻的四呼類型如下。

第一，幫、端、精、見、曉五組聲母的開口洪音變爲開口呼。

《洪武正韻》中這部分字讀作開口呼 ai[①]，不過在《中原音韻》《韻略易通》《韻略匯通》《同文備考》《諧聲品字箋》等歷史文獻中均讀作開口呼與齊齒呼，這是二等開口牙、喉音

①葉寶奎. 明清官話音系[M]. 廈門：廈門大學出版社，2001：36.

字腭化的結果。

《玉篇直音》中，的確存在一等咍韻與二等開口佳、皆、夬韻字之間的對立格局，但僅限於中古見母字，如下：

①【平】晐$^{見}_{咍}$峐$^{見}_{咍}$垓$^{見}_{咍}$郂$^{見}_{咍}$陔$^{見}_{咍}$絯$^{見}_{咍}$祴$^{見}_{咍}$賅$^{見}_{咍}$餩$^{見}_{咍}$蛒$^{見}_{咍}$荄$^{見}_{咍}$陔$^{見}_{咍}$垓$^{見}_{咍}$該$^{見}_{咍}$改平$^{見}_{咍}$【上】頦$^{見}_{海}$改$^{見}_{海}$該上$^{見}_{海}$

【去】漑$^{見}_{代}$盖$^{見}_{泰}$蓋$^{見}_{泰}$鄰$^{見}_{泰}$概$^{見}_{代}$槩$^{見}_{代}$丐$^{見}_{泰}$匃$^{見}_{泰}$匄$^{見}_{泰}$丐$^{見}_{泰}$

②【平】颽$^{見}_{皆}$階$^{見}_{皆}$偕$^{見}_{皆}$喈$^{見}_{皆}$腊$^{見}_{皆}$街$^{見}_{佳}$鍇$^{見}_{皆}$轄$^{玉:}_{匣皆}$鞋$^{見}_{皆}$楷$^{見}_{皆}$稭$^{見}_{皆}$荄$^{見}_{皆}$稭$^{見}_{皆}$鶛$^{見}_{皆}$痎$^{見}_{皆}$皆$^{見}_{皆}$揩$^{溪}_{皆}$【去】岎$^{見}_{怪}$盼$^{見}_{怪}$界$^{見}_{怪}$疥$^{見}_{怪}$

廨$^{見}_{卦}$悈$^{見}_{怪}$价$^{見}_{怪}$忦$^{見}_{怪}$髤$^{見}_{怪}$紒$^{見}_{怪}$岎$^{見}_{怪}$疥$^{見}_{怪}$玠$^{見}_{怪}$戒$^{見}_{怪}$芥$^{見}_{怪}$馻$^{見}_{怪}$犗$^{見}_{夬}$魪$^{見}_{怪}$尬$^{見}_{怪}$介$^{見}_{怪}$悈$^{見}_{怪}$屆$^{見}_{怪}$駖$^{見}_{怪}$

如若僅憑見母兩組字的對立便將二等韻字獨立出來未免有失嚴謹，畢竟此乃個類現象。相反我們發現，中古見、曉組開口一、二等字的對立尚不如混注的色彩更爲顯著。因爲我們除了可以將上述對立現象理解成編者注音時用字的偶然結果外，更爲關鍵的是匣母字中尚有一、二等字混注的情況，直接混注如：

孩$^{匣}_{咍}$音諧$^{匣}_{皆}$P46L4；孩$^{匣}_{咍}$音鞋$^{匣}_{皆}$P171L10；丯$^{見}_{怪}$音害$^{匣}_{泰}$P181L6

上述混注現象表明個別匣母皆韻、見母夬韻字的韻母尚未產生 i 介音，仍是洪音特徵。此例雖爲數不多，但因所涉字"諧鞋"等字乃常用字而非常典型，具有較强的說服力。上述見、匣二母字的混注情況說明，中古牙、喉音開口二等韻字的腭化音變現象在《玉篇直音》中尚處於活動期，而其中又以未進行音變的現象占顯性地位。鑒於此，我們未將見、曉組二等韻開口字獨立成類。不過就漢語史而言，在共時層面上，無論是在明清通語語音①還是在明末吳方音②中，這些字早已音變爲齊齒呼韻了。與此相比，《玉篇直音》表現得並不明顯。

綜上，我們認爲包括中古見、曉組開口洪音在內的整個皆咍部的開口洪音字在《玉篇直音》中皆讀作開口呼。

第二，見、溪、匣三母的合口洪音當讀作合口呼。

這部分字與同聲母的對立小韻（開口洪音）的區别便是開合不同。既然開口洪音讀作開口呼，那麼合口洪音自然讀作合口呼。《中原音韻》《洪武正韻》《韻略易通》《韻略匯通》《同文備考》《諧聲品字箋》等歷史文獻均作合口呼，幾乎所有的現代吳方言也都將之讀成合口呼，此可爲證。

綜上所論，皆咍部所含韻母共計 2 個，有開、合二呼之别，具體如下。

開口呼（來類）：對應《玉篇直音》幫、端、精、見、曉五組聲母的開口洪音，主要來自中古幫、端、精、莊、見、曉組聲母的佳、皆、夬、泰韻的開口呼字以及咍韻字。

合口呼（懷類）：對應《玉篇直音》見、溪、匣三母的合口洪音，主要來自中古見、溪、匣、疑等母的佳、皆、夬、泰諸韻的合口呼字。

至於皆咍部所屬韻母的音值，鑒於皆咍部韻母的韻基在近代漢語中多數讀 ai（如《中

①王力. 漢語語音史[M]. 北京：中國社會科學出版社，1985：399.

②丁鋒.《同文備考》音系[M]. 福岡：中國書店，2001：245.

原音韻》中音 ai、iai、uai,《洪武正韻》中音 ai、uai,《韻略易通》中音 ai、iai、uai,《西儒耳目資》中音 ai、iai、uai,《同文備考》中音 ai、iai、uai）以及在今海鹽吳音中讀 ɛ 的情況，我們認爲《玉篇直音》皆咍部韻母的韻基爲 ai 更爲合適。如此,《玉篇直音》皆咍部所屬韻母如下：

開口呼（來類）：ai；合口呼（懷類）：uai

3.2.2.4 小結

綜上所述,《玉篇直音》中的支思、齊微、皆咍 3 個韻部共含有 8 個韻母，詳見表 3-2-8。

表 3-2-8 支思、齊微、皆咍三部韻母表

部名	類名	四呼	音值	來源
支思	資	開	ʅ	中古精、莊組止攝開口呼字及祭韻開口呼字，也含部分併入精組的章、書、禪、船、知母字。另有個別精母支灰韻合口字併入
	池		ʅ	中古章、知組止攝開口呼字及祭韻開口呼字
齊微	非	開	ei	中古幫、非、端、精組聲母的止攝合口呼及三、四等齊、祭、廢韻的合口呼字，一等灰韻字及泰韻合口呼字
	利	齊	i	中古幫、端、見、曉等組聲母的止攝開口字及蟹攝三、四等齊、祭、廢韻的開口字；還包括精組（不含邪母）齊韻開口字及心、生母的上聲止攝開口呼字；此外還有個別入支的魚韻字及個別合口支、脂韻字
	委	合	uei	中古見、曉組聲母的止攝合口呼及三、四等齊、祭、廢韻的合口呼字，一等灰韻字及泰韻合口呼字
	追	撮	yei	中古章、知組聲母止攝合口呼字及祭韻合口呼字
皆咍	來	開	ai	中古幫、端、精、莊、見、曉組聲母的佳、皆、夬、泰韻的開口呼字以及咍韻字
	懷	合	uai	中古見、溪、匣母的佳、皆、夬、泰韻的合口呼字

下面討論一些特殊的語音現象。

3.2.3 特殊語音現象

3.2.3.1 部分齒音開口止攝字仍讀細音

上文已經提及,《玉篇直音》支思部字的韻母有舌尖前和舌尖後兩個元音，但是並非所有的中古精、章組開口止攝字及祭韻開口字都讀舌尖元音。換言之，這部分字並未徹底完成向支思部的演變，因爲仍可見到某些齒音開口止攝字與細音字（尤其是四等齊韻字）相互混注的現象。前文提到 18 例混注中有 12 例乃心（生）母止攝字，其讀音於今音（包括通語以及海鹽吳音）中皆讀作齊齒呼，並未變爲舌尖前音，可剔除。另有 6 例是止攝開口字作爲被注字的情況，此外還有 4 例是作爲注音字的情況，兩者合計共 10 例，如下：

①擠$^{精}_{齊}$音咨$^{精}_{脂}$P95L8； 泚$^{精:}_{精紙}$音擠$^{集:}_{精薺}$P16L7； 跐$^{集:}_{精薺}$音子$^{精}_{止}$P74L2； 傳$^{莊}_{志}$音濟$^{精}_{霽}$P42L7； 薺$^{從}_{脂}$音齊$^{從}_{齊}$P133L2；
傂$^{心}_{支}$音西$^{心}_{齊}$P39L7； 殢$^{心}_{至}$音細$^{心}_{霽}$P105L2

②匫$^{玉:}_{見旨}$音旨$^{章}_{旨}$P159L5； 吇$^{見}_{齊}$音只$^{章}_{支}$P185L6； 軫$^{溪}_{薺}$音侈$^{昌}_{紙}$P116L9

這些混注的字涉及了精、從、心、莊及章母字，可分爲兩類。

第①類全是齒音聲母字，相關的止攝字皆爲精組聲母字，其與齊微部的齊齒呼韻利類字混注，這說明其韻母尚未舌尖化。

第②類字是見、溪母與章、昌母的混注，很有特點。這些見、溪母細音字聲母腭化後讀同章、昌母，其混注的本質是見、章音 ʨ，溪、昌音 ʨʻ（這在前章齒音聲母的討論中已有詳述，可參見）。這充分說明，此時的章、昌母字韻母仍讀作 i，尚未舌尖化。

鑒於上述①②組的混注現象，我們認爲部分齒音止攝開口字韻母的舌尖化音變在《玉篇直音》中尚未完成，而是在之後的三四百年裏逐漸完成的。因爲在包括今海鹽吳音在內的廣大吳方言區中它們已經變爲了舌尖元音，如上文所舉的“旨、侈”等字的韻母皆已讀作 ʅ。據此可知，就支思部而言，《玉篇直音》反映的明代吳音中支思韻的字較今之吳音，其數量要少、規模要小。

3.2.3.2 “秝”音“离”

中古來母咍韻字“秝”讀入齊微部，即“秝$^{來}_{咍}$音离$^{來}_{支}$P139L5”。此處是個別字的特殊音變，並不能代表整個來母咍韻系字的讀音，因爲其他的來母咍韻系字均是與皆咍韻互注（[0633]崍$^{來}_{咍}$淶$^{來}_{咍}$淶$^{來}_{咍}$睞$^{來}_{咍}$𡋯$^{來}_{咍}$萊$^{來}_{咍}$鶆$^{來}_{咍}$騋$^{來}_{咍}$𥻘$^{來}_{咍}$徠$^{來}_{咍}$ | 來$^{來}_{咍}$[3776]來$^{來}_{咍}$ | 萊$^{來}_{咍}$[1439]𨻶$^{來}_{咍}$ | 來去$^{來}_{代}$[1014]瀨$^{來}_{泰}$睞$^{來}_{代}$𧠋$^{來}_{代}$逨$^{來}_{代}$癩$^{來}_{泰}$襰$^{來}_{泰}$賚$^{來}_{代}$藾$^{來}_{泰}$籟$^{來}_{泰}$𪆷$^{來}_{泰}$ | 賴$^{來}_{泰}$）。“秝”不跟這些咍韻系字混注，自然不可併入咍韻中。相反，它卻與“离”字混注，根據系聯規則，只能將之併入齊微部。

“秝音离”雖是個例，但絕非偶然，結合《玉篇直音》編者的方音來斷，其本質是來母咍韻字讀成止攝字。關於此類現象，劉曉南討論宋毛氏父子之吳音時有過論述。他結合宋人筆記以及現代吳音的記載，認爲“來”音“梨（棃、厘）”是吳方音。“可以肯定，毛氏‘來’類字補入支韻讀細音，並不只是有古音的根據，更重要的是據自己口音。”①

《玉篇直音》中的“秝音离”與劉曉南提及的“吳人呼來爲厘（梨）”現象本質相同。秝來同音，均爲來母咍韻；离厘梨聲母相同，韻中古雖分屬支之脂，但於近代早已合流，故而此三字亦是同音字。劉先生的論述亦可用於解釋《玉篇直音》的此例現象。此外，我們再增補 3 例歷史文獻中的相關記錄以資佐證：（1）宋人葉紹翁在《四朝聞見錄》中云：“浙西有大臣許某者，以國卹親喪奏樂，又所居頗侵學宮，爲仇家飛謠於臺臣曰：‘笙歌擁出晝堂來$_{音離}$，國卹親喪總不知。府第更侵夫子廟，無君無父亦無師。’”②离，《廣韵》吕支切，同“離”，《篇海類編·鳥獸類·内部》亦作“離”。此例著者自注，來音离（離）成爲鐵定結論。再者，我們亦可從近體詩格律角度來推斷此論。來字乃首句入韻字，韻脚爲來、知、師。由此可證來的韻應音同止攝。在宋時浙西方音中，知莊章組止攝字尚未自成一類，其韻母仍爲 i，由此可反推來字的音當讀作 li，音同离離厘梨等字。（2）明人姜準在其筆記《岐海瑣談》中提及溫州方言裏有此類現象的描述：“又以‘來’音‘离’。《國風》:

①劉曉南. 毛氏父子吳音補證[J]. 山西大學學報（哲學社會科學版），2009，（5）：59.

②[宋]葉紹翁. 四朝聞見錄[M]. 北京：中華書局，1989：198-199.

‘道之云遠，曷云能來。’《左傳》宋人歌曰：‘于思于思，棄甲復來。’《山鬼篇》云：‘天路險艱兮，獨後來。’《漢書》‘康鼎來’，韓愈《淮西碑》‘四夷畢來’，皆音‘離’。”①
（3）清人褚人獲曾記載一段吳人相戲的場景，即“錢馬相嘲”：“吳人馬承學性好乘馬，喜馳驟。同學錢同愛戲曰：‘馬承學學乘馬，汲汲而來。’馬即答曰：‘錢同愛愛銅錢，孳孳爲利。’”②此例中來利二字相對，亦可爲證。以上三例分別發生於浙西、溫州及吳人等地域或人群中，再次證明來音離乃吳方音的特徵。這種現象仍存於今之南部吳音中，如溫州、瑞安、平陽、蒼南、常山、廣豐、雲和、江山等地“來梨”音同，其中溫州、瑞安皆讀作 lei，其餘諸地皆讀作 li。不過，在今海鹽吳音中來僅讀作 lɛ^{31}，離僅讀作 li^{31}，二者並非同音。此外，在《玉篇直音》中亦未見“來音离”，或許此時的“來”字與今海鹽吳音一樣僅有一個咍韻讀音；亦或許是“來”有“离”音，但該書的編者意識到此乃方音，故刻意將“來”讀成咍韻，但是一不小心還是產生了將與“來”同音的“秫”讀成“离”的失誤。究竟是何種原因，這還需要更多的歷史語料來證明。

3.3 遇、果二攝：多模部、歌戈部及魚虞部

3.3.1 關於韻部的確立

3.3.1.1 初級統計

在《玉篇直音》的 13 695 個被注字中，中古遇、果二攝字分別爲 1 137 個和 277 個。關於中古遇、果二攝所轄諸韻系字在《玉篇直音》中的數量情況，詳見表 3-3-1。

表 3-3-1 中古遇、果二攝所轄諸韻系字數統計表 （單位：個）

<table>
<tr><td>攝名</td><td colspan="3">遇攝</td><td colspan="4">果攝</td></tr>
<tr><td>韻名</td><td>魚</td><td>虞</td><td>模</td><td>歌</td><td>戈一</td><td>戈開三</td><td>戈合三</td></tr>
<tr><td rowspan="3">字數</td><td>347</td><td>398</td><td>392</td><td rowspan="2">131</td><td>143</td><td>2</td><td>1</td></tr>
<tr><td colspan="3" rowspan="2">1 137</td><td colspan="3">146</td></tr>
<tr><td colspan="4">277</td></tr>
</table>

關於中古遇、果二攝被注字在《玉篇直音》的自注、混注情況，詳見表 3-3-2。

表 3-3-2 中古遇、果二攝被注字自注、混注情況統計表 （單位：次）

被注字＼注音字		遇攝			果攝	
		魚	虞	模	歌	戈
遇攝	魚	244	78	13		2
	虞	98	286	4		
	模	11	8	365	1	3

①[明]姜準. 岐海瑣談[M]. 上海：上海社會科學院出版社，2002：132.

②[清]褚人獲. 堅瓠集[M]. 見：清代筆記小說大觀[Z]. 上海：上海古籍出版社，2007：965.

續表

被注字＼注音字		遇攝			果攝	
		魚	虞	模	歌	戈
果攝	歌			4	108	17
	戈	1		5	18	122
其他		模侯 2；模脂 2；魚齊 2；魚祭 1；魚麻 1；魚脂 3；魚之 1；魚燭 1；虞齊 1；虞尤 3；虞脂 3；虞之 2；歌麻 1				

正如表 3-3-2 所示，我們通過細察自注與混注的數據可以初步得出如下結論。

第一，遇攝三等魚、虞韻之間的混注比例分別爲 22.48%（魚虞，78/347）、24.62%（虞魚，98/398），此二比例均已超出自身總數的五分之一，比較高，結合漢語史的音變進程可知此時魚、虞已無區别。

第二，遇攝一等模韻與三等魚、虞韻之間局部發生混注。與模韻混注的字主要是中古莊組魚韻字（齟$^{莊}_{魚}$俎$^{莊}_{語}$阻$^{莊}_{語}$助$^{崇}_{語}$鉏$^{崇}_{魚}$疎$^{生}_{魚}$數$^{生}_{遇}$）、非組虞韻字（夫$^{非}_{虞}$甫$^{非}_{麌}$俌$^{非}_{麌}$父$^{奉}_{麌}$武$^{微}_{麌}$務$^{微}_{遇}$）、來母魚韻字（爐$^{來}_{魚}$廬$^{來}_{魚}$矑$^{來}_{魚}$驢$^{來}_{魚}$馿$^{來}_{魚}$廬$^{來}_{魚}$呂$^{來}_{語}$）及個别魚、虞韻字（除$^{澄}_{魚}$語$^{疑}_{語}$雩$^{影}_{虞}$嘔$^{溪}_{麌}$）。除後面的個别字外，這些參與混注的魚、虞韻字於《中原音韻》中皆已讀成模韻，於今海鹽吳音中亦是與模韻字音同，韻母讀 u。不過這只能表明是局部字併入了模韻中，而就整體而言遇攝一、三等韻之間的界綫仍是分明。

第三，遇、流二攝存在混注，以被注字而論，遇流混注 5 次，流遇混注 19 次。與遇攝混注的主要是唇音流攝字（呼$^{非}_{尤}$坏$^{非}_{有}$䓘$^{非}_{有}$弅$^{非}_{有}$富$^{非}_{宥}$副$^{敷}_{宥}$桴$^{奉}_{尤}$艀$^{奉}_{尤}$婦$^{奉}_{有}$阜$^{奉}_{有}$𠂤$^{奉}_{有}$負$^{奉}_{有}$偩$^{奉}_{有}$鴀$^{奉}_{有}$部$^{並}_{厚}$萯$^{奉}_{有}$戊$^{微}_{候}$蔀$^{並}_{厚}$鵅$^{並}_{厚}$颱$^{玉:}_{並有}$母$^{明}_{厚}$），以三等韻爲主。唇音流攝字併入遇攝中在漢語史上是很早的事情，至《玉篇直音》時代業已完成。

第四，遇攝與脂、之、齊、祭等三、四等韻字存在混注，學界謂之“支魚混注”，下文對此有詳論，可參見，兹不贅述。

第五，個别麻韻字與遇攝字混注，共 1 例：且$^{精}_{魚}$音姐平$^{精}_{麻}$P183L7。另有遇攝字注音麻韻字的 1 例：躇$^{澄}_{麻}$以徒$^{定}_{模}$P73L8。遇、假二攝間鮮見混注發生，疑此處是編者注音時受讀諧聲偏旁的影響所致。

第六，果攝的注音關係較爲純粹，除 1 例（愸$^{見}_{歌}$音加$^{見}_{麻}$P51L3，疑從偏旁讀而訛）與麻韻混注外，要麼自身自注，要麼就是與遇攝混注。就整攝而言，果、遇兩攝的混注共計 16 次，占果攝字總數的 5.78%。該比值雖不高，但不容忽視。因爲參與混注的果攝字有很多常用字（“播簸坡多朵惰邏左坐瑣蓑”），它們直接與遇攝模韻混注，更能代表果攝字的音變趨勢，且經過同音系聯之後，又能將更多的果攝字與遇攝字併爲一組同音字，擴大了果攝字併入模韻字的規模。再者，今海鹽吳音中歌、戈韻字幾乎全部讀作 u 韻，與模韻字音同，此與《玉篇直音》中的情況恰恰相同。這足以説明此處的混注絶非表面的局部現象，其底層主體應是遇、果二攝併爲一體。當然是否可以將果攝完全併入遇攝之中，還需要高級統計來分析驗證。以上諸點正是我們將遇、果二攝放在一起討論的初衷所在。

上述是據數據統計而得出的結論，下面再通過系聯以及比較遇、果二攝字來驗證初步統計的看法。

3.3.1.2　高級統計

通過系聯共得出關於中古遇、果二攝字的 159 個“準小韻”，具體字組內容詳見表 3-3-3（關於本表的使用說明，可參見表 3-2-3 上）。

表 3-3-3　《玉篇直音》所含中古遇、果二攝字組表

聲母	準小韻序號	轄字
夫類（含 173 個自然小類，62 個“準小韻”）		
幫	1	[0094]晡$^{幫}_{模}$庯$^{幫}_{模}$逋$^{幫}_{模}$餔$^{幫}_{模}$酺$^{並}_{模}$鵏$^{幫}_{模}$ I 甫$^{集:}_{幫姥}$[1633]俌$^{幫}_{麌}$晡$^{幫}_{姥}$ I 逋$^{幫}_{模}$（模$_{7}$姥$_{2}$麌$_{1}$）
	2	[2509]補$^{幫}_{姥}$ I 圃$^{幫}_{姥}$[2654]譜$^{幫}_{姥}$䦉$^{幫}_{姥}$ I 補$^{幫}_{姥}$[3640]圃$^{幫}_{姥}$ I 譜$^{幫}_{姥}$（姥$_{7}$）
	3	[0831]㳍$^{幫}_{暮}$庯$^{幫}_{暮}$悑$^{滂}_{暮}$怖$^{滂}_{暮}$誧$^{集:}_{滂暮}$播$^{幫}_{過}$簸$^{幫}_{過}$ I 布$^{幫}_{暮}$[1373]鄱$^{並}_{戈}$爸$^{並}_{果}$譒$^{幫}_{過}$ I 播$^{幫}_{過}$（暮$_{6}$戈$_{1}$果$_{1}$過$_{4}$）
滂	4	[0174]普$^{滂}_{姥}$ I 溥$^{滂}_{姥}$[0844]浦$^{滂}_{姥}$溥$^{滂}_{姥}$諩$^{滂}_{姥}$ I 普$^{滂}_{姥}$[2659]誧$^{滂}_{姥}$ I 浦$^{滂}_{姥}$（姥$_{8}$）
	5	[1141]坡$^{滂}_{戈}$ I 跛$^{滂}_{戈}$[1414]陠$^{滂}_{模}$稗$^{滂}_{模}$秿$^{滂}_{模}$ I 鋪$^{滂}_{模}$[1437]陂$^{滂}_{戈}$跛$^{滂}_{戈}$鋪$^{滂}_{模}$ I 坡$^{滂}_{戈}$[1896]婆$^{並}_{戈}$ I 頗平$^{滂}_{戈}$[1746]爸$^{並}_{果}$叵$^{滂}_{果}$ I 頗$^{滂}_{果}$[2253]頗$^{滂}_{果}$ I 坡上$^{滂}_{果}$[2899]痡$^{滂}_{暮}$ I 鋪去$^{滂}_{暮}$（模$_{5}$戈$_{7}$果$_{5}$暮$_{2}$）
並	6	[3271]蒲$^{並}_{模}$捕$^{並}_{模}$莆$^{並}_{模}$ I 匍$^{並}_{模}$[3654]匍$^{並}_{模}$ I 蒲$^{並}_{模}$（模$_{6}$）
	7	[0275]䬌$^{並}_{有}$蔀$^{並}_{厚}$䳰$^{並}_{厚}$哺$^{並}_{暮}$步$^{並}_{暮}$簿$^{並}_{姥}$ I 部$^{並}_{厚}$[1340]郶$^{並}_{暮}$踄$^{並}_{暮}$捕$^{並}_{暮}$荹$^{並}_{暮}$䊇$^{並}_{暮}$ I 步$^{並}_{暮}$[1387]部$^{並}_{厚}$ I 簿$^{並}_{姥}$（姥$_{2}$暮$_{8}$厚$_{4}$有$_{1}$）
明	8	[1899]嫫$^{明}_{模}$摹$^{明}_{模}$氁$^{明}_{模}$膜$^{明}_{模}$謨$^{明}_{模}$ I 模$^{明}_{模}$[2061]暮$^{明}_{模}$模$^{明}_{模}$橅$^{明}_{模}$ I 謨$^{明}_{模}$（模$_{10}$）
	9	[1279]畮$^{明}_{厚}$拇$^{明}_{厚}$牡$^{明}_{厚}$ I 某$^{明}_{厚}$[1280]畝$^{明}_{厚}$畞$^{明}_{厚}$母$^{明}_{厚}$ I 畂$^{明}_{厚}$[1843]姥$^{明}_{姥}$𢘆$^{明}_{姥}$某$^{明}_{厚}$ I 母$^{明}_{厚}$（姥$_{2}$厚$_{10}$）
	10	[1971]慔$^{明}_{暮}$募$^{明}_{暮}$募$^{明}_{暮}$ I 慕$^{明}_{暮}$[3321]暮$^{明}_{暮}$慕$^{明}_{暮}$ I 墓$^{明}_{暮}$（暮$_{7}$）
非	11	[0389]䨗$^{鐵:}_{非虞}$垺$^{敷}_{虞}$郛$^{敷}_{虞}$鄜$^{玉:}_{敷虞}$鄜$^{敷}_{虞}$俘$^{敷}_{虞}$妋$^{非}_{虞}$怤$^{敷}_{虞}$膚$^{非}_{虞}$肤$^{非}_{虞}$跗$^{非}_{虞}$趺$^{非}_{虞}$紨$^{敷}_{虞}$衭$^{非}_{虞}$鈇$^{非}_{模}$玞$^{非}_{虞}$鋝$^{敷}_{虞}$柎$^{非}_{虞}$薂$^{敷}_{虞}$莩$^{敷}_{虞}$秩$^{非}_{虞}$稃$^{敷}_{虞}$麩$^{敷}_{虞}$鳺$^{非}_{虞}$孚$^{敷}_{虞}$敷$^{敷}_{虞}$敷$^{玉:}_{敷虞}$尃$^{敷}_{虞}$罦$^{敷}_{虞}$浮$^{集:}_{曉模}$ I 夫$^{非}_{虞}$[1530]痡$^{敷}_{虞}$呼$^{非}_{尤}$殍$^{敷}_{虞}$ I 孚$^{敷}_{虞}$[1757]夫$^{非}_{虞}$ I 敷$^{敷}_{虞}$（模$_{2}$虞$_{34}$尤$_{1}$）
	12	[1063]砆$^{非}_{虞}$鈇$^{非}_{虞}$ I 扶$^{非}_{虞}$（虞$_{3}$）
	13	[1317]烳$^{敷}_{姥}$鄜$^{玉:}_{曉姥}$郙$^{非}_{麌}$斧$^{非}_{麌}$妚$^{非}_{有}$姇$^{非}_{有}$㕮$^{非}_{麌}$脯$^{非}_{麌}$䏸$^{非}_{遇}$鬴$^{非}_{麌}$鯆$^{非}_{麌}$䰌$^{非}_{麌}$ I 甫$^{非}_{麌}$[1667]俯$^{非}_{麌}$釜$^{奉}_{麌}$腑$^{非}_{麌}$黼$^{非}_{麌}$撫$^{敷}_{麌}$釜$^{奉}_{麌}$簠$^{非}_{麌}$斧$^{非}_{麌}$甫$^{非}_{麌}$ I 府$^{非}_{麌}$[1473]府$^{非}_{麌}$嘸$^{奉}_{麌}$ I 撫$^{敷}_{麌}$[2262]頫$^{非}_{麌}$ I 俯$^{非}_{麌}$[3440]駙$^{非}_{麌}$ I 斧$^{非}_{麌}$[3676]䩉$^{奉}_{麌}$ I 釜$^{奉}_{麌}$（姥$_{2}$麌$_{27}$遇$_{1}$有$_{2}$）
	14	[1417]陚$^{非}_{遇}$ I 賦$^{非}_{遇}$[1647]仆$^{敷}_{遇}$𧿒$^{敷}_{遇}$䴟$^{敷}_{遇}$ I 赴$^{敷}_{遇}$[1651]傅$^{非}_{遇}$胕$^{奉}_{遇}$弃$^{非}_{宥}$拊$^{敷}_{麌}$賦$^{非}_{遇}$副$^{敷}_{宥}$䳕$^{非}_{麌}$ I 付$^{非}_{遇}$[1654]付$^{非}_{遇}$ I 富$^{非}_{宥}$[2372]𩭟$^{敷}_{宥}$赴$^{敷}_{遇}$ I 副$^{敷}_{宥}$[3073]賻$^{奉}_{遇}$ I 傅$^{非}_{遇}$（虞$_{1}$麌$_{1}$遇$_{14}$宥$_{5}$）
	15	[0379]雩$^{敷}_{遇}$ I 掊$^{集:}_{敷遇}$（遇$_{2}$）
奉	16	[0810]泭$^{奉}_{虞}$坿$^{奉}_{虞}$眣$^{奉}_{虞}$桴$^{奉}_{尤}$艀$^{奉}_{尤}$ I 夫$^{奉}_{虞}$（虞$_{4}$尤$_{2}$）
	17	[0361]雩$^{奉}_{尤}$烰$^{奉}_{尤}$涪$^{奉}_{尤}$紑$^{奉}_{尤}$覣$^{奉}_{尤}$琈$^{奉}_{尤}$棓$^{奉}_{尤}$芣$^{奉}_{尤}$鴀$^{奉}_{尤}$蜉$^{奉}_{尤}$艀$^{奉}_{尤}$罘$^{奉}_{尤}$ I 浮$^{奉}_{尤}$[0817]浮$^{奉}_{尤}$ I 蜉$^{奉}_{尤}$（尤$_{15}$）
	18	[0112]眹$^{奉}_{虞}$昌$^{奉}_{虞}$颫$^{奉}_{虞}$訞$^{奉}_{虞}$痡$^{奉}_{虞}$苻$^{奉}_{虞}$符$^{奉}_{虞}$蚨$^{奉}_{虞}$ I 扶$^{奉}_{虞}$（虞$_{9}$）
	19	[0485]𤆍$^{奉}_{有}$阝$^{奉}_{有}$缶$^{非}_{有}$ I 阜$^{奉}_{有}$[0606]峧$^{奉}_{麌}$滏$^{奉}_{麌}$𨸏$^{奉}_{有}$附$^{奉}_{遇}$阜$^{奉}_{有}$偩$^{奉}_{有}$婟$^{匣}_{姥}$腐$^{奉}_{麌}$負$^{奉}_{有}$輔$^{奉}_{麌}$戊$^{微}_{候}$柎$^{奉}_{遇}$鮒$^{奉}_{有}$鳺$^{奉}_{麌}$駙$^{奉}_{遇}$駁$^{奉}_{麌}$鮒$^{奉}_{遇}$戊$^{微}_{候}$ I 父$^{奉}_{麌}$[1744]父$^{奉}_{麌}$ I 婦$^{奉}_{有}$[2285]鬴$^{奉}_{麌}$ I 輔$^{奉}_{麌}$[2957]䆷$^{奉}_{麌}$ I 腐$^{奉}_{麌}$[2966]祔$^{奉}_{遇}$萯$^{奉}_{有}$ I 附$^{奉}_{遇}$（姥$_{1}$麌$_{12}$遇$_{6}$候$_{2}$有$_{11}$）
微	20	[1749]毋$^{微}_{虞}$瞴$^{微}_{虞}$璑$^{微}_{虞}$蕪$^{微}_{虞}$鵐$^{微}_{虞}$䍢$^{微}_{虞}$ I 無$^{微}_{虞}$（虞$_{7}$）
	21	[2665]誣$^{微}_{虞}$誣$^{微}_{虞}$譕$^{微}_{虞}$ I 巫$^{微}_{虞}$（虞$_{4}$）
	22	[3428]鵡$^{微}_{麌}$䳇$^{微}_{麌}$ I 鵡$^{微}_{麌}$（麌$_{3}$）
端	23	[1807]妬$^{端}_{暮}$妒$^{端}_{暮}$睹$^{端}_{姥}$覩$^{端}_{姥}$ I 睹$^{端}_{姥}$[2944]殬$^{端}_{暮}$殅$^{端}_{暮}$殢$^{集:}_{端過}$蠹$^{端}_{暮}$ I 妬$^{端}_{暮}$[3038]堵$^{端}_{姥}$覩$^{端}_{姥}$睹$^{端}_{姥}$ I 賭$^{端}_{姥}$（姥$_{7}$暮$_{6}$過$_{1}$）
	24	[1217]㙐$^{端}_{歌}$都$^{端}_{模}$㑃$^{端}_{歌}$ I 多$^{端}_{歌}$[3706]夛$^{端}_{歌}$多$^{端}_{歌}$ I 朵平$^{端}_{戈}$[0664]𡶇$^{端}_{果}$揣$^{端}_{果}$埵$^{端}_{果}$媣$^{端}_{果}$躲$^{玉:}_{端果}$鬌$^{端}_{哿}$𩬊$^{集:}_{端果}$跥$^{端}_{果}$𦀚$^{端}_{果}$挅$^{端}_{果}$賭$^{端}_{姥}$剁$^{端}_{過}$䅜$^{端}_{果}$堵$^{端}_{姥}$ I 朵$^{玉:}_{端果}$[3261]朵$^{玉:}_{端果}$ I 躲$^{端}_{果}$[1129]土$^{篇:}_{端姥}$𧮪$^{端}_{姥}$ I 堵$^{端}_{姥}$[1135]堵$^{端}_{姥}$ I 都上$^{端}_{姥}$（模$_{1}$歌$_{5}$戈$_{1}$姥$_{7}$哿$_{1}$果$_{13}$過$_{1}$）
透	25	[3537]兔$^{透}_{暮}$兎$^{透}_{暮}$ I 吐$^{透}_{暮}$（暮$_{3}$）
定	26	[0718]嵞$^{定}_{模}$塗$^{定}_{模}$鄌$^{定}_{模}$庩$^{定}_{模}$廜$^{定}_{模}$悇$^{定}_{模}$唋$^{透}_{模}$䠧$^{澄}_{麻}$迌$^{定}_{模}$途$^{定}_{模}$闍$^{定}_{模}$屠$^{定}_{模}$瑹$^{定}_{模}$菟$^{定}_{模}$荼$^{定}_{模}$稌$^{定}_{模}$酴$^{定}_{模}$鵌$^{定}_{模}$鷵$^{定}_{模}$鵚$^{定}_{模}$駼$^{定}_{模}$圖$^{定}_{模}$屠$^{定}_{模}$ I 徒$^{定}_{模}$[0836]塗$^{定}_{模}$ I 荼$^{定}_{模}$[0986]潳$^{集:}_{定模}$ I 屠$^{定}_{模}$[2897]瘏$^{定}_{模}$徒$^{定}_{模}$瘏$^{定}_{模}$ I 塗$^{定}_{模}$（模$_{31}$麻$_{1}$）
	27	[1348]郶$^{定}_{模}$ I 除$^{澄}_{魚}$（模$_{1}$魚$_{1}$）

續表

聲母	準小韻序號	轄字
	28	[0560]隓墮｜惰[0949]渡墮惰跺揣鍍｜度[1124]吿度肚柁荰敗｜杜[3223]杜｜肚[1813]媠嫷｜墮（姥$_7$暮$_6$哿$_1$果$_7$過$_1$）
泥	29	[1115]砮弩｜努（姥$_3$）
	30	[1533]庨笯帑筊駑駑｜奴[1870]奴｜笯 [1940]怒｜奴去（模$_9$暮$_2$）
來	31	[0133]嚧爐爐矑鬛艫纑攎廬瓐艫甗罏櫨芦簏鸕驢驢獹鱸黸｜盧[1139]壚廬膻盧｜炉[1825]嫘｜驢[2012]僩鐗蘆｜閭[2861]閭｜廬（模$_{22}$魚$_{13}$脂$_1$）
	32	[0388]雺滷塷嚕鏀艪虜鹵｜魯[1084]砢羸倮躶孋鏍蓏羸｜裸[1472]膚櫓｜鹵[2514]裸｜邏[2751]邏｜虜（姥$_{13}$哿$_3$戈$_1$果$_8$）
	33	[0318]露鏴璐賂輅簬簵鷺鸕｜路（模$_1$暮$_9$）
精	34	[3682]租咀｜祖平[3270]蒩｜租[3683]組祖阻俎｜租上[1291]眲阻左組爬｜祖[3527]貁｜左（模$_4$魚$_1$姥$_7$語$_3$哿$_3$）
清	35	[2365]齟犓麤麄｜粗[3407]粗｜麄（模$_6$魚$_1$）
	36	[2500]初初｜芻[3655]芻｜初[1078]礎𨺊憷齼齼｜楚[3266]楚｜初上（魚$_3$虞$_2$語$_8$）
	37	[0930]湝厝措鎈｜醋[3030]錯醋｜措（暮$_7$哿$_1$）
從	38	[1327]郋退遭殂𥝩耡粗徂｜鉏[2070]咀｜徂（模$_5$魚$_4$語$_1$虞$_1$）
	39	[3435]鶵｜雛[3534]雛｜耡（魚$_1$虞$_3$）
	40	[3004]鉏鋤｜助平[0115]嗟瘥瑳艖｜嵯[0591]嵯助｜坐[1520]座脞𦪙｜坐上①[1426]阼怚胙齟跙｜助[2474]助胙飵｜祚[2969]祚｜胙（魚$_3$歌$_5$語$_3$哿$_1$果$_4$暮$_7$御$_3$過$_1$）
心	41	[0540]脲蔴㾤蓑｜疎[1897]娑挲｜莎[2146]唆｜梭[3211]梭莎｜蓑（模$_2$魚$_2$歌$_2$戈$_7$）
	42	[0154]㞕梳蔬疋｜疏[2541]綀｜蔬（魚$_6$御$_1$）
	43	[1596]甦酥穌｜蘇[3272]蘇｜酥（模$_6$）
	44	[1336]鄪鎖所｜瑣[1704]傊｜所[3040]瑣｜鎖（語$_2$麌$_1$果$_5$）
	45	[0141]䫂｜數（麌$_2$）
	46	[0792]泝素｜訴[0823]泝溯溹傃愬嗉膆訴遡數｜素（暮$_{13}$遇$_1$）
見	47	[0805]沽𠂢孤𦛴鎵箛酤鴣𧆛｜姑[1789]姑｜沽[2337]胍弧槔柧苽笟蛄辜箛軲罛｜孤（模$_{24}$）
	48	[0672]嵰𥑮估瞽股詁真貼鼓牯羖皷鼓鼓皷罟鹽｜古（姥$_{18}$）
	49	[1589]凅痼禂錮鯝｜固[2267]顧固｜故[3619]故｜雇（暮$_{11}$）
溪	50	[1514]庫｜褲 [2512]袴絝｜庫（暮$_5$）
	51	[1392]郀殆刳｜枯[3199]枯｜刳[2236]嘔楛｜苦[3279]苦｜枯上（模$_6$麌$_1$姥$_4$）
疑	52	[0961]浧吾祦禑｜吳[0644]峿浯郚娪吳頟珸梧鼯䴘｜吾[3434]鴮｜梧（模$_{18}$）
	53	[0025]晤寤俉悟悞忢誤｜悟[2746]逜｜誤[2931]寤珸｜悞（模$_1$暮$_{12}$）
影	54	[0346]雩污洿嗚鎢瑦鴮於｜烏[0750]汙圬惡趋杇｜污（模$_{14}$虞$_1$）
	55	[1004]潕碔塢廡侮侮儛嫵娬憮憮膴珷務甒㺯舞｜武[3146]武｜舞（姥$_1$麌$_{19}$）
	56	[0145]旿瓳鄔仵忤迕｜午[3098]䳇忤脌仵午旿｜五（姥$_{14}$）
	57	[0317]霚霧堥婺婺䥍鶩鶩｜務（暮$_1$遇$_7$屋$_1$）
曉	58	[1211]垺嘑虖䍑｜乎（模$_4$暮$_1$）

①此處組四聲法注音，疑"上"字乃衍文。尤其是"座$_{過}^{從}$音坐上$_{果P35L6}^{從}$"例，被注字"座"乃去聲，"坐"原爲上聲，據系聯可知，其已變讀去聲，如此"座坐"音同。文後附錄校例中未列出，特此說明。至於"脞$_{果}^{從}$音坐上$_{果P68L9}^{從}$""𦪙$_{果}^{從}$音坐上$_{果P187L2}^{從}$"兩例倒是說得過去，可解釋爲注音字"坐"已經讀作陽去，而"脞$_{果}^{從}$𦪙$_{果}^{從}$"仍讀陽上，故而編者加注"上"以突出被注字的聲調。此處不再從聲調上區分，統一放在去聲中。對此二例的解釋在第四章聲調的討論中有詳述，可參見。

續表

聲母	準小韻序號	轄字
	59	[0884]滹$^{曉}_{模}$侉$^{曉}_{模}$幠$^{曉}_{模}$評$^{曉}_{模}$謼$^{曉}_{模}$虍$^{曉}_{模}$虖$^{曉}_{模}$虓$^{曉}_{模}$歑$^{曉}_{模}$丨呼$^{曉}_{模}$[3783]呼$^{曉}_{模}$丨虎平$^{曉}_{模}$[0764]汻$^{曉}_{姥}$滸$^{曉}_{姥}$淲$^{曉}_{姥}$琥$^{曉}_{姥}$滸$^{曉}_{姥}$戽$^{曉}_{姥}$丨虎$^{曉}_{姥}$[3502]虎$^{曉}_{姥}$丨琥$^{曉}_{姥}$[3593]汻$^{曉}_{姥}$丨滸$^{曉}_{姥}$[1051]滹$^{匣}_{姥}$丨虎去$^{曉}_{暮}$（模$_{12}$姥$_{12}$暮$_{1}$）
匣	60	[1816]嫭$^{匣}_{暮}$箶$^{匣}_{模}$餬$^{匣}_{模}$醐$^{匣}_{模}$糊$^{匣}_{模}$鶘$^{匣}_{模}$虖$^{匣}_{模}$丨乎$^{匣}_{模}$[2130]啯$^{匣}_{模}$頶$^{匣}_{模}$鍸$^{匣}_{模}$瑚$^{匣}_{模}$瓳$^{匣}_{模}$葫$^{匣}_{模}$狐$^{匣}_{模}$翽$^{匣}_{模}$鬍$^{匣}_{模}$壷$^{匣}_{模}$乎$^{匣}_{模}$丨胡$^{匣}_{模}$[3690]壷$^{匣}_{模}$壷$^{匣}_{模}$丨壺$^{匣}_{模}$（模$_{22}$暮$_{1}$）
	61	[0068]昈$^{匣}_{姥}$熩$^{匣}_{姥}$嵶$^{匣}_{姥}$岵$^{匣}_{姥}$沍$^{匣}_{暮}$涸$^{匣}_{暮}$扈$^{匣}_{姥}$鳸$^{匣}_{姥}$鄠$^{匣}_{姥}$居$^{匣}_{姥}$怘$^{匣}_{暮}$怙$^{匣}_{姥}$豩$^{匣}_{暮}$吧$^{匣}_{姥}$擭$^{匣}_{暮}$床$^{匣}_{姥}$戽$^{匣}_{姥}$祜$^{匣}_{姥}$琥$^{匣}_{姥}$檴$^{匣}_{鐸}$鳸$^{匣}_{姥}$頀$^{匣}_{暮}$丨戶$^{匣}_{姥}$[1869]嫮$^{匣}_{暮}$戶$^{匣}_{姥}$穫$^{匣}_{暮}$丨護$^{匣}_{暮}$[3382]鈷$^{匣}_{模}$丨怙$^{匣}_{姥}$[3666]頀$^{匣}_{暮}$丨穫$^{匣}_{暮}$（模$_{1}$姥$_{18}$暮$_{11}$鐸$_{1}$）
	62	[1588]冱$^{匣}_{暮}$綔$^{匣}_{暮}$詁$^{匣}_{暮}$鑊$^{匣}_{鐸}$枑$^{匣}_{暮}$臒$^{匣}_{暮}$穫$^{洪:}_{匣暮}$丨互$^{匣}_{暮}$（暮$_{7}$鐸$_{1}$）
戈類（含 85 個自然小類，42 個“準小韻”）		
幫	63	[0728]嶓$^{幫}_{戈}$碆$^{幫}_{戈}$玻$^{滂}_{戈}$丨波$^{幫}_{戈}$（戈$_{4}$）
	64	[3471]駊$^{幫}_{果}$丨跛$^{幫}_{果}$（果$_{2}$）
並	65	[3566]碆$^{並}_{戈}$丨嶓$^{並}_{戈}$[3568]嶓$^{並}_{戈}$丨婆$^{並}_{戈}$（戈$_{4}$）
	66	[0714]嚤$^{明}_{戈}$礳$^{明}_{戈}$摩$^{明}_{戈}$髍$^{明}_{戈}$鏖$^{明}_{歌}$麼$^{明}_{戈}$丨磨$^{明}_{戈}$[1117]磨$^{明}_{戈}$麽$^{明}_{戈}$麻$^{明}_{戈}$丨摩$^{明}_{戈}$（歌$_{1}$戈$_{10}$）
明	67	[2286]麻$^{明}_{果}$丨麼$^{明}_{果}$（果$_{2}$）
	68	[1183]塺$^{明}_{過}$丨磨$^{明}_{過}$（過$_{2}$）
透	69	[2145]咃$^{透}_{歌}$他$^{透}_{歌}$丨它$^{透}_{歌}$（歌$_{3}$）
	70	[0962]涶$^{透}_{戈}$丨拖$^{透}_{歌}$[1883]妥$^{透}_{果}$丨拖上$^{透}_{哿}$[3229]橢$^{透}_{果}$鰖$^{透}_{果}$鞞$^{端}_{哿}$丨妥$^{透}_{果}$[2156]唾$^{透}_{過}$丨拖去$^{透}_{過}$（歌$_{1}$戈$_{1}$哿$_{2}$果$_{4}$過$_{2}$）
	71	[1210]堶$^{定}_{戈}$丨惰$^{集:}_{定戈}$（戈$_{2}$）
	72	[1241]垛$^{定}_{果}$杕$^{定}_{哿}$丨垜$^{定}_{果}$（哿$_{1}$果$_{2}$）
定	73	[1416]陊$^{定}_{哿}$丨馱$^{定}_{箇}$（哿$_{1}$箇$_{1}$）
	74	[0775]沱$^{定}_{歌}$佗$^{定}_{歌}$跎$^{定}_{歌}$紽$^{定}_{歌}$詑$^{定}_{歌}$酡$^{定}_{歌}$酏$^{定}_{歌}$駝$^{定}_{歌}$鼉$^{定}_{歌}$丨陀$^{定}_{歌}$[1432]陀$^{定}_{歌}$丨馱$^{定}_{歌}$[2812]拖$^{透}_{歌}$拕$^{定}_{歌}$舵$^{定}_{哿}$丨駝$^{定}_{歌}$[3513]鮀$^{定}_{歌}$丨沱$^{定}_{歌}$[1845]駼$^{澄}_{麻}$丨佗$^{定}_{歌}$ [3226]柂$^{定}_{哿}$丨陀上$^{定}_{哿}$（歌$_{18}$哿$_{3}$麻$_{1}$）
泥	75	[1201]堧$^{泥}_{過}$睓$^{泥}_{過}$丨懦$^{泥}_{過}$（過$_{3}$）
	76	[1394]那$^{泥}_{歌}$旇$^{泥}_{哿}$丨儺$^{泥}_{歌}$[1640]儺$^{泥}_{歌}$丨那$^{泥}_{歌}$[3227]橠$^{泥}_{哿}$丨儺上$^{泥}_{哿}$（歌$_{4}$哿$_{3}$）
來	77	[1038]灑$^{來}_{歌}$儸$^{來}_{歌}$腂$^{來}_{脂}$覶$^{來}_{戈}$瘰$^{來}_{戈}$欏$^{來}_{歌}$蘿$^{來}_{歌}$籮$^{來}_{歌}$稞$^{來}_{戈}$饠$^{來}_{歌}$螺$^{來}_{戈}$騾$^{來}_{戈}$𪊧$^{來}_{戈}$蠃$^{來}_{戈}$蠃$^{來}_{戈}$丨羅$^{來}_{歌}$[2834]攞$^{來}_{哿}$丨羅上$^{來}_{哿}$[3745]羅$^{來}_{歌}$丨螺$^{來}_{戈}$（歌$_{8}$戈$_{9}$脂$_{1}$哿$_{2}$）
	78	[3711]燵$^{來}_{過}$丨邏$^{來}_{箇}$（箇$_{1}$過$_{1}$）
精	79	[1671]佐$^{精}_{箇}$丨做$^{精}_{箇}$[2361]鹺$^{從}_{哿}$㸲$^{精}_{箇}$尰$^{精}_{箇}$丨佐$^{精}_{箇}$（哿$_{1}$箇$_{5}$）
	80	[0594]脞$^{精}_{過}$侳$^{精}_{過}$剉$^{清}_{過}$丨挫$^{精}_{過}$[1811]莝$^{精}_{過}$丨侳$^{精}_{過}$（過$_{6}$）
清	81	[1070]磋$^{清}_{歌}$傞$^{清}_{歌}$鹺$^{從}_{歌}$丨蹉$^{清}_{歌}$[2360]蒫$^{從}_{歌}$鬌$^{從}_{歌}$蹉$^{清}_{歌}$誜$^{心}_{戈}$矬$^{從}_{戈}$丨磋$^{清}_{歌}$[2433]蹉$^{從}_{歌}$丨矬$^{從}_{戈}$（歌$_{9}$戈$_{3}$）
	82	[1347]郪$^{清}_{過}$丨莝$^{清}_{過}$[2809]挫$^{清}_{過}$丨銼$^{清}_{過}$[2999]銼$^{清}_{過}$莝$^{清}_{過}$丨剉$^{清}_{過}$（過$_{7}$）
從	83	[1395]鄌$^{從}_{歌}$差$^{從}_{歌}$醝$^{從}_{歌}$嵯$^{從}_{歌}$丨瘥$^{從}_{歌}$[1273]嵯$^{從}_{歌}$丨醝$^{從}_{歌}$（歌$_{7}$）
	84	[0862]渮$^{見}_{歌}$哿$^{見}_{歌}$謌$^{見}_{歌}$鴚$^{見}_{歌}$䮂$^{見}_{歌}$歌$^{見}_{歌}$洦$^{見}_{歌}$丨哥$^{見}_{歌}$[1000]濄$^{見}_{戈}$嘓$^{見}_{戈}$緺$^{見}_{戈}$過$^{見}_{戈}$瘑$^{見}_{戈}$鍋$^{見}_{戈}$鈳$^{影}_{歌}$輠$^{見}_{戈}$檛$^{見}_{戈}$薖$^{溪}_{戈}$騧$^{見}_{麻}$哥$^{見}_{歌}$歌$^{見}_{歌}$丨戈$^{見}_{戈}$[3134]戈$^{見}_{戈}$丨鍋$^{見}_{戈}$[3142]戨$^{見}_{歌}$奇$^{見}_{歌}$丨歌$^{見}_{歌}$（歌$_{14}$戈$_{12}$麻$_{1}$）
	85	[1259]堝$^{見}_{戈}$丨咼$^{見}_{戈}$（戈$_{2}$）
見	86	[0955]淉$^{見}_{果}$惈$^{見}_{果}$裹$^{見}_{果}$剿$^{見}_{果}$餜$^{見}_{果}$蜾$^{見}_{果}$丨果$^{見}_{果}$（果$_{7}$）
	87	[1748]舸$^{見}_{哿}$吹$^{集:}_{見歌}$菏$^{見}_{歌}$柯$^{見}_{歌}$軻$^{溪}_{歌}$丨哿$^{見}_{哿}$[3048]珂$^{溪}_{歌}$軻$^{溪}_{歌}$舸$^{見}_{歌}$笴$^{見}_{哿}$丨柯$^{見}_{歌}$[3210]柯$^{見}_{歌}$哿$^{見}_{哿}$丨軻$^{溪}_{歌}$（歌$_{9}$哿$_{5}$）
	88	[3355]箇$^{見}_{箇}$丨個$^{見}_{箇}$（箇$_{2}$）
	89	[3395]鍋$^{見}_{過}$丨過$^{見}_{過}$（過$_{2}$）
	90	[2369]齨$^{溪}_{箇}$丨珂$^{溪}_{歌}$（歌$_{1}$箇$_{1}$）
溪	91	[0508]炣$^{溪}_{哿}$坷$^{溪}_{哿}$訶$^{曉}_{歌}$丨可$^{溪}_{哿}$（歌$_{1}$哿$_{3}$）
	92	[1215]堁$^{溪}_{果}$丨顆$^{溪}_{果}$[2254]顆$^{溪}_{果}$丨和上$^{匣}_{果}$（果$_{4}$）
	93	[1561]窠$^{溪}_{戈}$髁$^{溪}_{戈}$薖$^{溪}_{戈}$丨科$^{溪}_{戈}$[3362]科$^{溪}_{戈}$科$^{溪}_{戈}$丨窠$^{溪}_{戈}$[2679]課$^{溪}_{過}$丨科去$^{溪}_{過}$[3473]騍$^{溪}_{過}$丨課$^{溪}_{過}$（戈$_{7}$過$_{4}$）

續表

聲母	準小韻序號	轄字
疑	94	[1083]硪$^{疑}_{哿}$頠$^{疑}_{哿}$誐$^{疑}_{哿}$｜我$^{疑}_{哿}$（哿$_{4}$）
	95	[1681]俄$^{疑}_{歌}$踻$^{疑}_{戈}$鈋$^{疑}_{戈}$囮$^{疑}_{戈}$｜訛$^{疑}_{戈}$[1764]娥$^{疑}_{歌}$俄$^{疑}_{歌}$峨$^{疑}_{歌}$莪$^{疑}_{歌}$｜鵞$^{疑}_{歌}$[0592]峨$^{疑}_{歌}$｜娥$^{疑}_{歌}$[1859]娥$^{疑}_{歌}$吪$^{疑}_{戈}$哦$^{疑}_{歌}$睋$^{疑}_{歌}$譌$^{疑}_{戈}$訛$^{疑}_{戈}$⿰扌我$^{疑}_{歌}$䄉$^{疑}_{歌}$珴$^{疑}_{歌}$莪$^{疑}_{歌}$鵞$^{疑}_{歌}$蛾$^{疑}_{歌}$｜俄$^{疑}_{歌}$[3458]⿱我䖵$^{疑}_{歌}$⿱我虫$^{疑}_{歌}$｜蛾$^{疑}_{歌}$[1763]餓$^{疑}_{箇}$｜蛾去$^{疑}_{箇}$[3386]餓$^{疑}_{箇}$｜臥$^{疑}_{過}$（歌$_{21}$戈$_{7}$箇$_{3}$過$_{1}$）
影	96	[2144]唩$^{影}_{戈}$｜倭$^{影}_{戈}$（戈$_{2}$）
	97	[3491]⿰犭委$^{影}_{戈}$｜渦$^{影}_{戈}$（戈$_{2}$）
	98	[1790]婐$^{影}_{果}$｜喎上$^{影}_{果}$（果$_{2}$）
	99	[1852]妸$^{影}_{歌}$娿$^{影}_{歌}$⿱山可$^{曉}_{歌}$屙$^{影}_{歌}$屙$^{影}_{歌}$疴$^{影}_{歌}$痾$^{影}_{歌}$｜阿$^{影}_{歌}$[3228]⿰木阿$^{影}_{歌}$｜阿平（平，疑衍文）$^{影}_{歌}$[2430]踒$^{影}_{過}$｜阿去$^{影}_{箇}$（歌$_{10}$箇$_{1}$過$_{1}$）
曉	100	[2149]呵$^{曉}_{歌}$｜賀平$^{匣}_{歌}$（歌$_{2}$）
	101	[0390]火$^{曉}_{果}$｜夥$^{曉}_{果}$[3707]鈥$^{曉}_{果}$｜火$^{曉}_{果}$（果$_{4}$）
匣	102	[2097]咊$^{匣}_{戈}$禾$^{匣}_{戈}$龢$^{匣}_{戈}$｜和$^{匣}_{戈}$[3020]鉌$^{匣}_{戈}$和$^{匣}_{戈}$⿸广禾$^{匣}_{戈}$｜禾$^{匣}_{戈}$（戈$_{8}$）
	103	[3274]荷$^{匣}_{歌}$苛$^{匣}_{歌}$｜何$^{匣}_{歌}$[2528]⿰衤賀$^{匣}_{箇}$｜賀$^{匣}_{箇}$[3060]賀$^{匣}_{箇}$｜荷去$^{匣}_{箇}$（歌$_{3}$箇$_{4}$）
	104	[2949]⿰歹咼$^{匣}_{果}$禍$^{匣}_{果}$貨$^{曉}_{過}$⿰酉禾$^{匣}_{果}$｜禍$^{匣}_{果}$[2960]禍$^{匣}_{果}$｜禍$^{匣}_{果}$（果$_{6}$過$_{1}$）
居類（含128個自然小類，55個"準小韻"）		
來	105	[1374]郘$^{來}_{語}$寠$^{韻:}_{來御}$侶$^{來}_{語}$僂$^{來}_{麌}$膐$^{來}_{語}$膂$^{來}_{語}$氀$^{來}_{語}$縷$^{來}_{麌}$⿱尹衣$^{來}_{語}$屢$^{來}_{遇}$⿸疒呂$^{來}_{語}$寠$^{集:}_{來遇}$祣$^{來}_{語}$櫚$^{來}_{魚}$梠$^{來}_{語}$蔞$^{來}_{麌}$⿱竹旅$^{來}_{語}$穭$^{來}_{語}$稆$^{集:}_{來語}$旅$^{來}_{模}$旅$^{來}_{語}$｜呂$^{來}_{語}$[2052]呂$^{來}_{語}$｜旅$^{來}_{語}$（模$_{1}$魚$_{1}$語$_{16}$御$_{1}$麌$_{3}$遇$_{2}$）
	106	[0483]爈$^{來}_{御}$勴$^{來}_{御}$鑢$^{來}_{御}$鋁$^{來}_{御}$｜慮$^{來}_{御}$（御$_{5}$）
精	107	[0220]⿰月予$^{集:}_{精魚}$諏$^{精}_{虞}$菹$^{莊}_{魚}$租$^{集:}_{精魚}$｜苴$^{精}_{魚}$（魚$_{4}$虞$_{1}$）
	108	[2905]疽$^{集:}_{精語}$飷$^{集:}_{莊魚}$｜咀$^{精}_{語}$（魚$_{1}$語$_{2}$）
	109	[2887]⿸尸且$^{清}_{御}$｜菹$^{集:}_{精御}$（御$_{2}$）
清	110	[1062]砠$^{清}_{魚}$覰$^{清}_{虞}$趄$^{清}_{魚}$苴$^{清}_{魚}$蛆$^{清}_{魚}$狙$^{清}_{魚}$雎$^{清}_{魚}$雎$^{清}_{魚}$沮$^{清}_{魚}$｜疽$^{清}_{魚}$（魚$_{9}$虞$_{1}$）
	111	[0561]岨$^{清}_{魚}$沮$^{清}_{魚}$坥$^{清}_{魚}$伹$^{清}_{魚}$胆$^{清}_{魚}$⿰見且$^{清}_{魚}$鉏$^{清}_{魚}$｜蛆$^{清}_{魚}$[1559]宜$^{清}_{魚}$｜岨$^{清}_{魚}$（魚$_{10}$）
	112	[3168]刞$^{清}_{御}$｜覰$^{清}_{御}$（御$_{2}$）
	113	[2708]趨$^{清}_{虞}$｜取平$^{清}_{虞}$[2783]⿺是取$^{全:}_{清虞}$｜取$^{清}_{麌}$[3648]取$^{清}_{麌}$｜趣上$^{清}_{麌}$[1878]娶$^{清}_{遇}$｜取去$^{清}_{遇}$[2706]趣$^{清}_{遇}$｜娶$^{清}_{遇}$（虞$_{2}$麌$_{4}$遇$_{4}$）
心	114	[0967]湑$^{心}_{魚}$須$^{心}_{虞}$繻$^{心}_{虞}$揟$^{心}_{魚}$⿱胥鳥$^{心}_{魚}$須$^{心}_{虞}$｜胥$^{心}_{魚}$[0347]需$^{心}_{虞}$嬃$^{心}_{虞}$胥$^{心}_{魚}$鬚$^{心}_{虞}$⿱須土$^{心}_{虞}$嚅$^{心}_{虞}$鑐$^{心}_{虞}$稰$^{心}_{語}$蝑$^{心}_{魚}$｜須$^{心}_{虞}$（魚$_{6}$語$_{1}$虞$_{10}$）
	115	[2962]⿰衤胥$^{心}_{語}$稰$^{心}_{語}$醑$^{心}_{語}$｜胥$^{心}_{語}$（語$_{4}$）
邪	116	[1337]⿰余阝$^{邪}_{魚}$徐$^{邪}_{魚}$｜徐$^{邪}_{魚}$（魚$_{3}$）
章	117	[0807]洙$^{禪}_{虞}$䃴$^{章}_{魚}$邾$^{知}_{虞}$侏$^{章}_{虞}$諸$^{章}_{魚}$誅$^{知}_{虞}$⿰扌朱$^{章}_{虞}$袾$^{章}_{虞}$銖$^{禪}_{虞}$珠$^{章}_{虞}$株$^{知}_{虞}$鴸$^{章}_{虞}$蠩$^{章}_{魚}$蛛$^{知}_{虞}$駯$^{知}_{虞}$猪$^{知}_{魚}$豬$^{知}_{魚}$豬$^{知}_{魚}$鼄$^{知}_{虞}$諸$^{章}_{魚}$猪$^{知}_{魚}$豬$^{知}_{魚}$｜朱$^{章}_{虞}$[0901]瀦$^{知}_{魚}$｜猪$^{知}_{魚}$[1035]潴$^{章}_{魚}$袾$^{知}_{虞}$櫫$^{知}_{魚}$⿰者彡$^{章}_{魚}$｜諸$^{章}_{魚}$（魚$_{15}$虞$_{15}$）
	118	[0506]煑$^{章}_{語}$渚$^{章}_{語}$⿰口主$^{知}_{麌}$拄$^{知}_{麌}$宔$^{章}_{麌}$柱$^{知}_{麌}$翥$^{章}_{御}$黈$^{知}_{麌}$煑$^{章}_{語}$渚$^{章}_{語}$｜主$^{章}_{麌}$[1423]陼$^{章}_{語}$⿰忄宁$^{集:}_{知語}$⿰虫宁$^{知}_{語}$｜煑$^{章}_{語}$[3679]鬻$^{章}_{語}$｜煑$^{章}_{語}$（語$_{10}$御$_{1}$麌$_{6}$）
	119	[2507]⿰衤宁$^{知}_{語}$⿰齒宁$^{知}_{語}$｜紵$^{集:}_{知語}$（語$_{3}$）
	120	[0359]霔$^{章}_{遇}$炷$^{章}_{遇}$紸$^{章}_{遇}$註$^{章}_{遇}$疰$^{章}_{遇}$鉒$^{知}_{遇}$軴$^{知}_{遇}$⿱羽主$^{章}_{遇}$⿰革主$^{章}_{遇}$著$^{知}_{御}$｜注$^{章}_{遇}$[2750]迬$^{章}_{遇}$｜著$^{知}_{御}$[3337]箸$^{澄}_{御}$翥$^{章}_{御}$｜註$^{章}_{遇}$[0481]⿰火宁$^{知}_{語}$翥$^{章}_{御}$壴$^{知}_{遇}$｜住$^{知}_{遇}$（語$_{1}$御$_{5}$遇$_{14}$）
	121	[2921]貯$^{知}_{語}$｜宁$^{集:}_{知語}$[3070]貯$^{知}_{語}$｜蛀$^{章}_{遇}$（語$_{3}$遇$_{1}$）
	122	[3470]駐$^{知}_{遇}$｜柱$^{集:}_{澄麌}$（麌$_{1}$遇$_{1}$）
昌	123	[2499]袽$^{泥}_{魚}$帤$^{泥}_{魚}$貙$^{徹}_{虞}$｜樞$^{昌}_{虞}$[3198]樞$^{昌}_{虞}$榑$^{徹}_{魚}$樗$^{徹}_{魚}$｜茹$^{日}_{魚}$（魚$_{5}$虞$_{3}$）
	124	[0207]⿰月褚$^{徹}_{語}$｜褚$^{徹}_{語}$[2508]褚$^{徹}_{語}$｜楮$^{徹}_{語}$[3192]楮$^{徹}_{語}$｜杵$^{昌}_{語}$[3222]杵$^{昌}_{語}$杵$^{昌}_{語}$｜處$^{昌}_{語}$（語$_{9}$）
澄	125	[1348]厨$^{澄}_{虞}$儲$^{澄}_{魚}$蹰$^{澄}_{虞}$篨$^{澄}_{魚}$｜除$^{澄}_{魚}$[1424]除$^{澄}_{魚}$躇$^{澄}_{魚}$｜廚$^{澄}_{虞}$（魚$_{5}$虞$_{3}$）
	126	[0996]漵$^{邪}_{語}$序$^{邪}_{語}$緒$^{邪}_{語}$藇$^{邪}_{語}$芧$^{邪}_{語}$鱮$^{邪}_{語}$緒$^{邪}_{語}$｜敘$^{邪}_{語}$[1144]埾$^{從}_{遇}$㲘$^{從}_{遇}$｜聚$^{從}_{遇}$[1412]⿰阝予$^{邪}_{語}$敘$^{邪}_{語}$聚$^{從}_{麌}$署$^{禪}_{御}$署$^{禪}_{御}$｜序$^{邪}_{語}$（語$_{11}$麌$_{1}$御$_{2}$遇$_{3}$）
	127	[1186]坾$^{澄}_{語}$佇$^{澄}_{語}$杼$^{澄}_{語}$紵$^{澄}_{語}$紵$^{澄}_{語}$｜宁$^{澄}_{語}$[2677]詝$^{知}_{語}$竚$^{澄}_{語}$｜佇$^{澄}_{語}$[2779]⿰立主$^{澄}_{麌}$杼$^{澄}_{語}$苧$^{澄}_{語}$筯$^{澄}_{御}$羜$^{澄}_{語}$宁$^{澄}_{語}$｜柱$^{澄}_{麌}$[2920]佇$^{澄}_{語}$宁$^{澄}_{語}$竚$^{澄}_{語}$｜紵$^{澄}_{語}$（語$_{17}$麌$_{2}$御$_{1}$）
	128	[0786]泞$^{澄}_{語}$澍$^{禪}_{遇}$駐$^{澄}_{麌}$眝$^{澄}_{語}$跓$^{澄}_{麌}$⿸疒除$^{澄}_{御}$｜住$^{澄}_{遇}$（語$_{2}$麌$_{2}$御$_{1}$遇$_{2}$）

續表

聲母	準小韻序號	轄字
書	129	[1758]舒$^{書}_{魚}$紓$^{書}_{魚}$輸$^{書}_{虞}$鴑$^{書}_{魚}$丨書$^{書}_{魚}$[2599]喻$^{生}_{虞}$書$^{書}_{魚}$丨舒$^{書}_{魚}$（魚$_{6}$虞$_{2}$）
	130	[0063]暑$^{書}_{語}$庶$^{書}_{御}$戍$^{書}_{遇}$戍$^{書}_{遇}$丨恕$^{書}_{御}$[1407]隃$^{書}_{遇}$丨庶$^{書}_{御}$[2041]怴$^{曉}_{術}$哦$^{書}_{遇}$丨戍$^{書}_{遇}$[2821]抒$^{船}_{語}$癙$^{書}_{語}$黍$^{書}_{語}$丨暑$^{書}_{語}$[3528]鼠$^{書}_{語}$丨黍$^{書}_{語}$[3785]暑$^{書}_{語}$丨鼠$^{書}_{語}$（語$_{9}$御$_{3}$遇$_{5}$術$_{1}$）
禪	131	[1607]儒$^{日}_{虞}$嬬$^{日}_{虞}$嚅$^{日}_{虞}$顬$^{日}_{虞}$襦$^{日}_{虞}$痴$^{日}_{魚}$殊$^{禪}_{虞}$茹$^{日}_{魚}$醹$^{日}_{虞}$駑$^{日}_{魚}$丨如$^{日}_{魚}$[3050]琛$^{書}_{魚}$毃$^{禪}_{虞}$殳$^{禪}_{虞}$瓶$^{禪}_{虞}$杸$^{禪}_{虞}$丨殊$^{禪}_{虞}$[3703]魗$^{日}_{虞}$丨儒$^{日}_{虞}$（魚$_{5}$虞$_{14}$）
	132	[1850]娴$^{日}_{語}$肗$^{日}_{語}$籹$^{日}_{語}$敍$^{日}_{語}$乳$^{日}_{虞}$乳$^{日}_{麌}$丨汝$^{日}_{語}$[2616]穤$^{日}_{虞}$擩$^{日}_{麌}$丨乳$^{日}_{麌}$（虞$_{1}$語$_{5}$麌$_{4}$）
	133	[0015]曙$^{禪}_{御}$僫$^{禪}_{麌}$裋$^{禪}_{遇}$襩$^{禪}_{遇}$逗$^{禪}_{遇}$荳$^{禪}_{遇}$尌$^{禪}_{遇}$豎$^{禪}_{麌}$尌$^{禪}_{遇}$豆$^{禪}_{麌}$丨樹$^{禪}_{遇}$[0449]竪$^{禪}_{語}$豎$^{禪}_{語}$樹$^{禪}_{遇}$丨豎$^{禪}_{麌}$（語$_{2}$麌$_{4}$御$_{1}$遇$_{8}$）
見	134	[0576]崌$^{見}_{魚}$郥$^{見}_{魚}$俱$^{見}_{虞}$畚$^{見}_{魚}$裾$^{見}_{魚}$宕$^{見}_{魚}$琚$^{見}_{魚}$腒$^{見}_{魚}$椐$^{見}_{魚}$鶋$^{見}_{魚}$爽$^{見}_{虞}$斞$^{見}_{虞}$丨居$^{見}_{魚}$[2420]跔$^{見}_{虞}$跙$^{見}_{虞}$綨$^{見}_{魚}$居$^{見}_{魚}$屋$^{見}_{虞}$駒$^{見}_{虞}$拘$^{見}_{虞}$趯$^{群}_{虞}$丨俱$^{見}_{虞}$[3559]跔$^{見}_{虞}$丨駒$^{見}_{虞}$[2220]眗$^{見}_{虞}$駒$^{見}_{虞}$丨拘$^{見}_{虞}$（魚$_{12}$虞$_{15}$）
	135	[2213]眶$^{見}_{麌}$齲$^{溪}_{麌}$齟$^{群}_{語}$擧$^{見}_{語}$矩$^{見}_{麌}$柜$^{見}_{語}$楀$^{見}_{麌}$椇$^{見}_{麌}$榘$^{見}_{麌}$莒$^{見}_{語}$萬$^{見}_{麌}$筥$^{見}_{語}$簋$^{見}_{旨}$弆$^{見}_{語}$丨擧$^{見}_{語}$[2413]踽$^{見}_{麌}$竬$^{溪}_{麌}$枸$^{見}_{麌}$擧$^{見}_{語}$丨矩$^{見}_{麌}$（語$_{8}$麌$_{11}$旨$_{1}$）
	136	[2791]據$^{見}_{御}$句$^{見}_{遇}$界$^{見}_{遇}$丨鋸$^{見}_{御}$[2416]踞$^{見}_{御}$鋸$^{見}_{御}$丨據$^{見}_{御}$[2893]屨$^{見}_{遇}$貗$^{見}_{遇}$丨句$^{見}_{遇}$[3661]眲$^{見}_{遇}$丨屨$^{見}_{遇}$（御$_{5}$遇$_{7}$）
溪	137	[0651]岴$^{溪}_{虞}$嶇$^{溪}_{虞}$陓$^{溪}_{虞}$姝$^{昌}_{虞}$軀$^{溪}_{虞}$躯$^{溪}_{虞}$墟$^{溪}_{魚}$跒$^{溪}_{虞}$䆿$^{溪}_{虞}$祛$^{溪}_{魚}$抾$^{溪}_{魚}$袪$^{溪}_{魚}$紶$^{溪}_{語}$驅$^{溪}_{虞}$駈$^{溪}_{虞}$虛$^{溪}_{魚}$歐$^{溪}_{虞}$袪$^{溪}_{魚}$丨區$^{溪}_{虞}$[3689]區$^{溪}_{虞}$丨驅$^{溪}_{虞}$（魚$_{6}$虞$_{13}$語$_{1}$麌$_{1}$）
群	138	[0957]渠$^{群}_{魚}$丨瞿$^{群}_{虞}$[0972]淭$^{群}_{魚}$磲$^{群}_{魚}$鄽$^{群}_{魚}$窶$^{群}_{魚}$懅$^{群}_{魚}$腒$^{群}_{魚}$劬$^{群}_{虞}$絇$^{群}_{虞}$衢$^{群}_{虞}$鴝$^{群}_{虞}$鑺$^{群}_{虞}$璩$^{群}_{魚}$轃$^{群}_{魚}$蕖$^{群}_{魚}$戵$^{群}_{虞}$蕖$^{群}_{魚}$蘧$^{群}_{魚}$醵$^{群}_{魚}$鶏$^{群}_{魚}$鴝$^{群}_{虞}$齁$^{群}_{魚}$瞿$^{群}_{虞}$劬$^{群}_{虞}$鴝$^{群}_{虞}$痀$^{群}_{虞}$瞿$^{群}_{虞}$丨渠$^{群}_{魚}$[1490]癯$^{群}_{虞}$渠$^{群}_{魚}$斪$^{群}_{虞}$丨劬$^{群}_{虞}$[2901]痀$^{群}_{魚}$丨劬$^{群}_{虞}$（魚$_{18}$虞$_{17}$）
	139	[3333]籧$^{群}_{魚}$丨巨$^{集:}_{群魚}$（魚$_{2}$）
	140	[3141]朐$^{集:}_{群虞}$丨葵$^{群}_{脂}$（虞$_{1}$脂$_{1}$）
	141	[3445]蚷$^{群}_{語}$丨渠$^{集:}_{群語}$（語$_{2}$）
	142	[0156]眶$^{群}_{語}$炬$^{群}_{語}$岠$^{群}_{語}$洰$^{群}_{語}$懼$^{群}_{遇}$距$^{群}_{語}$勮$^{群}_{御}$覣$^{集:}_{群至}$詎$^{群}_{語}$趄$^{見}_{語}$岠$^{群}_{語}$拒$^{群}_{語}$鉅$^{群}_{語}$鐻$^{群}_{語}$苣$^{群}_{語}$簴$^{群}_{語}$醵$^{群}_{御}$駏$^{群}_{語}$虡$^{群}_{語}$秬$^{群}_{語}$粔$^{群}_{語}$丨巨$^{群}_{語}$[3366]秬$^{群}_{語}$丨苣$^{群}_{語}$（語$_{20}$御$_{2}$遇$_{1}$至$_{1}$）
	143	[1913]愳$^{群}_{遇}$臞$^{群}_{遇}$具$^{群}_{遇}$丨懼$^{群}_{遇}$[3277]蒟$^{見}_{遇}$䅓$^{群}_{遇}$丨具$^{群}_{遇}$（遇$_{7}$）
疑	144	[3577]禺$^{疑}_{虞}$丨喁$^{集:}_{疑虞}$（虞$_{2}$）
	145	[3638]圄$^{疑}_{語}$丨吾$^{集:}_{疑魚}$（魚$_{1}$語$_{1}$）
影	146	[0331]雩$^{云}_{虞}$雩$^{云}_{虞}$澳$^{以}_{魚}$盂$^{影}_{虞}$邘$^{云}_{虞}$予$^{以}_{魚}$婰$^{以}_{魚}$忬$^{以}_{御}$愉$^{以}_{虞}$褕$^{以}_{虞}$玗$^{云}_{虞}$轝$^{以}_{魚}$輿$^{以}_{魚}$軒$^{云}_{虞}$弙$^{影}_{模}$玡$^{影}_{模}$瓻$^{以}_{虞}$榆$^{以}_{虞}$楰$^{以}_{虞}$杅$^{云}_{虞}$萸$^{以}_{虞}$竽$^{云}_{虞}$餘$^{以}_{魚}$蜍$^{以}_{魚}$蝓$^{以}_{虞}$羭$^{以}_{虞}$舁$^{以}_{魚}$旟$^{以}_{魚}$於$^{影}_{魚}$歈$^{以}_{虞}$歟$^{以}_{魚}$盂$^{云}_{虞}$舁$^{以}_{魚}$臾$^{以}_{虞}$曳$^{以}_{虞}$腧$^{以}_{虞}$俞$^{以}_{虞}$丨于$^{云}_{虞}$[0585]崳$^{以}_{虞}$盱$^{以}_{魚}$畬$^{以}_{魚}$庮$^{以}_{虞}$伃$^{以}_{魚}$喻$^{以}_{虞}$逾$^{以}_{虞}$闍$^{以}_{虞}$璵$^{以}_{魚}$瑜$^{以}_{虞}$輸$^{集:}_{邪魚}$玗$^{以}_{魚}$徐$^{邪}_{魚}$丨余$^{以}_{魚}$[0971]渝$^{以}_{虞}$堬$^{以}_{虞}$鄃$^{以}_{虞}$窬$^{以}_{虞}$媮$^{以}_{虞}$逾$^{以}_{虞}$丨俞$^{以}_{虞}$[1742]余$^{以}_{魚}$踰$^{以}_{虞}$雓$^{以}_{魚}$丨予$^{以}_{魚}$[2122]唹$^{影}_{魚}$謣$^{云}_{虞}$迂$^{影}_{虞}$瘀$^{影}_{魚}$丨於$^{影}_{魚}$[2303]腴$^{以}_{虞}$諛$^{以}_{虞}$㺞$^{以}_{虞}$鵌$^{以}_{虞}$輿$^{以}_{魚}$丨臾$^{以}_{虞}$[2540]紆$^{影}_{虞}$盂$^{影}_{虞}$丨迂$^{影}_{虞}$[2630]覦$^{以}_{虞}$尪$^{影}_{虞}$丨紆$^{影}_{虞}$[0552]嵎$^{疑}_{虞}$澞$^{疑}_{虞}$漁$^{疑}_{魚}$堣$^{疑}_{虞}$隅$^{疑}_{虞}$愚$^{疑}_{虞}$噳$^{疑}_{虞}$䁥$^{疑}_{魚}$閼$^{疑}_{魚}$鶋$^{疑}_{虞}$鷠$^{疑}_{虞}$虞$^{疑}_{虞}$麌$^{疑}_{魚}$歔$^{疑}_{魚}$敓$^{疑}_{魚}$丨魚$^{疑}_{魚}$[1371]鄅$^{疑}_{虞}$齵$^{疑}_{虞}$丨愚$^{疑}_{虞}$[2414]踰$^{以}_{虞}$魚$^{疑}_{魚}$丨餘$^{以}_{魚}$[2643]礜$^{以}_{魚}$鍝$^{疑}_{虞}$丨隅$^{疑}_{虞}$（模$_{2}$魚$_{37}$御$_{1}$虞$_{65}$）
	147	[2715]趣$^{以}_{魚}$丨與$^{以}_{魚}$（魚$_{2}$）
	148	[3604]䍱$^{以}_{魚}$丨窳$^{集:}_{以虞}$（魚$_{1}$虞$_{1}$）
	149	[0304]雨$^{云}_{麌}$窳$^{以}_{麌}$偊$^{以}_{語}$懙$^{以}_{語}$腴$^{以}_{語}$羽$^{云}_{麌}$嶼$^{邪}_{語}$丨與$^{以}_{語}$[1383]鄅$^{云}_{麌}$斎$^{影}_{語}$瑀$^{云}_{麌}$丨禹$^{云}_{麌}$[1674]傴$^{影}_{麌}$貐$^{以}_{麌}$與$^{以}_{語}$禹$^{云}_{麌}$丨羽$^{云}_{麌}$[3665]與$^{以}_{語}$丨雨$^{云}_{麌}$[3771]雨$^{云}_{麌}$丨両$^{云}_{麌}$（語$_{8}$麌$_{13}$）
	150	[1613]俁$^{疑}_{麌}$噳$^{疑}_{語}$齬$^{疑}_{語}$籞$^{疑}_{語}$衙$^{疑}_{語}$悟$^{疑}_{暮}$敔$^{疑}_{語}$圉$^{疑}_{語}$丨語$^{疑}_{語}$（暮$_{1}$語$_{7}$麌$_{1}$）
	151	[3011]鋤$^{疑}_{語}$鋙$^{疑}_{語}$丨御$^{集:}_{疑語}$（語$_{3}$）
	152	[0919]淤$^{影}_{御}$寓$^{疑}_{遇}$馭$^{疑}_{御}$御$^{疑}_{御}$丨遇$^{疑}_{遇}$[2723]遇$^{疑}_{遇}$御$^{疑}_{御}$馭$^{疑}_{御}$丨御$^{疑}_{御}$[3438]鷊$^{疑}_{遇}$丨寓$^{疑}_{遇}$（御$_{6}$遇$_{5}$）
	153	[1743]飫$^{影}_{御}$丨位$^{云}_{至}$[2678]諸$^{以}_{寘}$棜$^{影}_{御}$丨飫$^{影}_{御}$（御$_{3}$至$_{1}$寘$_{1}$）
	154	[0320]䨞$^{云}_{遇}$悆$^{以}_{御}$預$^{以}_{御}$丨豫$^{以}_{御}$[0906]澦$^{以}_{御}$礜$^{以}_{御}$庾$^{以}_{麌}$豫$^{以}_{御}$嫗$^{影}_{遇}$愈$^{以}_{麌}$譽$^{以}_{御}$裕$^{以}_{遇}$芋$^{云}_{遇}$蕷$^{以}_{御}$芌$^{云}_{遇}$稶$^{以}_{御}$丨預$^{以}_{御}$[1200]垦$^{以}_{御}$淤$^{影}_{語}$斞$^{以}_{麌}$丨庾$^{以}_{麌}$（語$_{1}$麌$_{4}$御$_{11}$遇$_{5}$）
曉	155	[2651]許$^{曉}_{語}$許$^{曉}_{語}$丨虛上$^{曉}_{語}$[0593]岭$^{曉}_{語}$鄦$^{曉}_{語}$㖅$^{曉}_{虞}$詡$^{曉}_{虞}$珝$^{曉}_{虞}$栩$^{曉}_{虞}$丨許$^{曉}_{語}$[3546]珝$^{曉}_{虞}$丨詡$^{曉}_{虞}$[0405]煦$^{曉}_{遇}$丨虛去$^{曉}_{御}$[2136]呴$^{曉}_{遇}$丨煦$^{曉}_{遇}$[3720]欨$^{集:}_{曉遇}$丨呴$^{曉}_{遇}$（語$_{6}$麌$_{6}$御$_{1}$遇$_{5}$）
喻	156	[1487]㝢$^{云}_{麌}$序$^{云}_{麌}$寓$^{云}_{麌}$丨宇$^{云}_{麌}$（麌$_{4}$）
	157	[2054]旴$^{云}_{遇}$丨吁$^{云}_{遇}$（遇$_{2}$）
	158	[2699]諭$^{以}_{遇}$丨俞$^{集:}_{以遇}$（遇$_{2}$）
	159	[3422]鸒$^{以}_{御}$丨譽$^{以}_{御}$（御$_{2}$）

在表 3-3-3 中的 159 個“準小韻”中，自注的有 83 個，混注的有 76 個，混注占總數的有 47.80%（76/159）。具體的混注内容，我們窮盡列舉如下，詳見表 3-3-4。

表 3-3-4 系聯後的中古遇、果攝諸韻混注情況統計表

組别	序號	混注種類	次數	組别	序號	混注種類	次數	組别	序號	混注種類	次數
甲組（共計41次）	1	模魚	*2*	甲組（共計41次）	9	模虞侯尤	*1*	甲組（共計41次）	17	魚虞戈一	*1*
	2	模魚虞	*1*		10	模侯	*1*		18	虞尤	*2*
	3	模魚歌	*1*		11	模侯尤	*1*		19	歌戈一	*7*
	4	模魚歌戈一	*2*		12	模戈一	*3*		20	歌戈一脂	*1*
	5	模魚脂	*1*		13	模歌	*1*		21	歌戈一麻	*1*
	6	模虞	*5*		14	模歌戈一	*3*		22	歌麻	*1*
	7	模虞屋	*1*		15	模麻	*1*				
	8	模虞尤	*2*		16	模鐸	*2*				
乙組（共計35次）	1	魚虞	*27*	乙組（共計35次）	3	魚虞術	*1*	乙組（共計35次）	5	虞脂	*1*
	2	魚虞脂	*2*		4	魚支脂	*1*		6	模魚虞	*3*

比較表 3-3-4 中混注的類型，我們可以將這些混注分爲甲、乙兩組。

甲組中混注的核心是模韻，同時有魚、虞、尤、侯、歌、戈一等韻主體參與（如表 3-3-3 中的夫類所示）。正如上文初級統計時所言，參與混注的魚、虞韻字多數來自中古精、莊組及來母魚韻字、非組虞韻字等；參與混注的尤、侯韻字皆是唇音流攝字等。這是漢語史上很早就已產生的音變現象，至《玉篇直音》中存在與漢語史是吻合的。

甲組中併入了果攝一等韻系字是較爲特殊的現象。

首先是果攝内部合併。果攝歌、戈一二韻之間混注達 14 次，各占自身總數的 46.67%（14/30）、35.90%（14/39）。據此可見，歌戈一混注程度較深，中古時二者之間的開合對立已不復存在，果攝一等歌、戈二韻合流。在同期的昆山吳音字書《同文備考》中歌、戈一二韻併作禾韻，這亦表明果攝一等歌、戈二韻合流。正如劉澤民之見：“從現代吳語的表現來看，我們認爲吳語的早期形式是：果攝一等歌戈兩韻不分……這種格局的特點是果攝開合口不分或者説相混。”①《玉篇直音》的表現與《同文備考》一致，也爲劉澤明的推論提供了早期的文獻依據。

其次是果攝併入模韻。歌、戈一二韻與模韻（含併入模韻的魚、虞韻字）混注的有 11 次（歌 2 次，戈 4 次，歌戈 5 次），各占自身總數的 23.33%（7/30）和 23.08%（9/39）。爲確保併類的科學，我們又將系聯的果攝字進行了深入的統計。通過同音系聯直接與模韻發生混注關係的果攝字共計 90 個。以被注字來論，共計 67 個②，如下：

①劉澤民. 吳語果攝和遇攝主體層次分析[A]. 見：游汝傑，王洪鐘，陳軼亞. 吳語研究（第七輯）[C]. 上海：上海教育出版社，2014：41.

②另外 23 個注音字是：播[幫過]跛[滂戈]頗平[滂戈]頗[滂果]坡上[滂果]坡[滂戈]多[端歌]朵平[端戈]朵[玉:端果]躲[端果]惰[定果]墮[定果]裸[來果]邏[集:來箇]左[精箇]嵯[從歌]坐[從果]坐上[從果]莎[心戈]梭[心戈]蓑[心戈]鎖[心果]瑣[心果]。其中有不少是被注字充作的。此處僅統計被注字，故而不在正文中列出。

播幫過簸幫過譒幫過；陂滂戈跛滂戈坡滂戈叵滂果頗滂果；婆並戈鄱並戈爸並果爸並果；垜端歌倸端歌夠端歌多端歌哚端果揣端果埵端果娺端果躱玉:端果綞端智鬌集:端果跺端果綵端果挆端果剁端過綞端果朶玉:端果殁集:端過；隋定果墮定果惰定果掎定果柁定智婧定過嫷定果；鑼來戈砢來智邏集:來智贏來果倮來果躶來果嬴來果蓏來果蠃來果裸來果；左精智𤜪精智；瑳清歌；瘥從歌艖從歌嵯從歌座從過脞從果𦙶從果；娑心歌挲心歌蓑心戈唆心戈梭心戈莎心戈嗟心智鎈玉:心智瑣心果鄖心果鎖心果

這些被注字占果攝歌、戈一韻字總數（274）的 24.45%（67/274），僅是五分之一强，而未參與混注的果攝字（3 個戈三韻字除外）數量高達 207 個，占果攝字總數的 75.55%（207/274）。這個比例充分說明，參與混注的果攝字尚不能代表整個果攝分和趨勢，仍有多數果攝字尚未併入模韻中，表現出和參與混注的果攝字的對立。此外，從參與混注的果攝字來看，有中古幫、滂、並、端、透、定等母及精組聲母字，但是未看到中古明、泥母及見、曉組聲母的果攝字參與混注。據此而言，我們只能說中古幫、滂、端、透、定等母及精組聲母果攝字在《玉篇直音》中併入模韻中，而餘下的果攝字仍然獨立。所謂的歌、戈一併入模韻只是一種局部現象，並不能代表整個果攝一等字。

鑒於此，我們認爲甲組内部分成兩類，即由兩個韻部組成：一個是由中古模韻佔主體，同時有五分之一强的果攝字併入的韻部，可稱之爲多模部；一個是由未參加與模韻混注的果攝字單獨成部，稱爲歌戈部，以與多模部相别。

另外的 3 個戈韻三等字（伽群戈佉溪戈㞋曉戈）未見與多模、歌戈部字混注，獨立性很强，結合漢語史的音變規律，我們將之併入麻三韻中（可參見 3.4 節）。

乙組中混注的核心是魚、虞韻，鮮見與模韻混注①，有個别止攝合口字併入，即表 3-3-3 中的居類。魚虞混注共計 33 次，遠高於魚韻自注（15 次）、虞韻自注（7 次）的次數。比較起來，魚虞混注乃是常態，據此可判斷《玉篇直音》中魚、虞二韻業已合流。鑒於此，我們可稱乙組爲魚虞部。

綜上所述，中古遇、果二攝在《玉篇直音》中重組爲三個韻部，即多模、歌戈及魚虞部。

3.3.2 關於韻母的確立

3.3.2.1 多模部

多模部字的聲母遍佈《玉篇直音》聲母系統的幫、非、端、精、見、曉等組，我們選取幫、非、端、精、見、曉 6 母作爲代表，列其所屬小韻，如下：

幫母【平】晡幫模庯幫模逋幫模餔幫模醂並模鵏幫模甫集:幫姥俌幫麌晡幫姥【上】譜幫姥闇幫姥補幫姥圃幫姥【去】沛幫暮庯幫暮悑滂暮怖滂暮誧集:滂暮播幫過簸幫過布幫暮鄱並戈爸並果譒幫過

非母【平】霄鏡:非虞垺敷虞郛敷虞鄜玉:敷虞郙敷虞俘敷虞妋非虞怤敷虞膚非虞肤非虞跗非虞趺非虞紨敷虞衭非虞鈇非模玞非虞綒敷虞柎非虞敷敷虞莩敷虞秩非虞稃敷虞麩敷虞鳺非虞孚敷虞敷敷虞敷玉:敷虞専敷虞罦敷虞浮集:曉模夫非虞甫敷虞呼非尤殍敷虞砆非虞鈇非虞扶非虞【上】焵敷姥鄜玉:曉姥郙非麌斧非麌缶非有姇非有吺非麌脯非麌髯非過鏄非麌鯆非麌魆非麌俯非麌釜奉麌腑非麌黼非麌撫敷麌釜奉麌簠非麌斧非麌甫非麌府非麌嘸奉麌頫非麌髤非麌䩉奉麌釜奉麌

①有 4 例混注：旅來模音呂來語P166L7；悟疑暮音語疑語P170L10；㚥影模音于云虞P119L3；玗影模音于云虞P119L3。疑第 1 例將被注字誤作“旅”，疑第 2 例受諧聲偏旁誤導。疑後 2 例將注音字“于云虞”等同“於影模”而致訛讀。若排除此 4 例，遇攝一、三等之間仍可謂是對立顯著。

【去】陚[非/遇]仆[敷/遇]卧[敷/遇]麩[敷/遇]傅[非/遇]胕[奉/遇]弃[玉:/非宥]拊[敷/麌]賦[非/遇]副[敷/宥]鴀[非/麌]付[非/遇]富[非/宥]髺[敷/宥]赴[敷/遇]賻[奉/遇]䨗[敷/遇]掊[集:/敷遇]

端母【平】垛[端/歌]都[端/模]侈[端/歌]多[端/歌]夛[端/歌]朵平[端/戈]【上】哚[端/果]揣[端/果]埵[端/果]娞[端/果]躲[玉:/端果]須[端/哿]鬌[集:/端果]跺[端/果]綞[端/果]挅[端/果]賭[端/姥]剁[端/過]椯[端/果]堵[端/姥]朶[玉:/端果]土[篇:/端姥]覩[端/姥]都上[端/姥]【去】妬[端/暮]妒[端/暮]睹[端/姥]覩[端/姥]殬[端/暮]死[端/暮]殊[集:/端過]蠹[端/暮]堵[端/姥]賭[端/姥]

精母【平】租[精/模]咀[精/魚]祖平[精/模]菹[精/模]【上】組[精/姥]祖[精/姥]阻[莊/語]俎[莊/語]租上[精/姥]䏣[精/姥]爼[精/姥]左[精/哿]㹪[精/哿]

見母【平】沽[見/模]呱[見/模]孤[見/模]𦞰[見/模]𨩴[見/模]篐[見/模]酤[見/模]鴣[見/模]觚[見/模]姑[見/模]胍[見/模]弧[匣/模]橭[見/模]柧[見/模]苽[見/模]箛[見/模]蛄[見/模]辜[見/模]箍[見/模]舮[見/模]罛[見/模]【上】皷[見/姥]岵[溪/姥]估[見/姥]瞽[見/姥]股[見/姥]詁[見/姥]賈[見/姥]䝂[見/姥]鼓[見/姥]牯[見/姥]羖[見/姥]皼[見/姥]鼓[見/姥]皷[見/姥]皷[見/姥]罟[見/姥]盬[見/姥]古[見/姥]【去】固[見/暮]故[見/暮]雇[見/暮]凅[見/暮]痼[見/暮]祻[見/暮]錮[見/暮]鯝[見/暮]顧[見/暮]

曉母【平】滹[曉/模]恗[曉/模]憮[曉/模]評[曉/模]謼[曉/模]庀[曉/模]虖[曉/模]虝[曉/模]歑[曉/模]呼[曉/模]虎平[曉/模]垀[曉/模]嘑[曉/模]嶀[曉/暮]軤[曉/模]乎[曉/模]【上】汻[曉/姥]淲[曉/姥]琥[曉/姥]滸[曉/姥]戽[曉/姥]虎[曉/姥]琥[曉/姥]汻[曉/姥]【去】滬[匣/姥]虎去[曉/暮]

比較所取的每個聲母，每母僅有一個小韻，放眼每個聲母所代表的組亦然。據此可知多模部共含因聲母不同及內部對立而形成的6個對立小韻。如若不計聲母的區別，這些對立小韻至多也就四類（開齊合撮），這將涵蓋該部所有可能存在的等呼情況。考察諸小韻在中古的開合洪細特徵，如表3-3-5所示。

表3-3-5 多模部所含諸小韻的中古等呼

聲母	中古來源		聲母	中古來源	
幫組	合口洪音	模韻、戈合一韻	非組	合口細音	虞韻
	開口洪音	侯韻		開口細音	尤韻
精組	合口洪音	模韻、戈合一韻	端組	合口洪音	模韻、戈合一韻
	合口細音①	莊組魚韻		合口細音	來母魚韻
	開口洪音	歌韻		開口洪音	歌韻
見組	合口洪音	模韻	曉組	合口洪音	模韻

根據中古到近代漢語介音演變的規律，結合歷史、現代方音進行參證，我們認爲上述諸小韻的四呼類型如下。

第一，幫、見、曉、精、端各組的合口洪音（主要來自中古模韻，少數來自戈合一韻）當讀作合口呼。自中古以來，無論是官話還是方音中，模韻一直是合口的特徵。除見、曉組外，合口一等戈韻在《玉篇直音》併入模韻，讀音當與模韻相同，亦當讀作合口呼。

第二，幫組開口洪音（侯韻）、非組開口細音（尤韻）、非組合口細音（虞韻）以及精組合口細音（中古莊組魚韻）當讀作合口呼。這四類字音變爲模韻字在中古時期既已發生，《玉篇直音》進一步印證了此類音變現象。它們既然音同模韻字，當讀作合口呼。

第三，精、端組開口洪音字指的是併入模韻的果攝一等開口歌韻字，既然在《玉篇直音》併入模韻，讀音當與模韻相同，亦當讀作合口呼。

①精組字中還有1個精母字"咀[精/魚]"來自中古合口細音，依照規律當併入魚虞部中。但是其音同模韻字，有些例外，疑有誤。

綜上分析，多模部所轄諸小韻皆讀作合口呼，韻母僅有一個，可稱爲夫類。夫類主要來自中古幫、端、精、見、曉組聲母模韻字以及莊組魚韻字、非組虞韻字、來母魚韻字、唇音流攝字等，此外還有併入模韻的中古幫、滂、端、定、來、精、清、從、心等聲母的果攝字。

自中古以來，模韻皆讀 u，如歷史文獻《廣韻》《集韻》《中原音韻》《洪武正韻》《韻略易通》《韻略匯通》《同文備考》《諧聲品字箋》等皆如是，在包括今海鹽吳音在內的廣大吳方言中亦然。王力在討論現代漢語韻母 u 的來源時指出："u 類所收的是模韻字、魚虞的輕唇，知照系字和尤侯唇音字。"[①]《玉篇直音》的多模部字（併入的中古果攝字除外）皆屬於 u 韻的來源，因此這些字的韻母當讀作 u。此外，此處併入模韻的中古果攝字在今部分吳方言中亦讀 u 韻（下文有詳論，可參見），這既證明了《玉篇直音》的吳音性質，也爲多模部韻母讀作 u 音提供了方言依據。鑒於此，我們將多模部的韻母音值擬定爲 u。

3.3.2.2 歌戈部

歌戈部字的聲母分佈在《玉篇直音》聲母系統的幫、端、精、見、曉組聲母中，其中滂、端、心三母除外，因爲這些聲母的果攝字全部併入了多模部中。我們選取轄字較多的明、定、清、見、影五母作爲代表，列其所屬小韻如下：

明母【平】嵺[明戈]礳[明戈]摩[明戈]髍[明戈]鏻[玉:明歌]麐[明戈]磨[明戈]麽[明戈]麿[明戈]【上】䃺[明果]麼[明果]【去】塺[明過]磨[明過]

定母【平】沱[定歌]佗[定歌]跎[定歌]紽[定歌]詑[定歌]酡[定歌]酏[定歌]駝[定歌]鼉[定歌]陀[定歌]馱[定歌]拖[透歌]拕[定歌]舵[定哿]鮀[定歌]⿰女余[澄麻]堶[定戈]惰[集:定戈]【去】垛[定果]杕[定哿]垜[定果]陊[定哿]馱[定箇]柂[定哿]陀上[定哿]

清母【平】磋[清歌]傞[清歌]醝[從歌]瑳[清歌]蠚[從歌]鬖[從歌]蹉[清歌]誈[心戈]矬[從戈]䠞[從歌]【去】⿰坐阝[清過]莝[清過]挫[清過]銼[清過]剉[清過]

見母【平】哥[見歌]歌[見歌]滒[見歌]妿[見歌]謌[見歌]鴚[見歌]駉[見歌]泂[見歌]鈳[影歌]戈[見戈]過[見戈]⿰口過[見戈]緺[見戈]過[見戈]瘑[見戈]鍋[見戈]⿰車咼[見戈]楇[見戈]薖[溪戈]鍋[見戈]騧[見麻]戨[見歌]奇[見歌]堝[見戈]咼[見戈]⿱父可[見哿]⿰口戈[見歌]菏[見哿]柯[見歌]軻[溪歌]哿[見哿]珂[溪歌]舸[見歌]笴[見哿]柯[見歌]哿[見哿]【上】果[見果]淉[見果]惈[見果]裹[見果]㓤[見果]餜[見果]蜾[見果]【去】過[見過]箇[見箇]個[見箇]⿰食咼[見過]

影母【平】妸[影歌]娿[影歌]岢[曉歌]屙[影歌]屙[影歌]疴[影歌]痾[影歌]阿[影歌]榱[影歌]阿平（平，疑衍文）[影歌]【上】婐[影果]啊上[影果]【去】踒[影過]阿去[影箇]

比較所取的每個聲母，每母僅有一個小韻，放眼每個聲母所代表的組亦然。據此可知歌戈部共含因聲母不同及內部對立而形成的 5 個對立小韻。如若不計聲母的區別，這些對立小韻至多也就四類（開齊合撮），這將涵蓋該部所有可能存在的等呼情況。考察諸小韻在中古的開合洪細特徵，如表 3-3-6 所示。

表 3-3-6 歌戈部所含諸小韻的中古等呼

聲母	中古來源		聲母	中古來源	
幫組	開口洪音	歌韻	端組	開口洪音	歌韻
	合口洪音	戈合一韻		合口洪音	戈合一韻
精組	開口洪音	歌韻	見組	開口洪音	歌韻

①王力. 漢語史稿[M]. 北京：中華書局，2004：204.

續表

聲母	中古來源		聲母	中古來源	
精組	合口洪音	戈合一韻	見組	合口洪音	戈合一韻
曉組	開口洪音	歌韻			
	合口洪音	戈合一韻			

關於中古果攝字至今的演變，王力指出："中古的歌戈兩韻字到了現代基本上都變了 o（或 uo）和 ə，似乎變化規律很單純，但是它的複雜性在於開合口的問題上。值得注意的是：第一，舌齒音開口呼都變了合口呼，因此，就和原來的合口呼合流了，例如'羅''螺'不分了，'做''坐'不分了；第二，喉音合口呼平聲字大部分變成了開口呼，因此也和原來的開口呼合流了，例如'戈''歌'不分了，'和''何'不分了。"①也就是說，在現代漢語中果攝字有開（o、ə）、合（uo）兩呼的讀法，其中讀開口呼的有幫、見、曉組聲母，讀合口呼的乃端、精組聲母。

舌齒音歌韻字讀作合口呼的現象在《中原音韻》中已經存在了，楊耐思②將這部分字的韻母擬定爲 uo 或 uɤ。之後的《韻略易通》③中亦讀合口韻 uo。即便是代表明末清初的杭州吳音的《諧聲品字箋》④亦將這部分字讀成合口呼。我們認爲《玉篇直音》的歌戈部字皆讀作開口呼，無合口呼的讀音。原因如下。

第一，上述幾位學者將舌齒音歌韻字歸入 uo 韻是有具體參照或者原因的。楊耐思是參照了現代北方話；張玉來並未直接說明其依據，我們揣測或許也是參照了北方方言，因爲其附錄的同音字表中的舌齒音字擬音與北京話高度吻合；張詠梅則直接表明此舉乃學界一般處理方式，因爲"我們無從判別清初的《諧聲品字箋》中歌戈韻的舌齒音是否已經演變成開口，所以，暫擬爲合口"⑤。由此看來，幾位學者在對待舌齒音的問題上，要麼是參證北方方言，要麼是從眾處理。此外，《中原音韻》《韻略易通》《諧聲品字箋》三書中皆存在中古牙、喉音果攝字的開合對立現象，因此在歌戈韻中擬定出一個合口韻 uo 來也是形勢所需。不過正是因爲 uo 韻的存在，《諧聲品字箋》中的舌齒音有了寄居之所。

第二，如表 3-3-3 所示，中古牙、喉音字果攝字的開合對立在《玉篇直音》中已不復存在，如：

見母【平】渮見歌妿見歌訶見歌鴚見歌⿰馬可見歌⿰氵⿵冂可見歌濄見戈⿰口過見戈緺見戈過見戈瘑見戈鍋見戈錒影歌⿰車咼見戈楇見戈⿺辶萵溪戈騧見麻哥見歌歌見歌戈見戈鍋見戈戨見歌奇見歌

疑母【平】俄疑歌⿰足爲疑戈鈋疑戈囮疑戈訛疑戈娥疑歌峨疑歌莪疑歌鵞疑歌疑歌吪疑戈哦疑歌睋疑歌譌疑戈⿰扌我疑歌⿰衤我疑歌珴疑歌莪疑歌鵞疑歌蛾疑歌⿱我䖵疑歌⿱我虫疑歌

【去】餓疑箇蛾去疑箇臥疑過

---

①王力. 漢語史稿[M]. 北京：中華書局，2004：173.

②楊耐思. 中原音韻音系[M]. 北京：中國社會科學出版社，1981：44.

③張玉來. 韻略易通研究[M]. 天津：天津古籍出版社，1999：133-134.

④張詠梅. 《諧聲品字箋》的音系研究[M]. 成都：巴蜀書社，2011：129.

⑤張詠梅.《諧聲品字箋》的音系研究[M]. 成都：巴蜀書社，2011：131.

影母【去】踒$^{影}_{過}$阿去$^{影}_{箇}$

牙、喉音“準小韻”共計 25 個，此處開合口混注的有 4 個，占總數的 16%，從比值來看可以將之合併。此外，從大範圍來看，正如上文高級統計時所言，果攝一等開合口的對立已經消失，牙、喉音聲母字的統計與主流趨勢一致。再者，在同期的吳音文獻《同文備考》中，歌、戈$_{一}$也是併作一個禾部，“反映了果攝一等開合口合流的現狀”①。此外，今海鹽吳音中歌、戈$_{一}$合流，可資參證。

總之，《玉篇直音》與《中原音韻》《韻略易通》《諧聲品字箋》等表現不同，其牙、喉音果攝字韻母僅有一個，避免了《諧聲品字箋》擬音時的無奈。

第三，併入模韻的果攝字來自中古幫、滂、端、定、來、精、清、從、心等聲母，且這些字在多模部中皆讀作 u 韻。這說明由歌入模的語音演變中，中古唇、舌、齒音聲母字呈並進之勢，舌齒音聲母字未見與眾不同之處，無須特殊處理。

第四，《玉篇直音》的吳音色彩極爲濃烈，應參證吳方言讀音來確定其韻母。據《現代吳語的研究》及《當代吳語研究》，在今廣大的吳方言中，中古果攝字基本上皆已經合流爲一個韻母，且多數情況下讀作開口呼。

鑒於以上諸點，我們認爲歌戈部所轄諸小韻皆屬於開口呼，韻母僅有一個，稱爲戈類。戈類字主要來自中古幫、端、精、見、曉組聲母的果攝一等字。

鑒於歌戈部字在近代漢語中的主元音是 o，如《中原音韻》《韻略易通》《韻略匯通》《諧聲品字箋》等，結合其在今吳方言中的讀音有 o、u、əu、ɤɯ 等不同的表現形式以及在今海鹽吳音中少數字仍讀作 o（如“蹉鎖”等）的情況，我們認爲歌戈部的韻母讀作 o。如此便與多模部的主元音 u 區別開來，同時 o→u 的元音高化機制也能較好地解釋《玉篇直音》中的歌模混注現象。

3.3.2.3　魚虞部

魚虞部字的聲母主要來自《玉篇直音》聲母系統的精、章、見、曉等組及來母。我們選取來、精、章、見、曉 5 個聲母作爲代表，列其所屬小韻如下：

來母【上】邵$^{來}_{語}$寠$^{來}_{御}$侶$^{來}_{語}$僂$^{來}_{麌}$膐$^{來}_{語}$膂$^{來}_{語}$毴$^{來}_{語}$縷$^{來}_{麌}$衣$^{來}_{語}$屢$^{來}_{遇}$痦$^{來}_{語}$寠$^{集:}_{來遇}$祣$^{來}_{語}$櫚$^{來}_{魚}$梠$^{來}_{語}$蔞$^{來}_{麌}$簇$^{來}_{語}$穭$^{來}_{語}$稆$^{集:}_{來語}$絃$^{來}_{模}$旅$^{來}_{語}$呂$^{來}_{語}$

【去】爈$^{來}_{御}$勴$^{來}_{御}$鑢$^{來}_{御}$鋁$^{來}_{御}$慮$^{來}_{御}$

精母【平】肸$^{鏡:}_{精魚}$諏$^{精}_{虞}$菹$^{莊}_{魚}$租$^{精}_{魚}$苴$^{精}_{魚}$【上】疽$^{集:}_{精語}$鉏$^{集:}_{莊魚}$咀$^{精}_{語}$【去】厝$^{清}_{御}$菹$^{精}_{御}$

章母【平】洙$^{禪}_{虞}$磕$^{章}_{魚}$邾$^{知}_{虞}$侏$^{章}_{虞}$諸$^{章}_{魚}$誅$^{知}_{虞}$抹$^{章}_{虞}$祩$^{章}_{虞}$銖$^{禪}_{虞}$珠$^{章}_{虞}$株$^{知}_{虞}$鴸$^{章}_{虞}$蠩$^{章}_{魚}$蛛$^{知}_{虞}$駯$^{知}_{虞}$豬$^{知}_{魚}$豬$^{知}_{魚}$鼄$^{知}_{虞}$諸$^{章}_{魚}$猪$^{知}_{魚}$豬$^{知}_{魚}$朱$^{章}_{虞}$

瀦$^{知}_{魚}$潴$^{章}_{魚}$袾$^{知}_{虞}$櫫$^{知}_{魚}$彩$^{章}_{魚}$【上】煑$^{章}_{語}$渚$^{章}_{語}$咮$^{知}_{麌}$拄$^{知}_{麌}$宔$^{章}_{麌}$柱$^{知}_{麌}$翥$^{章}_{御}$黈$^{知}_{麌}$渚$^{章}_{語}$主$^{章}_{麌}$陼$^{章}_{語}$竚$^{集:}_{知語}$眝$^{知}_{語}$鬻$^{章}_{語}$衿$^{知}_{語}$齡$^{知}_{語}$

紵$^{集:}_{知語}$【去】霔$^{章}_{遇}$炷$^{章}_{遇}$紸$^{章}_{遇}$註$^{章}_{遇}$疰$^{章}_{遇}$鉒$^{知}_{遇}$軴$^{知}_{遇}$羿$^{章}_{遇}$鞋$^{章}_{遇}$著$^{知}_{御}$注$^{章}_{遇}$迬$^{章}_{遇}$箸$^{澄}_{御}$翥$^{章}_{御}$炷$^{知}_{語}$翥$^{章}_{御}$壴$^{知}_{遇}$住$^{知}_{遇}$宁$^{集:}_{知語}$

貯$^{知}_{語}$蛀$^{章}_{遇}$駐$^{知}_{遇}$柱$^{集:}_{澄麌}$

見母【平】崌$^{見}_{魚}$郘$^{見}_{魚}$俱$^{見}_{虞}$龉$^{見}_{魚}$裾$^{見}_{魚}$宭$^{見}_{魚}$琚$^{見}_{魚}$腒$^{見}_{魚}$椐$^{見}_{魚}$鶋$^{見}_{魚}$奭$^{見}_{虞}$斪$^{見}_{虞}$跔$^{見}_{虞}$䀠$^{見}_{虞}$䋧$^{見}_{魚}$居$^{見}_{魚}$屨$^{見}_{虞}$駒$^{見}_{虞}$拘$^{見}_{虞}$趯$^{群}_{虞}$跔$^{見}_{虞}$

---

①丁鋒.《同文備考》音系[M]. 福岡：中國書店，2001：50.

昫[見虞]拘[見虞]【上】昛[見虞]齵[溪虞]齟[群語]擧[見語]矩[見虞]柜[見語]楀[見虞]椇[見虞]榘[見虞]莒[見語]萬[見虞]筥[見語]簋[見旨]弆[見語]踽[見虞]踽[溪虞]枸[見虞]舉[見語]矩[見虞]

【去】據[見御]句[見遇]界[見遇]踞[見御]鋸[見御]貗[見遇]眗[見遇]屨[見遇]

曉母【上】許[曉語]虛上[曉語]岓[曉語]鄦[曉語]眗[曉虞]詡[曉虞]珝[曉虞]栩[曉虞]珝[曉虞]【去】煦[曉遇]虛去[曉御]呴[曉遇]欨[集:曉遇]

比較所列五母的小韻可知，中古遇攝魚、虞韻在《玉篇直音》中已無區別，兩韻完全合流。每個聲母僅有一個小韻，放眼每個聲母所代表的組亦然。據此可知魚虞部共含因聲母不同及內部對立而形成的5個對立小韻。如若不計聲母的區別，這些對立小韻至多也就四類（開齊合撮）了，這涵蓋了該部所有可能存在的等呼情況。考察諸小韻在中古的開合洪細特徵，如下所示：

精組：合口細音；　章組：合口細音；

見組：合口細音；　曉組：合口細音；　來母：合口細音

根據中古到近代漢語介音演變的規律，結合歷史、現代方音進行參證，我們認爲上述諸小韻並無區別，皆屬於近代漢語的撮口呼韻。魚虞部字讀作撮口呼不僅見於代表近代官話音的《韻略易通》《韻略匯通》中，亦見於明末清初的歷史文獻《同文備考》《諧聲品字箋》中。即便是在今天包括吳方言在內的現代漢語中，該類字的韻母也以讀撮口呼爲顯著特徵。因此，我們認爲魚虞部韻母讀作撮口呼，僅有1個，可稱爲居類。居類字主要來自中古精、清、心、來等母及章、見、曉組聲母的魚、虞韻字。此外該部還雜入了個別讀同魚虞韻的中古牙、喉音止攝合口呼字（本節下文對此有詳論，可參見）。

關於居類的音值，其在明清官話語音中讀y[①]，在明末清初的吳音文獻《同文備考》[②]《諧聲品字箋》[③]中亦皆讀y，在今包括海鹽吳音在內的廣大吳方言中“除知、照組外各地都讀y韻”[④]。鑒於此，我們認爲魚虞部的韻母居類的音值是y。

綜上所述，中古遇、果二攝在《玉篇直音》中重組爲多模、歌戈、魚虞三個韻部，關於各部轄字的來源、韻母音值等內容詳見表3-3-7。

表3-3-7　多模、歌戈、魚虞三部韻母表

部名	類名	四呼	音值	中古來源
多模	夫	合	u	中古幫、端、精、見、曉組聲母模韻字及莊組魚韻字、非組虞韻字、來母魚韻字、唇音流攝字等，此外還有併入模韻的中古幫、滂、並、端、定、來、精、清、從、心等聲母果攝字
歌戈	戈	開	o	中古幫、並、明、透、定、泥、來等母以及見、曉組聲母的果攝一等字
魚虞	居	齊	y	中古精、章、見、曉組聲母及來母的魚、虞韻字；此外該部還雜入了個別讀同魚虞韻的牙、喉音合口支、脂韻字

下面重點討論歌模混注、支魚混注等特殊的語音現象。

①王力. 漢語語音史[M]. 北京：中國社會科學出版社，1985：395.
②丁鋒.《同文備考》音系[M]. 福岡：中國書店，2001：245.
③張詠梅.《諧聲品字箋》的音系研究[M]. 成都：巴蜀書社，2011：125-126.
④錢乃榮. 當代吳語研究[M]. 上海：上海教育出版社，1992：13.

3.3.3 特殊語音現象

3.3.3.1 歌模混注

中古遇攝字（主要是模韻字）與果攝字之間的直接混注共計 16 例，其中以果攝注遇攝的有 6 例，以遇攝注果攝的有 10 例，具體混注情況如下：

都$^{\text{端}}_{\text{模}}$音多$^{\text{端}}_{\text{歌}}$P31L3；	賭$^{\text{端}}_{\text{姥}}$音朶$^{\text{玉:}}_{\text{端果}}$P115L6；	堵$^{\text{端}}_{\text{姥}}$音朶$^{\text{玉:}}_{\text{端果}}$P199L3；	鋪$^{\text{滂}}_{\text{模}}$音坡$^{\text{滂}}_{\text{戈}}$P11L7；
助$^{\text{崇}}_{\text{御}}$音坐$^{\text{從}}_{\text{果}}$P183L7；	所$^{\text{山}}_{\text{語}}$音瑣$^{\text{心}}_{\text{果}}$P185L4；	左$^{\text{精}}_{\text{哿}}$音祖$^{\text{精}}_{\text{姥}}$P45L10；	惰$^{\text{定}}_{\text{果}}$音度$^{\text{定}}_{\text{暮}}$P53L7；
擠$^{\text{定}}_{\text{果}}$音度$^{\text{定}}_{\text{暮}}$P97L7；	邏$^{\text{來}}_{\text{哿}}$音虜$^{\text{來}}_{\text{姥}}$P91L10；	播$^{\text{幫}}_{\text{過}}$音布$^{\text{幫}}_{\text{暮}}$P97L10；	簸$^{\text{幫}}_{\text{過}}$音布$^{\text{幫}}_{\text{暮}}$P162L9；
殏$^{\text{集:}}_{\text{端過}}$音妬$^{\text{端}}_{\text{暮}}$P105L7；	柁$^{\text{定}}_{\text{哿}}$音杜$^{\text{定}}_{\text{姥}}$P128L9；	蓑$^{\text{心}}_{\text{戈}}$音疎$^{\text{生}}_{\text{魚}}$P133L8；	鎈$^{\text{玉:}}_{\text{心哿}}$音醋$^{\text{清}}_{\text{暮}}$P110L9

從上面的混注來看，遇、果攝的直接混注以一等韻之間的混注爲主，即果攝的全部是一等字，開合皆具，而遇攝的一等模韻有 13 例，另有 3 例爲三等魚韻字，且皆爲莊組字。在前文我們已經提及，這些莊組魚韻字正是已經混入模韻的字，以此來論的話，這些混注的遇攝字應該全部都是讀成 u 韻的字，如此說來，模韻字共計 16 例，因此我們可以把此類混注現象簡稱爲歌模混注。

歌模混注非《玉篇直音》僅有，僅就吳音區來論，歷史上此類混注已見於宋代江浙文人用韻中。張令吾[①]列舉出 3 例，並且指出此乃方音現象。錢毅“整理宋代江浙詩人用韻中歌魚通押共 39 例”[②]。“元末明初劉基《郁離子》載：‘東甌之火謂火如虎，其稱火與虎無別也。’東甌屬今浙江溫州，說明元明溫州甌江流域將果攝‘火’字讀成遇攝‘虎’字，……現代溫州話中‘火虎’兩字同音，讀-fu。明代韻文材料繼續保留此現象，明代浙江詩人 7 例、浙江詞人 76 例，明代散曲 51 例。明馮夢龍《山歌》中果、遇兩攝混押例子較多，如‘羅陸梭’、‘夫婆箍’、‘矬蘇圖’、‘夫矬何’等，可見明代吳語中歌魚混讀。明正德《松江府志》：‘問多少曰幾許。’‘許’字後注：‘許音夥。’語韻‘許’字與果韻‘夥’字混讀。清代潘耒《類音》曰：‘歌戈之字，吳音讀作模韻。’清代吳語小說中保留著吳語歌魚混同的鮮活材料，廣東吳趼人《二十年目睹之怪現狀》第 34 回：‘各省的方音雖然不同，然而讀到有韻之文，卻總不能脫韻。比如此地上海的口音，把歌舞的歌字讀成‘孤’音，凡五歌韻裏的字，都可以類推起來：‘搓’便一定讀成‘粗’音，‘磨’字一定讀成‘模’音的了。……上海音是把五歌韻，混了六魚七虞。’可見，清代吳音歌魚也是相混的。”[③]

即便是在今天的吳方言中這種現象亦非鮮見。“在吳語區，中古果攝字主要元音以念[u]或[o]的地方最多。在吳語的 77 個方言點中，有 46 個點（約占方言點總數的 60%）程度不等地存在中古果攝字主要元音念[u]的現象，有 41 個點（約占 53%）存在念[o]的現象。”[④]這些果攝字讀[u]音值正是其易與魚模韻字混注的原因所在。再如以蘇州話爲代表的吳方言

---

①張令吾. 宋代江浙詩人用韻研究[D]. 南京大學博士學位論文，1998：42.

②錢毅. 宋代江浙詩韻研究[D]. 揚州大學博士學位論文，2008：108. 凱按：錢毅先生所言歌魚通押指的是“魚模部部分字與歌戈部部分字相押，以一等字居多”（2008：108）。

③錢毅. 宋代江浙詩韻研究[D]. 揚州大學博士學位論文，2008：109-110.

④陳立中. 湘語與吳語音韻比較研究[M]. 北京：中國社會科學出版社，2004：142.

中果攝一等歌（含合口戈）韻和模韻完成了合流，“屬於此類型的吳語最多，如：海門、上海、松江、崇明、嘉定、南匯、周浦、海鹽、桐鄉、德清、長興、安吉、平湖、余杭、桐廬、麗水、雲和、瑞安（陶山）、永嘉、蒼南、文成、溫州[u]，江陰[ɜɤ]，蘇州、昆山、羅店、嘉興、嘉善、湖州、富陽、寧波、鄞縣[əu]，盛澤、雙林[ɘu]，丹陽（童家橋）[ʌɤ]，黎里[ɜu]，嵊縣長樂[o]，諸暨[ɯ]，海寧[ɷu]”①。無錫方言中的遇攝字如“補 pəɯ^3|模 məɯ^2|度 dəɯ^6|土 thəɯ^3|鋤 zəɯ^2|梳 səɯ^1”等與果攝一等歌戈韻字如“波 pəɯ^1|磨 məɯ^2|大 təɯ^6|拖 thəɯ^1|哥 kəɯ^1|坐 zəɯ^6|鎖 səɯ^3”等的韻母讀音相同。②

正如上文所言，今海鹽吳音中古果攝字的韻母與模韻字韻母一樣，皆讀成 u 音，如表 3-3-8 所示。

表 3-3-8 部分歌、模韻字在今海鹽吳音中的讀音

例字 地區	播$^{\text{幫}}_{\text{過}}$	布$^{\text{幫}}_{\text{暮}}$	坡$^{\text{滂}}_{\text{戈}}$	鋪$^{\text{滂}}_{\text{模}}$	多$^{\text{端}}_{\text{歌}}$	都$^{\text{端}}_{\text{模}}$	坐$^{\text{從}}_{\text{果}}$	助$^{\text{崇}}_{\text{御}}$	左$^{\text{精}}_{\text{哿}}$	祖$^{\text{精}}_{\text{姥}}$	惰$^{\text{定}}_{\text{果}}$	度$^{\text{定}}_{\text{暮}}$
海鹽	pu	pu	p‘u	p‘u	tu	tu	zu	zu	ʦu	ʦu	du	du

上述所列的注音關係如表 3-3-8 所示進一步在今海鹽吳音中得到印證，這便是歌模混注的本質所在——歌韻字讀成模韻字乃元音高化（o→u）的結果。這種解釋亦適用於《玉篇直音》。《玉篇直音》中的歌模混注在今海鹽吳音中得到了印證，足以說明此乃吳音的特質。

3.3.3.2 支魚混注

支魚混注是漢語史上的一個重要的語音現象。“‘支’指《廣韻》止攝支脂之微四韻系和蟹攝齊韻系、祭廢兩韻的大部分，即宋代通語支微部；‘魚’指《廣韻》遇攝魚虞模三韻系，即宋代通語魚模部。”③此類混注多見於《玉篇直音》中，共計 22 例，其中遇攝字注音止、蟹攝的有 8 例，被止、蟹攝字注音的有 14 例，具體情況如下：

覫$^{\text{集:}}_{\text{群至}}$音巨$^{\text{群}}_{\text{語}}$P85L4；　諸$^{\text{以}}_{\text{寘}}$音飫$^{\text{影}}_{\text{御}}$P87L7；　簋$^{\text{見}}_{\text{旨}}$音李$^{\text{見}}_{\text{語}}$P138L1；　飫$^{\text{影}}_{\text{御}}$音位$^{\text{云}}_{\text{至}}$P142L1；　眗$^{\text{集:}}_{\text{群虞}}$音葵$^{\text{群}}_{\text{脂}}$P164L7；

溹$^{\text{龍:}}_{\text{心暮}}$音泗$^{\text{心}}_{\text{至}}$P18L5；　巇$^{\text{曉}}_{\text{支}}$音虛$^{\text{曉}}_{\text{魚}}$P13L1；　㟤$^{\text{精}}_{\text{虞}}$音齎$^{\text{精}}_{\text{齊}}$P13L10；　崒$^{\text{精}}_{\text{虞}}$音賫$^{\text{精}}_{\text{齊}}$P14L4；　嵎$^{\text{集:}}_{\text{疑語}}$音擬$^{\text{疑}}_{\text{止}}$P14L1；

嵐$^{\text{來}}_{\text{御}}$音淚$^{\text{來}}_{\text{至}}$P14L3；　嫘$^{\text{來}}_{\text{脂}}$音驢$^{\text{來}}_{\text{魚}}$P47L8；　郇$^{\text{玉:}}_{\text{群虞}}$音其$^{\text{群}}_{\text{之}}$P30L10；　耟$^{\text{集:}}_{\text{溪霽}}$音去$^{\text{溪}}_{\text{御}}$P52L2；　憽$^{\text{集:}}_{\text{心至}}$音絮$^{\text{心}}_{\text{御}}$P55L2；

㥛$^{\text{集:}}_{\text{心至}}$音絮$^{\text{心}}_{\text{御}}$P55L2；　瞒$^{\text{見}}_{\text{麌}}$音紀$^{\text{見}}_{\text{止}}$P63L8；　湏④$^{\text{心}}_{\text{虞}}$音犀$^{\text{心}}_{\text{齊}}$P66L2；　絮$^{\text{心}}_{\text{御}}$音壻$^{\text{心}}_{\text{霽}}$P82L8；　瘀$^{\text{影}}_{\text{御}}$音意$^{\text{影}}_{\text{志}}$P101L9；

禮$^{\text{莊}}_{\text{御}}$音祭$^{\text{精}}_{\text{祭}}$P107L1；　珇$^{\text{集:}}_{\text{從語}}$音子$^{\text{精}}_{\text{止}}$P113L10

①鄭偉. 吳方言比較韻母研究[M]. 北京：商務印書館，2013：25.

②鄭偉. 吳方言比較韻母研究[M]. 北京：商務印書館，2013：28.

③錢毅. 宋代詩文用韻研究[M]. 北京：人民出版社，2017：83-84.

④湏，《說文解字》段注，古文沫。沫，《廣韻》莫撥切，明母末韻。又《集韻》虎猥切，曉母賄韻；呼內切，曉母隊韻。據此觀之，與注音字犀（《廣韻》先稽切，心母齊韻）音差太大。另據《篇海類編·地理類·水部》“（湏）與須不同，俗誤作須字”可知，此處湏乃須之訛字。《中華字海·氵部》：“湏，音需。”需，《廣韻》相俞切，心母虞韻，這與注音字犀的讀音僅是韻母方面的差別。然而這種差別在《玉篇直音》中是可以被忽略的，因爲本書中魚虞部與齊微部的字相混乃是常態。再者，此二字音同在今部分吳方言中仍可得到印證，比如在蘇州、海門、海寧、海鹽等地的吳音中，湏（須）犀二字便是同音字。鑒於此，我們主張將湏視作須的訛字，音需。

上述 22 例混注例中涉及的遇攝字除 1 例“溹”爲一等模韻字外，其餘 21 例均是三等魚虞韻字。此類混注現象正是歷史方言中常言的“支魚不分”，這在吳音中亦不鮮見。就歷史來看，宋人詩文用韻中“支魚通押遍佈江浙各地，尤其是北部吳語地區居多”①。陸遊“吳人訛‘魚’字，則一韻皆開口”的記錄也是早期的史料。②至明代，“葉盛（1420—1474，昆山人）談到昆山、吳淞江南等地以‘歸’呼入虞字韻；張寧（1426—1496，海鹽人）《紀異行》詩中韻腳‘雨’叶‘水、死’；陸容（1436—1494，太倉人）指出今吳音有訛呼‘睢’爲‘豎’的現象；徐渭（1521—1593，紹興人）曾批評松江人不辨‘支、朱、知’；張位（1538—1605，江西人）提到吳越人有以‘豬爲知’的怪象；沈德符（1578—1642，嘉興人）也有吳人‘尿’呼‘書’的記錄”③。《同音備考》（明昆山人王應電撰，成書于嘉靖十九年，即 1540 年）一書中有支脂微齊祭等韻合口字，如鬼爲等字白讀音讀 y 的情況。④《吳音奇字》（明常熟人孫樓所作，後經常州人陸鏊于崇禎甲申至 1644 年詮次補遺）中“有 7 例支（之）、魚（虞）韻字音同的情況”⑤。即便是在今天的吳音中，此類現象亦不鮮見。錢乃榮指出：“止攝的合口見系字（如虧龜櫃歸圍）在大部分地區白讀爲 y。”⑥我們可列舉這些字在部分吳音區的讀音爲證，詳見表 3-3-9。

表 3-3-9　個別止攝合口牙喉音字在今吳方言中的今讀⑦

例字 / 地區	龜$^{見}_{脂}$	鬼$^{見}_{尾}$	虧$^{溪}_{支}$	櫃$^{群}_{至}$	圍$^{云}_{微}$	喂$^{影}_{寘}$
蘇州	tɕy^{44}	tɕy^{51}	tɕ‘y^{44}	dʑy^{231}	ɦuᴇ^{223}	ʔy^{412}
昆山	tɕy^{44}	tɕy^{52}	tɕ‘y^{44}	dʑy^{223}	ɦuᴇ^{24}	ʔy^{52}
上海	tɕy^{52}	tɕy^{334}	k‘uᴇ^{52}	dʑy^{113}	ɦy^{113}	ʔy^{334}
松江	tɕy^{52}	tɕy^{335}	k‘ue^{52}	dʑy^{113}	ɦy^{231}	ʔy^{335}
嘉興	tɕy^{51}	kue^{334}	k‘ue^{51}	gue^{223}	ɦue^{231}	ʔy^{334}
紹興	tɕyʮ^{52}	tɕyʮ^{334}	tɕ‘yʮ^{52}	dʑyʮ^{22}	ɦy^{231}	ʔue^{33}
溫州	tɕy^{44}	tɕy$^{\underline{35}}$	k‘æi^{44}	dʑy^{22}	vʊ^{231}	ʔʊʊ^{52}

由此可見，此類的字在多數吳音區的讀音還是很有特點的，屬於齊微韻字讀成魚虞韻字的情況，此類現象即學界所謂的“支微入魚”。這種現象並非是吳方音所獨有的，亦常見於通泰、徽、湘（老派）、客贛、閩、晉等方言中。

與上述現象相反，同是在吳音地區，卻有另外一部分字，它們本屬於中古合口魚虞韻的，卻讀成了齊微韻字舌面音 i 甚至是舌尖音 ʅ，詳見表 3-3-10。

---

①錢毅. 宋代詩文用韻研究[M]. 北京：人民出版社，2017：88.

②[宋]陸遊. 老學庵筆記[M]. 北京：中華書局，1979：78.

③張凱. 《玉篇直音》初考[J]. 辭書研究，2015，（4）：64.

④丁鋒. 《同文備考》音系[M]. 福岡：中國書店，2001：233.

⑤張凱. 《吳音奇字》中知、莊、章、精組聲母問題芻議[J]. 語言研究，2015，（2）：70.

⑥錢乃榮. 當代吳語研究[M]. 上海：上海教育出版社，1992：12.

⑦表中注音均取自錢乃榮. 當代吳語研究[M]. 上海：上海教育出版社，1992：77-433。表 3-3-10 同此。

表 3-3-10（1）　來母魚韻字在吳方言中的今讀

地區 例字	無錫	常熟	余姚	寧波	衢州
驢來魚	li^{213}	li^{233}	lu^{113}	lu^{113}	lu^{323}
旅來語	ʔli^{55}	ʔly^{44}	li^{113}	li^{113}	ʔli^{53}
濾來御	li^{213}	li^{213}	li^{113}	li^{113}	ʔli^{53}

表 3-3-10（2）　個別魚虞韻字在吳方言中的今讀

例字 地區	去溪御	蛆清魚	聚從麌	須心虞	徐邪魚	序邪語
無錫	tɕʻi^{35}	tsʻi^{55}	zi$^{33/213}$	si^{55}	zi^{213}	zi$^{33/213}$
常熟	kʻᴇ^{324}	tsʻi^{52}	dzi^{31}	si^{52}	zi^{233}	dzi^{31}
昆山	kʻᴇ^{52}	tɕʻi^{44}	dʑy^{223}	ɕy^{44}	zi^{24}	ɕy^{52}
上海	tɕʻi^{5334}	tɕʻi^{52}	dʑy^{113}	ɕy^{52}	ʑi^{113}	ʑy^{113}
松江	tɕʻi^{335}	tɕʻi^{52}	dʑy^{113}	ɕy^{52}	ʑi^{231}	ʑy^{113}
太平嵊州	tɕʻi^{35}	tɕʻi^{523}	zɿ^{13}	ɕieʔ^{523}	dʑi^{312}	zɿ^{13}
溫州	kʻɪi^{52}	tsʻɿ^{44}	zɿ$^{\underline{24}}$	sɿ^{44}	zɪi^{231}	zɿ$^{\underline{24}}$

表 3-3-10 中的例字從另外一個角度展現了齊微韻與魚虞韻混同的本質，表現出與表 3-3-9 的情形不一致。除了表 3-3-10 中所列舉的諸字在以上諸地中的讀音如此外，單就海鹽吳音而論的話，也有類似的現象，但是可以分爲三類。

第一類："龜歸朱珠"音同，皆讀 tɕy^{51}；"鬼舉主"音同，皆讀 tɕy^{343}；"貴鱖句拄"音同，皆讀 tɕy^{35}；"虧趨區軀"音同，皆讀 tɕʻy^{51}；"櫃拒具"音同，皆讀 dʑy^{213}；"跪柱"音同，皆讀 dʑy^{232}；"圍榆魚餘"音同，皆讀 ɦy^{31}。

第二類："蛆欺妻溪"音同，皆讀 tɕʻi^{51}；"去器氣契"音同，皆讀 tɕʻi^{35}；"絮婿（壻）細戲"音同，皆讀 ɕi^{35}。

前兩類是上文所提到的情況，還有一類比較特殊："騎衢渠"音同，皆讀 dʑy^{31}。①第三類僅涉及騎字，乃孤例。

了解了上述情況，對於把握上述 22 例混注是有益的。這 22 例混注也可分爲以下幾類：一類是見、曉組的止攝合口韻字讀同魚虞韻，前 5 例即是如此。第二類即是合口的魚虞韻字（包括 1 例模韻字"溹"）讀同齊微韻字，餘下 17 例皆屬此類。除了藉助表 3-3-10 中諸地吳音的讀音來闡釋這 22 例情況外，於今海鹽吳音中也可尋到若干痕跡。這 22 例中的被注字或注音字有些於今海鹽吳音中不言，有的或許已經發生了音變，故而多數字已很難於今得到印證，很多情況下我們只能依據同等音韻地位的字進行類推。不過仍有些許字仍可覓其蹤跡，如：

①此處海鹽讀音皆依據：胡明揚. 海鹽方言志[M]. 杭州：浙江人民出版社，1992：165-189.

“郇$^{\text{玉:}}_{\text{群虞}}$音其$^{\text{群}}_{\text{之}}$P30L10”例中的注音字“其”，今海鹽吳音中讀 dʑi^{31}，與被注字“郇”韻母不同，但是“騎衢渠”音同，皆讀 dʑy^{31}，這似乎又讓我們看到了“郇其”音同具有一定的可能性。

“惒$^{\text{集:}}_{\text{溪霽}}$音去$^{\text{溪}}_{\text{御}}$P52L2”例中的注音字“去”，今音 tɕʻi^{35}，與“契”音同。

“檖$^{\text{集:}}_{\text{心至}}$音絮$^{\text{心}}_{\text{御}}$P55L2、憏$^{\text{集:}}_{\text{心至}}$音絮$^{\text{心}}_{\text{御}}$P55L2、絮$^{\text{心}}_{\text{御}}$音壻$^{\text{心}}_{\text{霽}}$P82L8”三例中均含有“絮”字，正如上文所言，“絮”在今海鹽音中與“婿（壻）細戲”等字同音，此可資證。此外還可據此反推前兩例被注字“憏檖”（心母至韻合口）當讀開口。這個推測應該是沒問題的，因爲今海鹽音中“憏檖”同諧聲偏旁字“隧遂”等字的韻母爲 e，非 ue，正是開口，其音值與 i 近似。另有心母紙韻合口字“髓”，今讀作 ɕi^{343}，開口，此亦可資爲證。

“湏$^{\text{心}}_{\text{虞}}$音犀$^{\text{心}}_{\text{齊}}$P66L2”例的音同關係在上文的隨文小注中已有論述，茲略。

鑒於上述分析，我們將前 5 例中的止攝字併入魚模韻部中①，其餘諸例併入齊微部中。

3.4　效攝：蕭豪部

在《玉篇直音》的 13 695 個被注字中，中古效攝字共計 909 個，其中蕭、宵、肴、豪四韻系的字數分別爲 164 個、264 個、165 個、316 個。

3.4.1　關於韻部的確立

3.4.1.1　初級統計

關於中古效攝四韻系被注字的直接自注與混注次數詳見表 3-4-1。

表 3-4-1　中古效攝被注字單條自注、混注情況統計表　（單位：次）

被注字＼注音字	蕭	宵	肴	豪
蕭	120	30	8	3
宵	23	230	4	1
肴	6	8	133	15
豪	1		9	306
其他	蕭尤 3；宵尤 5；宵幽 1；肴藥 1；肴尤 2			

表 3-4-1 中的數據呈現出兩大矩陣：三、四等宵、蕭韻與一、二等豪、肴韻。不過，兩大矩陣之間仍有交匯地帶，這便是二等肴韻。有 26 次的肴韻與蕭、宵韻的直接混注，所涉字肴韻字可分爲兩類：①交$^{\text{見}}_{\text{肴}}$鵁$^{\text{見}}_{\text{肴}}$絞$^{\text{見}}_{\text{巧}}$妄$^{\text{玉:}}_{\text{見巧}}$校$^{\text{見}}_{\text{效}}$教$^{\text{見}}_{\text{效}}$敲$^{\text{溪}}_{\text{肴}}$巧$^{\text{溪}}_{\text{效}}$踥$^{\text{群}}_{\text{肴}}$咬$^{\text{疑}}_{\text{巧}}$哮$^{\text{曉}}_{\text{肴}}$孝$^{\text{曉}}_{\text{效}}$眑$^{\text{影}}_{\text{巧}}$；②鵃$^{\text{知}}_{\text{肴}}$炒$^{\text{初}}_{\text{巧}}$煼$^{\text{集:}}_{\text{初巧}}$巢$^{\text{崇}}_{\text{肴}}$弰$^{\text{生}}_{\text{肴}}$旓$^{\text{生}}_{\text{肴}}$哨$^{\text{集:}}_{\text{生效}}$。

---

①“葵”共使用 7 次，與魚韻混注僅 1 次，另由葵系聯而來的其他字也未見與魚虞韻混注的情況，且於今海鹽吳音中並不讀 y 韻。鑒於此，爲嚴謹起見，我們僅將與魚虞韻混注的葵併入魚模韻部，其他與葵同音的字仍置於齊微部中。

第①類字均來自中古見、曉組，第②類字主要是齒音莊組字，也有個別知母字。這些混注字爲數不少，聲母相似，很典型，其韻母已讀同蕭、宵韻（下文將有專論，茲不贅述）。若將這些字（含可被同音系聯的其他肴韻字）併入蕭、宵韻中後，蕭、宵韻與肴、豪韻的矩陣對立更加明顯。據此可初步判斷，中古效攝字在《玉篇直音》中以等爲界分爲兩類，即蕭、宵爲一類（含腭化後的牙、喉音肴韻字及部分莊組肴韻字）和肴（腭化後的牙、喉音肴韻字及部分齒音肴韻字除外）、豪爲一類。

此外，有部分流攝字與效攝字混注，此處共計 11 例，另有 5 例效攝字爲流攝字注音的情況。關於這個問題，在對流攝的討論中有詳論，可參見 3.6 節。

下面使用系聯、反切比較等方法合併同音字組，通過系聯結果來進一步驗證初級統計的結果。

3.4.1.2 高級統計

我們使用系聯法將中古效攝字的音注歸併爲 135 個“準小韻”，具體字組內容詳見表 3-4-2（關於本表的使用說明，可參見表 3-2-3 上）。

表 3-4-2 《玉篇直音》所含中古效攝字組表

聲母	準小韻序號	轄字
曹類（含 127 個自然小類，59 個“準小韻”）		
幫	1	[3504]虣$^{並}_{號}$報$^{幫}_{號}$報$^{幫}_{號}$｜豹$^{幫}_{效}$[3526]豹$^{幫}_{效}$｜報$^{幫}_{號}$（效$_{2}$號$_{4}$）
	2	[2325]胞$^{幫}_{肴}$枹$^{幫}_{肴}$苞$^{幫}_{肴}$勹$^{幫}_{肴}$｜包$^{幫}_{肴}$[3381]飽$^{幫}_{巧}$｜包上$^{幫}_{巧}$[3734]包$^{幫}_{肴}$｜保平$^{幫}_{豪}$[1148]堡$^{幫}_{晧}$保$^{幫}_{晧}$呆$^{幫}_{晧}$褒$^{幫}_{豪}$褒$^{幫}_{豪}$褓$^{幫}_{晧}$宲$^{幫}_{晧}$寶$^{幫}_{晧}$鴇$^{幫}_{晧}$鴇$^{幫}_{晧}$鳵$^{幫}_{晧}$鸔$^{幫}_{晧}$抱$^{幫}_{晧}$｜保$^{幫}_{晧}$[2494]褒$^{幫}_{豪}$｜褒$^{幫}_{豪}$[2937]寶$^{幫}_{晧}$珤$^{幫}_{晧}$｜宝$^{幫}_{晧}$[2020]怉$^{幫}_{巧}$餄$^{幫}_{巧}$｜飽$^{幫}_{巧}$[2850]抱$^{並}_{晧}$｜包去$^{幫}_{效}$（肴$_{6}$豪$_{5}$巧$_{5}$晧$_{16}$效$_{1}$）
滂	3	[2820]抛$^{滂}_{肴}$｜炮平$^{滂}_{肴}$[3107]軳$^{滂}_{肴}$｜抛$^{滂}_{肴}$[2309]脬$^{滂}_{肴}$｜泡$^{滂}_{肴}$[0420]炮$^{滂}_{效}$泡$^{滂}_{肴}$｜砲$^{滂}_{效}$[1107]砲$^{滂}_{效}$皰$^{滂}_{效}$｜炮$^{滂}_{效}$（肴$_{7}$效$_{5}$）
並	4	[0421]炰$^{並}_{肴}$咆$^{並}_{肴}$齙$^{並}_{肴}$跑$^{並}_{肴}$骲$^{並}_{肴}$匏$^{並}_{肴}$｜庖$^{並}_{肴}$[1483]庖$^{並}_{肴}$袍$^{並}_{豪}$｜匏$^{並}_{肴}$[2143]嚗$^{並}_{豪}$｜袍$^{並}_{豪}$（肴$_{9}$豪$_{3}$）
	5	[0071]曝$^{並}_{號}$暴$^{並}_{號}$暴$^{並}_{號}$｜抱$^{並}_{晧}$[1013]瀑$^{並}_{號}$菢$^{並}_{號}$醭$^{並}_{號}$虣$^{並}_{號}$㬥$^{並}_{號}$｜暴$^{並}_{號}$（晧$_{1}$號$_{9}$）
	6	[2246]鮑$^{並}_{效}$｜鮑$^{並}_{巧}$（巧$_{1}$效$_{1}$）
	7	[2292]靤$^{並}_{效}$｜袍$^{並}_{號}$（效$_{1}$號$_{1}$）
明	8	[0577]嵍$^{明}_{豪}$堥$^{明}_{豪}$髦$^{明}_{豪}$覒$^{明}_{豪}$軞$^{明}_{豪}$枆$^{明}_{豪}$芼$^{明}_{豪}$茅$^{明}_{肴}$茆$^{明}_{晧}$旄$^{明}_{豪}$｜毛$^{明}_{豪}$[1868]媌$^{明}_{肴}$鶜$^{明}_{肴}$蝥$^{明}_{肴}$茆$^{明}_{巧}$｜茅$^{明}_{肴}$（肴$_{5}$巧$_{1}$豪$_{9}$晧$_{1}$）
	9	[0050]昴$^{明}_{巧}$峁$^{明}_{巧}$昴$^{明}_{巧}$丣$^{明}_{巧}$丣$^{明}_{巧}$｜卯$^{明}_{巧}$[1399]卯$^{明}_{巧}$卯$^{明}_{巧}$｜昴$^{明}_{巧}$（巧$_{9}$）
	10	[0209]冒$^{明}_{號}$貌$^{明}_{效}$｜貌$^{明}_{效}$[1541]毷$^{明}_{號}$媢$^{明}_{號}$眊$^{明}_{號}$耄$^{明}_{號}$帽$^{明}_{號}$耄$^{明}_{號}$䳼$^{明}_{號}$｜冒$^{明}_{號}$[3330]蓩$^{明}_{號}$｜耄$^{明}_{號}$[3525]貌$^{明}_{效}$｜帽$^{明}_{號}$（效$_{3}$號$_{12}$）
端	11	[1985]忉$^{端}_{豪}$𩒨$^{端}_{豪}$舠$^{端}_{豪}$魛$^{端}_{豪}$｜刀$^{端}_{豪}$[3152]刀$^{端}_{豪}$｜忉$^{端}_{豪}$（豪$_{7}$）
	12	[0546]㠀$^{端}_{晧}$｜島$^{端}_{晧}$（晧$_{2}$）
	13	[2793]擣$^{端}_{晧}$𤸫$^{端}_{晧}$禱$^{端}_{晧}$檮$^{端}_{晧}$｜倒$^{端}_{晧}$（晧$_{5}$）
透	14	[0259]颵$^{徹}_{肴}$滔$^{透}_{豪}$縚$^{透}_{豪}$幍$^{透}_{豪}$鞱$^{透}_{豪}$瑫$^{透}_{豪}$槄$^{透}_{豪}$饕$^{透}_{豪}$饕$^{透}_{豪}$夲$^{透}_{豪}$夲$^{透}_{豪}$韜$^{透}_{豪}$韜$^{透}_{豪}$｜叨$^{透}_{豪}$[0819]洮$^{透}_{豪}$慆$^{透}_{豪}$叨$^{透}_{豪}$蹈$^{定}_{號}$掏$^{透}_{豪}$弢$^{透}_{豪}$叨$^{透}_{豪}$｜滔$^{透}_{豪}$[2701]討$^{透}_{晧}$｜滔上$^{透}_{晧}$（肴$_{1}$豪$_{20}$晧$_{2}$號$_{1}$）
定	15	[0932]淘$^{定}_{豪}$謟$^{定}_{豪}$桃$^{定}_{豪}$騊$^{定}_{豪}$｜陶$^{定}_{豪}$[0998]濤$^{定}_{豪}$怊$^{集:}_{定蕭}$咷$^{定}_{豪}$裪$^{定}_{豪}$綯$^{定}_{豪}$逃$^{定}_{豪}$裪$^{定}_{豪}$萄$^{定}_{豪}$醄$^{定}_{豪}$蜪$^{定}_{豪}$翿$^{定}_{豪}$｜桃$^{定}_{豪}$[3391]鋾$^{定}_{豪}$駣$^{定}_{豪}$｜逃$^{定}_{豪}$（蕭$_{1}$豪$_{19}$）
	16	[0467]纛$^{定}_{號}$悼$^{定}_{號}$衜$^{定}_{晧}$瓙$^{定}_{號}$稻$^{定}_{晧}$𣡘$^{定}_{晧}$盜$^{定}_{號}$｜道$^{定}_{晧}$[3670]盜$^{定}_{號}$｜導$^{定}_{號}$（晧$_{4}$號$_{6}$）
泥	17	[3492]猺$^{泥}_{豪}$夒$^{泥}_{豪}$｜猱$^{泥}_{豪}$（豪$_{3}$）
	18	[0725]𢉖$^{泥}_{肴}$呶$^{泥}_{肴}$撓$^{泥}_{肴}$｜鐃$^{泥}_{肴}$[2674]譊$^{泥}_{肴}$｜撓平$^{泥}_{肴}$[2877]鬧$^{泥}_{效}$｜鐃去$^{泥}_{效}$[0939]淖$^{泥}_{效}$臾$^{泥}_{效}$腝$^{泥}_{號}$橈$^{泥}_{效}$｜鬧$^{泥}_{效}$（肴$_{6}$效$_{6}$號$_{1}$）
	19	[0549]巎$^{泥}_{豪}$｜惱平$^{泥}_{豪}$[0223]腦$^{泥}_{晧}$｜腦$^{泥}_{晧}$[1701]偺$^{泥}_{晧}$腦$^{泥}_{晧}$瑙$^{泥}_{晧}$瑙$^{泥}_{晧}$剙$^{泥}_{晧}$｜惱$^{泥}_{晧}$（豪$_{2}$晧$_{8}$）

續表

聲母	準小韻序號	轄字
來	20	[0620]崂$^{來}_{豪}$窂$^{來}_{豪}$侔$^{來}_{豪}$哰$^{來}_{豪}$鉾$^{來}_{豪}$簩$^{來}_{豪}$蹽$^{來}_{豪}$ ∣ 牢$^{來}_{豪}$（豪$_{8}$）
	21	[0646]嶗$^{來}_{豪}$磱$^{來}_{豪}$僗$^{來}_{豪}$憥$^{來}_{豪}$蹘$^{來}_{豪}$髎$^{來}_{蕭}$簩$^{來}_{豪}$撈$^{來}_{豪}$閙$^{來}_{豪}$癆$^{來}_{豪}$鏐$^{來}_{蕭}$璙$^{來}_{豪}$醪$^{來}_{豪}$ ∣ 勞$^{來}_{豪}$[0916]潦$^{來}_{皓}$嘐$^{來}_{皓}$轑$^{來}_{皓}$鄝$^{來}_{皓}$ ∣ 老$^{來}_{皓}$[2917]老$^{來}_{皓}$ ∣ 勞上$^{來}_{皓}$[1812]嫪$^{來}_{號}$恅$^{來}_{皓}$ ∣ 勞去$^{來}_{號}$（蕭$_{2}$豪$_{12}$皓$_{8}$號$_{2}$）
精	22	[0441]𤏹$^{精}_{豪}$𣩠$^{精}_{豪}$糟$^{精}_{豪}$ ∣ 遭$^{精}_{豪}$[2730]遭$^{精}_{豪}$ ∣ 糟$^{精}_{豪}$（豪$_{6}$）
	23	[0012]早$^{精}_{皓}$ ∣ 澡$^{精}_{皓}$[0903]澡$^{精}_{皓}$慅$^{精}_{皓}$璪$^{集:}_{精小}$璅$^{精}_{皓}$瑵$^{莊}_{巧}$藻$^{精}_{皓}$薻$^{精}_{皓}$蚤$^{精}_{皓}$蝨$^{精}_{皓}$棗$^{精}_{皓}$ ∣ 早$^{精}_{皓}$[2810]摷$^{莊}_{肴}$找$^{莊}_{巧}$抓$^{莊}_{巧}$叉$^{莊}_{巧}$ ∣ 爪$^{莊}_{巧}$[3550]爪$^{莊}_{巧}$ ∣ 蚤$^{精}_{皓}$（小$_{1}$肴$_{1}$巧$_{6}$皓$_{12}$）
	24	[1547]竈$^{精}_{號}$竃$^{精}_{號}$躁$^{精}_{號}$趮$^{精}_{號}$璪$^{精}_{皓}$ ∣ 灶$^{精}_{號}$（皓$_{1}$號$_{5}$）
	25	[3353]笊$^{莊}_{效}$ ∣ 抓$^{莊}_{效}$（效$_{2}$）
	26	[2106]啁$^{知}_{肴}$ ∣ 嘲$^{知}_{肴}$[2230]罺$^{莊}_{肴}$ ∣ 罩$^{知}_{效}$[3747]罩$^{知}_{效}$ ∣ 嘲去$^{知}_{效}$（肴$_{3}$效$_{3}$）
清	27	[0263]颵$^{初}_{肴}$訬$^{初}_{肴}$鈔$^{初}_{肴}$ ∣ 抄$^{初}_{肴}$[2852]抄$^{初}_{肴}$ ∣ 操$^{清}_{豪}$（肴$_{5}$豪$_{1}$）
	28	[2691]𧭈$^{初}_{肴}$ ∣ 勦$^{初}_{肴}$（肴$_{2}$）
	29	[2048]愺$^{清}_{皓}$𠹌$^{清}_{皓}$艸$^{清}_{皓}$屮$^{清}_{皓}$ ∣ 草$^{清}_{皓}$[3305]草$^{清}_{皓}$ ∣ 艸$^{清}_{皓}$（皓$_{7}$）
	30	[1335]鄵$^{清}_{號}$ 造$^{清}_{號}$ ∣ 噪$^{心}_{號}$[1998]慥$^{清}_{號}$噪$^{心}_{號}$糙$^{清}_{號}$ ∣ 造$^{清}_{號}$（號$_{7}$）
	31	[1722]仦$^{初}_{效}$ ∣ 鈔$^{初}_{效}$（效$_{2}$）
	32	[2026]懆$^{清}_{號}$ ∣ 操$^{清}_{號}$（號$_{2}$）
從	33	[0653]嶆$^{從}_{豪}$漕$^{從}_{豪}$傮$^{從}_{豪}$慒$^{從}_{豪}$嘈$^{從}_{豪}$䐬$^{從}_{豪}$褿$^{從}_{豪}$艚$^{從}_{豪}$槽$^{從}_{豪}$鏪$^{從}_{豪}$螬$^{從}_{豪}$ ∣ 曹$^{從}_{豪}$（豪$_{12}$）
	34	[3116]艁$^{從}_{皓}$皁$^{從}_{皓}$皂$^{從}_{皓}$ ∣ 造$^{從}_{皓}$（皓$_{4}$）
	35	[3114]䑲$^{澄}_{效}$ ∣ 棹$^{澄}_{效}$（效$_{2}$）
	36	[3248]櫂$^{澄}_{效}$ ∣ 濯$^{澄}_{效}$（效$_{2}$）
心	37	[0241]颾$^{心}_{豪}$臊$^{心}_{豪}$搔$^{心}_{豪}$ ∣ 騷$^{心}_{豪}$[2319]臊$^{心}_{豪}$ ∣ 𦞣$^{集:}_{心豪}$[3209]橾$^{心}_{豪}$糔$^{心}_{皓}$騷$^{心}_{豪}$鱢$^{心}_{豪}$ ∣ 搔$^{心}_{豪}$ （豪$_{10}$皓$_{1}$）
	38	[0260]颵$^{生}_{肴}$𡢃$^{生}_{肴}$繰$^{心}_{豪}$䘯$^{生}_{肴}$艄$^{生}_{效}$梢$^{生}_{肴}$筲$^{生}_{肴}$ ∣ 稍$^{生}_{肴}$[2795]捎$^{生}_{肴}$ ∣ 梢$^{生}_{肴}$[3367]稍$^{生}_{肴}$ ∣ 筲$^{生}_{肴}$（肴$_{10}$效$_{1}$豪$_{1}$）
	39	[1138]埽$^{心}_{皓}$嫂$^{心}_{皓}$ ∣ 掃$^{心}_{皓}$[1851]㛮$^{心}_{皓}$掃$^{心}_{皓}$ ∣ 嫂$^{心}_{皓}$（皓$_{6}$）
	40	[0454]燥$^{集:}_{心號}$娋$^{生}_{效}$ ∣ 哨$^{集:}_{生效}$[1542]𪖨$^{心}_{號}$ ∣ 埽$^{心}_{號}$（號$_{2}$）[1543]𪖨$^{心}_{號}$ ∣ 燥$^{心}_{號}$（效$_{2}$號$_{5}$）
	41	[1314]削$^{生}_{效}$ ∣ 梢$^{生}_{效}$（效$_{2}$）
	42	[2031]㥰$^{心}_{號}$譟$^{心}_{號}$瘙$^{心}_{號}$瘶$^{心}_{號}$ ∣ 掃$^{心}_{號}$（號$_{5}$）
	43	[2456]瘙$^{心}_{號}$ ∣ 懆$^{心}_{號}$（號$_{2}$）
見	44	[0619]嵲$^{見}_{豪}$鄗$^{見}_{豪}$高$^{見}_{豪}$膏$^{見}_{豪}$膏$^{見}_{豪}$ ∣ 羔$^{見}_{豪}$[2632]䚛$^{見}_{豪}$槔$^{見}_{豪}$櫜$^{見}_{豪}$蒿$^{曉}_{豪}$篙$^{見}_{豪}$餻$^{見}_{豪}$羙$^{見}_{豪}$羔$^{見}_{豪}$皋$^{見}_{豪}$ ∣ 高$^{見}_{豪}$[3430]鷎$^{見}_{豪}$翱$^{疑}_{豪}$睾$^{洪:}_{見豪}$ ∣ 皋$^{見}_{豪}$（豪$_{20}$）
	45	[0067]暠$^{見}_{皓}$槁$^{洪:}_{見皓}$稾$^{見}_{皓}$槀$^{見}_{皓}$皜$^{洪:}_{古皓}$ ∣ 杲$^{見}_{皓}$[0124]杲$^{見}_{皓}$稾$^{見}_{皓}$槀$^{見}_{皓}$ ∣ 槁$^{洪:}_{見皓}$（皓$_{10}$）
	46	[3306]藁$^{見}_{皓}$ ∣ 稿$^{見}_{皓}$（皓$_{2}$）
	47	[1377]郜$^{見}_{號}$窖$^{見}_{效}$縞$^{見}_{號}$誥$^{見}_{號}$誥$^{見}_{號}$夰$^{見}_{皓}$ ∣ 告$^{見}_{號}$[3667]告$^{見}_{號}$ ∣ 誥$^{見}_{號}$（效$_{1}$皓$_{1}$號$_{7}$）
溪	48	[2462]髛$^{溪}_{豪}$ ∣ 尻$^{溪}_{豪}$[2884]尻$^{溪}_{豪}$ ∣ 丘$^{康:}_{溪豪}$（豪$_{4}$）
	49	[3390]鎬$^{見}_{豪}$ ∣ 考平$^{溪}_{豪}$[0455]燺$^{溪}_{皓}$顤$^{溪}_{皓}$祰$^{溪}_{皓}$栲$^{溪}_{皓}$攷$^{溪}_{皓}$丂$^{溪}_{皓}$ ∣ 考$^{溪}_{皓}$[2918]考$^{溪}_{皓}$栲$^{溪}_{皓}$ ∣ 拷$^{溪}_{皓}$（豪$_{2}$皓$_{10}$）
	50	[2843]搞$^{集:}_{溪號}$犒$^{溪}_{號}$ ∣ 靠$^{溪}_{號}$（號$_{3}$）
影	51	[0476]爊$^{影}_{豪}$ ∣ 澳平$^{影}_{豪}$（豪$_{2}$）
	52	[1808]媼$^{影}_{皓}$䯠$^{影}_{皓}$ ∣ 懊$^{影}_{皓}$（皓$_{3}$）
	53	[2979]鏖$^{影}_{豪}$ ∣ 奧平$^{影}_{豪}$[2996]鏕$^{影}_{豪}$ ∣ 鏖$^{影}_{豪}$[1159]墺$^{影}_{號}$隩$^{影}_{號}$懊$^{影}_{號}$䐿$^{影}_{號}$䜒$^{影}_{號}$ ∣ 奧$^{影}_{號}$[3631]奧$^{影}_{號}$ ∣ 鏖去$^{影}_{號}$（豪$_{4}$號$_{8}$）
曉	54	[0246]𩘋$^{曉}_{肴}$熇$^{集:}_{曉肴}$髇$^{曉}_{肴}$藃$^{曉}_{豪}$薅$^{曉}_{豪}$ ∣ 蒿$^{曉}_{豪}$（肴$_{3}$豪$_{3}$）
	55	[1930]恷$^{曉}_{號}$耗$^{曉}_{號}$鎬$^{匣}_{皓}$秏$^{曉}_{號}$ ∣ 好$^{曉}_{號}$[3304]滈$^{匣}_{皓}$鰝$^{匣}_{皓}$ ∣ 鎬$^{匣}_{皓}$[3372]秏$^{曉}_{號}$ ∣ 耗$^{曉}_{號}$（皓$_{4}$號$_{6}$）
匣	56	[0433]熬$^{疑}_{豪}$嗸$^{疑}_{豪}$嫯$^{疑}_{豪}$慠$^{疑}_{豪}$聱$^{疑}_{豪}$䫨$^{疑}_{豪}$摮$^{疑}_{豪}$聱$^{疑}_{豪}$㔜$^{匣}_{豪}$謷$^{疑}_{豪}$遨$^{疑}_{豪}$鏊$^{疑}_{豪}$驁$^{疑}_{豪}$螯$^{疑}_{豪}$鷔$^{疑}_{豪}$鼇$^{疑}_{豪}$ ∣ 敖$^{疑}_{豪}$[1069]磝$^{疑}_{肴}$獒$^{疑}_{豪}$敖$^{疑}_{豪}$ ∣ 遨$^{疑}_{豪}$（肴$_{1}$豪$_{20}$）
	57	[2108]嘷$^{匣}_{豪}$ ∣ 號$^{匣}_{豪}$（豪$_{2}$）

續表

聲母	準小韻序號	轄字
匣	58	[0533]臭$^{匣}_{豪}$濠$^{匣}_{豪}$豪$^{匣}_{豪}$ | 毫$^{匣}_{豪}$[0705]嚎$^{匣}_{豪}$壕$^{匣}_{豪}$郘$^{匣}_{豪}$隊$^{匣}_{豪}$毫$^{匣}_{豪}$顥$^{晃}_{皓}$毫$^{匣}_{豪}$ | 豪$^{匣}_{豪}$ [0007]昊$^{匣}_{皓}$暤$^{匣}_{皓}$晧$^{匣}_{皓}$皓$^{匣}_{皓}$焅$^{溪}_{號}$皓$^{匣}_{皓}$灝$^{匣}_{皓}$鄗$^{匣}_{皓}$恄$^{匣}_{皓}$晧$^{匣}_{號}$聕$^{匣}_{皓}$顥$^{匣}_{皓}$譹$^{匣}_{號}$皓$^{匣}_{皓}$昦$^{匣}_{皓}$ | 浩$^{匣}_{皓}$[0009]燹$^{匣}_{皓}$皞$^{匣}_{皓}$ | 皓$^{匣}_{皓}$[0845]浩$^{匣}_{皓}$墍$^{匣}_{號}$号$^{匣}_{號}$ | 號$^{匣}_{號}$[3503]號$^{匣}_{號}$ | 豪去$^{匣}_{號}$（豪 11 皓 18 號 8）
	59	[1620]傲$^{疑}_{號}$ | 敖$^{疑}_{號}$（號 2）
標類（含 161 個自然小類，76 個“準小韻”）		
幫	60	[0144]瞟$^{玉:}_{滂小}$风$^{幫}_{宵}$熛$^{幫}_{宵}$儦$^{幫}_{宵}$瞟$^{幫}_{宵}$髟$^{幫}_{宵}$幖$^{幫}_{宵}$摽$^{幫}_{宵}$鑣$^{幫}_{宵}$驃$^{幫}_{宵}$剽$^{幫}_{宵}$杓$^{幫}_{宵}$藨$^{幫}_{宵}$猋$^{幫}_{宵}$彪$^{幫}_{幽}$彪$^{幫}_{幽}$旚$^{幫}_{宵}$票$^{幫}_{宵}$ | 標$^{幫}_{宵}$[0233]飆$^{幫}_{宵}$颷$^{幫}_{宵}$瀌$^{幫}_{宵}$䶔$^{改:}_{幫幽}$ | 彪$^{幫}_{幽}$[3189]標$^{幫}_{宵}$ | 剽$^{幫}_{宵}$[0704]嘌$^{幫}_{小}$褾$^{幫}_{小}$裱$^{幫}_{小}$ | 表$^{幫}_{小}$[2498]表$^{幫}_{小}$ | 標上$^{幫}_{小}$[1717]俵$^{幫}_{笑}$ | 表去$^{幫}_{笑}$[3475]驃$^{並}_{笑}$ | 俵$^{幫}_{笑}$（宵 21 幽 4 小 7 笑 4）
滂	61	[0232]飄$^{滂}_{宵}$ | 票$^{滂}_{宵}$[0247]飃$^{滂}_{尤}$僄$^{滂}_{宵}$㬓$^{集:}_{滂宵}$㬓$^{滂}_{宵}$嫖$^{滂}_{宵}$嘌$^{滂}_{宵}$膘$^{滂}_{宵}$蹎$^{滂}_{宵}$縹$^{滂}_{宵}$趧$^{滂}_{宵}$彯$^{滂}_{宵}$ | 飄$^{滂}_{宵}$（宵 13 尤 1）
	62	[0248]飆$^{滂}_{宵}$漂$^{滂}_{宵}$ | 摽$^{滂}_{宵}$[0985]潮$^{滂}_{宵}$薸$^{滂}_{宵}$翲$^{滂}_{宵}$魒$^{滂}_{宵}$ | 漂$^{滂}_{宵}$[3360]穮$^{滂}_{肴}$ | 摽$^{集:}_{滂肴}$（宵 8 肴 2）
	63	[2186]瞟$^{滂}_{小}$皫$^{滂}_{小}$醥$^{滂}_{小}$ | 縹$^{滂}_{小}$（小 4）
	64	[2248]顠$^{滂}_{小}$膘$^{滂}_{小}$鷅$^{滂}_{小}$ | 漂$^{滂}_{小}$（小 4）
	65	[0159]嘌$^{滂}_{笑}$慓$^{滂}_{笑}$驃$^{滂}_{笑}$勡$^{滂}_{笑}$ | 漂$^{滂}_{笑}$（笑 5）
	66	[1663]僄$^{滂}_{笑}$ | 剽$^{滂}_{笑}$（笑 2）
	67	[2913]瘭$^{集:}_{滂笑}$ | 摽$^{滂}_{笑}$（笑 2）
	68	[3612]尉$^{滂}_{笑}$ | 票$^{篇:}_{滂笑}$（笑 2）
並	69	[1349]鄠$^{並}_{宵}$ | 瓢$^{並}_{宵}$（宵 2）
	70	[3303]藨$^{並}_{小}$ | 摽$^{並}_{小}$（小 2）
	71	[3552]受$^{並}_{小}$ | 莩$^{並}_{小}$（小 2）
明	72	[2207]瞙$^{明}_{宵}$ | 緢$^{明}_{宵}$[2554]緢$^{明}_{宵}$錨$^{明}_{蕭}$鷚$^{明}_{幽}$鶓$^{明}_{宵}$猫$^{明}_{宵}$貓$^{明}_{宵}$ | 苗$^{明}_{宵}$[3290]苗$^{明}_{宵}$ | 貓$^{明}_{宵}$（蕭 1 宵 9 幽 1）
	73	[0734]淼$^{明}_{小}$眇$^{明}_{小}$ | 渺$^{明}_{小}$[2123]吵$^{明}_{小}$杪$^{明}_{小}$藐$^{明}_{小}$篎$^{明}_{小}$鶓$^{明}_{小}$秒$^{明}_{小}$ | 眇$^{明}_{小}$（小 10）
	74	[1485]廟$^{明}_{笑}$庿$^{明}_{笑}$玅$^{明}_{笑}$ | 妙$^{明}_{笑}$[1824]妙$^{明}_{笑}$ | 庙$^{明}_{笑}$（笑 6）
端	75	[1436]阞$^{端}_{蕭}$琱$^{端}_{蕭}$貂$^{端}_{蕭}$雕$^{端}_{蕭}$奝$^{端}_{蕭}$彫$^{端}_{蕭}$ | 凋$^{端}_{蕭}$[1579]凋$^{端}_{蕭}$鯛$^{端}_{蕭}$鳭$^{端}_{蕭}$ | 彫$^{端}_{蕭}$[3153]刁$^{端}_{蕭}$𧈧$^{端}_{蕭}$貂$^{端}_{蕭}$ | 貂$^{端}_{蕭}$[3166]刟$^{端}_{蕭}$鵰$^{端}_{蕭}$ | 刁$^{端}_{蕭}$（蕭 18）
	76	[1434]隯$^{玉:}_{端篠}$隝$^{集:}_{端篠}$蔦$^{端}_{篠}$ | 鳥$^{端}_{篠}$（篠 4）
	77	[1563]窕$^{定}_{篠}$寫$^{端}_{嘯}$伄$^{端}_{嘯}$瘹$^{端}_{嘯}$釣$^{端}_{嘯}$ | 吊$^{端}_{嘯}$[2053]吊$^{端}_{嘯}$ | 弔$^{端}_{嘯}$（篠 1 嘯 7）
透	78	[3110]舭$^{透}_{蕭}$ | 佻$^{透}_{蕭}$（蕭 2）
	79	[0134]叼$^{透}_{蕭}$恌$^{透}_{蕭}$朓$^{透}_{蕭}$祧$^{透}_{蕭}$褶$^{透}_{蕭}$ | 挑$^{透}_{蕭}$[2794]挑$^{透}_{蕭}$ | 跳平$^{透}_{蕭}$[2422]跳$^{透}_{嘯}$ | 挑去$^{透}_{嘯}$[2197]眺$^{透}_{嘯}$朓$^{透}_{蕭}$宨$^{透}_{篠}$糶$^{透}_{嘯}$ | 跳$^{透}_{嘯}$（蕭 9 篠 1 嘯 5）
定	80	[0645]峒$^{定}_{蕭}$岹$^{定}_{蕭}$眺$^{定}_{篠}$迢$^{定}_{蕭}$樤$^{定}_{蕭}$卣$^{定}_{蕭}$ | 條$^{定}_{蕭}$[3286]苕$^{定}_{蕭}$鵰$^{定}_{蕭}$蜩$^{定}_{蕭}$鰷$^{定}_{蕭}$鰷$^{定}_{蕭}$ | 迢$^{定}_{蕭}$（蕭 12 篠 1）
	81	[2380]髫$^{定}_{蕭}$掤$^{定}_{蕭}$銚$^{定}_{蕭}$錭$^{定}_{豪}$ | 調$^{定}_{蕭}$（蕭 4 豪 1）
	82	[0187]誂$^{定}_{篠}$ | 兆$^{澄}_{小}$（篠 1 小 1）
	83	[1191]垗$^{定}_{篠}$ | 銚$^{定}_{嘯}$（篠 1 嘯 1）
	84	[3328]蓧$^{定}_{嘯}$藋$^{定}_{嘯}$庣$^{定}_{嘯}$ | 調$^{定}_{嘯}$（嘯 4）
泥	85	[0580]嶢$^{疑}_{蕭}$ | 垚$^{疑}_{蕭}$[1258]垚$^{疑}_{蕭}$梳$^{疑}_{蕭}$僥$^{疑}_{蕭}$顤$^{疑}_{蕭}$橈$^{日}_{宵}$鰩$^{以}_{宵}$ | 堯$^{疑}_{蕭}$[1755]嬲$^{泥}_{篠}$ | 裊$^{泥}_{篠}$[1785]嫋$^{泥}_{篠}$嬈$^{泥}_{篠}$褭$^{泥}_{篠}$ | 鳥$^{洪:}_{泥篠}$[3420]鳥$^{洪:}_{泥篠}$ | 堯上$^{疑}_{篠}$[2892]尿$^{泥}_{嘯}$ | 鳥去$^{洪:}_{泥嘯}$（蕭 7 宵 2 篠 8 嘯 2）
來	86	[0889]漻$^{來}_{蕭}$憭$^{來}_{蕭}$膫$^{來}_{蕭}$ | 遼$^{來}_{蕭}$[2124]嘹$^{來}_{蕭}$遼$^{來}_{蕭}$鐐$^{來}_{蕭}$ | 尞$^{來}_{蕭}$（蕭 8）
	87	[1616]僚$^{來}_{蕭}$ | 寮$^{來}_{蕭}$[2938]寮$^{來}_{蕭}$鷯$^{來}_{蕭}$ | 僚$^{來}_{蕭}$（蕭 5）
	88	[0242]飉$^{來}_{蕭}$嵺$^{來}_{蕭}$壈$^{來}_{蕭}$廖$^{來}_{蕭}$寮$^{來}_{蕭}$膋$^{來}_{蕭}$膫$^{來}_{蕭}$繚$^{來}_{蕭}$撩$^{來}_{蕭}$寥$^{來}_{蕭}$簝$^{來}_{蕭}$豂$^{來}_{蕭}$翏$^{來}_{蕭}$敹$^{來}_{蕭}$ | 聊$^{來}_{蕭}$[0394]燎$^{來}_{宵}$ | 料$^{來}_{蕭}$[0723]廫$^{來}_{蕭}$ | 寥$^{來}_{蕭}$[1815]嫽$^{來}_{蕭}$料$^{來}_{蕭}$料$^{來}_{蕭}$ | 廖$^{來}_{蕭}$[3034]璙$^{來}_{蕭}$ | 燎$^{來}_{宵}$[1318]鄝$^{來}_{篠}$瞭$^{來}_{篠}$璆$^{來}_{蕭}$醪$^{來}_{小}$繆$^{來}_{篠}$蓼$^{來}_{篠}$罶$^{來}_{有}$ | 了$^{來}_{篠}$[3739]了$^{來}_{篠}$ | 聊上$^{來}_{篠}$（蕭 24 宵 2 篠 7 小 1 有 1）
	89	[0396]賚$^{來}_{笑}$炓$^{來}_{嘯}$橑$^{來}_{笑}$療$^{來}_{笑}$瘵$^{來}_{笑}$尞$^{來}_{笑}$罯$^{來}_{嘯}$ | 料$^{來}_{笑}$（嘯 2 笑 6）
精	90	[2029]憢$^{精}_{笑}$樵$^{精}_{笑}$醮$^{精}_{笑}$ | 醮$^{精}_{笑}$（笑 4）
	91	[0432]鷦$^{精}_{宵}$燋$^{精}_{宵}$𪚁$^{精}_{宵}$烑$^{精}_{宵}$噍$^{精}_{宵}$膲$^{精}_{宵}$鐎$^{精}_{宵}$椒$^{精}_{宵}$鳥$^{精}_{宵}$ | 焦$^{精}_{宵}$[3289]茮$^{精}_{宵}$ | 椒$^{精}_{宵}$[2479]勦$^{精}_{小}$勦$^{精}_{小}$剿$^{精}_{小}$ | 焦上$^{精}_{小}$（宵 12 小 4）

續表

聲母	準小韻序號	轄字
清	92	[2596]幧$^{清}_{宵}$	鍬$^{清}_{宵}$（宵$_{2}$）
	93	[2991]鍫$^{清}_{宵}$	悄$^{清}_{小}$[1983]悄$^{清}_{小}$	樵上$^{從}_{小}$[0612]峭$^{清}_{笑}$	悄去$^{清}_{笑}$（宵$_{1}$小$_{3}$笑$_{2}$）
從	94	[0683]蕉$^{從}_{宵}$嶕$^{從}_{宵}$	憔$^{從}_{宵}$[0605]巢$^{崇}_{肴}$鄛$^{崇}_{肴}$躒$^{崇}_{肴}$轈$^{崇}_{肴}$[illegible]$^{莊}_{肴}$	巢$^{崇}_{肴}$[1365]鄛$^{從}_{宵}$憔$^{從}_{宵}$瞧$^{從}_{宵}$顦$^{從}_{宵}$譙$^{從}_{宵}$巢$^{崇}_{肴}$	樵$^{從}_{宵}$（宵$_{9}$肴$_{7}$）
	95	[2287]醮$^{從}_{宵}$	焦$^{集:}_{從宵}$（宵$_{2}$）
心	96	[0085]睄$^{心}_{宵}$霄$^{心}_{宵}$	宵$^{心}_{宵}$（宵$_{3}$）
	97	[0261]颾$^{心}_{蕭}$彇$^{心}_{蕭}$鱐$^{心}_{蕭}$	蕭$^{心}_{蕭}$[0300]鞘$^{心}_{宵}$焇$^{心}_{宵}$消$^{心}_{宵}$瀟$^{心}_{蕭}$徜$^{心}_{宵}$	肖$^{心}_{宵}$[0744]畓$^{心}_{宵}$硝$^{心}_{宵}$踃$^{心}_{蕭}$綃$^{心}_{宵}$逍$^{心}_{宵}$銷$^{心}_{宵}$弰$^{生}_{肴}$櫹$^{心}_{蕭}$蕭$^{心}_{蕭}$箾$^{心}_{蕭}$簫$^{心}_{蕭}$鷍$^{心}_{宵}$蛸$^{心}_{宵}$蠨$^{心}_{蕭}$翛$^{心}_{蕭}$[illegible]$^{心}_{宵}$旓$^{生}_{肴}$	消$^{心}_{宵}$（蕭$_{12}$宵$_{14}$肴$_{2}$）
	98	[3301]芕$^{心}_{小}$	小$^{心}_{小}$[3708]小$^{心}_{小}$	篠$^{心}_{篠}$（篠$_{1}$小$_{3}$）
	99	[0482]熽$^{心}_{嘯}$嘯$^{心}_{嘯}$哨$^{集:}_{生效}$咲$^{心}_{笑}$肖$^{心}_{笑}$歗$^{心}_{嘯}$鞘$^{心}_{笑}$	笑$^{心}_{笑}$[1419]陗$^{清}_{笑}$笑$^{心}_{笑}$篠$^{心}_{篠}$	肖$^{心}_{笑}$（篠$_{2}$小$_{3}$嘯$_{3}$笑$_{7}$效$_{1}$）
章	100	[0022]昭$^{章}_{宵}$釗$^{章}_{宵}$釗$^{章}_{宵}$	招$^{章}_{宵}$[0543]鼂$^{知}_{宵}$招$^{章}_{宵}$	朝$^{知}_{宵}$[3001] 鵃$^{知}_{肴}$鉊$^{章}_{宵}$	昭$^{章}_{宵}$（宵$_{9}$肴$_{1}$）
	101	[2511]袑$^{禪}_{小}$	沼$^{章}_{小}$（小$_{2}$）
	102	[0185]學$^{章}_{笑}$曌$^{章}_{笑}$炤$^{章}_{笑}$曌$^{章}_{笑}$隉$^{章}_{笑}$詔$^{章}_{笑}$	照$^{章}_{笑}$ （笑$_{7}$）
昌	103	[2611]幍$^{徹}_{宵}$閖$^{徹}_{宵}$弨$^{昌}_{宵}$	超$^{徹}_{宵}$[2710]超$^{徹}_{宵}$	怊$^{徹}_{宵}$（宵$_{6}$）
	104	[0422]煼$^{集:}_{初巧}$炒$^{初}_{巧}$	鈔$^{集:}_{昌小}$（小$_{1}$巧$_{2}$）
	105	[0708]巐$^{徹}_{小}$	超$^{集:}_{徹小}$（小$_{2}$）
澄	106	[0135]晁$^{澄}_{宵}$朝$^{澄}_{宵}$淖$^{澄}_{宵}$鼂$^{澄}_{宵}$	潮$^{澄}_{宵}$（宵$_{5}$）
	107	[0187]朓$^{透}_{篠}$召$^{澄}_{笑}$絩$^{澄}_{小}$趙$^{澄}_{小}$肁$^{澄}_{小}$旐$^{澄}_{小}$肈$^{澄}_{小}$肇$^{澄}_{小}$	兆$^{澄}_{小}$[3738]肁$^{澄}_{小}$	召$^{澄}_{笑}$（篠$_{1}$小$_{8}$笑$_{2}$）
書	108	[0393]燒$^{書}_{宵}$	少平$^{書}_{宵}$[3579]㶊$^{書}_{宵}$	燒$^{書}_{宵}$[1362]邵$^{書}_{小}$	少$^{書}_{小}$[3709]少$^{書}_{小}$	燒上$^{書}_{小}$（宵$_{4}$小$_{4}$）
禪	109	[3287]菬$^{定}_{蕭}$磬$^{禪}_{宵}$	韶$^{禪}_{宵}$[3288]蕘$^{日}_{宵}$韶$^{禪}_{宵}$	饒$^{日}_{宵}$[3387]饒$^{日}_{宵}$	遶平$^{日}_{宵}$[1445]隢$^{日}_{小}$	遶$^{日}_{小}$[2563]繞$^{日}_{小}$	擾$^{日}_{小}$[2800]擾$^{日}_{小}$	饒上$^{日}_{小}$（蕭$_{1}$宵$_{7}$小$_{6}$）
	110	[2477]劭$^{禪}_{笑}$	召$^{禪}_{笑}$（笑$_{2}$）
	111	[2562]紹$^{禪}_{小}$卲$^{禪}_{笑}$	邵$^{禪}_{笑}$[2631]覞$^{禪}_{小}$	紹$^{禪}_{小}$（小$_{3}$笑$_{2}$）
見	112	[1696]佼$^{見}_{肴}$	教$^{見}_{肴}$（肴$_{2}$）
	113	[2709]趫$^{溪}_{宵}$	簥$^{見}_{宵}$（宵$_{2}$）
	114	[0008]叕$^{見}_{篠}$皎$^{見}_{篠}$曒$^{見}_{篠}$暤$^{見}_{篠}$皦$^{見}_{篠}$鄡$^{見}_{小}$儌$^{見}_{篠}$姣$^{見}_{巧}$繳$^{見}_{篠}$絞$^{見}_{巧}$璬$^{見}_{篠}$矯$^{見}_{小}$曒$^{見}_{篠}$敿$^{群}_{笑}$敽$^{見}_{小}$	皎$^{見}_{篠}$[0413]烄$^{見}_{巧}$敫$^{見}_{巧}$姣$^{見}_{巧}$攪$^{見}_{巧}$鉸$^{見}_{巧}$狡$^{見}_{巧}$皛$^{見}_{篠}$皎$^{見}_{篠}$	絞$^{見}_{巧}$[2854]闄$^{見}_{篠}$皎$^{見}_{肴}$	繳$^{見}_{篠}$（篠$_{14}$小$_{3}$笑$_{1}$肴$_{1}$巧$_{9}$）
	115	[2200]䀏$^{見}_{小}$	丩$^{見}_{小}$（小$_{2}$）
	116	[2687]譑$^{見}_{小}$	嬌$^{見}_{小}$（小$_{2}$）
	117	[2073]噭$^{見}_{嘯}$教$^{見}_{效}$	叫$^{見}_{嘯}$[2074]叫$^{見}_{嘯}$	校$^{見}_{效}$[3091]較$^{見}_{效}$效$^{見}_{效}$	教$^{見}_{效}$（嘯$_{3}$效$_{5}$）
	118	[1256]墽$^{見}_{蕭}$儌$^{見}_{蕭}$憍$^{見}_{宵}$	嬌$^{見}_{宵}$[1823]嬌$^{見}_{宵}$穚$^{見}_{宵}$	驕$^{見}_{宵}$[0228]胶$^{見}_{肴}$	膠$^{見}_{肴}$[0973]澆$^{見}_{蕭}$嘐$^{見}_{肴}$嘺$^{群}_{宵}$咬$^{見}_{肴}$膠$^{見}_{肴}$这$^{見}_{肴}$轇$^{見}_{肴}$艽$^{見}_{肴}$茭$^{見}_{肴}$鵁$^{見}_{肴}$蛟$^{見}_{肴}$驕$^{見}_{宵}$驍$^{見}_{蕭}$鮫$^{見}_{肴}$	交$^{見}_{肴}$[2367]齩$^{集:}_{疑巧}$	交去$^{見}_{效}$（蕭$_{4}$宵$_{7}$肴$_{13}$巧$_{1}$效$_{1}$）
溪	119	[2827]扝$^{溪}_{巧}$	巧$^{溪}_{巧}$（巧$_{2}$）
	120	[0507]燆$^{溪}_{蕭}$	竅平$^{溪}_{蕭}$[1061]磽$^{溪}_{肴}$礉$^{溪}_{肴}$塙$^{溪}_{肴}$墝$^{溪}_{肴}$墽$^{溪}_{肴}$恔$^{溪}_{肴}$胶$^{溪}_{肴}$頝$^{溪}_{肴}$跤$^{溪}_{肴}$骹$^{溪}_{肴}$敲$^{溪}_{肴}$	敲$^{溪}_{肴}$[1540]敲$^{溪}_{肴}$	搞$^{集:}_{溪肴}$[3624]敲$^{溪}_{肴}$魐$^{初}_{肴}$	磽$^{溪}_{肴}$[1140]墽$^{溪}_{效}$竅$^{溪}_{嘯}$	敲去$^{溪}_{效}$[1772]巧$^{溪}_{效}$摮$^{溪}_{嘯}$趬$^{溪}_{笑}$䯪$^{溪}_{笑}$	竅$^{溪}_{嘯}$（蕭$_{2}$肴$_{17}$嘯$_{4}$笑$_{2}$效$_{2}$）
群	121	[0599]嵪$^{群}_{宵}$僑$^{群}_{宵}$蹺$^{群}_{肴}$鐈$^{群}_{宵}$橋$^{群}_{宵}$蕎$^{群}_{宵}$荍$^{群}_{宵}$鷮$^{群}_{宵}$蟜$^{群}_{宵}$翹$^{群}_{宵}$徺$^{群}_{宵}$	喬$^{群}_{宵}$[3103]轎$^{群}_{笑}$	喬去$^{群}_{笑}$[3208]橇$^{清}_{宵}$	轎$^{群}_{笑}$（宵$_{12}$肴$_{1}$笑$_{3}$）
影	122	[1555]窔$^{影}_{嘯}$喓$^{影}_{宵}$䆞$^{影}_{宵}$宎$^{影}_{宵}$	腰$^{影}_{宵}$（宵$_{4}$嘯$_{1}$）
	123	[1818]妖$^{影}_{宵}$媄$^{影}_{宵}$訞$^{影}_{宵}$邀$^{影}_{宵}$珧$^{以}_{宵}$鴁$^{影}_{宵}$	夭$^{影}_{宵}$[1740]偠$^{影}_{篠}$枖$^{影}_{宵}$葽$^{影}_{宵}$夭$^{影}_{宵}$么$^{影}_{蕭}$	妖$^{影}_{宵}$（蕭$_{1}$宵$_{11}$篠$_{1}$）
	124	[2134]𠯋$^{影}_{肴}$拗$^{集:}_{影肴}$	坳$^{影}_{肴}$（肴$_{3}$）
	125	[1049]溔$^{影}_{篠}$窅$^{影}_{篠}$窈$^{影}_{篠}$窅$^{影}_{篠}$眑$^{集:}_{影巧}$鷕$^{以}_{小}$皛$^{影}_{篠}$	杳$^{影}_{篠}$（篠$_{6}$小$_{1}$巧$_{1}$）
	126	[1649]仸$^{影}_{小}$駚$^{見}_{篠}$殀$^{影}_{小}$䁏$^{影}_{篠}$	夭$^{影}_{小}$（篠$_{2}$小$_{3}$）
	127	[2530]袎$^{影}_{效}$	拗$^{影}_{效}$（效$_{2}$）

續表

聲母	準小韻序號	轄字
影	128	[1551]窔$^{影}_{嘯}$嘄$^{疑}_{嘯}$ I 要$^{影}_{笑}$（嘯$_{2}$笑$_{1}$）
曉	129	[1516]庨$^{曉}_{肴}$鴞$^{云}_{宵}$虓$^{曉}_{肴}$ I 哮$^{曉}_{肴}$[2317]膮$^{曉}_{蕭}$臯$^{曉}_{蕭}$ I 囂$^{曉}_{宵}$[2263]顥$^{曉}_{蕭}$枵$^{曉}_{宵}$藃$^{曉}_{宵}$嚻$^{曉}_{宵}$歊$^{曉}_{宵}$ I 梟$^{見}_{蕭}$[3257]梟$^{見}_{蕭}$鷍$^{曉}_{宵}$ I 鴞$^{云}_{宵}$[3675]鷍$^{曉}_{宵}$ I 枵$^{曉}_{宵}$（蕭$_{5}$宵$_{10}$肴$_{3}$）
	130	[1992]憢$^{曉}_{蕭}$ I 曉平$^{曉}_{蕭}$ [0019]嘵$^{曉}_{篠}$ I 孝平（疑作上）$^{曉}_{巧}$[3565]皛$^{匣}_{篠}$ I 孝$^{曉}_{效}$（蕭$_{2}$篠$_{2}$巧$_{1}$效$_{1}$）
匣	131	[0615]崤$^{匣}_{肴}$洨$^{匣}_{肴}$肴$^{匣}_{肴}$胶$^{匣}_{肴}$殽$^{匣}_{肴}$筊$^{匣}_{肴}$餚$^{匣}_{肴}$爻$^{匣}_{肴}$肴$^{匣}_{肴}$肴$^{匣}_{肴}$ I 爻$^{匣}_{肴}$[1344]郩$^{匣}_{肴}$倄$^{匣}_{肴}$ I 肴$^{匣}_{肴}$（肴$_{14}$）
	132	[0910]澩$^{匣}_{巧}$傚$^{匣}_{效}$効$^{匣}_{效}$校$^{匣}_{效}$斅$^{匣}_{效}$效$^{匣}_{效}$ I 效$^{匣}_{效}$（巧$_{1}$效$_{6}$）
喻	133	[0868]溔$^{以}_{小}$齩$^{疑}_{巧}$ I 咬$^{集：}_{疑巧}$（小$_{1}$巧$_{2}$）
	134	[0116]曜$^{以}_{笑}$燿$^{篇：}_{以笑}$耀$^{鏡：}_{以笑}$矅$^{以}_{笑}$習$^{以}_{笑}$ I 耀$^{以}_{笑}$ [0226]鵬$^{改：}_{以笑}$ I 曜$^{以}_{笑}$（笑$_{8}$）
	135	[0138]嶤$^{以}_{宵}$颻$^{以}_{宵}$姚$^{以}_{宵}$愮$^{以}_{宵}$嗂$^{以}_{宵}$暚$^{以}_{宵}$瑤$^{以}_{宵}$軺$^{以}_{宵}$繇$^{以}_{宵}$歈$^{以}_{宵}$ I 遙$^{以}_{宵}$[1548]窯$^{以}_{宵}$窰$^{以}_{宵}$ I 瑤$^{以}_{宵}$[0448]烑$^{以}_{宵}$洮$^{以}_{宵}$ I 姚$^{以}_{宵}$[2747]遙$^{以}_{宵}$珧$^{鏡：}_{以宵}$ I 搖$^{以}_{宵}$ [2636]覞$^{云}_{笑}$鷂$^{以}_{笑}$ I 遙去$^{以}_{笑}$（宵$_{20}$笑$_{3}$）

在表 3-4-2 的 135 個“準小韻”中，屬於中古效攝蕭、宵、肴、豪四韻系自注的（蕭$_{10}$、宵$_{30}$、肴$_{16}$、豪$_{31}$）有 87 個，屬於混注的有 48 個，混注占總數的 35.56%（48/135）。關於具體的混注內容，我們窮盡列舉如下，詳見表 3-4-3。表中的“蕭宵”是指僅有蕭、宵二韻參與混注的“準小韻”，共出現 9 次，餘類推。

表 3-4-3　系聯後的效攝諸韻混注情況統計表

組別	序號	混注種類	次數	組別	序號	混注種類	次數	組別	序號	混注種類	次數
甲組（共計30次）	1	蕭宵	*10*	甲組（共計30次）	4	蕭宵尤	*1*	甲組（共計30次）	7	宵肴	*6*
	2	蕭宵肴	*7*		5	蕭肴	*2*		8	宵幽	*1*
	3	蕭宵幽	*1*		6	蕭豪	*1*		9	宵尤	*1*
乙組（共計17次）	1	肴豪	*14*	乙組（共計17次）	2	宵肴豪	*1*	乙組（共計17次）	3	蕭豪	*2*

比較表 3-4-3 中的甲、乙兩組混注統計可見：

甲組中參與混注的蕭韻 22 次、宵韻 27 次，各占總數的 73.33%（22/30）及 90.00%（27/30），據此可知甲組的混注核心韻乃蕭、宵二韻。蕭、宵二韻之間的混注達 19 次，又占各自混注數的 86.36%（19/22）及 70.37%（19/27），這又成爲蕭、宵二韻的主體混注類型。因此可以說甲組的主體混注乃蕭宵混注。蕭宵混注 19 次，占蕭韻自、混注總數的 55.88%（19/34），占宵韻自、混注總數的 32.76%（19/58），兩個混注比值甚高，表明蕭、宵二韻的混注度深。據此統計再結合漢語史常識可知，中古效攝蕭、宵二韻在《玉篇直音》中完全合併。

另甲組的統計中二等肴韻參與混注共 15 次，占肴韻自、混注總數的 33.33%（15/45），若僅憑混注比例判斷，可將整個肴韻併入蕭宵韻中。不過，察其來源，與蕭、宵韻混注的肴韻字是有條件的，其由兩部分組成：一部分是中古牙、喉音字（有四字除外：“䬘$^{曉}_{肴}$熇$^{曉}_{肴}$髇$^{曉}_{肴}$”三字仍與一等豪韻字混注；“磝$^{疑}_{肴}$”字並未發生腭化音變，音“遨$^{疑}_{豪}$”，與通語吻合），另一部分主要來自中古齒音聲母字（以莊組字爲主）。鑒於參與混注的肴韻字來源單一，並未在規模與數量上遍及整個肴韻，因此我們只能將這些字併入蕭宵韻，而餘下的肴韻字則另行處理。

甲組中還有 4 次流攝尤、幽韻字參與的混注，這僅關係到個別字的音變（本章 3.6 節中對此進行專門討論），因涉及的流攝字數量小，混注次數少，影響不了效攝與流攝對立的格局，故此處可不計。

總之，中古效攝蕭、宵二韻在《玉篇直音》中已經完全合併，加上因腭化音變而併入的中古牙、喉音肴韻字及部分莊組肴韻字，還有個別轉入的流攝字，它們重組爲一類：標類。

乙組的混注共計 17 次，豪韻混注 17 次，肴韻混注 15 次，各占總數的 100%（17/17）和 88.24%（15/17），這足以證明肴、豪二韻乃該組的核心混注韻。另，肴豪混注 15 次，占肴韻自、混注總數的 32.61%（15/46），占豪韻自、混注總數的 29.41%（15/51）。據此混注比值，我們可以將肴、豪二韻併爲一類：曹類。與中古相比，果攝的豪韻幾乎全部併入曹類，而肴韻則要除去併入標類的牙、喉音及莊組聲母字，餘下的併入曹類。

另標類中有 1 次豪韻的混注，曹類中有 3 次蕭、宵韻參與的混注，所涉及的直接混注共計 5 例，如：

慆$^{\text{集:}}_{\text{定蕭}}$音桃$^{\text{定}}_{\text{豪}}$P53L7；　瞜$^{\text{集:}}_{\text{精小}}$音早$^{\text{精}}_{\text{晧}}$P64L3；　鋽$^{\text{定}}_{\text{豪}}$音調$^{\text{定}}_{\text{蕭}}$P109L9；髎$^{\text{來}}_{\text{蕭}}$音勞$^{\text{來}}_{\text{豪}}$P76L3；　鏐$^{\text{來}}_{\text{蕭}}$音勞$^{\text{來}}_{\text{豪}}$P109L2

上述 5 例皆發生在蕭宵韻與豪韻之間，其本質是洪、細音無別，將之歸入標類還是曹類，僅僅是同音系聯的結果，如蕭韻"髎鏐"二字，歸入曹類中依據的是注音字"勞"的讀音。餘例同此。5 例混注中有 4 例皆是中古舌音聲母，然而中古舌音效攝洪、細字的對立在今吳方言中非常嚴格，幾乎未見到相混的情況，故不排除此處混注是編者的訛讀。

綜上，此處高級統計的結果與初級統計的結論完全吻合，中古效攝四韻系在《玉篇直音》中重組爲兩類：標類及曹類。鑒於兩類字仍皆來源於中古效攝，故而我們將之併爲一部，稱爲蕭豪部，與《中原音韻》的蕭豪韻（不含派入的入聲字）相當。

3.4.2　關於韻母的確立

正如上文所言，蕭豪部內存在標類與曹類的對立。其中標類字的聲母來自《玉篇直音》聲母系統的幫、端、精、章、見、曉六組聲母；曹類字的聲母來自《玉篇直音》聲母系統的幫、端、精、見、曉五組聲母。我們選取兩類中共有的聲母幫、端、精、見、曉五母作爲代表，列其所屬小韻比較如下：

幫母標類【平】⿰日麃$^{\text{玉:}}_{\text{滂小}}$风$^{\text{幫}}_{\text{宵}}$熛$^{\text{幫}}_{\text{宵}}$儦$^{\text{幫}}_{\text{宵}}$瞟$^{\text{幫}}_{\text{宵}}$髟$^{\text{幫}}_{\text{宵}}$嘌$^{\text{幫}}_{\text{宵}}$摽$^{\text{幫}}_{\text{宵}}$鑣$^{\text{幫}}_{\text{宵}}$贆$^{\text{幫}}_{\text{宵}}$剽$^{\text{幫}}_{\text{宵}}$杓$^{\text{幫}}_{\text{宵}}$藨$^{\text{幫}}_{\text{宵}}$猋$^{\text{幫}}_{\text{宵}}$彪$^{\text{幫}}_{\text{幽}}$旚$^{\text{幫}}_{\text{宵}}$票$^{\text{幫}}_{\text{宵}}$標$^{\text{幫}}_{\text{宵}}$飆$^{\text{幫}}_{\text{宵}}$飈$^{\text{幫}}_{\text{宵}}$瀌$^{\text{幫}}_{\text{宵}}$⿵鬥甾$^{\text{改:}}_{\text{幫幽}}$【上】嘌$^{\text{幫}}_{\text{小}}$褾$^{\text{幫}}_{\text{小}}$裱$^{\text{幫}}_{\text{小}}$表$^{\text{幫}}_{\text{小}}$標上$^{\text{幫}}_{\text{小}}$【去】俵$^{\text{幫}}_{\text{笑}}$表去$^{\text{幫}}_{\text{笑}}$驃$^{\text{並}}_{\text{笑}}$

幫母曹類【去】虣$^{並}_{號}$報$^{幫}_{號}$報$^{幫}_{號}$豹$^{幫}_{效}$

端母標類【平】阞$^{端}_{蕭}$琱$^{端}_{蕭}$貂$^{端}_{蕭}$雕$^{端}_{蕭}$奝$^{端}_{蕭}$彫$^{端}_{蕭}$凋$^{端}_{蕭}$舠$^{端}_{蕭}$鳭$^{端}_{蕭}$刁$^{端}_{蕭}$鼦$^{端}_{蕭}$貂$^{端}_{蕭}$刟$^{端}_{蕭}$鵰$^{端}_{蕭}$【上】隝$^{玉:}_{端篠}$隖$^{集:}_{端篠}$蔦$^{端}_{篠}$鳥$^{端}_{篠}$

【去】窕$^{定}_{篠}$寫$^{端}_{嘯}$伄$^{端}_{嘯}$瘹$^{端}_{嘯}$釣$^{端}_{嘯}$吊$^{端}_{嘯}$弔$^{端}_{嘯}$

端母曹類【平】忉$^{端}_{豪}$䚻$^{端}_{豪}$舠$^{端}_{豪}$魛$^{端}_{豪}$刀$^{端}_{豪}$【上】島$^{端}_{晧}$島$^{端}_{晧}$擣$^{端}_{晧}$㿩$^{端}_{晧}$禱$^{端}_{晧}$檮$^{端}_{晧}$倒$^{端}_{晧}$

精母標韻【平】穛$^{精}_{宵}$燋$^{精}_{宵}$焳$^{精}_{宵}$鷦$^{精}_{宵}$嘸$^{精}_{宵}$膲$^{精}_{宵}$鐎$^{精}_{宵}$椒$^{精}_{宵}$鵃$^{精}_{宵}$焦$^{精}_{宵}$茮$^{精}_{宵}$【上】勦$^{精}_{小}$勦$^{精}_{小}$剿$^{精}_{小}$焦上$^{精}_{小}$【去】僬$^{精}_{笑}$樵$^{精}_{笑}$

釂$^{精}_{笑}$醮$^{精}_{笑}$

精母曹韻【平】燸$^{精}_{豪}$殨$^{精}_{豪}$糟$^{精}_{豪}$遭$^{精}_{豪}$啁$^{知}_{肴}$嘲$^{知}_{肴}$【上】早$^{精}_{晧}$澡$^{精}_{晧}$慅$^{精}_{晧}$璪$^{集:}_{精小}$璅$^{精}_{晧}$瑵$^{莊}_{巧}$藻$^{精}_{晧}$薻$^{精}_{晧}$蚤$^{精}_{晧}$蝨$^{精}_{晧}$棗$^{精}_{晧}$摷$^{莊}_{肴}$

找$^{莊}_{巧}$抓$^{莊}_{巧}$叉$^{莊}_{巧}$爪$^{莊}_{巧}$【去】竈$^{精}_{號}$竈$^{精}_{號}$躁$^{精}_{號}$趮$^{精}_{號}$璪$^{精}_{晧}$灶$^{精}_{號}$聣$^{莊}_{肴}$罩$^{知}_{效}$罩$^{知}_{效}$嘲去$^{知}_{效}$笊$^{莊}_{效}$抓$^{莊}_{效}$

見母標類【平】墽$^{見}_{蕭}$儌$^{見}_{蕭}$憍$^{見}_{宵}$嬌$^{見}_{宵}$穚$^{見}_{宵}$澆$^{見}_{蕭}$嘐$^{見}_{肴}$嶠$^{群}_{宵}$咬$^{見}_{肴}$膠$^{見}_{肴}$嬌$^{見}_{宵}$这$^{見}_{肴}$轇$^{見}_{肴}$艽$^{見}_{肴}$茭$^{見}_{肴}$鵁$^{見}_{肴}$蛟$^{見}_{肴}$驕$^{見}_{宵}$驍$^{見}_{蕭}$鮫$^{見}_{肴}$交$^{見}_{肴}$

佼$^{見}_{肴}$教$^{見}_{肴}$趫$^{溪}_{宵}$簥$^{見}_{宵}$【上】叒$^{見}_{篠}$晈$^{見}_{篠}$皦$^{見}_{篠}$暞$^{見}_{篠}$皦$^{見}_{篠}$鄗$^{見}_{小}$儌$^{見}_{篠}$姣$^{見}_{巧}$繳$^{見}_{篠}$絞$^{見}_{巧}$璬$^{見}_{篠}$矯$^{見}_{小}$皦$^{見}_{篠}$敿$^{群}_{笑}$敿$^{見}_{小}$烄$^{見}_{巧}$敫$^{見}_{巧}$

姣$^{見}_{巧}$攪$^{見}_{巧}$鉸$^{見}_{巧}$狡$^{見}_{巧}$皛$^{見}_{篠}$皎$^{見}_{篠}$譑$^{見}_{篠}$鉸$^{見}_{肴}$目丩$^{見}_{小}$丩$^{見}_{小}$譑$^{見}_{小}$嬌$^{見}_{小}$【去】噭$^{見}_{嘯}$教$^{見}_{效}$叫$^{見}_{嘯}$校$^{見}_{效}$較$^{見}_{效}$效$^{見}_{效}$齩$^{集:}_{疑巧}$交去$^{見}_{效}$

見母曹類【平】嵲$^{見}_{豪}$鄓$^{見}_{豪}$高$^{見}_{豪}$膏$^{見}_{豪}$膏$^{見}_{豪}$羔$^{見}_{豪}$覞$^{見}_{豪}$槔$^{見}_{豪}$櫜$^{見}_{豪}$蒿$^{曉}_{豪}$篙$^{見}_{豪}$糕$^{見}_{豪}$羙$^{見}_{豪}$鶮$^{見}_{豪}$翱$^{疑}_{豪}$睾$^{洪:}_{見豪}$臯$^{見}_{豪}$【上】暠$^{見}_{晧}$槁$^{洪:}_{見晧}$

稾$^{見}_{晧}$槀$^{見}_{晧}$皜$^{洪:}_{古晧}$杲$^{見}_{晧}$稾$^{見}_{晧}$藁$^{見}_{晧}$稿$^{見}_{晧}$【去】郜$^{見}_{號}$窖$^{見}_{效}$縞$^{見}_{號}$誥$^{見}_{號}$誥$^{見}_{號}$夰$^{見}_{晧}$告$^{見}_{號}$

曉母標類【平】庨$^{曉}_{肴}$鴞$^{云}_{宵}$虓$^{曉}_{肴}$哮$^{曉}_{肴}$膮$^{曉}_{蕭}$膘$^{曉}_{蕭}$嚻$^{曉}_{宵}$顤$^{曉}_{蕭}$枵$^{曉}_{宵}$讟$^{曉}_{宵}$歊$^{曉}_{宵}$梟$^{見}_{蕭}$嚣$^{曉}_{宵}$囂$^{曉}_{宵}$憢$^{曉}_{蕭}$曉平$^{曉}_{蕭}$【上】曉$^{曉}_{篠}$

孝平（據被注字推知平作上）$^{曉}_{巧}$【去】皛$^{匣}_{篠}$孝$^{曉}_{效}$

曉母曹類【平】颾$^{曉}_{肴}$熇$^{曉}_{肴}$髇$^{曉}_{肴}$蒿$^{曉}_{豪}$嫐$^{曉}_{豪}$蒿$^{曉}_{豪}$【去】忘$^{全:}_{曉號}$秏$^{曉}_{號}$鎬$^{匣}_{晧}$好$^{曉}_{號}$滈$^{匣}_{晧}$鰝$^{匣}_{晧}$秏$^{曉}_{號}$

章母標類【平】昭$^{章}_{宵}$釗$^{章}_{宵}$釗$^{章}_{宵}$招$^{章}_{宵}$朝$^{知}_{宵}$朝$^{知}_{宵}$鵃$^{知}_{肴}$鉊$^{章}_{宵}$【上】袑$^{禪}_{小}$沼$^{章}_{小}$【去】學$^{章}_{笑}$罌$^{章}_{笑}$炤$^{章}_{笑}$罌$^{章}_{笑}$陘$^{章}_{笑}$詔$^{章}_{笑}$照$^{章}_{笑}$

比較所取的每個聲母，除章母外，每母皆有一組對立小韻，放眼每個聲母所在組的其他聲母亦然。據此可知蕭豪部共含因聲母不同及内部對立而形成的 11 個對立小韻。如不計聲母的區别，這些獨立小韻至多也就四類（開齊合撮），這涵蓋了該部所有可能存在的等呼情況。考察諸小韻在中古的開合洪細特徵，如表 3-4-4 所示。

表 3-4-4　蕭豪部所含諸小韻的中古等呼

<table>
<tr><th>聲母</th><th>小韻</th><th>中古等呼</th><th>聲母</th><th>小韻</th><th>中古等呼</th></tr>
<tr><td rowspan="2">幫組</td><td>標類</td><td>開口細音</td><td rowspan="2">端組</td><td>標類</td><td>開口細音</td></tr>
<tr><td>曹類</td><td>開口洪音</td><td>曹類</td><td>開口洪音</td></tr>
<tr><td rowspan="2">精組</td><td>標類</td><td>開口細音</td><td rowspan="2">章組</td><td rowspan="2">標類</td><td rowspan="2">開口細音</td></tr>
<tr><td>曹類</td><td>開口洪音</td></tr>
<tr><td rowspan="3">見組</td><td rowspan="2">標類</td><td>開口細音</td><td rowspan="3">曉組</td><td rowspan="2">標類</td><td>開口細音</td></tr>
<tr><td>開口洪音</td><td>開口洪音</td></tr>
<tr><td>曹類</td><td>開口洪音</td><td>曹類</td><td>開口洪音</td></tr>
</table>

根據中古到近代漢語介音演變的規律，結合歷史、現代方音進行參證，我們認爲上述諸小韻的四呼類型如下。

第一，章組聲母的音值讀作舌面前音，其開口細音字當讀作齊齒呼。今靖江、寧波、黄岩、溫州等地吳音中古章、知組聲母（即《玉篇直音》的章組）讀舌面音，其開口細音字皆讀齊齒呼韻，見表 3-4-5。

表 3-4-5　部分中古章、知組字在今吳音中的讀音①

例字 / 地區	照章笑	朝知宵	超徹宵	潮澄宵	燒書宵	紹禪曉
靖江	tɕiɒ^{51}	tɕiɒ^{433}	tɕ‘iɒ^{433}	dʑiɒ^{223}	ɕiɒ^{433}	ɕʑiɒ^{51}
寧波	tɕiə^{52}	tɕiə^{52}	tɕ‘iə^{52}	dʑiə^{113}	ɕiɒ^{533}	ʑiə^{113}
黃岩	tɕiɒ^{44}	tɕiɒ^{533}	tɕ‘iɒ^{533}	dʑiɒ^{311}	ɕiɛ^{44}	ʑiɒ^{113}
溫州	tɕiɛ^{52}	tɕiɛ^{44}	tɕ‘iɛ^{44}②	dʑiɛ^{231}	ɕiɔ^{434}	ɦiɛ^{231}

此類字的讀音可以得到上述四地吳音的參證，故當讀齊齒呼。

第二，幫、端、精、見、曉等組的開口細音（標類）與章組的開口細音來源相同，其韻母當同章組字的韻母，亦皆爲齊齒呼。此類字在近代漢語中，如《中原音韻》《韻略易通》《韻略匯通》《同文備考》《諧聲品字箋》等文獻中皆讀作齊齒呼，在包括吳方言在內的現代方言中幾乎皆讀作齊齒呼，可爲證。

第三，屬於標類的見、曉組的開口洪音當讀作齊齒呼。首先，這部分字乃牙、喉音開口字，其與開口細音蕭、宵韻混注，表明其韻母與之相同。已知開口細音讀齊齒呼，此處與之同音的開口洪音亦讀作齊齒呼。再者，學界將此種音變稱作腭化，其音理便是韻母衍生出 i 介音，這已表明該類字乃齊齒呼。此條亦可用於反證見、曉組開口細音讀作齊齒的結論。

不過《玉篇直音》中的此類腭化音變現象並不徹底，仍見個別字讀成一等豪韻的情況，如颾曉肴音蒿曉豪P5L6、熇集:曉肴音蒿曉豪P8L5、髇曉肴音蒿曉豪P76L3。

第四，所有組的開口洪音（見、曉組標類的除外）皆讀作開口呼。這些字在近代漢語中，如《中原音韻》《韻略易通》《韻略匯通》《同文備考》《諧聲品字箋》等文獻中皆讀作開口呼，在包括吳方言在內的現代方言中幾乎皆讀作開口呼，可爲證。

綜上，蕭豪部的韻母僅有齊齒呼、開口呼兩個，可分別稱爲標類、曹類。

關於蕭豪部韻母的音值問題，自《中原音韻》③以來，無論是代表官話音的《洪武正韻》④《韻略易通》⑤《韻略匯通》⑥，還是代表明末清初吳音的《同文備考》⑦《諧聲品字箋》⑧，皆將之擬爲複元音，一般認爲其韻基爲 au。鑒於此，我們也將《玉篇直音》蕭豪部的韻基擬作 au，其所屬的兩個韻母分別是：

開口呼（曹類）：au；　　齊齒呼（標類）：iau

①表中例字的讀音皆據的是錢乃榮的《當代吳語研究》(上海教育出版社，1992 年)。

②原表作 tɕiɛ^{44}，有誤，今據鄭張尚芳的《溫州方言志》(中華書局，2008 年) 改正。

③楊耐思. 中原音韻音系[M]. 北京：中國社會科學出版社，1981.

④葉寶奎. 明清官話音系[M]. 廈門：廈門大學出版社，2001.

⑤張玉來. 韻略易通研究[M]. 天津：天津古籍出版社，1999.

⑥張玉來. 韻略匯通音系研究[M]. 濟南：山東教育出版社，1995.

⑦丁鋒.《同文備考》音系[M]. 福岡：中國書店，2001.

⑧張詠梅.《諧聲品字箋》的音系研究[M]. 成都：巴蜀書社，2011.

《玉篇直音》蕭豪部的韻母表如表 3-4-6 所示。

表 3-4-6 蕭豪部韻母表

部名	類名	四呼	音值	中古來源
蕭豪	曹	開	au	中古豪韻以及非牙、喉音聲母的肴韻字，也包括少數未腭化的曉母肴韻字
	標	齊	iau	中古效攝蕭、宵二韻，因腭化音變而併入的中古牙、喉音肴韻字及部分知、莊組肴韻字，還有個別轉入的流攝字

下面討論蕭豪部的特殊語音現象。

3.4.3 特殊語音現象：部分齒音肴韻字讀齊齒呼

關於蕭豪部的特殊語音現象有二，一是部分中古流攝字與蕭豪部字混注，一是部分齒音肴韻字與宵韻字的混注。前者我們於本章 3.6 節進行詳述，可參見，玆不贅論。下面著重討論部分齒音肴韻字與宵韻字的混注現象，此計 7 例，如下：

鵃$^{知}_{肴}$音昭$^{章}_{宵}$P147L5；　聚$^{集:}_{初巧}$音鈔$^{集:}_{昌小}$P8L8；　炒$^{初}_{巧}$音鈔$^{集:}_{昌小}$P8L8；

巢$^{祟}_{肴}$音樵$^{從}_{宵}$P130L3；　哨$^{集:}_{生效}$音笑$^{心}_{笑}$P58L2；　弰$^{生}_{肴}$音消$^{心}_{宵}$P119L2；　旓$^{生}_{肴}$音消$^{心}_{宵}$P184L9

上述 7 例雖是肴韻與宵韻之間的混注，但是其性質與上文所言的牙、喉音字的腭化現象不同。學界常言的開口二等韻演變出 i 介音與三、四等韻字音同的現象主要是就牙、喉音聲母字而言的，而此 7 例則是齒音之間的（例 1 被注字的聲母雖是中古舌音知母，但是知組聲母在《玉篇直音》中已併入精、章組，故皆視作齒音）。7 例中被注字皆是洪音，注音字皆是細音，前後音同，但可分爲兩組：第一行的 3 例爲一組，注音字皆爲章組細音開口字；第二行的 4 例則是另外一組，注音字皆爲精組細音開口字。

就今海鹽吳音來看，被注字“聚鵃哨弰旓”等不常用，其讀音不能確定。不過被注字“巢”、注音字“樵”皆爲常用字，其韻母前者讀洪音 ɔ，後者讀細音 iɔ，二者並不同音。至於“炒音鈔”，雖在今海鹽吳音中成立，但是本質不同，其實質是莊組肴韻字併入章組，這在精組聲母的討論中亦有論及，可參見。如此看來，它們的注音關係於今海鹽吳音中得不到印證。

既然洪、細音字讀音相同，其可能有二：要麼是洪音字中衍生出 i 介音，變爲細音字；要麼是細音字的 i 介音丟失，變成洪音字。究竟是哪一種可能呢？《玉篇直音》中有 1 例初、溪二母混注的例子值得參考——鱙$^{初}_{肴}$音磽$^{溪}_{肴}$P186L1。注音字“磽”在上文中已經提及，其韻母讀作細音，此處與“鱙”音同，可知“鱙”的韻母也已經衍生出 i 介音，這是《玉篇直音》中莊組肴韻字音變出介音 i 的明證。這雖然與今海鹽吳音不吻合，但是卻可以在其他的吳方音中得到印證，見表 3-4-7。

表 3-4-7 部分莊組肴韻字在吳方音中的讀音①

地區 例字	靖江	黄岩	溫州	金華	永康
爪$^{莊}_{巧}$	ʨiɒ^{334}	ʦɒ^{533}	ʦuɔ$^{\underline{35}}$	ʦɑu^{544}	ʦʌu^{434}
抄$^{初}_{肴}$	ʨʻiɒ^{433}	ʦʻɒ^{533}	ʦʻuɔ$^{\underline{35}}$	ʨʻɑu^{544}	ʦʻʌu^{434}
巢$^{崇}_{肴}$	ʥiɒ^{223}	ʥiɒ^{311}	ʥiɛ^{231}	ʥiɑu^{213}	ʥiʌu^{322}
梢$^{生}_{肴}$	ɕiɒ^{433}	ɕiɒ^{533}	ɕiɛ^{44}	ɕiɑu^{435}	ɕiʌu^{44}

觀表 3-4-7 可知，就規律而言，莊組肴韻字在靖江吳音中讀音最爲一致，均有 i 介音。就地域而言，莊組肴韻字讀成細音韻母的現象則更廣泛地分佈在南部吳音中。無論怎樣，上述諸吳音中的此類字的讀音均證明莊組肴韻字韻母中是可以存在 i 介音的，尤其是“巢”字，據《當代吳語研究》，在靖江、嘉興、湖州雙林、黄岩、溫州、金華及永康等地吳音中與“樵”字均同音，這些均爲《玉篇直音》的注音關係提供了可靠的方言依據。

結合《玉篇直音》來論，上述混注中的被注字，它們與“魑”同爲莊組肴韻字，具備韻母中音變出 i 介音的條件。此種情況下，有些莊組字併入章組，其聲母進一步音變爲舌面前音（如前 3 例）；有些莊組字聲母的讀音尚未舌尖化（後 4 例），仍然讀舌葉音 ʧ 組——此乃莊組聲母的中古讀音。讀成舌面前音的莊組字與章組字音同不言而喻，如前 3 例。而讀成舌葉音的莊組字，遇上此時正在發生腭化音變的心、從等聲母細音字②，即 s→ʃ→ɕ，ʣ→ʤ→ʥ，其中 ʃ、ʤ 則正是被注字與注音字共處的階段。這些精組細音開口字在腭化音變的進程中與這些莊組字發生了交匯，其結果便是滋生出後 4 混注例。

不過，這種交匯的狀態應該很快就結束了，因爲“哨$^{集:}_{生效}$音笑$^{心}_{笑}$”的同時，“燥$^{集:}_{心號}$音哨$^{集:}_{生效}$P9L4”也與之並存，此例説明生母字“哨”已完成了舌尖化，讀成精組，與今海鹽吳音相同。

綜上，齒音肴韻字在《玉篇直音》中讀同宵韻字，此乃韻母中衍生出 i 介音使然。論其性質，屬於明末吳音。此類現象正趨於消失，直至 400 年後的海鹽吳音中痕跡全無。在此意義上，《玉篇直音》可謂是記錄海鹽歷史吳音的活化石。

3.5 假攝：家麻部及車遮部

在《玉篇直音》的 13 695 個被注字中，中古假攝字共計 296 個，其中麻$_{二}$ 221 個、麻$_{三}$ 75 個。

①表中例字的讀音皆據錢乃榮《當代吳語研究》（上海教育出版社，1992 年）。

②《玉篇直音》中存在心、曉二母細音字的混注，此可資爲證。這在精組聲母的討論中已有詳論，可參見。

3.5.1　關於韻部的確立

3.5.1.1　初級統計

關於中古假攝麻韻的直接自注與混注次數詳見表 3-5-1。

表 3-5-1　中古假攝被注字單條自注、混注情況統計表　（單位：個）

被注字＼注音字	麻$_{二}$	麻$_{三}$	其他
麻$_{二}$	209	4	麻$_{二}$佳 4；麻$_{二}$歌 2；麻$_{二}$黠 2
麻$_{三}$	1	74	

由表 3-5-1 中的統計可以看出，麻$_{二}$與麻$_{三}$韻之間的混注很少，占各自總數的 1.91%（4/209）、1.35%（1/74）。如此看來，麻$_{二}$、麻$_{三}$對立的格局在《玉篇直音》中是存在的。

麻$_{二}$韻與蟹攝佳韻字混注 4 次。在 3.2 節中討論蟹攝的時候，我們已經指出佳麻$_{二}$混注 9 次，占佳韻總數的 13.85%（9/65），且參與混注的佳韻字限於牙、喉音字，個別的唇音字及泥、莊母字。結合漢語史可知，這部分佳韻字已經併入麻$_{二}$韻中，《玉篇直音》與漢語史相吻合。

另有果攝“那$^{泥}_{箇}$”字兩次爲麻$_{二}$注音（胗$^{泥}_{禡}$音那$^{泥}_{箇}$P69L9；拿$^{正:}_{泥麻}$音那平$^{泥}_{麻}$P72L6），該字在《中原音韻》中已被併入家麻韻中，《玉篇直音》同此。

此外，2 例麻$_{二}$黠混注現象不僅表明《玉篇直音》中有入聲變爲陰聲的現象，也爲我們互證麻$_{二}$、黠韻的音值提供了依據。

綜上討論，我們根據初級統計的數據可知，中古假攝字在《玉篇直音》中一分爲二，且麻$_{二}$中有部分佳韻字、個別的歌韻字併入。下面再通過系聯之法，通過統計混注與自注的比例來進一步驗證上述結論。

3.5.1.2　高級統計

我們使用系聯法將中古假攝字的音注歸併爲 65 個“準小韻”，具體字組內容詳見表 3-5-2（關於本表的使用說明，可參見表 3-2-3 上）。

表 3-5-2　《玉篇直音》所含中古假攝字組表

聲母	準小韻序號	轄字
巴類（含 36 個自然小類，20 個“準小韻”）		
幫	1	[3104]靶$^{幫}_{麻}$芭$^{幫}_{麻}$葩$^{滂}_{麻}$笆$^{幫}_{麻}$羓$^{幫}_{麻}$豝$^{幫}_{麻}$ ｜ 巴$^{幫}_{麻}$（麻$_{二7}$）
	2	[1019]灞$^{幫}_{禡}$垻$^{幫}_{禡}$䩻$^{幫}_{禡}$ ｜ 霸$^{幫}_{禡}$[0188]霸$^{幫}_{禡}$覇$^{幫}_{禡}$跁$^{並}_{馬}$𨑹$^{玉:}_{滂馬}$ ｜ 罷$^{並}_{蟹}$[3555]爬$^{幫}_{禡}$罷$^{並}_{蟹}$ ｜ 把$^{正:}_{幫禡}$（馬$_{二2}$禡$_{二8}$蟹$_{2}$）
滂	3	[2290]䣶$^{滂}_{麻}$鈀$^{滂}_{麻}$舥$^{滂}_{麻}$ ｜ 葩$^{滂}_{麻}$（麻$_{二4}$）
	4	[1993]怕$^{滂}_{禡}$ ｜ 帕$^{滂}_{禡}$[2602]帕$^{滂}_{禡}$帊$^{滂}_{禡}$ ｜ 怕$^{滂}_{禡}$（禡$_{二5}$）
並	5	[3055]琶$^{並}_{麻}$ ｜ 爬$^{並}_{麻}$[3212]杷$^{並}_{麻}$爬$^{並}_{麻}$ ｜ 琶$^{並}_{麻}$（麻$_{二5}$）
明	6	[1969]麽$^{明}_{麻}$䁯$^{明}_{佳}$𧳮$^{明}_{麻}$蟆$^{明}_{麻}$蟇$^{明}_{麻}$ ｜ 麻$^{明}_{麻}$[3417]蟇$^{明}_{麻}$麻$^{明}_{麻}$ ｜ 蟆$^{明}_{麻}$（麻$_{二8}$佳$_{1}$）
	7	[1085]碼$^{明}_{馬}$媽$^{明}_{馬}$瑪$^{明}_{馬}$鰢$^{明}_{馬}$ ｜ 馬$^{明}_{馬}$[3466]馬$^{明}_{馬}$ ｜ 瑪$^{明}_{馬}$[1358]䣕$^{明}_{禡}$ ｜ 禡$^{明}_{禡}$[1422]隭$^{明}_{禡}$傌$^{明}_{禡}$禡$^{明}_{禡}$ ｜ 罵$^{明}_{禡}$[3603]罵$^{明}_{禡}$罵$^{明}_{禡}$ ｜ 馬去$^{明}_{禡}$（禡$_{二16}$）

續表

聲母	準小韻序號	轄字
泥	8	[2394]拏$^{泥}_{麻}$笯$^{泥}_{麻}$誽$^{泥}_{佳}$｜拿$^{泥}_{麻}$[2395]拿$^{泥}_{麻}$｜那平$^{泥}_{歌}$[2351]胗$^{泥}_{禡}$｜那$^{泥}_{箇}$（麻$_{二4}$佳$_{1}$歌$_{1}$禡$_{二1}$箇$_{1}$）
精	9	[0832]浾$^{莊}_{麻}$｜渣$^{莊}_{麻}$（麻$_{二2}$）
	10	[0217]肊$^{知}_{麻}$｜吒$^{知}_{麻}$[2094]吒$^{知}_{麻}$膗$^{莊}_{麻}$摣$^{莊}_{麻}$樝$^{知}_{麻}$樝$^{莊}_{麻}$柤$^{莊}_{麻}$楂$^{莊}_{麻}$｜查$^{集:}_{莊麻}$[3264]查$^{集:}_{莊麻}$｜撾$^{集:}_{知麻}$（麻$_{二12}$）
	11	[3509]鮺$^{集:}_{莊馬}$｜喳上$^{集:}_{莊馬}$（馬$_{二2}$）
	12	[0401]羑$^{莊}_{禡}$仅$^{初}_{禡}$膆$^{知}_{禡}$髶$^{集:}_{莊禡}$軒$^{莊}_{禡}$醡$^{集:}_{莊禡}$鮓$^{崇}_{馬}$奓$^{崇}_{馬}$｜詐$^{莊}_{禡}$（馬$_{二2}$禡$_{二7}$）
	13	[3349]笮$^{莊}_{禡}$｜䈉$^{集:}_{莊卦}$（禡$_{二1}$卦$_{1}$）
	14	[1875]奼$^{知}_{禡}$詫$^{徹}_{禡}$｜吒$^{知}_{禡}$（禡$_{二3}$）
清	15	[3080]齹$^{玉:}_{崇麻}$蒫$^{補:}_{徹麻}$叉$^{初}_{麻}$｜差$^{初}_{麻}$[3115]艖$^{初}_{麻}$杈$^{初}_{麻}$｜叉$^{初}_{麻}$（麻$_{二7}$）
	16	[1876]姹$^{徹}_{禡}$｜咤$^{知}_{禡}$[2095]喳$^{集:}_{知禡}$咤$^{知}_{禡}$｜擦$^{自:}_{初黠}$（禡$_{二4}$黠$_{1}$）
從	17	[1571]䆛$^{澄}_{麻}$｜茶$^{澄}_{麻}$[3195]搽$^{澄}_{麻}$｜槎$^{集:}_{崇麻}$[3213]槎$^{集:}_{崇麻}$茬$^{集:}_{崇麻}$茶$^{澄}_{麻}$｜查$^{崇}_{麻}$（麻$_{二8}$）
	18	[1494]𢉐$^{崇}_{禡}$痄$^{崇}_{馬}$褯$^{崇}_{禡}$鈹$^{從}_{禡}$｜乍$^{崇}_{禡}$（馬$_{二1}$禡$_{二3}$禡$_{三1}$）
心	19	[0841]渉$^{生}_{麻}$厏$^{集:}_{生禡}$裟$^{生}_{麻}$紗$^{生}_{麻}$鯊$^{生}_{麻}$｜沙$^{生}_{麻}$（麻$_{二5}$禡$_{二1}$）
	20	[3554]𠈜$^{生}_{馬}$｜耍$^{生}_{馬}$（馬$_{二2}$）
家類（含 28 個自然小類，15 個“準小韻”）		
見	21	[1127]砉$^{見}_{麻}$恕$^{見}_{歌}$䲭$^{莊}_{麻}$跏$^{見}_{麻}$迦$^{見}_{麻}$瘕$^{見}_{麻}$痂$^{見}_{麻}$家$^{見}_{麻}$家$^{見}_{麻}$珈$^{見}_{麻}$枷$^{見}_{麻}$茄$^{見}_{麻}$葭$^{見}_{麻}$笳$^{見}_{麻}$鴐$^{見}_{麻}$猳$^{見}_{麻}$豭$^{見}_{麻}$麚$^{見}_{麻}$嘉$^{見}_{麻}$耞$^{集:}_{見麻}$｜加$^{見}_{麻}$（麻$_{二20}$歌$_{1}$）
	22	[1838]婽$^{見}_{馬}$賈$^{見}_{馬}$檟$^{見}_{馬}$斚$^{見}_{馬}$斝$^{見}_{馬}$｜假$^{見}_{馬}$[3437]鷶$^{見}_{馬}$｜賈$^{見}_{馬}$（馬$_{二8}$）
	23	[3246]椵$^{見}_{馬}$｜叚$^{見}_{馬}$（馬$_{二2}$）
	24	[1871]嫁$^{見}_{禡}$賀$^{見}_{禡}$｜價$^{見}_{禡}$[1666]價$^{見}_{禡}$傢$^{見}_{禡}$課$^{見}_{禡}$｜嫁$^{見}_{禡}$（禡$_{二7}$）
	25	[2609]幏$^{見}_{禡}$架$^{見}_{禡}$稼$^{見}_{禡}$駕$^{見}_{禡}$｜架$^{見}_{禡}$（禡$_{二5}$）
疑	26	[0924]涯$^{疑}_{佳}$厊$^{疑}_{麻}$齖$^{疑}_{麻}$骬$^{疑}_{麻}$衙$^{疑}_{麻}$㽷$^{疑}_{麻}$枒$^{疑}_{麻}$芽$^{疑}_{麻}$｜牙$^{疑}_{麻}$[2115]啀$^{疑}_{佳}$｜涯$^{疑}_{佳}$（麻$_{二8}$佳$_{3}$）
	27	[1108]砑$^{疑}_{禡}$｜訝$^{疑}_{禡}$[2668]訝$^{疑}_{禡}$迓$^{疑}_{禡}$｜迓$^{疑}_{禡}$（禡$_{二5}$）
影	28	[2088]唲$^{影}_{佳}$錏$^{影}_{麻}$鵶$^{影}_{麻}$｜鴉$^{影}_{麻}$[2467]䆘$^{疑}_{麻}$鴉$^{影}_{麻}$｜呀$^{疑}_{麻}$（麻$_{二6}$佳$_{1}$）
	29	[3214]椏$^{影}_{麻}$｜丫$^{影}_{麻}$（麻$_{二2}$）
	30	[2150]啞$^{影}_{馬}$｜雅$^{疑}_{馬}$[2437]跒$^{影}_{馬}$雅$^{疑}_{馬}$｜啞$^{影}_{馬}$（馬$_{二5}$）
	31	[0162]晋$^{影}_{禡}$俹$^{影}_{禡}$婭$^{影}_{禡}$𦛋$^{影}_{禡}$𨓬$^{影}_{禡}$痖$^{影}_{馬}$𡨛$^{影}_{禡}$稏$^{影}_{禡}$襾$^{影}_{禡}$｜亞$^{影}_{禡}$（馬$_{二1}$禡$_{二9}$）
曉	32	[0252]颬$^{曉}_{麻}$鍜$^{匣}_{麻}$｜煆$^{曉}_{麻}$[0357]煆$^{曉}_{麻}$｜遐$^{匣}_{麻}$（麻$_{二5}$）
	33	[1441]𨻶$^{曉}_{禡}$｜暇$^{匣}_{禡}$（禡$_{二2}$）
匣	34	[0357]霞$^{匣}_{麻}$𢘨$^{匣}_{麻}$瑕$^{匣}_{麻}$徦$^{匣}_{麻}$｜遐$^{匣}_{麻}$[1071]碬$^{匣}_{麻}$蝦$^{匣}_{麻}$｜霞$^{匣}_{麻}$[1105]碬$^{匣}_{麻}$｜叚$^{匣}_{麻}$[2737]遐$^{匣}_{麻}$蕸$^{匣}_{麻}$赮$^{匣}_{麻}$｜瑕$^{匣}_{麻}$[3512]鰕$^{匣}_{麻}$｜蝦$^{匣}_{麻}$[3439]鶌$^{匣}_{馬}$｜遐去$^{匣}_{禡}$（麻$_{二16}$馬$_{二1}$禡$_{二1}$）
	35	[0173]暇$^{匣}_{禡}$厦$^{匣}_{馬}$嗄$^{生}_{禡}$暇$^{匣}_{禡}$夏$^{匣}_{馬}$夓$^{匣}_{馬}$｜下$^{匣}_{禡}$[1603]𡕰$^{匣}_{馬}$｜夏$^{匣}_{馬}$（馬$_{二5}$禡$_{二4}$）
瓜類（含 25 個自然小類，9 個“準小韻”）		
見	36	[2107]喎$^{溪}_{佳}$｜媧$^{見}_{佳}$[1865]媧$^{見}_{佳}$｜喎$^{溪}_{佳}$（佳$_{4}$）
	37	[1862]㚻$^{見}_{麻}$䀨$^{見}_{麻}$騧$^{見}_{麻}$腡$^{見}_{佳}$歄$^{見}_{麻}$｜瓜$^{見}_{麻}$[2051]另$^{見}_{馬}$剮$^{見}_{馬}$｜寡$^{見}_{馬}$[2932]寡$^{見}_{馬}$｜瓜上$^{見}_{馬}$（麻$_{二5}$佳$_{1}$馬$_{二5}$）
	38	[1223]坬$^{見}_{禡}$絓$^{見}_{卦}$罣$^{見}_{卦}$｜卦$^{見}_{卦}$[3700]卦$^{見}_{卦}$｜罣$^{見}_{卦}$（禡$_{二1}$卦$_{5}$）
溪	39	[1725]侉$^{溪}_{麻}$娃$^{溪}_{佳}$姱$^{溪}_{麻}$䠸$^{溪}_{麻}$跨$^{溪}_{麻}$荂$^{溪}_{麻}$夸$^{溪}_{麻}$｜誇$^{溪}_{麻}$（麻$_{二7}$佳$_{1}$）
	40	[2600]㟫$^{溪}_{馬}$｜跨$^{溪}_{馬}$（馬$_{二2}$）
	41	[2308]胯$^{溪}_{禡}$骻$^{溪}_{禡}$｜跨$^{溪}_{禡}$（禡$_{二3}$）
影	42	[0791]洼$^{影}_{麻}$漥$^{影}_{麻}$窊$^{影}_{麻}$｜蛙$^{影}_{佳}$[1292]呱$^{影}_{麻}$呱$^{集:}_{影麻}$蛙$^{影}_{佳}$蝸$^{見}_{麻}$｜哇$^{影}_{麻}$[1801]娃$^{影}_{佳}$｜窊$^{影}_{麻}$[3530]鼃$^{影}_{佳}$䵷$^{影}_{佳}$｜娃$^{影}_{佳}$[2245]瓬$^{篇:}_{疑馬}$｜瓦$^{疑}_{馬}$[3175]瓦$^{疑}_{馬}$｜蛙上$^{影}_{馬}$（麻$_{二8}$佳$_{6}$馬$_{二4}$）
曉	43	[2866]闟$^{曉}_{麻}$華$^{曉}_{麻}$蕚$^{曉}_{麻}$蕐$^{曉}_{麻}$｜花$^{曉}_{麻}$[3291]花$^{曉}_{麻}$｜化平$^{曉}_{麻}$[2240]踝$^{匣}_{馬}$諣$^{曉}_{禡}$匕$^{曉}_{禡}$｜化$^{曉}_{禡}$（麻$_{二7}$馬$_{二1}$禡$_{二3}$）

續表

聲母	準小韻序號	轄字
匣	44	[0631]崋$^{\text{匣}}_{\text{麻}}$蔴$^{\text{篇:}}_{\text{匣麻}}$ ǀ 驊$^{\text{匣}}_{\text{麻}}$[3007]鏵$^{\text{匣}}_{\text{麻}}$划$^{\text{匣}}_{\text{麻}}$鷨$^{\text{匣}}_{\text{麻}}$驊$^{\text{匣}}_{\text{麻}}$鮭$^{\text{匣}}_{\text{麻}}$ ǀ 華$^{\text{匣}}_{\text{麻}}$[3557]畫$^{\text{匣}}_{\text{卦}}$畵$^{\text{匣}}_{\text{卦}}$ ǀ 華去$^{\text{匣}}_{\text{禡}}$[2662]話$^{\text{匣}}_{\text{夬}}$ ǀ 画$^{\text{匣}}_{\text{卦}}$[2388]舙$^{\text{匣}}_{\text{夬}}$蠢$^{\text{匣}}_{\text{夬}}$ ǀ 話$^{\text{匣}}_{\text{夬}}$(麻$_{二9}$禡$_{二1}$卦$_{3}$夬$_{4}$)
車類(含 42 個自然小類,20 個"準小韻")		
精	45	[2640]蒫$^{\text{精}}_{\text{麻}}$ ǀ 差$^{\text{集:}}_{\text{精麻}}$(麻$_{三2}$)
	46	[2669]謯$^{\text{精}}_{\text{麻}}$抯$^{\text{精}}_{\text{馬}}$殝$^{\text{精}}_{\text{麻}}$ ǀ 嗟$^{\text{精}}_{\text{麻}}$[3744]罝$^{\text{精}}_{\text{麻}}$ ǀ 嗟$^{\text{精}}_{\text{麻}}$[3681]且$^{\text{精}}_{\text{魚}}$ ǀ 姐平$^{\text{精}}_{\text{麻}}$[1751]毑$^{\text{精}}_{\text{馬}}$毑$^{\text{精}}_{\text{馬}}$ ǀ 姐$^{\text{精}}_{\text{馬}}$[1797]姐$^{\text{精}}_{\text{馬}}$ ǀ 嗟上$^{\text{精}}_{\text{馬}}$(麻$_{三6}$馬$_{三6}$魚$_{1}$)
心	47	[2782]𡭔$^{\text{心}}_{\text{麻}}$ ǀ 些$^{\text{心}}_{\text{麻}}$(麻$_{三2}$)
	48	[2695]𧬮$^{\text{心}}_{\text{馬}}$寫$^{\text{心}}_{\text{馬}}$樢$^{\text{心}}_{\text{馬}}$ ǀ 寫$^{\text{心}}_{\text{馬}}$(馬$_{三4}$)
	49	[0460]灺$^{\text{邪}}_{\text{馬}}$ ǀ 寫$^{\text{集:}}_{\text{心禡}}$(馬$_{三1}$禡$_{三1}$)
	50	[1400]卸$^{\text{心}}_{\text{禡}}$ ǀ 瀉$^{\text{心}}_{\text{禡}}$[2915]瀉$^{\text{集:}}_{\text{心麻}}$ ǀ 瀉$^{\text{心}}_{\text{禡}}$(麻$_{三1}$禡$_{三3}$)
邪	51	[2496]衺$^{\text{邪}}_{\text{麻}}$斜$^{\text{邪}}_{\text{麻}}$ ǀ 邪$^{\text{邪}}_{\text{麻}}$[3293]蒣$^{\text{邪}}_{\text{麻}}$ ǀ 斜$^{\text{邪}}_{\text{麻}}$(麻$_{三5}$)
	52	[1595]澍$^{\text{邪}}_{\text{禡}}$榭$^{\text{邪}}_{\text{禡}}$藉$^{\text{從}}_{\text{禡}}$ ǀ 謝$^{\text{邪}}_{\text{禡}}$[2663]謝$^{\text{邪}}_{\text{禡}}$ ǀ 榭$^{\text{邪}}_{\text{禡}}$(禡$_{三6}$)
章	53	[0453]烢$^{\text{知}}_{\text{禡}}$Gd$^{\text{章}}_{\text{禡}}$蔗$^{\text{章}}_{\text{禡}}$鷓$^{\text{章}}_{\text{禡}}$ ǀ 柘$^{\text{章}}_{\text{禡}}$[2096]嗻$^{\text{章}}_{\text{禡}}$䛸$^{\text{集:}}_{\text{知麻}}$柘$^{\text{章}}_{\text{禡}}$䗪$^{\text{章}}_{\text{禡}}$䗪$^{\text{章}}_{\text{禡}}$ ǀ 蔗$^{\text{章}}_{\text{禡}}$(麻$_{二1}$禡$_{二1}$禡$_{三9}$)
	54	[1747]奢$^{\text{章}}_{\text{麻}}$ ǀ 遮$^{\text{章}}_{\text{麻}}$[2752]遮$^{\text{章}}_{\text{麻}}$ ǀ 者平$^{\text{章}}_{\text{麻}}$[2826]撦$^{\text{昌}}_{\text{馬}}$赭$^{\text{章}}_{\text{馬}}$丆$^{\text{知}}_{\text{馬}}$赭$^{\text{章}}_{\text{馬}}$ ǀ 者$^{\text{章}}_{\text{馬}}$[3784]者$^{\text{章}}_{\text{馬}}$ ǀ 遮上$^{\text{章}}_{\text{馬}}$(麻$_{三4}$馬$_{二1}$馬$_{三6}$)
昌	55	[3627]奓$^{\text{昌}}_{\text{馬}}$䵵$^{\text{昌}}_{\text{馬}}$ ǀ 撦$^{\text{昌}}_{\text{馬}}$(馬$_{三3}$)
	56	[1072]硨$^{\text{昌}}_{\text{麻}}$ ǀ 車$^{\text{昌}}_{\text{麻}}$[1532]厙$^{\text{昌}}_{\text{禡}}$ ǀ 車去$^{\text{昌}}_{\text{禡}}$(麻$_{三2}$禡$_{三2}$)
書	57	[1322]郃$^{\text{書}}_{\text{禡}}$射$^{\text{船}}_{\text{禡}}$赦$^{\text{書}}_{\text{禡}}$ ǀ 舍$^{\text{書}}_{\text{禡}}$[3156]䒕$^{\text{篇:}}_{\text{書禡}}$ ǀ 赦$^{\text{書}}_{\text{禡}}$[3521]麝$^{\text{船}}_{\text{禡}}$ ǀ 射$^{\text{船}}_{\text{禡}}$(禡$_{三8}$)
	58	[0895]潳$^{\text{昌}}_{\text{馬}}$賒$^{\text{書}}_{\text{麻}}$車$^{\text{昌}}_{\text{麻}}$ ǀ 奢$^{\text{書}}_{\text{麻}}$[2465]畲$^{\text{書}}_{\text{麻}}$奢$^{\text{書}}_{\text{麻}}$奢$^{\text{書}}_{\text{麻}}$ ǀ 賒$^{\text{書}}_{\text{麻}}$[2056]舍$^{\text{書}}_{\text{馬}}$ ǀ 捨上$^{\text{書}}_{\text{馬}}$[2849]捨$^{\text{書}}_{\text{馬}}$够$^{\text{書}}_{\text{馬}}$餘$^{\text{書}}_{\text{馬}}$ ǀ 賒上$^{\text{書}}_{\text{馬}}$(麻$_{三7}$馬$_{三7}$)
禪	59	[2864]闍$^{\text{禪}}_{\text{麻}}$闍$^{\text{禪}}_{\text{麻}}$ ǀ 蛇$^{\text{船}}_{\text{麻}}$[3444]蛇$^{\text{船}}_{\text{麻}}$ ǀ 闍$^{\text{禪}}_{\text{麻}}$(麻$_{三5}$)
	60	[1176]坘$^{\text{禪}}_{\text{馬}}$惹$^{\text{日}}_{\text{馬}}$袿$^{\text{禪}}_{\text{馬}}$ ǀ 社$^{\text{禪}}_{\text{馬}}$[2158]喏$^{\text{日}}_{\text{馬}}$ ǀ 惹$^{\text{日}}_{\text{馬}}$(馬$_{三6}$)
	61	[2432]踷$^{\text{集:}}_{\text{日馬}}$ ǀ 若$^{\text{日}}_{\text{馬}}$(馬$_{三2}$)
群	62	[1636]伽$^{\text{群}}_{\text{戈}}$ ǀ 茄$^{\text{群}}_{\text{戈}}$[1695]佉$^{\text{溪}}_{\text{戈}}$ ǀ 伽$^{\text{群}}_{\text{戈}}$(戈$_{4}$)
喻	63	[1745]爺$^{\text{以}}_{\text{麻}}$琊$^{\text{以}}_{\text{麻}}$ ǀ 耶$^{\text{以}}_{\text{麻}}$[2234]耶$^{\text{以}}_{\text{麻}}$ ǀ 爺$^{\text{以}}_{\text{麻}}$(麻$_{三5}$)
	64	[1157]壄$^{\text{以}}_{\text{馬}}$埜$^{\text{以}}_{\text{馬}}$墅$^{\text{集:}}_{\text{以馬}}$冶$^{\text{以}}_{\text{馬}}$ ǀ 也$^{\text{以}}_{\text{馬}}$[3268]埜$^{\text{以}}_{\text{馬}}$也$^{\text{以}}_{\text{馬}}$ ǀ 野$^{\text{以}}_{\text{馬}}$(馬$_{三8}$)
靴類(含 1 個自然小類,1 個"準小韻")		
曉	65	[2894]履$^{\text{玉:}}_{\text{曉戈}}$ ǀ 靴$^{\text{曉}}_{\text{戈}}$(戈$_{2}$)

鑒於自《中原音韻》以來中古假攝麻韻二、三等有別，我們在進行混注的統計時也有意識地對之加以區分。在關於中古假攝的 62 個"準小韻"(麻$_{二}$43 個、麻$_{三}$19 個，不計經反切比較及方言參證後併入麻$_{二}$的 1 個佳韻、併入麻$_{三}$的 2 個戈韻"準小韻")中，麻韻自注、混注的數據如表 3-5-3 所示。

表 3-5-3 中古假攝被注字系聯自注、混注情況統計表

假攝(62 個)			
麻$_{二}$(43 個)		麻$_{三}$(19 個)	
麻$_{二}$自注數及占比	麻$_{二}$混注數及占比	麻$_{三}$自注數及占比	麻$_{三}$混注數及占比
29 個	14 個	16 個	3 個
67.44%(29/43)	32.56%(14/43)	84.21%(16/19)	15.79%(3/19)

據統計可知，中古假攝在《玉篇直音》中以自注爲主體模式，其獨立性很强。攝內的等的差别依然存在，麻$_{二}$與麻$_{三}$之間呈對立之勢，這與近代漢語是吻合的。

麻韻自注之外的混注共計 18 次，占假攝總數的 27.69%（18/65），關於具體的混注內容，我們窮盡列舉如下，詳見表 3-5-4。表中的“麻佳”是指僅有麻、佳二韻參與混注的“準小韻”，共出現 9 次，餘類推。

表 3-5-4　系聯後的假攝諸韻混注情況統計表

組别	序號	混注種類	次數	組别	序號	混注種類	次數	組别	序號	混注種類	次數
麻$_{二}$組（共計 15 次）	1	麻$_{二}$麻$_{三}$	*1*	麻$_{二}$組（共計 15 次）	3	麻$_{二}$佳夬	*1*	麻$_{二}$組（共計 15 次）	5	麻$_{二}$歌	*2*
	2	麻$_{二}$佳	*9*		4	麻$_{二}$佳歌	*1*		6	麻$_{二}$黠	*1*
麻$_{三}$組（共計 3 次）	1	麻$_{三}$麻$_{二}$	*2*	麻$_{三}$組（共計 3 次）	2	麻$_{三}$魚	*1*				

據表 3-5-4 中的數據可知，麻$_{二}$、麻$_{三}$之間也存有混注，共計 3 次（涉及 4 例直接混注：鈹$^{從}_{禡}$音乍$^{崇}_{禡}$P110L3；炨$^{知}_{禡}$音柘$^{章}_{禡}$P9L3；諸$^{集:}_{知麻}$音蔗$^{章}_{禡}$P88L10；㐅$^{知}_{馬}$音者$^{章}_{馬}$P172L3），我們根據同音關係將第 1 例系聯至麻$_{二}$組中，將餘下的 3 例（後 2 例可系聯爲一組）併入麻$_{三}$組中。此類混注僅占麻$_{二}$、麻$_{三}$組總數的 1.96%（1/51）、8.00%（2/25），比值較低，意味著麻$_{二}$、麻$_{三}$是各自獨立的，不能合併。

既然麻$_{二}$、麻$_{三}$之間對立嚴格，怎麼又會出現上述 4 例的混注呢？我們發現，混注的 4 例所涉及的被注字及注音字皆是齒音字，尤其是後 3 例均是知$_{二}$與章組字之間的混注。據《海鹽方言志》①，在今海鹽吴音中，中古章組麻$_{三}$韻字與除見組外的麻$_{二}$開口呼字、所有的麻$_{二}$合口呼字一起均讀作 o 韻，如“遮鷓蔗赭、車、賒舍赦、蛇”等章組麻$_{三}$韻字的韻母均爲 o，與“渣查詐榨、叉差岔、紗沙裟、乍”等知、莊組麻$_{二}$韻字的讀音相同。據此可知，《玉篇直音》中的章母麻$_{三}$韻字與知母麻$_{二}$韻字混注的現象應是明末海鹽吴音的再現，不過較今之海鹽吴音，《玉篇直音》中的此類字爲數不多，且僅限於全清聲母字。另 1 例乃從母麻$_{三}$韻字與崇母麻$_{二}$韻字的混注，不過該例不能在今海鹽吴音中得到印證，因爲中古從母麻$_{三}$韻字今海鹽音讀 ia 韻，崇母麻$_{二}$韻字的韻母讀 o，二者讀音不同。

總之，中古麻$_{二}$、麻$_{三}$之間的混注再現了明末之際海鹽吴方音的麻韻格局，只是因其數量少、規模小，並不能影響麻$_{二}$、麻$_{三}$韻的對立格局。

麻$_{二}$組中混注數最多的當屬與蟹攝二等佳（夬）韻的混注，共計 11 次，系聯後共計 24 個，有：

罷$^{並}_{蟹}$睸$^{明}_{佳}$；說$^{泥}_{佳}$；簎$^{集:}_{莊卦}$；涯$^{疑}_{佳}$啀$^{疑}_{佳}$呝$^{影}_{佳}$喎$^{溪}_{佳}$媧$^{見}_{佳}$腡$^{見}_{佳}$絓$^{見}_{卦}$罣$^{見}_{卦}$卦$^{見}_{卦}$娃$^{溪}_{佳}$蛙$^{影}_{佳}$娃$^{影}_{佳}$鼃$^{影}_{佳}$䵷$^{影}_{佳}$画$^{匣}_{卦}$畫$^{匣}_{卦}$畵$^{匣}_{卦}$話$^{匣}_{夬}$舙$^{匣}_{夬}$譮$^{匣}_{夬}$

其中屬於中古牙、喉音的有 20 個，占總數的 83.33%，是併入麻$_{二}$韻的佳韻字的主體部分。

①胡明揚. 海鹽方言志[M]. 杭州：浙江人民出版社，1992.

除此之外，還有少數唇音及泥、莊母字的併入。以牙、喉音爲主的佳韻字併入麻$_{二}$韻字的現象在中古時期便已出現，“遠在十四世紀（或較早）就完成了”①，在包括吳方言在內的現代漢語方言中仍能印證這一音變現象。《玉篇直音》中含有此類現象與漢語史相吻合。這些佳韻字與麻韻混注，表明其與其他佳韻字在主元音上已有差别，已經併入麻$_{二}$韻中。但這並不代表佳韻整體與麻韻合流，因爲併入的字僅限於部分牙、喉音字，個别的唇音字及泥母字。如仍有部分牙、喉音佳韻字與哈韻混注的情況，如呆$^{疑}_{哈}$音崖$^{疑}_{佳}$P56L5、痎$^{集:}_{疑哈}$音捱$^{集:}_{疑佳}$P103L1、騃$^{字:}_{疑佳}$音埃$^{影}_{哈}$P153L4等。這表明佳韻字處於兩分的狀態，一部分字已向假攝麻韻演變。

另有歌韻字“那”兩次爲麻$_{二}$注音（上文初級統計時已提及，可參見），該字在《中原音韻》《洪武正韻》《韻略易通》《韻略匯通》中皆已有家麻韻的讀音了，《玉篇直音》同此。不過需要說明的是，“那”在《玉篇直音》中仍與歌韻字“儺”混注（共計2次，1次是被注字，1次是注音字），這表明其歌韻的讀音尚未消失。其實該字在《中原音韻》《洪武正韻》《韻略易通》中，乃至《韻略匯通》中亦皆是兩讀的。

麻$_{三}$組中有1例與魚韻混注的現象：且$^{精}_{魚}$音姐平$^{精}_{麻}$P183L7。被注字且，《廣韻》有子魚、七野平上二切，據注音字“姐平$^{精}_{麻}$”當選取子魚切，精母魚韻。不過麻魚混注僅此1例，被注字與注音字之間的讀音差别也很大，疑有誤。當然也有可能是魚韻字“且”讀同支韻，音i（《玉篇直音》中存在支魚混注現象，可參見本章3.3節），而“姐”的韻母也讀i。此說並非空談，因爲“姐”在今松江、嘉興、杭州、紹興、太平等地吳音中均有 tɕi 的讀音，可爲證。

另麻$_{三}$組中有戈韻自注2次，所涉字有：伽$^{群}_{戈}$茄$^{群}_{戈}$佉$^{溪}_{戈}$伽$^{群}_{戈}$；鞾$^{曉}_{戈}$㞩$^{玉:}_{曉戈}$。之所以將之併入麻$_{三}$組，出於兩點考慮：第一，《玉篇直音》中的戈韻三等字僅此6個（4個開口、2個合口），且獨立性很强，未見與其他類的字混注，因此不能歸入歌戈部。第二，結合語音史可知，《中原音韻》已經將“鞾”併入車遮韻中，《韻略易通》《韻略匯通》將“伽茄鞾”併入遮蛇部中，《諧聲品字箋》將“茄鞾”併入賒部，以上諸書皆將此類字讀同麻$_{三}$韻字。另在包括吳方言在內的現代漢語方言中，此類字亦與中古麻$_{三}$韻字的韻母相同或近似。因此我們將此類字併入麻$_{三}$組中。

經過上述討論，我們可以清楚地看出，中古假攝在《玉篇直音》中重組爲兩個韻部，即由麻$_{二}$韻字主體構成的，有以牙、喉音爲主的佳韻字及個别歌韻字併入的家麻部和由麻$_{三}$韻主體構成的，個别戈韻三等字併入的車遮部。

3.5.2 關於韻母的確立

3.5.2.1 家麻部

家麻部字的聲母來自《玉篇直音》聲母系統的幫、精、見、曉組及泥母。下面選取幫、泥、精、見、曉五個聲母作爲代表，列其所屬小韻如下：

幫母【平】舥$^{幫}_{麻}$芭$^{幫}_{麻}$葩$^{滂}_{麻}$笆$^{幫}_{麻}$羓$^{幫}_{麻}$豝$^{幫}_{麻}$巴$^{幫}_{麻}$【去】灞$^{幫}_{禡}$垻$^{幫}_{禡}$䶕$^{幫}_{禡}$霸$^{幫}_{禡}$弝$^{幫}_{禡}$跁$^{並}_{馬}$𨑚$^{玉:}_{滂馬}$爬$^{幫}_{禡}$罷$^{並}_{蟹}$把$^{正:}_{幫禡}$

①王力. 漢語史稿[M]. 北京：中華書局，2004：171.

泥母【平】拏泥麻笯泥麻說泥佳拿泥麻那平泥歌【去】膨泥禡那泥箇

精母【平】浾莊麻渣莊麻肞知麻吒知麻䶥莊麻摣莊麻樝知麻樝莊麻柤莊麻楂莊麻查莊麻摣集:知麻【上】鮺集:莊馬喳上集:莊馬【去】羞莊禡奼初禡

膨知禡髽集:莊禡軞莊禡醡集:莊禡鮓祟馬秺祟馬詐莊禡笮莊禡簎集:莊卦妊知禡詫徹禡吒知禡

見母①【平】砎見麻怓見歌䶥莊麻跏見麻迦見麻瘕見麻痂見麻家見麻家見麻珈見麻枷見麻茄見麻葭見麻笳見麻駕見麻猳見麻豭見麻麚見麻嘉見麻耞集:見麻加見麻

【上】椵見馬賈見馬檟見馬斝見馬斝見馬假見馬䳚見馬椵見馬叚見馬【去】嫁見禡賀見禡價見禡㟛見禡謑見禡嫁見禡架見禡稼見禡駕見禡架見禡

②【平】媧見佳喎溪佳㼌見麻䀨見麻䀨見麻腡見佳歄見麻瓜見麻【上】另見馬剮見馬寡見馬瓜上見馬【去】坬見禡絓見卦罣見卦卦見卦

曉母①【平】颬曉麻鍜匣麻煆曉麻遐匣麻【去】𨻶曉禡暇匣禡

②【平】闒曉麻華曉麻荂曉麻蕐曉麻花曉麻化平曉麻【去】踝匣馬譁曉禡匕曉禡化曉禡

比較所取的每個聲母，幫、泥、精三母皆有一個小韻，放眼幫、精組聲母亦然。見、曉二母皆含有一組對立小韻，影、匣二母亦然。而疑、溪二母僅含有一個小韻，疑母的小韻同見①，溪母的小韻同見②，不再贅列。據此可知家麻部共含因聲母不同及內部對立而形成的 7 個獨立小韻。如若不計聲母的區別，這些獨立小韻至多也就四類（開齊合撮），這涵蓋了該部所有可能存在的等呼情況。考察諸小韻在中古的開合洪細特徵，如下：

幫組：開口洪音

泥母：開口洪音

精組：開口洪音

見母①：開口洪音

②：合口洪音

曉組①：開口洪音

②：合口洪音

根據中古到近代漢語介音演變的規律，結合歷史、現代方音進行參證，我們認爲上述諸小韻的四呼類型如下。

第一，幫、精組及泥母開口洪音當讀作開口呼，見、溪二母及曉組的合口洪音當讀作合口呼。此二類字在代表官話音的《中原音韻》《洪武正韻》《韻略易通》《韻略匯通》中以及反映明末清初吳方音的《同文備考》《諧聲品字箋》中皆分別讀作開口呼、合口呼，另包括吳方言在內的絕大多數現代方言皆讀作開口呼、合口呼。此可爲證。

第二，見、疑二母及曉組的開口洪音當讀作齊齒呼。僅憑牙、喉音的同音系聯得不出本類字是齊齒呼的特徵，但是我們主張將之認定爲齊齒呼，理由如下：首先，從近代官話音的角度而言，麻韻二等牙、喉音字在《中原音韻》中已讀齊齒呼[1]，之後的《西儒耳目資》[2]及《等韻圖經》[3]均同《中原音韻》。其次，就明末清初的吳方音來論，《同文

①楊耐思. 中原音韻音系[M]. 北京：中國社會科學出版社，1981：156-158.

②葉寶奎. 明清官話音系[M]. 廈門：廈門大學出版社，2001：128.

③葉寶奎. 明清官話音系[M]. 廈門：廈門大學出版社，2001：151.

備考》[①]反映的昆山音及《諧聲品字箋》[②]反映的杭州音中均讀作齊齒呼。最后，包括海鹽吳音在內的現代吳方言中多數將此類字讀成齊齒呼。鑒於以上三點，考慮到《玉篇直音》音系具有强烈的吳音色彩，故定之爲齊齒呼。

綜上，家麻部內部包括三類對立小韻，即開口呼、齊齒呼、合口呼，我們分别稱之爲巴類、家類、瓜類。三類字的中古來源分别如下。

巴類主要來自中古幫、知、莊三組及泥母的麻$_{二}$韻字，也併入了個别並、明、泥、莊四母的佳韻字及泥母歌韻字。

家類主要來自中古見、疑、影、曉、匣五母的開口麻$_{二}$韻字及佳韻字。

瓜類主要來自中古見、溪、影、曉、匣五母的合口麻$_{二}$韻字及佳、夬韻字。

中古麻$_{二}$韻的主元音是 a,《中原音韻》將麻$_{二}$韻列入家麻部，主元音仍爲 a[③],《韻略易通》《西儒耳目資》《韻略匯通》《同文備考》《諧聲品字箋》等皆同，均作 a。我們也認爲此處的家麻部主元音爲 a，如此其所含韻母的音值如下：

開口呼（巴類）: a；齊齒呼（家類）: ia；合口呼（瓜類）: ua

3.5.2.2 車遮部

車遮部字的聲母來自《玉篇直音》聲母系統的精、章二組及群、曉、喻三母。下面選取精、章、群、喻、曉五個聲母作爲代表，列其所屬小韻如下：

精母【平】謯[精麻]担[精馬]㾪[精麻]嗟[精麻]罝[精麻]且[精魚]姐平[精麻]䔌[精麻]差[集:精麻]【上】毑[精馬]毑[精馬]姐[精馬]嗟上[精馬]

章母【平】奢[章麻]遮[章麻]者平[章麻]【上】撦[昌馬]赭[章馬]入[知馬]赭[章馬]者[章馬]遮上[章馬]【去】炻[知禡]奓[章禡]蔗[章禡]鷓[章禡]嗻[章禡]諸[集:知禡]柘[章禡]樜[章禡]䗪[章禡]

群母【平】茄[群戈]佉[溪戈]伽[群戈]

喻母【平】爺[以麻]琊[以麻]耶[以麻]【上】壄[以馬]埜[以馬]墅[集:以馬]冶[以馬]也[以馬]野[以馬]

曉母【平】㞜[玉:曉戈]鞾[曉戈]

比較所取的每個聲母，每母皆有一個小韻，放眼幫、精組其他聲母亦然。據此可知車遮部共含因聲母不同及內部對立而形成的 5 個獨立小韻。如若不計聲母的區别，這些獨立小韻至多也就四類（開齊合撮），這涵蓋了該部所有可能存在的等呼情況。考察諸小韻在中古的開合洪細特徵，如下：

精組：開口細音；　　章組：開口細音；

群母：開口細音；　　喻母：開口細音；

曉母：合口細音

根據中古到近代漢語介音演變的規律，結合歷史、現代方音進行參證，我們認爲上述諸小韻的四呼類型如下。

第一，精、章二組及群、喻母開口細音當讀作齊齒呼。此類字在《中原音韻》《韻略

①丁鋒.《同文備考》音系[M]. 福岡：中國書店，2001：245.

②張詠梅.《諧聲品字箋》的音系研究[M]. 成都：巴蜀書社，2011：127.

③楊耐思. 中原音韻音系[M]. 北京：中國社會科學出版社，1981：44.

易通》《韻略匯通》《同文備考》《諧聲品字箋》等歷史文獻中皆讀齊齒呼，此可爲證。章組聲母讀舌面前音，從音理上這要求與之拼合的韻母當屬於齊齒呼，此可佐證。再者，在章組聲母仍讀 tɕ 組的吴方言中，該類字的韻母基本上仍爲齊齒呼，詳見表 3-5-5。

表 3-5-5　中古章組麻三韻字在今部分吴方言中的讀音[①]

例字／地區	蔗章禡	車昌麻	蛇船麻	捨書馬	社禪馬
靖江	tɕiɑʔ^{55}	tsʻo^{433}	ɕʑiɑ^{223}	ɕiɑ^{334}/ɕiæ^{334}	ɕʑiæ^{223}
金華	tɕiɑ^{45}	tɕʻiɑ^{435}/tɕʻɥɑ^{435}	ɕiɑ^{324}	ɕie^{544}/ɕiɑ^{544}/səu^{544}	szəu^{24}/ɕʑiɑ^{24}
永康	tɕiᴀ^{54}	tɕʻiᴀ^{44}	ɕʑiᴀ^{322}	ɕiᴀ^{434}	ɕʑiᴀ^{323}

據表 3-5-5 的讀音可知，在今靖江、金華及永康等地吴音中，中古章組麻三韻字幾乎都讀作齊齒呼，此可作爲上述推論的方言依據。

第二，曉母合口細音當讀作撮口。在上文已經提及，僅憑同音系聯，我們無法將曉母戈三韻合口字"𩏦靴"併入車遮部中，將之併入是參證歷史文獻及現代方言的結果。此類字在《中原音韻》《韻略易通》《韻略匯通》《同文備考》《諧聲品字箋》等文獻中皆併入麻三韻中，《玉篇直音》亦是如此。不過，對其韻母的讀音諸書存有差異，楊耐思[②]認爲在《中原音韻》中，該類字的介音當讀-iu，並未徹底演變爲撮口。張玉來[③]則直接取消了《韻略匯通》中此類字合口細音的特徵，認爲 iɛ 與 iuɛ 本質是相同的。與此不同的是，丁鋒[④]將《同文備考》中的此類字擬定爲撮口呼，張詠梅[⑤]將《諧聲品字箋》中的此類字亦定爲撮口呼。鑒於《玉篇直音》帶有强烈的吴音性質，此處參考《同文備考》《諧聲品字箋》等書的做法，將"𩏦靴"字的韻母定爲撮口呼。

綜上，車遮部所含諸小韻可歸併爲兩類，即齊齒呼（車類）與撮口呼（靴類）。車類主要來自中古精、章二組及群、喻二母的麻三韻字，個别開三戈韻字；靴類主要來自中古個别的戈韻合口三等曉母字。

麻三韻在《中原音韻》中併入車遮韻，在《韻略易通》《韻略匯通》中稱作遮蛇韻，在《同文備考》中稱耶類、靴類，以上稱謂儘管不一，但其主元音均作 ɛ。鑒於此，我們也將此處車遮韻的主元音擬定爲 ɛ，該部韻母的音值如下：

齊齒呼（車類）：iɛ；撮口呼（靴類）：yɛ

綜上所論，中古假攝在《玉篇直音》中重組爲家麻、車遮兩個韻部，共含有 5 個韻母，具體信息如表 3-5-6 所示。

①表中例字的讀音皆據錢乃榮《當代吳語研究》（上海教育出版社，1992 年）。

②楊耐思. 中原音韻音系[M]. 北京：中國社會科學出版社，1981：164.

③張玉來. 韻略匯通音系研究[M]. 濟南：山東教育出版社，1995：102.

④丁鋒.《同文備考》音系[M]. 福岡：中國書店，2001：245.

⑤張詠梅.《諧聲品字箋》的音系研究[M]. 成都：巴蜀書社，2011：127.

表 3-5-6　家麻、車遮二部韻母表

部名	類名	四呼	音值	中古來源
家麻	巴	開	a	中古幫、知、莊三組及泥母的開口麻二韻字，也併入了個別並、明、泥、莊四母的開口佳韻字及泥母開口歌韻字
	家	齊	ia	中古見、疑、影、曉、匣五母的開口麻二韻字及佳韻字
	瓜	合	ua	中古見、溪、影、曉、匣五母的合口麻二韻字及佳、夬韻字
車遮	車	齊	iɛ	中古精、章二組及群、喻二母的麻三韻字，個別開口戈三韻字
	靴	撮	yɛ	中古個別曉母合口三等戈韻字

3.6　流攝：尤侯部

在《玉篇直音》的 13 695 個被注字中，中古流攝字共計 714 個，其中侯、尤、幽三韻系的字數分別爲 233 個、459 個、22 個。

3.6.1　關於韻部的確立

3.6.1.1　初級統計

關於中古流攝三韻被注字的直接自注與混注次數詳見表 3-6-1。

表 3-6-1　中古流攝被注字單條自注、混注情況統計表　（單位：次）

注音字 / 被注字	侯	尤	幽
侯	219	8	0
尤	1	437	5
幽	0	15	4
其他	侯模 4；侯虞 2；尤蕭 1；尤宵 1；尤虞 13；幽宵 3		

從表 3-6-1 中的數據可以大致看出中古流攝幽韻以與尤韻混注（15 次）作爲常態，這表明幽韻業已併入尤韻。至於尤、侯二韻，其間偶有混注，所涉及的尤韻字主要是莊組字（鄒莊尤篘初尤廋集:生有）及個別明母（謀明尤）、來母（溜來宥）字。除了溜字讀成洪音侯韻是特殊音變外，其餘莊組及明母尤韻字讀成侯韻字皆是與通語音變相吻合的。如此看來，尤、侯二韻的對立仍然存在，二者之間存在洪、細的區別。

此外，尤、侯韻與遇攝虞、模韻之間存在一定規模的混注，所涉及的流攝字（蔀並厚䳝並厚部並厚颫玉:並有呼非尤𡚱非有𡛿非有弅非宥副敷宥桴奉尤艀奉尤阜奉有𠂤奉有負奉有偩奉有鴭奉有萯奉有戊微候）皆爲唇音聲母字。結合漢語史可知這些唇音字已經轉讀遇攝模韻了，這在遇攝的討論中已經論及，可參見 3.3 節，兹不贅論。

另有 5 例效攝字與流攝字混注的情況，體現出效、流二攝中個別字的音變，這在本節下文中將詳論之。

總而言之，從對單條直音注音的統計來看，中古流攝諸韻在《玉篇直音》中的分合與重組軌跡清晰：除一部分唇音字併入遇攝模韻中外，餘下的流攝字以中古的等爲線，一等侯韻自成一類，三等尤韻（含重韻幽韻）自成一類。下面再通過系聯之法，通過統計混注與自注的比例來進一步驗證上述結論。

3.6.1.2 高級統計

我們使用系聯法將中古效攝字的音注歸併爲 82 個“準小韻”，具體字組內容詳見表 3-6-2（關於本表的使用說明，可參見表 3-2-3 上）。

表 3-6-2 《玉篇直音》所含中古效攝字組表

聲母	準小韻序號	轄字
侯類（含 82 個自然小類，39 個“準小韻”）		
滂	1	[1819]婄$^{滂}_{厚}$呸$^{滂}_{侯}$瓿$^{滂}_{厚}$ ǀ 剖$^{滂}_{厚}$[3160]剖$^{滂}_{厚}$ ǀ 掊$^{滂}_{厚}$（侯$_{1}$厚$_{5}$）
並	2	[2789]抔$^{並}_{侯}$掊$^{並}_{侯}$ ǀ 裒$^{並}_{侯}$（侯$_{3}$）
明	3	[0801]洠$^{集:}_{明侯}$侔$^{明}_{尤}$眸$^{明}_{尤}$謀$^{明}_{尤}$鍪$^{明}_{尤}$鉾$^{明}_{尤}$矛$^{明}_{尤}$麰$^{明}_{尤}$鴾$^{明}_{尤}$蛑$^{明}_{尤}$ ǀ 牟$^{明}_{尤}$[1630]侔$^{明}_{尤}$愗$^{明}_{侯}$呣$^{明}_{侯}$劺$^{明}_{尤}$ ǀ 謀$^{明}_{尤}$[3145]秡$^{明}_{尤}$蟊$^{明}_{尤}$蝥$^{明}_{尤}$ ǀ 矛$^{明}_{尤}$[3479]牟$^{明}_{尤}$ ǀ 侔$^{明}_{尤}$（侯$_{2}$候$_{1}$尤$_{19}$）
	4	[0163]瞀$^{明}_{候}$鄮$^{明}_{候}$姆$^{明}_{候}$娒$^{明}_{候}$懋$^{明}_{候}$丞$^{明}_{候}$瞀$^{明}_{候}$袤$^{明}_{候}$貿$^{明}_{候}$ ǀ 茂$^{明}_{候}$[3062]貿$^{明}_{候}$茂$^{明}_{候}$茂$^{明}_{候}$ ǀ 貿$^{明}_{候}$（候$_{14}$）
非	5	[0492]缹$^{非}_{有}$否$^{非}_{有}$鴀$^{非}_{有}$ ǀ 缶$^{非}_{有}$[1848]妚$^{非}_{有}$㤓$^{敷}_{有}$裒$^{奉}_{尤}$殕$^{非}_{有}$紑$^{非}_{有}$ ǀ 否$^{非}_{有}$（尤$_{1}$有$_{9}$）
端	6	[2057]㖃$^{端}_{侯}$吺$^{端}_{侯}$瞗$^{端}_{侯}$ ǀ 兜$^{端}_{侯}$（侯$_{4}$）
	7	[0603]蚪$^{端}_{厚}$陡$^{端}_{厚}$阧$^{端}_{厚}$抖$^{端}_{厚}$枓$^{端}_{厚}$蚪$^{端}_{厚}$ ǀ 斗$^{端}_{厚}$[3680]斗$^{端}_{厚}$鬥$^{端}_{厚}$ ǀ 抖$^{端}_{厚}$（厚$_{10}$）
	8	[1844]短$^{端}_{候}$䛠$^{端}_{候}$鬬$^{端}_{候}$鬥$^{端}_{候}$枓$^{端}_{厚}$ ǀ 閗$^{端}_{候}$（厚$_{1}$候$_{5}$）
透	9	[1724]偷$^{透}_{侯}$ ǀ 豆平$^{定}_{侯}$[3562]黈$^{透}_{厚}$斢$^{透}_{厚}$ ǀ 偷上$^{透}_{厚}$[2758]透$^{透}_{候}$ ǀ 偷去$^{透}_{候}$[3722]歈$^{透}_{候}$ ǀ 透$^{透}_{候}$（侯$_{2}$厚$_{3}$候$_{4}$）
定	10	[2808]投$^{定}_{侯}$ ǀ 頭$^{定}_{侯}$[2459]骰$^{定}_{侯}$頭$^{定}_{侯}$ ǀ 投$^{定}_{候}$[1315]郖$^{定}_{候}$陡$^{端}_{候}$㢄$^{定}_{候}$窦$^{定}_{候}$竇$^{定}_{候}$侸$^{端}_{候}$㤱$^{定}_{候}$脰$^{定}_{候}$逗$^{定}_{候}$鬦$^{端}_{候}$鬪$^{端}_{候}$鋀$^{定}_{厚}$餖$^{定}_{候}$酘$^{定}_{候}$鴡$^{集:}_{定候}$ ǀ 豆$^{定}_{候}$[3414]豆$^{定}_{候}$ ǀ 投去$^{定}_{候}$（侯$_{7}$厚$_{1}$候$_{15}$）
泥	11	[3019]鎒$^{泥}_{候}$ ǀ 耨$^{泥}_{候}$（候$_{2}$）
來	12	[2798]摟$^{來}_{厚}$ ǀ 簍$^{來}_{厚}$[3340]簍$^{來}_{厚}$嶁$^{來}_{厚}$ ǀ 摟$^{來}_{厚}$（厚$_{5}$）
	13	[0328]屚$^{來}_{候}$霤$^{來}_{宥}$熘$^{來}_{宥}$僇$^{來}_{宥}$嬼$^{來}_{宥}$䄂$^{來}_{宥}$鎦$^{來}_{宥}$餾$^{來}_{宥}$ ǀ 溜$^{來}_{宥}$[0879]漏$^{來}_{候}$𨄄$^{來}_{候}$瘻$^{來}_{候}$ ǀ 陋$^{來}_{候}$[1420]陋$^{來}_{候}$屚$^{來}_{候}$鎘$^{來}_{候}$鏤$^{來}_{候}$ ǀ 漏$^{來}_{候}$（候$_{10}$宥$_{8}$）
	14	[0497]熡$^{來}_{侯}$嶁$^{來}_{侯}$漊$^{來}_{侯}$郻$^{來}_{侯}$𨻳$^{來}_{侯}$廔$^{來}_{侯}$㜢$^{來}_{侯}$艛$^{來}_{侯}$慺$^{來}_{侯}$嘍$^{來}_{侯}$瞜$^{來}_{侯}$䫫$^{來}_{侯}$膢$^{來}_{侯}$髏$^{來}_{侯}$𧡍$^{來}_{侯}$謱$^{來}_{侯}$遱$^{來}_{侯}$褸$^{來}_{侯}$鞻$^{來}_{侯}$樓$^{來}_{侯}$䮫$^{來}_{侯}$ ǀ 婁$^{來}_{侯}$[1884]婁$^{來}_{侯}$螻$^{來}_{侯}$ ǀ 樓$^{來}_{侯}$[3177]甊$^{來}_{厚}$ ǀ 婁上$^{來}_{厚}$（侯$_{25}$厚$_{2}$）
精	15	[3632]赱$^{精}_{厚}$𡳾$^{精}_{厚}$ ǀ 走$^{精}_{厚}$（厚$_{3}$）
	16	[2439]𨄣$^{精}_{候}$走$^{精}_{候}$ ǀ 奏$^{精}_{候}$（候$_{3}$）
	17	[1731]㑳$^{集:}_{莊宥}$ ǀ 皺$^{莊}_{宥}$（宥$_{2}$）
	18	[2352]𦟛$^{莊}_{宥}$𣯚$^{莊}_{宥}$ ǀ 縐$^{莊}_{宥}$（宥$_{3}$）
	19	[1380]鄹$^{莊}_{尤}$郰$^{莊}_{尤}$陬$^{莊}_{尤}$娵$^{集:}_{莊尤}$鯫$^{莊}_{尤}$𨆀$^{莊}_{尤}$緅$^{精}_{侯}$縐$^{篇:}_{莊尤}$棷$^{精}_{侯}$棸$^{莊}_{尤}$菆$^{莊}_{尤}$廄$^{莊}_{尤}$騶$^{莊}_{尤}$𩱏$^{初}_{巧}$ ǀ 鄒$^{莊}_{尤}$[1381]鄒$^{莊}_{尤}$ ǀ 鄹$^{莊}_{尤}$ [3477]驟$^{崇}_{宥}$ ǀ 鄒去$^{莊}_{宥}$（侯$_{2}$尤$_{14}$巧$_{1}$宥$_{2}$）
清	20	[0006]奏$^{清}_{候}$湊$^{清}_{候}$腠$^{清}_{候}$輳$^{清}_{候}$楱$^{清}_{候}$ ǀ 凑$^{清}_{候}$[2072]嗾$^{清}_{候}$ ǀ 奏$^{清}_{候}$[2845]揍$^{清}_{候}$ ǀ 奏$^{集:}_{清候}$（候$_{10}$）
	21	[0423]煪$^{從}_{尤}$ ǀ 袖$^{徹}_{宥}$[1504]庮$^{清}_{候}$搊$^{初}_{尤}$ ǀ 篘$^{初}_{尤}$[2188]䐹$^{徹}_{尤}$袖$^{徹}_{宥}$篘$^{初}_{尤}$ ǀ 抽$^{徹}_{尤}$[2021]㥮$^{集:}_{初巧}$ ǀ 搊上$^{初}_{有}$[3486]臭$^{昌}_{宥}$ ǀ 抽去$^{徹}_{宥}$（侯$_{1}$尤$_{6}$有$_{1}$巧$_{1}$宥$_{7}$）
心	22	[3299]蒐$^{生}_{尤}$ ǀ 叟$^{集:}_{生尤}$（尤$_{2}$）
	23	[1535]廋$^{生}_{有}$俊$^{心}_{厚}$傁$^{心}_{厚}$瞍$^{心}_{厚}$睃$^{心}_{厚}$膄$^{心}_{厚}$謏$^{心}_{厚}$藪$^{心}_{厚}$蓛$^{心}_{厚}$籔$^{心}_{厚}$ ǀ 叟$^{心}_{厚}$[2848]擻$^{心}_{厚}$叟$^{心}_{厚}$㛐$^{心}_{厚}$ ǀ 藪$^{心}_{厚}$（厚$_{14}$有$_{1}$）
	24	[0240]颼$^{生}_{尤}$颾$^{生}_{尤}$溲$^{生}_{有}$鄋$^{生}_{尤}$廋$^{生}_{尤}$鎪$^{生}_{尤}$餕$^{生}_{尤}$餿$^{生}_{尤}$酸$^{生}_{尤}$醙$^{生}_{尤}$駿$^{生}_{尤}$騪$^{生}_{尤}$獀$^{生}_{尤}$ ǀ 搜$^{生}_{尤}$[0892]漱$^{生}_{宥}$嗽$^{心}_{候}$遚$^{初}_{宥}$瘦$^{生}_{宥}$簉$^{初}_{宥}$ ǀ 瘦$^{生}_{宥}$[2907]瘦$^{生}_{宥}$ ǀ 搜去$^{生}_{宥}$（尤$_{13}$有$_{1}$宥$_{7}$侯$_{1}$）

續表

聲母	準小韻序號	轄字
見	25	[0601]岣$^{見}_{厚}$溝$^{見}_{侯}$泃$^{見}_{侯}$眗$^{見}_{侯}$恂$^{見}_{侯}$㗕$^{見}_{侯}$褠$^{見}_{侯}$遘$^{見}_{侯}$鉤$^{見}_{侯}$軥$^{見}_{侯}$𦨌$^{見}_{侯}$袧$^{見}_{侯}$｜勾$^{見}_{侯}$[2629]覯$^{見}_{侯}$泃$^{見}_{侯}$勾$^{見}_{侯}$｜溝$^{見}_{侯}$[2556]緱$^{見}_{侯}$篝$^{見}_{侯}$簼$^{見}_{侯}$餉$^{見}_{侯}$鉤$^{見}_{侯}$韝$^{見}_{侯}$｜鉤$^{見}_{侯}$（侯$_{18}$厚$_{1}$候$_{5}$）
	26	[1177]垢$^{見}_{厚}$玽$^{見}_{厚}$茍$^{見}_{厚}$｜狗$^{見}_{厚}$[3171]敂$^{見}_{侯}$笱$^{見}_{厚}$狗$^{見}_{厚}$狗$^{見}_{厚}$笱$^{見}_{厚}$耇$^{見}_{厚}$｜茍$^{見}_{厚}$（厚$_{10}$候$_{1}$）
	27	[1570]寠$^{見}_{候}$｜姤$^{見}_{候}$[1822]姤$^{見}_{候}$者$^{見}_{厚}$耇$^{見}_{厚}$詬$^{見}_{厚}$｜垢$^{見}_{厚}$（候$_{3}$厚$_{4}$）
	28	[3075]購$^{見}_{候}$構$^{見}_{候}$｜冓$^{見}_{候}$[3724]冓$^{見}_{候}$｜媾$^{見}_{候}$（候$_{5}$）
溪	29	[3119]彄$^{溪}_{侯}$｜摳$^{溪}_{侯}$[2777]竘$^{溪}_{厚}$摳$^{溪}_{侯}$｜口$^{溪}_{厚}$（侯$_{3}$厚$_{2}$）
	30	[1338]叩$^{溪}_{厚}$訂$^{溪}_{候}$寇$^{溪}_{候}$釦$^{溪}_{候}$蔻$^{溪}_{候}$鷇$^{溪}_{候}$｜扣$^{溪}_{候}$[0894] 滱$^{溪}_{候}$呴$^{曉}_{候}$詬$^{溪}_{候}$扣$^{溪}_{候}$｜寇$^{溪}_{候}$（厚$_{1}$候$_{11}$）
疑	31	[1693]偶$^{疑}_{厚}$｜耦$^{疑}_{厚}$[2460]髃$^{疑}_{厚}$藕$^{疑}_{厚}$耦$^{疑}_{厚}$｜偶$^{疑}_{厚}$（厚$_{6}$）
影	32	[0495]熰$^{集:}_{影侯}$歐$^{影}_{侯}$｜嘔$^{影}_{侯}$[0969]漚$^{影}_{侯}$｜謳$^{影}_{侯}$[2203]瞘$^{影}_{侯}$膒$^{影}_{侯}$謳$^{影}_{侯}$鏂$^{影}_{侯}$鷗$^{影}_{侯}$｜歐$^{影}_{侯}$（侯$_{11}$）
	33	[3697]斵$^{影}_{侯}$｜樞$^{集:}_{影侯}$（侯$_{2}$）
	34	[0495]㔿$^{影}_{厚}$｜嘔$^{影}_{厚}$[2119]嘔$^{影}_{厚}$毆$^{影}_{厚}$甌$^{影}_{厚}$敺$^{集:}_{影厚}$｜歐$^{影}_{厚}$（厚$_{7}$）
曉	35	[2127]吼$^{曉}_{厚}$｜侯上$^{匣}_{厚}$（厚$_{2}$）
	36	[2688]詾$^{曉}_{候}$｜後$^{匣}_{厚}$（厚$_{1}$候$_{1}$）
	37	[3510]鱟$^{洪:}_{曉候}$｜呴$^{曉}_{候}$（候$_{2}$）
匣	38	[0291]颮$^{改:}_{曉侯}$｜喉$^{匣}_{侯}$[0335]篌$^{匣}_{侯}$峳$^{匣}_{侯}$惈$^{匣}_{侯}$喉$^{匣}_{侯}$睺$^{匣}_{侯}$瘊$^{匣}_{侯}$鍭$^{匣}_{侯}$篌$^{匣}_{侯}$餱$^{匣}_{侯}$糇$^{匣}_{侯}$鯸$^{匣}_{侯}$猴$^{匣}_{侯}$猴$^{匣}_{侯}$｜侯$^{匣}_{侯}$[3131]侯$^{匣}_{侯}$矦$^{匣}_{侯}$｜猴$^{匣}_{侯}$（侯$_{19}$）
	39	[1162]垕$^{匣}_{厚}$郈$^{匣}_{厚}$厚$^{匣}_{厚}$候$^{匣}_{候}$逅$^{匣}_{候}$後$^{匣}_{厚}$｜后$^{匣}_{厚}$[1353]鄇$^{匣}_{候}$厚$^{匣}_{厚}$｜厚$^{匣}_{厚}$（厚$_{7}$候$_{3}$）
尤類（含97個自然小類，43個“準小韻”）		
明	40	[2681]謬$^{明}_{幼}$｜繆$^{明}_{幼}$（幼$_{2}$）
泥	41	[1319]邔$^{泥}_{有}$妞$^{泥}_{有}$扭$^{泥}_{有}$珇$^{泥}_{有}$杻$^{泥}_{有}$鈕$^{泥}_{宥}$狃$^{泥}_{有}$狃$^{泥}_{有}$忸$^{泥}_{有}$｜紐$^{泥}_{有}$[2568]紐$^{泥}_{有}$｜鈕$^{泥}_{有}$[3000]鈕$^{泥}_{有}$｜扭$^{泥}_{有}$[3588]紐$^{泥}_{有}$｜狃$^{泥}_{有}$（有$_{15}$宥$_{1}$）
來	42	[0235]飀$^{來}_{尤}$｜劉$^{來}_{尤}$[0236]飂$^{來}_{尤}$飅$^{來}_{尤}$溜$^{來}_{尤}$流$^{來}_{尤}$瀏$^{來}_{尤}$嘐$^{來}_{尤}$懰$^{來}_{尤}$懰$^{來}_{尤}$憀$^{來}_{尤}$熘$^{來}_{尤}$聊$^{來}_{尤}$膢$^{來}_{尤}$遛$^{來}_{尤}$摎$^{來}_{尤}$瘤$^{來}_{尤}$鎦$^{來}_{尤}$瑬$^{來}_{尤}$珋$^{來}_{尤}$劉$^{來}_{尤}$劉$^{來}_{尤}$榴$^{來}_{尤}$鶹$^{來}_{尤}$駵$^{來}_{尤}$鰡$^{來}_{尤}$｜留$^{來}_{尤}$[0783]泲$^{來}_{尤}$潹$^{龜:}_{來蕭}$留$^{來}_{尤}$旒$^{來}_{尤}$鏐$^{來}_{尤}$鎏$^{來}_{尤}$鶹$^{來}_{尤}$騮$^{來}_{尤}$旒$^{來}_{尤}$｜流$^{來}_{尤}$[3105]罶$^{集:}_{來有}$柳$^{來}_{有}$｜留上$^{來}_{有}$[1187]熘$^{來}_{宥}$塯$^{來}_{宥}$窌$^{來}_{宥}$｜留$^{來}_{宥}$（尤$_{36}$蕭$_{1}$有$_{3}$宥$_{4}$）
精	43	[0954]湫$^{精}_{尤}$｜啾$^{精}_{尤}$[2076]啾$^{精}_{尤}$揫$^{精}_{尤}$｜揪$^{精}_{尤}$（尤$_{5}$）
	44	[2040]愀$^{清}_{尤}$｜酒平$^{精}_{尤}$（尤$_{2}$）
清	45	[2233]䐘$^{精}_{尤}$瞅$^{從}_{尤}$䐘$^{清}_{尤}$踏$^{清}_{尤}$緧$^{清}_{尤}$楸$^{清}_{尤}$萩$^{清}_{尤}$鍬$^{清}_{尤}$鶖$^{清}_{尤}$鰍$^{清}_{尤}$䲡$^{清}_{尤}$龜$^{清}_{尤}$龝$^{清}_{尤}$｜秋$^{清}_{尤}$[3365]秋$^{清}_{尤}$穐$^{清}_{尤}$｜鞦$^{清}_{尤}$（尤$_{17}$）
從	46	[0968]泅$^{邪}_{尤}$怴$^{集:}_{邪尤}$殈$^{玉:}_{邪尤}$蝤$^{從}_{尤}$酋$^{從}_{尤}$｜囚$^{邪}_{尤}$[3639]囚$^{邪}_{尤}$｜酋$^{從}_{尤}$（尤$_{8}$）
	47	[0712]崷$^{從}_{尤}$｜酧$^{禪}_{尤}$[2383]鬙$^{從}_{尤}$｜酬$^{禪}_{尤}$（尤$_{4}$）
	48	[2726]遒$^{從}_{尤}$｜就平$^{從}_{尤}$[1296]僦$^{從}_{宥}$鷲$^{從}_{宥}$｜就$^{從}_{宥}$（尤$_{2}$宥$_{3}$）
	49	[1926]愁$^{崇}_{尤}$｜驟平$^{崇}_{尤}$[1739]僽$^{崇}_{宥}$｜愁去$^{崇}_{宥}$（尤$_{2}$宥$_{2}$）
心	50	[0270]颼$^{心}_{尤}$膢$^{心}_{尤}$艛$^{心}_{尤}$羞$^{心}_{尤}$｜羞$^{心}_{尤}$[1846]嫍$^{心}_{尤}$饈$^{心}_{尤}$羞$^{心}_{尤}$羬$^{心}_{尤}$｜修$^{心}_{尤}$（尤$_{10}$）
	51	[2553]繡$^{心}_{宥}$宿$^{心}_{宥}$琇$^{心}_{宥}$｜秀$^{心}_{宥}$[3375]秀$^{心}_{宥}$｜繡$^{心}_{宥}$（宥$_{6}$）
邪	52	[0559]岫$^{邪}_{宥}$褎$^{邪}_{宥}$褏$^{邪}_{宥}$｜袖$^{邪}_{宥}$[2528]袖$^{邪}_{宥}$｜岫$^{邪}_{宥}$（宥$_{6}$）
章	53	[0104]啁$^{章}_{有}$霌$^{章}_{尤}$淍$^{章}_{尤}$賙$^{章}_{尤}$剧$^{章}_{尤}$賙$^{章}_{尤}$輖$^{章}_{尤}$舟$^{章}_{尤}$｜周$^{章}_{尤}$[0342]霌$^{章}_{尤}$烐$^{章}_{尤}$州$^{章}_{尤}$侜$^{知}_{尤}$婤$^{章}_{尤}$譸$^{知}_{尤}$週$^{章}_{尤}$琇$^{章}_{尤}$駎$^{知}_{尤}$盩$^{知}_{尤}$｜舟$^{章}_{尤}$[0806]洲$^{章}_{尤}$鍘$^{章}_{尤}$｜州$^{章}_{尤}$（尤$_{22}$有$_{1}$）
	54	[2306]肘$^{知}_{有}$肚$^{知}_{有}$鋼$^{章}_{有}$肘$^{知}_{有}$｜帚$^{章}_{有}$[2615]帚$^{章}_{有}$疛$^{知}_{有}$紂$^{章}_{有}$肚$^{知}_{有}$｜肘$^{知}_{有}$（有$_{10}$）
	55	[0276]颵$^{章}_{宥}$哵$^{章}_{宥}$晝$^{知}_{宥}$｜咒$^{章}_{宥}$[2105]呪$^{章}_{宥}$｜晝$^{知}_{宥}$[1773]丩$^{見}_{幽}$糾$^{洪:}_{見尤}$摎$^{見}_{尤}$疝$^{見}_{尤}$樛$^{見}_{幽}$朻$^{見}_{幽}$獢$^{曉}_{宵}$疙$^{見}_{尤}$敿$^{集:}_{曉宵}$｜鳩$^{見}_{尤}$[2488]叻$^{見}_{尤}$訊$^{章}_{宥}$鬮$^{見}_{尤}$｜糾$^{洪:}_{見尤}$（尤$_{8}$幽$_{3}$宵$_{2}$宥$_{7}$）
昌	56	[2006]惆$^{徹}_{尤}$｜紬$^{集:}_{徹尤}$（尤$_{2}$）
	57	[3587]丑$^{徹}_{有}$｜醜$^{昌}_{有}$[3705]醜$^{昌}_{有}$｜丑$^{徹}_{有}$（有$_{4}$）
	58	[2428]蹞$^{溪}_{幼}$殠$^{昌}_{宥}$｜臭$^{昌}_{宥}$（宥$_{2}$幼$_{1}$）

續表

聲母	準小韻序號	轄字
澄	59	[0712]詶$^{禪}_{尤}$ | 酧$^{禪}_{尤}$[1276]疇$^{澄}_{尤}$ | 籌$^{澄}_{尤}$[1670]儔$^{澄}_{尤}$懤$^{澄}_{尤}$裯$^{澄}_{尤}$幬$^{澄}_{尤}$柔$^{日}_{尤}$ | 紬$^{澄}_{尤}$[2084]嚋$^{澄}_{尤}$ | 疇$^{澄}_{尤}$ [2545]紬$^{澄}_{尤}$綢$^{澄}_{尤}$抽$^{集:}_{澄尤}$檮$^{澄}_{尤}$籌$^{澄}_{尤}$醻$^{禪}_{尤}$酬$^{禪}_{尤}$犨$^{昌}_{尤}$㦒$^{禪}_{尤}$ | 稠$^{澄}_{尤}$[3364]稠$^{澄}_{尤}$ | 儔$^{澄}_{尤}$[2188]躊$^{澄}_{尤}$ | 抽$^{集:}_{澄尤}$（尤$_{26}$）
	60	[3267]𦬸$^{玉:}_{禪尤}$雔$^{禪}_{尤}$讎$^{禪}_{尤}$讐$^{禪}_{尤}$䜭$^{禪}_{尤}$ | 仇$^{群}_{尤}$（尤$_{6}$）
	61	[1330]鄯$^{禪}_{有}$售$^{禪}_{宥}$嗖$^{禪}_{宥}$臈$^{澄}_{有}$授$^{禪}_{宥}$㞗$^{禪}_{有}$ | 受$^{禪}_{有}$[0254]䲖$^{澄}_{尤}$受$^{禪}_{有}$ | 壽$^{禪}_{宥}$（尤$_{1}$有$_{5}$宥$_{4}$）
	62	[1707]伷$^{澄}_{宥}$紂$^{澄}_{有}$宙$^{澄}_{宥}$ | 冑$^{澄}_{宥}$[1975]懤$^{澄}_{宥}$冑$^{澄}_{宥}$籀$^{澄}_{宥}$酎$^{澄}_{宥}$䌷$^{澄}_{宥}$ | 宙$^{澄}_{宥}$（有$_{1}$宥$_{9}$）
書	63	[3615]收$^{書}_{尤}$ | 守平$^{書}_{尤}$（尤$_{2}$）
	64	[2300]者$^{全:}_{書有}$手$^{書}_{有}$𡿺$^{書}_{有}$百$^{書}_{有}$ | 首$^{書}_{有}$（有$_{5}$）
	65	[3487]獸$^{書}_{宥}$ | 狩$^{書}_{宥}$[3495]狩$^{書}_{宥}$ | 獸$^{書}_{宥}$（宥$_{4}$）
禪	66	[0443]煣$^{日}_{有}$沑$^{日}_{有}$㖻$^{日}_{尤}$鄹$^{日}_{尤}$鄠$^{日}_{尤}$媃$^{日}_{尤}$腬$^{日}_{尤}$蹂$^{日}_{尤}$鍒$^{日}_{尤}$𩋾$^{日}_{尤}$鞣$^{日}_{宥}$粿$^{日}_{尤}$騥$^{日}_{尤}$脜$^{日}_{尤}$ | 柔$^{日}_{尤}$（尤$_{12}$有$_{2}$宥$_{1}$）
	67	[3088]輮$^{日}_{有}$ | 揉$^{日}_{有}$（有$_{2}$）
見	68	[2569]糾$^{見}_{黝}$久$^{見}_{有}$ | 九$^{見}_{有}$[2707]赳$^{見}_{黝}$疚$^{見}_{宥}$玖$^{見}_{有}$ | 久$^{見}_{有}$[3610]九$^{見}_{有}$ | 玖$^{見}_{有}$（有$_{6}$宥$_{1}$黝$_{2}$）
	69	[0428]灸$^{見}_{宥}$廐$^{見}_{宥}$廄$^{見}_{宥}$庆$^{見}_{宥}$究$^{見}_{宥}$疚$^{見}_{宥}$究$^{見}_{宥}$匓$^{見}_{宥}$ | 救$^{見}_{宥}$[3620]救$^{見}_{宥}$ | 疚$^{見}_{宥}$（宥$_{11}$）
	70	[2693]諔$^{見}_{宥}$ | 捄$^{見}_{宥}$（宥$_{2}$）
溪	71	[2154]呕$^{集:}_{溪尤}$𩑶$^{溪}_{宥}$龜$^{集:}_{溪尤}$ | 丘$^{溪}_{尤}$（尤$_{3}$宥$_{1}$）
群	72	[0258]𩗠$^{群}_{尤}$欪$^{群}_{尤}$㳋$^{群}_{尤}$俅$^{群}_{尤}$仇$^{群}_{尤}$台$^{群}_{尤}$叴$^{群}_{尤}$頄$^{群}_{尤}$肍$^{群}_{尤}$脙$^{群}_{尤}$毬$^{群}_{尤}$裘$^{群}_{尤}$絿$^{群}_{尤}$紈$^{群}_{尤}$逑$^{群}_{尤}$扏$^{群}_{尤}$殏$^{群}_{尤}$球$^{群}_{尤}$賕$^{群}_{尤}$梂$^{群}_{尤}$虯$^{群}_{幽}$蟉$^{群}_{幽}$虬$^{群}_{幽}$觓$^{群}_{幽}$厹$^{群}_{尤}$仇$^{群}_{尤}$ | 求$^{群}_{尤}$[2244]觩$^{群}_{尤}$敹$^{群}_{尤}$訅$^{群}_{尤}$釚$^{群}_{尤}$梵$^{群}_{尤}$虯$^{群}_{幽}$ | 仇$^{群}_{尤}$[1752]舅$^{群}_{有}$慦$^{群}_{有}$咎$^{群}_{有}$齨$^{群}_{有}$玔$^{群}_{幼}$舊$^{群}_{宥}$麔$^{群}_{有}$匛$^{群}_{宥}$舅$^{群}_{有}$ | 臼$^{群}_{有}$[1691]倃$^{群}_{有}$ | 咎$^{群}_{有}$ [3685]匶$^{群}_{宥}$ | 柩$^{群}_{宥}$[3758]臼$^{群}_{有}$ | 求去$^{群}_{宥}$[3251]柩$^{群}_{宥}$鴅$^{群}_{有}$ | 舊$^{群}_{宥}$（尤$_{29}$幽$_{5}$有$_{11}$宥$_{6}$幼$_{2}$）
影	73	[1345]鄾$^{影}_{尤}$幽$^{影}_{幽}$優$^{影}_{尤}$慐$^{影}_{尤}$懮$^{影}_{尤}$穮$^{影}_{尤}$櫌$^{影}_{尤}$ | 憂$^{影}_{尤}$[2091]嚘$^{影}_{尤}$呦$^{影}_{幽}$畓$^{以}_{尤}$遙$^{以}_{尤}$遙$^{以}_{尤}$黝$^{影}_{黝}$憂$^{影}_{尤}$ | 幽$^{影}_{幽}$（尤$_{12}$幽$_{3}$黝$_{1}$）
	74	[1497]瀀$^{影}_{尤}$悠$^{以}_{尤}$鰇$^{以}_{尤}$麀$^{影}_{尤}$ | 攸$^{以}_{尤}$（尤$_{5}$）
	75	[0256]颱$^{影}_{有}$呦$^{影}_{黝}$友$^{云}_{有}$怮$^{影}_{黝}$逌$^{以}_{有}$禝$^{影}_{有}$莠$^{以}_{有}$酉$^{以}_{有}$酭$^{云}_{宥}$鴮$^{云}_{有}$ | 有$^{云}_{有}$[2967]褎$^{以}_{有}$丣$^{以}_{有}$ | 酉$^{以}_{有}$[3650]叐$^{云}_{有}$ | 友$^{云}_{有}$（有$_{13}$宥$_{1}$黝$_{2}$）
曉	76	[2243]齅$^{曉}_{宥}$臭$^{曉}_{宥}$ | 嗅$^{曉}_{宥}$（宥$_{3}$）
	77	[0290]飍$^{曉}_{幽}$烋$^{曉}_{幽}$鄡$^{溪}_{蕭}$儇$^{玉:}_{曉宵}$嘵$^{曉}_{蕭}$咻$^{曉}_{尤}$髹$^{曉}_{尤}$嗅$^{曉}_{幽}$庥$^{曉}_{尤}$茠$^{曉}_{尤}$鵂$^{曉}_{尤}$貅$^{曉}_{尤}$ | 休$^{曉}_{尤}$[1576]歼$^{曉}_{有}$ | 朽$^{曉}_{有}$[3200]朽$^{曉}_{有}$糗$^{溪}_{有}$ | 休上$^{曉}_{有}$（尤$_{7}$幽$_{3}$蕭$_{2}$宵$_{1}$有$_{5}$）
喻	78	[0759]汓$^{以}_{尤}$游$^{以}_{尤}$ | 遊$^{以}_{尤}$[1309]郎$^{以}_{尤}$郵$^{云}_{尤}$郎$^{以}_{尤}$庮$^{以}_{尤}$庮$^{以}_{尤}$偤$^{以}_{尤}$吙$^{匣}_{尤}$肬$^{云}_{尤}$訧$^{云}_{尤}$逌$^{以}_{尤}$疣$^{云}_{尤}$輶$^{以}_{尤}$牛$^{疑}_{尤}$ | 尤$^{云}_{尤}$[3702]魋$^{疑}_{尤}$ | 牛$^{疑}_{尤}$ [1467]𠙖$^{鏡:}_{以尤}$怞$^{集:}_{以尤}$慉$^{從}_{尤}$蹈$^{以}_{宵}$繇$^{以}_{尤}$繇$^{以}_{尤}$遊$^{以}_{尤}$逕$^{以}_{尤}$瘤$^{以}_{尤}$栖$^{篇:}_{以尤}$櫃$^{篇:}_{以尤}$蘨$^{古:}_{以尤}$䌛$^{古:}_{以尤}$猶$^{以}_{尤}$蝣$^{以}_{尤}$猷$^{以}_{尤}$猶$^{以}_{尤}$圝$^{以}_{尤}$斿$^{以}_{尤}$尢$^{云}_{尤}$卣$^{以}_{尤}$冘$^{篇:}_{以尤}$ | 由$^{以}_{尤}$（尤$_{41}$宵$_{1}$）
	79	[2676]誘$^{以}_{有}$牖$^{以}_{有}$ | 右$^{云}_{有}$（有$_{3}$）
	80	[0469]燿$^{以}_{笑}$沽$^{鏡:}_{云宥}$沽$^{鏡:}_{云宥}$宥$^{集:}_{云宥}$侑$^{云}_{宥}$姷$^{云}_{宥}$忧$^{云}_{宥}$宥$^{云}_{宥}$ | 右$^{云}_{宥}$[2129]喃$^{云}_{屋}$ | 侑$^{云}_{宥}$[2757]迶$^{玉:}_{云宥}$ | 沽$^{鏡:}_{云宥}$[2844]扰$^{玉:}_{云宥}$壂$^{以}_{有}$ | 宥$^{云}_{宥}$（有$_{1}$宥$_{13}$笑$_{1}$屋$_{1}$）
	81	[2865]閪$^{云}_{宥}$ | 佑$^{云}_{宥}$（宥$_{2}$）
	82	[3646]又$^{云}_{宥}$ | 祐$^{云}_{宥}$[2900]疚$^{云}_{宥}$柚$^{以}_{宥}$櫾$^{以}_{宥}$貁$^{以}_{宥}$鼬$^{以}_{宥}$歈$^{以}_{宥}$ | 又$^{云}_{宥}$（宥$_{9}$）

在 82 個“準小韻”中，屬於流攝三韻自注的共有 66 個，屬於混注的有 16 個，混注占總數的 19.51%（16/82）。關於具體的混注內容，我們窮盡列舉如下，詳見表 3-6-3。表中的“尤幽”是指僅有尤、幽二韻參與混注的“準小韻”，共出現 5 次，餘類推。

表 3-6-3　系聯後的流攝諸韻混注情況統計表

序號	混注種類	次數	序號	混注種類	次數	序號	混注種類	次數
1	尤幽	*5*	4	尤宵	*1*	7	尤侯肴	*2*
2	尤幽宵	*1*	5	尤蕭	*1*	8	尤宵屋	*1*
3	尤幽宵蕭	*1*	6	尤侯	*4*			

統計顯示，流攝三韻系的混注數量不多（僅 16 次）且模式簡單（僅 8 種）。細察之，尤幽混注 7 次、尤侯混注 6 次，二者佔據混注總數的 81.25%（13/16），據此可知尤、幽、侯三韻乃主體混注核心韻，這表明流攝諸韻在《玉篇直音》中的演變以攝內重組爲主要形式。幽韻自注 1 次，而與尤韻混注 7 次，這充分說明該韻已經併入了尤韻。尤侯混注 6 次（含侯尤肴 2 次），但是僅限於中古明母（侔$^{明}_{尤}$眸$^{明}_{尤}$謀$^{明}_{尤}$鍪$^{明}_{尤}$鉾$^{明}_{尤}$矛$^{明}_{尤}$𤛱$^{明}_{尤}$鴾$^{明}_{尤}$蛑$^{明}_{尤}$劺$^{明}_{尤}$𢧢$^{明}_{尤}$𧈪$^{明}_{尤}$蟊$^{明}_{尤}$牟$^{明}_{尤}$侔$^{明}_{尤}$）、莊組（鄹$^{莊}_{尤}$𦗊$^{莊}_{尤}$陬$^{莊}_{尤}$娵$^{集:}_{莊尤}$鯫$^{莊}_{尤}$𨄮$^{莊}_{尤}$縐$^{篇:}_{莊尤}$聚$^{莊}_{尤}$菆$^{莊}_{尤}$廄$^{莊}_{尤}$騶$^{莊}_{尤}$鄒$^{莊}_{尤}$鶵$^{初}_{巧}$篘$^{初}_{尤}$搊$^{初}_{尤}$搊上$^{初}_{有}$[㑳$^{集:}_{莊宥}$皺$^{莊}_{宥}$𦢊$^{莊}_{宥}$㲖$^{莊}_{宥}$縐$^{莊}_{宥}$驟$^{崇}_{宥}$鄒去$^{莊}_{宥}$蒐$^{生}_{尤}$叟$^{集:}_{生尤}$]颼$^{生}_{尤}$颾$^{生}_{尤}$溲$^{生}_{宥}$郰$^{生}_{尤}$廋$^{生}_{尤}$鎪$^{生}_{尤}$餿$^{生}_{尤}$餿$^{生}_{尤}$酸$^{生}_{尤}$醙$^{生}_{尤}$駿$^{生}_{尤}$騪$^{生}_{尤}$獀$^{生}_{尤}$搜$^{生}_{尤}$廋$^{生}_{宥}$漱$^{生}_{宥}$遚$^{初}_{宥}$篴$^{初}_{宥}$瘦$^{生}_{宥}$瘦$^{生}_{宥}$搜去$^{生}_{宥}$）①、個別徹母（䐽$^{徹}_{尤}$袖$^{徹}_{宥}$）及來母（霤$^{來}_{宥}$炉$^{來}_{宥}$僇$^{來}_{宥}$嬼$^{來}_{宥}$褶$^{來}_{宥}$鎦$^{來}_{宥}$餾$^{來}_{宥}$溜$^{來}_{宥}$）尤韻字等。前三類尤韻字洪化爲洪音與侯韻同音，這在《中原音韻》中已有表現，《韻略易通》《韻略匯通》同此，《玉篇直音》與它們吻合。

至於部分來母尤韻字與侯韻字相混，這不見於《中原音韻》《韻略易通》等，乃《玉篇直音》所特有的語音現象。其直接混注 1 例：屚$^{來}_{候}$音溜$^{來}_{宥}$P6L10。據此系聯可得“屚$^{來}_{候}$漏$^{來}_{候}$䫫$^{來}_{候}$瘻$^{來}_{候}$陋$^{來}_{候}$鎘$^{來}_{候}$鏤$^{來}_{候}$霤$^{來}_{宥}$炉$^{來}_{宥}$僇$^{來}_{宥}$嬼$^{來}_{宥}$褶$^{來}_{宥}$鎦$^{來}_{宥}$餾$^{來}_{宥}$溜$^{來}_{宥}$”爲一組同音字。這表明《玉篇直音》的編者來母侯韻字與來母宥韻字不能區分。那麼究竟是侯韻讀成宥韻，還是宥韻讀成侯韻呢？參照今海鹽吳音便可尋得答案。

今海鹽吳音中，來母侯韻系字與來母尤韻系字的讀音混爲一談，舉例詳見表 3-6-4。

表 3-6-4　來母流攝字在今海鹽吳音中的讀音②

地區＼例字	來母侯韻	來母尤韻	來母厚韻	來母有韻	來母候韻	來母宥韻
	樓婁螻	留流劉	簍摟	柳	屚漏	溜
海鹽	le^{31}	le^{31}	le^{324}	le^{324}	le^{213}	le^{213}

如表 3-6-4 所示，今海鹽吳音中來母的侯、尤韻字之間並無洪細之別，析言之便是尤韻系字讀同侯韻系字，這爲理解與證明《玉篇直音》中的“屚音溜”例提供了有力的方音材料。由此看來，此類字的讀音乃明末海鹽吳音的再現。不過《玉篇直音》中僅有去聲混注，在眾多的平、上聲來母流攝字中，沒有見到類似的混注材料，體現出與海鹽吳音的古今差異。鑒於此，我們僅將侯、尤二韻去聲字系聯爲一類，而平、上聲來母字則與之區別開來，併作一類。

上述這種侯、尤韻字的混注可以視爲來母洪、細音間的相混，這在《玉篇直音》中不乏其例，再如“驢$^{來}_{魚}$音盧$^{來}_{模}$P152L9”“驴$^{來}_{魚}$音盧$^{來}_{模}$P152L9”“秾$^{來}_{咍}$音离$^{來}_{支}$P139L5”等，雖其混注的本質不同（有的是洪音讀成細音，有的是細音讀成洪音），但皆是發生在洪細間的混注，可視爲《玉篇直音》韻母方面的一個特徵。

①莊組尤韻字中被“[ ]”括起來的皆是不能直接系聯而根據反切比較併入的。這不僅符合《玉篇直音》的音系特徵，與漢語史也是吻合的。

②表中例字的讀音來自：胡明揚. 海鹽方言志[M]. 杭州：浙江人民出版社，1992；施雲. 海鹽方言研究[D]. 上海大學碩士學位論文，2005。

經過上述討論可知，6 次的尤侯混注，其本質皆是尤韻字併入侯韻字中，這僅占尤韻總數的 9.38%（6/64）。更爲重要的一點是和侯韻混注的尤韻字均有特殊來源，且已經併入侯韻之中。因此，餘下的尤韻字當自成一類。此外，尤侯混注的側面也反映出中古侯韻的獨立性很强，與尤韻的對立之勢非常顯著。

鑒於此，我們認爲中古流攝字在《玉篇直音》中仍爲一個整體，可視作一個韻部，即尤侯部。該部以中古等爲界分爲兩類：一類是以三等尤韻爲中心，有四等幽韻併入；一類是以一等侯韻爲中心，有部分莊組、明、非、來母尤韻字併入，這與初級統計的結果相吻合。

另有以尤韻爲中心與效攝的 7 次混注現象，再加上效攝中提及的 4 次以蕭宵肴爲中心與尤、幽韻混注的現象，共計 11 次，所涉及的字如下：

①併入蕭豪部的流攝字：彪$^{幫}_{幽}$2 次䶂$^{改:}_{幫幽}$飄$^{滂}_{尤}$鶜$^{明}_{幽}$；罶$^{來}_{有}$

②併入尤侯部的效攝字：䫜$^{初}_{巧}$㥮$^{集:}_{初巧}$；歊$^{集:}_{曉宵}$獢$^{曉}_{宵}$鄡$^{溪}_{蕭}$儶$^{玉:}_{曉宵}$嘵$^{曉}_{蕭}$燿$^{以}_{笑}$踂$^{以}_{宵}$；漻$^{龍:}_{來蕭}$

同是效、流二攝字的混注，有的效攝字併入流攝中，有的流攝字併入效攝中，之所以如此分類，原因如下。

第一，參照現代方音的結果，如唇音流攝字“彪”，雖《中原音韻》《韻略易通》《韻略匯通》《同文備考》《諧聲品字箋》等仍讀尤侯韻音，但是在包括今北京、濟南、太原等方言在内的北方方言及包括海鹽吳音在内的吳方言區域内皆讀成了蕭豪韻。鑒於《玉篇直音》中的“彪$^{幫}_{幽}$音標$^{幫}_{宵}$P157L3、P176L9”，與現代方言同，故而將之併入蕭豪部。從這個角度而言，《玉篇直音》爲“彪”的今音溯源提供了文獻依據。另“䶂$^{改:}_{幫幽}$鶜$^{明}_{幽}$”二字同此。

第二，在既無文獻依據又無方音參證的情況下，僅僅是根據注音字系聯成類，餘下的字皆是據此標準。比如，同是來母字的混注，有“罶$^{來}_{有}$音了$^{來}_{篠}$P193L3”和“漻$^{龍:}_{來蕭}$音流$^{來}_{尤}$P18L8”兩例，其性質應該相同。但是我們無法確定二者混注的本質，只好根據注音字來歸類，前者併入蕭豪部，後者併入尤侯部。

下面討論尤侯部所含的韻母及其音值問題。

3.6.2　關於韻母的確立

尤侯部字的聲母遍及《玉篇直音》聲母系統的幫、端、精、章、見、曉 6 組聲母及非母。我們選取各組存在對立小韻最多的明、泥、精、章、見、曉及非 7 個聲母作爲代表，列其所屬小韻如下：

明母①【平】泎$^{集:}_{明侯}$侔$^{明}_{尤}$眸$^{明}_{尤}$謀$^{明}_{尤}$鍪$^{明}_{尤}$鉾$^{明}_{尤}$矛$^{明}_{尤}$蝥$^{明}_{尤}$鴾$^{明}_{尤}$蛑$^{明}_{尤}$牟$^{明}_{尤}$侔$^{明}_{尤}$愗$^{明}_{侯}$呣$^{明}_{侯}$䊓$^{明}_{尤}$䂆$^{明}_{尤}$蟊$^{明}_{尤}$蝥$^{明}_{尤}$【去】瞀$^{明}_{侯}$鄮$^{明}_{侯}$姆$^{明}_{侯}$娒$^{明}_{侯}$懋$^{明}_{侯}$忞$^{明}_{侯}$瞀$^{明}_{侯}$袤$^{明}_{侯}$貿$^{明}_{侯}$茂$^{明}_{侯}$貿$^{明}_{侯}$

②【去】謬$^{明}_{幼}$繆$^{明}_{幼}$

泥母①【去】鎒$^{泥}_{侯}$耨$^{泥}_{侯}$

②【上】郉$^{泥}_{有}$妞$^{泥}_{有}$扭$^{泥}_{有}$玌$^{泥}_{有}$杻$^{泥}_{有}$飷$^{泥}_{宥}$狃$^{泥}_{有}$狃$^{泥}_{有}$忸$^{泥}_{有}$紐$^{泥}_{有}$鈕$^{泥}_{有}$

精母①【平】鄹[莊尤]郰[莊尤]陬[莊尤]娵[集:莊尤]齱[莊尤]𨇤[莊尤]緅[精侯]縐[篇:莊尤]棷[精侯]聚[莊尤]菆[莊尤]㡉[莊尤]騶[莊尤]𩱬[初巧]鄒[莊尤]【上】赱[精厚]乢[精厚]走[精厚]【去】𨃚[精侯]走[精侯]奏[精侯]㑳[集:莊有]皺[莊有]膨[莊有]㲖[莊有]縐[莊有]驟[崇有]鄒去[莊有]

②【平】湫[精尤]啾[精尤]揫[精尤]揪[精尤]愀[清尤]酒平[精尤]

見母①【平】峋[見厚]溝[見侯]泃[見侯]眗[見侯]怐[見侯]嚆[見侯]褠[見侯]遘[見侯]鉤[見侯]軥[見侯]舼[見侯]袧[見侯]覯[見侯]泃[見侯]勾[見侯]緱[見侯]篝[見侯]韝[見侯]飼[見侯]鉤[見侯]韝[見侯]【上】垢[見厚]珣[見厚]茍[見厚]彀[見侯]笱[見厚]狗[見厚]狗[見厚]笱[見厚]耇[見厚]【去】簹[見侯]姤[見侯]耇[見厚]耇[見厚]詬[見厚]垢[見厚]購[見侯]構[見侯]冓[見侯]媾[見侯]

②【上】糾[見黝]久[見有]九[見有]赳[見黝]宄[見宥]玖[見有]【去】灸[見宥]廐[見宥]廄[見宥]疚[見宥]究[見宥]疚[見宥]究[見宥]餇[見宥]救[見宥]誺[見宥]捄[見宥]

曉母①【上】吼[曉厚]侯上[匣厚]【去】訽[曉侯]後[匣厚]黴[洪:曉候]呴[曉侯]

②【平】飍[曉幽]烋[曉幽]鄡[溪蕭]傐[玉:曉宵]嘵[曉蕭]咻[曉尤]髹[曉尤]嗅[曉幽]痳[曉尤]茠[曉尤]鵂[曉尤]貅[曉尤]休[曉尤]【上】殀[曉有]朽[曉有]糗[溪有]休上[曉有]【去】齅[曉宥]臭[曉宥]嗅[曉宥]

章母【平】晭[章有]霌[章尤]淍[章尤]隅[章尤]㓮[章尤]賙[章尤]輖[章尤]舟[章尤]周[章尤]烐[章尤]州[章尤]侜[知尤]婤[章尤]譸[知尤]週[章尤]琱[章尤]駲[知尤]盩[知尤]洲[章尤]銂[章尤]【上】肘[知有]
毌[知有]鋼[章有]帚[章有]疛[知有]鈏[章有]毌[知有]【去】颵[章宥]晭[章宥]晝[知宥]咒[章宥]呪[章宥]

非母【上】缹[非有]否[非有]鴀[非有]缶[非有]妚[非有]悟[敷有]裒[奉尤]殕[非有]紑[非有]

比較所取的每個聲母，除章、非母外，每母皆有一組對立小韻，放眼每個聲母所代表的組亦然。據此可知尤侯部共含因聲母不同及內部對立而形成的 12 個對立小韻。如若不計聲母的區別，這些獨立小韻至多也就四類（開齊合撮），這涵蓋了該部所有可能存在的等呼情況。考察諸小韻在中古的開合洪細特徵，如表 3-6-5 所示。

表 3-6-5 尤侯部所含諸小韻的中古等呼

聲母	小韻號	中古等呼	聲母	小韻號	中古等呼
幫組	①	開口洪音	端組	①	開口洪音
	②	開口細音		②	開口細音
精組	①	開口洪音	見組	①	開口洪音
	②	開口細音		②	開口細音
曉組	①	開口洪音	章母	開口細音	
	②	開口細音	非母	開口細音[①]	

根據中古到近代漢語介音演變的規律，結合歷史、現代方音進行參證，我們認爲上述諸小韻的四呼類型如下。

第一，幫、端、精、見、曉五組聲母的開口洪音皆讀作開口呼。

首先，根據中古到近代漢語介音演變的規律，開口洪音當變作開口呼；其次，無論在《中原音韻》《韻略易通》《韻略匯通》《等韻圖經》等代表的近代官話音中，還是在《同文備考》《諧聲品字箋》等反映的明末清初的吳方音中，此類字讀開口呼；最後，在包括今海鹽音在內的廣大吳方言中，此類字以讀開口呼爲主要的特徵。

第二，幫、端、精、見、曉五組及章母的開口細音當讀作齊齒呼。

首先，根據中古到近代漢語介音演變的規律，開口細音當變作齊齒呼；其次，章組

①中古唇音不分開合口（李榮，1956），又因流攝是一個開口韻攝，故此處記作開口細音。

聲母在《玉篇直音》中讀舌面前音，與之拼合的韻母當是齊齒呼；再者，自《中原音韻》到《韻略易通》《韻略匯通》《等韻圖經》《同文備考》《諧聲品字箋》等，該類字主要讀齊齒呼；最後，在包括今海鹽音在內的廣大吳方言中，此類字以讀齊齒呼爲主要的特徵。

第三，非母開口細音變爲開口呼。中古非組尤韻字在《玉篇直音》中僅有非母尤韻一組。根據介音的演變規律，非組的開口細音在近代漢語中一般洪化爲開口呼，《中原音韻》《韻略易通》《韻略匯通》《等韻圖經》《同文備考》《諧聲品字箋》等諸文獻皆是如此。另有方音爲證，以常見字“否”爲例，在《漢語方音字彙》①統計的 20 個漢語方言點中，該字皆讀開口呼；在《當代吳語研究》②統計的 33 個吳方言點中，除吳江盛澤及黃岩兩處吳音讀齊齒呼外，其餘 31 個點皆讀作開口呼，占 93.94%。總之，無論是在近代歷史文獻還是在現代方言中，非母開口細音幾乎都讀作開口呼。鑒於此，我們也認爲其讀開口呼。

綜上所論，尤侯部的韻母共分開口呼與齊齒呼兩個。開口呼可稱侯類，主要來自中古幫、端、精、見、曉等組聲母的侯韻字，另有部分莊組，以及明、非、來母尤韻字併入；齊齒呼可稱尤類，主要來自中古精、章、見、曉等組聲母的尤韻字，另中古幽韻字全部併入。侯、尤二類中均有個別據系聯而來的效攝字。

中古流攝的主元音爲 ə，至《中原音韻》《洪武正韻》《韻略易通》《韻略匯通》《等韻圖經》《同文備考》《諧聲品字箋》等中該類字的主元音仍皆讀 ə，且皆作 əu、iəu。鑒於此，我們也將尤侯部的主元音擬爲 ə，該部的韻母音值爲：

開口呼（侯類）：əu；齊齒呼（尤類）：iəu

今海鹽吳音中，中古流攝字除唇音字讀 u 外，其餘以 e、ɤ 爲主要元音，且爲零韻尾，《玉篇直音》與此不同。該部的韻母表如表 3-6-6 所示。

表 3-6-6　尤侯部韻母表

部名	類名	四呼	音值	中古來源
尤侯	侯	開	əu	中古幫、端、精、見、曉等組聲母的侯韻字，另有部分莊組、明、非、來母尤韻字及個別效攝字併入
	尤	齊	iəu	中古精、章、見、曉等組聲母的尤韻字，另中古全部幽韻字及個別效攝字併入

3.7　通攝陽聲：東鍾部

在《玉篇直音》的 13 695 個被注字中，中古通攝陽聲韻字共計 575 個，其中東、冬、鍾三韻系的字數分別爲 323 個、42 個、210 個。

①北京大學中國語言文學系語言學教研室. 漢語方音字彙[M]. 北京：語文出版社，2003：204.
②錢乃榮. 當代吳語研究[M]. 上海：上海教育出版社，1992：128.

3.7.1 關於韻部的確立

3.7.1.1 初級統計

中古通攝陽聲三韻系被注字在《玉篇直音》中的直接自注與混注次數詳見表 3-7-1。

表 3-7-1 中古通攝陽聲韻被注字單條自注、混注情況統計表（單位：次）

被注字＼注音字	東一	冬	東三	鍾
東一	175	26	2	29
冬	17	18	4	3
東三	8	1	52	30
鍾	8	5	48	142
其他	鍾庚 6；鍾文 1			

據表 3-7-1 中的統計數據可知，中古通攝陽聲諸韻系在《玉篇直音》中整體存在，一、三等韻的區別仍還在維持，表現出東一冬合流、東三鍾合流的格局。當然也見部分三等東、鍾韻與一等東、冬韻字的混注，察其字源，多數是中古三等的泥、來母及非組字，僅來母鍾韻字“龍”的混注就達 22 次。除非組外（與非組字相混的是曉、匣母字，這在第三章唇音聲母的討論中已提及，可參見），這些字的區別在《中原音韻》中尚在，如“農膿儂”“濃穠醲”不同音，“龍隆”“籠朧聾瓏”不同音，但是在之後的《韻略易通》①《韻略匯通》②中此類區別皆已消失。如果剔除這些至近代漢語中已經併入一等韻中的三等韻字的話，中古通攝一、三等的界線可謂是涇渭分明。據此可判斷，中古通攝陽聲韻系在《玉篇直音》中分爲兩類：中古東一、冬韻字合爲一類，東三、鍾韻字合爲一類，兩類的差別僅是介音的不同。

另有 6 例庚韻字（均用“永云梗”字注音）及 1 例文韻字（彫以鍾音云云文P176L9）與鍾韻混注，不過這沖淡不了通攝陽聲韻系的整體性。

下面再通過系聯之法，通過統計混注與自注的比例來進一步驗證上述結論。

3.7.1.2 高級統計

我們使用系聯法將中古通攝陽聲韻字的音注歸併爲 61 個“準小韻”，具體字組內容詳見表 3-7-2（關於本表的使用說明，可參見表 3-2-3 上；另爲了明晰東韻的內部混注情況，表中於字的右下角標記一、三以示區別。如“曚明東一”表示“曚”字屬於明母東韻一等，“鄸明東三”表示“鄸”字屬於明母東韻三等；爲行文簡潔起見，對無一、三等混注的“準小韻”中的字不再標識，僅於後面的混注類型中標識其中古等次，如表中幫母上聲欄中“董一4”，表示該“準小韻”中的東韻字皆爲一等，餘類推）。

①張玉來. 韻略易通研究[M]. 天津：天津古籍出版社，1999：63.

②張玉來. 韻略匯通音系研究[M]. 濟南：山東教育出版社，1995：122.

表 3-7-2 《玉篇直音》所含中古通攝陽聲韻字組表

聲母	準小韻序號	轄字
東類（含 81 個自然小類，35 個"準小韻"）		
幫	1	[2090]唪$^{集:}_{幫董}$桒$^{幫}_{董}$琫$^{幫}_{董}$菶$^{幫}_{董}$ 丨 捧$^{敷}_{腫}$（董$_{一4}$腫$_{1}$）
並	2	[0267]颰$^{並}_{東}$鬔$^{並}_{東}$韸$^{並}_{東}$篷$^{並}_{東}$ 丨 蓬$^{並}_{東}$[3269]蓬$^{並}_{東}$芃$^{並}_{東}$ 丨 荃$^{並}_{東}$（東$_{一8}$）
明	3	[0322]霿$^{明}_{送}$瞢$^{明}_{送}$夢$^{明}_{送}$ 丨 夢$^{明}_{送}$（送$_{三4}$）
	4	[0155]曚$^{明}_{東一}$朦$^{明}_{東一}$幪$^{明}_{東一}$鄸$^{明}_{東三}$懞$^{明}_{東一}$瞢$^{明}_{東三}$矇$^{明}_{東一}$瞢$^{明}_{東三}$朦$^{明}_{東一}$鬉$^{明}_{東一}$幪$^{明}_{東一}$艨$^{明}_{東一}$萌$^{明}_{耕}$饛$^{明}_{東一}$蠓$^{明}_{東一}$鸏$^{明}_{東一}$蠓$^{明}_{東一}$罞$^{明}_{東一}$ 丨 蒙$^{明}_{東一}$[0356]霥$^{明}_{東一}$蒙$^{明}_{東一}$ 丨 濛$^{明}_{東一}$[2173]盲$^{明}_{庚}$矇$^{明}_{耕}$甿$^{明}_{耕}$鋂$^{明}_{耕}$莔$^{明}_{庚}$甍$^{明}_{耕}$蝱$^{明}_{庚}$瞢$^{明}_{東三}$氓$^{明}_{耕}$ 丨 萌$^{明}_{耕}$[1537]巫$^{玉:}_{明梗}$䁅$^{明}_{梗}$艋$^{明}_{梗}$ 丨 猛$^{明}_{梗}$[1970]懵$^{明}_{董}$懞$^{明}_{董}$猛$^{明}_{梗}$ 丨 蒙上$^{明}_{董}$（東$_{一18}$東$_{三3}$庚$_{3}$耕$_{7}$董$_{一3}$梗$_{5}$）
非	5	[0715]葑$^{非}_{鍾}$杜$^{非}_{鍾}$偑$^{非}_{東}$蘴$^{敷}_{東}$ 丨 封$^{非}_{鍾}$（東$_{三2}$鍾$_{3}$）
	6	[3194]桻$^{敷}_{鍾}$ 丨 夆$^{敷}_{鍾}$（鍾$_{2}$）
	7	[3741]覂$^{非}_{腫}$ 丨 泛$^{集:}_{非腫}$（腫$_{2}$）
	8	[0229]風$^{非}_{東三}$凬$^{非}_{東三}$凮$^{非}_{東三}$叿$^{曉}_{東一}$鋒$^{敷}_{鍾}$ 丨 峰$^{敷}_{鍾}$[0354]豐$^{敷}_{東三}$夆$^{敷}_{鍾}$烽$^{敷}_{鍾}$豐$^{敷}_{東三}$楓$^{非}_{東三}$蘴$^{敷}_{東三}$葑$^{非}_{東三}$麷$^{敷}_{東三}$丰$^{敷}_{鍾}$丰$^{敷}_{鍾}$夆$^{敷}_{鍾}$ 丨 風$^{非}_{東三}$[1040]灃$^{敷}_{東三}$僼$^{敷}_{東三}$峯$^{敷}_{鍾}$妦$^{敷}_{鍾}$葑$^{非}_{鍾}$豐$^{敷}_{東三}$蜂$^{敷}_{鍾}$蠭$^{敷}_{鍾}$蠭$^{敷}_{鍾}$犎$^{敷}_{鍾}$ 丨 丰$^{敷}_{鍾}$ [0480]焨$^{非}_{送}$諷$^{非}_{送}$賵$^{敷}_{送}$ 丨 俸$^{奉}_{用}$[1705]俸$^{奉}_{用}$ 丨 風去$^{非}_{送}$（東$_{一1}$東$_{三13}$鍾$_{15}$送$_{三4}$用$_{2}$）
奉	9	[0946]渢$^{奉}_{東三}$馮$^{奉}_{東三}$唪$^{匣}_{東一}$韸$^{並}_{東一}$ 丨 逢$^{奉}_{鍾}$[2536]縫$^{奉}_{鍾}$逢$^{奉}_{鍾}$ 丨 馮$^{奉}_{東三}$（東$_{一2}$東$_{三3}$鍾$_{3}$）
	10	[0264]颫$^{匣}_{東一}$灴$^{匣}_{東一}$洪$^{匣}_{東一}$仜$^{匣}_{東一}$紅$^{匣}_{東一}$訌$^{匣}_{東一}$杠$^{匣}_{東一}$ 丨 紅$^{匣}_{東一}$[0265]䫺$^{匣}_{冬}$焢$^{曉}_{東一}$洚$^{匣}_{東一}$硔$^{匣}_{冬}$堸$^{奉}_{東三}$鄷$^{奉}_{東三}$阦$^{匣}_{東一}$谼$^{匣}_{東一}$憉$^{熊:}_{奉鍾}$嗊$^{匣}_{冬}$艂$^{奉}_{鍾}$鉷$^{匣}_{東一}$葒$^{匣}_{東一}$虹$^{匣}_{東一}$黌$^{匣}_{庚}$詾$^{曉}_{東一}$ 丨 洪$^{匣}_{東一}$（東$_{一17}$東$_{三2}$冬$_{3}$鍾$_{2}$庚$_{1}$）
	11	[0855]湗$^{集:}_{敷用}$艂$^{奉}_{用}$捧$^{奉}_{腫}$ 丨 奉$^{奉}_{腫}$[3762]奉$^{奉}_{腫}$ 丨 鳳$^{奉}_{送}$（送$_{三1}$腫$_{3}$用$_{2}$）
端	12	[1577]凍$^{端}_{送}$ 丨 棟$^{端}_{送}$[2350]腖$^{端}_{送}$棟$^{端}_{送}$ 丨 凍$^{端}_{送}$（送$_{一5}$）
	13	[0047]各$^{端}_{冬}$零$^{端}_{冬}$東$^{端}_{東一}$鴤$^{端}_{冬}$鼕$^{章}_{東三}$ 丨 冬$^{端}_{冬}$[0635]崠$^{端}_{東一}$涷$^{端}_{東一}$埬$^{端}_{東一}$冬$^{端}_{冬}$倲$^{端}_{東一}$娻$^{端}_{東一}$㤨$^{端}_{東一}$悚$^{端}_{東一}$啍$^{端}_{董}$諌$^{端}_{東一}$鶇$^{端}_{東一}$蝀$^{端}_{東一}$ 丨 東$^{端}_{東一}$[3300]董$^{端}_{董}$蕫$^{端}_{董}$ 丨 東上$^{端}_{董}$[1286]𥈜$^{端}_{東}$懂$^{端}_{董}$膧$^{端}_{董}$䵔$^{端}_{董}$ 丨 董$^{端}_{董}$（東$_{一13}$東$_{三1}$董$_{一8}$冬$_{5}$）
透	14	[1194]垌$^{透}_{董}$統$^{洪:}_{透董}$ 丨 桶$^{透}_{董}$[3219]桶$^{透}_{董}$ 丨 統$^{洪:}_{透董}$（董$_{一5}$）
	15	[1631]侗$^{透}_{東}$㛦$^{透}_{董}$𨁈$^{透}_{東}$蓪$^{透}_{東}$ 丨 通$^{透}_{東}$ [2903]痛$^{透}_{送}$ 丨 通去$^{透}_{送}$[1572]𥦕$^{透}_{送}$慟$^{定}_{送}$ 丨 痛$^{透}_{送}$（東$_{一4}$董$_{一1}$送$_{一5}$）
定	16	[0086]曈$^{定}_{東}$炵$^{定}_{冬}$烔$^{定}_{東}$㠉$^{定}_{東}$䢔$^{定}_{冬}$𨛱$^{定}_{東}$鄞$^{定}_{東}$扃$^{定}_{東}$㞡$^{定}_{冬}$峝$^{定}_{東}$僮$^{定}_{東}$佟$^{定}_{冬}$仝$^{定}_{東}$㣠$^{定}_{冬}$恫$^{定}_{送}$哃$^{定}_{東}$哃$^{定}_{東}$眮$^{定}_{東}$瞳$^{定}_{東}$絧$^{定}_{東}$衕$^{定}_{東}$挏$^{定}_{東}$痋$^{定}_{冬}$痌$^{定}_{東}$銅$^{定}_{東}$𦨞$^{定}_{東}$戙$^{定}_{送}$桐$^{定}_{東}$橦$^{定}_{東}$筒$^{定}_{東}$𨣭$^{定}_{東}$酮$^{定}_{東}$餇$^{定}_{東}$𪆣$^{定}_{東}$𧒄$^{定}_{冬}$犝$^{定}_{東}$撞$^{定}_{東}$鮦$^{定}_{東}$彤$^{定}_{冬}$罿$^{定}_{東}$ 丨 同$^{定}_{東}$[0891]潼$^{定}_{東}$ 丨 仝$^{定}_{東}$（東$_{一33}$送$_{一2}$冬$_{8}$）
	17	[2342]膧$^{定}_{東}$穜$^{定}_{東}$ 丨 童$^{定}_{東}$（東$_{一3}$）
	18	[2353]𦙶$^{定}_{冬}$ 丨 疼$^{定}_{冬}$（冬$_{2}$）
	19	[0692]峒$^{定}_{送}$姛$^{定}_{董}$胴$^{定}_{送}$動$^{定}_{董}$迵$^{定}_{董}$ 丨 洞$^{定}_{送}$[0952]湩$^{端}_{送}$ 丨 動$^{定}_{董}$（董$_{一4}$送$_{一4}$）
泥	20	[0303]齈$^{泥}_{鍾}$噥$^{泥}_{冬}$𤩽$^{泥}_{鍾}$農$^{泥}_{冬}$農$^{泥}_{冬}$ 丨 濃$^{泥}_{鍾}$[0353]𩆷$^{泥}_{冬}$儂$^{泥}_{冬}$憹$^{泥}_{冬}$噥$^{泥}_{冬}$齈$^{泥}_{冬}$膿$^{泥}_{冬}$禯$^{玉:}_{泥鍾}$蕽$^{泥}_{冬}$穠$^{泥}_{鍾}$醲$^{泥}_{鍾}$𪇆$^{泥}_{冬}$蕽$^{泥}_{冬}$ 丨 農$^{泥}_{冬}$[2904]癑$^{泥}_{送}$ 丨 農去$^{泥}_{宋}$（冬$_{13}$鍾$_{6}$送$_{一1}$宋$_{1}$）
來	21	[0087]曨$^{來}_{東一}$朧$^{來}_{東一}$霳$^{來}_{東三}$爖$^{來}_{東一}$巃$^{來}_{東一}$瀧$^{來}_{東一}$礱$^{來}_{東一}$隆$^{來}_{東三}$儱$^{來}_{東一}$嚨$^{來}_{東一}$聾$^{來}_{東一}$朧$^{來}_{東一}$襱$^{來}_{東一}$竜$^{來}_{鍾}$攏$^{來}_{東一}$瓏$^{來}_{東一}$𨏶$^{來}_{東一}$櫳$^{來}_{東一}$龒$^{來}_{東一}$蘢$^{來}_{東一}$籠$^{來}_{東一}$𥢥$^{來}_{東一}$蠪$^{來}_{鍾}$鑨$^{來}_{東一}$鸗$^{來}_{東一}$䑝$^{來}_{東一}$ 丨 龍$^{來}_{鍾}$[0345]霳$^{來}_{冬}$ 丨 籠$^{來}_{東一}$[0966]湰$^{來}_{東三}$䆍$^{來}_{冬}$躘$^{來}_{鍾}$癃$^{來}_{東三}$龍$^{來}_{鍾}$攏$^{來}_{鍾}$磬$^{篇:}_{來冬}$ 丨 隆$^{來}_{東三}$（東$_{一23}$東$_{三5}$ 冬$_{3}$鍾$_{6}$）
	22	[1411]隴$^{來}_{腫}$ 丨 壠$^{來}_{腫}$（腫$_{2}$）
	23	[2152]哢$^{玉:}_{來送}$卉$^{龍:}_{來送}$ 丨 弄$^{來}_{送}$（送$_{一3}$）
精	24	[0140]瞛$^{清}_{鍾}$徔$^{精}_{鍾}$𡑒$^{精}_{鍾}$樅$^{精}_{鍾}$ 丨 縱$^{精}_{鍾}$[0554]嵕$^{精}_{東}$㚇$^{精}_{東}$堫$^{精}_{東}$陖$^{精}_{東}$倧$^{精}_{冬}$睃$^{精}_{東}$鬉$^{精}_{東}$蹤$^{精}_{鍾}$緵$^{精}_{東}$縱$^{精}_{鍾}$誴$^{從}_{冬}$捘$^{精}_{東}$錝$^{精}_{宋}$琮$^{精}_{宋}$艐$^{精}_{東}$椶$^{精}_{東}$葼$^{精}_{東}$稯$^{精}_{東}$騣$^{精}_{東}$猣$^{精}_{東}$豵$^{精}_{東}$猔$^{精}_{宋}$瑽$^{精}_{東}$㚇$^{精}_{東}$㚇$^{精}_{東}$鬷$^{精}_{東}$㣭$^{精}_{東}$ 丨 宗$^{精}_{冬}$[2534]總$^{精}_{董}$ 丨 宗上$^{精}_{董}$①[1508]嵸$^{精}_{董}$聡$^{精}_{送}$捴$^{精}_{董}$䡯$^{精}_{董}$稯$^{精}_{董}$ 丨 總$^{精}_{董}$[1733]偬$^{精}_{送}$粽$^{精}_{送}$糉$^{精}_{送}$ 丨 宗去$^{精}_{宋}$[2576]綜$^{精}_{宋}$ 丨 粽$^{精}_{送}$（東$_{一20}$冬$_{3}$鍾$_{7}$董$_{一7}$送$_{一5}$宋$_{5}$）
清	25	[0462]熜$^{清}_{東}$囪$^{清}_{東}$蔥$^{清}_{東}$驄$^{清}_{東}$驄$^{清}_{東}$ 丨 聰$^{清}_{東}$[0699]㕩$^{玉:}_{清鍾}$愡$^{清}_{東}$ 丨 怱$^{清}_{東}$[1952]怱$^{清}_{東}$聰$^{清}_{東}$聰$^{清}_{東}$聡$^{清}_{東}$𦝫$^{清}_{東}$鏓$^{清}_{東}$葱$^{清}_{東}$蓯$^{集:}_{清鍾}$𦝫$^{清}_{東}$ 丨 茐$^{清}_{東}$（東$_{一17}$鍾$_{2}$）
	26	[3041]璁$^{清}_{東}$ 丨 匆$^{清}_{東}$（東$_{一2}$）
從	27	[0165]昜$^{玉:}_{從用}$灇$^{從}_{東一}$悰$^{從}_{冬}$鬃$^{從}_{冬}$ 丨 崇$^{崇}_{東三}$[0630]崈$^{崇}_{東三}$崇$^{崇}_{東三}$潨$^{從}_{冬}$淙$^{從}_{冬}$賨$^{從}_{冬}$藂$^{從}_{東一}$䕺$^{從}_{東一}$䉘$^{從}_{東一}$ 丨 叢$^{從}_{東一}$（東$_{一5}$東$_{三3}$冬$_{5}$用$_{1}$）

①宗，《廣韻》作冬切，精母冬韻。"宗上"當是冬韻上聲。《廣韻》韻母中無冬韻上聲，鑒於《玉篇直音》中東_冬合併之事實，故視"宗上"爲董韻。

續表

聲母	準小韻序號	轄字
心	28	[2727]送$^{心}_{送}$丨宋$^{心}_{宋}$（送$_{一1}$宋$_{1}$）
見	29	[0860]渲$^{見}_{東三}$丨宮$^{見}_{東三}$[2014]忊$^{見}_{東一}$耵$^{見}_{東一}$功$^{見}_{東一}$公$^{見}_{東一}$丨工$^{見}_{東一}$[1771]工$^{見}_{東一}$丨攻$^{見}_{東一}$[2896]疘$^{見}_{東一}$宮$^{見}_{東三}$玒$^{見}_{東一}$蚣$^{見}_{東一}$攻$^{見}_{東一}$丨公$^{見}_{東一}$[3065]貢$^{見}_{送}$丨工去$^{見}_{送}$[3542]瓨$^{見}_{送}$玜$^{見}_{送}$丨貢$^{見}_{送}$（東$_{一12}$東$_{三3}$送$_{一5}$）
溪	30	[1927]恐$^{溪}_{腫}$忎$^{溪}_{腫}$丨孔$^{溪}_{董}$[1956]患$^{溪}_{腫}$孔$^{溪}_{董}$丨恐$^{溪}_{腫}$（董$_{一2}$腫$_{4}$）
	31	[0595]崆$^{溪}_{東}$倥$^{溪}_{東}$跫$^{溪}_{鍾}$悾$^{溪}_{東}$椌$^{溪}_{東}$䓔$^{溪}_{東}$箜$^{溪}_{東}$鵼$^{溪}_{東}$丨空$^{溪}_{東}$[2785]控$^{溪}_{送}$丨空去$^{溪}_{送}$（東$_{一8}$鍾$_{1}$送$_{一2}$）
曉	32	[2211]䁓$^{集:}_{曉送}$丨閧$^{匣}_{送}$（送$_{一2}$）
	33	[0272]颫$^{曉}_{東}$丨烘$^{曉}_{東}$[0408]烘$^{曉}_{東}$丨哄平$^{匣}_{東}$[0205]𦚾$^{集:}_{曉董}$嗊$^{集:}_{曉送}$喧$^{匣}_{送}$丨哄$^{匣}_{送}$（東$_{一4}$董$_{一1}$送$_{一3}$）
影	34	[2159]嗡$^{影}_{董}$𦡆$^{影}_{董}$丨翁$^{集:}_{影董}$（董$_{一3}$）
	35	[0779]泓$^{影}_{耕}$𣘸$^{影}_{東}$蓊$^{影}_{東}$鶲$^{影}_{東}$螉$^{影}_{東}$丨翁$^{影}_{東}$[3540]翁$^{影}_{東}$丨蓊$^{影}_{東}$ [0106]暡$^{影}_{董}$甕$^{影}_{送}$丨翁上$^{影}_{董}$[0867]滃$^{影}_{董}$坹$^{影}_{送}$塕$^{影}_{送}$齆$^{影}_{送}$罋$^{影}_{送}$丨甕$^{影}_{送}$[3176]瓮$^{影}_{送}$丨翁去$^{影}_{送}$（東$_{一7}$耕$_{1}$董$_{一3}$送$_{一8}$）
鍾類（含61個自然小類，26個“準小韻”）		
清	36	[2206]瞛$^{集:}_{清鍾}$丨從上$^{集:}_{清腫}$（鍾$_{1}$腫$_{1}$）
從	37	[3423]𪀛$^{從}_{鍾}$丨從$^{從}_{鍾}$（鍾$_{2}$）
心	38	[1679]傱$^{心}_{腫}$慫$^{心}_{腫}$悚$^{心}_{腫}$丨聳$^{心}_{腫}$[1999]愯$^{心}_{腫}$樅$^{心}_{腫}$丨悚$^{心}_{腫}$（腫$_{7}$）
	39	[0570]崧$^{心}_{東}$嵩$^{心}_{東}$淞$^{心}_{鍾}$倯$^{心}_{鍾}$娀$^{心}_{東}$髮$^{心}_{東}$鬆$^{心}_{鍾}$菘$^{心}_{東}$鵊$^{心}_{東}$丨松$^{邪}_{鍾}$ [3193]松$^{邪}_{鍾}$丨嵩$^{心}_{東}$[2224]聳$^{心}_{腫}$竦$^{心}_{腫}$丨松上$^{邪}_{腫}$（東$_{三7}$鍾$_{5}$腫$_{3}$）
邪	40	[2271]頌$^{邪}_{用}$丨誦$^{邪}_{用}$[2650]誦$^{邪}_{用}$訟$^{邪}_{用}$丨頌$^{邪}_{用}$（用$_{5}$）
章	41	[0525]煄$^{章}_{腫}$啄$^{知}_{腫}$塚$^{知}_{腫}$丨冢$^{知}_{腫}$（腫$_{4}$）
	42	[0386]霐$^{章}_{東}$伀$^{章}_{鍾}$妐$^{章}_{鍾}$𠯈$^{章}_{鍾}$殁$^{章}_{東}$中$^{知}_{東}$丨終$^{章}_{東}$[1957]忠$^{知}_{東}$蹱$^{章}_{鍾}$終$^{章}_{東}$鐘$^{章}_{鍾}$鍾$^{章}_{鍾}$鈆$^{章}_{鍾}$艟$^{昌}_{鍾}$忠$^{知}_{東}$衳$^{章}_{鍾}$丨中$^{知}_{東}$[2147]喠$^{章}_{腫}$丨腫$^{章}_{腫}$[2314]腫$^{章}_{腫}$踵$^{章}_{腫}$𡼭$^{章}_{腫}$丨中上$^{知}_{董}$[3178]甀$^{章}_{用}$丨種$^{章}_{用}$[3356]種$^{章}_{用}$丨衆$^{章}_{送}$[3651]眾$^{章}_{送}$丨中去$^{知}_{送}$（東$_{三8}$鍾$_{9}$董$_{三1}$腫$_{5}$送$_{三3}$用$_{3}$）
昌	43	[0814]㳘$^{昌}_{東}$䆔$^{昌}_{鍾}$冲$^{澄}_{東}$衝$^{昌}_{鍾}$珫$^{昌}_{東}$茺$^{昌}_{東}$徸$^{昌}_{鍾}$丨充$^{昌}_{東}$[1768]充$^{昌}_{東}$㤝$^{昌}_{東}$忡$^{徹}_{東}$忪$^{章}_{鍾}$䡴$^{昌}_{鍾}$穜$^{昌}_{鍾}$𠟎$^{昌}_{鍾}$种$^{澄}_{東}$翀$^{澄}_{東}$丨沖$^{澄}_{東}$ [2940]寵$^{徹}_{腫}$丨充上$^{昌}_{董}$[3013]銃$^{昌}_{送}$丨充去$^{昌}_{送}$（東$_{三11}$鍾$_{7}$董$_{三1}$腫$_{1}$送$_{三2}$）
澄	44	[1430]隀$^{澄}_{鍾}$鶇$^{澄}_{鍾}$蝩$^{澄}_{鍾}$丨重$^{澄}_{鍾}$（鍾$_{4}$）
	45	[0524]爞$^{澄}_{東}$盅$^{澄}_{東}$丨虫$^{澄}_{東}$[3443]蟲$^{澄}_{東}$丨重平$^{澄}_{鍾}$（東$_{三4}$鍾$_{1}$）
	46	[0838]衶$^{澄}_{送}$丨仲$^{澄}_{送}$（送$_{三2}$）
書	47	[2817]摏$^{書}_{鍾}$丨舂$^{書}_{鍾}$[3759]舂$^{書}_{鍾}$丨椿$^{書}_{鍾}$（鍾$_{4}$）
禪	48	[2010]慵$^{禪}_{鍾}$襛$^{日}_{鍾}$絨$^{日}_{東}$𤝐$^{日}_{鍾}$茙$^{日}_{東}$茸$^{日}_{鍾}$狨$^{日}_{東}$鱅$^{以}_{鍾}$丨戎$^{日}_{東}$[2381]髶$^{日}_{鍾}$丨茸$^{日}_{鍾}$[3135]戎$^{日}_{東}$丨絨$^{日}_{東}$（東$_{三6}$鍾$_{7}$）
	49	[2457]毧$^{日}_{東}$丨羢$^{日}_{鍾}$（東$_{三1}$鍾$_{1}$）
	50	[0796]沉$^{日}_{腫}$坈$^{日}_{腫}$𢫕$^{日}_{腫}$軵$^{日}_{腫}$丨冗$^{日}_{腫}$（腫$_{5}$）
見	51	[1905]躬$^{見}_{東}$躳$^{見}_{東}$芎$^{見}_{東}$龔$^{見}_{鍾}$共$^{見}_{腫}$丨弓$^{見}_{東}$[3117]弓$^{見}_{東}$丨躬$^{見}_{東}$（東$_{三6}$鍾$_{1}$腫$_{1}$）
	52	[0150]昪$^{見}_{鍾}$哄$^{見}_{鍾}$䢼$^{見}_{鍾}$供$^{見}_{鍾}$供$^{見}_{鍾}$丨恭$^{見}_{鍾}$[2788]拱$^{見}_{腫}$丨供上$^{見}_{腫}$[1119]㧬$^{見}_{腫}$拲$^{見}_{腫}$𢸞$^{見}_{腫}$珙$^{見}_{腫}$𤭚$^{見}_{腫}$栱$^{見}_{腫}$蛬$^{見}_{腫}$𢀜$^{見}_{腫}$巩$^{見}_{腫}$巩$^{篇:}_{見腫}$丨拱$^{見}_{腫}$（鍾$_{6}$腫$_{13}$）
群	53	[0491]焪$^{溪}_{東}$𣸏$^{溪}_{送}$竆$^{群}_{東}$窮$^{群}_{東}$𢯱$^{溪}_{送}$瓊$^{群}_{清}$𩏠$^{溪}_{真}$郙$^{群}_{鍾}$舼$^{群}_{鍾}$笻$^{群}_{鍾}$䇹$^{群}_{鍾}$丨穹$^{溪}_{東}$[1302]竆$^{群}_{東}$窮$^{群}_{東}$邛$^{群}_{鍾}$穹$^{溪}_{東}$銎$^{溪}_{鍾}$蛩$^{群}_{鍾}$丨窮$^{群}_{東}$[1710]倸$^{群}_{鍾}$丨卭$^{群}_{鍾}$ [3273]藭$^{群}_{東}$茾$^{群}_{鍾}$枊$^{群}_{鍾}$丨蛩$^{群}_{鍾}$（東$_{三9}$送$_{三2}$鍾$_{12}$清$_{1}$真$_{1}$）
影	54	[1178]壅$^{影}_{鍾}$丨甕$^{影}_{鍾}$[1179]甕$^{影}_{鍾}$丨壅$^{影}_{鍾}$（鍾$_{4}$）
	55	[0736]永$^{云}_{梗}$涌$^{以}_{腫}$濚$^{玉:}_{影迥}$恿$^{以}_{腫}$悀$^{以}_{腫}$𨳝$^{以}_{腫}$𢗎$^{熊:}_{以腫}$筩$^{以}_{腫}$蛹$^{以}_{腫}$丨勇$^{以}_{腫}$[0935]湧$^{以}_{腫}$埇$^{以}_{腫}$俑$^{以}_{腫}$咏$^{云}_{映}$踴$^{以}_{腫}$勇$^{以}_{腫}$詠$^{云}_{映}$柡$^{云}_{梗}$勇$^{以}_{腫}$𢍄$^{影}_{迥}$丨永$^{云}_{梗}$（腫$_{14}$梗$_{3}$映$_{2}$迥$_{2}$）
	56	[2398]擁$^{影}_{腫}$丨癕$^{集:}_{影腫}$（腫$_{2}$）
	57	[1025]灉$^{影}_{鍾}$濴$^{以}_{清}$澭$^{影}_{鍾}$𩆈$^{影}_{鍾}$邕$^{影}_{鍾}$雍$^{影}_{鍾}$廱$^{影}_{鍾}$邕$^{影}_{鍾}$𧞤$^{影}_{鍾}$𧝎$^{影}_{鍾}$搈$^{以}_{鍾}$癰$^{影}_{鍾}$癕$^{影}_{鍾}$饔$^{影}_{鍾}$丨雍$^{影}_{鍾}$[1299]𪄉$^{影}_{鍾}$壅$^{影}_{鍾}$雝$^{影}_{鍾}$雍$^{影}_{鍾}$丨邕$^{影}_{鍾}$ [3763]用$^{以}_{用}$丨雍去$^{影}_{用}$[0789]泳$^{云}_{映}$丨用$^{以}_{用}$（鍾$_{19}$清$_{1}$用$_{3}$映$_{1}$）
曉	58	[0093]嚑$^{曉}_{文}$胷$^{篇:}_{曉鍾}$胸$^{篇:}_{曉鍾}$汹$^{曉}_{鍾}$洶$^{曉}_{鍾}$兄$^{曉}_{庚}$恟$^{曉}_{鍾}$胷$^{曉}_{鍾}$胸$^{曉}_{鍾}$訩$^{曉}_{鍾}$詾$^{曉}_{鍾}$殉$^{曉}_{鍾}$匈$^{曉}_{鍾}$匈$^{曉}_{鍾}$丨凶$^{曉}_{鍾}$[0152]見$^{曉}_{庚}$𡚽$^{曉}_{庚}$丨兄$^{曉}_{庚}$[1466]㐫$^{曉}_{鍾}$凶$^{曉}_{鍾}$丨兇$^{曉}_{鍾}$[2919]𠒋$^{熊:}_{曉送}$丨洶$^{曉}_{鍾}$[3656]兇$^{曉}_{鍾}$凶$^{曉}_{鍾}$丨胷$^{曉}_{鍾}$（送$_{三1}$鍾$_{20}$庚$_{4}$文$_{1}$）
喻	59	[0224]肜$^{以}_{東}$嵱$^{以}_{鍾}$滽$^{以}_{鍾}$溶$^{以}_{鍾}$墉$^{以}_{鍾}$嫞$^{以}_{鍾}$顒$^{疑}_{鍾}$肜$^{以}_{東}$𩭹$^{以}_{鍾}$㝐$^{以}_{鍾}$鎔$^{以}_{鍾}$鏞$^{以}_{鍾}$銿$^{以}_{鍾}$瑢$^{以}_{鍾}$舩$^{以}_{鍾}$輍$^{以}_{鍾}$榕$^{以}_{鍾}$𥧂$^{以}_{鍾}$蓉$^{以}_{鍾}$鱅$^{禪}_{鍾}$鷛$^{以}_{鍾}$鰫$^{以}_{鍾}$融$^{以}_{東}$螎$^{集:}_{以東}$丨容$^{以}_{鍾}$ [0729]𡵧$^{玉:}_{疑送}$喁$^{疑}_{鍾}$丨顒$^{疑}_{鍾}$[3140]戫$^{以}_{鍾}$丨融$^{以}_{鍾}$（東$_{三4}$送$_{三1}$鍾$_{25}$）
	60	[1351]鄘$^{以}_{鍾}$傭$^{以}_{鍾}$丨庸$^{以}_{鍾}$（鍾$_{3}$）
	61	[1017]濴$^{集:}_{匣青}$熊$^{云}_{東}$丨雄$^{云}_{東}$[3532]雄$^{云}_{東}$丨熊$^{云}_{東}$（東$_{三4}$青$_{1}$）

在 61 個“準小韻”中，屬於東、冬、鍾三韻系自注者（其中，東一 10 個，東三 2 個，冬 2 個，鍾 15 個）29 個，屬於混注的有 32 個，混注占總數的 52.46%（32/61），幾近半數。而且發生在東、冬、鍾三韻系之間的混注多達 28 次，占混注總數的 87.50%（28/32），這表明中古通攝至《玉篇直音》中雖發生了分化與重組，但是仍以攝內的調整爲主，中古通攝仍維持一個整體。關於混注的具體情況，我們窮盡列舉如下，詳見表 3-7-3。表中的“東一冬”是指僅有東一、冬兩個韻參與混注的“準小韻”，共出現 2 次，餘類推。

表 3-7-3　系聯後的通攝陽聲諸韻混注情況統計表

序號	混注種類	次數	序號	混注種類	次數	序號	混注種類	次數
1	東一冬	*2*	7	東一東三	*1*	12	東三鍾庚文	*1*
2	東一冬東三	*1*	8	東一東三庚耕	*1*	13	東三鍾清真	*1*
3	東一冬東三鍾	*2*	9	東一鍾	*4*	14	東三青	*1*
4	東一冬東三鍾庚	*1*	10	東一耕	*1*	15	鍾庚清	*1*
5	東一冬鍾	*2*	11	東三鍾	*10*	16	鍾庚青	*1*
6	東一東三鍾	*2*						

表 3-7-3 中的數據顯示，通攝一等與三等之間的混注共計 14 次①，占混注總數的 43.75%（14/32），但是這個比值不能說明通攝的一、三等的區別在《玉篇直音》中已經消失。另外 6 次通攝與臻、梗、曾三攝的混注，占混注總數的 18.75%（6/32），這個比值也不能說明通攝與臻、梗二攝並無區別。下面分別討論這兩個問題。

首先是通攝內部一、三等混注的 14 個 “準小韻”。從混注三等韻字的中古聲母來源看，主要有：

脣音 6 個（明 1、非 1、敷 2、奉 2）；　　舌音 2 個（泥 1、來 1）；

齒音 3 個（精 1、清 1、崇 1）；　　牙音 3 個（見 1、溪 2）

從音理角度而言應該是三等介音 i 丢失使得整個合口三等韻讀作合口一等韻。此類字音的變化並非《玉篇直音》獨有，我們可從與代表近代官話音的《中原音韻》《韻略易通》《韻略匯通》以及反映明末清初吳方音的《同文備考》《諧聲品字箋》的比較中窺一斑，如表 3-7-4 所示。爲使表頭簡潔明了，上述文獻連同《玉篇直音》分別簡稱爲中、易、匯、同、諧、玉。表中例字選取的是《玉篇直音》中混同一等韻的常見字，其中與一等韻混注（同音）的用“+”表示，仍讀三等韻的用“–”表示，文獻未收錄的情況用“○”表示。

①原爲 15 次，其中 1 個乃“⿰黑冬[章 東三]音冬[端 冬]” P160L2。此例或因聲母仍讀古音舌音而生，亦可能是受“⿰黑冬”之諧聲偏旁影響而產生的訛讀，故不在統計之列。

表 3-7-4　部分中古通攝三等韻字在近代漢語中的讀音①

聲母	代表例字	中	易	匯	同	諧	玉
明	瞢$^{明}_{東三}$	+	○	+	+	+	+
非	風$^{非}_{東三}$	+	+	–	+	+	+
敷	鋒$^{敷}_{鍾}$峰$^{敷}_{鍾}$豐$^{敷}_{東三}$丰$^{敷}_{鍾}$	+	+	–	+	+	+
	捧$^{敷}_{腫}$	+	+	–	+	+	+
奉	逢$^{奉}_{鍾}$馮$^{奉}_{東三}$	+	+	–	+	+	+
泥	濃$^{泥}_{鍾}$穠$^{泥}_{鍾}$醲$^{泥}_{鍾}$	–	+	+	–	+	+
來	隆$^{來}_{東三}$龍$^{來}_{鍾}$	–	+	+	+	+	+
精	縱$^{精}_{鍾}$蹤$^{精}_{鍾}$	–	+	+	+	+	+
清	蓯$^{集:}_{清鍾}$（苁）	○	+	+	+	+	+
崇	崇$^{崇}_{東三}$	+	+	–	+	+	+
見	宮$^{見}_{東三}$	+	–	+	+	–	+
溪	恐$^{溪}_{腫}$	+	–	–	+	–	+

比較表 3-7-4 中例字的讀音，每部文獻中皆以“+”居多，第一，可以肯定的是《玉篇直音》中東$_{一}$、東$_{三}$（鍾）混注的現象無論是在近代官話語音中還是在近代吳方音中皆是較爲常見的音變現象。第二，從讀同一等合口韻的程度來看，《玉篇直音》無“–”，《同文備考》有 1 個“–”，《諧聲品字箋》有 2 個“–”，《韻略易通》有 2 個“–”、1 個“○”，《中原音韻》有 3 個“–”、1 個“○”，《韻略匯通》有 6 個“–”。排在前三位的除了《玉篇直音》外，另兩部全是具有吳方音性質的文獻，這從側面反映出《玉篇直音》也有濃郁的吳方音色彩。第三，《中原音韻》《韻略易通》《韻略匯通》《同文備考》《諧聲品字箋》五書雖皆有上述三等讀同一等的情況，但是中古通攝一、三等韻的對立仍然存在。《玉篇直音》同此，一、三等韻的對立同樣並未因混注消失，部分齒音及牙、喉音聲母各含有兩個對立小韻可以爲證（下文韻母的討論中有論述，可參見）。第四，中古知、章組東$_{三}$、鍾韻字在《玉篇直音》仍然獨立，未見其讀同精組字的情況，這也足以證明中古通攝三等韻還是自成一類的。

鑒於上述分析，我們認爲中古通攝在《玉篇直音》中仍作爲一個整體存在，可稱爲東鍾部。雖有部分三等韻字與一等韻合流，但是原有的一、三等韻之間的對立依然存在。

下面再來討論通攝與臻、梗攝的混注問題。此類混注所涉 6 個“準小韻”共計 31 個字，相關字可分爲如下兩類：

①盲$^{明}_{庚}$莔$^{明}_{庚}$蝱$^{明}_{庚}$萌$^{明}_{耕}$矒$^{明}_{耕}$䵆$^{明}_{耕}$錳$^{明}_{耕}$甍$^{明}_{耕}$氓$^{明}_{耕}$座$^{玉:}_{明梗}$䁅$^{明}_{梗}$艋$^{明}_{梗}$猛$^{明}_{梗}$

②輑$^{溪}_{真}$嚑$^{曉}_{文}$瓊$^{群}_{清}$泓$^{影}_{耕}$濴$^{玉:}_{影迥}$𤇾$^{影}_{迥}$兄$^{曉}_{庚}$見$^{曉}_{庚}$㚡$^{曉}_{庚}$贙$^{匣}_{庚}$濴$^{集:}_{匣青}$濴$^{以}_{清}$汞$^{云}_{梗}$栐$^{云}_{梗}$永$^{云}_{梗}$咏$^{云}_{映}$詠$^{云}_{映}$泳$^{云}_{映}$

第①類是唇音明母，第②類則是牙、喉音聲母。《玉篇直音》東鍾部中混入明母及牙、

①表中例字的讀音分別依據：楊耐思. 中原音韻音系[M]. 北京：中國社會科學出版社，1981；張玉來. 韻略易通研究[M]. 天津：天津古籍出版社，1999；張玉來. 韻略匯通音系研究[M]. 濟南：山東教育出版社，1995；丁鋒.《同文備考》音系[M]. 福岡：中國書店，2001；張詠梅.《諧聲品字箋》的音系研究[M]. 成都：巴蜀書社，2011.

喉音聲母梗攝字的現象在《中原音韻》中就已經有了類似的體現。《中原音韻》中東鍾、庚青兩個韻部同時兼收的 29 個字便是明證。楊耐思曾做過細緻統計，如下①：

平聲陰：肱觥轟薨泓崩繃烹傾兄

平聲陽：棚鵬盲甍萌宏紘横（平）嶸榮弘

上　聲：艋蜢永

去　聲：迸孟横（去）詠瑩

楊先生羅列的這些字包括牙喉音和唇音兩類，其中的“萌盲弘泓宏紘横嶸兄永詠”等字在《玉篇直音》中已併入東鍾部，體現了《玉篇直音》與《中原音韻》相吻合。然而我們不能據此就認爲此乃通語性質，因爲牙、喉音字的音變現象與今海鹽吴音也是吻合的。“這些兩韻並收字，見於庚青韻是與這些字的古讀相接承的，見於東鍾韻就意味著它們的讀音這時候發生了某種新的變化。正如張清常先生所指出的那樣，這是《中原音韻》新著録的異讀，反映了十三、十四世紀時期漢語語音的新情況”②。

不過，通、臻二攝的混注在《中原音韻》中是不存在的，《玉篇直音》中直接混注的有 3 例：䞓$^{溪}_{真}$音穹$^{溪}_{東}$P116L4；曛$^{曉}_{文}$音凶$^{曉}_{鍾}$P3L1；彫$^{以}_{鍾}$音云$^{云}_{文}$P176L9。此類混注反映的是《玉篇直音》中鼻音韻尾–ŋ 與–n 之間的不分，這鮮見於通、臻攝之間，而常見於臻、深與梗、曾二攝之間（僅直接混注就有 44 例，這於本章 3.9 節中有詳述，可參見）。此處 3 例在今海鹽吴音中無法得到印證，因爲今海鹽音將中古臻攝字讀作–n 尾，將通攝字讀爲鼻化韻尾（õ、iõ），二者並不同音。不過放眼整個吴方言區，卻可以在其他吴音中覓得痕跡，如表 3-7-5 所示。（說明：因受參考資料限制，表中以“群$^{群}_{文}$熏$^{曉}_{文}$胸$^{曉}_{鍾}$容$^{以}_{鍾}$”代替“䞓$^{群}_{真}$曛$^{曉}_{文}$凶$^{曉}_{鍾}$彫$^{以}_{鍾}$”。“熏$^{曉}_{文}$曛$^{曉}_{文}$”“凶$^{曉}_{鍾}$胸$^{曉}_{鍾}$”“容$^{以}_{鍾}$彫$^{以}_{鍾}$”音韻地位完全相同，“群$^{群}_{文}$䞓$^{群}_{真}$”雖不相同，但是音近，且同屬於臻攝，已有參考價值。此外，爲更能說明問題，我們擴大了比較的範圍，多列舉了一對例字。）

表 3-7-5　部分中古通、臻攝字在今吴方言中的讀音

例字 / 地區	群$^{群}_{文}$	穹$^{溪}_{東}$	熏$^{曉}_{文}$	胸$^{曉}_{鍾}$	匀$^{以}_{諄}$	容$^{以}_{鍾}$	雲$^{云}_{文}$	熊$^{云}_{東}$
江陰	dʑioŋ^{223}	dʑioŋ^{223}	ɕioŋ^{51}	ɕioŋ^{51}	ɦioŋ^{223}	ɦioŋ^{223}	ɦioŋ^{223}	ɦioŋ^{223}
周浦	dʑioŋ^{113}	dʑioŋ^{113}	ɕioŋ^{52}	ɕioŋ^{52}	ɦioŋ^{113}	ɦioŋ^{113}	ɦioŋ^{113}	ɦioŋ^{113}
諸暨	dʑioŋ^{233}	dʑioŋ^{233}	ɕioŋ^{544}	ɕioŋ^{544}	ɦioŋ^{233}	ɦioŋ^{233}	ɦioŋ^{233}	ɦioŋ^{233}
寧波	dʑyoŋ^{113}	dʑyoŋ^{113}	ɕyoŋ^{52}	ɕyoŋ^{52}	ɦyoŋ^{113}	ɦyoŋ^{113}	ɦyoŋ^{113}	ɦyoŋ^{113}
溫州	dʑyoŋ^{231}	dʑyoŋ^{231}	ɕyoŋ^{44}	ɕyoŋ^{44}	ɦyoŋ^{231}	ɦyoŋ^{231}	ɦyoŋ^{231}	ɦyoŋ^{231}

細察表 3-7-5 中例字的讀音可知，在上述 5 地吴音中，中古臻攝字全部讀成了通攝，且與對應的通攝字讀音完全相同。尤其是“熏=胸”“雲=容”爲解釋《玉篇直音》中此類混注現象的本質——臻攝字讀同通攝字，提供了有力的方音參證。若以此爲據，當把所涉及的臻攝字全部併入通攝中。不過鑒於注音字皆是常用字，而被注字則不常見，爲嚴謹起

①楊耐思.《中原音韻》兩韻並收字讀音考[A]. 見：楊耐思. 近代漢語音論[M]. 北京：商務印書館，2012：149.

②楊耐思.《中原音韻》兩韻並收字讀音考[A]. 見：楊耐思. 近代漢語音論[M]. 北京：商務印書館，2012：149.

見，我們僅將臻攝被注字“輥㯻”系聯併入通攝之中，同時把通攝被注字“彪”系聯併入臻攝中。

如果不追求所取例字的讀音相同，僅以臻攝字韻尾-n 讀成-ŋ 作爲標準進行統計的話，此類現象分佈得更爲廣泛。僅以《當代吳語研究》①所記錄的 33 個吳方音點爲例，除上述 5 地外，還有宜興、丹陽、金壇、童家橋、靖江、常熟、上海、崇仁、太平、余姚、黃岩等 11 地，前後共計 16 地，占總數的 48.48%（16/33），近乎半數，這足以說明臻攝字讀成通攝字乃吳方言的普遍性特徵，進一步證明了《玉篇直音》中的混注現象乃吳方音的特徵。

總體來看，通攝字雖與部分臻、梗攝字混注，但其實質是這些臻、梗攝字已經發生了音變，讀成了通攝字音。況且除此之外，未見通攝字與臻、梗攝字有其他的混注現象，因此通攝與臻、梗攝在《玉篇直音》中的對立色彩仍然很强，這不影響東鍾部作爲一個韻部的整體性。

3.7.2 關於韻母的確立

東鍾部字的聲母來自《玉篇直音》聲母系統的幫、非、端、精、章、見、曉等七組聲母。我們選取明、奉、泥、清、昌、見、影七母作爲代表，列其所屬小韻如下：

明母①【平】曚[明東一]朦[明東一]幪[明東一]鄸[明東三]懞[明東一]瞢[明東三]矇[明東一]矒[明東三]朦[明東一]鬉[明東一]幪[明東一]艨[明東一]萌[明耕]饛[明東一]蝀[明東一]鸏[明東一]蠓[明東一]罞[明東一]霿[明東一]蒙[明東一]濛[明東一]盲[明庚]矒[明耕]䁅[明耕]鋩[明耕]莔[明庚]甍[明耕]蝱[明庚]呡[明耕]【上】座[玉:明梗]瞢[明梗]艋[明梗]懵[明董一]懜[明董一]蒙上[明董一]猛[明梗]【去】霧[明送三]瞢[明送三]夢[明送三]

奉母①【平】渢[奉東三]馮[奉東三]唪[匣東一]誇[並東一]逢[奉鍾]縫[奉鍾]颫[匣東一]灴[匣東一]洪[匣東一]仜[匣東一]紅[匣東一]訌[匣東一]杠[匣東一]䫺[匣冬]焢[曉東一]洚[匣東一]硿[匣冬]堸[奉東三]鄷[奉東三]阦[匣東一]袪[匣東一]熢[龍:奉鍾]嗵[匣冬]䙜[奉鍾]鉷[匣東一]葒[匣東一]虹[匣東一]䪦[匣庚]䜤[曉東一]【去】湗[集:敷用]熢[奉用]捧[奉腫]奉[奉腫]鳳[奉送三]

泥母①【平】齈[泥鍾]矃[泥冬]聾[泥鍾]農[泥冬]濃[泥鍾]震[泥冬]儂[泥冬]憹[泥冬]噥[泥冬]齈[泥冬]膿[泥冬]禯[玉:泥鍾]莀[泥冬]穠[泥鍾]醲[泥鍾]鸙[泥冬]莀[泥冬]【去】癑[泥送一]農去[泥宋]

昌母①【平】流[昌東三]窻[昌鍾]冲[澄東三]衝[昌鍾]琉[昌東三]茺[昌東三]憧[昌鍾]充[昌東三]㤝[昌東三]忡[徹東三]忪[章鍾]幢[昌鍾]穜[昌鍾]衝[昌鍾]种[澄東三]狆[澄東三]沖[澄東三]【上】寵[徹腫]充上[昌董三]【去】銃[昌送三]充去[昌送三]

清母①【平】熜[清東一]囪[清東一]蔥[清東一]驄[清東一]騘[清東一]旹[玉:清鍾]惚[清東一]忽[清東一]聦[清東一]聰[清東一]聡[清東一]腮[清東一]鏓[清東一]葱[清東一]蓯[集:清鍾]腍[清東一]葱[清東一]璁[清東一]匆[清東一]

②【上】瞛[集:清鍾]從上[集:清腫]

見母①【平】涫[見東三]宮[見東三]忓[見東一]玒[見東一]功[見東一]公[見東一]工[見東一]疘[見東一]刌[見東一]蚣[見東一]攻[見東一]【去】工去[見送一]玒[見送一]羾[見送一]貢[見送一]

②【平】躬[見東三]船[見東三]芎[見東三]龔[見鍾]共[見腫]弓[見東三]躳[見東三]昪[見鍾]哄[見鍾]郱[見鍾]供[見鍾]供[見鍾]恭[見鍾]【上】供上[見腫]砻[見腫]拲[見腫]擧[見腫]珙[見腫]巩[見腫]栱[見腫]鞏[見腫]巩[見腫]巩[見腫]巩[篇:見腫]拱[見腫]

影母①【平】泓[影耕]榕[影東一]蓊[影東一]鶲[影東一]螉[影東一]翁[影東一]【上】暡[影董一]甕[影送一]翁上[影董一]嗡[影董一]脗[影董一]【去】滃[影董一]垸[影送一]埯[影送一]甕[影送一]甕[影送一]甕[影送一]瓮[影送一]翁去[影送一]

②【平】灉[影鍾]滃[以清]灉[影鍾]㶉[影鍾]邕[影鍾]廱[影鍾]廱[影鍾]雝[影鍾]邕[影鍾]搈[以鍾]癰[影鍾]癰[影鍾]饔[影鍾]雍[影鍾]䧚[影鍾]壅[影鍾]雝[影鍾]壅[影鍾]壅[影鍾]【上】永[云梗]

①錢乃榮. 當代吳語研究[M]. 上海：上海教育出版社，1992.

涌$^{以}_{腫}$濴$^{玉:}_{影迥}$恿$^{以}_{腫}$悀$^{以}_{腫}$閫$^{以}_{腫}$[illegible]$^{龍:}_{以腫}$筩$^{以}_{腫}$蛹$^{以}_{腫}$湧$^{以}_{腫}$塎$^{以}_{腫}$傛$^{以}_{腫}$咏$^{云}_{映}$踴$^{以}_{腫}$勇$^{以}_{腫}$詠$^{云}_{映}$村$^{云}_{梗}$褮$^{影}_{迥}$永$^{云}_{梗}$雍$^{影}_{腫}$雍$^{集:}_{影腫}$【去】用$^{以}_{用}$
雍去$^{影}_{用}$泳$^{云}_{映}$

比較所取的每個聲母，明、奉、昌、泥四母皆有一個獨立小韻，溪、見、影三母則各含兩個對立小韻。此七母所含的小韻皆是本組聲母的最多者，且能涵蓋本組聲母的所有小韻類型。據此可知東鍾部共含因聲母不同及內部對立而形成的 10 個獨立小韻。如若不計聲母的區别，這些獨立小韻至多也就有四類（開齊合撮），可涵蓋該部所有可能存在的等呼情況。考察諸小韻在中古的開合洪細特徵，如表 3-7-6 所示。

表 3-7-6　東鍾部所含諸小韻的中古等呼

聲母	小韻號	中古等呼	聲母	小韻號	中古等呼
幫組	①	合口洪音 合口細音	非組	①	合口洪音 合口細音
端組	①	合口洪音 合口細音	曉組	①	合口洪音
				②	合口細音
精組	①	合口洪音 合口細音	見組	①	合口洪音 合口細音
	②	合口細音		②	合口細音
章組	①	合口細音			

根據中古到近代漢語介音演變的規律，結合歷史、現代方音進行參證，我們認爲上述諸小韻的四呼類型如下。

第一，幫、非、端、精、見、曉六組聲母的第①類小韻全部讀成合口呼。

原因如下：首先，根據介音演變的規律，中古合口洪音當讀作近代合口呼。其次，上文我們已經詳述，幫、非、端、精、見五組聲母中的部分合口細音字洪化爲合口洪音，進而讀成合口呼。再者，在近代漢語中，《中原音韻》《韻略易通》《韻略匯通》《同文備考》《諧聲品字箋》等除了某類字的歸屬不一致外（詳見表 3-7-4），基本上將此類字讀成合口呼。

第二，精、見、曉三組聲母的第②類小韻及章組合口細音全部讀成撮口呼。

原因如下：首先，根據介音演變的規律，中古合口細音當讀作近代撮口呼。其次，撮口呼在《玉篇直音》中已經形成。在本章 3.3 節中，我們區分了多模部及魚虞部，這說明二者的主元音是不同的，多模部擬定爲合口 u，魚虞部擬定爲撮口 y，不再是《中原音韻》中的 iu 了，這滿足我們擬定撮口呼的條件。再者，同時期的《等韻圖經》《諧聲品字箋》等文獻中均將此類字讀成撮口呼，可資爲證。此外，今吳方言中寧波、黄岩、溫州、衢州等地皆將此類字讀成撮口呼，可參證。

綜上所述，東鍾部包括兩個韻母，分别是合口呼及撮口呼。其中：

合口呼可稱爲東類，主要來自中古幫、端、精、見、曉等組聲母的東$_{一}$、冬韻字，非組、精組、泥、來、見、溪等母的東$_{三}$、鍾韻字，還有部分梗攝明母及牙、喉音聲母合口庚、耕韻字。

撮口呼可稱爲鍾類，主要來自中古精、章、知、見、曉等組聲母的東$_{三}$、鍾韻以及少數牙、喉音梗攝清、青韻合口呼字，個別牙、喉音的臻攝合口三等字。

關於東鍾部韻母的韻基，代表近代官話音的《中原音韻》《韻略易通》《韻略匯通》《西儒耳目資》《等韻圖經》等文獻中均擬作 uŋ，然而具有近代吳音性質的《同文備考》《諧聲品字箋》等均擬作 oŋ。二者的差別在於主元音的高低不同。《現代吳語的研究》《當代吳語研究》中通攝字的主元音均多記作 o 或 ʊ，今海鹽吳音亦讀 o。據此可知，中古通攝字的主元音在近、現代吳方音中以 o 爲主。鑒於《玉篇直音》也具有濃郁的吳音色彩，我們也應將東鍾部的主元音擬定爲 o。但是該書中“豰$^{曉}_{屋}$音呼$^{曉}_{模}$入$_{P123L2}$”注音材料給我們一個啟示——東韻入聲屋韻的主元音當與模韻相同。本章 3.3 節在討論多模部讀音時已知中古模韻在《玉篇直音》中讀 u 音值，因此，此處屋韻的主元音當亦是 u。總體來看，《玉篇直音》中陽入相配，根據四聲相承的原則，我們認爲東韻的主元音也是 u。至今海鹽吳音中因主元音低化，演變爲 o 了。

因此東鍾部所屬的兩個韻母的音值分別是：

合口呼（東類）：uŋ；撮口呼（鍾類）：yŋ

關於《玉篇直音》東鍾部韻母的數量、類型、音值及來源等內容詳見表 3-7-7。

表 3-7-7 東鍾部韻母表

部名	類名	四呼	音值	中古來源
東鍾	東	合	uŋ	中古幫、端、精、見、曉等組聲母的東$_{一}$、冬韻字，非組、精組、泥、來、見、溪等母的東$_{三}$、鍾韻字，還有部分梗攝明母及牙、喉音聲母合口庚、耕韻字
	鍾	撮	yŋ	中古精、章、知、見、曉等組聲母的東$_{三}$、鍾韻以及少數牙、喉音梗攝清、青韻合口呼字，個別牙、喉音的臻攝合口三等字

3.8 江、宕攝陽聲：江陽部

在《玉篇直音》的 13 695 個被注字中，中古江攝陽聲韻字共計 52 個，宕攝陽聲韻字 676 個，其中唐韻系 282 個，陽韻系 394 個。

3.8.1 關於韻部的確立

3.8.1.1 初級統計

中古江、宕攝陽聲韻系被注字在《玉篇直音》中的直接自注與混注次數詳見表 3-8-1。

表 3-8-1 中古江、宕攝陽聲韻被注字單條自注、混注情況統計表 （單位：次）

被注字 \ 注音字		江攝	宕攝	
		江	唐	陽
江攝	江	20	20	11
宕攝	唐	10	258	14
	陽	6	11	377

通過對江、宕攝陽聲被注字的初級統計可知，江、宕攝字的注音皆爲江、宕攝陽聲韻自注或者兩攝間的混注，未見有其他攝的字與之混注。由此可見，江、宕兩攝在《玉篇直音》中的關係非常密切，且呈現出獨立於其他諸攝的格局。再來看江攝的混注比例，江韻系被注字共出現 51 次，其中本韻自注者 20 次，而與宕攝唐、陽韻混注者 31 次，混注占本韻系總數的 60.78%（31/51），該比值足見江韻在《玉篇直音》中以與唐、陽的混注爲常態。結合漢語史可判斷，江韻已經併入唐、陽韻中。至於宕攝內唐、陽之間，二者混注共計 25 次，而自注則 635 次，混注僅占兩韻總數（與江韻混注除外）的 3.79%（25/660），據此可見，唐、陽之間仍以自注爲常態，中古宕攝的等次差別在《玉篇直音》中仍然維繫。

綜上，初級統計顯示，中古江、宕攝在《玉篇直音》中已經併爲一個韻部，且該韻部內唐、陽韻之間的差別較爲明顯。

下面再通過系聯之法，通過統計混注與自注的比例來進一步驗證上述結論。

3.8.1.2 高級統計

我們使用系聯法將中古江、宕攝陽聲韻字的音注歸併爲 111 個"準小韻"，具體字組內容詳見表 3-8-2（關於本表的使用說明，可參見表 3-2-3 上）。

表 3-8-2 《玉篇直音》所含中古江、宕攝陽聲韻字組表

聲母	準小韻序號	轄字
唐類（含 106 個自然小類，52 個"準小韻"）		
幫	1	[1226]垹$^{幫}_{江}$峀$^{幫}_{江}$挷$^{幫}_{唐}$綁$^{幫}_{唐}$ 丨 邦$^{幫}_{江}$[1391]邦$^{幫}_{江}$ 丨 榜平$^{幫}_{唐}$[2464]髈$^{滂}_{蕩}$膀$^{幫}_{蕩}$ 丨 榜$^{幫}_{蕩}$[1856]嫎$^{幫}_{宕}$榜$^{集:}_{幫宕}$ 丨 謗$^{幫}_{宕}$[2671]謗$^{幫}_{宕}$ 丨 邦去$^{幫}_{絳}$（江$_{4}$唐$_{3}$蕩$_{3}$絳$_{1}$宕$_{4}$）
滂	2	[0334]霶$^{滂}_{唐}$滂$^{滂}_{唐}$髈$^{滂}_{蕩}$ 丨 旁$^{集:}_{滂唐}$[0348]霶$^{滂}_{唐}$雱$^{滂}_{唐}$磅$^{滂}_{唐}$ 丨 滂$^{滂}_{唐}$[2331]胮$^{滂}_{絳}$ 丨 旁去$^{集:}_{滂宕}$（唐$_{7}$蕩$_{1}$絳$_{1}$宕$_{1}$）
並	3	[1370]郶$^{並}_{唐}$傍$^{並}_{唐}$膀$^{並}_{唐}$ 丨 旁$^{並}_{唐}$[3121]徬$^{並}_{唐}$彷$^{並}_{唐}$旁$^{並}_{唐}$ 丨 傍$^{並}_{唐}$（唐$_{8}$）
	4	[2935]㝑$^{並}_{唐}$ 丨 房$^{並}_{唐}$（唐$_{2}$）
	5	[1529]庠$^{並}_{講}$ 丨 棒$^{並}_{講}$[3231]棒$^{並}_{講}$ 丨 蚌$^{並}_{講}$[3451]蜯$^{並}_{講}$蚌$^{並}_{講}$ 丨 奉$^{並}_{講}$（講$_{7}$）
	6	[1451]䧛$^{並}_{宕}$覫$^{並}_{蕩}$徬$^{並}_{宕}$ 丨 傍$^{並}_{宕}$（蕩$_{1}$宕$_{3}$）
明	7	[0655]蠎$^{明}_{唐}$蛖$^{明}_{江}$邙$^{明}_{唐}$鄳$^{明}_{唐}$庬$^{明}_{江}$伔$^{明}_{江}$盲$^{明}_{唐}$哤$^{明}_{江}$曨$^{明}_{江}$痝$^{明}_{江}$茫$^{明}_{唐}$芒$^{明}_{唐}$鴄$^{明}_{江}$牻$^{明}_{江}$尨$^{明}_{江}$ 丨 忙$^{明}_{唐}$[0709]峔$^{明}_{蕩}$茫$^{明}_{唐}$恾$^{明}_{唐}$忙$^{明}_{唐}$䁳$^{明}_{蕩}$艴$^{明}_{蕩}$鋩$^{明}_{陽}$ 丨 芒$^{明}_{唐}$[3294]蘉$^{明}_{唐}$ 丨 茫$^{明}_{唐}$（江$_{9}$唐$_{13}$陽$_{1}$蕩$_{3}$）
	8	[0100]䁳$^{明}_{蕩}$ 丨 網$^{明}_{養}$[2239]𦕚$^{明}_{養}$網$^{明}_{養}$𡧍$^{明}_{養}$輞$^{明}_{養}$魍$^{明}_{養}$罒$^{明}_{養}$冈$^{明}_{養}$ 丨 罔$^{明}_{養}$（蕩$_{1}$養$_{9}$）
	9	[3278]莽$^{明}_{蕩}$ 丨 蟒$^{明}_{蕩}$[3452]䵨$^{明}_{講}$蠎$^{明}_{蕩}$蟒$^{明}_{蕩}$ 丨 莽$^{明}_{蕩}$（講$_{1}$蕩$_{5}$）
非	10	[0021]晃$^{匣}_{蕩}$晄$^{匣}_{蕩}$仿$^{敷}_{養}$鶭$^{敷}_{養}$鴋$^{敷}_{養}$ 丨 紡$^{敷}_{養}$[0092]昉$^{非}_{養}$旺$^{玉:}_{曉蕩}$倣$^{非}_{養}$舫$^{非}_{養}$彷$^{敷}_{養}$ 丨 訪$^{正:}_{敷養}$[2202]昉$^{敷}_{養}$髣$^{敷}_{養}$ 丨 彷$^{敷}_{養}$[2564]紡$^{敷}_{養}$訪$^{正:}_{敷養}$瓬$^{非}_{養}$ 丨 倣$^{非}_{養}$[0537]炛$^{篇:}_{匣蕩}$𥹉$^{篇:}_{匣蕩}$愰$^{匣}_{蕩}$幌$^{匣}_{蕩}$榥$^{匣}_{蕩}$櫎$^{匣}_{蕩}$ 丨 晃$^{匣}_{蕩}$（蕩$_{10}$養$_{16}$）
	11	[0839]汸$^{敷}_{陽}$埅$^{非}_{陽}$邡$^{非}_{陽}$鄺$^{曉}_{唐}$妨$^{敷}_{陽}$彷$^{敷}_{陽}$枋$^{非}_{陽}$芳$^{敷}_{陽}$魴$^{非}_{陽}$ 丨 方$^{非}_{陽}$[1415]防$^{奉}_{陽}$方$^{非}_{陽}$ 丨 芳$^{非}_{陽}$[3695]放$^{非}_{漾}$ 丨 方去$^{非}_{漾}$（唐$_{1}$陽$_{12}$漾$_{2}$）
奉	12	[1476]龐$^{並}_{江}$房$^{奉}_{陽}$鰟$^{奉}_{陽}$ 丨 防$^{奉}_{陽}$[3514]魴$^{奉}_{陽}$ 丨 房$^{奉}_{陽}$（江$_{1}$陽$_{5}$）
	13	[2305]肪$^{奉}_{陽}$ 丨 方$^{奉}_{陽}$（陽$_{2}$）
微	14	[1919]忘$^{微}_{陽}$宋$^{微}_{陽}$ 丨 亡$^{微}_{陽}$[3726]亡$^{微}_{陽}$ 丨 忘$^{微}_{陽}$[2772]𥪅$^{微}_{漾}$ 丨 望$^{微}_{漾}$[3584]望$^{微}_{漾}$𦣠$^{微}_{漾}$朢$^{微}_{漾}$ 丨 亡去$^{微}_{漾}$（陽$_{5}$漾$_{6}$）
端	15	[1306]䣊$^{端}_{蕩}$讜$^{端}_{蕩}$ 丨 黨$^{端}_{蕩}$（蕩$_{3}$）
	16	[2675]譡$^{端}_{宕}$ 丨 當$^{端}_{宕}$（宕$_{2}$）
	17	[1606]儅$^{端}_{唐}$儅$^{端}_{唐}$瞊$^{端}_{唐}$襠$^{端}_{唐}$鐺$^{端}_{唐}$璫$^{端}_{唐}$簹$^{端}_{唐}$ 丨 當$^{端}_{唐}$[2839]擋$^{端}_{蕩}$ 丨 當上$^{端}_{蕩}$（唐$_{8}$蕩$_{2}$）
透	18	[0203]曭$^{透}_{蕩}$儻$^{透}_{蕩}$戃$^{透}_{蕩}$矘$^{透}_{蕩}$攩$^{透}_{蕩}$嵣$^{端}_{蕩}$ 丨 倘$^{透}_{蕩}$[3028]鍚$^{透}_{宕}$ 丨 儻$^{透}_{宕}$[0072]曭$^{透}_{蕩}$倘$^{透}_{蕩}$帑$^{透}_{蕩}$ 丨 黨$^{透}_{蕩}$（蕩$_{11}$宕$_{2}$）

續表

聲母	準小韻序號	轄字
	19	[0534]潒$^{透}_{宕}$ | 湯$^{透}_{宕}$（宕$_{2}$）
	20	[2837]摥$^{透}_{宕}$ | 蕩$^{透}_{宕}$（宕$_{2}$）
	21	[2192]瞠$^{透}_{唐}$覩$^{徹}_{江}$趟$^{透}_{唐}$闛$^{透}_{唐}$踼$^{透}_{唐}$ | 湯$^{透}_{唐}$[3346]簜$^{定}_{蕩}$ | 湯上$^{透}_{蕩}$[3748]盪$^{透}_{宕}$ | 湯去$^{透}_{宕}$（江$_{1}$唐$_{5}$蕩$_{2}$宕$_{2}$）
定	22	[0907]蕩$^{定}_{蕩}$蕩$^{定}_{蕩}$ | 宕$^{定}_{宕}$[1045]潒$^{定}_{蕩}$碭$^{定}_{宕}$圵$^{定}_{蕩}$惕$^{定}_{蕩}$閎$^{定}_{宕}$宕$^{定}_{宕}$菪$^{定}_{宕}$薚$^{定}_{宕}$囥$^{定}_{宕}$ | 蕩$^{定}_{蕩}$（蕩$_{6}$宕$_{7}$）
	23	[0273]颺$^{定}_{唐}$嵣$^{定}_{唐}$塘$^{定}_{唐}$鄌$^{定}_{唐}$啺$^{定}_{唐}$噇$^{澄}_{江}$踼$^{定}_{唐}$逿$^{定}_{唐}$闛$^{定}_{唐}$禟$^{定}_{唐}$鎲$^{透}_{唐}$䡷$^{定}_{唐}$醣$^{定}_{唐}$榶$^{定}_{唐}$棠$^{定}_{唐}$餹$^{定}_{唐}$鶶$^{定}_{唐}$䣘$^{定}_{唐}$ | 唐$^{定}_{唐}$[1204]坣$^{定}_{唐}$鄌$^{定}_{唐}$隚$^{定}_{唐}$唐$^{定}_{唐}$膛$^{定}_{唐}$ 膅$^{定}_{唐}$蹚$^{透}_{唐}$鎕$^{定}_{唐}$螗$^{定}_{唐}$螳$^{定}_{唐}$ | 堂$^{定}_{唐}$[1836]婸$^{定}_{蕩}$璗$^{定}_{蕩}$ | 唐上$^{定}_{蕩}$（江$_{1}$唐$_{29}$蕩$_{3}$）
泥	24	[1239]壤$^{泥}_{宕}$ | 囊$^{泥}_{唐}$[0054]曩$^{泥}_{蕩}$ | 囊上$^{泥}_{蕩}$[1015]灢$^{泥}_{蕩}$ | 曩$^{泥}_{蕩}$（唐$_{1}$蕩$_{4}$宕$_{1}$）
來	25	[1164]埌$^{來}_{宕}$悢$^{集:}_{來蕩}$哴$^{來}_{唐}$眼$^{集:}_{來宕}$閬$^{來}_{宕}$蒗$^{來}_{宕}$莨$^{來}_{宕}$蘭$^{來}_{宕}$ | 浪$^{來}_{宕}$（唐$_{1}$蕩$_{1}$宕$_{7}$）
	26	[0598]崀$^{來}_{蕩}$峎$^{來}_{唐}$浪$^{來}_{唐}$硠$^{來}_{唐}$廊$^{來}_{唐}$躴$^{來}_{唐}$勆$^{來}_{唐}$鋃$^{來}_{唐}$琅$^{來}_{唐}$瑯$^{來}_{唐}$䡙$^{來}_{唐}$㝗$^{來}_{唐}$榔$^{來}_{唐}$桹$^{來}_{唐}$蓈$^{來}_{唐}$筤$^{來}_{唐}$稂$^{來}_{唐}$羨$^{來}_{唐}$䳁$^{來}_{唐}$狼$^{來}_{唐}$ | 郎$^{來}_{唐}$[1384]郎$^{來}_{唐}$ | 廊$^{來}_{唐}$ [0118]哴$^{來}_{蕩}$朖$^{來}_{蕩}$閬$^{來}_{蕩}$ | 朗$^{來}_{蕩}$[0194]朗$^{來}_{蕩}$脼$^{來}_{蕩}$ | 郎上$^{來}_{蕩}$（唐$_{22}$蕩$_{8}$）
精	27	[3069]贓$^{精}_{唐}$ | 賍$^{精}_{唐}$（唐$_{2}$）
	28	[3147]牂$^{精}_{唐}$羘$^{精}_{唐}$ | 臧$^{精}_{唐}$（唐$_{3}$）
	29	[2958]奘$^{精}_{宕}$葬$^{精}_{宕}$ | 塟$^{字:}_{精宕}$（宕$_{3}$）
	30	[1900]妝$^{莊}_{陽}$ | 粧$^{莊}_{陽}$[2489]裝$^{莊}_{陽}$ | 妝$^{莊}_{陽}$[3215]樁$^{知}_{江}$莊$^{莊}_{陽}$糚$^{莊}_{陽}$粧$^{莊}_{陽}$ | 莊$^{莊}_{陽}$[3767]壯$^{莊}_{漾}$ | 裝去$^{莊}_{漾}$[1503]庄$^{玉:}_{精唐}$戇$^{知}_{絳}$ | 壯$^{莊}_{漾}$ [1949]戇$^{澄}_{絳}$撞$^{澄}_{絳}$狀$^{莊}_{漾}$ | 狀$^{崇}_{漾}$[3558]戇$^{知}_{絳}$狀$^{崇}_{漾}$ | 撞$^{澄}_{絳}$（江$_{1}$陽$_{8}$唐$_{1}$絳$_{5}$漾$_{6}$）
清	31	[0632]岺$^{清}_{唐}$嵢$^{清}_{唐}$滄$^{清}_{唐}$瘡$^{初}_{陽}$蒼$^{清}_{唐}$鶬$^{清}_{唐}$ | 倉$^{清}_{唐}$[1238]蹩$^{清}_{養}$ | 倉上$^{清}_{蕩}$（唐$_{6}$陽$_{1}$蕩$_{1}$養$_{1}$）
從	32	[3022]鑶$^{從}_{唐}$ | 藏$^{從}_{唐}$[3275]藏$^{從}_{唐}$ | 臧$^{從}_{唐}$（唐$_{4}$）
	33	[3081]䒥$^{從}_{宕}$ | 藏$^{從}_{宕}$（宕$_{2}$）
	34	[3630]奘$^{從}_{蕩}$ | 臧$^{從}_{宕}$（蕩$_{1}$宕$_{1}$）
心	35	[1087]磉$^{心}_{蕩}$顙$^{生}_{養}$甋$^{生}_{養}$鷞$^{生}_{養}$ | 爽$^{生}_{養}$（蕩$_{1}$養$_{4}$）
	36	[3159]剩$^{初}_{養}$ | 桑$^{心}_{唐}$[3259]桑$^{心}_{唐}$ | 喪$^{心}_{唐}$[2252]顙$^{心}_{蕩}$ | 桑上$^{心}_{蕩}$（唐$_{3}$養$_{1}$蕩$_{2}$）
見	37	[0564]岡$^{見}_{唐}$堈$^{見}_{唐}$伉$^{見}_{唐}$缸$^{見}_{唐}$豇$^{見}_{江}$尣$^{影}_{唐}$ | 江$^{見}_{江}$（江$_{2}$唐$_{5}$）
	38	[3010]釭$^{見}_{江}$ | 矼$^{見}_{江}$（江$_{2}$）
	39	[2555]綱$^{見}_{唐}$扛$^{見}_{江}$掆$^{見}_{唐}$鋼$^{見}_{唐}$玒$^{見}_{江}$剛$^{見}_{唐}$甌$^{見}_{唐}$鋼$^{見}_{唐}$杠$^{見}_{江}$蚢$^{匣}_{唐}$犅$^{見}_{唐}$ | 岡$^{見}_{唐}$[3602]罡$^{見}_{唐}$ | 剛$^{見}_{唐}$（江$_{3}$唐$_{11}$）
	40	[1288]䀭$^{見}_{唐}$ | 亢$^{見}_{唐}$（唐$_{2}$）
	41	[0956]港$^{見}_{講}$䟘$^{見}_{蕩}$耩$^{見}_{講}$ | 講$^{見}_{講}$（講$_{3}$蕩$_{1}$）
	42	[0478]烱$^{見}_{宕}$㤏$^{見}_{絳}$ | 絳$^{見}_{絳}$[2584]絳$^{見}_{絳}$㞽$^{見}_{絳}$ | 降$^{見}_{絳}$（絳$_{5}$宕$_{1}$）
溪	43	[2466]骯$^{溪}_{蕩}$ | 慷$^{溪}_{蕩}$（蕩$_{2}$）
	44	[1366]邟$^{溪}_{宕}$伉$^{溪}_{宕}$ | 亢$^{溪}_{宕}$（宕$_{3}$）
	45	[1352]鄌$^{溪}_{唐}$㝩$^{溪}_{唐}$躿$^{溪}_{唐}$忼$^{溪}_{唐}$慷$^{集:}_{溪唐}$䀰$^{溪}_{唐}$䡷$^{溪}_{蕩}$煬$^{書}_{陽}$（疑有誤）甗$^{溪}_{唐}$穅$^{溪}_{唐}$糠$^{溪}_{唐}$糠$^{鏡:}_{溪唐}$ | 康$^{溪}_{唐}$[2035]怳$^{曉}_{養}$ | 康上$^{溪}_{蕩}$ [0475]炕$^{溪}_{宕}$砊$^{溪}_{宕}$閌$^{溪}_{宕}$犺$^{溪}_{宕}$ | 抗$^{溪}_{宕}$[2822]抗$^{溪}_{宕}$ | 康去$^{溪}_{宕}$（唐$_{11}$陽$_{1}$蕩$_{2}$養$_{1}$宕$_{7}$）
疑	46	[0095]昂$^{疑}_{唐}$ | 卬$^{疑}_{唐}$[1397]卬$^{疑}_{唐}$枊$^{疑}_{唐}$ | 昂$^{疑}_{唐}$（唐$_{5}$）
	47	[1698]㑌$^{影}_{講}$骯$^{見}_{蕩}$ | 盎$^{影}_{蕩}$（講$_{1}$蕩$_{2}$）
	48	[3180]瓮$^{影}_{宕}$醠$^{影}_{宕}$ | 盎$^{影}_{宕}$（宕$_{3}$）
匣	49	[1403]降$^{匣}_{江}$㤚$^{匣}_{唐}$吭$^{匣}_{唐}$頏$^{匣}_{唐}$肮$^{匣}_{唐}$衏$^{匣}_{唐}$行$^{匣}_{唐}$迒$^{匣}_{唐}$航$^{匣}_{唐}$舡$^{曉}_{江}$桁$^{匣}_{唐}$枊$^{疑}_{唐}$亢$^{匣}_{唐}$斻$^{匣}_{唐}$ | 杭$^{匣}_{唐}$[3216]杭$^{匣}_{唐}$ | 航$^{匣}_{唐}$（江$_{2}$唐$_{15}$）
	50	[3517]魧$^{匣}_{唐}$ | 沆$^{匣}_{唐}$（唐$_{2}$）
	51	[3660]䀪$^{匣}_{蕩}$ | 沆$^{匣}_{蕩}$（蕩$_{2}$）
	52	[1359]鄉$^{匣}_{絳}$衖$^{匣}_{絳}$閧$^{匣}_{絳}$鬨$^{匣}_{絳}$ | 巷$^{匣}_{絳}$[3733]巷$^{匣}_{絳}$ | 項$^{匣}_{講}$（講$_{1}$絳$_{6}$）
陽類（含85個自然小類，41個“準小韻”）		
泥	53	[1839]孃$^{泥}_{陽}$娘$^{泥}_{陽}$ | 外$^{泥}_{陽}$（陽$_{3}$）
	54	[2015]懹$^{日}_{漾}$釀$^{泥}_{漾}$ | 讓$^{日}_{漾}$[2684]讓$^{日}_{漾}$ | 尚$^{禪}_{漾}$（漾$_{5}$）

續表

聲母	準小韻序號	轄字
	55	[3329]釀穰丨仰去（漾$_{3}$）
	56	[3252]欀丨攘（漾$_{2}$）
	57	[0352]霷瀼儴鬤禳蘘皾瓤丨穰[1036]瀼丨攘[2485]勷丨禳 [3363]穰饟丨嚷 [1033]瀼膿丨壤[1132]壤丨禳上（陽$_{16}$養$_{5}$）
來	58	[0230]飆椋諒踉輬椋良丨涼[0921]涼凉輬食凉梁粱粱糧粮蜋椋丨良[3243]樑丨梁（唐$_{1}$陽$_{22}$）
	59	[2205]兩脼勈裲緉蜽魎丨兩（蕩$_{1}$養$_{7}$）
	60	[1295]剠鍄諒諒瘋丨亮[1735]倞亮晾就丨諒（漾$_{11}$）
精	61	[3258]槳獎丨蔣[3292]蔣丨獎（養$_{5}$）
	62	[0738]漿螿漿丨將[3766]將丨漿 [3402]醬丨將去（陽$_{5}$養$_{1}$漾$_{2}$）
清	63	[0639]牄喰鏘蹌蹡搶鏘瑲槍斨斨牄丨鎗[3005]鎗丨鏘（陽$_{15}$）
從	64	[1803]嬙艢戕檣薔蘠牆戕丨墻[3687]匠丨墻去（陽$_{9}$漾$_{2}$）
心	65	[0945]湘廂襄纕緗瓖驤丨相[2993]鑲相箱驤丨襄（陽$_{13}$）
	66	[1951]想丨鯗[3508]鯗鮝丨想（養$_{5}$）
邪	67	[1475]庠跘詳丨祥[3543]翔丨詳（陽$_{6}$）
	68	[0589]蟓像襐橡蟓丨象[3501]象丨像（養$_{8}$）
章	69	[0096]暲墇鄣障瘴嫜憧趟璋張粻鷾獐麞彰丨章[0911]漲餦章丨張（陽$_{20}$）
	70	[0943]涱跣[illegible]丨掌[2391]掌掌丨長（養$_{7}$）
	71	[2320]脹瘴丨漲（漾$_{3}$）
	72	[2610]帳丨障（漾$_{2}$）
昌	73	[0044]昌丨娼[0922]淐倀娼閶琩菖猖丨昌（陽$_{10}$）
	74	[0148]裮敞丨廠[1507]廠惝蹡氅丨敞（養$_{8}$）
	75	[1284]暢韔丨悵[1465]鬯唱瑒丨暢[2007]悵鶮韔暢韔鬯丨唱（漾$_{14}$）
澄	76	[1199]場塲腸踼萇塲丨長（陽$_{7}$）
	77	[1682]仗丨丈[3230]杖丨仗（養$_{4}$）
書	78	[3455]蠰丨向（漾$_{2}$）
	79	[2947]殤商丨傷[3400]觴鬺蔏鬺傷丨商[2880]鴫鑜餳鴫丨賞[3063]賞丨商上[3383]餉丨賞去（陽$_{9}$養$_{7}$漾$_{2}$）
禪	80	[1655]償鱨丨甞[1860]嫦嘗裳鋿瑺甞鸘丨常[2614]常丨裳（陽$_{13}$）
見	81	[2513]襁丨强（養$_{2}$）
	82	[0214]腔丨壃[1073]礓壃韁僵橿薑薑畕畺疅殭蠷丨姜[1888]姜丨薑[2333]膙丨姜上（陽$_{17}$養$_{2}$）
溪	83	[0936]涳矼腔銈羫丨羌[3449]蜣丨腔（江$_{4}$陽$_{3}$庚$_{1}$）
群	84	[1687]僵弜丨强（養$_{3}$）
	85	[0915]漒彊丨强[3125]强丨彊[0670]蜣丨强去（陽$_{5}$漾$_{2}$）
影	86	[0360]霙坱佒姎映肤殃秧鴦盎丨央[2971]袂央丨殃（陽$_{10}$唐$_{2}$蕩$_{1}$宕$_{1}$）
	87	[2469]鮑丨仰（養$_{2}$）
	88	[0587]峡漾瀁勨勬癢羧丨養（養$_{8}$）
曉	89	[1360]鄉薌薌萫香皀丨香（陽$_{5}$漾$_{1}$）
	90	[0053]曏餉珦丨响[1777]享丨嚮[2161]响晛饗饗響丨享（養$_{10}$漾$_{2}$）
	91	[2060]嚮響丨向（漾$_{3}$）

續表

聲母	準小韻序號	轄字
喻	92	[0024]暘$^{以}_{陽}$䁑$^{集:}_{以陽}$颺$^{以}_{陽}$霷$^{以}_{陽}$烊$^{以}_{陽}$崵$^{以}_{陽}$洋$^{以}_{陽}$垟$^{以}_{陽}$佯$^{以}_{陽}$眻$^{以}_{陽}$㧓$^{集:}_{以陽}$逆$^{玉:}_{以陽}$揚$^{以}_{陽}$禓$^{以}_{陽}$鍚$^{以}_{陽}$鐊$^{集:}_{以陽}$暢$^{以}_{陽}$𢏗$^{集:}_{以陽}$楊$^{以}_{陽}$鸉$^{以}_{陽}$鴹$^{集:}_{以陽}$楊$^{以}_{陽}$昜$^{以}_{陽}$揚$^{以}_{陽}$徉$^{以}_{陽}$ | 羊$^{以}_{陽}$[1454]阦$^{以}_{陽}$楊$^{鐃:}_{以陽}$羊$^{以}_{陽}$ | 陽$^{以}_{陽}$[3621]敭$^{以}_{陽}$ | 揚$^{以}_{陽}$（陽$_{32}$）
	93	[0437]煬$^{以}_{漾}$恙$^{以}_{漾}$㨾$^{以}_{漾}$ | 樣$^{以}_{漾}$[3190]様$^{以}_{漾}$ | 漾$^{以}_{漾}$[3378]養$^{以}_{漾}$䬁$^{以}_{漾}$ | 恙$^{以}_{漾}$（漾$_{9}$）
皇類（含 33 個自然小類，18 個“準小韻”）		
清	94	[1719]傸$^{初}_{養}$ | 愴$^{初}_{養}$（養$_{2}$）
	95	[1580]滄$^{初}_{漾}$刱$^{初}_{漾}$剏$^{初}_{漾}$ | 創$^{初}_{漾}$[3158]創$^{初}_{漾}$ | 刱$^{初}_{漾}$（漾$_{6}$）
	96	[1086]磢$^{初}_{養}$窻$^{初}_{江}$牕$^{初}_{陽}$牎$^{初}_{江}$ | 窗$^{初}_{江}$[2008]愴$^{初}_{漾}$ | 窻去$^{初}_{漾}$（江$_{3}$陽$_{1}$養$_{1}$漾$_{2}$）
從	97	[1488]床$^{崇}_{陽}$幢$^{澄}_{江}$疒$^{崇}_{陽}$牀$^{崇}_{陽}$爿$^{崇}_{陽}$ | 床$^{崇}_{陽}$（江$_{1}$陽$_{5}$）
心	98	[0323]霜$^{生}_{陽}$ | 雙$^{生}_{江}$[1847]孀$^{生}_{陽}$雙$^{生}_{江}$ | 霜$^{生}_{陽}$（江$_{2}$陽$_{3}$）
見	99	[1188]垙$^{見}_{唐}$侊$^{見}_{唐}$咣$^{見}_{庚}$胱$^{見}_{唐}$珖$^{見}_{唐}$輄$^{見}_{唐}$ | 光$^{見}_{唐}$[1471]廣$^{見}_{蕩}$ | 光上$^{見}_{蕩}$[0026]曠$^{溪}_{宕}$ | 廣去$^{見}_{宕}$[2204]曠$^{見}_{宕}$誑$^{見}_{漾}$ | 光去$^{見}_{宕}$[2646]誆$^{群}_{養}$ | 誑$^{見}_{漾}$（唐$_{6}$庚$_{1}$養$_{1}$漾$_{2}$蕩$_{2}$宕$_{4}$）
溪	100	[0793]洭$^{溪}_{陽}$邼$^{溪}_{陽}$恇$^{溪}_{陽}$唴$^{溪}_{漾}$眶$^{溪}_{陽}$𦛊$^{溪}_{陽}$劻$^{溪}_{陽}$誆$^{群}_{陽}$軭$^{溪}_{陽}$筐$^{溪}_{陽}$鯅$^{溪}_{陽}$匚$^{溪}_{陽}$ | 匡$^{溪}_{陽}$[3684]匡$^{溪}_{陽}$ | 匚$^{溪}_{陽}$（陽$_{14}$漾$_{1}$）
	101	[0498]爌$^{溪}_{宕}$ | 壙$^{溪}_{宕}$[0668]嚝$^{溪}_{宕}$壙$^{溪}_{宕}$𢊹$^{溪}_{宕}$纊$^{溪}_{宕}$絖$^{溪}_{宕}$ | 曠$^{溪}_{宕}$（宕$_{8}$）
群	102	[2472]㽘$^{群}_{陽}$ | 狂$^{群}_{陽}$（陽$_{2}$）
影	103	[3611]尪$^{影}_{唐}$ | 汪$^{影}_{唐}$（唐$_{2}$）
	104	[0848]泩$^{影}_{養}$枉$^{影}_{養}$ | 往$^{云}_{養}$[3780]往$^{云}_{養}$ | 枉$^{影}_{養}$（養$_{5}$）
	105	[0766]汒$^{微}_{漾}$𣳆$^{篇:}_{影漾}$ | 妄$^{微}_{漾}$（漾$_{3}$）
	106	[1021]瀇$^{集:}_{影宕}$ | 晃$^{洪:}_{云漾}$（宕$_{1}$漾$_{1}$）
	107	[0060]暀$^{集:}_{云漾}$迋$^{云}_{漾}$ | 旺$^{云}_{漾}$[0166]旺$^{云}_{漾}$ | 王去$^{云}_{漾}$[2208]暀$^{集:}_{云漾}$ | 往$^{集:}_{云漾}$（漾$_{7}$）
曉	108	[0101]𣇃$^{曉}_{蕩}$巟$^{曉}_{唐}$慌$^{曉}_{唐}$䀮$^{曉}_{唐}$肓$^{曉}_{唐}$㡆$^{曉}_{唐}$幌$^{曉}_{唐}$覍$^{曉}_{唐}$衁$^{曉}_{唐}$ | 荒$^{曉}_{唐}$[3295]荒$^{曉}_{唐}$ | 肓$^{曉}_{唐}$（唐$_{11}$蕩$_{1}$）
	109	[0772]況$^{曉}_{漾}$𦙶$^{曉}_{漾}$貺$^{曉}_{漾}$䒰$^{曉}_{養}$ | 況$^{曉}_{漾}$[1591]況$^{曉}_{漾}$ | 貺$^{曉}_{漾}$（養$_{1}$漾$_{6}$）
	110	[0667]岲$^{集:}_{曉漾}$ | 兄$^{集:}_{曉漾}$（漾$_{2}$）
匣	111	[0536]𥻵$^{匣}_{蕩}$䊗$^{匣}_{蕩}$湟$^{匣}_{唐}$堭$^{匣}_{唐}$𨛩$^{匣}_{唐}$隍$^{匣}_{唐}$凰$^{匣}_{唐}$偟$^{匣}_{唐}$僙$^{匣}_{唐}$媓$^{匣}_{唐}$惶$^{匣}_{唐}$喤$^{匣}_{庚}$趪$^{匣}_{唐}$遑$^{匣}_{唐}$𧙏$^{玉:}_{匣唐}$瑝$^{匣}_{唐}$艎$^{匣}_{唐}$餭$^{匣}_{唐}$鰉$^{匣}_{唐}$𦏹$^{匣}_{唐}$黃$^{匣}_{唐}$𤽹$^{匣}_{唐}$諻$^{匣}_{唐}$徨$^{匣}_{唐}$ | 皇$^{匣}_{唐}$[0993]潢$^{匣}_{唐}$簧$^{匣}_{唐}$篁$^{匣}_{唐}$ | 黃$^{匣}_{唐}$（唐$_{27}$蕩$_{2}$庚$_{1}$）

在 111 個“準小韻”中，屬於江、唐、陽三韻系自注者 80 個（江 3 個、唐 29 個、陽 48 個），屬於混注者 31 個，混注占總數的 27.93%（31/111）。關於混注的具體情況，我們窮盡列舉如下，詳見表 3-8-3。表中的“江唐”是指僅有江、唐二韻參與混注的“準小韻”，共出現 11 次，餘類推。

表 3-8-3　系聯後的江、宕攝陽聲諸韻混注情況統計表

序號	混注種類	次數	序號	混注種類	次數	序號	混注種類	次數
1	江唐	*11*	4	江陽庚	*1*	6	唐陽庚	*1*
2	江唐陽	*2*	5	唐陽	*11*	7	唐庚	*1*
3	江陽	*4*						

根據表 3-8-3 中的統計，江韻與唐、陽二韻混注共計 18 次，占江韻總數的 85.71%（18/21），這足以表明中古江攝陽聲諸韻已完全併入宕攝之中，這也是江、宕攝併在一起討

論的原因。在 31 次混注中，有 3 次梗攝庚韻（銧$^{玉:}_{溪庚}$咣$^{見}_{庚}$喤$^{匣}_{庚}$）字參與，有 30 次是江、宕攝所屬的三個陽聲韻系間的混注，占混注總數 96.77%（30/31）。據此可知，中古江、宕二攝在《玉篇直音》中重組爲一個整體，可稱爲江陽部，這與初級統計的情況完全吻合。

3.8.2 關於韻母的確立

江陽部字的聲母遍及《玉篇直音》聲母系統的幫、非、端、精、章、見、曉七組聲母，不過各組聲母內部所屬的對立小韻存在數量的差別，因此我們選取存在對立小韻最多的幫、非、來、心、章、見、曉等七個聲母作爲代表，列其所屬小韻如下：

幫母①【平】垹$^{幫}_{江}$峀$^{幫}_{江}$挷$^{幫}_{唐}$縍$^{幫}_{唐}$邦$^{幫}_{江}$榜平$^{幫}_{唐}$【上】髈$^{滂}_{蕩}$牓$^{幫}_{蕩}$榜$^{幫}_{蕩}$【去】嫎$^{幫}_{宕}$榜$^{集:}_{幫宕}$謗$^{幫}_{宕}$邦去$^{幫}_{絳}$

非母①【平】滂$^{敷}_{陽}$埅$^{非}_{陽}$邡$^{非}_{陽}$鄺$^{曉}_{唐}$妨$^{敷}_{陽}$仿$^{敷}_{陽}$枋$^{非}_{陽}$芳$^{敷}_{陽}$⿰鼠方$^{非}_{陽}$方$^{非}_{陽}$防$^{奉}_{陽}$【上】晃$^{匣}_{蕩}$晄$^{匣}_{蕩}$仿$^{敷}_{養}$鶭$^{敷}_{養}$鴋$^{敷}_{養}$紡$^{敷}_{養}$昉$^{非}_{養}$旺$^{玉:}_{曉蕩}$倣$^{非}_{養}$舫$^{非}_{養}$昉$^{敷}_{養}$髣$^{敷}_{養}$彷$^{敷}_{養}$訪$^{正:}_{敷養}$瓬$^{非}_{養}$倣$^{非}_{養}$⿰光攴$^{篇:}_{匣蕩}$⿰光光$^{篇:}_{匣蕩}$愰$^{匣}_{蕩}$幌$^{匣}_{蕩}$榥$^{匣}_{蕩}$橫$^{匣}_{蕩}$【去】放$^{非}_{漾}$方去$^{非}_{漾}$

章母①【平】暲$^{章}_{陽}$墇$^{章}_{陽}$鄣$^{章}_{陽}$障$^{章}_{陽}$⿸广章$^{章}_{陽}$嫜$^{章}_{陽}$慞$^{章}_{陽}$遧$^{章}_{陽}$璋$^{章}_{陽}$張$^{知}_{陽}$粻$^{知}_{陽}$⿰章鳥$^{章}_{陽}$獐$^{章}_{陽}$麞$^{章}_{陽}$彰$^{章}_{陽}$章$^{章}_{陽}$漲$^{知}_{陽}$餦$^{知}_{陽}$【上】涱$^{玉:}_{知養}$⿺走光$^{全:}_{章養}$[illegible]$^{章}_{養}$掌$^{章}_{養}$長$^{知}_{養}$【去】脹$^{知}_{漾}$瘴$^{章}_{漾}$漲$^{知}_{漾}$帳$^{知}_{漾}$障$^{章}_{漾}$

來母①【平】崀$^{來}_{蕩}$⿰山良$^{來}_{唐}$浪$^{來}_{唐}$硠$^{來}_{唐}$廊$^{來}_{唐}$躴$^{來}_{唐}$勆$^{來}_{唐}$鋃$^{來}_{唐}$琅$^{來}_{唐}$瑯$^{來}_{唐}$⿰車良$^{來}_{唐}$⿰豕良$^{來}_{唐}$榔$^{來}_{唐}$桹$^{來}_{唐}$蓈$^{來}_{唐}$筤$^{來}_{唐}$稂$^{來}_{唐}$⿱𦍌良$^{來}_{唐}$⿰良鳥$^{來}_{唐}$狼$^{來}_{唐}$郎$^{來}_{唐}$廊$^{來}_{唐}$【上】⿰目良$^{來}_{蕩}$⿰月良$^{來}_{蕩}$朖$^{來}_{蕩}$朗$^{來}_{蕩}$脼$^{來}_{蕩}$郎上$^{來}_{蕩}$【去】埌$^{來}_{宕}$悢$^{集:}_{來蕩}$哴$^{來}_{唐}$⿰目良$^{集:}_{來宕}$閬$^{來}_{宕}$蒗$^{來}_{宕}$茛$^{來}_{宕}$⿱艹閬$^{來}_{宕}$浪$^{來}_{宕}$

②【平】⿰風良$^{來}_{陽}$椋$^{來}_{陽}$谅$^{來}_{陽}$⿰貝京$^{來}_{陽}$輬$^{來}_{陽}$椋$^{來}_{陽}$涼$^{來}_{陽}$凉$^{來}_{陽}$輬$^{來}_{陽}$⿱宀良$^{來}_{唐}$涼$^{來}_{陽}$粱$^{來}_{陽}$梁$^{來}_{陽}$粱$^{來}_{陽}$糧$^{來}_{陽}$粮$^{來}_{陽}$蜋$^{來}_{陽}$猄$^{來}_{陽}$良$^{來}_{陽}$樑$^{來}_{陽}$【上】䁁$^{來}_{蕩}$①脼$^{來}_{養}$⿰兩力$^{來}_{養}$裲$^{來}_{養}$緉$^{來}_{養}$蜽$^{來}_{養}$魎$^{來}_{養}$兩$^{來}_{養}$【去】剠$^{來}_{漾}$鍄$^{來}_{漾}$諒$^{來}_{漾}$⿰歹京$^{來}_{漾}$倞$^{來}_{漾}$亮$^{來}_{漾}$晾$^{來}_{漾}$就$^{來}_{漾}$

曉母①【平】鄉$^{曉}_{陽}$薌$^{曉}_{陽}$萫$^{曉}_{漾}$[illegible]$^{曉}_{陽}$皀$^{曉}_{陽}$香$^{曉}_{陽}$【上】曏$^{曉}_{養}$餉$^{書}_{漾}$嚮$^{曉}_{養}$响$^{曉}_{養}$⿰日兄$^{玉:}_{曉養}$饗$^{曉}_{養}$蠁$^{曉}_{養}$響$^{曉}_{養}$享$^{曉}_{養}$【去】嚮$^{曉}_{漾}$響$^{曉}_{漾}$向$^{曉}_{漾}$

②【平】⿰日巟$^{曉}_{蕩}$巟$^{曉}_{唐}$慌$^{曉}_{唐}$⿰目巟$^{曉}_{唐}$肓$^{曉}_{唐}$⿰巾巟$^{曉}_{唐}$慌$^{曉}_{唐}$⿰巟見$^{曉}_{唐}$[illegible]$^{曉}_{唐}$荒$^{曉}_{唐}$【去】況$^{曉}_{漾}$⿰月兄$^{曉}_{漾}$貺$^{曉}_{漾}$⿱艹兄$^{曉}_{養}$况$^{曉}_{漾}$岲$^{集:}_{曉漾}$兄$^{集:}_{曉漾}$

心母①【平】桑$^{心}_{唐}$喪$^{心}_{唐}$剏$^{初}_{養}$【上】顙$^{心}_{蕩}$桑上$^{心}_{蕩}$磉$^{心}_{蕩}$類$^{生}_{養}$⿰爽瓦$^{生}_{養}$鷞$^{生}_{養}$爽$^{生}_{養}$

②【平】湘$^{心}_{陽}$廂$^{心}_{陽}$襄$^{心}_{陽}$纕$^{心}_{陽}$緗$^{心}_{陽}$瓖$^{心}_{陽}$鴹$^{心}_{陽}$鑲$^{心}_{陽}$相$^{心}_{陽}$箱$^{心}_{陽}$驤$^{心}_{陽}$【上】鯗$^{心}_{養}$鮝$^{心}_{養}$想$^{心}_{養}$

③【平】霜$^{生}_{陽}$雙$^{生}_{江}$孀$^{生}_{陽}$

見母①【平】岡$^{見}_{唐}$堈$^{見}_{唐}$伉$^{見}_{唐}$缸$^{見}_{唐}$豇$^{見}_{江}$尣$^{影}_{唐}$江$^{見}_{江}$釭$^{見}_{江}$矼$^{見}_{江}$綱$^{見}_{唐}$扛$^{見}_{江}$掆$^{見}_{唐}$鋼$^{見}_{唐}$玒$^{見}_{江}$⿰岡瓦$^{見}_{唐}$鋼$^{見}_{唐}$杠$^{見}_{江}$蚢$^{匣}_{唐}$犅$^{見}_{唐}$岡$^{見}_{唐}$罡$^{見}_{唐}$剛$^{見}_{唐}$⿰目亢$^{見}_{唐}$亢$^{見}_{唐}$【上】港$^{見}_{講}$䟘$^{見}_{蕩}$耩$^{見}_{講}$ | 講$^{見}_{講}$【去】焵$^{見}_{宕}$⿰忄夅$^{見}_{絳}$絳$^{見}_{絳}$⿸尸夅$^{見}_{絳}$降$^{見}_{絳}$

②【平】礓$^{見}_{陽}$壃$^{見}_{陽}$疆$^{見}_{陽}$僵$^{見}_{陽}$橿$^{見}_{陽}$薑$^{見}_{陽}$薑$^{見}_{陽}$畕$^{見}_{陽}$畺$^{見}_{陽}$疅$^{見}_{陽}$殭$^{見}_{陽}$⿰虫畺$^{見}_{陽}$姜$^{見}_{陽}$腔$^{鏡:}_{見陽}$【上】⿰月畺$^{見}_{養}$姜上$^{見}_{養}$襁$^{見}_{養}$强$^{集:}_{見養}$

③【平】垙$^{見}_{唐}$侊$^{見}_{唐}$咣$^{見}_{庚}$胱$^{見}_{唐}$珖$^{見}_{唐}$⿰車黃$^{見}_{唐}$光$^{見}_{唐}$【上】廣$^{見}_{蕩}$光上$^{見}_{蕩}$【去】曠$^{溪}_{宕}$廣去$^{見}_{宕}$矌$^{見}_{宕}$誑$^{見}_{漾}$光去$^{見}_{宕}$⿰言王$^{群}_{養}$

比較所取的每個聲母，根據所屬小韻數可將之分三類。

第一類，幫、非、章三母：各含 1 個小韻；其所代表的聲母組亦然。

第二類，來、曉二母：各含 2 個小韻；端組中端、透、定各 1 個，泥、來各 2 個；曉組中唯喻母 1 個，其餘皆 2 個。

第三類，精、見二母：各含 3 個小韻。精組中唯邪母 1 個，其餘皆 3 個；見組中見、溪各 3 個，群母 2 個，疑母 1 個。

---

①䁁$^{來}_{蕩}$音兩$^{來}_{養}$P62L6。此乃來母字唐陽之間的混注，於《玉篇直音》中罕見，於今吳方言中亦難印證。另整個端組聲母的唐、陽韻之間亦是涇渭分明，不相混注，疑此例從諧聲偏旁讀，故此例忽略不計。

從量上看，所取的 7 個様本聲母皆能代表本組聲母所屬小韻的最多數。據此可知，江陽部共含因聲母不同及內部對立而形成的 14 個對立小韻（原本 13 個，但是疑、匣母的開口洪音字未在曉母所屬的小韻類型中，當計入，故 14 個）。如若不計聲母的區別，這些對立小韻至多也就四類（開齊合撮），這涵蓋了該部所有可能存在的等呼情況。考察諸小韻在中古的開合洪細特徵，如表 3-8-4 所示。

表 3-8-4 江陽部所含諸小韻的中古等呼

<table>
<tr><th>聲母</th><th>小韻號</th><th>中古等呼</th><th>聲母</th><th>小韻號</th><th>中古等呼</th></tr>
<tr><td rowspan="2">非組</td><td rowspan="2">①</td><td rowspan="2">合口細音
合口洪音（曉、匣母）</td><td rowspan="2">端組</td><td>①</td><td>開口洪音</td></tr>
<tr><td>②泥來</td><td>開口細音</td></tr>
<tr><td>幫組</td><td>①</td><td>開口洪音</td><td rowspan="3">精組</td><td>①</td><td>開口洪音（精、知組）
開口細音（莊組）</td></tr>
<tr><td rowspan="2">章組</td><td rowspan="2">①</td><td rowspan="2">開口細音</td><td>②</td><td>開口細音（精組）</td></tr>
<tr><td>③</td><td>開口洪音（知組）
開口細音（莊組）</td></tr>
<tr><td rowspan="3">見組</td><td>①</td><td>開口洪音</td><td rowspan="3">曉組</td><td>①</td><td>開口細音</td></tr>
<tr><td>②</td><td>開口細音</td><td>②</td><td>合口洪音；合口細音</td></tr>
<tr><td>③</td><td>合口洪音；合口細音</td><td>③疑匣</td><td>開口洪音</td></tr>
</table>

根據中古到近代漢語介音演變的規律，結合歷史、現代方音進行參證，我們認爲上述諸小韻的四呼類型如下。

第一，幫、端、見、曉組的開口洪音當讀作開口呼；端、精（中古精組）、章、見、曉組的開口細音當讀作齊齒呼。首先，從音理角度而言，中古開口洪音對應近代開口呼，中古開口細音對應近代的齊齒呼。其次，《中原音韻》①中將此二類字分別讀作開口呼、齊齒呼，《韻略易通》②《韻略匯通》③《諧聲品字箋》④等同此；最後，在包括今吳方言在內的廣大漢語方言中幾乎均將此二類字讀作開口呼和齊齒呼。

需作說明的是，有 3 個溪母江韻字（矼集:溪江腔溪江羫溪江）和 3 個影母唐韻字（妜影唐映影唐盎影宕）分別系聯入溪、影二母的開口細音小韻中，讀作齊齒呼。溪母江韻字讀作齊齒呼表明韻母已經發生腭化音變。中古二等韻牙、喉音開口呼字在《玉篇直音》中發生腭化音變是較爲普遍的現象，不過江韻系字的腭化僅限於溪母字，未見其他的牙、喉音字的腭化現象，如見母字（岡見唐堈見唐仃見唐缸見唐尢影唐江見江；骯見蕩講見講；焵見宕降見絳）、影母字（傟影講盎影蕩）、匣母字（降匣江杭匣唐）中皆見江唐混注的情況。尤其是江韻中的常見字"江講降"三個字，早在《中原音韻》中就已經與三等陽韻屬於一個小韻了，卻在《玉篇直音》中均與一等唐韻字混注，這足以證明江韻的腭化音變現象仍處於起始階段，尚未全面發生。對於此外 3 例影母唐韻字的併入，

①楊耐思．中原音韻音系[M]．北京：中國社會科學出版社，1981：82-83.
②張玉來．韻略易通研究[M]．天津：天津古籍出版社，1999：68-69.
③張玉來．韻略匯通音系研究[M]．濟南：山東教育出版社，1995：64.
④張詠梅．《諧聲品字箋》的音系研究[M]．成都：巴蜀書社，2011：155.

依據今普通話的讀音來看，“姎映”二字的確讀齊齒呼，與注音字“央”同音。至於“盎”則不然，或許是受諧聲偏旁的影響。

第二，非組的合口細音洪化爲開口呼。此類字在《中原音韻》中已讀開口呼，《韻略易通》《韻略匯通》《諧聲品字箋》亦然。以“方芳房”爲例，在《漢語方音字彙》[①]所列的 20 個現代漢語方言中，僅潮州、福州、建甌及溫州等地方言中讀作合口呼，其餘諸地皆讀開口呼。即便是在吳方言區中，據《當代吳語研究》[②]，“方”的合口讀音僅限於溫州話中，其餘的 32 個吳方言點中均讀作開口呼，今海鹽吳音亦是如此。因此，我們認爲此類字當讀作開口呼。同時併入其中的曉、匣母合口洪音字亦當讀作開口，因爲其混注的實質是曉、匣母讀作非母（這一點於第二章唇音聲母中已有詳述，可參見）。

第三，見、曉組的合口洪音、合口細音皆讀作合口呼。從音理角度來講，中古合口洪音對應近代的合口呼是不成問題的。至於合口細音，中古陽韻合口細音僅有非組及見、曉組字。如上文所言，非組的三等介音 i 消失進而洪化爲開口呼，見、曉組也有變化，不過與非組不同。“從音位的對立關係上看，牙喉音的對立韻母中，如果出現了合口一等，就沒有合口三等韻，反之亦然。”[③]既然《玉篇直音》中的合口一等是存在的，那麼從音理上便要求合口三等與之合流。事實上，我們也看到了二者合流的例子：誆$^{見}_{漾}$音光去$^{見}_{宕}$P106L9；瀇$^{集:}_{影宕}$音晃$^{洪:}_{云漾}$P21L1。因此，在《玉篇直音》中二者是合流的，皆讀作合口呼。另此類字在《中原音韻》《韻略易通》《韻略匯通》《同文備考》《諧聲品字箋》等歷史文獻中皆讀作合口呼，在包括吳方言在內的多數現代方言中也讀作合口呼，皆可爲證。

第四，《玉篇直音》精組聲母中的源自中古知、莊組江韻及陽韻系開口呼字（即表 3.8-4 中提到的開口洪音和開口細音）存在兩讀。在心①小韻中部分初、生母陽韻字（⿰爽刂$^{初}_{養}$⿰爽頁$^{生}_{養}$⿰爽瓦$^{生}_{養}$鷞$^{生}_{養}$爽$^{生}_{養}$）與心母唐韻字混注。此外，參與混注的還有“妝$^{莊}_{陽}$裝$^{莊}_{陽}$椿$^{知}_{江}$莊$^{莊}_{陽}$糚$^{莊}_{陽}$粧$^{莊}_{陽}$壯$^{莊}_{漾}$裝去$^{莊}_{漾}$憧$^{澄}_{絳}$撞$^{澄}_{絳}$状$^{莊}_{漾}$戇$^{知}_{絳}$狀$^{崇}_{漾}$瘡$^{初}_{陽}$”。所涉字均爲中古知、莊組江韻及陽韻系開口呼字。此類混注表明這些字已經併入唐韻開口洪音中且讀作開口呼。然而，這並非涵蓋的全部的知、莊組字。據統計，中古知、莊組江韻及陽韻系開口呼字（含被注字及注音字，重文僅計 1 次）共計 40 個，參與混注的有 19 個，占總數的 47.50%（19/40），仍有 21 個（磢$^{初}_{養}$窻$^{初}_{江}$牕$^{初}_{陽}$牎$^{初}_{江}$窗$^{初}_{江}$傸$^{初}_{養}$愴$^{初}_{養}$滄$^{初}_{漾}$刱$^{初}_{漾}$創$^{初}_{漾}$創$^{初}_{漾}$愴$^{初}_{漾}$窻去$^{初}_{漾}$床$^{崇}_{陽}$幢$^{澄}_{江}$疒$^{崇}_{陽}$牀$^{崇}_{陽}$爿$^{崇}_{陽}$孀$^{生}_{陽}$雙$^{生}_{江}$霜$^{生}_{陽}$）保持自身的獨立性。這 21 個字在《中原音韻》《洪武正韻》《韻略易通》《諧聲品字箋》等歷史文獻中以及多數官話方言（如北京、濟南、太原、武漢、成都、合肥等地）中讀作合口呼，與中古精（莊）組字有別，《玉篇直音》中亦是如此，因此我們主張此類字當讀作合口呼。不過這些字在今天的南方方言（湘、贛、客、粵、閩、吳等）中基本上讀作開口呼，我們以吳方言爲例，如表 3-8-5 所示。

①北京大學中國語言文學系語言學教研室. 漢語方音字彙[M]. 北京：語文出版社，2003：306-307.

②錢乃榮. 當代吳語研究[M]. 上海：上海教育出版社，1992：183.

③張詠梅. 《諧聲品字箋》的音系研究[M]. 成都：巴蜀書社，2011：158.

表 3-8-5　部分中古知、莊組江、陽韻開口字在今吳方言中的開合類型①

例字／地區	樁知江	裝莊陽	壯莊漾	窗初江	瘡初陽	創初漾	撞澄絳	床崇陽	狀崇漾	雙生江	霜生陽	爽生養
金壇	–	–	–	–	–	–	+	–	–	+/–	+/–	+/–
靖江	–	–	–	–	–	–	–	–	–	–	–	–
無錫	–	–	–	–	–	–	–	–	–	–	–	–
昆山	–	–	–	–	–	–	–	–	–	–	–	–
上海	–	–	–	–	–	–	–	–	–	–	–	–
嘉興	–	–	–	–	–	–	–	–	–	–	–	–
海鹽	–	–	–	–	–	–	–	–	–	–	–	–
海寧	–	–	–	–	–	–	–	–	–	–	–	–
紹興	–	–	–	–	–	–	–	–	–	–	–	–
寧波	–	–	–	–	–	–	–	–	–	–	–	–
金華	–	–	–	–	–	–	–	–	–	–	–	–
永康	–	–	–	–	–	–	–	–	–	–	–	–

注：表中“+”表示合口，“–”表示開口

比較表 3-8-5 中的讀音，唯見金壇吳音中的個别字（以生母字爲主）存在開、合兩讀外，其餘各地吳音中均未見此類字的合口呼讀音。此類字在《玉篇直音》中處於兩存的狀態：一部分字已經併入精組中，與之一起讀作開口呼；一部分仍保持獨立，自成一類，讀成合口呼。前者與代表官話音的《中原音韻》《韻略易通》等不同，與反映明末昆山吳音的《同文備考》近似，因爲該書中此類字皆讀作開口呼。再加上今海鹽吳音中此類字皆讀作開口呼②，我們認爲《玉篇直音》中讀作開口呼的中古知、莊組江韻及陽韻系開口呼字屬於明末吳音的特點。後者讀作合口呼，與通語的特徵吻合，或許是受官話語音的影響所致。表 3-8-5 中的金壇吳音，地處吳方言區的北端，與江淮官話毗鄰，存在開、合兩讀的情況，與受江淮官話的影響有關，可以爲證。

綜上所述，《玉篇直音》江陽部共包括開口、齊齒、合口 3 個韻母。其中：

開口呼，稱爲唐類，主要來自中古的幫、端、精、見、曉組的唐韻開口字及江韻字（個别溪母江韻字除外），非組陽韻字，還有半數的知、莊組江韻及陽韻開口字。

齊齒呼，稱爲陽類，主要來自中古精、章、見、曉組及泥、來母的陽韻開口字，個别溪母江韻字。

合口呼，稱爲皇類，主要來自中古見、曉組宕攝合口呼字及半數的知、莊組江韻及陽韻開口字。

①表中例字的讀音皆據：錢乃榮《當代吳語研究》. 上海：上海教育出版社，1992：341-343.

②據《海鹽方言志》（胡明揚，1992 年），此類字的海鹽音韻母爲 ɔ̃。ɔ̃韻母在今海鹽吳音中有 iɔ̃、uɔ̃兩個與之對應，uɔ̃韻母是典型的合口呼韻，據此可知 ɔ̃韻母應是開口呼。

關於江陽部的韻基，《中原音韻》①中擬作 aŋ，《韻略易通》②擬作 ɑŋ，《等韻圖經》③擬作 ɑŋ，《同文備考》④擬作 aŋ、ɒŋ（或 ɔŋ），《諧聲品字箋》⑤擬作 ɑŋ。看來諸家擬音以後低元音爲主，結合今海鹽吳音中少數讀 ã，多數讀 ɔ̃、õ的情況，我們認爲此處江陽部的主元音部位靠後，韻基讀 ɑŋ 更爲合適。因此，該部所含的 3 個韻母分別是：

開口呼（唐類）：ɑŋ；齊齒呼（陽類）：iɑŋ；合口呼（皇類）：uɑŋ

總之，中古江、宕二攝在《玉篇直音》中重組爲江陽部，共含 3 個韻母，具體內容詳見表 3-8-6。

表 3-8-6　江陽部韻母表

部名	類名	四呼	音值	中古來源
江陽	唐	開	ɑŋ	中古的幫、端、精、見、曉組的唐韻開口字及江韻字（個別溪母江韻字除外），非組陽韻字，半數的知、莊組江韻及陽韻開口字
	陽	齊	iɑŋ	中古精、章、見、曉組及泥、來母陽韻開口字，另有個別溪母江韻字併入
	皇	合	uɑŋ	中古見、曉組宕攝合口呼字及半數的知、莊組江韻及陽韻開口字

3.9　臻、深、梗、曾四攝陽聲：真侵部和庚蒸部

在《玉篇直音》的 13 695 個被注字中，中古臻、深、梗、曾四攝被注字共計 1 935 個，具體情況見表 3-9-1。

表 3-9-1　臻、深、梗、曾四攝所轄諸陽聲韻系被注字數量統計表　　（單位：個）

攝名	臻							深	梗				曾	
韻名	真	諄	臻	文	欣	魂	痕	侵	庚	耕	清	青	蒸	登
字數	354	128	16	130	42	173	18	180	229	94	166	237	93	75
	861							180	726				168	
	1 935													

3.9.1　關於韻部的確立

3.9.1.1　初級統計

中古臻、深、梗、曾四攝陽聲韻系被注字在《玉篇直音》中的直接自注與混注次數詳見表 3-9-2。

①楊耐思. 中原音韻音系[M]. 北京：中國社會科學出版社，1981：44.
②張玉來. 韻略易通研究[M]. 天津：天津古籍出版社，1999：30.
③葉寶奎. 明清官話音系[M]. 廈門：廈門大學出版社，2001：151.
④丁鋒.《同文備考》音系[M]. 福岡：中國書店，2001：246.
⑤張詠梅.《諧聲品字箋》的音系研究[M]. 成都：巴蜀書社，2011：160.

表 3-9-2 臻、深、梗、曾四攝陽聲被注字單條自注、混注情況統計表 （單位：次）

被注字＼注音字		臻							深	梗				曾	
		臻	欣	痕	魂	諄	文	真	侵	庚	耕	清	青	蒸	登
臻	臻	9						5	2						
	欣		27					15							
	痕			14	2										1
	魂			1	167	2	2			1					
	諄				2	106	5	13						1	
	文				8	3	113	5							
	真		12			11	10	290	12	8		3	1	7	
深	侵		2					19	156	2		1			
梗	庚				3			2	1	148	23	13	9	4	17
	耕				2			2		29	31	3	4	1	20
	清							2		29		113	8	12	
	青		1					1	1	30	2	12	158	29	1
曾	蒸		2				1			12	1	22	10	42	3
	登			1	1					9	12	1	3	2	46
其他		痕寒 1；文鍾 1；真東 1；諄先 1；庚東 2；庚鍾 3；庚唐 3；庚陽 1；耕東 2；青東 1；青鍾 1；清東 1；清鍾 1													

根據表 3-9-2 中的數據統計，我們可以得到以下初步認識。

第一，表中數值分佈較爲密集的區域大體有兩塊，以真、侵韻爲坐標軸，呈現出左上角與右下角兩大矩陣。左上角的乃中古臻、深二攝，右下角的乃中古梗、曾二攝，這說明臻、深、梗、曾四攝在《玉篇直音》中呈現出臻、深與梗、曾的對立，可將四攝併爲兩個韻部。

第二，中古臻攝內部一、三等的對立仍然存在，如魂、痕韻與真、諄、臻、文、欣間混注較少，尤其是開口痕韻獨立性很强。但是也有部分三等合口諄、文韻字與一等合口魂韻字合流。即便是三等韻之間，開合的對立也很明顯，臻、欣韻從未與諄、文韻混注。不過，總體來看，臻攝在《玉篇直音》中已經發生了分化與重組。

第三，深攝與臻攝的混注比例較高，就深攝而言，侵真、侵欣混注共計 21 次，占深攝總數的 11.67%（21/180）。結合明代通語語音史及吳音史可知，深攝應已併入臻攝中。不過嚴謹起見，這還需要高級統計進一步驗證後再做定論。

第四，梗攝內部諸韻較中古時期也進行了重組，以清、青二韻來看，少見或者沒有與耕韻混注，這說明洪細的對立特徵仍然存在。不過以耕韻來看，有部分耕韻字與清、青字混注，這些字多數是牙、喉音開口庚韻字，說明此類字已發生腭化音變併入清、青韻中。

第五，曾攝已與梗攝合併。以蒸韻被注字爲例，有 45 次與梗攝字混注，占自身總數的 48.39%（45/93）；以登韻被注字爲例，有 25 次與梗攝字混注，占自身總數的 33.33%（25/75）。蒸、登與梗攝混注的比例甚高，足以爲證。

第六，雖然臻、深與梗、曾兩組韻攝在整體上是對立的，但是也能看到彼此之間的混注關係。這主要發生在魂、痕與庚、耕、登的洪音韻之間以及欣、真、侵與庚、清、青、蒸的細音韻之間。這種鼻音韻間的混注實乃編者方音的體現（本節下文有詳述，可參見），但是並不能淡化兩組韻攝的對立色彩。比如以臻、深攝的核心韻真韻被注字而言，其與梗、曾攝的混注 18 次，這是兩類韻攝間混注次數最多的，但是僅占真韻總數的 5.07%（18/355），比值較低，不足以合併韻部。至於其他韻的混注情況更不值得討論。

第七，部分合口梗攝細音字及個別臻攝細音字已經併入了東鍾部，這已在東鍾部的討論中專門論及，可參見。

總之，初級統計顯示，中古臻、深、梗、曾四攝在《玉篇直音》中有了新的分化與重組。其中深攝併入臻攝，曾攝併入梗攝，新形成的兩組韻攝雖然在局部範圍上存在混注，但是總體上對立明顯，可視爲兩個韻部。

下面再通過系聯之法，通過高級統計來進一步驗證上述結論。

3.9.1.2 高級統計

我們使用系聯法將中古臻、深、梗、曾四攝陽聲韻字的音注歸併爲 240 個“準小韻”，具體字組内容詳見表 3-9-3（關於本表的使用説明，可參見表 3-2-3 上）。

表 3-9-3 《玉篇直音》所含中古臻、深、梗、曾四攝陽聲韻字組表

聲母	準小韻序號	轄字
門類（含 52 個自然小類，20 個“準小韻”）		
幫	1	[0809]泍$^{幫}_{魂}$犇$^{幫}_{魂}$ I 奔$^{幫}_{魂}$[3626]奔$^{幫}_{魂}$ I 犇$^{幫}_{魂}$（魂$_{5}$）
	2	[1264]畚$^{幫}_{混}$畚$^{幫}_{混}$体$^{幫}_{混}$夯$^{並}_{混}$輪$^{集:}_{並混}$笨$^{幫}_{混}$旛$^{古:}_{並混}$畚$^{幫}_{混}$ I 本$^{幫}_{混}$（混$_{9}$）
滂	3	[0953]湓$^{滂}_{慁}$ I 噴$^{滂}_{慁}$（慁$_{2}$）
	4	[2027]恲$^{滂}_{庚}$拼$^{滂}_{青}$骈$^{滂}_{庚}$匉$^{滂}_{耕}$歕$^{滂}_{魂}$ I 烹$^{滂}_{庚}$[1723]倗$^{滂}_{等}$ I 烹上$^{滂}_{梗}$[1224]堋$^{滂}_{登}$ I 烹去$^{滂}_{映}$（魂$_{1}$庚$_{3}$耕$_{1}$青$_{1}$登$_{1}$梗$_{1}$等$_{1}$映$_{1}$）
並	5	[2142]㖹$^{並}_{魂}$鵮$^{並}_{魂}$ I 盆$^{並}_{魂}$[3749]盆$^{並}_{魂}$ I 湓$^{並}_{魂}$[1153]坌$^{並}_{慁}$呠$^{集:}_{滂混}$ I 盆上$^{並}_{混}$[2836]捹$^{並}_{混}$ I 坌$^{並}_{慁}$（魂$_{5}$混$_{3}$慁$_{2}$）
明	6	[2225]捪$^{明}_{真}$ I 文$^{微}_{文}$（真$_{1}$文$_{1}$）
	7	[1028]瀈$^{明}_{魂}$顅$^{明}_{魂}$捫$^{明}_{魂}$璊$^{明}_{魂}$樠$^{明}_{魂}$虋$^{明}_{魂}$穈$^{明}_{魂}$ I 門$^{明}_{魂}$[2859]門$^{明}_{魂}$ I 們$^{明}_{魂}$[1270]甿$^{明}_{耕}$鏰$^{明}_{嶝}$莔$^{明}_{映}$蜢$^{明}_{映}$䲛$^{明}_{嶝}$ I 孟$^{明}_{映}$[1922]懣$^{明}_{慁}$孟$^{明}_{映}$ I 悶$^{明}_{慁}$[2872]悶$^{明}_{慁}$ I 門去$^{明}_{慁}$（魂$_{10}$慁$_{4}$映$_{4}$耕$_{1}$嶝$_{2}$）
非	8	[1205]坌$^{非}_{問}$僨$^{非}_{問}$ I 糞$^{非}_{問}$[2622]黺$^{非}_{吻}$糞$^{非}_{問}$鳻$^{並}_{文}$ I 奮$^{非}_{問}$（文$_{1}$吻$_{1}$問$_{5}$）
	9	[2018]憤$^{奉}_{吻}$膹$^{奉}_{吻}$瘄$^{奉}_{吻}$齡$^{奉}_{吻}$ I 粉$^{集:}_{非問}$（吻$_{4}$問$_{1}$）
	10	[0109]昐$^{非}_{文}$盼$^{非}_{文}$雰$^{敷}_{文}$衯$^{敷}_{文}$帉$^{敷}_{文}$闅$^{敷}_{文}$閍$^{敷}_{文}$痻$^{篇:}_{曉魂}$玢$^{非}_{文}$芬$^{敷}_{文}$饙$^{非}_{文}$餴$^{非}_{文}$ I 分$^{非}_{文}$[2547]紛$^{敷}_{文}$翂$^{敷}_{文}$翁$^{非}_{文}$ I 芬$^{敷}_{文}$[3607]分$^{非}_{文}$ I 紛$^{敷}_{文}$[1935]捴$^{非}_{吻}$ I 粉$^{非}_{吻}$[2830]捴$^{非}_{吻}$ I 忿$^{敷}_{吻}$[3409]粉$^{非}_{吻}$ I 分上$^{非}_{吻}$[0513]惛$^{集:}_{曉慁}$ I 噴$^{集:}_{敷問}$[2101]噴$^{集:}_{敷問}$ I 分去$^{非}_{問}$（文$_{18}$魂$_{1}$吻$_{6}$問$_{3}$慁$_{1}$）
奉	11	[0417]焚$^{奉}_{文}$燌$^{奉}_{文}$炃$^{奉}_{文}$坟$^{奉}_{文}$鐼$^{奉}_{文}$轒$^{奉}_{文}$ I 墳$^{奉}_{文}$[0771]汾$^{奉}_{文}$幩$^{奉}_{文}$枌$^{奉}_{文}$蕡$^{奉}_{文}$棻$^{奉}_{文}$𢊁$^{奉}_{文}$羵$^{奉}_{文}$獖$^{奉}_{文}$豶$^{奉}_{文}$文$^{微}_{文}$ I 焚$^{奉}_{文}$[1222]墳$^{奉}_{文}$鳻$^{奉}_{文}$ I 汾$^{奉}_{文}$[2225]䎹$^{微}_{文}$紋$^{微}_{文}$聞$^{微}_{文}$鳼$^{微}_{文}$蚊$^{微}_{文}$蟁$^{微}_{文}$駇$^{微}_{文}$蚉$^{微}_{文}$紋$^{微}_{文}$㪴$^{微}_{文}$ I 文$^{微}_{文}$（文$_{32}$）
	12	[1936]忿$^{集:}_{奉吻}$ I 憤$^{奉}_{吻}$[1984]憤$^{奉}_{吻}$蚡$^{奉}_{吻}$ I 忿$^{集:}_{奉吻}$（吻$_{5}$）
微	13	[0768]汶$^{微}_{問}$璺$^{微}_{問}$璺$^{微}_{問}$汶$^{微}_{問}$ I 問$^{微}_{問}$（問$_{5}$）
透	14	[1449]陌$^{透}_{痕}$ I 吞$^{透}_{痕}$（痕$_{2}$）
來	15	[0199]輪$^{來}_{諄}$楞$^{來}_{登}$稜$^{來}_{登}$ I 淩$^{來}_{蒸}$[0938]淪$^{來}_{諄}$綸$^{來}_{諄}$輪$^{來}_{諄}$䑳$^{來}_{諄}$蜦$^{來}_{諄}$ I 倫$^{來}_{諄}$[2349]腀$^{來}_{諄}$ I 淪$^{來}_{諄}$[1911]躰$^{來}_{登}$棱$^{來}_{登}$ I 楞$^{來}_{登}$[1581]冷$^{來}_{梗}$ I 楞上$^{來}_{等}$[3772]氽$^{鑑:}_{來梗}$ I 冷$^{來}_{梗}$（諄$_{9}$蒸$_{1}$登$_{5}$梗$_{3}$等$_{1}$）
見	16	[0184]亙$^{見}_{嶝}$硍$^{溪}_{恨}$詪$^{見}_{恨}$ I 艮$^{見}_{恨}$[3516]鮔$^{見}_{嶝}$艮$^{見}_{恨}$ I 亙$^{見}_{嶝}$（恨$_{4}$嶝$_{3}$）

續表

聲母	準小韻序號	轄字
	17	[2410]跟$^{見}_{痕}$丨根$^{見}_{痕}$ [2769]峎$^{見}_{痕}$根$^{見}_{痕}$丨跟$^{見}_{痕}$[2255]頣$^{見}_{很}$丨根上$^{見}_{很}$（痕$_{5}$很$_{2}$）
溪	18	[1180]墾$^{溪}_{很}$齦$^{溪}_{很}$豤$^{溪}_{很}$丨懇$^{溪}_{很}$[1939]懇$^{溪}_{很}$丨墾$^{溪}_{很}$（很$_{6}$）
匣	19	[2340]眼$^{匣}_{痕}$丨痕$^{匣}_{痕}$（痕$_{2}$）
	20	[1738]佷$^{匣}_{很}$丨狠$^{匣}_{很}$[1982]恨$^{匣}_{恨}$丨狠去$^{匣}_{恨}$（很$_{2}$恨$_{2}$）
屯類（含65個自然小類，31個“準小韻”）		
端	21	[0056]噋$^{透}_{魂}$燉$^{透}_{魂}$惇$^{端}_{魂}$丨敦$^{端}_{魂}$[3118]弴$^{端}_{魂}$蜳$^{端}_{魂}$敦$^{端}_{魂}$丨惇$^{端}_{魂}$（魂$_{8}$）
	22	[2828]扽$^{端}_{慁}$丨頓$^{端}_{慁}$（慁$_{2}$）
透	23	[0002]吞$^{透}_{痕}$呑$^{透}_{痕}$丨哼$^{集:}_{透魂}$[1449]黗$^{透}_{魂}$丨吞$^{透}_{痕}$（魂$_{2}$痕$_{3}$）
	24	[0929]涒$^{透}_{魂}$丨鈍平$^{定}_{魂}$（魂$_{2}$）
定	25	[2294]臋$^{定}_{魂}$丨臀$^{定}_{魂}$（魂$_{2}$）
	26	[1734]伅$^{定}_{混}$丨沌$^{定}_{混}$（混$_{2}$）
	27	[0200][illegible]$^{透}_{魂}$丨鈍$^{定}_{慁}$[2250]頓$^{定}_{混}$鈍$^{定}_{慁}$丨頓$^{集:}_{定慁}$（魂$_{1}$混$_{1}$慁$_{3}$）
	28	[0057]吨$^{集:}_{透魂}$黗$^{定}_{魂}$霕$^{定}_{魂}$燉$^{定}_{魂}$炖$^{定}_{魂}$忳$^{定}_{魂}$吨$^{定}_{魂}$啍$^{定}_{魂}$噋$^{定}_{魂}$豚$^{定}_{魂}$闅$^{定}_{魂}$屍$^{定}_{魂}$軘$^{定}_{魂}$飩$^{定}_{魂}$丨屯$^{定}_{魂}$[0400]焞$^{定}_{魂}$丨炖$^{定}_{魂}$[3284]芚$^{定}_{魂}$㹠$^{定}_{魂}$丨豚$^{定}_{魂}$[1470]庉$^{定}_{魂}$丨屯平$^{定}_{魂}$[2735]遯$^{定}_{慁}$丨屯去$^{定}_{慁}$（魂$_{22}$慁$_{2}$）
	29	[1250]坉$^{定}_{魂}$丨迍$^{定}_{魂}$ [2733]遁$^{定}_{慁}$丨迍去$^{定}_{慁}$[1711]偱$^{定}_{混}$衍$^{定}_{慁}$囤$^{定}_{混}$丨遁$^{定}_{慁}$（魂$_{2}$混$_{2}$慁$_{4}$）
泥	30	[0472]焫$^{泥}_{慁}$嫰$^{泥}_{慁}$丨嫩$^{泥}_{慁}$（慁$_{3}$）
來	31	[0642]崘$^{來}_{魂}$埨$^{來}_{準}$陯$^{來}_{諄}$丨侖$^{來}_{諄}$（諄$_{2}$準$_{1}$魂$_{1}$）
	32	[2435]踚$^{來}_{諄}$掄$^{來}_{魂}$錀$^{來}_{諄}$丨論$^{來}_{諄}$（諄$_{3}$魂$_{1}$）
	33	[0888]淪$^{來}_{慁}$丨論$^{來}_{慁}$（慁$_{2}$）
精	34	[0565]嶟$^{精}_{魂}$繜$^{精}_{魂}$鐏$^{精}_{魂}$鷷$^{精}_{諄}$鱒$^{從}_{混}$丨尊$^{精}_{魂}$[2102]噂$^{精}_{混}$[illegible]$^{集:}_{清混}$剸$^{精}_{混}$蓴$^{精}_{混}$丨尊上$^{精}_{混}$[0500]燇$^{精}_{慁}$僔$^{精}_{混}$丨尊去$^{精}_{慁}$（諄$_{1}$魂$_{4}$混$_{7}$慁$_{2}$）
清	35	[2851]拵$^{清}_{混}$刌$^{清}_{混}$丨忖$^{清}_{混}$（混$_{3}$）
	36	[1346]邨$^{清}_{魂}$丨村$^{清}_{魂}$[3205]村$^{清}_{魂}$丨邨$^{清}_{魂}$[2042]忖$^{清}_{混}$丨村上$^{清}_{混}$（魂$_{4}$混$_{2}$）
從	37	[1357]郁$^{從}_{魂}$蹲$^{從}_{魂}$丨存$^{從}_{魂}$[3009]鐏$^{從}_{慁}$丨存去$^{從}_{慁}$（魂$_{3}$慁$_{2}$）
心	38	[0427]爨$^{清}_{魂}$丨飱$^{心}_{魂}$（魂$_{2}$）
	39	[1458]睿$^{心}_{稕}$噀$^{心}_{慁}$巽$^{心}_{慁}$巺$^{心}_{慁}$丨遜$^{心}_{慁}$（稕$_{1}$慁$_{4}$）
	40	[3285]蓀$^{心}_{魂}$丨孫$^{心}_{魂}$ [2347]䐣$^{心}_{混}$丨損$^{心}_{混}$[2799]損$^{心}_{混}$丨孫上$^{心}_{混}$（魂$_{2}$混$_{4}$）
見	41	[0081]晜$^{見}_{魂}$崐$^{見}_{魂}$晜$^{見}_{魂}$肱$^{見}_{登}$䐊$^{見}_{魂}$裩$^{見}_{魂}$褌$^{見}_{魂}$窘$^{見}_{文}$琨$^{見}_{魂}$輥$^{見}_{混}$鵾$^{見}_{魂}$鶤$^{見}_{魂}$蜫$^{見}_{魂}$蚰$^{見}_{魂}$騉$^{見}_{魂}$鯤$^{見}_{魂}$丨昆$^{見}_{魂}$[2345]䐵$^{見}_{庚}$丨肱$^{見}_{登}$[1088]礦$^{見}_{梗}$袞$^{見}_{混}$獷$^{見}_{梗}$丨昆上$^{見}_{混}$[3413]𪍿$^{見}_{梗}$穬$^{見}_{梗}$丨礦$^{見}_{梗}$[0875]滾$^{見}_{混}$𥑮$^{見}_{混}$裷$^{見}_{混}$蓘$^{見}_{混}$鮌$^{見}_{混}$鯀$^{見}_{混}$丨衮$^{見}_{混}$[3015]錕$^{見}_{混}$丨滾$^{見}_{混}$[3221]棍$^{正:}_{見慁}$丨衮去$^{見}_{慁}$（文$_{1}$魂$_{14}$庚$_{1}$登$_{2}$混$_{12}$梗$_{5}$慁$_{2}$）
溪	42	[1130]坤$^{溪}_{魂}$坤$^{溪}_{魂}$丨昆$^{見}_{魂}$[1546]巛$^{溪}_{魂}$髡$^{溪}_{魂}$丨坤$^{溪}_{魂}$（魂$_{6}$）
	43	[1978]悃$^{溪}_{混}$䠅$^{溪}_{混}$綑$^{溪}_{混}$稇$^{溪}_{混}$壼$^{溪}_{混}$丨捆$^{溪}_{混}$[2712]𧻚$^{溪}_{吻}$梱$^{溪}_{混}$丨悃$^{溪}_{混}$[2823]捆$^{溪}_{混}$丨綑$^{溪}_{混}$[1492]𢈤$^{溪}_{慁}$朱$^{溪}_{慁}$丨困$^{溪}_{慁}$[3634]困$^{溪}_{慁}$丨捆去$^{溪}_{慁}$（吻$_{1}$混$_{10}$慁$_{5}$）
影	44	[0446]熅$^{影}_{魂}$鄥$^{影}_{魂}$殟$^{影}_{魂}$輼$^{影}_{魂}$蒕$^{影}_{魂}$[illegible]$^{影}_{魂}$丨溫$^{影}_{魂}$（魂$_{7}$）
	45	[1712]伆$^{微}_{吻}$抆$^{微}_{吻}$刎$^{微}_{吻}$丨吻$^{微}_{吻}$[1976]惲$^{影}_{吻}$吻$^{微}_{吻}$脗$^{微}_{吻}$丨穩$^{影}_{混}$（吻$_{7}$混$_{1}$）
曉	46	[0032]昬$^{曉}_{魂}$昏$^{曉}_{魂}$丨婚$^{曉}_{魂}$[0928]涽$^{曉}_{魂}$婚$^{曉}_{魂}$惛$^{曉}_{魂}$緍$^{曉}_{魂}$閽$^{曉}_{魂}$棔$^{曉}_{魂}$薨$^{集:}_{曉耕}$訇$^{曉}_{耕}$丨昏$^{曉}_{魂}$[2946]殙$^{曉}_{魂}$丨昬$^{曉}_{魂}$[0262][illegible]$^{曉}_{登}$𣽫$^{曉}_{登}$渹$^{曉}_{耕}$輷$^{曉}_{耕}$轟$^{曉}_{耕}$薨$^{曉}_{耕}$丨薨$^{曉}_{登}$[0271][illegible]$^{曉}_{耕}$嚝$^{曉}_{庚}$薨$^{曉}_{登}$丨轟$^{曉}_{耕}$（魂$_{12}$庚$_{1}$耕$_{8}$登$_{4}$）
匣	47	[1160]堚$^{匣}_{魂}$韗$^{匣}_{魂}$琿$^{匣}_{魂}$魂$^{匣}_{魂}$丨渾$^{匣}_{魂}$[1715]倱$^{匣}_{魂}$緷$^{匣}_{魂}$緄$^{匣}_{魂}$丨魂$^{匣}_{魂}$（魂$_{9}$）
	48	[2807]掍$^{匣}_{魂}$餛$^{匣}_{魂}$丨混$^{集:}_{匣魂}$（魂$_{3}$）
	49	[2181]睔$^{匣}_{混}$丨棍$^{匣}_{混}$（混$_{2}$）
	50	[0474]焜$^{匣}_{混}$溷$^{匣}_{慁}$㑮$^{曉}_{慁}$倱$^{匣}_{混}$慁$^{匣}_{慁}$㥵$^{匣}_{慁}$睴$^{匣}_{混}$諢$^{匣}_{混}$掍$^{匣}_{混}$圂$^{匣}_{慁}$㹢$^{匣}_{慁}$丨混$^{匣}_{混}$[0950]混$^{匣}_{混}$丨圂$^{匣}_{慁}$（混$_{7}$慁$_{7}$）
	51	[2354]腪$^{云}_{問}$齫$^{疑}_{吻}$齳$^{疑}_{吻}$丨渾$^{匣}_{混}$（吻$_{2}$問$_{1}$混$_{1}$）

續表

聲母	準小韻序號	轄字
信類（含191個自然小類，78個"準小韻"）		
幫	52	[1032]瀕$^{幫}_{真}$丨頻$^{篇:}_{幫真}$（真$_{2}$）
	53	[0130]昺$^{幫}_{梗}$炳$^{幫}_{梗}$[illegible]$^{幫}_{梗}$庰$^{幫}_{靜}$怲$^{幫}_{梗}$眪$^{幫}_{梗}$抦$^{幫}_{梗}$稟$^{幫}_{寢}$箳$^{幫}_{青}$稟$^{幫}_{寢}$秉$^{幫}_{梗}$餅$^{幫}_{靜}$䴵$^{幫}_{靜}$蛃$^{幫}_{梗}$炳$^{幫}_{梗}$丨丙$^{幫}_{梗}$[3250]棅$^{幫}_{梗}$丙$^{幫}_{梗}$丨秉$^{幫}_{梗}$（青$_{1}$寢$_{2}$梗$_{13}$靜$_{3}$）
	54	[1627]儐$^{幫}_{震}$髕$^{並}_{軫}$殯$^{幫}_{震}$丨擯$^{幫}_{震}$[2373]鬢$^{幫}_{震}$擯$^{幫}_{震}$丨殯$^{幫}_{震}$（軫$_{1}$震$_{6}$）
	55	[0369]霦$^{幫}_{真}$冰$^{幫}_{蒸}$冰$^{幫}_{蒸}$賔$^{幫}_{真}$攽$^{幫}_{真}$丨兵$^{幫}_{庚}$[0611]豳$^{幫}_{真}$貧$^{幫}_{真}$嬪$^{並}_{真}$檳$^{幫}_{真}$矉$^{幫}_{真}$顮$^{幫}_{真}$臏$^{並}_{軫}$繽$^{滂}_{真}$[illegible]$^{滂}_{真}$鑌$^{幫}_{真}$瑸$^{幫}_{真}$斌$^{幫}_{真}$[illegible]$^{字:}_{滂真}$贇$^{篇:}_{幫真}$彬$^{幫}_{真}$丨賓$^{幫}_{真}$ [0746]汃$^{幫}_{真}$份$^{幫}_{真}$虨$^{幫}_{真}$丨彬$^{幫}_{真}$[1320]邠$^{幫}_{真}$丨豳$^{幫}_{真}$[1464]豳$^{幫}_{真}$豳$^{幫}_{真}$丨邠$^{幫}_{真}$[1600]仌$^{幫}_{蒸}$[illegible]$^{幫}_{庚}$兵$^{幫}_{庚}$丨冰$^{幫}_{蒸}$[1650]併$^{幫}_{勁}$逬$^{幫}_{映}$柄$^{幫}_{映}$丨 并$^{幫}_{勁}$[2840]摒$^{幫}_{勁}$鈵$^{幫}_{映}$丨柄$^{幫}_{映}$[3249]柄$^{幫}_{映}$丨冰去$^{幫}_{證}$（真$_{27}$庚$_{3}$蒸$_{4}$軫$_{1}$映$_{5}$勁$_{3}$證$_{1}$）
滂	56	[3480]牝$^{並}_{軫}$牝$^{並}_{軫}$丨品$^{滂}_{寢}$（軫$_{2}$寢$_{1}$）
並	57	[0740]凴$^{並}_{蒸}$淜$^{並}_{蒸}$坪$^{並}_{庚}$呯$^{鍇:}_{並庚}$郱$^{並}_{青}$凴$^{並}_{蒸}$憑$^{並}_{蒸}$頻$^{並}_{真}$胼$^{並}_{庚}$評$^{並}_{庚}$玶$^{並}_{青}$抨$^{並}_{庚}$瓶$^{並}_{青}$缾$^{並}_{青}$枰$^{並}_{庚}$薲$^{並}_{真}$蘋$^{並}_{真}$苹$^{並}_{庚}$萍$^{並}_{青}$鵧$^{並}_{庚}$蛢$^{並}_{青}$頻$^{並}_{真}$顰$^{並}_{真}$甁$^{並}_{青}$丨平$^{並}_{庚}$ [2641]顰$^{並}_{真}$貧$^{並}_{真}$蠙$^{並}_{真}$丨頻$^{並}_{真}$[2939]穷$^{並}_{真}$翸$^{滂}_{真}$丨貧$^{並}_{真}$[3083]軿$^{並}_{青}$丨平上（上，疑衍文）$^{並}_{梗}$（真$_{12}$庚$_{9}$青$_{8}$蒸$_{4}$梗$_{1}$）
明	58	[0142]暋$^{明}_{軫}$潣$^{明}_{軫}$愍$^{明}_{軫}$憫$^{明}_{軫}$黽$^{明}_{軫}$鼆$^{明}_{耿}$敏$^{明}_{軫}$敃$^{明}_{軫}$丨閔$^{明}_{軫}$[0812]泯$^{明}_{軫}$閩$^{明}_{真}$閔$^{明}_{軫}$痻$^{明}_{軫}$丨泯$^{明}_{軫}$[0970]湣$^{明}_{軫}$澠$^{明}_{軫}$泯$^{明}_{軫}$簢$^{明}_{軫}$閔$^{明}_{軫}$乜$^{明}_{馬}$皿$^{明}_{梗}$丨 敏$^{明}_{軫}$（真$_{1}$軫$_{18}$梗$_{1}$耿$_{1}$馬$_{1}$）
	59	[0014]旻$^{明}_{真}$瞑$^{明}_{青}$旼$^{明}_{真}$盟$^{明}_{庚}$崏$^{明}_{真}$岷$^{明}_{真}$碈$^{明}_{真}$氓$^{明}_{耕}$忞$^{明}_{真}$怋$^{明}_{真}$睧$^{明}_{真}$䟭$^{明}_{真}$緍$^{明}_{真}$鍲$^{明}_{真}$鈱$^{明}_{真}$䡅$^{明}_{真}$[illegible]$^{明}_{真}$鴖$^{明}_{真}$罠$^{明}_{真}$丨民$^{明}_{真}$ [0149]眳$^{明}_{迥}$朙$^{明}_{庚}$慏$^{明}_{靜}$鳴$^{明}_{庚}$ 蓂$^{明}_{青}$鳴$^{明}_{庚}$螟$^{明}_{青}$名$^{明}_{清}$丨明$^{明}_{庚}$[0539]明$^{明}_{庚}$洺$^{明}_{清}$溟$^{明}_{青}$民$^{明}_{真}$䫤$^{明}_{青}$[illegible]$^{明}_{青}$覭$^{明}_{青}$銘$^{明}_{清}$盟$^{明}_{庚}$丨名$^{明}_{清}$[3727]民$^{明}_{真}$丨閔平$^{明}_{真}$ [2697]詺$^{明}_{勁}$丨名去$^{明}_{勁}$ （真$_{20}$庚$_{7}$耕$_{1}$清$_{4}$青$_{7}$靜$_{1}$迥$_{1}$勁$_{2}$）
來	60	[0385]霖$^{來}_{侵}$磷$^{來}_{真}$痳$^{來}_{侵}$琳$^{來}_{侵}$丨林$^{來}_{侵}$[1156]嶙$^{來}_{真}$林$^{來}_{侵}$驎$^{來}_{真}$粼$^{來}_{真}$璘$^{來}_{真}$鱗$^{來}_{真}$麟$^{來}_{真}$丨鄰$^{來}_{真}$（真$_{8}$侵$_{5}$）
	61	[0908]瀶$^{來}_{侵}$丨臨$^{來}_{侵}$（侵$_{2}$）
	62	[1506]廩$^{來}_{寢}$丨凜$^{來}_{寢}$[1585]凜$^{來}_{寢}$懍$^{來}_{寢}$丨稟$^{來}_{寢}$（寢$_{5}$）
	63	[0617]嶙$^{來}_{軫}$瞵$^{來}_{軫}$丨僯$^{來}_{軫}$（軫$_{3}$）
	64	[1689]僯$^{來}_{震}$丨粦$^{來}_{震}$（震$_{2}$）
	65	[2635]䚏$^{玉:}_{來震}$丨鄰$^{集:}_{來震}$（震$_{2}$）
	66	[0527]粦$^{來}_{震}$瞵$^{來}_{震}$悋$^{來}_{震}$蹸$^{來}_{震}$遴$^{來}_{震}$撛$^{來}_{震}$閵$^{來}_{震}$鏻$^{來}_{震}$轥$^{來}_{震}$甐$^{來}_{震}$藺$^{來}_{震}$[illegible]$^{來}_{震}$蟒$^{來}_{震}$蟒$^{來}_{震}$魕$^{來}_{震}$膦$^{來}_{震}$丨吝$^{來}_{震}$[2875]閔$^{來}_{震}$丨藺$^{來}_{震}$[1741]令$^{來}_{勁}$另$^{來}_{徑}$ 吝$^{來}_{震}$丨令$^{來}_{勁}$（震$_{20}$勁$_{2}$徑$_{1}$）
精	67	[0861]溱$^{莊}_{臻}$漸$^{莊}_{臻}$殝$^{莊}_{臻}$轃$^{莊}_{臻}$榛$^{莊}_{臻}$樼$^{莊}_{臻}$蓁$^{莊}_{臻}$丨臻$^{莊}_{臻}$[3774]臻$^{莊}_{臻}$丨溱$^{莊}_{臻}$（臻$_{10}$）
	68	[3127][illegible]$^{從}_{感}$丨怎$^{精}_{寢}$（寢$_{1}$感$_{1}$）
	69	[0028]𣈆$^{精}_{震}$晉$^{精}_{震}$[illegible]$^{精}_{震}$搢$^{精}_{震}$丨晉$^{精}_{震}$（震$_{5}$）
	70	[0157]晙$^{精}_{稕}$焌$^{精}_{稕}$峻$^{精}_{稕}$陖$^{精}_{稕}$浚$^{精}_{稕}$埈$^{精}_{稕}$畯$^{精}_{稕}$進$^{精}_{震}$逡$^{心}_{稕}$寯$^{精}_{稕}$駿$^{精}_{稕}$狻$^{精}_{稕}$雋$^{精}_{稕}$丨俊$^{精}_{稕}$[1618]俊$^{精}_{稕}$儁$^{精}_{稕}$晙$^{集:}_{精稕}$縉$^{精}_{震}$丨進$^{精}_{震}$（震$_{3}$稕$_{16}$）
	71	[0177]晶$^{精}_{清}$[illegible]$^{精}_{清}$[illegible]$^{全:}_{精清}$津$^{精}_{真}$睛$^{精}_{清}$䴖$^{精}_{清}$菁$^{精}_{清}$鶄$^{精}_{清}$[illegible]$^{精}_{清}$旌$^{精}_{清}$丨精$^{精}_{清}$[0896][illegible]$^{精}_{清}$精$^{精}_{清}$丨旌$^{精}_{清}$[3047]璡$^{精}_{真}$珒$^{精}_{真}$[illegible]$^{精}_{真}$丨津$^{精}_{真}$[1379] 𨚔$^{精}_{靜}$丨井$^{精}_{靜}$ [3788]井$^{精}_{靜}$丨精上$^{精}_{靜}$（真$_{5}$清$_{13}$靜$_{4}$）
	72	[0581][illegible]$^{精}_{侵}$丨浸平$^{精}_{侵}$[1212]埐$^{精}_{侵}$譖$^{莊}_{沁}$[illegible]$^{精}_{沁}$祲$^{精}_{沁}$丨浸$^{精}_{沁}$（侵$_{3}$沁$_{4}$）
清	73	[0105]㬰$^{清}_{侵}$[illegible]$^{精}_{侵}$綅$^{清}_{侵}$親$^{清}_{真}$鋟$^{清}_{侵}$梫$^{清}_{侵}$駸$^{清}_{侵}$丨侵$^{清}_{侵}$[1656]侵$^{清}_{侵}$丨親$^{清}_{真}$[1236]埁$^{從}_{侵}$丨寢平$^{清}_{侵}$[2930]寑$^{清}_{寢}$丨侵上$^{清}_{寢}$[0926]浸$^{清}_{侵}$丨 寢$^{清}_{寢}$（真$_{2}$侵$_{11}$寢$_{3}$）
	74	[2371]齔$^{初}_{震}$櫬$^{初}_{震}$丨襯$^{初}_{震}$[3324]藽$^{初}_{震}$丨櫬$^{初}_{震}$（震$_{5}$）
	75	[2058]㕼$^{清}_{沁}$丨沁$^{清}_{沁}$（沁$_{2}$）
從	76	[0349]䨘$^{崇}_{侵}$[illegible]$^{崇}_{侵}$涔$^{崇}_{侵}$[illegible]$^{崇}_{沁}$丨岑$^{崇}_{侵}$（侵$_{4}$沁$_{1}$）
	77	[3217]橬$^{從}_{侵}$丨忱$^{禪}_{侵}$（侵$_{2}$）
	78	[0461]燼$^{邪}_{震}$[illegible]$^{邪}_{震}$藎$^{邪}_{震}$丨贐$^{邪}_{震}$[3064]賮$^{邪}_{震}$贐$^{邪}_{震}$丨藎$^{邪}_{震}$[3751]盡$^{從}_{軫}$盡$^{從}_{軫}$丨尽$^{從}_{軫}$[3753]盡$^{從}_{軫}$丨燼$^{邪}_{震}$（軫$_{4}$震$_{8}$）
	79	[0618]峋$^{心}_{諄}$洵$^{心}_{諄}$眴$^{邪}_{諄}$郇$^{心}_{諄}$姰$^{心}_{諄}$詢$^{心}_{諄}$諄$^{心}_{諄}$巡$^{邪}_{諄}$珣$^{心}_{諄}$荀$^{心}_{諄}$[illegible]$^{心}_{諄}$徇$^{邪}_{諄}$丨旬$^{邪}_{諄}$[0948][illegible]$^{邪}_{諄}$紃$^{邪}_{諄}$循$^{邪}_{諄}$丨巡$^{邪}_{諄}$[0983][illegible]$^{邪}_{諄}$秦$^{從}_{真}$馴$^{邪}_{諄}$訇$^{邪}_{諄}$旬$^{邪}_{諄}$丨循$^{邪}_{諄}$ [1031]濜$^{從}_{軫}$[illegible]$^{鍇:}_{從真}$螓$^{從}_{真}$丨秦$^{從}_{真}$[1278]眴$^{玉:}_{心諄}$侚$^{邪}_{諄}$昀$^{心}_{文}$丨荀$^{心}_{諄}$[1598][illegible]$^{鍇:}_{心諄}$丨詢$^{心}_{諄}$[2943]殉$^{邪}_{稕}$丨旬去$^{邪}_{稕}$（真$_{4}$諄$_{27}$文$_{1}$軫$_{1}$稕$_{2}$）
心	80	[0716][illegible]$^{生}_{臻}$丨莘$^{生}_{臻}$[1133]垶$^{心}_{清}$侁$^{生}_{臻}$[illegible]$^{玉:}_{生臻}$恂$^{心}_{諄}$槆$^{心}_{諄}$莘$^{生}_{臻}$騂$^{心}_{清}$鮏$^{生}_{臻}$[illegible]$^{生}_{臻}$丨辛$^{心}_{真}$[1912]心$^{心}_{侵}$丨新$^{心}_{真}$[3441][illegible]$^{心}_{侵}$莘$^{生}_{臻}$辛$^{心}_{真}$新$^{心}_{真}$ 忄$^{心}_{侵}$丨心$^{心}_{侵}$（真$_{4}$諄$_{2}$臻$_{8}$侵$_{4}$清$_{2}$）
	81	[0773]沁$^{清}_{沁}$[illegible]$^{玉:}_{心稕}$陖$^{心}_{稕}$囟$^{心}_{震}$伩$^{心}_{震}$囟$^{心}_{震}$[illegible]$^{清}_{沁}$顖$^{心}_{震}$顖$^{心}_{震}$訊$^{心}_{震}$訫$^{集:}_{心震}$訙$^{心}_{震}$迅$^{心}_{震}$𠯠$^{心}_{震}$扟$^{心}_{震}$[illegible]$^{心}_{震}$玐$^{心}_{震}$駿$^{集:}_{心稕}$囟$^{心}_{震}$丨信$^{心}_{震}$[3628]奞$^{心}_{稕}$丨迅$^{心}_{稕}$ （震$_{14}$稕$_{6}$沁$_{2}$）

續表

聲母	準小韻序號	轄字
	82	[0178]曑$^{生}_{侵}$滲$^{生}_{侵}$詵$^{生}_{臻}$森$^{生}_{侵}$罧$^{生}_{侵}$丨參$^{生}_{侵}$[2504]襂$^{生}_{侵}$蔘$^{生}_{侵}$葠$^{生}_{侵}$丨森$^{生}_{侵}$[3410]椮$^{心}_{寢}$糂$^{心}_{寢}$丨糸上$^{生}_{寢}$（臻$_{1}$侵$_{9}$寢$_{3}$）
邪	83	[0192]𦢊$^{邪}_{侵}$潯$^{邪}_{侵}$灊$^{邪}_{侵}$鄩$^{邪}_{侵}$𨻶$^{邪}_{侵}$𦢊$^{邪}_{侵}$襑$^{邪}_{侵}$撏$^{邪}_{侵}$鱏$^{邪}_{侵}$鱘$^{邪}_{侵}$𨔵$^{邪}_{侵}$𢔀$^{邪}_{侵}$鬵$^{邪}_{侵}$鬻$^{邪}_{侵}$覃$^{邪}_{侵}$丨尋$^{邪}_{侵}$（侵$_{16}$）
章	84	[1067]磌$^{章}_{真}$嗔$^{昌}_{真}$縝$^{章}_{軫}$帪$^{章}_{真}$針$^{章}_{侵}$鍼$^{章}_{侵}$珍$^{知}_{真}$珎$^{知}_{真}$桭$^{章}_{真}$籈$^{莊}_{真}$桭$^{章}_{真}$賑$^{章}_{真}$丨真$^{章}_{真}$[1076]碪$^{知}_{侵}$砧$^{知}_{侵}$卄$^{章}_{侵}$瑊$^{章}_{侵}$葴$^{章}_{侵}$箴$^{章}_{侵}$斟$^{章}_{侵}$真$^{章}_{真}$眞$^{章}_{真}$丨針$^{章}_{侵}$[3401]酙$^{章}_{侵}$丨斟$^{章}_{侵}$[3442]鱵$^{章}_{侵}$丨箴$^{章}_{侵}$（真$_{12}$侵$_{14}$軫$_{1}$）
	85	[1080]砛$^{章}_{軫}$畛$^{章}_{軫}$姫$^{章}_{軫}$眕$^{章}_{軫}$聄$^{章}_{軫}$胗$^{章}_{軫}$鬒$^{章}_{軫}$裖$^{章}_{軫}$袗$^{章}_{軫}$紾$^{章}_{軫}$䀕$^{章}_{軫}$診$^{章}_{軫}$疹$^{章}_{軫}$稹$^{章}_{軫}$稹$^{章}_{軫}$駗$^{章}_{軫}$黰$^{章}_{軫}$丨軫$^{章}_{軫}$[1277]眤$^{章}_{軫}$丨胗$^{章}_{軫}$[1583]准$^{章}_{準}$丨準$^{章}_{準}$[3084]軫$^{章}_{軫}$丨准$^{章}_{準}$[3591]裖$^{章}_{軫}$丨袗$^{章}_{軫}$ （軫$_{23}$準$_{3}$）
	86	[3124]弫$^{章}_{軫}$丨振$^{集:}_{章軫}$（軫$_{2}$）
	87	[0330]震$^{章}_{震}$踬$^{章}_{震}$瘨$^{集:}_{章震}$鎮$^{知}_{震}$賑$^{章}_{震}$軐$^{章}_{震}$震$^{章}_{震}$丨振$^{章}_{震}$[1634]侲$^{章}_{震}$挋$^{章}_{震}$振$^{章}_{震}$丨震$^{章}_{震}$[3590]振$^{章}_{震}$丨鎮$^{知}_{震}$（震$_{14}$）
	88	[2683]謓$^{集:}_{章震}$丨慎$^{集:}_{章震}$（震$_{2}$）
	89	[3247]桭$^{集:}_{章震}$丨陣$^{澄}_{震}$（震$_{2}$）
昌	90	[0407]煁$^{禪}_{侵}$郴$^{徹}_{侵}$頣$^{徹}_{寢}$瞡$^{徹}_{侵}$丨琛$^{徹}_{侵}$（侵$_{4}$寢$_{1}$）
	91	[2711]趁$^{徹}_{震}$闖$^{徹}_{沁}$丨趂$^{徹}_{震}$（震$_{2}$沁$_{1}$）
	92	[2754]遉$^{徹}_{勁}$疢$^{徹}_{震}$秤$^{昌}_{證}$丨稱$^{昌}_{證}$[3358]稱$^{昌}_{證}$丨秤$^{昌}_{證}$（震$_{1}$勁$_{1}$證$_{4}$）
	93	[2191]瞋$^{昌}_{真}$膩$^{昌}_{真}$丨嗔$^{昌}_{真}$ [2765]趻$^{徹}_{軫}$丨膩上$^{昌}_{軫}$（真$_{3}$軫$_{2}$）
澄	94	[0319]霃$^{澄}_{侵}$沈$^{澄}_{侵}$丨沉$^{澄}_{侵}$（侵$_{3}$）
	95	[3037]琛$^{徹}_{侵}$丨朕上$^{澄}_{寢}$[3113]𦨖$^{澄}_{寢}$丨朕$^{澄}_{寢}$（侵$_{1}$寢$_{3}$）
	96	[1218]塵$^{澄}_{真}$敶$^{澄}_{真}$阵$^{澄}_{真}$敕$^{澄}_{真}$蹵$^{澄}_{真}$阵$^{澄}_{真}$丨陳$^{澄}_{真}$[1262]尘$^{澄}_{真}$陳$^{澄}_{真}$丨塵$^{澄}_{真}$[1442]陣$^{澄}_{震}$丨陳去$^{澄}_{震}$[3245]桭$^{澄}_{震}$丨陣$^{澄}_{震}$（真$_{10}$震$_{4}$）
	97	[2425]踸$^{徹}_{寢}$跌$^{徹}_{寢}$酖$^{澄}_{沁}$丨鴆$^{澄}_{沁}$[3432]鴆$^{澄}_{沁}$丨沉$^{澄}_{沁}$（寢$_{2}$沁$_{4}$）
書	98	[1605]𠂢$^{書}_{真}$娠$^{書}_{真}$身$^{書}_{真}$呻$^{書}_{真}$眒$^{書}_{真}$胂$^{書}_{真}$紳$^{書}_{真}$珅$^{生}_{真}$柛$^{書}_{真}$伸$^{書}_{真}$鞞$^{書}_{真}$紳$^{書}_{真}$呻$^{書}_{真}$申$^{書}_{真}$丨申$^{書}_{真}$[2533]𧙗$^{書}_{真}$娠$^{書}_{真}$申$^{書}_{真}$伸$^{書}_{真}$丨身$^{書}_{真}$[3662]叟$^{書}_{真}$丨伸$^{書}_{真}$（真$_{22}$）
	99	[0099]昇$^{書}_{蒸}$陞$^{書}_{蒸}$聲$^{書}_{清}$抻$^{書}_{震}$聲$^{書}_{清}$丨升$^{書}_{蒸}$（震$_{1}$清$_{2}$蒸$_{3}$）
	100	[1047]澀$^{生}_{緝}$潹$^{書}_{侵}$丨深$^{書}_{侵}$ [1333]邥$^{書}_{寢}$丨深去$^{書}_{沁}$（侵$_{2}$寢$_{1}$沁$_{1}$緝$_{1}$）
	101	[0687]亶$^{書}_{寢}$沈$^{書}_{寢}$忱$^{禪}_{侵}$哂$^{書}_{軫}$訦$^{書}_{寢}$瘎$^{禪}_{侵}$犹$^{書}_{寢}$宷$^{生}_{侵}$丨審$^{書}_{寢}$[1826]嬸$^{書}_{寢}$矤$^{書}_{軫}$丨沈$^{書}_{寢}$ [3133]矧$^{書}_{軫}$丨沈去$^{書}_{沁}$（軫$_{3}$侵$_{3}$寢$_{7}$沁$_{1}$）
禪	102	[1942]恁$^{日}_{侵}$銋$^{日}_{侵}$鵀$^{日}_{侵}$丨任$^{日}_{侵}$（侵$_{4}$）
	103	[3367]稔$^{日}_{寢}$丨忍$^{日}_{軫}$（軫$_{1}$寢$_{1}$）
	104	[0131]眘$^{禪}_{震}$阠$^{心}_{震}$昚$^{禪}_{震}$蜄$^{禪}_{震}$丨慎$^{禪}_{震}$[0899]潤$^{日}_{稕}$㖅$^{日}_{準}$瞤$^{日}_{諄}$丨閏$^{日}_{稕}$[1972]慎$^{禪}_{震}$閏$^{日}_{稕}$丨順$^{船}_{稕}$（震$_{5}$諄$_{1}$準$_{1}$稕$_{4}$）
	105	[1637]仭$^{日}_{震}$妊$^{日}_{沁}$忍$^{集:}_{日震}$腎$^{禪}_{軫}$紉$^{泥}_{真}$諗$^{書}_{寢}$扨$^{日}_{震}$韌$^{日}_{震}$丨刃$^{日}_{震}$[2963]裖$^{禪}_{軫}$鋠$^{禪}_{軫}$欣$^{禪}_{軫}$丨腎$^{禪}_{軫}$[3482]牣$^{日}_{震}$丨忍$^{集:}_{日震}$（真$_{1}$軫$_{5}$寢$_{1}$震$_{5}$沁$_{1}$）
	106	[3092]軔$^{日}_{震}$丨仞$^{日}_{震}$（震$_{2}$）
	107	[0180]晨$^{禪}_{真}$郕$^{禪}_{真}$諶$^{禪}_{侵}$宸$^{禪}_{真}$鏏$^{集:}_{禪諄}$鷐$^{禪}_{真}$鶋$^{禪}_{真}$麎$^{禪}_{真}$晨$^{禪}_{真}$晨$^{禪}_{真}$神$^{船}_{真}$晨$^{禪}_{真}$丨辰$^{禪}_{真}$[2261]䫃$^{船}_{諄}$丨脣$^{集:}_{船諄}$[3589]辰$^{禪}_{真}$宸$^{禪}_{真}$脣$^{船}_{諄}$唇$^{集:}_{船諄}$丨晨$^{禪}_{真}$[2315]脤$^{禪}_{軫}$蜃$^{禪}_{軫}$丨辰上$^{禪}_{軫}$[3197]椹$^{船}_{寢}$蜃$^{禪}_{軫}$丨甚$^{禪}_{寢}$[3298]葚$^{船}_{寢}$甚$^{禪}_{寢}$丨椹$^{船}_{寢}$[3460]蜃$^{禪}_{軫}$丨蜃$^{禪}_{軫}$（真$_{14}$諄$_{5}$侵$_{1}$軫$_{6}$寢$_{5}$）
	108	[1501]庄$^{日}_{侵}$衽$^{日}_{沁}$紝$^{日}_{侵}$絍$^{日}_{侵}$荏$^{日}_{寢}$餁$^{日}_{侵}$飪$^{日}_{侵}$丨壬$^{日}_{侵}$[1599]人$^{日}_{真}$忈$^{日}_{真}$壬$^{日}_{侵}$丨仁$^{日}_{真}$[1766]儿$^{日}_{真}$丨人$^{日}_{真}$ [2698]認$^{日}_{震}$丨人去$^{日}_{震}$[2657]訒$^{日}_{震}$刃$^{日}_{震}$訒$^{日}_{震}$丨認$^{日}_{震}$[0456]焦$^{玉:}_{日寢}$賃$^{日}_{沁}$丨任$^{日}_{沁}$[3586]任$^{日}_{沁}$丨壬去$^{日}_{沁}$（真$_{5}$侵$_{7}$寢$_{2}$震$_{6}$沁$_{5}$）
見	109	[2594]巾$^{見}_{真}$筋$^{見}_{欣}$丨斤$^{見}_{欣}$[3696]斤$^{見}_{欣}$丨巾$^{見}_{真}$（真$_{2}$欣$_{3}$）
	110	[0898]漌$^{見}_{隱}$巹$^{篇:}_{見隱}$巹$^{見}_{隱}$巹$^{見}_{隱}$嫤$^{見}_{隱}$緊$^{見}_{軫}$瑾$^{見}_{隱}$槿$^{見}_{隱}$巹$^{見}_{隱}$丨謹$^{見}_{隱}$[2653]謹$^{見}_{隱}$丨緊$^{見}_{軫}$（軫$_{2}$隱$_{10}$）
	111	[1973]慬$^{見}_{隱}$丨堇$^{見}_{隱}$（隱$_{2}$）
	112	[1602]金$^{見}_{侵}$惍$^{見}_{侵}$襟$^{見}_{侵}$衿$^{見}_{侵}$金$^{見}_{侵}$丨今$^{見}_{侵}$ [1586]澿$^{群}_{沁}$㱈$^{集:}_{群寢}$丨禁$^{見}_{沁}$[2976]禁$^{見}_{沁}$丨今去$^{見}_{沁}$（侵$_{6}$寢$_{1}$沁$_{4}$）
溪	113	[0665]嶔$^{溪}_{侵}$礆$^{溪}_{侵}$衾$^{溪}_{侵}$坅$^{溪}_{侵}$丨欽$^{溪}_{侵}$[1398]卿$^{溪}_{庚}$傾$^{溪}_{清}$鑋$^{溪}_{清}$欽$^{溪}_{侵}$罄$^{溪}_{庚}$丨輕$^{溪}_{清}$[1538]高$^{溪}_{靜}$輕$^{溪}_{清}$丨卿$^{溪}_{庚}$[3773]仌$^{溪}_{清}$丨傾$^{溪}_{清}$（侵$_{6}$庚$_{3}$清$_{6}$靜$_{1}$）
群	114	[1792]妗$^{集:}_{群沁}$琴$^{群}_{侵}$丨芩$^{群}_{侵}$[1151]玪$^{溪}_{寢}$邻$^{群}_{侵}$庈$^{群}_{侵}$琗$^{群}_{侵}$襟$^{群}_{沁}$噤$^{群}_{沁}$聆$^{群}_{侵}$黔$^{群}_{侵}$玪$^{群}_{沁}$紟$^{群}_{侵}$捦$^{群}_{侵}$痒$^{群}_{侵}$舲$^{群}_{侵}$檎$^{群}_{侵}$芩$^{群}_{侵}$丨琴$^{群}_{侵}$（侵$_{14}$寢$_{1}$沁$_{4}$）
	115	[2787]搇$^{群}_{侵}$丨禽$^{群}_{侵}$（侵$_{2}$）
	116	[1192]坸$^{群}_{真}$懃$^{群}_{欣}$靲$^{群}_{侵}$矜$^{群}_{真}$穜$^{群}_{真}$芹$^{群}_{欣}$蘄$^{群}_{欣}$丨勤$^{群}_{欣}$（真$_{3}$欣$_{4}$侵$_{1}$）
	117	[1145]墐$^{群}_{震}$廑$^{群}_{震}$僅$^{群}_{震}$嫤$^{溪}_{隱}$岓$^{群}_{隱}$瘽$^{群}_{隱}$殣$^{群}_{震}$鐼$^{群}_{震}$丨近$^{群}_{隱}$[2739]近$^{群}_{焮}$丨覲$^{群}_{震}$（隱$_{4}$震$_{6}$焮$_{1}$）

續表

聲母	準小韻序號	轄字
影	118	[1174]堙$^{影}_{真}$丨烟$^{影}_{真}$（真$_{2}$）
	119	[0711]蠕$^{影}_{隱}$隱$^{影}_{隱}$朋$^{以}_{軫}$迎$^{影}_{軫}$廴$^{以}_{軫}$掮$^{以}_{軫}$扨$^{以}_{軫}$轀$^{影}_{隱}$戭$^{以}_{軫}$濦$^{影}_{隱}$蚓$^{以}_{軫}$螾$^{以}_{軫}$飲$^{影}_{寑}$丨引$^{以}_{軫}$[3120]弘$^{以}_{軫}$引$^{以}_{軫}$檼$^{影}_{隱}$乚$^{影}_{隱}$乚$^{影}_{隱}$丨隱$^{影}_{隱}$[3380]飮$^{影}_{寑}$ [illegible]$^{影}_{梗}$丨飲$^{影}_{寑}$（軫$_{11}$隱$_{8}$寑$_{3}$梗$_{1}$）
	120	[0029]映$^{影}_{映}$印$^{影}_{震}$膺$^{影}_{證}$丨應$^{影}_{證}$[0987]濥$^{以}_{震}$憖$^{疑}_{震}$㥯$^{影}_{焮}$币$^{影}_{震}$鈏$^{以}_{震}$丨印$^{影}_{震}$[1944]應$^{影}_{證}$詇$^{影}_{映}$丨映$^{影}_{映}$（震$_{6}$焮$_{1}$映$_{3}$證$_{3}$）
	121	[0297]黔$^{影}_{侵}$霠$^{影}_{侵}$洇$^{影}_{真}$磤$^{影}_{欣}$垔$^{影}_{真}$陻$^{影}_{真}$慇$^{影}_{欣}$絪$^{影}_{真}$闉$^{影}_{真}$禋$^{影}_{真}$裀$^{影}_{真}$殷$^{影}_{欣}$茵$^{影}_{真}$蒑$^{影}_{欣}$[illegible]$^{影}_{侵}$歅$^{影}_{真}$丨因$^{影}_{真}$[1872]婣$^{影}_{真}$囙$^{影}_{真}$因$^{影}_{真}$丨姻$^{影}_{真}$ [2838] [illegible]$^{影}_{焮}$丨因去$^{影}_{震}$（真$_{14}$欣$_{4}$侵$_{3}$震$_{1}$焮$_{1}$）
	122	[1453]音$^{影}_{侵}$阥$^{影}_{侵}$丨陰$^{影}_{侵}$[1499]庴$^{影}_{侵}$喑$^{影}_{侵}$瘖$^{影}_{侵}$丨音$^{影}_{侵}$[1505]廕$^{影}_{沁}$丨陰去$^{影}_{沁}$[1553]窨$^{影}_{沁}$丨蔭$^{影}_{沁}$[3332]蔭$^{影}_{沁}$丨廕$^{影}_{沁}$（侵$_{7}$沁$_{6}$）
曉	123	[0172]昕$^{曉}_{欣}$炘$^{曉}_{欣}$焮$^{曉}_{欣}$邤$^{曉}_{欣}$忻$^{曉}_{欣}$忔$^{曉}_{迄}$昕$^{曉}_{欣}$興$^{曉}_{蒸}$歆$^{曉}_{侵}$興$^{曉}_{蒸}$馨$^{曉}_{青}$丨欣$^{曉}_{欣}$[1329]鄍$^{曉}_{蒸}$丨興$^{曉}_{蒸}$[1882]嬜$^{曉}_{侵}$[illegible]$^{玉:}_{曉侵}$丨歆$^{曉}_{侵}$[3715]欣$^{曉}_{欣}$丨忻$^{曉}_{欣}$[2358]舋$^{曉}_{證}$丨興去$^{曉}_{證}$[2898][illegible]$^{曉}_{焮}$丨欣去$^{曉}_{焮}$（欣$_{9}$侵$_{4}$青$_{1}$蒸$_{4}$迄$_{1}$焮$_{2}$證$_{2}$）
	124	[2452]衅$^{曉}_{震}$丨釁$^{曉}_{震}$（震$_{2}$）
喻	125	[0375]霪$^{以}_{侵}$究$^{以}_{侵}$婬$^{以}_{侵}$𡈼$^{以}_{侵}$丨淫$^{以}_{侵}$[0821]泿$^{疑}_{真}$礥$^{匣}_{真}$垠$^{疑}_{真}$圻$^{疑}_{欣}$垽$^{疑}_{震}$齦$^{疑}_{欣}$訢$^{疑}_{真}$誾$^{疑}_{真}$螾$^{以}_{真}$犾$^{疑}_{真}$狺$^{疑}_{真}$夤$^{以}_{真}$寅$^{以}_{真}$嚚$^{疑}_{真}$丨銀$^{疑}_{真}$[0853]淫$^{以}_{侵}$淫$^{以}_{侵}$夤$^{以}_{真}$[illegible]$^{以}_{真}$䏖$^{以}_{真}$銀$^{疑}_{真}$䏖$^{以}_{真}$丨寅$^{以}_{真}$[1375]鄞$^{疑}_{真}$丨銀（去$_{疑衍文}$）$^{疑}_{真}$[2363][illegible]$^{疑}_{軫}$丨銀上$^{疑}_{軫}$（真$_{20}$欣$_{2}$侵$_{7}$軫$_{2}$震$_{1}$）
	126	[0557]崟$^{以}_{侵}$崯$^{疑}_{侵}$碒$^{疑}_{侵}$廞$^{疑}_{侵}$[illegible]$^{疑}_{侵}$唫$^{疑}_{侵}$訡$^{疑}_{侵}$乑$^{疑}_{侵}$丨吟$^{疑}_{侵}$[2100]吟$^{疑}_{侵}$丨唫$^{疑}_{侵}$（侵$_{11}$）
	127	[1118]碞$^{疑}_{咸}$丨吟平$^{集:}_{疑侵}$[0119]吟$^{溪}_{寑}$僸$^{疑}_{寑}$妖$^{疑}_{迥}$丨吟$^{集:}_{疑寑}$（侵$_{1}$咸$_{1}$寑$_{3}$迥$_{1}$）
	128	[0308]霣$^{云}_{軫}$戭$^{以}_{軫}$丨尹$^{以}_{準}$（軫$_{2}$準$_{1}$）
	129	[0107]暈$^{云}_{問}$鄆$^{云}_{問}$孕$^{以}_{證}$瘒$^{云}_{問}$餫$^{云}_{問}$韵$^{云}_{問}$韻$^{云}_{問}$韗$^{云}_{問}$丨運$^{云}_{問}$[1702]傊$^{云}_{問}$運$^{云}_{問}$丨韻$^{云}_{問}$[1662]倂$^{以}_{證}$倭$^{以}_{證}$胤$^{以}_{震}$媵$^{以}_{證}$嬹$^{以}_{證}$紖$^{以}_{震}$酳$^{以}_{震}$朄$^{以}_{震}$丨孕$^{以}_{證}$[3106]軸$^{以}_{震}$丨胤$^{以}_{震}$（震$_{6}$問$_{11}$證$_{6}$）
熏類（含43個自然小類，22個“準小韻”）		
清	130	[3538][illegible]$^{清}_{諄}$皴$^{清}_{諄}$後$^{集:}_{清諄}$丨逡$^{清}_{諄}$（諄$_{4}$）
心	131	[2832]捘$^{心}_{準}$筍$^{心}_{準}$隼$^{心}_{準}$丨笋$^{心}_{準}$[3336]簨$^{心}_{準}$笋$^{心}_{準}$丨筍$^{心}_{準}$[3426]鶽$^{心}_{準}$丨隼$^{心}_{準}$（準$_{9}$）
	132	[1042]濬$^{心}_{稕}$[illegible]$^{心}_{稕}$丨峻$^{心}_{稕}$（稕$_{3}$）
章	133	[1172]埻$^{章}_{準}$[illegible]$^{章}_{諄}$迍$^{知}_{諄}$丨諄$^{章}_{諄}$[1565]窀$^{知}_{諄}$訰$^{章}_{諄}$衠$^{章}_{諄}$丨迍$^{知}_{諄}$[2658]諄$^{章}_{諄}$丨惇$^{章}_{諄}$（諄$_{9}$準$_{1}$）
	134	[3371]稕$^{章}_{稕}$丨純$^{集:}_{章稕}$（稕$_{2}$）
昌	135	[0126]春$^{昌}_{諄}$丨椿$^{徹}_{諄}$[0742]杳$^{鏡:}_{昌諄}$椿$^{徹}_{諄}$櫄$^{徹}_{諄}$杶$^{徹}_{諄}$橁$^{徹}_{諄}$箺$^{昌}_{準}$鶞$^{徹}_{諄}$[illegible]$^{昌}_{諄}$丨春$^{昌}_{諄}$[1619]偆$^{昌}_{準}$丨蠢$^{昌}_{準}$[1948]惷$^{昌}_{準}$䏛$^{昌}_{準}$蠢$^{昌}_{準}$[illegible]$^{昌}_{準}$丨春上$^{昌}_{準}$（諄$_{10}$準$_{8}$）
書	136	[3325]蕣$^{書}_{稕}$丨舜$^{書}_{稕}$[3674]舜$^{書}_{稕}$丨僢$^{昌}_{準}$（稕$_{3}$準$_{1}$）
禪	137	[0960]淳$^{禪}_{諄}$瞬$^{書}_{稕}$眣$^{書}_{稕}$蒓$^{禪}_{諄}$蓴$^{禪}_{諄}$醇$^{禪}_{諄}$陙$^{禪}_{諄}$丨純$^{禪}_{諄}$[2535]純$^{禪}_{諄}$丨醇$^{禪}_{諄}$[3433]鶉$^{禪}_{諄}$丨淳$^{禪}_{諄}$[3535]雜$^{禪}_{諄}$丨鶉$^{禪}_{諄}$（諄$_{12}$稕$_{2}$）
見	138	[1877]姰$^{見}_{諄}$丨匀$^{見}_{諄}$（諄$_{2}$）
	139	[2278]頵$^{見}_{真}$袀$^{見}_{諄}$鈞$^{見}_{諄}$麇$^{見}_{真}$皸$^{見}_{文}$夠$^{以}_{諄}$丨均$^{見}_{諄}$（真$_{2}$諄$_{4}$文$_{1}$）
	140	[2989][illegible]$^{見}_{諄}$丨君$^{見}_{文}$（諄$_{1}$文$_{1}$）
	141	[2068]啹$^{玉:}_{疑吻}$[illegible]$^{疑}_{吻}$箘$^{群}_{準}$蜠$^{群}_{軫}$麏$^{見}_{真}$麕$^{見}_{諄}$囷$^{群}_{軫}$丨窘$^{群}_{軫}$[0391]熲$^{見}_{青}$炯$^{見}_{迥}$炯$^{見}_{迥}$坰$^{見}_{青}$泂$^{見}_{迥}$絅$^{見}_{青}$迥$^{匣}_{迥}$閅$^{見}_{青}$駉$^{見}_{青}$冋$^{見}_{青}$冂$^{見}_{青}$窘$^{群}_{軫}$丨扃$^{見}_{青}$[0774]泂$^{見}_{梗}$扃$^{見}_{迥}$泂$^{匣}_{迥}$丨迥$^{匣}_{迥}$（真$_{1}$諄$_{1}$青$_{8}$軫$_{4}$準$_{1}$吻$_{2}$梗$_{1}$迥$_{7}$）
群	142	[2613]帬$^{群}_{文}$群$^{群}_{文}$丨裙$^{群}_{文}$[2502]裙$^{群}_{文}$裠$^{群}_{文}$丨群$^{群}_{文}$（文$_{6}$）
	143	[0370]窘$^{群}_{軫}$呁$^{見}_{震}$䐃$^{群}_{軫}$攟$^{群}_{軫}$瑻$^{群}_{軫}$菌$^{群}_{軫}$丨郡$^{群}_{問}$（軫$_{5}$震$_{1}$問$_{1}$）
影	144	[1463][illegible]$^{龍:}_{影文}$丨贇$^{影}_{真}$（真$_{1}$文$_{1}$）
	145	[3077][illegible]$^{篇:}_{影文}$輑$^{影}_{文}$[illegible]$^{以}_{諄}$奫$^{影}_{諄}$丨氲$^{影}_{文}$（諄$_{2}$文$_{3}$）
	146	[3755]韞$^{影}_{吻}$丨慍$^{集:}_{影軫}$（軫$_{1}$吻$_{1}$）
	147	[1081]磒$^{云}_{軫}$阭$^{以}_{準}$殞$^{云}_{軫}$玧$^{以}_{準}$[illegible]$^{影}_{吻}$狁$^{以}_{準}$粇$^{玉:}_{以軫}$丨允$^{以}_{準}$[1767]允$^{以}_{準}$䫻$^{云}_{吻}$丨殞$^{云}_{軫}$（軫$_{4}$準$_{5}$吻$_{2}$）
	148	[2538]縕$^{影}_{問}$丨慍$^{影}_{問}$[2036]慍$^{影}_{問}$丨縕$^{影}_{問}$（問$_{4}$）
		[3283]䵴$^{影}_{問}$蕰$^{影}_{問}$丨醖$^{影}_{問}$[3398]醞$^{影}_{問}$丨藴$^{影}_{問}$（問$_{5}$）
曉	149	[0239]颰$^{曉}_{術}$焄$^{曉}_{文}$欻$^{曉}_{物}$臐$^{曉}_{文}$勛$^{曉}_{文}$勳$^{曉}_{文}$纁$^{曉}_{文}$楯$^{邪}_{諄}$薰$^{曉}_{文}$葷$^{曉}_{文}$醺$^{曉}_{文}$獯$^{曉}_{文}$丨熏$^{曉}_{文}$[0489]勲$^{曉}_{文}$丨熏$^{曉}_{文}$（諄$_{1}$文$_{12}$術$_{1}$物$_{1}$）
	150	[0830]涫$^{曉}_{問}$訔$^{曉}_{問}$爬$^{曉}_{問}$丨訓$^{曉}_{問}$[2660]訓$^{曉}_{問}$丨熏去$^{曉}_{問}$（問$_{6}$）

續表

聲母	準小韻序號	轄字
喻	151	[0127]昀$^{以}_{諄}$丨勻$^{以}_{諄}$[0292]雲$^{云}_{文}$沄$^{云}_{文}$澐$^{云}_{文}$邧$^{云}_{文}$郥$^{云}_{文}$妘$^{云}_{文}$愪$^{云}_{文}$耺$^{云}_{文}$紜$^{云}_{文}$縜$^{云}_{真}$芸$^{云}_{文}$芶$^{云}_{真}$筠$^{云}_{真}$鄘$^{以}_{鍾}$勻$^{以}_{諄}$秐$^{云}_{文}$丨云$^{云}_{文}$（真$_{3}$諄$_{3}$文$_{12}$鍾$_{1}$）
登類（含 59 個自然小類，28 個“準小韻”）		
幫	152	[0366]霦$^{幫}_{登}$霦$^{幫}_{靜}$迸$^{幫}_{靜}$娦$^{並}_{青}$丨併$^{幫}_{勁}$[2436]跰$^{幫}_{映}$丨迸$^{幫}_{靜}$（青$_{1}$登$_{1}$映$_{1}$靜$_{3}$勁$_{1}$）
	153	[0652]嵭$^{幫}_{庚}$浜$^{幫}_{耕}$垪$^{幫}_{庚}$𨻐$^{幫}_{登}$絣$^{幫}_{耕}$峅$^{古:}_{幫耕}$閍$^{幫}_{庚}$祊$^{幫}_{庚}$髣$^{幫}_{庚}$丨崩$^{幫}_{登}$[0675]崩$^{幫}_{登}$丨絣$^{幫}_{耕}$[1568]𥧤$^{幫}_{嶝}$丨崩去$^{幫}_{嶝}$（庚$_{5}$耕$_{4}$登$_{3}$嶝$_{2}$）
並	154	[0202]朋$^{並}_{登}$憉$^{並}_{庚}$膨$^{並}_{庚}$棚$^{並}_{登}$篣$^{並}_{庚}$丨彭$^{並}_{庚}$[2039]㥊$^{並}_{耕}$弸$^{並}_{庚}$澎$^{並}_{庚}$鵬$^{並}_{登}$鵬$^{並}_{登}$彭$^{並}_{庚}$彭$^{並}_{庚}$丨朋$^{並}_{登}$（庚$_{8}$耕$_{1}$登$_{5}$）
	155	[3097]輣$^{並}_{庚}$丨傍$^{集:}_{並庚}$（庚$_{2}$）
端	156	[0509]燈$^{端}_{登}$登$^{端}_{登}$豋$^{端}_{登}$豋$^{端}_{登}$登$^{端}_{登}$登$^{端}_{登}$丨灯$^{端}_{登}$[1554]竳$^{知}_{耕}$嬁$^{端}_{登}$璒$^{端}_{登}$㽅$^{端}_{登}$簦$^{端}_{登}$豋$^{端}_{登}$豋$^{端}_{登}$鼟$^{端}_{登}$丨登$^{端}_{登}$[3347]等$^{端}_{等}$丨登上$^{端}_{等}$ [0604]嶝$^{端}_{嶝}$蹬$^{玉:}_{端嶝}$丨登去$^{端}_{嶝}$（耕$_{1}$登$_{15}$等$_{2}$嶝$_{3}$）
	157	[1112]磴$^{端}_{嶝}$隥$^{端}_{嶝}$蹬$^{端}_{嶝}$鐙$^{端}_{嶝}$丨凳$^{端}_{嶝}$（嶝$_{5}$）
定	158	[1718]儯$^{定}_{登}$瞪$^{澄}_{耕}$藤$^{定}_{登}$騰$^{定}_{登}$鰧$^{定}_{登}$丨滕$^{定}_{登}$（耕$_{1}$登$_{5}$）
	159	[2950]𣩭$^{定}_{嶝}$丨鄧$^{定}_{嶝}$（嶝$_{2}$）
泥	160	[3493]獰$^{泥}_{庚}$丨能$^{泥}_{登}$[3787]能$^{泥}_{登}$丨濘$^{泥}_{青}$（庚$_{1}$青$_{1}$登$_{2}$）
精	161	[0415]熷$^{精}_{登}$丨層$^{精}_{登}$（登$_{2}$）
	162	[2667]譄$^{精}_{登}$橧$^{精}_{登}$䎖$^{精}_{登}$罾$^{精}_{登}$丨曾$^{精}_{登}$（登$_{5}$）
	163	[2612]憕$^{知}_{映}$琤$^{知}_{靜}$諍$^{莊}_{靜}$丨爭$^{集:}_{莊諍}$[2444]蹭$^{清}_{嶝}$䰝$^{精}_{證}$䡧$^{知}_{映}$丨諍$^{莊}_{靜}$（映$_{2}$靜$_{4}$證$_{1}$嶝$_{1}$）
	164	[3179]甑$^{精}_{證}$丨贈$^{從}_{嶝}$（證$_{1}$嶝$_{1}$）
	165	[1149]增$^{精}_{登}$埩$^{莊}_{耕}$𨛜$^{莊}_{耕}$憎$^{精}_{登}$𨗨$^{精}_{登}$睜$^{莊}_{耕}$矰$^{精}_{登}$箏$^{莊}_{耕}$丨爭$^{莊}_{耕}$[3148]𣯧$^{精}_{登}$丨增$^{精}_{登}$[3551]爭$^{莊}_{耕}$丨箏$^{莊}_{耕}$ [1290]䁬$^{精}_{等}$丨爭上$^{莊}_{耿}$(耕$_{7}$登$_{6}$耿$_{1}$等$_{1}$)
清	166	[0597]崢$^{崇}_{耕}$噌$^{初}_{耕}$錚$^{初}_{耕}$𧿒$^{徹}_{庚}$丨撐$^{徹}_{庚}$[1110]橕$^{徹}_{庚}$丨崢$^{崇}_{耕}$[3049]琤$^{初}_{庚}$丨錚$^{初}_{耕}$（庚$_{4}$耕$_{5}$）
從	167	[0596]崝$^{崇}_{耕}$宁$^{澄}_{耕}$町$^{澄}_{庚}$堂$^{集:}_{澄庚}$丨棖$^{澄}_{庚}$[1110]𥓐$^{澄}_{映}$棖$^{澄}_{庚}$丨崢$^{崇}_{耕}$（庚$_{4}$映$_{1}$耕$_{3}$）
	168	[0676]嶒$^{從}_{蒸}$鏳$^{崇}_{耕}$橙$^{澄}_{耕}$丨層$^{從}_{登}$[2543]繒$^{從}_{蒸}$層$^{從}_{登}$丨曾$^{從}_{登}$[3622]𢿚$^{澄}_{耕}$丨橙$^{澄}_{耕}$[3076]贈$^{從}_{嶝}$丨曾去$^{從}_{嶝}$（耕$_{4}$蒸$_{2}$登$_{3}$嶝$_{2}$）
心	169	[1753]甥$^{生}_{庚}$笙$^{生}_{庚}$牲$^{生}_{庚}$狌$^{生}_{庚}$鼪$^{生}_{庚}$丨生$^{生}_{庚}$（庚$_{6}$）
	170	[1879]媘$^{生}_{梗}$眚$^{生}_{梗}$䚇$^{生}_{梗}$䦐$^{生}_{梗}$胜$^{生}_{映}$丨省$^{生}_{梗}$（梗$_{5}$映$_{1}$）
見	171	[1382]郠$^{見}_{庚}$丨更$^{見}_{庚}$（庚$_{2}$）
	172	[1281]畊$^{見}_{耕}$耕$^{見}_{耕}$庚$^{見}_{庚}$賡$^{見}_{庚}$鶊$^{見}_{庚}$丨耕$^{見}_{耕}$[2463]骾$^{見}_{梗}$秔$^{見}_{庚}$稉$^{見}_{庚}$羹$^{見}_{庚}$鶊$^{見}_{庚}$耕$^{見}_{耕}$丨庚$^{見}_{庚}$[3677]鬻$^{見}_{庚}$丨羹$^{見}_{庚}$（庚$_{10}$耕$_{4}$梗$_{1}$）
	173	[0195]𦛨$^{見}_{嶝}$埂$^{見}_{梗}$梗$^{見}_{梗}$丨耿$^{見}_{耿}$[0392]耿$^{見}_{耿}$埂$^{見}_{梗}$綆$^{見}_{梗}$丨梗$^{見}_{梗}$[3232]梗$^{見}_{梗}$丨骾$^{見}_{梗}$（梗$_{7}$耿$_{2}$嶝$_{1}$）
	174	[2157]哽$^{見}_{梗}$丨更上$^{見}_{梗}$[0080]暅$^{見}_{嶝}$䋶$^{見}_{梗}$亙$^{見}_{嶝}$䑟$^{見}_{梗}$挭$^{見}_{梗}$鯁$^{見}_{映}$丨更$^{見}_{映}$（梗$_{5}$映$_{2}$嶝$_{2}$）
溪	175	[0562]峌$^{溪}_{耕}$硜$^{溪}_{耕}$阬$^{溪}_{庚}$妔$^{溪}_{庚}$劥$^{溪}_{庚}$誙$^{溪}_{耕}$坑$^{全:}_{溪庚}$摼$^{溪}_{耕}$鏗$^{溪}_{耕}$丨坑$^{溪}_{庚}$[1074]硻$^{溪}_{耕}$丨阬$^{溪}_{庚}$[1229]坑$^{溪}_{庚}$丨鏗$^{溪}_{耕}$（庚$_{7}$耕$_{7}$）
	176	[2299]肎$^{溪}_{等}$丨肯$^{溪}_{等}$[2768]肯$^{溪}_{等}$丨肎$^{溪}_{等}$（等$_{4}$）
影	177	[1730]俓$^{疑}_{耕}$丨硬平$^{疑}_{耕}$[1109]硬$^{疑}_{諍}$丨鞕$^{疑}_{諍}$[3742]鼆$^{影}_{嶝}$丨硬$^{疑}_{諍}$（耕$_{2}$諍$_{3}$嶝$_{1}$）
曉	178	[2033]悙$^{曉}_{庚}$𣧩$^{曉}_{庚}$丨亨$^{曉}_{庚}$[3740]亨$^{曉}_{庚}$丨脝$^{曉}_{庚}$（庚$_{5}$）
匣	179	[0579]峘$^{匣}_{登}$蘅$^{匣}_{庚}$丨恒$^{匣}_{登}$[2034]恒$^{匣}_{登}$丨衡$^{匣}_{庚}$[2704]衜$^{匣}_{庚}$衡$^{匣}_{庚}$衡$^{匣}_{庚}$衎$^{匣}_{庚}$珩$^{匣}_{庚}$鴴$^{匣}_{庚}$桱$^{匣}_{耕}$丨行$^{匣}_{庚}$（庚$_{9}$耕$_{1}$登$_{3}$）
英類（含 123 個自然小類，55 個“準小韻”）		
幫	180	[2862]閞$^{集:}_{滂耕}$栟$^{幫}_{清}$丨幷$^{幫}_{清}$（耕$_{1}$清$_{2}$）
	181	[2829]棅$^{幫}_{梗}$苪$^{幫}_{梗}$丨柄$^{幫}_{梗}$（梗$_{3}$）
滂	182	[1075]砰$^{滂}_{蒸}$栟$^{幫}_{清}$丨娉$^{字:}_{滂青}$[1809]娉$^{字:}_{滂青}$丨聘平$^{滂}_{清}$[1611]俜$^{滂}_{勁}$𪁜$^{滂}_{勁}$丨聘$^{滂}_{勁}$[2212]䀻$^{集:}_{滂勁}$聘$^{滂}_{勁}$丨平去$^{並}_{映}$[3779]𢓨$^{玉:}_{滂青}$伻$^{滂}_{耕}$姘$^{滂}_{耕}$甹$^{滂}_{青}$丨平$^{並}_{庚}$（庚$_{1}$耕$_{2}$清$_{2}$青$_{4}$蒸$_{1}$映$_{1}$勁$_{5}$）
並	183	[1669]偋$^{並}_{勁}$竝$^{並}_{迥}$病$^{並}_{映}$弸$^{並}_{耕}$病$^{並}_{映}$丨並$^{並}_{迥}$[3735]並$^{並}_{迥}$丨竝$^{並}_{迥}$（映$_{2}$耕$_{1}$勁$_{1}$迥$_{4}$）
明	184	[0706]𡼝$^{明}_{迥}$嫇$^{明}_{迥}$眳$^{明}_{迥}$丨酩$^{明}_{迥}$（迥$_{4}$）
	185	[1566]盁$^{明}_{梗}$佲$^{明}_{迥}$𠊧$^{明}_{迥}$丨茗$^{明}_{迥}$[3308]茗$^{明}_{迥}$丨冥上$^{明}_{迥}$（梗$_{1}$迥$_{5}$）
	186	[2471]䵥$^{明}_{徑}$丨命$^{明}_{映}$（映$_{1}$徑$_{1}$）

續表

聲母	準小韻序號	轄字
端	187	[1173]蹬$^{端}_{登}$庁$^{透}_{青}$叮$^{端}_{青}$釘$^{端}_{青}$玎$^{端}_{青}$鐙$^{端}_{登}$馰$^{端}_{青}$叮$^{端}_{青}$仃$^{端}_{青}$疔$^{端}_{青}$行$^{端}_{青}$ | 丁$^{端}_{青}$[3580]丁$^{端}_{青}$ | 叮$^{端}_{青}$（青$_{12}$登$_{2}$）
	188	[0602]嵿$^{集:}_{端迥}$ | 頂$^{端}_{迥}$[1786]奵$^{端}_{迥}$ | 酊$^{端}_{迥}$[2231]耵$^{端}_{迥}$艼$^{端}_{迥}$酊$^{端}_{迥}$頂$^{端}_{迥}$鼎$^{端}_{迥}$ | 頂$^{端}_{迥}$[2280]頂$^{端}_{迥}$頂$^{端}_{迥}$ | 鼎$^{端}_{迥}$（迥$_{13}$）
	189	[1111]矴$^{端}_{徑}$ | 錠$^{端}_{徑}$[2265]頲$^{端}_{徑}$矴$^{端}_{徑}$ | 訂$^{端}_{徑}$（徑$_{5}$）
	190	[3580]飣$^{端}_{徑}$粁$^{端}_{徑}$肛$^{端}_{徑}$ | 定$^{端}_{徑}$（徑$_{4}$）
透	191	[1003]澂$^{澄}_{蒸}$聽$^{透}_{青}$町$^{徹}_{庚}$緹$^{透}_{青}$縕$^{透}_{青}$綎$^{透}_{青}$朾$^{透}_{青}$ | 汀$^{透}_{青}$[1496]廳$^{透}_{青}$汀$^{透}_{青}$聤$^{透}_{青}$ | 听$^{透}_{青}$（庚$_{1}$青$_{10}$蒸$_{1}$）
	192	[1182]墉$^{透}_{迥}$圢$^{透}_{迥}$侹$^{透}_{迥}$侱$^{透}_{迥}$睈$^{徹}_{勁}$項$^{透}_{迥}$脡$^{透}_{迥}$珽$^{透}_{迥}$ | 挺$^{透}_{迥}$[2802]挺$^{透}_{迥}$ | 逞$^{徹}_{靜}$（靜$_{1}$勁$_{1}$迥$_{9}$）
定	193	[0309]霆$^{定}_{青}$嵉$^{定}_{青}$庭$^{定}_{青}$筳$^{定}_{青}$娗$^{定}_{青}$聤$^{定}_{青}$閮$^{定}_{青}$莛$^{定}_{青}$筳$^{定}_{青}$蜓$^{定}_{青}$狿$^{定}_{青}$鼮$^{定}_{青}$亭$^{定}_{青}$ | 廷$^{定}_{青}$[0748]汀$^{透}_{青}$邒$^{定}_{青}$婷$^{定}_{青}$䁎$^{定}_{青}$脝$^{定}_{青}$廷$^{定}_{青}$廷$^{定}_{青}$ | 亭$^{定}_{青}$（青$_{22}$）
	194	[2994]鋌$^{定}_{迥}$ | 梃$^{定}_{迥}$[3233]梃$^{定}_{迥}$ | 挺$^{定}_{迥}$（迥$_{4}$）
	195	[0499]烶$^{定}_{迥}$脡$^{定}_{迥}$ | 廷$^{定}_{徑}$（迥$_{2}$徑$_{1}$）
	196	[1282]町$^{定}_{迥}$訂$^{定}_{迥}$錠$^{定}_{徑}$訂$^{定}_{迥}$ | 定$^{定}_{徑}$[2219]腚$^{定}_{徑}$ | 訂$^{定}_{迥}$（迥$_{4}$徑$_{3}$）
泥	197	[1716]儜$^{泥}_{耕}$嚀$^{泥}_{青}$寧$^{泥}_{青}$鑏$^{泥}_{耕}$寧$^{泥}_{青}$ | 寗$^{泥}_{青}$[0995]濘$^{泥}_{徑}$佞$^{泥}_{徑}$ | 寧$^{泥}_{徑}$[2933]甯$^{泥}_{徑}$ | 佞$^{泥}_{徑}$[1793]佞$^{泥}_{徑}$ | 寧上$^{泥}_{迥}$（耕$_{2}$青$_{4}$迥$_{1}$徑$_{6}$）
來	198	[0199]朎$^{來}_{青}$䬆$^{來}_{青}$䬋$^{來}_{青}$霝$^{來}_{青}$靈$^{來}_{青}$零$^{來}_{青}$岭$^{來}_{青}$崚$^{來}_{蒸}$淩$^{來}_{蒸}$陵$^{來}_{蒸}$倰$^{來}_{蒸}$怜$^{來}_{青}$㥄$^{來}_{蒸}$聆$^{來}_{青}$䨩$^{來}_{青}$齡$^{來}_{青}$跉$^{來}_{青}$劾$^{來}_{蒸}$詅$^{來}_{青}$竛$^{來}_{青}$裬$^{來}_{蒸}$錂$^{來}_{蒸}$舲$^{來}_{青}$瓴$^{來}_{青}$鑐$^{來}_{青}$苓$^{來}_{青}$笭$^{來}_{青}$䬇$^{來}_{青}$鴒$^{來}_{青}$䴇$^{來}_{青}$蠕$^{來}_{青}$駿$^{來}_{蒸}$駖$^{來}_{青}$羚$^{來}_{青}$䰱$^{來}_{青}$囹$^{來}_{青}$魿$^{來}_{青}$ | 凌$^{來}_{蒸}$[0372]霗$^{來}_{青}$濡$^{來}_{青}$酃$^{來}_{青}$庈$^{來}_{青}$笭$^{來}_{青}$孁$^{來}_{青}$轞$^{來}_{青}$霛$^{來}_{青}$櫺$^{來}_{青}$𩴳$^{來}_{青}$拎$^{來}_{青}$靈$^{來}_{青}$醽$^{來}_{青}$ | 灵$^{來}_{青}$[0776]泠$^{來}_{青}$澪$^{來}_{青}$ | 零$^{來}_{青}$[1433]阾$^{來}_{青}$ | 陵$^{來}_{蒸}$[1582]凌$^{來}_{蒸}$伶$^{來}_{青}$綾$^{來}_{蒸}$菱$^{來}_{蒸}$蔆$^{來}_{蒸}$鯪$^{來}_{蒸}$翎$^{來}_{青}$ | 苓$^{來}_{青}$[2453]鈴$^{來}_{青}$ | 翎$^{來}_{青}$[2702]衑$^{來}_{青}$玲$^{來}_{青}$ | 伶$^{來}_{青}$（青$_{54}$蒸$_{16}$）
	199	[3167]刢$^{來}_{青}$ | 令$^{來}_{青}$（青$_{2}$）
	200	[0698]嶺$^{來}_{靜}$衿$^{來}_{靜}$ | 領$^{來}_{靜}$（靜$_{3}$）
清	201	[1594]濪$^{清}_{徑}$ | 清$^{清}_{勁}$（勁$_{1}$徑$_{1}$）
	202	[2470]靘$^{清}_{徑}$掅$^{清}_{徑}$睛$^{精}_{清}$ | 倩$^{清}_{勁}$（清$_{1}$勁$_{1}$徑$_{2}$）
	203	[0365]霋$^{清}_{青}$埥$^{清}_{清}$蜻$^{清}_{青}$鯖$^{清}_{青}$ | 青$^{清}_{青}$[3560]青$^{清}_{青}$圊$^{清}_{清}$ | 清$^{清}_{清}$[2648]請$^{清}_{靜}$ | 青上$^{清}_{迥}$（清$_{3}$青$_{5}$靜$_{1}$迥$_{1}$）
從	204	[0052]晴$^{從}_{清}$錫$^{邪}_{清}$ | 情$^{從}_{清}$[1575]姓$^{從}_{清}$ | 晴$^{從}_{清}$（清$_{5}$）
	205	[0847]淨$^{從}_{勁}$竫$^{從}_{靜}$靖$^{從}_{靜}$穽$^{精}_{梗}$睛$^{從}_{勁}$瀞$^{從}_{勁}$阱$^{從}_{靜}$妌$^{從}_{靜}$婧$^{從}_{靜}$頩$^{從}_{勁}$靚$^{從}_{勁}$靚$^{從}_{勁}$靘$^{從}_{勁}$靜$^{從}_{靜}$靖$^{從}_{靜}$ | 净$^{從}_{勁}$[1557]穽$^{從}_{靜}$ | 阱$^{從}_{靜}$[1592]清$^{清}_{勁}$ | 靖$^{從}_{靜}$（梗$_{1}$靜$_{10}$勁$_{9}$）
心	206	[0121]星$^{心}_{青}$ | 惺$^{心}_{青}$[0179]曐$^{心}_{青}$惺$^{心}_{青}$暒$^{心}_{青}$腥$^{心}_{青}$胜$^{心}_{青}$鉎$^{生}_{庚}$篂$^{心}_{青}$醒$^{心}_{青}$猩$^{心}_{青}$鮏$^{心}_{青}$皨$^{心}_{青}$ | 星$^{心}_{青}$（青$_{13}$庚$_{1}$）
	207	[2216]睲$^{心}_{勁}$ | 省$^{心}_{勁}$[2174]省$^{心}_{勁}$箵$^{心}_{迥}$ | 醒$^{心}_{迥}$（勁$_{3}$迥$_{2}$）
	208	[0051]喔$^{集:}_{心徑}$ | 腥$^{心}_{徑}$（徑$_{2}$）
	209	[1902]姓$^{心}_{勁}$ | 性$^{心}_{勁}$（勁$_{2}$）
章	210	[0435]烝$^{章}_{蒸}$𨛫$^{知}_{蒸}$郥$^{知}_{清}$隕$^{知}_{清}$征$^{章}_{清}$怔$^{章}_{清}$眐$^{章}_{清}$膥$^{章}_{蒸}$胥$^{章}_{蒸}$紅$^{章}_{清}$迋$^{章}_{清}$延$^{章}_{清}$鉦$^{章}_{清}$貞$^{知}_{清}$楨$^{知}_{清}$蒸$^{章}_{蒸}$鯖$^{章}_{清}$鴊$^{章}_{清}$徵$^{知}_{蒸}$貞$^{知}_{清}$徵$^{知}_{蒸}$丞$^{章}_{蒸}$ | 征$^{章}_{清}$[0941]湞$^{知}_{清}$禎$^{知}_{清}$征$^{章}_{清}$ | 貞$^{知}_{清}$[2814]抍$^{章}_{蒸}$ | 蒸$^{章}_{蒸}$[2926]征$^{章}_{清}$ | 徵$^{知}_{蒸}$（清$_{20}$蒸$_{11}$）
	211	[2923]整$^{章}_{靜}$ | 征上$^{章}_{靜}$[2813]拯$^{章}_{拯}$ | 整$^{章}_{靜}$[3082]㼘$^{章}_{拯}$𨋬$^{章}_{拯}$ | 拯$^{章}_{拯}$（靜$_{3}$拯$_{4}$）
	212	[2655]証$^{章}_{勁}$證$^{章}_{證}$症$^{章}_{證}$政$^{章}_{勁}$ | 正$^{章}_{勁}$[2922]正$^{章}_{勁}$疋$^{章}_{勁}$ | 証$^{章}_{勁}$（勁$_{6}$證$_{2}$）
昌	213	[2744]逞$^{徹}_{靜}$ | 呈上$^{澄}_{靜}$[2802]挺$^{透}_{迥}$騁$^{徹}_{靜}$ | 逞$^{徹}_{靜}$（靜$_{4}$迥$_{1}$）
	214	[1435]阷$^{徹}_{清}$偁$^{昌}_{蒸}$偵$^{徹}_{清}$檉$^{徹}_{清}$蟶$^{徹}_{清}$赬$^{徹}_{清}$ | 称$^{昌}_{蒸}$[3456]虰$^{徹}_{清}$ | 蟶$^{徹}_{清}$[3563]䞓$^{徹}_{清}$ | 赬$^{徹}_{清}$[1584]洗$^{洪:}_{生拯}$ | 称上$^{昌}_{拯}$（清$_{9}$蒸$_{2}$拯$_{2}$）
澄	215	[3264]椉$^{船}_{蒸}$ | 乘$^{船}_{蒸}$（蒸$_{2}$）
	216	[3026]鋥$^{澄}_{映}$ | 鄭$^{澄}_{勁}$（映$_{1}$勁$_{1}$）
	217	[0643]峸$^{禪}_{清}$塖$^{船}_{蒸}$艖$^{船}_{蒸}$墭$^{禪}_{勁}$郕$^{禪}_{清}$陎$^{禪}_{清}$呈$^{澄}_{清}$頳$^{禪}_{清}$繩$^{船}_{蒸}$㡸$^{鐵:}_{禪清}$誠$^{禪}_{清}$宬$^{禪}_{清}$程$^{澄}_{清}$酲$^{澄}_{清}$鵢$^{禪}_{清}$呈$^{澄}_{清}$戸$^{鐵:}_{禪清}$鹹$^{禪}_{清}$丞$^{禪}_{蒸}$承$^{禪}_{蒸}$氶$^{禪}_{蒸}$盛$^{禪}_{清}$ | 成$^{禪}_{清}$[0808]泳$^{禪}_{蒸}$ | 丞$^{禪}_{蒸}$[0976]澠$^{船}_{蒸}$艖$^{船}_{蒸}$ | 繩$^{船}_{蒸}$[1002]澄$^{澄}_{蒸}$ | 程$^{澄}_{清}$[2402]承$^{禪}_{蒸}$成$^{禪}_{清}$成$^{禪}_{清}$ | 承$^{禪}_{蒸}$[2503]裎$^{澄}_{清}$珵$^{澄}_{清}$ | 呈$^{澄}_{清}$[3520]鱦$^{船}_{證}$ | 盛去$^{禪}_{勁}$（清$_{22}$蒸$_{14}$勁$_{2}$證$_{1}$）
書	218	[2242]聕$^{全:}_{書勁}$ | 聖$^{書}_{勁}$[3585]聖$^{書}_{勁}$ | 勝$^{書}_{證}$（勁$_{3}$證$_{1}$）
禪	219	[1404]陾$^{日}_{蒸}$阞$^{日}_{蒸}$訒$^{日}_{蒸}$扔$^{日}_{蒸}$礽$^{日}_{蒸}$盁$^{日}_{蒸}$朷$^{日}_{蒸}$朷$^{日}_{蒸}$艿$^{日}_{蒸}$芿$^{日}_{蒸}$ | 仍$^{日}_{蒸}$[1635]仍$^{日}_{蒸}$ | 認$^{日}_{證}$（蒸$_{12}$證$_{1}$）
	220	[0089]晟$^{禪}_{勁}$剩$^{船}_{證}$ | 盛$^{禪}_{勁}$（勁$_{2}$證$_{1}$）

續表

聲母	準小韻序號	轄字
見	221	[1293]京京京丨驚[1297]惊麖經荊驚麠麖尅丨京[1759]兢兢𡘋鶁丨經（庚$_{12}$青$_{4}$蒸$_{2}$）
	222	[0003]𡚒㤩憼憬警撽璥璟剄丨景[0036]景丨警[1294]景丨頸（梗$_{11}$靜$_{1}$迥$_{2}$）
	223	[0471]熲冏儆競鏡桱獍徑丨敬[1225]境丨鏡[0842]涇脛勁逕敬䋁丨徑（梗$_{1}$迥$_{1}$拯$_{1}$映$_{7}$勁$_{1}$徑$_{7}$）
	224	[0212]𩩍倞丨竟（映$_{3}$）
溪	225	[2409]罄磬殸罄磬丨慶（映$_{1}$徑$_{5}$）
群	226	[1298]鯨勍檠鯨鱷黥丨擎[2399]擎丨鯨[2475]勍檠丨檠（庚$_{12}$）
	227	[1643]倞譲競痙丨競（映$_{4}$靜$_{1}$）
疑	228	[1578]凝脛丨迎[2001]儗丨凝（庚$_{1}$蒸$_{2}$迥$_{1}$職$_{1}$）
影	229	[0139]㜲膜颾霙渶郺郑媖嫛晴暎膺櫻纓攖鍈瓔瑛賏𡘋罌櫻柍莖鶯鷹鸎鸚鴂𧑓譍丨英[1761]甖英丨嬰[1881]嫈嚶罌罃丨鶯[2639]罌丨膺（庚$_{16}$耕$_{13}$清$_{8}$青$_{1}$蒸$_{4}$）
	230	[0737]潁泂郢邛廎癭潁瞖覥撔瘦楧丨影[1230]溋邛影丨郢（梗$_{6}$靜$_{10}$勁$_{1}$）
	231	[2025]憕丨瑩（徑$_{2}$）
匣	232	[0940]涬倖婞杏卒鮏丨幸[3307]莕幸幸丨杏（梗$_{5}$耿$_{4}$迥$_{2}$）
	233	[0636]岍滎硎型邢侀娙行衎鋞鉶形丨刑[1389]郉陘刑鈃丨形 [1996]悻踁丨刑去[3575]䑉丨形去（庚$_{1}$耕$_{1}$青$_{16}$迥$_{1}$徑$_{3}$證$_{1}$）
喻	234	[1012]瀛郻憴嵤膃覮䋲楹桯籯贏嬴丨盈[3750]盈丨嬴（庚$_{2}$清$_{11}$蒸$_{2}$）
弘類（含3個自然小類，1個“準小韻”）		
匣	235	[0244]黌嶸嵤弦吰紘竑弦宏鍠鐄橫茲翃丨弘[0269]颫㖮泓宖吰耾諻閎鐄鋐弘鐄丨宏[1020]潢㤚䂫丨橫（庚$_{10}$耕$_{19}$登$_{3}$）
縈類（含7個自然小類，5個“準小韻”）		
溪	236	[2277]頃丨頃（清$_{2}$）
	237	[2491]褧丨絅（迥$_{2}$）
群	238	[1721]傥嬛㛄惸丨煢（清$_{5}$）
曉	239	[2283]䛭丨詗（勁$_{2}$）
喻	240	[1234]瑩縈營營縈瑩營蠑丨榮[2620]帶榮丨螢[2981]鎣丨瑩（庚$_{7}$清$_{6}$青$_{1}$）

在240個“準小韻”中，屬於同韻系自注者117個，屬於混注者123個，混注占總數的51.25%（123/240），幾近半數。關於每個韻系的自注與混注數量詳見表3-9-4。

表3-9-4 臻、深、梗、曾四攝陽聲韻系自注、混注數量對比表 （單位：次）

攝名	臻							深	梗				曾	
韻名	真	諄	臻	文	欣	魂	痕	侵	庚	耕	清	青	蒸	登
自注數	18	9	1	8	1	25	4	18	8	0	6	12	2	5
混注數	42	20	2	18	9	13	2	22	47	27	37	35	28	22

比較自注與混注數可知，除魂、痕二韻外，其餘諸韻混注數均遠遠超過自注數，有的韻的混注數甚至是自注數的十幾倍乃至更多（如蒸、耕等）。即便是魂、痕二韻，其混注數也幾近自注數的半數。此類對比足以說明臻、深、梗、曾四攝諸陽聲韻在《玉篇直音》中以混注爲常態表現，發生了較大的分化與重組。

關於混注的具體情況，我們窮盡列舉如下，詳見表 3-9-5。表中的“真諄”是指僅有真、諄二韻參與混注的“準小韻”，共出現 4 次，餘類推。

表 3-9-5　系聯後的臻、深、梗、曾四攝陽聲諸韻混注情況統計表

組別	序號	混注種類	次數	組別	序號	混注種類	次數	組別	序號	混注種類	次數
甲組（共計66次）	1	真諄	4	甲組（共計66次）	13	真侵	9	甲組（共計66次）	25	文魂	4
	2	真諄臻侵清	1		14	真庚耕清青	1		26	文魂庚登	1
	3	真諄文	3		15	真庚耕	1		27	欣侵青蒸	1
	4	真諄文鍾	1		16	真庚清蒸	1		28	魂痕	1
	5	真諄文庚青	1		17	真庚青蒸	1		29	魂庚耕青登	1
	6	真諄侵	2		18	真清	1		30	魂庚耕登	2
	7	真文	4		19	真清青	1		31	痕登	1
	8	真文蒸	1		20	真清蒸	2		32	侵庚清	1
	9	真欣	3		21	臻侵	1		33	侵庚清青	1
	10	真欣侵	3		22	諄文	3		34	侵覃	1
	11	真欣侵庚	1		23	諄魂	4		35	侵青咸	1
	12	真欣庚蒸	1		24	諄庚蒸登	1				
乙組（共計57次）	1	庚耕	4	乙組（共計57次）	10	庚清青蒸	1	乙組（共計57次）	19	耕登	4
	2	庚耕清青	1		11	庚清蒸	1		20	清青	6
	3	庚耕清青蒸	2		12	庚青	4		21	清青蒸	1
	4	庚耕清青登	1		13	庚青蒸	3		22	清蒸	7
	5	庚耕青蒸	1		14	庚青登	1		23	青登	1
	6	庚耕蒸登	1		15	庚登	1		24	青蒸	1
	7	庚耕登	5		16	耕清	1		25	蒸登	1
	8	庚清	4		17	耕青	1				
	9	庚清青	3		18	耕蒸登	1				

細察表 3-9-5 的數據，可得出以下結論。

第一，深攝侵韻與臻攝陽聲韻的混注共計 22 次，占侵韻總數的 55.00%（22/40）。這個混注比值甚高，與初級統計的結論也相吻合，這表明深、臻二攝之間的混注程度較深，並非是偶爾混注的性質，再結合漢語史的音變進程，故可將侵韻併入臻攝陽聲韻中。

侵韻併入臻攝的實質是–m 尾的消失，此乃漢語史上一個重要的音變現象。《中原音韻》中雖有–m 尾韻侵尋韻部，但是其“正韻作詞起例”中已列舉“針有真、金有斤”等–m、–n 尾韻字混注的例子。王力認爲：“在北方話裏，–m 的全部消失，不能晚於十六世紀，因爲十七世紀初葉（1626 年）的《西儒耳目資》裏已經不再有–m 尾的韻了。”①與《西儒耳目資》同時期的《音韻集成》（莫銓，北京人，書成於 1615—1642 年）中也已完全取消了–m 尾韻。②至畢拱辰的《韻略匯通》（1642 年）中，直接將侵尋、監咸、廉纖三部分別併入真尋、山寒、先全韻部中，這充分表明–m 尾韻在北方話中的消失。近代漢語通語系統中，“–m 的部分轉化不晚於十四世紀，全部轉化不晚於十六世紀初葉”③。“朝鮮古代學者申叔舟等在《洪武正韻譯訓》一書裏譯寫了 15 世紀北京一帶的‘俗音’，閉口韻已整個失去，比莫銓早一百五十多年。《洪武正韻譯訓》是我們迄今所見到的記錄北方方言整個消失閉口韻的最早文獻。”④

若就吳音史而言，近代吳音中閉口韻的消失亦是一個漸變的過程，不過依據歷代反映吳音的文獻，也可以梳理出一個大致的界線。魯國堯⑤依據元末陶宗儀的《南村輟耕錄》進而推知元時松江吳語中仍是–m、–n、–ŋ 三個陽聲韻鼎立的局面。張竹梅⑥通過歸納成書於明弘治、正德年間（約 15 世紀末 16 世紀初）記錄北部吳語的《中州音韻》得出在當時吳音中存在閉口韻侵尋部。丁鋒通過研究《寄語略》《六書精蘊》《同文備考》等吳音文獻，認爲十六世紀初明代定海吳音中存在雙脣鼻音韻尾，十六世紀上半葉明代昆山吳音中也存在 6 個閉口韻。然而到了徐渭（1521—1593）的《南詞敘錄》中便已有了“吳人不辨清、親、侵三韻”的記錄。《吳音奇字》中存在大量的–m、–n 尾韻字混注的情況，深攝已分別併入臻攝，這表明明末清初時的常熟、常州等地吳語中–m 侵韻已經消失。游汝傑⑦在全面考查《白兔記》《聲韻會通》《山歌》等吳音文獻資料後認爲至遲在明末之際吳語的三個陽聲韻尾已經合流。直至當代吳方音中，“咸、深攝字在吳語地區沒有一個地方陽聲韻讀 m 韻尾”的。⑧

如此看來，無論是就通語而論，還是據吳方音史而言，此處將深攝侵韻併入臻攝中與它們皆是吻合的。《玉篇直音》成書最遲不晚於刊刻時間 1623 年，中古閉口侵韻在該書中已經消失，進一步佐證了目前關於吳音史的研究成果。

第二，曾攝與梗攝的混注共計 40 次（蒸 24 次，登 18 次），占曾攝總數的 70.18%（40/57），其中蒸韻占自身總數的 80.00%（24/30），登韻占自身總數的 66.67%（18/27），這個比值甚高，充分說明蒸、登二韻以與梗攝韻混注爲常態，可證曾攝陽聲韻已經併

①王力. 漢語史稿[M]. 北京：中華書局，2004：159.
②李子君.《音韻集成》對《韻略易通》的影響[J]. 中國語文，2003，(3)：284-286.
③楊耐思. 近代漢語–m 的轉化[A]. 見：楊耐思. 近代漢語音論[M]. 北京：商務印書館，2012：60-61.
④寧忌浮. 洪武正韻研究[M]. 上海：上海辭書出版社，2003：142.
⑤魯國堯.《南村輟耕錄》與元代吳方言[A]. 見：魯國堯. 魯國堯語言學論文集[C]. 南京：江蘇教育出版社，2003：228.
⑥張竹梅.《中州音韻》研究[M]. 北京：中華書局，2007：265.
⑦游汝傑. 游汝傑自選集[M]. 合肥：安徽教育出版社，2003：103.
⑧錢乃榮. 當代吳語研究[M]. 上海：上海教育出版社，1992：16.

入梗攝陽聲韻中。

梗、曾混注乃漢語史上較早發生的音變現象，唐、五代韻文用韻中已見兩攝通押的例子，至宋代通語十八韻部中梗、曾攝併爲庚青部[①]，至近代漢語中，《中原音韻》《洪武正韻》《韻略易通》《韻略匯通》《同文備考》《諧聲品字箋》等代表官話及吳方音的文獻中皆將梗、曾攝併爲一個韻部。《玉篇直音》的梗、曾攝合併與語音史亦是吻合的。

第三，表 3-9-5 中形成了以真、諄、文、魂、侵等韻爲核心的混注甲組以及以庚、耕、清、青、蒸、登等韻爲核心的混注乙組。雖然，梗、曾攝的韻也有與甲組中臻、深攝韻的混注（表 3-9-6 中的①），但是仍有更多的梗、曾攝字是與臻、深攝對立的（表現爲自注以及梗、曾兩攝間的混注，即表 3-9-6 中的②），具體的數據如表 3-9-6 所示。

表 3-9-6　梗、曾攝“準小韻”自注、混注數量對比表

序号	類型	庚	耕	清	青	蒸	登
①	與臻、深攝混注數/次	14	5	9	8	8	6
②	與梗、曾攝混注數/次	33	22	28	27	20	16
	自注數/次	8	1	6	12	2	5
①②之比		1:2.93	1:4.6	1:3.78	1:4.88	1:2.75	1:3.5

通過對比①、②兩種情況可知，與臻、深攝混注的梗、曾攝“準小韻”實乃少數，其主體部分仍是獨立的。鑒於此，我們可以將中古的臻、深、梗、曾四攝分爲兩個韻部，即真侵部和庚蒸部，這個結論與上文初級統計的情況完全吻合。此處真侵部主要由臻、深兩攝陽聲韻字組成，另有小部分的梗、曾攝陽聲韻字併入；庚曾部主要由未併入真侵部的大部分梗、曾攝陽聲韻字組成。

需要明確的是，部分中古梗、曾攝陽聲韻字併入真侵部中的實質是–ŋ 尾韻併入–n 尾韻中，此乃吳方音的特點。這在同期的吳方音文獻中皆有體現：《同文備考》中“[in][iŋ]、[ən][əŋ]、[yən][yəŋ]有少數混合現象”[②]。“《玉簪記》時代（十六世紀）侵尋、真文、庚青三韻在吳語中已基本合流。”[③]這種混注現象仍見於包括海鹽吳音在内的廣大吳方言區。以海鹽吳音爲例，中古曾攝開口蒸、登韻，梗攝開口庚$_{三}$、清、青韻以及幫、精、章、見、曉組的開口二等耕韻字等皆讀成–n 尾韻，與臻、深攝字韻尾相同。不過，從併入臻、深攝字的數量、規模來看，《玉篇直音》遠不及今海鹽吳音。

此外，在與外攝陽聲韻字的混注中，侵韻與咸攝覃、咸韻的混注值得注意。此計 2 例，分別是：潛$^{從}_{感}$音怎$^{精}_{寑}$P119L4、碞$^{疑}_{咸}$音吟平$^{疑}_{侵}$P23L4 等。

此類混注現象於官話音中是不和諧的，但是卻可以在方言中尋找到依據。《吳音奇字》

①魯國堯. 论宋词韵及其与金元词韵的比较[A]. 見：魯國堯. 魯國堯語言學論文集[C]. 南京：江蘇教育出版社，2003：393.

②丁鋒.《同文備考》音系[M]. 福岡：中國書店，2001：247.

③鄧岩欣. 從《玉簪記》用韻看吳語侵尋真文庚青三韻之合流[A]. 見：游汝傑，王洪鐘，陳軼亞.《吳語研究》(第七輯)[C]. 上海：上海教育出版社，2014：104.

乃明朝海虞（今江蘇常熟）人孫樓（1515—1583）所作，後經延陵（今江蘇常州）人陸鎰於崇禎甲申年（1644）銓次補遺而成。其成書與《玉篇直音》處於同一個時期，甚至是稍稍靠後。該書中記錄了較多的明末清初時北部吳音的聲韻特徵，其中就有 8 例覃韻字音同真侵部的情況，與咸攝併入山攝的常態規則不符。我們通過梳理發現，“這種不符在 200 年後的《射聲小譜》中也有體現，依孫志波（2014）研究，其中的咸攝覃韻全部字和談韻牙喉音字併入了臻攝。即使在今常熟吳語中，‘恩’音ʔɛ̃ɲ[42]，覃韻字‘貪、勘、男、婪、堪、揞、暗、含’等批量的字韻母皆音 ɛ̃ɲ。如此看來，此種現象 400 年間基本未變”①。即便是今天的常熟吳音中此類現象亦是存在的，如：“南男能嫩”音同，皆讀 nəŋ；“貪吞”音同，皆讀作 t‘əŋ；“感敢耿跟根羹”等音同，皆讀作 kəŋ；“堪龕勘砍坎肯墾懇坑”等字爲同音關係，皆讀作 k‘əŋ；“含函痕恒衡”等音同，皆讀作 ɦəŋ。②據此來看，《玉篇直音》中的類似混注現象或許也應該是吳方音的體現，惜其已不能在今海鹽吳音中尋到印證了。

3.9.2 關於韻母的確立

3.9.2.1 真侵部

真侵部字在《玉篇直音》聲母系統的幫、非、端、精、章、見、曉七組聲母中皆有分佈。因各組聲母內部所屬的對立小韻存在數量的差别，故我們在同組聲母內選取存在對立小韻最多的幫、非、來、清、章、見、影、匣八母爲代表③，列其所屬小韻如下：

幫母①【平】沬幫魂犇幫魂奔幫魂【上】畚幫混畬幫混床幫混奞並混輪集:並混笨幫混旛古:並混畬幫混本幫混

②【平】霦幫真冰幫蒸賔幫真攽幫真兵幫庚豳幫真賓幫真嬪並真檳幫真矉幫真䫌幫真臏並軫繽滂真闠滂真鑌幫真瑸幫真斌幫真鶐字:滂真贇篇:幫真彬幫真賓幫真汃幫真份幫真虨幫真邠幫真仌幫蒸㔙幫庚瀕幫真頻篇:幫真【上】昺幫梗炳幫梗烟幫梗庰幫靜怲幫梗眪幫梗抦幫梗稟幫寢箳幫青稟幫寢秉幫梗餅幫靜䴵幫靜蛃幫梗炳幫梗丙幫梗棅幫梗【去】併幫勁迸幫映柄幫映并幫勁摒幫勁鈵幫映冰去幫證儐幫震髕並軫殯幫震擯幫震鬢幫震

非母①【平】盼非文雰敷文衯敷文帉敷文闅敷文閺敷文瘖篇:曉魂玢非文芬敷文饙非文餴非文分非文紛敷文翂敷文翁非文【上】忿非吻粉非吻捴非吻忩敷吻分上非吻【去】焝集:曉慁噴集:敷問分去非問

來母①【平】輪來諄楞來登棱來登凌來蒸淪來諄綸來諄輪來諄艙來諄蜦來諄倫來諄腀來諄躰來登棱來登【上】冷來梗楞上來等尒鏡:來梗

②【平】崘來魂埨來準陯來諄侖來諄踚來諄掄來魂錀來諄論來諄【去】淪來慁論來慁

③【平】霖來侵磷來真痳來侵琳來侵瞵來真林來侵䫐來真粼來真璘來真鱗來真麟來真鄰來真瀶來侵臨來侵【上】廩來寢凜來寢懍來寢稟來寢嶙來軫瞵來軫僯來軫【去】粦來震䚏玉:來震鄰集:來震僯洪:來震甐來震瞵來震悋來震蹸來震遴來震撛來震閵來震鏻來震轥來震甐來震藺來震䕲來震蟒來震蟒來震魋來震𤜁來震閔來震令來勁另來徑吝來震

清母①【平】嶟精魂繜精魂鐏精魂鷷精諄鱒從混尊精魂【上】噂精混哼集:清混剸精混蕁精混尊上精混【去】燇精慁僔精混尊去精慁

②【平】䁉清侵鼸精侵綅清侵親清真鋟清侵梫清侵駸清侵侵清侵埐從侵寢平清侵【上】寑清寢侵上清寢浸清侵寢清寢【去】齔初震櫬初震襯初震藽初震吢清沁沁清沁

①張凱.《吳音奇字》中的明末清初北部吳音韻母及語流音變特徵管窺[J]. 漢字文化，2015，(4)：35.

②此處例字的讀音皆據：袁丹. 江蘇常熟梅李方言同音字彙[J]. 方言，2010，(4)：325-337。

③匣母開口洪音（痕韻）小韻是影母不能涵蓋的，故而單獨列出。

③【平】嬔[清諄]皴[清諄]俊[清諄]逡[清諄]

章母①【平】磌[章真]嗔[昌真]縝[章軫]帪[章真]針[章侵]鍼[章侵]珍[知真]珎[知真]桭[章真]籈[莊真]槇[章真]眹[章真]真[章真]碪[知侵]砧[知侵]卄[章侵]瑊[章侵]葴[章侵]箴[章侵]斟[章侵]眞[章真]酙[章侵]鱵[章侵]【上】砛[章軫]畛[章軫]姫[章軫]眕[章軫]聄[章軫]胗[章軫]鬒[章軫]裖[章軫]袗[章軫]紾[章軫]覙[章軫]診[章軫]疹[章軫]輴[章軫]稹[章軫]駗[章軫]黰[章軫]軫[章軫]眡[章軫]准[章準]準[章準]裖[章軫]弫[章軫]振[集:章軫]【去】震[章震]賑[章震]瑱[集:章震]鎮[知震]賑[章震]軐[章震]震[章震]振[章震]侲[章震]挋[章震]鎮[知震]謓[集:章震]慎[集:章震]桭[集:章震]陣[澄震]

②【平】埻[章準]睶[章諄]迍[知諄]窀[知諄]訰[章諄]衠[章諄]諄[章諄]惇[章諄]【去】稕[章稕]純[集:章稕]

見母①【平】峎[見痕]根[見痕]跟[見痕]【上】頣[見很]根上[見很]【去】亙[見嶝]硍[溪恨]詪[見恨]艮[見恨]䱎[見嶝]

②【平】晜[見魂]崐[見魂]晜[見魂]肱[見登]腒[見魂]裩[見魂]褌[見魂]宭[見文]琨[見魂]輥[見混]鵾[見魂]鶤[見魂]蜫[見魂]蝹[見魂]騉[見魂]鯤[見魂]昆[見魂]膭[見庚]【上】礦[見梗]袞[見混]獷[見梗]昆上[見混]嬪[見梗]𥼶[見梗]滾[見混]硍[見混]裷[見混]袞[見混]鮌[見混]鯀[見混]袞[見混]錕[見混]【去】棍[正:見慁]袞去[見慁]

③【平】金[見侵]捦[見侵]襟[見侵]衿[見侵]金[見侵]今[見侵]巾[見真]筋[見欣]斤[見欣]【上】漌[見隱]巹[鐃:見隱]巹[見隱]巹[見隱]嫤[見隱]緊[見軫]瑾[見隱]槿[見隱]巹[見隱]慬[見隱]堇[見隱]【去】澿[群沁]欶[集:群寢]禁[見沁]今去[見沁]

④【平】姁[見諄]匀[見諄]頵[見真]袀[見諄]鈞[見諄]麇[見真]皸[見文]夠[以諄]均[見諄]銞[見諄]君[見文]【上】啹[玉:疑吻]嗶[疑吻]箘[群準]蜠[群軫]麕[見真]麏[見諄]囷[群軫]宭[群軫]頍[見青]炯[見迥]炯[見迥]坰[見青]冋[見迥]絅[見青]迥[匣迥]冏[見青]駉[見青]冋[見青]冂[見青]扃[見青]泂[見梗]扃[見迥]洞[匣迥]迥[匣迥]

影母①【平】煴[影魂]郒[影魂]殟[影魂]轀[影魂]蒕[影魂]驅[影魂]溫[影魂]【上】伆[明吻]抆[明吻]刎[明吻]惲[影吻]吻[明吻]唔[明吻]穩[影混]

②【平】黔[影侵]霠[影侵]洇[影真]礖[影欣]垔[影真]陻[影真]慇[影欣]絪[影真]闉[影真]禋[影真]裀[影真]殷[影欣]茵[影真]蔙[影欣]瘖[影侵]歅[影真]婣[影真]囙[影真]因[影真]姻[影真]堙[影真]烟[影真]音[影侵]陈[影侵]陰[影侵]厝[影侵]喑[影侵]瘖[影侵]【上】嶾[影隱]隱[影隱]胤[以軫]迎[影軫]廴[以軫]衍[以軫]抣[以軫]轀[影隱]戭[以軫]檃[影隱]蚓[以軫]螾[以軫]飲[影寢]引[以軫]引[以軫]檼[影隱]乚[影隱]衾[影寢]餵[影梗]【去】映[影映]印[影震]膺[影證]應[影證]濥[以震]憖[疑震]意[影燉]币[影震]鈏[以震]訣[影映]摀[影燉]因去[影震]廕[影沁]陰去[影沁]窨[影沁]蔭[影沁]

③【平】䬬[龍:影文]贇[影真]䢵[篇:影文]輑[影文]栒[以諄]𢎜[影諄]氳[影文]【上】轀[影吻]慍[集:影軫]碩[云軫]阭[以準]殞[云軫]玧[以準]暉[影吻]狁[以準]粇[玉:以軫]允[以準]頵[云吻]【去】暈[云問]鄆[云問]孕[以證]瘨[云問]餫[云問]韵[云問]韻[云問]韗[云問]運[云問]傊[云問]緼[影問]慍[影問]䵮[影問]蘊[影問]醞[影問]

匣母①【平】服[匣痕]痕[匣痕]【上】佷[匣很]狠[匣很]【去】恨[匣恨]狠去[匣恨]

②【平】堚[匣魂]𡿹[匣魂]琿[匣魂]魂[匣魂]渾[匣魂]侃[匣魂]緷[匣魂]緄[匣魂]捆[匣魂]餛[匣魂]混[集:匣魂]【去】焜[匣混]溷[匣慁]俻[曉慁]倱[匣混]慁[匣慁]慁[匣慁]暉[匣混]諢[匣混]捆[匣混]圂[匣慁]溷[匣慁]混[匣混]睔[匣混]棍[匣混]腪[云問]齫[疑吻]齳[疑吻]渾[匣混]

比較所取的每個聲母，根據所屬小韻數可將之分爲如下四類。

第一類，非母：含 1 個小韻。非組其他聲母亦然。

第二類，幫、章、匣三母：各含 2 個小韻。幫、章（澄母僅有 1 個）組其他聲母亦然；曉組喻母也含 2 個小韻。

第三類，來、清、影三母：各含 3 個小韻。端組其他聲母僅含 1 個；精組中的心母也含 3 個，邪母 1 個，其餘皆是 2 個；曉組聲母中曉母也含 3 個。

第四類，見母：含有 4 個小韻。見組中溪母含有 3 個，群母含有 2 個。

從量上看，所取的 7 個樣本聲母（匣母除外）皆能代表本組聲母所屬小韻的最多數。據此可知，真侵部共含因聲母不同及內部對立而形成的 19 個獨立小韻（原本 18 個，但是匣母的開口洪音字未在影母所屬的小韻類型中，當計入，故爲 19 個）。如若不計聲母的區別，這些獨立小韻至多也就四類（開齊合撮），且涵蓋了該部所有可能存在的等呼情況。考察諸小韻在中古的開合洪細特徵，如表 3-9-7 所示。

表 3-9-7 真侵部所含諸小韻的中古等呼

聲母	小韻號	中古等呼	聲母	小韻號	中古等呼
幫組	①	合口洪音	章組	①	開口細音
	②	開口細音		②	合口細音
端組	①來母	開口洪音（合口細音）	精組	①	合口洪音
	②	合口洪音		②	開口細音
	③來母	開口細音		③	合口細音
見組	①	開口洪音	曉組	①匣母	開口洪音
	②	合口洪音		②	合口洪音
	③	開口細音		③	開口細音
	④	合口細音		④	合口細音
非組	①	合口細音； 合口洪音（曉母）			

根據中古到近代漢語介音演變的規律，結合歷史、現代方音進行參證，我們認爲上述諸小韻的四呼類型如下。

第一，幫組合口洪音、非組合口細音當洪化爲開口呼；見、曉（匣母）組及來母的開口洪音當讀作開口呼。

原因如下：首先，從音理角度而言，這是中古至近代漢語介音演變的一般規律。其次，《韻略易通》[①]及《同文備考》[②]中皆讀爲開口呼。再者，在包括今吳方言在內的廣大漢語方言中幾乎均將此二類字讀作開口呼。如“本幫混分非文冷來梗根見痕恨匣根”等字在《當代吳語研究》所記錄的 33 個吳音點中均讀成開口呼，今海鹽吳音亦是如此，可資參證。

第二，幫、精、章、見、曉組及來母開口細音當讀作齊齒呼。

原因如下：首先，此推論符合中古至近代漢語介音演變的一般規律。其次，章組聲母讀舌面音，從音理角度而論，與之拼合的開口細音韻母當爲齊齒呼。再者，在《中原音韻》[③]《韻略匯通》[④]《韻略易通》（部分中古莊組字除外）[⑤]《同文備考》[⑥]中此類字皆讀作齊齒呼。另有包括今吳方言在內的廣大漢語方言爲證。以吳方言爲例，該類例字“兵幫庚品滂寢平並庚民明真鄰來真精精清親清真盡從軫心心侵尋邪侵金見侵輕溪清勤群欣興曉蒸因影真銀疑真”在《當代吳語研究》所記錄的 33 個方言點中，除余姚、溫州等吳音中多數讀開口呼及“尋”字有撮口異讀外，其餘諸地吳音中幾乎皆讀作齊齒呼。今海鹽吳音也不例外，所列諸字皆讀作齊齒呼。至於章組開口細音，在許多聲母仍讀舌面音（甚至是舌葉音）的吳方言區中仍讀成齊齒呼，如靖江、黃岩、金華、永康等地中均將此類字讀成齊齒呼，可參證。

①張玉來. 韻略易通研究[M]. 天津：天津古籍出版社，1999：68-69.
②丁鋒.《同文備考》音系[M]. 福岡：中國書店，2001：263-265.
③楊耐思. 中原音韻音系[M]. 北京：中國社會科學出版社，1981：82-83.
④張玉來. 韻略匯通音系研究[M]. 濟南：山東教育出版社，1995：64.
⑤張玉來. 韻略易通研究[M]. 天津：天津古籍出版社，1999：68-69.
⑥丁鋒.《同文備考》音系[M]. 福岡：中國書店，2001：263-265.

第三，端、精、見、曉組的合口洪音當讀作合口呼。

原因如下：首先，此乃自中古至近代漢語介音演變的結果，符合音理規律。其次，見、曉組的合口洪音字在《中原音韻》《韻略易通》《韻略匯通》《同文備考》《諧聲品字箋》等近代官話及吳方言文獻中皆讀作合口呼。再者，端、精組的合口洪音字在《中原音韻》《韻略易通》《韻略匯通》等官話音中讀合口呼。另該類中有合口細音讀成合口洪音的情況，如諄魂混注，但是其與《同文備考》讀成撮口呼的情況不一樣，應當一起讀成合口呼。因爲在今海鹽吳音中，此類字皆讀成開口呼，《玉篇直音》中已經發生了類似的音變，如上述第二條音變“論輪倫棱冷楞”聲韻相同。此處讀成合口呼，則已經具備了向開口呼音變的條件；如果同《同文備考》一樣讀成撮口呼，一是與上述第二條音變相悖，二是無法對應今海鹽吳音皆讀成開口呼的現象。因此，我們仍將有合口細音併入的合口洪音讀成合口呼。

需要特別說明的是“吞”字。《玉篇直音》中“吞”共出現 4 次，2 次被注（重文），2 次注音，分別是：

吞$^{\text{透}}_{\text{痕}}$音哼$^{\text{集:}}_{\text{透魂}P1L7}$；吞$^{\text{透}}_{\text{痕}}$音哼$^{\text{集:}}_{\text{透魂}P56L6}$；黇$^{\text{透}}_{\text{魂}}$音吞$^{\text{透}}_{\text{痕}P165L2}$；陌$^{\text{透}}_{\text{痕}}$音吞$^{\text{透}}_{\text{痕}P33L3}$

其中 1 次爲開口字注音，3 次與合口字混注，足見其已經有合口讀音。“吞”在《廣韻》《集韻》中均是開口，至《中原音韻》中歸真文部，但是對於其讀開口還是合口問題存有爭議。楊耐思、李新魁兩位先生讀之爲開口，唐作藩、寧忌浮兩位先生讀之爲合口。不過到《韻略易通》中其已與“哼涒暾”等合口字音同，這説明其已讀作合口，之後《西儒耳目資》《合併字學集韻》《韻略匯通》等均將之列於合口字中，這表明“吞”讀合口乃官話音。不過在今吳方言中，“吞”多數還是讀作開口呼的。以《當代吳語研究》①爲例，在其描寫的 33 個吳音點中，“吞”讀開口呼的有 30 處，占總數的 90.91%。即便在今海鹽吳音中，“吞”字亦讀作開口 t‘ən。《玉篇直音》的編者此處保留“吞”的兩種讀音，我們認爲這應是“吞”的文白異讀。與明代官話音相符的讀作合口呼的是文讀音，與《廣韻》音相符的讀作開口呼的是白讀音。鑒於此，我們將讀作痕韻的注音例歸於開口，將讀作魂韻的注音例歸入合口，區別待之。讀作開口的白讀音一直在延續使用，直至今天的海鹽吳音中仍然保存。然而讀作合口的文讀音則退出了歷史的舞臺，在今海鹽吳音中未留有痕跡。

第四，章、精、見、曉組的合口細音當讀作撮口呼。

首先，這與自中古至現代漢語介音演變的規律相符。其次，《玉篇直音》中已產生撮口呼韻，滿足此類字讀成撮口呼的介音條件。再者，在《韻略易通》《韻略匯通》《同文備考》《諧聲品字箋》等文獻中皆將此類字讀成撮口呼韻。除章組合口細音外，其餘小韻在包括今吳方言在內的多數現代方言中讀作撮口呼。另在章組聲母仍讀舌面前音的少數吳方言中，章組合口細音仍讀撮口呼，如今宜興、溧陽、金壇、丹陽、靖江、溫州等地，此亦可爲證。

①錢乃榮. 當代吳語研究[M]. 上海：上海教育出版社，1992：168.

第五，併入來母開口洪音中的合口細音字亦當讀開口呼，此乃編者方音的體現。如在今海鹽吴音中，“論$^{來}_{諄}$輪$^{來}_{諄}$倫$^{來}_{諄}$”等皆讀 lən，仍是開口呼，與“棱$^{來}_{登}$楞$^{來}_{登}$冷$^{來}_{梗}$”聲韻皆同。

併入精、章組開口細音中的合口細音字有：晙$^{精}_{稕}$焌$^{精}_{稕}$峻$^{精}_{稕}$陖$^{精}_{稕}$浚$^{精}_{稕}$埈$^{精}_{稕}$畯$^{精}_{稕}$寯$^{精}_{稕}$駿$^{精}_{稕}$狻$^{精}_{稕}$雋$^{精}_{稕}$俊$^{精}_{稕}$儁$^{精}_{稕}$睃$^{集:}_{精稕}$；恂$^{心}_{諄}$栒$^{心}_{諄}$郇$^{玉:}_{心稕}$陖$^{心}_{稕}$駿$^{集:}_{心稕}$夋$^{心}_{稕}$逡$^{心}_{稕}$；准$^{章}_{準}$準$^{章}_{準}$；脣$^{船}_{諄}$唇$^{集:}_{船諄}$鏑$^{集:}_{禪諄}$顛$^{船}_{諄}$順$^{船}_{稕}$；潤$^{日}_{稕}$吺$^{日}_{準}$瞤$^{日}_{諄}$閏$^{日}_{稕}$。這些字皆爲齒音合口字，分别與開口細音字“進$^{精}_{震}$信$^{心}_{震}$軫$^{章}_{軫}$晨$^{禪}_{真}$”混注，當讀齊齒呼。此類同音關係不見於《中原音韻》《韻略易通》《韻略匯通》《同文備考》等書，應是編者方音的流露。我們以“俊閏”字爲例，列其在今部分吴方言中的讀音，詳見表 3-9-8。

表 3-9-8 “俊閏”二字在今部分吴方言中的讀音①

地區 例字	江陰	蘇州	周浦	上海	太平	余姚
俊$^{精}_{稕}$	ʦiɲ^{435}	ʦiɲ^{412}	ʨiɪn^{335}	ʨiɲ^{334}	ʨiŋ^{35}	ʨiɲ^{52}
閏$^{日}_{稕}$	ʑioŋ^{223}	ȵiɪn^{231}	ȵiəŋ^{113}	ȵiɲ^{113}	ɦiuŋ^{13}	ɦiuŋ^{113}

表 3-9-8 中例字的讀音爲此處舌齒音合口細音字讀爲齊齒呼提供了方音參證。今海鹽吴音中，“俊進”仍是一組同音字，皆讀爲齊齒呼；其他的齒音字雖不再讀齊齒呼，但是“準軫”“脣晨”“順慎閏”仍是一組同音字，這也能折射出《玉篇直音》中的此類注音具有吴音性質。

此外，以母合口細音字“尹$^{以}_{準}$”讀齊齒呼，這在《中原音韻》中既已存在，之後的《洪武正韻》《韻略易通》《韻略匯通》《同文備考》皆是如此，《玉篇直音》與之相同。

綜上，真侵部共包括含開口、合口、齊齒及撮口在内的 4 個韻母，其中：

開口呼，可稱爲門類，主要來自中古唇音魂、文韻，見、溪、匣三母的痕韻，少數來母諄韻以及與此類中古臻攝字混注的同聲母梗、曾攝一、二等開口呼字。

合口呼，可稱爲屯類，主要來自中古端、精組及見、溪、影、曉、匣母的魂韻字，少數來、精、心母諄韻字，以及個别牙、喉音庚、耕、登韻合口呼字。

齊齒呼，可稱爲信類，主要來自中古幫、精、知、章、見、曉組及來母的臻、深攝三等開口呼字以及與此類中古臻、深攝字混注的同聲母梗、曾攝三、四等開口呼字。

撮口呼，可稱爲熏類，主要來自中古知、章、精、見、曉組的合口真、諄、文韻以及個别與此類中古臻攝字混注的同聲母梗、曾攝三、四等合口呼字。

對於真、侵韻，諸家分合不一，這主要是韻尾的差異。至於真侵韻部主元音，《中原音韻》②《洪武正韻》③《韻略易通》④《韻略匯通》⑤《等韻圖經》⑥《同文備考》⑦等均擬

①表中例字的讀音皆據：錢乃榮. 當代吴語研究[M]. 上海：上海教育出版社，1992：336，358。

②楊耐思. 中原音韻音系[M]. 北京：中國社會科學出版社，1981：44.

③葉寶奎. 明清官話音系[M]. 廈門：廈門大學出版社，2001：128.

④張玉來. 韻略易通研究[M]. 天津：天津古籍出版社，1999：30.

⑤張玉來. 韻略匯通音系研究[M]. 濟南：山東教育出版社，1995：117.

⑥葉寶奎. 明清官話音系[M]. 廈門：廈門大學出版社，2001：151.

⑦丁鋒.《同文備考》音系[M]. 福岡：中國書店，2001：246.

作 ən,《諧聲品字箋》[①]擬作 en。《現代吴語的研究》《當代吴語研究》多將此類字的主元音讀成 ə、ᴇ，結合今海鹽吴音中此類字讀 ə 的情況，我們認爲此處真侵部的韻基讀 ən 更爲合適。故該部所含 4 個韻母的音值分别是：

開口呼（門類）：ən；　齊齒呼（信類）：iən；

合口呼（屯類）：uən；　撮口呼（熏類）：yən

3.9.2.2　庚蒸部

庚蒸部字的聲母來自《玉篇直音》聲母系統的幫、端、精、章、見、曉六組聲母。與真侵部一樣，各聲母所含對立小韻的數量不同，我們選取最能代表本組聲母的幫、端、從、章、溪、匣、喻 7 個聲母[②]，列其所屬小韻如下：

幫母①【平】嵭$^{幫}_{庚}$浜$^{幫}_{耕}$垪$^{幫}_{庚}$蹦$^{幫}_{登}$絣$^{幫}_{耕}$栟$^{古:}_{幫耕}$閍$^{幫}_{庚}$祊$^{幫}_{庚}$髟$^{幫}_{庚}$崩$^{幫}_{登}$絣$^{幫}_{耕}$【去】⿱穴朋$^{幫}_{嶝}$崩去$^{幫}_{嶝}$⿱雨朋$^{幫}_{登}$⿱雨并$^{幫}_{靜}$迸$^{幫}_{諍}$⿰女屏$^{並}_{青}$併$^{幫}_{勁}$跰$^{幫}_{映}$

②【平】閞$^{集:}_{滂耕}$栟$^{幫}_{清}$幷$^{幫}_{清}$【上】⿰扌秉$^{幫}_{梗}$苪$^{幫}_{梗}$柄$^{幫}_{梗}$

端母①【平】燈$^{端}_{登}$登$^{端}_{登}$⿱癶廾$^{端}_{登}$⿱癶廾$^{端}_{登}$⿱穴登$^{知}_{耕}$灯$^{端}_{登}$⿰女登$^{端}_{登}$璒$^{端}_{登}$⿰登瓦$^{端}_{登}$簦$^{端}_{登}$⿱癶廾$^{端}_{登}$⿱癶廾$^{端}_{登}$⿱登毛$^{端}_{登}$【上】等$^{端}_{等}$登上$^{端}_{等}$【去】嶝$^{端}_{嶝}$⿰車登$^{玉:}_{端嶝}$登去$^{端}_{嶝}$磴$^{端}_{嶝}$隥$^{端}_{嶝}$鐙$^{端}_{嶝}$凳$^{端}_{嶝}$

②【平】墱$^{端}_{登}$⿰食登$^{端}_{登}$庁$^{透}_{青}$叮$^{端}_{青}$釘$^{端}_{青}$玎$^{端}_{青}$⿰馬丁$^{端}_{青}$叮$^{端}_{青}$仃$^{端}_{青}$疔$^{端}_{青}$⿰彳丁$^{端}_{青}$丁$^{端}_{青}$叮$^{端}_{青}$【上】嵿$^{集:}_{端迥}$頂$^{端}_{迥}$奵$^{端}_{迥}$耵$^{端}_{迥}$艼$^{端}_{迥}$酊$^{端}_{迥}$⿰丁貝$^{端}_{迥}$鼎$^{端}_{迥}$【去】錠$^{端}_{徑}$⿰定頁$^{端}_{徑}$矴$^{端}_{徑}$訂$^{端}_{徑}$飣$^{端}_{徑}$⿰米丁$^{端}_{徑}$⿰月丁$^{端}_{徑}$定$^{端}_{徑}$

從母①【平】崝$^{崇}_{耕}$⿱穴丁$^{澄}_{耕}$町$^{澄}_{庚}$堂$^{集:}_{澄庚}$⿰石長$^{澄}_{映}$棖$^{澄}_{庚}$崢$^{崇}_{耕}$嶒$^{從}_{蒸}$鏳$^{崇}_{耕}$橙$^{澄}_{耕}$層$^{從}_{登}$曾$^{從}_{登}$繒$^{從}_{蒸}$⿰登攵$^{澄}_{耕}$【去】贈$^{從}_{嶝}$曾去$^{從}_{嶝}$

②【平】晴$^{從}_{清}$餳$^{邪}_{清}$情$^{從}_{清}$殅$^{從}_{清}$【去】淨$^{從}_{勁}$竫$^{從}_{靜}$靖$^{從}_{靜}$穽$^{精}_{梗}$⿰貝青$^{從}_{勁}$瀞$^{從}_{勁}$阱$^{從}_{靜}$妌$^{從}_{靜}$婧$^{從}_{靜}$頩$^{從}_{勁}$靚$^{從}_{勁}$靚$^{從}_{勁}$⿰青色$^{從}_{勁}$靜$^{從}_{靜}$净$^{從}_{勁}$清$^{清}_{勁}$

章母①【平】烝$^{章}_{蒸}$⿰徵阝$^{知}_{蒸}$⿰貞阝$^{知}_{清}$⿰阝貞$^{知}_{清}$征$^{章}_{清}$怔$^{章}_{清}$眐$^{章}_{清}$脀$^{章}_{蒸}$⿱丞月$^{章}_{蒸}$⿰糸正$^{章}_{清}$⿺辶正$^{章}_{清}$⿺廴正$^{章}_{清}$鉦$^{章}_{清}$貞$^{知}_{清}$楨$^{知}_{清}$蒸$^{章}_{蒸}$錆$^{章}_{清}$鴊$^{章}_{清}$徵$^{知}_{蒸}$⿰彳丞$^{章}_{蒸}$征$^{章}_{清}$湞$^{知}_{清}$禎$^{知}_{清}$抍$^{章}_{蒸}$【上】整$^{章}_{靜}$征上$^{章}_{靜}$拯$^{章}_{拯}$⿱丞手$^{章}_{拯}$⿰車丞$^{章}_{拯}$【去】証$^{章}_{勁}$證$^{章}_{證}$症$^{章}_{證}$政$^{章}_{勁}$正$^{章}_{勁}$𤴓$^{章}_{勁}$

溪母①【平】㟍$^{溪}_{耕}$硜$^{溪}_{耕}$阬$^{溪}_{庚}$妔$^{溪}_{庚}$劥$^{溪}_{庚}$誙$^{溪}_{耕}$⿱穴亢$^{溪}_{庚}$摼$^{溪}_{耕}$鏗$^{溪}_{耕}$坑$^{溪}_{庚}$⿰石輕$^{溪}_{耕}$【上】肯$^{溪}_{等}$肎$^{溪}_{等}$

②【去】⿱殸豆$^{溪}_{徑}$罄$^{溪}_{徑}$殸$^{溪}_{徑}$罄$^{溪}_{徑}$磬$^{溪}_{徑}$慶$^{溪}_{映}$

③【平】頃$^{溪}_{清}$【上】褧$^{溪}_{迥}$絅$^{溪}_{迥}$

匣母①【平】峘$^{匣}_{登}$蘅$^{匣}_{庚}$恒$^{匣}_{登}$衡$^{匣}_{庚}$衡$^{匣}_{庚}$衡$^{匣}_{庚}$衏$^{匣}_{庚}$珩$^{匣}_{庚}$鴴$^{匣}_{庚}$桱$^{匣}_{耕}$行$^{匣}_{庚}$

②【平】⿰山刑$^{匣}_{青}$滎$^{匣}_{青}$硎$^{匣}_{青}$型$^{匣}_{青}$邢$^{匣}_{青}$侀$^{匣}_{青}$娙$^{疑}_{耕}$行$^{匣}_{庚}$⿲彳开亍$^{匣}_{青}$鋞$^{匣}_{青}$鉶$^{匣}_{青}$形$^{匣}_{青}$郉$^{匣}_{青}$陘$^{匣}_{青}$刑$^{匣}_{青}$鈃$^{匣}_{青}$【去】涬$^{匣}_{迥}$倖$^{匣}_{耿}$婞$^{匣}_{迥}$杏$^{匣}_{梗}$㚔$^{匣}_{梗}$魧$^{匣}_{梗}$幸$^{匣}_{耿}$荇$^{匣}_{梗}$⿰忄巠$^{匣}_{迥}$踁$^{匣}_{徑}$刑去$^{匣}_{徑}$鼆$^{以}_{證}$形去$^{匣}_{徑}$

③【平】⿰風黃$^{匣}_{庚}$嶸$^{匣}_{耕}$峵$^{匣}_{耕}$弦$^{匣}_{耕}$⿰口弘$^{集:}_{影耕}$紘$^{匣}_{耕}$竑$^{匣}_{耕}$弦$^{匣}_{耕}$宏$^{匣}_{耕}$鍠$^{匣}_{庚}$鑅$^{匣}_{庚}$橫$^{匣}_{庚}$苰$^{匣}_{登}$翃$^{匣}_{耕}$⿰風厷$^{集:}_{匣耕}$⿰山厷$^{集:}_{匣耕}$汯$^{匣}_{耕}$宖$^{集:}_{匣耕}$吰$^{匣}_{耕}$耾$^{匣}_{耕}$諻$^{匣}_{庚}$閎$^{匣}_{耕}$鐄$^{匣}_{庚}$鋐$^{匣}_{耕}$弘$^{匣}_{登}$觵$^{匣}_{庚}$潢$^{匣}_{庚}$⿰忄訇$^{曉}_{耕}$⿰弓農$^{匣}_{庚}$

喻母①【平】溋$^{集:}_{以清}$⿰盈阝$^{明}_{庚}$憴$^{船}_{蒸}$⿰口榮$^{玉:}_{云庚}$⿰月盈$^{以}_{清}$覮$^{以}_{清}$譝$^{船}_{蒸}$楹$^{以}_{清}$桯$^{以}_{清}$籯$^{以}_{清}$贏$^{以}_{清}$嬴$^{以}_{清}$盈$^{以}_{清}$

②【平】塋$^{以}_{清}$縈$^{影}_{清}$謍$^{以}_{清}$營$^{以}_{清}$禜$^{云}_{庚}$瑩$^{云}_{庚}$醟$^{洪:}_{云庚}$蠑$^{云}_{庚}$⿱熒巾$^{影}_{清}$榮$^{云}_{庚}$螢$^{洪:}_{云青}$鎣$^{以}_{清}$

比較所取的每個聲母，根據所屬小韻數可將之分爲如下四類。

第一類，章母：含 1 個小韻。章組其他聲母亦然。

第二類，幫、端、從、喻四母：各含 2 個小韻。幫組並母含 2 個小韻，滂、非二母僅

①張詠梅.《諧聲品字箋》的音系研究[M]. 成都：巴蜀書社，2011：150-151.

②喻母合口細音未涵蓋於匣母的小韻類型中，因此單獨列出。

含 1 個；端組定、泥母含 2 個小韻，透、來母僅含 1 個；精組中清、心二母含 2 個小韻，精、邪二母僅含 1 個；曉組中影、曉二母含 2 個。

第三類，溪、匣二母：各含 3 個小韻。見組中見、群二母含 2 個小韻，疑母僅含 1 個。

從量上看，所取的 7 個樣本聲母（匣母除外）皆能代表本組聲母所屬小韻的最多數。據此可知，庚蒸部共含因聲母不同及內部對立而形成的 14 個獨立小韻（原本 15 個，但是喻母的開口細音①與匣母的開口細音②重複，故不再計入）。如若不計聲母的區別，這些獨立小韻至多也就四類（開齊合撮），且涵蓋了該部所有可能存在的等呼情況。考察諸小韻在中古的開合洪細特徵，如表 3-9-9 所示。

表 3-9-9　庚蒸部所含諸小韻的中古等呼

聲母	小韻號	中古等呼	聲母	小韻號	中古等呼
幫組	①	開口洪音	端組	①	開口洪音
	②	開口細音		②	開口細音
精組	①	開口洪音	章組	①	開口細音
	②	開口細音	曉組	①	開口洪音
見組	①	開口洪音		②	開口細音
	②	開口細音		匣③	合口洪音
	③	合口細音		喻②	合口細音

根據中古到近代漢語介音演變的規律，結合歷史、現代方音進行參證，我們認爲上述諸小韻的四呼類型如下。

第一，幫、端、精、見、曉五組聲母的開口洪音當讀開口呼。幫、端、精、章、見、曉六組聲母的開口細音以及部分見、曉組二等開口呼字當讀齊齒呼。

原因如下：首先，這與自中古至近代漢語介音演變的規律相吻合。其次，《中原音韻》《韻略易通》《韻略匯通》《同文備考》《諧聲品字箋》等均將此二類字讀成開口呼和齊齒呼。再者，除章組開口細音外，其餘的五組聲母的兩類讀音均能得到包括今吳方言在內的多數漢語方言的印證。即便是章組開口細音，在章組聲母仍讀舌面前音的吳方言區中，如靖江、金華、黃岩、永康等吳音，此類字皆讀齊齒呼，此亦可爲證。

前文已經提及，中古見、曉組聲母開口二等韻字在《玉篇直音》中發生腭化音變現象是存在的，這也體現在梗、耕二韻上。併入三、四等韻的梗、耕開口字有：䙬影耕甖影耕櫻影耕莖影耕鶯影耕鸎影耕鸚影耕嫈影耕嚶影耕罌影耕罃影耕譻影耕娙疑耕倖匣耿幸匣耿行匣庚杏匣梗㚔匣梗䰢匣梗莕匣梗。主要分佈在疑、影、匣三個聲母方面。此類音變在《中原音韻》中既已產生，亦見於之後的代表官話音的《韻略易通》《韻略匯通》及反映吳方音的《同文備考》《諧聲品字箋》等文獻中，在今海鹽吳音中亦然。《玉篇直音》的此類音變現象與語音史吻合。不過需要指出的是，仍可以見到有個別開口二等韻字未發生腭化音變而讀同一等韻的情況，如在《中原音韻》中已經讀成齊齒呼的“硬疑諍”，在《玉篇直音》中仍與“[illegible]改：影嶝”音同；再如“行匣庚”，一面與四等字“刑匣青”同音，一面又與一等字“峘匣登恒匣登”系聯成同音字組。這些混注例表明，此類腭化音變現象尚未徹底完成，仍有個别字還處於洪音狀態或者是兩讀狀態。不過在今海鹽音中，“硬疑静行匣庚”等字已有齊齒呼的讀音，這應該是在自《玉篇直音》起之後的幾百年間徹底完成的。

第二，曉組匣母的合口洪音當讀合口呼。庚蒸部僅此一類，讀成合口呼，符合介音演變的規律。此類字在《中原音韻》中同屬於東鍾、庚青兩部，據楊耐思①擬音，皆讀作合口呼。在《韻略易通》中僅屬於庚晴部，讀成開口呼②。在《韻略匯通》③《諧聲品字箋》④等中該類字雖已併入通攝一等字中，但皆是讀合口呼。鑒於《玉篇直音》中此類字仍很獨立，故而單獨成類，且讀成合口呼。

第三，見組（溪、群二母）、曉組（曉、喻二母）的合口細音當讀撮口呼。首先，這與近代漢語介音演變的規律相符。其次，《玉篇直音》中存在撮口呼韻，這爲此類字讀撮口呼提供了可能。再者，《同文備考》《諧聲品字箋》中均將此類字讀成撮口呼。最後，在今寧波、黄岩、溫州、衢州等吴方音中，此類字皆讀成撮口呼，如“榮云庚”，其韻母皆爲 yoŋ，此亦可爲證。

鑒於上述分析，我們認爲庚蒸部所含的韻母共計 4 個，分别是開口呼、齊齒呼、合口呼、撮口呼。其中：

開口呼，可稱爲登類，主要來自中古梗、曾攝的幫、並、端、定、泥、精、清、從、心、見、溪、影、曉、匣等聲母的庚、耕、登韻開口字。

齊齒呼，可稱爲英類，主要來自中古梗、曾攝的幫、端、知、章、見、曉組及清、從、心等聲母的開口庚、清、青、蒸韻字。此外還有部分疑、影、匣等聲母的二等庚、耕韻開口字。

合口呼，可稱爲弘類，主要來自中古的梗、曾攝匣母庚、耕、登韻合口字。

撮口呼，可稱爲榮類，主要來自中古梗攝溪、群、曉、雲、以等聲母庚、清、青韻合口字。

關於庚蒸部的韻基，《中原音韻》《韻略易通》《韻略匯通》《同文備考》等文獻皆擬作 əŋ，《當代吴語研究》中多將此類字韻母讀作 əŋ、ən、eŋ 等，今海鹽吴音中一般情況下讀作 ən。中古梗、曾攝字部分讀作真侵部，這表明梗、曾攝字的主元音與真侵部相同；又有庚蒸部與真侵部的對立，其差别應在韻尾。鑒於真侵部的韻基擬爲 ən，我們主張庚蒸部的韻基當作 əŋ。如此說來，庚蒸部所含韻母的音值分别是：

開口呼（登類）：əŋ；齊齒呼（英類）：iəŋ；

①楊耐思. 中原音韻音系[M]. 北京：中國社會科學出版社，1981：78，170.
②張玉來. 韻略易通研究[M]. 天津：天津古籍出版社，1999：98.
③張玉來. 韻略匯通音系研究[M]. 濟南：山東教育出版社，1995：123.
④張詠梅.《諧聲品字箋》的音系研究[M]. 成都：巴蜀書社，2011：161.

合口呼（弘類）：uəŋ；撮口呼（榮類）：yəŋ

3.9.2.3 小結

綜合上述分析，中古臻、深、梗、曾四攝陽聲韻在《玉篇直音》中重組爲真侵、庚蒸2個韻部，每部皆含開、齊、合、撮4個韻母，具體內容詳見表3-9-10。

表3-9-10 真侵部、庚蒸部韻母表

部名	類名	四呼	音值	中古來源
真侵	門	開	ən	中古脣音魂、文韻，見、溪、匣三母的痕韻，少數來母諄韻以及與此類中古臻攝字混注的同聲母梗、曾攝一二等開口字
	信	齊	iən	中古幫、精、知、章、見、曉組及來母的臻、深攝三等開口字以及與此類中古臻、深攝字混注的同聲母梗、曾攝三四等開口字
	屯	合	uən	中古端、精組及見、溪、影、曉、匣母的魂韻字，少數來、精、心母諄韻字，以及個別牙、喉音庚、耕、登韻合口字
	熏	撮	yən	中古知、章、精、見、曉組的合口真、諄、文韻以及個別與此類中古臻攝字混注的同聲母梗、曾攝三、四等合口字
庚蒸	登	開	əŋ	中古梗、曾攝的幫、並、端、定、泥、精、清、從、心、見、溪、影、曉、匣等聲母的庚$_{二}$、耕、登韻開口字
	英	齊	iəŋ	中古梗、曾攝的幫、端、知、章、見、曉組及清、從、心等聲母的開口庚$_{三}$、清、青、蒸韻字；此外還有部分疑、影、匣等聲母的二等庚、耕韻開口字
	弘	合	uəŋ	中古的梗、曾攝匣母庚$_{二}$、耕、登韻合口字
	榮	撮	yəŋ	中古梗攝溪、群、曉、云、以等聲母庚$_{三}$、清、青韻合口字

3.10 山、咸攝陽聲：先添部

在《玉篇直音》的13 695個被注字中，中古山、咸攝陽聲韻字共計1 897個，其中山攝1 353個，咸攝544個，具體情況詳見表3-10-1。

表3-10-1 山、咸二攝攝所轄諸陽聲韻系被注字數量統計表 （單位：個）

攝名	山							咸							
韻名	寒	桓	刪	山	元	仙	先	覃	談	咸	銜	嚴	凡	鹽	添
字數	141	211	88	54	158	441	260	126	89	50	33	11	22	173	40
	1 353							544							
	1 897														

3.10.1 關於韻部的確立

3.10.1.1 初級統計

中古山、咸攝陽聲韻系被注字在《玉篇直音》中的直接自注與混注次數詳見表3-10-2。

表 3-10-2 中古山、咸攝陽聲韻被注字單條自注、混注情況統計表 （單位：次）

被注字 \ 注音字		山攝							咸攝							
		寒	桓	删	山	元	仙	先	添	鹽	嚴	咸	銜	覃	談	凡
山	寒	130	1		3									4	3	
	桓	2	191	8		5	1						1	3		
	删	8	7	52	15		1	2		1		2				
	山	4		8	33		2	4				3				
	元		1	3		113	19	17		1		1				3
	仙	1	3	7		19	338	61	1	9		1			1	
	先				1	15	47	179	11	6	1					
咸	添					2	1	6	23	6						2
	鹽				1	2	11	18	8	128	2	1	1			1
	嚴					2			1	4	3					1
	咸				4		1			3		15	10	4	11	
	銜			1			1					4	16	2	8	1
	覃	7	1				1			3		7	1	84	21	
	談	8	1						1	1		5	1	17	55	
	凡							2		3						17
其他		覃侵 1；咸侵 1；咸洽 1														

通過對山、咸攝陽聲韻被注字的初級統計可知，山、咸攝字的注音以山、咸兩攝的自注爲主，與外攝字混注的僅 2 次（覃侵 1；咸侵 1）。由此可見，山、咸兩攝在《玉篇直音》中的整體獨立性强，且兩攝内部關係非常密切。分析表 3-10-2 中的初級統計數據，可得出以下幾點認識。

第一，判斷山、咸兩攝陽聲韻的關係。從各攝所屬韻系的自注、混注統計來看，對於山咸兩攝諸韻系的混注數（僅限於山攝字注音咸攝字或者以咸攝字注音山攝字）在山、咸兩攝的諸韻系總數中的占比，咸攝比山攝要高，如表 3-10-3 所示。

表 3-10-3 山、咸兩攝諸韻系所含兩攝間的混注數統計表

項目	山攝						
	寒	桓	删	山	元	仙	先
混注數/次	7	4	3	3	5	12	18
總數/次	141	211	88	54	158	441	260
占比/%	4.96	1.90	3.41	5.56	3.16	2.72	6.92

項目	咸攝							
	覃	談	咸	銜	嚴	凡	鹽	添
混注數/次	9	9	5	2	2	2	32	9
總數/次	126	89	50	33	11	22	173	40
占比/%	7.14	10.11	10.00	6.06	18.18	9.09	18.50	22.50

山攝諸韻系最高的占比是先韻的 6.92%，最低的是桓韻的 1.90%；咸攝諸韻字最高的占比是添韻的 22.50%，最低的是銜韻的 6.06%。比較可知，咸攝最低的占比幾乎接近山攝最高的占比，而其最高的占比則是山攝最高占比的 3 倍。據此可知，咸攝混注的程度較重，而山攝的獨立性較强。另，咸攝高於 10%（含 10%）的混注比例有 5 個，大於 9%（近乎 10%）的有 1 個，可以說咸攝八韻系幾乎有 6 韻系併入山攝。結合漢語史的音變進程來看，明末清初之際，無論是官話音還是吳方音中，中古–m 尾韻已經消失（本章 3.9 節已有論述，可參見），我們可以根據初級統計結果並參考漢語史進程將咸攝併入山攝中。

第二，表 3-10-2 中的數值分佈呈現出“X”形狀，“\”走向的數值是本韻自注，而“/”走向的數值則是與他韻的混注。混注線幾乎是整表的一條對角線，這表明咸攝與山攝混注總體上還是以中古洪、細爲線，即洪音與洪音相混，細音與細音相混，此與漢語史的音變模式吻合。

第三，根據表 3-10-2 中數值分佈的“X”形狀，大體可將之分爲四個矩陣。比較區域中的混注可知，山、咸攝內部大體上仍是以中古洪、細爲線，洪音與洪音相混，細音與細音相混。

不過，需要明晰的是，山攝一等寒韻與二等刪、山韻間雖有混注（寒山 3 次、刪寒 8 次、山寒 4 次），但是比例不高。寒韻被注字自注者 130 次，未見與刪韻混注，與山韻混注僅 3 次，混注僅是總數的 2.13%（3/141）。即便是刪寒 8 次、山寒 4 次，也僅占刪韻的 9.09%（8/88）、山韻的 7.41%（4/54），混注比值較低。山攝一等桓韻的情況亦是如此，未見與山韻的混注，雖有與刪韻的混注（桓刪 7 次、刪桓 7 次），但是占比並不高。這些混注比值初步表現出山攝一等寒、桓韻與二等刪、山韻間的關係並不密切。不過判斷它們之間的關係，還需要結合高級統計來作進一步分析。

第四，矩陣之外的混注當屬二等韻刪、山、咸、銜與三、四等韻之間的較爲突出。比如以被注及注音兩種身份與三、四等韻的混注，刪韻 14 次、山韻 7 次、咸韻 5 次、銜韻 1 次。這些參與混注的二等韻字中有較多的是牙、喉音開口字，體現出腭化的音變（因下文有詳述，茲不贅論）。

綜上所論，初級統計顯示，中古山、咸二攝在《玉篇直音》中發生了分化與重組，咸攝已經併入山攝，洪音與洪音合併，細音與細音合併。下面再通過系聯之法，通過統計混注與自注的比例來進一步驗證上述結論。

3.10.1.2 高級統計

我們使用系聯法將中古山、咸攝陽聲韻字的音注歸併爲 267 個“準小韻”，具體字組內容詳見表 3-10-4（關於本表的使用說明，可參見表 3-2-3 上）。

表 3-10-4 《玉篇直音》所含中古山、咸攝陽聲韻字組表

聲母	準小韻序號	轄字
幫類（含 212 個自然小類，95 個“準小韻”）		
幫	1	[2249]頒$^{幫}_{刪}$媥$^{幫}_{刪}$斑$^{幫}_{刪}$般$^{幫}_{桓}$辬$^{幫}_{刪}$丨班$^{幫}_{刪}$[3054]斑$^{幫}_{刪}$班$^{幫}_{刪}$丨頒$^{幫}_{刪}$[3775]黚$^{幫}_{桓}$丨般$^{幫}_{桓}$（桓$_{3}$刪$_{8}$）
	2	[3017]鈑$^{幫}_{潸}$蝂$^{幫}_{潸}$版$^{幫}_{潸}$丨板$^{幫}_{潸}$（潸$_{4}$）
	3	[2580]絆$^{幫}_{換}$丨半$^{幫}_{換}$[3761]半$^{幫}_{換}$丨絆$^{幫}_{換}$（換$_{4}$）
滂	4	[1590]泮$^{滂}_{換}$頖$^{滂}_{換}$泮$^{滂}_{換}$丨判$^{滂}_{換}$[3165]判$^{滂}_{換}$丨胖$^{滂}_{換}$[3613]判$^{滂}_{換}$叛$^{滂}_{換}$畔$^{並}_{換}$伴$^{滂}_{換}$軿$^{滂}_{換}$拌$^{滂}_{換}$丨泮$^{滂}_{換}$（換$_{13}$）
	5	[2273]頖$^{滂}_{換}$丨半$^{集:}_{滂換}$（換$_{2}$）
	6	[1720]攽$^{滂}_{刪}$扳$^{滂}_{刪}$丨攀$^{滂}_{刪}$[2182]眅$^{滂}_{刪}$攀$^{滂}_{刪}$丨扳$^{滂}_{刪}$[2177]盼$^{滂}_{襇}$販$^{集:}_{並換}$襻$^{滂}_{諫}$丨扳去$^{滂}_{諫}$（刪$_{6}$換$_{1}$諫$_{2}$襇$_{1}$）
並	7	[1116]磐$^{並}_{桓}$胖$^{集:}_{並桓}$縏$^{並}_{桓}$幋$^{並}_{桓}$般$^{並}_{桓}$柈$^{並}_{桓}$槃$^{並}_{桓}$鵥$^{並}_{桓}$丨盤$^{並}_{桓}$[1889]媻$^{並}_{桓}$瘢$^{並}_{桓}$丨般$^{並}_{桓}$[2377]䰉$^{並}_{桓}$搫$^{並}_{桓}$蹣$^{並}_{桓}$鎜$^{並}_{桓}$盤$^{並}_{桓}$丨槃$^{並}_{桓}$（桓$_{18}$）
	8	[0058]昄$^{並}_{潸}$辦$^{並}_{襇}$丨辦$^{並}_{襇}$（潸$_{1}$襇$_{2}$）
	9	[1272]畔$^{並}_{換}$扶$^{並}_{緩}$姅$^{幫}_{換}$丨伴$^{並}_{緩}$[1626]伴$^{並}_{緩}$丨畔$^{並}_{換}$（緩$_{3}$換$_{3}$）
	10	[3582]瓣$^{並}_{襇}$丨泒$^{並}_{襇}$（襇$_{2}$）
明	11	[1923]蔄$^{明}_{桓}$慲$^{明}_{桓}$縵$^{明}_{桓}$槾$^{明}_{桓}$丨瞞$^{明}_{桓}$[2183]瞞$^{明}_{桓}$丨滿平$^{明}_{桓}$（桓$_{7}$）
	12	[3394]饅$^{明}_{桓}$丨鰻$^{明}_{桓}$[3519]鰻$^{明}_{桓}$丨饅$^{明}_{桓}$（桓$_{4}$）
	13	[3003]鏝$^{明}_{換}$丨謾$^{明}_{換}$（換$_{2}$）
	14	[1372]幔$^{明}_{換}$丨萬$^{微}_{願}$（換$_{1}$願$_{1}$）
	15	[2169]矕$^{明}_{刪}$蠻$^{明}_{刪}$黳$^{明}_{刪}$丨蛮$^{明}_{刪}$ [0745]槾$^{明}_{換}$淼$^{明}_{換}$墁$^{明}_{換}$丨漫$^{明}_{換}$[0890]漫$^{明}_{換}$澫$^{明}_{換}$幔$^{明}_{換}$丨慢$^{明}_{諫}$[1989]慢$^{明}_{諫}$丨蛮去$^{明}_{諫}$（刪$_{4}$換$_{7}$諫$_{3}$）
非	16	[0897]潘$^{敷}_{元}$丨拚$^{敷}_{元}$[3112]旛$^{敷}_{元}$丨潘$^{敷}_{元}$（元$_{4}$）
	17	[2550]繙$^{敷}_{元}$犿$^{非}_{元}$丨幡$^{敷}_{元}$[2595]幡$^{敷}_{元}$翻$^{敷}_{元}$飜$^{敷}_{元}$旛$^{敷}_{元}$丨番$^{敷}_{元}$（元$_{8}$）
	18	[3018]鐇$^{非}_{元}$丨藩$^{非}_{元}$（元$_{2}$）
	19	[1249]坂$^{非}_{阮}$返$^{非}_{阮}$皈$^{非}_{阮}$丨反$^{非}_{阮}$[3647]反$^{非}_{阮}$丨返$^{非}_{阮}$（阮$_{6}$）
	20	[0710]岎$^{敷}_{梵}$丨泛$^{敷}_{梵}$[0749]氾$^{敷}_{梵}$泛$^{敷}_{梵}$釩$^{敷}_{梵}$販$^{非}_{願}$丨汎$^{敷}_{梵}$[1271]畈$^{非}_{願}$阪$^{非}_{阮}$㤆$^{敷}_{願}$疺$^{敷}_{願}$丨販$^{敷}_{願}$（梵$_{6}$阮$_{1}$願$_{5}$）
奉	21	[0399]燔$^{奉}_{元}$磻$^{並}_{桓}$礬$^{奉}_{元}$墦$^{奉}_{元}$䪛$^{奉}_{元}$膰$^{奉}_{元}$袢$^{奉}_{元}$繁$^{奉}_{元}$緐$^{奉}_{元}$覢$^{奉}_{元}$轓$^{敷}_{元}$樊$^{奉}_{元}$蘩$^{奉}_{元}$鷭$^{奉}_{元}$蠜$^{奉}_{元}$樊$^{奉}_{元}$丨煩$^{奉}_{元}$[1304]蠜$^{奉}_{元}$煩$^{奉}_{元}$丨樊$^{奉}_{元}$[0528]羳$^{奉}_{元}$璠$^{奉}_{元}$丨燔$^{奉}_{元}$（桓$_{1}$元$_{22}$）
	22	[3463]䒦$^{奉}_{范}$丨帆$^{奉}_{梵}$（范$_{1}$梵$_{1}$）
	23	[1372]鄤$^{微}_{願}$蔓$^{微}_{願}$飯$^{奉}_{阮}$飰$^{奉}_{阮}$万$^{微}_{願}$丨萬$^{微}_{願}$（阮$_{2}$願$_{4}$）
	24	[2597]帆$^{奉}_{凡}$舧$^{奉}_{凡}$蕃$^{奉}_{元}$薠$^{奉}_{元}$温$^{敷}_{梵}$丨凡$^{奉}_{凡}$[0923]泛$^{奉}_{鑑}$梵$^{奉}_{梵}$犯$^{奉}_{范}$犯$^{奉}_{范}$丨范$^{奉}_{范}$[3093]範$^{奉}_{范}$範$^{奉}_{范}$笵$^{奉}_{范}$丨犯$^{奉}_{范}$[3309]范$^{奉}_{范}$丨凡上$^{奉}_{范}$[3469]颿$^{奉}_{梵}$丨梵$^{奉}_{梵}$（凡$_{3}$元$_{2}$鑑$_{1}$范$_{9}$梵$_{4}$）
微	25	[3096]輓$^{明}_{阮}$丨挽$^{明}_{阮}$（阮$_{2}$）
端	26	[0143]眈$^{端}_{覃}$丨湛$^{端}_{覃}$（覃$_{2}$）
	27	[0182]旦$^{端}_{翰}$砃$^{端}_{寒}$鄲$^{端}_{寒}$襌$^{端}_{寒}$甔$^{端}_{覃}$簞$^{端}_{寒}$襌$^{端}_{寒}$單$^{端}_{寒}$丨丹$^{端}_{寒}$[0627]嘽$^{端}_{寒}$䐷$^{端}_{寒}$癉$^{端}_{寒}$殫$^{端}_{寒}$丨單$^{端}_{寒}$[3576]丹$^{端}_{寒}$丨簞$^{端}_{寒}$（寒$_{14}$覃$_{1}$翰$_{1}$）
	28	[1817]媅$^{端}_{覃}$妉$^{端}_{覃}$甜$^{透}_{談}$聃$^{透}_{談}$覘$^{端}_{覃}$擔$^{端}_{談}$丨耽$^{端}_{覃}$[1904]躭$^{端}_{覃}$眈$^{端}_{覃}$耽$^{端}_{覃}$丨擔$^{端}_{談}$[1910]舑$^{玉:}_{透談}$丨聃$^{透}_{談}$（覃$_{7}$談$_{6}$）
	29	[2227]聸$^{端}_{談}$丨占$^{章}_{鹽}$（談$_{1}$鹽$_{1}$）
	30	[1512]𢋈$^{端}_{旱}$丨亶$^{端}_{旱}$（旱$_{2}$）
	31	[2304]膽$^{端}_{敢}$丨担上$^{端}_{敢}$[3315]薝$^{端}_{敢}$丨膽$^{端}_{敢}$1917]怛$^{端}_{翰}$誕$^{定}_{旱}$担$^{端}_{闞}$疸$^{端}_{翰}$鴠$^{端}_{翰}$丨旦$^{端}_{翰}$（敢$_{4}$旱$_{1}$翰$_{4}$闞$_{1}$）
透	32	[0782]湳$^{透}_{談}$坍$^{透}_{談}$㴴$^{透}_{談}$僋$^{透}_{覃}$舑$^{透}_{談}$撢$^{透}_{覃}$湍$^{透}_{桓}$丨貪$^{透}_{覃}$[3059]貪$^{透}_{覃}$丨攤$^{透}_{寒}$[0257]𩗺$^{透}_{寒}$湍$^{透}_{桓}$坍$^{透}_{談}$彈$^{透}_{寒}$幝$^{透}_{寒}$譂$^{透}_{寒}$攤$^{透}_{寒}$丨灘$^{透}_{寒}$[1030]灘$^{透}_{寒}$丨嘆平$^{透}_{寒}$[0425]煓$^{透}_{桓}$畽$^{透}_{緩}$疃$^{透}_{緩}$紞$^{端}_{敢}$貒$^{透}_{桓}$膞$^{透}_{桓}$丨湍$^{透}_{桓}$[1136]坦$^{透}_{旱}$丨灘上$^{透}_{旱}$[2455]毯$^{透}_{敢}$丨坦$^{透}_{旱}$ [2567]緂$^{透}_{敢}$緂$^{透}_{敢}$菼$^{透}_{敢}$醓$^{透}_{感}$丨毯$^{透}_{敢}$[0403]炭$^{透}_{翰}$丨坦去$^{透}_{翰}$[2082]嘆$^{透}_{翰}$歎$^{透}_{翰}$丨炭$^{透}_{翰}$[2047]憛$^{透}_{勘}$丨探$^{透}_{勘}$[2803]探$^{透}_{勘}$丨貪去$^{透}_{勘}$[2860]闒$^{透}_{翰}$丨嘆$^{透}_{翰}$（寒$_{9}$桓$_{6}$覃$_{4}$談$_{5}$緩$_{2}$旱$_{3}$感$_{1}$敢$_{6}$翰$_{7}$勘$_{4}$）
定	33	[1152]壇$^{定}_{寒}$遄$^{禪}_{仙}$丨彈$^{定}_{寒}$[3122]彈$^{定}_{寒}$檀$^{定}_{寒}$丨壇$^{定}_{寒}$（寒$_{5}$仙$_{1}$）
	34	[0098]曇$^{定}_{覃}$澶$^{禪}_{仙}$郯$^{定}_{談}$倓$^{定}_{談}$惔$^{定}_{談}$嘾$^{定}_{覃}$膻$^{定}_{覃}$憛$^{定}_{談}$罈$^{定}_{覃}$錟$^{定}_{談}$丨談$^{定}_{談}$[1195]壜$^{定}_{覃}$墰$^{定}_{覃}$鄿$^{定}_{覃}$談$^{定}_{談}$鐔$^{定}_{覃}$錟$^{定}_{談}$醰$^{定}_{覃}$蟫$^{定}_{覃}$驔$^{定}_{覃}$丨潭$^{定}_{覃}$（仙$_{1}$覃$_{11}$談$_{9}$）
	35	[1500]庬$^{定}_{覃}$丨覃$^{定}_{覃}$（覃$_{2}$）

續表

聲母	準小韻序號	轄字
	36	[2079]啗定敢噉定敢肬集:端勘丨啖定闞（勘$_1$敢$_2$闞$_1$）
	37	[2138]啶定旱丨誕定旱（旱$_2$）
	38	[2312]膻定旱弓定翰萏定感丨彈定翰（旱$_1$翰$_2$感$_1$）
	39	[3718]欿定感丨淡上定感[0114]呾定翰淡定闞潬定旱僤定旱憚定翰袒定旱襢定旱蛋定翰蜑定旱丨但定翰[1915]罿定翰丨憚定翰 [0299]黮集:定感丨湛定賺[0378]霮定勘湛定賺澹定闞潭定勘憺定闞脥定闞錟定感禫定感餤定敢丨淡定闞（旱$_5$感$_5$敢$_1$賺$_2$翰$_6$闞$_5$勘$_2$）
泥	40	[0064]㬮泥諫攤泥翰丨難泥翰（翰$_2$諫$_1$）
	41	[0387]濡泥銜畘泥談男泥覃喃泥咸腩泥感抩泥覃枏泥覃楠泥覃丨南泥覃 [2831]揇泥感丨南上泥感（覃$_5$談$_1$咸$_1$銜$_1$感$_3$）
	42	[1842]奻泥刪鸈泥寒丨難泥寒 [1928]戁泥潸赧泥潸丨難上泥旱[1960]戁泥潸赧泥潸丨赧泥潸（寒$_2$刪$_1$旱$_1$潸$_5$）
來	43	[0048]讕來桓丨栾來桓[0146]壏來談爁來闞嵐來覃婪來覃惏來覃懢來談啉來覃藍來談躝來覃襤來談艦來談闌來寒瓓來談籃來談鸝來談丨藍來談[0883]灡來寒襴來寒幱來寒欗來寒 欄來寒蘭來寒藍來談爛來山丨闌來寒[2110]囒來寒欒來桓丨蘭來寒[2955]殐來翰丨闌來翰（寒$_{10}$桓$_3$山$_1$覃$_5$談$_1$翰$_{20}$闞$_1$）
	44	[0464]燣來感擥來敢纜來闞攬來敢擥來敢轞來感欖來敢丨覽來敢[1166]壏來闞丨擥來敢[2625]覽來敢丨欖來敢（感$_2$敢$_8$闞$_2$）
	45	[1023]濫來闞糷來翰𢒼來翰丨爛來翰[1043]灠來闞㜮來闞嚂來闞丨濫來闞（翰$_3$闞$_5$）
精	46	[2288]酟知咸站集:知咸丨詀知咸（咸$_3$）
	47	[0743]昝精感丨咎精感（感$_2$）
	48	[1305]酇精翰儹精產嬻精翰瓚集:精翰丨賛精翰[3067]贊精翰丨讚精翰（翰$_6$產$_1$）
	49	[2878]魙集:崇陷丨站知陷（陷$_2$）
	50	[1428]𨼆崇陷丨瞻章鹹（陷$_1$鹹$_1$）
	51	[3335]篸精覃簪精覃丨鐕精覃 [1887]槧集:從談簪精敢丨簪上精感（覃$_3$談$_1$感$_1$敢$_1$）
	52	[2719]趲精產醆莊產琖莊潸斬莊賺丨盞莊產[3754]盞莊產丨醆莊產[2293]酢莊潸丨斬莊賺[2986]槧從敢丨斬上集:莊賺 [3331]蘸莊陷丨盞去莊澗 [2626]覽精鑑丨斬集:莊陷（（潸$_2$產$_5$賺$_3$敢$_1$澗$_1$陷$_2$鑑$_1$）
清	53	[0376]潸生潸嵼生產滻生產鏟初產剗初產剷初產簅生產犍生產弗初產丨產生產[3181]錢莊潸丨剗初產（潸$_2$產$_{10}$）
	54	[0558]嶘集:精產丨戔初產（產$_2$）
	55	[1894]粲清翰璨清翰鷚清翰黲清翰粲清翰丨粲清翰[3406]粲清翰粲清翰丨燦清翰（翰$_9$）
	56	[2649]讖初鑑丨懺初鑑（鑑$_2$）
	57	[0640]嵾清覃噆清勘嫪清覃驂清覃騒清覃餐清寒丨參清覃[2005]慘清感臢初賺丨參上清感[1686]傪清感嫪清感嬻清感𥈠清感黲清感丨慘清感[1574]竄清換丨叅 去清勘[3352]篡初諫丨竄清換（寒$_1$覃$_5$感$_8$賺$_1$換$_2$諫$_1$勘$_2$）
從	58	[0004]蠺從覃攢從桓蠶從覃丨蚕從覃[0656]巑從桓欑從桓蚕從覃丨攢從桓（桓$_4$覃$_4$）
	59	[2329]𦚢從寒盞從寒丨殘從寒（寒$_3$）
	60	[0572]嶃崇銜巉崇銜嚵崇銜鑱崇銜劖崇銜欃崇咸饞崇咸鬖從談瀺崇賺暫崇銜壧崇賺鄼崇咸隵崇銜讒崇咸攙崇咸蔪崇咸毚崇咸丨慚從談[1001]潺崇山孱崇山慙從談䜪崇咸丨讒崇咸 [1678]儳崇咸艬崇咸丨巉崇銜[2885]孱崇山𨫼崇山丨潺崇山（談$_3$山$_5$咸$_{11}$銜$_8$賺$_2$）
	61	[0374]霰莊鑑巀崇潸戲崇諫戲崇諫丨棧崇諫[1680]偡澄賺槧集:從敢賺澄陷棧崇諫丨湛澄賺（潸$_1$諫$_4$賺$_3$陷$_1$鑑$_1$）
	62	[0517]孨崇線丨饌崇潸[2526]袨澄襉丨綻澄襉[1699]僎崇線襈崇線組澄襉綻澄襉譔崇線篹崇線饌崇線丨撰崇潸[3592]撰崇潸丨譔崇線（潸$_3$襉$_4$線$_7$）
	63	[2407]鏨從闞鏨從闞丨暫從闞（闞$_3$）
心	64	[0341]雺生咸彡生咸縿生銜幓生銜犙生咸彡生銜帗心談丨衫生銜[0545]山生山丨珊心寒[0816]潸生潸𨚓生刪姍心寒跚心寒疝生山𣨛生刪珊心寒删生刪杉生咸丨山生山 [2505]衫生銜芟生銜丨杉生咸[3644]衫生銜丨帗心談（寒$_4$刪$_3$山$_3$談$_2$咸$_5$銜$_7$潸$_1$）
	65	[2116]嘇生咸弎心談叁心談弎心談丨三心談[3600]三心談丨叁心談（談$_6$咸$_1$）
	66	[3025]鏾心旱𢻎集:心旱饊心旱丨散心旱（旱$_4$）
	67	[3412]糤心旱丨傘上心旱[0762]汕生諫丨訕生諫[2664]訕生諫丨散心翰[3614]散心翰丨傘去心翰（旱$_2$翰$_3$諫$_3$）
	68	[0316]霰心桓删心寒鋑清桓丨酸心桓[3399]酸心桓丨筭平心桓 [2974]祘心換蒜心換笇心換丨筭心換[3342]算集:心換丨蒜心換（寒$_1$桓$_5$換$_6$）
見	69	[0278]䫡見覃䁪見銜緘見咸譼見銜𡒉見銜丨監見銜[0697]嵅見咸丨緘見咸（覃$_1$咸$_3$銜$_4$）
	70	[1089]礷見感鱤見感敢見敢䃭見感丨感見感[2716]赶見旱趕見旱感見感丨敢見敢（旱$_2$感$_5$敢$_2$）
	71	[0158]旰見翰丨干見翰（翰$_2$）

續表

聲母	準小韻序號	轄字
	72	[0039]旰$^{見}_{翰}$榦$^{見}_{翰}$榦$^{見}_{翰}$敦$^{見}_{翰}$釟$^{見}_{翰}$骭$^{見}_{翰}$紺$^{見}_{勘}$稈$^{見}_{旱}$ ǀ 幹$^{見}_{翰}$[0850]淦$^{見}_{勘}$ ǀ 贛$^{見}_{勘}$[1022]灨$^{見}_{勘}$ ǀ 淦$^{見}_{勘}$[2385]㽏$^{見}_{勘}$贑$^{見}_{勘}$贛$^{見}_{勘}$ ǀ 紺$^{見}_{勘}$（旱$_{1}$翰$_{7}$勘$_{9}$）
	73	[0363]雸$^{見}_{談}$岵$^{見}_{談}$唅$^{溪}_{覃}$疳$^{見}_{談}$玵$^{疑}_{談}$柑$^{見}_{談}$酣$^{匣}_{談}$盰$^{見}_{談}$ ǀ 甘$^{見}_{談}$[0542]乾$^{見}_{寒}$郼$^{見}_{寒}$忓$^{見}_{寒}$玕$^{見}_{寒}$杆$^{見}_{寒}$竿$^{見}_{寒}$甘$^{見}_{談}$䳩$^{見}_{寒}$虷$^{見}_{寒}$盂$^{見}_{寒}$ ǀ 干$^{見}_{寒}$[0893]漧$^{見}_{寒}$ ǀ 乾$^{見}_{寒}$[3344]簳$^{見}_{旱}$ ǀ 干上$^{見}_{旱}$（寒$_{12}$覃$_{1}$談$_{9}$旱$_{2}$）
	74	[3218]槭$^{見}_{咸}$ ǀ 監平$^{見}_{銜}$ [2985]鑒$^{見}_{鑑}$鑑$^{見}_{鑑}$ ǀ 監$^{見}_{鑑}$（咸$_{1}$銜$_{1}$鑑$_{3}$）
溪	75	[3256]栞$^{溪}_{寒}$ ǀ 看$^{溪}_{寒}$（寒$_{2}$）
	76	[1203]埳$^{溪}_{感}$壏$^{溪}_{感}$侃$^{溪}_{旱}$顑$^{溪}_{感}$扻$^{溪}_{感}$輡$^{溪}_{感}$𩞄$^{溪}_{感}$臽$^{溪}_{感}$ ǀ 坎$^{溪}_{感}$（旱$_{1}$感$_{8}$）
	77	[2179]矙$^{溪}_{闞}$ ǀ 嵌$^{集:}_{溪闞}$（闞$_{2}$）
	78	[0622]嵁$^{溪}_{覃}$坎$^{溪}_{感}$戡$^{溪}_{覃}$戓$^{溪}_{覃}$刋$^{溪}_{寒}$龕$^{溪}_{覃}$龕$^{溪}_{覃}$ ǀ 堪$^{溪}_{覃}$[1208]堪$^{溪}_{覃}$ ǀ 看平$^{溪}_{寒}$ [2480]勘$^{溪}_{勘}$衎$^{溪}_{翰}$ ǀ 看$^{溪}_{翰}$（寒$_{2}$覃$_{7}$感$_{1}$翰$_{2}$勘$_{1}$）
	79	[0679]嵌$^{溪}_{銜}$ ǀ 砍平$^{溪}_{覃}$ [2198]瞰$^{溪}_{闞}$ ǀ 砍$^{溪}_{感}$[2869]闞$^{溪}_{闞}$ ǀ 瞰$^{溪}_{闞}$（覃$_{1}$銜$_{1}$感$_{1}$闞$_{3}$）
疑	80	[0726]㟁$^{疑}_{翰}$矸$^{疑}_{翰}$婩$^{疑}_{翰}$䛳$^{疑}_{寒}$ ǀ 岸$^{疑}_{翰}$（寒$_{1}$翰$_{4}$）
影	81	[1390]郊$^{影}_{寒}$黫$^{影}_{山}$ ǀ 安$^{影}_{寒}$（寒$_{2}$山$_{1}$）
	82	[3572]黭$^{影}_{感}$ ǀ 闇$^{影}_{感}$（感$_{2}$）
	83	[3263]案$^{影}_{翰}$案$^{影}_{翰}$ ǀ 按$^{影}_{翰}$（翰$_{3}$）
	84	[1795]媕$^{影}_{覃}$婄$^{影}_{覃}$醅$^{影}_{感}$ ǀ 諳$^{影}_{覃}$[2121]晻$^{影}_{感}$ ǀ 諳上$^{影}_{感}$（覃$_{3}$感$_{3}$）
	85	[0046]晻$^{影}_{感}$ ǀ 庵$^{影}_{覃}$[1513]庵$^{影}_{覃}$鵪$^{影}_{覃}$黬$^{疑}_{咸}$ ǀ 菴$^{影}_{覃}$ [3573]黯$^{集:}_{影感}$ ǀ 菴上$^{影}_{感}$（覃$_{4}$感$_{2}$咸$_{1}$豏$_{1}$）
	86	[2341]腤$^{影}_{覃}$ ǀ 暗平$^{影}_{覃}$[0042]暗$^{影}_{勘}$ ǀ 闇$^{影}_{勘}$[2672]諳$^{影}_{勘}$揞$^{影}_{勘}$闇$^{影}_{勘}$厝$^{影}_{勘}$ ǀ 暗$^{影}_{勘}$（覃$_{2}$勘$_{7}$）
曉	87	[1932]憨$^{曉}_{談}$ ǀ 減平$^{匣}_{咸}$（談$_{1}$咸$_{1}$）
	88	[0701]皔$^{匣}_{旱}$靬$^{匣}_{旱}$狠$^{匣}_{很}$罕$^{曉}_{旱}$ ǀ 罕$^{曉}_{旱}$（旱$_{4}$很$_{1}$）
	89	[2111]喊$^{曉}_{敢}$ ǀ 咸上$^{匣}_{豏}$（敢$_{1}$豏$_{1}$）
	90	[0075]暵$^{曉}_{翰}$暵$^{曉}_{翰}$厈$^{曉}_{翰}$厂$^{曉}_{翰}$傼$^{曉}_{翰}$𢆉$^{鏡:}_{曉翰}$ ǀ 漢$^{曉}_{翰}$（翰$_{7}$）
匣	91	[1728]佄$^{匣}_{談}$蚶$^{洪:}_{匣談}$ ǀ 酣$^{匣}_{談}$（談$_{3}$）
	92	[0049]旱$^{匣}_{旱}$垾$^{匣}_{翰}$仠$^{匣}_{翰}$悍$^{匣}_{翰}$睅$^{匣}_{潸}$鼾$^{匣}_{翰}$骭$^{匣}_{翰}$閈$^{匣}_{諫}$閈$^{匣}_{翰}$釬$^{匣}_{翰}$銲$^{匣}_{翰}$豻$^{匣}_{翰}$馯$^{匣}_{翰}$ ǀ 汗$^{匣}_{翰}$[0544]翰$^{匣}_{翰}$汗$^{匣}_{翰}$娨$^{匣}_{諫}$哻$^{匣}_{翰}$鞎$^{匣}_{翰}$ ǀ 旱$^{匣}_{旱}$（旱$_{2}$潸$_{1}$翰$_{15}$諫$_{2}$）
	93	[2804]撼$^{匣}_{感}$捍$^{匣}_{翰}$ ǀ 感$^{集:}_{匣勘}$[3297]菡$^{匣}_{感}$ ǀ 撼$^{匣}_{感}$（感$_{3}$翰$_{1}$勘$_{1}$）
	94	[0277]颫$^{玉:}_{匣勘}$ ǀ 含$^{匣}_{勘}$（勘$_{2}$）
	95	[1601]含$^{匣}_{覃}$犴$^{匣}_{寒}$甝$^{匣}_{談}$豻$^{疑}_{寒}$韓$^{匣}_{寒}$ ǀ 寒$^{匣}_{寒}$[1341]邗$^{匣}_{寒}$寒$^{匣}_{寒}$ ǀ 韓$^{匣}_{寒}$ [0530]甝$^{匣}_{談}$峆$^{曉}_{覃}$邯$^{匣}_{談}$頷$^{匣}_{覃}$梒$^{匣}_{覃}$欦$^{匣}_{談}$ ǀ 含$^{匣}_{覃}$[0343]䨡$^{匣}_{覃}$涵$^{匣}_{覃}$㮀$^{匣}_{咸}$函$^{匣}_{覃}$函$^{匣}_{覃}$涵$^{匣}_{覃}$諴$^{匣}_{咸}$衘$^{匣}_{銜}$䳚$^{匣}_{咸}$麙$^{匣}_{咸}$函$^{匣}_{覃}$鹹$^{匣}_{咸}$ ǀ 咸$^{匣}_{咸}$[2055]含$^{匣}_{覃}$頷$^{匣}_{覃}$咸$^{匣}_{咸}$ ǀ 涵$^{匣}_{覃}$ [1977]憾$^{匣}_{勘}$ ǀ 含去$^{匣}_{勘}$（寒$_{7}$覃$_{14}$談$_{4}$咸$_{7}$銜$_{1}$勘$_{2}$）
貫類（含 63 個自然小類，30 個“準小韻”）		
端	96	[1534]叚$^{端}_{換}$斷$^{端}_{換}$ ǀ 段$^{端}_{換}$[2842]𢭃$^{端}_{換}$ ǀ 斷$^{端}_{換}$（換$_{5}$）
	97	[2335]腶$^{端}_{換}$鍴$^{端}_{桓}$剬$^{端}_{桓}$ ǀ 端$^{端}_{桓}$[2775]耑$^{端}_{桓}$ ǀ 短平$^{端}_{桓}$[3132]短$^{端}_{緩}$ ǀ 端上$^{端}_{緩}$（桓$_{5}$緩$_{2}$換$_{1}$）
定	98	[0837]漙$^{定}_{桓}$慱$^{定}_{桓}$摶$^{定}_{桓}$鷻$^{定}_{桓}$鷒$^{定}_{桓}$ ǀ 團$^{定}_{桓}$[3636]團$^{定}_{桓}$ ǀ 摶$^{定}_{桓}$（桓$_{8}$）
泥	99	[0074]暖$^{泥}_{緩}$ ǀ 㬉$^{泥}_{緩}$[0078]㬉$^{泥}_{緩}$煖$^{泥}_{緩}$煗$^{泥}_{緩}$㮧$^{泥}_{緩}$愞$^{洪:}_{泥緩}$餪$^{泥}_{緩}$ ǀ 暖$^{泥}_{緩}$[1673]偄$^{洪:}_{泥緩}$ ǀ 煖$^{泥}_{緩}$[2218]㬉$^{玉:}_{日仙}$ ǀ 煗$^{泥}_{緩}$（緩$_{12}$仙$_{1}$）
	100	[3373]稬$^{泥}_{換}$ ǀ 穤$^{泥}_{換}$[3374]穤$^{泥}_{換}$ ǀ 稬$^{泥}_{換}$（換$_{4}$）
來	101	[0610]䜌$^{來}_{桓}$ ǀ 峦$^{來}_{桓}$（桓$_{2}$）
	102	[2295]欒$^{來}_{桓}$鸞$^{來}_{桓}$圞$^{來}_{桓}$ ǀ 銮$^{來}_{桓}$[2990]鑾$^{來}_{桓}$灓$^{來}_{桓}$ ǀ 鵉$^{來}_{桓}$（桓$_{7}$）
	103	[3326]亂$^{來}_{換}$亂$^{來}_{換}$ ǀ 乱$^{來}_{換}$（換$_{3}$）
精	104	[1699]纂$^{精}_{緩}$ ǀ 撰$^{崇}_{潸}$[2560]纘$^{精}_{緩}$欑$^{精}_{緩}$ ǀ 纂$^{精}_{緩}$[2589]纂$^{精}_{緩}$䂎$^{精}_{緩}$ ǀ 纘$^{精}_{緩}$[3002]鑽$^{精}_{換}$ ǀ 纂去$^{精}_{換}$[3377]㔍$^{精}_{換}$ ǀ 鑽$^{精}_{換}$（緩$_{7}$潸$_{1}$換$_{4}$）
清	105	[3361]欑$^{從}_{桓}$ ǀ 攛$^{清}_{桓}$（桓$_{2}$）
從	106	[1781]孨$^{集:}_{崇線}$ ǀ 巽$^{集:}_{崇獮}$（獮$_{1}$線$_{1}$）
心	107	[1754]孱$^{集:}_{生線}$ ǀ 涮$^{生}_{諫}$（諫$_{1}$線$_{1}$）

續表

聲母	準小韻序號	轄字
見	108	[1509]宧$^{見}_{桓}$觀$^{見}_{桓}$縏$^{見}_{桓}$棺$^{見}_{桓}$ 丨 官$^{見}_{桓}$（桓$_{5}$）
	109	[2155]喧$^{見}_{刪}$關$^{見}_{刪}$鰥$^{見}_{山}$ 丨 関$^{見}_{刪}$（刪$_{3}$山$_{1}$）
	110	[2357]脘$^{見}_{緩}$朊$^{見}_{緩}$錧$^{見}_{緩}$筦$^{見}_{緩}$ 丨 管$^{見}_{緩}$[3343]管$^{見}_{緩}$ 丨 筦$^{見}_{緩}$（緩$_{7}$）
	111	[3385]錧$^{見}_{緩}$ 丨 舘$^{見}_{緩}$（緩$_{2}$）
	112	[0466]爟$^{見}_{換}$貫$^{見}_{換}$盥$^{見}_{換}$ 丨 灌$^{見}_{換}$[0671]巏$^{見}_{換}$盥$^{見}_{換}$涫$^{見}_{換}$灌$^{見}_{換}$鄟$^{見}_{換}$悹$^{見}_{換}$慣$^{見}_{諫}$矔$^{見}_{換}$遦$^{見}_{換}$摜$^{見}_{諫}$痯$^{見}_{換}$鏆$^{見}_{換}$瓘$^{見}_{換}$輨$^{見}_{緩}$鑵$^{見}_{換}$雚$^{見}_{換}$鸛$^{見}_{換}$丱$^{見}_{諫}$卝$^{見}_{諫}$盥$^{見}_{換}$ 丨 貫$^{見}_{換}$[1639]倌$^{見}_{諫}$ 丨 慣$^{見}_{諫}$（緩$_{1}$換$_{20}$諫$_{6}$）
	113	[2170]矔$^{見}_{換}$ 丨 觀$^{見}_{換}$（換$_{2}$）
溪	114	[0221]髖$^{溪}_{桓}$臗$^{溪}_{桓}$ 丨 寬$^{溪}_{桓}$[2934]寛$^{溪}_{桓}$ 丨 款平$^{溪}_{桓}$[1556]窾$^{溪}_{緩}$𢶍$^{溪}_{緩}$𨭉$^{溪}_{緩}$餋$^{見}_{線}$ 丨 款$^{溪}_{緩}$[3717]欵$^{溪}_{緩}$ 丨 寬上$^{溪}_{緩}$（桓$_{5}$緩$_{6}$線$_{1}$）
影	115	[1039]灣$^{影}_{刪}$彎$^{影}_{刪}$剜$^{影}_{桓}$ 丨 弯$^{影}_{刪}$[1849]婠$^{影}_{桓}$豌$^{影}_{桓}$蜿$^{影}_{桓}$ 丨 剜$^{影}_{桓}$（桓$_{5}$刪$_{3}$）
	116	[0125]晼$^{影}_{阮}$峗$^{影}_{阮}$涴$^{影}_{阮}$埦$^{集:}_{影緩}$夗$^{影}_{獮}$婉$^{影}_{阮}$惌$^{影}_{阮}$惋$^{影}_{換}$晼$^{影}_{阮}$踠$^{影}_{阮}$腕$^{影}_{換}$琬$^{影}_{阮}$ 丨 宛$^{影}_{阮}$[3032]掔$^{影}_{換}$ 丨 腕$^{影}_{換}$（緩$_{1}$換$_{4}$阮$_{9}$獮$_{1}$）
	117	[2392]拏$^{影}_{換}$ 丨 椀$^{影}_{緩}$[2561]綰$^{影}_{潸}$盌$^{影}_{緩}$ 丨 椀$^{影}_{緩}$[3225]椀$^{影}_{緩}$ 丨 盌$^{影}_{緩}$（緩$_{5}$換$_{1}$潸$_{1}$）
曉	118	[0079]睆$^{匣}_{緩}$鵍$^{曉}_{桓}$酄$^{曉}_{桓}$懽$^{曉}_{桓}$捖$^{匣}_{桓}$貛$^{曉}_{桓}$鱹$^{曉}_{桓}$ 丨 歡$^{曉}_{桓}$[1833]孉$^{曉}_{桓}$讙$^{曉}_{桓}$爟$^{曉}_{桓}$鴅$^{曉}_{桓}$驩$^{曉}_{桓}$歡$^{曉}_{桓}$ 丨 懽$^{曉}_{桓}$（桓$_{14}$緩$_{1}$）
	119	[0522]煥$^{曉}_{換}$喛$^{曉}_{換}$瞣$^{曉}_{換}$換$^{匣}_{換}$奐$^{曉}_{換}$囂$^{曉}_{換}$ 丨 喚$^{曉}_{換}$[2109]喚$^{曉}_{換}$䯘$^{匣}_{換}$𤵸$^{匣}_{換}$ 丨 換$^{匣}_{換}$（換$_{11}$）
	120	[0161]㬇$^{曉}_{換}$ 丨 渙$^{曉}_{換}$（換$_{2}$）
匣	121	[0657]岏$^{疑}_{桓}$𨳿$^{匣}_{桓}$逸$^{疑}_{桓}$ 丨 完$^{匣}_{桓}$[0795]洹$^{匣}_{桓}$垣$^{云}_{元}$宣$^{匣}_{桓}$丸$^{匣}_{桓}$ 丨 桓$^{匣}_{桓}$[2548]紈$^{匣}_{桓}$完$^{匣}_{桓}$刓$^{疑}_{桓}$桓$^{匣}_{桓}$萑$^{匣}_{桓}$荁$^{匣}_{桓}$狟$^{匣}_{桓}$貆$^{匣}_{桓}$ 丨 丸$^{匣}_{桓}$[2717]𧺝$^{云}_{元}$䡇$^{云}_{元}$ 丨 垣$^{云}_{元}$[3635]园$^{疑}_{桓}$ 丨 岏$^{疑}_{桓}$（桓$_{19}$元$_{4}$）
	122	[2378]鬟$^{匣}_{刪}$闤$^{匣}_{刪}$寰$^{匣}_{刪}$鐶$^{匣}_{刪}$環$^{匣}_{刪}$轘$^{匣}_{刪}$䴉$^{匣}_{刪}$圜$^{匣}_{刪}$ 丨 還$^{匣}_{刪}$[2725]還$^{匣}_{刪}$䬼$^{集:}_{疑桓}$ 丨 頑$^{疑}_{刪}$（桓$_{1}$刪$_{11}$）
	123	[0123]㬊$^{匣}_{緩}$垸$^{匣}_{換}$唍$^{匣}_{潸}$暖$^{匣}_{緩}$睆$^{匣}_{潸}$鍰$^{匣}_{換}$莞$^{匣}_{緩}$鯇$^{疑}_{緩}$ 丨 緩$^{匣}_{緩}$[0904]澣$^{匣}_{緩}$緩$^{匣}_{緩}$䚍$^{匣}_{緩}$ 丨 浣$^{匣}_{緩}$（緩$_{9}$換$_{2}$潸$_{2}$）
	124	[2038]忨$^{疑}_{換}$貦$^{疑}_{換}$ 丨 玩$^{疑}_{換}$[3068]玩$^{疑}_{換}$ 丨 翫$^{疑}_{換}$（換$_{5}$）
	125	[1943]患$^{匣}_{諫}$𢝊$^{匣}_{諫}$患$^{匣}_{諫}$ 丨 幻$^{匣}_{襇}$[2871]閄$^{玉:}_{匣諫}$宦$^{匣}_{諫}$豢$^{匣}_{諫}$圂$^{匣}_{諫}$幻$^{匣}_{襇}$ 丨 患$^{匣}_{諫}$（諫$_{8}$襇$_{2}$）
千類（含282個自然小類，117個“準小韻”）		
幫	126	[3781]徧$^{幫}_{線}$ 丨 变$^{幫}_{線}$（線$_{2}$）
	127	[0994]𤃬$^{幫}_{先}$𠑶$^{幫}_{先}$編$^{幫}_{仙}$鯾$^{幫}_{仙}$籩$^{幫}_{先}$ 丨 邊$^{幫}_{先}$[2759]邉$^{幫}_{先}$ 丨 鞭$^{幫}_{仙}$[3338]籩$^{幫}_{先}$箯$^{幫}_{仙}$蝙$^{幫}_{先}$鯿$^{幫}_{仙}$ 丨 編$^{幫}_{仙}$[1077]砨$^{集:}_{幫鹽}$砭$^{幫}_{鹽}$褊$^{幫}_{獮}$貶$^{幫}_{琰}$ 丨 匾$^{幫}_{銑}$[1562]窆$^{集:}_{幫琰}$𡊄$^{幫}_{琰}$ 丨 貶$^{幫}_{琰}$[3688]匾$^{幫}_{銑}$ 丨 編上$^{幫}_{獮}$（仙$_{6}$先$_{7}$鹽$_{2}$獮$_{2}$銑$_{2}$琰$_{4}$）
滂	128	[1495]扁$^{滂}_{仙}$媥$^{滂}_{仙}$覑$^{滂}_{仙}$㾫$^{滂}_{仙}$篇$^{滂}_{仙}$ 丨 偏$^{滂}_{仙}$[1660]偏$^{滂}_{仙}$猵$^{滂}_{仙}$翩$^{滂}_{仙}$ 丨 篇$^{滂}_{仙}$（仙$_{10}$）
	129	[3474]騗$^{滂}_{線}$辬$^{滂}_{霰}$ 丨 片$^{滂}_{霰}$[3764]片$^{滂}_{霰}$ 丨 騗$^{滂}_{線}$（線$_{2}$霰$_{3}$）
並	130	[2313]胼$^{並}_{先}$骿$^{並}_{先}$諞$^{並}_{仙}$玭$^{並}_{先}$ 丨 駢$^{並}_{先}$[3468]駢$^{並}_{先}$ 丨 胼$^{並}_{先}$（仙$_{1}$先$_{6}$）
	131	[3206]楩$^{並}_{仙}$ 丨 緶$^{並}_{仙}$（仙$_{2}$）
	132	[3583]辮$^{並}_{銑}$ 丨 編$^{集:}_{並銑}$（銑$_{2}$）
	133	[1378]郱$^{並}_{線}$頩$^{並}_{線}$玣$^{並}_{線}$ 丨 弁$^{並}_{線}$（線$_{4}$）
	134	[2417]蹁$^{並}_{先}$ 丨 便平$^{並}_{仙}$ [0040]昪$^{並}_{線}$汴$^{並}_{線}$便$^{並}_{線}$忭$^{並}_{線}$骿$^{並}_{銑}$拚$^{並}_{線}$抃$^{並}_{線}$閞$^{並}_{線}$玣$^{並}_{線}$艑$^{並}_{銑}$梈$^{並}_{線}$笲$^{並}_{線}$餅$^{集:}_{奉阮}$鴘$^{並}_{獮}$駢$^{並}_{先}$ 丨 卞$^{並}_{線}$[2623]鶣$^{並}_{銑}$鷩$^{並}_{獮}$辨$^{並}_{獮}$辯$^{並}_{獮}$ 丨 便$^{並}_{線}$[3404]釆$^{並}_{襇}$ 丨 辨$^{並}_{獮}$（仙$_{1}$先$_{1}$阮$_{1}$獮$_{5}$線$_{12}$銑$_{3}$襇$_{1}$）
明	135	[1756]眠$^{明}_{先}$矏$^{明}_{仙}$瞑$^{明}_{先}$眠$^{明}_{先}$瞑$^{明}_{先}$謾$^{明}_{仙}$寡$^{明}_{先}$宀$^{明}_{仙}$鼏$^{明}_{仙}$矊$^{明}_{先}$ 丨 綿$^{明}_{仙}$[2539]綿$^{明}_{仙}$緜$^{明}_{仙}$櫋$^{明}_{仙}$棉$^{明}_{仙}$ 丨 眠$^{明}_{先}$（仙$_{9}$先$_{7}$）
	136	[0765]沔$^{明}_{獮}$汅$^{明}_{獮}$俛$^{明}_{獮}$挽$^{明}_{獮}$娩$^{明}_{獮}$愐$^{明}_{獮}$𢗋$^{明}_{獮}$脕$^{微}_{阮}$緬$^{明}_{獮}$絻$^{明}_{獮}$丏$^{明}_{銑}$丏$^{明}_{銑}$ 丨 免$^{明}_{獮}$[0858]湎$^{明}_{獮}$偭$^{明}_{獮}$勔$^{明}_{獮}$莬$^{明}_{獮}$葂$^{明}_{獮}$免$^{明}_{獮}$ 丨 勉$^{明}_{獮}$[2284]𩈚$^{明}_{獮}$ 丨 湎$^{明}_{獮}$[2289]勔$^{明}_{獮}$ 丨 冕$^{明}_{獮}$（阮$_{1}$獮$_{21}$銑$_{2}$）
	137	[1624]偭$^{明}_{線}$眄$^{明}_{霰}$宩$^{明}_{霰}$𥈅$^{集:}_{明線}$麵$^{明}_{霰}$麪$^{明}_{霰}$ 丨 面$^{明}_{線}$[2281]面$^{明}_{線}$ 丨 麵$^{明}_{霰}$（線$_{4}$霰$_{5}$）
端	138	[1113]磹$^{定}_{㮇}$墊$^{端}_{㮇}$坫$^{端}_{㮇}$聑$^{端}_{添}$店$^{定}_{忝}$玷$^{端}_{㮇}$ 丨 店$^{端}_{㮇}$[1498]店$^{端}_{㮇}$ 丨 坫$^{端}_{㮇}$（添$_{1}$忝$_{1}$㮇$_{7}$）
	139	[0649]巔$^{端}_{先}$滇$^{端}_{先}$厧$^{端}_{先}$傎$^{端}_{先}$顚$^{端}_{先}$蹎$^{端}_{先}$顛$^{端}_{先}$ 丨 顛$^{端}_{先}$[2264]顛$^{端}_{先}$ 丨 点平$^{端}_{添}$[3310]蒧$^{端}_{忝}$典$^{端}_{銑}$ 丨 點$^{端}_{忝}$[1321]鄻$^{來}_{獮}$僆$^{來}_{獮}$孌$^{來}_{獮}$點$^{端}_{忝}$ 丨 典$^{端}_{銑}$（先$_{9}$添$_{1}$獮$_{3}$銑$_{2}$忝$_{3}$）
透	140	[0918]淟$^{透}_{銑}$悿$^{透}_{忝}$䩚$^{透}_{銑}$𩈲$^{透}_{銑}$舔$^{透}_{忝}$捵$^{透}_{銑}$殄$^{透}_{銑}$餮$^{透}_{屑}$飻$^{透}_{屑}$ 丨 忝$^{透}_{忝}$（銑$_{5}$忝$_{3}$屑$_{2}$）
	141	[3253]㮇$^{透}_{㮇}$ 丨 忝$^{透}_{㮇}$（㮇$_{2}$）

續表

聲母	準小韻序號	轄字
透	142	[0001]天$^{透}_{先}$宂$^{透}_{先}$阽$^{透}_{㮇}$酟$^{透}_{添}$黇$^{透}_{添}$ ǀ 添$^{透}_{添}$[0944]添$^{透}_{添}$眣$^{透}_{先}$娗$^{透}_{先}$兲$^{透}_{先}$ ǀ 天$^{透}_{先}$[1283]晪$^{透}_{銑}$ ǀ 腆$^{透}_{銑}$[2316]腆$^{透}_{銑}$錪$^{透}_{銑}$琠$^{透}_{銑}$ ǀ 天上$^{透}_{銑}$（先$_{6}$添$_{4}$銑$_{6}$㮇$_{1}$）
定	143	[1154]填$^{定}_{先}$壥$^{澄}_{仙}$畋$^{定}_{先}$⿰阝田$^{定}_{先}$廛$^{澄}_{仙}$寊$^{定}_{先}$甜$^{定}_{添}$⿰足田$^{定}_{先}$屇$^{定}_{仙}$瑱$^{定}_{先}$輷$^{定}_{先}$⿰車田$^{定}_{先}$顛$^{定}_{先}$甜$^{定}_{添}$鷆$^{定}_{先}$瑱$^{定}_{先}$填$^{定}_{先}$ ǀ 田$^{定}_{先}$[1263]田$^{定}_{先}$搷$^{定}_{先}$ ǀ 填$^{定}_{先}$[1642]倓$^{定}_{談}$恬$^{定}_{添}$ ǀ 甜$^{定}_{添}$[0496]烕$^{定}_{添}$ ǀ 恬$^{定}_{添}$（仙$_{3}$先$_{16}$添$_{6}$談$_{1}$）
	144	[1521]庙$^{定}_{先}$ ǀ 佃$^{定}_{先}$（先$_{2}$）
	145	[0327]電$^{定}_{霰}$壂$^{定}_{霰}$佃$^{定}_{霰}$鈿$^{定}_{霰}$壂$^{定}_{霰}$⿰耳甸$^{透}_{霰}$ ǀ 殿$^{定}_{霰}$[3170]殿$^{定}_{霰}$簟$^{定}_{忝}$ ǀ 佃$^{定}_{霰}$[3561]靛$^{定}_{霰}$奠$^{定}_{霰}$ ǀ 電$^{定}_{霰}$[2889]㞟$^{定}_{霰}$ ǀ 奠$^{定}_{霰}$[3235]橝$^{定}_{忝}$ ǀ 簟$^{定}_{忝}$（霰$_{14}$忝$_{3}$）
	146	[1267]畓$^{定}_{霰}$ ǀ 甸$^{定}_{霰}$（霰$_{2}$）
泥	147	[1898]娎$^{書}_{鹽}$呥$^{日}_{鹽}$䛁$^{日}_{鹽}$蚺$^{日}_{鹽}$朧$^{日}_{鹽}$䏣$^{日}_{鹽}$䎃$^{日}_{鹽}$ ǀ 髯$^{日}_{鹽}$（鹽$_{8}$）
	148	[3384]鮎$^{泥}_{添}$ ǀ 粘$^{泥}_{鹽}$[3408]粘$^{泥}_{鹽}$黏$^{泥}_{鹽}$ ǀ 鮎$^{泥}_{添}$[3515]鮎$^{泥}_{添}$ ǀ 黏$^{泥}_{鹽}$（鹽$_{4}$添$_{3}$）
	149	[1857]⿰女然$^{日}_{獮}$ ǀ 撚$^{泥}_{銑}$（獮$_{1}$銑$_{1}$）
	150	[0204]晛$^{泥}_{霰}$嵃$^{疑}_{線}$驗$^{疑}_{豔}$ ǀ 念$^{泥}_{㮇}$[1947]念$^{泥}_{㮇}$釅$^{疑}_{釅}$ ǀ 驗$^{疑}_{豔}$（線$_{1}$霰$_{1}$豔$_{2}$釅$_{1}$㮇$_{2}$）
	151	[1082]碾$^{泥}_{線}$ ǀ 研$^{疑}_{霰}$（線$_{1}$霰$_{1}$）
	152	[0031]⿰目然$^{泥}_{霰}$ ǀ 燃$^{日}_{仙}$[0434]燃$^{日}_{仙}$肰$^{日}_{仙}$冉$^{日}_{鹽}$ ǀ 然$^{日}_{仙}$[2506]衻$^{日}_{鹽}$ ǀ 冉$^{日}_{鹽}$ [0325]橤$^{日}_{琰}$㛅$^{日}_{琰}$姌$^{日}_{琰}$苒$^{日}_{琰}$冉$^{日}_{琰}$ ǀ 染$^{日}_{琰}$[0803]染$^{日}_{琰}$姌$^{日}_{琰}$⿰金冉$^{日}_{琰}$ ǀ 冉$^{日}_{琰}$[3254]染$^{日}_{琰}$ ǀ 冉上$^{日}_{琰}$（仙$_{4}$鹽$_{3}$霰$_{1}$琰$_{12}$）
	153	[1800]妍$^{疑}_{先}$琂$^{疑}_{元}$ ǀ 言$^{疑}_{元}$[2400]掔$^{疑}_{先}$䙇$^{匣}_{屑}$言$^{疑}_{元}$ ǀ 研$^{疑}_{先}$ [3079]輦$^{來}_{獮}$ ǀ 研上$^{疑}_{銑}$[0120]曮$^{疑}_{儼}$㛪$^{疑}_{儼}$孍$^{疑}_{儼}$蹨$^{泥}_{銑}$ ǀ 儼$^{疑}_{儼}$[1617]儼$^{疑}_{儼}$ ǀ 言上$^{疑}_{阮}$[0713]巘$^{疑}_{獮}$ ǀ 妍上$^{疑}_{獮}$（元$_{3}$先$_{3}$阮$_{1}$獮$_{3}$銑$_{2}$儼$_{5}$屑$_{1}$）
	154	[1331]⿰年阝$^{泥}_{先}$秊$^{泥}_{先}$ ǀ 年$^{泥}_{先}$[3594]年$^{泥}_{先}$ ǀ 秊$^{泥}_{先}$ [1858]姩$^{泥}_{霰}$⿰女秊$^{泥}_{霰}$ ǀ 年去$^{泥}_{霰}$（先$_{5}$霰$_{3}$）
來	155	[0516]歛$^{來}_{豔}$殮$^{來}_{豔}$瞼$^{來}_{豔}$ ǀ 歛$^{來}_{豔}$（豔$_{4}$）
	156	[0440]煉$^{來}_{霰}$湅$^{來}_{霰}$鍊$^{來}_{霰}$楝$^{來}_{霰}$ ǀ 練$^{來}_{霰}$[2581]練$^{來}_{霰}$ ǀ 煉$^{來}_{霰}$（霰$_{7}$）
	157	[0336]⿱雨廉$^{來}_{鹽}$熑$^{來}_{添}$嬚$^{來}_{鹽}$濂$^{來}_{添}$磏$^{來}_{鹽}$鬑$^{來}_{鹽}$⿸疒兼$^{來}_{鹽}$鐮$^{來}_{鹽}$鎌$^{來}_{鹽}$奩$^{來}_{鹽}$ ǀ 廉$^{來}_{鹽}$[0493]燫$^{來}_{獮}$漣$^{來}_{仙}$困$^{來}_{仙}$廉$^{來}_{鹽}$⿺辶連$^{來}_{仙}$憐$^{來}_{先}$嗹$^{來}_{先}$聯$^{來}_{仙}$謰$^{來}_{仙}$⿸疒連$^{來}_{仙}$鏈$^{來}_{仙}$蓮$^{來}_{先}$㺦$^{來}_{仙}$鰱$^{來}_{仙}$斂$^{來}_{鹽}$ ǀ 連$^{來}_{仙}$[3276]蘞$^{來}_{鹽}$蘝$^{來}_{鹽}$簾$^{來}_{鹽}$ ǀ 奩$^{來}_{鹽}$[2736]連$^{來}_{仙}$ ǀ 聯$^{來}_{仙}$[3686]匳$^{來}_{鹽}$ ǀ 斂$^{來}_{鹽}$[1938]戀$^{來}_{線}$ ǀ 連去$^{來}_{線}$[2397]攣$^{來}_{線}$ ǀ 恋$^{來}_{線}$[0905]澰$^{來}_{琰}$瀲$^{來}_{琰}$璉$^{來}_{獮}$羷$^{來}_{琰}$ ǀ 斂$^{來}_{琰}$[3721]歛$^{來}_{琰}$ ǀ 連上$^{來}_{獮}$[1289]睔$^{來}_{準}$ ǀ 憐上$^{來}_{銑}$（仙$_{12}$先$_{3}$鹽$_{17}$添$_{2}$獮$_{3}$銑$_{1}$琰$_{5}$線$_{4}$準$_{1}$）
精	158	[2661]諓$^{精:}_{精先}$ ǀ 淺$^{精}_{先}$（先$_{2}$）
	159	[2376]鬋$^{精}_{獮}$ ǀ 前$^{集:}_{精獮}$（獮$_{2}$）
	160	[0739]葥$^{精}_{線}$箭$^{精}_{線}$ ǀ 濺$^{精}_{線}$[0886]濺$^{精}_{線}$榗$^{精}_{線}$薦$^{精}_{霰}$ ǀ 箭$^{精}_{線}$（線$_{6}$霰$_{1}$）
	161	[0310]⿱雨韱$^{精}_{鹽}$熸$^{精}_{鹽}$瀸$^{精}_{先}$⿰口韱$^{精}_{鹽}$殲$^{精}_{鹽}$鐫$^{精}_{仙}$鑯$^{精}_{鹽}$㦰$^{精}_{鹽}$ ǀ 尖$^{精}_{鹽}$[1604]偂$^{精}_{先}$⿰目全$^{莊}_{仙}$戔$^{精}_{先}$菚$^{精}_{先}$尖$^{精}_{鹽}$ ǀ 箋$^{精}_{先}$[2135]⿰口煎$^{精}_{仙}$揃$^{精}_{仙}$棧$^{精}_{先}$箋$^{精}_{先}$籛$^{精}_{先}$牋$^{精}_{先}$ ǀ 煎$^{精}_{仙}$[3154]剪$^{精}_{獮}$ ǀ 煎上$^{精}_{獮}$[2601]帴$^{精}_{獮}$戩$^{精}_{獮}$劗$^{精}_{獮}$翦$^{精}_{獮}$ ǀ 剪$^{精}_{獮}$[1668]僭$^{精}_{㮇}$ ǀ 尖去$^{精}_{㮇}$（仙$_{5}$先$_{9}$鹽$_{8}$獮$_{7}$㮇$_{2}$）
清	162	[0315]⿱雨殳$^{精}_{鹽}$扦$^{清}_{先}$阡$^{清}_{先}$佺$^{清}_{仙}$仟$^{清}_{先}$悛$^{清}_{仙}$恮$^{清}_{仙}$憸$^{清}_{鹽}$遷$^{清}_{仙}$遷$^{清}_{仙}$痊$^{清}_{仙}$鐉$^{清}_{仙}$銓$^{清}_{仙}$杄$^{清}_{先}$荃$^{清}_{仙}$芊$^{清}_{先}$筌$^{清}_{仙}$籤$^{清}_{鹽}$[illegible]$^{心}_{先}$ ǀ 千$^{清}_{先}$[0514]烇$^{清}_{獮}$峑$^{清}_{仙}$ ǀ 筌$^{清}_{仙}$[1386]鄯$^{清}_{仙}$千$^{清}_{先}$ ǀ 遷$^{清}_{仙}$[2552]絟$^{清}_{仙}$駩$^{清}_{仙}$ ǀ 悛$^{清}_{仙}$（仙$_{17}$先$_{8}$鹽$_{3}$獮$_{1}$）
	163	[2415]跧$^{集:}_{清仙}$ ǀ 拴$^{清}_{仙}$（仙$_{2}$）
	164	[2022]忏$^{集:}_{清銑}$ ǀ 淺$^{清}_{獮}$（獮$_{1}$銑$_{1}$）
	165	[1163]壍$^{清}_{豔}$塹$^{清}_{豔}$倩$^{清}_{霰}$綪$^{清}_{霰}$縓$^{清}_{線}$ ǀ 茜$^{清}_{霰}$[3102]輤$^{清}_{霰}$ ǀ 倩$^{清}_{霰}$[3327]茜$^{清}_{霰}$蒨$^{清}_{霰}$ ǀ 塹$^{清}_{豔}$（線$_{1}$霰$_{7}$豔$_{3}$）
	166	[2598]懺$^{清}_{鹽}$ ǀ 僉$^{清}_{鹽}$ [3260]槧$^{清}_{豔}$ ǀ 僉去$^{清}_{豔}$（鹽$_{2}$豔$_{2}$）
從	167	[1864]媊$^{從}_{先}$歬$^{從}_{先}$錢$^{從}_{仙}$ ǀ 前$^{從}_{先}$[3424]鬵$^{從}_{仙}$ ǀ 錢$^{從}_{仙}$（仙$_{3}$先$_{3}$）
	168	[0206]⿰月全$^{從}_{仙}$洤$^{從}_{仙}$瑔$^{從}_{仙}$全$^{從}_{仙}$仝$^{從}_{仙}$ ǀ 泉$^{從}_{仙}$[0438]燖$^{邪}_{鹽}$涔$^{集:}_{從鹽}$鄲$^{從}_{覃}$ ǀ 潛$^{從}_{鹽}$[1006]潛$^{從}_{鹽}$詮$^{清}_{仙}$牷$^{從}_{仙}$ ǀ 全$^{從}_{仙}$（仙$_{9}$鹽$_{4}$覃$_{1}$）
	169	[2069]吮$^{從}_{獮}$輚$^{崇}_{產}$ ǀ 淺$^{集:}_{從獮}$[2389]䟃$^{從}_{獮}$ ǀ 吮$^{從}_{獮}$（獮$_{4}$產$_{1}$）
	170	[0781]洊$^{從}_{霰}$袸$^{從}_{霰}$栫$^{從}_{霰}$薦$^{從}_{霰}$⿸疒存$^{從}_{霰}$ ǀ 荐$^{從}_{霰}$（霰$_{6}$）
	171	[1455]⿰阝戔$^{從}_{獮}$踐$^{從}_{獮}$ ǀ 賤$^{從}_{線}$[1672]俴$^{從}_{獮}$⿴行戔$^{從}_{獮}$⿸疒戔$^{從}_{獮}$賤$^{從}_{線}$餞$^{從}_{線}$ ǀ 踐$^{從}_{獮}$（獮$_{6}$線$_{3}$）
心	172	[1694]僊$^{心}_{仙}$褼$^{心}_{仙}$襳$^{心}_{鹽}$籼$^{心}_{仙}$䙴$^{清}_{仙}$ ǀ 仙$^{心}_{仙}$（仙$_{5}$鹽$_{1}$）
	173	[1614]儇$^{曉}_{仙}$揎$^{心}_{仙}$瑄$^{心}_{仙}$⿰亘鳥$^{心}_{仙}$ ǀ 宣$^{心}_{仙}$（仙$_{5}$）
	174	[1376]⿰先阝$^{心}_{銑}$ ǀ 鮮$^{心}_{獮}$（獮$_{1}$銑$_{1}$）

續表

聲母	準小韻序號	轄字
心	175	[2468]䏚ㅣ㪷（獮$_{2}$）
	176	[2028]㣧僎蹼綫ㅣ線（線$_{5}$）
	177	[0531]銛孅思ㅣ纖[1068]砯䜢姺躚蹮纖攕銛（鉆）鮮秈鮮ㅣ先[3136]韱ㅣ銛[3511]鱻ㅣ鮮[0609]𡾰㦡跣選尟癬ㅣ先上[0197]漩ㅣ選[0398]㯠銑獮ㅣ跣[2980]鍌ㅣ銑[0337]霰霓巽ㅣ先去（仙$_{5}$先$_{6}$鹽$_{9}$獮$_{8}$銑$_{7}$線$_{1}$霰$_{3}$）
邪	178	[0083]暶颴漩涎嫙璇鏇璇琁璿ㅣ旋[0822]涙ㅣ涎[3694]旋ㅣ璿[2753]𨗨漩ㅣ羨[3671]羨ㅣ旋去（仙$_{15}$線$_{5}$）
章	179	[0324]霑詀沾（鹽$_{2}$咸$_{1}$）
	180	[0153]瞻昆瞻蹭ㅣ詹（鹽$_{4}$豔$_{1}$）
	181	[1207]塼嫥顓趲邅𨗨剸甄甎篅篿鸇膞叀耑ㅣ專[2227]氈譫栴旜ㅣ占[3379]㞩饘ㅣ邅[3693]旃ㅣ毡[3089]轉ㅣ占上[2185]瞫聸展ㅣ專上[2495]褎輾皽ㅣ展[2883]展ㅣ搌[2153]囀顫ㅣ專去[1909]軅弮弆ㅣ戰[3143]戰ㅣ展去（仙$_{23}$鹽$_{2}$獮$_{12}$琰$_{1}$線$_{9}$）
昌	182	[1209]墭襝ㅣ占[3699]占ㅣ佔（鹽$_{3}$豔$_{1}$）
	183	[1921]惉点ㅣ襜[2375]髻裧襜袩幨覘韂ㅣ沾[2876]閚ㅣ覘（鹽$_{13}$）
	184	[2762]辿ㅣ梴（仙$_{2}$）
	185	[2429]踹ㅣ惴（獮$_{2}$）
	186	[0756]㴸玔串ㅣ釧[2682]諯釧ㅣ串（線$_{7}$）
	187	[1544]川延ㅣ穿[1549]穿㓹ㅣ川[2766]𨗨ㅣ闡平（仙$_{8}$）[3673]舛ㅣ川上[0344]𩂯讇闡ㅣ諂[0409]燀僤繟蕆ㅣ闡[0198]肰舛諂ㅣ喘[1697]僢喘荈蹖喘𠄢ㅣ舛[2902]㾯ㅣ諂去（鹽$_{1}$獮$_{17}$琰$_{3}$感$_{1}$豔$_{1}$葉$_{1}$）
澄	188	[1041]瀍䡆椽蟬蟾䩌ㅣ傳[1829]嬋ㅣ蟬[2755]遂船篅ㅣ椽[3006]鋋ㅣ禪[3220]棎禪ㅣ蟾[3100]輲ㅣ船（元$_{1}$仙$_{16}$鹽$_{3}$）
	189	[2551]纏ㅣ傳平[1361]鄽躔ㅣ廛[3692]𨽍ㅣ傳[1150]墂隊縳冡瑑鷄ㅣ篆[3345]篆ㅣ廛去（仙$_{5}$獮$_{7}$線$_{4}$）
書	190	[1410]陝ㅣ閃[1893]㚲閃ㅣ陝（琰$_{5}$）
	191	[2178]睒覢ㅣ剡（琰$_{3}$）
	192	[0484]煽搧ㅣ扇[2881]扇ㅣ搧（仙$_{5}$）
	193	[3483]羴ㅣ羶[3484]羶ㅣ扇平（仙$_{4}$）
禪	194	[0532]㼝碝碝瑌輭㓴梗䓴蝡蠕耎ㅣ軟（獮$_{12}$）
	195	[3447]蟺ㅣ善平[0430]熯墠墡鄯僐嬗膳膳繕譱善擅禪贍甗鱓鐥鱓鱔䱇ㅣ善[3392]𩞤ㅣ贍[3789]單ㅣ禪（仙$_{2}$獮$_{12}$線$_{10}$豔$_{3}$）
見	196	[1841]奸艱ㅣ間[1901]姦豜ㅣ奸（刪$_{4}$山$_{2}$）
	197	[0686]㠝垷僆噻謇挸撊梘搴ㅣ蹇[2405]蹇搴蕳鹻ㅣ減（山$_{1}$阮$_{3}$獮$_{5}$銑$_{4}$豏$_{2}$）
	198	[2328]瞼柬ㅣ蕳[2509]襇揀簡ㅣ柬（琰$_{1}$產$_{5}$襇$_{1}$）
	199	[3354]筧ㅣ搴（獮$_{1}$銑$_{1}$）
	200	[2764]建劍ㅣ見（願$_{1}$霰$_{1}$梵$_{1}$）
	201	[3008]鐗ㅣ間（諫$_{1}$襇$_{1}$）
	202	[2656]諫ㅣ澗[0097]暕覸ㅣ諫（諫$_{3}$產$_{1}$襇$_{1}$）
	203	[2557]縑搛鶼鰜ㅣ兼[2790]撿ㅣ兼上（添$_{5}$琰$_{1}$忝$_{1}$）
	204	[0364]䙹㷿慳腱肩襺梘堅梋菅瀧鰹ㅣ堅[3435]鵳豣ㅣ肩[3461]璽ㅣ堅上[2965]襺繭ㅣ檢[3234]檢ㅣ肩上（元$_{1}$仙$_{1}$先$_{9}$銑$_{6}$刪$_{1}$山$_{3}$琰$_{2}$）
溪	205	[1941]愆掔搴褰㩎謙攐擐穙騫廯雃ㅣ牽[1736]㥶騫牽ㅣ愆[0767]汧ㅣ謙（元$_{2}$仙$_{9}$先$_{6}$嚴$_{1}$添$_{2}$）

續表

聲母	準小韻序號	轄字
溪	206	[2251]顧溪山鬜溪山覵集:溪山丨慳溪山（山$_4$）
	207	[1232]墤溪獮檻匣檻簡溪獮鑓溪獮丨遣溪獮[2728]遣溪獮丨箈溪獮（獮$_6$檻$_1$）
	208	[2080]嗛溪忝丨歉溪忝（忝$_2$）
	209	[1659]俔溪霰健溪線攲溪線墘溪線丨遣溪線（線$_4$霰$_1$）
	210	[1462]凵溪范傔溪㮇慊溪忝芡群琰欿溪儼丨欠溪梵[2582]繾溪線欠溪梵丨牽溪霰（儼$_1$琰$_1$范$_1$忝$_1$線$_1$霰$_1$梵$_2$㮇$_1$）
群	211	[0541]乾群仙郋群仙嘕溪仙丨虔群仙[1692]伶群鹽拎群鹽箝群鹽鴒群鹽黔群鹽丨鉗群鹽[2011]怜群鹽鉗群鹽丨鈐群鹽[2324]腱群願鈐群鹽犍群仙虔群仙虔群仙丨乾群仙（仙$_8$鹽$_{10}$願$_1$）
	212	[1621]儉群琰件群獮闉群獮鍵群阮鑳群獮楗群阮丨健群願[1623]健群願鐱群豔丨儉群琰（阮$_2$獮$_3$琰$_2$願$_2$豔$_1$）
疑	213	[2112]嘫疑山蹭疑刪丨顏疑刪（刪$_2$山$_1$）
	214	[1418]隒疑琰丨巖集:疑琰[2120]噞疑琰顩疑琰丨巖上疑儼（琰$_4$儼$_1$）
	215	[0586]嵒疑銜巗疑銜嵓疑咸巖疑銜顑疑咸鹺疑咸甗疑桓岩疑銜丨岩疑銜 [1468]广疑琰丨岩上疑檻（桓$_1$咸$_3$銜$_5$琰$_1$檻$_1$）
	216	[2176]巨疑產丨眼疑產（產$_2$）
	217	[1106]硯疑霰齞疑銑齴集:疑豔諺疑線讞疑線遃疑獮丨彥疑線[2419]琂疑霰彥疑線丨硯疑霰（獮$_1$銑$_1$線$_4$霰$_3$豔$_1$）
	218	[0431]甗疑諫贋疑諫丨鴈疑諫（諫$_3$）
影	219	[0459]煙影先淹影鹽湮影先鄢影仙鄢影先嫣影仙嬿影先咽影先垔影先垔影先橪影先蔫影仙菸影先焉影仙嫣影仙丨烟影先[0624]崦影鹽懕影鹽腌影嚴餣以鹽醃影鹽丨淹影鹽[1008]漹云仙丨焉影仙[2874]閼影先焉影仙丨燕影先（仙$_8$先$_{12}$鹽$_6$嚴$_1$）
	220	[0302]黤云琰渰影琰晻影感衍以獮揜影琰巶影琰黶影琰厴影琰奄影琰丨掩影琰[0362]罨影琰郼影琰閹影鹽檿影琰罨影琰丨奄影琰[0625]崦影琰晻影琰丨揜影琰[0760]沇以獮兗以獮陖以獮抁以獮丨兗以獮[0885]演以獮偃影阮兗以獮匽影阮嗔以獮縯以獮鰋影阮嗔以獮演以獮丨衍以獮（阮$_3$獮$_{13}$鹽$_1$琰$_{16}$感$_1$）
	221	[1155]埯影儼黤影感丨菴影琰（琰$_1$儼$_1$感$_1$）
	222	[2968]䙬影琰丨淹集:影琰（琰$_2$）
	223	[1325]郾影阮蝘影阮鰋影阮鼴影阮丨偃影阮（阮$_5$）
	224	[1821]媕影梵㤿影豔俺影梵丨奄集:影豔（豔$_2$梵$_2$）
	225	[0027]䅧影霰晏影諫俺影豔誾影梵黶影豔猒影豔丨厭影豔[1855]姲影諫晏影諫鴳影諫鰋影阮歇影願鄢影願丨晏影諫（阮$_1$願$_2$霰$_1$豔$_4$梵$_1$諫$_5$）
	226	[1257]堰影願隁影願晏影霰䁙影諫肙影霰鷗影阮丨宴影霰[1524]厭影豔傿影願宴影霰醼影霰丨燕影霰（阮$_1$願$_3$霰$_6$豔$_1$諫$_1$）
	227	[1908]躽影銑眼影銑丨宴影銑（銑$_3$）
	228	[2160]嚥影霰丨咽影霰（霰$_2$）
曉	229	[0419]仚曉仙嘕曉仙掀曉元屆玉:曉先祆曉先杴曉嚴𣢐曉添丨軒曉元（元$_2$仙$_2$先$_2$嚴$_1$添$_1$）
	230	[3450]蠦曉阮丨憲集:曉銑（阮$_1$銑$_1$）
	231	[1937]憲曉願獫匣忝丨獻曉願[3457]蜆匣銑獻曉願丨憲曉願（願$_4$銑$_1$忝$_1$）
	232	[2099]哯匣銑研集:匣銑晛匣銑䀐玉:匣銑丨顯集:曉霰（銑$_4$霰$_1$）
	233	[0523]嬐曉嚴丨險平曉鹽 [0666]嶮曉琰丨險曉琰[1409]險曉琰俔曉銑悓曉銑顯曉銑𢡟曉阮㥏曉銑獫曉琰玁曉琰丨顯曉銑（鹽$_1$嚴$_1$阮$_1$銑$_5$琰$_5$）
匣	234	[0147]脅曉嚴丨嫌匣添[0925]次集:邪仙研疑先研疑先埏以仙郔以仙嫌匣添𥄗以仙綖以仙咸匣咸梴以仙莚以仙管疑元筵以仙蜒以仙次集:邪仙丨延以仙[2763]延以仙丨筵以仙（元$_1$仙$_{13}$先$_2$嚴$_1$添$_2$咸$_1$）
	235	[1946]慈匣先嚽匣先胘匣先舷匣先弦匣先蚿匣先丨賢匣先[2549]絃匣先賢匣先丨弦匣先（先$_{10}$）
	236	[0515]焰以豔燄以豔炎集:以豔焱以豔丨艷玉:以㮇[0538]焰以豔灩以豔陷匣陷艷玉:以㮇灩以豔丨焰以豔[2443]琰以琰丨燄以豔[3021]錎匣陷臽匣陷丨陷匣陷（琰$_1$豔$_9$㮇$_2$陷$_4$）
	237	[0030]睍匣銑燃匣銑臏匣銑硯匣霰誢匣銑莧匣襇丨現匣霰（銑$_4$霰$_2$襇$_1$）
	238	[3095]轞匣檻艦匣檻覽匣鑑丨檻匣檻（檻$_3$鑑$_1$）
	239	[1480]戊匣刪嫺匣山閒匣山鷳匣山弫匣先丨閑匣山 [2168]啓匣產閬匣產賺匣豏丨限匣產[1610]僴匣潸丨閑上匣產[1431]限匣產丨閑去匣襇（先$_1$刪$_1$山$_4$產$_5$襇$_1$潸$_1$豏$_1$）
喻	240	[0827]沿以仙丨鉛以仙[0872]沿以仙陷以仙鉛以仙丨沿以仙（仙$_6$）
	241	[0418]爓以鹽壛以鹽阽以鹽琰以琰檐以鹽簷疑鹽簷以鹽鵮以鹽鹽以鹽丨炎云鹽[2879]庡以琰丨剡以琰[3161]剡以琰丨琰以琰（鹽$_9$琰$_5$）

續表

聲母	準小韻序號	轄字
	242	[3188]棪$^{以}_{琰}$睒$^{以}_{琰}$丨淡$^{集:}_{以琰}$（琰$_{3}$）
員類（含56個自然小類，25個"準小韻"）		
見	243	[1830]娟$^{見}_{仙}$勬$^{見}_{仙}$勌$^{見}_{仙}$韏$^{見}_{元}$剈$^{影}_{先}$蠲$^{見}_{先}$稍$^{見}_{先}$鵑$^{見}_{先}$蜎$^{影}_{先}$丨涓$^{見}_{先}$[0797]涓$^{見}_{先}$丨鵑$^{見}_{先}$（元$_{1}$仙$_{3}$先$_{8}$）
	244	[2692]誸$^{見}_{銑}$菤$^{見}_{獮}$拳$^{見}_{獮}$丨捲$^{見}_{獮}$[1251]埢$^{見}_{獮}$捲$^{見}_{獮}$丨卷$^{見}_{獮}$（獮$_{6}$銑$_{1}$）
	245	[3743]羂$^{見}_{銑}$丨畎$^{見}_{銑}$（銑$_{2}$）
	246	[1396]鄄$^{見}_{線}$睊$^{見}_{霰}$桊$^{見}_{線}$衏$^{見}_{霰}$狷$^{見}_{線}$罥$^{見}_{霰}$丨絹$^{見}_{線}$[1510]肙$^{曉}_{銑}$丨狷$^{見}_{線}$[2171]眷$^{見}_{線}$券$^{群}_{線}$桊$^{見}_{線}$餋$^{見}_{線}$養$^{見}_{線}$丨卷$^{見}_{線}$[2187]睠$^{見}_{線}$絹$^{見}_{線}$卷$^{見}_{線}$卷$^{見}_{線}$丨眷$^{見}_{線}$（線$_{16}$銑$_{1}$霰$_{3}$）
	247	[3129]弮$^{見}_{線}$丨捲$^{見}_{線}$（線$_{2}$）
溪	248	[3207]棬$^{溪}_{仙}$丨圈$^{溪}_{仙}$[3637]圈$^{溪}_{元}$丨犬平$^{溪}_{元}$[0857]湫$^{見}_{銑}$甽$^{見}_{銑}$畎$^{溪}_{銑}$畖$^{見}_{銑}$綣$^{溪}_{阮}$蘿$^{溪}_{阮}$丨犬$^{溪}_{銑}$[3485]犬$^{溪}_{銑}$丨圈上$^{溪}_{阮}$[2478]勸$^{溪}_{願}$丨圈去$^{溪}_{願}$[2973]韏$^{溪}_{線}$券$^{集:}_{群線}$丨勸$^{溪}_{願}$（元$_{2}$仙$_{2}$阮$_{3}$銑$_{6}$願$_{3}$線$_{2}$）
群	249	[2374]鬈$^{群}_{仙}$丨卷$^{群}_{仙}$（仙$_{2}$）
	250	[3760]䅚$^{群}_{仙}$丨捲$^{群}_{仙}$（仙$_{2}$）
	251	[1832]婘$^{群}_{仙}$惓$^{群}_{仙}$顴$^{群}_{仙}$臛$^{群}_{仙}$齤$^{群}_{仙}$拳$^{群}_{仙}$䟒$^{群}_{仙}$𤸎$^{群}_{仙}$彏$^{群}_{仙}$鸛$^{群}_{仙}$蜷$^{群}_{仙}$驩$^{曉}_{桓}$丨權$^{群}_{仙}$[2440]踡$^{群}_{仙}$權$^{群}_{仙}$權$^{群}_{仙}$丨拳$^{群}_{仙}$ [1427]𨺔$^{群}_{線}$丨倦$^{群}_{線}$[1684]倦$^{群}_{線}$丨拳去$^{群}_{線}$（仙$_{16}$桓$_{1}$線$_{4}$）
疑	252	[1959]愿$^{疑}_{願}$丨願$^{疑}_{願}$[2279]願$^{疑}_{願}$丨愿$^{疑}_{願}$（願$_{4}$）
影	253	[1979]悁$^{影}_{仙}$鋺$^{影}_{元}$丨宛$^{影}_{元}$（元$_{2}$仙$_{1}$）
	254	[0849]淵$^{影}_{先}$鵷$^{影}_{元}$丨冤$^{影}_{元}$[1018]淵$^{影}_{先}$帵$^{影}_{元}$䢎$^{影}_{先}$弲$^{影}_{先}$寃$^{影}_{元}$囦$^{影}_{仙}$丨淵$^{影}_{先}$（元$_{4}$仙$_{1}$先$_{5}$）
	255	[1867]婉$^{影}_{元}$丨鴛$^{影}_{元}$[2167]眢$^{影}_{元}$鴛$^{影}_{元}$丨夗$^{影}_{元}$（元$_{5}$）
	256	[3446]豲$^{疑}_{元}$蚖$^{疑}_{元}$丨园$^{云}_{元}$（元$_{3}$）
	257	[1265]𤰪$^{云}_{霰}$𤰪$^{云}_{霰}$餇$^{影}_{霰}$丨怨$^{影}_{願}$（願$_{1}$霰$_{3}$）
	258	[1413]隕$^{云}_{仙}$袁$^{云}_{元}$表$^{云}_{元}$緣$^{以}_{仙}$瑗$^{云}_{線}$楥$^{云}_{元}$鳶$^{以}_{仙}$鳶$^{以}_{仙}$鶰$^{云}_{仙}$蝝$^{以}_{仙}$黿$^{疑}_{元}$猨$^{云}_{元}$猿$^{云}_{元}$爰$^{云}_{元}$園$^{云}_{元}$圓$^{云}_{仙}$睘$^{邪}_{仙}$丨員$^{云}_{仙}$[1806]媛$^{云}_{元}$援$^{云}_{元}$丨瑗$^{云}_{線}$[2062]台$^{以}_{獮}$捐$^{以}_{仙}$轅$^{云}_{元}$鶢$^{云}_{元}$丨袁$^{云}_{元}$[3058]員$^{云}_{仙}$丨緣$^{以}_{仙}$[1275]晼$^{影}_{阮}$阮$^{疑}_{阮}$宛$^{影}_{阮}$惌$^{影}_{阮}$苑$^{影}_{阮}$菀$^{影}_{阮}$丨遠$^{云}_{阮}$[2732]遠$^{云}_{阮}$丨員上$^{云}_{獮}$[0227]朊$^{疑}_{阮}$亢$^{疑}_{阮}$輐$^{疑}_{阮}$丨阮$^{疑}_{阮}$（元$_{13}$仙$_{12}$阮$_{12}$獮$_{2}$線$_{2}$）
曉	259	[0787]泫$^{匣}_{銑}$丨楦$^{曉}_{願}$[2818]拘$^{曉}_{霰}$楦$^{曉}_{願}$丨絢$^{曉}_{霰}$（願$_{2}$銑$_{1}$霰$_{2}$）
	260	[0137]晅$^{曉}_{元}$暄$^{曉}_{元}$坃$^{曉}_{元}$塤$^{曉}_{元}$壎$^{曉}_{元}$咺$^{曉}_{元}$愋$^{曉}_{元}$絢$^{曉}_{霰}$諠$^{曉}_{元}$諼$^{曉}_{元}$軒$^{曉}_{元}$弲$^{曉}_{仙}$萱$^{曉}_{元}$䚭$^{曉}_{仙}$丨喧$^{曉}_{元}$[0419]烜$^{曉}_{元}$丨軒$_{曉}$ [2066]喧$^{曉}_{元}$蕿$^{曉}_{元}$丨萱$^{曉}_{元}$[3490]獧$^{曉}_{元}$翾$^{曉}_{仙}$丨暄$^{曉}_{元}$[3448]蠉$^{曉}_{獮}$丨喧上$^{曉}_{阮}$（元$_{19}$仙$_{3}$阮$_{1}$獮$_{1}$霰$_{1}$）
匣	261	[2855]閺$^{集:}_{匣先}$丨泫$^{集:}_{匣先}$（先$_{2}$）
	262	[1219]埍$^{匣}_{銑}$玄$^{匣}_{先}$丨懸$^{匣}_{先}$[1615]伭$^{匣}_{先}$婯$^{匣}_{先}$懸$^{匣}_{先}$䁅$^{匣}_{先}$縣$^{匣}_{先}$䞦$^{匣}_{先}$玹$^{匣}_{先}$丨玄$^{匣}_{先}$（先$_{10}$銑$_{1}$）
	263	[2997]鋗$^{匣}_{銑}$丨涓$^{補:}_{匣獮}$（獮$_{1}$銑$_{1}$）
	264	[2024]怰$^{匣}_{霰}$𩑶$^{匣}_{霰}$衒$^{匣}_{霰}$衏$^{匣}_{霰}$鉉$^{匣}_{銑}$琄$^{匣}_{銑}$帩$^{匣}_{銑}$贙$^{匣}_{霰}$丨玄$^{集:}_{匣霰}$[2190]眴$^{匣}_{霰}$衒$^{匣}_{霰}$丨縣$^{匣}_{霰}$（銑$_{3}$霰$_{9}$）
	265	[2527]袨$^{匣}_{霰}$玹$^{匣}_{霰}$丨炫$^{匣}_{霰}$（霰$_{3}$）
喻	266	[2705]衏$^{云}_{線}$丨院$^{云}_{線}$（線$_{2}$）
	267	[0763]沅$^{疑}_{元}$源$^{疑}_{元}$湲$^{云}_{仙}$邧$^{疑}_{元}$原$^{疑}_{元}$原$^{疑}_{元}$妧$^{疑}_{元}$嫄$^{疑}_{元}$獂$^{疑}_{元}$黿$^{疑}_{元}$黿$^{疑}_{元}$丨元$^{疑}_{元}$[2652]謜$^{疑}_{元}$𪀚$^{疑}_{元}$丨原$^{疑}_{元}$[1802]嬐$^{疑}_{琰}$丨原上$^{疑}_{阮}$（元$_{14}$仙$_{1}$阮$_{1}$琰$_{1}$）

在267個"準小韻"中，屬於自注類型的共計118個，屬於混注的有149個，混注占總數的55.81%（149/267）。關於諸韻系自注與混注的數量詳見表3-10-5。

表3-10-5 山、咸攝諸陽聲韻自注、混注數量對比表 （單位：次）

攝名	山							咸							
韻名	寒	桓	刪	山	元	仙	先	覃	談	咸	銜	嚴	凡	鹽	添
自注	10	24	2	4	10	24	16	7	3	2	2	0	1	11	3
混注	24	22	30	23	33	64	55	27	21	19	13	10	6	38	16

對比自注與混注的數量可知，以上諸韻的混注（桓韻除外）均超過了自注，有的韻的混注數甚至是自注數的數倍，由此可知它們在此時以與彼此的混注爲常態，而中古時的界線已被完全打破，它們又進行了重組。關於混注的具體情況，我們窮盡列舉如下，詳見表 3-10-6。表中的“寒桓”是指僅有寒、桓二韻參與混注的“準小韻”，共出現 1 次，餘類推。

表 3-10-6　系聯後的山、咸攝陽聲諸韻混注情況統計表

序號	混注種類	次數	序號	混注種類	次數	序號	混注種類	次數
1	寒桓	*1*	27	山談咸銜	*1*	53	仙先鹽添諄	*1*
2	寒桓覃談	*1*	28	山鹽	*1*	54	仙先添	*2*
3	寒桓山覃談	*1*	29	元仙	*2*	55	仙山	*1*
4	寒桓刪覃咸	*1*	30	元仙先	*5*	56	仙銜	*1*
5	寒刪	*4*	31	元仙先刪山鹽	*1*	57	仙鹽	*3*
6	寒刪山談咸銜	*1*	32	元仙先山	*1*	58	仙鹽覃	*1*
7	寒山	*2*	33	元仙先山咸	*1*	59	仙鹽覃葉	*1*
8	寒仙	*1*	34	元仙先嚴	*1*	60	先刪山咸	*1*
9	寒痕	*1*	35	元仙鹽	*4*	61	先山	*1*
10	寒覃	*6*	36	元仙鹽覃	*1*	62	先添	*3*
11	寒覃談	*2*	37	元仙先嚴添	*2*	63	覃談	*4*
12	寒覃談銜	*1*	38	元仙先嚴添咸	*1*	64	覃談仙	*1*
13	寒覃談咸銜	*1*	39	元先	*3*	65	覃談銜	*1*
14	寒談	*1*	40	元先刪鹽	*1*	66	覃談咸銜	*1*
15	桓刪	*8*	41	元先刪鹽凡	*1*	67	覃咸	*1*
16	桓刪山	*1*	42	元先鹽嚴	*1*	68	覃咸銜	*1*
17	桓元	*3*	43	元先凡	*1*	69	談咸	*3*
18	桓元仙	*1*	44	元先添	44	70	談鹽	*1*
19	桓仙	*3*	45	元凡	*1*	71	咸鹽	*2*
20	桓覃	*1*	46	元凡銜	*1*	72	銜鹽	*1*
21	桓咸銜鹽	*1*	47	仙先	*16*	73	鹽嚴	*1*
22	刪山	*8*	48	仙先鹽	*7*	74	鹽嚴覃	*1*
23	刪山仙	*1*	49	仙先鹽嚴	*1*	75	鹽凡	*1*
24	刪山談咸銜	*1*	50	仙先鹽嚴凡添	*1*	76	鹽添	*2*
25	刪仙	*1*	51	仙先鹽嚴添	*1*	77	鹽添咸	*1*
26	刪咸銜	*1*	52	仙先鹽添	*1*			

根據表 3-10-6 中對高級混注數據的統計，咸攝陽聲諸韻系與山攝陽聲諸韻系間的混注數詳見表 3-10-7。表中混注數是該韻與山攝陽聲諸韻混注的總數，如覃韻 18，表明覃韻與山攝陽聲諸韻混注 18 次；混注總數是該韻參與所有混注的總和，如覃韻 27，表明覃韻與非覃韻的混注共計 27 次，餘類推。

表 3-10-7 與山攝混注的咸攝諸陽聲韻系數量統計表

	咸攝							
	覃	談	咸	銜	嚴	凡	鹽	添
混注數/次	18	11	10	9	8	5	28	13
混注總數/次	27	21	19	13	10	6	38	16
占比/%	66.67	52.38	52.63	69.23	80.00	83.33	73.68	81.25

中古咸攝陽聲諸韻系與山攝的混注數占自身混注總數的比值，最小的是談韻（52.38%），最多的是凡韻（83.33%），據此可見咸攝與山攝的混注程度很深，結合漢語史的音變進程可知，中古咸攝已併入山攝，即二攝在《玉篇直音》中合併爲一個韻部——先添部，此與初級統計的結果完全吻合。

在上文我們曾經提到，初級統計顯示，山攝一等寒、桓韻與二等刪、山韻間的關係並不密切，我們需要使用高級統計再作判斷。需要明確的是，刪、山二韻間的混注共計 14 次，各占刪、山混注總數的 46.67%（14/30）和 60.87%（14/23）。據此比值並結合漢語史的音變進程可判斷，刪、山二韻已合併。因此討論寒、桓與刪、山的關係時，可將刪、山併爲一韻來對待。關於寒、桓、刪、山四韻之間的混注統計如下。

寒韻：與刪、山韻混注共計 9 次（寒刪 6 次，寒山 4 次，其中與刪、山同時混注 1 次），占寒韻混注總數的 37.50%（9/24）。

桓韻：與刪、山韻混注共計 11 次（桓刪 10 次，桓山 2 次，其中與刪、山同時混注 1 次），占桓韻混注總數的 50.00%（11/22）。

從寒、桓韻與刪、山韻的混注比值來看，它們在《玉篇直音》中的關係較爲密切，其中古時的對立特徵似乎已經消失。下面，我們再通過比較部分常見字的讀音進一步把握寒、桓、刪、山四韻在《玉篇直音》中的關係，詳見下表 3-10-8。表中的代表例字關係均出自《玉篇直音》，“難上$^{泥}_{旱}$=赧$^{泥}_{潸}$”表示兩者的讀音相同，如果滿足音同條件，就用“+”表示，不滿足者就用“–”表示，例字未收錄者用“○”表示。爲使表格簡潔，我們使用簡稱，《中原音韻》《韻略易通》《韻略匯通》《同文備考》《諧聲品字箋》《玉篇直音》等文獻分別簡稱爲中、易、匯、同、諧、玉。爲方便古今比較，我們將今海鹽吳音也列入表中，簡稱爲海鹽。

表 3-10-8 部分中古山攝一、二等字在近代漢語中的讀音關係①

代表例字關係	中	易	匯	同	諧	玉	海鹽
難上$^{泥}_{旱}$=赧$^{泥}_{潸}$（不計聲調）	+	+	+	+	+	+	○
贊$^{精}_{翰}$=儹$^{精}_{產}$（不計聲調）	○	+	+	+	+	+	○

①表中例字的讀音分別依據：楊耐思. 中原音韻音系[M]. 北京：中國社會科學出版社，1981；張玉來. 韻略易通研究[M]. 天津：天津古籍出版社，1999；張玉來. 韻略匯通音系研究[M]. 濟南：山東教育出版社，1995；丁鋒.《同文備考》音系[M]. 福岡：中國書店，2001。《諧聲品字箋》的讀音乃筆者親自翻閱《諧聲品字箋》（[清]虞咸熙，虞德升. 清康熙十六年（1677）刻本，北京大學圖書館藏）所得。今海鹽吳音依據胡明揚的《海鹽方言志》（浙江教育出版社，1992 年）。

續表

代表例字關係	中	易	匯	同	諧	玉	海鹽
珊$^{心}_{寒}$=山$^{生}_{山}$=刪$^{生}_{刪}$（不計聲母）	+	+	+	+	+	+	+
散$^{心}_{翰}$=訕$^{生}_{諫}$（不計聲母）	+	+	+	+	+	+	○
汗$^{匣}_{翰}$翰$^{匣}_{翰}$=旱$^{匣}_{旱}$	+	+	+	+	+	+	+
般$^{幫}_{桓}$䑶$^{幫}_{桓}$=頒$^{幫}_{刪}$班$^{幫}_{刪}$	–	–	+	–	–	+	–
漫$^{明}_{換}$幔$^{明}_{換}$=慢$^{明}_{諫}$	–	–	+	–	–	+	–
湍$^{透}_{桓}$=灘$^{透}_{寒}$（不計開合）	–	–	+	–	–	+	○
欒$^{來}_{桓}$=蘭$^{來}_{寒}$（不計開合）	–	–	+	–	–	+	–
竄$^{清}_{換}$=篡$^{初}_{諫}$	–	–	○	+	–	+	+
纂$^{精}_{緩}$=撰$^{崇}_{潸}$（不計聲母）	○	–	○	–	–	+	○
灌$^{見}_{換}$貫$^{見}_{換}$=慣$^{見}_{諫}$摜$^{見}_{諫}$	–	–	+	–	–	+	–
剜$^{影}_{桓}$=彎$^{影}_{刪}$	–	–	+	–	+	+	–
椀$^{影}_{緩}$=綰$^{影}_{潸}$	–	–	+	–	–	+	○
緩$^{匣}_{緩}$=睆$^{匣}_{潸}$	○	–	+	+	–	+	○

比較表 3-10-8 中例字的同音關係在其他諸文獻中的情況可知，與《玉篇直音》的例字讀音最爲近似的當屬代表近代官話音的《韻略匯通》，具有吳音性質的《同文備考》及《諧聲品字箋》等分列第二、第三。《中原音韻》《韻略易通》等或許是時間較早，與之表現出的差異較大。今海鹽吳音中有較多的字不使用，但是就已有的情況來論，“+” 3 個，“–” 5 個，也表現出與《玉篇直音》的較大差異。

中古山攝一、二等韻在《中原音韻》中分爲寒山、桓歡兩部，在《韻略易通》中亦分爲山寒、端桓兩部。據此可知，中古開口一等寒韻與二等刪、山韻合併，且合口一等桓韻的主元音與寒、刪、山並不相同。這在《西儒耳目資》中已有改變，桓韻雖然獨立，但是已經有部分一等字“桓緩碗腕貫”混入二等字中；至明末的《音韻集成》《韻略匯通》《等韻圖經》中，中古桓韻歸入山寒部中，這說明明末官話音中桓韻的主元音已與寒、刪、山諸韻相同。

不過，山攝一、二等韻的演變在吳方音中與官話並不同。以《同文備考》爲例，“寒[ɔn]間[an]對立，桓[uɔn]還[uan]對立，一二等基本不同韻”。[①]《諧聲品字箋》[②]中分天、堪兩部，其中堪部開口呼中有來自“山攝寒韻，刪、山韻的脣舌齒音開口”，合口呼中有來自“少數桓韻，山攝刪、山韻”的牙音合口；天部的合口主要來自山攝桓韻，且與齊齒、撮口等韻的主元音相同。即便是在今天的吳音中，中古山攝一、二等韻的差別依然存在。如海門、崇明、江山、常山、玉山等地，一等寒韻與二等刪、山韻的讀音完全對立；再如海鹽吳音，見系一等寒韻與二等刪、山韻的讀音不同，見系一等桓韻與二等刪韻的讀音也不同。總之，無論是哪一種不同，中古山攝一等寒、桓韻與二等刪、山韻在吳方言中是存在對立的。

①丁鋒.《同文備考》音系[M]. 福岡：中國書店，2001：247.

②張詠梅.《諧聲品字箋》的音系研究[M]. 成都：巴蜀書社，2011：142-146.

《玉篇直音》中的情況與《同文備考》《諧聲品字箋》等歷史吳音不同，與今海鹽吳音也不吻合，與代表官話音的《音韻集成》《韻略匯通》完全吻合。結合高級統計的結果，我們認爲中古寒、桓韻在《玉篇直音》中已經與删、山韻合流，它們中古時的區別已經消失。另“礄$^{\text{並}}_{\text{桓}}$音煩$^{\text{奉}}_{\text{元}}$P22L1”例，桓元混同，這表明桓韻的主元音已經與元韻一致，此例可用於佐證桓韻在《玉篇直音》中不再獨立。僅論此點，《玉篇直音》與通語的特徵相吻合。

關於山、咸攝一二等韻的關係，秦淑華曾經指出“山咸攝一、二等見系大體上保持區別”。①我們對見系的山、咸攝一、二等韻自注、混注情況又做了專門統計（二等開口腭化音變者不再統計），自注者 19 次（寒 5、桓 8、覃 4、談 2），混注者 28 次，具體混注內容詳見表 3-10-9。

表 3-10-9　山、咸攝一、二等韻高級混注情況統計表

開口（18 次）								
序號	混注種類	次數	序號	混注種類	次數	序號	混注種類	次數
1	寒山	*1*	5	寒覃談咸銜	*1*	9	覃咸銜	*2*
2	寒删	*1*	6	寒痕	*1*	10	談咸	*2*
3	寒覃	*4*	7	覃談銜	*1*	11	咸銜	*1*
4	寒覃談	*1*	8	覃咸	*3*			
合口（10 次）								
序號	混注種類	次數	序號	混注種類	次數	序號	混注種類	次數
1	桓删	*5*	3	桓元仙	*1*	5	删山	*2*
2	桓元	*1*	4	桓仙	*1*			

先看山攝。開口一等寒韻與二等删、山韻混注 2 次，占寒韻總數的 14.29%（2/14），據此比值可以初步認爲見系開口寒、删、山韻已合流。如果反過來分析更爲直接，開口删、山韻各自出現 1 次，但均與寒韻混注，這足以證明一、二等韻間的對立已經消失。合口一等桓韻與删韻混注 5 次，占總數的 31.25%（5/16），亦足以表明合口一、二等韻間的區別已不在。

再論咸攝。首先一等重韻覃、談的區別已不在，因爲覃談混注 4 次，占談韻總數的 57.14%（4/7），比值甚大。至於一、二等韻間的關係，覃、談與咸、銜之間的混注共計 7 次，而咸銜自注的次數爲 0，對比反差懸殊，可證一、二等韻間的對立已不在。

綜上所述，山、咸攝見系一、二等韻間的區別應已不復存在，這與上文的總體討論結果相吻合。

①秦淑華.《玉篇直音》的語音系統[A]. 見：張渭毅. 漢聲——漢語音韻學的繼承與創新（下）[C]. 北京：中國文史出版社，2011：375.

3.10.2 關於韻母的確立

先添部字的聲母遍及《玉篇直音》聲母系統的幫、非、端、精、章、見、曉七組聲母，不過各組聲母內部所屬的對立小韻存在數量的差別，因此我們選取存在對立小韻最多的幫、非、端、精、章、見、曉七母爲代表，列其所屬小韻如下：

幫母①【平】頒$^{幫}_{刪}$煸$^{幫}_{刪}$斑$^{幫}_{刪}$般$^{幫}_{桓}$辬$^{幫}_{刪}$班$^{幫}_{刪}$黺$^{幫}_{桓}$【上】鈑$^{幫}_{潸}$蝂$^{幫}_{潸}$版$^{幫}_{潸}$板$^{幫}_{潸}$【去】半$^{幫}_{換}$絆$^{幫}_{換}$

②【平】𤅼$^{幫}_{先}$𠐓$^{幫}_{先}$編$^{幫}_{仙}$鯾$^{幫}_{仙}$𨷺$^{幫}_{先}$邊$^{幫}_{先}$鞭$^{幫}_{仙}$邉$^{幫}_{先}$箯$^{幫}_{仙}$蝙$^{幫}_{先}$鯿$^{幫}_{仙}$【上】砭$^{集:}_{幫鹽}$砭$^{幫}_{鹽}$褊$^{幫}_{獮}$貶$^{幫}_{琰}$匾$^{幫}_{銑}$窆$^{集:}_{幫琰}$𣄻$^{幫}_{琰}$編上$^{幫}_{獮}$【去】徧$^{幫}_{線}$变$^{幫}_{線}$

非母①【平】潘$^{集:}_{敷元}$拚$^{敷}_{元}$繙$^{敷}_{元}$犿$^{非}_{元}$幡$^{敷}_{元}$翻$^{敷}_{元}$番$^{敷}_{元}$飜$^{敷}_{元}$旛$^{敷}_{元}$旙$^{敷}_{元}$鐇$^{非}_{元}$藩$^{非}_{元}$【上】坂$^{非}_{阮}$返$^{非}_{阮}$皈$^{非}_{阮}$反$^{非}_{阮}$【去】屹$^{敷}_{梵}$氾$^{敷}_{梵}$泛$^{敷}_{梵}$釩$^{敷}_{梵}$販$^{非}_{願}$汎$^{敷}_{梵}$畈$^{非}_{願}$阪$^{非}_{阮}$恆$^{敷}_{願}$疲$^{敷}_{願}$

端母①【平】旦$^{端}_{翰}$砃$^{端}_{寒}$鄲$^{端}_{寒}$襌$^{端}_{寒}$甔$^{端}_{覃}$簞$^{端}_{寒}$禪$^{端}_{寒}$單$^{端}_{寒}$嵂$^{端}_{寒}$膻$^{端}_{寒}$癉$^{端}_{寒}$殫$^{端}_{寒}$丹$^{端}_{寒}$簞$^{端}_{寒}$眈$^{端}_{覃}$湛$^{端}_{覃}$媅$^{端}_{覃}$妉$^{端}_{覃}$甜$^{透}_{談}$聃$^{透}_{談}$覘$^{端}_{覃}$擔$^{端}_{談}$躭$^{端}_{覃}$眈$^{端}_{覃}$耽$^{端}_{覃}$舑$^{玉:}_{透談}$聸$^{端}_{談}$占$^{章}_{鹽}$【上】薝$^{端}_{敢}$膽$^{端}_{敢}$亶$^{端}_{旱}$亶$^{端}_{旱}$担上$^{端}_{敢}$【去】旵$^{端}_{翰}$誕$^{定}_{旱}$担$^{端}_{闞}$癉$^{端}_{翰}$鴠$^{端}_{翰}$旦$^{端}_{翰}$

②【平】腶$^{端}_{換}$鍴$^{端}_{桓}$剬$^{端}_{桓}$端$^{端}_{桓}$短平$^{端}_{桓}$【上】短$^{端}_{緩}$端上$^{端}_{緩}$【去】叚$^{端}_{換}$斷$^{端}_{換}$段$^{端}_{換}$𢯷$^{端}_{換}$

③【平】巔$^{端}_{先}$滇$^{端}_{先}$瘨$^{端}_{先}$傎$^{端}_{先}$齻$^{端}_{先}$蹎$^{端}_{先}$顛$^{端}_{先}$顚$^{端}_{先}$点平$^{端}_{添}$【上】蒧$^{端}_{忝}$典$^{端}_{銑}$點$^{端}_{忝}$鄻$^{來}_{獮}$健$^{來}_{獮}$媊$^{來}_{獮}$【去】磹$^{定}_{㮇}$墊$^{端}_{㮇}$坫$^{端}_{㮇}$貼$^{端}_{添}$店$^{定}_{忝}$玷$^{端}_{㮇}$店$^{端}_{㮇}$

精母①【平】篸$^{精}_{覃}$簪$^{精}_{覃}$鐕$^{精}_{覃}$䩇$^{知}_{咸}$站$^{集:}_{知咸}$詀$^{知}_{咸}$【上】塹$^{集:}_{從談}$暫$^{精}_{敢}$簪上$^{精}_{感}$昝$^{精}_{感}$昝$^{精}_{感}$趲$^{精}_{產}$醆$^{莊}_{產}$羪$^{莊}_{潸}$斬$^{莊}_{豏}$盞$^{莊}_{產}$醆$^{莊}_{產}$酢$^{莊}_{潸}$塹$^{從}_{敢}$【去】酇$^{精}_{翰}$儹$^{精}_{產}$嬇$^{精}_{翰}$瓚$^{集:}_{精翰}$賛$^{精}_{翰}$賛$^{精}_{翰}$讚$^{精}_{翰}$蘸$^{莊}_{陷}$盞去$^{莊}_{襉}$覽$^{精}_{鑑}$斬$^{集:}_{莊陷}$魙$^{龍:}_{崇陷}$站$^{知}_{陷}$𨻵$^{崇}_{陷}$瞻$^{章}_{豔}$

②【上】篡$^{精}_{緩}$撰$^{崇}_{潸}$纘$^{精}_{緩}$欑$^{精}_{緩}$穳$^{精}_{緩}$纉$^{精}_{緩}$【去】鑽$^{精}_{換}$篡去$^{精}_{換}$屐$^{精}_{換}$

③【平】䶨$^{精}_{鹽}$熸$^{精}_{鹽}$濺$^{精}_{先}$嚵$^{精}_{鹽}$殲$^{精}_{鹽}$鐫$^{精}_{仙}$鑯$^{精}_{鹽}$烖$^{精}_{鹽}$偂$^{精}_{先}$跧$^{莊}_{仙}$戔$^{精}_{先}$菚$^{精}_{先}$尖$^{精}_{鹽}$箋$^{精}_{先}$嗛$^{精}_{仙}$揃$^{精}_{仙}$棧$^{精}_{先}$籛$^{精}_{先}$俴$^{精}_{先}$煎$^{精}_{仙}$諓$^{精:}_{精先}$淺$^{精}_{先}$【上】剪$^{精}_{獮}$煎上$^{精}_{獮}$帴$^{精}_{獮}$戩$^{精}_{獮}$劗$^{精}_{獮}$翦$^{精}_{獮}$鬋$^{精}_{獮}$前$^{集:}_{精獮}$【去】㜞$^{精}_{線}$箭$^{精}_{線}$濺$^{精}_{線}$櫼$^{精}_{線}$薦$^{精}_{霰}$僭$^{精}_{㮇}$尖去$^{精}_{㮇}$

章母①【平】塼$^{章}_{仙}$嫥$^{章}_{仙}$顓$^{章}_{仙}$趈$^{知}_{仙}$邅$^{知}_{仙}$鄟$^{章}_{獮}$剸$^{章}_{仙}$甄$^{見}_{仙}$甎$^{章}_{仙}$篅$^{章}_{仙}$篿$^{章}_{仙}$鸇$^{章}_{仙}$鱄$^{章}_{仙}$叀$^{章}_{仙}$耑$^{章}_{仙}$專$^{章}_{仙}$氈$^{章}_{仙}$譫$^{章}_{鹽}$栴$^{章}_{仙}$旜$^{章}_{仙}$占$^{章}_{鹽}$詹$^{章}_{仙}$饘$^{章}_{仙}$旃$^{章}_{仙}$毡$^{章}_{仙}$霑$^{知}_{鹽}$詀$^{知}_{咸}$沾$^{知}_{鹽}$噡$^{以}_{豔}$覘$^{徹}_{鹽}$瞻$^{章}_{鹽}$蹔$^{昌}_{鹽}$詹$^{章}_{鹽}$【上】轉$^{知}_{獮}$占上$^{章}_{琰}$膻$^{章}_{獮}$譱$^{章}_{獮}$專上$^{章}_{獮}$襄$^{知}_{獮}$輾$^{知}_{獮}$皽$^{知}_{獮}$展$^{知}_{獮}$搌$^{知}_{獮}$【去】囀$^{知}_{線}$顫$^{章}_{線}$專去$^{章}_{線}$軇$^{章}_{線}$峷$^{章}_{線}$姅$^{章}_{線}$戰$^{章}_{線}$展去$^{知}_{線}$

見母①【平】甘$^{見}_{談}$岬$^{見}_{談}$启$^{溪}_{覃}$疳$^{見}_{談}$玵$^{疑}_{談}$柑$^{見}_{談}$酣$^{匣}_{談}$肝$^{見}_{談}$乾$^{見}_{寒}$鄿$^{見}_{寒}$忓$^{見}_{寒}$玕$^{見}_{寒}$杆$^{見}_{寒}$竿$^{見}_{寒}$甘$^{見}_{談}$䰲$^{見}_{寒}$虷$^{見}_{寒}$盂$^{見}_{寒}$干$^{見}_{寒}$漧$^{見}_{寒}$乾$^{見}_{寒}$颭$^{見}_{覃}$瞷$^{見}_{銜}$緘$^{見}_{咸}$警$^{見}_{銜}$瑿$^{見}_{銜}$監$^{見}_{銜}$崴$^{見}_{咸}$椷$^{見}_{咸}$監平$^{見}_{銜}$【上】簳$^{見}_{旱}$干上$^{見}_{旱}$礛$^{見}_{感}$鰔$^{見}_{感}$敢$^{見}_{敢}$𩑶$^{見}_{感}$赶$^{見}_{旱}$趕$^{見}_{旱}$感$^{見}_{感}$【去】旰$^{見}_{翰}$干$^{見}_{翰}$旰$^{見}_{翰}$榦$^{見}_{翰}$榦$^{見}_{翰}$敢$^{見}_{翰}$骭$^{見}_{翰}$骭$^{見}_{翰}$紺$^{見}_{勘}$稈$^{見}_{旱}$幹$^{見}_{翰}$贑$^{見}_{勘}$灨$^{見}_{勘}$淦$^{見}_{勘}$旮$^{見}_{勘}$贛$^{見}_{勘}$鑒$^{見}_{鑑}$鑑$^{見}_{鑑}$監$^{見}_{鑑}$

②【平】盲$^{見}_{桓}$觀$^{見}_{桓}$鱌$^{見}_{桓}$棺$^{見}_{桓}$官$^{見}_{桓}$唁$^{見}_{刪}$關$^{見}_{刪}$鰥$^{見}_{山}$関$^{見}_{刪}$【上】脘$^{見}_{緩}$痯$^{見}_{緩}$錧$^{見}_{緩}$筦$^{見}_{緩}$管$^{見}_{緩}$館$^{見}_{緩}$舘$^{見}_{緩}$【去】爟$^{見}_{換}$貫$^{見}_{換}$盥$^{見}_{換}$灌$^{見}_{換}$巏$^{見}_{換}$盇$^{見}_{換}$滥$^{見}_{換}$鄁$^{見}_{換}$悹$^{見}_{換}$慣$^{見}_{諫}$矔$^{見}_{換}$遦$^{見}_{換}$摜$^{見}_{諫}$痯$^{見}_{換}$鏆$^{見}_{換}$瓘$^{見}_{換}$輨$^{見}_{緩}$罐$^{見}_{換}$雚$^{見}_{換}$鸛$^{見}_{換}$丱$^{見}_{諫}$卝$^{見}_{諫}$倌$^{見}_{諫}$舊$^{見}_{換}$觀$^{見}_{換}$

③【平】靝$^{溪}_{山}$掔$^{溪}_{山}$慳$^{溪}_{山}$睷$^{見}_{元}$肩$^{見}_{先}$襺$^{見}_{銑}$覫$^{玉:}_{見仙}$豎$^{見}_{先}$梋$^{見}_{先}$菅$^{見}_{刪}$瓏$^{見}_{先}$鰹$^{見}_{先}$堅$^{見}_{先}$鵳$^{見}_{先}$豣$^{見}_{先}$姧$^{見}_{刪}$艱$^{見}_{山}$間$^{見}_{山}$姦$^{見}_{刪}$奸$^{見}_{刪}$縑$^{見}_{添}$搛$^{見}_{添}$鶼$^{見}_{添}$鰜$^{見}_{添}$兼$^{見}_{添}$【上】𡺲$^{見}_{獮}$垷$^{見}_{銑}$㒧$^{見}_{獮}$𡫸$^{見}_{獮}$謇$^{見}_{獮}$挸$^{見}_{銑}$襽$^{見}_{銑}$梘$^{見}_{銑}$巻$^{群}_{阮}$蹇$^{見}_{阮}$攐$^{見}_{獮}$蕳$^{見}_{山}$鰜$^{見}_{豏}$減$^{見}_{豏}$撿$^{見}_{琰}$兼上$^{見}_{忝}$襺$^{見}_{銑}$繭$^{見}_{銑}$檢$^{見}_{琰}$肩上$^{見}_{銑}$蠒$^{見}_{銑}$堅上$^{見}_{銑}$臉$^{見}_{琰}$柬$^{見}_{產}$蕳$^{見}_{產}$裥$^{見}_{襉}$揀$^{見}_{產}$筧$^{見}_{銑}$搴$^{見}_{獮}$【去】建$^{見}_{願}$劍$^{見}_{梵}$見$^{見}_{霰}$鐧$^{見}_{諫}$間$^{見}_{襉}$澗$^{見}_{諫}$暕$^{見}_{產}$覵$^{見}_{襉}$諫$^{見}_{諫}$

④【平】娟$^{見}_{仙}$勬$^{見}_{仙}$勌$^{見}_{仙}$韏$^{見}_{元}$削$^{影}_{先}$蠲$^{見}_{先}$稍$^{見}_{先}$鵑$^{見}_{先}$蜎$^{影}_{先}$涓$^{見}_{先}$【上】訧$^{見}_{銑}$蕃$^{見}_{獮}$鲞$^{見}_{獮}$埢$^{見}_{獮}$捲$^{見}_{獮}$卷$^{見}_{獮}$羂$^{見}_{銑}$畎$^{見}_{銑}$【去】鄄$^{見}_{線}$睊$^{見}_{霰}$桊$^{見}_{線}$衛$^{見}_{霰}$狷$^{見}_{線}$罥$^{見}_{霰}$肙$^{曉}_{銑}$眷$^{見}_{線}$券$^{群}_{線}$桊$^{見}_{線}$餻$^{見}_{線}$養$^{見}_{線}$睠$^{見}_{線}$絹$^{見}_{線}$卷$^{見}_{線}$弮$^{見}_{線}$捲$^{見}_{線}$

曉母①【平】憨$^{曉}_{談}$減平$^{匣}_{咸}$【上】旱$^{匣}_{旱}$皔$^{匣}_{旱}$狠$^{匣}_{很}$罕$^{曉}_{旱}$罕$^{曉}_{旱}$喊$^{曉}_{敢}$咸上$^{匣}_{豏}$【去】暵$^{曉}_{翰}$暵$^{曉}_{翰}$厈$^{曉}_{翰}$厂$^{曉}_{翰}$僕$^{曉}_{翰}$号$^{鏡:}_{曉翰}$漢$^{曉}_{翰}$

②【平】睆$^{匣}_{緩}$䳌$^{曉}_{桓}$酄$^{曉}_{桓}$懽$^{曉}_{桓}$捖$^{匣}_{桓}$貛$^{曉}_{桓}$䴛$^{曉}_{桓}$嬽$^{曉}_{桓}$讙$^{曉}_{桓}$獾$^{曉}_{桓}$鴅$^{曉}_{桓}$驩$^{曉}_{桓}$歡$^{曉}_{桓}$【去】煥$^{曉}_{換}$唤$^{曉}_{換}$睟$^{曉}_{換}$换$^{匣}_{換}$奐$^{曉}_{換}$䴛$^{曉}_{換}$喚$^{曉}_{換}$

骯$^{\text{匣}}_{\text{換}}$疣$^{\text{匣}}_{\text{換}}$映$^{\text{曉}}_{\text{換}}$渙$^{\text{曉}}_{\text{換}}$

③【平】仚$^{\text{曉}}_{\text{仙}}$嗎$^{\text{曉}}_{\text{仙}}$掀$^{\text{曉}}_{\text{元}}$肩$^{\text{玉:}}_{\text{曉先}}$祆$^{\text{曉}}_{\text{先}}$杴$^{\text{曉}}_{\text{嚴}}$欦$^{\text{曉}}_{\text{添}}$軒$^{\text{曉}}_{\text{元}}$熻$^{\text{曉}}_{\text{嚴}}$險平$^{\text{曉}}_{\text{鹽}}$【上】嶮$^{\text{曉}}_{\text{琰}}$險$^{\text{曉}}_{\text{琰}}$俔$^{\text{曉}}_{\text{銑}}$俔$^{\text{曉}}_{\text{銑}}$顯$^{\text{曉}}_{\text{銑}}$幰$^{\text{曉}}_{\text{阮}}$抮$^{\text{曉}}_{\text{銑}}$獫$^{\text{曉}}_{\text{琰}}$玁$^{\text{曉}}_{\text{琰}}$顯$^{\text{曉}}_{\text{銑}}$蠍$^{\text{曉}}_{\text{阮}}$憲$^{\text{集:}}_{\text{曉銑}}$【去】憲$^{\text{曉}}_{\text{願}}$獫$^{\text{匣}}_{\text{忝}}$獻$^{\text{曉}}_{\text{願}}$蜆$^{\text{匣}}_{\text{銑}}$哯$^{\text{匣}}_{\text{銑}}$呀$^{\text{集:}}_{\text{匣銑}}$晛$^{\text{匣}}_{\text{銑}}$䁂$^{\text{玉:}}_{\text{匣銑}}$顯$^{\text{集:}}_{\text{曉霰}}$

④【平】晅$^{\text{曉}}_{\text{元}}$暄$^{\text{曉}}_{\text{元}}$坃$^{\text{曉}}_{\text{元}}$塤$^{\text{曉}}_{\text{元}}$壎$^{\text{曉}}_{\text{元}}$咺$^{\text{曉}}_{\text{元}}$愋$^{\text{曉}}_{\text{元}}$絢$^{\text{曉}}_{\text{霰}}$諠$^{\text{曉}}_{\text{元}}$諼$^{\text{曉}}_{\text{元}}$軒$^{\text{曉}}_{\text{元}}$弲$^{\text{曉}}_{\text{仙}}$萱$^{\text{曉}}_{\text{元}}$翾$^{\text{曉}}_{\text{仙}}$烜$^{\text{曉}}_{\text{元}}$軒$^{\text{曉}}_{\text{元}}$喧$^{\text{曉}}_{\text{元}}$藼$^{\text{曉}}_{\text{元}}$獧$^{\text{曉}}_{\text{元}}$翾$^{\text{曉}}_{\text{仙}}$【上】蠉$^{\text{曉}}_{\text{獮}}$喧上$^{\text{曉}}_{\text{阮}}$【去】泫$^{\text{匣}}_{\text{銑}}$掏$^{\text{曉}}_{\text{霰}}$楦$^{\text{曉}}_{\text{願}}$絢$^{\text{曉}}_{\text{霰}}$

比較所取的每個聲母，根據所屬小韻數可將之分爲如下四類。

第一類，非、章二母：各含 1 個小韻；其所代表的聲母組亦然。

第二類，幫母：含 2 個小韻；幫組其他聲母亦然。

第三類，端、精二母：各含 3 個小韻。端組中唯透母含 2 個小韻外，其餘皆含 3 個；精組中唯邪母含 1 個小韻，其餘皆含 3 個。

第四類，見、曉二母：各含 4 個小韻。見組中溪母含有 4 個、疑母含有 3 個、群母含有 2 個；曉組中影、匣母亦各含 4 個，喻母含有 2 個。

從量上看，所取的 7 個樣本聲母皆能代表本組聲母所屬小韻的最多數。據此可知，先添部共含因聲母不同及內部對立而形成的 18 個對立小韻，這已涵蓋了該部所有可能存在的等呼情況。考察諸小韻在中古的開合洪細特徵，如表 3-10-10 所示。

表 3-10-10　先添部所含諸小韻的中古等呼

聲母	小韻號	中古等呼	聲母	小韻號	中古等呼
非組	①	合口細音	幫組	①	合口洪音 開口洪音
章組	①	合口細音 開口細音		②	開口細音
端組	①	開口洪音	精組	①	開口洪音
	②	合口洪音		②	合口洪音
	③	開口細音		③	開口細音 合口細音（部分）
見組	①	開口洪音	曉組	①	開口洪音
	②	合口洪音		②	合口洪音
	③	開口細音 開口洪音（部分删山咸銜）		③	開口細音 開口洪音（部分删山咸銜）
	④	合口細音		④	合口細音

根據中古到近代漢語介音演變的規律，結合歷史、現代方音進行參證，我們認爲上述諸小韻的四呼類型如下。

第一，非組的合口細音演變爲開口呼；幫組的合口洪音與開口洪音混同，當讀作開口呼；端、精、見、曉四組的開口洪音亦當讀作開口呼。原因如下。

首先，上述推論符合中古至近代漢語介音演變的一般規律。其次，這可以在近代漢語文獻中得到印證，如《中原音韻》[①]《韻略易通》[②]《韻略匯通》[③]《同文備考》[④]（幫、非組山攝一、二等韻字除外）等皆將此類字讀成開口呼。再者有現代方音爲證：“板$^{幫}_{潸}$半$^{幫}_{換}$反$^{非}_{阮}$單$^{端}_{寒}$站$^{知}_{陷}$干$^{見}_{寒}$漢$^{曉}_{翰}$”等字在以北京話爲代表的官話音中皆讀成開口呼；在今吳方言中，以海鹽音爲例，此類字亦皆讀成開口呼。

不過，有少數中古透、來母（煓$^{透}_{桓}$貒$^{透}_{桓}$腨$^{透}_{桓}$湍$^{透}_{桓}$畽$^{透}_{緩}$疃$^{透}_{緩}$巒$^{來}_{桓}$栾$^{來}_{桓}$欒$^{來}_{桓}$）及心母（霰$^{心}_{桓}$冊$^{心}_{寒}$鋑$^{清}_{桓}$酸$^{心}_{桓}$祘$^{心}_{換}$蒜$^{心}_{換}$竿$^{心}_{換}$筭$^{心}_{換}$算$^{集:}_{心換}$）桓韻字與開口洪音字混注，其當讀作開口呼。此應是編者方音的再現，因爲今海鹽吳音中，與“欒（栾）”音韻地位皆同的“鸞鑾”等字與“嵐$^{來}_{覃}$”同音，皆讀開口呼；雖未見“湍”的方言讀法，但是端組的“端短段斷團摶緞”等中古合口字今天亦皆讀作開口呼；“酸蒜算”等中古合口字與今讀作開口呼的“陝閃扇”等字的韻母相同。《玉篇直音》的此類現象可以於今海鹽吳音中得到印證。不過與之不同的是，不像今海鹽吳音那樣，中古桓韻非牙、喉音字皆讀成開口，《玉篇直音》的舌、齒音聲母中，與開口洪音混注的僅有透、來、心母，有更多的端、精組合口洪音字並未與開口字混注，體現出海鹽吳音的古今差異。

第二，幫、端、精、章、見、曉等組的開口細音當讀作齊齒呼。

原因同上：首先是根據介音演變的規律推導的結果。其次是除章組開口細音字外，其餘諸母字有《中原音韻》《韻略易通》《韻略匯通》《同文備考》《諧聲品字箋》[⑤]等歷史文獻參證。再者有現代方音爲證：“邊$^{幫}_{先}$店$^{端}_{㮇}$煎$^{精}_{仙}$堅$^{見}_{先}$險$^{曉}_{琰}$”等字在今北京話中皆讀成齊齒呼，在今海鹽音中亦皆讀成齊齒呼。“展$^{知}_{獮}$戰$^{章}_{線}$闡$^{昌}_{獮}$蟬$^{禪}_{仙}$扇$^{書}_{仙}$善$^{禪}_{獮}$”等中古知、章組字在聲母仍讀作舌面前音的溧陽、黃岩、溫州、永康等地吳音中皆讀作齊齒呼，此可佐證。

不過需要指出的是，《玉篇直音》中與見、曉組開口細音混注的還有部分開口洪音，這些字主要是二等刪、山、咸、銜韻字：

菅$^{見}_{刪}$奸$^{見}_{刪}$姦$^{見}_{刪}$豣$^{見}_{刪}$諫$^{見}_{諫}$澗$^{見}_{諫}$鐧$^{見}_{諫}$贗$^{疑}_{刪}$顏$^{疑}_{刪}$雁$^{疑}_{諫}$贋$^{疑}_{諫}$鴈$^{疑}_{諫}$晏$^{影}_{諫}$暥$^{影}_{諫}$鴳$^{影}_{諫}$晏$^{影}_{諫}$䁙$^{影}_{諫}$戊$^{匣}_{刪}$；

艱$^{見}_{山}$間$^{見}_{山}$蕳$^{見}_{山}$柬$^{見}_{產}$蕳$^{見}_{產}$揀$^{見}_{產}$簡$^{見}_{產}$暕$^{見}_{產}$覸$^{見}_{襇}$間$^{見}_{襇}$襇$^{見}_{襇}$顅$^{溪}_{山}$鬜$^{溪}_{山}$靦$^{集:}_{溪山}$䫡$^{溪}_{山}$慳$^{溪}_{山}$慳$^{溪}_{山}$㘖$^{疑}_{山}$皀$^{疑}_{產}$眼$^{疑}_{產}$嫺$^{匣}_{山}$閒$^{匣}_{山}$鷳$^{匣}_{山}$閑$^{匣}_{山}$莧$^{匣}_{襇}$；

鰜$^{見}_{豏}$減$^{見}_{豏}$嵒$^{疑}_{咸}$顩$^{疑}_{咸}$鹻$^{疑}_{咸}$咸$^{匣}_{咸}$銜$^{匣}_{陷}$臽$^{匣}_{陷}$陷$^{匣}_{陷}$；

岩$^{疑}_{銜}$嵒$^{疑}_{銜}$巖$^{疑}_{銜}$巗$^{疑}_{銜}$檻$^{匣}_{檻}$轞$^{匣}_{檻}$艦$^{匣}_{檻}$甓$^{匣}_{鑑}$

上述這些二等牙、喉音字與開口細音字的混注充分說明此類字已經發生腭化音變，讀成撮口呼韻。不過，該書中仍可見到部分牙、喉音二等韻字與一等韻字混注的現象，直接混注如下：

颭$^{見}_{覃}$音監$^{見}_{銜}$P5L10；　嵌$^{溪}_{銜}$音砍平$^{溪}_{覃}$P14L4；　黬$^{疑}_{咸}$音菴$^{影}_{覃}$P166L4；　黫$^{影}_{山}$音安$^{影}_{寒}$P166L3；

憨$^{曉}_{談}$音減平$^{匣}_{咸}$P51L3；　喊$^{曉}_{敢}$音咸上$^{匣}_{豏}$P58L5；　䨡$^{匣}_{覃}$音咸$^{匣}_{咸}$P7L3；　涵$^{匣}_{覃}$音咸$^{匣}_{咸}$P18L1；

①楊耐思. 中原音韻音系[M]. 北京：中國社會科學出版社，1981：126-127，181-182.

②張玉來. 韻略易通研究[M]. 天津：天津古籍出版社，1999：31，33.

③張玉來. 韻略匯通音系研究[M]. 濟南：山東教育出版社，1995：74.

④丁鋒.《同文備考》音系[M]. 福岡：中國書店，2001：274-276.

⑤張詠梅.《諧聲品字箋》的音系研究[M]. 成都：巴蜀書社，2011：146.

函$^{\text{匣}}_{\text{覃}}$音咸$^{\text{匣}}_{\text{咸P33L10}}$；　涵$^{\text{匣}}_{\text{覃}}$音咸$^{\text{匣}}_{\text{咸P38L3}}$；　　函$^{\text{匣}}_{\text{覃}}$音咸$^{\text{匣}}_{\text{咸P33L10、P191L6}}$；咸$^{\text{匣}}_{\text{咸}}$音涵$^{\text{匣}}_{\text{覃P168L2}}$

尤其是“咸”，其與一等韻混注 7 次，與三等韻混注 1 次（咸$^{\text{匣}}_{\text{咸}}$音延$^{\text{以}}_{\text{仙P120L4}}$），一方面表明該字已經產生腭化音變，一方面又體現出該字存有洪細兩種讀音，說明此腭化音變正在進行之中。總體來看，中古山、咸攝牙、喉音二等開口字此時已經發生腭化音變，但是尚未徹底完成。

另外，有部分牙、喉音合口凡韻字讀同齊齒呼的情況，如“劍$^{\text{見}}_{\text{梵}}$凵$^{\text{溪}}_{\text{范}}$欠$^{\text{溪}}_{\text{梵}}$俺$^{\text{影}}_{\text{梵}}$婮$^{\text{影}}_{\text{梵}}$誝$^{\text{影}}_{\text{梵}}$”等字，它們與開口細音字混注，表明其韻母已經讀成了齊齒呼，這些字的讀音，既與官話音相吻合，又與海鹽吳音相一致。

第三，精、章組的合口細音分別與開口細音混同，當讀作齊齒呼。

根據中古到近代漢語介音的演變規律，開口細音對應齊齒呼，合口細音對應撮口呼。但是此二類字在《玉篇直音》中混注，說明二者同音，之所以認定其皆讀成齊齒呼，原因如下：首先，此類現象在《同文備考》中也有體現，丁鋒[①]將之歸入齊齒呼，且指出這表明撮口呼韻發育不全。其次，從現代吳方言來看，今湯溪吳音的確存在將中古精、知、章組合口細音字讀成齊齒呼的情況，詳見表 3-10-11。

表 3-10-11　部分中古精、知、章組合口山攝字在今湯溪吳音中的讀音[②]

例字／地區	全$^{\text{從}}_{\text{仙}}$	選$^{\text{心}}_{\text{獮}}$	專$^{\text{章}}_{\text{仙}}$	轉$^{\text{知}}_{\text{獮}}$	串$^{\text{昌}}_{\text{線}}$	川$^{\text{昌}}_{\text{仙}}$	傳$^{\text{澄}}_{\text{仙}}$	椽$^{\text{澄}}_{\text{仙}}$	船$^{\text{船}}_{\text{仙}}$	軟$^{\text{日}}_{\text{獮}}$
湯溪	zie^{11}	sie^{535}	$tɕiɤ^{24}$	$tɕiɤ^{52}$	$tɕʻiɤ^{24}$	$tɕʻiɤ^{52}$	$dʑiɤ^{11}$	$dʑiɤ^{113}$	$ʑiɤ^{11}$	$ȵiɤ^{113}$

綜觀表 3-10-11 中例字的讀音可知，將這些合口細音字歸併至齊齒呼在當代吳音中可以得到印證。不過，在今海鹽吳音中，中古知、章組字皆已讀成開口呼了，唯見精組字尚有讀成齊齒呼的現象，如表 3-10-12 所示。

表 3-10-12　部分中古精、知、章組山、咸攝字在今海鹽吳音中的讀音[③]

例字／地區	痊$^{\text{清}}_{\text{仙}}$	千$^{\text{清}}_{\text{先}}$	選$^{\text{心}}_{\text{獮}}$	先$^{\text{心}}_{\text{先}}$	專$^{\text{章}}_{\text{仙}}$	顫$^{\text{章}}_{\text{線}}$	轉$^{\text{知}}_{\text{獮}}$	展$^{\text{知}}_{\text{獮}}$	占$^{\text{章}}_{\text{豔}}$
海鹽	tɕʻiɛ	tɕʻiɛ	ɕiɛ	ɕiɛ	tsə	tsə	tsə	tsə	tsə
例字／地區	穿$^{\text{昌}}_{\text{仙}}$	参$^{\text{清}}_{\text{覃}}$	喘$^{\text{昌}}_{\text{獮}}$	慘$^{\text{清}}_{\text{感}}$	蟬$^{\text{禪}}_{\text{仙}}$	船$^{\text{船}}_{\text{仙}}$	纏$^{\text{澄}}_{\text{仙}}$	傳$^{\text{澄}}_{\text{線}}$	篆$^{\text{澄}}_{\text{獮}}$
海鹽	tsʻə	tsʻə	tsʻə	tsʻə	zə	zə	zə	zə	zə

表 3-10-12 中例字的讀音顯示，唯有精組的合口細音字讀成齊齒呼，而知、章組的開、合口呼字今皆讀成開口呼字。這與湯溪吳音相比，海鹽吳音稍稍前進了一步。通過對比湯溪吳音以及今海鹽吳音中精組合口細音的讀音可知，精、章組合口細音讀成齊齒呼才更爲妥帖。如此說來，由中古到《玉篇直音》到今海鹽吳音，中古精、知、章組合口細音字韻

①丁鋒.《同文備考》音系[M]. 福岡：中國書店，2001：247.

②本表讀音依據：曹志耘，等. 吳語婺州方言研究[M]. 北京：商務印書館，2016：167-170.

③本表讀音依據：胡明揚. 海鹽方言志[M]. 杭州：浙江人民出版社，1992.

母的演變實際上是一個介音逐漸脱落的過程，即：–iw→–i→開口。

第四，端、精、見、曉等組的合口洪音當讀作合口呼。

首先，此推論符合由中古到近代漢語介音演變的規律。其次，從音位的對立原則角度而言，此類字與開口洪音（今讀開口呼）可同時並存，並不混注，開口洪音讀成開口呼，那麼合口洪音當讀成合口呼。再者，結合近代漢語史而論，《中原音韻》《韻略易通》《韻略匯通》《同文備考》《諧聲品字箋》等官話音或者吳方音的文獻中均將此類字讀成合口呼。最后，有現代方音爲證：以《漢語方音字彙》爲例，在其描寫的 20 個漢語方言點中，中古舌音合口字“端(端桓)短(端緩)斷(端換)段(端換)團(定桓)暖(泥緩)亂(來換)”等讀作合口的有 10 個點左右，除吳、客、贛及粵方言的廣州話、湘方言的長沙話外，其他多數地區均讀成合口呼；若以牙、喉音合口字“官(見桓)關(見删)款(溪緩)寬(溪桓)彎(影删)歡(曉桓)換(匣換)丸(匣桓)患(匣諫)”等爲例，讀成合口呼的更多，比如上述吳方言中的蘇州、客方言的梅縣話及贛方言的南昌話（曉、匣母字除外）、粵方言中的廣州話等也基本上都讀成了合口呼。

第五，見、曉組的合口細音當讀作撮口呼。

首先，根據介音的演變規律，中古合口細音對應近代的撮口呼。其次，《玉篇直音》中已產生撮口呼韻，具備了將之讀成撮口呼的條件。再者，《韻略易通》《韻略匯通》《等韻圖經》《同文備考》《諧聲品字箋》等均將此類字讀成撮口呼。最後，有現代方言爲證：以吳方言爲例，在《當代吳語研究》所描寫的 33 個吳方言點中，“卷(見獮)絹(見線)圈(溪仙)犬(溪銑)勸(溪願)權(群仙)倦(群線)源(疑元)喧(曉元)懸(匣先)園(云元)”等中古見、曉組合口細音字讀成撮口呼的有包括宜興、溧陽、金壇等吳音在内的 19 個點，占 57.58%，據此可見讀成撮口呼是主流。即便是今海鹽吳音中，此類字亦讀成撮口呼。

綜上所述，《玉篇直音》先添部所含的諸小韻可歸納爲開、齊、合、撮 4 個類型，因此該部所含的韻母共有 4 個。

開口呼，可稱爲慚類，主要來自中古幫、端、精、知、莊、見、曉組聲母山、咸攝一、二等開口韻字，非組元韻字，以及幫組、透、來、心等聲母的桓韻字。

合口呼，可稱爲貫類，主要來自中古端、精、見、曉組聲母山攝一、二等合口韻字。

齊齒呼，可稱爲千類，主要來自中古幫、端、精、知、章、見、曉等組聲母的山、咸攝三、四等開口韻字；部分牙、喉音删、山、咸、銜開口字；少數精、知、章組合口仙韻字。

撮口呼，可稱爲員類，主要來自中古見、曉組聲母山攝三、四等合口韻字。

關於先添部，儘管其他韻書對之分合不一，但是對於其主元音，《中原音韻》①中主要有 a、o、ɛ 三個；《韻略易通》②《同文備考》③中主要有 a、ɔ、ɛ 三個。這主要是《中原音韻》《韻略易通》《同文備考》中桓韻獨立成部所致。而到了《韻略匯通》④《等韻圖經》⑤中，咸攝併入山攝，桓韻與合口删、山韻之間已無區别，因此將主元音擬作 a、ɛ 兩個。不

①楊耐思. 中原音韻音系[M]. 北京：中國社會科學出版社，1981：44.

②張玉來. 韻略易通研究[M]. 天津：天津古籍出版社，1999：31-33.

③丁鋒.《同文備考》音系[M]. 福岡：中國書店，2001：246.

④張玉來. 韻略匯通音系研究[M]. 濟南：山東教育出版社，1995：117.

⑤葉寶奎. 明清官話音系[M]. 廈門：廈門大學出版社，2001：151.

過此處兩個可併爲一個 a，其中 ε 乃 a 的音位變體。此外，今海鹽吳音中，中古山、咸攝陽聲韻字的主元音有 ε、ə 兩個。鑒於歷史文獻，尤其是《韻略易通》《等韻圖經》中的讀音，結合今海鹽吳音的讀法，我們認爲此處先添部的主元音讀 a 爲妥，其會受介音 i 或 y 的影響而高化爲 ε，ε 乃 a 的音位變體。此外鮮見先添部字與陰聲韻字混注的現象，這說明先添部字陽聲韻尾的區別性特徵仍很明顯，故而我們將其韻尾擬作 n。如此說來，先添部所含的 4 個韻母的讀音分別是：

開口呼（慚類）：an；　齊齒呼（千類）：iεn；

合口呼（貫類）：uan；撮口呼（員類）：yεn

總之，中古山、咸二攝在《玉篇直音》中重組爲先添部，共含 4 個韻母，具體內容詳見表 3-10-13。

表 3-10-13　先添部韻母表

部名	類名	四呼	音值	中古來源
先添	慚	開	an	中古幫、端、精、知、莊、見、曉組聲母山、咸攝一、二等開口韻字，非組元韻字，以及幫組、透、來、心等聲母的桓韻字
	千	齊	iεn	中古幫、端、精、知、章、見、曉等組聲母的山、咸攝三、四等開口韻字；部分牙、喉音刪、山、咸、銜開口字；少數精、知、章組合口仙韻字
	貫	合	uan	中古端、精、見、曉組聲母山攝一、二等合口韻字
	員	撮	yεn	中古見、曉組聲母山攝三、四等合口韻字

3.11 通攝入聲：屋燭部

在《玉篇直音》的 13 695 個被注字中，中古通攝入聲韻字共計 379 個，其中屋、沃、燭三韻的字數分別爲 279 個、28 個、72 個。就屋韻而言，屋韻一等字（屋$_{一}$）有 103 個，屋韻三等字（屋$_{三}$）有 176 個。

3.11.1 關於韻部的確立

3.11.1.1 初級統計

中古通攝入聲三韻被注字在《玉篇直音》中的直接自注與混注次數詳見表 3-11-1。

表 3-11-1　中古通攝入聲韻被注字單條自注、混注情況統計表　（單位：次）

注音字 / 被注字	屋$_{一}$	沃	屋$_{三}$	燭
屋$_{一}$	70	5	15	3
沃	19	7	0	1
屋$_{三}$	8		144	21
燭	6		32	34
其他	屋$_{一}$物 1；屋$_{一}$沒 3；屋$_{一}$陌 3；屋$_{一}$覺 2；屋$_{一}$鐸 1；屋$_{三}$末 1；屋$_{三}$覺 1；屋$_{三}$宥 1；沃德 1			

據表 3-11-1 中的統計數據可知，中古通攝入聲韻獨立的格局在《玉篇直音》中仍然存在。屋、沃、燭三韻雖有與其他攝的入聲字混注（共計 15 次），但是爲數不多，占三韻總數的 3.96%（15/379），淡化不了通攝入聲的整體性。因此通攝入聲在《玉篇直音》中仍爲一個整體，可以視爲一個韻部。

再來看通攝入聲內部的關係。屋$_{一}$與沃韻間的混注共計 24 次（5+19），占兩韻總數（103+28）的 18.32%（24/131）。特別是沃韻，沃屋$_{一}$混注 19 次，占自身總數的 67.86%（19/28）。結合漢語史可知，屋$_{一}$、沃韻已經合併。同理，屋$_{三}$與燭韻的混注亦很嚴重，共計 53（21+32）次，占兩韻總數（176+72）的 21.37%（53/248）。單就燭韻而言，其與屋$_{三}$的混注比例則高至 44.44%（32/72）。結合漢語史可推知，屋$_{三}$、燭韻已經合併。

然而一、三等韻之間的區別並未消失。比如，儘管屋韻內部一、三等之間的混注共 23（15+8）次，但是僅占屋韻總數的 8.24%（23/279）。再如屋$_{一}$、燭之間的混注僅有 9（6+3）次，占兩韻總數（103+72）的 5.14%（9/175）。尤其是一等沃韻，與屋$_{三}$、燭的混注僅有 1 次，比值更低。由此可見，一等與三等之間雖有混注，但應是相關聲母字的併入，如屬於中古非、莊組，來母以及部分清、心、邪母的屋$_{三}$、燭韻字與一等字同音（例字詳見表 3-11-2，茲不贅舉；下文對此問題有詳述，可參見），而於中古知、章、見、曉等組聲母以及泥、精母字中鮮見一、三等字的混注，另有部分三等心母屋、燭韻字與一等韻字的對立性很強。因此可以說雖有一、三等間的混注，但並未完全打破自中古時的等次差别。據此可知，通攝入聲的內部應該存在兩類。

下面再通過系聯之法，通過統計混注與自注的比例來進一步驗證上述結論。

3.11.1.2　高級統計

我們使用系聯法將中古通攝陽聲韻字的音注歸併爲 48 個“準小韻”，具體字組內容詳見表 3-11-2（關於本表的使用說明，可參見表 3-2-3 上；另爲了明晰屋韻的內部混注情况，表中在一、三等字皆有的“準小韻”中，於屋$_{一}$韻字的右下角標記“一”或屋$_{三}$韻字的右下角標記“三”以示區别。如“族$^{清}_{屋一}$”表示“族”字屬於清母屋韻一等，該“準小韻”中未標記的屋韻字則屬於三等；“目$^{明}_{屋三}$”表示“目”字屬於明母屋韻三等，該“準小韻”中未標記的屋韻字則屬於一等；爲行文簡潔起見，對無一、三等混注的“準小韻”，僅於後面的混注類型中標識其中古等次，如表中幫母第一欄中“屋$_{一5}$”，表示該“準小韻”中的 5 個屋韻字皆爲一等。餘類推）。

表 3-11-2　《玉篇直音》所含中古通攝入聲韻字組表

聲母	準小韻序號	轄字
木類（含 72 個自然小類，29 個“準小韻”）		
幫	1	[2217]䀛$^{幫}_{屋}$纀$^{幫}_{屋}$鸔$^{幫}_{屋}$不$^{幫}_{物}$ ǀ 卜$^{幫}_{屋}$[3698]卜$^{幫}_{屋}$ ǀ 不$^{幫}_{物}$（屋$_{一5}$物$_{2}$）
	2	[2421]蹼$^{幫}_{屋}$襆$^{幫}_{屋}$襮$^{幫}_{沃}$ ǀ 僕$^{集:}_{幫屋}$（屋$_{一3}$沃$_{1}$）
滂	3	[0306]䨣$^{滂}_{鐸}$爆$^{滂}_{覺}$瞨$^{滂}_{覺}$㬥$^{滂}_{覺}$扑$^{滂}_{屋}$鏷$^{滂}_{鐸}$璞$^{滂}_{覺}$樸$^{滂}_{覺}$醭$^{滂}_{屋}$粕$^{滂}_{鐸}$ ǀ 朴$^{滂}_{覺}$[3239]朴$^{滂}_{覺}$ ǀ 璞$^{滂}_{覺}$[3548]䩧$^{滂}_{鐸}$ ǀ 粕$^{滂}_{鐸}$（屋$_{一2}$覺$_{8}$鐸$_{5}$）

續表

聲母	準小韻序號	轄字
	4	[0997]濮墣隮丨泊（屋一3 陌1）
	5	[3012]鏷攴丨撲（屋一2 沃1）
並	6	[1539]亳僕撲薄丨泊[1827]媄幞轐鵏丨僕[3351]箔丨薄[3481]爆丨撲（屋一3 沃3 覺3 鐸5）
明	7	[0313]霂沒沐目睂楘苜穆蚞牧䍙万丨木[1167]坶海丨牧[2260]頞歿丨沒[3184]木丨目[3645]鏖丨穆[3663]苜丨抹（屋一8 屋三11 沒4 末1 德1）
非	8	[2071]嚛幅琗菖鶝蝠蝮覆復丨福[2972]福丨覆[2307]腹鍑丨復[3087]輻輹丨幅（屋一1 屋三17）
奉	9	[0571]復垘鞦菔匐箙鵩虙宓丨伏[1216]堰寷伏愎澓艀复丨復（屋三17 德1）
	10	[2241]䁍複鵩畐丨服（屋三5）
端	11	[2490]裻篤篤丨督[2172]督丨篤（沃6）
	12	[2886]启丨豚（屋一2）
透	13	[0951]涹慄毛迌䳌丨禿[3376]禿丨読（屋一5 沒3）
定	14	[1125]砮䫨櫜遭嶹劅韣韇丨獨[1750]毒嬻讟蝳獨黷匵牘丨瀆[1016]瀆丨讀[1425]隫䢱蹐讀読殰丨毒[3236]櫝犢丨牘（屋一23 沃7）
	15	[3036]瓄丨儥（屋一2）
來	16	[0170]睩彔碌鹿䙔戮麓䕷録騄丨祿[0980]漉坴綠逯祿鏕録琭輘菉簏籙稑穋醁䘵䡜鹿觻麗盝角丨六[2180]睩琭踛䟿丨彔[2476]勠丨戮[2484]勎輂六丨陸[3109]艫丨鹿（屋一25 屋三12 燭10）
	17	[1010]漻丨蓼（屋三2）
清	18	[2148]嗾蹴蹙䟶䋯摵蔟丨促[2588]綮丨蹙（屋一1 屋三8 燭1）
	19	[3496]猝丨簇（屋一1 沒1）
心	29	[0231]飀潚速鸘驌丨肅[2673]謖鏉稸粟㯈丨粟[2724]遬摗殐鋉餗粟䅲鱐翻鷫丨速（屋一8 屋三10 燭5）
	21	[0798]涑諫丨束（屋一1 沃1 燭1）
	22	[3716]欶丨簌（屋一1 覺1）
邪	23	[0608]宊蹴鏃鷟丨族[1661]俗丨續[2565]續藚族丨俗[3350]簹丨鷟（屋一5 燭5 覺3）
見	24	[0436]焅告㴼䀰殻轂穀轂鵠鴿牿丨谷[1457]谷谷丨穀（屋一10 沃4 燭1）
溪	25	[1189]㱿㘈酷嚳酷丨哭[2064]嚳丨酷（屋一2 沃5 沒1）
影	26	[0563]崛屼矹沆杌丨兀[0751]沃沃兀骨骨剭丨屋[2983]鋈丨沃（屋一4 沃4 物1 沒6）
曉	27	[0238]颮颲颮炪炢㴼惡唿熏闖㳥笏㥯欻丨忽（屋一1 術1 物3 沒10）
	28	[3172]㱿丨呼入（屋一2）
匣	29	[0518]焀斛㲄縠槲丨斛[0751]鶻斛丨屋[2890]屋屋丨鶻（屋一10 沒2）
菊類（含41個自然小類，19個"準小韻"）		
泥	30	[2050]恧聴丨衄（屋三3）
精	31	[1799]媨哫膱赿丨足（屋三1 燭2 術1 御1）
心	32	[0281]飀摍璛垦戌丨宿[1677]佰佰佩宿夙丨夙（屋三11 術1）
	33	[2449]蹜茜丨縮[2566]縮丨蹜（屋三5）
章	34	[0463]燭嬽窭嘱欘竺竹粥丨祝[0975]瀄斸丨築[1227]埅鄐咮钃茿築鸀竺鸗斸丨竹[2713]趨祝丨燭（屋三14 燭9 覺1 術2）
昌	35	[0877]滀鄐遄娖閦閦丨畜（屋三7）
	36	[2323]臅丨觸（燭2）
	37	[2518]褔歜丨祝（屋三2 燭1）

續表

聲母	準小韻序號	轄字
澄	38	[1011]濯$^{澄}_{覺}$逐$^{澄}_{屋}$鐲$^{澄}_{覺}$丨濁$^{澄}_{覺}$[1828]妯$^{澄}_{屋}$丨軸$^{澄}_{屋}$[2792]擢$^{澄}_{覺}$軸$^{澄}_{屋}$舳$^{澄}_{屋}$蓫$^{澄}_{屋}$豥$^{徹}_{屋}$丨逐$^{澄}_{屋}$（屋$_{三8}$覺$_{4}$）
書	39	[0380]䅬$^{書}_{屋}$淑$^{禪}_{屋}$俶$^{禪}_{屋}$倏$^{書}_{屋}$倐$^{書}_{屋}$琡$^{書}_{屋}$束$^{書}_{燭}$菽$^{書}_{屋}$尗$^{書}_{屋}$丨叔$^{書}_{屋}$[0798]倲$^{書}_{燭}$丨束$^{書}_{燭}$[3649]叔$^{書}_{屋}$丨淑$^{禪}_{屋}$（屋$_{三11}$燭$_{3}$）
禪	40	[0526]熟$^{禪}_{屋}$𠋫$^{禪}_{燭}$孰$^{禪}_{屋}$丨蜀$^{禪}_{燭}$[0931]洓$^{禪}_{屋}$塾$^{禪}_{屋}$襡$^{禪}_{燭}$闍$^{禪}_{屋}$贖$^{船}_{燭}$蠋$^{禪}_{燭}$辱$^{日}_{燭}$蜀$^{禪}_{燭}$丨孰$^{禪}_{屋}$[1311]鄏$^{日}_{燭}$孎$^{禪}_{燭}$衄$^{日}_{屋}$肉$^{日}_{屋}$丨肉$^{日}_{屋}$[1834]媷$^{日}_{燭}$𢘅$^{日}_{燭}$嗕$^{日}_{燭}$月$^{日}_{屋}$𨗨$^{日}_{燭}$褥$^{日}_{燭}$縟$^{日}_{燭}$蓐$^{日}_{燭}$丨辱$^{日}_{燭}$（屋$_{三10}$燭$_{17}$）
見	41	[0804]泦$^{見}_{屋}$屈$^{見}_{屋}$挶$^{見}_{燭}$蕐$^{見}_{燭}$梮$^{見}_{燭}$匊$^{見}_{屋}$鵴$^{見}_{屋}$匊$^{見}_{屋}$厈$^{見}_{燭}$丨菊$^{見}_{屋}$[1231]坈$^{見}_{屋}$㘌$^{見}_{屋}$腒$^{見}_{屋}$踘$^{見}_{屋}$跼$^{見}_{屋}$趜$^{群}_{屋}$諊$^{見}_{屋}$趜$^{見}_{屋}$掬$^{見}_{屋}$鋦$^{見}_{燭}$菊$^{見}_{屋}$蘜$^{見}_{屋}$𩜦$^{見}_{屋}$鵴$^{見}_{屋}$𥳖$^{見}_{屋}$丨匊$^{見}_{屋}$（屋$_{三21}$燭$_{5}$）
溪	42	[2924]叓$^{鏡:}_{溪燭}$苖$^{溪}_{燭}$麴$^{溪}_{屋}$麯$^{溪}_{屋}$蛐$^{溪}_{燭}$丨曲$^{溪}_{燭}$[3653]曲$^{溪}_{燭}$丨麯$^{溪}_{屋}$（屋$_{三3}$燭$_{5}$）
群	43	[2441]跼$^{群}_{燭}$駶$^{群}_{燭}$丨局$^{群}_{燭}$（燭$_{3}$）
影	44	[0059]昱$^{以}_{屋}$煜$^{以}_{屋}$燠$^{影}_{屋}$澳$^{影}_{屋}$圳$^{鏡:}_{影屋}$域$^{云}_{職}$薁$^{影}_{屋}$蔚$^{影}_{物}$稶$^{影}_{屋}$彧$^{影}_{屋}$魊$^{云}_{職}$魆$^{云}_{屋}$欲$^{以}_{燭}$丨郁$^{影}_{屋}$[0684]峪$^{以}_{燭}$浴$^{以}_{燭}$慾$^{以}_{燭}$噢$^{影}_{屋}$玉$^{疑}_{燭}$鐭$^{影}_{屋}$賣$^{以}_{屋}$丨欲$^{以}_{燭}$[0777]汽$^{影}_{質}$丨浴$^{以}_{燭}$[1128]砡$^{疑}_{屋}$鈺$^{疑}_{燭}$瑦$^{疑}_{燭}$獄$^{疑}_{燭}$丨玉$^{疑}_{燭}$[1171]投$^{以}_{昔}$域$^{云}_{職}$伇$^{以}_{昔}$疫$^{以}_{昔}$鈠$^{以}_{昔}$琙$^{云}_{職}$杸$^{以}_{昔}$欝$^{影}_{物}$鬱$^{影}_{物}$鵒$^{以}_{昔}$丨役$^{以}_{昔}$[1459]欲$^{以}_{燭}$丨昱$^{以}_{屋}$[2089]嗢$^{影}_{沒}$丨欝$^{影}_{物}$[2575]緎$^{云}_{職}$閾$^{云}_{職}$棫$^{云}_{職}$𩿧$^{云}_{職}$蜮$^{云}_{職}$罭$^{云}_{職}$役$^{以}_{昔}$丨域$^{云}_{職}$[3465]蜮$^{云}_{職}$丨蜮$^{云}_{職}$[3541]狘$^{曉}_{術}$丨蔚$^{影}_{物}$[3642]圄$^{疑}_{燭}$丨獄$^{疑}_{燭}$（屋$_{三15}$燭$_{14}$質$_{1}$術$_{1}$物$_{5}$沒$_{1}$昔$_{8}$職$_{13}$）
	45	[0439]焴$^{玉:}_{以屋}$灪$^{影}_{物}$堉$^{以}_{屋}$儥$^{以}_{屋}$毓$^{以}_{屋}$忸$^{泥}_{屋}$㥔$^{以}_{屋}$惐$^{影}_{屋}$喅$^{以}_{屋}$唷$^{以}_{屋}$趉$^{云}_{術}$逳$^{以}_{屋}$錥$^{以}_{屋}$鬻$^{以}_{屋}$尢$^{以}_{屋}$丨育$^{以}_{屋}$[2291]衄$^{泥}_{屋}$丨忸$^{泥}_{屋}$（屋$_{三16}$術$_{1}$物$_{1}$）
曉	46	[0018]旭$^{曉}_{燭}$旭$^{曉}_{燭}$丨蓄$^{曉}_{屋}$[0176]勗$^{曉}_{燭}$洫$^{曉}_{職}$蓄$^{曉}_{屋}$頊$^{曉}_{燭}$勖$^{曉}_{燭}$蓄$^{曉}_{屋}$泧$^{曉}_{術}$烕$^{曉}_{術}$丨旭$^{曉}_{燭}$[1632]侐$^{曉}_{職}$瞁$^{匣}_{錫}$丨洫$^{曉}_{職}$（屋$_{三3}$燭$_{6}$術$_{2}$錫$_{1}$職$_{3}$）
	47	[1266]蓄$^{曉}_{屋}$㜅$^{曉}_{屋}$慉$^{曉}_{屋}$丨畜$^{曉}_{屋}$（屋$_{三4}$）
	48	[2945]殈$^{曉}_{錫}$丨兄入$^{曉}_{陌}$（陌$_{1}$錫$_{1}$）

在48個"準小韻"中，屬於屋、沃、燭三韻自注者（其中，屋$_{一}$3個，屋$_{三}$6個，沃1個，燭2個）12個，屬於混注的有36個，混注占總數的75.00%（36/48），這充分表明通攝入聲在《玉篇直音》中以混注爲常態。關於混注的具體情況，我們窮盡列舉如下，詳見表3-11-3。表中的"屋$_{一}$沃"是指僅有屋$_{一}$、沃兩個韻參與混注的"準小韻"，共出現3次，餘類推。

表3-11-3　系聯後的通攝入聲諸韻混注情況統計表

序號	混注種類	次數	序號	混注種類	次數	序號	混注種類	次數
1	屋$_{一}$沃	*3*	10	屋$_{一}$物	*1*	18	屋$_{三}$燭術御	*1*
2	屋$_{一}$沃燭	*2*	11	屋$_{一}$沒	*3*	19	屋$_{三}$燭術質物沒昔職	*1*
3	屋$_{一}$沃沒	*1*	12	屋$_{一}$沒術物	*1*	20	屋$_{三}$燭術錫職	*1*
4	屋$_{一}$沃沒物	*1*	13	屋$_{一}$陌	*1*	21	屋$_{三}$術	*1*
5	屋$_{一}$沃覺鐸	*1*	14	屋$_{一}$覺	*1*	22	屋$_{三}$術物	*1*
6	屋$_{一}$屋$_{三}$	*1*	15	屋$_{一}$覺鐸	*1*	23	屋$_{三}$德	*1*
7	屋$_{一}$屋$_{三}$燭	*3*	16	屋$_{三}$燭	*5*	24	屋$_{三}$覺	*1*
8	屋$_{一}$屋$_{三}$沒末德	*1*	17	屋$_{三}$燭術覺	*1*	25	陌錫	*1*
9	屋$_{一}$燭覺	*1*						

據表3-11-3中的混注統計，凡屋$_{一}$韻參與的混注共計22個，凡屋$_{三}$韻參與的混注共計19個，各占總數的61.11%和52.78%，二者均已過半數，這表明屋$_{一}$、屋$_{三}$兩韻乃通攝入聲混注的核心韻，二者共同決定了通攝入聲在《玉篇直音》中仍是一個整體。此外與之混注

的外攝的字幾乎皆是中古入聲字，因此，我們可以將通攝入聲視爲一個韻部，可稱爲屋燭部，這與初級統計的結論完全一致。

明末清初的通語語音中，入聲韻是否存在一直是學界爭議的話題，但是較爲普遍的觀點還是主張入聲已經消失。不過在此時的吳方音中，入聲韻的確是存在的。反映這時期吳方音的文獻《同文備考》《聲韻會通》《諧聲品字箋》等中皆有入聲韻部。即便是今天，“吳語大部分地區的韻部與中古音陰聲韻、陽聲韻、入聲韻三分相對應。大部分地區入聲韻都讀促聲，帶喉塞音[ʔ]”①。今海鹽吳音自然也不例外。以此論之，《玉篇直音》語音系統中存在入聲韻當是明末海鹽吳音韻母特點的真實寫照。

下面討論通攝內部一、三等入聲韻之間的混注以及通攝入聲韻與其他攝入聲韻的混注問題。

通攝入聲韻一等與三等之間混注的“準小韻”共計 8 個，占混注總數的 22.22%（8/36），所涉及的三等入聲韻字有：

目明屋苜明屋穆明屋牧明屋坶明屋塺明屋䑃明屋；幅非屋琗奉屋葍非屋䳕非屋蝠非屋蝮敷屋覆敷屋復非屋福非屋腹非屋鍑非屋輻非屋輹非屋；複奉屋垘奉屋鮲奉屋菔奉屋箙奉屋鵩奉屋虙奉屋宓奉屋堛奉屋馥奉屋伏奉屋愎奉屋䪖奉屋艆奉屋复奉屋復奉屋瑄奉屋複非屋鵩奉屋畐奉屋服奉屋；睩来燭䡜来燭戮来屋騄来燭坴来屋綠来燭逯来燭錄来燭菉来燭籙来燭稑来屋穋来屋䟿来燭駐集:來屋踛来燭勠来屋㔕来屋輘来屋六来屋陸来屋漻来屋蓼来屋；噈清屋蹴清屋蹙集:清屋蹵清屋緎精屋摵精屋促清燭蹙精屋；飅心屋潚心屋鷫心屋驌心屋肅心屋謖生屋鏉心燭蓿心屋粟心燭橐心燭摍生屋粟心燭翻生屋鷛心屋束書燭；俗邪燭續邪燭藚邪燭

上述三等屋、燭韻字主要來自中古脣、齒音聲母（明、非、奉；精、清、心、邪、生）及部分來母字。此類字在代表官話音的《韻略易通》中就已與一等字同音，在反映明末昆山吳音的《同文備考》中亦是與一等字讀音相同。由此可見，此類字的混注非《玉篇直音》獨具，與官話音以及吳方音皆吻合。此外，未與一等韻字混注的三等韻字爲數更多，涉及章、見、曉三組聲母以及泥、精、心等聲母的個別字，因此不可因爲此類字的混注而忽視一、三等韻字間的差別。

一、三等入聲韻字的混注中，三等韻字“六”讀洪音的現象值得一表。“六”在《玉篇直音》中共使用 23 次，作爲被注字 1 次，作爲注音字 22 次（具體注音情況詳見表 3-11-2 字組表，茲不贅舉）。其中，與一等韻字混注 12 例，與三等韻字混注 11 例，二者幾近 1∶1。此處“六”作爲高頻注音字將這些被注字系聯成一組同音字，洪細同音，與北方官話不相吻合，而於吳方言區中能得到印證②，其實質是原三等細音字全部讀成一等洪音。

今吳方言廣大區域基本上把“六”皆讀成洪音。以錢乃榮調查的當代吳方言爲例，在宜興、溧陽、金壇、丹陽、童家橋（丹陽）、靖江、江陰、常州、無錫、蘇州、常熟、昆山、霜草墩（寶山）、羅店（寶山）、周浦（南匯）、上海、松江、黎里（吳江）、盛澤（吳江）、嘉興、雙林（湖州）、杭州、紹興、王家井（諸暨）、崇仁（嵊州）、太平（嵊州）、余姚、寧波、黃岩、溫州、衢州、金華、永康等 33 個方言點中“六”的讀音多數爲 loʔ、

①錢乃榮. 當代吳語研究[M]. 上海：上海教育出版社，1992：12.

②“六”在方言中讀成洪音的情況非吳方言所獨有，以《漢語方音字彙》（北京大學中國語言文學系語言學教研室，語文出版社，2003：216）爲據，武漢、合肥、揚州、長沙、雙峰、廣州、陽江、潮州、廈門（白讀音）等地均讀作洪音。但是《玉篇直音》的編者來自吳方言區，故此處僅討論吳方言的讀音。

lɔʔ，少數讀 ləʔ、ləuʔ、lauʔ等，無一處是讀成細音的情况。單就今海鹽吳音而論，“六”音 loʔ，與“鹿簏汖錄碌祿綠陸戮勠”等字音同。由此可見，《玉篇直音》中“六”讀成洪音乃吳音特質。這些注音材料極具方音史的價值，證明了今吳音中“六”讀洪音的情況在《玉篇直音》中業已存在，爲構建吳方音史提供了重要史料。

此外，站在語音史角度來看，“六”的讀音早在宋代就已被討論過。宋人岳珂《桯史》卷二“賢已圖”云：“元祐間，黃、秦諸君子在館，暇日觀畫，山谷出李龍眠所作《賢已圖》，博弈、樗蒲之儔咸列焉。博者六七人，方據一局，投迸盆中，五皆玈，而一猶旋轉不已，一人俯盆疾呼，旁觀皆變色起立，纖穠態度，曲盡其妙，相與歎賞，以爲卓絕。適東坡從外來，睨之曰：‘李龍眠天下士，顧乃效閩人語耶！’衆咸怪，請其故，東坡曰：‘四海語音言六皆合口，惟閩音則張口，今盆中皆六，一猶未定，法當呼六，而疾呼者乃張口，何也？’龍眠聞之，亦笑而服。”①該例讓我們了解到北宋的閩方言有“六”讀開口的音貌特徵。

至於通攝入聲字與其他攝入聲字之間的混注也很有特色，直接混注例如下。

第一類，通攝入聲作爲被注字的有 13 例：

卜$^{幫}_{屋}$音不$^{幫}_{物}$P185L6；　扑$^{滂}_{屋}$音朴$^{滂}_{覺}$P96L7；　醭$^{滂}_{屋}$音朴$^{滂}_{覺}$P143L3；　濮$^{幫}_{屋}$音泊$^{集:}_{滂陌}$P20L6；

墣$^{滂}_{屋}$音泊$^{集:}_{滂陌}$P23L10；　隩$^{幫}_{屋}$音泊$^{集:}_{滂陌}$P32L6；　僕$^{並}_{屋}$音泊$^{並}_{鐸}$P43L6；　苜$^{明}_{屋}$音抹$^{明}_{末}$P179L6；

濲$^{匣}_{屋}$音忽$^{曉}_{沒}$P17L9；　屋$^{影}_{屋}$音鶻$^{匣}_{沒}$P100L10；　屋$^{影}_{屋}$音鶻$^{匣}_{沒}$P100L10；　逐$^{澄}_{屋}$音濁$^{澄}_{覺}$P90L10；

娼$^{明}_{沃}$音墨$^{明}_{德}$P48L6

第二類，通攝入聲作爲注音字的有 28 例：

不$^{幫}_{物}$音卜$^{幫}_{屋}$P192L9；　沒$^{明}_{沒}$音木$^{明}_{屋}$P15L7；　万$^{明}_{德}$音木$^{明}_{屋}$P184L3；　葍$^{並}_{德}$音伏$^{奉}_{屋}$P135L9；

涋$^{透}_{沒}$音禿$^{透}_{屋}$P19L8；　悇$^{透}_{沒}$音禿$^{透}_{屋}$P56L3；　迌$^{透}_{沒}$音禿$^{透}_{屋}$P92L3；　猝$^{清}_{沒}$音簇$^{清}_{屋}$P155L10；

敕$^{生}_{覺}$音簌$^{心}_{屋}$P187L8；　鷟$^{崇}_{覺}$ 音族$^{從}_{屋}$P146L6；　圠$^{溪}_{沒}$音哭$^{溪}_{屋}$P77L9；　兀$^{疑}_{沒}$音屋$^{影}_{屋}$P45L8；

趉$^{洪:}_{精術}$音足$^{精}_{燭}$P90L3；　戌$^{心}_{術}$音宿$^{心}_{屋}$P171L7；　嫛$^{知}_{術}$音祝$^{章}_{屋}$P49L8；　窶$^{知}_{術}$音祝$^{章}_{屋}$P49L8；

斵$^{知}_{覺}$音築$^{知}_{屋}$P185L3；　擢$^{澄}_{覺}$音逐$^{澄}_{屋}$P95L4；　域$^{云}_{職}$音郁$^{影}_{屋}$P120L7；　蔚$^{影}_{物}$音郁$^{影}_{屋}$P135L4；

魊$^{云}_{職}$音郁$^{影}_{屋}$P186L1；　汽$^{集:}_{影質}$音浴$^{以}_{燭}$P16L3；　灪$^{影}_{物}$音育$^{以}_{屋}$P10L5；　趉$^{云}_{術}$音育$^{以}_{屋}$P90L3；

洫$^{曉}_{職}$音旭$^{曉}_{燭}$P16L5；　㓕$^{曉}_{術}$音旭$^{曉}_{燭}$P171L7；　烕$^{曉}_{術}$音旭$^{曉}_{燭}$P171L7；　鶻$^{匣}_{沒}$音屋$^{影}_{屋}$P147L4

上述混注例共計 41 個，除“娼$^{明}_{沃}$音墨$^{明}_{德}$”例被併入德韻中外，其餘例皆被系聯併入屋燭部中。參與混注的非通攝入聲字主要來自宕、臻、梗、曾、山五攝，具體信息詳見表 3-11-4。

表 3-11-4　與通攝入聲混注的其他入聲字來源及數量統計表　（單位：次）

攝名	宕		臻				曾		梗	山
韻名	覺	鐸	沒	物	術	質	職	德	陌	末
數量	7	1	11	4	7	1	3	3	3	1
	41									

①[宋]岳珂. 桯史[M]. 見：宋元筆記小說大觀[Z]. 上海：上海古籍出版社，2001：4349.

從這些入聲字的來源來看，有的是中古–k 尾的（如宕、梗、曾攝字），有的是中古–t 尾的（如臻、山攝字）。不同韻尾的入聲字混注，這說明中古時入聲–p、–t、–k 韻尾的區別特徵已經弱化乃至消失。這不僅發生在通攝入聲，亦見於山、咸攝，臻、梗、曾攝之間，結合漢語史的音變進程，考慮到《玉篇直音》中入聲韻字自成一類的情況，我們認爲此時入聲字原有的–p、–t、–k 的塞音韻尾已經弱化爲喉塞音?，塞音韻尾並未完全消失。

從其他攝入聲字的聲、韻來看，尚未見有何顯著的規律可循。將它們併入屋燭部主要是根據系聯結果和必要時參考其他韻書的分類而做出的。把握這些混注關係的語音性質，可以通過共時與歷時的交叉比較來獲得，如表 3-11-5 所示。混注例均取自《玉篇直音》，滿足混注條件的用“+”號表示，不滿足的用“–”號表示，因某些字未收錄或者不使用而無法確定關係的用“○”表示。

表 3-11-5 部分入聲字在歷史文獻或今方言中的讀音關係①

混注例	《韻略易通》	《韻略匯通》	《五方元音》	《同文備考》	《玉篇直音》	《今海鹽音》
不$^{\text{幫}}_{\text{物}}$音卜$^{\text{幫}}_{\text{屋}}$	–	+	+	–	+	○
沒$^{\text{明}}_{\text{沒}}$音木$^{\text{明}}_{\text{屋}}$	–	+	+	–	+	–
猝$^{\text{清}}_{\text{沒}}$音簇$^{\text{清}}_{\text{屋}}$	–	+	+②	–	+	○
兀$^{\text{疑}}_{\text{沒}}$音屋$^{\text{影}}_{\text{屋}}$	–	+	+	–	+	–
縠$^{\text{匣}}_{\text{屋}}$音忽$^{\text{曉③}}_{\text{沒}}$	–	+	+	–	+	○
戌$^{\text{心}}_{\text{術}}$音宿$^{\text{心}}_{\text{屋}}$	–	–	–	–	+	–
蔚$^{\text{影}}_{\text{物}}$音郁$^{\text{影}}_{\text{屋}}$	–	–	–	–	+	○
匐$^{\text{並}}_{\text{德}}$音伏$^{\text{奉}}_{\text{屋}}$	–	○	–	+	+	○
域$^{\text{云}}_{\text{職}}$音郁$^{\text{影}}_{\text{屋}}$	–	–	+	–	+	○
洫$^{\text{曉}}_{\text{職}}$音旭$^{\text{曉}}_{\text{燭}}$	–	–	–	–	+	○
扑$^{\text{滂}}_{\text{屋}}$音朴$^{\text{滂}}_{\text{覺}}$	–	–	+	+	+	+

比較表 3-11-5 中的注音關係可知，與《玉篇直音》相似度最高的當屬《五方元音》，其次是《韻略匯通》。《韻略易通》應該是因成書時間較早，表現出的差異最大。《同文備考》與《玉篇直音》幾乎同處於一個時代，又是反映吳方音的文獻，但是相似度卻很低。因有較多例字在今海鹽吳音中不說，故而海鹽吳音也體現出與《玉篇直音》有較大差異。不過從其他三對注音關係皆是“–”的表現來看，《玉篇直音》與今海鹽吳音的確也是不同的。《五方元音》的“語音基礎是 17 世紀的普通讀書音”④，《韻略匯通》的語音性質是“存“存雅求正的普通話”⑤，此二書代表的是明末清初的官話讀音。《玉篇直音》與此書在部

①對於表中例字的讀音關係，《韻略易通》《韻略匯通》《同文備考》及海鹽音分別依據：張玉來. 韻略易通研究[M]. 天津：津：天津古籍出版社，1999；張玉來. 韻略匯通音系研究[M]. 濟南：山東教育出版社，1995；丁鋒.《同文備考》音系[M]. 福岡：中國書店，2001；胡明揚. 海鹽方言志[M]. 杭州：浙江人民出版社，1992。《五方元音》依據筆者自行查閱的結果。

②此二字的聲母不同，但韻母相同，暫時視爲同音。

③原作“瀫$^{\text{匣}}_{\text{屋}}$音忽$^{\text{曉}}_{\text{沒}}$”，考慮到諸文獻中均收錄“縠”，未見“瀫”，故而此處使用與“瀫”同等音韻地位的“縠”代之。

④葉寶奎. 明清官話音系[M]. 廈門：廈門大學出版社，2001：183.

⑤張玉來. 韻略匯通音系研究[M]. 濟南：山東教育出版社，1995：11.

分入聲字的演變方面相似，據此而論，《玉篇直音》倒有一些官話音的色彩，這與明末江寧人顧起元所持的"海鹽多官語"[①]的評價比較吻合。

不過總體來看，與今海鹽吳音相比，中古知組覺韻、幫組鐸韻及見、曉組沒韻字音同屋$_{一}$、沃韻字，見、曉組術、物、陌、昔、錫、職合口三、四等韻字音同屋$_{三}$、燭韻字，在這一點上，《玉篇直音》與今海鹽吳音的特點相同。尤其是部分唇音及齒音覺、鐸韻字併入屋燭部（如"璞$^{滂}_{覺}$樸$^{滂}_{覺}$粕$^{滂}_{鐸}$朴$^{滂}_{覺}$"音"扑$^{滂}_{屋}$"、"撲$^{並}_{覺}$亳$^{並}_{鐸}$薄$^{並}_{鐸}$泊$^{並}_{鐸}$"音"僕$^{並}_{屋}$"、"欶$^{生}_{覺}$"音"簌$^{心}_{屋}$"、"篧$^{知}_{覺}$鷟$^{崇}_{覺}$"音"族$^{從}_{屋}$"、"斵$^{知}_{覺}$"音"築$^{知}_{屋}$"、"濯$^{澄}_{覺}$鐲$^{澄}_{覺}$濁$^{澄}_{覺}$擢$^{澄}_{覺}$"音"逐$^{澄}_{屋}$"等），與今海鹽吳音高度吻合，有的注音例（如"璞$^{滂}_{覺}$"音"扑$^{滂}_{屋}$"、"濯$^{澄}_{覺}$鐲$^{澄}_{覺}$濁$^{澄}_{覺}$"音"逐$^{澄}_{屋}$"等）至今仍滿足音同關係，體現出此類混注現象應是海鹽吳音的特質。

當然，幫組沒、物韻在今海鹽吳音中因主元音央化，與屋韻字不同音，這一點《玉篇直音》又與之不同。

3.11.2　關於韻母的確立

屋燭部字的聲母來自《玉篇直音》聲母系統的幫、非、端、精、章、見、曉等七組聲母。我們以幫、非、泥、來、心、章、見、曉等八母作爲代表[②]，列其所屬小韻如下：

幫母①卧$^{幫}_{屋一}$纀$^{幫}_{屋一}$鸔$^{幫}_{屋一}$不$^{幫}_{物}$卜$^{幫}_{屋一}$蹼$^{幫}_{屋一}$襆$^{幫}_{屋一}$襮$^{幫}_{沃}$僕$^{集:}_{幫屋一}$

非母①嚛$^{曉}_{屋一}$幅$^{非}_{屋三}$琈$^{奉}_{屋三}$葍$^{非}_{屋三}$鶝$^{非}_{屋三}$蝠$^{非}_{屋三}$蝮$^{敷}_{屋三}$覆$^{敷}_{屋三}$復$^{非}_{屋三}$福$^{非}_{屋三}$腹$^{非}_{屋三}$鍑$^{非}_{屋三}$輻$^{非}_{屋三}$輹$^{非}_{屋三}$

來母①睩$^{來}_{燭}$彔$^{來}_{屋一}$碌$^{來}_{屋一}$鹿$^{來}_{屋一}$䚄$^{來}_{燭}$戮$^{來}_{屋三}$麓$^{來}_{屋一}$禁$^{來}_{屋一}$𩛞$^{來}_{屋一}$騄$^{來}_{燭}$漉$^{來}_{屋一}$坴$^{來}_{屋三}$綠$^{來}_{燭}$逯$^{來}_{燭}$祿$^{來}_{屋一}$鏕$^{來}_{屋一}$録$^{來}_{燭}$琭$^{來}_{屋一}$輘$^{來}_{屋一}$

菉$^{來}_{燭}$ 簏$^{來}_{屋一}$簶$^{來}_{燭}$稑$^{來}_{屋三}$穋$^{來}_{屋三}$醁$^{來}_{燭}$騄$^{玉:}_{來屋一}$踛$^{集:}_{來屋三}$觮$^{來}_{屋一}$麗$^{來}_{屋一}$盝$^{來}_{屋一}$用$^{篇:}_{來屋一}$睩$^{來}_{屋一}$𦕒$^{來}_{屋一}$趢$^{來}_{燭}$蹗$^{來}_{屋一}$勠$^{來}_{屋三}$

勎$^{來}_{屋三}$輘$^{來}_{屋三}$六$^{來}_{屋三}$陸$^{來}_{屋三}$艫$^{來}_{屋一}$漻$^{來}_{屋三}$蓼$^{來}_{屋三}$

泥母①恧$^{泥}_{屋三}$聏$^{泥}_{屋三}$屻$^{泥}_{屋三}$

章母①燭$^{章}_{燭}$㜵$^{知}_{術}$窭$^{知}_{術}$囑$^{章}_{燭}$欘$^{知}_{燭}$竺$^{知}_{屋三}$竹$^{知}_{屋三}$粥$^{章}_{屋三}$滀$^{澄}_{屋三}$斵$^{知}_{覺}$柷$^{莊}_{屋三}$鄏$^{章}_{燭}$咮$^{章}_{屋三}$钃$^{知}_{燭}$茿$^{知}_{屋三}$築$^{知}_{屋三}$鸀$^{章}_{燭}$鬻$^{章}_{屋三}$斸$^{知}_{燭}$趨$^{章}_{燭}$祝$^{章}_{屋三}$

心母①颵$^{心}_{屋三}$潚$^{心}_{屋三}$速$^{心}_{屋一}$鷫$^{心}_{屋三}$驌$^{心}_{屋三}$䐹$^{心}_{屋三}$謖$^{生}_{屋三}$鏉$^{心}_{燭}$蓿$^{心}_{屋三}$粟$^{心}_{燭}$槖$^{心}_{燭}$遬$^{心}_{屋一}$摗$^{生}_{屋三}$殐$^{心}_{屋一}$鋉$^{心}_{屋一}$餗$^{心}_{屋一}$粟$^{心}_{燭}$䅇$^{心}_{屋一}$鱐$^{心}_{屋三}$

䎘$^{生}_{屋三}$鷫$^{心}_{屋一}$欶$^{生}_{覺}$簌$^{心}_{屋一}$涑$^{心}_{沃}$誎$^{心}_{屋一}$束$^{書}_{燭}$

②䑿$^{心}_{屋三}$摍$^{生}_{屋三}$璛$^{心}_{屋三}$垦$^{心}_{屋三}$戌$^{心}_{術}$宿$^{心}_{屋三}$佰$^{心}_{屋三}$佰$^{心}_{屋三}$佩$^{心}_{屋三}$宿$^{心}_{屋三}$夙$^{心}_{屋三}$夙$^{心}_{屋三}$蹜$^{生}_{屋三}$茜$^{生}_{屋三}$縮$^{生}_{屋三}$

見母①熩$^{匣}_{沃}$告$^{溪}_{沃}$瀔$^{見}_{屋一}$晧$^{見}_{屋一}$殆$^{見}_{屋一}$轂$^{見}_{屋一}$穀$^{見}_{屋一}$轂$^{見}_{屋一}$鵠$^{集:}_{見沃}$鵠$^{以}_{燭}$牿$^{見}_{沃}$谷$^{見}_{屋一}$

②泦$^{見}_{屋三}$屈$^{見}_{屋三}$挶$^{見}_{燭}$輂$^{見}_{燭}$梮$^{見}_{燭}$鵴$^{見}_{屋三}$匊$^{見}_{屋三}$厈$^{見}_{燭}$埛$^{見}_{屋三}$啣$^{見}_{屋三}$脶$^{見}_{屋三}$踘$^{見}_{屋三}$跼$^{見}_{屋三}$毱$^{群}_{屋三}$諊$^{見}_{屋三}$趜$^{見}_{屋三}$掬$^{見}_{屋三}$鋦$^{見}_{燭}$菊$^{見}_{屋三}$

蘜$^{見}_{屋三}$餰$^{見}_{屋三}$鶌$^{見}_{屋三}$籟$^{見}_{屋三}$

曉母①颮$^{曉}_{沒}$颰$^{曉}_{沒}$颮$^{曉}_{沒}$炪$^{曉}_{術}$㸌$^{曉}_{物}$瀫$^{匣}_{屋一}$悬$^{曉}_{沒}$唿$^{曉}_{沒}$瞁$^{匣}_{沒}$闔$^{曉}_{物}$疨$^{曉}_{沒}$笏$^{曉}_{沒}$搰$^{匣}_{沒}$欻$^{曉}_{物}$忽$^{曉}_{沒}$縠$^{曉}_{屋一}$（呼$^{曉}_{模}$入）

②畜$^{曉}_{燭}$洫$^{曉}_{職}$蓄$^{曉}_{屋三}$頊$^{曉}_{燭}$旭$^{曉}_{燭}$減$^{曉}_{術}$烒$^{曉}_{術}$旭$^{曉}_{燭}$侐$^{曉}_{職}$闃$^{匣}_{錫}$蓄$^{曉}_{屋三}$嫿$^{曉}_{屋三}$慉$^{曉}_{屋三}$畜$^{曉}_{屋三}$殈$^{曉}_{錫}$兄入$^{曉}_{陌}$

比較所選取的每個聲母，幫、非、泥、來、章五母皆有一個獨立小韻，心、見、曉三

①[明]陸粲，顧起元. 庚巳編　客座贅語[M]. 北京：中華書局，1987：303。秦淑華（2014）認爲："《玉篇直音》反映的是一種頗受官話尤其是南系官話影響的吳語區知識分子或者文人講的讀書音，……，我們可以稱之爲海鹽官話。"

②因泥母的合口細音小韻不能被來母小韻涵蓋，故而單獨列出。

母則各含兩個對立小韻。此八母所屬的小韻已經涵蓋本組聲母的所有小韻類型。據此可知屋燭部共含因聲母不同及內部對立而形成的 11 個獨立小韻。如若不計聲母的區别，這些獨立小韻至多也就有四類（開齊合撮），可涵蓋該部所有可能存在的等呼情況。考察諸小韻在中古的開合洪細特徵，如表 3-11-6 所示。

表 3-11-6 屋燭部所含諸小韻的中古等呼

<table>
<tr><th>聲母</th><th>小韻號</th><th>中古等呼</th><th>聲母</th><th>小韻號</th><th>中古等呼</th></tr>
<tr><td rowspan="2">幫組</td><td rowspan="2">①</td><td>合口洪音</td><td>泥母</td><td>①</td><td>合口細音</td></tr>
<tr><td>合口細音</td><td>章組</td><td>①</td><td>合口細音</td></tr>
<tr><td>非組</td><td>①</td><td>合口細音</td><td rowspan="3">精組</td><td rowspan="2">①</td><td rowspan="2">合口洪音
合口細音</td></tr>
<tr><td rowspan="2">端組</td><td rowspan="2">①</td><td rowspan="2">合口洪音
合口細音</td></tr>
<tr><td>②</td><td>合口細音</td></tr>
<tr><td rowspan="2">見組</td><td>①</td><td>合口洪音</td><td rowspan="2">曉組</td><td>①</td><td>合口洪音</td></tr>
<tr><td>②</td><td>合口細音</td><td>②</td><td>合口細音</td></tr>
</table>

根據中古到近代漢語介音演變的規律，結合歷史、現代方音進行參證，我們認爲上述諸小韻的四呼類型如下。

第一，幫、端、精、見、曉五組聲母的合口洪音以及幫（明母）、端（來母）、精（清、心、邪等母）組中與合口洪音混注的合口細音皆讀作合口呼。

原因如下：首先，根據介音演變的規律，中古合口洪音當讀作近代合口呼。其次，上文我們已經詳述，中古明、來、清、心、生、邪等聲母中的部分合口細音字演變爲合口洪音，進而讀成合口呼。再者，在近代漢語中，《中原音韻》《韻略易通》《韻略匯通》《同文備考》《諧聲品字箋》等基本上將此類字讀成合口呼。最後，有“縠$^{曉}_{屋}$音呼$^{曉}_{模}$入 P123L2”注音材料佐證。此條材料意味著曉母屋韻（合口洪音）的主元音當與模韻相同。本章 3.3 節在討論多模部讀音時已知中古模韻在《玉篇直音》中讀 u 音值，因此，此處屋韻的主元音當亦是 u。以此類推，合口洪音應皆讀作合口呼。

第二，章、見、曉組的合口細音以及泥、精、心等聲母的合口細音皆讀作撮口呼。

原因如下：首先，根據介音演變的規律，中古合口細音當讀作近代撮口呼。其次，撮口呼在《玉篇直音》中已經形成，滿足擬定撮口呼的語音條件。再者，其陽聲韻部東鍾部的合口細音讀作撮口呼，入聲韻部與之一致。此外，此類字在今溧陽、金壇、丹陽、童家橋、靖江、嘉興、杭州、紹興、余姚、寧波、黃岩、金華等地吳音中多數讀撮口呼，可參證。另“爈$^{精}_{御}$音足$^{精}_{燭}$P47L1”注音例意味著魚虞部字“爈”與“足”的韻母相同。本章 3.3 節中我們已經討論過魚虞部的韻母爲 y，此處與“足”音同，可見“足”的韻母亦當爲撮口呼。此例應是“足”字的喉塞音韻尾進一步弱化至脫落而形成的，其過程可描寫爲 yʔ→y。不過，我們並不認爲“足”字已經完全讀成陰聲韻了，因爲除此之外，該字皆爲入聲字注音，這表明其入聲的讀音仍是主流。

綜上所述，屋燭部包括兩個韻母，分別是合口呼及撮口呼。其中：

合口呼可稱爲木類，主要來自中古通攝入聲幫、端、精、莊、見、曉組一等字及非組，明、來、清、心、生、邪等聲母三等字，另有少數陌、德、沒、物、覺、鐸等韻字的併入。

撮口呼可稱爲菊類，主要來自中古通攝入聲章、見、曉等組聲母以及泥、精、心母三等字，另有少數陌$_{\text{三}}$、昔、錫、職、術、物等合口字及個別覺韻字的併入。

關於屋燭部韻母的讀音，上文在討論的時候已經提及，根據“縠$^{\text{曉}}_{\text{屋}}$音呼$^{\text{曉}}_{\text{模}}$入 $_{\text{P123L2}}$”“㜘$^{\text{精}}_{\text{御}}$音足$^{\text{精}}_{\text{燭}}$$_{\text{P47L1}}$”兩例混注可知木類、菊類的韻母當讀作 uʔ、yʔ。

關於《玉篇直音》屋燭部韻母的數量、類型、音值及來源等內容詳見表 3-11-7。

表 3-11-7 屋燭部韻母表

部名	類名	四呼	音值	中古來源
屋燭	木	合	uʔ	中古通攝入聲幫、端、精、莊、見、曉組一等字及非組、明、來、清、心、生、邪等聲母三等字，另有少數陌、德、沒、物、覺、鐸等韻字的併入
	菊	撮	yʔ	中古通攝入聲章、見、曉等組聲母及泥、精、心母三等字，另有少數陌$_{\text{三}}$、昔、錫、職、術、物等合口字及個別覺韻字的併入

3.12 江、宕攝入聲：覺藥部

在《玉篇直音》的 13 695 個被注字中，中古江攝入聲覺韻字共計 87 個，宕攝入聲韻字有 243 個，其中鐸韻字有 146 個，藥韻字有 97 個。

3.12.1 關於韻部的確立

3.12.1.1 初級統計

中古江、宕攝入聲韻被注字在《玉篇直音》中的直接自注與混注次數詳見表 3-12-1。

表 3-12-1 中古江、宕攝入聲韻被注字單條自注、混注情況統計表 （單位：次）

注音字 / 被注字		江攝	宕攝	
		覺	鐸	藥
江攝	覺	56	22	2
宕攝	鐸	28	113	
	藥	1	3	91
其他		覺陌 1；覺末 2；覺屋 4；鐸模 2；鐸末 1；鐸陌 1；鐸合 1；藥緝 1；藥屑 1		

通過對江、宕攝入聲被注字的初級統計可知，江、宕攝入聲字的注音整體上以覺、鐸、藥三韻的自注與彼此間的混注爲主，但也有 14 次與其他攝入聲韻字的混注，不過該混注僅占 4.24%（14/330）。由此可見，江、宕兩攝入聲韻與兩攝陽聲韻的表現一致，它們在《玉篇直音》中的關係非常密切。

再來看覺韻的混注比例，覺韻被注字共出現 87 次，其中本韻自注 56 次，而與鐸韻混

注 22 次，混注占本韻系總數的 25.29%（22/87），該混注與覺韻自注（64.37%，56/87）一起幾乎構成了覺韻注音的全部，因此足見覺鐸混注非常顯著。結合漢語史可判斷，覺韻已經併入鐸韻中。至於宕攝，鐸覺混注共計 28 次，占鐸韻總數的 19.18%（28/146），也表現出與覺韻的密切關係，與覺鐸混注的 25.29%比值遙相呼應，共同表明覺鐸業已合併。至於藥韻，則鮮見與覺、鐸二韻混注，而自注比例則高達 93.81%（91/97），足見其較强的獨立性。

總體來看，江、宕兩攝入聲韻在《玉篇直音》中已經併爲一個韻部，但其內部又發生了重組，大致形成了以覺鐸合流及藥韻獨立兩種態勢對立的格局。

下面再通過系聯之法，通過統計混注與自注的比例來進一步驗證上述結論。

3.12.1.2 高級統計

我們使用系聯法將中古江、宕攝入聲韻字的音注歸併爲 39 個“準小韻”，具體字組內容詳見表 3-12-2（關於本表的使用說明，可參見表 3.2-3 上）。

表 3-12-2 《玉篇直音》所含中古江、宕攝入聲韻字組表

聲母	準小韻序號	轄字
惡類（含 49 個自然小類，24 個“準小韻”）		
幫	1	[0225]膊$^{幫}_{鐸}$嚗$^{幫}_{覺}$膞$^{幫}_{鐸}$髆$^{幫}_{鐸}$鎛$^{幫}_{鐸}$剝$^{幫}_{覺}$駁$^{幫}_{覺}$駮$^{幫}_{覺}$牔$^{幫}_{鐸}$ I 博$^{幫}_{鐸}$[1099]礴$^{並}_{鐸}$愽$^{幫}_{鐸}$曝$^{幫}_{覺}$[illegible]$^{幫}_{覺}$搏$^{幫}_{鐸}$欂$^{幫}_{鐸}$簙$^{幫}_{鐸}$餺$^{幫}_{鐸}$癹$^{集:}_{並末}$ I 剝$^{幫}_{覺}$（覺$_{7}$鐸$_{12}$末$_{1}$）
	2	[0298]鼥$^{並}_{末}$趵$^{幫}_{覺}$癶$^{幫}_{末}$鉢$^{幫}_{末}$[illegible]$^{幫}_{末}$癶$^{幫}_{末}$ I 撥$^{幫}_{末}$[2516]襏$^{幫}_{末}$撥$^{幫}_{末}$鱍$^{幫}_{末}$鮁$^{幫}_{末}$ I 鉢$^{幫}_{末}$（覺$_{1}$末$_{11}$）
滂	3	[0851]潑$^{集:}_{滂末}$覑$^{滂}_{覺}$鏺$^{滂}_{末}$ I 撥$^{集:}_{滂末}$[2767]癹$^{滂}_{末}$[illegible]$^{滂}_{鐸}$ I 潑$^{集:}_{滂末}$（覺$_{1}$鐸$_{1}$末$_{5}$）
並	4	[0339]雹$^{並}_{覺}$爆$^{並}_{覺}$鉋$^{並}_{覺}$ I 砲$^{並}_{覺}$（覺$_{4}$）
明	5	[0501]熯$^{明}_{鐸}$漠$^{明}_{鐸}$鄚$^{明}_{鐸}$[illegible]$^{明}_{鐸}$寞$^{明}_{鐸}$嗼$^{明}_{鐸}$暯$^{明}_{鐸}$膜$^{明}_{鐸}$邈$^{明}_{覺}$摸$^{明}_{鐸}$瘼$^{明}_{鐸}$晶$^{明}_{覺}$ I 莫$^{明}_{鐸}$[2487]劺$^{明}_{覺}$ I 邈$^{明}_{覺}$[3281]莫$^{明}_{鐸}$ I 膜$^{明}_{鐸}$（覺$_{4}$鐸$_{13}$）
奉	6	[2573]縛$^{奉}_{藥}$ I 房入$^{奉}_{藥}$（藥$_{2}$）
透	7	[0869]沰$^{透}_{鐸}$侂$^{透}_{鐸}$頊$^{透}_{鐸}$[illegible]$^{定}_{鐸}$[illegible]$^{透}_{鐸}$祏$^{透}_{鐸}$託$^{透}_{鐸}$鐸$^{定}_{鐸}$[illegible]$^{透}_{盍}$槖$^{透}_{鐸}$榜$^{透}_{鐸}$柝$^{透}_{鐸}$橐$^{透}_{鐸}$蘀$^{透}_{鐸}$籜$^{透}_{鐸}$飥$^{透}_{鐸}$[illegible]$^{透}_{鐸}$驝$^{透}_{鐸}$ I 托$^{透}_{鐸}$[2847]托$^{透}_{鐸}$ I 託$^{透}_{鐸}$[2833]拆$^{徹}_{陌}$ I 柝$^{集:}_{透鐸}$（鐸$_{21}$陌$_{1}$盍$_{1}$）
定	8	[1587]澤$^{定}_{鐸}$剫$^{定}_{鐸}$ I 鐸$^{定}_{鐸}$（鐸$_{3}$）
	9	[2689]護$^{定}_{鐸}$ I 度$^{定}_{鐸}$（鐸$_{2}$）
來	10	[0311][illegible]$^{來}_{鐸}$濼$^{來}_{鐸}$硌$^{來}_{鐸}$洛$^{來}_{鐸}$略$^{來}_{鐸}$絡$^{來}_{鐸}$[illegible]$^{來}_{藥}$[illegible]$^{來}_{鐸}$珞$^{來}_{鐸}$[illegible]$^{來}_{鐸}$樂$^{來}_{鐸}$落$^{來}_{鐸}$酪$^{來}_{鐸}$鵅$^{來}_{鐸}$鸈$^{來}_{鐸}$駱$^{來}_{鐸}$雒$^{來}_{鐸}$ I 洛$^{來}_{鐸}$[0818]洛$^{來}_{鐸}$ I 落$^{來}_{鐸}$（藥$_{1}$鐸$_{19}$）
	11	[1120]䂮$^{來}_{藥}$掠$^{來}_{藥}$[illegible]$^{來}_{藥}$[illegible]$^{來}_{藥}$掠$^{來}_{藥}$[illegible]$^{來}_{藥}$[illegible]$^{來}_{藥}$犖$^{來}_{覺}$ I 畧$^{來}_{藥}$[1274]略$^{來}_{藥}$剠$^{來}_{藥}$ I 掠$^{來}_{藥}$（覺$_{1}$藥$_{11}$）
精	12	[0732][illegible]$^{集:}_{精末}$準$^{章}_{薛}$倬$^{知}_{覺}$晫$^{知}_{覺}$迮$^{精}_{鐸}$琢$^{知}_{覺}$糳$^{精}_{鐸}$斵$^{知}_{覺}$斮$^{知}_{覺}$ I 作$^{精}_{鐸}$（覺$_{5}$鐸$_{3}$末$_{1}$薛$_{1}$）
清	13	[3029]錯$^{清}_{鐸}$ I 倉入$^{清}_{鐸}$[2364]齰$^{集:}_{初麥}$[illegible]$^{初}_{覺}$縒$^{清}_{鐸}$趞$^{清}_{藥}$逪$^{清}_{鐸}$撮$^{清}_{末}$剒$^{清}_{鐸}$ I 錯$^{清}_{鐸}$[2517]襊$^{清}_{末}$ I 撮$^{清}_{末}$（覺$_{1}$鐸$_{6}$藥$_{1}$末$_{3}$麥$_{1}$）
從	14	[0055]昨$^{從}_{鐸}$ I 鑿$^{從}_{鐸}$[1997]怍$^{從}_{鐸}$岝$^{從}_{鐸}$鑿$^{從}_{鐸}$鑿$^{從}_{鐸}$鑿$^{從}_{鐸}$鈼$^{從}_{鐸}$柞$^{從}_{鐸}$葃$^{從}_{鐸}$ I 昨$^{從}_{鐸}$（鐸$_{11}$）
心	15	[0193]朔$^{生}_{覺}$[illegible]$^{心}_{鐸}$ I 索$^{心}_{鐸}$[0215][illegible]$^{生}_{覺}$[illegible]$^{生}_{覺}$槊$^{生}_{覺}$蒴$^{生}_{覺}$ I 朔$^{生}_{覺}$[2592]索$^{心}_{鐸}$ I [illegible]$^{心}_{鐸}$（覺$_{6}$鐸$_{4}$）
見	16	[0551][illegible]$^{見}_{鐸}$胳$^{見}_{鐸}$袼$^{見}_{鐸}$覺$^{見}_{覺}$閣$^{見}_{鐸}$戓$^{見}_{合}$ I 各$^{見}_{鐸}$ [1098]确$^{見}_{覺}$桷$^{見}_{覺}$榷$^{見}_{覺}$角$^{見}_{覺}$ I 覺$^{見}_{覺}$[2215][illegible]$^{集:}_{見覺}$ I 角$^{見}_{覺}$[3053]珏$^{見}_{覺}$ I 角$^{見}_{覺}$（覺$_{10}$鐸$_{5}$合$_{1}$）
溪	17	[0859]潅$^{溪}_{覺}$傕$^{溪}_{覺}$恪$^{溪}_{鐸}$ I 確$^{溪}_{覺}$[0550]嶨$^{溪}_{覺}$[illegible]$^{溪}_{鐸}$㱿$^{溪}_{覺}$殼$^{溪}_{覺}$ I 恪$^{溪}_{鐸}$ [1097]確$^{溪}_{覺}$礐$^{溪}_{覺}$硞$^{溪}_{覺}$ I 殼$^{溪}_{覺}$（覺$_{10}$鐸$_{3}$）
影	18	[1137]堊$^{影}_{鐸}$偓$^{影}_{覺}$喔$^{影}_{覺}$握$^{影}_{覺}$蝁$^{影}_{鐸}$鷽$^{影}_{覺}$堊$^{影}_{鐸}$ I 惡$^{影}_{鐸}$[1831]媉$^{影}_{覺}$ I 喔$^{影}_{覺}$（覺$_{6}$鐸$_{4}$）
	19	[2339]腛$^{影}_{覺}$齷$^{影}_{覺}$幄$^{影}_{覺}$ I 渥$^{影}_{覺}$（覺$_{4}$）
曉	20	[0069]曤$^{曉}_{鐸}$霩$^{曉}_{鐸}$[illegible]$^{匣}_{鐸}$靃$^{曉}_{鐸}$壑$^{曉}_{鐸}$郝$^{曉}_{鐸}$戄$^{曉}_{藥}$臛$^{曉}_{鐸}$[illegible]$^{曉}_{鐸}$藿$^{曉}_{鐸}$ I 霍$^{曉}_{鐸}$[1461]叡$^{曉}_{鐸}$[illegible]$^{曉}_{鐸}$狢$^{匣}_{鐸}$ I 郝$^{曉}_{鐸}$[2133]嗃$^{曉}_{鐸}$歊$^{曉}_{鐸}$ I 壑$^{曉}_{鐸}$（藥$_{1}$鐸$_{17}$）
	21	[1029]澩$^{曉}_{覺}$穀$^{曉}_{覺}$[illegible]$^{曉}_{覺}$㬨$^{匣}_{覺}$ I 學$^{匣}_{覺}$（覺$_{5}$）
	22	[1308]鄗$^{曉}_{鐸}$ I 涸$^{匣}_{鐸}$（鐸$_{2}$）

續表

聲母	準小韻序號	轄字
	23	[1593]瀨$^{篇:}_{匣鐸}$ 丨 雀$^{匣}_{鐸}$（鐸$_{2}$）
匣	24	[0547]嶽$^{疑}_{覺}$崿$^{疑}_{鐸}$壥$^{疑}_{鐸}$堮$^{疑}_{鐸}$鄂$^{疑}_{鐸}$愕$^{疑}_{鐸}$頞$^{疑}_{覺}$顎$^{疑}_{鐸}$顎$^{疑}_{鐸}$齶$^{疑}_{鐸}$覨$^{疑}_{鐸}$諤$^{疑}_{鐸}$鍔$^{疑}_{鐸}$㓵$^{疑}_{鐸}$蕚$^{疑}_{鐸}$蘁$^{疑}_{鐸}$鶴$^{匣}_{鐸}$鶚$^{疑}_{鐸}$蠖$^{影}_{鐸}$噩$^{疑}_{鐸}$ 丨 岳$^{疑}_{覺}$[3421]鸑$^{疑}_{覺}$ 丨 嶽$^{疑}_{覺}$ [3518]鱷$^{疑}_{鐸}$ 丨 諤$^{疑}_{鐸}$[3523]貉$^{匣}_{鐸}$鷽$^{匣}_{覺}$ 丨 鶴$^{匣}_{鐸}$（覺$_{6}$鐸$_{22}$）
郭類（含 2 個自然小類，1 個“準小韻”）		
見	25	[1385]郭$^{見}_{鐸}$椁$^{見}_{鐸}$ 丨 廓$^{溪}_{鐸}$[0695]崞$^{見}_{鐸}$墎$^{見}_{鐸}$鄗$^{見}_{鐸}$廓$^{溪}_{鐸}$擴$^{集:}_{見鐸}$彍$^{見}_{鐸}$彉$^{見}_{鐸}$槨$^{見}_{鐸}$𩫏$^{見}_{鐸}$𣉙$^{見}_{鐸}$ 丨 郭$^{見}_{鐸}$（鐸$_{14}$）
約類（含 27 個自然小類，14 個“準小韻”）		
精	26	[0486]爝$^{集:}_{精藥}$雀$^{精}_{藥}$ 丨 爵$^{精}_{藥}$[0447]爝$^{精}_{藥}$䳩$^{精}_{藥}$皭$^{精}_{藥}$爵$^{精}_{藥}$ 丨 雀$^{精}_{藥}$（藥$_{8}$）
清	27	[0447]鵲$^{清}_{藥}$ 丨 雀$^{精}_{藥}$[1095]碏$^{清}_{藥}$猎$^{清}_{藥}$ 丨 鵲$^{清}_{藥}$（藥$_{5}$）
從	28	[2077]嚼$^{從}_{藥}$ 丨 墻入$^{從}_{藥}$[3570]皭$^{從}_{藥}$ 丨 嚼$^{從}_{藥}$（藥$_{4}$）
章	29	[0066]啅$^{知}_{覺}$䏏$^{知}_{覺}$焯$^{章}_{藥}$涿$^{知}_{覺}$濁$^{崇}_{覺}$啅$^{知}_{覺}$踔$^{知}_{覺}$捉$^{莊}_{覺}$琢$^{知}_{覺}$椓$^{知}_{覺}$ 丨 卓$^{知}_{覺}$[0826]浞$^{崇}_{覺}$娖$^{莊}_{覺}$啄$^{知}_{覺}$珿$^{初}_{覺}$ 丨 捉$^{莊}_{覺}$[2846]捔$^{崇}_{覺}$ 丨 浞$^{崇}_{覺}$（覺$_{17}$藥$_{1}$）
	30	[0395]灼$^{章}_{藥}$汋$^{章}_{藥}$杓$^{章}_{藥}$黔$^{章}_{藥}$斫$^{章}_{藥}$斮$^{莊}_{藥}$丨勺$^{章}_{藥}$[1096]斫$^{章}_{藥}$勺$^{章}_{藥}$礿$^{章}_{藥}$ 丨 酌$^{章}_{藥}$[3302]芍$^{知}_{藥}$酌$^{章}_{藥}$鬻$^{以}_{藥}$ 丨 灼$^{章}_{藥}$（藥$_{15}$）
	31	[1714]偖$^{知}_{藥}$鐯$^{知}_{藥}$ 丨 著$^{知}_{藥}$（藥$_{3}$）
	32	[2593]𦆽$^{章}_{藥}$ 丨 繳$^{章}_{藥}$（藥$_{2}$）
昌	33	[1810]婼$^{徹}_{藥}$婥$^{昌}_{藥}$趠$^{徹}_{藥}$逴$^{徹}_{藥}$𨋮$^{徹}_{效}$篧$^{洪:}_{昌藥}$臭$^{徹}_{藥}$ 丨 綽$^{昌}_{藥}$[2572]綽$^{昌}_{藥}$ 丨 逴$^{徹}_{藥}$（藥$_{9}$效$_{1}$）
書	34	[0521]爍$^{書}_{藥}$ 丨 芍$^{禪}_{藥}$[2995]鑠$^{書}_{藥}$ 丨 爍$^{書}_{藥}$（藥$_{4}$）
禪	35	[1332]鄀$^{日}_{藥}$偌$^{日}_{藥}$𦝳$^{日}_{藥}$蒻$^{日}_{藥}$箬$^{日}_{藥}$弱$^{日}_{藥}$ 丨 若$^{日}_{藥}$[2049]偌$^{日}_{藥}$ 丨 惹$^{日}_{藥}$[3280]若$^{日}_{藥}$ 丨 弱$^{日}_{藥}$（藥$_{11}$）
	36	[0959]渃$^{日}_{藥}$ 丨 楉$^{日}_{藥}$（藥$_{2}$）
見	37	[2083]噱$^{群}_{藥}$噓$^{集:}_{群藥}$躩$^{見}_{藥}$攫$^{見}_{藥}$钁$^{見}_{藥}$彏$^{見}_{藥}$鸜$^{見}_{藥}$ 丨 腳$^{見}_{藥}$（藥$_{8}$）
影	38	[1355]𨟇$^{集:}_{見藥}$ 丨 矍$^{見}_{藥}$[2418]躍$^{以}_{藥}$趯$^{以}_{藥}$妁$^{影}_{藥}$礿$^{以}_{藥}$葯$^{影}_{藥}$蒦$^{影}_{藥}$約$^{影}_{覺}$籰$^{云}_{藥}$鸙$^{以}_{藥}$玃$^{見}_{藥}$貜$^{見}_{藥}$矍$^{見}_{藥}$矍$^{見}_{藥}$龠$^{以}_{藥}$ 丨 約$^{影}_{藥}$（覺$_{1}$藥$_{16}$）
喻	39	[0222]𦞦$^{以}_{藥}$爚$^{以}_{藥}$瀹$^{以}_{藥}$踚$^{以}_{藥}$幨$^{以}_{藥}$禴$^{以}_{藥}$鑰$^{以}_{藥}$籥$^{以}_{藥}$䶴$^{以}_{藥}$ 丨 藥$^{以}_{藥}$[3315]藥$^{以}_{藥}$ 丨 爚$^{以}_{藥}$（藥$_{12}$）

在 39 個“準小韻”中，屬於覺、鐸、藥三韻自注者 21 個（覺 3 個、鐸 6 個、藥 12 個），屬於混注者 18 個，混注占總數的 46.15%（18/39），幾近半數。關於混注的具體情況，我們窮盡列舉如下，詳見表 3-12-3。表中的“覺鐸”是指僅有覺、鐸二韻參與混注的“準小韻”，共出現 5 次，餘類推。

表 3-12-3　系聯後的江、宕攝入聲諸韻混注情況統計表

序號	混注種類	次數	序號	混注種類	次數	序號	混注種類	次數
1	覺鐸	*5*	5	覺鐸末	*1*	9	鐸藥	*2*
2	覺鐸藥末麥	*1*	6	覺鐸合	*1*	10	鐸陌盍	*1*
3	覺鐸末	*1*	7	覺藥	*3*	11	藥效	*1*
4	覺鐸末薛	*1*	8	覺末	*1*			

根據表 3-12-3 中的統計，覺韻與鐸、藥二韻的混注共計 13 次（覺鐸 9 次、覺藥 3 次、覺鐸藥 1 次），占江韻總數的 72.22%（13/18），這足以表明中古江攝入聲覺韻已完全併入宕攝入聲之中。在 18 次混注中，有 1 次效攝效韻字（𨋮$^{玉:}_{徹效}$音綽$^{昌}_{藥}$P117L2）參與，疑受被注字偏旁影響。其餘混注多是與山、咸攝末、合、盍、薛四韻及梗攝陌、麥二韻的混注，根據

同音系聯，可將此類字分別併入覺、鐸、藥韻中，並不影響此三韻的整體性。總之，中古江、宕二攝所屬入聲三韻在《玉篇直音》中重組爲一個整體，可稱爲覺藥部，這與初級統計的情況完全吻合。

在覺、鐸、藥三韻間，覺鐸混注 10（9+1）次，覺藥混注 4（3+1）次，說明覺韻以與鐸韻混注爲常態，這與初級統計的結果一致。中古時覺、鐸二韻皆爲洪音，與細音藥韻涇渭分明。但是《玉篇直音》中覺、鐸與藥之間並非絕對對立，也存在混注，直接混注 5 例，如下：

⿱略糸$^{來}_{藥}$音洛$^{來}_{鐸}$P83L2；犖$^{來}_{覺}$音畧$^{來}_{藥}$P154L3；趞$^{清}_{藥}$音錯$^{清}_{鐸}$P89L10；焯$^{章}_{藥}$音卓$^{知}_{覺}$P9L5；　葯$^{影}_{覺}$音約$^{影}_{藥}$P138L6

上述 5 例我們分爲兩類處理，前 3 例爲一類，後兩例爲一類，原因如下。

首先，洛、畧（略）二字在《廣韻》中的讀音差異（洛乃一等洪音，略乃三等細音）在《中原音韻》《韻略易通》《韻略匯通》《同文備考》等書中仍然存在，在今天多數吳方言中仍有開口呼與齊齒呼的差別，如海鹽音中洛讀 loʔ，略讀 liaʔ。但是比較這一對字在現代方言中的讀音發現，以《漢語方音字彙》[①]爲例，在其所描寫的 20 個方言點中，洛落皆讀開口呼；而略則有開（廣州 lœk）、合（西安 luo、福州 luɔʔ）、齊（太原 lieʔ、蘇州 liɒʔ）撮（北京 lye、合肥 lyɐʔ）四種讀法。若單就吳方言而言，未見洛落的齊齒呼讀法，反倒是有略讀成開口呼的，如昆山音讀 lɤʔ。鑒於此，我們主張來母藥韻字在《玉篇直音》中讀成洪音。至於"趞$^{清}_{藥}$音錯$^{清}_{鐸}$"，因被注字乃非常用字，無法參證方言，因此只能根據注音字的同音關係將之系聯入洪音鐸韻中。

其次，在齒音聲母的討論中，我們已經指出，《玉篇直音》中存在知、莊組覺韻字讀成章組的情況。既然如此，"卓"的聲母自然讀成舌面前音 tɕ，其韻母則需要變成撮口呼與之相配。最後一例覺韻字"葯"，讀成細音，正是印證了牙、喉音開口二等字發生腭化音變的語言現象，這在《玉篇直音》中較爲常見。不過單就覺韻而言，腭化的字爲數不多，相反卻能看到更多未腭化的字，如："嶽$^{疑}_{覺}$岳$^{疑}_{覺}$頢$^{疑}_{覺}$鸑$^{疑}_{覺}$嶨$^{匣}_{覺}$"與"鶴$^{匣}_{鐸}$謣$^{疑}_{鐸}$"同音，"覺$^{見}_{覺}$珏$^{見}_{覺}$确$^{見}_{覺}$桷$^{見}_{覺}$榷$^{見}_{覺}$角$^{見}_{覺}$"與"各$^{見}_{鐸}$"同音，"滜$^{溪}_{覺}$傕$^{溪}_{覺}$嵒$^{溪}_{覺}$窑$^{溪}_{鐸}$散$^{溪}_{覺}$殼$^{溪}_{覺}$確$^{溪}_{覺}$礐$^{溪}_{覺}$硞$^{溪}_{覺}$"與"恪$^{溪}_{鐸}$"同音。這些字與一等鐸韻混注，折射出其尚讀洪音的特徵。由此看來，覺韻牙、喉音字的腭化進程尚處於起始階段，這與其陽聲江韻中僅溪母字腭化（僅 3 個：矼$^{集:}_{溪江}$腔$^{溪}_{江}$羫$^{溪}_{江}$）的節拍比較吻合，都比較慢。

鑒於上述兩點，我們主張將上述 5 例直接混注以及因系聯而產生的同音字分成兩類區別對待。

下面討論江、宕攝入聲韻與外攝入聲韻的混注情況。所涉外攝字外如下：

末韻：癶$^{幫}_{末}$鉢$^{幫}_{末}$般$^{幫}_{末}$癶$^{幫}_{末}$撥$^{幫}_{末}$襏$^{幫}_{末}$鱍$^{幫}_{末}$鮁$^{幫}_{末}$癹$^{龍:}_{並末}$䟛$^{並}_{末}$潑$^{集:}_{滂末}$癹$^{滂}_{末}$鏺$^{滂}_{末}$撥$^{集:}_{滂末}$；剳$^{集:}_{精末}$撮$^{清}_{末}$襊$^{清}_{末}$

合韻：或$^{見}_{合}$；盍韻：舵$^{透}_{盍}$；薛韻：準$^{章}_{薛}$；陌韻：拆$^{徹}_{陌}$；麥韻：齰$^{集:}_{初麥}$

這些外攝入聲字的混注，部分能在《韻略易通》中得到印證，如其江陽部入聲韻中有

①北京大學中國語言文學系語言學教研室. 漢語方音字彙[M]. 北京：語文出版社，2003：35.

“撥幫末鉢幫末潑集:滂末撮清末襊清末”。再如見母中雖未收錄“或見合”字，但是有一定數量的合韻字“合鴿蛤閤”併入。在這些字的歸類方面，《玉篇直音》與《韻略易通》有些相似甚至是相同。僅就此點而論，覺藥部的重組性質跟屋燭部相似，有些通語中讀書音的色彩，併入覺韻的末韻字也失去了其合口的特徵，讀成開口。當然，也有與《韻略匯通》不同的，如“拆徹陌”字（拆徹陌音柝集:透鐸P97L3）併入覺藥部，而《韻略匯通》將之歸入庚晴韻入聲（“拆册測策”等同音）。不過，這可以在《同文備考》中得到印證，其歸入杭韻入聲，與“橐透鐸托透鐸柝透鐸”等同音。“拆徹陌”字的歸併又使得《玉篇直音》帶有吳音色彩。

3.12.2　關於韻母的確立

覺藥部字的聲母遍及《玉篇直音》聲母系統的幫、非、端、精、章、見、曉等七組聲母，其中非組僅有非母一個，端組沒有端、泥二母，精組沒有邪母，見組僅有見、溪二母。各組聲母內部所屬的對立小韻也存在數量的差別，因此我們選取各組中存在對立小韻最多的幫、非、來、精、章、見、影七母爲代表，列其所屬小韻如下：

幫母①膊幫鐸曝幫覺髆幫鐸䴇幫鐸鎛幫鐸剝幫覺駁幫覺駮幫覺牔幫鐸博幫鐸礴並鐸愽幫鐸犦幫覺䮳幫覺搏幫鐸欂並陌簙幫鐸餺幫鐸癹龍:並末䟛並末趵幫覺癶幫末鉢幫末䑔幫末癶幫末襏幫末撥幫末鱍幫末鮁幫末

非母①縛奉藥房入奉藥

來母①䨁來鐸濼來鐸硌來鐸洛來鐸略來鐸絡來鐸䌎來藥𣧂來鐸珞來鐸剳來鐸樂來鐸落來鐸酪來鐸鴼來鐸鵅來鐸駱來鐸雒來鐸洛來鐸䂮來藥掠來藥㑼來藥䂮來藥鷺來藥䖮來藥犖來覺畧來藥略來藥剠來藥

章母①晫知覺腫知覺焯章藥涿知覺濁崇覺啅知覺踔知覺捉莊覺琢知覺椓知覺卓知覺浞崇覺娖莊覺啄知覺珿初覺擉崇覺灼章藥汋章藥㣿章藥䵵章藥斫章藥斮莊藥斫章藥勺章藥礿章藥芍知藥酌章藥鸐以藥偖知藥鍩知藥著知藥䊿章藥繳章藥

精母①砮集:精末準薛倬知覺晫知覺逴精鐸㧻知覺斲精鐸𧮯知覺斮知覺作精鐸

②爝集:精藥雀精藥爵精藥爝精藥舄精藥醆精藥

影母①堊影鐸偓影覺喔影覺握影覺堊影鐸鷽影覺垩影鐸惡影鐸媉影覺腛影覺齷影覺幄影覺渥影覺

②鄹集:見藥躍以藥蘥以藥竘影藥礿以藥葯影藥蒦影藥箹影覺籆云藥鸙以藥玃見藥貜見藥矍見藥龠以藥約影藥

見母①路見鐸胳見鐸袼見鐸覺見覺閣見鐸或見合各見鐸确見覺桷見覺榷見覺角見覺覺見覺晌集:見覺玨見覺

②郭見鐸椁見鐸崞見鐸墎見鐸鄗見鐸廓溪鐸擴集:見鐸彍見鐸彉見鐸槨見鐸䇎見鐸膊見鐸

③噱群藥嗐集:群藥躩見藥攫見藥蠼見藥彏見藥䢲見藥腳見藥

比較所取的每個聲母，根據所屬小韻數可將之分爲如下三類。

第一類，幫、非、來、章四母：各含 1 個小韻；其所代表的聲母組亦然。

第二類，精、影二母：各含 2 個小韻；精組中清、從各 2 個，心母 1 個；曉組中曉、匣、喻各 1 個。

第三類，見二母：含 3 個小韻；見組中溪母 1 個。

從量上看，所取的 7 個樣本聲母皆能代表本組聲母所屬小韻的最多數。據此可知，覺藥部共含因聲母不同及內部對立而形成的 11 個對立小韻。如若不計聲母的區別，這些對立小韻至多也就四類（開齊合撮），這涵蓋了該部所有可能存在的等呼情況。考察諸小韻在中古的開合洪細特徵，如表 3-12-4 所示。

表 3-12-4 覺藥部所含諸小韻的中古等呼

聲母	小韻號	中古等呼	聲母	小韻號	中古等呼
幫組	①	開口洪音 合口洪音	端組	①	開口洪音 開口細音
非組	①	合口細音	章組	①	開口細音
見組	①	開口洪音	精組	①	開口洪音
	②	合口洪音		②	開口細音
	③	開口細音 合口細音	曉組	①	開口洪音
				②	開口細音 合口細音

根據中古到近代漢語介音演變的規律，結合歷史、現代方音進行參證，我們認爲上述諸小韻的四呼類型分別如下。

第一，幫、端、精、見、曉組的開口洪音當讀作開口呼；精、章、見、曉組的開口細音當讀作齊齒呼。

原因如下：首先，從音理角度而言，中古開口洪音對應近代開口呼，中古開口細音對應近代的齊齒呼。其次，《韻略易通》①《韻略匯通》②等文獻同此；再者，以《當代吳語研究》所描寫的 33 個方言點爲例，此二類字（章組字除外）在今吳方言中幾乎皆讀作開口呼和齊齒呼。章組字“著$^{知}_{藥}$酌$^{章}_{藥}$綽$^{昌}_{藥}$弱$^{日}_{藥}$”等在黃岩、溫州等地吳音中仍讀齊齒呼，可爲證。此外，“錯$^{清}_{鐸}$音倉入$^{清}_{鐸}$P111L7”“嚼$^{從}_{藥}$音墻入$^{從}_{藥}$P57L4”等注音材料可以互證。已知倉、墻等字在江陽部中讀作開口、齊齒二呼（參見 3.8 節），那它們注音的入聲應該與之一樣，分別爲開口呼、齊齒呼。

需特別說明的是，“雀”字同時與精母藥韻字及清母藥韻字存在注音關係。“雀”在《玉篇直音》中共使用 6 次，其中作爲被注字 1 次（雀$^{精}_{藥}$音爵$^{精}_{藥}$P161L2），用作注音字 5 次（爝$^{精}_{藥}$音雀$^{精}_{藥}$P9L2；䳲$^{精}_{藥}$音雀$^{精}_{藥}$P147L1；皭$^{精}_{藥}$音雀$^{精}_{藥}$P163L3；爵$^{精}_{藥}$音雀$^{精}_{藥}$P163L3；鵲$^{清}_{藥}$音雀$^{精}_{藥}$P148L10）。通過比較發現，“雀”讀成精母的情況有 5 次，僅有 1 次與清母混注。雖僅此一次，但價值不可忽視。在漢語史上，自《廣韻》始，歷《集韻》《古今韻會舉要》《洪武正韻》《韻略易通》《字彙》等韻（字）書，均載“雀”乃精母字。即便是與《玉篇直音》同屬爲“海篇”類字書的《篇海類編》《重刊詳校篇海》《海篇心鏡》《海篇星鏡》《海篇集韻大全》等字書中也均載“雀”乃精母字，與“爵”音同。與精母讀音相反，“雀”還有一個清母讀音，能見到的記錄此音的早期材料當是《中原音韻》（蕭豪韻中，“鵲雀趞”同音），此音又見於 16 世紀初朝鮮人崔世珍的《四聲通解》、明末范善溱的《中州全韻》及清代周昂的《新訂中州全韻》，尤

①張玉來. 韻略易通研究[M]. 天津：天津古籍出版社，1999：69-71.
②張玉來. 韻略匯通音系研究[M]. 濟南：山東教育出版社，1995：124-128.

其是《四聲通解》明確標注清母讀音乃是“俗音”。由此可見，讀作精母的“雀”多載於正統的及守舊的韻（字）書中，而讀作清母的“雀”則多見於革新型或者口語色彩較强的韻（字）書中。

《玉篇直音》中兩音皆具，是否反映了該書既保守又革新的兩面性呢？我們認爲不能簡單地切分《玉篇直音》。因爲雖然“雀”的精母讀音不見於北方官話中，但是在很多南方方言中仍然留有痕跡。據《漢語方音字彙》[①]，“雀”在梅縣、廣州、陽江等地皆讀成不送氣塞擦音，這應該是精母讀音的留存；在廈門、潮州、福州、建甌等閩方言區中有文讀送氣音與白讀不送氣音的異讀現象，這應該是《廣韻》中的精母讀音與《中原音韻》中的清母讀音的並存；此外，在蘇州、溫州等吳方言區中“雀”字亦有送氣與不送氣的兩種讀音，這也應該是《廣韻》音與《中原》音並存的體現。今海鹽吳音中見不到異讀的現象，但是並不意味著歷史上海鹽音中並無此類異讀現象。因爲，在除溫州、蘇州外的江陰、寶山（羅店）等地吳音中亦可見到該字文白異讀的現象[②]，這意味著“雀”字在吳音史上應該是存在文白異讀的情況的，只不過隨著語言的自身演變與外部接觸，這種異讀現象逐漸在萎縮，在吳方言中的表現越來越少了。鑒於此，我們認爲《玉篇直音》中“雀”字同屬精、清二母的本質乃明末海鹽吳音中的文白異讀現象。

第二，幫組的合口洪音、端組（來母）的開口細音皆讀作開口呼。幫組末韻字及來母藥韻字分别皆與覺、鐸韻字混注，其本質是讀成開口洪音。關於此問題，上文已經論及，可參見。

第三，見、曉組的合口細音當讀成齊齒呼。

見、曉組合口細音在《玉篇直音》中均與開口細音字混注，如下列兩個小韻：

見母：[開口]噱$^{群}_{藥}$嘘$^{集:}_{群藥}$脚$^{見}_{藥}$[合口]躩$^{見}_{藥}$攫$^{見}_{藥}$韄$^{見}_{藥}$彏$^{見}_{藥}$鸎$^{見}_{藥}$

影母：[開口]躍$^{以}_{藥}$趯$^{以}_{藥}$玓$^{影}_{藥}$衵$^{以}_{藥}$葯$^{影}_{藥}$箹$^{影}_{覺}$鶲$^{以}_{藥}$龠$^{以}_{藥}$約$^{影}_{藥}$[合口]鄸$^{集:}_{見藥}$矍$^{見}_{藥}$玃$^{見}_{藥}$貜$^{見}_{藥}$蒦$^{影}_{藥}$籰$^{云}_{藥}$

合口細音與開口細音混注的現象並不鮮見，如先添部中“選音先上 P90L8”“展音專上 P100L7”等，我們認爲此類混注的本質是合口細音讀成開口細音（可參見 4.10 節，兹不贅述）。覺藥部的情況與先添部類似，將之讀成齊齒呼，不僅可以保持此類混注現象本質的一致，且於歷史文獻及現代吳方音中也可得到印證。《韻略匯通》[③]將此類字讀成齊齒呼，《同文備考》[④]中將此類字歸入陽韻入聲 iɑk 中。今吳方言中，《當代吳語研究》[⑤]所描寫的 33 個方言點中，“脚”字皆讀成齊齒呼，“約”字在除杭州、寧波、金華之外的其他吳方言中皆讀成齊齒呼。

①北京大學中國語言文學系語言學教研室. 漢語方音字彙[M]. 北京：語文出版社，2003：54.

②錢乃榮. 當代吳語研究[M]. 上海：上海教育出版社，1992：403.

③張玉來. 韻略匯通音系研究[M]. 濟南：山東教育出版社，1995：127.

④丁鋒.《同文備考》音系[M].（日）福岡：中國書店，2001：287.

⑤錢乃榮. 當代吳語研究[M]. 上海：上海教育出版社，1992：401，403.

第四，非母合口細音演變爲開口呼。

此類字僅有一個“縛”字。《中原音韻》①將之讀成開口呼，《韻略匯通》②將之讀成齊齒呼，《同文備考》③將之讀成合口呼，我們將之讀成開口呼。首先，這與近、現代漢語介音演變的規律相吻合，非組合口細音洪化爲開口呼。其次，“縛奉藥音房入奉藥P82L2”注音例意味著“房”的等呼與“縛”相同。已知江陽部中“房”讀開口呼，故此處“縛”當與之保持一致。再者，“縛”“房”二字在今海鹽吳音中均讀開口呼，可爲證。

第五，見母合口洪音讀成合口呼。

這類字僅見母一個小韻。首先，根據介音演變的一般規律可知此類字當讀作合口呼。其次，《韻略易通》《韻略匯通》《同文備考》《諧聲品字箋》等皆將之讀作合口呼。再者，以該小韻代表字“郭見鐸”爲例，在《當代吳語研究》④所列的 33 個方言點的讀音中，有金壇、丹陽、童家橋、蘇州、杭州、紹興、崇仁、衢州、金華等 9 地皆將此字讀成合口呼，可爲證。

綜合上述分析，我們認爲覺藥部共含有開口、齊齒、合口三類韻母，其中：

開口呼，可稱之爲惡類，主要來自中古江、宕攝幫、端、精、見、曉等組聲母的覺韻及開口鐸韻字；也有少數來母藥韻字及幫、精組末韻字的併入；還有個别陌、合、盍等韻字的雜入。

齊齒呼，可稱之爲約類，主要來自中古精、章組聲母及見、影、喻三母的開口藥韻字；有少數牙、喉音合口藥韻字及部分知、莊母覺韻字併入。

合口呼，可稱之爲郭類，主要來自中古見母合口鐸韻字，也有溪母“廓”字的併入。

關於覺藥部的主元音，《洪武正韻》⑤擬作 ɒ，《韻略易通》⑥《韻略匯通》⑦均擬作 ɑ，《同文備考》⑧擬作 a、ɒ，《諧聲品字箋》⑨擬作 ɔ。諸家擬音以後低元音爲主，結合今海鹽吳音中少數讀 a、多數讀 o 的情況，出於與陽聲江陽部（ɑŋ）相承的考慮，我們認爲此處覺藥部的主元音讀 ɑ 更爲合適。因此，該部所含的 3 個韻母分别是：

開口呼（惡類）：ɑʔ；齊齒呼（約類）：iɑʔ；合口呼（郭類）：uɑʔ

總之，中古江、宕二攝入聲韻在《玉篇直音》中重組爲覺藥部，共含 3 個韻母，具體內容詳見表 3-12-5。

---

①楊耐思. 中原音韻音系[M]. 北京：中國社會科學出版社，1981：147.
②張玉來. 韻略匯通音系研究[M]. 濟南：山東教育出版社，1995：126.
③丁鋒. 《同文備考》音系[M]. 福岡：中國書店，2001：291.
④錢乃榮. 當代吳語研究[M]. 上海：上海教育出版社，1992：422.
⑤葉寶奎. 明清官話音系[M]. 廈門：廈門大學出版社，2001：40.
⑥張玉來. 韻略易通研究[M]. 天津：天津古籍出版社，1999：30.
⑦張玉來. 韻略匯通音系研究[M]. 濟南：山東教育出版社，1995：117.
⑧丁鋒. 《同文備考》音系[M]. 福岡：中國書店，2001：246.
⑨張詠梅. 《諧聲品字箋》的音系研究[M]. 成都：巴蜀書社，2011：168.

表 3-12-5 覺藥部韻母表

部名	類名	四呼	音值	中古來源
覺藥	惡	開	ɑʔ	中古江、宕攝幫、端、精、見、曉等組聲母的覺韻及開口鐸韻字；也有少數來母藥韻字及幫、精組末韻字的併入；還有個別陌、合、盍等韻字的雜入
	約	齊	iɑʔ	中古精、章組聲母及見、影、喻三母的開口藥韻字；有少數牙、喉音合口藥韻字及部分知、莊母覺韻字併入
	郭	合	uɑʔ	中古見母合口鐸韻字，也有溪母"廓"字的併入

3.13 臻、深、梗、曾攝入聲：德質部

在《玉篇直音》的 13 695 個被注字中，中古臻、深、梗、曾四攝入聲韻字共計 1 007 個。具體的字數分佈詳見表 3-13-1。

表 3-13-1 臻、深、梗、曾四攝入聲韻字分佈表 （單位：個）

攝名	臻						深	梗				曾	
韻名	沒	質	術	櫛	物	迄	緝	陌	麥	昔	錫	職	德
數量	79	159	46	4	54	13	84	68	75	106	129	143	47
	355						84	378				190	
	1 007												

3.13.1 關於韻部的確立

3.13.1.1 初級統計

中古臻、深、梗、曾四攝入聲韻被注字在《玉篇直音》中的直接自注與混注次數詳見表 3-13-2。

表 3-13-2 臻、深、梗、曾四攝入聲被注字單條自注、混注情況統計表 （單位：次）

被注字 \ 注音字		臻						深	梗				曾	
		沒	質	術	櫛	物	迄	緝	陌	麥	昔	錫	職	德
臻	沒	59	2	1		3								4
	質		125		1			7	1		6	3	9	1
	術	3		30		1							1	
	櫛				3									
	物	4				41					2			
	迄						10	2						
深	緝		10		1			63			2		5	
梗	陌							1	41	4	1		5	14
	麥	1						1	9	38	1		6	18

續表

被注字＼注音字		臻						深	梗				曾	
		沒	質	術	櫛	物	迄	緝	陌	麥	昔	錫	職	德
	昔		3	1			1				71	8	21	
	錫		9	1			1	5	5		18	76	12	
曾	職		16	1	1			2	1	3	27	6	72	8
	德								8	4			1	32
其他（50次）		沒合1；沒鎋1；沒屋8；質薛1；質至3；質燭1；術屋4；術燭3；術文1；術屑1；術薛1；術虞1；櫛屑1；物文1；物屋3；物薛3；迄欣1；緝葉1；緝侵1；緝洽1；陌鐸1；陌藥1；麥鐸1；昔薛1；錫屑1；德屋2；職屋2；職燭1；職蒸1；職志1												

通過初級統計的數據可知，臻、深、梗、曾四攝入聲韻間的注音（含自注與四攝間的混注）共計954次，占總數的95.02%（954/1 004），這表明我們將這四攝入聲放在一起討論是正確的。

下面我們將以攝爲單位，再藉助數據統計從整體上把握攝與攝間的關係。具體數據詳見表3-13-3（本表的閱讀方法同3-13-2，可參見）。

表3-13-3　以攝爲單位的自注、混注數量統計表　（單位：次）

被注字＼注音字	臻	深	梗	曾
臻	283	9	12	15
深	11	63	2	5
梗	17	7	267	76
曾	18	2	51	113

藉助上表的統計數據，我們可得出以下幾點認識。

第一，深、臻入聲混注11次，占深攝入聲總數的13.10%（11/84）。參照陽聲侵韻在《玉篇直音》中併入臻攝之事實以及漢語史的音變進程可知，深攝入聲已併入臻攝入聲。

第二，曾、梗入聲混注51次，占曾攝入聲總數的26.98%（51/189）。參照陽聲蒸、登韻在《玉篇直音》中併入梗攝之事實以及漢語史的音變進程可知，曾攝入聲已併入梗攝入聲。

第三，曾、臻入聲混注18次，占曾攝入聲總數的9.52%（18/189）。如若將臻、深二攝視爲一個整體，可知曾、臻（深）入聲混注20次，占曾攝入聲總數的10.58%（20/189）。如此看來，曾攝入聲除了併入梗攝外，也可以併入臻（深）攝入聲。

第四，梗攝入聲與臻、深攝入聲的混注共24次，占梗攝入聲總數的6.37%（24/377），混注比值較低。不過我們可根據曾攝進行等量代换，進而將梗、曾二攝入聲一併歸入臻（深）攝入聲中。不過，這還需要藉助高級混注統計來進一步驗證。

通過上述分析，我們可以初步得出中古臻、深、梗、曾四攝入聲韻在《玉篇直音》中已重組爲一個新的韻部的結論。此外，通過對每個入聲韻的微觀混注統計可知（表3-13-2），中古時期韻之等次的區別大致還在，比如三等緝韻僅與質、櫛、昔、職等三等韻混注，一等德韻鮮見與三、四等韻混注，多數是與陌、麥二等韻混注。當然，也有類似一、三等韻之間的洪音與細音的混注，這多數是因爲此類字或個別字至近代發生了音變。這些問題在接下來的高級混注統計中會有討論。

此外，表 3-13-2 中的其他混注均是與非臻、深、梗、曾四攝入聲韻的混注，其中次數最多的當屬與通攝屋、燭韻的混注（沒屋 8、質燭 1、術屋 4、術燭 3、物屋 3、德屋 2、職屋 2、職燭 1），共計 24 次，幾近混注總數的 50%。此類混注現象的本質是沒、質、術、物、德、職等合口字讀成屋燭部字（這在 3.11 節屋燭部中有詳述，可參閱）。餘下的便是與山攝入聲鎋、薛、屑的混注爲多，因注音字爲常用字皆被系聯至曷葉部的討論中。

下面再通過系聯之法，通過統計混注與自注的比例來進一步驗證上述結論。

3.13.1.2　高級統計

我們使用系聯法將中古臻、深、梗、曾四攝入聲韻字的音注歸併爲 109 個“準小韻”，具體字組內容詳見表 3-13-4（關於本表的使用說明，可參見表 3-2-3 上之說明）。

表 3-13-4　《玉篇直音》所含中古江、宕攝入聲韻字組表

聲母	準小韻序號	轄字
色類（含 51 個自然小類，29 個“準小韻”）		
幫	1	[2734]迫$^{幫}_{陌}$鉑$^{集:}_{並鐸}$皕$^{幫}_{陌}$栢$^{幫}_{陌}$百$^{幫}_{陌}$北$^{幫}_{德}$ ǀ 伯$^{幫}_{陌}$[3240]柏$^{幫}_{陌}$蓓$^{幫}_{陌}$帞$^{集:}_{並陌}$ ǀ 百$^{幫}_{陌}$（陌$_{9}$德$_{1}$鐸$_{1}$）
滂	2	[1050]才$^{幫}_{陌}$ 珀$^{滂}_{陌}$魄$^{滂}_{陌}$ ǀ 迫$^{幫}_{陌}$[3039]珀$^{滂}_{陌}$ ǀ 拍$^{滂}_{陌}$（陌$_{6}$）
並	3	[0151]哱$^{並}_{沒}$踍$^{並}_{沒}$焞$^{並}_{沒}$渤$^{並}_{沒}$潡$^{並}_{沒}$埻$^{並}_{沒}$郣$^{並}_{沒}$侼$^{並}_{沒}$愂$^{並}_{沒}$悖$^{並}_{沒}$脖$^{並}_{沒}$艴$^{並}_{沒}$勃$^{並}_{沒}$誖$^{並}_{沒}$䟺$^{滂}_{沒}$拵$^{並}_{沒}$桲$^{並}_{沒}$鵓$^{並}_{沒}$敦$^{並}_{沒}$ ǀ 孛$^{並}_{沒}$[1776]孛$^{並}_{沒}$ ǀ 悖$^{並}_{沒}$（沒$_{22}$）
	4	[3415]䵗$^{並}_{德}$鵖$^{並}_{陌}$鮊$^{並}_{陌}$䨔$^{並}_{德}$ ǀ 白$^{並}_{陌}$[3564]白$^{並}_{陌}$ ǀ 帛$^{並}_{陌}$（陌$_{5}$德$_{2}$）
	5	[3652]匐$^{並}_{德}$ ǀ 葍$^{並}_{德}$（德$_{2}$）
明	6	[0312]霢$^{明}_{麥}$脉$^{明}_{麥}$眽$^{明}_{麥}$蛨$^{明}_{麥}$衇$^{明}_{陌}$覛$^{明}_{麥}$ ǀ 脉$^{明}_{麥}$[2327]脈$^{明}_{麥}$脉$^{明}_{麥}$ ǀ 蛨$^{明}_{麥}$（陌$_{1}$麥$_{9}$）
	7	[0383]霡$^{明}_{麥}$陌$^{明}_{陌}$ ǀ 麥$^{明}_{麥}$[1805]嫼$^{明}_{德}$驀$^{明}_{陌}$麥$^{明}_{麥}$貊$^{明}_{陌}$ ǀ 陌$^{明}_{陌}$（陌$_{4}$麥$_{3}$德$_{1}$）
	8	[0502]爅$^{明}_{德}$媢$^{明}_{沃}$纆$^{明}_{德}$覓$^{明}_{德}$ ǀ 墨$^{明}_{德}$[2126]嘿$^{明}_{德}$驀$^{明}_{陌}$墨$^{明}_{德}$ ǀ 默$^{明}_{德}$（陌$_{1}$德$_{7}$沃$_{1}$）
非	9	[0250]颰$^{非}_{物}$炦$^{敷}_{物}$炥$^{奉}_{物}$茀$^{奉}_{物}$冹$^{非}_{物}$忽$^{曉}_{沒}$怫$^{奉}_{物}$惚$^{曉}_{沒}$咈$^{奉}_{物}$髴$^{敷}_{物}$祓$^{非}_{物}$紱$^{非}_{物}$帗$^{非}_{物}$黻$^{非}_{物}$拂$^{敷}_{物}$祓$^{敷}_{物}$袚$^{敷}_{物}$柫$^{非}_{物}$茀$^{敷}_{物}$茇$^{非}_{物}$笰$^{非}_{物}$翇$^{非}_{物}$勿$^{微}_{物}$韍$^{非}_{物}$韨$^{非}_{物}$佛$^{敷}_{物}$ ǀ 弗$^{非}_{物}$[2454]毴$^{敷}_{物}$艴$^{敷}_{物}$刜$^{敷}_{物}$ ǀ 拂$^{敷}_{物}$（物$_{29}$沒$_{2}$）
	10	[2193]昲$^{敷}_{物}$ ǀ 佛$^{集:}_{敷物}$（物$_{2}$）
奉	11	[1161]坲$^{奉}_{物}$鉘$^{玉:}_{奉物}$艴$^{集:}_{奉物}$物$^{微}_{物}$ ǀ 佛$^{奉}_{物}$[0013]昒$^{微}_{物}$沕$^{微}_{物}$物$^{微}_{物}$魩$^{微}_{物}$ ǀ 勿$^{微}_{物}$[3311]芴$^{微}_{物}$勿$^{微}_{物}$ ǀ 物$^{微}_{物}$（物$_{13}$）
端	12	[1966]悳$^{端}_{德}$㝵$^{端}_{德}$得$^{端}_{德}$ ǀ 德$^{端}_{德}$[3782]德$^{端}_{德}$ ǀ 得$^{端}_{德}$（德$_{6}$）
透	13	[1968]忒$^{透}_{德}$蟘$^{定}_{德}$ ǀ 特$^{定}_{德}$[2232]聽$^{透}_{德}$ ǀ 忒$^{透}_{德}$[3149]忒$^{透}_{德}$ ǀ 慝$^{透}_{德}$（德$_{7}$）
來	14	[0758]泐$^{來}_{德}$朸$^{鏡:}_{來德}$阞$^{來}_{德}$仂$^{來}_{德}$肋$^{來}_{德}$扐$^{來}_{德}$𦨴$^{鏡:}_{來德}$艻$^{來}_{德}$ ǀ 勒$^{來}_{德}$（德$_{9}$）
精	15	[1665]倅$^{精}_{沒}$𨐤$^{從}_{沒}$踤$^{從}_{術}$摘$^{知}_{麥}$捽$^{從}_{沒}$ ǀ 卒$^{精}_{沒}$（術$_{1}$沒$_{4}$麥$_{1}$）
	16	[0785]泎$^{崇}_{陌}$筰$^{莊}_{陌}$ ǀ 窄$^{莊}_{陌}$（陌$_{3}$）
	17	[0043]昃$^{莊}_{職}$嘖$^{莊}_{麥}$瞔$^{莊}_{麥}$齰$^{莊}_{麥}$賫$^{莊}_{麥}$賾$^{崇}_{麥}$ ǀ 責$^{莊}_{麥}$[0567]崱$^{崇}_{職}$岝$^{集:}_{莊陌}$岞$^{集:}_{莊陌}$𡎊$^{初}_{職}$仄$^{莊}_{職}$庂$^{莊}_{職}$嫧$^{莊}_{麥}$惻$^{初}_{職}$幘$^{莊}_{麥}$咋$^{莊}_{麥}$謫$^{知}_{麥}$捑$^{莊}_{職}$馲$^{知}_{陌}$仄$^{莊}_{職}$ ǀ 則$^{精}_{德}$[1527]厇$^{知}_{麥}$側$^{莊}_{職}$幘$^{莊}_{麥}$責$^{莊}_{麥}$則$^{精}_{德}$簀$^{莊}_{麥}$稄$^{莊}_{職}$鵅$^{知}_{陌}$ ǀ 仄$^{莊}_{職}$[1558]窄$^{莊}_{陌}$齜$^{崇}_{質}$ ǀ 側$^{莊}_{職}$（質$_{1}$陌$_{5}$麥$_{14}$職$_{12}$德$_{2}$）
清	18	[0942]測$^{初}_{職}$惻$^{初}_{職}$栅$^{初}_{麥}$册$^{初}_{麥}$冊$^{初}_{麥}$ ǀ 策$^{初}_{麥}$[2002]憡$^{初}_{麥}$筞$^{初}_{麥}$册$^{初}_{麥}$ ǀ 册$^{初}_{麥}$[2760]遫$^{初}_{職}$ ǀ 測$^{初}_{職}$（麥$_{8}$職$_{4}$）
	19	[1197]坼$^{徹}_{陌}$𥈣$^{徹}_{麥}$𪘀$^{初}_{麥}$ ǀ 坼$^{徹}_{陌}$（陌$_{2}$麥$_{2}$）
從	20	[0913]澤$^{澄}_{陌}$厇$^{澄}_{陌}$擇$^{澄}_{陌}$檡$^{澄}_{陌}$ ǀ 宅$^{澄}_{陌}$[2927]宅$^{澄}_{陌}$鸅$^{澄}_{陌}$擇$^{澄}_{陌}$睪$^{澄}_{陌}$ ǀ 澤$^{澄}_{陌}$（陌$_{10}$）

續表

聲母	準小韻序號	轄字
	21	[3464]蠈$^{從}_{德}$ I 賊$^{從}_{德}$（德$_{2}$）
	22	[0707]鼩$^{從}_{職}$ I 層入$^{從}_{德}$（職$_{1}$德$_{1}$）
心	23	[0690]崱$^{生}_{緝}$濇$^{生}_{職}$澀$^{生}_{職}$轖$^{生}_{職}$顲$^{生}_{職}$嗇$^{生}_{職}$謵$^{生}_{緝}$蹬$^{生}_{緝}$歮$^{生}_{蟹}$鏼$^{生}_{麥}$栜$^{生}_{麥}$穡$^{生}_{職}$ I 色$^{生}_{職}$[0255]颸$^{生}_{櫛}$色$^{生}_{職}$ I 瑟$^{生}_{櫛}$[0880] 洓$^{生}_{麥}$ I 澁$^{生}_{緝}$[0999]澁$^{生}_{緝}$ 瑟$^{生}_{櫛}$蝨$^{生}_{櫛}$ I 虱$^{生}_{櫛}$（櫛$_{5}$麥$_{3}$職$_{8}$緝$_{5}$蟹$_{1}$）
心	24	[3729]帥$^{生}_{質}$ I 塞$^{心}_{德}$（質$_{1}$德$_{1}$）
見	25	[1247]埆$^{見}_{覺}$骼$^{見}_{陌}$鉻$^{見}_{陌}$敋$^{見}_{陌}$茖$^{見}_{陌}$鮥$^{見}_{陌}$敲$^{見}_{麥}$路$^{見}_{陌}$佫$^{見}_{陌}$ I 格$^{見}_{陌}$[1429]隔$^{見}_{麥}$槅$^{見}_{麥}$愅$^{見}_{麥}$嗝$^{見}_{麥}$膈$^{見}_{麥}$諽$^{見}_{麥}$搹$^{見}_{麥}$槅$^{見}_{麥}$鬲$^{見}_{麥}$ I 革$^{見}_{麥}$[3201]格$^{見}_{陌}$ I 隔$^{見}_{麥}$（陌$_{9}$麥$_{12}$覺$_{1}$）
溪	26	[1770]克$^{溪}_{德}$諽$^{溪}_{麥}$ I 客$^{溪}_{陌}$[2483]刻$^{溪}_{德}$ I 刻$^{溪}_{德}$[3164]剋$^{溪}_{德}$刻$^{溪}_{德}$刻$^{溪}_{德}$ I 克$^{溪}_{德}$（陌$_{1}$麥$_{1}$德$_{7}$）
影	27	[1452]阨$^{影}_{麥}$呝$^{影}_{麥}$額$^{疑}_{陌}$戹$^{影}_{麥}$軶$^{影}_{麥}$軛$^{影}_{麥}$戹$^{影}_{麥}$ I 厄$^{影}_{麥}$[1536]厄$^{影}_{麥}$彉$^{疑}_{麥}$厄$^{影}_{麥}$ I 額$^{疑}_{陌}$（陌$_{2}$麥$_{10}$）
曉	28	[0450]焃$^{曉}_{麥}$爀$^{曉}_{陌}$嫿$^{匣}_{麥}$嚇$^{曉}_{陌}$覤$^{曉}_{陌}$捇$^{曉}_{麥}$粇$^{集:}_{匣沒}$麧$^{匣}_{沒}$赫$^{曉}_{陌}$ I 黑$^{曉}_{德}$[2356]脉$^{匣}_{麥}$黑$^{曉}_{德}$歎$^{曉}_{德}$ I 赫$^{曉}_{陌}$（沒$_{2}$陌$_{5}$麥$_{4}$德$_{3}$）
匣	29	[0520]熀$^{曉}_{陌}$垎$^{匣}_{陌}$嗃$^{匣}_{陌}$齕$^{匣}_{沒}$鈉$^{匣}_{德}$核$^{匣}_{麥}$翮$^{匣}_{麥}$核$^{匣}_{麥}$覈$^{匣}_{麥}$ I 劾$^{匣}_{德}$[3169]刻$^{匣}_{德}$刻$^{匣}_{德}$刻$^{匣}_{德}$ I 覈$^{匣}_{麥}$[3597]劾$^{匣}_{德}$ I 核$^{匣}_{麥}$（沒$_{1}$陌$_{3}$麥$_{6}$德$_{6}$）
窟類（含 28 個自然小類，11 個“準小韻”）		
端	30	[2085]咄$^{端}_{沒}$ I 敦入$^{端}_{沒}$[3238]柮$^{端}_{沒}$ I 咄$^{端}_{沒}$（沒$_{4}$）
定	31	[1550]突$^{定}_{沒}$ I 屯入$^{定}_{沒}$[1170]堗$^{定}_{沒}$腯$^{定}_{沒}$琗$^{定}_{沒}$凸$^{定}_{沒}$ I 突$^{定}_{沒}$（沒$_{7}$）
泥	32	[0190]肭$^{集:}_{泥沒}$殉$^{泥}_{沒}$ I 訥$^{泥}_{沒}$（沒$_{3}$）
來	33	[1091]硉$^{來}_{沒}$膟$^{來}_{術}$繂$^{來}_{術}$ I 律$^{來}_{術}$[1092]硤$^{集:}_{來沒}$ I 硉$^{來}_{沒}$[3778]律$^{來}_{術}$ I 嵂$^{來}_{術}$（術$_{5}$沒$_{3}$）
來	34	[2081]嵂$^{來}_{術}$ I 率$^{來}_{術}$（術$_{2}$）
心	35	[1560]窣$^{心}_{沒}$衛$^{生}_{質}$達$^{生}_{質}$鶟$^{心}_{沒}$蟀$^{生}_{質}$ I 率$^{生}_{質}$（質$_{4}$沒$_{2}$）
心	36	[0870]球$^{心}_{術}$ I 述$^{船}_{術}$（術$_{2}$）
見	37	[0288]颬$^{見}_{麥}$戛$^{見}_{德}$聝$^{見}_{麥}$骨$^{見}_{沒}$幗$^{見}_{麥}$蟈$^{見}_{麥}$虢$^{見}_{陌}$敋$^{見}_{陌}$囫$^{見}_{德}$ I 國$^{見}_{德}$[2118]啒$^{見}_{沒}$ I 骨$^{見}_{沒}$[3641]國$^{見}_{德}$ I 虢$^{見}_{陌}$（沒$_{3}$陌$_{3}$麥$_{4}$德$_{4}$）
溪	38	[1573]窟$^{溪}_{沒}$ I 困入$^{溪}_{沒}$[0689]岀$^{溪}_{沒}$崫$^{溪}_{沒}$矻$^{溪}_{沒}$圣$^{溪}_{沒}$堀$^{溪}_{沒}$怞$^{徹}_{術}$膌$^{群}_{月}$腒$^{溪}_{沒}$劻$^{溪}_{沒}$ I 窟$^{溪}_{沒}$[1622]仡$^{疑}_{沒}$ I 矻$^{溪}_{沒}$（術$_{1}$月$_{1}$沒$_{12}$）
溪	39	[2819]搰$^{溪}_{沒}$ I 掘$^{集:}_{溪沒}$（沒$_{2}$）
曉	40	[0287]颰$^{曉}_{麥}$湱$^{曉}_{陌}$惑$^{匣}_{德}$啯$^{曉}_{麥}$畫$^{匣}_{麥}$ I 或$^{匣}_{德}$[3137]或$^{匣}_{德}$ I 惑$^{匣}_{德}$[1121]砉$^{集:}_{匣麥}$劃$^{匣}_{麥}$獲$^{匣}_{麥}$鑊$^{匣}_{麥}$ I 畫$^{匣}_{麥}$（陌$_{1}$麥$_{8}$德$_{4}$）
必類（含 132 個自然小類，63 個“準小韻”）		
幫	41	[0282]颮$^{幫}_{質}$熚$^{幫}_{質}$煏$^{集:}_{並職}$僃$^{並}_{職}$熚$^{幫}_{質}$嶧$^{幫}_{質}$壁$^{幫}_{錫}$屖$^{幫}_{質}$滭$^{幫}_{質}$俾$^{幫}_{質}$婢$^{幫}_{質}$貱$^{幫}_{質}$縪$^{幫}_{質}$覕$^{幫}_{質}$譂$^{幫}_{質}$逼$^{幫}_{職}$抋$^{幫}_{質}$禆$^{幫}_{質}$瑾$^{幫}_{質}$珌$^{幫}_{質}$理$^{幫}_{質}$彈$^{幫}_{質}$樺$^{幫}_{質}$楅$^{幫}_{職}$箄$^{幫}_{質}$筆$^{幫}_{質}$ 笔$^{幫}_{質}$鞞$^{幫}_{質}$鵯$^{幫}_{質}$鴓$^{集:}_{並質}$駜$^{並}_{質}$貏$^{幫}_{昔}$畢$^{幫}_{質}$觱$^{幫}_{質}$魓$^{幫}_{質}$罼$^{幫}_{質}$韠$^{幫}_{質}$觱$^{幫}_{質}$ I 必$^{幫}_{質}$[0286]䮰$^{幫}_{職}$湢$^{幫}_{職}$偪$^{幫}_{職}$ I 逼$^{幫}_{職}$[1474]辟$^{幫}_{錫}$鞞$^{幫}_{昔}$繴$^{幫}_{錫}$壁$^{幫}_{昔}$鎞$^{幫}_{昔}$鼊$^{幫}_{錫}$ 鼊$^{滂}_{職}$ I 壁$^{幫}_{錫}$[1980]愊$^{集:}_{並職}$ I 湢$^{幫}_{職}$[2408]躄$^{幫}_{昔}$ I 偪$^{幫}_{職}$[2434]蹕$^{幫}_{質}$必$^{幫}_{質}$ I 畢$^{幫}_{質}$（質$_{36}$昔$_{5}$錫$_{5}$職$_{12}$）
幫	42	[1122]碧$^{幫}_{昔}$ I 璧$^{幫}_{昔}$[3033]璧$^{幫}_{昔}$ I 碧$^{幫}_{昔}$（昔$_{4}$）
滂	43	[1334]邲$^{並}_{質}$佖$^{並}_{質}$呕$^{滂}_{質}$肶$^{滂}_{質}$鵯$^{滂}_{質}$鳭$^{滂}_{質}$疋$^{滂}_{質}$ I 匹$^{滂}_{質}$（質$_{8}$）
滂	44	[0367]霹$^{滂}_{錫}$澼$^{滂}_{錫}$礔$^{滂}_{錫}$僻$^{滂}_{錫}$ I 辟$^{滂}_{昔}$[2401]擗$^{集:}_{並錫}$劈$^{滂}_{錫}$ I 僻$^{滂}_{錫}$（昔$_{1}$錫$_{7}$）
滂	45	[2423]踾$^{滂}_{職}$ I 愊$^{滂}_{職}$（職$_{2}$）
並	46	[1933]怭$^{並}_{質}$怭$^{並}_{質}$吡$^{並}_{質}$蛂$^{並}_{質}$柲$^{並}_{質}$苾$^{並}_{質}$ I 弼$^{並}_{質}$[3130]弼$^{並}_{質}$飶$^{並}_{質}$ I 鼻$^{並}_{至}$（質$_{9}$至$_{1}$）
並	47	[2771]踾$^{並}_{職}$ I 愎$^{並}_{職}$（職$_{2}$）
並	48	[2815]擗$^{並}_{昔}$闢$^{並}_{昔}$甓$^{並}_{錫}$檗$^{並}_{錫}$鷿$^{並}_{錫}$ I 辟$^{並}_{昔}$（昔$_{3}$錫$_{3}$）
明	49	[0070]否$^{明}_{質}$汨$^{明}_{錫}$瞎$^{明}_{質}$糸$^{明}_{錫}$覓$^{明}_{錫}$覔$^{明}_{錫}$謐$^{明}_{質}$宓$^{明}_{質}$鮅$^{明}_{質}$蜜$^{明}_{質}$鼏$^{明}_{錫}$ I 密$^{明}_{質}$[0578]岺$^{明}_{質}$密$^{明}_{質}$ I 蜜$^{明}_{質}$[0914]溟$^{明}_{錫}$𥙷$^{明}_{錫}$幎$^{明}_{錫}$幦$^{明}_{錫}$簚$^{明}_{錫}$冪$^{明}_{錫}$ I 覓$^{明}_{錫}$（質$_{10}$錫$_{12}$）
明	50	[2621]冪$^{明}_{錫}$ I 冥$^{明}_{錫}$（錫$_{2}$）
端	51	[0878]滴$^{端}_{錫}$墒$^{端}_{錫}$嫡$^{端}_{錫}$躒$^{來}_{錫}$杈$^{鏡:}_{端錫}$歷$^{來}_{錫}$鏑$^{端}_{錫}$玓$^{端}_{錫}$甋$^{端}_{錫}$樀$^{端}_{錫}$菂$^{端}_{錫}$敵$^{定}_{錫}$鬲$^{來}_{錫}$斛$^{端}_{錫}$罚$^{端}_{錫}$ I 的$^{端}_{錫}$[3571]的$^{端}_{錫}$ I 滴$^{端}_{錫}$（錫$_{18}$）
透	52	[2384]鬄$^{透}_{錫}$狄$^{透}_{錫}$ I 剔$^{透}_{錫}$[1916]惖$^{透}_{錫}$惕$^{透}_{錫}$鶙$^{透}_{錫}$趯$^{透}_{錫}$裼$^{集:}_{透錫}$剔$^{透}_{錫}$ I 踢$^{透}_{錫}$[1962]愁$^{透}_{錫}$詆$^{透}_{錫}$逷$^{透}_{錫}$ I 惕$^{透}_{錫}$（錫$_{14}$）
定	53	[0333]蓮$^{定}_{錫}$滌$^{定}_{錫}$嬥$^{透}_{錫}$頔$^{定}_{錫}$ I 廸$^{定}_{錫}$[2379]鬏$^{定}_{錫}$覿$^{定}_{錫}$迪$^{定}_{錫}$逖$^{透}_{錫}$遈$^{透}_{錫}$荻$^{定}_{錫}$笛$^{定}_{錫}$篴$^{定}_{錫}$糴$^{定}_{錫}$翟$^{定}_{錫}$覿$^{定}_{錫}$ I 狄$^{定}_{錫}$[3498]狄$^{定}_{錫}$ I 敵$^{定}_{錫}$（錫$_{19}$）
泥	54	[0061]暱$^{泥}_{質}$溺$^{泥}_{錫}$ I 匿$^{泥}_{職}$[0741]炏$^{泥}_{錫}$惄$^{泥}_{錫}$䵒$^{泥}_{錫}$愵$^{泥}_{錫}$惕$^{泥}_{錫}$憮$^{泥}_{質}$暱$^{泥}_{質}$匿$^{泥}_{職}$ I 溺$^{泥}_{錫}$（質$_{3}$錫$_{7}$職$_{2}$）

續表

聲母	準小韻序號	轄字
來	55	[0113]磿靂礫麻櫟丨歷[0279]飂嵥溧塛傈瑮轢㮚丨栗[0694]岦瀝凓慄𪘲歷剌苙笠粒鴗丨立[2773]立攊癧𡢃(玉:來錫)壢杤櫪栗篥勈皪瓅𥝳丨力(質14錫15職4緝8)
精	56	[0503]𪸕磧喞脊脚𥇙跡蹟迹䳭鵜呰㸆皍㚳丨即[0856]湒績鶺鯖鯽丨積[2412]踖丨脊[2482]勣丨迹[3359]積稷丨跡(昔15錫3職8緝1紙1薺1)
	57	[0677]㠍丨集(緝2)
	58	[3027]鍓丨緝(緝2)
	59	[3669]咠丨浸入(緝2)
清	60	[0350]𩆳丨戢[0874]漆郪咠喫𥈙緝輯戚戢榛桼𪇖慼葺丨七[0927]泚㯃(鐃:清質)丨漆[1958]慼慽𥈞覻鏚蹙丨戚[2700]諿葺丨緝[3241]檝丨輯(質9錫9緝14)
	61	[1269]𡜧丨尺(昔1職1)
從	62	[0251]颯襲集鷚丨習[0757]汐席穸蓆習丨夕[1531]囡夕丨席[3144]戳丨襲(昔8緝8)
	63	[1221]埱唐膌𧧑瘠宋籍丨寂(昔5錫3)
	64	[1645]㑵嫉㑵㞕蒺𤺺(改:從質)丨疾(質6職1)
心	65	[0355]霹熄郎惜腮瘜𣨙𦶇䭲鵗鳦蜥丨息[0494]焟磶息唶腊踖裼緆錫錫析析烏丨昔[0917]淅丨析[2332]膝丨錫[0041]昔卹戌衄䀏丨恤[1991]恤珬戌(質2術7昔10錫13職8)
	66	[3453]蟋丨悉(質2)
邪	67	[1408]隰丨濕(集:邪緝)(緝2)
章	68	[0175]晊郅庢窒懯櫍嚔眰膣郠遷迣挃鑕質櫍桎秷蛭隻丨只[1090]礩劕秩稙丨質[2998]銍丨窒(質25昔1職1緝1)
	69	[0416]濈軄職眉丨戢(職5)
	70	[0429]炙織樴丨隻[1243]摭丨跖[2411]跖蹠拓摭丨炙(昔9職2)
	71	[2235]䐈丨陟(質1職1)
	72	[0747]汁紩縶㬪秇執丨執[3419]執執丨汁(質1緝9)
昌	73	[0535]灸丨赤[1269]𡜧𢓍妅慭叱勅遫䞍赤斥敕丨尺[2355]肔丨叱 [3506]謷丨敕(質5昔5職8)
	74	[3777]彳丨斥(昔2)
澄	75	[0682]峙值袠擲擿植稙蟄騭犆丨直[1143]埴丨殖[2942]殖丨植(質2昔2職10緝1)
	76	[2515]袟秩𧿹丨姪(質4)
書	77	[0338]𩃎𣎵丨濕(緝3)
	78	[2322]䏣脜㭰軾丨失(質1職4)
	79	[2519]裼識適拭鉐式飾釋螫奭釋丨式[3150]式丨釋(昔7職7)
禪	80	[0010]日勺翟丨入[3769]入丨日(質3藥1緝2)
	81	[0977]潡碩祏鉐食碣䶂丨石[0991]濕(集:邪緝)十丨拾[1052]石遈丨食[1648]什什丨十(昔8職3緝6)
	82	[2929]寔丨實(質1職1)
見	83	[0979]激郜佶姞咭頡詰鴶丨吉[1142]墼伋忣吉吸級給鵖丨急[1954]慦悈諽殛玊丨激(質8黠1陌1錫4職3緝7)
	84	[2403]擊疲笈丨汲[3078]蟿丨擊(錫3緝3)
	85	[2520]襋玊丨戟[3043]璥戟丨棘(陌3職3)
溪	86	[0691]屹矻訖迄䞿丨乞[1450]阣丨屹[2689]乞丨迄(迄10)
	87	[1048]湇䁆丨泣(緝3)

續表

聲母	準小韻序號	轄字
	88	[2165]喫$^{溪}_{錫}$迟$^{溪}_{昔}$虓$^{疑}_{迄}$ | 吃$^{溪}_{迄}$（迄$_2$昔$_1$錫$_1$）
群	89	[0171]吸$^{群}_{業}$岌$^{群}_{緝}$汲$^{集:}_{群緝}$圾$^{群}_{緝}$馺$^{群}_{業}$亟$^{見}_{職}$ | 及$^{群}_{緝}$（職$_1$緝$_4$業$_2$）
	90	[2166]嘞$^{群}_{陌}$屐$^{群}_{陌}$ | 極$^{群}_{職}$（陌$_2$職$_1$）
疑	91	[1525]戹$^{疑}_{錫}$哷$^{疑}_{陌}$鷊$^{疑}_{錫}$鶂$^{疑}_{錫}$蟻$^{疑}_{志}$ | 逆$^{疑}_{陌}$[2729]逆$^{疑}_{陌}$ | 迎入$^{疑}_{陌}$（陌$_4$錫$_3$志$_1$）
影	92	[0548]湆$^{影}_{職}$澺$^{影}_{職}$抑$^{影}_{職}$ | 亦$^{以}_{昔}$[2574]繶$^{影}_{職}$ | 抑$^{影}_{職}$（昔$_1$職$_5$）
	93	[0834]浥$^{影}_{緝}$姶$^{影}_{緝}$悒$^{影}_{緝}$裛$^{影}_{緝}$挹$^{影}_{緝}$䭲$^{影}_{緝}$ | 邑$^{影}_{緝}$[0873]溢$^{以}_{質}$弌$^{影}_{質}$乙$^{影}_{質}$鳦$^{影}_{質}$壹$^{影}_{質}$弌$^{影}_{質}$亄$^{影}_{質}$壹$^{影}_{質}$益$^{影}_{昔}$ | 一$^{影}_{質}$[1260]坤$^{影}_{職}$㞓$^{云}_{質}$肊$^{影}_{職}$肻$^{以}_{職}$䯆$^{影}_{職}$䯆$^{影}_{職}$揖$^{影}_{緝}$鳦$^{影}_{質}$一$^{影}_{質}$ | 乙$^{影}_{質}$[1300]邑$^{影}_{緝}$ | 揖$^{影}_{緝}$[1363]䣐$^{影}_{昔}$嗌$^{影}_{昔}$膉$^{影}_{昔}$齸$^{影}_{昔}$搤$^{影}_{麥}$ | 益$^{影}_{昔}$（質$_{13}$麥$_1$昔$_6$職$_5$緝$_{10}$）
	94	[1469]啻$^{影}_{職}$ | 弋$^{以}_{職}$（職$_2$）
	95	[1625]億$^{影}_{職}$薏$^{影}_{職}$憶$^{影}_{職}$臆$^{影}_{職}$遹$^{以}_{術}$ | 意$^{集:}_{影職}$（術$_1$職$_5$）
	96	[3316]薏$^{影}_{職}$ | 薏$^{影}_{職}$（職$_2$）
曉	97	[0211]肹$^{曉}_{迄}$肸$^{集:}_{曉緝}$熻$^{曉}_{緝}$忔$^{曉}_{迄}$䣛$^{曉}_{緝}$㩉$^{曉}_{緝}$扱$^{曉}_{緝}$鬩$^{曉}_{錫}$虩$^{曉}_{陌}$翕$^{曉}_{緝}$赩$^{曉}_{職}$ | 吸$^{曉}_{緝}$[1837]嬆$^{曉}_{緝}$㥽$^{曉}_{緝}$闟$^{曉}_{緝}$鶲$^{曉}_{緝}$歙$^{曉}_{緝}$ | 翕$^{曉}_{緝}$[3505]覤$^{溪}_{陌}$ | 虩$^{曉}_{陌}$[3752]衋$^{曉}_{職}$ | 鬩$^{曉}_{錫}$（迄$_2$陌$_3$錫$_2$職$_2$緝$_{13}$）
	98	[1369]郤$^{溪}_{陌}$綌$^{溪}_{陌}$赥$^{曉}_{錫}$肸$^{曉}_{質}$ | 隙$^{溪}_{陌}$（質$_1$陌$_3$錫$_1$）
	99	[2604]幱$^{曉}_{陌}$ | 鬩$^{曉}_{陌}$（陌$_2$）
	100	[2690]譆$^{曉}_{迄}$釳$^{曉}_{迄}$ | 迄$^{曉}_{迄}$（迄$_3$）
匣	101	[0548]嶧$^{以}_{昔}$洂$^{以}_{昔}$液$^{以}_{昔}$泆$^{集:}_{以質}$墿$^{以}_{昔}$埸$^{以}_{昔}$佚$^{以}_{質}$妷$^{以}_{職}$懌$^{以}_{昔}$曎$^{以}_{昔}$腋$^{以}_{昔}$𩨗$^{以}_{職}$劮$^{以}_{質}$繹$^{以}_{昔}$帟$^{以}_{昔}$譯$^{以}_{昔}$掖$^{以}_{昔}$襗$^{以}_{昔}$軼$^{以}_{昔}$弋$^{以}_{職}$檄$^{匣}_{錫}$杙$^{以}_{職}$薂$^{匣}_{錫}$鐸$^{以}_{昔}$蜴$^{以}_{昔}$馹$^{日}_{質}$驛$^{以}_{昔}$翌$^{以}_{職}$翊$^{以}_{職}$翼$^{以}_{職}$㧒$^{以}_{職}$奕$^{以}_{昔}$圛$^{以}_{昔}$睪$^{以}_{昔}$埸$^{以}_{昔}$蠌$^{以}_{昔}$㑊$^{以}_{昔}$ | 亦$^{以}_{昔}$[1469]廙$^{以}_{職}$𢎘$^{以}_{職}$𢖿$^{以}_{職}$𪀁$^{以}_{職}$瘍$^{以}_{昔}$釴$^{以}_{職}$弒$^{以}_{職}$黓$^{以}_{職}$代$^{以}_{職}$ | 弋$^{以}_{職}$[2888]𠩺$^{以}_{昔}$亦$^{以}_{昔}$ | 易$^{以}_{昔}$[3429]鶍$^{以}_{禡}$ | 掖$^{以}_{昔}$[3556]龔$^{以}_{職}$ | 翼$^{以}_{職}$（質$_4$昔$_{29}$錫$_2$職$_{19}$禡$_1$）
喻	102	[1564]𥤮$^{以}_{質}$ | 泆$^{以}_{質}$（質$_2$）
	103	[1676]佾$^{以}_{質}$鎰$^{以}_{質}$ | 逸$^{以}_{質}$（質$_3$）
聿類（含8個自然小類，6個"準小韻"）		
昌	104	[2017]怵$^{徹}_{術}$絀$^{徹}_{術}$黜$^{徹}_{術}$㞺$^{昌}_{術}$ | 出$^{昌}_{術}$（術$_5$）
禪	105	[0870]沭$^{船}_{術}$術$^{船}_{術}$朮$^{船}_{術}$秫$^{船}_{術}$ | 述$^{船}_{術}$[2722]述$^{船}_{術}$ | 術$^{船}_{術}$（術$_8$）
見	106	[3162]剧$^{見}_{物}$ | 屈$^{見}_{物}$（物$_2$）
	107	[3237]橘$^{見}_{術}$獝$^{見}_{質}$ | 桔$^{見}_{術}$（質$_1$術$_2$）
溪	108	[0283]䬟$^{溪}_{物}$𨧶$^{溪}_{物}$ | 屈$^{溪}_{物}$（物$_3$）
喻	109	[0213]欥$^{集:}_{以術}$䬅$^{以}_{術}$燏$^{以}_{術}$熼$^{以}_{職}$繘$^{以}_{術}$𧾁$^{以}_{術}$建$^{以}_{術}$鷸$^{以}_{術}$䰥$^{群}_{術}$矞$^{以}_{術}$ | 聿$^{以}_{術}$[3737]聿$^{以}_{術}$ | 矞$^{以}_{術}$（術$_{12}$職$_1$）

在109個"準小韻"中，屬於四攝入聲韻自注者46個，屬於混注者63個，混注占總數的57.80%（63/109），已過半數。關於每個入聲韻的自注與混注數量詳見表3-13-5。

表3-13-5　高級統計中所涉諸入聲韻之自注、混注數量對比表　　（單位：次）

韻名	沒	質	術	櫛	物	迄	緝	陌	麥	昔	錫	職	德
自注數	5	5	4	0	3	2	6	4	0	2	4	5	6
混注數	8	24	7	1	1	2	15	20	15	18	17	30	12

通過對高級統計中各入聲韻自注、混注的對比可知，除物韻外，諸韻均以混注作爲常態，比如昔、職、質等韻的混注是自注的多倍，櫛、麥韻則全部是混注。關於這些入聲韻混注的具體情況，我們窮盡列舉如下，詳見表3-13-6。表中的"質術"是指僅有質、術二

韻參與混注的“準小韻”，共出現 1 次，餘類推。

表 3-13-6　系聯後的臻、深、梗、曾四攝入聲諸韻混注情況統計表

序號	混注種類	次數	序號	混注種類	次數	序號	混注種類	次數
1	質術	1	17	質昔錫職禡	1	32	緝昔職	1
2	質沒	1	18	質錫	1	33	緝錫	1
3	質德	1	19	質錫職	1	34	緝職業	1
4	質至	1	20	質職	4	35	陌麥	3
5	質緝	1	21	術沒	1	36	陌麥德	3
6	質緝錫	1	22	術沒麥	1	37	陌麥覺	1
7	質緝陌錫職黠	1	23	術沒月	1	38	陌錫志	1
8	質緝麥昔職	1	24	術職	2	39	陌職	2
9	質緝昔職	2	25	櫛緝麥職蟹	1	40	陌德	1
10	質緝錫職	1	26	迄昔錫	1	41	陌德鐸	1
11	質緝藥	1	27	物沒	1	42	陌德沃	1
12	質陌麥職德	1	28	沒陌麥德	3	43	麥職	1
13	質陌錫	1	29	緝迄陌錫職	1	44	昔錫	3
14	質昔職	1	30	緝昔	1	45	昔職	4
15	質昔錫職	1	31	緝昔錫職紙薺	1	46	職德	1
16	質昔錫職術	1						

結合洪、細和數量兩個方面需要，我們從每攝中選取能夠代表本攝入聲韻混注類型的韻，根據表 3-13-6 中的具體混注情況對之進行量化，入選的韻分別是沒、質、緝、陌、昔、職、德。具體量化內容如表 3-13-7 所示。

表 3-13-7　部分入聲韻的混注量化統計

韻名	混注總數①	與臻攝混注數及占比		與深攝混注數及占比		與梗攝混注數及占比		與曾攝混注數及占比	
沒	12	5	41.67%			4	33.33%	3	25.00%
質	40	3	7.50%	8	20.00%	13	32.50%	16	40.00%
緝	30	10	33.33%			11	36.67%	9	30.00%
陌	38	7	18.42%	2	5.26%	15	39.47%	14	36.84%
昔	36	8	22.22%	6	16.67%	9	25.00%	13	36.11%
職	53	19	35.85%	10	18.87%	22	41.51%	2	3.77%
德	17	5	29.41%			10	58.82%	2	11.76%

表 3-13-7 中所選取的代表韻皆是其來源攝的核心韻，其混注的類型直接決定該攝與他

①本表中的混注總數與表 3-13-5 中的不同，因爲此處總數中重複計算了混注類型中所涉及的攝。比如“沒陌麥德 3 次”，在表 3-13-5 中僅算作沒韻混注總數 3 次，然而在本表中沒韻與梗攝（陌麥）混注 3 次，與曾攝（德韻）混注 3 次，因此總數爲 6 次，比表 3-13-5 多出 3 次。

攝的親疏關係。據表 3-13-7 的統計可知：

臻攝一等沒韻，與梗、曾攝入聲韻的混注已達到 58.33%，這成爲其主要混注類型。

臻攝三等質韻，與深、梗、曾攝入聲韻的混注幾乎是與臻攝入聲韻混注數的 3 倍、4 倍、5 倍，與外攝混注成爲其主體混注類型。

深攝三等緝韻，與臻、梗、曾攝入聲韻的混注平分秋色，三攝與緝韻的關係都極爲密切。

梗攝二、三等陌韻，與四攝入聲韻均有混注，但是與外攝入聲韻的混注已超過 60%，這成爲陌韻的混注常態類型。

梗攝三等昔韻，與曾攝入聲韻的混注最多（36.11%），與臻、深攝入聲韻的混注幾近 40%，兩者總計 75.00%，這成爲昔韻混注的主體類型。

曾攝三等職韻，與臻、梗兩攝入聲韻的混注均在 40%上下，即便是與深攝緝韻的混注比例为 18.87%，也是曾攝入聲韻混注的 5 倍。

曾攝一等德韻，與梗攝入聲韻混注最多，其次是與臻攝入聲韻混注，兩者共計 88.24%，可見與外攝入聲韻混注乃德韻的主體混注類型。

經過上述對諸攝核心韻的分析可知，中古臻、深、梗、曾四攝入聲韻在《玉篇直音》中已發生了深度混注，這些入聲韻進行了分化與重組。四攝的界限已不復存在，反而是彼此交錯，形成一個整體，我們可稱爲德質部，這進一步印證了初級統計的結論。

3.13.2 關於韻母的確立

德質部字的聲母遍及《玉篇直音》聲母系統的幫、非、端、精、章、見、曉等七組聲母。因各組聲母内部所屬的對立小韻存在數量的差别，因此我們選取各組中存在對立小韻最多的幫、非、端、心、昌、溪、曉、喻等八母作爲代表[①]，列其所屬小韻如下：

非母①颰$^{非}_{物}$烎$^{敷}_{物}$炥$^{奉}_{物}$茀$^{奉}_{物}$冹$^{非}_{物}$忽$^{曉}_{沒}$怫$^{奉}_{物}$惚$^{曉}_{沒}$咈$^{奉}_{物}$髴$^{敷}_{物}$祓$^{非}_{物}$紱$^{非}_{物}$帗$^{非}_{物}$黻$^{非}_{物}$拂$^{敷}_{物}$袚$^{敷}_{物}$祓$^{敷}_{物}$柫$^{非}_{物}$茀$^{敷}_{物}$茇$^{非}_{物}$笰$^{非}_{物}$翇$^{非}_{物}$勿$^{微}_{物}$韍$^{非}_{物}$
韍$^{非}_{物}$佛$^{敷}_{物}$弗$^{非}_{物}$𣭰$^{敷}_{物}$艴$^{敷}_{物}$刜$^{敷}_{物}$昲$^{敷}_{物}$佛$^{集:}_{敷物}$

幫母①迫$^{幫}_{陌}$鉑$^{集:}_{並鐸}$瓸$^{幫}_{陌}$栢$^{幫}_{陌}$百$^{幫}_{陌}$北$^{幫}_{德}$伯$^{幫}_{陌}$柏$^{幫}_{陌}$苩$^{幫}_{陌}$帕$^{集:}_{並陌}$

②飋$^{幫}_{質}$熚$^{幫}_{質}$煏$^{集:}_{並職}$僃$^{並}_{職}$熚$^{幫}_{質}$嗶$^{幫}_{質}$壁$^{幫}_{錫}$屖$^{幫}_{質}$滭$^{幫}_{質}$𠌬$^{幫}_{質}$嬶$^{幫}_{質}$柲$^{幫}_{質}$縪$^{幫}_{質}$覕$^{幫}_{質}$譁$^{幫}_{質}$逼$^{幫}_{職}$拯$^{幫}_{質}$禪$^{幫}_{質}$瑾$^{幫}_{質}$珌$^{幫}_{質}$理$^{幫}_{質}$彈$^{幫}_{質}$樿$^{幫}_{質}$楅$^{幫}_{職}$
篳$^{幫}_{質}$筆$^{幫}_{質}$笔$^{幫}_{質}$饆$^{幫}_{質}$鵯$^{幫}_{質}$鴓$^{集:}_{並質}$駜$^{並}_{質}$貏$^{幫}_{昔}$畢$^{幫}_{質}$觱$^{幫}_{質}$鱓$^{幫}_{質}$罼$^{幫}_{質}$韠$^{幫}_{質}$觱$^{幫}_{質}$颫$^{幫}_{職}$湢$^{幫}_{職}$偪$^{幫}_{職}$廦$^{幫}_{錫}$襞$^{幫}_{昔}$檗$^{幫}_{錫}$辟$^{幫}_{昔}$鐴$^{幫}_{昔}$鼊$^{幫}_{錫}$副$^{滂}_{職}$
愊$^{集:}_{並職}$躄$^{幫}_{昔}$蹕$^{幫}_{質}$必$^{幫}_{質}$碧$^{幫}_{昔}$璧$^{幫}_{昔}$

昌母①炎$^{昌}_{昔}$早$^{徹}_{職}$伏$^{徹}_{職}$妑$^{昌}_{質}$憝$^{徹}_{職}$叱$^{昌}_{質}$勑$^{徹}_{職}$遫$^{徹}_{職}$鷘$^{徹}_{職}$赤$^{昌}_{昔}$厈$^{昌}_{昔}$敕$^{徹}_{職}$尺$^{昌}_{昔}$肔$^{徹}_{質}$彳$^{徹}_{昔}$斥$^{昌}_{昔}$

②怵$^{徹}_{術}$絀$^{徹}_{術}$黜$^{徹}_{術}$㞑$^{昌}_{術}$出$^{昌}_{術}$

喻母①突$^{以}_{質}$泆$^{以}_{質}$佾$^{以}_{質}$鎰$^{以}_{質}$逸$^{以}_{質}$

②欥$^{鏡:}_{以術}$颶$^{以}_{術}$燏$^{以}_{術}$煤$^{以}_{職}$繘$^{以}_{術}$趫$^{以}_{術}$建$^{以}_{術}$鷸$^{以}_{術}$魊$^{群}_{術}$矞$^{以}_{術}$聿$^{以}_{術}$

端母①悳$^{端}_{德}$㝵$^{端}_{德}$得$^{端}_{德}$德$^{端}_{德}$

---

①曉母的對立小韻不能涵蓋喻母的類型，因此需要單獨列出。

②咄端沒敦入端沒柮端沒

③滴端錫墒端錫嫡端錫蹀來錫杸鏡:端錫壢來錫鏑端錫玓端錫甋端錫樀端錫菂端錫敵定錫礊來錫蔛端錫弔端錫的端錫

心母①歮生緝濇生職澀生職懎生職顩生職嗇生職譅生緝歰生緝兓生蟹鏼生麥棟生麥穡生職色生職颾生櫛溹生麥澁生緝瑟生櫛蝨生櫛虱生櫛塞心德帥生質

②窣心沒衛生質達生質鵪心沒蟀生質率生質球心術述船術

③霹心錫熄心職郋心職惜心昔膄心職瘜心職淅心錫膝心質鎴心職鴂心昔鵖心職蜥心錫焟心昔磶心昔息心職唶心昔腊心昔踖邪昔裼心錫緆心錫錫心錫析心錫舄心昔淅心錫

膝心質昔心昔卹心術戌心術衂心術昊曉錫恤心術珬心術蟋心質悉心質

曉母①焃曉麥嚇曉陌嚍匣麥嚇曉陌覤曉陌掝曉麥糺集:匣沒紇匣沒赫曉陌脉匣麥黑曉德歎曉德

②颰曉麥湱曉陌惑匣德唬曉麥畫匣麥或匣德惑匣德砉集:匣麥劃匣麥獲匣麥鱯匣麥

③肸曉迄肸鏡:曉緝熻曉緝汔曉迄郤曉緝撿曉緝扱曉緝閱曉錫虩曉陌翕曉緝艴曉職吸曉緝嬆曉緝憘曉緝闟曉緝鵖曉緝歙曉緝覤溪陌畫曉職郤溪陌給溪陌赦曉錫肹曉質隙溪陌

幗曉陌閱曉陌謡曉迄釳曉迄迄曉迄

溪母①克溪德謋溪麥客溪陌劾溪德刻溪德剋溪德

②窟溪沒困入溪沒岀溪沒崛溪沒矻溪沒圣溪沒堀溪沒怡徹術臂群月腒溪沒勖溪沒搰溪沒掘集:溪沒

③屹疑迄矻溪迄訖見迄迄曉迄駐溪迄乞溪迄屹疑迄滑溪緝臑溪緝泣溪緝喫溪錫迟溪昔虩疑迄吃溪迄

④屈溪物鋸溪物屈溪物

比較所取的每個聲母，根據所屬小韻數可將之分爲如下四類。

第一類，非母：含 1 個小韻；與之同爲一組的奉母亦然。

第二類，幫、昌、喻三母：各含 2 個小韻；幫組其他三母皆含 2 個；章組其他聲母各含 1 個；曉組中匣、影各 2 個，曉母 3 個。

第三類，端、心、曉三母：含 3 個小韻；端組中來母 3 個，其餘各含 2 個；精組精、清、從母各含 2 個，邪母 1 個。

第四類，溪母：含 4 個小韻；見組中見母含有 4 個，群、疑二母各含 1 個。

從量上看，所取的 8 個樣本聲母皆能代表本組聲母所屬小韻的最多數。據此可知，德質部共含因聲母不同及內部對立而形成的 20 個對立小韻。如若不計聲母的區别，這些對立小韻至多也就四類（開齊合撮），這涵蓋了該部所有可能存在的等呼情況。考察諸小韻在中古的開合洪細特徵，如表 3-13-8 所示。

表 3-13-8　德質部所含諸小韻的中古等呼

聲母	小韻號	中古等呼	聲母	小韻號	中古等呼
非組	①	合口洪音 合口細音	幫組	①	開口洪音 合口洪音（並母）
章組	①	開口細音		②	開口細音
	②	合口細音（昌、禪母）	精組	①	開口洪音 開口細音（莊組）
端組	①	開口洪音			
	②	合口洪音 合口細音（來母）		②	合口洪音 合口細音（心母）
	③	開口細音		③	開口細音

續表

聲母	小韻號	中古等呼	聲母	小韻號	中古等呼
見組	①	開口洪音	曉組	①	開口洪音
	②	合口洪音		②	合口洪音
	③	開口細音		③	開口細音
	④	合口細音		④	合口細音（喻母）

根據中古到近代漢語介音演變的規律，結合歷史、現代方音進行參證，我們認爲上述諸小韻的四呼類型如下。

第一，幫組合口洪音演變爲開口呼，非組合口細音演變爲開口呼。

首先，這符合由中古至近代漢語介音演變的一般規律，唇音不分開合，中古合口多數變爲近代的開口呼。其次，《韻略易通》①《同文備考》②等文獻皆將此類字讀成開口呼；再者，有當代吳方言爲證，以《當代吳語研究》③所描寫的 33 個吳方言中，以“物$^{微}_{物}$佛$^{奉}_{物}$拂$^{敷}_{物}$”三個字爲例，皆讀成開口呼。另“勃$^{並}_{沒}$悖$^{並}_{沒}$渤$^{並}_{沒}$勿$^{微}_{物}$物$^{微}_{物}$佛$^{奉}_{物}$拂$^{敷}_{物}$弗$^{非}_{物}$”等字在今海鹽吳音中皆讀作開口呼。

另非組中有 1 個合口洪音字（忽$^{曉}_{沒}$），其本質乃曉母讀作非母（前面 2.2 節唇音聲母的討論中已有論述，可參見），與非母的合口細音字一起讀成開口呼。

第二，幫、端、精、見、曉等組的開口洪音當讀作開口呼；幫、端、精、章、見、曉等組開口細音當讀作齊齒呼。

首先，這與介音演變的規律相吻合，中古開口洪音演變爲近代開口呼，中古開口細音演變爲近代齊齒呼。其次，在《韻略易通》《韻略匯通》《同文備考》等歷史文獻中，此類字皆讀成開口呼和齊齒呼。再者，在當代吳方言中，以“北$^{幫}_{德}$德$^{端}_{德}$賊$^{從}_{德}$格$^{見}_{陌}$黑$^{曉}_{德}$”“必$^{幫}_{質}$滴$^{端}_{錫}$積$^{精}_{昔}$急$^{見}_{緝}$隙$^{溪}_{陌}$亦$^{以}_{昔}$”等字爲例，前者多數讀成開口呼，後者多數讀成齊齒呼，今海鹽吳音自不例外。此外，“咠$^{精}_{緝}$音浸入$^{精}_{緝}$P181L1”“逆$^{疑}_{陌}$音迎入$^{疑}_{陌}$P90L9”等注音例可用於佐證。在真侵、庚蒸兩部的討論中，既知浸、迎二字讀成齊齒呼，那麽被此二字注音的入聲字也當讀齊齒呼。

在精組的開口洪音小韻中，有來自中古的莊組質、職、櫛、緝韻的開口細音字：昃$^{莊}_{職}$仄$^{莊}_{職}$厌$^{莊}_{職}$捑$^{莊}_{職}$側$^{莊}_{職}$稄$^{莊}_{職}$；[illegible]$^{初}_{職}$[illegible]$^{初}_{職}$測$^{初}_{職}$惻$^{初}_{職}$遪$^{初}_{職}$；崱$^{崇}_{職}$萴$^{崇}_{職}$齣$^{崇}_{質}$；濇$^{生}_{職}$濇$^{生}_{職}$懎$^{生}_{職}$[illegible]$^{生}_{職}$嗇$^{生}_{職}$穡$^{生}_{職}$色$^{生}_{職}$澁$^{生}_{緝}$歮$^{生}_{緝}$譅$^{生}_{緝}$[illegible]$^{生}_{緝}$颯$^{生}_{櫛}$瑟$^{生}_{櫛}$蝨$^{生}_{櫛}$虱$^{生}_{櫛}$。這些字與開口洪音字混注，亦當讀成開口呼。此類字在《洪武正韻》中既已讀同開口洪音字，之後的《韻略易通》《韻略匯通》《同文備考》等亦然。不同的是，在《洪武正韻》《韻略易通》《同文備考》中這些字的讀音並不完全相同，如色、澁皆分屬兩個韻部，但至《韻略匯通》中它們已經變爲同音字了。在這一點上，《玉篇直音》與《韻略匯通》有些相似。但是二書並不是一回事，因爲精母小韻中“摘$^{知}_{麥}$卒$^{精}_{沒}$”同音，這在《韻略匯通》中是不同的（“摘”屬於庚晴韻入聲，“卒”屬於東洪韻入聲）。不過此例可在今海鹽吳音

①張玉來. 韻略易通研究[M]. 天津：天津古籍出版社，1999：74.

②丁鋒.《同文備考》音系[M]. 福岡：中國書店，2001：266.

③錢乃榮. 當代吳語研究[M]. 上海：上海教育出版社，1992：384-385.

中得到印證，它們皆讀成 ʦəʔ^{5}。這不僅印證了《玉篇直音》具有濃郁的吳方音色彩，而且也爲我們將“倅$^{\text{精}}_{\text{沒}}$卒$^{\text{精}}_{\text{沒}}$捽$^{\text{洪:}}_{\text{精沒}}$⿰齒卒$^{\text{從}}_{\text{沒}}$踤$^{\text{從}}_{\text{術}}$”一類字併入開口洪音中讀成開口呼提供了方音依據。此外，“崱$^{\text{崇}}_{\text{職}}$音層入$^{\text{從}}_{\text{德}}$P14L10”注音例也可佐證。層，庚蒸部中讀開口呼，其入聲當亦讀成開口呼。

在曉、匣母的開口洪音小韻中也併入了個别合口沒韻字“籺$^{\text{集:}}_{\text{匣沒}}$麧$^{\text{匣}}_{\text{沒}}$齕$^{\text{匣}}_{\text{沒}}$”，其亦當讀成開口。“齕”在《韻略匯通》中讀成開口，“麧齕”在《同文備考》中讀成開口，此可爲證。

另外，中古開口細音“鼻”字有入聲的讀音。鼻，《廣韻》《集韻》等均作毗至切，並母至韻，《中原音韻》“去聲作平聲陽”。由此可見，諸韻書所載該字的讀音無非是去聲和平聲兩種，未見其有入聲讀音。不過明人陳鐸的《詞林韻釋》“入聲作上聲”中收有鼻字，“在韻書中記錄‘鼻’字本爲入聲，並且變入上聲的，《詞林韻釋》還是第一部”①。《玉篇直音》中鼻字共出現 6 次，其中 1 次作爲被注字，5 次作爲注音字，分别是：鼻音被$^{\text{並}}_{\text{寘}}$P64L6、陛$^{\text{並}}_{\text{薺}}$音鼻 P31L8、媲$^{\text{滂}}_{\text{霽}}$音鼻 P48L10、⿰月鼻$^{\text{並}}_{\text{至}}$音鼻 P68L9、弼$^{\text{並}}_{\text{質}}$音鼻 P119L5、䪐$^{\text{並}}_{\text{質}}$音鼻 P141L7 等。從這 6 例情況來看，鼻字 4 次與陰聲韻混注，2 次與入聲韻混注，體現出該字主體音還是讀成去聲的，尤其是“鼻音被”一例，直接爲該字的聲韻調作了規定。那後兩例爲入聲注音的鼻字到底是入聲身份還是去聲身份呢？漢語語音史上鼻字的確有入聲的讀音。“《切韻》系韻書裏‘鼻’字沒有入聲讀法。可是孫奕《示兒編》卷十八‘聲譌’條有‘以鼻爲弼’的説法，可見‘鼻’字古代有入聲讀法。不過《切韻》系韻書沒有收這個讀音而已。”②劉曉南③通過梳理宋代四川文人用韻後發現 1 例“鼻得”通叶的情況，證明此時此地語音中鼻字存在入聲一讀。單就吳方言而論，無論過去還是現代，其中皆有鼻字讀入聲的記載。北宋丹陽人吳淑，其所作《事類賦》中便有兩例與入聲通押的現象：“49《墨賦》中‘鼻漆易黑’，92《瓜賦》叶‘夕職術鼻佚’。由此可見，‘鼻’字在古代確有入聲一讀。”④吳淑是丹陽人，今丹陽方言鼻音 bɪʔ^{24}，仍爲入聲字，可資爲證。以《當代吳語研究》⑤爲例，在其所調查的 33 個吳方言點中鼻字讀作入聲的有 29 個，占 87.88%。在其未涉及的海鹽、海寧等方言中該字也是讀作入聲，分别爲 biəʔ^{22}和 biʔ^{2}。《玉篇直音》成書於吳人之手，具有吳音特質是不爭的事實，此二例中鼻讀作入聲於吳方音中能得到印證，當是吳音的體現。因爲韻書中尚無明確標記該字入聲的讀音，我們在此二例中仍將鼻的讀音標記爲去聲，但應讀作入聲。總之，“鼻”在《玉篇直音》中有去、入兩讀。

第三，端、精（心母）、見、曉組的合口洪音字當讀成合口呼。

首先，從音理角度而言，中古合口洪音對應近代合口呼。其次，雖然在《韻略易通》《韻略匯通》《同文備考》中的韻部歸屬不盡一致，但此類字皆讀成合口呼則是完全相同的。

①陳寧. 明清曲韻書研究[M]. 武漢：華中師範大學出版社，2013：72.

②李榮. 陸法言的《切韻》[A]. 見：李榮. 音韻存稿[M]. 北京：商務印書館，1982：39.

③劉曉南. 宋代四川語音研究[M]. 北京：北京大學出版社，2012：110.

④王恩保. 吳淑《事類賦》用韻研究[J]. 古漢語研究，1997，(3)：17.

⑤錢乃榮. 當代吳語研究[M]. 上海：上海教育出版社，1992.

再者，以“骨$^{見}_{沒}$國$^{見}_{德}$或$^{匣}_{德}$”等字爲例，在《當代吳語研究》[①]描寫的33個吳方言點中，有28個方言點(含文白異讀情況)將之讀成合口呼，此可參證。此外，“咄$^{端}_{沒}$音敦入$^{端}_{沒}$P57L7”“突$^{定}_{沒}$音屯入$^{定}_{沒}$P37L3”“窟$^{溪}_{沒}$音困入$^{溪}_{沒}$P37L9”等注音例可佐證之。在真侵部的討論中，既知“敦”“屯”“困”等字讀成合口，那麼其注音的入聲字也當讀成合口。

來母、心母的合口洪音中有少數合口細音字的併入：硉$^{來}_{沒}$碌$^{集:}_{來沒}$率$^{來}_{術}$⿰口率$^{來}_{術}$膟$^{來}_{術}$繂$^{來}_{術}$律$^{來}_{術}$⿰衤聿$^{來}_{術}$；窣$^{心}_{沒}$⿰率鳥$^{心}_{沒}$率$^{生}_{質}$⿴行率$^{生}_{質}$䢦$^{生}_{質}$蟀$^{生}_{質}$⿰王术$^{心}_{術}$述$^{船}_{術}$。以“律$^{來}_{術}$率$^{生}_{質}$”二字爲例，其在當代吳音中的讀音如表3-13-9所示。

表3-13-9　“律、率”二字在今部分吳方言中的讀音[②]

	宜興	江陰	無錫	蘇州	常熟	昆山	松江	黎里	盛澤	紹興	余杭	永康
律$^{來}_{術}$	lɪʔ$^{\underline{23}}$	lɪʔ$^{\underline{12}}$	lɪʔ$^{\underline{23}}$	lɪʔ$^{\underline{23}}$	lɪʔ$^{\underline{23}}$	lɪʔ$^{\underline{12}}$	lɪʔ$^{\underline{23}}$	lɪʔ$^{\underline{23}}$	lɪʔ$^{\underline{22}}$	lɪʔ$^{\underline{23}}$	lɪʔ$^{\underline{23}}$	lə^{323}
率$^{生}_{質}$	səʔ$^{\underline{45}}$	sɜʔ$^{\underline{55}}$	səʔ$^{\underline{55}}$	səʔ$^{\underline{55}}$/ sᴇʔ$^{\underline{412}}$	sᴇʔ$^{\underline{55}}$	səʔ$^{\underline{55}}$	səʔ$^{\underline{55}}$	sᴇ^{44}	səʔ$^{\underline{55}}$	sɪʔ$^{\underline{55}}$	səʔ$^{\underline{55}}$/ sɐʔ$^{\underline{55}}$	səɪ^{434}

根據表3-13-9的讀音可知，“率$^{生}_{質}$”這個中古合口細音字在今多數吳方言中都讀成開口呼。至於“律$^{來}_{術}$”，其韻母今多數地方讀作ɪ，並非典型的開口呼。但是永康吳音讀作lə^{323}，可資參證。今海鹽吳音中與之並不完全相同，“律”讀齊齒呼li^{2}，“率”讀開口呼səʔ^{5}。此二字的讀音雖然與《玉篇直音》中讀成合口呼的現象不盡一致，但是開口呼、合口呼皆爲洪音，僅就此點而論，現代吳方音的讀音亦具有參證價值。鑒於此，我們將此類合口細音字併入開口洪音中，並將之讀成開口呼。

第四，章、見、曉組中昌、禪、見、溪、喻五母之合口細音字皆讀成撮口呼。

首先，此推論符合近代漢語中介音演變的一般規律。其次，《玉篇直音》中已經產生了撮口呼韻，具備讀成撮口呼的條件。再次，此類字在《韻略易通》《韻略匯通》《同文備考》中皆讀成撮口呼。此外，可用現代吳方言進行參證。以“出$^{昌}_{術}$术$^{船}_{術}$橘$^{見}_{術}$屈$^{溪}_{物}$”作爲此類字的代表，其在今部分吳方言中的讀音見表3-13-10。

表3-13-10　“出、術、橘、屈”四字在今部分吳方言中的讀音[③]

	宜興	溧陽	金壇	丹陽	童家橋	靖江	溫州	金華	永康
出$^{昌}_{術}$	tɕ‘yeʔ$^{\underline{45}}$	tɕ‘ye^{223}	tɕ‘yeʔ$^{\underline{44}}$	tɕ‘yeʔ$^{\underline{33}}$	ʧ‘yoʔ$^{\underline{55}}$	tɕ‘yɔʔ$^{\underline{55}}$	tɕ‘y^{423}	tɕ‘yə^{45}	tɕ‘yə^{434}
術$^{船}_{術}$	dʑyeʔ$^{\underline{23}}$	szye^{223}	suəʔ$^{\underline{44}}$	dʑyeʔ$^{\underline{24}}$	ʒyoʔ$^{\underline{24}}$	dʑyɔʔ$^{\underline{34}}$	ɦy^{323}	so^{45}	ɕzyə^{323}
橘$^{見}_{術}$	tɕyeʔ$^{\underline{45}}$	tɕyeʔ$^{\underline{55}}$	tɕyeʔ$^{\underline{44}}$	tɕyeʔ$^{\underline{33}}$	ʧyoʔ$^{\underline{55}}$	tɕyɔʔ$^{\underline{55}}$	tɕiæi^{423}	tɕyəʔ$^{\underline{44}}$	tɕyə^{434}
屈$^{溪}_{物}$	tɕ‘yeʔ$^{\underline{45}}$	tɕ‘ye^{223}	tɕ‘yeʔ$^{\underline{44}}$	tɕ‘yeʔ$^{\underline{33}}$	ʧ‘yoʔ$^{\underline{55}}$	tɕ‘yɔʔ$^{\underline{55}}$	tɕ‘y^{423}	tɕ‘yəʔ$^{\underline{44}}$	tɕ‘yə^{434}

綜觀表3-13-10例字的讀音，此四字在今多數吳方言中仍讀作撮口呼，可爲上述推論

①錢乃榮. 當代吳語研究[M]. 上海：上海教育出版社，1992：426-427.

②本表例字的讀音皆據：錢乃榮. 當代吳語研究[M]. 上海：上海教育出版社，1992：394，415.

③本表例字的讀音皆據：錢乃榮. 當代吳語研究[M]. 上海：上海教育出版社，1992：428，430，431.

提供當代方言依據。

綜合上述分析，《玉篇直音》德質部共含有 4 個韻母，分別是開口、齊齒、合口、撮口四類，其中：

開口呼，可稱爲色類，主要來自中古幫、端、精、見、曉組聲母的開口陌、麥、德韻字；另有非組物韻字以及莊組開口質、櫛、緝、職韻字併入；此外還有部分並、匣母沒韻字。

合口呼，可稱爲窟類，主要來自中古牙、喉音聲母合口陌$_{\text{二}}$、麥、德韻字及沒韻字，端組及心母沒韻字；還有少數來、心母術韻字及心母合口質韻字併入。

齊齒呼，可稱爲必類，主要來自中古幫、端、精、知、章、見、曉組聲母開口質、迄、緝、陌$_{\text{三}}$、昔、錫、職等韻字。

撮口呼，可稱爲聿類，主要來自中古昌、船、見、溪、以母的術、物韻及合口質、職韻字。

關於德質部，儘管其他韻書對之分合不一，但是其主元音，《洪武正韻》[①]擬作 ə，之後的《韻略易通》[②]《韻略匯通》[③]《同文備考》[④]《諧聲品字箋》[⑤]亦均擬作 ə。諸家擬音均爲 ə，結合今海鹽吳音中 ə、o 兩讀情況，出於與陽聲真侵部（ən）相承的考慮，我們認爲此處德質部的主元音讀 ə 更爲合適。因此，該部所含的 4 個韻母的讀音分別是：

開口呼（色類）：əʔ；　齊齒呼（必類）：iəʔ；

合口呼（窟類）：uəʔ；撮口呼（聿類）：yəʔ

總之，中古臻、深、梗、曾四攝入聲韻在《玉篇直音》中重組爲德質部，共含有 4 個韻母，具體內容詳見表 3-13-11。

表 3-13-11　德質部韻母表

部名	類名	四呼	音值	中古來源
德質	色	開	əʔ	中古幫、端、精、見、曉組聲母的開口陌、麥、德韻字；另有非組物韻字以及莊組開口質、櫛、緝、職韻字併入；此外還有部分並、匣母沒韻字
	必	齊	iəʔ	中古幫、端、精、知、章、見、曉組聲母開口質、迄、緝、陌$_{\text{三}}$、昔、錫、職等韻字
	窟	合	uəʔ	中古牙、喉音聲母合口陌$_{\text{二}}$、麥、德韻字及沒韻字，端組及心母沒韻字；還有少數來、心母術韻字及心母合口質韻字併入
	聿	撮	yəʔ	中古昌、船、見、溪、以母的術、物韻及合口質、職韻字

3.14　山、咸攝入聲：曷葉部

在《玉篇直音》的 13 695 個被注字中，中古山、咸二攝入聲韻字共計 766 個，其中山攝 475 個，咸攝 291 個。各韻所屬的具體字數詳見表 3-14-1。

①葉寶奎. 明清官話音系[M]. 廈門：廈門大學出版社，2001：40.

②張玉來. 韻略易通研究[M]. 天津：天津古籍出版社，1999：30，32.

③張玉來. 韻略匯通音系研究[M]. 濟南：山東教育出版社，1995：117.

④丁鋒.《同文備考》音系[M]. 福岡：中國書店，2001：246.

⑤張詠梅.《諧聲品字箋》的音系研究[M]. 成都：巴蜀書社，2011：168.

表 3-14-1　山、咸二攝入聲韻字分佈表　（單位：個）

攝名	山							咸							
韻名	曷	末	鎋	黠	月	薛	屑	帖	業	葉	狎	洽	合	盍	乏
數量	57	59	10	43	65	116	125	54	26	68	20	28	52	38	5
	475							291							
	766														

3.14.1　關於韻部的確立

3.14.1.1　初級統計

中古山、咸二攝入聲韻被注字在《玉篇直音》中的直接自注與混注次數詳見表 3-14-2。

表 3-14-2　山、咸二攝入聲被注字單條自注、混注情況統計表　（單位：次）

注音字／被注字		山攝							咸攝							
		曷	末	鎋	黠	月	薛	屑	帖	業	葉	狎	洽	合	盍	乏
山攝	曷	49			1									2	4	
	末		47	4	4	1								1		
	鎋	1	1	3	3							2				
	黠		3	3	25	1		1				3	3	2		
	月		1			45	4	12								1
	薛					5	88	16		6	5					
	屑					9	22	89	2	2	3					
咸攝	帖						3	3	24	7	5		2			
	業							5	5	11	1					1
	葉						11	1	5	3	45				1	
	狎			1								12	6		1	
	洽	1			1				1		2	7	14	2		
	合	7										3	1	30	10	
	盍	3			1									8	25	
	乏					1										4
其他（18）		曷鐸 1；末鐸 1；末覺 1；黠山 1；黠質 1；屑忝 2；屑先 1；薛鐸 1；月沒 1；月元 1；合鐸 1；盍鐸 1；葉鹽 1；葉琰 1；業緝 2；業藥 1														

據初級統計，山、咸攝入聲韻的自注與兩攝間的混注共計 748（766-18）次，占兩攝入聲韻字總數的 97.65%（748/766）。此外，山攝入聲與外攝入聲的混注總數爲 47 次，與咸攝入聲的混注總數爲 36 次，占總數的 76.60%（36/47）；咸攝入聲與外攝入聲的混注總數爲 44 次，與山攝入聲的混注數爲 37 次，占總數的 84.09%（37/44）。因此我們認爲，無論就哪一攝而言，山、咸攝入聲韻之間的關係極爲密切，這與其對應的陽聲韻高度一致，將山、咸兩攝入聲韻併在一起討論具有合理性。

比較初級統計的數據，我們可以得出如下認識。

第一，從宏觀整體而論，咸攝入聲被注字總數爲 291 個，與山攝入聲字的混注數爲 37 個，占總數的 12.71%（37/291）。據此混注比值並結合咸攝陽聲韻併入山攝之事實，我們認爲咸攝入聲業已併入山攝入聲。

第二，從微觀角度而言，咸攝入聲八韻與山攝的混注數及占比詳見 3-14-3。

表 3-14-3 咸攝入聲八韻與山攝入聲的混注數及占比

韻名	帖	業	葉	合	盍	乏	狎	洽
總數/次	54	26	68	52	38	5	20	28
混注數/次	6	5	12	7	4	1	1	2
占比/%	11.11	19.23	17.65	13.46	10.53	20.00	5.00	7.14

從各韻的混注占比來看，帖、業、葉、合、盍、乏六韻的混注比值均已超過 10%，這與上面的宏觀統計相吻合，據此可以說此六韻已經併入山攝中。至於狎、洽二韻則遜色一些，混注比值稍低一些。但不能純粹據此比值而得出狎、洽、二韻尚未併入的結論。原因如下：首先，狎、洽在《玉篇直音》中屬於鮮韻，轄字不多，僅據被注字來論會有偶然性。其次，此二韻的陽聲韻咸、銜韻已經併入，本攝的其他入聲韻也已併入，據此可推知此二韻亦當併入。再次，我們從山攝的混注中可窺一斑。鎋狎混注占鎋韻總數的 20.00%（2/10），黠韻與狎、洽二韻的混注總數占黠韻總數的 13.95%（6/43），這兩組數據均已超過 10%，表明鎋、黠、狎、洽四韻業已合併。

綜合上述微觀分析，我們確信咸攝入聲已經併入了山攝。

第三，表 3-14-2 中的數據分佈跟山、咸攝陽聲韻的數據分佈十分相似，整體呈現“X”形矩陣。“\”走向的數據是攝內自注數，較爲密集；“/”走向的數據是山、咸攝間的混注，雖稀疏了些，但是整體的形狀較爲明顯，大致代表了山、咸二攝入聲間的混注與陽聲韻類似，仍然是洪音與洪音合流，細音與細音合流。如此看來，合併後的山、咸攝大致會因中古時的開、合、洪、細等因素而形成不同的韻母。

第四，山攝一等合口末韻與二等合口黠、鎋韻間混注總計 8 次，占末韻總數的 13.56%（8/59）。此外，鎋末混注 1 次，占自身總數的 10.00%（1/10）；黠末混注 3 次，占黠韻總數的 6.98%（3/43）。前一個比值等於 10.00%，反映出鎋、末之間的音近關係。結合陽聲韻部中桓韻與刪、山二韻合流的特點可知，末韻也已經與合口黠、鎋韻字合流。

總之，根據初級統計數據可知，中古山、咸二攝入聲字–t、–p 韻尾的對立特徵在《玉篇直音》中已經消失，它們經過分化、合流，重組爲一個新的入聲韻部——曷葉部。該部所屬的中古諸韻會因開、合、洪、細等因素而演變爲若干韻母。

下面再通過系聯之法，通過統計混注與自注的比例來進一步驗證上述結論。

3.14.1.2 高級統計

我們使用系聯法將中古山、咸二攝入聲韻字的音注歸併爲 114 個“準小韻”，具體字組內容詳見表3-14-4（關於本表的使用說明，參見表3-2-3上）。

表3-14-4 《玉篇直音》所含中古山、咸攝入聲韻字組表

聲母	準小韻序號	轄字
納類（含72個自然小類，38個"準小韻"）		
幫	1	[2816]扒$^{幫}_{黠}$丨八$^{幫}_{黠}$[3606]八$^{幫}_{黠}$丨捌$^{幫}_{鎋}$（黠$_{3}$鎋$_{1}$）
	2	[2448]蹳$^{幫}_{末}$丨發$^{集:}_{幫末}$（末$_{2}$）
並	3	[0216]胈$^{並}_{末}$炦$^{並}_{末}$坺$^{並}_{末}$墢$^{集:}_{奉月}$犮$^{並}_{末}$妭$^{並}_{末}$軷$^{並}_{末}$骳$^{並}_{末}$鈸$^{並}_{末}$丨跋$^{並}_{末}$[2447]跋$^{並}_{末}$菝$^{並}_{黠}$駊$^{並}_{末}$丨拔$^{並}_{黠}$（月$_{1}$末$_{11}$黠$_{2}$）
明	4	[2603]帓$^{明}_{末}$秣$^{明}_{末}$眛$^{明}_{末}$䳮$^{明}_{末}$丨末$^{明}_{末}$（末$_{5}$）
非	5	[0982]灋$^{非}_{乏}$金$^{非}_{乏}$發$^{非}_{月}$丨法$^{非}_{乏}$[2381]髮$^{非}_{月}$丨發$^{非}_{月}$[3658]髮$^{非}_{月}$丨髮$^{非}_{月}$（月$_{5}$乏$_{3}$）
奉	6	[1254]垡$^{奉}_{月}$䟦$^{並}_{末}$瞂$^{奉}_{月}$戉$^{奉}_{月}$閥$^{奉}_{月}$筏$^{奉}_{月}$罰$^{奉}_{月}$罸$^{奉}_{月}$乏$^{奉}_{乏}$丨伐$^{奉}_{月}$[1690]伐$^{奉}_{月}$伐$^{奉}_{月}$丨罰$^{奉}_{月}$[1794]姂$^{奉}_{乏}$珐$^{奉}_{乏}$丨乏$^{奉}_{乏}$（月$_{11}$乏$_{4}$末$_{1}$）
微	7	[3757]韤$^{微}_{月}$丨襪$^{微}_{月}$（月$_{2}$）
端	8	[0397]炟$^{端}_{曷}$丨丹入$^{端}_{曷}$（曷$_{2}$）
	9	[1798]娺$^{端}_{黠}$鵽$^{端}_{末}$敠$^{端}_{末}$丨掇$^{端}_{末}$[2078]嗒$^{端}_{合}$奃$^{端}_{盍}$掇$^{端}_{末}$搭$^{端}_{合}$答$^{端}_{合}$龖$^{定}_{合}$丨荅$^{端}_{合}$[3318]荅$^{端}_{合}$丨搭$^{端}_{合}$（末$_{4}$黠$_{1}$合$_{7}$盍$_{1}$）
	10	[3348]笪$^{端}_{曷}$丨怛$^{端}_{曷}$（曷$_{2}$）
	11	[3494]狚$^{端}_{曷}$丨妲$^{端}_{曷}$[1713]健$^{透}_{曷}$妲$^{端}_{曷}$丨韃$^{透}_{曷}$（曷$_{5}$）
透	12	[2387]碟$^{透}_{盍}$丨塌$^{透}_{盍}$[1198]壛$^{定}_{盍}$塌$^{透}_{盍}$傝$^{透}_{盍}$㛥$^{透}_{合}$䐑$^{透}_{合}$蹋$^{透}_{盍}$搨$^{透}_{合}$闒$^{透}_{盍}$錔$^{透}_{合}$鞜$^{透}_{合}$鰨$^{透}_{盍}$榻$^{透}_{盍}$羍$^{透}_{曷}$㧺$^{透}_{盍}$丨塔$^{透}_{盍}$[1237]塔$^{透}_{盍}$遢$^{透}_{盍}$䵬$^{透}_{合}$丨沓$^{透}_{合}$[2438]躢$^{徹}_{狎}$緆$^{透}_{合}$諹$^{透}_{盍}$錫$^{端}_{盍}$丨榻$^{透}_{盍}$[0733]沓$^{透}_{合}$涾$^{定}_{合}$磖$^{透}_{盍}$丨踏$^{透}_{合}$[2427]踏$^{透}_{合}$闥$^{透}_{曷}$丨達$^{透}_{曷}$[3497]獺$^{透}_{曷}$少$^{透}_{曷}$幸$^{透}_{曷}$丨闥$^{透}_{曷}$（曷$_{7}$合$_{12}$盍$_{17}$狎$_{1}$）
	13	[2426]踏$^{透}_{合}$丨荅$^{集:}_{透合}$（合$_{2}$）
定	14	[2125]遝$^{定}_{合}$丨[illegible]$^{定}_{合}$[2645]譶$^{定}_{合}$誻$^{定}_{合}$遝$^{定}_{合}$達$^{定}_{曷}$鉔$^{定}_{盍}$丨沓$^{定}_{合}$[3313]薘$^{定}_{曷}$丨達$^{定}_{曷}$（曷$_{3}$合$_{6}$盍$_{1}$）
	15	[3544]䎓$^{定}_{盍}$丨蹋$^{定}_{盍}$（盍$_{2}$）
泥	16	[1840]妠$^{泥}_{合}$諾$^{泥}_{鐸}$訥$^{泥}_{沒}$抐$^{泥}_{合}$鈉$^{泥}_{合}$軜$^{泥}_{合}$魶$^{泥}_{盍}$䖓$^{泥}_{黠}$豽$^{泥}_{黠}$丨納$^{泥}_{合}$（沒$_{1}$黠$_{2}$鐸$_{1}$合$_{5}$盍$_{1}$）
來	17	[0196]臘$^{來}_{盍}$臈$^{來}_{盍}$臘$^{來}_{盍}$丨蠟$^{來}_{盍}$[0457]爉$^{來}_{曷}$瓎$^{來}_{曷}$剌$^{來}_{曷}$糲$^{來}_{曷}$丨辣$^{來}_{曷}$[1034]䂼$^{來}_{曷}$㕇$^{來}_{合}$䶩$^{來}_{盍}$擸$^{來}_{盍}$拉$^{來}_{合}$鑞$^{來}_{盍}$鶶$^{來}_{盍}$辣$^{來}_{曷}$丨臘$^{來}_{盍}$[2163]喇$^{來}_{曷}$喇$^{來}_{曷}$䶫$^{來}_{曷}$𪐞$^{來}_{曷}$㪉$^{來}_{曷}$𧮐$^{改:}_{來曷}$瘌$^{來}_{曷}$丨剌$^{來}_{曷}$[3454]蠟$^{來}_{盍}$丨臈$^{來}_{盍}$[3547]𤜬$^{來}_{合}$丨拉$^{來}_{合}$（曷$_{15}$合$_{4}$盍$_{11}$）
精	18	[2590]紮$^{莊}_{黠}$札$^{莊}_{黠}$丨扎$^{莊}_{黠}$[2835]拶$^{精}_{末}$扎$^{莊}_{黠}$劄$^{知}_{洽}$蔦$^{莊}_{黠}$蚻$^{莊}_{黠}$扎$^{莊}_{黠}$丨札$^{莊}_{黠}$[2863]閘$^{澄}_{狎}$札$^{莊}_{黠}$丨劄$^{知}_{洽}$（末$_{1}$黠$_{9}$洽$_{2}$狎$_{1}$）
	19	[2617]帀$^{精}_{合}$丨匝$^{精}_{合}$（合$_{2}$）
清	20	[1255]𡋗$^{初}_{緝}$偛$^{初}_{洽}$翣$^{生}_{狎}$歃$^{生}_{洽}$臿$^{初}_{洽}$丨插$^{初}_{洽}$（緝$_{1}$洽$_{4}$狎$_{1}$）
	21	[2638]詧$^{初}_{黠}$剎$^{初}_{鎋}$蔡$^{初}_{黠}$䕓$^{初}_{黠}$丨察$^{初}_{黠}$（黠$_{4}$鎋$_{1}$）
從	22	[2113]囋$^{從}_{曷}$襍$^{從}_{合}$𨓆$^{崇}_{洽}$雥$^{從}_{合}$丨雜$^{從}_{合}$（曷$_{1}$合$_{3}$洽$_{1}$）
心	23	[0234]颯$^{心}_{洽}$丨霎$^{生}_{洽}$[0305]霅$^{心}_{合}$霎$^{生}_{洽}$䬃$^{心}_{合}$薩$^{心}_{曷}$𥻦$^{心}_{曷}$馺$^{心}_{合}$丨撒$^{心}_{曷}$（曷$_{3}$合$_{3}$洽$_{3}$）
	24	[2114]嚓$^{心}_{曷}$㗭$^{心}_{盍}$䙉$^{生}_{黠}$鎩$^{生}_{黠}$榝$^{生}_{黠}$丨殺$^{生}_{黠}$[3173]殺$^{生}_{黠}$丨煞$^{生}_{黠}$（曷$_{1}$黠$_{6}$盍$_{1}$）
	25	[3319]萐$^{生}_{洽}$丨歃$^{生}_{洽}$（洽$_{2}$）
見	26	[3099]轕$^{見}_{曷}$割$^{見}_{曷}$獦$^{見}_{曷}$丨葛$^{見}_{曷}$[3312]葛$^{見}_{曷}$丨割$^{見}_{曷}$（曷$_{6}$）
	27	[2221]䀫$^{見}_{洽}$頜$^{見}_{盍}$閤$^{見}_{合}$鴿$^{見}_{合}$蛤$^{見}_{合}$韐$^{見}_{合}$丨合$^{見}_{合}$[3618]敆$^{匣}_{合}$丨蛤$^{見}_{合}$（合$_{7}$盍$_{1}$洽$_{1}$）
	28	[0590]佮$^{見}_{合}$頜$^{見}_{合}$丨甲$^{見}_{狎}$（合$_{2}$狎$_{1}$）
溪	29	[3108]韕$^{溪}_{合}$丨盍$^{溪}_{曷}$（曷$_{1}$合$_{1}$）
	30	[0688]嶱$^{溪}_{曷}$嵑$^{溪}_{曷}$磕$^{溪}_{盍}$𧾒$^{溪}_{曷}$般$^{疑}_{合}$榼$^{溪}_{盍}$丨渴$^{溪}_{曷}$[0866]渴$^{溪}_{曷}$丨磕$^{溪}_{盍}$[1526]匼$^{溪}_{合}$瞌$^{溪}_{盍}$丨榼$^{溪}_{盍}$（曷$_{5}$合$_{2}$盍$_{5}$）
	31	[0696]峇$^{溪}_{合}$㚘$^{溪}_{狎}$帢$^{溪}_{洽}$刮$^{溪}_{黠}$劼$^{溪}_{黠}$歉$^{溪}_{陷}$丨恰$^{溪}_{洽}$（黠$_{2}$合$_{1}$洽$_{2}$狎$_{1}$陷$_{1}$）
疑	32	[0721]屵$^{疑}_{曷}$𩬈$^{疑}_{曷}$擜$^{疑}_{曷}$丨岸入$^{疑}_{曷}$（曷$_{4}$）
影	33	[2756]遏$^{影}_{曷}$丨安入$^{影}_{曷}$[1220]堨$^{影}_{曷}$廅$^{影}_{曷}$咹$^{影}_{曷}$鶡$^{影}_{曷}$頞$^{影}_{曷}$齾$^{疑}_{曷}$閼$^{影}_{鎋}$㿎$^{溪}_{曷}$餲$^{影}_{曷}$䶎$^{影}_{合}$丨遏$^{影}_{曷}$（曷$_{11}$鎋$_{1}$合$_{1}$）
	34	[2941]歹$^{疑}_{曷}$丨崖入$^{（此例表明歹崖二}_{字的韻腹相同）}$（曷$_{2}$）
曉	35	[2087]呷$^{曉}_{狎}$紇$^{匣}_{沒}$丨瞎$^{曉}_{鎋}$[2092]𠵘$^{影}_{合}$瞎$^{曉}_{鎋}$丨呷$^{曉}_{狎}$（沒$_{1}$鎋$_{2}$合$_{1}$狎$_{2}$）

續表

聲母	準小韻序號	轄字
	36	[2131]喝丨噈[3500]猲丨喝（曷$_4$）
匣	37	[1343]郃嗑迨欱盒丨合（合$_5$盍$_1$）
	38	[0487]熆郃謚闔餄㰰丨盍[2272]頢鶡勂鶡盍丨曷（曷$_5$合$_1$盍$_6$葉$_1$）
滑類（含 14 個自然小類，7 個“準小韻”）		
透	39	[1727]侻丨脫（末$_2$）
定	40	[3623]敚丨奪（末$_2$）
來	41	[2786]捋丨鑾入[3553]寽丨捋（末$_4$）
見	42	[2226]鬝聒聒括丨刮[1657]佸鬝胋聒適栝括筈丨括[3163]刮劀丨官入（末$_{13}$黠$_2$鎋$_2$）
	43	[2257]頢丨活（末$_2$）
溪	44	[2445]跬丨闊[2870]闊丨款入（末$_4$）
匣	45	[0825]活磆螖㖡鶻猾𤷒丨滑[0863]滑丨猾[0978]濊眊丨豁[1460]豁姡䀨秳丨活（末$_8$黠$_9$鎋$_1$）
列類（含 117 個自然小類，56 個“準小韻”）		
幫	46	[1196]憋勫丨別[2984]鱉別丨鼈[3529]鼈鼈丨彆（屑$_3$薛$_6$）
滂	47	[0253]颷瞥丨撇（屑$_3$）
	48	[2627]覕丨瞥（屑$_2$）
並	49	[2132]咇蹩丨別（屑$_2$薛$_1$）
明	50	[0468]威蠛鑖幭蠛蔑丨滅[0519]覕懱威鸏丨蔑[0865]滅蠛懱蔑蔑丨威（屑$_{13}$薛$_5$）
透	51	[1788]姑怗咕貼丨帖[2605]帖丨貼（葉$_1$帖$_6$）
	52	[2229]耿鐵丨鉄（屑$_2$薛$_1$）
定	53	[0167]昳嵽垤嵽恎幉眣昳眰詄閧耋鉄耊丨迭[0702]耋丨昳[2745]迭载丨垤（屑$_{20}$）
	54	[0181]疊堞疊偞牒喋牒疊鰈跌蹀褶絰疊鍱蝶鰈丨牒[3765]牒丨碟[2424]跕跌丨跌[2521]褋丨蝶[3101]鰈鰈丨疊（屑$_4$葉$_3$帖$_{21}$）
	55	[2016]慴丨褶（帖$_2$）
	56	[2067]咥丨至（屑$_2$）
泥	57	[0088]囁熵涅䂼惗囁躡鑷鉩苶籋踂敜丨聶[1252]埕圼揑闑篞丨涅[2911]瘧丨虐[3507]虐丨捏（屑$_8$薛$_2$藥$_3$葉$_7$帖$_4$）
	58	[0575]嵲鄴隉躡鑷銸蘗孽蘖鵴臬隟丨業[2362]齧臬槷蘗䂼丨孽[0669]嵲臲巘陧丨臬（屑$_9$薛$_5$葉$_2$帖$_1$業$_7$）
	59	[1519]惗丨捻（帖$_2$）
來	60	[0091]躐儠躐鋝丨獵[0289]颲烈冽挒茢劣巤洌裂烈哷埒躐劣裂捩栵栵茢鴷蛚獵丨列[2030]埒埒列蛶丨劣（薛$_{26}$葉$_7$）
精	61	[0568]㔾卩卪㜕㦗鬣蠞瀐櫛鵴㔾丨節（櫛$_1$屑$_9$薛$_2$）
	62	[0840]浹倢𠵉楫椄丨接[2214]睫丨浹（屑$_1$葉$_5$帖$_2$）
	63	[3314]蕝丨茁（薛$_2$）
清	64	[1569]竊𪘂丨切[3155]切丨竊（黠$_1$屑$_4$）
	65	[2577]緁萋丨妾（葉$_3$）
從	66	[0555]巀捷截丨截[0574]婕睫捷丨捷[3139]截丨絕（屑$_4$薛$_1$葉$_5$）
心	67	[0073]暬洩瀉絏瑑㸃丨泄[0800]泄偰媟屑丨洩[0958]渫偰僁屑褻屑屧楔薛禼丨屑[0556]辥躠丨薛（屑$_6$薛$_{15}$昔$_1$帖$_4$）
	68	[1628]僁丨契（屑$_1$薛$_1$）
	69	[2222]㦗丨燮[0351]霅燮丨雪（薛$_2$帖$_3$）

續表

聲母	準小韻序號	轄字
章	70	[0835]浙$^{章}_{薛}$淛$^{章}_{薛}$哲$^{知}_{薛}$喆$^{集:}_{知薛}$晣$^{章}_{薛}$讋$^{章}_{葉}$拙$^{章}_{薛}$摺$^{章}_{葉}$蜇$^{知}_{薛}$ ǀ 折$^{章}_{薛}$[1929]悊$^{知}_{薛}$䪼$^{章}_{薛}$蹳$^{知}_{薛}$雋$^{集:}_{澄薛}$折$^{章}_{薛}$蛥$^{知}_{薛}$ ǀ 哲$^{知}_{薛}$[2237]𥉌$^{章}_{葉}$䐲$^{澄}_{葉}$謵$^{昌}_{葉}$折$^{章}_{薛}$ ǀ 摺$^{章}_{葉}$（薛$_{16}$葉$_{6}$）
	71	[0974]澈$^{澄}_{薛}$怗$^{徹}_{葉}$ ǀ 輒$^{知}_{葉}$[2318]腏$^{知}_{薛}$逫$^{知}_{術}$ ǀ 輟$^{知}_{薛}$[3086]輒$^{知}_{葉}$轍$^{澄}_{薛}$ ǀ 徹$^{澄}_{薛}$[3094]輟$^{知}_{薛}$徹$^{澄}_{薛}$ ǀ 轍$^{澄}_{薛}$（薛$_{8}$葉$_{3}$術$_{1}$）
	72	[2023]慴$^{章}_{葉}$襵$^{章}_{葉}$ ǀ 聶$^{集:}_{章葉}$（葉$_{3}$）
昌	73	[0210]𦢪$^{徹}_{薛}$硩$^{徹}_{薛}$坙$^{鐃:}_{徹薛}$迠$^{集:}_{昌葉}$ ǀ 徹$^{徹}_{薛}$（薛$_{4}$葉$_{1}$）
	74	[2393]掣$^{昌}_{薛}$ ǀ 撤$^{徹}_{薛}$（薛$_{2}$）
書	75	[0843]涉$^{禪}_{葉}$設$^{書}_{薛}$箑$^{生}_{洽}$䈉$^{生}_{洽}$ ǀ 攝$^{書}_{葉}$[0947]㴸$^{禪}_{葉}$𨥃$^{禪}_{葉}$ ǀ 涉$^{禪}_{葉}$[2164]唰$^{生}_{薛}$ ǀ 刷$^{生}_{薛}$[2642]麿$^{章}_{葉}$攝$^{書}_{葉}$刷$^{生}_{薛}$ ǀ 設$^{書}_{薛}$（薛$_{5}$葉$_{7}$洽$_{2}$）
	76	[3126]弽$^{書}_{葉}$ ǀ 葉$^{書}_{葉}$（葉$_{2}$）
	77	[3756]鞢$^{書}_{葉}$ ǀ 聶$^{集:}_{禪葉}$（葉$_{2}$）
禪	78	[2386]舌$^{船}_{薛}$讘$^{日}_{葉}$ ǀ 折$^{禪}_{薛}$（薛$_{2}$葉$_{1}$）
	79	[0412]焫$^{日}_{薛}$爇$^{日}_{薛}$𨘍$^{日}_{葉}$ ǀ 熱$^{日}_{薛}$（薛$_{3}$葉$_{1}$）
見	80	[0065]暍$^{影}_{月}$ ǀ 揭$^{見}_{月}$[1005]潔$^{見}_{屑}$劫$^{見}_{業}$袺$^{見}_{屑}$訐$^{見}_{月}$迼$^{見}_{薛}$揭$^{見}_{月}$鐭$^{見}_{屑}$鍥$^{見}_{屑}$刦$^{見}_{業}$鴂$^{見}_{屑}$刧$^{見}_{業}$刼$^{見}_{業}$ ǀ 結$^{見}_{屑}$[1782]孑$^{見}_{薛}$䂵$^{見}_{業}$結$^{見}_{薛}$鋏$^{見}_{帖}$鉣$^{見}_{業}$刲$^{見}_{業}$刲$^{見}_{業}$ ǀ 劫$^{見}_{業}$[2591]絜$^{見}_{屑}$羯$^{見}_{月}$ ǀ 孑$^{見}_{薛}$（月$_{5}$屑$_{7}$薛$_{4}$帖$_{1}$業$_{9}$）
	81	[0590]岬$^{見}_{狎}$鯐$^{曉}_{洽}$胛$^{見}_{狎}$袷$^{見}_{洽}$裌$^{見}_{洽}$鉀$^{見}_{狎}$柙$^{見}_{狎}$筴$^{見}_{洽}$夾$^{見}_{洽}$ ǀ 甲$^{見}_{狎}$[1950]悏$^{溪}_{帖}$頰$^{見}_{帖}$ ǀ 莢$^{見}_{帖}$[1367]郟$^{見}_{洽}$㢜$^{見}_{洽}$䛟$^{見}_{帖}$莢$^{見}_{帖}$鵊$^{見}_{洽}$甲$^{見}_{狎}$ ǀ 夾$^{見}_{洽}$[2522]衱$^{見}_{業}$蛺$^{見}_{帖}$ ǀ 頰$^{見}_{帖}$（帖$_{7}$洽$_{9}$狎$_{6}$業$_{1}$）
	82	[1181]圿$^{見}_{黠}$戛$^{見}_{黠}$秸$^{見}_{黠}$ ǀ 恝$^{見}_{黠}$[3431]鶷$^{見}_{鎋}$ ǀ 戛$^{見}_{鎋}$（黠$_{4}$鎋$_{2}$）
溪	83	[2045]怯$^{溪}_{業}$ ǀ 欠入$^{溪}_{乏}$[1914]㥦$^{溪}_{帖}$愜$^{溪}_{帖}$悏$^{溪}_{帖}$挈$^{溪}_{屑}$挈$^{溪}_{屑}$篋$^{溪}_{帖}$匧$^{溪}_{帖}$朅$^{溪}_{薛}$ ǀ 怯$^{溪}_{業}$[1313]郤$^{溪}_{藥}$鄐$^{溪}_{藥}$鄐$^{溪}_{藥}$卻$^{群}_{藥}$却$^{溪}_{藥}$㕁$^{溪}_{藥}$怯$^{溪}_{業}$ ǀ 却$^{溪}_{藥}$[1235]𡑍$^{溪}_{薛}$㛃$^{見}_{屑}$𩓨$^{溪}_{屑}$𠜷$^{溪}_{屑}$ ǀ 挈$^{溪}_{屑}$[1814]㚢$^{溪}_{帖}$唊$^{見}_{帖}$ ǀ 篋$^{溪}_{帖}$（屑$_{6}$薛$_{2}$藥$_{7}$帖$_{8}$業$_{3}$乏$_{1}$）
	84	[2251]劼$^{溪}_{黠}$ ǀ 慳$^{溪}_{山}$（黠$_{1}$山$_{1}$）
群	85	[1054]碣$^{群}_{月}$桀$^{群}_{薛}$ ǀ 竭$^{群}_{月}$[1608]傑$^{群}_{薛}$ ǀ 杰$^{群}_{薛}$[1653]偈$^{群}_{薛}$搩$^{群}_{薛}$ ǀ 桀$^{群}_{薛}$[2780]竭$^{群}_{月}$楬$^{群}_{薛}$榤$^{群}_{薛}$桀$^{群}_{薛}$ ǀ 傑$^{群}_{薛}$（月$_{3}$薛$_{10}$）
影	86	[0038]曅$^{云}_{葉}$曄$^{云}_{葉}$皣$^{云}_{葉}$[illegible]$^{篇:}_{云葉}$熠$^{以}_{緝}$爗$^{云}_{葉}$燁$^{云}_{葉}$偞$^{以}_{葉}$䁋$^{以}_{葉}$曄$^{云}_{葉}$𠩄$^{影}_{葉}$殜$^{以}_{葉}$楪$^{以}_{葉}$枼$^{以}_{葉}$曄$^{云}_{葉}$叶$^{以}_{葉}$ ǀ 葉$^{以}_{葉}$[3262]葉$^{以}_{葉}$ ǀ 枼$^{以}_{葉}$[3320]葉$^{以}_{葉}$ ǀ 叶$^{以}_{葉}$（緝$_{1}$葉$_{20}$）
	87	[0473]焆$^{影}_{月}$噎$^{影}_{屑}$钀$^{疑}_{薛}$ ǀ 謁$^{影}_{月}$[2647]謁$^{影}_{月}$ ǀ 咽$^{影}_{屑}$（月$_{3}$屑$_{2}$薛$_{1}$）
	88	[2282]靨$^{影}_{葉}$ ǀ 業$^{疑}_{業}$（葉$_{1}$業$_{1}$）
	89	[0784]𣲍$^{影}_{狎}$壓$^{影}_{狎}$圠$^{影}_{鎋}$鴨$^{影}_{狎}$猰$^{影}_{黠}$ ǀ 押$^{影}_{狎}$[3578]𩵋$^{影}_{黠}$ ǀ 鴨$^{影}_{狎}$（黠$_{2}$鎋$_{1}$狎$_{5}$）
	90	[1268]厴$^{影}_{葉}$ ǀ 鹽$^{以}_{鹽}$（葉$_{1}$鹽$_{1}$）
	91	[2914]痷$^{集:}_{影業}$ ǀ 淹入$^{影}_{葉}$（葉$_{1}$業$_{1}$）
	92	[3090]軋$^{影}_{黠}$ ǀ 晏入$^{影}_{鎋}$（黠$_{1}$鎋$_{1}$）
	93	[3388]餣$^{影}_{業}$ ǀ 晻$^{影}_{業}$（業$_{2}$）
	94	[3524]㹘$^{影}_{黠}$ ǀ 揠$^{影}_{黠}$（黠$_{2}$）
曉	95	[1892]娎$^{曉}_{薛}$頁$^{匣}_{屑}$蠍$^{曉}_{月}$ ǀ 歇$^{曉}_{月}$ [3714]歇$^{曉}_{月}$ ǀ 掀$^{曉}_{元}$（月$_{3}$屑$_{1}$薛$_{1}$元$_{1}$）
匣	96	[0329]霅$^{匣}_{洽}$珨$^{匣}_{洽}$ ǀ 洽$^{匣}_{洽}$[0505]炠$^{匣}_{狎}$狎$^{匣}_{狎}$ ǀ 押$^{集:}_{匣狎}$[0790]洽$^{匣}_{洽}$挈$^{匣}_{黠}$押$^{集:}_{匣狎}$匣$^{匣}_{狎}$ ǀ 匣$^{匣}_{狎}$[1491]庘$^{影}_{狎}$袷$^{匣}_{洽}$ ǀ 狎$^{匣}_{狎}$[1528]灰$^{匣}_{洽}$[illegible]$^{匣}_{洽}$柙$^{匣}_{狎}$匣$^{匣}_{狎}$ ǀ 狹$^{匣}_{洽}$[3499]狹$^{匣}_{洽}$ ǀ 峽$^{匣}_{洽}$（黠$_{1}$洽$_{10}$狎$_{10}$）
	97	[1093]磍$^{匣}_{鎋}$䶎$^{匣}_{鎋}$黠$^{匣}_{黠}$ ǀ 轄$^{匣}_{鎋}$（黠$_{1}$鎋$_{3}$）
	98	[1100]硤$^{匣}_{洽}$俠$^{匣}_{帖}$ ǀ 挾$^{匣}_{帖}$[1190]熁$^{曉}_{業}$叶$^{匣}_{帖}$嗋$^{曉}_{業}$脅$^{曉}_{業}$劦$^{匣}_{帖}$歙$^{曉}_{業}$ ǀ 協$^{匣}_{帖}$[2486]㔔$^{匣}_{帖}$挾$^{匣}_{帖}$協$^{匣}_{帖}$ ǀ 叶$^{匣}_{帖}$（帖$_{9}$洽$_{1}$業$_{4}$）
	99	[2571]纈$^{匣}_{屑}$ ǀ 頡$^{匣}_{屑}$（屑$_{2}$）
	100	[2825]擷$^{匣}_{屑}$ ǀ 絜$^{匣}_{屑}$[3531]隽$^{匣}_{屑}$ ǀ 擷$^{匣}_{屑}$（屑$_{4}$）
	101	[3042]瑎$^{匣}_{鎋}$ ǀ 閑入$^{匣}_{黠}$（黠$_{1}$鎋$_{1}$）
決類（含 20 個自然小類，13 個“準小韻”）		
章	102	[0284]䬍$^{集:}_{溪物}$堀$^{群}_{物}$窋$^{知}_{術}$䪼$^{章}_{薛}$𧚨$^{群}_{物}$炪$^{章}_{薛}$剟$^{知}_{薛}$橛$^{集:}_{見月}$棁$^{章}_{薛}$茁$^{莊}_{薛}$醊$^{知}_{薛}$罬$^{知}_{薛}$ ǀ 拙$^{章}_{薛}$（薛$_{8}$月$_{1}$術$_{1}$物$_{3}$）
	103	[1953]𢡀$^{昌}_{薛}$ ǀ 綴$^{知}_{薛}$（薛$_{2}$）
	104	[2044]惙$^{知}_{薛}$ ǀ 啜$^{知}_{薛}$[2065]啜$^{知}_{薛}$棳$^{章}_{薛}$ ǀ 掇$^{知}_{薛}$（薛$_{5}$）

續表

聲母	準小韻序號	轄字
昌	105	[3719]歠$^{昌}_{薛}$ 丨 啜$^{昌}_{薛}$（薛$_{2}$）
見	106	[0753]決$^{見}_{屑}$泬$^{見}_{屑}$潏$^{見}_{屑}$身$^{見}_{月}$肙$^{見}_{月}$憠$^{群}_{月}$蹶$^{見}_{月}$ 丨 厥$^{見}_{月}$[1522]厥$^{見}_{月}$嫢$^{見}_{月}$憰$^{見}_{屑}$眏$^{見}_{屑}$肤$^{見}_{屑}$趹$^{見}_{屑}$譎$^{見}_{屑}$訣$^{見}_{屑}$撅$^{見}_{月}$瘚$^{見}_{月}$襘$^{見}_{屑}$鐍$^{見}_{屑}$玦$^{見}_{屑}$弡$^{見}_{屑}$劂$^{見}_{月}$蕨$^{見}_{月}$鴂$^{見}_{屑}$鵙$^{見}_{錫}$蚗$^{見}_{屑}$蟨$^{見}_{月}$駃$^{見}_{屑}$奊$^{見}_{屑}$夬$^{見}_{屑}$ 丨 决$^{見}_{屑}$ [2446]蹫$^{見}_{術}$ 丨 譎$^{見}_{屑}$（術$_{1}$月$_{12}$屑$_{20}$錫$_{1}$）
	107	[2404]蹷$^{群}_{月}$ 丨 蹶$^{見}_{月}$（月$_{2}$）
溪	108	[2570]䌰$^{溪}_{月}$闕$^{溪}_{月}$闋$^{溪}_{屑}$鉣$^{見}_{業}$缼$^{溪}_{薛}$ 丨 缺$^{溪}_{屑}$[3182]缺$^{溪}_{屑}$缺$^{溪}_{屑}$缺$^{溪}_{屑}$ 丨 闕$^{溪}_{月}$（月$_{3}$屑$_{5}$薛$_{1}$業$_{1}$）
	109	[2873]闋$^{溪}_{屑}$ 丨 决$^{集:}_{溪屑}$（屑$_{2}$）
群	110	[2458]蹶$^{群}_{月}$劂$^{見}_{月}$抈$^{篇:}_{群月}$鐝$^{群}_{月}$橜$^{群}_{月}$鷢$^{群}_{月}$ 丨 掘$^{群}_{月}$（月$_{7}$）
影	111	[0186]月$^{疑}_{月}$鵽$^{以}_{薛}$閱$^{以}_{薛}$ 丨 悅$^{以}_{薛}$[0444]焆$^{影}_{薛}$㖴$^{篇:}_{疑月}$娍$^{云}_{月}$惪$^{影}_{月}$咽$^{影}_{薛}$睊$^{影}_{屑}$栰$^{云}_{月}$ 丨 越$^{云}_{月}$[0685]岄$^{疑}_{月}$絾$^{云}_{月}$越$^{云}_{月}$扤$^{疑}_{月}$鉞$^{云}_{月}$玥$^{疑}_{月}$軏$^{疑}_{月}$戉$^{云}_{月}$刖$^{疑}_{月}$樾$^{云}_{月}$蠘$^{云}_{月}$狘$^{篇:}_{疑月}$粵$^{云}_{月}$ 丨 月$^{疑}_{月}$（月$_{20}$屑$_{1}$薛$_{5}$）
曉	112	[1253]坹$^{曉}_{屑}$穴$^{匣}_{屑}$䀏$^{曉}_{屑}$䀧$^{曉}_{屑}$闋$^{曉}_{屑}$ 丨 血$^{曉}_{屑}$[2450]血$^{曉}_{屑}$ 丨 穴$^{匣}_{屑}$（屑$_{8}$）
	113	[2451]岆$^{曉}_{屑}$翃$^{曉}_{薛}$ 丨 决$^{曉}_{屑}$（屑$_{2}$薛$_{1}$）
喻	114	[2162]噦$^{云}_{月}$䟠$^{云}_{月}$ 丨 曰$^{云}_{月}$（月$_{3}$）

在 114 個“準小韻”中，屬於四攝入聲韻自注者 43 個，屬於混注者 71 個，混注占總數的 62.28%（71/114），已過半數。關於每個入聲韻的自注與混注數量詳見表 3-14-5。

表 3-14-5 高級統計中所涉諸入聲韻之自注、混注數量對比表 （單位：次）

韻名	曷	末	鎋	黠	月	薛	屑	帖	業	葉	狎	洽	合	盍	乏
自注數	7	7	0	1	3	5	8	2	1	4	0	1	1	2	0
混注數	10	7	11	19	11	27	21	11	8	18	9	10	16	10	3

通過對各入聲韻自注、混注的高級統計對比可知，諸韻均以混注作爲常態，比如黠、薛、帖、業、洽、合、盍等韻的混注是自注的多倍，鎋、乏二韻則全部是混注。關於這些入聲韻混注的具體情況，我們窮盡列舉如下，詳見表 3-14-6。表中的“曷合”是指僅有曷、合韻參與混注的“準小韻”，共出現 1 次，餘類推。

表 3-14-6 系聯後的山、咸二攝入聲諸韻混注情況統計表

序號	混注種類	次數	序號	混注種類	次數	序號	混注種類	次數
1	曷合	*1*	10	盍合黠末	*1*	19	黠山	*1*
2	曷合鎋	*1*	11	盍合黠鐸沒	*1*	20	狎合	*1*
3	曷合盍	*3*	12	黠鎋	*6*	21	狎洽緝	*1*
4	曷合盍狎	*1*	13	黠鎋末	*2*	22	狎鎋合沒	*1*
5	曷合盍葉	*1*	14	黠鎋狎	*1*	23	薛月	*1*
6	曷合洽	*2*	15	黠狎洽	*1*	24	薛月屑	*2*
7	曷盍黠	*1*	16	黠狎洽末	*1*	25	薛月屑元	*1*
8	盍合	*1*	17	黠狎洽合陷	*1*	26	薛月屑業	*1*
9	盍合洽	*1*	18	黠末月	*1*	27	薛月屑業帖	*1*

續表

序號	混注種類	次數	序號	混注種類	次數	序號	混注種類	次數
28	薛月物術	1	36	薛葉	5	44	屑葉帖	2
29	薛屑	6	37	薛葉洽	1	45	葉業	2
30	薛屑葉	1	38	薛葉術	1	46	葉緝	1
31	薛屑葉帖藥	1	39	薛帖	1	47	葉鹽	1
32	薛屑葉業帖	1	40	月末乏	1	48	葉帖	1
33	薛屑業帖乏藥	1	41	月乏	1	49	業帖洽	1
34	薛屑櫛	1	42	屑黠	1	50	業帖洽狎	1
35	薛屑昔帖	1	43	屑月錫術	1			

結合洪、細和數量兩個方面需要，我們從每攝中選取能夠代表本攝入聲韻混注類型的韻，根據表 3-14-6 中的具體混注情況對之進行量化，入選的韻分別是：曷、末、黠、月、薛、合、洽、乏、葉、帖。具體量化內容如表 3-14-7 所示。

表 3-14-7 部分入聲韻的混注量化統計

韻名	曷	末	黠	月	薛	合	洽	乏	葉	帖
混注總數/次① ①	12	10	24	14	33	28	16	4	22	17
與山攝混注數(/次)及占比	2	7	16	10	18	13	6	3	12	8
	16.67%	70.00%	66.67%	71.43%	54.55%	46.43%	37.50%	75.00%	54.55%	47.06%
與咸攝混注數(/次)及占比	10	3	8	4	15	15	10	1	10	9
	83.33%	30.00%	33.33%	28.57%	45.45%	53.57%	62.50%	25.00%	45.45%	52.94%

表 3-14-7 中所選取的代表韻皆是其來源攝的核心韻，其混注的類型直接決定該攝與他攝的親疏關係。通過對比統計可知，中古山、咸二攝入聲韻間的混注比值最低者爲 16.67%，高者已逾 80%，這充分表明二攝入聲韻在《玉篇直音》中已發生了深度混注，且進行了分化與重組。尤其是洽韻與山攝的混注比例高達 37.50%，這不僅彌補了初級統計時混注比值不高的缺陷，而且進一步證明了二等洽韻已與山攝入聲合併的結論。總之，山、咸二攝入聲間的界限已不復存在，反而是彼此交錯，形成一個整體——曷葉部，這進一步印證了初級統計的結論。

需要特別說明的是，山攝入聲一、二等韻字的關係。一等合口末韻與黠韻混注 3 次，與鎋韻混注 1 次，共計 4 次，占末韻小韻總數的 28.57%（4/14）；一等開口曷韻，與鎋韻混注 1 次，與黠韻混注 1 次，共計 2 次，占曷韻小韻總數的 11.76%（2/17）。結合陽聲韻寒、桓與刪、山合流之事實，我們認爲曷、末與黠、鎋也已分別合流。

①本表中的混注總數與表 3-14-5 中的不同，因爲此處總數中重複計算了混注類型中所涉及的攝。比如“曷合鎋 1 次”，表 3-14-5 中僅算作曷韻混注總數 1 次，然而在本表中曷韻與山攝（鎋韻）混注 1 次，與咸攝（合韻）混注 1 次，因此總數爲 2 次，比表 3-14-5 多出 1 次。

此外，曷葉部中併入了部分藥韻字值得注意。直接混注有 2 例：怯$^{溪}_{業}$音却$^{溪}_{藥}$P197L2；虐$^{疑}_{藥}$音捏$^{泥}_{屑}$P157L7。系聯後的藥韻字有：郤$^{溪}_{藥}$郤$^{溪}_{藥}$郤$^{溪}_{藥}$㕁$^{群}_{藥}$却$^{溪}_{藥}$𠛌$^{溪}_{藥}$瘧$^{疑}_{藥}$虐$^{疑}_{藥}$。它們皆爲見組開口字，且未見其他藥韻字與曷葉部三、四等字的混注。此類混注現象，不見於《洪武正韻》《韻略易通》《韻略匯通》《同文備考》等書，比較今音可知，這應該是明末的海鹽吳音。今海鹽吳音中，“怯却”音tɕ‘iaʔ，“虐捏”音 ȵiaʔ，皆是同音關係，可證。中古開口藥韻字的韻母在今海鹽吳音中皆讀作 aʔ、iaʔ音，與曷葉部字同音是非常普遍的事情，而《玉篇直音》中僅見到上述 8 個見組藥韻字，規模及數量遠不及今海鹽吳音，或許《玉篇直音》正處於今海鹽吳音中藥韻字音變的開始時期。

3.14.2　關於韻母的確立

曷葉部字的聲母遍及《玉篇直音》聲母系統的幫、非、端、精、章、見、曉等七組聲母。因各組聲母內部所屬的對立小韻存在數量的差別，因此我們選取各組中存在對立小韻最多的幫、非、透、精、章、見、匣、喻等八母作爲代表①，列其所屬小韻如下：

非母①灋$^{非}_{乏}$金$^{非}_{乏}$發$^{非}_{月}$法$^{非}_{乏}$敡$^{非}_{月}$髪$^{非}_{月}$

喻母①噦$^{云}_{月}$跋$^{云}_{月}$曰$^{云}_{月}$

幫母①扒$^{幫}_{黠}$八$^{幫}_{黠}$蹳$^{幫}_{末}$發$^{集:}_{幫末}$

②蹩$^{幫}_{薛}$鼈$^{幫}_{屑}$鱉$^{滂}_{屑}$别$^{幫}_{薛}$鼈$^{幫}_{薛}$鼈$^{幫}_{薛}$彆$^{幫}_{屑}$

精母①紮$^{莊}_{黠}$札$^{莊}_{黠}$拶$^{精}_{末}$扎$^{莊}_{黠}$劄$^{知}_{洽}$鵟$^{莊}_{黠}$蚻$^{莊}_{黠}$閘$^{澄}_{狎}$帀$^{精}_{合}$匝$^{精}_{合}$

②咠$^{精}_{屑}$呈$^{精}_{屑}$卩$^{精}_{屑}$孅$^{精}_{薛}$⿰忄節$^{精}_{屑}$鬕$^{精}_{屑}$幯$^{精}_{屑}$⿸疒節$^{精}_{屑}$櫛$^{莊}_{櫛}$⿰節鳥$^{精}_{薛}$㔾$^{精}_{屑}$節$^{精}_{屑}$浹$^{精}_{帖}$倢$^{從}_{葉}$吷$^{精}_{屑}$楫$^{精}_{葉}$椄$^{精}_{葉}$接$^{精}_{葉}$睫$^{精}_{葉}$蕝$^{精}_{薛}$

章母①浙$^{章}_{薛}$淛$^{章}_{薛}$哲$^{知}_{薛}$喆$^{知}_{薛}$⿰月折$^{章}_{薛}$讋$^{章}_{葉}$拙$^{章}_{薛}$摺$^{章}_{葉}$蜇$^{知}_{薛}$悊$^{知}_{薛}$⿰出頁$^{章}_{薛}$⿰足叕$^{知}_{薛}$勶$^{集:}_{澄薛}$折$^{章}_{薛}$蛥$^{知}_{薛}$⿰目習$^{章}_{葉}$⿰月習$^{澄}_{葉}$謵$^{昌}_{葉}$慴$^{章}_{葉}$襵$^{章}_{葉}$聶$^{集:}_{章葉}$澈$^{澄}_{薛}$⿰忄瓜$^{徹}_{葉}$腏$^{知}_{薛}$逫$^{知}_{術}$輒$^{知}_{葉}$轍$^{澄}_{薛}$輟$^{知}_{薛}$徹$^{澄}_{薛}$

②⿰風出$^{集:}_{溪物}$堀$^{群}_{物}$窋$^{知}_{術}$⿰出頁$^{章}_{薛}$⿰衤屈$^{群}_{物}$⿰矢出$^{章}_{薛}$剟$^{知}_{薛}$橛$^{集:}_{見月}$棁$^{章}_{薛}$茁$^{莊}_{薛}$醊$^{知}_{薛}$罬$^{知}_{薛}$拙$^{章}_{薛}$惙$^{知}_{薛}$啜$^{知}_{薛}$棳$^{章}_{薛}$掇$^{知}_{薛}$⿱制心$^{昌}_{薛}$綴$^{知}_{薛}$

透母①碟$^{透}_{盍}$⿰土闒$^{定}_{盍}$塌$^{透}_{盍}$傝$^{透}_{盍}$㛥$^{透}_{合}$䂿$^{透}_{合}$蹋$^{透}_{盍}$搨$^{透}_{合}$闒$^{透}_{盍}$錔$^{透}_{合}$輡$^{透}_{合}$⿰舟昜$^{透}_{盍}$榻$^{透}_{盍}$羍$^{透}_{曷}$⿱日羽$^{透}_{盍}$塔$^{透}_{盍}$遢$^{透}_{盍}$䵬$^{透}_{合}$⿰足闒$^{徹}_{狎}$緆$^{透}_{合}$⿰言昜$^{透}_{盍}$鍚$^{端}_{盍}$沓$^{透}_{合}$涾$^{定}_{合}$

⿰昜羽$^{透}_{盍}$踏$^{透}_{合}$闥$^{透}_{曷}$達$^{透}_{曷}$獺$^{透}_{曷}$少$^{透}_{曷}$㚔$^{透}_{曷}$闥$^{透}_{曷}$蹹$^{透}_{合}$荅$^{集:}_{透合}$

②侻$^{透}_{末}$脫$^{透}_{末}$

③姑$^{昌}_{葉}$怗$^{透}_{帖}$呫$^{透}_{帖}$貼$^{透}_{帖}$帖$^{透}_{帖}$聅$^{徹}_{薛}$鐵$^{透}_{屑}$铁$^{透}_{屑}$

匣母①郃$^{匣}_{合}$嗑$^{匣}_{盍}$迨$^{匣}_{合}$欱$^{曉}_{合}$盒$^{匣}_{合}$合$^{匣}_{合}$熆$^{匣}_{盍}$郃$^{匣}_{盍}$諡$^{匣}_{盍}$闔$^{匣}_{盍}$饁$^{云}_{葉}$欱$^{曉}_{合}$顅$^{匣}_{曷}$鶡$^{匣}_{曷}$勂$^{匣}_{曷}$鶡$^{匣}_{曷}$盇$^{匣}_{盍}$曷$^{匣}_{曷}$

②活$^{匣}_{末}$磆$^{匣}_{黠}$䵾$^{匣}_{黠}$昏$^{匣}_{鎋}$齵$^{匣}_{黠}$猾$^{匣}_{黠}$𩨸$^{匣}_{黠}$滑$^{匣}_{黠}$濊$^{曉}_{末}$眩$^{曉}_{黠}$豁$^{曉}_{末}$姡$^{匣}_{末}$䣯$^{匣}_{末}$秳$^{匣}_{末}$

③霅$^{匣}_{洽}$珨$^{匣}_{洽}$炠$^{匣}_{狎}$狎$^{匣}_{狎}$洽$^{匣}_{洽}$搻$^{匣}_{黠}$押$^{集:}_{匣狎}$圔$^{匣}_{狎}$庘$^{影}_{狎}$袷$^{匣}_{洽}$灰$^{匣}_{洽}$䶝$^{匣}_{洽}$柙$^{匣}_{狎}$匣$^{匣}_{狎}$狹$^{匣}_{洽}$峽$^{匣}_{洽}$磍$^{匣}_{鎋}$齰$^{匣}_{鎋}$黠$^{匣}_{黠}$轄$^{匣}_{鎋}$硤$^{匣}_{洽}$俠$^{匣}_{帖}$熁$^{曉}_{業}$叶$^{匣}_{帖}$

嚕$^{曉}_{業}$脅$^{曉}_{業}$劦$^{匣}_{帖}$歙$^{曉}_{業}$劦$^{匣}_{帖}$挾$^{匣}_{帖}$協$^{匣}_{帖}$纈$^{匣}_{屑}$頡$^{匣}_{屑}$擷$^{匣}_{屑}$絜$^{匣}_{屑}$隻$^{匣}_{屑}$瓂$^{匣}_{鎋}$閑入$^{匣}_{黠}$

見母①轕$^{見}_{曷}$割$^{見}_{曷}$獦$^{見}_{曷}$葛$^{見}_{曷}$眨$^{見}_{洽}$䪣$^{見}_{盍}$閤$^{見}_{合}$鴿$^{見}_{合}$蛤$^{見}_{合}$韐$^{見}_{合}$合$^{見}_{合}$敆$^{匣}_{合}$佮$^{見}_{合}$頜$^{見}_{合}$甲$^{見}_{狎}$

②鍓$^{見}_{末}$鍓$^{見}_{末}$聒$^{見}_{末}$括$^{見}_{末}$佸$^{見}_{末}$銛$^{見}_{末}$䯏$^{見}_{黠}$髺$^{見}_{末}$适$^{見}_{末}$栝$^{見}_{末}$菝$^{見}_{末}$筈$^{見}_{末}$刮$^{見}_{鎋}$劀$^{見}_{黠}$官入$^{見}_{末}$

①匣母的對立小韻不能涵蓋喻母的類型，因此需要單獨列出。

③暍$^{影}_{月}$潔$^{見}_{屑}$劫$^{見}_{業}$袺$^{見}_{屑}$訐$^{見}_{月}$迼$^{見}_{薛}$揭$^{見}_{月}$鐅$^{見}_{屑}$鍥$^{見}_{屑}$刧$^{見}_{業}$鶪$^{見}_{屑}$刧$^{見}_{業}$劫$^{見}_{業}$孑$^{見}_{薛}$劼$^{見}_{業}$結$^{見}_{薛}$鋏$^{見}_{帖}$鉣$^{見}_{業}$刦$^{見}_{業}$刦$^{見}_{業}$絜$^{見}_{屑}$羯$^{見}_{月}$岬$^{見}_{狎}$䩡$^{曉}_{洽}$胛$^{見}_{狎}$袷$^{見}_{洽}$裌$^{見}_{洽}$鉀$^{見}_{狎}$梜$^{見}_{狎}$筴$^{見}_{洽}$夾$^{見}_{洽}$悏$^{溪}_{帖}$頬$^{見}_{帖}$郟$^{見}_{洽}$㢜$^{見}_{洽}$䛟$^{見}_{帖}$莢$^{見}_{帖}$鵊$^{見}_{洽}$甲$^{見}_{狎}$衱$^{見}_{業}$熠$^{見}_{帖}$圿$^{見}_{黠}$戞$^{見}_{黠}$秸$^{見}_{黠}$恝$^{見}_{黠}$鶛$^{見}_{鎋}$

④決$^{見}_{屑}$泬$^{見}_{屑}$潏$^{見}_{屑}$身$^{見}_{月}$肙$^{見}_{月}$蹷$^{群}_{月}$趣$^{見}_{月}$厥$^{見}_{月}$嬮$^{見}_{月}$憰$^{見}_{屑}$眏$^{見}_{屑}$肤$^{見}_{屑}$趹$^{見}_{屑}$譎$^{見}_{屑}$訣$^{見}_{屑}$撅$^{見}_{月}$瘚$^{見}_{月}$襘$^{見}_{屑}$鐍$^{見}_{屑}$玦$^{見}_{屑}$弡$^{見}_{屑}$劂$^{見}_{月}$蕨$^{見}_{月}$鴂$^{見}_{屑}$鶪$^{見}_{錫}$蚗$^{見}_{屑}$蟨$^{見}_{月}$駃$^{見}_{屑}$奐$^{見}_{屑}$夬$^{見}_{屑}$决$^{見}_{屑}$蹷$^{群}_{月}$蹶$^{見}_{月}$蹫$^{見}_{術}$

比較所取的每個聲母，根據所屬小韻數可將之分爲如下四類。

第一類，非、喻二母：各含1個小韻；非組奉、微母亦然；曉組中影、曉、匣各含3個，下文匣母中有體現。

第二類，幫、精、章三母：各含2個小韻；幫組滂母僅含1個，並、明皆含2個；精組無邪母字，其他聲母各含2個；章組中無澄母字，昌母含有2個，書、禪各含1個。

第三類，透、匣二母：含3個小韻；端組中端、泥二母均含2個，定、來二母各含3個；曉組聲母情況見喻母中的介紹。

第四類，見母：含4個小韻；見組中溪母含有4個，群母2個，疑母1個。

從數量上看，所取的8個様本聲母皆能代表本組聲母所屬小韻的最多數。據此可知，曷葉部共含因聲母不同及内部對立而形成的18個對立小韻。如若不計聲母的區別，這些對立小韻至多也就四類（開齊合撮），這涵蓋了該部所有可能存在的等呼情況。考察諸小韻在中古的開合洪細特徵，如表3-14-8所示。

表3-14-8 曷葉部所含諸小韻的中古等呼

聲母	小韻號	中古等呼	聲母	小韻號	中古等呼
幫組	①	開口洪音 合口洪音	精組	①	開口洪音
				②	開口細音
	②	開口細音	非組	①	合口細音
章組	①	開口細音 合口細音（知、章母）	端組	①	開口洪音 合口洪音
	②	合口細音		②	合口洪音
				③	開口細音
見組	①	開口洪音	曉組	①	開口洪音
	②	合口洪音		②	合口洪音
	③	開口細音 開口洪音（部分）		③	開口細音 開口洪音（部分）
	④	合口細音		④	合口細音（喻母）

根據中古到近代漢語介音演變的規律，結合歷史、現代方音進行參證，我們認爲上述諸小韻的四呼類型如下。

第一，幫、端、精、見、曉等組的開口洪音當讀作開口呼；幫、端、精、章、見、曉等組開口細音當讀作齊齒呼。

首先，這與介音演變的規律相吻合，中古開口洪音演變爲近代開口呼，中古開口細音演變爲近代齊齒呼。其次，在《韻略易通》《韻略匯通》《同文備考》等歷史文獻中，此類字皆讀成開口呼和齊齒呼。再者，有當代吳方言參證，以海鹽吳音爲例，“八$^{幫}_{黠}$搭$^{端}_{合}$扎$^{莊}_{黠}$割$^{見}_{曷}$喝$^{曉}_{曷}$”“別$^{幫}_{薛}$貼$^{透}_{帖}$節$^{精}_{屑}$結$^{見}_{屑}$協$^{匣}_{帖}$”等此類字皆讀成開口呼和齊齒呼，可爲證。不過，在海鹽吳音中，中古知、章組聲母與精組合流讀成舌尖前音聲母，因此章組開口細音字並不讀齊齒呼。但是在寧波、黃岩、溫州、永康等地吳音中，以“折$^{章}_{薛}$徹$^{徹}_{薛}$涉$^{禪}_{葉}$舌$^{船}_{薛}$設$^{書}_{薛}$”爲代表的此類字皆讀成齊齒呼，可資佐證。此外，“炟$^{端}_{曷}$音丹入$^{端}_{曷}$P8L3”“遏$^{影}_{曷}$音安入$^{影}_{曷}$P92L1”“擜$^{疑}_{曷}$音岸入$^{疑}_{曷}$P96L9”“歹$^{疑}_{曷}$音崖入 P105L1”“怯$^{溪}_{業}$音欠入$^{溪}_{乏}$P56L1”“痷$^{集:}_{影業}$音淹入$^{影}_{葉}$P102L9”等注音例皆可用來證明。既知“丹安岸”“欠淹”等字在先添部中分別讀開口呼和齊齒呼及“崖”在皆咍部中讀開口呼，可推知其注音的入聲字也應分別是開口呼與齊齒呼的讀音。

下面重點討論一些開與合、洪與細間的混注現象。

A. 開口洪音字讀成開口細音字。

見、曉組開口細音中有部分開口洪音字的併入，如：

圿$^{見}_{黠}$戞$^{見}_{黠}$秸$^{見}_{黠}$恝$^{見}_{黠}$鶷$^{見}_{鎋}$甲$^{見}_{狎}$岬$^{見}_{狎}$胛$^{見}_{狎}$鉀$^{見}_{狎}$梜$^{見}_{狎}$袷$^{見}_{洽}$裌$^{見}_{洽}$筴$^{見}_{洽}$夾$^{見}_{洽}$郟$^{見}_{洽}$㢜$^{見}_{洽}$鵊$^{見}_{洽}$；劼$^{溪}_{黠}$；乣$^{影}_{鎋}$猰$^{影}_{黠}$䰲$^{影}_{黠}$軋$^{影}_{黠}$貏$^{影}_{黠}$揠$^{影}_{黠}$𣲙$^{影}_{狎}$壓$^{影}_{狎}$鴨$^{影}_{狎}$押$^{影}_{狎}$庘$^{影}_{狎}$；𪖐$^{曉}_{洽}$；瓂$^{匣}_{鎋}$轄$^{匣}_{鎋}$磍$^{匣}_{鎋}$䶂$^{匣}_{鎋}$搳$^{匣}_{黠}$黠$^{匣}_{黠}$炠$^{匣}_{狎}$狎$^{匣}_{狎}$押$^{集:}_{匣狎}$柙$^{匣}_{狎}$匣$^{匣}_{狎}$𡇴$^{匣}_{狎}$霅$^{匣}_{洽}$珨$^{匣}_{洽}$洽$^{匣}_{洽}$袷$^{匣}_{洽}$㕅$^{匣}_{洽}$𡘍$^{匣}_{洽}$狹$^{匣}_{洽}$峽$^{匣}_{洽}$硤$^{匣}_{洽}$

上述這些字皆是中古牙、喉音二等韻開口字，要麼獨立自注，要麼與開口細音（㥦$^{溪}_{帖}$頰$^{見}_{帖}$莢$^{見}_{帖}$俠$^{匣}_{帖}$挾$^{匣}_{帖}$）字或已腭化的二等開口字（慳$^{溪}_{山}$晏$^{影}_{諫}$，3.10 節中已論及，可參見）混注，表明其已產生腭化音變，韻母衍生出–i 介音，讀作齊齒呼。需要指出的是，仍有些開口字尚未腭化，如“㓤$^{溪}_{黠}$劼$^{溪}_{黠}$恰$^{溪}_{洽}$帢$^{溪}_{洽}$𡋟$^{溪}_{狎}$”音同“峇$^{溪}_{合}$”，“闔$^{影}_{鎋}$”音同“遏$^{影}_{曷}$”，“呷$^{曉}_{狎}$瞎$^{曉}_{鎋}$”音同“唈$^{影}_{合}$”等，體現出腭化現象的漸變性。另“甲$^{見}_{狎}$”字在與三等細音字混注的同時，也與一等字“佮$^{見}_{合}$P40L4”“頜$^{見}_{合}$P65L1”混注，這說明該字存有異讀，應該是文白之別，這種現象仍保留在今海鹽吳音中，如“甲”今既讀 kaʔ，又讀 tɕiaʔ。《玉篇直音》爲今海鹽吳音中“甲”的異讀現象提供了早期的文獻依據。

B. 合口洪音字讀作開口洪音字。

①端母開口洪音中併入了少數合口洪音字：娺$^{端}_{黠}$鵽$^{端}_{末}$敠$^{端}_{末}$掇$^{端}_{末}$，與“搭$^{端}_{合}$答$^{端}_{合}$荅$^{端}_{合}$”同音。《洪武正韻》《韻略易通》《韻略匯通》中二者均不同音，這應是吳方音的體現。《同文備考》①中雖然前後兩者不同音，但是“掇”已有開口呼的讀音。今海鹽吳音中，“掇答”二字同音，均讀 $tə?^{5}$。今海鹽吳音中爲《玉篇直音》提供了方音參證，進一步證明了此類混注乃吳方音的性質；同時《玉篇直音》也爲今海鹽吳音中此二字的同音關係提供了歷史文獻依據。

②精母開口洪音中併入了一個合口洪音字“拶$^{精}_{末}$”，該字於《洪武正韻》中尚且是合口（宗滑切），至《韻略易通》中已變作開口，《韻略匯通》《同文備考》同。《玉篇直音》與之相同，讀成開口呼，今海鹽音中該字也讀開口呼。

C. 合口細音字讀作開口細音字。

①丁鋒.《同文備考》音系[M]. 福岡：中國書店，2001：274.

①端組來母的開口細音中併入了部分合口細音字：劣來薛愣來薛蹓來薛蛶來薛哷來薛脟來薛鋝來薛，與“列來薛裂來薛獵來葉”音同。“劣來薛”等字與開口細音字混注讀同齊齒呼的現象，不見於《洪武正韻》《韻略易通》《韻略匯通》等，據此可知在當時的官話音中將此類字讀成撮口呼。但是在《同文備考》中，“劣”有齊齒、撮口兩讀，表明“劣列”音同。《玉篇直音》與《同文備考》同，“劣”讀齊齒呼；今海鹽吳音中“劣”亦讀齊齒呼，與“列”音同。《玉篇直音》將“劣”記錄成齊齒呼音，從共時層面角度而言，此處應是明末的吳方音。

②精組從、心二母的開口細音字中併入了個別合口細音字：絕從薛；雪心薛䨮玉：心薛。此類字與“捷從葉截從屑”“薛心薛屑心屑爕心帖”等讀音相同，皆讀作齊齒呼。“絕雪”等字在《洪武正韻》《韻略易通》《韻略匯通》《同文備考》等韻書中皆讀作撮口呼，《玉篇直音》讀成齊齒呼應是編者吳方音的流露。今海鹽吳音中，“截捷絕”同音，“薛屑雪”同音，皆讀作齊齒呼，可爲證。

③章組開口細音中併入了部分合口細音字：拙章薛蝢章薛蹳知薛；唰生薛刷生薛。“拙章薛蝢章薛蹳知薛”與“哲知薛摺章葉折章薛”音同，“唰生薛刷生薛”與“涉禪葉設書薛攝書葉”音同，皆讀作齊齒呼。此類同音關係不見於《洪武正韻》《韻略易通》《韻略匯通》《同文備考》，此處應是編者吳方音的流露，我們仍可從當代吳音中覓得痕跡。今溧陽、霜草墩、羅店等地吳音中，“拙”讀齊齒呼韻；今嵊州太平、湯溪等地吳音中，“刷”讀作齊齒呼韻，可資爲證。《玉篇直音》中“拙”字兩讀，除了此處讀齊齒呼外，還有撮口呼的讀法。因爲它與“颵集：溪物P6L1 堀群物P24L3 裾群物P79L5”等牙音合口細音字混注，而這些牙音字正讀作撮口呼。“拙”字讀撮口呼在吳方音中是常見的現象，如今金壇、丹陽、童家橋、靖江、無錫、杭州、黃岩、溫州、永康等地吳音皆是如此。

第二，幫組合口洪音讀作開口呼，非組合口細音演變爲開口呼。

首先，這符合由中古至近代漢語介音演變的一般規律，唇音不分開合，中古合口多數變爲近代的開口呼。其次，《韻略匯通》①將此類字讀成開口呼；再者，“跋並末音拔並黠P75L1”“䟦並末音拔並黠P153L3”等注音例證明了唇音合口末韻讀成開口。另外，有當代吳方言爲證，以今海鹽吳音爲例，“跋並末末明末法非乏髮非月發非月罰奉月襪微月”等此類字皆讀成開口呼。

第三，端、見、曉組的合口洪音當讀作合口呼。

首先，中古的合口洪音演變爲近代的合口呼，這是介音演變的一般規律。其次，《韻略易通》《韻略匯通》《同文備考》等文獻中皆將此類字視作合口呼。再次，據《當代吳語研究》②，除端組字外，見、曉組的合口洪音字在今吳方言中多數都讀作合口呼。雖然端組末韻字在今多數吳方言中被讀成開口呼，但是仍能在金壇、丹陽等吳方音中保存合口呼的讀音。另外，“捋來末音鑾入來末P94L9”“闊溪末音款入溪末P99L5”“刮見鎋音官入見末P122L2”“劀見黠音官入見末P122L2”等注音例可資爲證。既知“鑾款官”等字在先添部中讀合口，則可推得其注音的入聲亦當

①張玉來. 韻略匯通音系研究[M]. 濟南：山東教育出版社，1995：140.

②錢乃榮. 當代吳語研究[M]. 上海：上海教育出版社，1992：424-427.

讀作合口呼。

第四，章、見、曉組的合口細音當讀作撮口呼。

首先，中古合口細音演變爲近代的撮口呼，這是介音演變的規律。其次，《玉篇直音》中已經產生了撮口呼韻，具備讀成撮口呼的條件。再次，《韻略易通》《韻略匯通》《同文備考》中皆將此類字讀作撮口呼。另，在當代多數吳方言中，將牙、喉音合口細音字讀成撮口呼。至於章組字，正如上文所言，今金壇、丹陽、童家橋、靖江、無錫、杭州、黃岩、溫州、永康等地吳音皆將之讀成撮口呼。

綜合上述分析，《玉篇直音》曷葉部共含有 4 個韻母，分別是開口、齊齒、合口、撮口四類，其中：

開口呼，可稱爲納類，主要來自中古山、咸攝幫、非、端、精、見、曉組聲母開口一、二等入聲韻字，部分唇音末、月、乏韻字以及端、精母末韻字。

合口呼，可稱爲滑類，主要來自中古山攝透、定、來、見、溪、匣等母一、二等合口韻字。

齊齒呼，可稱爲列類，主要來自中古山、咸攝幫、端、精、知、章、見、曉組聲母開口三、四等入聲字，牙、喉音開口二等入聲韻字以及部分齒音聲母和來母薛韻合口字。

撮口呼，可稱爲決類，主要來自中古山攝見、曉組聲母及章、昌二母的合口月、薛、屑韻字；另有個別章母術、物韻字的併入。

關於曷葉部字的主元音，《韻略易通》[①]《同文備考》[②]與之對應的有 a、ɔ、ɛ 三個，這主要是二書將末韻與合口鎋、黠韻區别開來所致。而到了《韻略匯通》[③]中，咸攝併入山攝，末韻與鎋、黠韻合口之間已無區别，因此將主元音擬作 a、ɛ 兩個。此處兩個可併爲一個 a，其中 ɛ 乃 a 的音位變體。此外，今海鹽吳音中，中古山、咸攝入聲韻字的主元音有 a、e、ə 三個。鑒於歷史文獻，尤其是《韻略易通》中的讀音，結合今海鹽吳音，同時參考先添部主元音爲 a 的情況，我們認爲曷葉部的主元音也爲 a。另“歹疑曷音崖入 P105L1”注音例折射出曷韻的主元音當讀 a（“崖”乃皆咍部開口呼字，讀 ai，本章 3.2 節中已論及，可參見），可資佐證。此外，儘管有個别曷葉部字與陰聲韻字混注的現象，但是整體上該部與陰聲韻字的對立特徵明顯，故其韻尾當作ʔ，該部的韻基當讀作 aʔ。綜上分析，曷葉部所含的 4 個韻母的讀音分别是：

開口呼（納類）：aʔ；　齊齒呼（列類）：iaʔ；

合口呼（滑類）：uaʔ；撮口呼（決類）：yaʔ

總之，中古山、咸二攝入聲韻在《玉篇直音》中重組爲曷葉部，共含有 4 個韻母，具體内容詳見表 3-14-9。

①張玉來. 韻略易通研究[M]. 天津：天津古籍出版社，1999：31-33.

②丁鋒.《同文備考》音系[M]. 福岡：中國書店，2001：246.

③張玉來. 韻略匯通音系研究[M]. 濟南：山東教育出版社，1995：117.

表 3-14-9 曷葉部韻母表

部名	類名	四呼	音值	中古來源
曷葉	納	開	aʔ	中古山、咸攝幫、非、端、精、見、曉組聲母開口一、二等入聲韻字，部分唇音末、月、乏韻字以及端、精母末韻字
	列	齊	iaʔ	中古山、咸攝幫、端、精、知、章、見、曉組聲母開口三、四等入聲字，牙、喉音開口二等入聲韻字以及部分齒音聲母和來母薛韻合口字
	滑	合	uaʔ	中古山攝透、定、來、見、溪、匣等母一、二等合口韻字
	決	撮	yaʔ	中古山攝見、曉組聲母及章、昌二母的合口月、薛、屑韻字；另有個別章母術、物韻字的併入

3.15 本章結語

通過分析討論，我們看到《玉篇直音》的韻母系統與《廣韻》相比大相徑庭，即使與近代的《中原音韻》《洪武正韻》《韻略易通》《韻略匯通》《同文備考》等相論的話，也有顯著的區別。總體來看，該書的韻母系統呈現出如下若干特徵。

（1）中古時的攝、韻在《玉篇直音》中發生了分化，且重組爲十九韻部系統。該韻部系統仍然呈現出陰、陽、入三足鼎立的局面。

（2）陰聲韻部中含有支思、齊微、皆咍、多模、歌戈、魚虞、蕭豪、家麻、車遮、尤侯等 10 部。

效、流二攝的獨立性仍然維持（蕭豪部、尤侯部）；假攝内部出現了分化（家麻部與車遮部）；止、蟹攝之間進行了分化與重組（支思部、齊微部與皆咍部），同時少數蟹攝字轉入假攝（家麻部）中；果攝部分字併入遇攝之中（多模部），部分獨立（歌戈部）；遇攝内部重韻合流，洪細有别（多模部與魚虞部）。

（3）陽聲韻部中含有東鍾、江陽、真侵、庚蒸、先添等 5 部。

中古時期–m、–n、–ŋ 韻尾三分的格局被–n、–ŋ 鼻韻母並立的陽聲韻格局替代。中古時期的–m 尾韻消失，具體合併的方式是中古咸攝併入中古山攝（先添部），中古深攝併入中古臻攝（真侵部）。通攝獨立性較强（東鍾部）；江、宕二攝合流（江陽部）；梗、曾二攝合流，部分字轉入臻攝（真侵部），部分字仍然獨立（庚蒸部），少數梗攝合口細音字轉入通攝（東鍾部）。

（4）入聲韻部中含有屋燭、覺藥、德質、曷葉等 4 部。

雖有入聲韻部，但與中古相比，不再是–p、–t、–k 韻尾三分的格局，入聲韻尾弱化爲喉塞音–ʔ。通攝入聲較爲獨立（屋燭部）；江、宕攝入聲合流（覺藥部）；臻、深、梗、曾四攝入聲合流（德質部）；山、咸攝入聲合流（曷葉部）。當然，彼此的界限並不絕對清楚，也有跨攝併入他部的情況，如覺、鐸、沒、物韻字併入屋燭部等。

（5）中古“等”“呼”的概念在《玉篇直音》中被顛覆。

中古的四等在《玉篇直音》中多數情況下表現爲一、二等合流，三、四等合流，重韻之間不再有區别。中古的開、合二呼四等模式則被開、齊、合、撮四呼的類型取代。就整體而言，四呼的界線涇渭分明；但若著眼于局部的話，有小範圍的開、合混注現象，多數情況下是合口呼（合口洪音）讀成開口呼（開口洪音），撮口呼（合口細音）讀作齊齒呼（開口細音）。

（6）近代漢語開、齊、合、撮四呼在《玉篇直音》業已形成。

（7）中古時的開口二等韻牙、喉音字常與同等條件下的三、四等韻字混注，這表明此類字已發生腭化音變，韻母中產生了 i 介音。

（8）唇音聲母字不分開合，這與《廣韻》的情況完全一致。

（9）個別入聲字的喉塞音韻尾進一步弱化，乃至脱落，與陰聲韻字音同。

（10）支魚混注，歌模混注，齒音肴韻與宵韻混注，來母尤韻讀作侯韻，麻韻二三等間的混注，咸攝一、二等韻字讀成侵韻，知、莊組江、陽韻字讀開口呼，見組藥韻開口呼字與山、咸攝三等入聲韻混注，“秫”音“离”，“鼻”字有入聲讀音，“雀”“甲”等字有文白異讀，“六”字讀成洪音，部分梗、曾攝字併入臻（深）攝中，合口呼讀作開口呼，撮口呼讀作齊齒呼，入聲韻存在等現象彰顯著濃郁的吳方音色彩。

爲更直觀地展示《玉篇直音》的韻部及韻母系統，我們通過表格的方式列舉匯總，詳見表 3-15-1 和表 3-15-2。

表 3-15-1 《玉篇直音》19 韻部表

韻部類别	韻部數/個	韻母數/個	韻部名稱
陰聲韻部	10	20	支思、齊微、皆咍、多模、歌戈、魚虞、蕭豪、家麻、車遮、尤侯
陽聲韻部	5	17	東鍾、江陽、真侵、庚蒸、先添
入聲韻部	4	13	屋燭、覺藥、德質、曷葉

《玉篇直音》的 19 韻部共含韻母 50 個，具體音值可詳見表 3-15-2。

表 3-15-2 《玉篇直音》50 韻母表

韻部＼韻母		開口呼	齊齒呼	合口呼	撮口呼
陰聲韻部	支思	ɿ 資類			
		ʅ 池類			
	齊微	ei 非類	i 利類	uei 委類	yei 追類
	皆咍	ai 來類		uai 懷類	
	多模			u 夫類	
	歌戈	o 戈類			
	魚虞				y 居類
	蕭豪	au 曹類	iau 標類		
	家麻	a 巴類	ia 家類	ua 瓜類	
	車遮		iɛ 車類		yɛ 靴類
	尤侯	əu 侯類	iəu 尤類		

續表

韻部 \ 韻母		開口呼	齊齒呼	合口呼	撮口呼
陽聲韻部	東鍾			uŋ 東類	yŋ 鍾類
	江陽	ɑŋ 唐類	iɑŋ 陽類	uɑŋ 皇類	
	真侵	ən 門類	iən 信類	uən 屯類	yən 熏類
	庚蒸	əŋ 登類	iəŋ 英類	uəŋ 弘類	yəŋ 榮類
	先添	an 慚類	iɛn 千類	uan 貫類	yɛn 員類
入聲韻部	屋燭		uʔ木類		yʔ菊類
	覺藥	ɑʔ惡類	iɑʔ約類	uɑʔ郭類	
	德質	əʔ色類	iəʔ必類	uəʔ窟類	yəʔ聿類
	曷葉	aʔ納類	iaʔ列類	uaʔ滑類	yaʔ決類

秦淑華歸納《玉篇直音》的韻母系統爲韻部24個、韻母47個①，與秦淑華的24韻部系統相比，我們的差別主要表現在以下幾方面。

（1）對梗、曾攝陽聲韻的處理。我們立東鍾、庚蒸二部以示多數梗曾攝陽聲韻字與通攝陽聲韻的並立；秦著將之併入通攝陽聲韻。

（2）對山、咸攝陽聲韻的處理。我們認爲二攝已經合流，僅存在四呼的差別，故而單列先添一部；秦著認爲一、二及三四等韻間存在著韻腹的差別，故而設立寒桓、山咸、先鹽三個韻部。

（3）對中古日母開口字的處理。我們根據維護了章組聲母的齊整性，仍將之併入支思部；秦著將之單獨設成了韻部——而兒部。

（4）對於止、蟹攝合口韻的處理。我們將之視爲齊微部（秦著稱爲齊移部）的合口；秦著將之與微廢灰泰合等韻一起併爲灰回部，與齊移部存在韻腹的差異。

（5）對臻、深、梗、曾四攝入聲韻的處理。我們將之併爲德質部，其所含韻母僅存在四呼的差別；秦著將之分爲格陌、質石兩個韻部，主要元音不同。

（6）對山、咸攝入聲韻的處理。我們將之併爲曷葉部，其所含韻母僅存在四呼的差別；秦著將之分爲曷拔、屑別兩個韻部，主要元音不同。

①該韻母系統內容詳見：秦淑華.《玉篇直音》的音系[M]. 新北：花木蘭文化出版社，2014：230-231.

第4章 《玉篇直音》的聲調系統

4.1 四聲八調的聲調系統

《廣韻》中有平、上、去、入四種調類，至《中原音韻》中平聲又有陰、陽之別，至於《玉篇直音》中的調類情況如何，這還需從對該書所收字的注音關係的數據統計說起。

關於中古平、上、去、入四聲在《玉篇直音》中自注與混注情況可詳見表 4-1-1。表格中的縱列代表被注字的中古調類，橫列代表注音字的中古調類，依次取經緯交集可得被注字與注音字間的聲調關係。比如縱列“平”與橫列“平”交集處有 5 836 和 98.20%兩個數值，這代表平聲注音字爲平聲被注字注音共計 5 836 次，這占總數（5 943）的 98.20%。再如，縱列“平”與橫列“上”交集處有 60 和 1.01%兩個數據，這表明上聲注音字爲平聲注音字注音共計 60 次，占總數（5 943）的 1.01%。餘類推。表中“總次數”的數據均是以被注字作爲參照系得出的，不含注音字的數據。比如平聲總數爲 5 943 次，僅表明被注字爲平聲的次數。

表 4-1-1 中古四聲在《玉篇直音》中自注與混注次數統計表

中古四聲	總次數（13 695）	自注與混注次數及比例			
		平	上	去	入
平	5 943	5 836	60	47	0
		98.20%	1.01%	0.79%	0%
上	2 565	104	2 198	260	3
		4.05%	85.69%	10.14%	0.12%
去	2 705	59	183	2 454	9
		2.18%	6.77%	90.72%	0.33%
入	2 482	9	4	5①	2 464
		0.36%	0.16%	0.20%	99.27%

通過表 4-1-1 中的數據可知，中古平、上、去、入四聲的界綫在《玉篇直音》中整體上是涇渭分明的。特別是平、入二聲的自注比例高達 98%以上，這足以證明平、入二聲是作爲一種調類存在的，具有很强的獨立性。尤其是入聲調類，儘管自中古以來在通語語音中逐漸消失，但這個過程是漸變的，這也是學界對元明時代有無入聲存在爭議的原因之一。從域外對音材料《四聲通解》來看，“明代前期官話入聲韻仍然存在”②，但是到了明代末

①此處的去聲注音字中不含“鼻”字。在德質部的討論中已述，“鼻”在《玉篇直音》中有去、入兩聲，我們在討論中別别對待。

②劉曉南. 從《四聲通解》今俗音看明代前期官話入聲[A]. 见：耿振生. 近代官話語音研究[C]. 北京：語文出版社，2007：161.

末期，據徐孝的《合併字學篇韻便覽》及畢拱辰的《韻略匯通》等材料來判斷，北方通語中入聲基本上消失殆盡。[①]而此時的《玉篇直音》中入聲雖是塞音韻尾弱化，但是其喉塞音韻尾仍然存在，這表明其作爲一種調類是完全獨立的，同時也折射出在語音性質方面《玉篇直音》並非屬於北方通語。如若再結合其他語音特徵（如聲、韻、調諸方面）及編者的里籍來把握，這正是吳方音屬性的體現。與之同時期的帶有吳方音性質的《同文備考》《吳音奇字》《諧聲品字箋》等文獻資料中均反映出入聲調類的存在。即便是當今的吳方言中，入聲仍然是作爲一種調類單獨存在的。關於這個問題，我們在入聲韻部中也有提及，茲不贅論。

表 4-1-1 中上、去二聲的自注比例與平、入二聲相比要遜色一些，尤其是上聲的自注比例是四聲之中最低的。這種現象並不奇怪，且更不能因此就否定該類的獨立，因爲其比例降低是全濁上聲字與去聲混注所致。在上聲被注字中，屬於全濁聲母的共計 560 次，其中直接被去聲注音的則有 184 次。同樣，在去聲字的注音中，有 183 次乃去上混注的現象，其中又有 135 次全濁上聲字爲去聲注音。不過就整體而言，中古平、上、去、入四聲在《玉篇直音》中的自注比例是非常高的，這表明調類的區別性特徵是非常明顯的，它們是各自獨立的。換言之，《玉篇直音》在聲調方面存在著平、上、去、入四大調類的結論應是站得住腳的。

此外，如表 4-1-1 所示，從與入聲混注的平、上、去三聲的數量來看，分別是 9 例、7 例、14 例，所涉例如下：

入平混注（9 例）：

颭$^{曉}_{術}$音熏$^{曉}_{文}$P5L5；　欻$^{曉}_{物}$音熏$^{曉}_{文}$P10L9；　澀$^{生}_{緝}$音深$^{書}_{侵}$P21L6；　靨$^{影}_{葉}$音鹽$^{以}_{鹽}$P27L4；
嶷$^{疑}_{職}$音凝$^{疑}_{蒸}$P53L9；　忔$^{曉}_{迄}$音欣$^{曉}_{欣}$P55L10；　劼$^{溪}_{黠}$音慳$^{溪}_{山}$P77L3；　襭$^{匣}_{屑}$音研$^{疑}_{先}$P79L6；　歇$^{曉}_{月}$音掀$^{曉}_{元}$P187L6

入上混注（7 例）：

霏$^{徹}_{葉}$音諂$^{徹}_{琰}$P7L3；　呰$^{精}_{紙}$音即$^{精}_{職}$P94L3；　殗$^{生}_{蟹}$音色$^{生}_{職}$P105L10；　樓$^{匣}_{鐸}$音戶$^{匣}_{姥}$P126L3；
餮$^{透}_{屑}$音忝$^{透}_{忝}$P141L4；　飻$^{透}_{屑}$音忝$^{透}_{忝}$P141L1；　鮆$^{從}_{薺}$音即$^{精}_{職}$P157L9

入去混注（14 例）：

熾$^{昌}_{志}$音戢$^{章}_{職}$P8L7；　嫿$^{精}_{御}$音足$^{精}_{燭}$P47L1；　怴$^{曉}_{術}$音戌$^{書}_{遇}$P55L8；　嗄$^{集:}_{知禡}$音擦$^{字:}_{初黠}$P57L10；
吒$^{知}_{禡}$音擦$^{字:}_{初黠}$P57L10；　唷$^{云}_{屋}$音侑$^{云}_{宥}$P59L1；　喹$^{知}_{質}$音至$^{章}_{至}$P60L6；　踥$^{徹}_{祭}$音戢$^{章}_{職}$P73L7；
鑊$^{匣}_{鐸}$音互$^{匣}_{暮}$P108L5；　轃$^{徹}_{效}$音綽$^{昌}_{藥}$P117L2；　鵺$^{以}_{禡}$音掖$^{以}_{昔}$P148L2；　廙$^{以}_{職}$音異$^{以}_{志}$P183L10；
魕$^{疑}_{志}$音逆$^{疑}_{陌}$P186L1；　歉$^{溪}_{陷}$音恰$^{溪}_{洽}$P187L9

與入聲混注的平、上、去三聲中，去聲字最多，上聲字最少，這與《同文備考》中“去聲近於入聲，平聲遠於入聲，上聲與入聲完全不同的特點”[②]較爲近似，具有古吳語的特質。此外，較有意思的一點是與入聲混注的平聲字皆爲陽聲韻字，整齊劃一，值得關注和

①寧忌浮先生認爲《韻略匯通》中的“入聲韻是歷史的遺存，是死的語言”。(《漢語韻書史（明代卷）》，上海人民出版社，2009：242）。

②丁鋒.《同文備考》音系[M]. 福岡：中國書店，2001：244.

深入探討。

上述討論的是平、上、去、入四聲之間的界線，其實在每一個調類的自注內部也是存在明確分化的，起影響因素的便是這些字的聲母的清濁。《中原音韻》依據聲母的清濁將平聲一分爲二，即清陰濁陽，今普通話及很多的方言亦然。《玉篇直音》的調類也存在這種情況，每一種調類內部也會因爲聲母的清濁因素而涇渭分明，這反映在相關字的自注與混注現象方面，詳見表 4-1-2。表中的“清清”指的是清聲母平聲字與清聲母平聲字、清聲母上聲字與清聲母上聲字、清聲母去聲字與清聲母去聲字、清聲母入聲字與清聲母入聲字之間的注音關係。“濁濁”同“清清”。“清濁”指的是以濁聲母注音字爲清聲母被注字注音的情況，“濁清”指的是以清聲母注音字爲濁聲母被注字注音的情況。

表 4-1-2　中古清、濁聲母字在《玉篇直音》中自注與混注次數統計表

<table>
<tr><th rowspan="3">中古四聲</th><th rowspan="3">總次數
（12 952）</th><th colspan="4">清、濁聲母字自注與混注次數及比例</th></tr>
<tr><th colspan="2">清濁自注</th><th colspan="2">清濁混注</th></tr>
<tr><th>清清</th><th>濁濁</th><th>清濁</th><th>濁清</th></tr>
<tr><td rowspan="2">平</td><td rowspan="2">5 836</td><td>2 751</td><td>2 920</td><td>97</td><td>68</td></tr>
<tr><td colspan="2">共 5 671 次，占 97.17%</td><td colspan="2">共 165 次，占 2.83%</td></tr>
<tr><td rowspan="2">上</td><td rowspan="2">2 198</td><td>1 191</td><td>879</td><td>58</td><td>70</td></tr>
<tr><td colspan="2">共 2 070 次，占 94.18%</td><td colspan="2">共 128 次，占 5.82%</td></tr>
<tr><td rowspan="2">去</td><td rowspan="2">2 454</td><td>1 313</td><td>1 029</td><td>50</td><td>62</td></tr>
<tr><td colspan="2">共 2 342 次，占 95.44%</td><td colspan="2">共 112 次，占 4.56%</td></tr>
<tr><td rowspan="2">入</td><td rowspan="2">2 464</td><td>1 307</td><td>984</td><td>64</td><td>109</td></tr>
<tr><td colspan="2">共 2291 次，占 92.98%</td><td colspan="2">共 173 次，占 7.02%</td></tr>
</table>

綜觀表 4-1-2 中的數據可以清晰地看到，中古四聲清、濁聲母字在《玉篇直音》中的自注比例均高於 90%，這個比例足以證明該書中清平與濁平、清上與濁上、清去與濁去、清入與濁入之間的界線亦是涇渭分明的，起區別性的關鍵因素是聲母的清濁。鑒於此，我們認爲《玉篇直音》的聲調系統實質上是四聲八調，即陰平、陽平、陰上、陽上、陰去、陽去、陰入、陽入。由此說來，與自宋元以來通語聲調相比，《玉篇直音》的聲調系統呈現出趨於保守的特點。

上述所言的四聲八調是《玉篇直音》聲調系統的整體格局。但是也有一些調類之間存在縱橫勾連的混注關係，尤其是上聲與去聲之間有部分混注的現象值得注意，下面對這些現象逐一加以討論。

4.2　特殊聲調混注現象

4.2.1　多數全濁上聲字變讀陽去聲調

《切韻》中的全濁聲母有並、定、澄、從、邪、崇、船、禪、群、匣共 10 個，輕唇音奉母至韻圖 36 母中才產生，自《切韻》至韻圖共存在過 11 個全濁聲母。爲了更準確地描寫音韻地位，接下來我們將這 11 個全濁聲母放在一個平面中進行介紹，通稱爲中古全濁聲母。中古全濁聲母的上聲字演變爲去聲調（簡稱“濁上變去”）在漢語史上是較早發生的音變現象。“早在唐代古體詩中，就有上去通押的例子。例如杜甫《乾元中寓居同谷縣作歌》：‘長鑱長鑱木作柄，我生託子以爲命。黄精無苗山雪盛，短衣數挽不掩脛。此時與子空歸來，男呻女吟四壁静。’”[①]此處韻腳字静，從母靜韻，與去聲字命脛等押韻。不過王力認定此處“只能說明唐代上聲調值和去聲調值相似”[②]。“‘濁上變去’現象有關的最重要的記載當推羅常培先生所引唐末李涪《刊誤·切韻》中的一段話（見羅常培《唐五代西北方音》第 127 頁所引，原文收在百川學海第十五册）：‘然吳音乖舛，不亦甚乎？上聲爲去，去聲爲上……又恨怨之恨則在去聲，佷戾之佷則在去聲；又言辯之辯則在上聲，冠弁之弁則在去聲；又舅甥之舅則在上聲，故舊之舊則在去聲；又皓白之皓則在上聲，號令之號則在去聲；又以恐字苦字俱去聲；今士君子於上聲呼佷，去聲呼恐，得不爲有知之所笑乎？……凡中華音切莫過東都，蓋居天下之中，稟氣特正，予嘗以其音證之，必大哂而異焉。……予今别白去上，各歸本音；詳較重輕，以符古義，理盡如此，豈無知音。’可惜我們見不到他這本‘别白去上’的書，可是從他所舉的這些系統性的例子也足夠證實‘濁上變去’的現象已經發生。”[③]王力先生也認爲“這是晚唐時代濁上變去的確證”[④]。“‘濁上變去’除李涪《刊誤》這一項系統的、確鑿的史料外，緊跟著是北宋初年邵雍（1011—1077，范陽人）《皇極經世·聲音唱和圖》所反映的語音系統。……邵圖中‘揆’、‘父’、‘象’、‘士’……等全濁上聲字都是放在陽調一類，也只可以認爲變爲陽去了。”[⑤]據竺家寧（1994：47-78）考證反映宋代語音面貌的《九經直音》中也突出地反映了宋代語音系統中濁上變去的音變現象。此外，關於宋代詩詞文等韻文的用韻研究也都印證了濁上變去現象的存在，因成果頗多，茲不贅舉。自茲以後，《中原音韻》《瓊林雅韻》《韻略易通》《詞林韻釋》《中州音韻》《同文備考》等在《玉篇直音》之前的韻（字）書中均大量地記載了濁上變去的存在。因此我們說無論是漢語通語語音史還是方音史，濁上變去均是一個重要的普遍的音變現象，這種現象在《玉篇直音》中也是存在的。

首先來看數據統計，在《玉篇直音》中，中古全濁上聲被注字與其他聲調的混注情況詳見表 4-2-1。横列表頭代表全濁上聲被注字的聲母類别，從聲母角度共分 11 類；縱列表頭代表與之混注的各種調類，共有 7 類。縱横交集的數值即爲混注的次數，例如第 1 列與第 1 行交集處的 2 代表並母上聲與陰平混注共計 2 次。餘下類推。

---

①王力. 漢語語音史[M]. 北京：中國社會科學出版社，1985：259.

②王力. 漢語語音史[M]. 北京：中國社會科學出版社，1985：259.

③引自：楊耐思. 北方話“濁上變去”來源試探[A]. 見：楊耐思. 近代漢語音論[M]. 北京：商務印書館，2012：19。其中“佷戾之佷則在去聲”當爲“佷戾之佷則在上聲”。

④王力. 漢語語音史[M].北京：中國社會科學出版社，1985：259.

⑤楊耐思. 北方話“濁上變去”來源試探[A]. 見：楊耐思. 近代漢語音論[M]. 北京：商務印書館，2012：21-22.

表 4-2-1 全濁上聲被注字與其他諸聲調混注情況統計表 （單位：次）

聲母類別 / 調類	並	奉	定	澄	崇	從	邪	船	禪	匣	群	總計	
陰平	2					1				2	1	6	70
陰上	5	3	2			2	1	2	1	10	3	29	
陰去	4	4	4		2	2	1			13	4	34	
陰入						1						1	
陽平			2	1	2	2				3		10	490
陽上	8	4	11	3	3	11	6	2	5	16	3	72	
陽去	33	29	63	44	12	22	23	4	38	91	49	408	
總計	52	40	82	48	19	41	31	8	44	135	60	560	

《玉篇直音》的上聲被注字中，屬於全濁聲母的共計 560 字，其中通過系聯及反切比較等方法直接確定讀成陽去聲的爲 408 字，約占總數的 72.86%（408/560），這個比例甚高，表明《玉篇直音》中有近四分之三的中古全濁上聲字已經變作了去聲調類。若考慮全濁上聲注音字的情況的話，在去聲字的注音中，有 183 次乃去上混注的現象，其中又有 135 次全濁上聲字爲去聲注音，約占混注現象的 73.77%（135/183），幾近四分之三，這從側面表明全濁上聲字已讀成去聲。結合被注字及注音字的兩個比值，我們認爲中古全濁上聲字在《玉篇直音》中已經多數讀作去聲。

下面再通過一些紐四聲法注音例來證明這一音變的存在。可將這些注音例子分爲以下兩類：

①限音閑去 P32L7； 嫛音逵去 P49L7； 悜音刑去 P53L6； 篆音廛去 P138L3；

鶪音遐去 P149L6； 駭音蟹去 P153L2； 豸音柴去 P159L7； 臼音求去 P195L3

被注字“限$^{匣}_{產}$、嫛$^{群}_{旨}$、悜$^{匣}_{迥}$、篆$^{澄}_{獮}$、鶪$^{匣}_{馬}$、駭$^{匣}_{駭}$、豸$^{澄}_{蟹}$、臼$^{群}_{有}$”等皆爲全濁聲母上聲字，編者注音時採用紐四聲法，明確標識其讀作去聲，這成爲《玉篇直音》中部分全濁上聲變作去聲的一個有力證據。

②座音坐上 P35L6； 脞音坐上 P68L9； 尯音坐上 P187L2；

惹音社上 P51L8； 琛音朕上 P112L3； 苧音柱上 P134L5

被注字皆爲全濁聲母上聲字，而注音字“坐$^{從}_{果}$、社$^{禪}_{馬}$、朕$^{澄}_{寑}$、柱$^{澄}_{麌}$”亦皆爲全濁聲母上聲字，本來就音同。編者非要使用紐四聲法注音，即在注音字後面加了上聲的標志，旨在告訴讀者這些被注字的聲調是上聲，然而此舉恰恰又將自己的讀音出賣了，因爲此法是在必先承認注音字不讀上聲後方可使用。而這些注音字既然不讀上聲的話，便只能讀去聲了，這從側面反映了濁上變去現象的存在。

綜上所述，《玉篇直音》中的全濁上聲字已經成規模地演變爲陽去聲字，類似的現象也出現在同期的吳音文獻《同文備考》①《諧聲品字箋》②中。不過從比值角度而言，《玉

①丁鋒.《同文備考》音系[M]. 福岡：中國書店，2001：167.

②張詠梅.《諧聲品字箋》的音系研究[M]. 成都：巴蜀書社，2011：207.

篇直音》的 73.39%的比例較之《同文備考》的 40.00%以及《諧聲品字箋》的 64.55%都要高一些，體現出《玉篇直音》在濁上變去的音變中更爲劇烈一些。

與變去的全濁上聲字相比，正如上文的統計所示，在餘下的未變去的全濁上聲字中，自成一類仍讀作陽上聲者居多，共計 72 個，約占總數的 12.86%（72/560）。這些字如下：

並母：辮$^{並}_{銑}$庰$^{並}_{講}$棒$^{並}_{講}$蜯$^{並}_{講}$蚌$^{並}_{講}$藨$^{並}_{小}$殍$^{並}_{小}$波$^{集:}_{並紙}$（8 個）

奉母：范$^{奉}_{范}$憤$^{奉}_{吻}$蚡$^{奉}_{吻}$忿$^{集:}_{並吻}$（4 個）

定母：欿$^{定}_{感}$啶$^{定}_{旱}$仾$^{定}_{混}$鋌$^{定}_{迥}$梃$^{定}_{迥}$婸$^{定}_{蕩}$盪$^{定}_{蕩}$誂$^{定}_{篠}$垛$^{定}_{果}$杕$^{定}_{哿}$柂$^{定}_{哿}$（11 個）

澄母：舦$^{澄}_{寢}$仗$^{澄}_{養}$杖$^{澄}_{養}$（3 個）

崇母：輚$^{崇}_{產}$屺$^{崇}_{止}$柹$^{崇}_{止}$（3 個）

從母：吮$^{從}_{獮}$䲻$^{從}_{獮}$嶵$^{從}_{賄}$辠$^{從}_{賄}$罪$^{從}_{賄}$罪$^{從}_{賄}$脞$^{從}_{果}$䞶$^{從}_{果}$艁$^{從}_{晧}$皁$^{從}_{晧}$皂$^{從}_{晧}$（11 個）

邪母：嵝$^{邪}_{養}$像$^{邪}_{養}$襐$^{邪}_{養}$橡$^{邪}_{養}$蟓$^{邪}_{養}$象$^{邪}_{養}$（6 個）

船母：椹$^{船}_{寢}$葚$^{船}_{寢}$（2 個）

禪母：脤$^{禪}_{軫}$蜃$^{禪}_{軫}$蜃$^{禪}_{軫}$甚$^{禪}_{寢}$蠯$^{禪}_{軫}$（5 個）

匣母：鋗$^{匣}_{銑}$佷$^{匣}_{很}$睔$^{匣}_{混}$涬$^{匣}_{迥}$倖$^{匣}_{耿}$婞$^{匣}_{迥}$杏$^{匣}_{梗}$卒$^{匣}_{梗}$鮏$^{匣}_{梗}$荇$^{匣}_{梗}$幸$^{匣}_{耿}$幸$^{匣}_{耿}$𣲅$^{匣}_{蕩}$瘣$^{匣}_{賄}$瘣$^{匣}_{賄}$亥$^{匣}_{海}$（16 個）

群母：儣$^{群}_{養}$弶$^{群}_{養}$蚷$^{群}_{語}$（3 個）

此外，紐四聲法的注音例也有力地證明了陽上聲字的存在，如下：

范$^{奉}_{范}$音凡上$^{奉}_{范}$P135L1；　婸$^{定}_{蕩}$音唐$^{定}_{唐}$上 P47L10；　盪$^{定}_{蕩}$音唐$^{定}_{唐}$上 P112L1；　柂$^{定}_{哿}$音陀$^{定}_{歌}$上 P128L9；

欿$^{定}_{感}$音淡$^{定}_{闞}$上 P187L9；　脤$^{禪}_{軫}$音辰$^{禪}_{真}$上 P68L1；　蜃$^{禪}_{軫}$音辰$^{禪}_{真}$上 P152L3；　瘣$^{匣}_{賄}$音回$^{匣}_{灰}$上 P35L4；

瘣$^{匣}_{賄}$音回$^{匣}_{灰}$上 P101L10；　僴$^{匣}_{潸}$音閑$^{匣}_{山}$上 P39L8；　亥$^{匣}_{海}$音孩$^{匣}_{咍}$上 P171L9

紐四聲法與直音法注音不同，比其要多一個轉讀的過程，因此它需要編者更爲周詳的思慮。編者在爲全濁上聲字注音時特別加注“上”這一上聲標志來凸顯其聲調，應是主觀性、目的性很强的行爲，旨在告訴讀者這些字的聲調仍是陽上調，尚未變作去聲。

另需補充説明的是，全濁上聲除了 72.86%（408/560）的讀作陽去、12.86%（72/560）的讀作陽上外，正如表 4-2-1 所示，還有餘下的 14.29%（80/560）的字分别讀作陰平（6）、陽平（10）、陰上（29）、陰去（34）、陰入（1）。這些混注淩亂且無顯著規律可循。此類現象亦見於《同文備考》中，亦“看不出特别的傾向”[①]。

4.2.2 部分次濁上聲字變讀陽去聲調

中古次濁聲母（共 8 個，明、微、泥、疑、云、以、來、日）上聲字在今普通話中多數讀作上聲，然而在《玉篇直音》中，這些次濁上聲字除了絕大部分讀成陽上聲調的外，還有一部分字卻演變成了陽去聲，較爲獨特。據統計，該書中上（次濁）去、去上（次濁）的直接混注現象共計 29 例，除了 7 例（瞩音僞 P3L5；愈音預 P50L10；咏音永 P59L9；詠音永 P87L2；屢音呂 P100L9；忤音午 P54L9；忤音五 P170L9）與通語音變相同外，尚有 22 例乃次

①丁鋒.《同文備考》音系[M]. 福岡：中國書店，2001：178.

濁上聲字與去聲字混注的現象，具體混注情況如下：

恅$^{來}_{晧}$音勞去$^{來}_{號}$P56L2；　詈$^{來}_{寘}$音里$^{來}_{止}$P173L1；　寠$^{集:}_{來遇}$音呂$^{來}_{語}$P115L8；　窶$^{韻:}_{來御}$音呂$^{來}_{語}$P37L9；

闢$^{明}_{紙}$音謎$^{明}_{霽}$P98L4；　勱$^{明}_{夬}$音買$^{明}_{蟹}$P77L4；　佞$^{泥}_{徑}$音寧上$^{泥}_{迥}$P46L9；　鈕$^{泥}_{宥}$音紐$^{泥}_{有}$P141L3；

焦$^{玉:}_{日寢}$音任$^{日}_{沁}$P9L4；　噢$^{集:}_{日準}$音閏$^{日}_{稕}$P59L10；　嵔$^{疑}_{賄}$音桅去$^{疑}_{隊}$P13L3；　齞$^{疑}_{銑}$音彥$^{疑}_{線}$P70L6；

遃$^{疑}_{獮}$音彥$^{疑}_{線}$P91L3；　齮$^{疑}_{紙}$音義$^{疑}_{寘}$P70L8；　蟻$^{疑}_{紙}$音乂$^{疑}_{廢}$P151L4；　螘$^{疑}_{紙}$音乂$^{疑}_{廢}$P151L4；

齩$^{集:}_{疑巧}$音交去$^{見}_{效}$P70L8；　詣$^{疑}_{霽}$音擬$^{疑}_{止}$P87L3；　踨$^{以}_{琰}$音餤$^{以}_{豔}$P74L10；　墪$^{以}_{有}$音宥$^{云}_{宥}$P112L1；

庾$^{以}_{麌}$音預$^{以}_{御}$P34L4；　礜$^{以}_{御}$音庾$^{以}_{麌}$P25L4

上述 22 例混注例反映的是次濁上聲字與去聲字的混注，這些被注字與注音字的注音關係與通語語音是不吻合的。若依據"恅$^{來}_{晧}$音勞去$^{來}_{號}$""嵔$^{疑}_{賄}$音桅去""齩$^{集:}_{疑巧}$音交去$^{見}_{效}$"3 例的注音內容，此類次濁上聲字與去聲字的混注實質是次濁上聲字讀成了陽去聲調。我們之所以持此說，並非單一地依據上面的這幾例注音材料，更重要的是這些混注現象能夠得到吳方言的印證。

在今吳方言中，中古次濁聲母上聲字讀成陽去聲的情況不在少數。常熟吳音中，"擾$^{日}_{小}$邵$^{禪}_{笑}$"音同，皆爲陽去調，不過這種現象在常熟話中還是比較鮮見的。相對於常熟吳音而言，海鹽吳音中的此類現象稍多一些，比如"侮$^{微}_{麌}$霧$^{微}_{遇}$""語$^{疑}_{語}$御$^{疑}_{御}$""攘$^{日}_{養}$讓$^{日}_{漾}$""尹$^{以}_{準}$硬$^{疑}_{諍}$"①等均是一組同音關係且皆讀成陽去聲調。當然，較其他吳方言點，海鹽吳音中的此類現象也是不多的，放眼整個吳方言區，還有比海鹽吳音數量更多、規模更大的方言。下面我們以海門、蘇州、嘉善、衢州四地吳音爲例，選取 36 個中古次濁上聲字爲代表，全面、系統地展示其讀成陽去調的情況，具體讀音詳見表 4-2-2。表中的"+"號表示該例字的聲調讀爲陽去，"–"號則表示爲非陽去；例字的選取儘量照顧到 22 例混注中的例字。

表 4-2-2　中古次濁上聲字在部分吳方言中讀陽去聲調的情況②

例字＼地區	海門	蘇州	嘉善	衢州	例字＼地區	海門	蘇州	嘉善	衢州	例字＼地區	海門	蘇州	嘉善	衢州
米$^{明}_{薺}$	–	+	+	–	里$^{來}_{止}$	+	+	+	+	蟻$^{疑}_{紙}$	+	+	+	–
買$^{明}_{蟹}$	–	+	+	+	老$^{來}_{晧}$	–	+	+	+	語$^{疑}_{語}$	+	+	+	–
卯$^{明}_{巧}$	+	–	+	–	覽$^{來}_{敢}$	+	+	+	–	咬$^{疑}_{巧}$	–	+	+	+
秒$^{明}_{小}$	+	–	+	–	斂$^{來}_{琰}$	–	+	+	–	眼$^{疑}_{產}$	–	+	+	+
免$^{明}_{獮}$	–	+	+	–	簍$^{來}_{厚}$	+	+	+	+	友$^{云}_{有}$	+	+	+	+
滿$^{明}_{緩}$	–	+	+	+	柳$^{來}_{有}$	+	–	+	–	遠$^{云}_{阮}$	–	+	+	+
馬$^{明}_{馬}$	–	+	+	–	卵$^{來}_{緩}$	–	+	+	–	野$^{以}_{馬}$	–	+	+	+
猛$^{明}_{梗}$	–	–	+	–	呂$^{來}_{語}$	–	+	+	–	養$^{以}_{養}$	–	+	+	+
晚$^{微}_{阮}$	+	+	+	+	冷$^{來}_{梗}$	–	+	+	–	引$^{以}_{軫}$	–	+	+	–

①胡明揚. 海鹽方言志[M]. 杭州：浙江人民出版社，1992：165-189.

②本表中例字的讀音分別依據：王洪鐘. 海門方言研究[M]. 北京：中華書局，2011：110-132；汪平. 蘇州方言研究[M]. 北京：中華書局，2011：124-161；蘇州市地方志編纂委員會辦公室. 蘇州市方言志[M].（內部資料），1987：20-29；徐越. 嘉善方言音系[A]. 見：上海市語文學會，香港中國語文學會. 吳語研究（第三屆國際吳方言學術研討會論文集）[C]. 上海：上海教育出版社，2005：104-115；黃曉東. 衢州市柯城區方言音系[A]. 見：上海市語文學會，香港中國語文學會. 吳語研究（第五屆國際吳方言學術研討會論文集）[C]. 上海：上海教育出版社，2010：127-142.

續表

地區 / 例字	海門	蘇州	嘉善	衢州	地區 / 例字	海門	蘇州	嘉善	衢州	地區 / 例字	海門	蘇州	嘉善	衢州
網$^{微}_{養}$	–	+	+	+	兩$^{來}_{養}$	+	+	+	+	乳$^{日}_{麌}$	–	+	+	–
腦$^{泥}_{晧}$	+	+	+	+	領$^{來}_{靜}$	+	+	+	+	染$^{日}_{琰}$	+	+	+	+
紐$^{泥}_{有}$	+	+	+	–	攏$^{來}_{董}$	–	+	+	+	忍$^{日}_{軫}$	+	+	+	+
"+" 次數	5	9	12	5	"+" 次數	6	11	12	6	"+" 次數	5	12	12	8
"+" 總計	海門 16；蘇州 32；嘉善 36；衢州 19													

通過表 4-2-2 中的分佈可知，中古次濁上聲字在今海門、蘇州、嘉善、衢州等地吳音中讀成陽去聲的現象還是比較普遍的，分別爲 16 個、32 個、36 個和 19 個，其讀成陽去調所占的比例分別爲 44.44%、88.89%、100%和 52.78%。這些字在聲母上涵蓋了全部次濁聲母，能夠反映出在這些方言中此類現象的普遍性。即便是海門吳音中的 44.44%的比例，也不能完全說明該方言中次濁上聲字讀陽去聲的程度輕。因爲受制于表格篇幅，有很多字並未列舉其中，而這些字恰恰在海門吳音中是讀成陽去聲的，如"汝$^{日}_{語}$、壤$^{日}_{養}$、旅$^{來}_{語}$、縷$^{來}_{麌}$、裸$^{來}_{果}$、磊$^{來}_{賄}$、擬$^{疑}_{止}$、午$^{疑}_{姥}$、宇$^{云}_{麌}$、羽$^{云}_{麌}$、尹$^{以}_{準}$、穎$^{以}_{靜}$、侮$^{微}_{麌}$、緬$^{明}_{獮}$、牡$^{明}_{厚}$、莽$^{明}_{蕩}$"等字。如此看來，此類現象在今海門吳音中也是普遍存在的，尤其是所涉字"尹、擬"等均能在其中找尋到讀陽去調的方音依據。再如 52.78%的衢州吳音，除了表中的例字外，與海門相同的字有"汝、擬、裸、宇、羽"等字，還包括"軟$^{日}_{獮}$、仰$^{疑}_{養}$、懶$^{來}_{旱}$、暖$^{泥}_{緩}$、禹$^{云}_{麌}$、碼$^{明}_{馬}$、偶$^{疑}_{厚}$、藕$^{疑}_{厚}$"等字均讀成了陽去聲调。

較常熟吳音而言，次濁上聲字讀作陽去調的現象在海門、蘇州、嘉善、衢州等地吳音中更爲普遍，但是在數量及規模上它們比慈溪吳音又要略遜一籌。據趙則玲的研究，在今浙江慈溪吳音音系中根本就沒有陽上聲調，中古次濁上聲字於今全部讀成了陽去聲調。①慈溪吳音甚於其他諸地吳音，在次濁上聲字讀成陽去調方面表現得更爲徹底。不過就整體而言，無論是慈溪，還是上述的海門、蘇州、嘉善、衢州等地，這集中體現了次濁上聲字讀作去聲的現象在今吳方言區中是比較典型的，這爲我們解釋《玉篇直音》中的次濁上聲字與陽去聲字混注的現象提供了更爲充足的證據。

綜上所述，儘管此類現象在以上諸多吳方言中的規模、數量不盡相同，但是卻集中體現了相同的本質，即中古次濁上聲字讀成陽去聲調。《玉篇直音》是一部帶有吳方音色彩的歷史語音文獻，此處的 22 例次濁上聲字與陽去聲調混注的現象應是 400 多年前的吳方音的現象，其實質也應是次濁上聲字讀成陽去聲字。

就整個吳方音史來看，中古次濁上聲字讀成陽去聲調並非是《玉篇直音》獨有的現象。丁邦新②在分析《蘇州同音常用字彙》時結合《現代吳語的研究》認爲，一百年前的蘇州吳音中亦是七個調類，平去入各分陰陽，陽上歸入陽去。若就共時層面而言，再向前溯，

①具體內容可參見《浙江慈溪方言音系》（趙則玲，2014：202-217）中的同音字彙，茲不贅引。

②丁邦新. 一百年前的蘇州話[M]. 上海：上海教育出版社，2003：13-16.

與《玉篇直音》時代接近的《同文備考》中也有此類的現象。據丁鋒[①]統計，《同文備考》中存在“晚[明產]、[illegible][泥厚]、獠[來篠]、蓼[來篠]”等若干字讀成陽去聲調的現象。若從歷時層面而論，再向前溯，距今約有 750 年的《資治通鑒音注》中業已產生了此類現象。據馬君花的統計，該書中“次濁上聲字的注音有 321 條，其中變去聲的有 25 條，都是變成了濁音去聲”[②]。有個别字至今在某些吳方言中還是讀作陽去聲調的，比如“午[疑姥]、養[以養]、乳[日麌]、免[明獮]”等字。可惜的是作者對此現象並未作必要的闡釋，我們認爲此亦應是吳方音的特質，畢竟《資治通鑒音注》“間有吳方言的語音特點”[③]，這爲我們梳理吳方音史中的中古次濁上聲讀成陽去聲之現象提供了更早的源頭語料。

4.2.3　少數入聲字的演變

就整體而言，正如上文表 4-1-1 中的數據所示，中古入聲在《玉篇直音》中是自成一類的，且有陰陽之别。不過，該書中也存在小數量的陽入、陰入混注的現象，體現在聲調方面的便是入聲與平、上、去三聲六調之間的混注，此計 32 次，具體的混注次數可詳見表 4-2-3。本表的横行與縱行僅代表混注字的聲調，不區分被注字還是注音字。如“清入”與“陰平”交集處的“6”表示清入聲字與陰平聲字混注的次數，“清入”與“陽平”交集處的“1”表示清入聲字與陽平聲字混注的次數，餘類推。

表 4-2-3　入聲與其他三聲混注次數統計表　　（單位：次）

		陰平	陽平	陰上	陽上	陰去	陽去
入聲	清入	6	1	5	1	9	
	次濁入		1				4
	全濁入		1		1		3

從表 4-2-3 中數據的分佈可以看出，《玉篇直音》中 32 次的入聲與其他三聲六調的混注現象中，與平聲混注 9 次，約占 28.13%（9/32）；與上聲混注 7 次，約占 21.88%（7/32）；與去聲混注則高達 16 次，約占 50.00%（16/32）。這三組數據體現出該書中入聲演變的整體趨勢呈現出以向去聲爲主，以向平聲爲輔並兼及上聲的格局。

清聲母入聲字共計 22 次，占入聲總數的 68.75%（22/32），體現出發生音變的入聲字中以清聲母字爲主的格局。濁聲母的入聲字共計 10 次，占入聲總數的 31.25%（10/32），乃發生音變入聲字的支流。在清聲母的入聲字中，演變爲陰聲調的爲 20 次，占總數的 90.91%（20/22）；在濁聲母的入聲字中，演變爲陽聲調的爲 10 次，占總數的 100%（10/10）。這兩個數據充分表明在入聲消失的音變進程中，聲母的清濁是起主導作用的。

①丁鋒.《同文備考》音系[M]. 福岡：中國書店，2001：172-175.
②馬君花.《資治通鑒音注》音系研究[D]. 首都師範大學博士學位論文，2008：254.
③馬君花.《資治通鑒音注》音系研究[D]. 首都師範大學博士學位論文，2008：282.

若析言之，清聲母入聲字與其他除陽去調外的三聲五調皆有混注，共計 22 次，且整體上“兵分三路”，與平、上、去的混注次數爲 7、6、9，呈現勢均力敵之態，分别占 31.82%（7/22）、27.27%（6/22）、40.91%（9/22），這代表著清聲母入聲字的整體音變方向。濁聲母入聲字幾乎未與上聲字發生混注，主要是與平、去二聲發生混注。不過這些混注中與去聲混注的高達 7 次，占總數的 70.00%（7/10）。再具體一點，次濁入共計 5 次混注，然與去聲混注者 4 次，占 80.00%（4/5）；全濁入共計 5 次混注，與去聲混注者 3 次，占 60.00%（3/5）。上述比值充分表明濁聲母的入聲字主要演變爲去聲的規律。

綜上所述，《玉篇直音》中入聲的演變是以清聲母入聲字爲主體的音變。這種音變呈現出清入聲字“兵分三路”音變，濁入聲字以向去聲方向音變爲主的趨勢。在此音變進程中，聲母的清濁對於演變爲何聲何調起到了主導作用。這與《中原音韻》的“入派三聲”不同，但是濁入聲字的演變卻與具有吳音特色的《資治通鑒音注》音系有著近似之處：“胡注的入聲的變化趨勢則是清入歸去，全濁入歸去，次濁入歸去。”[①]《玉篇直音》中 40.91%、80.00%、60.00%三個比值也在表明其入聲字音變的方向與《資治通鑒音注》大致相同，這應該不僅僅是一種巧合，具有古吳音的特點。

4.3 本章結語

《玉篇直音》音系的聲調系統是四聲八調，即陰平、陽平、陰上、陽上、陰去、陽去、陰入、陽入，這與秦淑華[②]關於《玉篇直音》聲調系統的看法吻合。從聲調的數量及陰陽對立角度來看，這種聲調系統帶有明顯的南方方言的特徵。結合該書的成書背景及聲韻特點，這種南方方言也只能是吳方言。在今吳方言中，“聲調的主要類型是七個或八個”[③]，如今蘇州吳音的聲調系統中有七大調類，即陰平、陽平、上聲、陰去、陽去、陰入、陽入；而今海鹽吳音中的聲調系統中有“8 個聲調，四聲各分陰陽”[④]，即陰平、陽平、陰上、陽上、陰去、陽去、陰入、陽入。《玉篇直音》的聲調系統與今之吳音的聲調格局近乎對應，尤其是與海鹽吳音的聲調系統更是相同。錢乃榮曾指出：“吳語的單音調的古老形態可能是平上去入四個，各分陰陽。”[⑤]《玉篇直音》的四聲八調系統進一步驗證了錢文的結論。

在這四聲八調的基本格局下，聲調之間也有小範圍的混注現象，這以全濁上聲變去聲、次濁上聲變陽去聲及入聲與其他三聲六調的混注最爲突出。全濁上聲變爲去聲與通語音變的模式相符，具有普遍意義；但是仍有全濁上聲字自成一類，這又是與通語相異的特質成分。次濁上聲變陽去聲的現象已非通語音變現象，能夠得到現代吳方音的印證，這是典型的吳方音特徵，是關於吳方音的歷史記錄。至於入聲的演變則呈現出主體向去聲方向演變

①馬君花.《資治通鑒音注》音系研究[D]. 首都師範大學博士學位論文，2008：258.
②秦淑華.《玉篇直音》的音系[M]. 新北：花木蘭文化出版社，2014：243.
③袁家驊，等. 漢語方言概要（第二版）[M]. 北京：語文出版社，2001：57.
④胡明揚. 海鹽方言志[M]. 杭州：浙江人民出版社，1992：13.
⑤錢乃榮. 吳語聲調系統的類型及其變遷[J]. 語言研究，1988，（2）：67.

的趨勢。關於《玉篇直音》之聲調系統與《廣韻》之聲調系統的對應關係可詳見表 4-3-1。

表 4-3-1 《玉篇直音》與《廣韻》之聲調系統對照表

《玉篇直音》	陰平	陽平	陰上	陽上	陰去	陽去	陰入	陽入
《廣韻》	平$_{\text{清}}$	平$_{\text{濁}}$	上$_{\text{清}}$	上$_{\text{濁}}$	去$_{\text{清}}$	去$_{\text{濁}}$ 上$_{\text{多數全濁}}$ 上$_{\text{少數次濁}}$	入$_{\text{清}}$	入$_{\text{濁}}$

需要補充說明的是表 4-3-1 中所示的對應關係僅是大致的對應，而非絕對的對應，比如有些陰聲調中會有少數濁聲母字的併入（如“券$^{\text{集:}}_{\text{群線}}$音卷$^{\text{見}}_{\text{線}}$P77L3”例，全濁聲母字“券”被系聯至陰去調中；再如“駜$^{\text{並}}_{\text{質}}$音必$^{\text{幫}}_{\text{質}}$P153L2”例，全濁聲母字“駜”被系聯至陰入調；如此等等，不再贅舉），這主要是部分全濁聲母字的清化音變所致。

第 5 章 《玉篇直音》語音的性質及歷史演變

前文三章，我們通過梳理《玉篇直音》的注音關係明晰了該書的音系面貌。不過，其主要工作放在對聲母、韻母及聲調類別的考證方面，至於這個語音系統屬於何種性質，是通語的還是方音的，如是方音的話又是何地方音等問題並不明朗。與同時代的不同音系或者不同時代同地域的語音系統進行異同比較，是明辨《玉篇直音》音系性質的基本途徑。

接下來的比較工作分爲兩個方面：共時層面和歷時角度。共時層面下，將《玉篇直音》與明代的韻（字）書進行比較，旨在確定《玉篇直音》的語音性質；在其音系性質確定之後，從歷時的角度將《玉篇直音》語音與今海鹽吳音進行比較，旨在探討四百年來海鹽吳音的歷史演變。

5.1 《玉篇直音》的語音性質

在進行比較之前，有必要從整體角度綜合把握一下《玉篇直音》的語音特徵。這既有利於我們從宏觀角度知曉《玉篇直音》語音的共時面貌，更利於爲接下來的橫向比較做好鋪墊。

5.1.1 《玉篇直音》語音特徵綜述

《玉篇直音》語音系統共含 30 個聲母、19 韻部 50 個韻母、四聲類 8 個聲調。其在聲、韻、調三個方面共計 30 條語音特徵，綜述如下。

聲母 12 條：

①全濁聲母存在；②微母入奉；③微明不分；④曉匣與非奉不分；⑤泥疑日合流；⑥從邪不分；⑦日禪不分；⑧疑喻入匣；⑨微疑喻入影；⑩輕重唇不分；⑪知、章讀端組；⑫“鳥”讀都了切。

韻母 14 條：

①陰陽入三分；②支魚混注；③歌模合流；④支思韻產生；⑤麻韻齒音二、三等字不分；⑥–n、–ŋ 尾韻混注；⑦–m 尾韻消失；⑧四呼韻母形成；⑨見系開口二等韻字腭化；⑩山、咸攝內部一、二等韻間無別；⑪庚攝合口字併入通攝；⑫開合口混注，洪細音不分；⑬入聲韻重組，韻尾爲喉塞音；⑭“鼻”字有入聲。

聲調 4 條：

①四聲八調；②入聲的存在；③全濁上聲變陽去；④次濁上聲讀作陽去。

爲了方便讀者了解每條特徵，我們對上述的 30 條特徵進行必要的闡釋，內容如下。

聲母方面 12 條：

①全濁聲母保留。具體包括並、奉、定、從、邪、澄、禪、群、匣等 9 個全濁聲母。

②微母入奉。有 22 個微母字併入奉母中，占微母字總數的 23.40%（22/94）。

③微明不分。有 8 個微母字併入明母中，占微母字總數的 8.51%（8/94）。

④曉、匣母合口字讀成非（敷）、奉母。

⑤泥母中併入部分疑母三、四等開口呼字及日母止、山、咸、效、宕諸攝的開口呼字。

⑥從邪並立，但是與中古的轄字不同。部分邪母字併入從母字，少數從母字併入邪母字的情況。

⑦日禪相混。混入禪母的日母字開、合口皆有，其中開口呼字主要來自臻、山、效、假、宕、曾、流等攝，而合口呼字則主要來自通、止、遇、臻、山等攝。

⑧部分喻、疑母字併入匣母中。併入的喻母字幾乎沒有上聲字；併入的疑母字多爲平、去、入三聲，鮮見上聲字。

⑨影母字有部分微、疑、喻母字的併入。

⑩存在少數幫非、並奉、明微等聲母的混注現象，可稱爲輕重唇不分。

⑪存在少數端知、端章、透徹、定澄等聲母的混注現象，可稱爲知、章讀端組。

⑫“鳥”字的聲母有文白異讀。文讀音作泥母，白讀音作端母。

韻母方面 14 條：

①仍保持陰、陽、入三分的韻母系統格局，即陰聲韻含 10 部 20 韻母，陽聲韻含 5 部 17 韻母，入聲韻含 4 部 13 韻母。

②支魚混注。直接混注共計 22 例，可分兩類：一類是“支入魚”，即見、曉組的止攝合口韻字讀同魚虞韻；第二類“魚入支”，即合口的魚虞韻字（包括 1 例模韻字“溹”）讀同齊微韻字。

③歌模混注。從系聯的結果來看，參與混注的有幫、滂、並、端、透、定等母及精組聲母字果攝字，占果攝字總數的五分之一强；未見明、泥母及見、曉組聲母的果攝字混注，此類字占果攝字的四分之三强。

④支思韻形成。該類字由中古精、莊、知、章組聲母止攝開口字及祭韻開口字組成，但仍有少數知、章組字的韻母尚未舌尖化。

⑤麻韻齒音二、三等字混注。儘管麻$_{二}$、麻$_{三}$對立，但是仍有齒音麻$_{二}$韻字與齒音麻$_{三}$韻字間的混注。

⑥-n 尾韻與-ŋ 尾韻混注。這表現爲部分中古梗、曾攝陽聲韻字併入臻攝中，與臻、深攝陽聲韻字重組爲真侵部；另有個別臻攝陽聲韻字（軺$^{群}_{真}$嚔$^{曉}_{文}$）併入東鍾部以及個別通攝陽聲韻字（彨$^{以}_{鍾}$）併入真侵部。

⑦-m 尾韻消失。具體合併的方式是中古咸攝併入中古山攝（先添部），中古深攝併入中古臻攝（真侵部）。

⑧開、齊、合、撮四呼形成。

⑨見系開口二等韻字發生腭化音變。不過見系佳皆韻開口字仍讀開口呼，江韻系僅見溪母字腭化，此類音變表現出漸變性特點。

⑩山、咸攝内部一、二等韻間的區别消失。寒韻與開口删、山韻無别，桓韻與合口删、山韻無别，覃、談、咸、銜合流等。

⑪部分庚攝合口字併入通攝之中。此類字主要是中古明母及牙喉音聲母字，共計 29 個，未見曾攝字併入。

⑫少數合口細音讀成開口細音或者合口洪音讀成開口洪音，如“痊$^{清}_{仙}$千$^{清}_{先}$”同音、“輪$^{來}_{諄}$楞$^{來}_{登}$”同音。

⑬入聲韻打破–p、–t、–k 尾的界線重新組合，韻尾爲喉塞音-ʔ。

⑭“鼻”字有陰入兩讀。

聲調方面 4 條：

①陰平、陽平、陰上、陽上、陰去、陽去、陰入、陽入四聲八調的系統。

②入聲調類存在。

③全濁上聲變讀陽去聲調。

④部分次濁上聲字讀陽去聲調。

上述的闡釋旨在讓讀者更爲詳細地了解每條語音特徵，爲了方便對比，在接下來的特徵比較中不再拘泥於上述每條特徵的内部細節，僅是從整體上把握參與比較的材料是否具有此類特徵。

5.1.2 《玉篇直音》與明代韻（字）書的音系比較

在討論《玉篇直音》聲、韻、調系統的過程中，我們已經與《廣韻》进行了詳細的比較，也對照《廣韻》總結出《玉篇直音》在聲、韻、調諸方面的重要特點。接下來我們計劃從共時角度入手，將之與明代的韻（字）書進行比較。此處所言的共時，並非絶對的概念。在語音史的長河中，我們暫將有明一代視爲一個時間點，明代的所有韻（字）書皆處於一個共時的層面之下。

我們選取《洪武正韻》《韻略易通》《韻略匯通》《同文備考》四部韻（字）書作爲比較對象。主要原因如下。

《洪武正韻》作爲明代早期的一部官修韻書，其“雅音、時音已占主導地位”[①]。可以說，“《洪武正韻》的語音基礎是 14 世紀的讀書音”[②]，對後世辭書的影響深遠，正如寧忌浮所言，“韻書史群星璀璨，《正韻》是其中比較重要的一顆。後世一些韻書接受了它的影響。治官話語音史、治韻書史，《洪武正韻》是必讀書”[③]。

①寧忌浮. 漢語韻書史（明代卷）[M]. 上海：上海人民出版社，2009：57.

②葉寶奎. 明清官話音系[M]. 廈門：廈門大學出版社，2001：26.

③寧忌浮. 漢語韻書史（明代卷）[M]. 上海：上海人民出版社，2009：57.

蘭茂本《韻略易通》是明代的韻書中對後世影響比較大的一種，“和《中原音韻》所反映的語音系統相差不遠”，但是“比起《中原音韻》來又向現代漢語邁進了一步”①，陸志韋②、邵榮芬③、寧忌浮④等諸位學者都認爲該書反映的是當時的普通官話。

“《韻略匯通》是繼《易通》之後又一部反映官話音系的重要韻書”⑤，“爲童蒙入門嚆矢”，“多次翻刻，廣爲流傳”⑥，具有“存雅求正的普通話”性質⑦，在近代漢語官話語音史上的意義重大。且其成書於 17 世紀初，與《玉篇直音》的時代貼近，具有比較的意義。

《同文備考》，成書稍早於《玉篇直音》，據丁鋒⑧研究，其語音系統是個讀書音系統，同時也記錄了 16 世紀中葉明代中後期吳語的實際口語。從前文對《玉篇直音》語音系統的討論中可以發現，其許多語音特徵能夠與歷史及現代吳方音吻合，具有典型的吳音特質。將之與吳音字書《同文備考》相比較，針對性强。

上述四書雖同處於明代這一共時層面下，但分别處於 14、15、16、17 世紀，具有時間的跨度，能更加全面地呈現明代漢語史的語音特徵；再者，從語音性質方面，它們中既有通語的代表，也有方音的代表，有益于準確把握《玉篇直音》的語音性質。

目前學界關於上述四書的研究成果較多，我們在比較中主要參考以下成果。

劉文錦.《洪武正韻》聲類考[J]. 中央研究院. 歷史語言研究集刊，1931.

寧忌浮. 洪武正韻研究[M]. 上海：上海辭書出版社，2003.

寧忌浮. 漢語韻書史（明代卷）[M]. 上海：上海人民出版社，2009.

葉寶奎. 明清官話音系[M]. 廈門：廈門大學出版社，2001.

陸志韋. 記蘭茂《韻略易通》[A]. 見：陸志韋. 陸志韋近代漢語音韻論集[C]. 北京：商務印書館，1988.

張玉來. 韻略易通研究[M]. 天津：天津古籍出版社，1999.

張玉來. 韻略匯通音系研究[M]. 濟南：山東教育出版社，1995.

丁鋒.《同文備考》音系[M]. 福岡：中國書店，2001.

耿振生. 明清等韻學通論[M]. 北京：語文出版社，1992.

關於《玉篇直音》與《洪武正韻》《韻略易通》《韻略匯通》《同文備考》語音特徵的比較詳見表 5-1-1。爲了表述方便，表頭所列《玉篇直音》30 條語音特徵，分聲、韻、調三欄以圓圈數字標示，數字對應 5-1.1 節中綜述的條目序數。書名不再加書名號。凡是可以與《玉篇直音》的語音特徵相對應的用“+”號表示，不相對應的用“–”號表示，不完

①邵榮芬.漢語語音史講話[M].天津：天津人民出版社，1979：117.

②陸志韋. 陸志韋近代漢語音韻論集[C]. 北京：商務印書館，1988.

③邵榮芬. 漢語語音史講話[M]. 天津：天津人民出版社，1979.

④寧忌浮. 漢語韻書史（明代卷）[M]. 上海：上海人民出版社，2009.

⑤葉寶奎. 明清官話音系[M]. 廈門：廈門大學出版社，2001：134.

⑥張鴻魁. 明清山東韻書研究[M]. 濟南：齊魯書社，2005：42，40.

⑦張玉來. 韻略匯通音系研究[M]. 濟南：山東教育出版社，1995：11.

⑧丁鋒.《同文備考》音系[M]. 福岡：中國書店，2001.

全對應的則用“*”號表示。

表 5-1-1 《玉篇直音》與《洪武正韻》等語音特徵比較表

特徵 / 書名	聲母												韻母		
	①	②	③	④	⑤	⑥	⑦	⑧	⑨	⑩	⑪	⑫	①	②	③
《洪武正韻》	+	–	–	–	+	+	+	–	*	–	–	–	+	–	–
《韻略易通》	–	–	–	–	–	–	–	–	*	–	–	–	+	–	–
《韻略匯通》	–	–	–	–	–	–	–	–	*	–	–	–	+	–	–
《同文備考》	+	+	–	–	+	+	+	+	*	+	+	+	+	+	–

特徵 / 書名	韻母											聲調			
	④	⑤	⑥	⑦	⑧	⑨	⑩	⑪	⑫	⑬	⑭	①	②	③	④
《洪武正韻》	+	–	–	*	–	+	–	–	–	–	–	*	+	*	–
《韻略易通》	+	–	–	*	+	+	–	–	–	–	–	*	+	*	–
《韻略匯通》	+	–	–	+	+	+	+	+	–	+	–	*	+	*	–
《同文備考》	+	–	+	*	+	+	–	+	+	+	+	*	+	*	+

首先對表 5-1-1 中“*”號的內容作比較說明。“*”代表語音特徵的不完全對應，其差別如下。

聲母特徵⑨（微疑喻入影）：《洪武正韻》《同文備考》表現爲部分喻母字併入影母中，無微、疑二母；《韻略易通》《韻略匯通》表現爲疑、喻二母併入影母，無微母。

韻母特徵⑦（–m 尾韻消失）：陸志韋[①]指出，–m 尾韻的失去有兩個階段：先是首尾異化，後來整個失去。《洪武正韻》《韻略易通》《同文備考》中–m 尾韻的失去正處於“首尾異化”的階段；《韻略匯通》與《玉篇直音》同，表現爲“整個失去”。

聲調特徵①（四聲八調的聲調系統）：《洪武正韻》《同文備考》皆具四聲，即平、上、去、入，四聲不分陰陽。《韻略易通》《韻略匯通》皆是五聲，即陰平、陽平、上、去、入，平聲分陰陽。

聲調特徵③（全濁上聲變陽去）：因《洪武正韻》《韻略易通》《韻略匯通》《同文備考》四書去聲皆不分陰陽，故其僅爲全濁上聲變去聲，與《玉篇直音》的變讀陽去不完全相同。

我們橫讀表 5-1-1 中各欄“+”“*”號，統計“洪”“易”“匯”“同”四書與《玉篇直音》的相似數，具體數值詳見表 5-1-2。

表 5-1-2 《洪武正韻》等四書具有語音特徵相似數統計表 （單位：個）

	《洪武正韻》	《韻略易通》	《韻略匯通》	《同文備考》
“+”號數	8	5	9	21
“*”號數	4	4	3	4
總計	12	9	12	25

①陸志韋. 釋《中原音韻》[J]. 燕京學報，1946,（31）.

通過表 5-1-2 中的數據可知，在《玉篇直音》的 30 條語音特徵中，《同文備考》的“+”號最多，共計 21 個，與《玉篇直音》的相似度爲 70.00%（21/30）。其次是《韻略匯通》，含有 9 個“+”號，與《玉篇直音》的相似度爲 30.00%（9/30）。再次是《洪武正韻》，含有 8 個“+”號，與《玉篇直音》的相似度爲 26.67%（8/30）。最少的是《韻略易通》，僅有 5 個“+”號，與《玉篇直音》的相似度僅爲 16.67%（5/30）。如果相似性特徵的多少確實可以反映參與比較的語音系統的接近程度的話，那麼據表 5-1-2 的數據，我們不得不承認《玉篇直音》與具有吳音性質的字書《同文備考》最爲接近，而與代表官話音的《洪武正韻》《韻略易通》《韻略匯通》相差很遠。如果再將不完全對應的“*”號計入其中的話，那麼《同文備考》共有 25 條相似性特徵，使其與《玉篇直音》的相似度提至 83.33%（25/30）。著（編）者、內容完全不同的兩部文獻，在語音特徵上的相似度竟高至八成以上，這只能用語音性質近乎相同的結論才能解釋，即《玉篇直音》也是一部吳音字書。當然，這個結論僅僅是從量化的角度展示語音系統的相似性後得出的，若使立論有力，尚需深入分析。

5.1.3　《玉篇直音》的音系性質

確認《玉篇直音》是一部吳音字書這一結論需完成三件工作：一是排除共有性特徵，二是確認區别性特徵，三是爲方音特徵定位。

首先，排除共有性特徵。所謂共有性特徵，即爲處於共時層面下的官話或者方音的韻（字）書所共同具有的一般性特徵，簡言之便是官話有、方音也有的特徵。

從表 5-1-1 可知，《玉篇直音》的 30 條語音特徵，爲參與比較的四書所共有的（含不完全對應的“*”）是聲⑨、韻①④⑦⑨、調①②③共 8 條，其中共有“+”號者 4 條，即韻①④⑨、調②。這 8 條語音特徵的比較價值不大，既爲官話韻書所具有，也爲方音字書所具備，乃普遍性共有特徵，不能起到區别性的作用。換言之，雖然《玉篇直音》具有這些語音特徵，但卻不能說明它是官話性質的字書。《同文備考》便是明證，它也具有上述 8 條特徵，但它卻是一本典型的吳方音字書。

除了上述 8 條外，韻⑧特徵（四呼的形成）雖不爲《洪武正韻》具有，但是《韻略易通》《韻略匯通》皆具，《同文備考》也有，亦可視爲普遍性共有特徵，對判斷《玉篇直音》的音系性質作用不大。

如此說來，可排除的普遍性共有特徵共計 9 條，如不計入此數，在所剩的 21 條語音特徵中，此四書與《玉篇直音》的相似數如表 5-1-3 所示。

表 5-1-3　四書与《玉篇直音》的相似數

書名	《洪武正韻》	《韻略易通》	《韻略匯通》	《同文備考》
相似數/個	4	0	3	16

從這個數量來論，《同文備考》與《玉篇直音》的相似度仍是最高，約爲 76.19%（16/21），

幾近八成。《洪武正韻》有 4 條相似數，相似度降低了，爲 19.05%（4/21）。且餘下的 4 條（聲①⑤⑥⑦）相似特徵還“事出有因”，其從側面卻證明了《玉篇直音》的吳音性質。下文有述，茲不贅論。《韻略匯通》與《玉篇直音》的相似性也降低了，爲 14.29%（3/21）。最低的當屬《韻略易通》，與《玉篇直音》的相似數爲 0，這直接說明《玉篇直音》的語音性質與《韻略易通》反映的官話音性質截然不同。

通過排除共有性特徵後，我們發現，《玉篇直音》的語音性質離官話音越來越遠，對與吳音字書《同文備考》的相似度影響不大，這更讓人堅信《玉篇直音》就是一本吳音字書的結論。

其次，確認共有性特徵。所謂區別性特徵，即能夠起到區別語音性質作用的典型語音特徵，簡言之便是方音有官話無或者官話有方音無的特徵。下面從質與量兩個角度來確認《玉篇直音》是否具有吳方音有官話音無的區別性特徵。

從質的角度而言，吳方音突出的區別性特徵便是聲母的“三級分法”。

趙元任[①]在討論現代吳方言的區域時指出：“廣義的吳語包括江蘇的東南部跟浙江的東北大半部。這吳語觀念的定義或這觀念的能否成立是要等詳細研究過後才能夠知道，現在暫定的‘工作的假設’就是，暫以有幫、滂、並，端、透、定，見、溪、群三級分法爲吳語的特徵。”許寶華[②]認爲：“這是趙氏從現代語言觀和語音學理出發，採用科學方法和先進的記音工具調查記錄古吳越之地 33 處方言之後歸納出來的結論。它源於語言事實，經得起實踐檢驗，因而爲語言學界所公認，至今顛撲不破，無可替代。”錢乃榮[③]亦持此論：“自此後研究吳語的學者都公認把塞音聲母能否分爲不送氣清音（如‘端’的聲母讀[t]）、送氣清音（如‘透’的聲母讀[t‘]）和濁音（如‘定’的聲母讀[d]）三類這條原則看作是區分吳語和非吳語的決定性的標準。”傅國通等諸位學者也認爲：“吳語最主要的特點是‘幫滂並、端透定、見溪群’三分。”[④]游汝傑[⑤]在綜合比較了趙元任、詹伯慧[⑥]、張琨[⑦]、《中國語言地圖集》[⑧]四家關於吳方言音韻特徵的界定後指出，唯有三級分法原則及“打讀德冷切”兩條是吳方音的區別性語音特徵。由此可見，趙元任的三級分法原則是目前學界所公認的斷定音系是否具有吳音性質的區別性標準。

《玉篇直音》音系中保留了全濁聲母，聲母系統中塞音聲母亦呈現出“幫、滂、並，端、透、定，見、溪、群”三級分法的格局。至於“打”字，無論是在《玉篇直音》的被注字中，還是注音字中，均未出現該字，至於其讀音，我們不得而知。不過僅從保留全濁聲母的角度，此與趙元任首倡的三分法原則相符，亦與學界所一致持有的吳方音的必備條

①趙元任. 現代吳語的研究[M]. 北京：商務印書館，2011：23.

②詳見《現代吳語的研究》书後許寶華跋文（2011：257）。

③錢乃榮. 當代吳語研究[M]. 上海：上海教育出版社，1992：1.

④傅國通，蔡勇飛，鮑士杰，等. 吳語的分區（稿）[J]. 方言，1986，(1)：1.

⑤游汝傑. 游汝傑自選集[M]. 桂林：廣西師範大學出版社，1999.

⑥詹伯慧. 現代漢語方言[M]. 武漢：湖北人民出版社，1981.

⑦張琨. 論吳語方言[J]. 歷史語言研究集刊，1985，(2).

⑧中國社會科學院，澳大利亞人文科學院. 中國語言地圖集[M]. 香港：朗文出版（遠東）有限公司，1987.

件一致，可見《玉篇直音》音系的確具有吳音特質。

參與比較的《韻略易通》《韻略匯通》均是官話韻書，因而沒有全濁聲母。《同文備考》是吳音字書，具有全濁聲母自在情理之中。《洪武正韻》是官話韻書，而聲母系統中卻保留了全濁聲母，這是“事出有因”的。目前對這一現象的看法，學界並不一致。寧忌浮認爲，“雖然也與吳音一致”，但應“視爲對舊韻書的遷就”。[①]黎新第[②]則認爲，《洪武正韻》是南方官話韻書，其全濁聲母的存在是明初南方官話聲母的實際特徵，葉寶奎也有相似看法。若真如寧先生之見，《洪武正韻》中的全濁聲母僅是一個符號而已，並不是有血有肉的實際讀音。若真如黎、葉先生之見，那麼至“15 世紀中期全濁聲母已經接近清化”[③]，至《玉篇直音》時代更不可能再有全濁聲母。據此看來，無論是哪一種觀點，都可證明《玉篇直音》與《洪武正韻》在保留全濁聲母這一特徵方面的本質是不同的。

上文討論既知《玉篇直音》具有吳方音的區別性特徵，下面再從量的角度全面把握《玉篇直音》具有的吳音特性。

表 5-1-1 中爲《韻略易通》《韻略匯通》所不具有而爲《同文備考》所具有的語音特徵有 14 條，分別是：聲①②⑤⑥⑦⑧⑩⑪⑫、韻②⑥⑫⑭、調④。此外，調①特徵（四聲八調的聲調系統）與參與比較的四書不全對應，也皆可納入量化的範圍。如此共計 15 條是爲官話音所不具有的語音特徵，下面將之與現代吳音（依據趙元任《現代吳語的研究》，簡稱“現”）及當代吳音（依據錢乃榮《當代吳語研究》，簡稱“當”）進行比較，檢驗其是否與之相吻合，比較內容詳見表 5-1-4。本表的使用方法同表 5-1-1。

表 5-1-4 《玉篇直音》語音特徵與現、當代吳音對照表

	聲母									韻母				聲調	
	①	②	⑤	⑥	⑦	⑧	⑩	⑪	⑫	②	⑥	⑫	⑭	①	④
現	+	+	+	+	+	+	*	–	+	+	+	+	+	+	+
當	+	+	+	+	+	+	+	+	+	+	+	+	+	+	+

上述 15 條區別性語音特徵幾乎皆能在現代吳音中得到印證，更是全部與當代吳音相吻合。[④]此外爲四書皆不具備的聲母特徵③（微母入明）④（曉匣與非奉不分）、韻母特徵③（歌模合流）⑤（麻韻齒音二、三等字不分）等 4 條特徵亦皆可在當代吳方音中得到印證。如此，《玉篇直音》共有 19 條吳方音特徵，從量的方面該書已將吳方音的特點較爲充分地表現出來，集中彰顯了明末清初時期的吳方言語音面貌。

需要說明的是，聲母特徵①⑤⑥⑦雖爲《韻略易通》《韻略匯通》所不具有，但卻爲《洪武正韻》所具備。特點①的性質在上文中已經詳論，茲略。至於特點⑤⑥⑦，作爲區

①寧忌浮. 洪武正韻研究[M]. 上海：上海辭書出版社，2003：151.
②黎新第. 明清時期的南方系官話方言及其語音特點[J]. 重慶師範大學學報（哲學社會科學版），1995,（4）.
③葉寶奎. 明清官話音系[M]. 廈門：廈門大學出版社，2001：175.
④《現代吳語的研究》不如《當代吳語研究》的相似數多，這並非是語音演變導致的，應該與研究者記音的全面與否有關。

别官話音的吳音特徵卻出現在《洪武正韻》中，亦不難理解。據寧忌浮研究，七十六韻本《洪武正韻》的總裁官及纂修者共五人，四人皆是吳人；八十韻本的編纂者共有四人，三位皆是吳人。“書中殘存一些吳音，在情理之中。”[①]如此說來，特點⑤⑥⑦是殘存在《洪武正韻》中的吳音成分，它的存在反向證明了《玉篇直音》具有吳音特徵。

上文所論的是吳方音有而官話音無的區别性特徵，通過質與量兩個層面的分析，足以證明《玉篇直音》是一部吳音字書。當然，在區别性特徵中還有吳方音無而官話音有的情況，比如聲母特徵⑨中微母併入影母的現象，這應是官話音的特點。在吳方音史上，中古微母很早既已與奉母合流，如成書於1366年的元代松江吳音文獻《南村輟耕錄》中“輕唇音只剩兩個：非、逢，即f、v”[②]。再如反映明末昆山吳音的《同文備考》以及清初杭州吳音的《諧聲品字箋》中皆是如此。微母在當代吳方言中有文白異讀現象，文讀多讀作v或β，白讀多讀作m，其併入影母中不合吳音特點。不過有意思的是，這種官話音的特點保留了下來，今海鹽吳音中“武舞”等微母字仍讀作零聲母，與絕大多數的吳方言點（多數讀v）讀法不同。

再如韻母特徵⑩（山、咸攝内部一、二等韻間無别），此條特徵與官話韻書《韻略匯通》相吻合，體現出《玉篇直音》的官話音色彩。

此外還有上述30條語音特徵中未列入的零星混注現象，如 “沒$^{明}_{沒}$音木$^{明}_{屋}$P15L7”“兀$^{疑}_{沒}$音屋$^{影}_{屋}$P45L8”“戌$^{心}_{術}$音宿$^{心}_{屋}$P171L7”“軮$^{影}_{養}$音仰$^{疑}_{養}$P76L9”等部分入聲字的注音關係不合於今海鹽吳音，與《韻略匯通》《五方元音》等吻合，亦帶有官話音色彩。還有“業”“恢”“岳”“吞”“甲”“雀”等字存在文白異讀現象。胡明揚[③]認爲，文讀音恰恰就是讀書念文章時的讀書音，這是在通語（官話或普通話）的影響下形成的特殊的讀音。上述所列諸字的文讀音正是官話音的體現，降低了《玉篇直音》音系吳音性質的純度。

綜上所論，經過完成排除與確認兩件工作，《玉篇直音》是一部吳音字書的結論完全成立。不過需再補加一句，其也帶有官話音色彩，但此類特徵爲數不多，影響不了《玉篇直音》的吳音性質。正如秦淑華所言，“《玉篇直音》基本屬於吳語音系”，但這“不是一個純粹的語音系統，而是一個‘雜’的語音系統，既有吳語本身的特點，也有官話甚至其他方言的折射”。[④]

最后，爲方音特徵定位。既已確認《玉篇直音》是一部吳音字書，那麼到底屬於哪個地方的吳方音呢？解鈴還須系鈴人，依據知人論世的思維，從編者的里籍入手探其方音也是一個可行的途徑。

《玉篇直音》的彙編者乃樊維城，訂閱者爲鄭端胤、姚士粦、劉祖鐘三人，除劉祖鐘生平無明確歷史記載外，樊維城、鄭端胤和姚士粦等三人皆有史可稽。首先來看“彙編”樊維城，

①寧忌浮. 漢語韻書史（明代卷）[M]. 上海：上海人民出版社，2009：52.

②魯國堯.《南村輟耕錄》與元代吳方言[A]. 見：魯國堯.魯國堯語言學論文集[C]. 南京：江蘇教育出版社，2003：224.

③胡明揚. 海鹽方言志[M]. 杭州：浙江人民出版社，1992：24-26.

④秦淑華.《玉篇直音》的語音系統[A].見：張渭毅.漢聲——漢語音韻學的繼承與創新（下）[C].北京：中國文史出版社，2011：377.

除了《玉篇直音》題名處提及樊維城乃湖北黄岡人外，《明史》中對之也有更加詳細的介紹：

（樊玉衡）子維城，舉萬曆四十七年進士。除海鹽知縣，遷禮部主事。天啟七年坐事謫上林苑典簿。……崇禎元年遷户部主事，進員外郎。歷泉州知府、福建副使。八年以大計罷歸。十六年，黄州城南門哭五日夜。衆知禍必至，傾城走，婦女多不及行。三月二十四日，張獻忠破黄岡，知縣孫自一、縣丞吴文燮死之。賊欲屈維城，抗聲大罵，刃洞胸而死。①

由此可見，樊維城作爲黄岡人氏與《玉篇直音》具有吴音特質並無直接的關係。此外，從歷史文獻的記錄來看，樊維城與《玉篇直音》也無直接的關係。據朱國祚《鹽邑志林序》云：

《鹽邑志林》者，邑大夫齊安樊公褒匯鹽之古今豪彦，注譔經子雜說，合吴晉唐宋至於昭代，凡若干種，用張兹邑著記之盛也。②

又云：

神廟直臣樊端公仲子亢宗以不受熱之冰心，懸不惹塵之神鏡，畢力在公，獨行其志。更自出其公情藻思緝修邑乘，遂有鄉紳胡德州孝轅以雪操霞譔，捉筆應之已。復搜訪英舊遺書，别有太學姚生士麟既與德州分捥，復與鄭茂才端胤、劉太學祖鐘各出秘本，訂緝《志林》。而鄭、劉亦各捐橐佐之。豈非前後諸公劌刿心腑，雕繪音詞，散落千載，若存若亡者十有六。朝一旦而遇我樊侯，編以衛民之手，鍥以養廉之俸，俾先民後喆猶處同堂，攬昔證今，比聲角艷。從此人皆知鹽代有才譔如此。③

據此可知：①《鹽邑志林》叢書乃海鹽籍文人的舊作，樊維城等人僅是匯總、訂閱。换言之，這些鹽邑文獻資料並非是樊維城等人編出、造出的，而是有所傳承。《玉篇直音》當然也不例外，其舊本已存在，乃海鹽籍的文人託名顧野王編寫的一本識字材料。②樊維城作爲海鹽縣令在《鹽邑志林》叢書的編訂方面擔任的是領導角色，負責一些例如編訂人員的召集、叢書名目的徵集等宏觀事宜，並不參與具體的工作。所以我們看到的是，叢書中的每一本文獻不變的是卷首總是題寫“明黄岡樊維城彙編”“黄岡後學樊維城彙編”等字樣，而不斷更改的則是訂閱人。除了主要訂閱人鄭端胤、姚士麟、劉祖鐘三人外，還有胡震亨、黄士龍、劉祖錫、胡夏客、鄭宸敷等人。也就是說，樊維城的身份相當於當今社會的策劃、贊助或者編委會主任之類的角色，他並不負責書中具體内容的考訂，而真正參與每輯之具體編寫訂閱工作的則是這些不斷變化的訂閱人。所以，《玉篇直音》作爲《鹽邑志林》中的重要文獻，並未受到樊維城的直接影響。相反，爲《玉篇直音》音系帶來吴音特質的恰恰是以鄭端胤、姚士麟爲代表的海鹽人。

正如上文所言，《玉篇直音》本身乃海鹽人舊作，因而被收入《鹽邑志林》叢書之中。後期爲之訂閱的有鄭端胤、姚士麟等人。

鄭端胤，清代文獻中亦作鄭端允。據《四庫全書總目提要》：“端允字思孟，海鹽人，

①[清]張廷玉，等. 明史·樊玉衡傳[M]. 北京：中華書局，1974：6085.

②[明]朱國祚.《鹽邑志林》序[A]. [明]樊維城. 鹽邑志林（景明刻本）[G]. 上海涵芬樓影印明刻本，1937：11-12.

③[明]朱國祚.《鹽邑志林》序[A]. [明]樊維城. 鹽邑志林（景明刻本）[G]. 上海涵芬樓影印明刻本，1937：21-25.

鄭曉之曾孫也。”[①]另據《光緒海鹽縣志》:

鄭端允，字思孟，天啟丁卯歲貢，家傳藏書甚富，好學老而不倦，所著有《培壘錄》諸書。胡震亨、姚士粦纂修邑志，裨益良多。《鹽邑志林》藝文前編板藏其家。厚德好施，不言人過，伏謁先世丙舍，必布衣以祭曰：‘毋忘前人儉德也。’考授幕職，不樂就，年八十而終。[②]

據此可知，鄭端胤（允）乃浙江海鹽縣人，曾祖父乃明中後期大儒鄭曉，其家學篤厚。至於姚士麟，文獻資料中亦作姚士粦。除上文言及的與胡震亨“纂修志邑”外，另據《孤本明代人物小傳》，“士粦，字叔祥，海鹽人，國子監生，有《蒙吉堂詩集》”[③]。此外《光緒海鹽縣志》云:

姚士粦，字叔祥，庠生。與胡震亨同學，以奧博相尚。搜羅秦漢以來遺文，撰秘册匪函跋尾，各爲考據，具有原委。南祭酒馮夢禎校刻南北諸史，多出其手。知縣樊維城聘修邑志，多所考訂，年八十餘卒。[④]

據此可知，姚士麟（粦）也是浙江海鹽縣人。綜合來看，鄭端胤與姚士麟二人皆爲浙江海鹽人。關於劉祖鍾，秦淑華[⑤]則根據《海鹽縣圖經》中所載其父劉世挺乃萬曆丁丑進士推得其也是海鹽人。綜上可知，《玉篇直音》的訂閱者全部爲海鹽吳人。

今海鹽縣在行政上隸屬於浙江省，屬於吳方言的地域範圍。海鹽方言屬於吳方言太湖片蘇滬嘉小片。既是如此，經由海鹽籍鄭端胤與姚士麟二人訂閱的《玉篇直音》含有吳音的特徵也便是順理成章的事情了。

據傅國通等諸學者研究[⑥]，蘇滬嘉小片的語音特點如下：①澄從兩母多讀[z]。②臻攝合口三等知章組字變開口。③唐陽江韻多讀鼻化韻。④歌戈韻與模韻多混。⑤麻韻開口三等章組字與二等幫知莊組字同韻，與見系不同韻。⑥侯韻、尤韻知系，多數讀單母音，少數讀[ɤɯ]。⑦仙韻合口精知章組字不讀[y]介音。⑧“嘴”字多讀[ɿ]韻。⑨“魚”字白讀多讀[ŋ̍]。⑩“梳”字白讀多讀[ɿ]韻或[ʮ]韻。⑪咍韻與談寒韻多混。

依據《玉篇直音》的音系特徵來看，傅文所列的 11 條語音特徵中，①②④⑤⑦⑧等特點在其中皆有體現，不過特徵①在《玉篇直音》中表現爲澄、從、邪三母的混同，此時讀[z]，但是並不代表澄、從兩母多讀[z]的情況。⑤僅是局部小範圍的混注，尚未出現大面積的合流。傅文所列的 11 條特徵，《玉篇直音》具備了 6 個，占半數有餘。由此觀之，今吳方音太湖片蘇滬嘉小片的音韻區別特徵在明末之際的《玉篇直音》中已經小具規模了。因此我們可以推知，《玉篇直音》所反映的四百年前的海鹽吳音也已是蘇滬嘉小片的下位方言了。

---

①[清]紀昀. 四庫全書總目提要·子部·雜家類（卷一百三十二）[M]. 石家莊：河北人民出版社，2000：3385。另以“允”代“胤”，乃避清世宗愛新覺羅·胤禛名諱。據王彥坤先生：“清代書籍以‘允’代‘胤’之例極爲常見。”（王彥坤. 歷代避諱字彙典[M]. 鄭州：中州古籍出版社，1997：553-554. ）“《明史》張佳允、申佳允、堵允錫，《進士題名碑》本作‘胤’。”《四庫全書》《光緒海鹽縣志》等清代文獻中將“鄭端胤”作“鄭端允”應是如此。

②[清]王彬. 光緒海鹽縣志（人物·孝義）[M]. 中國地方志集成·浙江府縣志輯. 上海：上海書店，1993：935.

③[清]曹溶. 孤本明代人物小傳（卷三）[M]. 全國圖書馆文献縮微中心，2003：195.

④[清]王彬. 光緒海鹽縣志（人物·文苑）[M]. 中國地方志集成·浙江府縣志輯. 上海：上海書店，1993：897.

⑤秦淑華.《玉篇直音》的音系[M]. 新北：花木蘭文化出版社，2014：2-3.

⑥傅國通，蔡勇飛，鮑士杰，等. 吳語的分區（稿）[J]. 方言，1986，(1)：3-4.

至於其中又夾雜了官話音的成分，或許與當時的文化環境有關。明代中後期，南戲較爲興盛，其四大唱腔之一海鹽腔頗受京城（今北京和南京）地區的觀眾的重視與喜愛。清順治年間張牧《笠澤隨筆》載："萬曆以前，士大夫宴集，多用海鹽戲文娛賓客……若用弋陽、余姚則不敬。"[①]明末江寧人顧起元在《客座贅語》中評價說："海鹽多官語，兩京人用之。"[②]顧氏所言解釋了京城地區的觀眾重視、喜愛海鹽唱腔的主要原因在於海鹽腔使用官話。鄭、姚之類的社會名士生活在這種環境中，其語音難免會受到官話音的影響或滲透。如此，由海鹽人訂閱的鹽邑舊作《玉篇直音》中帶有官話音成分也是自在情理之中。這種官話音成分因使用群體多爲社會名士，故而可以被視爲讀書音性質。秦淑華[③]認爲"這是一種海鹽普通話"，"可以稱之爲鹽官話"。

5.2 《玉篇直音》語音的歷史演變

上文已經明確了《玉篇直音》音系的海鹽吳音性質。自《玉篇直音》至今歷時四百年左右，我們可以在古今的語音比較中梳理一下海鹽吳音的歷史演變。首先需要了解今海鹽吳音的語音系統。

5.2.1 今海鹽吳音的語音系統

據胡明揚[④]研究，今海鹽吳音有聲母 25 個，韻母 42 個，聲調 8 個。關於聲韻調三方面的具體內容，詳見表 5-2-1～表 5-2-3。

表 5-2-1 今海鹽吳音聲母表

方法 \ 部位			雙唇音	唇齒音	舌尖前音	舌尖中音	舌面前音	舌面後音	喉音
塞音	清	不送氣	p			t		k	
		送氣	p‘			t‘		k‘	
	濁	不送氣	b			d		g	
塞擦音	清	不送氣			ts		tɕ		
		送氣			ts‘		tɕ‘		
	濁	不送氣					dʑ		
擦音	清	不送氣		f	s		ɕ		h
	濁			v	z				ɦ
鼻音	濁		m			n			
邊音	濁					l			

除了表 5-2-1 中的 24 個聲母外，此外還有 1 個零聲母 ∅，共計 25 個。此外，鼻音 n

①轉引自：陶慕寧. 明教坊演劇考[J]. 南開學報，1999，(6)：108。
②[明]陸粲，顧起元. 庚巳編　客座贅語[M]. 北京：中華書局，1987：303.
③秦淑華.《玉篇直音》的音系[M]. 新北：花木蘭文化出版社，2014：305.
④胡明揚. 海鹽方言志[M]. 杭州：浙江人民出版社，1992：12-13.

母還有一個變體 ȵ。

表 5-2-2 今海鹽吳音韻母表

類型 \ 韻母	開口呼	齊齒呼	合口呼	撮口呼
口韻母	ɿ	i	u	y
	e		ue	
	ɛ	iɛ	uɛ	
	a	ia	ua	
	ə		uə	yə
	ɔ	iɔ		
	o			
		iɤ		
鼻韻母	ən	i（ə）n	u（ə）n	y（ə）n
鼻化韻	ã	iã	uã	
	ɔ̃	iɔ̃	uɔ̃	
	õ	iõ		
入聲韻	aʔ	iaʔ	uaʔ	
	əʔ	i（ə）ʔ		
	oʔ	ioʔ		
零韻母[①]	m̩、ŋ̍、l̩、v̩			

表 5-2-3 今海鹽吳音聲調表

調類	陰平	陽平	陰上	陽上	陰去	陽去	陰入	陽入
調值	51	31	343	232	35	213	5	2

了解到今海鹽吳音的語音面貌後，將《玉篇直音》語音系統與之相比較，來了解四百年來海鹽吳音的歷史演變情況。本節中提到的今海鹽吳音讀音，如無特殊說明的話均依據《海鹽方言志》[②]。

5.2.2 四百年來海鹽吳音的歷史演變

首先從微觀角度對聲、韻兩個方面在四百年間發生的重要語音現象進行描述，接下來再從宏觀角度歸納歷史演變過程中呈現的特徵。

5.2.2.1 聲母的演變

在聲母方面，《玉篇直音》有 30 個，今海鹽吳音有 25 個，減少了 5 個，即微（ʋ）、從（ʥ）、禪（ʑ）、疑（ŋ）、喻（j）。歷經四百年，海鹽吳音的聲母發生了以下變化。

①此處沿用胡明揚先生的稱謂。海鹽吳音中的零韻母，實質上就是聲化韻現象。因此下文非直接引用時皆稱爲聲化韻。

②胡明揚. 海鹽方言志[M]. 杭州：浙江人民出版社，1992.

（1）微母分化，多數併入奉母，少數讀作明母。

在唇音聲母的討論中既知（詳見 3.2 節），95 個[①]中古微母被注字在《玉篇直音》中兵分四路，除了併入奉（22 個）、明（8 個）、影（30 個）母字外，尚有 35 個微母字是獨立的，窮盡列舉如下（不計重文）：

溦$^{明}_{微}$薇$^{明}_{微}$微$^{明}_{微}$⿰山尾$^{明}_{尾}$娓$^{明}_{尾}$亹$^{明}_{尾}$尾$^{明}_{尾}$⿰山未$^{明}_{未}$味$^{明}_{未}$未$^{明}_{未}$；毋$^{明}_{虞}$瞴$^{明}_{虞}$璑$^{明}_{虞}$蕪$^{明}_{虞}$鵐$^{明}_{虞}$䍢$^{明}_{虞}$無$^{明}_{虞}$誣$^{明}_{虞}$譕$^{明}_{虞}$巫$^{明}_{虞}$鵡$^{明}_{麌}$䳇$^{明}_{麌}$；

汶$^{明}_{問}$璺$^{明}_{問}$⿱釁缶$^{明}_{問}$問$^{明}_{問}$；輓$^{明}_{阮}$挽$^{明}_{阮}$；韈$^{明}_{月}$襪$^{明}_{月}$；忘$^{明}_{陽}$⿱宀亡$^{明}_{陽}$亡$^{明}_{陽}$⿰亡止$^{明}_{漾}$望$^{明}_{漾}$⿱亡王$^{明}_{漾}$朢$^{明}_{漾}$亡去$^{明}_{漾}$

上文我們已經論過，微母入影帶有官話音色彩，討論海鹽吳音的歷史演變，可將之排除在外。中古微母在《玉篇直音》中併入奉母（微母讀 v）、微明二母不分（微母讀 m）均是吳音的特點，與今海鹽吳音相吻合，體現出語音特徵的傳承性。另有三分之一强的微母字自成一類（讀 ʋ），這是古今不同之處。而在今海鹽吳音中，《玉篇直音》中讀 ʋ 的這些微母字多數與奉母字合流，讀作 v 音；少數與明母合流，讀作 m 音；還有個別 v、m 異讀。我們以《海鹽方言志》[②]的調查爲例，上列例字讀音的變化有以下 4 種：

①ʋ→v：微尾汶問亡忘望（7 個）

②ʋ→m：璺襪（2 個）

③ʋ→v 又 ʋ→m：未味（2 個）

④ʋ→v 又 ʋ→ṿ：無毋（2 個）

上述③④兩種讀音是指例字的今音有兩種讀音，比如“未味”的聲母今音既讀 v，又讀 m；“無毋”二字的聲母今音既讀 v，又讀 ṿ。據《海鹽方言志》來看，所列例字併入奉母（讀 v 音）的占多數，如果算上異讀音的話，共計 11 個字，占 84.62%（11/13）；即便不計入異讀音的字，也有純粹讀 v 的 7 個字，占半數以上。另有 2 個字純粹併入明母（讀 m 音），如計入異讀音的字（2 個），共計 4 個併入明母，這成爲演變的另一個主要方向。還有 2 個字（無$^{微}_{虞}$毋$^{微}_{虞}$）存在聲化韻 ṿ 的讀音，這些字皆爲中古遇攝字，此外還有“武$^{微}_{麌}$舞$^{微}_{麌}$侮$^{微}_{麌}$霧$^{微}_{遇}$”（此 4 字在《玉篇直音》中與影母合流，讀作零聲母）等。“無毋”二字的 ṿ 音應是合口韻母 u 脫落所致；“武舞侮霧”四字本讀零聲母，後變讀 ṿ，當是類推作用使然。

總體而言，《玉篇直音》的微母字多數與奉母合流，少數與明母合流，四百年來持續演變《玉篇直音》中既有的入奉、入明的模式，時至今日徹底完成。

（2）齒音聲母進一步合流。

中古時期齒音精、知、莊、章四組聲母在《玉篇直音》中重組爲兩組聲母，即知$_{二}$、莊、精組合流，重組爲精組（即精清從心邪五母），讀作 ʦ 組；知$_{三}$、章組聲母合流，重組爲章組（即章昌澄書禪五母），讀作 ʨ 組。不過四百年來兩組字又有了新的組合：

①章組魚虞部字及個別先添部字（中古鹽韻字）、屋燭部字今仍自成一類，與《玉篇

①實爲 96 個，其中 1 例乃微非混注：勿$^{微}_{物}$音弗$^{非}_{物}$P184L5。弗可能是勿的訓讀音，且僅此 1 例，此處未計入。

②胡明揚. 海鹽方言志[M]. 杭州：浙江人民出版社，1992.

直音》一樣，讀作舌面音 ʨ 組，如表 5-2-4 所示。

表 5-2-4 部分例字的古今讀音比較表

例字	《玉篇直音》		今海鹽吳音
	韻部	音值	
朱$^{章}_{虞}$諸$^{章}_{魚}$主$^{章}_{麌}$煮$^{章}_{語}$注$^{章}_{遇}$著$^{知}_{御}$	魚虞	ʨy	ʨy
樞$^{昌}_{虞}$處$^{昌}_{御}$		ʨʻy	ʨʻy
廚$^{澄}_{虞}$除$^{澄}_{魚}$殊$^{禪}_{虞}$儒$^{日}_{虞}$柱$^{澄}_{麌}$乳$^{日}_{麌}$署$^{禪}_{御}$樹$^{禪}_{遇}$		ʥy	ʥy
書$^{書}_{魚}$舒$^{書}_{魚}$鼠$^{書}_{語}$暑$^{書}_{語}$恕$^{書}_{御}$庶$^{書}_{御}$		ɕy	ɕy
占$^{章}_{鹽}$	先添	ʨiɛn	ʨiɛ
閃$^{書}_{琰}$		ɕiɛn	ɕiɛ
軸$^{澄}_{屋}$逐$^{澄}_{屋}$	屋燭	ʥyʔ	ʥioʔ

表 5-2-4 中例字的聲母讀音四百年間未發生變化，這是古今一致之處，暫且不論。

②除了上述字之外的章組字已與精組字合流，一併讀成了 ʦ 組。我們窮盡列舉所有的類，讀音如表 5-2-5 所示。爲方便例字與《玉篇直音》、今海鹽吳音讀音的準確對應，表中使用“/”號用以區分。如“錐$^{章}_{脂}$追$^{知}_{脂}$/吹$^{昌}_{支}$/誰$^{禪}_{脂}$槌$^{澄}_{脂}$/稅$^{書}_{祭}$/芮$^{日}_{祭}$”的《玉篇直音》讀音作“ʨyei/ʨʻyei/ʥyei/ɕyei/ʑyei”，其對應關係爲：“錐$^{章}_{脂}$追$^{知}_{脂}$”讀 ʨyei、“吹$^{昌}_{支}$”讀 ʨʻyei、“誰$^{禪}_{脂}$槌$^{澄}_{脂}$”讀 ʥyei、“稅$^{書}_{祭}$”讀 ɕyei、“芮$^{日}_{祭}$”讀 ʑyei。餘則類推。

表 5-2-5 《玉篇直音》章組字的古今讀音比較表

例字	《玉篇直音》		今海鹽吳音
	韻部	音值	
旨$^{章}_{旨}$智$^{知}_{寘}$/癡$^{徹}_{之}$蚩$^{昌}_{之}$/池$^{澄}_{支}$/世$^{書}_{祭}$/時$^{禪}_{之}$	支思	ʧʅ/ʧʻʅ/ʤʅ/ʃʅ/ʒʅ①	ʦɿ/ʦʻɿ/zɿ/sɿ/zɿ
旨$^{章}_{旨}$/侈$^{昌}_{紙}$	齊微	ʨi/ʨʻi	ʦɿ/ʦʻɿ
錐$^{章}_{脂}$追$^{知}_{脂}$/吹$^{昌}_{支}$/誰$^{禪}_{脂}$槌$^{澄}_{脂}$/稅$^{書}_{祭}$/芮$^{日}_{祭}$		ʨyei/ʨʻyei/ʥyei/ɕyei/ʑyei	ʦe/ʦʻe/ze/se/ze
招$^{章}_{宵}$朝$^{知}_{宵}$/超$^{徹}_{宵}$鈔$^{集:}_{昌小}$/潮$^{澄}_{宵}$/燒$^{書}_{宵}$/饒$^{日}_{宵}$紹$^{禪}_{小}$	蕭豪	ʨiau/ʨʻiau/ʥiau/ɕiau /ʑiau	ʦɔ /ʦʻɔ /zɔ /sɔ /zɔ
遮$^{章}_{麻}$蔗$^{章}_{禡}$/車$^{昌}_{麻}$/賒$^{書}_{麻}$舍$^{書}_{馬}$/蛇$^{船}_{麻}$/社$^{禪}_{馬}$	車遮	ʨiɛ/ʨʻiɛ/ɕiɛ/ʑiɛ/ʑiɛ	ʦo/ʦʻo/so/zo/zə
舟$^{章}_{尤}$肘$^{知}_{有}$/丑$^{徹}_{有}$臭$^{昌}_{宥}$/籌$^{澄}_{尤}$酬$^{禪}_{尤}$/收$^{書}_{尤}$/柔$^{日}_{尤}$	尤侯	ʨiəu/ʨʻiəu/ʥiəu/ɕiəu/ʑiəu	ʦe/ʦʻe/ze/se/ze
終$^{章}_{東}$中$^{知}_{東}$/充$^{昌}_{東}$寵$^{徹}_{腫}$/虫$^{澄}_{東}$/舂$^{書}_{鍾}$/戎$^{日}_{東}$冗$^{日}_{腫}$	東鍾	ʨyŋ/ʨʻyŋ/ʥyŋ/ɕyŋ/ʑyŋ	ʦõ/ʦʻõ/zõ/ʦ′õ/zõ
章$^{章}_{陽}$張$^{知}_{陽}$/暢$^{徹}_{漾}$唱$^{昌}_{漾}$/長$^{澄}_{陽}$/傷$^{書}_{陽}$/常$^{禪}_{陽}$	江陽	ʨiɑŋ/ʨʻiɑŋ/ʥiɑŋ/ɕiɑŋ/ʑiɑŋ	ʦã/ʦʻã/zã/sã/zã
針$^{章}_{侵}$珍$^{知}_{真}$/趁$^{徹}_{震}$秤$^{昌}_{證}$/陳$^{澄}_{真}$/身$^{書}_{真}$/人$^{日}_{真}$腎$^{禪}_{軫}$	真侵	ʨiən/ʨʻiən/ʥiən/ɕiən/ʑiən	ʦən/ʦʻən/zən/sən/zən
諄$^{章}_{諄}$/春$^{昌}_{諄}$椿$^{徹}_{諄}$/舜$^{書}_{稕}$/純$^{禪}_{諄}$鶉$^{禪}_{諄}$		ʨyən/ʨʻyən/ɕyən/ʑyən	ʦən/ʦʻən/sən/zən
征$^{章}_{清}$貞$^{知}_{清}$/蟶$^{徹}_{清}$称$^{昌}_{蒸}$/呈$^{澄}_{清}$繩$^{船}_{蒸}$丞$^{禪}_{蒸}$/聖$^{書}_{勁}$/仍$^{日}_{蒸}$	庚蒸	ʨiəŋ /ʨʻiəŋ /ʥiəŋ /ɕiəŋ /ʑiəŋ	ʦən/ʦʻən/zən/sən/zən
專$^{章}_{仙}$沾$^{知}_{鹽}$/川$^{昌}_{仙}$/船$^{船}_{仙}$椽$^{澄}_{仙}$禪$^{禪}_{仙}$/扇$^{書}_{仙}$陝$^{書}_{琰}$/善$^{禪}_{獮}$	先添	ʨiɛn/ʨʻiɛn/ʥiɛn/ɕiɛn/ʑiɛn	ʦə/ʦʻə/zə/sə/zə
竹$^{知}_{屋}$祝$^{章}_{屋}$/觸$^{昌}_{燭}$/濯$^{澄}_{覺}$濁$^{澄}_{覺}$/叔$^{書}_{屋}$/辱$^{日}_{燭}$孰$^{禪}_{屋}$	屋燭	ʨyʔ/ʨʻyʔ/ʥyʔ/ɕyʔ/ʑyʔ	ʦoʔ/ʦʻoʔ/zoʔ/soʔ/zoʔ
卓$^{知}_{覺}$/綽$^{昌}_{藥}$/爍$^{書}_{藥}$/弱$^{日}_{藥}$	覺藥	ʨiɑʔ/ʨʻiɑʔ/ɕiɑʔ/ʑiɑʔ	ʦoʔ/ʦʻoʔ/saʔ/zaʔ

①支思部池類字與支思部資類字（聲母讀 ʦ 組）對立，這不僅是韻母發音有前後之别，其聲母也應不同。又因這些字與齊微部利類中的章組字（只$^{章}_{支}$旨$^{章}_{旨}$侈$^{昌}_{紙}$，聲母讀 ʨ 組）也是對立的。鑒於此，我們暫定這些字的聲母爲 ʧ 組，可視爲章組向精組演變的中間階段。

續表

例字	《玉篇直音》		今海鹽吳音
	韻部	音值	
質$^{章}_{質}$窒$^{知}_{質}$/赤$^{昌}_{昔}$/直$^{澄}_{職}$/失$^{書}_{質}$/入$^{日}_{緝}$石$^{禪}_{昔}$實$^{船}_{質}$	德質	tɕiəʔ/tɕʻiəʔ/dʑiəʔ/ɕiəʔ/ʑiəʔ	tsəʔ/tsʻəʔ/zəʔ/səʔ/zəʔ
出$^{昌}_{術}$黜$^{徹}_{術}$		tɕʻyəʔ	tsʻəʔ
折$^{章}_{薛}$哲$^{知}_{薛}$/撤$^{徹}_{薛}$/設$^{書}_{薛}$/熱$^{日}_{薛}$舌$^{船}_{薛}$折$^{禪}_{薛}$	曷葉	tɕiaʔ/tɕʻiaʔ/ɕiaʔ/ʑiaʔ	tsəʔ/tsʻəʔ/səʔ/zəʔ
拙$^{章}_{薛}$		tɕyɛʔ	tsʻəʔ

表 5-2-5 中的例字代表了除魚虞部外的整個《玉篇直音》章組字類的分佈，通過對比發現，它們今天全部讀成了舌尖前音聲母，這表明原《玉篇直音》中除了表 5-2-4 中所列的整組的魚虞部字及個別的先添、屋燭部字外，其餘的所有章組字已經全部併入精組字中。

其實，這種合流之勢在《玉篇直音》中既已產生，在第 2 章齒音聲母的討論中已經論及，有 26 例章組字讀成了精組。所涉及的章組字來源很全，章、昌、船、書、禪等聲母皆有；就韻而言，僅止攝字就有 15 個，占混注總數的 57.69%（15/26）。這說明在精、章二組聲母合流的進程中，章組止攝字走在了前列。

與《玉篇直音》類似，《同文備考》反映的 16 世紀中葉的昆山吳音中精莊組與知章組呈對立之勢，分爲兩組；反映 17 世紀中葉杭州吳音的《諧聲品字箋》中精、知莊章組聲母呈對立之勢，也是分爲兩組。然而在《當代吳語研究》所記錄的今昆山吳音、杭州吳音中，中古精、莊、知、章四組聲母已經合併成一組聲母。綜合《同文備考》《玉篇直音》《諧聲品字箋》可以看出，在 16—17 世紀的吳音（北部）中，無論精、知、莊、章四組聲母以怎樣的方式合流，以精、章爲中心的對立格局仍然存在，不過在之後的三四百年時間裏，章組併入精組的範圍越來越大，章組逐漸消亡。不僅今昆山、海鹽、杭州等吳音，常州、寶山、上海、吳江、嘉興、余姚等地皆是如此。

齒音聲母的合流中最複雜的還屬全濁聲母的合流。《玉篇直音》中的全濁齒音聲母共計 4 個，即從 dz、邪 z、澄 dʑ、禪 ʑ，但是今海鹽吳音僅有 dʑ、z 兩個全濁聲母，dz、ʑ 二母消失，其演變的條件是：

①《玉篇直音》禪（ʑ）母魚虞部字聲母塞音化，讀同澄母 dʑ，即 ʑ→dʑ。如下列例字讀音：

禪母：殊$^{禪}_{虞}$dʑy、樹$^{禪}_{遇}$dʑy、如$^{日}_{魚}$dʑy、儒$^{日}_{虞}$dʑy、汝$^{日}_{語}$dʑy、乳$^{日}_{麌}$dʑy

澄母：廚$^{澄}_{虞}$dʑy、除$^{澄}_{魚}$dʑy、柱$^{澄}_{麌}$dʑy、住$^{澄}_{遇}$dʑy、署$^{禪}_{御}$dʑy、薯$^{禪}_{御}$dʑy

較之禪母魚虞部字而言，澄母魚虞部字的讀音古今未變。

②除魚虞部字外，其餘的澄（dʑ）、禪（ʑ）母字聲母皆舌尖化，變讀 z 聲母，即 dʑ→z、ʑ→z，如下列例字讀音：

澄母：池$^{澄}_{支}$zɿ、墜$^{澄}_{至}$ze、朝$^{澄}_{宵}$zɔ、宙$^{澄}_{宥}$ze、陳$^{澄}_{真}$zən、呈$^{澄}_{清}$zən、乘$^{船}_{蒸}$zən、成$^{禪}_{清}$zən、丈$^{澄}_{養}$zã、仲$^{澄}_{送}$zõ

禪母：時禪之zɿ、蕊日紙ze、垂禪支ze、酬禪尤ze、紹禪小zɔ、擾日小zɔ、晨禪真zən、刃日震zən、閏日稕zən、順船稕zən、常禪陽zã、讓日漾zã、戎日東zõ、芍禪藥zaʔ、弱日藥zaʔ、熟禪屋zoʔ、辱日燭zoʔ、術船術zəʔ、實船質zəʔ

③《玉篇直音》的從（dz）、邪（z）二母細音字，聲母今皆腭化作舌面音 dʑ，如下例字讀音：

從母：齊從齊dʑi、前從先dʑiɛ、潛從鹽dʑiɛ、樵從宵dʑiɔ、晴從清dʑin、秦從真dʑin、牆從陽dʑiã、嚼從藥dʑiaʔ、截從屑dʑiʔ、疾從質dʑiʔ、集從緝dʑiʔ、捷從葉dʑiʔ、籍從昔dʑiʔ

邪母：斜邪麻dʑia、旋邪仙dʑiɛ、尋邪侵dʑin、旬邪諄dʑin、燼邪震dʑin、詳邪陽dʑiã、席邪昔dʑiʔ、習邪dʑiʔ

此類音變在《玉篇直音》中已初露端倪，如"豎從遇趣從遇聚從麌序邪語緒邪語阡邪語漵邪語藇邪語芧邪語鱮邪語敘邪語"與"署禪御"音同，這是聲母發生腭化音變的結果。只不過《玉篇直音》中從、邪母的腭化僅限於遇攝三等字，而今海鹽吳音則超過遇攝的範圍，已覆蓋了所有的細音字。從母由塞擦音 dz 發生腭化演變爲塞擦音 dʑ，發音方法前後未變。邪母發生腭化，也變爲塞擦音 dʑ，由舌尖擦音變爲舌面塞擦音，非直接音變，其中間應該經歷了先演變爲同部位的塞擦音從母後，再與從母一起發生腭化，《玉篇直音》中有部分中古邪母字併入從母字中可以爲證。邪母腭化的過程可記爲：z→dz→dʑ。

④至於《玉篇直音》中的從母開、合口字以及餘下的邪母字今皆讀作 z，如：

從母：字從志zɿ、柴崇佳zɛ、罪從賄ze、曹從豪zɔ、巢崇肴zɔ、殘從寒zɛ、綻澄襉zɛ、潺崇山zɛ、存從魂zən、藏從唐zõ、狀崇漾zõ、曾從登zən、從從鍾zõ、撞澄絳zõ、宅澄陌zaʔ、濁澄覺zoʔ、族從屋zoʔ、雜從合zaʔ

邪母：似邪止zɿ、遂邪至ze、誦邪用zõ、俗邪燭zoʔ、續邪燭zoʔ

從母開、合口字聲母擦音化讀同邪母洪音字的現象（即 dz→z）在《玉篇直音》中已有表現，如"族從屋炭玉：從屋鏃集：從屋鷟崇覺"與"俗邪燭續邪燭藚邪燭"音同；"漬從寘殰從寘髊從寘胔從寘髊從寘自從至姊從至字從志牸從志庛崇止竢崇止"與"祠邪之似邪止洍邪止姒邪止兕邪止汜邪止氾邪止祀邪止耜邪止佀邪止鈶邪止飼邪志飤邪志俟崇止涘崇止"音同。不過《玉篇直音》中僅限於止攝開口字，而今天的海鹽吳音則已覆蓋了所有的從母洪音字。

綜觀全濁齒音聲母的分合現象可知，塞擦音擦音化（即 dʑ→z 及 dz→z）及舌尖聲母腭化（dz→dʑ 及 z→dʑ）是全濁齒音聲母數量減少的重要原因和主要方式。

（3）精組細音字幾近全面腭化。

在齒音聲母的討論中，既知部分從母麌遇韻字（聚從麌豎從遇趣從遇）及邪母語韻字（漵邪語緒邪語藇邪語芧邪語鱮邪語緒邪語阡邪語敘邪語序邪語）與禪母字"署禪御"同音，且仍可在今海鹽吳音中印證，這表明此類字的聲母在明末之際已經腭化爲舌面音了。除此之外，也有部分心母細音字與曉母字"儇曉仙昊曉錫"音同，此類字如下（不計重文）：

①宣心仙揎心仙瑄心仙鶣心仙

②昔心昔唶心昔腊心昔焟心昔惜心昔鵲心昔舄心昔磶心昔踖邪昔；息心職熄心職鄎心職膓心職瘜心職鎴心職鵖心職；析心錫噺心錫蜥心錫淅心錫霹心錫裼心錫緆心錫錫心錫；膝心質膝心質；恤心術衈心術䘏心術戌心術珬心術

上述字共計 35 個，心曉母字混注的實質乃心母字的聲母發生腭化音變讀成舌面音 ɕ（此問題在第 2 章齒音聲母的討論中已論及，可參見）。此與上述 12 個從、邪母字一起共計 47 個，皆爲精組齊齒或者撮口細音字，從韻的角度來看主要來自魚虞部、先添部及德質部，《玉篇直音》中發生腭化音變的精組細音字僅限於此。

而在今海鹽吳音中，《玉篇直音》中讀作齊齒或者撮口的細音字，其聲母幾乎皆由 ts 組讀作 tɕ 組，我們窮盡列舉所有的類，如表 5-2-6 所示。本表的閱讀方法同表 5-2-5，可參見；本表中的尤侯部字讀音還參照了《海鹽方言研究》①。

表 5-2-6　《玉篇直音》精組細音字的古今讀音比較表

例字	《玉篇直音》		今海鹽吳音
	韻部	音值	
祭$^{精}_{祭}$/妻$^{清}_{齊}$/齊$^{從}_{齊}$/徙$^{心}_{紙}$西$^{心}_{齊}$絮$^{心}_{御}$	齊微	tsi/ts‘i/dzi/si	tɕi/tɕ‘i/dʑi/ɕi
取$^{清}_{麌}$/須$^{心}_{虞}$胥$^{心}_{語}$/徐$^{邪}_{魚}$	魚虞	ts‘y/sy/zy	tɕ‘y/ɕy/dʑi
焦$^{精}_{宵}$/悄$^{清}_{小}$/憔$^{從}_{宵}$/巢$^{崇}_{肴}$/宵$^{心}_{宵}$蕭$^{心}_{蕭}$	蕭豪	tsiau/ts‘iau/dziau/dziau/ɕiau	tɕiɔ/tɕ‘iɔ/dʑiɔ/ɕiɔ
寫$^{心}_{馬}$/斜$^{邪}_{麻}$	車遮	siɛ/ziɛ	dʑia/ɕia
將$^{精}_{陽}$/槍$^{清}_{陽}$/墻$^{從}_{陽}$/相$^{心}_{陽}$/詳$^{邪}_{陽}$	江陽	tsiaŋ/ts‘iaŋ/dziaŋ/siaŋ/ziaŋ	tɕiã/tɕ‘iã/dʑiã/ɕiã/dʑiã
精$^{精}_{清}$/親$^{清}_{真}$/盡$^{從}_{軫}$/心$^{心}_{侵}$/尋$^{邪}_{侵}$	真侵	tsiən/ts‘iən/dziən/siən/ziən	tɕin/tɕ‘in/dʑin/ɕin/dʑin
峻$^{心}_{稕}$		syən	tɕyn
清$^{清}_{清}$/晴$^{從}_{清}$/星$^{心}_{青}$	庚蒸	ts‘iəŋ/dziəŋ /siəŋ	tɕ‘in/dʑin/ɕin
尖$^{精}_{鹽}$/千$^{清}_{先}$/泉$^{從}_{仙}$錢$^{從}_{仙}$/仙$^{心}_{仙}$選$^{心}_{獮}$/旋$^{邪}_{仙}$羨$^{邪}_{線}$	先添	tsiɛn/ts‘iɛn/dziɛn/siɛn/ziɛn	tɕiɛ/tɕ‘iɛ/dʑiɛ/ɕiɛ/dʑiɛ
爵$^{精}_{藥}$/鵲$^{清}_{藥}$/嚼$^{從}_{藥}$	覺藥	tsiaʔ/ts‘iaʔ/dziaʔ	tɕiaʔ/tɕ‘iaʔ/dʑiaʔ
迹$^{精}_{昔}$/戚$^{清}_{錫}$七$^{清}_{質}$/疾$^{從}_{質}$寂$^{從}_{錫}$習$^{邪}_{緝}$/息$^{心}_{職}$戌$^{心}_{術}$	德質	tsiəʔ/ts‘iəʔ/dziəʔ/siəʔ	tɕiʔ/tɕ‘iʔ/dʑiʔ/ɕiʔ
節$^{精}_{屑}$/切$^{清}_{屑}$妾$^{清}_{葉}$/截$^{從}_{屑}$絕$^{從}_{薛}$/屑$^{心}_{屑}$雪$^{心}_{薛}$	曷葉	tsiaʔ/ts‘iaʔ/dziaʔ/siaʔ	
酒$^{精}_{有}$/秋$^{清}_{尤}$/愁$^{崇}_{尤}$/就$^{從}_{宥}$/秀$^{心}_{宥}$/袖$^{邪}_{宥}$	尤侯	tsiəu/ts‘iəu/dziəu/dziəu/siəu/ziəu	tse/ts‘e/ze/se/ze
			tɕio/tɕ‘io/ze/dʑio/ɕio/—
從$^{從}_{鍾}$/松$^{邪}_{鍾}$嵩$^{心}_{東}$/誦$^{邪}_{用}$	東鍾	dzyŋ/syŋ/zyŋ	zõ/sõ/zõ
足$^{精}_{燭}$/宿$^{心}_{屋}$縮$^{生}_{屋}$	屋燭	tsyʔ/syʔ	zoʔ/soʔ

表 5-2-6 中的例字覆蓋了《玉篇直音》中所有的精組細音字類。通過讀音可知，《玉篇直音》中讀 ts 組聲母的精組細音字在今海鹽吳音中多數腭化爲舌面音聲母了。從聲母的角度而言，不再限於《玉篇直音》中的從、心、邪三母，連精、清母的字也已腭化。從韻母的角度來論，不再限於上文指出的魚虞、先添及德質 3 部，現已擴展到齊微、魚虞、蕭豪等十多個韻部。

精組細音字由 ts 組讀作 tɕ 組與章組非魚虞部字由 tɕ 組讀作 ts 組構成反向音變，兩組字的聲母發生了易位。章組字聲母的舌尖化減少了 tɕ 組字的數量，而精組細音字（還有見系細音字）的腭化又充實了 tɕ 組字規模。此消彼長，此類音變維護了今海鹽吳音聲母系統中 ts、tɕ 組兩組聲母的平衡，有利於語音系統的穩定。

除了腭化的細音字之外，我們還可以看到兩類現象：一類是腭化仍在進行的，如尤侯部細音字，今有 ts、tɕ 兩組異讀音，這應是 tɕ 組尚未完全替代 ts 組而兩組音共處的反映。

①施雲. 海鹽方言研究[D]. 上海大學碩士學位论文，2005.

胡明揚[1]描寫的 20 世紀 90 年代的海鹽吳音中此類字的聲母未見腭化，而在 13 年後的海鹽吳音中[2]卻已見腭化產生，可見尤侯部字讀 tɕ 組音乃後起的音變現象，之前的 ts 組讀音未完全爲之替代。第二類便是未發生腭化的，如精組東鍾部及屋燭部細音字（皆來自中古精組通攝），此類字古今皆讀舌尖音聲母，變化不大。且就整個吳方言區而言，此類字的韻母幾乎皆已讀作洪音，聲母仍是舌尖音。據此可知此類字今後腭化的可能性也很小。

不過就整體而論，除了少數東鍾、屋燭部字外，《玉篇直音》中的精組細音字至今已幾近全面腭化。

（4）牙、喉音細音字腭化的規模進一步擴大。

《玉篇直音》中有部分牙、喉細音字與精、章組細音字混注，直接混注的牙、喉音字有：麠[玉:見旨]卟[見齊]糾[見黝]甄[見仙]橛[集:見月]；軫[溪蕭]區[溪虞]蹞[溪幼]颰[集:溪物]；仇[群尤]堀[群物]裍[群物]；儇[曉仙]响[曉養]昊[曉錫]怴[曉術]；係[集:匣霽]。

此類字主要來自見、溪、群、曉、匣五母，共計 17 個，分別與心、章、昌、禪等聲母細音字混注，表明此時其聲母已經由舌根 k 組讀作舌面前音 tɕ 組。不過從韻的角度而言，這些字僅來自齊微（4 個，見溪匣 3 母）、魚虞（1 個，溪母）、尤侯（3 個，見溪群 3 母）、先添（2 個，見曉 2 母）、江陽（1 個，曉母）、曷葉（1 個，見母）、德質（5 個，溪群曉 3 母）等 7 部，且每部爲數未超過 5 個，聲母的來源參差不齊，這說明《玉篇直音》中牙、喉音字的腭化音變尚處於萌發階段。然而 400 年後的海鹽吳音中，《玉篇直音》中仍讀舌根音的字已幾近全面腭化。我們窮盡列舉所有的字類，如表 5-2-7 所示。本表的使用方法同表 5-2-5，可參見。

表 5-2-7 《玉篇直音》牙、喉聲母細音字的古今讀音比較表

例字	《玉篇直音》		今海鹽吳音
	韻部	音值	
基[見之]計[見霽]/溪[溪齊]去[溪御]/奇[群支]忌[群志]/希[曉微]熙[曉之]	齊微	ki/k‘i/gi/hi	tɕi/tɕ‘i/dʑi/ɕi
戒[見怪]界[見怪]	皆咍	kai	ka
			tɕiɛ
居[見魚]句[見遇]/區[溪虞]驅[溪虞]/渠[群魚]具[群遇]/虛[曉魚]許[曉語]	魚虞	ky/k‘y/gy/hy	tɕy/tɕ‘y/dʑy/ɕy
交[見肴]嬌[見宵]/敲[溪肴]/喬[群宵]/哮[曉肴]囂[曉宵]梟[見蕭]	蕭豪	kiau/k‘iau/giau/hiau	tɕiɔ/tɕ‘iɔ/dʑiɔ/ɕiɔ
加[見麻]賈[見馬]嫁[見禡]價[見禡]	車遮	kia	ka
			tɕia
久[見有]救[見宥]/丘[溪尤]/仇[群尤]臼[群有]/休[曉尤]朽[曉有]	尤侯	kiəu/k‘iəu/giəu/hiəu	tɕiɤ/tɕ‘iɤ/dʑiɤ/ɕiɤ
弓[見東]恭[見鍾]/窮[群東]瓊[群清]/兄[曉庚]凶[曉鍾]	東鍾	kyŋ/gyŋ/hyŋ	kõ/dʑiõ/ɕiõ
姜[見陽]/羌[溪陽]腔[溪江]/强[群陽]/香[曉陽]	江陽	kiaŋ/k‘iaŋ/giaŋ/hiaŋ	tɕiã/tɕ‘iã/dʑiã/ɕiã
今[見侵]巾[見真]/傾[溪清]衾[溪侵]/禽[群侵]勤[群欣]/興[曉蒸]欣[曉欣]	真侵	kiən/k‘iən/giən/hiən	tɕin/tɕ‘in/dʑin/ɕin
均[見諄]/扃[見青]/群[群文]/訓[曉問]		kyən/gyən/hyən	tɕyn/tɕiõ/dʑyn/ɕyn
京[見庚]敬[見映]/慶[溪映]磬[溪徑]/鯨[群庚]競[群映]	庚蒸	kiəŋ/k‘iəŋ /giəŋ	tɕin/tɕ‘in/dʑin
頃[溪清]		k‘yəŋ	tɕ‘in

---

[1]胡明揚. 海鹽方言志[M]. 杭州：浙江人民出版社，1992.

[2]施雲. 海鹽方言研究[D]. 上海大學碩士學位論文，2005.

續表

例字	《玉篇直音》		今海鹽吳音
	韻部	音值	
堅$^{見}_{先}$間$^{見}_{山}$諫$^{見}_{諫}$/牽$^{溪}_{先}$/欠$^{溪}_{梵}$/鉗$^{群}_{鹽}$健$^{群}_{願}$/憲$^{曉}_{願}$	先添	kiɛn/k'iɛn/giɛn/hiɛn	tɕiɛ/tɕ'iɛ/dʑiɛ/ɕiɛ
涓$^{見}_{先}$卷$^{見}_{獮}$/圈$^{溪}_{仙}$犬$^{溪}_{銑}$/權$^{群}_{仙}$拳$^{群}_{仙}$/喧$^{曉}_{元}$楦$^{曉}_{願}$		kyɛn/k'yɛn/gyɛn/hyɛn	tɕyə/tɕ'yə/dʑyə/ɕyə
腳$^{見}_{藥}$	覺藥	kiɑʔ	tɕiaʔ
吉$^{見}_{質}$激$^{見}_{錫}$/乞$^{溪}_{迄}$泣$^{溪}_{緝}$/及$^{群}_{緝}$極$^{群}_{職}$/吸$^{曉}_{緝}$鬩$^{曉}_{錫}$	德質	kiəʔ/k'iəʔ/giəʔ/hiəʔ	tɕiʔ/tɕ'iʔ/dʑiʔ/ɕiʔ
桔$^{見}_{術}$		kyəʔ	tɕiʔ
結$^{見}_{屑}$劫$^{見}_{業}$/竭$^{群}_{月}$傑$^{群}_{薛}$/歇$^{曉}_{月}$	曷葉	kiaʔ/giaʔ/hiaʔ	tɕiʔ/dʑiʔ/ɕiʔ
甲$^{見}_{狎}$頰$^{見}_{帖}$/怯$^{溪}_{業}$		kiaʔ/k'iaʔ	tɕiaʔ/tɕ'iaʔ（甲又音 kaʔ）
決$^{見}_{屑}$蹶$^{見}_{月}$/闕$^{溪}_{月}$缺$^{溪}_{屑}$/掘$^{群}_{月}$/血$^{曉}_{屑}$		kyaʔ/k'yaʔ/gyaʔ/hyaʔ	tɕioʔ/tɕ'ioʔ/dʑioʔ/ɕioʔ
菊$^{見}_{屋}$/曲$^{溪}_{燭}$/局$^{群}_{燭}$/旭$^{曉}_{燭}$	屋燭	kyʔ/k'yʔ/gyʔ/hyʔ	

上述例字涵蓋了《玉篇直音》中所有牙、喉聲母細音字類。通過例字的讀音可知，原讀舌根音聲母的字今幾乎全部讀成了舌面音聲母，不再限於原來的 7 個韻部，已覆蓋至 15 個韻部，這表明牙、喉細音字腭化的規模進一步擴大。不過有以下三點需要說明。

其一，皆咍、車遮兩部字的聲母今有舌尖與舌面兩讀，未見其他部字的聲母存在這種情況。這表明此類字的腭化音變尚未發展成熟，腭化音尚未完全取代原有聲母。

其二，東鍾部“弓恭拱”等見母字，韻母變爲洪音，失去了腭化音變的條件，聲母仍讀舌根音 k，未見腭化。不僅海鹽音如此，據《當代吳語研究》①，“弓恭拱”字在其描寫的 33 個方言點中全部讀成洪音，聲母皆爲 k；另永康吳音中“弓”字有異讀音 tɕioŋ^{44}，表明其已經腭化，不過僅限該字。由此可知，“弓恭拱”等見母字今讀洪音乃普遍情況，從音理角度而言今後不會再有腭化的可能。

其三，從聲母角度而言，今發生腭化音變的僅限於見、溪、群、曉四母。至於匣母則與喻、疑等母重組爲另外一個新的聲母（下文有述）。關於匣母字未能產生腭化音變的現象，王福堂解釋爲“匣母字聲母 ɦ 則在腭化的中途受到聲母 j（喻母）的吸引而和它合流，不能再向前腭化成和 ɕ 同組的 ʑ”②，此說頗有道理，可參見。

在牙、喉細音字腭化音變方面，正如《玉篇直音》一樣，同期的吳音字書《吳音奇字》中也是出現了見組聲母腭化爲舌面音的現象。然而《同文備考》《諧聲品字箋》中尚未產生。不過也不能據此否認《同文備考》《諧聲品字箋》的編者口音中牙、喉細音字已發生腭化的現象。因爲“古牙喉音在現代吳方言中以介音洪細爲條件分化成舌面前音和舌根音兩套，19 世紀以前的韻書都沒有反映出這種分化。這不能證明 19 世紀以前本方言還沒出現這種分化，而可能是作者們依據音位學的原理（古人沒有音位學的理論和這個名稱，但是實行著這種原則），把兩類輔音處理爲一套聲母了”③。與韻書相比，字書不專擅審音，

①錢乃榮. 當代吳語研究[M]. 上海：上海教育出版社，1992：205-206.

②王福堂. 漢語方言語音的演變和層次[M]. 北京：語文出版社，2005：13.

③耿振生. 明清等韻學通論[M]. 北京：語文出版社，1992：156.

著者也無音位學原理的指導，什麼字記什麼音，其單字的注音恰恰能反映鮮活的口音，因而在表現時音方面走在了前列。

（5）疑母消失。

中古疑母字在《玉篇直音》中兵分五路，一部分仍保持獨立，另有四部分分別併入泥、影、匣、喻母中。分化出的五類是系聯後的自然結果，具體分化並不是很顯著，個別地方可窺一斑，如表 5-2-8 所示。

表 5-2-8 中古疑母在《玉篇直音》中的演變

疑母		
類型	條件	例字
併入泥母	開口三、四等細音字	言$^{疑}_{元}$研$^{疑}_{先}$巘$^{疑}_{獮}$儼$^{疑}_{儼}$虐$^{疑}_{藥}$垚$^{疑}_{蕭}$仰$^{疑}_{養}$臬$^{疑}_{屑}$業$^{疑}_{業}$
併入影母	部分姥、阮、馬等上聲字；魚、虞韻字；少數沒、燭、陌、覺、月等入聲字	午$^{疑}_{姥}$阮$^{疑}_{阮}$雅$^{疑}_{馬}$瓦$^{疑}_{馬}$礒$^{疑}_{紙}$崖$^{疑}_{佳}$艾$^{疑}_{泰}$愚$^{疑}_{虞}$魚$^{疑}_{魚}$虞$^{疑}_{虞}$隅$^{疑}_{虞}$御$^{疑}_{御}$遇$^{疑}_{遇}$寓$^{疑}_{遇}$硬$^{疑}_{諍}$鰄$^{疑}_{咸}$黿$^{疑}_{元}$嘷$^{疑}_{嘯}$岳$^{疑}_{覺}$兀$^{疑}_{沒}$玉$^{疑}_{燭}$钀$^{疑}_{薛}$月$^{疑}_{月}$額$^{疑}_{陌}$
併入匣母	多數是平、去、入聲字	羛$^{疑}_{之}$銀$^{疑}_{真}$园$^{疑}_{桓}$研$^{疑}_{先}$熬$^{疑}_{豪}$枊$^{疑}_{唐}$娙$^{疑}_{耕}$齳$^{疑}_{吻}$外$^{疑}_{泰}$玩$^{疑}_{換}$嶽$^{疑}_{覺}$鄂$^{疑}_{鐸}$
併入喻母	部分止蟹攝字；元韻及個別鍾韻字；深攝字及別個開口祭、尤、巧韻字	議$^{疑}_{寘}$擬$^{疑}_{止}$詣$^{疑}_{霽}$毅$^{疑}_{未}$羿$^{疑}_{霽}$羿$^{疑}_{霽}$乂$^{疑}_{廢}$義$^{疑}_{寘}$嵬$^{疑}_{灰}$危$^{疑}_{支}$僞$^{疑}_{寘}$魏$^{疑}_{未}$原$^{疑}_{元}$沅$^{疑}_{元}$源$^{疑}_{元}$邧$^{疑}_{元}$原$^{疑}_{元}$妧$^{疑}_{元}$嫄$^{疑}_{元}$獂$^{疑}_{元}$黿$^{疑}_{元}$鼋$^{疑}_{元}$元$^{疑}_{元}$謜$^{疑}_{元}$騵$^{疑}_{元}$原上$^{疑}_{阮}$嬐$^{疑}_{琰}$顒$^{疑}_{鍾}$藝$^{疑}_{祭}$吟$^{疑}_{侵}$崟$^{疑}_{侵}$碒$^{疑}_{侵}$廞$^{疑}_{侵}$㐵$^{疑}_{侵}$唫$^{疑}_{侵}$訡$^{疑}_{侵}$乑$^{疑}_{侵}$䉊$^{疑}_{鹽}$牛$^{疑}_{尤}$咬$^{集:}_{疑巧}$
疑母	部分開口止蟹攝細音字；模、暮韻字；山咸攝一二等字；果攝及假攝平、去聲；唐韻、厚韻字	儀$^{疑}_{支}$倪$^{疑}_{齊}$疑$^{疑}_{之}$吾$^{疑}_{模}$吳$^{疑}_{模}$誤$^{疑}_{暮}$悟$^{疑}_{暮}$語$^{疑}_{語}$岸$^{疑}_{翰}$顏$^{疑}_{刪}$鴈$^{疑}_{諫}$岩$^{疑}_{銜}$嚴$^{疑}_{琰}$硯$^{疑}_{霰}$凝$^{疑}_{蒸}$迎$^{疑}_{庚}$我$^{疑}_{哿}$訛$^{疑}_{戈}$娥$^{疑}_{歌}$俄$^{疑}_{歌}$峨$^{疑}_{歌}$餓$^{疑}_{箇}$臥$^{疑}_{過}$牙$^{疑}_{麻}$涯$^{疑}_{佳}$訝$^{疑}_{禡}$昂$^{疑}_{唐}$藕$^{疑}_{厚}$偶$^{疑}_{厚}$

在牙、喉音聲母的討論中已經論及疑母字的分化與重組問題，古今一致之處如疑母細音字讀成泥母字、併入匣母的多數是平去入聲字等，具體可參見該節的論述，下面著重分析發展演變之處。今海鹽吳音中疑母已經消失，唯有的聲化韻 ŋ̇ 還留有疑母的痕跡。讀 ŋ̇ 的乃中古遇攝魚、模韻字，如“魚；吳五午忤”等。即便是這些字也有異讀音，如“魚吳”的聲母又讀 ɦ，“五午”又讀零聲母。中古疑母在今海鹽吳音中主要讀成三類：一是併入泥母中，條件是中古細音字；一是與喻、匣母合流，讀作 ɦ，條件是今讀非上聲的開口呼與合口呼字；一是併入影母，讀作 Ø，今讀上聲開口呼及上聲合口呼的字。對比古今可知，四百年間中古疑母在海鹽吳音中的演變大體如下。

第一，有撮口呼韻字併入泥母中。

《玉篇直音》的泥母字中僅有疑母開口細音字，即齊齒呼韻字，而今海鹽吳音中又有疑母撮口呼韻字併入泥母中，僅有一個“語$^{疑}_{語}$”字，原讀作 ŋy，今讀作 ȵy。除此之外，還有來自影、喻母的撮口呼韻字併入泥母中，如表 5-2-8 中原讀影母的“虞$^{疑}_{虞}$隅$^{疑}_{虞}$御$^{疑}_{御}$遇$^{疑}_{遇}$寓$^{疑}_{遇}$玉$^{疑}_{燭}$”等字及原讀喻母的“原$^{疑}_{元}$元$^{疑}_{元}$”等字的聲母皆讀成了 ȵ。另原併入喻母的中古疑母止、蟹攝開口字“議$^{疑}_{寘}$擬$^{疑}_{止}$毅$^{疑}_{未}$羿$^{疑}_{霽}$乂$^{疑}_{廢}$義$^{疑}_{寘}$”等也在類推的作用下與其他的開口細音字一併讀成了 ȵ，併入泥母中。

第二，獨立的疑母進一步分化，分別併入其他聲母中。

表 5-2-8 中的部分齊齒呼字“儀$^{疑}_{支}$倪$^{疑}_{齊}$疑$^{疑}_{之}$嚴$^{疑}_{琰}$硯$^{疑}_{霰}$凝$^{疑}_{蒸}$迎$^{疑}_{庚}$”等及撮口呼“語$^{疑}_{語}$”併入泥母

字中；少數開口上聲字，如“我$^{疑}_{哿}$藕$^{疑}_{厚}$偶$^{疑}_{厚}$”及個别平聲字“昂$^{疑}_{唐}$”等併入影母，讀成了零聲母；餘下非上聲字，如“誤$^{疑}_{暮}$悟$^{疑}_{暮}$岸$^{疑}_{翰}$顔$^{疑}_{删}$鴈$^{疑}_{諫}$岩$^{疑}_{銜}$訛$^{疑}_{戈}$娥$^{疑}_{歌}$俄$^{疑}_{歌}$峨$^{疑}_{歌}$餓$^{疑}_{箇}$臥$^{疑}_{過}$牙$^{疑}_{麻}$涯$^{疑}_{佳}$訝$^{疑}_{禡}$”等字皆併入匣母中。正是上述疑母字的進一步分化與重組，擴大了中古泥、匣母字在今海鹽吴音中的轄字規模。

第三，影母的内部有了新的分化。

《玉篇直音》中部分影母撮口呼字讀成了泥母（上文已述）；一部分讀成了匣母，如“崖$^{疑}_{佳}$硬$^{疑}_{静}$岳$^{疑}_{覺}$兀$^{疑}_{沒}$月$^{疑}_{月}$額$^{疑}_{陌}$”；另有少數的上聲字“午$^{疑}_{姥}$阮$^{疑}_{阮}$雅$^{疑}_{馬}$瓦$^{疑}_{馬}$”等仍讀零聲母，古今未變。

（6）喻母消失。

中古云、以二母被注字共 805 個，此二母在《玉篇直音》中的分合情況如下。

併入影母的共 359 字，占總數的 44.60%（359/805），讀作 Ø；

併入匣母的共 170 字，占總數的 21.12%（170/805），讀作 ɦ；

合流重組爲喻母的共計 276 字，占總數的 34.29%（276/805），讀作 j。

關於併入影、匣二母的條件在第三章牙、喉音聲母的討論中已經論及，可參閲，此處我們主要討論獨立成類的喻母（j）問題。喻母字遍佈在除歌戈、江陽二部外的其餘諸韻部中。以常見字爲例與今海鹽吴音進行對比，這部分字至今主要分化爲以下三類：

①併入邪母中讀作 z：鋭$^{以}_{祭}$

②併入影母中讀作 Ø：宇$^{云}_{麌}$運$^{云}_{問}$韻$^{云}_{問}$鷸$^{以}_{術}$矞$^{以}_{術}$聿$^{以}_{術}$院$^{云}_{線}$也$^{以}_{馬}$野$^{以}_{馬}$樣$^{以}_{漾}$漾$^{以}_{漾}$盈$^{以}_{清}$孕$^{以}_{證}$宥$^{云}_{宥}$右$^{云}_{宥}$又$^{云}_{宥}$

③併入匣母中讀作 ɦ：融$^{以}_{東}$容$^{以}_{鍾}$庸$^{以}_{鍾}$易$^{以}_{寘}$異$^{以}_{志}$爲$^{云}_{支}$圍$^{云}_{微}$韋$^{云}_{微}$勻$^{以}_{諄}$尹$^{以}_{準}$逸$^{以}_{質}$耘$^{云}_{文}$云$^{云}_{文}$沿$^{以}_{仙}$鹽$^{以}_{鹽}$炎$^{云}_{鹽}$姚$^{以}_{宵}$遥$^{以}_{宵}$搖$^{以}_{宵}$耀$^{以}_{笑}$耶$^{以}_{麻}$爺$^{以}_{麻}$揚$^{以}_{陽}$陽$^{以}_{陽}$楊$^{以}_{陽}$羊$^{以}_{陽}$鑰$^{以}_{藥}$藥$^{以}_{藥}$嬴$^{以}_{清}$瀛$^{以}_{清}$尤$^{云}_{尤}$由$^{以}_{尤}$游$^{以}_{尤}$遊$^{以}_{尤}$誘$^{以}_{有}$

胡明揚①指出：中古喻母（云、以）在今海鹽吴音中以聲調爲條件一分爲二，即上聲字併入影母中讀作零聲母，非上聲字併入匣母中讀作 ɦ。②這種分化的模式在《玉篇直音》中既已產生，只不過喻母的演變沒有像今天這樣單一徹底。在之後的四百年間，原喻母（j）所轄字全部歸入匣、影、邪三母中，即 j→ɦ、j→Ø 及 j→z，原喻母消失，這使得今海鹽吴音中的匣、影二母字的規模與數量變得龐大、眾多。

據現有研究成果來看，《同文備考》（昆山音，成書於 1540 年）中喻母完全併入匣母，《諧聲品字箋》（杭州音，定稿於康熙二十三年）中喻母仍然獨立，《虞山方音辨訛》（常熟虞山音，成書於 1848 年）中喻母已經併入匣母，《寧波方言的字音》（1901 年出版）所記紹興話記音中喻母尚未完全併於匣母之中。③由此可見，喻母的消亡在吴音史上存在地區差異，是一個漸變的過程，這在海鹽吴音史上也不例外。

①胡明揚. 海鹽方言志[M]. 杭州：浙江人民出版社，1992：38.

②此處應該是忽略了以母合口祭韻字“鋭睿”等字。

③此處觀點分别取自：丁鋒.《同文備考》音系[M]. 福岡：中國書店，2001；張詠梅.《諧聲品字箋》的音系研究[M]. 成都：巴蜀書社，2011；丁鋒.《虞山方音辨訛》所反映的 19 世紀中葉常熟方音（上）[J]. 見：北京師範大學民俗典籍文字研究中心. 民俗典籍文字研究（第 8 輯）[C]. 北京：商務印書館，2011；謝友中. 近三百年紹興歷史語音研究[D]. 復旦大學博士學位論文，2017.

5.2.2.2　韻母的演變

《玉篇直音》音系共有 19 個韻部、50 個韻母，而今海鹽吳音僅有 42 個韻母，較《玉篇直音》在總數上少了 8 個。但是因爲兩個韻母系統所含的韻母的來源並不完全對應，也就是說有的是《玉篇直音》有而今海鹽吳音無的，共計 14 個；有的是《玉篇直音》無而今海鹽吳音有的，共計 6 個。分類列舉如下。

①首先是《玉篇直音》有而今海鹽吳音無的，共 14 個。

陰聲韻 4 個：支思部池類 ʅ，尤侯部侯類 əu，車遮部靴類 yɛ，歌戈部 o。

陽聲韻 5 個：庚蒸部 əŋ、iəŋ、uəŋ、yəŋ，先添部員類 yɛn。

入聲韻 5 個：覺藥部 ɑʔ、iɑʔ、uɑʔ，德質部聿類 yəʔ，曷葉部決類 yaʔ。

②其次是《玉篇直音》無而今海鹽吳音有的，共 6 個。

陰聲韻 2 個：iɛ（來自皆咍部牙、喉音開口字）；

o（來自車遮部章組字及家麻部非見組字）

聲化韻 4 個：m̩（來自明母多模部上聲字“拇母畒某”）；

ŋ̍（來自疑母多模部“吳五午忤”及魚虞部字“魚”）；

v̩（來自非組多模部字“腐附扶浮符父無毋武舞霧”）；

l̩（來自禪（日）母齊微部字“爾耳餌二”）

從《玉篇直音》到今海鹽吳音在韻母方面的變化大致有以下幾個方面。

（1）舌尖韻母字範圍的擴大以及韻母的前化。

《玉篇直音》中的支思部字讀作舌尖元音，其音值擬爲 ɿ、ʅ 兩個。該韻部字主要來自中古精（莊）、章（知三）組聲母開口止攝，少數開口祭韻字以及個別精母支、灰韻合口字。儘管有部分章組字併入精組中，但是就整體而言，精、章二組間是對立的，尤其昌、澄二母更是未見與精組字混注。鑒於此，我們將支思部字分爲資、池二類，韻母擬爲 ɿ、ʅ 兩個。但是並非所有的精、章組字皆獨立成類，仍有 10 個字與齊韻字混注，韻母仍是舌面音 i（此問題已在 3.2 節支思部的討論中論及，可參見），如：咨精脂子精止泚集:精紙傳莊志薺從脂偲心支肂心至只章支旨章旨侈昌紙。尤其是“咨子侈”三字，主要與支思部字混注（各是 10 次、9 次、6 次），但是偶爾也與齊韻字混注（各爲 1 次），對比明顯，這表明“咨子侈”三字的主流讀音應是支思韻，而與齊韻字的混注則表明此三字的韻母仍有讀 i 的情況。

然而與今海鹽吳音相比，發生了如下變化。

第一，舌尖韻母字的範圍擴大。

這主要是來自兩個方面的原因。

A. 上述沒有音變或者沒有完全音變的 10 個字今皆讀成了舌尖前音韻母，尤其是“咨子侈”三字韻母讀作舌面音 i 的情況不復存在。

B. 11 個撮口呼韻字讀成了舌尖元音韻母。

中古精母合口支、灰韻字在《玉篇直音》中併入齊微部非類，韻母讀作 ei，但是有 3 個字“洅精賄柴精紙觜精紙”例外，它們併入支思部讀作舌尖元音 ɿ 了。不過《玉篇直音》中僅此 3 個，且類别單一。而 400 年後的今天，又有 11 個原屬於《玉篇直音》撮口呼韻母的字的韻母讀成舌尖元音 ɿ，可分爲兩類。

一是 5 個章組齊微部追類字（來自中古知、章組聲母合口支、脂韻）“錐章脂吹昌支水書旨墜澄至槌澄寘”，其韻母讀成舌尖元音，即 yei→ɿ。

二是 6 個章組魚虞部字（來自中古知、章組魚、虞韻）“豬知魚褚徹語除澄魚鼠書語乳日麌”，其韻母讀成舌尖元音，即 y→ɿ。

上述兩類共計 11 個撮口呼韻字，正是其韻母舌尖化，擴大了舌尖韻母字的範圍。

C. 合口呼韻字“鋤”轉讀舌尖韻母。

“鋤崇魚”，《玉篇直音》中歸入精母多模部，讀 ʣu，合口呼。不過今海鹽吴音中該字韻母舌尖化了，即 u→ɿ。

總之，正是上述 3 類 22 個字的韻母舌尖化擴大了今海鹽吴音中舌尖韻母字的範圍。

第二，舌尖後韻母的前化。

《玉篇直音》中仍然存在舌尖韻母前、後的對立，但是在今天舌尖後音前化讀作舌尖前音了，即 ʅ→ɿ。今海鹽吴音中僅有舌尖前音 ɿ 一個。舌尖韻母的前化（ʅ→ɿ）與聲母的前化（ʨ→ʧ→ʦ）是匹配的，因爲此類字的聲母章組由舌葉音變成了舌尖音聲母，即原聲母讀作 ʧ 組的章組池類字，今海鹽吴音中其聲母讀成了 ʦ 組，韻母前化爲舌尖前音 ɿ。例如：“止章止旨章旨”今音 ʦɿ；“蚩昌之齒昌止”今音 ʦʻɿ；“池澄支遲澄脂時禪之”今音 zɿ；“試書志勢書祭”今音 sɿ。

（2）非組齊微部字讀齊齒呼韻 i。

《玉篇直音》的非組齊微部字（主要來自中古非組合口微、廢韻，個别來自以、云母合口脂韻），如下：

非母：非非微飛非微啡非微渄非微緋非微扉非微騑非微蜚非微騛非微鼟敷微妃敷微裶敷微霏敷微菲敷微妃敷微斐敷微；誹集:非尾朏非尾篚非尾匪非尾霏非尾榧非尾
棐非尾蜰非尾斐敷尾悱敷尾；沸非未痱非未鸞非未跳非未芾非未㭭非未費敷未；廢非廢；肺敷廢怖敷廢

奉母：肥奉微淝奉微痱奉微痝奉微腓奉微；費奉未跸奉未扉奉未勴奉未穳奉未萉奉未狒奉未翡奉未韭奉未厞集:奉未；狆奉廢犮奉廢吠奉廢

微母：微微微溦微微薇微微；峗微尾娓微尾亹微尾尾微尾；未微未味微未味微未；唯以脂維以脂惟以脂帷云脂

上述例字在《玉篇直音》中歸入齊微部非類，韻母讀作開口呼 ei，但在今海鹽吴音中，此類字的韻母演變爲齊齒呼，讀作 i；其聲母原爲非、奉母的今聲母未發生演變，而原爲微母的則今讀奉母，以常見字爲例，如：

fi：飛非妃菲霏；榧斐緋誹翡芾；痱費廢肺沸匪

vi：肥薇唯惟維；吠尾；費未味

另有些字因今有白讀音，聲母讀作幫組，其韻母也發生同樣的音變（即 ei→i），如“肥薇”的白讀音作並母，讀 bi；“尾未味”的白讀音作明母，讀 mi。

上述例字有一“帷云脂”字屬於例外音變，並未與其他字一起讀作 vi，而是讀作 ɦe，聲母在類推作用的影響下與其他喻（云）母字一起併入匣母，即 v→ɦ，如此韻母便沒有再發生變化。

（3）“秾”字韻母的洪化。

在皆哈部的討論中，既知“秾音离”乃吳音現象。爲嚴謹起見，我們未將來母哈韻系字（來$^{來}_{哈}$崍$^{來}_{哈}$淶$^{來}_{哈}$睞$^{來}_{哈}$𡋯$^{來}_{哈}$萊$^{來}_{哈}$鶆$^{來}_{哈}$騋$^{來}_{哈}$粭$^{來}_{哈}$徠$^{來}_{哈}$瀨$^{來}_{泰}$睞$^{來}_{代}$䚅$^{來}_{代}$逨$^{來}_{代}$賴$^{來}_{泰}$癩$^{來}_{泰}$襰$^{來}_{泰}$賚$^{來}_{代}$藾$^{來}_{泰}$籟$^{來}_{泰}$鵣$^{來}_{泰}$）歸入支微部中，僅將“秾”字併入其中，且讀作 li。不過從吳音史來看，“來秾”等字讀作細音的情況自宋代既已存在。歷經明、清時代，如明人姜準的《岐海瑣談》及清人褚人獲的《堅瓠集》等，皆有文人筆記描寫吳音中“來”讀細音的現象（詳見 3.2 節皆哈部的討論）。即便是今日，蒼南、常山、廣豐、雲和、江山等地“來梨”仍然音同。這足以表明在吳音史上，“來秾”讀作細音不僅久遠，而且較爲常見。《玉篇直音》作爲歷史語料，真實地保存了四百年前海鹽吳音中“秾”讀細音這一語音現象。不過這一語音特徵並未保存下來，今海鹽吳音中“來萊賴癩”等來母哈韻字皆讀作 lɛ。

（4）皆哈部字有異讀現象，一種與先添部字同音，一種與家麻部字同音。

《玉篇直音》皆哈部字韻母讀作 ai、uai 韻。但在今海鹽吳音中，此類字韻母有異讀現象，一種與先添部字同音，讀作 ɛ、iɛ、uɛ；一種與家麻部字同音，讀作 a、ia、ua。

首先來看第一種情況，關於皆哈、先添兩部字的古今讀音情況詳見表 5-2-9。本表的使用方法同表 5-2-5，可參見。

表 5-2-9 《玉篇直音》皆哈、先添兩部例字古今讀音對比表

例字	《玉篇直音》			今海鹽吳音
	聲母	韻部	音值	
擺$^{幫}_{蟹}$拜$^{幫}_{怪}$/派$^{滂}_{卦}$/牌$^{並}_{皆}$排$^{並}_{皆}$敗$^{並}_{夬}$/埋$^{明}_{皆}$買$^{明}_{蟹}$賣$^{明}_{卦}$	幫組	皆哈	pai/p‘ai/bai/mai	pɛ/p‘ɛ/bɛ/mɛ
班$^{幫}_{刪}$斑$^{幫}_{刪}$板$^{幫}_{潸}$扮$^{幫}_{襇}$/攀$^{滂}_{刪}$盼$^{滂}_{襇}$/辦$^{並}_{襇}$瓣$^{並}_{襇}$/蠻$^{明}_{刪}$慢$^{明}_{諫}$		先添	pan/p‘an/ban/man	
戴$^{端}_{代}$帶$^{端}_{泰}$/胎$^{透}_{哈}$態$^{透}_{代}$太$^{透}_{泰}$汰$^{透}_{泰}$泰$^{透}_{泰}$/苔$^{定}_{哈}$待$^{定}_{海}$但$^{定}_{旱}$代$^{定}_{代}$/乃$^{泥}_{海}$耐$^{泥}_{代}$奈$^{泥}_{泰}$/來$^{來}_{哈}$賴$^{來}_{泰}$癩$^{來}_{泰}$	定組	皆哈	tai/t‘ai/dai/nai/lai	tɛ/t‘ɛ/dɛ/nɛ/lɛ
單$^{端}_{寒}$膽$^{端}_{敢}$旦$^{端}_{翰}$/灘$^{透}_{寒}$攤$^{透}_{寒}$毯$^{透}_{敢}$炭$^{透}_{翰}$/彈$^{定}_{寒}$談$^{定}_{談}$淡$^{定}_{敢}$/難$^{泥}_{翰}$/蘭$^{來}_{寒}$籃$^{來}_{談}$覽$^{來}_{敢}$爛$^{來}_{翰}$濫$^{來}_{闞}$		先添	tan/t‘an/dan/nan/lan	
哉$^{精}_{哈}$災$^{精}_{哈}$齋$^{莊}_{皆}$宰$^{精}_{海}$載$^{精}_{代}$債$^{莊}_{卦}$/猜$^{清}_{哈}$差$^{初}_{皆}$採$^{清}_{海}$蔡$^{清}_{泰}$/才$^{從}_{哈}$柴$^{崇}_{佳}$/在$^{從}_{海}$/鰓$^{心}_{哈}$篩$^{玉:}_{生佳}$塞$^{心}_{代}$	精組	皆哈	tsai/ts‘ai/dzai/sai	tsɛ/ts‘ɛ/zɛ/sɛ
斬$^{莊}_{豏}$盞$^{莊}_{產}$蘸$^{莊}_{陷}$/攙$^{初}_{銜}$鏟$^{初}_{產}$粲$^{清}_{翰}$懺$^{初}_{鑑}$/殘$^{從}_{寒}$潺$^{崇}_{山}$慚$^{從}_{談}$棧$^{崇}_{諫}$暫$^{從}_{闞}$/山$^{生}_{山}$刪$^{生}_{刪}$散$^{心}_{翰}$		先添	tsan/ts‘an/dzan/san	
該$^{見}_{哈}$改$^{見}_{海}$間$^{見}_{襇}$概$^{集:}_{見代}$/揩$^{溪}_{皆}$	見組①	皆哈	kai/k‘ai	kɛ/k‘ɛ
間$^{見}_{山}$奸$^{見}_{刪}$/嵌$^{溪}_{銜}$		先添	tɕiɛn/tɕ‘iɛn	kɛ/k‘ɛ；tɕiɛ/tɕ‘iɛ
諫$^{見}_{諫}$介$^{見}_{怪}$界$^{見}_{怪}$届$^{見}_{怪}$	見組②	皆哈	kai	tɕiɛ
煎$^{精}_{仙}$堅$^{精}_{先}$艱$^{見}_{山}$菅$^{見}_{刪}$見$^{見}_{霰}$		先添	tɕiɛn	
乖$^{見}_{皆}$拐$^{群}_{蟹}$怪$^{見}_{怪}$	見組③	皆哈	kuai	kuɛ
關$^{見}_{刪}$鰥$^{見}_{山}$慣$^{見}_{諫}$		先添	kuan	
海$^{曉}_{海}$/孩$^{匣}_{哈}$/愛$^{影}_{代}$	曉組①	皆哈	hai/ɦai/ai	hɛ/ɦɛ/ɛ （“晏”又有 iɛ 音）
喊$^{曉}_{敢}$/閑$^{匣}_{山}$銜$^{匣}_{銜}$咸$^{匣}_{咸}$/晏$^{影}_{諫}$		先添	han/ɦan/iɛn	
懷$^{匣}_{皆}$淮$^{匣}_{皆}$/歪$^{曉}_{佳}$	曉組②	皆哈	ɦuai/—	ɦuɛ/uɛ
還$^{匣}_{刪}$/彎$^{影}_{刪}$灣$^{影}_{刪}$		先添	ɦuan/uan	

上述所列例字如不計聲調的話，同一橫欄中用“/”號隔開的皆是一組同音字（單個字除外）。它們在《玉篇直音》中分屬皆咍、先添兩個韻部，但是在今海鹽吳音中除了“間$^{見}_{山}$奸$^{見}_{删}$嵌$^{溪}_{銜}$”的異讀音外，每一組間均滿足同音關係。這些字主要來自皆咍部幫、定、精三組聲母的開口呼字以及見、曉組的開、合二呼韻母字，它們與先添部同類聲母的字讀音相同的現象未見於《玉篇直音》，乃四百年間產生的一個重要的音變現象。此類音變的前提便是先添部韻母因韻尾的脫落由陽聲韻演變爲陰聲韻。因此，皆咍部字與先添部字同音之現象的實質是先添部字讀同皆咍部字。

其次是皆咍部字的讀音與家麻部字讀音相同。

部分中古二等佳、皆、夬韻字在《玉篇直音》中併入家麻部，共計 24 個字：罷$^{並}_{蟹}$䁵$^{明}_{佳}$；諉$^{泥}_{佳}$；簎$^{集:}_{莊卦}$；涯$^{疑}_{佳}$啀$^{疑}_{佳}$哾$^{影}_{佳}$喎$^{溪}_{佳}$媧$^{見}_{佳}$腡$^{見}_{佳}$絓$^{見}_{卦}$罣$^{見}_{卦}$卦$^{見}_{卦}$娃$^{溪}_{佳}$蛙$^{影}_{佳}$娃$^{影}_{佳}$鼃$^{影}_{佳}$攨$^{影}_{佳}$画$^{匣}_{卦}$畫$^{匣}_{卦}$畵$^{匣}_{卦}$話$^{匣}_{夬}$䛡$^{匣}_{夬}$舙$^{匣}_{夬}$。其中屬於中古牙、喉音的有 20 個，占總數的 83.33%，是併入家麻部的佳韻字的主體部分。但是仍有部分牙、喉音佳韻字與咍韻混注的情況，如呆$^{疑}_{咍}$音崖$^{疑}_{佳}$P56L5、痎$^{集:}_{疑咍}$音捱$^{集:}_{疑佳}$P103L1、騃$^{字:}_{疑佳}$音埃$^{影}_{咍}$P153L4 等。這表明中古佳韻字在《玉篇直音》中處於兩分的狀態，一部分字已向假攝麻韻演變。不過在四百年後的今音中，這種演變已經完成，如表 5-2-10 所示。本表的使用方法與表 5-2-5 相同，可參見。

表 5-2-10 《玉篇直音》皆咍部字古今讀音對比表

例字	《玉篇直音》			今海鹽吳音	
	聲母	韻部	音值		
擺$^{幫}_{蟹}$拜$^{幫}_{怪}$/派$^{滂}_{卦}$/牌$^{並}_{皆}$排$^{並}_{皆}$罷$^{並}_{蟹}$敗$^{並}_{夬}$/埋$^{明}_{皆}$買$^{明}_{蟹}$賣$^{明}_{卦}$	幫組	皆咍	pai/p‘ai/bai/mai	pa/p‘a/ba/ma	
巴$^{幫}_{麻}$芭$^{幫}_{麻}$/怕$^{滂}_{禡}$/杷$^{並}_{麻}$爬$^{並}_{麻}$/媽$^{明}_{麻}$馬$^{明}_{馬}$罵$^{明}_{禡}$		家麻	pa/p‘a/ba/ma		
齋$^{莊}_{皆}$債$^{莊}_{卦}$/釵$^{初}_{佳}$衩$^{初}_{卦}$蔡$^{清}_{泰}$/柴$^{崇}_{佳}$/曬$^{生}_{卦}$	精組	皆咍	ʦai/ʦ‘ai/ʣai/sai	ʦa/ʦ‘a/ʣa/sa	
渣$^{莊}_{麻}$詐$^{莊}_{禡}$/差$^{初}_{麻}$詫$^{初}_{禡}$/乍$^{崇}_{禡}$/沙$^{生}_{麻}$		家麻	ʦa/ʦ‘a/ʣa/sa		
戴$^{端}_{代}$帶$^{端}_{泰}$/太$^{透}_{泰}$/大$^{定}_{泰}$/奈$^{泥}_{泰}$/賴$^{來}_{泰}$癩$^{來}_{泰}$	端組	皆咍	tai/t‘ai/dai/nai/lai	ta/t‘a/da/na/la	
拿$^{泥}_{麻}$		家麻	na	na	
街$^{見}_{佳}$階$^{見}_{皆}$解$^{見}_{蟹}$界$^{見}_{怪}$戒$^{見}_{怪}$	見組①	皆咍	kai	ka	又：tɕiɛ
加$^{見}_{麻}$家$^{見}_{麻}$假$^{見}_{馬}$嫁$^{見}_{禡}$		家麻	tɕia		又：tɕia
乖$^{見}_{皆}$拐$^{群}_{蟹}$怪$^{見}_{怪}$卦$^{見}_{卦}$掛$^{見}_{卦}$/快$^{溪}_{夬}$	見組②	皆咍	kuai/ku‘ai	kua/ku‘a	
瓜$^{見}_{麻}$寡$^{見}_{馬}$/夸$^{溪}_{麻}$跨$^{溪}_{禡}$		家麻	kua/ku‘a		
鞋$^{匣}_{皆}$/外$^{疑}_{泰}$	曉組①	皆咍	ɦai/ɦuai	ɦa （“牙芽”又有 ɦia 音）	
牙$^{疑}_{麻}$芽$^{疑}_{麻}$		家麻	ŋia		
歪$^{曉}_{佳}$/槐$^{匣}_{皆}$畫$^{匣}_{卦}$話$^{匣}_{夬}$/矮$^{影}_{蟹}$	曉組②	皆咍	—/ ɦuai/ai	hua/ɦua/ua	
花$^{曉}_{麻}$化$^{曉}_{禡}$/華$^{匣}_{麻}$/洼$^{影}_{麻}$瓦$^{疑}_{馬}$蛙$^{影}_{佳}$		家麻	hua/ɦua/ua		

上面所列五組聲母七類例字如果不計聲調的話，同一橫欄中用“/”號隔開的皆是一組同音字（單個字除外）。從聲母角度看，它們涵蓋了所有的字類。每組字在《玉篇直音》中的讀音並不相同，表現爲皆咍部與家麻部的對立，但是四百年後的今天，它們的讀音完全相同（異讀音除外），皆咍部字的韻母讀同家麻部字的韻母，這應是皆咍部韻母的韻尾

–i 弱化乃至脫落所致。此外，“崖$^{疑}_{佳}$涯$^{疑}_{佳}$”的韻母也由開口呼變成了齊齒呼（即 ai→iai），進而與家麻部的字讀音相同（iai→ia），其完整的音變過程可記爲：ai→iai→ia。

綜合比較皆咍部異讀音，前一種未見於《玉篇直音》，後一種在《玉篇直音》中存在但並未完全發生音變。據此可知，前一類讀音乃後起的音變現象，且其重要的條件之一便是先添部由陽聲韻進一步演變爲陰聲韻。

（5）歌戈部併入多模部。

在多模部的討論中既知，有 24.45%的中古果攝一等歌、戈韻被注字（主要來自中古的幫、滂、並、端、定、來、精、清、從、心等聲母）與模韻合流重組爲多模部。而餘下的 207 個明、透、泥等聲母字以及見、曉組聲母字，佔據果攝一等被注字的 75.55%，它們自成一類，重組爲歌戈部。不過時至今日，多模部字韻母的讀音未變，仍然爲 u；而原與多模部對立的歌戈部今也已全部併入多模部中，韻母讀作 u，如表 5-2-11 所示。本表的使用方法同 5-2-5，可參見。

表 5-2-11 《玉篇直音》歌戈部字古今讀音對比表

例字	《玉篇直音》		今海鹽吳音
	聲母	音值	
磨$^{明}_{戈}$摩$^{明}_{戈}$魔$^{明}_{戈}$	明	mo	mu
拖$^{透}_{歌}$妥$^{透}_{果}$橢$^{透}_{果}$唾$^{透}_{過}$	透	t‘o	t‘u
捼$^{泥}_{戈}$懦$^{泥}_{過}$糯$^{集:}_{泥過}$	泥	no	nu
歌$^{見}_{歌}$哥$^{見}_{歌}$鍋$^{見}_{戈}$戈$^{見}_{戈}$果$^{見}_{果}$個$^{見}_{箇}$過$^{見}_{過}$	見	ko	ku[①]
科$^{溪}_{戈}$窠$^{溪}_{戈}$顆$^{溪}_{果}$課$^{溪}_{過}$	溪	k‘o	k‘u
娥$^{疑}_{歌}$俄$^{疑}_{歌}$峨$^{疑}_{歌}$蛾$^{疑}_{歌}$鵞$^{疑}_{歌}$餓$^{疑}_{箇}$臥$^{疑}_{過}$	疑	ŋo	ɦu
我$^{疑}_{哿}$			u
倭$^{影}_{戈}$窩$^{字:}_{影戈}$	影	o	
火$^{曉}_{果}$貨$^{曉}_{過}$	曉	ho	hu
荷$^{匣}_{歌}$何$^{匣}_{歌}$和$^{匣}_{戈}$禾$^{匣}_{戈}$賀$^{匣}_{箇}$	匣	ɦo	ɦu

從聲母角度看，上述例字與多模部中的中古果攝字形成互補，涵蓋了歌戈部中的所有字類。其韻母後高化，即 o→u，讀同多模部字，壯大了多模部字的規模，歌戈部併入多模部是四百年來海鹽吳音的一個重大音變現象。此類元音後高化的音變，與模韻合併，也見於上海、松江、嘉興等地，是當代吳音的一個典型特徵。

（6）少數齒音蕭豪部字由齊齒呼變爲開口呼。

在《玉篇直音》的蕭豪部中，有 7 個中古齒音字肴韻字與宵韻字的直接混注現象，所涉字有“鵃$^{知}_{肴}$㷅$^{集:}_{初巧}$炒$^{初}_{巧}$巢$^{崇}_{肴}$哨$^{集:}_{生效}$弰$^{生}_{肴}$旓$^{生}_{肴}$”，它們皆來自中古知、莊組肴韻。此類字在《玉篇直音》中以讀開口呼 au 韻爲常態，但是此 7 例皆與細音宵韻字混注，經過討論，我們認爲這是少數洪音肴韻字的韻母中衍生出 i 介音讀作細音的結果（可參見 3.4 節），即讀作 iau。

① “歌哥個”三個字又有異讀，音 ke。

此類字的聲母應該以讀舌葉音或者舌面音聲母爲主。今靖江、黄岩、溫州、金華、永康等地吳音中仍可見到此類字讀作細音的痕跡，在此情況下其聲母皆讀作舌面音，此可參證。不過這些字的韻母，以常見字“炒巢哨”爲例，今海鹽吳音中皆讀爲開口呼 ɔ，已由齊齒呼變爲開口呼。這應該是受聲母音變的影響所致，此類字的聲母在今海鹽吳音中皆讀成了舌尖前音，這要求韻母必然由齊齒變讀爲開口。

（7）家麻部與車遮部由零星混注到局部合流。

中古假攝麻韻系以等爲界線在《玉篇直音》中分爲家麻（麻$_{二}$韻）及車遮（麻$_{三}$韻）二部。不過在家麻與車遮的對立之下，也有 4 例混注現象（即鈹$^{從}_{禡}$音乍$^{崇}_{禡}$P110L3、炨$^{知}_{禡}$音柘$^{章}_{禡}$P9L3、誻$^{集:}_{知麻}$音蔗$^{章}_{禡}$P88L10、亽$^{知}_{馬}$音者$^{章}_{馬}$P172L3），其中 3 例乃精、章組字之間的混注，所涉字有炨$^{知}_{禡}$誻$^{集:}_{知麻}$亽$^{知}_{馬}$、柘$^{章}_{禡}$蔗$^{章}_{禡}$者$^{章}_{馬}$。此乃明末海鹽吳音的再現，至今仍見於海鹽吳音中（詳見 3.5 節的討論）。在今海鹽吳音中，《玉篇直音》的章組車遮部字與除見組外的家麻部開口呼字以及所有的家麻部合口呼字一起均讀作 o 韻，如“遮$^{章}_{麻}$赭$^{章}_{馬}$鷓$^{章}_{禡}$蔗$^{章}_{禡}$、車$^{昌}_{麻}$、賒$^{書}_{麻}$奢$^{書}_{麻}$舍$^{書}_{馬}$赦$^{書}_{禡}$、蛇$^{船}_{麻}$”等章組車遮部字的韻母均爲 o，與“渣$^{莊}_{麻}$查$^{集:}_{莊麻}$詐$^{莊}_{禡}$榨$^{莊}_{禡}$、叉$^{初}_{麻}$差$^{初}_{麻}$、紗$^{生}_{麻}$沙$^{生}_{麻}$裟$^{生}_{麻}$、乍$^{崇}_{禡}$”等精組家麻部字的讀音相同。此可證《玉篇直音》的 3 例混注乃明末海鹽吳音的特質，這爲今海鹽吳音中此類混注現象提供了早期的文獻語料。不過古今對比來看，《玉篇直音》中讀同家麻部的章組字僅此 3 例，數量太少，且僅限於章母字，未見章組其他聲母的音變，不及今海鹽吳音的特徵顯著。可見自《玉篇直音》至今，此類音變現象經歷了由萌發到擴展乃至完成的過程。

不過，章組車遮部字今有異讀音，其韻母除了讀同家麻部字外，還有少數字與先添部開口呼韻母的讀音相同，其今海鹽讀音如下：

“舍$^{書}_{馬}$舍$^{書}_{禡}$酸$^{心}_{桓}$陝$^{書}_{琰}$”今皆讀作 sə；

“社$^{禪}_{馬}$射$^{船}_{禡}$麝$^{船}_{禡}$惹$^{日}_{馬}$蠶$^{從}_{覃}$船$^{船}_{仙}$椽$^{澄}_{仙}$蟬$^{禪}_{仙}$纏$^{澄}_{仙}$善$^{禪}_{獮}$篆$^{澄}_{獮}$禪$^{禪}_{線}$”今皆讀作 zə。

（8）來母尤侯部字細音字洪化的規模進一步擴大。

《玉篇直音》中“屚$^{來}_{候}$音溜$^{來}_{宥}$P6L10”例折射出明末海鹽吳音中存在來母尤侯部字細音字洪化的現象，即 liəu→ləu，不過此例僅限陽去聲調字，未見來母陽平、陽上聲字的洪化音變。不過四百年後的今天，連陽平、陽上二聲的尤侯部字也參與其中，如表 5-2-12 所示。

表 5-2-12　《玉篇直音》來母尤侯部字的古今讀音對比表

中古調類	例字	《玉篇直音》讀音	今海鹽吳音
平	婁$^{來}_{侯}$樓$^{來}_{侯}$	ləu	le
	流$^{來}_{尤}$劉$^{來}_{尤}$留$^{來}_{尤}$榴$^{來}_{尤}$	liəu	
上	簍$^{來}_{厚}$摟$^{來}_{厚}$	ləu	le
	柳$^{來}_{有}$	liəu	
去	漏$^{來}_{候}$陋$^{來}_{候}$溜$^{來}_{宥}$	ləu	le

通過表 5-2-12 例字讀音的比較可知，四百年間海鹽吳音呈現出來母尤侯部字細音韻字

洪化的規模進一步擴大的特點。

（9）東鍾部及屋燭部字的規模進一步擴大。

《玉篇直音》的東鍾部中有 29 個中古明母及牙、喉音聲母梗攝合口陽聲韻字併入，時至今日，原來仍歸於庚蒸部的匣母合口呼字“宏$^{匣}_{耕}$”及喻母撮口呼字“瑩$^{云}_{庚}$榮$^{云}_{庚}$”也已經轉讀爲東鍾部韻了，壯大了東鍾部字的規模。不過，這僅是在既有合併模式上加入了新的字，可謂“舊瓶裝新酒”，而今海鹽吳音中又出現了《玉篇直音》中未見的新的音變現象。

《玉篇直音》東鍾部中未見中古江、宕、曾攝陽聲韻字併入的情況，但是在今海鹽吳音中，有部分原屬於《玉篇直音》唇音江陽部開口呼韻字以及個別曉母真侵部字、匣母庚蒸部字讀同東鍾部韻字。此外，原屬於德質部的個別幫、見母字今也併入原屋燭部中。上述音變現象可通過例字的讀音顯示，具體內容詳見表 5-2-13。

表 5-2-13 《玉篇直音》讀音及今海鹽吳音對比表

例字	《玉篇直音》			今海鹽吳音	
	聲母	韻部	音值		
棒$^{並}_{講}$	並	江陽	baŋ	bõ	bɔ̃
蓬$^{並}_{東}$篷$^{並}_{東}$		東鍾	buŋ	bõ	
忙$^{明}_{唐}$莽$^{明}_{蕩}$網$^{微}_{養}$	明	江陽	maŋ	mõ	mɔ̃
忘$^{微}_{陽}$望$^{微}_{漾}$	微	江陽	ʋaŋ	mõ	vɔ̃
蒙$^{明}_{東}$濛$^{明}_{東}$夢$^{明}_{送}$	明	東鍾	muŋ	mõ	
薨$^{曉}_{登}$	曉	真侵	huən	hõ	
烘$^{曉}_{東}$		東鍾	huŋ		
弘$^{匣}_{登}$	匣	庚蒸	ɦuəŋ	ɦõ	
紅$^{匣}_{東}$鴻$^{匣}_{東}$		東鍾	ɦuŋ		
北$^{幫}_{德}$	幫	德質	pəʔ	poʔ	
卜$^{幫}_{屋}$		屋燭	puʔ		
國$^{見}_{德}$	見	德質	kuəʔ	koʔ	
谷$^{見}_{屋}$		屋燭	kuʔ		

從表 5-2-13 中例字的讀音可以看出：原屬於《玉篇直音》江陽部的唇音字，在今海鹽吳音中有異讀音，讀作 ɔ̃韻的乃其本音 ɑŋ 韻的正常音變讀音，因爲整個江陽部開口呼韻字今音多數讀作 ɔ̃韻；而讀作 õ韻的乃非正常音變，這僅限於唇音聲母字，且與原東鍾部的今音相同，表明其與東鍾部合流。原屬於《玉篇直音》真侵、庚蒸部的個別喉音字，在今海鹽吳音中與原東鍾部合流，讀音相同；原屬於《玉篇直音》德質部的個別幫、見母字，在今海鹽吳音中與原屋燭部合流，讀音相同。這是自《玉篇直音》以來的新變化，擴大了東鍾部及屋燭部字的規模。

（10）庚蒸部幾近全部字併入真侵部中。

中古梗、曾攝陽聲韻字在《玉篇直音》中與中古臻、深攝字合流，重組爲真侵部。不過參與混注的字爲數不多，共計約 170 個，占整個梗、曾攝被注字總數的 23.42%（170/726），梗、曾攝仍有較大部分（76.58%）的陽聲字與真侵部字對立，獨立成部，即庚蒸部。真侵、庚蒸二部的對立乃純粹系聯的結果。不過至今之海鹽吳音中，這些未併入真侵部的庚蒸部字也已經讀成了–n 尾韻，完全併入真侵部中了。下面以《海鹽方言志》爲參照，列舉部分常見的《玉篇直音》真侵部及庚蒸部字，比較其在《玉篇直音》及今海鹽吳音中的讀音，見表 5-2-14。

表 5-2-14　《玉篇直音》真侵、庚蒸部字古今讀音對比表

例字	《玉篇直音》			今海鹽吳音
	聲母	韻部	音值	
奔$^{幫}_{魂}$/烹$^{滂}_{庚}$噴$^{滂}_{慁}$/盆$^{並}_{魂}$坌$^{並}_{慁}$/門$^{明}_{魂}$孟$^{明}_{映}$	幫組	真侵	pən/p‘ən/bən/mən	pən/p‘ən/bən/mən
崩$^{幫}_{登}$/棚$^{並}_{登}$鵬$^{並}_{登}$彭$^{並}_{庚}$朋$^{並}_{登}$		庚蒸	pəŋ/bəŋ	pən/bən
吞$^{透}_{痕}$/輪$^{來}_{諄}$棱$^{來}_{登}$	端組	真侵	t‘ən/lən	t‘ən/lən
等$^{端}_{等}$凳$^{端}_{嶝}$/藤$^{定}_{登}$騰$^{定}_{登}$滕$^{定}_{登}$/能$^{泥}_{登}$		庚蒸	təŋ/dəŋ/nəŋ	tən/dən/nən
增$^{精}_{登}$爭$^{莊}_{耕}$曾$^{精}_{登}$/撐$^{徹}_{庚}$/橙$^{澄}_{耕}$/生$^{生}_{庚}$甥$^{生}_{庚}$	精組	庚蒸	tsəŋ /ts‘əŋ /dzəŋ /səŋ	tsən/ts‘ən/zən/sən
根$^{見}_{痕}$跟$^{見}_{痕}$/懇$^{溪}_{很}$墾$^{溪}_{很}$	見組	真侵	kən/k‘ən	kən/k‘ən
更$^{見}_{庚}$耕$^{見}_{耕}$/坑$^{溪}_{庚}$肯$^{溪}_{等}$		庚蒸	kəŋ /k‘əŋ	
狠$^{匣}_{很}$恨$^{匣}_{恨}$	曉組	真侵	ɦən	hən/ɦən
亨$^{曉}_{庚}$/衡$^{匣}_{庚}$/硬$^{疑}_{諍}$		庚蒸	həŋ /ɦəŋ /əŋ	hən/ɦən/ɦən
賓$^{幫}_{真}$冰$^{幫}_{蒸}$/品$^{滂}_{寢}$/頻$^{並}_{真}$平$^{並}_{庚}$/名$^{明}_{清}$敏$^{明}_{軫}$	幫組	真侵	piən/p‘iən/biən/miən	pin/p‘in/bin/min
柄$^{幫}_{梗}$/娉$^{字:}_{滂青}$聘$^{滂}_{勁}$/並$^{並}_{迥}$病$^{並}_{映}$/茗$^{明}_{迥}$命$^{明}_{映}$		庚蒸	piəŋ /p‘iəŋ /biəŋ /miəŋ	
林$^{來}_{侵}$鄰$^{來}_{真}$	端組	真侵	liən	lin
丁$^{端}_{青}$/挺$^{透}_{迥}$/定$^{定}_{徑}$/寧$^{泥}_{青}$/令$^{來}_{青}$		庚蒸	tiəŋ /t‘iəŋ /diəŋ /ȵiəŋ /liəŋ	tin/t‘in/din/ȵin/lin
精$^{精}_{清}$津$^{精}_{真}$/侵$^{清}_{侵}$親$^{清}_{真}$/秦$^{從}_{真}$/心$^{心}_{侵}$/尋$^{邪}_{侵}$	精組	真侵	tsiən/ts‘iən/dziən/siən/ziən	tɕin/tɕ‘in/dʑin/ɕin/dʑin
青$^{清}_{青}$清$^{清}_{清}$/晴$^{從}_{清}$情$^{從}_{清}$/星$^{心}_{青}$性$^{心}_{勁}$		庚蒸	ts‘iəŋ /dziəŋ /siəŋ	tɕ‘in/dʑin/ɕin
真$^{章}_{真}$針$^{章}_{侵}$/稱$^{昌}_{證}$/陳$^{澄}_{真}$/伸$^{書}_{真}$/人$^{日}_{真}$辰$^{禪}_{真}$	章組	真侵	tɕiən/tɕ‘iən/dʑiən/ɕiən/ʑiən	tsən/ts‘ən/zən/sən/zən
征$^{章}_{清}$貞$^{知}_{清}$/称$^{昌}_{蒸}$騁$^{徹}_{靜}$/成$^{禪}_{清}$呈$^{澄}_{清}$乘$^{船}_{蒸}$/聖$^{書}_{勁}$勝$^{書}_{證}$/仍$^{日}_{蒸}$剩$^{船}_{證}$盛$^{禪}_{勁}$		庚蒸	tɕiəŋ /tɕ‘iəŋ /dʑiəŋ /ɕiəŋ /ʑiəŋ	
今$^{見}_{侵}$斤$^{見}_{欣}$巾$^{見}_{真}$/傾$^{溪}_{清}$輕$^{溪}_{清}$/琴$^{群}_{侵}$近$^{群}_{隱}$	見組	真侵	kiən/k‘iən/giən	tɕin/tɕ‘in/dʑin
京$^{見}_{庚}$驚$^{見}_{庚}$經$^{見}_{青}$景$^{見}_{梗}$/磬$^{溪}_{徑}$/鯨$^{群}_{庚}$/凝$^{疑}_{蒸}$迎$^{疑}_{庚}$		庚蒸	kiəŋ /k‘iəŋ /giəŋ /ŋiəŋ	tɕin/tɕ‘in/dʑin/ȵin
因$^{影}_{真}$陰$^{影}_{侵}$音$^{影}_{侵}$/欣$^{曉}_{欣}$興$^{曉}_{蒸}$/淫$^{以}_{侵}$	曉組	真侵	iən/hiən/jiən	in/hin/ɦin
英$^{影}_{庚}$鶯$^{影}_{耕}$嬰$^{影}_{清}$影$^{影}_{梗}$/行$^{匣}_{庚}$形$^{匣}_{青}$/盈$^{以}_{清}$/嬴$^{以}_{清}$		庚蒸	iəŋ /ɦiəŋ /jiəŋ /jiəŋ	in/ɦin/in/ɦin
溫$^{影}_{魂}$/昏$^{曉}_{魂}$/魂$^{匣}_{魂}$	曉組	真侵	uən/huən/ɦuən	un/hun/ɦun
横$^{匣}_{庚}$/弘$^{匣}_{登}$宏$^{匣}_{耕}$		庚蒸	ɦuəŋ /ɦuəŋ	ɦən/ɦõ
君$^{見}_{文}$/群$^{群}_{文}$/運$^{云}_{問}$/訓$^{曉}_{問}$/雲$^{云}_{文}$	見曉組	真侵	kyən/gyən/yən/hyən/jyən	tɕyn/dʑyn/yn/ɕyn/ɦyn
頃$^{溪}_{清}$/瑩$^{云}_{庚}$榮$^{云}_{庚}$		庚蒸	k‘yəŋ /jyəŋ	tɕ‘in/ɦiõ

表 5-2-14 中的例字如果不計聲調的話，同一横欄中用“/”號隔開的是一組同音字（單字除外）。這些例字來自開、齊、合、撮四呼，涵蓋了庚蒸部所有聲類的字。比較表中例字的讀音可知，庚蒸部的字（“弘宏瑩榮” 4 字除外，它們的韻母讀 õ，已併入東鍾部，上文有述，可參見）在今海鹽吳音中均讀成了–n 尾韻，完成了與真侵部的合流。

（11）合口呼韻母範圍的縮小與撮口呼韻母趨於消失。

開、齊、合、撮四呼的不完整是“吳語的重要特徵，主要原因在於對中古合口來源介音的不兼容”①。《玉篇直音》中四呼俱全，不過 400 年後的海鹽吳音中合口呼範圍在逐步縮小，而撮口呼韻母僅剩下 3 個（y、yə、yən）。

合口呼韻母範圍的縮小在《玉篇直音》中已有表現，比如：

①曉、匣母的合口呼介音丟失，聲母讀作 f、v，韻母轉讀爲開口呼，如雉$^{曉}_{脂}$讆$^{曉}_{支}$霱$^{曉}_{尾}$煁$^{曉}_{尾}$焜$^{曉}_{尾}$煅$^{曉}_{紙}$碢$^{曉}_{紙}$㞞$^{曉}_{未}$卉$^{曉}_{未}$毀$^{曉}_{紙}$虫$^{曉}_{尾}$虺$^{曉}_{尾}$：韻母讀 e；瘖$^{篇:}_{曉魂}$焝$^{集:}_{曉恩}$：韻母讀 ən；鄺$^{曉}_{唐}$晃$^{匣}_{蕩}$晄$^{匣}_{蕩}$愰$^{匣}_{蕩}$幌$^{匣}_{蕩}$榥$^{匣}_{蕩}$橫$^{匣}_{蕩}$：韻母讀 ɑŋ。

不過，今海鹽吳音中並無中古曉、匣母合口呼字讀作非（敷）、奉母的情況，因此上述例字今仍讀作合口呼，韻母分別是 ue、un、uɔ̃，此乃古今海鹽吳音的一個重大差異。

②非組合口字（中古通攝除外）介音脫落演變爲開口呼字，如“非$^{非}_{微}$肥$^{奉}_{微}$微$^{微}_{微}$方$^{非}_{陽}$芳$^{敷}_{陽}$房$^{奉}_{陽}$亡$^{微}_{陽}$分$^{非}_{文}$紛$^{敷}_{文}$墳$^{奉}_{文}$反$^{非}_{阮}$潘$^{敷}_{元}$凡$^{奉}_{凡}$萬$^{微}_{願}$縛$^{奉}_{藥}$弗$^{非}_{物}$拂$^{敷}_{物}$佛$^{奉}_{物}$勿$^{微}_{物}$發$^{非}_{月}$乏$^{奉}_{乏}$”等字皆讀作開口呼，此類讀法仍保留在今海鹽吳音中，尚未改變。

③舌、齒音合口字介音脫落變爲開口呼字，如“對$^{端}_{隊}$湍$^{透}_{桓}$頹$^{定}_{灰}$内$^{泥}_{隊}$輪$^{來}_{諄}$栾$^{來}_{桓}$醉$^{精}_{至}$竄$^{清}_{換}$篡$^{初}_{諫}$饌$^{崇}_{線}$酸$^{心}_{桓}$遂$^{邪}_{至}$”等字皆讀作開口呼。此類讀法仍保留在今海鹽吳音中，尚未改變。

以上是《玉篇直音》中合口字範圍縮小的體現，今海鹽吳音對之也有部分地保存。此外，在《玉篇直音》中讀成合口呼的字在今海鹽吳音中也讀成了開口呼，例字如下：

硤$^{初}_{養}$窻$^{初}_{江}$牕$^{初}_{陽}$牎$^{初}_{江}$窗$^{初}_{江}$俠$^{初}_{養}$愴$^{初}_{養}$滄$^{初}_{漾}$刱$^{初}_{漾}$剙$^{初}_{漾}$創$^{初}_{漾}$愴$^{初}_{漾}$窻去$^{初}_{漾}$床$^{崇}_{陽}$幢$^{澄}_{江}$疒$^{崇}_{陽}$牀$^{崇}_{陽}$爿$^{崇}_{陽}$孀$^{生}_{陽}$雙$^{生}_{江}$霜$^{生}_{陽}$

此類字在《玉篇直音》江陽部的討論中已知是讀作合口呼 uɑŋ 韻，但是今海鹽吳音中，如“窗創床牀幢雙霜”等字皆讀作 ɔ̃韻母，合口介音丟失。ɔ̃韻母在今海鹽吳音中有 iɔ̃、uɔ̃兩個與之對應，uɔ̃韻母是典型的合口呼韻，據此可知 ɔ̃韻母應是開口呼。上述例字的韻母由 uɑŋ 變讀作 ɔ̃，是合口呼向開口呼的演變。在 3.8 節江陽部的討論中已述，此類字在《玉篇直音》中讀合口呼或許是受官話音影響所致，然而四百年間，此類字受類化作用的影響又與同類的其他讀成開口呼的字一起讀成了開口呼。

此外，原中古合口字在《玉篇直音》中讀作了齊齒呼，這些字在官話音中當讀作合口呼，而在今海鹽吳音中卻讀成了開口呼，如“專$^{章}_{仙}$顓$^{章}_{仙}$轉$^{知}_{獮}$川$^{昌}_{仙}$穿$^{昌}_{仙}$喘$^{昌}_{獮}$串$^{昌}_{線}$傳$^{澄}_{仙}$篆$^{澄}_{獮}$船$^{船}_{仙}$軟$^{日}_{獮}$准$^{章}_{準}$脣$^{船}_{諄}$順$^{船}_{稕}$閏$^{日}_{稕}$”等。以上因素皆會致使今音中合口呼韻母範圍的縮小。

至於撮口呼韻母，《玉篇直音》中共計 10 個（陰聲韻 3 個、陽聲韻 4 個、入聲韻 3 個），而今音中卻僅有 3 個（陰聲韻 2 個、陽聲韻 1 個），少了 7 個。今音中讀撮口呼韻的字皆是舌面前音聲母字（中古見、精組細音字）。下面把古今撮口呼韻的對應關係作簡要對比，詳見表 5-2-15。

①丁鋒. 一百年來紹興方言的語音演變[A]. 見：上海市語文學會，香港中國語文學會. 吳語研究（第三屆國際吳方言學術研討會論文集）[C]. 上海：上海教育出版社，2005：161.

表 5-2-15　《玉篇直音》與今海鹽吳音撮口呼韻母比較表

序號	《玉篇直音》	中古來源	今海鹽吳音	中古來源
1	y（居類）	精章見曉組及來母魚虞韻，見系合口支脂韻	y	虞韻，泥母及章組魚韻，見系合口支脂微及日母合口支韻
2	yei（追類）	章知組止攝合口及祭韻合口	e/ɿ	章知組止攝合口及祭韻合口
3	yɛ（靴類）	曉母合口三等戈韻	—	—
4	yŋ（鍾類）	精章知見曉組東三鍾韻及少數牙喉音合口清青韻字，個別牙喉音臻攝合口三等字	õ	精章知組東三鍾韻
			iõ	日母及見系東三鍾韻，個別見系合口清青韻
			yən	見系文韻
5	yən（熏類）	知章精見曉組的合口真諄文韻及與此類中古臻攝字混注的同聲母梗、曾攝三四等合口字	yən	見系諄文韻，日母諄韻
6	yəŋ（榮類）	見系合口庚三清青韻	in	溪母合口清韻
			iõ	群曉云以等母庚三清青韻
7	yɛn（員類）	見系合口仙元先韻	yə	見系合口元仙先，日母仙
8	yʔ（菊類）	通攝入聲章見曉等組及泥精心母三等字，另有少數陌三昔錫職術物等合口字及個別覺韻字的併入	ioʔ	泥日母及見系屋三燭，見系合口陌昔錫職物韻
			oʔ	精知章組屋三燭及個別覺韻字
			iʔ	心母術韻
9	yəʔ（聿類）	昌船見溪以母的術物韻及合口質職韻	əʔ	昌船母術韻
			iʔ	見母合口質術韻
			ioʔ	以母術韻
10	yɛʔ（決類）	見曉組及章昌母合口月薛屑韻，另個別章母術物韻字併入	ioʔ	見系合口月薛屑韻
			əʔ	章昌母合口薛月物術韻

通過表 5-2-15 中的對比關係可知，《玉篇直音》中的 10 個撮口呼韻母①歸至今海鹽吳音的 12 個韻母中，其中撮口呼韻僅剩下 3 個。這種撮口呼韻範圍縮小的特點並非海鹽吳音獨具，在今北部吳方言中較爲普遍。正如錢乃榮所論："太湖片苕溪小片（除余杭地區外）無 y 介音，有些地方 y 介音韻很少，即使有，發音也不够圓唇，如常熟、寶山、上海老派，除 y 韻外，沒有 y 介音韻。"②

（12）前鼻音韻母–n 尾的脫落及後鼻音韻母的鼻化。

中古讀前鼻音–n 尾的韻攝有臻、山二攝，在《玉篇直音》中臻攝陽聲韻與深攝陽聲韻及部分梗、曾攝陽聲韻重組爲真侵部，山、咸二攝陽聲韻重組爲先添部，兩部的韻尾均爲–n。不過至今海鹽吳音中，真侵部韻母的韻尾仍是前鼻音–n 尾，而先添部的韻母已經演變爲陰聲韻，爲開音節零韻尾，其韻母主要有–ə、–uə、–yə 及–ɛ、–iɛ、–uɛ 兩套。

中古讀後鼻音–ŋ 韻的韻攝有通、江、宕、梗、曾五攝。但是梗、曾攝在《玉篇直音》中已經合流，且有近四分之一數的被注字已完全併入真侵部中。鑒於餘下的梗、曾攝字仍

---

①實爲 9 個，《玉篇直音》中的 yɛ 韻母字（靴曉戈屐玉：曉戈）在今海鹽音中不說，無對應關係。

②錢乃榮. 當代吳語研究[M]. 上海：上海教育出版社，1992：12.

很獨立，結合它們在今海鹽吳音中幾乎全部讀成真侵部字的現狀，我們將之擬爲鼻化韻尾。不過通攝及江、宕攝的陽聲韻在《玉篇直音》中的獨立性很强，因此由其演變重組的東鍾部及江陽部的韻尾仍讀成後鼻音–ŋ 尾。不過，四百年後的今天，東鍾部及江陽部的韻母也已經發生了鼻化，東鍾部的韻母演變爲–õ、–iõ；江陽部的韻母演變爲–õ，–ɔ̃、–uɔ̃及–ã、–iã 三套。無論是哪一類韻母皆讀爲鼻化韻，後鼻音–ŋ 尾消失。

（13）覺藥部分別併入曷葉部、屋燭部。

中古覺、鐸、藥三韻在《玉篇直音》中重組爲覺藥部。不過個別中古藥韻字已在《玉篇直音》中與屑韻音同，如“瘧$^{\text{疑}}_{\text{藥}}$虐$^{\text{疑}}_{\text{藥}}$”音“捏$^{\text{泥}}_{\text{屑}}$”，因此被併入曷葉部（由中古山、咸攝入聲韻合流重組而成）了；個別中古覺、鐸韻字與屋韻字音同，如“璞$^{\text{滂}}_{\text{覺}}$樸$^{\text{滂}}_{\text{覺}}$粕$^{\text{滂}}_{\text{鐸}}$朴$^{\text{滂}}_{\text{覺}}$”音“扑$^{\text{滂}}_{\text{屋}}$”、“撲$^{\text{並}}_{\text{覺}}$亳$^{\text{並}}_{\text{鐸}}$薄$^{\text{並}}_{\text{鐸}}$泊$^{\text{並}}_{\text{鐸}}$”音“僕$^{\text{並}}_{\text{屋}}$”、“欶$^{\text{生}}_{\text{覺}}$”音“簌$^{\text{心}}_{\text{屋}}$”、“籗$^{\text{知}}_{\text{覺}}$鷟$^{\text{崇}}_{\text{覺}}$”音“族$^{\text{從}}_{\text{屋}}$”、“斲$^{\text{知}}_{\text{覺}}$”音“築$^{\text{知}}_{\text{屋}}$”、“濯$^{\text{澄}}_{\text{覺}}$鐲$^{\text{澄}}_{\text{覺}}$濁$^{\text{澄}}_{\text{覺}}$擢$^{\text{澄}}_{\text{覺}}$”音“逐$^{\text{澄}}_{\text{屋}}$”等，因此被併入屋燭部（主要由中古通攝入聲韻重組而成）中。而四百年後的今天，原覺藥部字已分別併入曷葉部及屋燭部中，原覺藥部消失。如表 5-2-16 中例字的讀音所示。

表 5-2-16 《玉篇直音》覺藥部字古今讀音比較表

例字	《玉篇直音》			今海鹽吳音
	聲母	韻部	音值	
著$^{\text{知}}_{\text{藥}}$/綽$^{\text{昌}}_{\text{藥}}$/鑠$^{\text{書}}_{\text{藥}}$爍$^{\text{書}}_{\text{藥}}$/弱$^{\text{日}}_{\text{藥}}$	章組	覺藥	ʨ‘iɑʔ/ʨ‘iɑʔ/ɕiɑʔ/ʑiɑʔ	ʦaʔ/ʦaʔ/saʔ/zaʔ
扎$^{\text{莊}}_{\text{黠}}$劄$^{\text{知}}_{\text{洽}}$/察$^{\text{初}}_{\text{黠}}$插$^{\text{初}}_{\text{洽}}$/煞$^{\text{生}}_{\text{黠}}$霎$^{\text{生}}_{\text{洽}}$/雜$^{\text{從}}_{\text{合}}$	精組	曷葉	ʦaʔ/ʦaʔ/saʔ/zaʔ	
略$^{\text{來}}_{\text{藥}}$掠$^{\text{來}}_{\text{藥}}$	來母	覺藥	lɑʔ	liaʔ
獵$^{\text{來}}_{\text{葉}}$躐$^{\text{來}}_{\text{葉}}$		曷葉	liaʔ	
爵$^{\text{精}}_{\text{藥}}$/鵲$^{\text{清}}_{\text{藥}}$/嚼$^{\text{從}}_{\text{藥}}$	精組	覺藥	ʦiɑʔ/ʦ‘iɑʔ/ʣiɑʔ	ʨiaʔ/ʦ‘iaʔ/ʥiaʔ
夾$^{\text{見}}_{\text{洽}}$頰$^{\text{見}}_{\text{帖}}$/怯$^{\text{溪}}_{\text{業}}$	見組	曷葉	kiaʔ/k‘iaʔ	ʨiaʔ/ʦ‘iaʔ
剝$^{\text{幫}}_{\text{覺}}$博$^{\text{幫}}_{\text{鐸}}$/雹$^{\text{並}}_{\text{覺}}$/莫$^{\text{明}}_{\text{鐸}}$膜$^{\text{明}}_{\text{鐸}}$	幫組	覺藥	pɑʔ/bɑʔ/mɑʔ	poʔ/boʔ/moʔ
卜$^{\text{幫}}_{\text{屋}}$/扑$^{\text{滂}}_{\text{屋}}$/木$^{\text{明}}_{\text{屋}}$		屋燭	puʔ/p‘uʔ/muʔ	poʔ/p‘oʔ/moʔ
縛$^{\text{奉}}_{\text{藥}}$	奉母	覺藥	vɑʔ	voʔ
服$^{\text{奉}}_{\text{屋}}$伏$^{\text{奉}}_{\text{屋}}$		屋燭	vuʔ	
託$^{\text{透}}_{\text{鐸}}$托$^{\text{透}}_{\text{鐸}}$/鐸$^{\text{定}}_{\text{鐸}}$度$^{\text{定}}_{\text{鐸}}$/洛$^{\text{來}}_{\text{鐸}}$落$^{\text{來}}_{\text{鐸}}$	端組	覺藥	t‘ɑʔ/dɑʔ/lɑʔ	t‘oʔ/doʔ/loʔ
禿$^{\text{透}}_{\text{屋}}$/獨$^{\text{定}}_{\text{屋}}$毒$^{\text{定}}_{\text{沃}}$讀$^{\text{定}}_{\text{屋}}$/鹿$^{\text{來}}_{\text{屋}}$戮$^{\text{來}}_{\text{屋}}$六$^{\text{來}}_{\text{屋}}$		屋燭	t‘uʔ/duʔ/luʔ	
捉$^{\text{莊}}_{\text{覺}}$卓$^{\text{知}}_{\text{覺}}$	章母	覺藥	ʨiɑʔ	ʦoʔ
作$^{\text{精}}_{\text{鐸}}$/昨$^{\text{從}}_{\text{鐸}}$鑿$^{\text{從}}_{\text{鐸}}$/朔$^{\text{生}}_{\text{覺}}$索$^{\text{心}}_{\text{鐸}}$	精組		ʦɑʔ/ʣɑʔ/sɑʔ	ʦoʔ/ʣoʔ/soʔ
足$^{\text{精}}_{\text{燭}}$/族$^{\text{從}}_{\text{屋}}$俗$^{\text{邪}}_{\text{燭}}$/束$^{\text{書}}_{\text{燭}}$速$^{\text{心}}_{\text{屋}}$肅$^{\text{心}}_{\text{屋}}$		屋燭	ʦyʔ/zuʔ/suʔ	
角$^{\text{見}}_{\text{覺}}$覺$^{\text{見}}_{\text{覺}}$/確$^{\text{溪}}_{\text{覺}}$	見組	覺藥	kɑʔ/k‘ɑʔ	koʔ/ʨ‘ioʔ
郭$^{\text{見}}_{\text{鐸}}$			kuɑʔ	koʔ
谷$^{\text{見}}_{\text{屋}}$穀$^{\text{見}}_{\text{屋}}$/酷$^{\text{溪}}_{\text{沃}}$		屋燭	kuʔ/k‘uʔ	koʔ/k‘oʔ
惡$^{\text{影}}_{\text{鐸}}$渥$^{\text{影}}_{\text{覺}}$握$^{\text{影}}_{\text{覺}}$/壑$^{\text{曉}}_{\text{鐸}}$涸$^{\text{匣}}_{\text{鐸}}$/鶴$^{\text{匣}}_{\text{鐸}}$岳$^{\text{疑}}_{\text{覺}}$	曉組	覺藥	ɑʔ/hɑʔ/ɦɑʔ	oʔ/hoʔ/ɦoʔ
屋$^{\text{影}}_{\text{屋}}$/忽$^{\text{曉}}_{\text{沒}}$笏$^{\text{曉}}_{\text{沒}}$/斛$^{\text{匣}}_{\text{屋}}$		屋燭	uʔ/huʔ/ɦuʔ	

表 5-2-16 中的例字涵蓋了《玉篇直音》覺藥部的所有字類，同一橫欄中用“/”號隔

開的皆是一組同音字（單字除外）。比較例字的古今讀音可知，原覺藥部字今已分化。

①與曷葉部合流。這主要是章、精組覺藥部齊齒呼韻字及來母覺藥部開口呼韻字。其中章組覺藥部字的韻母今讀成開口呼 aʔ韻，而精組及來母覺藥部字的韻母今則讀成齊齒呼 iaʔ韻。

②與屋燭部合流。這主要是覺藥部開口及合口二呼韻字，韻母與屋燭部字的韻母相同。

通過上述兩種方式的合流，原覺藥部韻母 ɑʔ、iɑʔ、uɑʔ在今海鹽吳音中便消失了。

（14）聲化韻的產生及後鼻音韻演變爲鼻化韻。

較《玉篇直音》的韻母系統而言，今海鹽音中有 4 個聲化韻，包括：

①m̩（來自明母多模部上聲字“拇母畝某”）；

②ŋ̍（來自疑母多模部“吳五午忤”及魚虞部字“魚”）；

③v̩（來自非組多模部字“腐附扶浮符父無毋武舞霧”）；

④l̩（來自禪（日）母齊微部字“爾耳餌二”）。

聲化韻的形成應是元音韻母脫落的結果。從目前 4 個聲化韻字的分佈來看，主要來自《玉篇直音》的多模部，少數來自《玉篇直音》的齊微部。多模部中又以唇音聲母字为主體，少數來自舌根音疑母。總體來看，這些讀成聲化韻的字（共 24 個）中唇音合口呼韻字共 15 個，占 62.50%，據半壁江山。其原因主要是，從音理角度來論合口韻 u 發音時靠雙唇收緊完成，與唇音聲母的發音方法重合，在由輔音向元音發音的動程中，韻母易弱化乃至脫落。

除此之外，原屬於後鼻音–ŋ 尾韻的江陽、東鍾二部的韻母今皆變成了鼻化韻（如 ã、ɔ̃、õ 等），也是四百年來韻母方面的一個重要音變現象。

綜上所述，我們從聲、韻兩個角度對海鹽吳音的歷史演變進行了微觀的描寫，共有 20 條（聲母 6 條、韻母 14 條）。總體來看，海鹽吳音在歷史的演變中，聲母變化較小，相對穩定；韻母的變化波動較大，尤其是陽聲韻更爲劇烈。原先添部直接讀成了陰聲韻，原江陽部、東鍾部也由後鼻音韻讀成了鼻化韻。從語音變化的原因來看，韻腹的高化（如歌戈部與多模部合流，非組齊微部字讀成齊齒呼韻等）、韻尾的弱化乃至脫落（如聲化韻的形成，皆咍部讀成家麻部，先添部讀同皆咍部，江陽、東鍾部的韻母變爲鼻化韻等）、聲韻配合的制約、類推的作用等可供闡釋。上文在討論現象時已有提及，可參見，茲不贅舉。

5.2.3　《玉篇直音》語音歷史演變的規律

通過聲、韻的對比，從微觀角度我們了解到海鹽吳音在四百年前後的語音差異。下面從宏觀角度簡要總結一下海鹽吳音演變所呈現出的規律。

1. 合流與分化

合流與分化是語音演變中的常見規律，合流是由不同變得相同或者相近，其結果是減少了一類聲、韻、聲或它們之間的某種配合。而分化則是由相同變爲不同，與合流的方式相反。海鹽吳音歷史演變中的合流規律如下。

（1）《玉篇直音》的章組字（魚虞部字及個別的先添部字“占閃”外）的聲母今讀同精組字的聲母，即 tɕ→ts，如此支思、齊微、車遮等 18 個韻母的章組字不復存在，與精組字合流。

（2）《玉篇直音》中全濁齒音聲母共計 4 個，即從 dz、邪 z、澄 dʑ、禪 ʑ，但四百年間彼此間發生了四種合流：①澄、禪母字非魚虞部字聲母舌尖化與邪母字合流（即 dʑ→z、ʑ→z）；②禪母魚虞部字聲母塞音化與澄母合流（即 ʑ→dʑ）；③從、邪母細音字聲母腭化與澄母字合流（dz→dʑ、z→dʑ）；④從母洪音字聲母擦音化與邪母合流（dz→z）。

經過上述四種合流之後，今海鹽吳音的聲母系統中僅有 dʑ、z 兩個全濁聲母，dz、ʑ 二母消失。

（3）《玉篇直音》中的精組及見系聲母細音字今因腭化音變而讀音相同，即：

ts+（–i）——→tɕi– 或 ts+（–y）——→tɕy–
k+（–i）↗ k+（–y）↗

如此，精組與見系聲母在齊、撮二呼韻母前的對立消失，尖音字消失。

（4）舌尖後韻母的前化與原讀舌尖前韻母的字合流，即 ʅ→ɿ，致使今海鹽吳音的韻母系統中減少了一個舌尖後韻母 ʅ，僅有一個舌尖前韻母 ɿ。

（5）庚蒸部幾近全部字併入真侵部中。中古梗、曾攝陽聲韻字併入真侵部中，雖見於《玉篇直音》，但是並不徹底，因此才有了庚蒸部的獨立。之後的四百年裏，此類音變持續進行，直至今日庚蒸部與真侵部完全合流。原庚蒸部讀同真侵部，該部所屬的四個韻母（əŋ、iəŋ、uəŋ、yəŋ）在今海鹽吳音中不復存在。

海鹽吳音歷史演變所體現的分化規律並非單一的分化，其結果往往伴隨著合流的完成，具體內容如下。

第一，《玉篇直音》的微母（ʋ）字在今海鹽音中分化爲兩類，一類是多數字併入奉母（v）字中，另一類是少數字併入明母（m）字中。經過分化與合流兩個過程之後，原微母消失。

第二，《玉篇直音》的疑母（ŋ）字歷經四百年後，分化成三類：①齊齒呼字及個別撮口呼字（儀$^{疑}_{支}$倪$^{疑}_{齊}$疑$^{疑}_{之}$毅$^{疑}_{未}$羿$^{疑}_{霽}$羿$^{疑}_{霽}$乂$^{疑}_{廢}$義$^{疑}_{寘}$嚴$^{疑}_{琰}$硯$^{疑}_{霰}$凝$^{疑}_{蒸}$迎$^{疑}_{庚}$；語$^{疑}_{語}$），此類字的聲母今讀作 ȵ；②少數開口上聲字（我$^{疑}_{哿}$藕$^{疑}_{厚}$偶$^{疑}_{厚}$）及個別平聲字（昂$^{疑}_{唐}$），此類字的聲母今讀作零聲母 ∅；③餘下的多數非上聲字（誤$^{疑}_{暮}$悟$^{疑}_{暮}$岸$^{疑}_{翰}$顏$^{疑}_{删}$鴈$^{疑}_{諫}$岩$^{疑}_{銜}$訛$^{疑}_{戈}$娥$^{疑}_{歌}$俄$^{疑}_{歌}$峨$^{疑}_{歌}$餓$^{疑}_{箇}$臥$^{疑}_{過}$牙$^{疑}_{麻}$涯$^{疑}_{佳}$訝$^{疑}_{禡}$），此類字的聲母今讀作 ɦ。

正是經過上述分化，原來聲母皆讀作 ŋ 的一組疑母字消失了。而分化後的①類讀 ȵ，與泥母合流；分化後的②類讀 ∅，與影母合流；分化後的③類讀 ɦ，與匣母合流。經過上述分化與合流後，擴大了泥、影、匣等聲母字的範圍。

第三，《玉篇直音》的喻母（j）字歷經四百年後，分化爲三類：①中古屬於祭韻合口的齊微部字（睿$^{以}_{祭}$睿$^{以}_{祭}$叡$^{以}_{祭}$銳$^{以}_{祭}$），其聲母今讀作 z；②以上聲字（宇$^{云}_{麌}$也$^{以}_{馬}$野$^{以}_{馬}$）爲主，其聲母今讀作零聲母 ∅；③餘下的非上聲字（融$^{以}_{東}$容$^{以}_{鍾}$庸$^{以}_{鍾}$易$^{以}_{寘}$異$^{以}_{志}$爲$^{云}_{支}$圍$^{云}_{微}$韋$^{云}_{微}$匀$^{以}_{諄}$尹$^{以}_{準}$逸$^{以}_{質}$耘$^{云}_{文}$云$^{云}_{文}$沿$^{以}_{仙}$鹽$^{以}_{鹽}$炎$^{云}_{鹽}$姚$^{以}_{宵}$遙$^{以}_{宵}$搖$^{以}_{宵}$耀$^{以}_{笑}$耶$^{以}_{麻}$爺$^{以}_{麻}$揚$^{以}_{陽}$陽$^{以}_{陽}$楊$^{以}_{陽}$羊$^{以}_{陽}$鑰$^{以}_{藥}$藥$^{以}_{藥}$嬴$^{以}_{清}$嬴$^{以}_{清}$尤$^{云}_{尤}$由$^{以}_{尤}$游$^{以}_{尤}$遊$^{以}_{尤}$誘$^{以}_{有}$），其聲母今讀作 ɦ。

如此分化後，原來聲母皆讀作 j 的一組喻母字消失了。而分化後的①類讀 z，與邪母合流；分化後的②類讀零聲母 ∅，與影母合流；分化後的③類讀 ɦ，與匣母合流。經過上述分化與合流後，擴大了邪、影、匣等聲母字的範圍。

第四，《玉篇直音》中的皆咍部字在今海鹽吳音中存在異讀現象，讀音上產生了分化，即 ai→ε 和 ai→a。讀作 ε 韻的與先添部字讀音相同，讀作 a 韻的與家麻部字讀音相同，如此原皆咍部經過讀音的分化後分別與先添、家麻兩部合流，如此今音的韻母系統中便減少了 ai、uai 兩個韻母。

第五，《玉篇直音》的江陽部中讀開口呼 ɑŋ 韻的字有幫、非、端、精、見組聲母及匣母，此類字的韻母相同，今海鹽音皆讀作 ɔ̃。但是唇音聲母字又從中分化出來，產生了異讀音，韻母今讀作 õ，與原江陽部開口呼韻字的今讀音 ɔ̃有别。分化後的唇音字異讀音與原東鍾部韻母的今讀音 õ 相同，這表明此類字與東鍾部發生了合流。

第六，《玉篇直音》的覺藥部字今一分爲二，原精、章組的齊齒呼韻及來母開口呼韻字今與曷葉部合流，而餘下的開口、合口二呼字今則與屋燭部合流。如此，原覺藥部所屬的三個韻母（ɑʔ、iɑʔ、uɑʔ）在今海鹽吳音中便消失了。

2. 平行發展及平行的破壞

“本來同組的聲母或韻母或聲調經歷音變後仍然保持同組，叫做平行發展。”①此類音變規律有利於維護語音的系統性及穩定性。體現出海鹽吳音歷史演變的平行發展規律的現象如下。

第一，章組聲母原讀舌面音，與之拼讀的有齊齒、撮口二呼韻母，但是因聲母的舌尖化音變，即 tɕ→ts，其拼合的韻母也變爲開口呼了。

第二，精組聲母細音字經過腭化音變後讀成了舌面音聲母，但是仍然保持發音部位的一致性；見系聲母細音字同此。

第三，少數齒音蕭豪部字“鵃$^{知}_{肴}$⿱爫火$^{集:}_{初巧}$炒$^{初}_{巧}$巢$^{崇}_{肴}$哨$^{集:}_{生效}$弰$^{生}_{肴}$旓$^{生}_{肴}$”由齊齒呼變爲開口呼，即 iau→ɔ，這應該是受聲母音變的影響所致，此類字的聲母在今海鹽吳音中皆讀成了舌尖前音，這要求韻母必然由齊齒變讀爲開口。

上述平行音變方式有利於維持海鹽吳音的系統性與穩定性，然而也有受外部語音環境的影響而變得不再同組的情況，這便是“平行的破壞”，如上文曾提及《玉篇直音》中尚見一例匣母字“係$^{集:}_{匣霽}$”產生腭化音變，而之後的四百年匣母細音字的腭化音變並未產生，與曉母並不平行。王福堂②認爲這是受喻母的影響所致，匣母字聲母 ɦ“在腭化的中途受到

①王福堂. 漢語方言語音的演變和層次[M]. 北京：語文出版社，2005：12.

②王福堂. 漢語方言語音的演變和層次[M]. 北京：語文出版社，2005：13.

聲母 j（喻母）的吸引而和它合流，不能再向前腭化成和 ɕ 同組的 ʑ"，此乃對曉、匣母平行音變的破壞。

3. 整化

"語音系統中某些因演變而產生的淩亂不成系統的語音成分，在進一步的音變過程中有可能和音值相近的語音成分合併，整化成一個系組。"[①]表現如下。

（1）家麻部與車遮部由零星混注到局部合流。

《玉篇直音》中讀同家麻部的章組字僅 3 例，數量太少，且僅限於章母字，未見章組其他聲母的音變，而今海鹽吳音中讀同家麻部的此類字已經遍及《玉篇直音》章、昌、書、禪等聲母，且常見字就有 10 個。這種音變現象由淩亂不成系統演變到整個章組字，體現出整化的特徵。

（2）來母尤侯部字細音字洪化的規模進一步擴大。

《玉篇直音》中來母尤侯部字細音字有洪化音變，即 liəu→ləu，不過此例僅限陽去聲調字，未見來母陽平、陽上聲字的洪化音變。然而四百年後的今天，連陽平、陽上二聲的尤侯部字也參與其中，這已經覆蓋了整個來母尤侯部細音字，表現出整化的特徵。

與上述兩例同屬於整化的表現方式的還有歌戈部併入多模部、庚蒸部併入真侵部等音變現象。因上文對這兩個音變現象的情況皆有詳述，茲不贅論。

4. 類推

"類推是指某個語音成分自身沒有發生音變的條件，只因爲原來同組的聲母或韻母或聲調發生了變化，隨著就也發生了變化。"[②]表現如下。

（1）在非組齊微部字今讀齊齒呼韻 i 的音變中，所涉及的字幾乎皆爲中古非組合口微、廢韻字，但是也有個別來自中古以母合口脂韻的字，如"唯$^{以}_{脂}$維$^{以}_{脂}$惟$^{以}_{脂}$"。"唯$^{以}_{脂}$維$^{以}_{脂}$惟$^{以}_{脂}$"等字並不滿足中古非組合口微、廢韻字的條件，但是這三個字在《玉篇直音》中已經與非組合口微、廢韻字的讀音相同。如此，在類推作用的影響下，韻母也變成了齊齒呼韻。

不過，還有一個云母"帷$^{云}_{脂}$"字，在《玉篇直音》中雖然也與非組合口微、廢韻字的讀音相同，但今天並未與其他字一起讀作 vi，而是讀 ɦe。這又體現出對平行音變的破壞。

（2）"無$^{微}_{虞}$毋$^{微}_{虞}$"的聲母在《玉篇直音》中讀微母 ʋ，今海鹽吳音中存在聲化韻 ṿ 的讀音，這應該是合口韻母 u 脫落所致，其音變模式可記爲：ʋu→vu→ṿ，據此可知變讀聲化韻 ṿ 的條件之一便是聲母讀成輔音 ʋ。然而《玉篇直音》中的影母字"武$^{微}_{麌}$舞$^{微}_{麌}$侮$^{微}_{麌}$霧$^{微}_{遇}$"（此 4 字在《玉篇直音》中與影母合流，讀作零聲母），並不具備變讀聲化韻 ṿ 的條件，但是今音中除了讀零聲母 u 音外，也有聲化韻 ṿ 的讀音。"武$^{微}_{麌}$舞$^{微}_{麌}$侮$^{微}_{麌}$霧$^{微}_{遇}$"四字本讀作零聲母，又有聲化韻 ṿ 的異讀音，當是類推作用的結果。

---

①王福堂. 漢語方言語音的演變和層次[M]. 北京：語文出版社，2005：16.

②王福堂. 漢語方言語音的演變和層次[M]. 北京：語文出版社，2005：19.

參考文獻

一、著作類

1. 古人著作

[1]（漢）許慎. 說文解字（全6卷）[M]. 北京：中華書局，2013.

[2]（金）韓道昭. 校訂五音集韻[M]. 北京：中華書局，1992.

[3]（金）韓孝彥，韓道昭. 重刊改併五音類聚四聲篇海（續修四庫本）[M]. 上海：上海古籍出版社，2003.

[4]（梁）顧野王. 大廣益會玉篇[M]. 北京：中華書局，1987.

[5]（遼）釋行均. 龍龕手鑒[M]. 北京：中華書局，1985.

[6]（明）姜準. 岐海瑣談[M]. 上海：上海社會科學院出版社，2002.

[7]（明）樂韶鳳，宋濂. 洪武正韻（中華再造善本）[M]. 國家圖書館，2012.

[8]（明）陸粲，顧起元. 庚巳編　客座贅語[M]. 北京：中華書局，1987.

[9]（明）梅膺祚，（清）吳任臣. 字彙・字彙補[M]. 上海：上海辭書出版社，1991.

[10]（明）宋濂，屠龍，等. 篇海類編（續修四庫本）[M]. 上海：上海古籍出版社，2003.

[11]（明）王士性. 廣志繹[M]. 北京：中華書局，2006.

[12]（明）徐渭. 南詞敘錄[M]. 見：中國戲曲研究院. 中國古典戲曲論著集成（三）[Z]. 北京：中國戲劇出版社，1982.

[13]（明）章黼. 重訂直音篇（續修四庫本）[M]. 上海：上海古籍出版社，2003.

[14]（明）張自烈，（清）廖文英. 正字通[M]. 北京：中國工人出版社，1996.

[15]（明）趙呂，李登，等. 重刊詳校篇海（續修四庫本）[M]. 上海：上海古籍出版社，2003.

[16]（明）朱國祚.《鹽邑志林》序[A]. 見：（明）樊維城. 鹽邑志林（景明刻本）[G]. 上海涵芬樓影印明刻本，1937.

[17]（清）曹溶. 孤本明代人物小傳（卷三）[M]. 全國圖書館文獻縮微中心，2003.

[18]（清）褚人獲. 堅瓠集[M]. 見：清代筆記小說大觀[Z]. 上海：上海古籍出版社，2007.

[19]（清）紀昀. 四庫全書總目提要・子部・雜家類（卷一百三十二）[M]. 石家莊：河北人民出版社，2000.

[20]（清）王彬. 光緒海鹽縣志（人物・孝義）[M]. 中國地方志集成・浙江府縣志輯. 上海：上海書店，1993.

[21]（清）張廷玉，等. 明史・樊玉衡傳[M]. 北京：中華書局，1974.

[22]（清）中華書局编輯部. 康熙字典（檢索本）[M]. 北京：中華書局，2010.

[23]（宋）陳彭年，邱雍. 宋本廣韻[M]. 北京：北京市中國書店，1982.

[24]（宋）丁度，等. 集韻[M]. 北京：中華書局，1989.

[25]（宋）陸遊. 老學庵筆記[M]. 北京：中華書局，1979.

[26]（宋）司馬光，等. 類篇[M]. 北京：中華書局，1984.

[27]（宋）葉紹翁. 四朝聞見錄[M]. 北京：中華書局，1989.

[28]（宋）岳珂. 桯史[M]. 見：宋元筆記小說大觀[Z]. 上海：上海古籍出版社，2001.

[29]（元）黃公紹，（元）熊忠. 古今韻會舉要[M]. 長春：吉林出版集團有限責任公司，2005.

2. 今人著作

[1] 北京大學中國語言文學系語言學教研室編. 漢語方音字彙[M]. 北京：語文出版社，2003.
[2] 陳立中. 湘語與吳語音韻比較研究[M]. 北京：中國社會科學出版社，2004.
[3] 陳寧. 明清曲韻書研究[M]. 武漢：華中師範大學出版社，2013.
[4] 丁邦新. 一百年前的蘇州話[M]. 上海：上海教育出版社，2003.
[5] 丁鋒. 《同文備考》音系[M]. （日）福岡：中國書店，2001.
[6] 曹志耘，秋谷裕幸，黃曉東，等. 吳語婺州方言研究[M]. 北京：商務印書館，2016.
[7] 方松熹. 舟山方言研究[M]. 北京：社會科學文獻出版社，1993.
[8] 馮蒸. 漢語音韻學論文集[C]. 北京：首都師範大學出版社，1997.
[9] 復旦大學中國語言文學研究所吳語研究室. 吳語論叢[C]. 上海：上海教育出版社，1988.
[10] 高永安. 明清皖南方音研究[M]. 北京：商務印書館，2007.
[11] 耿振生. 明清等韻學通論[M]. 北京：語文出版社，1992.
[12] 郭錫良. 漢字古音手册（增訂本）[M]. 北京：商務印書館，2010.
[13] 海寧市史志辦公室，海寧市史志學會. 海寧方言志[M]. 杭州：浙江人民出版社，2009.
[14] 胡明揚. 海鹽方言志[M]. 杭州：浙江人民出版社，1992.
[15] 計翔翔. 十七世紀中期漢學著作研究——以曾德昭《大中國志》和安文思《中國新志》爲中心[M]. 上海：上海古籍出版社，2002.
[16] 蔣冰冰. 吳語宣州片方言音韻研究[M]. 上海：華東師範大學出版社，2003.
[17] 蔣冀騁. 近代漢語音韻研究[M]. 長沙：湖南師範大學出版社，1997.
[18] 李清桓. 《五方元音》音系研究[M]. 武漢：武漢大學出版社，2008.
[19] 李榮. 切韻音系[M]. 北京：科學出版社，1956.
[20] 李榮. 音韻存稿[M]. 北京：商務印書館，1982.
[21] 劉曉南. 宋代閩音考[M]. 長沙：岳麓書社，1999.
[22] 劉曉南，張令吾. 宋遼金用韻研究[C]. 香港：香港文化教育出版社有限公司，2002.
[23] 劉曉南. 宋代四川語音研究[M]. 北京：北京大學出版社，2012.
[24] 魯國堯. 魯國堯語言學論文集[C]. 南京：江蘇教育出版社，2003.
[25] 陸志韋. 陸志韋近代漢語音韻論集[C]. 北京：商務印書館，1988.
[26] 羅常培. 羅常培語言學論文集[C]. 北京：商務印書館，2004.
[27] 寧忌浮. 古今韻會舉要及相關韻書[M]. 北京：中華書局，1997.
[28] 寧忌浮. 洪武正韻研究[M]. 上海：上海辭書出版社，2003.
[29] 寧忌浮. 漢語韻書史（明代卷）[M]. 上海：上海人民出版社，2009.
[30] 錢乃榮. 當代吳語研究[M]. 上海：上海教育出版社，1992.
[31] 喬全生. 晉方言語音史研究[M]. 北京：中華書局，2008.
[32] 秦淑華. 《玉篇直音》的音系[M]. 新北：花木蘭文化出版社，2014.
[33] 上海市語文學會香港中國語文學會. 吳語研究（第二輯）[C]. 上海：上海教育出版社，2003.
[34] 上海市語文學會香港中國語文學會. 吳語研究（第三輯）[C]. 上海：上海教育出版社，2005.
[35] 上海市語文學會香港中國語文學會. 吳語研究（第四輯）[C]. 上海：上海教育出版社，2008.
[36] 上海市語文學會香港中國語文學會. 吳語研究（第五輯）[C]. 上海：上海教育出版社，2010.

[37] 邵榮芬.《經典釋文》音系[M]. 臺北：學海出版社，1995.
[38] 邵榮芬. 切韻研究[M]. 北京：中華書局，2008.
[39] 蘇州市地方志編纂委員會辦公室. 蘇州市方言志[M].（內部資料）1987.
[40] 汪平. 蘇州方言研究[M]. 北京：中華書局，2011.
[41] 王福堂. 漢語方言語音的演變和層次[M]. 北京：語文出版社，2005.
[42] 王洪君. 歷史語言學方法論與漢語方言音韻史個案研究[M]. 北京：商務印書館，2014.
[43] 王洪鐘. 海門方言研究[M]. 北京：中華書局，2011.
[44] 王力. 漢語史稿[M]. 北京：中華書局，2004.
[45] 王力. 漢語音韻學[M]. 北京：中華書局，1956.
[46] 王力. 漢語語音史[M]. 北京：中國社會科學出版社，1985.
[47] 王彥坤. 歷代避諱字彙典[M]. 鄭州：中州古籍出版社，1997.
[48] 魏慧斌. 宋詞用韻研究[M]. 西安：陝西人民教育出版社，2009.
[49] 許寶華. 許寶華漢語研究文集[M]. 北京：中華書局，2006.
[50] 徐越. 浙江吳音研究[M]. 杭州：浙江大學出版社，2016.
[51] 楊耐思. 近代漢語音論[M]. 北京：商務印書館，2012.
[52] 楊耐思. 中原音韻音系[M]. 北京：中國社會科學出版社，1981.
[53] 葉寶奎. 明清官話音系[M]. 廈門：廈門大學出版社，2001.
[54] 顏逸明. 吳語概說[M]. 上海：華東師範大學出版社，1994.
[55] 游汝傑. 游汝傑自選集[M]. 桂林：廣西師範大學出版社，1999.
[56] 游汝傑，丁治民，葛愛萍. 吳語研究（第六輯）[C]. 上海：上海教育出版社，2011.
[57] 游汝傑，王洪鐘，陳軼亞. 吳語研究（第七輯）[C]. 上海：上海教育出版社，2014.
[58] 袁家驊等. 漢語方言概要（第二版）[M]. 北京：語文出版社，2001.
[59] 詹伯慧. 現代漢語方言[M]. 武漢：湖北人民出版社，1981.
[60] 張樹錚. 方言歷史探索[M]. 呼和浩特：內蒙古人民出版社，1999.
[61] 張詠梅.《諧聲品字箋》的音系研究[M]. 成都：巴蜀書社，2011.
[62] 張玉來. 韻略匯通音系研究[M]. 濟南：山東教育出版社，1995.
[63] 張玉來. 韻略易通研究[M]. 天津：天津古籍出版社，1999.
[64] 張玉來. 耿軍. 中原音韻校本：附 中州樂府音韻類編校本[M]. 北京：中華書局，2013.
[65] 張竹梅.《中州音韻》研究[M]. 北京：中華書局，2007.
[66] 趙蔭棠. 等韻源流[M]. 北京：商務印書館，1957.
[67] 趙元任. 現代吳語的研究[M]. 北京：商務印書館，2011.
[68] 鄭林嘯.《篆隸萬象名義》聲系研究[M]. 保定：河北大學出版社，2007.
[69] 鄭偉. 吳方言比較韻母研究[M]. 北京：商務印書館，2013.
[70] 鄭張尚芳. 溫州方言志[M]. 北京：中華書局，2008.
[71] 周祖謨. 問學集[C]. 北京：中華書局，2004.
[72] 中國社會科學院，澳大利亞人文科學院. 中國語言地圖集[M]. 香港：朗文出版（遠東）有限公司，1987.
[73] 竺家寧. 近代音論集[M]. 臺北：臺灣學生書局，1994.

二、論文類

1. 普通論文

[1] 曹劍芬. 論清濁與帶音不帶音的關係[J]. 中國語文，1987,（2）.
[2] 陳忠敏，張梅静. 論海鹽方言的聲調[J]. 中國方言學報，2015,（5）.
[3] 陳忠敏. 吳語清音濁流的聲學特徵及鑒定標志——以上海話爲例[J]. 語言研究，2010,（3）.
[4] 大巖本幸次. 關於明代海篇類字書群的幾個問題[A]. 東北大學中國語學文學論集[C]，1999,（4）.
[5] 鄧岩欣. 從《玉簪記》用韻看吳語侵尋真文庚青三韻之合流[A]. 見：游汝杰，王洪鐘，陳軼亞，吳語研究（第七輯）[C]. 上海：上海教育出版社，2014：92-105.
[6] 丁鋒.《虞山方音辨訛》所反映的 19 世紀中葉常熟方音（上）[J]. 見：北京師範大學民俗典籍文字研究中心. 民俗典籍文字研究（第 8 輯）[C]. 北京：商務印書館，2011.
[7] 丁鋒.《虞山方音辨訛》所反映的 19 世紀中葉常熟方音（下）[A]. 見：北京師範大學民俗典籍文字研究中心. 民俗典籍文字研究（第 9 輯）[C]. 北京：商務印書館，2012.
[8] 馮蒸.《爾雅音圖》音注所反映的宋初非敷奉三母合流——兼論《音圖》微母的演化[J]. 雲夢學刊，1994,（4）.
[9] 傅國通，蔡勇飛，鮑士杰，等. 吳語的分區（稿）[A]. 方言，1986,（1）.
[10] 郭敬燕. 明代“海篇類”直音系字書研究[J]. 民俗典籍文字研究，2014,（2）.
[11] 耿振生. 明代音韻改革家王應電及其《聲韻會通》[A]. 見：四川大學漢語史研究所，四川大學中國俗文化研究所. 漢語史研究集刊（第三輯）[C]. 成都：巴蜀書社，2000,（1）.
[12] 胡運飚. 南宋浙江詞人用韻及其所反映的語音演變現象[A]. 見：劉曉南，張令吾. 宋遼金用韻研究[C]. 香港：香港文化教育出版社有限公司，2002.
[13] 黎新第. 明清時期的南方系官話方言及其語音特點[J]. 重慶師範大學學報（哲學社會科學版），1995,（4）.
[14] 李紅.《九經直音》中所反映的知、章、莊、精組聲母讀如/t/現象[J]. 延邊大學學報（社會科學版），2005,（4）.
[15] 李軍. 蘇州方言字書《鄉音字類》簡介及同音字彙[J]. 見：北京大學漢語語言學研究中心《語言學編寫》編委会. 語言學論叢（第三十四輯）[C]. 北京：商務印書館，2006.
[16] 李小凡. 吳語的“清音濁流”和南曲的“陰出陽收”[J]. 語文研究，2009,（3）.
[17] 李子君.《音韻集成》對《韻略易通》的影響[J]. 中國語文，2003.（3）.
[18] 劉曉南，羅雪梅. 宋代四川詩人陽聲韻及異調通押中的方音現象—宋代四川方音研究之一[J]. 古漢語研究，2006,（3）.
[19] 劉曉南. 宋代文士用韻與宋代通語及方言[J]. 古漢語研究，2001,（1）.
[20] 劉曉南.《韻會》貲字母韻考論[J]. 中國語文，2005,（2）.
[21] 劉曉南. 毛氏父子吳音補證[J]. 山西大學學報（哲學社會科學版），2009,（5）.
[22] 魯國堯. 論宋詞韻及其與金元詞韻的比較[A]. 見：劉曉南，張令吾. 宋遼金用韻研究[C]. 香港：香港文化教育出版社有限公司，2002.
[23] 魯國堯. 宋代辛棄疾等山東詞人用韻考[J]. 南京大學學報（哲學、人文科學、社會科學版），1979,（2）.

[24] 陸志韋. 釋《中原音韻》[J]. 燕京學報，1946，(31).
[25] 喬全生. 論晉方言中的“陰陽對轉”[J]. 晉中學院學報，2005，(2).
[26] 喬全生，崔容. 晉方言與官話非同步發展(三)——見組細音字的超前音變[J]. 漢語學报，2013，(2).
[27] 秦淑華.《玉篇直音》的語音系統[J]. 漢字文化，2011，(4).
[28] 秦淑華.《玉篇直音》的語音系統[A]. 見：張渭毅. 漢聲——漢語音韻學的繼承與創新(下)[C]. 北京：中國文史出版社，2011.
[29] 錢乃榮. 吳語聲調系統的類型及其變遷[J]. 語言研究，1988，(2).
[30] 孫志波.《射聲小譜》的淵源及語音研究[J]. 漢字文化，2014，(1).
[31] 石鋒. 蘇州話濁塞音的聲學特徵[J]. 語言研究，1983，(1)
[32] 石崎博志. 傳教士所參考的漢語字典[A]. 見：復旦大學歷史地理研究中心. 跨越空間的文化：16—19世紀中西文化的相遇與調適[C]. 上海：東方出版中心，2010.
[33] 陶慕寧. 明教坊演劇考[J]. 南開學報，1999，(6).
[34] 田範芬. 宋代湖南方言初探[J]. 古漢語研究，2000，(3).
[35] 王恩保. 吳淑《事類賦》用韻研究[J]. 古漢語研究，1997，(3).
[36] 王士元，沈鍾偉. 吳語濁塞音的研究[A]. 見：吳語研究[C]. 香港：香港中文大學出版社，1995.
[37] 王曦. 試論歷史語音研究中多音字常讀音考察[J]. 安徽大學學報(哲學社會科學版)，2013，(5).
[38] 尉遲治平，黃瓊. 隋唐五代漢語詩文韻部史分期簡論[J]. 語言研究，2010，(2).
[39] 薛鳳生. 論支思部的形成和演進[A]. 見：薛鳳生. 漢語音韻史十講[M]. 北京：華語教學出版社，1999.
[40] 楊載武.《重刊詳校篇海》管見[J]. 辭書研究，1993，(4).
[41] 袁丹. 江蘇常熟梅李方言同音字彙[J]. 方言，2010，(4).
[42] 張凱.《齊乘釋音》的聲母特點與元代蘇州吳音[J]. 語言研究，2014，(4).
[43] 張凱.《吳音奇字》中知、莊、章、精組聲母問題芻議[J]. 語言研究，2015，(2).
[44] 張凱.《吳音奇字》中的明末清初北部吳音韻母及語流音變特徵管窺[J]. 漢字文化，2015，(4).
[45] 張凱.《玉篇直音》初考[J]. 辭書研究，2015，(4).
[46] 张琨. 論吳語方言[A]. 歷史語言研究所集刊[C]，1985，(2).
[47] 趙則玲. 浙江慈溪方言音系[A]. 見：游汝杰，王洪鐘，陳軼亞. 吳語研究(第七輯)[C]. 上海：上海教育出版社，2014.
[48] 鄭張尚芳. 溫州音系[J]. 中國語文，1964，(1).
[49] 朱聲琦. 從古代注音及一字兩讀等看喉牙聲轉[J]. 聊城師範學院學報(哲學社會科學版)，1997，(4).

2. 學位論文

[1] 蔡麗華，王應電.《聲韵會通》與《韻要粗釋》研究[D]. 福建師範大學博士學位論文，2012.
[2] 董建交. 明代官話語音演變研究[D]. 復旦大學博士學位論文，2007.
[3] 李蕊. 全元曲用韻研究[D]. 華中科技大學博士學位論文，2009.
[4] 馬君花.《資治通鑒音注》音系研究[D]. 首都師範大學博士學位論文，2008.
[5] 錢毅. 宋代江浙詩韻研究[D]. 揚州大學博士學位論文，2008.
[6] 施俊. 南部吳語韻母的歷史層次及其演變[D]. 浙江大學博士學位論文，2013.
[7] 謝友中. 近三百年紹興史語音研究[D]. 復旦大學博士學位論文，2017.
[8] 張令吾. 宋代江浙詩人用韻研究[D]. 南京大學博士學位論文，1998.

後　記

拙著是在我的博士論文基礎上修改完成的，與博士論文的總體框架基本相同，僅在局部的框架與內容上稍作調整。兩者如存在差異之處，請以本書的內容爲准。

自選擇研究《玉篇直音》，至今日拙著付梓，邇來已有八年矣。撫今追昔，歲月崢嶸。2013年一次偶然的機會，我在圖書館與《玉篇直音》首次邂逅。書名中的“玉篇”字樣，近乎清一色的直音注音方法，以及書中反映的大量近代吳方言語音特點激發了我探究的熱情與欲望。於是我便按圖索驥，查閱文獻，訪師問友，決心把這本書的來龍去脈探個究竟。得到恩師劉曉南的認可後，我便立志以此作爲博士論文選題方向。在完成了大量的基礎工作之後，2015年我以《玉篇直音》爲研究對象成功地申報了教育部人文社科研究項目。與初期選題時的興奮相比，後期的數據庫建設以及論文撰寫等工作讓人焦心。3萬條直音語料的音韻地位分析讓我精疲力盡，如何駕馭這些直音語料更是使我一籌莫展。幾經坎坷，音系的歸納工作才有了眉目，最終在導師手把手地指導下，我順利地完成了論文寫作。博士畢業之後，我乘勢對論文進行適度調整，又按時完成了課題的結項任務。雖說今日拙著即將付梓，但細想起來仍有惶惑之感。我當初選擇這個題目時並不完全了解研究的難度，有種不知者無畏的魯莽。作爲一名母語爲非吳方言的人，探究已有前人深入研究過的論題，於我而言是非常大的挑戰，我曾想過放棄，幸而有導師耳提面命，諄諄教誨，給予信心、智慧，才得以完成這份艱巨的工作。

五年的讀博生涯，導師劉曉南先生教給我兩種立身本領——爲人與爲學。雖然他從未以“爲人”作爲專題爲我們講授，卻總能將之化整爲零，滲透到知識的傳授中去。時而嚴肅地諄告，時而詼諧地暗喻，時而大談國情，時而細論家事。耳濡目染之中，我們領會到“爲人”這一課題的重要及何去何從。至於“爲學”，則是先生五年裏傳授的核心內容。大至方法論，小到知識點，先生總是樂此不疲，娓娓道來。枯燥無味的音韻方言知識被他化腐朽爲神奇，讓我輕鬆地學有所獲。進入學位論文寫作階段以來，先生嚴謹、求精的治學態度觸動著我的每一根神經。從論文的選題，到謀篇佈局；從觀點的闡釋，到字句的調整；從對寫作進度的安排，到對我精神上的鞭策。先生可謂是用心良苦。批閱五十多萬字的論文，對於一位年逾花甲的長者而言，無疑是讓之心力交瘁。但是，每一次反饋意見，他總是循循善誘，一絲不苟，密密麻麻的紅批折射出先生的苦心與耐心。因此，在與先生交流的信中我都是帶有無盡的敬佩與愧疚之意。即便在博士畢業之後，我也常常因個人瑣事頻繁叨擾他，拙著出版前又承蒙先生不棄慨然賜序，借此機會，我要發自肺腑地說一聲：“老師，您受累了！”

從讀書到教書再到著書，一路走來，功勞簿上應該爲我的母親與愛人記上一筆。自從有了孩子，母親便被牢牢地捆在了我的小家庭中。求學與工作讓我無暇顧及孩子的養育任務，這一切全部依賴母親。她雖多病，卻任勞任怨，爲了孩子的成長及讓我無後顧之憂，每天做著超負荷的工作。本該頤養天年，卻爲了我及我的家庭透支健康。借此機會，我由衷地對母親說："媽，您辛苦了！"愛人劉娟娟女士對於我埋頭于科研與教學工作而缺失家庭角色給予了充分的理解與支持。繁忙的中學教學工作已讓她身心俱疲，艱巨的孩子教育任務又讓她絞盡腦汁。但她把這些工作處理得有聲有色，使我不再爲此費心分神。有時候她還會在我焦慮的時候爲我打氣，讓我在求學、教學的路上多了份溫暖與慰藉。在此，我真心地想對她說："親愛的，感謝有你！"

還有許許多多需要感謝的師友。博士後合作導師胡安順先生一直在關注我的成長，這次又爲拙著題簽，使得小書因此生輝。碩士導師王兆鵬先生待我如子，十幾年來在學習、工作及生活等諸方面給予了我大量的關心與幫助。讀博期間，同門的兄弟姐妹們與我一路風雨兼程，留下了美好的回憶。師弟胡森、師妹申倩、王成娟、王晉桃及學生張冠、楊海靜、曹宏達等爲數據庫建設以及資料的核查等做了大量工作。在此一併表示感謝，謝謝大家。

感謝本書的編輯，她們長於審閱，大到表格及封面的設計，小到字、詞、句的雕琢，用功良多，旨在使拙著臻於完善。

拙著雖已付梓，但治學之路漫漫修遠。唯有篤志勤勉，方能行穩。亦期冀大方之家多所指正，使我這個孤陋之人致遠。

張　凱

記於辛丑年桃月